DER **JUGEND**BROCKHAUS

Band 1

DER JUGENDBROCKHAUS

4., völlig neu bearbeitete Auflage

Erster Band A–GRI

F. A. BROCKHAUS Leipzig · Mannheim

Redaktionelle Leitung
Marianne Strzysch-Siebeck

Redaktionelle Bearbeitung
Dr. Stephan Ballenweg
Ursula Butzek
Dr. Dieter Geiß
Dr. Gernot Gruber
Hildegard Hogen M. A.
Jürgen Hotz M. A.
Dr. Renate Schmitt-Fiack
Birgit Staude M. A.
Johannes Ulrich Wening

Freie Mitarbeit
Dr. Katja Profes, Mainz

Typografisches Konzept
Iris Farnschläder, Hamburg

Umschlaggestaltung
Hans Helfersdorfer, Heidelberg

Herstellung
Nicole Rieser

Die Deutsche Bibliothek – CIP-Einheitsaufnahme
Ein **Titeldatensatz** für diese Publikation ist
bei der Deutschen Bibliothek erhältlich.

Das Werk wurde in neuer Rechtschreibung verfasst.

Satz Bibliographisches Institut & F. A. Brockhaus Setzerei GmbH (PageOne, alfa Media Partner GmbH), Mannheim
Druck und Bindearbeit Franz Spiegel Buch GmbH, Ulm-Jungingen
Printed in Germany

Gesamtwerk ISBN 3-7653-2304-7
Band 1 ISBN 3-7653-2314-4

Vorwort

In scheinbar unbegrenzter Menge und sozusagen auf Tastendruck stellt das Internet heute Informationen zur Verfügung. Warum dann noch eigenes Wissen – mehr oder weniger mühsam – erwerben? Wem sich diese Frage so stellt, sollte bedenken: Informationen sind kein Wissen. Um sie sinnvoll nutzen zu können, müssen sie eingeordnet, gewertet und weiterverarbeitet werden. Und dazu braucht man Wissen.

Der JUGENDBROCKHAUS möchte dabei helfen, dieses Wissen selbstständig zu erwerben. Und dass das nicht mühsam sein muss, kann man feststellen, wenn man blättert: Neben den Lexikontexten mit Sachinformationen aus allen wichtigen Wissensgebieten ist vieles zu finden, was ein Lexikon sonst nicht so bietet: Hintergrundinformationen, wissenswerte Details, Kurioses. Auch die Abbildungen mit ihren langen Bildunterschriften illustrieren nicht nur die Texte, sondern fügen weitere interessante Fakten hinzu. Dabei wird natürlich der Schulstoff berücksichtigt, aber auch das, was einem so im täglichen Leben begegnet.

Dieses vielseitige Lexikon will beweisen, dass es Spaß machen kann, sein Wissen zu erweitern. Ist uns das gelungen? Die Redaktion möchte den JUGENDBROCKHAUS mit jeder Auflage weiterentwickeln und verbessern. Und dazu ist uns eure Meinung wichtig. Schreibt uns also. Wir werden jeden Brief – Zustimmung oder Kritik – gern beantworten.

Mannheim, im Sommer 2001
F. A. BROCKHAUS

Anleitung zur Benutzung des Buches

Stichwort

Die Stichwörter sind fett gedruckt und nach dem Alphabet angeordnet. Alphabetisiert werden alle Buchstaben, auch wenn das Stichwort aus mehreren Wörtern besteht.

Die Rechtschreibung richtet sich grundsätzlich nach den Regeln der Duden-Rechtschreibung.

Die Umlaute ä, ö, ü werden wie a, o, u alphabetisiert, also folgen z. B. aufeinander: Ägypten, Ahnen, Ähnlichkeit, Ahorn.

Synonyme (bedeutungsgleiche Wörter) stehen in runden Klammern direkt hinter dem Stichwort, z. B. **Cadmium** (Kadmium), **Pirol** (Goldamsel), **Elsass** (frz. Alsace).

Bei Fremdwörtern wird das grammatikalische Geschlecht angegeben: *der* (männlich), *die* (weiblich), *das* (sächlich).

Bei Stichwörtern mit mehreren Bedeutungen steht vor jeder Erklärung eine Ziffer und der Bereich, zu dem die Erklärung gehört, z. B. **Achse, 1)** *Mathematik:* ... **2)** *Physik:* ... **3)** *Technik:* ...

Betonung und Aussprache

Bei allen Stichwörtern wird die Betonung oder Aussprache angegeben. Ein Punkt unter einem Selbstlaut bedeutet Kürze (z. B. Bajonẹtt), ein Strich Länge (z. B. Baha̲mas, Ba̲i̲kalsee) des betonten Selbstlauts. Bei Stichwörtern, deren Aussprache von der deutschen Aussprache abweicht, wird die korrekte Aussprache in der eckigen Klammer hinter dem Stichwort angegeben; verwendet werden Buchstaben des lateinischen Alphabets; folgende Zeichen kommen hinzu:

å	ist das dem *o* genäherte a, z. B.: Washington [^{u}ạ̊schingten]
ch	ist der am Vordergaumen erzeugte Ichlaut, z. B.: China [chi̲...]
~~ch~~	ist der am Hintergaumen erzeugte Achlaut, z. B.: Junta [~~ch~~ụnta]
^{e}	ist das schwache *e*, z. B.: Happening [hạp^{e}ning]
^{i}	ist das nur angedeutete *i*, z. B.: E-Mail [i̲me^{i}l]
~~ng~~	ist das am Hintergaumen erzeugte *n*, z. B.: Branche [bra̲~~ng~~sche]
^{r}	ist das nur angedeutete *r*, z. B.: Birmingham [bö̲^{r}mingem]
s	ist das stimmhafte (weiche) *s*, z. B.: Design [disain]
ß	ist das stimmlose (harte) *s*, z. B.: Single [ßịnggel]
~~sch~~	ist das stimmhafte (weiche) *sch*, z. B.: Geni̲e̲ [~~sch~~...]
~~th~~	ist der mit der Zungenspitze hinter den oberen Vorderzähnen erzeugte stimmlose Reibelaut, z. B.: Thatcher [~~th~~ạtsch^{er}]
~~dh~~	ist der mit der Zungenspitze hinter den oberen Vorderzähnen erzeugte stimmhafte Reibelaut, z. B.: Rutherford [rạ~~dh~~^{e}rf^{e}rd]
^{u}	ist das nur angedeutete *u*, z. B.: Paraguay [...g^{u}a̲i]

Herkunft der Wörter

Zu vielen Stichwörtern, vor allem Fremdwörtern, werden Angaben über die sprachliche Herkunft (Etymologie) gemacht. Sie stehen ebenfalls in der eckigen Klammer, gegebenenfalls hinter der Lautschrift. Dabei werden folgende Abkürzungen verwendet:

engl.	englisch	*frz.*	französisch
griech.	griechisch	*lat.*	lateinisch

Verweise

Der Verweispfeil (→) steht vor solchen Begriffen oder Namen, die nachgelesen werden sollten, weil dort eine ergänzende Auskunft zum beschriebenen Sachverhalt gegeben wird. Wenn man ein zusammengesetztes Stichwort nicht findet, sollte man beim Grundwort oder Bestimmungswort nachschlagen, da dort häufig eine ausreichende Erklärung steht, z. B. Nobelpreis (nachsehen bei Nobel, Alfred) oder Ringeltaube (nachsehen bei Taube).

Zeichen

*	geboren	†	gestorben
=	entspricht, gleich	®	Warenzeichen

Abkürzungen im Text

bzw.	beziehungsweise
Ew.	Einwohner
Jahrh.	Jahrhundert
MEZ	Mitteleuropäische Zeit
Mio.	Million/Millionen
n. Chr.	nach Christi Geburt
S.	Seite
u. a.	und andere; unter anderem
usw.	und so weiter
v. Chr.	vor Christi Geburt
z. B.	zum Beispiel

Allgemein gebräuchliche Abkürzungen wie DDR oder USA und Einheitenzeichen wie km = Kilometer, l = Liter werden hier nicht aufgeführt; man kann sie im Alphabet nachschlagen.

Aktuelle Links zu weiterführenden Internetseiten finden sich unter der Adresse www.brockhaus.de/lexika/jugend.

A

■ **A, 1)** der erste Buchstabe des deutschen Alphabets, ein Vokal; er entspricht dem griechischen Buchstaben →Alpha.
2) Einheitenzeichen, z. B. für Ampere (A) und Ar (a).
3) *Musik:* die 6. Stufe der C-Dur-Tonleiter; die Instrumente werden nach dem eingestrichenen a (a' oder a^1), dem Kammerton, gestimmt.

■ **Aachen,** Stadt in Nordrhein-Westfalen, mit 243 600 Einwohnern, nahe der belgisch-niederländischen Grenze gelegen. Aachen hat mehrere Hochschulen. Die heißen Schwefelquellen wurden schon in vorgeschichtlicher Zeit genutzt und von den Römern ausgebaut.
Unter →Karl dem Großen wurde die Pfalz Aachen zum Mittelpunkt des Fränkischen Reiches. Die achteckige Pfalzkapelle (um 800 geweiht), in der von 936 bis 1531 die deutschen Könige gekrönt wurden, bildet den Kern des **Aachener Doms (Münsters);** dieses wurde 1978 als erstes Objekt in der Bundesrepublik Deutschland von der UNESCO zum Weltkulturerbe erklärt.

■ **Aal** ein schlangenförmiger Knochenfisch ohne Bauchflosse; Rücken- und Schwanzflosse sind zu einem Flossensaum verwachsen. Die etwa 50 cm langen Männchen leben vor allem in den Unterläufen der Flüsse Europas und Nordamerikas, die bis zu 150 cm langen Weibchen in den Mittel- und Oberläufen von Flüssen sowie in Seen.
Zur Fortpflanzung zieht der Aal in die Sargassosee im Nordatlantik. Der in Europa vorkommende **Flussaal** legt dabei etwa 6 000 km zurück und stirbt nach der Eiablage. Aus den Eiern entwickeln sich Larven, die sich mit Meeresströmungen treiben lassen. Nach etwa drei Jahren verwandeln sie sich in die durchsichtigen Glasaale, die zu den Flüssen getragen werden, stromabwärts wandern und zur Geschlechtsreife heranwachsen.
Aale können kurze Strecken auf feuchtem Boden über Land wandern, wobei eine dicke Schleimschicht sie vor Austrocknung schützt. Sie atmen dann den Sauerstoff des Wassers, das noch in ihren Kiemen vorhanden ist. Aale sind geschätzte Speisefische; ihr Blut enthält ein Nervengift, das durch Kochen oder Räuchern unschädlich wird.

■ **Aarau,** Hauptstadt des Schweizer Kantons Aargau, mit 15 700 Einwohnern, an der Aare.

■ **Aare** *die,* mit 295 km der längste Nebenfluss des Rheins in der Schweiz; er entspringt in den östlichen Berner Alpen und mündet unterhalb von Koblenz (Kanton Aargau).

■ **Aargau,** Kanton in der Nordschweiz, im deutschsprachigen Gebiet, mit 1 404 km² und 536 500 Einwohnern. Die Hauptstadt ist Aarau.
Der Aargau ist stark industrialisiert (Wachstumsbranchen: Informatik, Elektronik und Dienstleistungen). Während der Fremdenverkehr sich ausgeweitet hat (bekannte Mineralquellen), ist die Bedeutung der Landwirtschaft (auf dem fruchtbaren Hügelland beiderseits der Aare und am Rhein) zurückgegangen. – Seit 1415 eidgenössisches Gebiet, entstand der Kanton im Jahr 1803.

■ **Aaron,** in der Bibel der ältere Bruder des Moses. Nach der Überlieferung war er der erste Hohepriester Israels.

■ **Aas,** ein in Verwesung übergegangener und daher oft stinkender Tierkörper. Aaskäfer z. B. und ihre Larven oder →Geier, ernähren sich von Aas.

■ **Abakus** [lat.-griech.] *der,* ein seit der Antike verwendetes Rechenbrett für Additions- und Sub-

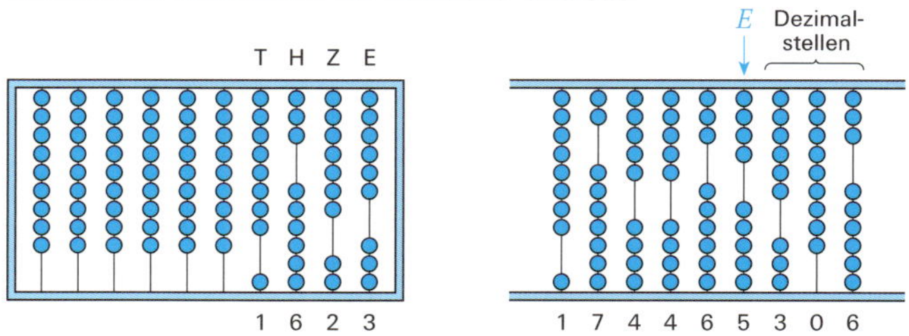

Beim **Abakus** sind die Einer, Zehner, Hunderter und Tausender von rechts nach links angeordnet; wenn man die Stelle des Einers festlegt, können auch die Bruchteile einer Zahl rechts vom Komma – die Dezimalzahlen – abgelesen werden: die nach unten geschobenen Kugeln zeigen in der linken Abbildung die Zahl 1 623 und in der rechten die Zahl 174 465, 306 traktionsaufgaben, auf dem Zahlen durch Kugeln auf Stäbchen dargestellt werden.

■ **Abbildung, 1)** *geometrische Optik:* die Erzeugung eines Bildes von einem Gegenstand durch die wirkliche oder scheinbare Vereinigung der von den Punkten des Gegenstandes ausgehenden Strahlen in entsprechenden Bildpunkten mithilfe eines optischen Systems von Linsen oder Spiegeln.
2) *Mathematik:* eine Vorschrift, die jedem Element x einer Menge Y genau ein Element x' einer Menge Y' eindeutig zuordnet. Die Begriffe Abbildung und →Funktion werden als Bezeichnungen für denselben Sachverhalt benutzt, in der Geometrie ist es aber üblich, von einer Abbildung zu sprechen. Geometrische Abbildungen können **Kongruenzabbildungen** und **Ähnlichkeitsabbildungen** sein.
Zu den Kongruenzabbildungen gehören Verschiebungen, Geradespiegelungen, Drehungen und Hintereinanderausführungen von Abbildungen.

Jede Verschiebung ist durch einen Verschiebungspfeil bestimmt, mit dessen Hilfe man den zum Punkt *P* gehörenden Bildpunkt *P'* findet.

Eine Geradespiegelung ist durch eine Spiegelachse bestimmt, wobei die Verbindungslinie zwischen dem Punkt *P* und dem Bildpunkt *P'* senkrecht auf der Achse *g* steht.

Jede Drehung ist durch einen Drehpunkt *M* und ein Drehmaß, das heißt den Winkel, um den gegen den Uhrzeigersinn gedreht wird, bestimmt.

Eine Hintereinanderausführung oder Verkettung einer Spiegelung mit einer Verschiebung liegt vor, wenn man ein Dreieck *ABC* zuerst an einer Spiegelachse *g* spiegelt und danach das Bilddreieck *A'B'C'* verschiebt.

Zu den Ähnlichkeitsabbildungen zählen zentrische Streckungen.

Jede zentrische Streckung ist durch ein Streckzentrum *Z* und einen Streckfaktor *k* bestimmt.

Ist z. B. $k = 2$, wird eine Linie vom Streckzentrum zum Punkt P um das Doppelte zum Bildpunkt P' verlängert. Von einem Streckzentrum aus kann auch eine Hintereinanderausführung einer zentrischen Streckung mit einer Kongruenzabbildung konstruiert werden.

■ **Abchasien,** autonome Republik innerhalb Georgiens mit 8600 km² und 506000 Einwohnern;Hauptstadt ist Suchumi. – 1992 erklärte Abchasien einseitig seine Unabhängigkeit, daraufhin kam es zu einem Bürgerkrieg mit Georgien.

■ **ABC-Schutzmaske** →Gasmaske.

■ **ABC-Waffen,** Sammelbezeichnung für atomare, biologische (bakteriologische) und chemische

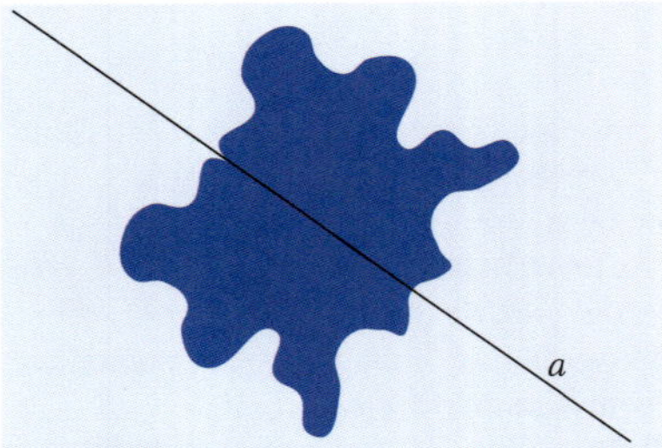

Kongruenzabbildung

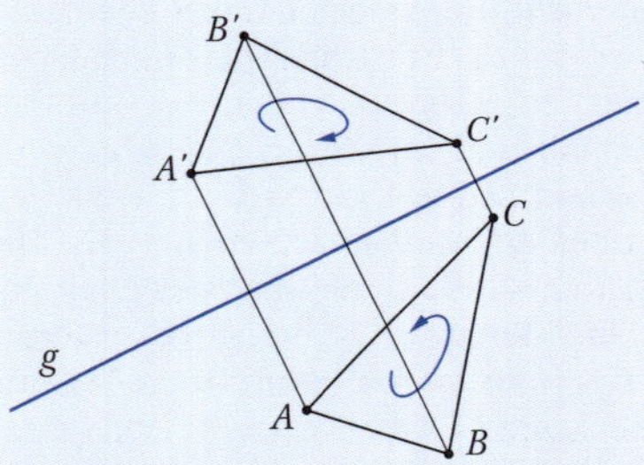

Kongruenzabbildung

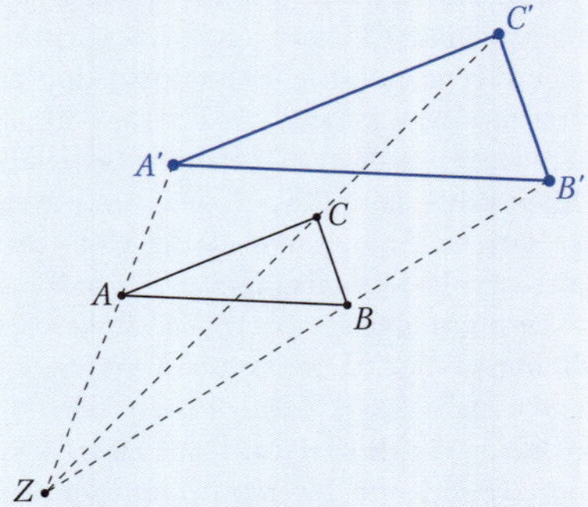

Ähnlichkeitsabbildung

Bei **Abbildungen** in der Geometrie ist die Spiegelung besonders wichtig: das Klecksbild ist das uns allen bekannte Beispiel für eine Spiegelung, durch die eine Ebene auf sich selbst abgebildet wird; die Kongruenzabbildung in der Mitte demonstriert den veränderten Umlauf einer Figur bei einer Geradenabbildung; in der Ähnlichkeitsabbildung darunter wird die zentrische Streckung eines Dreiecks mit dem Streckfaktor 2 vorgeführt

Waffen. Die Bundesrepublik Deutschland hat 1954 auf ihre Herstellung verzichtet. Als **Atomwaffen** (→Kernwaffen, Nuklearwaffen) werden Artilleriegeschosse, Raketengefechtsköpfe, Bomben, Minen und Torpedos mit Sprengladungen aus Kernsprengstoff bezeichnet. **Biologische** Kampfmittel verseuchen Menschen, Tiere und Pflanzen durch die Verbreitung von Krankheitserregern (z. B. Pest, Typhus). **Chemische** Kampfstoffe sind z. B. Augen-, Nasen- und Rachenreizstoffe sowie Lungen-, Haut- und Nervengifte, die betäuben, aber auch töten können.

■ **Abel,** im Alten Testament ein Sohn Adams und Evas. Er wurde von seinem älteren Bruder Kain aus Neid erschlagen.

■ **Abendland** (Okzident), ursprünglich der westliche Teil des 395 n. Chr. geteilten Römischen Reiches, dann allgemein der durch die römisch-griechische Antike und das Christentum geprägte europäische Kulturkreis (im Gegensatz zum »Morgenland«, dem →Orient).

■ **Abendmahl,** im Neuen Testament das letzte Mahl, das Jesus vor seinem Tod mit seinen Jüngern hielt; in den christlichen Kirchen dann die Feier zum Gedächtnis und zur Vergegenwärtigung von Leiden, Tod und Auferstehung Jesu Christi. In der katholischen Kirche wird die liturgische Feier des Abendmahls als →Eucharistie bezeichnet.

Der Tisch des Abendmahls ist der Altar. Im Mittelpunkt der Feier steht die Darreichung von Brot und Wein, die im Laufe der Zeit unterschiedlich gedeutet wurde: Nach katholischer Vorstellung »wandeln« sich dabei Brot und Wein (ihrer »Substanz« nach) in Leib und Blut Christi. In den evangelischen Kirchen gibt es verschiedene Auffassungen: Luther hielt daran fest, dass Christus »in, mit und unter« Brot und Wein gegenwärtig ist. Zwingli sah dagegen in der Abendmahlsfeier nur eine symbolische Handlung. Nach Calvin wird die »wirkliche Gegenwart« Christi im Abendmahl nur bei denen bewirkt, die es gläubig empfangen. – Das Abendmahl steht im Mittelpunkt des Gottesdienstes und gehört zu den Sakramenten.

■ **Abendrot,** die Rotfärbung des westlichen Himmels nach Sonnenuntergang. Sie entsteht, weil das Licht der tief stehenden Sonne einen besonders langen Weg durch die Atmosphäre zurücklegen muss. Dabei wird es, ähnlich wie beim Durchgang durch ein Prisma, in seine farblichen Bestandteile zerlegt, von denen nur die gelben und roten Strahlungsanteile zu einem geringen Teil zum Betrachter gelangen. Auf die gleiche Weise ist das **Morgenrot** zu erklären, die Rotfärbung des östlichen Himmels vor Sonnenaufgang.

Eine aufregende Bibelgeschichte von Gemeinschaft und Verrat; in der Nacht seiner Auslieferung an die Römer gibt Jesus beim letzten **Abendmahl** den Hinweis auf den Verräter: »Der ist es, dem ich den Bissen Brot, den ich eintauche, geben werde«; in dem hier abgebildeten Altarbild aus dem Dom von Siena hat der italienische Maler Duccio (um 1255–1319) genau diese Szene festgehalten: Jesus sitzt mit seinem Lieblingsjünger Johannes inmitten der Tischgemeinschaft der Apostel und reicht dem gegenübersitzenden Judas das Brot

■ **Abendstern,** der helle Planet Venus, der kurz nach Sonnenuntergang am westlichen Himmel sichtbar wird. – auch →Morgenstern.

■ **Aberglaube,** der Glaube an Kräfte, die nicht durch die Naturgesetze erklärt werden können und nicht durch eine Religionslehre begründet sind, z. B. an überirdische Kräfte in Lebewesen oder Dingen, die angeblich glückbringend oder bedrohlich sind (so sollen etwa eine schwarze Katze oder die Zahl 13 Unglück, ein Schornsteinfeger oder ein vierblättriges Kleeblatt Glück bringen). Zum Glauben an diese Kräfte gehören auch Rituale, die Unglück abwehren sollen (z. B. das Tragen von Glücksbringern oder das Dreimal-über-die-rechte-Schulter-Spucken). – Die Formen des Aberglaubens, die auf alte Volksreligionen zurückgehen (Glaube an Fabelwesen, Geister, zauberhafte Kräfte oder an die Vorhersehbarkeit der Zukunft), heißen **Volksglaube.**

■ **Abessinien,** ältere Bezeichnung für →Äthiopien.

■ **Abfahrtslauf,** Disziplin des alpinen Skisports, bei der eine stark abschüssige Strecke (Piste) in möglichst kurzer Zeit durchfahren werden muss. Die bei den Damen etwa 2,5 km und bei den Herren etwa 3 km lange Abfahrtsstrecke muss 500–700 m (Damen) bzw. 800–1000 m (Herren) Höhenunterschied aufweisen sowie Steilstücke, Sprünge und

Gleitstrecken enthalten. An besonders gefährlichen Stellen sind von den Läufern zu durchfahrene Pflichttore (zwei Fahnen in mehreren Metern Abstand) aufgestellt, die diese zur Richtungsänderung und damit zur Geschwindigkeitsminderung zwingen. Beim Abfahrtslauf werden Durchschnittsgeschwindigkeiten von über 100 km/h erreicht.

■ **Abfallbeseitigung,** zusammenfassende Bezeichnung für das Sammeln, den Transport und die Vernichtung, Ablagerung oder Wiederverarbeitung von Abfallstoffen **(Müll)** aus Haushalten, Gewerbe und Industrie.

Abfallstoffe sind Rückstände, Nebenprodukte oder Altstoffe, die bei Produktion, Konsum und Energiegewinnung entstehen. Voraussetzung für eine gezielte Abfallbeseitigung ist das Sammeln und Trennen von Abfall. Bei der Wiederverarbeitung von Abfall werden Wertstoffe (z. B. Metall, Kunststoff, Papier, Altöl) zur Rückgewinnung von Rohstoffen oder zur Herstellung neuer Produkte speziell verarbeitet (→Recycling). Küchen- und Gartenabfälle können durch Kompostierung mithilfe von Mikroorganismen, die dazu Luftsauerstoff, Feuchtigkeit und Temperaturen von etwa 25 °C benötigen, in organische Verbindungen umgewandelt werden. Abfälle, die nicht wieder verwertet werden, werden direkt deponiert oder in Großanlagen verbrannt, wenn der Müll mindestens 20 % an brennbaren Stoffen enthält; hierbei ist Energiegewinnung möglich (Stromerzeugung, Heizwärme). Die Asche- und Schlackerückstände werden teilweise als Bauhilfsstoffe verwendet (z. B. im Straßenbau) oder auf →Deponien gelagert.

Besondere Probleme entstehen bei der Verbrennung mancher Kunststoffe, da Chlorwasserstoff freigesetzt wird. Die Abfallbeseitigung von →Sondermüll ist gesetzlich geregelt und muss besonders sorgfältig durchgeführt werden. Der Abfallbeseitigung von radioaktiven Abfällen (Atommüll) dient die nukleare →Entsorgung.

■ **Abgasuntersuchung,** Abkürzung **AU,** die gesetzlich vorgeschriebene, alle zwei Jahre vorzunehmende Prüfung der Abgase von Kraftfahrzeugen. Geprüft werden beim Leerlauf des Motors der Gehalt an Kohlenmonoxid, der Luftüberschusss, die Leerlaufdrehzahl und der Zündzeitpunkt, bei Dieselfahrzeugen vor allem der Partikelausstoß. Die entsprechende Prüfplakette (ein Sechseck) ist am vorderen Nummernschild angebracht.

■ **Abgeordneter,** das vom Volk gewählte Mitglied eines Parlaments mit besonderer Rechtsstellung (→Immunität). Als Entgelt erhält der Abgeordnete Diäten.

■ **Abidjan** [...dschan], wichtigste Hafen- und Industriestadt der Republik Elfenbeinküste, Westafrika, mit 1,9 Mio. Einwohnern. – Abidjan war 1934–84 die Hauptstadt des Landes.

■ **Abitur** [lat.] *das* (Reifeprüfung), in Deutschland die Abschlussprüfung der gymnasialen Oberstufe (→Gymnasium). Sie ist in der Regel Voraussetzung für die Zulassung zum Studium an wissenschaftlichen Hochschulen. In Österreich und in der Schweiz heißt sie **Matura.**

■ **Ablass,** nach katholischer Lehre der Erlass der auf Erden oder im Fegefeuer zu erduldenden, zeitlich begrenzten Sündenstrafen. Voraussetzung ist, dass der Sünder das erforderliche Ablasswerk (Buße, Gebete, gute Werke) leistet. Die Entartung des Ablasswesens im Spätmittelalter, als mit Ablassbriefen ein einträglicher Handel getrieben wurde, war der äußere Anlass für die Reformation Martin Luthers.

■ **Ablativ** [lat.] *der,* der Fall in der lateinischen Deklination, der einen Ausgangspunkt, eine Entfernung oder Absonderung angibt. Er antwortet auf die Fragen: woher, womit, wann, wo?

■ **Ablaut,** die Veränderung des Selbstlauts in der Stammsilbe verwandter Wörter, z. B. Geb*i*nde, B*a*nd, B*u*nd. Die Ablaute sind charakteristisch für die starken Verben, z. B. s*i*ngen, s*a*ng, ges*u*ngen.

■ **Ableger** (Absenker), die Teile einer Pflanze, die sich bewurzeln und zu einer selbstständigen Pflanze heranwachsen können. Sie werden zur ungeschlechtlichen Vermehrung benutzt (→Stecklinge).

■ **Abonnement** [abonn^e^mang; frz.] *das,* Dauerbezug von Druckschriften oder Dauermiete (Theater-, Konzertplatz), meist verbilligt.

■ **Aborigines** [ab^e^ridschinis; engl.], die vor etwa 40 000 Jahren eingewanderten Ureinwohner Australiens, zurzeit noch etwa 30 000 Menschen (dazu etwa 270 000 Mischlinge). Sie lebten früher in klei-

Aborigines

Die Musik der Aborigines ist in ihrem vorgeschichtlichen Kern die älteste bekannte Musik der Menschheit. Sie kennt keine melodiefähigen Instrumente und besteht vor allem aus von Generation zu Generation überlieferten Chorgesängen, die bei der Geburt, beim Tod und bei kultischen Handlungen singend, zischend, auf hohem Falsettton heulend oder brummend vorgetragen werden. Oft werden sie vom einzigen Blasinstrument, der Holztrompete Didjeridu, begleitet.

Seit gut 10 000 Jahren halten die **Aborigines** in ihrer Felsmalerei eine Malweise lebendig, die wir heute Röntgenstil nennen: die hier abgebildete Gestalt mit dem auffällig kleinen Haarkranzkopf gewährt den Blick in das Innere eines beschwörend wirkenden Körpers; das Bild könnte die Darstellung einer Schöpferkraft der Urzeit sein, die der Menschenwelt Form und Leben gab

nen Horden als nomadisierende Jäger und Sammler, denen Windschirme und Laubhütten als Unterkünfte dienten. Ihre Waffen waren Speere, Keulen und Bumerangs. Feste Regeln für das Zusammenleben ergaben sich u. a. aus Totemismus, Ahnenverehrung, Jünglingsweihen und bestimmten Heiratsgesetzen. Die Weltanschauung der Aborigines wurzelt in Vorstellungen von einer mythischen Urzeit, der »Traumzeit«. Heute leben nur noch wenige von ihnen in ihrer traditionellen Kultur.

■ **Abraham,** Gestalt des Alten Testaments, der Stammvater (»Erzvater«) des Volkes Israel. Er war bereit, seinen Sohn Isaak zu opfern, als Gott dies von ihm verlangte, und gilt deshalb im Neuen Testament als Vorbild für Glaubensgehorsam. Im Islam wird Abraham als Prophet verehrt.

■ **Abrüstung,** die Verminderung oder völlige Beseitigung von Waffen und Streitkräften eines Staates (»einseitige« Abrüstung) oder mehrerer Staaten (»allgemeine« Abrüstung). Vereinbarungen über die Beschränkung zukünftiger Rüstungen, über Standorte und technische Ausführungen bestimmter Waffen werden als »Rüstungskontrolle« bezeichnet. Ziel von Abrüstung ist es, regional oder weltweit für politische Entspannung zu sorgen und den Frieden zu sichern.

Erstmals befasste sich die internationale Staatengemeinschaft auf den Haager Friedenskonferenzen 1899 und 1907 mit Fragen der Abrüstung. Besonders die Entwicklung der Kernwaffen zwang die sich nach 1945 im Kalten Krieg gegenüberstehenden Supermächte USA und Sowjetunion schließlich dazu, Gespräche über Rüstungskontrolle und Abrüstung aufzunehmen. Der erste zustande gekommene Vertrag war das Teststoppabkommen von 1963, in dem vereinbart wurde, keine Kernwaffenversuche in der Atmosphäre, im Weltraum und unter Wasser durchzuführen. 1968 folgte der →Kernwaffensperrvertrag. Die Gespräche zwischen den USA und der Sowjetunion über die Begrenzung strategischer Waffen (**S**trategic **A**rms **L**imitation **T**alks, Abkürzung **SALT**) führten 1972 zum SALT-I- und 1979 zum SALT-II-Vertrag. 1987 wurden die Verhandlungen über nukleare Mittelstreckenwaffen (**I**ntermediate-range **N**uclear **F**orces, Abkürzung **INF**) erfolgreich abgeschlossen. Die 1989 aufgenommenen **V**erhandlungen über **k**onventionelle **S**treitkräfte in **E**uropa **(VKSE)** wurden 1990 mit dem **KSE-Vertrag** beendet.

Gespräche zwischen den USA und der Sowjetunion (später Russland) über den erstmaligen Abbau strategischer Waffen (**St**rategic **A**rms **R**eduction **T**alks, Abkürzung **START**) führten 1991 zum START-I- und 1993 zum START-II-Abkommen. 1997 trat das Abkommen zum weltweiten Verbot von Chemiewaffen in Kraft.

■ **Abruzzen,** höchster Teil des Apennin, in Mittelitalien. Das Massiv Gran Sasso d'Italia ist 2 914 m hoch.

■ **ABS,** Abkürzung für →**A**nti**b**lockier**s**ystem.

■ **Abschiebung,** die zwangsweise Entfernung eines Ausländers aus einem Staat, in dem er sich unrechtmäßig aufhält, weil z. B. sein Asylantrag abgelehnt wurde oder er durch eine Straftat sein Aufenthaltsrecht verwirkt hat. Zur Abschiebung kommt es, wenn eine freiwillige Ausreise nicht gesichert erscheint. Vorher kann gerichtlich **Abschiebehaft** angeordnet werden. Nach dem deutschen Ausländergesetz darf nicht in Heimatländer abgeschoben werden, in denen das Leben oder die Freiheit des Ausländers bedroht ist.

■ **Abseits,** für den Spielfluss in einigen Torspielen wichtige Regel. Sie verhindert, dass sich Angriffsspieler ständig unmittelbar vor dem gegnerischen Tor aufhalten. Beim Fußball (und ähnlich beim Feldhockey) befindet sich ein Angreifer strafbar im Abseits, wenn er in dem Augenblick, in dem der Ball von einem Mannschaftskameraden gespielt wird, innerhalb der gegnerischen Spielhälfte der gegnerischen Torlinie näher ist als der Ball und der vorletzte oder die beiden letzten Abwehrspieler und wenn er aktiv ins Spielgeschehen eingreift. Eine strafbare Abseitsstellung liegt nicht vor, wenn der Spieler den Ball direkt von einem Abstoß, Eckstoß oder Einwurf erhält.

■ **absolut** [lat.], unbedingt, unbeschränkt, vollkommen; losgelöst von der Beziehung zu anderem; Gegensatz: relativ.

■ **absolute Musik,** Begriff des 19. Jahrh. zur Kennzeichnung der »reinen« Musik, die losgelöst ist von Funktionen (Theater, Tanz, Gottesdienst) und außermusikalischen Inhalten (Programmen, Texte, Themen).

■ **absoluter Nullpunkt,** die tiefste überhaupt mögliche Temperatur. Sie liegt bei −273,15 °C = 0 K. – →absolute Temperatur.

■ **absolutes Gehör,** die Fähigkeit, die Höhe von Tönen allein nach dem Gehör zu bestimmen, oft verbunden mit der Fähigkeit, einen verlangten Ton ohne Hilfsmittel zu singen. Das absolute Gehör findet sich bei Musikern besonders häufig.

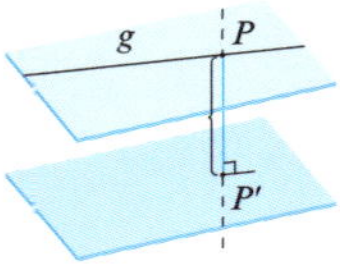

Der **Abstand** zweier paralleler Ebenen im Raum ist der Abstand des Punktes P' der einen Ebene zum Punkt P der anderen Ebene

■ **absolute Temperatur,** vom absoluten Nullpunkt aus gemessene und in Kelvin (K) angegebene Temperatur. Zur Umrechnung in Celsiustemperaturen muss zur absoluten Temperatur 273,15 Grad addiert werden.

■ **Absolution** [lat.] *die,* die Lossprechung von Sünden nach dem Sündenbekenntnis (→Beichte).

■ **Absolutismus** [lat.] *der,* Regierungsform der Monarchie, bei der der Herrscher uneingeschränkt ohne parlamentarische Kontrolle herrscht. Der absolute Monarch verstand sich als von Gott eingesetzt (»von Gottes Gnaden«). Der französische König Ludwig XIV. hat diese Regierungsform zur größten Entfaltung gebracht.

In der Geschichte Europas bezeichnet man das 17./18. Jahrh. als »Zeitalter des Absolutismus«: Die Ausbildung des modernen Staates, auf dessen Machterweiterung der Absolutismus zielte, überwand das feudale und ständestaatliche Gefüge des Mittelalters; die Vormachtstellung des Adels führte trotz Reformen (**aufgeklärter Absolutismus** in Preußen unter Friedrich II., dem Großen, in Österreich unter Joseph II.) zu Spannungen mit dem wirtschaftlich geförderten, aber politisch einflusslosen Bürgertum.

■ **Absorption** [lat.] *die,* **1)** *Physik:* die Abschwächung einer Teilchen- oder Wellenstrahlung (z. B. Licht oder Schall) beim Eindringen in ein Gas, eine Flüssigkeit oder einen festen Stoff. Durch die Energie des zurückgehaltenen (absorbierten) Anteils werden dabei Atome oder Moleküle des durchstrahlten oder angestrahlten Stoffes angeregt, sodass z. B. Wärme entsteht.

Infolge der Absorption und der Streuung an kleinen Schwebeteilchen kann z. B. Licht nicht bis in größere Meerestiefen dringen. Ein weiteres Beispiel ist die Absorption radioaktiver Strahlung in einer Bleiabschirmung. – Durch die Absorption bestimmter Wellenlängen des Lichts bei der Reflexion an Oberflächen entstehen die Farben der Stoffe. Eine vollständige Absorption lässt einen Körper schwarz erscheinen.

2) *physikalische Chemie:* die Aufnahme von Gasen durch Flüssigkeiten oder feste Körper, die im Gegensatz zur →Adsorption zu einer gleichmäßigen Verteilung im Innern des aufnehmenden (absorbierenden) Stoffes führt. – Kohlensäurehaltiges Mineralwasser entsteht z. B. durch Absorption von Kohlendioxid in Wasser. Bei Druckentlastung (Öffnen der Flasche) wird das gasförmige Kohlendioxid nach und nach wieder weitgehend frei.

■ **Abstammungslehre** (Deszendenzlehre), die wissenschaftliche Lehre, nach der alle heutigen Lebewesen von früheren, ausgestorbenen Arten abstammen (→Evolution).

■ **Abstand,** ein grundlegender Begriff der Geometrie:

Abstand zweier Punkte, die Länge der Verbindungsstrecke;

Abstand eines Punktes von einer Geraden oder Ebene, die Länge des vom Punkt auf die Gerade oder die Ebene gefällten Lotes;

Abstand zweier paralleler Geraden oder Ebenen, die Länge des Lotes von einem Punkt der Geraden oder der Ebene auf die andere;

Abstand zweier windschiefer Geraden, die Länge der Strecke, die auf beiden Geraden senkrecht steht.

■ **Abstinenz** [lat.] *die,* Enthaltsamkeit, z. B. in Bezug auf Alkohol. – auch →Fasten.

■ **abstrakt** [lat.], begrifflich, nur gedacht, z. B. ist das Schöne (als Begriff) abstrakt; Gegensatz: konkret.

■ **abstrakte Kunst** (gegenstandslose Kunst), Kunstrichtung des 20. Jahrh. in Malerei und Bildhauerkunst, die sich vom Gegenständlichen löst. Die Schöpfer abstrakter Kunstwerke wollen Menschen und Gegenstände nicht wirklichkeitsgetreu abbilden. Ihre Werke entstehen vielmehr aus dem freien Spiel von Formen und Farben und sollen unmittelbar, ohne an Gewohntes zu erinnern, auf Fantasie, Gefühle und Stimmungen des Betrachters wirken. Die abstrakte Kunst hat sich seit etwa 1910 in mehreren, zum Teil sehr unterschiedlichen Stilrichtungen entwickelt (→konkrete Kunst, →Konstruktivismus).

■ **Abstraktum** →Substantiv.

■ **absurd** [lat.], unsinnig, widersinnig, abwegig.

■ **Abszess** [lat.] *der,* eine abgekapselte Eiteransammlung, die durch bakterielle Entzündungen im Körpergewebe, z. B. im Zahnfleisch, entstehen kann. Der Abszess muss vom Arzt frühzeitig geöffnet werden, um eine weitere Ausdehnung oder einen Einbruch in die Blutbahn zu verhindern (Gefahr der Blutvergiftung). Zusätzlich ist eine Behandlung mit Antibiotika nötig.

■ **Abszisse** →Koordinaten.

■ **Abt** [aramäisch], der Vorsteher eines Klosters. Er wird von der Klostergemeinschaft auf Lebenszeit gewählt und hat ähnliche Rechte wie ein Bischof. Die Leiterin eines Frauenklosters oder eines Damenstifts nennt man **Äbtissin.**

■ **Abteilung** →System.

■ **Abtreibung** →Schwangerschaftsabbruch.

Der Begriff **abstrakte Kunst** umschreibt eine Gestaltungskraft, die der Maler Paul Klee im Jahr 1918 für das Wesen der Kunst überhaupt geltend machte: »Kunst gibt nicht das Sichtbare wieder, sondern macht sichtbar«; in dem hier abgebildeten Gemälde aus dem Jahr 1983 gab der österreische Maler Christian Ludwig Attersee dem »Gedankenwasser« – so der Titel des Bildes – eine Gestalt, die in wilder Bewegung aus der Bildfläche in den Bilderrahmen quillt

■ **Abu Dhabi,** größter Teilstaat der →Vereinigten Arabischen Emirate.

■ **Abuja** [abudscha], Hauptstadt von Nigeria, am Niger, mit 423 400 Einwohnern. Die seit 1979 angelegte Stadt löste 1991 Lagos als Hauptstadt ab.

■ **Abwärme,** der bei der Energieerzeugung in Kraftwerken sowie bei industriellen Produktionsprozessen entstehende Wärmeanteil, der für den jeweiligen Umwandlungsprozess nicht direkt nutzbar ist. Abwärme kann z. B. für Heizungsanlagen in der näheren Umgebung des Entstehungsortes verwendet werden.

■ **Abwasser,** verunreinigtes Wasser aus Wohnungen, Gewerbe oder Industrie oder auch gering verschmutztes Niederschlagswasser, das über die Kanalisation abgeleitet wird. Die Verschmutzung der Abwässer ist so hoch, dass sie in →Kläranlagen gereinigt werden müssen.

■ **Abwertung,** Senkung des Wertes der inländischen Währung gegenüber ausländischen Währungen; Gegensatz: Aufwertung.

■ **Abwind,** eine abwärts gerichtete Luftströmung, die z. B. auf der vom Wind abgewandten Seite eines Gebirges oder im Zentrum eines →Hochs auftritt. Die Luft gerät dabei in tiefere, wärmere Lufschichten. Mit der Erwärmung ist meist eine Auflösung der Wolken verbunden. – auch →Aufwind.

■ **Abzahlungsgeschäft** (Ratenkauf), schriftlicher Kaufvertrag, bei dem der Kaufpreis in Teilzahlungen (Ratenzahlungen) entrichtet wird. Der Verkäufer behält sich gewöhnlich das →Eigentum bis zur vollständigen Bezahlung vor. – auch →Leasing.

■ **a cappella** [italienisch], mehrstimmige Vokalmusik, bei der eventuell mitwirkende Instrumente nur die Singstimmen verstärken.

■ **Accra** (Akkra), Hauptstadt von Ghana, am Golf von Guinea, mit 1,9 Mio. Einwohnern (städtischer Ballungsraum. Accra ist eine Universitäts- und wichtige Handelsstadt. Die Festungen der Kolonialzeit und mehrere Küstenfestungen westlich von Accra gehören zum Weltkulturerbe der UNESCO.

■ **Acetat** [lat.] *das,* Salz (→Salze) oder →Ester der Essigsäure. Von besonderer Bedeutung ist das Zelluloseacetat für die Herstellung von Kunstseide und Folien.

■ **Aceton** [lat.] *das,* eine angenehm riechende, wasserhelle, leicht brennbare Flüssigkeit, CH_3COCH_3. Aceton wird vorwiegend als Lösungsmittel verwendet, besonders in der Farben- und Lackindustrie, jedoch auch als Grundstoff zur Herstellung vieler chemischer Substanzen (z. B. Chloroform oder raucharmes Pulver).

■ **Acetylen** [lat.-griech.] (Äthin, Ethin) *das,* eine gasförmige Verbindung (C_2H_2), die aufgrund der Dreifachbindung zwischen den beiden Kohlenstoffatomen ($H-C\equiv C-H$) sehr energiereich (Explosionsgefahr) und reaktionsfähig ist. Hergestellt wird Acetylen im Labor aus Calciumcarbid und Wasser, in der Industrie aus Erdöl oder Erdgas. Die Verbrennung von Acetylen mit Sauerstoff liefert eine äußerst heiße Schweißflamme von 2000 bis 2500 °C. Auch der Brennstoff der mit leicht rußender Flamme brennenden Karbidlampe ist Acetylen. Infolge seiner großen Reaktionsfähigkeit war Acetylen früher Grundstoff für viele chemische Produkte, ist jedoch von →Äthylen verdrängt worden.

■ **Achaier** (Achäer), altgriechischer Volksstamm; bei Homer Name für die Gesamtheit der Griechen. Nach den Achaiern ist die Landschaft **Achaia** im Nordwesten der Peloponnes benannt.

■ **Achaimeniden** (Achämeniden), altpersisches Herrschergeschlecht, das im 6. Jahrh. v. Chr. das erste persische Großreich schuf. Bedeutendste Herrscher waren Kyros II. und Dareios I. Das Geschlecht erlosch 330 v. Chr. mit Dareios III., der Alexander dem Großen unterlag.

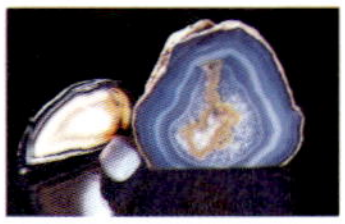

Der **Achat** – hier ein angeschliffenes Exemplar – tritt in Form von Knollen auf, deren Inneres mit Bergkristall und anderen Mineralen erfüllt ist

■ **Achat** [griech.] *der,* Halbedelstein, eine Form des →Chalcedons, der aus dünnen Schichten wechselnder Struktur und Färbung aufgebaut ist. Achate werden als Schmucksteine verwendet und dazu häufig künstlich gefärbt.

■ **Achill** (Achilles, Achilleus), Gestalt der griechischen Mythologie. Nach Darstellung der »Ilias« des Homer ist Achill der tapferste Held der Griechen im →Trojanischen Krieg. Er tötet Hektor, den größten Helden der Trojaner, und stirbt durch einen Pfeil des Paris, der ihn in die Ferse trifft, die einzige Stelle, an der er verwundbar ist (daher **Achillesferse** für die schwache Stelle eines Menschen).

■ **Achse, 1)** *Mathematik:* eine besonders ausgezeichnete Gerade. Beispiele sind die Symmetrieachse, zu der die Punkte einer geometrischen Figur oder eines Körpers paarweise symmetrisch liegen, z. B. die Mittellote eines gleichseitigen Dreiecks, oder die Koordinatenachse (→Koordinaten).

2) *Physik:* (Drehachse), eine gedachte Gerade im Raum, um die sich ein Körper dreht, z. B. die Achse eines Kreisels oder die Erdachse.

3) *Technik:* ein Stab aus Metall oder Holz, an dessen Enden Räder angebracht werden (z. B. bei Kraftfahrzeugen). Achsen dienen auch als Aufhängevorrichtungen für Gegenstände, die drehbar sein müssen.

■ **Achsenmächte,** Bezeichnung für das nationalsozialistische Deutsche Reich und das faschistische Italien, die seit 1936 außenpolitisch eng zusammenarbeiteten (»Achse Berlin – Rom«). 1940 wurde Japan einbezogen (Dreimächtepakt), später kamen alle mit dem Deutschen Reich verbündeten Staaten hinzu.

Addition

Kopfrechnen ist eine Gabe, über die nicht jeder verfügt. Carl Friedrich Gauß bewies jedoch bereits als Sechsjähriger sein Talent als kluger Rechner. Als der Lehrer die Klasse vor die Aufgabe stellte, die Zahlen von eins bis hundert zusammenzuzählen, konnte der kleine Carl Friedrich das richtige Ergebnis ganz schnell vorlegen. Er hatte den Rechenaufwand folgendermaßen verkürzt: Er addierte 1+99 = 100, 2+98 = 100 usw. bis 49+51 = 100. Dies ergibt 49×100 = 4900; dazu rechnete er die noch fehlenden Zahlen 50 und 100: Das richtige Ergebnis war 5050.

■ **Acht** *die,* eine Strafe im germanischen und im mittelalterlichen Recht: Der Geächtete war aus der Rechts- und Friedensgemeinschaft ausgestoßen und galt als vogelfrei (das heißt, jeder durfte ihn töten). – auch →Bann.

■ **Aconcagua,** der höchste Berg Amerikas. Er liegt in den argentinischen Anden und ist 6959 m hoch.

■ **Actinium** *das,* ein sehr seltenes radioaktives chemisches Element, dessen längste Halbwertszeit 21,8 Jahre beträgt. Es ist ein silberweißes, im Dunkeln bläulich glänzendes Metall.

Actinium

chemisches Symbol: Ac

Ordnungszahl: 89

relative Atommasse (^{227}Ac): 227,028

Dichte: 10,07 g/cm³

Schmelzpunkt: 1051 °C

Siedepunkt: etwa 3000 °C

■ **A. D.,** Abkürzung für →Anno Domini.

■ **adagio** [adadscho; italienisch], musikalische Tempobezeichnung: langsam, gemächlich. Ein **Adagio** ist ein langsames, etwas verhaltenes Musikstück (oft der 2. Satz einer Sinfonie oder Sonate).

■ **Adam und Eva,** nach der Schöpfungsgeschichte des Alten Testaments die ersten Menschen. Sie müssen das Paradies verlassen, weil sie entgegen Gottes Verbot Früchte vom »Baum der Erkenntnis« gegessen haben (»Sündenfall«). Der Name Adam (hebräisch = Mensch) ist abgeleitet vom hebräischen Wort »adama« (= Erde), Eva von hebräisch »chawwa« (= Leben).

■ **Adaptation** [lat.] *die,* das Anpassungsvermögen von Organen oder Organismen an veränderte Umweltbedingungen. Tritt z. B. der Mensch vom Hellen ins Dunkle, so benötigt das Auge etwa 35 Minuten, um sich vollständig an die Dunkelheit zu gewöhnen **(Dunkeladaptation)** und Einzelheiten wahrzunehmen. Die Empfindlichkeit des Auges steigt in dem Zeitraum um das 10 000fache.

■ **Adapter** [engl.] *der,* ein Verbindungsstück, das den Anwendungsbereich eines Gerätes erweitert. In der Elektrotechnik kann er z. B. unterschiedliche Anschlüsse mit verschiedenen Steckverbindungen anpassen, in der Fototechnik verschiedene Objektive mit dem Kameragehäuse verbinden. Grafikkarten adaptieren Bildschirme an Personalcomputer.

■ **Addis Abeba,** Hauptstadt und wirtschaftliches Zentrum Äthiopiens, auf einer Hochfläche 2 420 m über dem Meeresspiegel gelegen, mit 2,2 Mio. Einwohnern; Sitz der →OAU und der UN-Wirtschaftskommission für Afrika (ECA).

■ **Addition** [lat., = Hinzufügung] *die,* eine der vier Grundrechenarten, bei der mindestens zwei Zahlen **(Summanden)** zusammengezählt **(addiert, summiert)** werden. Sie werden durch das Additionszeichen + (lies: plus) miteinander verknüpft. Das Ergebnis einer Addition wird als die **Summe** dieser Zahlen bezeichnet.

■ **Adel** [althochdeutsch, = Geschlecht, Abstammung], der früher sozial, rechtlich und politisch bevorrechtigte Stand (→Stände). So stellten die Adligen in Europa bis ins 19. Jahrh. die politische und militärische Führung. Zum **hohen Adel** gehörten Könige und Fürsten, zum **niederen Adel** vor allem die Ritterschaft. In Deutschland wurden 1918 am Ende des Ersten Weltkriegs die Vorrechte des Adels und 1919 der Adelsstand abgeschafft. Die Adelstitel sind seitdem Bestandteile des bürgerlichen Namens. In

Adam und Eva

Sie haben gewählt. Sie essen von der verbotenen Frucht. Aber Gott hatte dem Menschen für sein paradiesisches Leben im Garten Eden ein Gebot auferlegt: »Von allen Bäumen des Gartens darfst du essen, doch vom Baum der Erkenntnis von Gut und Böse darfst du nicht essen«. Die Schlange, die schlauer war als alle anderen von Gott erschaffenen Tiere, sagte (als Gegengott) zur Frau: »Sobald ihr davon esst, gehen euch die Augen auf; ihr werdet wie Gott und erkennt Gut und Böse.« Und Eva sah, »dass der Baum eine Augenweide war und dazu verlockte, klug zu werden«. So nahm sie von den Früchten und gab sie auch Adam. Und auch er aß. Diese Erzählung mit dem Titel »Der Fall des Menschen« wird im Alten Testament im Buch Genesis überliefert. Das hier abgebildete Gemälde von Lucas Cranach d. Ä. hält genau den Augenblick fest, der alles entscheidet. Mit seinem Gebot hat Gott das Menschenpaar herausgefordert: zur Freiheit der Wahl. Der Ausgang ist bekannt. Adam und Eva nehmen sich die Freiheit, sich für ihre eigene Menschenwelt zu entscheiden. Diese Welt liegt jenseits des Paradiesgartens.
Der Mensch muss für sein Tun und Treiben nun selbst die Veranwortung übernehmen. Und weil der Mensch ein Mensch ist, neigt er

dazu, die Verantwortung abzuschieben. Von Gott befragt, sagt Adam, es sei doch Eva gewesen, und Eva sagt, die Schlange habe sie verführt.

Österreich wurde 1919 der Adel durch Gesetz aufgehoben und das Führen von Adelstiteln untersagt.

■ **Adelheid,** römisch-deutsche Kaiserin und Heilige, *931, †Selz (Elsass) 16. Dezember 999; eine der wenigen Frauen des Mittelalters, die großen politischen Einfluss ausgeübt hat. Sie war in zweiter Ehe mit dem deutschen König Otto I. verheiratet; mit ihm empfing sie 962 in Rom die Kaiserkrone. 991–995 war sie Regentin für ihren Enkel Otto III.

■ **Aden,** Stadt in der Republik Jemen, mit 562 000 Einwohnern. Die Hafenstadt war schon in der Antike und im Mittelalter ein wichtiger Handelsplatz. 1839–1967 war sie britisch.

■ **Adenauer,** Konrad, deutscher Politiker, *Köln 5. Januar 1876, †Bad Honnef-Rhöndorf (Rhein-Sieg-Kreis) 19. April 1967. Adenauer war 1917–33 Oberbürgermeister von Köln, 1950–66 Bundesvorsitzender der CDU, 1949–63 erster Bundeskanzler der Bundesrepublik Deutschland, 1951–55 auch Außenminister. Er bemühte sich, bei eindeutiger Bindung an den Westen für die Bundesrepublik Deutschland größtmögliche Selbstständigkeit und Gleichberechtigung auf dem Weg zur europäischen Einigung zu erreichen. 1963 schlossen Adenauer und Charles de Gaulle den Deutsch-Französischen Vertrag (zum Ausdruck der deutsch-französischen Aussöhnung).

■ **Adern,** die →Blutgefäße (→Blutkreislauf).

■ **Adhäsion** [lat.] *die,* das Haften zweier Stoffe oder Körper aneinander. Ursache sind die Anziehungskräfte zwischen den Molekülen der beiden Stoffe (Körper). Beispielsweise bleibt aufgrund der Adhäsion an einem Glasstab beim Herausziehen aus einem Wasserglas ein Wassertropfen haften, weil die Adhäsionskräfte zwischen Glas und Wasser größer sind als die Kohäsionskräfte (→Kohäsion) zwischen den Wassermolekülen.

■ **Adjektiv** [lat.] (Eigenschaftswort) *das,* ein Wort, das Personen, Dinge und Vorgänge nach ihren Eigenschaften und Merkmalen kennzeichnet, z. B. das *schnelle* Auto, das Auto ist *schnell,* das Auto fährt *schnell.* Adjektive können gesteigert werden (Komparation), die drei Vergleichsformen sind:

Grundstufe **(Positiv)**: *schnell;*
1. Steigerungsstufe **(Komparativ)**: *schneller;*
2. Steigerungsstufe **(Superlativ)**: *am schnellsten* oder *schnellste* (z. B. das schnellste Auto).

■ **Adler,** große, kräftige, mit Ausnahme von Südamerika weltweit verbreitete Greifvögel. Adler krei-

Adenauer

Konrad Adenauer, seit 1917 Oberbürgermeister von Köln und seit 1920 Präsident des Preußischen Staatsrats, wurde nach der Machtübernahme der Nationalsozialisten 1933 seiner Ämter enthoben, unter Beobachtung gestellt und für einige Monate 1934 und 1944 inhaftiert. Adenauer setzte als Bundeskanzler seit 1949 auf enge Bindungen zu den Westmächten, vor allem zu Frankreich und zu den USA, und auf die Beteiligung der Bundesrepublik an der europäischen Intregration. In den 1950er-Jahren bekämpfte die SPD diese Politik, machte sie aber ab 1960 zur Grundlage ihrer eigenen Außenpolitik. Zusammen mit dem französischen Staatspräsidenten Charles de Gaulle – hier bei ihrer letzten offiziellen Begegnung im September 1963 – hat Adenauer die deutsch-französischen Beziehungen ausgebaut und ihnen mit dem Deutsch-Französischen Vertrag vom 22. Januar 1963 eine feste Form gegeben. An die Stelle einer Jahrhunderte alten »Erbfeindschaft«, die in vielen Kriegen zahllose Opfer gefordert hatte, war nun ein entspanntes Verhältnis getreten, das zum Kern der Europäischen Gemeinschaft wurde. Der 87jährige Adenauer trat wenige Wochen nach dieser Begegnung von seinem Amt als Bundeskanzler zurück – wie er es 1961 mit seinem Koalitionspartner FDP hatte vereinbaren müssen, – er blieb aber bis 1966 Vorsitzender der CDU.

Adler

In Sage und Volksglaube gilt der Adler als Vogel der Götter und Könige. Er ist Sinnbild für Macht, Mut und Kraft. So war der Adler das Symbol des griechischen Göttervaters Zeus und – Zeus entsprechend – des obersten römischen Gottes Jupiter. Neben dem Löwen ist der Adler (der »Aar«) das häufigste Wappentier. Er erscheint unter anderem in den Wappen von Deutschland, Österreich, Polen und den USA.

sen in der Luft auf der Suche nach Beute. Nach einem Sturzflug (über 100 km/h) ergreifen sie mit den kräfigen Krallen ihre Beute und zerreißen sie mit dem hakig gebogenen Schnabel.
Die Bezeichnung Adler wird für Greifvögel aus mehreren Gattungen verwendet: Zu den **Echten Adlern** gehört der auch in den Alpen beheimatete dunkelbraune Steinadler, dessen Flügel eine Spannweite von 2,30 m haben; er jagt vor allem Hasen, Murmeltiere und junge Gämsen. Unter anderem in Nord- und Ostdeutschland lebt der graubraune **Seeadler** (Flügelspannweite beträgt bis zu 2,50 m), der sich von Wasservögeln und Fischen ernährt. Der **Fischadler** jagt ebenfalls Fische. Sein Gefieder ist auf der Oberseite schwarzbraun, auf der Unterseite weiß, die Flügelspannweite ist 1,70 m. Sein Hauptbrutgebiet sind die seenreichen Gebiete Skandinaviens; in Mecklenburg-Vorpommern leben noch etwa 120 Brutpaare.

■ **Administration** [lat.] *die,* Verwaltung.

■ **Admiral** →General.

■ **Adonis,** in der griechischen Mythologie ein Jüngling, der von Aphrodite geliebt wird. Auf der Jagd wird er von einem wilden Eber zerrissen. Er gilt als Sinnbild für männliche Schönheit.

■ **Adoption** (Annahme als Kind) *die,* die Begründung eines Eltern-Kind-Verhältnisses ohne Rücksicht auf die natürliche Abstammung. Die Annahme eines minderjährigen Kindes erfordert dessen Einwilligung (bis zu seinem 14. Lebensjahr diejenige des gesetzlichen Vertreters) sowie die seiner leiblichen Eltern, beim unehelichen Kind die der Mutter. Die Adoption wird auf Antrag des Annehmenden durch Beschluss des Vormundschaftsgerichts verfügt. Der Annehmende muss in der Regel mindestens 25 Jahre alt sein, das Kind mindestens acht Wochen. Es erhält den Familiennamen der neuen Eltern (oder des Elternteils) und die rechtliche Stellung eines ehelichen Kindes.

■ **Adorno,** Theodor W., früher T. Wiesengrund, deutscher Philosoph und Soziologe, *Frankfurt am Main 11. September 1903, †Visp (Kanton Wallis) 6. August 1969. Er war mit Max Horkheimer (1895–1973) Begründer der »Frankfurter Schule«. In ihrer kritischen Theorie der Gesellschaft (Hauptwerk »Dialektik der Aufklärung«, 1947) werden Aufklärung und Vernunft als unabdingbar für die Freiheit des Menschen angesehen. Adorno beschäftigte sich auch mit Musikästhetik.

■ **Adrenalin** [lat.] *das,* ein Hormon des Nebennierenmarks und ein →Neurotransmitter im →vegetativen Nervensystem. Adrenalin wird besonders bei Stressreaktionen abgegeben, da sich durch seine Wirkung vor allem die Frequenz von Herzschlag und Atmung steigert sowie der Blutdruck erhöht. Ferner aktiviert es die Schweißdrüsen, vermindert die Verdauungstätigkeit und setzt aus der Leber Zucker und Fettsäuren frei. So kann der Organismus schneller und besser auf körperlichen Stress reagieren.

■ **Adresse** [frz.] *die,* **1)** *allgemein:* die Anschrift einer Postsendung.
2) *Informatik:* eine Zahl oder Zeichenfolge zur eindeutigen Kennzeichnung eines Speicherplatzes. Über die Adresse können Daten in bestimmte Speicherbereiche geschrieben oder aus diesen gelesen werden. Funktionseinheiten werden über eine Adresse angesprochen (z.B. Drucker oder Festplatte). Bei der Programmierung werden »symboli-

Adler erreichen mit etwa 50 Jahren ein hohes Alter; der bei uns in seinen Beständen stark bedrohte Steinadler lebt in den Alpen, der darunter abgebildete Schelladler an bewaldeten Seen; der im großen Bild gezeigte Fischadler erbeutet seine Fischnahrung im Sturzflug, wobei er meist ganz im Wasser untertaucht sche Adressen« benutzt, die z. B. durch den Compiler in »relative Adressen« umgewandelt werden.

■ **Adriatisches Meer** (Adria), Nebenmeer des Mittelmeers. Die Westküste (Italien) ist flach und einförmig, die dalmatinische Küste dagegen steil und stark gegliedert. Bedeutende Häfen sind Venedig, Triest und Bari (Italien), Rijeka und Split (Kroatien) sowie Durrës (Albanien).

■ **Adsorption** [lat.] *die,* die Anlagerung eines Gases, einer Flüssigkeit oder darin gelöster Stoffe an die Oberfläche fester, vor allem poröser Stoffe. Das bekannteste Adsorptionsmittel (Adsorbens) ist **Aktivkohle,** eine sehr porenreiche Kohle, die durch Verkohlung von Knochen, Torf oder Holz gewonnen wird. Sie dient z. B. in ABC-Schutzmasken zur Adsorption von giftigen Gasen.

■ **Advantage** [^{e}dwantidsch; engl.] *der,* →Tennis

■ **Advent** [lat., = Ankunft] *der,* bei den Christen die Zeit der Vorbereitung auf das Fest der Geburt Christi. Die Adventszeit umfasst die vier Sonntage vor Weihnachten. Mit dem ersten Adventssonntag beginnt das Kirchenjahr.

Advent

Die Adventszeit ist reich an Volksbräuchen, die zum Teil auf vorchristliche Vorstellungen zurückgehen. Zu den ältesten Bräuchen zählen nächtliche Lärmumzüge Vermummter, die in den Alpenländern noch heute – im Zusammenhang mit der Einkehr des Heiligen Nikolaus – stattfinden. Der Adventskranz und der Adventskalender bürgerten sich erst im Verlauf des 20. Jahrhunderts ein.

■ **Adventisten,** christliche Gemeinschaft, die 1831 in Amerika gegründet wurde und hauptsächlich dort verbreitet ist. Sie lehrt, dass Christus in naher Zukunft wiederkehren und für seine Anhänger ein Tausendjähriges Reich auf Erden errichten wird; danach folgt das Gericht über die Verdammten. Die Adventisten heiligen den →Sabbat; sie leben sehr einfach und vertreten die Erwachsenentaufe.

■ **Adverb** [lat.] *das* (Umstandswort), ein Wort, das insbesondere ein Geschehen nach Ort (z. B. *hier, links*), Zeit (z. B. *heute, abends*), Grund (z. B. *darum, deshalb*), Art und Weise (z. B. *oft, selten*) näher bestimmt. Adverbien werden nicht flektiert; einige können gesteigert werden *(gern – lieber – am liebsten).*

■ **adverbiale Bestimmung** (Umstandsbestimmung) →Satz.

Wer immer strebend sich bemüht: spielend erlernt dieser Menschenaffe namens Kanzi mithilfe geometrischer Figuren eine Sprache; mit seiner wachen Intelligenz versteht der 1980 geborene **Affe** inzwischen auch gesprochene Sätze in englischer Sprache

■ **Adverbialsatz** →Umstandssatz.

■ **Aerobic** [äro^{u}bik; engl.] *das,* Fitnesstraining; im Rhythmus von Diskomusik betriebene intensive Form der Gymnastik.

■ **Aerodynamik** [a-e…; griech.] *die,* die Lehre von den bewegten Gasen, insbesondere der Luft und den dabei an den umströmten Körpern auftretenden Kräften (→Luftwiderstand). Die Aerodynamik im engeren Sinne befasst sich mit den nicht zusammendrückbaren (inkompressiblen) Gasen. Die Aerodynamik im weiteren Sinne umfasst auch die **Gasdynamik,** die die Mechanik der Gase unter besonderer Berücksichtigung ihrer Zusammendrückbarkeit beschreibt. Die Aerodynamik ist Grundlagenwissenschaft für den Fahrzeug- und Flugzeugbau.

■ **Aerosol** [a-e…; griech.] *das,* ein Gemenge aus einem Gas oder Gasgemisch (vor allem Luft) und darin verteilten festen oder flüssigen Schwebstoffen. Die Schwebeteilchen haben einen so geringen Durchmesser (maximal 100 Mikrometer), dass sie längere Zeit in der Schwebe bleiben. Ein Aerosol, das flüssige Schwebeteilchen (Tröpfchen) enthält, bezeichnet man als **Nebel,** ein Aerosol mit festen Teilchen als **Rauch.**

■ **Affekt** [lat.] *der,* heftige Erregung, Gemütsbewegung. Wer z. B. in der Wut eine unüberlegte Handlung begeht, handelt im Affekt.

■ **Affen,** eine Unterordnung der Primaten, die meist hangelnd oder kletternd in den Bäumen der Wälder wärmerer Zonen leben. Sie ernähren sich vorwiegend von Früchten und Blättern, aber auch von Insekten, Vogeleiern und kleinen Wirbeltieren. Zum Klettern und zum Pflücken der Früchte und

Blätter benutzen sie ihre Greifhände und -füße. Zum Teil haben sie lange, muskulöse Schwänze, die sie um Äste wickeln und wie eine zusätzliche Hand gebrauchen. In kleinen (Gorilla) oder größeren (Paviane) Gruppen wandern sie umher. Innerhalb der Gruppe herrscht eine Rangordnung, die meist durch das stärkste Männchen bestimmt wird. Das »Lausen« der Affen gilt weniger der Entfernung von Ungeziefer als vielmehr dem Kontakt untereinander.

Man unterscheidet die **Altweltaffen** (auch Schmalnasenaffen) in Afrika und Asien von den **Neuweltaffen** (auch Breitnasenaffen) in Amerika. Zu den Neuweltaffen gehören z. B. die Brüllaffen und die Klammerschwanzaffen. Altweltaffen sind neben den Menschenaffen (→Schimpansen, →Gorilla, →Orang-Utan), die dem Menschen besonders nahe stehen, u. a. die →Meerkatzen und die →Gibbons.

■ **Affenbrotbaum,** bis zu 20 m hoher Laubbaum im tropischen Afrika und in Australien. Die Bäume besitzen dicke, im Umfang bis 40 m messende Stämme, die äußerst wasserreich sind (bis zu 120 000 l). Aus den von Fledermäusen bestäubten Blüten entwickeln sich gurkenförmige Früchte mit holziger Schale und essbarem Fruchtmark, in dem die ebenfalls essbaren Samen eingebettet sind. Der Afrikanische Affenbrotbaum (Baobab) ist der typische Baum der afrikanischen Savanne.

■ **Affinität** [lat.] *die,* chemische Verwandtschaft (»Triebkraft«), die zur Verbindung chemischer Elemente und Moleküle zu neuen Stoffen führt.

Früchte des Afrikanischen **Affenbrotbaums**

Afghanistan
Fläche 652 225 km²
Einwohner 23,384 Mio.
Hauptstadt Kabul
Amtssprachen Paschto und Dari (Neupersisch)
Nationalfeiertag 18. 8.
Währung 1 Afghani (Af) = 100 Puls (Pl)
Zeitzone MEZ + 3 ½ Std.

■ **Afghanistan,** Republik im Nordosten Vorderasiens, zwischen Iran und Pakistan. Afghanistan ist ein schwer zugängliches Gebirgsland, das durch den Hindukusch (bis über 7 000 m) in eine Nord- und eine Südregion geteilt wird. Es gibt keine Eisenbahn. In den Tälern wird bei künstlicher Bewässerung Getreide, Baumwolle und Obst angebaut, im Gebirge herrscht Viehhaltung (Schafe) vor. An Bodenschätzen gibt es Steinkohle, Erdgas und Lapislazuli (bedeutendster Fundort der Erde). Die größten Städte sind (nach der Hauptstadt Kabul) Kandahar im Südosten und das für seine Teppiche bekannte Herat im Westen.

Geschichte: Die lang gestreckten Täler Afghanistans waren seit alters her Durchgangsstraßen, deren Beherrschung die Nachbarstaaten anstrebten. So wurde das Gebiet des heutigen Afganistan im Lauf der Geschichte von Arabern, die den Islam brachten, von Persern, Mongolen und Indern beherrscht.

1747 gründete der Emir Ahmed Schah Durrani (um 1724–73) ein unabhängiges Königsreich, das im 19. Jahrh. unter den Einfluss Großbritanniens, Russlands und Persiens geriet.

1973 wurde nach einem Militärputsch die Republik ausgerufen. Nach einem weiteren Militärputsch 1978 und inneren Unruhen war das Land 1979–89 von sowjetischen Truppen besetzt. Gegen diese und die von ihnen gestützte Regierung kämpften muslimische Rebellen (Mudschahedin). Über 5 Mio. Af-

Afghanistan

Flagge

Wappen

Afrika
ATLANTISCHER OZEAN
Lissabon
Porto
PORTUGAL
MADRID
SPANIEN
BARCELONA
ANDORRA
Valencia
Córdoba
Sevilla
Málaga
K. São Vicente
Str. v. Gibraltar
Tanger
Tétouan
Rabat
CASABLANCA
Fès
Safi
Marrakesch
Agadir
MAROKKO
Madeira (port.)
Funchal
Kanarische Inseln (span.)
Las Palmas d. G. C.
El-Aaiún
Tarfaya
Westsahara
Smara
Dakhla
Nouadhibou
Fdérik
Atar
MAURETANIEN
Nouakchott
Oualata
Néma
Kiffa
SENEGAL
DAKAR
GAMBIA
Banjul
GUINEA-BISSAU
Bissau
Labé
GUINEA
Kindia
Conakry
Freetown
SIERRA LEONE
Kankan
LIBERIA
Monrovia
Greenville
Harper
K. Palmas
ELFENBEIN-KÜSTE
Man
Bouaké
Yamoussoukro
ABIDJAN
GHANA
Tamale
Accra
Sekondi-Takoradi
Cape Coast
TOGO
Lomé
BENIN
Porto-Novo
LAGOS
IBADAN
Ogbomosho
Abuja
Kaduna
Kano
Sokoto
NIGERIA
Onitsha
Port Harcourt
Iwo
MALI
Timbuktu
Mopti
Kayes
Bamako
BURKINA FASO
Ouagadougou
Bobo-Dioulasso
Dori
Niamey
Maradi
Zinder
Tanout
Agadès
NIGER
Kidal
Bilma
Fachi
ALGERIEN
ALGIER
Oran
Sidi-Bel-Abbès
Constantine
Biskra
Annaba
Laghouat
Béchar
Beni Abbes
Großer Westl. Erg
Großer Östl. Erg
Tindouf
Eglab
Reggane
In-Salah
Touggourt
Ghadamis
Tassili N'Ajjer
Djanet
Ahaggar
Tahat 2918 m
Tamanrasset
Taoudenni
Sahara
Saharaatlas
Hoher Atlas
TUNESIEN
Tunis
Sfax
Gabès
Nalut
MALTA
Sizilien
Tripolis
Misurata
Surt
Bengasi
Tobruk
Adjedabija
Saukna
Audjila
Al Ukaila
LIBYEN
Adri
Sebha
Mursuk
Ghat
Al Djof
Kufra
Nördlicher Wendekreis
Djado
Bardai
Tibesti
Emi Koussi 3415 m
TSCHAD
Ennedi
Fada
Abéché
Tschadsee
N'Djamena
Maiduguri
Am Timan
Sarh
Moundou
Garoua
Darfur
Jabal Marra 3071 m
El Fasher
Nyala
Libysche Wüste
ÄGYPTEN
ALEXANDRIA
KAIRO
GISEH
Sues
Port Said
Siwa
El-Faijum
Al Minja
Al Bawiti
Bahrija-Oasen
Assiut
Sohag
Kena
Luxor
Al Kasr
Dachla-Oasen
Idfu
Assuan
Hurghada
ABU SIMBEL
Nassersee
Wadi Halfa
Uweinat 1893 m
Nubische Wüste
SUDAN
Dongola
Port Sudan
Atbara
Kassala
OMDURMAN
Khartoum
Wad Medani
El-Obeid
Kusti
An Nahud
Kadukli
Kodok
Malakal
Akobo
Waw
Juba
ERITREA
Asmara
Ras Dashan 4620 m
Makale
Gondar
DJIBOUTI
Djibouti
Dire Dawa
ADDIS ABEBA
Harar
ÄTHIOPIEN
Batu 4307 m
Berbera
Erigavo
Hafun
SOMALIA
Garoowe
Eyl
Hobyo
Belet Huen
Mogadischu
Merca
Jamaame
Baardheere
El Wak
Mandera
Yabelo
Moyale
Marsabit
KENIA
Eldoret
Mt. Kenya 5199 m
Kisumu
NAIROBI
Lodwar
Turkanasee
Gulu
UGANDA
Jinja
Kampala
RUANDA
Kigali
BURUNDI
Bujumbura
Kilimandscharo 5892 m
Mombasa
Pemba
Sansibar
DARESSALAM
Mafia
Kilwa Kivinje
Lindi
TANSANIA
Shinyanga
Tabora
Dodoma
Massai-Steppe
Kasanga
Iringa
Mbeya
Rungwe 3175 m
Songea
KAMERUN
Douala
Yaoundé
Lomié
Malabo
Bioko
ÄQUATORIAL-GUINEA
SÃO TOMÉ UND PRÍNCIPE
Príncipe
São Tomé
Golf von Guinea
Äquator
Libreville
GABUN
Lambaréné
Port-Gentil
Pagalu (Äquat.)
REP. KONGO
Brazzaville
Pointe-Noire
Cabinda (Angola)
Matadi
Mbanza
KINSHASA
Bandundu
Inongo
Mbandaka
Yangambi
Kisangani
ZENTRAL-AFRIKANISCHE REPUBLIK
Bouar
Berbérati
Bangui
Bangassou
Bondo
Obo
Yakoma
Isiro
DEM. REPUBLIK KONGO
Ruwenzori 5119 m
Kindu
Kikwit
Kasongo-Lunda
Kananga
Mbuji-Mayi
Kalemie
Tanganjikasee
Kamina
Mitumbagebirge
Kolwezi
Likasi
Lubumbashi
Dilolo
ANGOLA
LUANDA
Ambriz
Caxito
Cuanza
Malanje
Lobito
Benguela
Huambo
Lubango
Namibe
Cassinga
Ovamboland
Etoscha-pfanne
Opuwo
Tsumeb
NAMIBIA
Windhuk
Walfischbai
Lüderitz
Keetmanshoop
Gr. Karasberge 2202 m
ATLANTISCHER OZEAN
SAMBIA
Solwezi
Kitwe
Ndola
Mongu
Kabwe
Lusaka
Lilongwe
MALAWI
Blantyre
Tete
Bindura
HARARE
Chinde
Choma
Livingstone
Hwange
Victoria-fälle
SIMBABWE
Bulawayo
MOÇAMBIQUE
Lichinga
Nampula
Nacala
Moçambique
Pemba
Quelimane
Beira
Massangena
Inhambane
Xai-Xai
MAPUTO
BOTSWANA
Ghanzi
Kalahari
Tshane
Gaborone
Messina
Pietersburg
Pretoria
JOHANNESBURG
Mbabane
SWASILAND
Welkom
Bloemfontein
Maseru
LESOTHO
Pietermaritzburg
Durban
SÜD-AFRIKA
De Aar
Gr. Karroo
Swartberge
Drakensberge
Namaqualand
Oranje
Kapstadt
Tafelberg 1086 m
Kap der Guten Hoffnung
Kap Agulhas
Mossel Bay
Port Elizabeth
East London
KOMOREN
Moroni
Mayotte (franz.)
Aldabra-Inseln
SEYCHELLEN
Farquhar-Inseln
Antsiranana
MADAGASKAR
Mahajanga
Ste-Marie
Toamasina
Maintirano
ANTANANARIVO
Antsirabe
Fianarantsoa
Toliary
Betroka
Taolanaro
Str. v. Moçambique
INDISCHER OZEAN
Golf v. Aden
Kap Guardafui
Sokotra
MITTELMEER
Korsika
Ajaccio
Sardinien
Cagliari
Balearen
ITALIEN
ROM
NEAPEL
Palermo
Tirana
ALBANIEN
MAKEDONIEN
GRIECHENLAND
Athen
Patras
Saloniki
Kreta
Iraklion
Rhodos
SOFIA
BULGARIEN
JUGOSLAWIEN
Schwarzes Meer
ISTANBUL
Bursa
ANKARA
İZMİR
Konya
Antalya
Adana
TÜRKEI
Samsun
Sivas
Erzurum
Van
GEORGIEN
TIFLIS
ARMENIEN
EREWAN
ASERBAIDSCHAN
BAKU
Kaspisches Meer
TURKMENISTAN
TÄBRIS
Rascht
Elbursgebirge
TEHERAN
Hamadan
Ghom
IRAN
ISFAHAN
Abadan
SCHIRAS
Buschehr
ZYPERN
Nikosia
SYRIEN
Aleppo
LIBANON
Beirut
DAMASKUS
ISRAEL
Tel Aviv-Jaffa
Jerusalem
Amman
JORDANIEN
IRAK
BAGDAD
Mosul
Nadjaf
Basra
KUWAIT
Kuwait
Pers. Golf
BAHRAIN
Dammam
Manama
KATAR
Doha
Hofuf
VEREIN. ARAB. EMIRATE
SAUDI-ARABIEN
RIAD
Al Djauf
Wüste Nefud
Medina
DJIDDA
Mekka
Al Taif
Rub al Chali
Rotes Meer
Dahlak-arch.
Djisan
SANAA
JEMEN
Hodeida
Taiz
Aden
Makalla
Ascension (brit.)
Seychellen
Victoria
Mahé
Amiranten
Alphonse Inseln
Providence-Inseln
Farquhar-Inseln
Agalega-Inseln (Mauritius)
Maskarenenrücken
Tromelin (franz.)
Ste.-Marie
Cargados-Carajos Inseln (Mauritius)
MAURITIUS
Maskarenen
St.-Denis
Pt. Louis
Réunion (franz.)
KAP VERDE
São Vicente
São Nicolau
Sal
Sta Luzia
Boa Vista
São Tiago
Maio
Fogo
Brava
Praia
Kap Vert
Kap-Verde-Becken
Südlicher Wendekreis
bis 100 000 Ew.
100 000 - 500 000 Ew.
500 000 - 1 Mill. Ew.
über 1 Mill. Ew.
historischer Ort, Ruine
Tunis Hauptstadt
Staatsgrenze
0
500
1000 km

ghanen flüchteten in die Nachbarländer, vor allem nach Pakistan. 1991 wurde ein Friedensplan der UN angenommen, der jedoch die Auseinandersetzungen zwischen den einzelnen Mudschahedingruppen nicht beenden konnte.

■ **Afrika,** zweitgrößter Erdteil mit 30,3 Mio. km² und 707 Mio. Einwohnern. Afrika reicht, vom Äquator aus gesehen, etwa gleich weit nach Norden und nach Süden.

In der *Oberflächengestalt* ist der nördliche, trapezförmige Teil verhältnismäßig flach (Niederafrika). Er umfasst den Küstenstreifen am Mittelmeer, die Sahara und den Sahel. Der südliche, dreieckförmige Teil ist deutlich höher; der höchste Berg ist der Kilimandscharo (5895 m). Hochafrika reicht vom Gebirgsmassiv Äthiopiens im Nordosten über das vulkan- und seenreiche Ostafrika bis zur Südspitze des Kontinents. Neben großen abflusslosen Beckenlandschaften wie dem Tschadsee- und dem Kalaharibecken finden sich Großgebiete, die durch mächtige Ströme entwässert werden: das Niger-, Kongo-, Uganda- und Weißnilbecken.

Der größte Teil des Kontinents liegt zwischen den Wendekreisen und hat somit tropisches *Klima*. Nach den Wendekreisen hin prägt sich der Gegensatz zwischen Regenzeiten und Trockenzeiten immer deutlicher aus. Nördlich des 18. Breitengrades steht Afrika fast dauernd unter dem Einfluss des trockenen Nordostpassats und ist deshalb dort Wüstenland. In Südafrika bringt der Südostpassat für die Ostküste ständig Regen, das Binnenland ist jedoch recht trocken.

Die *Vegetation* spiegelt die Klimagürtel wider: Regenwälder finden sich im Mittelbereich. Nach Norden und Süden schließen sich Feuchtsavannen und mit abnehmendem Regen Trockensavannen an. Die Dornsavanne bildet schließlich den Übergang zur Wüste. Nur im äußersten Nordwesten und im äußersten Süden hat Afrika Anteil an der Mittelmeervegetation.

Die *Tierwelt* ist durch den Reichtum an Großwild gekennzeichnet: In den Wäldern gibt es viele Affenarten (u. a. Gorillas, Schimpansen), in den Flüssen Flusspferde, Krokodile, in den Steppen und Savannen Elefanten, Nashörner, Giraffen, Antilopen, Gazellen, Zebras, Strauße, Löwen, Leoparden und Hyänen.

Die *Bevölkerung* des nördlichen Afrika besteht aus hellhäutigen (europiden) Menschen: Semiten, wie die Ägypter und Araber, oder Hamiten, wie die Berber. Schwarzafrika, das überwiegend von dunkelhäutigen (negriden) Völkern bewohnte Gebiet Afrikas, beginnt erst südlich der Sahara. Es gliedert sich

Afrika: Staatliche Gliederung

Staat (Jahr der Unabhängigkeit)	Fläche in km²	Ew. in 1 000	Hauptstadt
Ägypten (1922)	1 001 449	66 675	Kairo
Algerien (1962)	2 381 741	30 175	Algier
Angola (1975)	1 246 700	11 967	Luanda
Äquatorialguinea (1968)	28 051	430	Malabo
Äthiopien	1 133 380	62 111	Addis Abeba
Benin (1960)	112 622	5 881	Porto Novo
Botswana (1966)	581 730	1 551	Gaborone
Burkina Faso (1960)	274 200	11 402	Ouagadougou
Burundi (1962)	27 834	6 589	Bujumbura
Djibouti (1977)	23 200	652	Djibouti
Elfenbeinküste (1960)	322 463	14 567	Yamoussoukro
Eritrea (1993)	121 143	3 548	Asmara
Gabun (1960)	267 667	1 170	Libreville
Gambia (1965)	11 295	1 194	Banjul
Ghana (1957)	238 533	18 857	Accra
Guinea (1958)	245 857	7 673	Conakry
Guinea-Bissau (1974)	36 125	1 134	Bissau
Kamerun (1960)	475 442	14 323	Yaoundé
Kap Verde (1975)	4 033	417	Praia
Kenia (1963)	582 646	29 020	Nairobi
Komoren (1975)	1 862	672	Moroni
Kongo, Rep. (1960)	342 000	2 822	Brazzaville
Kongo, Demokrat. Rep. (1960)	2 344 885	49 208	Kinshasa
Lesotho (1966)	30 355	2 184	Maseru
Liberia (1847)	111 369	2 748	Monrovia
Libyen (1951)	1 759 540	5 980	Tripolis
Madagaskar (1960)	587 041	16 348	Antananarivo
Malawi (1964)	118 484	10 377	Lilongwe
Mali (1960)	1 240 192	11 832	Bamako
Marokko (1956)	458 730	28 012	Rabat
Mauretanien (1960)	1 030 700	2 453	Nouakchott
Mauritius (1968)	2 040	1 154	Port Louis
Moçambique (1975)	801 590	18 691	Maputo
Namibia (1990)	824 292	1 653	Windhuk
Niger (1960)	1 267 000	10 119	Niamey
Nigeria (1960)	923 768	121 773	Abuja
Ruanda (1962)	26 338	6 528	Kigali
Sambia (1964)	752 614	8 690	Lusaka
São Tomé und Príncipe (1975)	964	141	São Tomé
Senegal (1960)	196 722	9 001	Dakar
Seychellen (1976)	455	76	Victoria
Sierra Leone (1961)	71 740	4 577	Freetown
Simbabwe (1980)	390 757	11 924	Harare
Somalia (1960)	637 657	10 653	Mogadischu
Südafrika, Rep. (1910)	1 219 090	44 295	Pretoria
Sudan, Rep. (1956)	2 505 813	28 526	Khartum
Swasiland (1968)	17 364	931	Mbabane
Tansania (1964)	945 087	32 189	Dodoma
Togo (1960)	56 785	4 434	Lomé

Blühende **Agaven;** die Blütenstände der hier abgebildeten Sisalagave erreichen eine Höhe von gut sechs Metern

in eine Vielzahl von Stämmen und Völkern, die meist nach ihren Sprachen gegliedert werden. Im Regenwald leben Pygmäen. In den Küstengebieten sind Europäer und Asiaten eingewandert; in Ost- und Südafrika findet man vor allem Inder.

Die Grundlage für die *Wirtschaft* bildet die Landwirtschaft, wobei häufig mehr für den Export als für den heimischen Bedarf produziert wird und für die stark wachsende Bevölkerung keine ausreichende Ernährungsbasis geschaffen werden kann. Kaffee, Erdnüsse, Kakao, Hirse, Baumwolle, Palmöl, Sisal und Kautschuk sind die wichtigsten Produkte. Afrika verfügt über reiche Bodenschätze, vor allem Erdöl, Eisenerz, Kohle, Diamanten, Gold, Kobalt, Mangan, Phosphat, Bauxit und Uran. Von Südafrika und einigen nordafrikanischen Staaten abgesehen ist Afrika jedoch nur wenig industrialisiert. Fremdenverkehr gibt es vor allem am Mittelmeer und in Ostafrika.

Geschichte: Afrika gehört zu den am frühesten von Menschen besiedelten Gebieten der Erde. In Südafrika und Ostafrika liegen Kernzentren altsteinzeitlicher Kulturen. Hier bildeten sich Jäger- und-Fischer-Kulturen (Buschmänner, Strandlooper), die sich bis in die Gegenwart halten konnten. In Nordafrika entstanden jungsteinzeitliche Kulturen, die sich bis nach Europa verbreiteten. Malereien und Felsbilder der Jungsteinzeit sind in der Sahara, in Ostafrika und in Südafrika zu finden. In Ägypten hat sich eine frühe Hochkultur ausgebildet.

Im Altertum gehörte Afrika nördlich der Sahara zum Kulturraum der Mittelmeergebiete. Die Phöniker gründeten seit dem 12./11. Jahrh. v. Chr. an der nordafrikanischen Küste Handelskolonien. Während der Völkerwanderungszeit errichteten die 429 n. Chr. aus Spanien übergesetzten Wandalen in Nordafrika ihr Reich. Im 7. und 8. Jahrh. wurde Nordafrika von den islamischen Arabern erobert. Bis zum 15. Jahrh. entstanden mehrere Reiche (Gana, Mali, Songhai, Kongo), über die jedoch, da es keine schriftlichen Quellen gibt, nur wenig aus Reisebeschreibungen und mündlichen Überlieferungen bekannt ist.

Seit dem 15. Jahrh. wurde Afrika von Europäern, vor allem portugiesischen Seefahrern, erforscht; Ende des 15. Jahrh. umsegelten Bartolomeu Diaz und Vasco da Gama die Südspitze Afrikas. Die Geschichte des Kontinents seit dem 16. Jahrh. war vor allem vom Sklavenhandel und von der Kolonisation, das heißt der gewaltsamen Unterwerfung ganzer Gebiete, geprägt, wobei für West- und Südafrika Europa und für Ostafrika die Araber maßgebend waren. Teile Nordafrikas standen seit 1517 unter osmanischer (türkischer) Oberhoheit und gerieten im 19. Jahrh. unter britische (Ägypten) und französische, zum Teil auch spanische (Marokko) Herrschaft. Auf einer Konferenz 1884/85 in Berlin legten die europäische Mächte die Grundsätze für die Aufteilung Afrikas fest.

Nach dem Ersten Weltkrieg (Ägypten), vor allem aber nach dem Zweiten Weltkrieg setzten in allen Kolonien starke Unabhängigkeitsbestrebungen ein, die zur Entstehung zahlreicher selbstständiger Staaten führten. Hauptprobleme Afrikas sind heute, nach dem Ende der Entkolonialisierung und der Abschaffung der Apartheid in Südafrika, die politische Instabilität in vielen Ländern und Stammeskonflikte, die immer wieder zu Kriegen und Bürgerkriegen führen, ferner die hohe Analphabetenrate, hohe Kindersterblichkeit und niedrige Lebenserwartung, verursacht meist durch die schlechte Wirtschafts- und Versorgungslage. Viele afrikanische Staaten gehören daher heute zu den →Entwicklungsländern.

Afrika: Staatliche Gliederung (Fortsetzung)

Staat (Jahr der Unabhängigkeit)	Fläche in km²	Ew. in 1 000	Hauptstadt
Tschad (1960)	1 284 000	6 892	N'Djamena
Tunesien (1956)	163 610	9 497	Tunis
Uganda (1952)	241 038	21 318	Kampala
Zentralafrikanische Republik (1960)	622 984	3 489	Bangui
Nicht selbstständige Gebiete			
Westsahara	252 120	273	El-Aaiún
Sankt Helena (zu Großbritannien)	122	6	Jamestown
Sokotra (zu Jemen)	3 626	80	Hadibu
Réunion (zu Frankreich)	2 512	682	Saint-Denis
Mayotte (zu Frankreich)	375	131	Dzaoudzi
Madeira (zu Portugal)	794	260	Funchal
Kanarische Inseln (zu Spanien)	7 447	1 630	
Ceuta und Melilla (zu Spanien)	32	132	

■ **Afrikaans** *das,* die Sprache der →Buren; sie bildete sich aus niederländischen Mundarten, die mit französischen, deutschen, englischen und afrikanischen Sprachelementen durchsetzt wurden. Afrikaans ist seit 1925 neben dem Englischen Amtssprache in der Republik Südafrika. Es wird von etwa 50% der Schwarzafrikaner, 60% der Weißen und 83% der Mischlinge gesprochen.

■ **afrikanische Musik,** meist mündlich überlieferte Verbindung von Gesang, Instrumentalspiel (vor allem Rhythmusinstrumente) und Tanz, die oft Bereiche des Kultischen und Magischen erreicht.

Charakteristisch ist der wechselweise Vortrag zweier Einzelsänger oder Chorgruppen oder von Vorsänger und Chor.

■ **Afroamerikaner,** Amerikaner schwarzafrikanischer Abstammung. Als **afroamerikanisch** bezeichnet man auch Stilrichtungen, z. B. in Musik oder Literatur, mit afrikanischen und amerikanischen Komponenten.

■ **After** *der* (lat. Anus), die Ausmündung des Darmkanals. Sie ist beim Menschen durch zwei Schließmuskeln verschlossen, von denen nur der äußere dem Willen unterworfen ist.

■ **AG,** Abkürzung für Aktiengesellschaft (→Aktie).

■ **Ägäisches Meer** (Ägäis), Nebenmeer des Mittelmeeres, zwischen Griechenland, Kreta und Kleinasien, 179 000 km^2, bis 2962 m tief (bei Kreta), sehr buchten- und inselreich. Zu den **Ägäischen Inseln** gehören u. a. Kreta, Lesbos und Inselgruppen wie die Kykladen, die Sporaden und der Dodekanes.

■ **Agamemnon,** in der griechischen Mythologie ein König von Mykene, Führer der Griechen im →Trojanischen Krieg. Als er nach langen Jahren heimkehrt, wird er von seiner Gattin Klytämnestra und deren Geliebten Ägisth ermordet. Sein Sohn →Orest rächt das Verbrechen.

■ **Agassi** [äg^{e}ssi], André, amerikanischer Tennisspieler, *Las Vegas 29. April 1970. Agassi gehört seit 1988 zu den weltbesten Tennisspielern. Im Verlauf seiner wechselhaften Karriere stand er 1995 und 1996 vorübergehend an der Spitze der Weltrangliste, 1999 eroberte er diese Position erneut. 1996 war er Olympiasieger im Herreneinzel.

■ **Agave** [griech.] *die,* eine Gattung der Agavengewächse mit etwa 300 Arten, die vom Süden der USA bis ins nördliche Südamerika verbreitet ist. Agaven haben meist dickfleischige, spitze Blätter. Im hohen Alter bildet die Pflanze einen Blütenstand und stirbt nach der Blüte ab. Aus den Blattfasern der Sisalagave gewinnt man **Sisal,** aus dem vor allem Taue hergestellt werden. Aus dem vergorenen Saft einer anderen Agavenart wird in Mexiko ein alkoholisches Getränk **(Pulque)** bereitet.

■ **Agglomeration** [lat.] *die* (Ballungsraum, Ballungsgebiet), die Konzentration von Bevölkerung und Arbeitsplätzen auf engem Raum, z. B. eine Großstadt mit den umgebenden Vororten und Satellitenstädten (etwa Paris, London oder Mexiko).

■ **Aggregat** [lat.] *das,* **1)** *Mathematik:* eine mehrgliedrige algebraische Summe, z. B. $(2x+y)+(4z+1)-[(3y+4z)-(4y+1)]$.
2) *Technik:* ein aus mehreren miteinander verbundenen Einzelmaschinen bestehender Satz von Maschinen.

■ **Aggregatzustand,** eine der Zustandsformen, in denen Materie (ein Stoff) vorliegen kann. Es werden meist drei Aggregatzustände unterschieden, die jeweils durch Temperatur und Druck sowie

Afrika: Entdeckung und Erforschung

um 1480 v. Chr.	Ägypt. Expedition nach Punt (Küste der Somalihalbinsel)
um 600 v. Chr.	Phöniker umsegeln im Auftrag des Pharao Necho II. Afrika vom Roten Meer über die Südspitze bis zum Mittelmeer
um 60 n. Chr.	Röm. Expedition gelangt bis zu den Sümpfen des Weißen Nil
1325–53/54	Ibn Battuta bereist ganz Nord-Afrika und die Ost-Küste; er erreicht 1352 Timbuktu
1416–60	Portugiesen erkunden im Auftrag Heinrichs des Seefahrers die W-Küste südwärts
1482/83	D. Cão erreicht die Küste Südwestafrikas
1488	B. Diaz umsegelt als erster Europäer das Kap der Guten Hoffnung
um 1515	Leo Africanus bereist das Nigergebiet und Sudan
1770	J. Bruce entdeckt die Quellen des Blauen Nil
1825/26	A. G. Laing reist von Tripolis nach Timbuktu
1850–55	H. Barths Reisen durch die Sahara und im Sudangebiet
1852–64	D. Livingstone erforscht den Lauf des Sambesi, durchquert das südliche Afrika von Luanda bis Quelimane (1854–56) und erreicht die Victoriafälle (1855) und den Njassasee (1859)
1858	J. H. Speke entdeckt den Tanganjikasee (mit Sir R. F. Burton) und den Victoriasee
1865–67	G. Rholfs durchquert das nördliche Afrika von Tripolis über Bornu bis Lagos
1865–72	K. Mauch im Matabele- und Maschonaland; entdeckt 1871 die Ruinen von Simbabwe
1866–71	D. Livingstone entdeckt den Bangweolosee (1868) und den Lualaba (1871)
1869/70	G. Schweinfurth erkundet das obere Nilgebiet und entdeckt den Konogonebenfluss Uele
1869–74	G. Nachtigal bereist die Sahara (mit Tibestigebirge) und den Sudan
1871	H. M. Stanley und D. Livingstone begegnen einander in Ujiji
1873–75	V. L. Cameron durchquert Äquatorialafrika von Ost nach West
1874–77	H. M. Stanley bereist die Seen Zentralafrikas und befährt den Kongo bis zur Mündung
1879–84	H. M. Stanley erforscht das Kongobecken
1880–82	H. von Wissmann durchquert Äquatorialafrika von West nach Ost
1889	H. Meyer ersteigt den Kilimandscharo
1892/93	O. Baumann erforscht den Kagera, den Hauptquellfluss des Weißen Nil
1906	C. Harding stellt die Quelle des Sambesi fest

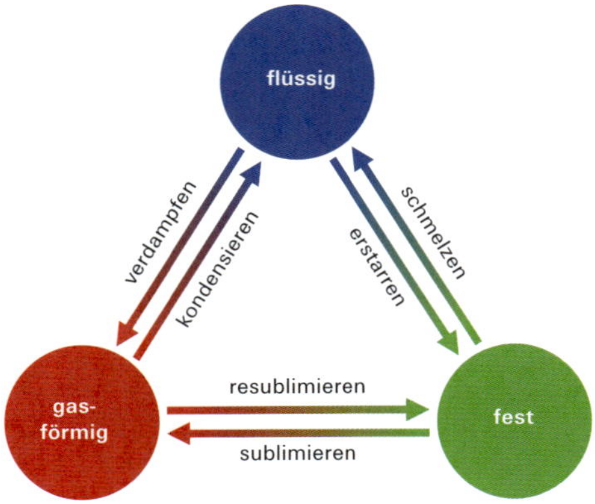

den Schmelz- und den Siedepunkt eines Stoffs bestimmt sind: fest, flüssig, gasförmig. Sie beruhen auf den Anziehungskräften der Teilchen eines Stoffs einerseits und deren Wärmebewegung anderseits.

Ein **fester** Körper ist formbeständig und elastisch. Unter Zufuhr von Energie schmilzt er und wird **flüssig.** In einer Flüssigkeit sind deren Atome oder Moleküle gegeneinander verschiebbar, sodass eine Flüssigkeit zwar ein nahezu festes Volumen aber keine feste Gestalt hat. Bei weiterer Erwärmung wird der **gasförmige** Aggregatzustand erreicht (Verdampfung). In einem Gas bewegen sich die Moleküle weitgehend unabhängig voneinander; ein Gas füllt jeden ihm dargebotenen Raum vollständig aus, sofern es nicht durch äußere Kräfte (z.B. die Erdanziehung) daran gehindert wird.

Geht ein Festkörper direkt in den Gaszustand über, so spricht man von Sublimation, im umgekehrten Fall von Kondensation, ebenso wie beim Übergang vom gasförmigen in den flüssigen Zustand. Das Schmelzen, Verdampfen und Sublimieren sind Energie verbrauchende Vorgänge, das Kondensieren und Erstarren dagegen Energie frei setzende Vorgänge. – Häufig wird der Zustand eines →Plasmas als vierter Aggregatzustand bezeichnet.

■ **Aggression** [lat., = Angriff] *die,* **1)** *Psychologie:* ein Angriffsverhalten des Menschen, das durch eine außergewöhnliche seelische Anspannung bedingt ist.

2) *Völkerrecht:* jede rechtswidrige Angriffshandlung auf ein fremdes Staatsgebiet.

■ **aggressiv,** angriffslustig, herausfordernd.

■ **Agitation** [lat.] *die,* anhaltende und systematische Werbung für bestimmte (vor allem politische) Anschauungen.

■ **Agnus Dei** [lat., = Lamm Gottes] *das,* Bezeichnung und Symbol für Jesus Christus; danach der Name eines liturgischen Gebets.

■ **Agonie** [griech.] *die,* der Todeskampf.

■ **Agra,** Stadt in Indien, südöstlich von Delhi, mit 892 200 Einwohnern; bedeutendes Fremdenverkehrszentrum mit prachtvollen islamischen Bauten. Zu den schönsten gehört das →Tadsch Mahal.

■ **agrar..., Agrar...** [lat.], Bestimmungswort von Zusammensetzungen mit der Bedeutung »Landwirtschaft(s)..., Boden...«.

■ **Agrippa,** Marcus Vipsanius, römischer Feldherr und Staatsmann, *63 v. Chr., † 12 v. Chr.; Schwiegersohn des Kaisers Augustus. Er besiegte Marcus →Antonius 31 v. Chr. bei Aktium in Griechenland.

■ **Ägypten** (Arabische Republik Ägypten), Republik in Nordostafrika. Ägypten ist knapp dreimal so groß wie Deutschland. Die Bevölkerung besteht vorwiegend aus muslimischen Arabern. Das Land ist zum größten Teil Wüste. Die meisten Menschen leben im fruchtbaren Flussgebiet des Nil und im Nildelta, in Oasen sowie an den Küsten des Mittelmeeres und des Roten Meeres.

Nur etwa 3,5 % des Landes können landwirtschaftlich genutzt werden (Anbau von Baumwolle, Getreide, Obst, Gemüse und Zuckerrohr). Viele Industriebetriebe entstanden erst nach 1960. Am Golf von Suez wird Erdöl gefördert, bei Assuan Eisenerz. Durch den Bau von Staudämmen am Nil (z.B. der Assuanhochdamm) versucht man, größere Landflächen künstlich zu bewässern und fruchtbar zu

Ägypten
Fläche 1 001 449 km²
Einwohner 65,675 Mio.
Hauptstadt Kairo
Amtssprache Arabisch
Nationalfeiertag 23. 7. und 6. 10.
Währung 1 Ägyptisches Pfund (ägypt. £) = 100 Piaster (PT)
Zeitzone MEZ +1 Std.

machen. Für den internationalen Durchgangsverkehr zwischen Rotem Meer und Mittelmeer ist der Suezkanal bedeutend. Ägypten hat mit zahlreichen Zeugnissen der altägyptischen Kultur bedeutende Anziehungspunkte für den Fremdenverkehr.

Geschichte: Schon früh siedelten ackerbauende Völker in dem fruchtbaren Landstreifen längs des Nil, der mit seinen alljährlichen Überschwemmungen das Land bewässerte. Bereits vor 3000 v. Chr. gab es einen ägyptischen Gesamtstaat, der nach der ägyptischen Überlieferung aus der Vereinigung der beiden Reiche Ober- und Unterägypten entstanden ist.

Als erster König der ersten Dynastie gilt Menes oder Aha. Das **Alte Reich** bestand etwa von 2660 bis 2160 v. Chr.; Residenz war Memphis. Unter der uneingeschränkten Macht des Erbkönigtums wurden Eroberungszüge nach Nubien und Palästina unternommen. Aufstände und soziale Umwälzungen führten zum Zerfall des Reiches in kleinere Fürstentümer. Später gelang noch einmal die Einigung des Reiches von Oberägypten aus; Hauptstadt wurde Theben.

Das **Mittlere Reich** (etwa 2040 bis 1785 v. Chr.) hatte schon ein wohl geordnetes Verwaltungssystem. Die Hauptstädte des Reiches wechselten. Neue Bewässerungsanlagen wurden gebaut und das Kulturland erweitert. Als innere Wirren das Reich schwächten, gelang es den Hyksos, einer aus Asien stammenden Oberschicht, Ägypten ein Jahrhundert lang zu beherrschen.

Nach der Vertreibung der Hyksos wurde das **Neue Reich** errichtet, das von etwa 1552 bis 1070 v. Chr. bestand; Hauptstadt war Theben. Auf den Höhepunkten militärischer Machtentfaltung wurden Nubien, Palästina und Syrien erobert. Die schon im Alten Reich unternommenen Handelsfahrten nach Punt (vermutlich an der Somaliküste) wurden wieder aufgenommen. Unter →Echnaton brachen schwere religiöse Krisen und innere Unruhen aus. Nach neuer Festigung unter Ramses II. und Ramses III. (→Ramses) verfiel die ägyptische Macht durch innere und äußere Kriege.

In den nachfolgenden Jahrhunderten stand das Land unter wechselnder Herrschaft. Eine Zeit lang war es persische Provinz, 332 v. Chr. wurde es von Alexander dem Großen erobert. Danach herrschten die →Ptolemäer, unter denen das Land eine große wirtschaftliche und kulturelle Blüte erlebte. Die Hauptstadt Alexandria wurde Mittelpunkt der hellenistischen Kultur (→Hellenismus).

Als die Römer 30 v. Chr. Alexandria eroberten, nahm sich Königin →Kleopatra das Leben. Ägypten wurde Provinz des Römischen Reiches, später Teil des Byzantinischen Reiches (395–640 n. Chr.).

Schon früh bildeten sich in Ägypten christliche Gemeinden; das Mönchtum nahm von hier seinen Ausgang. 640/642 wurde das Land von den Arabern erobert. Ab 1517 war es Provinz des Osmanischen Reiches, zeitweise aber praktisch selbstständig. Gegen Ende des 19. Jahrh. geriet es durch wirtschaftlichen Druck und schließlich durch militärische Besetzung unter britische Herrschaft.

1922 wurde Ägypten unabhängige parlamentarische Monarchie, die sich 1948/49 am arabischen Kampf gegen Israel beteiligte. Durch einen Staatsstreich wurde 1952 König Faruk zur Abdankung gezwungen und 1953 die Republik ausgerufen. Nachdem unter Präsident Nasser 1956 der Suezkanal verstaatlicht worden war, kam es im gleichen Jahr zur Suezkrise. Israel, Großbritannien und Frankreich griffen Ägypten militärisch an; durch die UN (denen Ägypten als Gründungsmitglied angehört) wurde der Konflikt beigelegt.

Im 3. israelisch-arabischen Krieg (»Sechstagekrieg«) besetzte Israel 1967 die Sinaihalbinsel. Nach dem Tod Nassers 1970 wurde Anwar as-Sadat (1918–81) neuer Staatspräsident. 1973 griffen Ägypten und Syrien Israel militärisch an, mussten aber nach Anfangserfolgen in einen Waffenstill-

Ägypten

Flagge

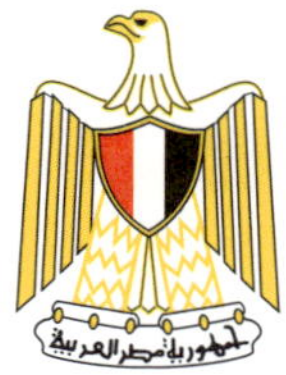

Wappen

Ägypten: Geschichte bis 1517

Frühzeit (3000–2660): 1.–2. Dynastie. Reichseinigung

Altes Reich (2660–2160): 3.–6. Dynastie. Djoser, Snofru, Cheops, Chephren und Mykerinos erbauen Pyramiden. Sonnenglaube wird Staatsreligion

I. Zwischenzeit (2160–2040): 7.–10. Dynastie. Dynastische Wirren

Mittleres Reich (2040–1785): 11.–12. Dynastie. Erneute Einigung. Blüte unter den Königen Amenemhet und Sesostris

II. Zwischenzeit (1785–1552): 13.–17. Dynastie. Niedergang unter schnell wechselnden Herrschern. 15./16. Dynastie (1650–1550) Fremdherrschaft der Hyksos. Beginn des Befreiungskriegs unter König Kamose

Neues Reich (1552–1070): 18.–20. Dynastie. Vertreibung der Hyksos. Ägypten wird Weltmacht.
Bedeutende Könige: Amenophis I., II., III., IV. (Echnaton), Königin Hatschepsut, Sethos I., Ramses II., III.

III. Zwischenzeit (1070–712): 21.–24. Dynastie, in Tanis. Unter den libyschen Königen Auflösung des Reichs

Spätzeit (712–332): 25.–31. Dynastie (Äthiopien, Perser). Einfall der Assyrer: Zerstörung Thebens

Griechische Zeit (332–30): Alexander d. Gr., die Ptolemäer, Kleopatra

Römische Zeit (30 v. Chr. bis 395 n. Chr.): Römische Provinz, Christianisierung

Byzantinische Zeit (395–639/640)

Arabische Zeit (640/642–1517): Kairo zeitweise Sitz von Kalifen. Herrschaft der Fatimiden, Aijubiden, Mamelucken

Die sitzende Gestalt eines Pharaos aus der 11. Dynastie vermittelt die zeitlosen Dimensionen **ägyptischer Kunst**

stand einwilligen. 1979 wurde mit Unterstützung der USA ein Friedensvertrag zwischen Ägypten und Israel erreicht, der zur Rückgabe des Sinai führte, Ägypten aber politisch und wirtschaftlich in der gesamten arabischen Welt isolierte.

Nach der Ermordung Sadats im Oktober 1981 versuchte sein Nachfolger Hosni Mubarak (*1928), die Beziehungen zu den übrigen arabischen Staaten zu verbessern. 1991 beteiligte sich Ägypten gemeinsam mit anderen arabischen Staaten an der Seite der USA am →Golfkrieg 2) gegen den Irak. Im Nahostkonflikt förderte Ägypten die Annäherung zwischen PLO und Israel und bemühte sich seit 1996, den Friedensprozess in Gang zu halten.

■ **ägyptische Kunst,** die Kunst der Ägypter etwa vom 4. Jahrtausend bis zum 1. Jahrhundert v. Chr. Da die aus Lehmziegeln errichteten Häuser und Paläste kaum noch erhalten sind, haben als Zeugen der ägyptischen Baukunst vor allem die steinernen Tempel und Gräber mit ihren Beigaben überdauert. Schon aus der Frühzeit sind Ton- und Steingefäße, Figuren und Felsbilder erhalten. Gegen Ende der Frühzeit wurden große Grabkammern angelegt, deren Wände mit Kampf-, Jagd- und Tanzszenen bemalt wurden und deren Gestaltung bereits den Regeln unterlag, die für die ägyptische Kunst typisch blieben (dass sich z. B. die Größe der Figuren nach ihrer Bedeutung und nicht nach ihrer natürlichen Größe bemaß).

Im Alten Reich (um 2700–2160 v. Chr.) wurden die königlichen Grabanlagen als Pyramiden gebaut, so die der Könige Cheops (um 2585–2550 v. Chr.) und Chephren (um 2540–2505 v. Chr.). In den Grabkammern fand man Statuen, die dem Fortleben des Menschen im Jenseits dienen sollten. Aus dem Mittleren Reich (um 2040–1797 v. Chr.) sind lebensnahe Bildnisstatuen von Königen und Beamten erhalten, die nun auch in Tempeln aufgestellt wurden. Im Neuen Reich (um 1543–1075 v. Chr.) errichtete man große Tempelanlagen (u. a. Luxor, Karnak, Abu Simbel); in Theben entstanden Felsgräber für Könige und Beamte. Berühmt ist das Grab des →Tutanchamun mit seinen Schätzen.

Diese Kalksteinbüste einer Prinzessin aus der 12. Dynastie gehört zum unverwechselbarem Erbe der **ägyptischen Kunst**

Die Goldmaske des Tutanchamun, dessen Grab im Jahr 1922 fast unversehrt gefunden wurde, zeugt von der Vollkommenheit der **ägyptischen Kunst;** auf der Stirn trägt der Pharao die Wappenzeichen Ober- und Unterägyptens: eine Kobra und einen Geier

■ **Ahnen,** die Vorfahren. Im **Ahnenkult** werden die verstorbenen Vorfahren religiös verehrt. Besonders ausgeprägt ist die Verehrung der Ahnen in afrikanischen, chinesischen und japanischen Religionen. – Zur **Ahnenforschung** →Genealogie.

■ **Ähnlichkeit,** die Gleichheit der Form von geometrischen Figuren. Ähnliche Figuren stimmen in den entsprechenden Winkeln überein, und das Größenverhältnis der entsprechenden Seiten ist gleich. In ihrer Gestalt unterscheiden sie sich jedoch.

Die für die Ähnlichkeit von Dreiecken notwendigen Bedingungen sind in den **Ähnlichkeitssätzen** formuliert. Zwei Dreiecke sind einander ähnlich, wenn sie

1. in zwei Winkeln übereinstimmen,
2. im Verhältnis zweier Seiten und in dem von diesen Seiten eingeschlossenen Winkel übereinstimmen,
3. in den Verhältnissen der drei Seiten übereinstimmen,
4. im Verhältnis zweier Seiten und dem Gegenwinkel der größeren von diesen übereinstimmen.

■ **A̲horn,** eine Gattung der Ahorngewächse mit etwa 150 Arten vor allem auf der Nordhalbkugel. Die Blätter sind handförmig gelappt, die Früchte haben zwei lange Flügel. In Deutschland sind der **Spitzahorn,** der **Bergahorn** und der **Feldahorn** verbreiet. In Nordamerika wächst der **Zuckerahorn,** aus dem Ahornsirup gewonnen wird. Aus dem harten, hellen Ahornholz werden vor allem Möbel hergestellt.

■ **Ä̲hre** →Blütenstand.

■ **Aids** (AIDS) [e̲ids], Abkürzung für **a**quired **i**mmune **d**eficiency **s**yndrome [engl., = erworbene Immunschwäche], eine durch das →HI-Virus verursachte Schwächung des Immunsystems des Körpers, die nach Ausbruch der Krankheit zum Tod führen kann. Die Infektion erfolgt durch die Übertragung virushaltiger Körperflüssigkeit wie Blut oder Sperma, vor allem beim ungeschützten Geschlechtsverkehr. Die Viren gelangen meist über kleinste, kaum spürbare Wunden ins Blut. Eine Ansteckung durch bloße Berührungen ist nicht möglich.

Die Viren dringen hauptsächlich in die so genannten Helferzellen des Immunsystems ein, vermehren sich dort und zerstören sie dabei. Die Helferzellen sind an der Steuerung der Immunabwehr wesentlich beteiligt. Da anfangs nur wenige dieser Zellen befallen sind, können die anderen noch zur Antikörperbildung beitragen und die Immunabwehr aufrechterhalten. Die Antikörper gegen die Viren im Blut des Infizierten sind dann mithilfe von Tests nachweisbar (HIV-positiv).

Frühestens nach vier Wochen können für kurze Zeit die ersten Krankheitszeichen auftreten, die denen einer Grippe ähnlich sind. Nach einer Zeit von einem halben Jahr bis zu zehn Jahren kommt es zum Ausbruch der eigentlichen Krankheit mit so genannten »opportunistischen Infektionen«. Dabei vermehren sich sonst harmlose Bakterien und Pilze des Darms und der Haut sehr stark, sodass es zu Infektionen von Darm- und Mundschleimhäuten mit Durchfällen, Fieber und Gewichtsverlust kommt. Häufig tritt auch eine Lungenentzündung und eine bestimmte Art von Hautkrebs auf (Kaposi-Sarkom). Hauptbetroffene sind in Deutschland bislang homo- und bisexuelle Männer, die häufig ihre Sexualpartner wechseln. Bei Drogenabhängigen tragen unsaubere Spritzen zur Verbreitung bei. In Ländern der Dritten Welt verbreitet sich Aids meist über heterosexuelle Kontakte. Zurzeit gibt es weder eine Impfung noch ein Medikament zur Heilung von Aids. Wichtigste Schutzmaßnahme gegen eine Ansteckung ist daher der Gebrauch von Kondomen beim Geschlechtsverkehr.

■ **Airbag** [ä̲rbäg; engl.] *der,* Sicherheitsvorrichtung (»Luftsack«) in Kraftfahrzeugen. Airbags blasen sich z. B. bei einem Aufprall in Millisekunden meist vor und neben den Insassen auf und stützen diese gegenüber dem Fahrzeug ab.

■ **Airbus** [ä̲rbus; engl.] *der,* Großraumflugzeug für Strecken mit hohem Passagieraufkommen im Kurz-, Mittel- und Langstreckenbereich, seit 1994 auch Frachtflugzeuge. Der Airbus, von dem es verschiedene Typen gibt, wird von einem Zusammenschluss aus mehreren europäischen Firmen (Sitz: Paris) gebaut.

■ **A̲ischylos** [ai̲ßchülos] (Äschylus), griechischer Dichter, *Eleusis (Attika) 525 v. Chr., † Gela (Sizilien) 456 v. Chr. Er gilt als Begründer der Tragöde als literarischer Kunstform. Von etwa 90 Dramen sind nur sieben vollständig erhalten, darunter »Die Perser«, »Sieben gegen Theben« sowie drei Stücke der vierteiligen »Orestie«.

■ **Ajato̲llah** →Ayatollah.

■ **Akademi̲e** [griech.] *die,* ursprünglich die Philosophenschule Platons am Hain des Heros Akademos bei Athen; etwa seit dem 15. Jahrh. Bezeichnung für gelehrte Gesellschaften und Forschungseinrichtungen; heute Bezeichnung für Fach(hoch)-schulen, Musik- und Kunsthochschulen.

■ **Aka̲zien** [griech.], eine Gattung der Hülsenfrüchtler mit etwa 750 Arten in den Subtropen und Tropen. Es sind häufig mit Dornen besetzte Bäume oder Sträucher. Ihre Blätter sind gefiedert, die kleinen, meist gelben oder weißen Blüten stehen in dichten Blütenständen. Verschiedene Arten haben wirtschaftliche Bedeutung, sie liefern Gerbstoffe, wertvolles Nutzholz oder (durch Anzapfen der Rinde) Gummiarabikum als wasserlöslichen Klebstoff. Die **Robinie,** ein Baum mit langen, weißen Blütentrauben, wird oft fälschlich als Akazie bezeichnet.

Zwei Arten des **Ahorns:** ein blühender Bergahorn mit seinen fünflappigen Blättern, darunter ein mit Früchten bestückter Spitzahorn, dessen Blätter bis zu 18 cm breit werden können

Typisch für die **Akazie** sind die gefiederten Blätter; die Künstler des alten Ägypten bevorzugten das Holz der Akazienbäume für Götterskulpturen

■ **Akkad** (Akkade), alte Stadt in Nordbabylonien, die im letzten Drittel des 3. Jahrtausends v. Chr. durch Sargon von Akkad als Hauptstadt des ersten semitischen Großreiches auf mesopotamischem Boden (Reich von Akkad) gegründet wurde. Nach ihr wird die semitische Sprache Babyloniens und Assyriens **Akkadisch** genannt.

■ **Akklamation** [lat.] *die,* Zustimmung, Beifall; Abstimmung durch Beifallsäußerung (z. B. durch Zuruf) ohne Stimmenzählung.

■ **akklimatisieren** [lat.], sich an veränderte Lebensverhältnisse, insbesondere an ein fremdes Klima, anpassen.

■ **Akkomodation** [lat.] *die,* **1)** *allgemein:* Anpassung, Angleichung.

2) *Medizin:* die Anpassung der Augenlinse auf die Entfernung eines Gegenstandes durch Änderung der Linsenkrümmung.

■ **Akkord** [frz.] *der, Musik:* ein harmonisch geordneter Zusammenklang von mindestens drei Tönen verschiedener Tonhöhe, z. B. c–e–g (C-Dur-Dreiklang).

■ **Akkordarbeit,** Tätigkeit, die nach Leistungseinheiten (meist nach der Stückzahl) bezahlt wird.

■ **Akkordeon** [frz.] *das* (Ziehharmonika), im 19. Jahrh. entwickeltes Harmonikainstrument. Es hat für die Melodiestimme entweder eine Tastenreihe **(Pianoakkordeon, Schifferklavier)** oder eine Knopfreihe; für die Bässe (Akkorde oder Einzeltöne) hat das Akkordeon immer Knöpfe. Durch Bewegung des Faltenbalgs wird ein Luftstrom auf Stimmzungen geleitet, die in Schwingung geraten und Töne erzeugen. Beim Akkordeon ist (im Gegensatz zur →Handharmonika) der Ton bei Druck und Zug gleich.

■ **Akkra** →Accra.

■ **Akkumulator** [lat.] *der,* **1)** *Elektrotechnik:* Kurzform **Akku,** Energiespeicher, der sich wieder aufladen (regenerieren) lässt. Ein Akkumulator ermöglicht die wechselseitige Umwandlung von chemischer Energie in elektrische Energie.

Der am häufigsten verwendete Typ, der **Bleiakkumulator,** besteht im Prinzip aus einem mit 20-prozentiger Schwefelsäure gefüllten Gefäß, in das Bleiplatten (Pb) und mit Bleidioxid (PbO_2) beschichtete Platten eingetaucht werden. Das elementare Bleimetall und das Bleidioxid reagieren bei der Stromentnahme zu Bleisulfat ($PbSO_4$). Dieser Vorgang liefert Energie in Form von Strom, der zum Starten von Autos (Autobatterie), als Notstromversorgung usw. gebraucht wird. Der entladene Akkumulator kann mithilfe von elektrischem Gleichstrom wieder aufgeladen werden. Dabei wird der zuvor abgelaufene chemische Vorgang wieder umgekehrt.

Große Bedeutung haben **Nickel-Cadmium-Akkumulatoren.** Sie werden als Großakkumulatoren mit offenen Zellen hergestellt sowie als kleine gasdichte gekapselte Knopf- und Rundzellen, die wegen ihrer Wartungsfreiheit gut zur Stromversorgung in elektronische Geräte (z. B. Taschenrechner, Rundfunkgeräte) eingesetzt werden können. – Andere Typen sind der Nickel-Eisen-Akkumulator und der Natrium-Schwefel-Akkumulator.

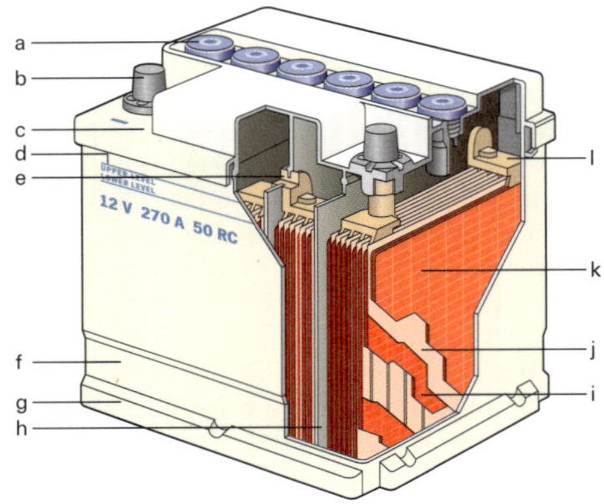

Der bekannteste **Akkumulator** ist der in Autos als Starterbatterie verwendete Bleiakkumulator: a Verschlussstopfen, b Endpol, c Blockdeckel, d Säurestandmarke, e Direktzellenverbinder, f Blockkasten, g Bodenleisten, h Zelltrennwand, i Plusplatte, j Kunststoffseparator, k Minusplatte, l Polbrücke

2) *Informatik:* ein Register des Rechenwerks (→CPU) einer Rechenanlage mit sehr kurzer Zugriffszeit. Im Akkumulator werden vor der Ausführung einer Operation die Operanden und danach meist das Ergebnis zwischengespeichert.

■ **Akkusativ** (Wenfall) →Fälle.

■ **Akkusativobjekt** →Satz.

■ **Akne** [griech.] *die,* eine Hautkrankheit, die häufig in der →Pubertät beginnt und bis etwa zum 25. Lebensjahr auftritt. Dabei sondern aufgrund der hormonellen Umstellung während dieser Zeit und auch wegen erblichen Faktoren die Talgdrüsen der Haut im Gesicht, an Rücken, Nacken und Brust mehr Talg ab, der verhärtet und die Talgdrüsen verstopft. Die dadurch entstehenden Mitesser können sich durch eindringende Bakterien entzünden und zu eitrigen Pickeln (Akneknoten) führen. Ohne Behandlung besteht die Gefahr der Narbenbildung. Behandlungsmöglichkeiten sind die tägliche gründliche Reinigung und Desinfektion mit speziellen Lösungen sowie das keimfreie Entfernen der Mitesser.

■ **AKP-Staaten,** die Entwicklungsländer im **a**frikanischen, **k**aribischen und **p**azifischen Raum, die seit dem Abkommen von Lomé (1975) mit den EU-Staaten wirtschaftlich zusammenarbeiten.

■ **Akrobat** [griech.] *der,* Turn- und Bewegungskünstler, der im Zirkus oder im Varietee schwierige, mitunter waghalsige Übungen vorführt. Man unterscheidet Parterreakrobaten, die ihre Kunststücke am Boden ausführen, und Luftakrobaten, die auf dem Seil, an schwingenden Ringen oder am Trapez arbeiten.

■ **Akronym** [griech.], Kurzwort aus den Anfangsbuchstaben mehrerer Wörter, z. B. NATO (aus **N**orth **A**tlantic **T**reaty **O**rganization).

■ **Akropolis** [griech.] *die,* in der griechischen Antike die auf einem Hügel gelegene Stadtburg, zunächst als Festung und Herrschersitz, später als Tempelbezirk oder Residenz; auch der Burgberg selbst. Am berühmtesten ist die Akropolis von Athen, das auf steilem Kreidefelsen gelegene religiöse Zentrum der Stadt.

■ **Akt** [lat.] *der,* **1)** *allgemein:* Handlung, Vorgang, Tat, Zeremonie, z. B. Staatsakt.

2) *Kunst:* die Darstellung des nackten menschlichen Körpers.

3) *Literatur:* (Aufzug), Teilabschnitt eines Theaterstücks, der meistens in sich eine gewisse Einheit bildet.

■ **Aktie** [...zi^{e}; niederländisch] *die,* Urkunde, in der dem Inhaber **(Aktionär)** bescheinigt wird, dass er einem Unternehmen **(Aktiengesellschaft,** Abkürzung **AG)** einen bestimmten Geldbetrag (mindestens 5,– DM) zur Verfügung gestellt und damit einen Anteil am Grundkapital der AG erworben hat. Mit dem Erwerb einer Aktie wird der Käufer Miteigentümer der Aktiengesellschaft und hat Anspruch auf einen Teil des Gewinns **(Dividende).** Aktien werden vor allem an →Börsen gehandelt, wobei ihr Verkaufswert **(Aktienkurs)** meist über dem auf der Aktie verzeichneten Nennbetrag liegt.

■ **aktiv** [lat.], tätig, unternehmend, tatkräftig; wirksam; im Dienst stehend; Gegensatz: passiv.

■ **Aktiv** (Tatform) →Verb.

■ **Aktiva** →Bilanz.

■ **Aktivkohle** →Adsorption.

■ **aktuell** [frz.], zeitnah, zeitgemäß.

■ **Akupunktur** [zu lat. acus, = Nadel und pungere, = stechen] *die,* altes chinesisches Heilverfahren, bei dem kleine Gold- oder Silbernadeln unterschiedlich tief in bestimmte Stellen des Körpers eingestochen werden. Die mehr als 360 Einstichstellen liegen auf 14 »Meridianen«, die den »Strom der Lebensenergie« fortleiten. Durch die Reizung soll die Lebensenergie beeinflusst und das durch die Krankheit gestörte Energiegleichgewicht der Gegensätze Yin und Yang wieder hergestellt werden. Akupunktur wird vor allem zur Linderung von Schmerzen (z. B. Migräne) angewendet.

Die Aufname der **Akropolis** von Athen zeigt links die Propyläen und rechts den Parthenon

■ **Akustik** [griech.] *die,* die Lehre vom →Schall, von seiner Entstehung, Ausbreitung und Wahrnehmung. Die physikalische Akustik befasst sich mit allen mechanischen Schwingungs- und Wellenerscheinungen in Stoffen (vor allem in der Luft), deren Frequenzen zwischen etwa 16 und 20 000 Hertz liegen (untere und obere Hörgrenze des Menschen) und die als Schall wahrgenommen werden. – Der Einsatz der Elektrotechnik führt zur Elektroakustik. Die Erzielung guter Hörverhältnisse in Räumen, z. B. in Konzertsälen, ist Aufgabe der Raumakustik. Die Bauakustik befasst sich mit den akustischen Eigenschaften von Baustoffen und der Fortpflanzung von Schall in Gebäuden.

■ **akut** [lat.], vordringlich, plötzlich auftretend (von Krankheiten); Gegensatz: chronisch.

■ **Akzent** [lat.] *der,* **1)** Betonung einer Silbe (Wortakzent) oder eines Redeteils im Satz (Satzakzent).

2) Betonungszeichen (z. B. in Café).

3) Aussprache, Tonfall.

■ **Alabaster** [griech.] *der,* ein weißer, undurchsichtiger oder durchscheinender, weißgelber bis rötlicher Gips. Da Alabaster sich sehr gut bearbeiten lässt, ist er ein bevorzugter Werkstoff der bildenden Kunst.

■ **Alanen,** iranisches Reitervolk nördlich des Kaukasus, im 4. Jahrh. von den Hunnen unterworfen; Teile zogen mit den Wandalen nach Spanien und Afrika, andere im 13. Jahrh. nach Ungarn.

■ **Alarich,** König der Westgoten (seit 395), *auf einer Insel im Donaudelta um 370, †in Süditalien 410. Alarich eroberte 410 Rom. Auf dem Weg nach Süditalien, von wo aus er nach Afrika übersetzen wollte, starb er und wurde bei Cosenza im Busento begraben.

■ **Alarm** [italienisch all'arme, = zu den Waffen] *der,* Warnzeichen, Gefahrmeldung.

■ **Alaska,** der nördlichste und mit 1,7 Mio. km² größte Staat der USA. Von den 614 000 Einwohnern sind etwa 16 % Eskimo und Indianer. Die Hauptstadt ist Juneau. Alaska ist eine Hochfläche, die von vergletscherten Kettengebirgszügen eingeschlossen ist. Es hat raues Kontinentalklima. Bedeutend sind die 1968 entdeckten Erdölvorkommen im Norden. Seit 1977 ist die 1 285 km lange Trans-Alaska-Pipeline zur Südküste in Betrieb. Die einzige winteroffene Straßenverbindung von Kanada nach Alaska ist der 2 450 km lange Alaska Highway (erbaut 1942).
Geschichte: Alaska wurde 1741 von Vitus Jonassen Bering (1680–1741) entdeckt und von Sibirien aus erschlossen; bis 1867 gehörte es zu Russland. Die USA erwarben das Gebiet 1867 für den Preis von 7,2 Mio. Dollar. 1959 trat Alaska als 49. Bundesstaat den USA bei.

■ **Alba,** Fernando Álvarez de Toledo, Herzog von, spanischer Feldherr und Staatsmann, *Piedrahita (Provinz Ávila) 29. Oktober 1507, †Lissabon 11. Dezember 1582. Er nahm an den Zügen Kaiser Karls V. gegen Tunis (1535) und Algier teil und siegte als Oberbefehlshaber der kaiserlichen Heere 1547 bei Mühlberg/Elbe über den →Schmalkaldischen Bund. Als spanischer Statthalter in den Niederlanden (1567–73) übte er ein Schreckensregiment aus.

Albanien

Flagge

Wappen

■ **Albanien,** Republik in Südosteuropa, an der Adria. Das Land ist größtenteils gebirgig; das einst versumpfte Küstengebiet ist heute trockengelegt. Wirtschaftlich zählt Albanien zu den ärmsten Ländern Europas; der überwiegende Teil der Erwerbstätigen arbeitet in der Landwirtschaft. Die wichtigsten Bodenschätze sind Erdöl und Chromerz. Der Haupthafen ist Durrës.
Geschichte: Im Altertum wurde das Land von Rom unterworfen, im Mittelalter war es teilweise von Bulgarien, dann von Byzanz, seit 1343 von den Serben beherrscht. Seit 1468 stand es unter türkischer Herrschaft; in dieser Zeit wurden die meisten Albaner Muslime. 1912 wurde Albanien als Fürstentum unabhängig; 1925 wurde es Republik, 1928 Königreich. 1939 annektierte Italien das Land.
1946 wurde Albanien Volksrepublik unter der Führung von Enver Hoxha (1908–1985). 1961 kam es zum Bruch mit der Sowjetunion; 1968 trat das Land aus dem Warschauer Pakt aus. Nach einer langen Zeit enger Bindung an China (bis 1979) betrieb Albanien eine Politik vollkommener Selbstisolierung. Im Zuge der politischen Veränderungen in Osteuropa fanden 1991 die ersten freien Parlamentswahlen statt. Mit der Ausweitung der Kosovo-Krise (vor allem 1999, →Kosovo) stellte die Versorgung von vertriebenen Kosovo-Albanern (Kosovaren) das Land vor schwere Herausforderungen.

Albanien
Fläche 28 748 km²
Einwohner 3,365 Mio.
Hauptstadt Tirana
Amtssprache Albanisch
Nationalfeiertage 28. und 29. 11.
Währung 1 Lek = 100 Quindarka
Zeitzone MEZ

■ **Albatrosse** [arabisch], eine Familie gut segelnder Meeresvögel mit 13 Arten. Die Vögel besitzen schmale, lange Flügel (der **Wanderalbatros** hat eine Flügelspannweite von 3,2 m und ist der größte Meeresvogel), einen kräftigen, vorn hakig gebogenen Schnabel und durch Schwimmhäute verbundene Zehen. Sie halten sich die meiste Zeit über den Meeren der Südhalbkugel auf und kommen nur zum Brüten an Land.

■ **Albertus Magnus** (Albert der Große), deutscher Philosoph, Theologe und Naturforscher; Heiliger, *Lauingen (Donau) um 1200, †Köln 15. November 1280. Albertus Magnus war Dominikaner und lehrte u. a. in Paris und Köln. Er machte dem christlichen Mittelalter die Werke des Aristoteles zugänglich. Einer seiner Schüler war Thomas von Aquin.

■ **Albinismus** (zu lat. albus, = weiß) *der,* der Farbstoffmangel in Haut und Haaren bei Mensch und Tier. Aufgrund einer erblichen Störung können keine →Pigmente gebildet werden. Die Folge sind helle Haut und weißblonde Haare oder Federn. Die Augen sind rötlich, da das Blut durchschimmert. Haut und Augen sind bei **Albinos** sehr lichtempfindlich.

■ **Alcázar** →Alkazar.

■ **Alchimie** [arabisch] (Alchemie) *die,* Bezeichnung für die »Chemie« der Zeit von der Spätantike bis zum 17. Jahrhundert. Sie experimentierte mit den verschiedensten Stoffen, um mithilfe von übernatürlichen Kräften (z.B. unter bestimmten Stellungen der Gestirne zueinander) einen besonderen, »vollkommenen Stoff« hervorzubringen, z.B. den »Stein der Weisen«. Ziel der Alchimisten war die Umwandlung der Metalle, vor allem. die Herstellung von Gold aus unedlen Elementen. Die daher als Goldmacherei abgewertete Alchimie stellte freilich eine wichtige Vorstufe in der Entwicklung von Methoden und Fragestellungen der wissenschaftlichen Chemie dar.

■ **Aldehyde,** Kurzwort aus Alcoholus **dehydrogenatus**, eine wichtige Gruppe von organischen Verbindungen, die als charakteristisches Merkmal die chemisch sehr reaktionsfähige **Aldehydgruppe** –CHO tragen. Aldehyde sind wichtige Ausgangsstoffe für die Synthese von Kunststoffen. Der einfachste Aldehyd ist der **Formaldehyd** (H–CHO), dessen Dampf stark reizend auf die Schleimhäute wirkt und der im Verdacht steht, Krebs zu errregen.

■ **Alemannen** (Alamannen), germanischer Stamm, hervorgegangen aus einem im 2. Jahrh. neu gebildeten Verband elbgermanischer Heerhaufen (Sweben), zuerst 213 am oberen Main genannt. Nach 233 stießen die Alemannen über den Limes vor. Im 4. Jahrh. siedelten sie im südwestdeutschen Raum zwischen Lech und Vogesen, im 5. Jahrh. verbreiteten sie sich über Pfalz, Elsass, Nordschweiz und Rätien. Im 6. Jahrh. wurden sie von den Franken unterworfen. – Das im frühen 10. Jahrh. entstandene Stammesherzogtum Schwaben, dessen lateinischer Name »Suevia« an die swebische Herkunft der Alemannen erinnert, löste sich nach 1250 in eine Vielzahl von Territorien auf. Das französische Wort für Deutschland »Allemagne« leitet sich vom Stammesnamen der Alemannen ab.

■ **Aleppo,** Stadt im nordwestlichen Syrien, mit 1,54 Mio. Einwohnern, eine der ältesten und bedeutendsten Städte des Orients. Sehenswert sind vor allem die Zitadelle aus dem 12–16. Jahrh. und die mittelalterliche Altstadt, die von der UNESCO zum Weltkulturerbe erklärt wurde.

Die zu den Sturmvögeln gehörenden **Albatrosse** können sich unerreicht frei und ungebunden tagelang in der Luft aufhalten und auch bei Wind und Sturm spielend weite Strecken hinter sich bringen

■ **Aletschgletscher** (Großer Aletschgletscher), größter Alpengletscher, in den Berner Alpen, 86,8 km^2, 24,7 km lang. Westlich liegt das 4195 m hohe **Aletschhorn.**

■ **Aleuten,** Inselkette zwischen Alaska und Kamtschatka. Die Aleuten gehören zum amerikanischen Bundesstaat Alaska. Sie umfassen 70 Inseln.

■ **Alexander der Große** (Alexander III.), König von Makedonien (336–323), *Pella 356 v. Chr., †Babylon 10. Juni 323 v. Chr.; Sohn Philipps II. von Makedonien (um 382–336 v. Chr., König seit 359), der die Vorherrschaft über Griechenland gewann. Einer der Erzieher Alexanders war der Philosoph Aristoteles.

Im Frühjahr 334 begann Alexander einen Feldzug gegen die Perser. In mehreren Schlachten, so bei Issos (Kleinasien) 333 v. Chr., besiegte er das riesige persische Heer und jagte den persischen König Dareios III. in die Flucht. 332 eroberte er Ägypten, wo ihn die Ägypter als Befreier bejubelten und zum Pharao krönten. 331 gründete er im Nildelta die Stadt Alexandria. In einer letzten entscheidenden Schlacht besiegte er Dareios bei Gaugamela im heutigen Irak (331 v. Chr.) und eroberte die persischen Königsstädte Babylon, Susa und Persepolis. Nun war Alexander König von Asien.

Er zog weiter nach Indien, das er trotz schwerer

Alexander der Große

»Drei-drei-drei, bei Issos Keilerei« – so lautet eine der bekanntesten Eselsbrücken für den Geschichtsunterricht! Sie bezieht sich auf einen Sieg Alexanders des Großen über das übermächtige Heer des Perserkönigs Dareios III. im Jahr 333 v. Chr. Dareios flieht und überlässt seine Truppen sich selbst; seine Mutter, seine Frau und seine Kinder geraten in Alexanders Gefangenschaft. Die antike Stadt Issos liegt am östlichen Mittelmeer, am Golf von İskenderun.

Kämpfe 327 v. Chr. erreichte. Dann meuterte sein Heer und erzwang den Rückmarsch. 323 v. Chr. starb Alexander in Babylon nach kurzer Krankheit, 33 Jahre alt. Einen Nachfolger hatte er nicht bestimmt. Obwohl er begonnen hatte, die vielen Völker seines Reiches zu einer Einheit zu verschmelzen, verfiel sein riesiges Reich rasch.

Alexander hatte durch seine Feldzüge und durch mehr als 70 Stadtgründungen den Griechen neue Räume in Asien bis nach Indien eröffnet. Als Seefahrer und Händler trugen sie ihre Sprache und Sitten in den Orient, wo sich ihre Kultur mit der orientalischen vermischte und eine neue, hellenistische Kultur entstand. Daher nennt man die Staaten, die nach Alexanders Tod auf dem Boden seines Großreichs entstanden, hellenistische Staaten. Ihre Herrscher bezeichneten sich als Nachfolger Alexanders, als →Diadochen. Das Zeitalter des Hellenismus währte bis zur Eroberung durch die Römer.

■ **Alexander I. Pawlowitsch,** russischer Zar (1801–25), *Sankt Petersburg 23. Dezember 1777, †Taganrog (Gebiet Rostow) 1. Dezember 1825. Er war Verbündeter Preußens und Österreichs im Kampf gegen Napoleon I. und stiftete die →Heilige Allianz.

■ **Alexandria,** wichtigster Hafen und zweitgrößte Stadt Ägyptens, im westlichen Nildelta, mit 3,4 Mio. EinwohnernE; Universitätsstadt mit mehreren Museen. – 331 v. Chr. von Alexander dem Großen gegründet, war Alexanddria Hauptstadt der →Ptolemäer und Sitz der berühmten Alexandrinischen Bibliothek (die bei ihrer Zerstörung, 47 v. Chr., etwa 700 000 Buchrollen umfasste).

■ **Alexandriner** →Vers.

■ **Alfred der Große,** angelsächsischer König (871–899), *Wantage (bei Swindon, Südengland) 848, †26. Oktober 899. Alfred rettete England durch den Sieg beim südenglischen Edington (878) vor der dänischen Unterwerfung und gewann 886 London als Vorposten. Er errichtete Befestigungen, schuf

Das Fußbodenmosaik aus Pompeij zeigt links außen den zu Pferde angreifenden **Alexander den Großen,** der den in einem Streitwagen stehenden Perserkönig Dareios III. zur Flucht zwingt; dieser Sieg leitete den größten Eroberungsfeldzug in der Geschichte der Alten Welt ein - die Kriegsspur hinterließ auch eine ganz andere Seite: die griechische Kultur entwickelte sich zur Weltkultur, die heute Hellenismus genannt wird

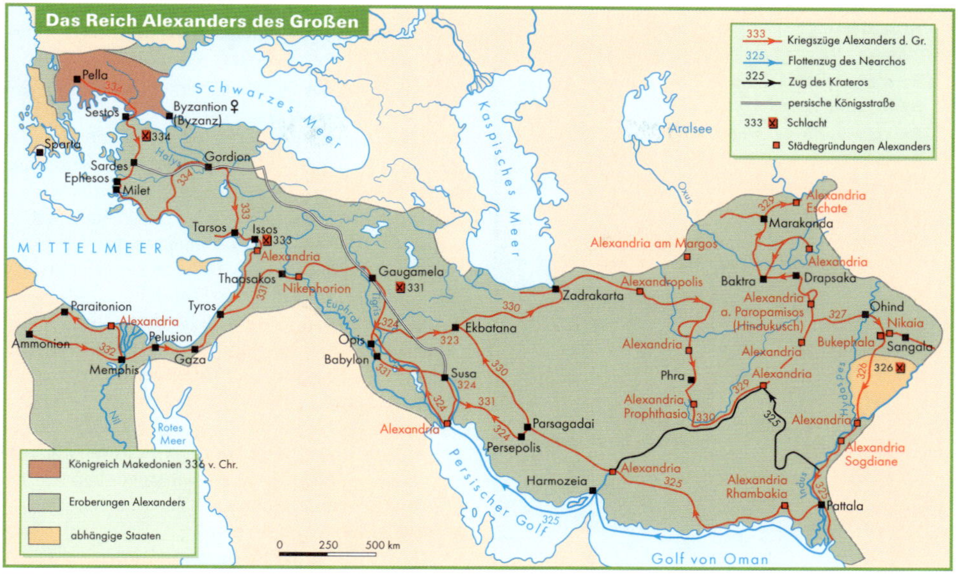

eine Flotte und sorgte für eine Neueinteilung des Landes. Er förderte das Schulwesen und übersetzte Werke der lateinischen Literatur ins Altenglische.

■ **Algebra** [arabisch] *die,* ursprünglich die Lehre von den algebraischen →Gleichungen, z.B. quadratische Gleichungen, und den Methoden zu ihrer Lösung. – Im Sinne der modernen Mathematik ist Algebra die Lehre von den algebraischen Strukturen. Man sagt von einer Menge (→Mengenlehre) von beliebigen Elementen (z.B. Zahlen), sie besitzt eine **algebraische Struktur** (auch: sie ist eine algebraische Struktur), wenn zwischen ihren Elementen eine Verknüpfung (z.B. Addition oder Multiplikation) definiert ist, die zwei Elementen ein bestimmtes Element derselben Menge (z.B. die Summe oder das Produkt dieser beiden Elemente) zuordnet. Je nach der Art der für die Verknüpfung geltenden Regeln unterscheidet man z.B. Ringe, Körper und Gruppen. Spezialgebiete sind u.a. die lineare Algebra und die boolesche Algebra.

■ **Algen** [lat.], eine artenreiche und vielgestaltige Pflanzengruppe. Algen leben überwiegend im Wasser, kommen aber vereinzelt auch an Steinen und Holz vor. Da ihnen Stützorgane fehlen, fallen die im Wasser lebenden Arten außerhalb ihres Lebensraums zusammen. Die Formenvielfalt reicht von nur 1 Mikrometer großen Einzellern über Fäden bis hin zu den riesigen, mitunter 100 m langen **Tangen.** Das in allen Algen enthaltene Chlorophyll (Blattgrün) für die →Photosynthese ist in einigen Algengruppen von anderen Farbstoffen überdeckt. Die zahlreichen Arten werden vor allem zu Grün-, Rot-, Braun- und Kieselalgen zusammengefasst. Algen, vor allem die einzelligen Algen als Teil des →Planktons, sind die Nahrung für viele Kleintiere, von denen sich wiederum größere Tiere ernähren. Sie stehen am Anfang vieler →Nahrungsketten und sind daher für den Naturhaushalt außerordentlich wichtig. – Bild S. 35

■ **Algerien,** Republik in Nordafrika, bewohnt vor allem von Arabern, im Gebirge und in der Sahara von Berbern. Die Landschaft gliedert sich in den küstennahen Tellatlas und den Saharaatlas, zwischen denen das Hochland der Schotts (Salztonebenen) liegt. Südlich davon erstreckt sich der algerische Teil der Sahara. Landwirtschaft wird besonders an der Küste betrieben, Viehzucht im Gebirge. Algerien ist einer der wichtigsten Industriestaaten der arabischen Welt. Seit der Unabhängigkeit (1962) werden große Anstrengungen unternommen, die Industrialisierung durch die Nutzung der Erdöl- und Erdgasvorkommen voranzutreiben. Rund 80 % der Industrieproduktion stammen aus Staatsbetrieben.

Geschichte: In dem von Berbern bewohnten Gebiet des heutigen Algerien gründeten die Phöniker, später die Karthager Handelsniederlassungen. Im 1. Jahrh. v. Chr. wurde das Gebiet römische Provinz, im 5. Jahrh. von den Wandalen und im 7. Jahrh. von den Arabern erobert und islamisiert, 1519 türkisch.

Algerien

Flagge

Wappen

Algerien
Fläche 2 381 741 km²
Einwohner 30,175 Mio.
Hauptstadt Algier
Amtssprache Arabisch
Nationalfeiertage 5. 7. und 1. 11.
Währung 1 Algerischer Dinar (DA) = 100 Centimes (CT)
Zeitzone MEZ

1830–47 wurde Algerien von den Franzosen erobert, kam jedoch erst nach 1880 völlig unter deren Kontrolle.
1954 begann der Aufstand der Algerier gegen Frankreich, seit 1962 ist das Land unabhängige Republik. Der Islam wurde 1988 zur Staatsreligion erklärt. Als sich bei den Parlamentswahlen Ende 1991 eine Mehrheit für die »Islamische Heilsfront« (FIS) abzeichnete, übernahm 1992 ein »Hohes Staatskomitee« aus Militärs und Politikern die Macht. Die Auseinandersetzungen zwischen den radikalen Islamisten, die zahlreiche Attentate verübten, und der Staatsmacht weiteten sich zu einem blutigen Bürgerkrieg aus, dem bis Anfang 2000 mehr als 100 000 Menschen zum Opfer fielen. 1996 wurde in einem Referendum eine neue Verfassung angenommen, 1997 ein neues Parlament gewählt.

Alhambra

Die Alhambra war nicht nur ein Palast, sondern eine von der tiefer gelegenen Stadt Granada getrennte Königsstadt mit Befestigungen und Truppenunterkünften im äußeren Bezirk und zwei Königshöfen im Mittelpunkt: dem Myrtenhof und dem Löwenhof mit Wasserbecken. Diese sind umgeben von Gebäuden und von Gärten, die immer um einen Wasserlauf oder einen Springbrunnen angelegt sind. Der letzte in der Alhambra residierende maurische König, Abu Abdallah, der von den Spaniern Boabdil genannt wurde, übergab Palast und Reich am 2. Januar 1492 an Ferdinand II. und Isabella von Aragonien. Er selbst ging ins Exil.

■ **Algier** [ạldschir], Hauptstadt, wirtschaftliches Zentrum und wichtigster Hafen Algeriens, am Mittelmeer, mit 2,17 Mio. Einwohnern (städtischer Ballungsraum). Die Stadt besitzt zwei Universitäten. – Algier wurde um 950 von den Arabern gegründet.

■ **Algọrithmus** [arabisch] *der,* eine präzis formulierte Rechenvorschrift, die eine bestimmte Aufgabe nach einem vorgegebenen Schema in endlich vielen Rechenschritten löst und auch von einem elektronischen oder mechanischen Gerät ausgeführt werden kann (z. B. ein Programm). Der Begriff Algorithmus ist von grundlegender Bedeutung für die →Informatik.

■ **Alhạmbra** [arabisch, = die Rote, das heißt rote Burg] *die,* Burg über Granada in Spanien. Die Alhambra ist ein bedeutender islamischer Schlossbau des 13./14. Jahrh., eine große Anlage mit prachtvollen Innenhöfen, Gärten und Brunnen.

■ **alias** [lat.], anders, sonst, auch ... (genannt), meist verwendet bei Personen, die neben ihrem Namen noch einen Decknamen führen.

■ **Alibi** [lat., = anderswo] *das,* besonders im Strafverfahren bedeutsamer Beweis, dass der Beschuldigte zur Tatzeit nicht am Tatort war, weil er nachweisen kann, dass er »anderswo« war (Alibibeweis der Unschuld).

■ **Alien** [eiljen; engl.] *der* oder *das,* in der Science-Fiction-Literatur und in Science-Fiction-Filmen ein außerirdisches (für den Menschen meist bedrohliches) Lebewesen.

■ **Alimẹnte** [lat.], regelmäßige Unterhaltszahlungen, z. B. des Vaters eines nichtehelichen Kindes, im Rahmen der →Unterhaltspflicht.

■ **Alkalien** [arabisch], Substanzen, deren Lösungen mit Wasser eine **alkalische** (basische) Reaktion zeigen und ätzend wirken (→Basen).

■ **Alkaloịde** [arabisch], meist kompliziert gebaute, stickstoffhaltige Naturstoffe mit basischem Charakter. Viele von ihnen haben giftige und sehr spezifische Wirkungen besonders auf das Zentralnervensystem. Deshalb werden Alkaloide vielfach in kleinen Mengen als Anregungs- oder Betäubungsmittel verwendet, wobei allerdings oft Suchtgefahr besteht (Rauschgifte). Bekannte Alkaloide sind Koffein (aus Kaffeebohnen oder Teeblättern), Chinin (aus Chinarinde), Atropin (aus Tollkirschen), Kokain (aus dem Kokastrauch) und Morphin (aus Mohn).

■ **Alkazar** [alkasar, auch: ...sar; arabisch-spanisch] *der* (Alcázar), spanische Bezeichnung für Burg und Schloss.

■ **Alkibiades,** athenischer Staatsmann und Feldherr, *um 450 v. Chr., †404 v. Chr., Neffe des Perikles, bei dem er aufwuchs, und Schüler des Sokrates, bewegte 415 die Athener zur »Sizilischen Expedition« gegen Syrakus. Wegen religiösen Frevels angeklagt, floh er nach Sparta und gab dort Ratschläge zur Bekämpfung Athens. Später nutzte er Richtungskämpfe in Athen aus, um dorthin zurückzukehren. Von der athenischen Flotte bei Samos zum Feldherrn gewählt, hielt er 408 nach Seesiegen triumphalen Einzug in Athen. Nach Misserfolgen abgesetzt, ging er nach Thrakien und floh nach dem Ende des Peloponnesischen Krieges 404 nach Persien, wo er ermordet wurde.

■ **Alkohole** [arabisch], organische Verbindungen, in denen mindestens ein Wasserstoffatom eines Kohlenwasserstoffs mit einfachen Bindungen zwischen den Kohlenstoffatomen durch eine Hydroxylgruppe (–OH) ersetzt ist. Alkohole sind häufig farblose, leicht brennbare Flüssigkeiten. Der einfachste Vertreter ist das giftige Methanol (CH_3OH), das in der chemischen Industrie verwendet wird und sich auch als Motorentreibstoff eignet. Äthanol (Ethanol, C_2H_5OH), allgemein nur **Alkohol** (früher **Weingeist**) genannt, ist infolge seiner berauschenden Wirkung der entscheidende Bestandteil alkoholischer Getränke (Bier, Wein, Sekt, Spirituosen) und Ausgangsprodukt der Speiseessigherstellung. Der tägliche Genuss von etwa 60 g Alkohol (etwa $^3/_4$ l Wein) kann bereits zu Gesundheitsschäden führen. Schon ein geringer Anteil von Alkohol im Blut beeinträchtigt die Konzentrationsfähigkeit und das Reaktionsvermögen. Alkoholgenuss kann zu Abhängigkeit und Sucht **(Alkoholkrankheit)** führen. Der Alkohol für den menschlichen Genuss muss durch Vergärung von zucker- (z. B. Wein, Äpfel) oder stärkehaltigen (z. B. Kartoffeln, Getreide) Pflanzenteilen gewonnen werden. Industriealkohol kann auch aus Holz, Kohle oder Erdöl hergestellt werden. Er dient als Ausgangsstoff für Synthesen, als Lösungsmittel (z. B. für Arzneimittel) und als Motortreibstoff. Mehrfachalkohole wie z. B. Glykol (Ethandiol, $HOCH_2 - CH_2OH$) sind wichtig als Frostschutzmittel und für die Kunststoffindustrie. Glycerin (Propantriol, $HOCH_2 - HCOH - CH_2OH$) dient außerdem als Zusatz für Feuchtigkeitscreme und für die Herstellung von Nitroglycerin (Dynamit).

Ein Beispiel für die unglaubliche Vielgestaltigkeit der **Algen** ist der vorwiegend im Süßwasser vorkommende Meersalat (1), der zu den Grünalgen gehört; der Knorpeltang (2) ist eine fast ausschließlich im Meerwasser angesiedelte Rotalge; auch der Blasentang (3), eine Braunalge, bevorzugt das Meer, während die Kieselalge (4) sowohl im Süßwasser als auch im Meer lebt

■ **Alkoholkrankheit** (Alkoholismus) → Alkohole.

■ **Allah** [arabisch, = der Gott], im → Islam der eine Gott, Schöpfer und Erhalter der Welt und Richter der Menschen am Jüngsten Tag. Ihm allein gebühren Anbetung und Ergebung der Menschen.

■ **Allegorie** [griech.] *die,* die Darstellung eines abstrakten Begriffs durch ein Bild, oft durch eine

Als wärs ein Bild aus unserem Jahrhundert: diese **Allegorie** des Winters malte der italienische Maler Guiseppe Arcimboldo im Jahr 1563

Personifikation, z. B. der Tod als ein Skelett mit einer Sense.

■ **allegro** [italienisch], musikalische Tempobezeichnung mit der Bedeutung: schnell, lebhaft, heiter. Das **Allegro** ist ein Satz in diesem Tempo.

■ **Allemande** [al^{e}mangd^{e}; frz.] *die,* geradtaktiger (deutscher) Tanz des 16.–18. Jahrh., meist zu Beginn einer barocken Suite (Tanzfolge).

■ **Aller** *die,* rechter Nebenfluss der Weser, 211 km lang. Die Aller entspringt in der Magdeburger Börde und mündet bei Verden.

■ **Allergie** [griech.] *die,* die überempfindliche Reaktion des körperlichen Abwehrsystems auf körperfremde Stoffe wie Blütenpollen, Tierhaare, Schimmelpilze, Staub, Medikamente (z. B. Antibiotika), Kosmetika, Nahrungsmittel (z. B. Proteine) und Chemikalien. Durch häufigen Kontakt mit solchen so genannten »Allergenen« wird das Immunsystem empfindlich gemacht (sensibilisiert), es kommt zu allergischen Reaktionen wie Schwellungen und Rötungen der Haut oder asthmaartigen Atembeschwerden. Ursache ist die Ausschüttung des Hormons Histamin, das eine Ansammlung von Gewebeflüssigkeit an der Kontaktstelle bewirkt. Die Behandlung erfolgt durch Medikamente, die die Histaminausschüttung verhindern (Antihistaminika), oder durch eine Desensibilisierung, bei der zunehmend höhere Dosierungen des Allergens gespritzt werden, sodass die Überempfindlichkeit zurückgeht. Das auslösende Allergen muss natürlich vermieden werden.

■ **Allerheiligen,** katholisches Fest zum Gedächtnis aller Heiligen, das seit dem 9. Jahrh. am 1. November begangen wird.

Die **Alligatoren** besitzen – wie alle Krokodile – keine fleischigen Lippen, sie können deshalb ihr Maul nicht ganz schließen; der hier abgebildete amerikanische Mississippialligator wird heute vor allem in Alligatorenfarmen gezüchtet

■ **Allerheiligstes,** in der katholischen Kirche das in der Eucharistie (Abendmahl) »verwandelte« Brot, das im →Tabernakel aufbewahrt wird.

■ **Allerseelen,** katholischer Gedächtnistag der Verstorbenen (2. November).

■ **Allgäu** *das,* deutscher Landschaftsraum im westlichen Alpenvorland und in den nördlichen Kalkalpen, zwischen Bodensee und Lech; Hauptort ist Kempten (Allgäu). Das Allgäu ist bedeutend wegen seiner Viehzucht und Milchwirtschaft (Allgäuer Käse) und hat bekannte Fremdenverkehrsorte.

■ **Allianz,** [frz.] *die,* Bündnis, Zusammenschluss zwischen Staaten (z. B. →Heilige Allianz); **Alliierte** (in einer Allianz Verbundene) werden insbesondere die Kriegsgegner Deutschlands im Ersten und Zweiten Weltkrieg genannt.

■ **Alligatoren** [engl.], eine in Amerika und Südostasien heimische Familie der Krokodile mit sieben Arten. Sie leben in oder an Gewässern und ernähren sich von Fischen sowie von großen Säugetieren und Vögeln, die sie unter Wasser ziehen und ertränken. Am bekanntesten sind die **Mississippialligatoren**, die über 4 m lang werden können, und die nur in Südamerika vorkommenden **Kaimane**.

■ **Alliierte** →Allianz.

■ **Alliteration** →Reim.

■ **Alma-Ata** (kasachisch Almaty), Stadt in Kasachstan mit 1,17 Mio. Einwohnern. – Die Stadt wurde 1854 als russische Grenzfestung gegründet und war bis 1997 Hauptstadt von Kasachstan.

■ **Alma mater** [lat., = nährende Mutter] *die,* ursprünglich ein Beiname römischer Göttinnen, später Bezeichnung für Universität.

■ **Almanach** [mittellateinisch] *der,* ursprünglich eine Kalendertafel im Orient; seit dem 13. Jahrh. auch in Europa Bezeichnung für Kalender; seit dem 16. Jahrh. Bezeichnung für ein Jahrbuch mit unterhaltendem und belehrendem Inhalt, oft auch illustriert.

■ **Almsick,** Franziska van, deutsche Schwimmsportlerin, *Berlin 5. April 1978. Sie gewann bei den Olympischen Spielen 1992 je zwei Silber- und Bronzemedaillen. Nachdem die Freistilspezialistin 1993 bei den Schwimmeuropameisterschaften sechs Goldmedaillen errungen hatte, wurde sie zur deutschen und europäischen Sportlerin sowie zur Weltsportlerin des Jahres gewählt, 1995 erneut zur deutschen Sportlerin des Jahres. 1996 errang sie bei den Olympischen Spielen weitere drei Medaillen.

■ **Aloe** [...o-e; griech.] *die,* Gattung der Liliengewächse mit 250 Arten in den Trockengebieten Afri-

Die Gletscher in den **Alpen** haben in einem Jahrhundert etwa ein Drittel ihres Volumens verloren; hier eine Ansicht aus den Ötztaler Alpen aus den Jahren 1912 und 1974

kas. Der eingedickte Saft aus Blättern verschiedener tropischer Arten dient als Abführmittel.

■ **Alp** *der* (Elf, Drude, Nachtmahr), ein nächtliches Gespenst des Volksglaubens. Als **Albdrücken** oder **Albtraum** bezeichnet man Angst- oder Beklemmungszustände im Schlaf.

■ **Alpaka** →Kamele.

■ **Alpen,** höchstes Gebirge in Europa. Über 1200 km erstreckt sich der Gebirgsbogen vom Golf von Genua im Westen bis nach Wien im Osten und erreicht dabei eine Breite von 150 bis 250 km. Anteil an den Alpen haben Italien, Frankreich, die Schweiz, Liechtenstein, Österreich, Deutschland und Slowenien. Die höchsten Erhebungen liegen mit dem **Montblanc** (4807 m) und dem **Monte Rosa** (4634 m) in den Westalpen. **Bernina** (4049 m), **Ortler** (3899 m) und **Großglockner** (3798 m) sind die höchsten Gipfel der Ostalpen. Die **Zugspitze** (2962 m) ist der höchste deutsche Alpengipfel. Die Struktur des erdgeschichtlich jungen Gebirges ist im Wesentlichen im Erdmittelalter (Kreidezeit) und in der Erdneuzeit (Tertiär) entstanden. Ihre heutige Gestalt erhielten die Berge und Täler der Alpen erst während der Eiszeit durch die riesigen Alpengletscher, die weit ins Alpenvorland hinausreichten. Heute sind nur noch die inneren und höchsten Teile der Alpen vergletschert.

Von Nord nach Süd unterscheidet man die **Nördlichen Kalkalpen,** die **Zentralalpen** (bestehend aus kristallinen Gesteinen, vor allem Granit und Gneis) und die **Südlichen Kalkalpen,** die wie der nördliche Teil aus verschiedenen Kalkgesteinen aufgebaut sind. Am Nordrand der Alpen und in den Nördlichen Kalkalpen herrscht gemäßigtes mitteleuropäisches Klima mit hohen Niederschlägen. Im südlichen Teil macht sich der Einfluss des Mittelmeerklimas mit höheren Temperaturen und geringeren Niederschlägen bemerkbar. Die Schneegrenze liegt im Randbereich bei 2500–2600 m, im Zentralbereich der Alpen bei 2800–3100 m.

Viele Flüsse haben ihr Quellgebiet in den Alpen (Rhone, Rhein, Po). Große Seen charakterisieren die alpine Landschaft: Vierwaldstätter See, Bodensee, Zürichsee, Genfer See im Norden, Lago Maggiore, Luganer See, Comer See und Gardasee im Süden. Die Vegetation verändert sich mit zunehmender Höhe: Auf Laubwald folgt Nadelwald, darauf die Krummholz- und schließlich die Mattenzone. Dort gedeihen farbenprächtige Alpenpflanzen. Der starke Skitourismus hat in den letzten Jahren besonders diese Region in Mitleidenschaft gezogen. Die zum Teil selten gewordenen Tiere wie Murmeltier, Gämse, Steinbock, Steinadler und Alpendohle leben meist in über 1800 m Höhe. Verkehrsmäßig sind die Alpen besser als jedes andere Hochgebirge der Erde erschlossen. Die Straßen und Bahnen führen über ausgebaute Passstraßen und zum Teil durch Tunnel.

■ **Alpenglühen,** der rötliche Widerschein der untergehenden Sonne auf den Hochalpenspitzen während und kurz nach dem Sonnenuntergang.

■ **Alpha,** der erste Buchstabe des griechischen Alphabets (Zeichen Α, α).

■ **Alphabet** [griech.] *das,* die festgelegte Reihenfolge der Schriftzeichen einer Sprache, benannt nach den ersten beiden Buchstaben (Alpha, Beta) des griechischen Alphabets.

■ **alphanumerisch,** Bezeichnung für Daten, die aus numerischen Zeichen (Ziffern), Buchstaben eines Alphabets und Sonderzeichen bestehen.

■ **Alphastrahlung** →Radioaktivität.

■ **Alphorn,** bis zu 4 m (gelegentlich bis zu 10 m) langes hölzernes Trompeteninstrument; vor allem in den Schweizer Alpen gebräuchlich.

Die **Aloe** – hier die Aloe vera – liefert unter anderem Duftstoffe für Seifen, Salben und Parfüms

Altamira

Als 1879 in Altamira die ersten Höhlenmalereien der Altsteinzeit entdeckt wurden, glaubte man, dass es sich um Fälschungen handelte, denn die Farben wirkten sehr frisch und man hatte nichts, womit man die Zeichnungen vergleichen konnte. Erst etwa 20 Jahre später, als in Südfrankreich andere Höhlen mit ähnlichen Malereien entdeckt wurden, galt ihre Echtheit als gesichert. Heute weiß man, dass die Bilder um 13 500 v. Chr. entstanden sind. Wie in der Höhle von Lascaux wandten die Maler in Altamira eine für die Altsteinzeit fortgeschrittenere Maltechnik an: Die Umrisse wurden erst eingeritzt und dann mit schwarzer Holzkohle nachgezeichnet. Dann wurden die breiigen Farben (natürliche Eisenoxidfarben in den Tönen Ocker, Gelb, Rot und Braun, die mit fetthaltigen Substanzen angerührt waren) mit den Fingern auf die glatte Wand aufgebracht. Zum Schluss wurden die Farben verwischt, wodurch eine plastische Wirkung hervorgerufen wurde.

■ **alpiner Skisport,** zusammenfassende Bezeichnung für die Wettkampfdisziplinen Abfahrt, Slalom, Riesenslalom, Super-G im Unterschied zu den Disziplinen des →Nordischen Skisports.

■ **Alpinismus** →Bergsteigen.

■ **Alraune** *die,* die menschenähnlich gestaltete Wurzel der Alraunpflanze. Nach dem Volksglauben soll sie ihrem Besitzer Glück und Reichtum bringen.

■ **Alster** *die,* rechter Nebenfluss der Elbe, 51 km lang, größtenteils im Gebiet Hamburgs. Hier ist sie seenartig erweitert (Binnenalster und Außenalster).

■ **Alt** [lat.] *der,* urspünglich eine hohe (lat. = altus) Männerstimme, heute die tiefe Frauen- oder Knabenstimmlage.

■ **Altai** *der,* zentralasiatisches Gebirge in Russland, China und der Mongolei; höchster Berg ist die Belucha (4 506 m hoch).

■ **Altamira,** Höhle in Nordspanien. Hier wurden 1879 bei Ausgrabungen die ersten Höhlenbilder der Altsteinzeit gefunden. Die mehrfarbigen Deckenbilder stellen Tiere wie Bison, Stier, Wildpferd und Wildschwein dar. Eine Nachbildung ist im Deutschen Museum in München zu sehen. Die Höhle gehört zum Weltkulturerbe der UNESCO.

■ **Altar** [lat.] *der,* in fast allen Religionen die erhöhte Opferstätte für die Gottheit, meist von block- oder tischartiger Grundform. Der christliche Altar kann seit dem 11. Jahrh. eine gemalte oder geschnitzte Rückwand **(Retabel)** haben, oft mit beweglichen, bemalten oder geschnitzten Seitenteilen **(Flügelaltar).**

■ **Altdorf,** Hauptort des Kantons →Uri.

■ **Altdorfer,** deutscher Maler, Albrecht, *Regensburg (?) um 1480, †ebenda 12. Februar 1538. Altdorfer, der eines der ersten europäischen Landschaftsbilder ohne Darstellung menschlicher Figuren schuf, gilt mit seiner fantasievollen und farbenfrohen Wiedergabe von Natur und historischem Geschehen (»Alexanderschlacht«, 1529) als Begründer der »Donauschule«.

Aluminium
chemisches Symbol: Al
Ordnungszahl: 13
relative Atommasse: 26,98
Dichte: 2,7 g/cm³
Schmelzpunkt: 660 °C
Siedepunkt: 2 467 °C

■ **Alternative** [lat.] *die,* die freie Entscheidung zwischen zwei oder mehreren Möglichkeiten, Wahlmöglichkeit.

■ **Alter Orient,** das Gebiet der frühen Hochkulturen in Palästina und Syrien, Mesopotamien, Kleinasien, Iran und, im weiteren Sinne, in Ägypten, vom 7. Jahrtausend v. Chr. bis zur Zeit Alexanders des Großen (4. Jahrh. v. Chr.).

■ **Altertum,** der Zeitraum vom Beginn schriftlicher Aufzeichnungen im Alten Orient (um 3000 bis 2800 v. Chr.) bis zum Ende der griechisch-römischen →Antike (im 4. bis 6. Jahrh. n. Chr.).

■ **Altes Testament,** Abkürzung **A. T.,** Teil der →Bibel, den das Christentum aus der jüdischen Religion übernommen hat. Das Alte Testament umfasst u.a. geschichtliche, Gesetzes- und prophetische Bücher, Spruchweisheit und Psalmen. Die einzelnen Schriften sind etwa zwischen 1000 und 200 v. Chr. entstanden.

■ **Alte Welt,** die Erdteile Europa, Asien und Afrika, im Gegensatz zur **Neuen Welt** (Amerika), die 1492 von den Europäern entdeckt wurde. Australien bleibt bei dieser Einteilung unberücksichtigt.

■ **Althochdeutsch** →deutsche Sprache.

■ **Altkatholiken,** christliche Religionsgemeinschaft, die sich 1870 von der katholischen Kirche aus Anlass der Unfehlbarkeitserklärung des Papstes trennte. Die Altkatholiken lehnen u.a. die Unfehlbarkeit des Papstes, den Zölibat und die Verpflichtung zur jährlichen Einzelbeichte ab. Sie sind Mitglieder des Ökumenischen Rates der Kirchen. In Deutschland gibt es etwa 25 000 Altkatholiken.

■ **Altruismus** [lat.] *der,* Uneigennützigkeit; ein (selbstloses) Verhalten, das auf die Interessen und das Wohl der Mitmenschen bedacht ist; Gegensatz: Egoismus.

■ **Altsteinzeit** →Steinzeit.

■ **Aluminium** [lat.] *das,* ein chemisches Element. Aluminium ist das häufigste Metall in der Erdkruste (8,1 %). Man gewinnt es durch Aufbereitung von Bauxit zu reiner Tonerde (Al_2O_3) und anschließender Schmelzflusselektrolyse. Aluminium wird rein oder in Legierungen verwendet, besonders im Fahrzeug- und Flugzeugbau, für Getränkedosen, in der Elektroindustrie, im Bauwesen.

■ **Alzheimer-Krankheit** [nach dem deutschen Arzt Alois Alzheimer, 1864–1915], eine Erkrankung des Gehirns, die meist zwischen dem 50. und 60. Lebensjahr auftritt. Sie besteht darin, dass Gehirnsubstanz abgebaut wird, was zu einer hochgradigen Vergesslichkeit führt, zu der später auch Orientierungsstörungen, Sprachschwierigkeiten, Rastlosigkeit und eine allgemeine Verwirrtheit (→Demenz) kommen. Die Ursachen dieser Krankheit sind noch unklar; infrage kommen Stoffwechselstörungen, aber auch Erbanlagen.

■ **Amalgam** [mittellateinisch] *das,* die flüssige oder feste Legierung eines Metalls mit Quecksilber. In der Zahnmedizin werden Amalgame aus Silber-Zinn-Legierungen für Zahnfüllungen verwendet. Wegen des Verdachts der Quecksilberabgabe gerät es jedoch zunehmend in die Kritik.

■ **Amateur** [...tö̱r; frz.] *der,* jemand, der eine Tätigkeit nicht beruflich, sondern aus Liebhaberei, als Hobby betreibt; Gegensatz: Profi.

■ **Amateurfunk** [...tö̱r...], drahtlose Nachrichtenübermittlung zwischen Funkamateuren, die nur

Aufbau und Umfang des Alten Testaments

Die jüdische Bibel	Das Alte Testament der christlichen Bibel
Thora/Gesetz Genesis (1. Mose), Exodus (2. Mose), Leviticus (3. Mose), Numeri (4. Mose), Deuteronomium (5. Mose)	**Die fünf Bücher Mose/Der Pentateuch** Genesis (1. Mose), Exodus (2. Mose), Leviticus (3. Mose), Numeri (4. Mose), Deuteronomium (5. Mose)
Nebiim/Propheten die früheren Propheten Josua, Richter, 1. und 2. Samuel, 1. und 2. Könige die späteren Propheten Jesaja, Jeremia, Ezechiel und das Zwölfprophetenbuch (Hosea, Joel, Amos, Obadja, Jona, Micha, Nahum, Habakuk, Zefanja, Haggai, Sacharja, Maleachi)	**Die Bücher der Geschichte** Josua, Richter, 1. und 2. Samuel, 1. und 2. Könige, 1. und 2. Chronik, Esra, Nehemia, Tobit*, Judith*, Esther*, 1. und 2. Makkabäer* **Die Bücher der Weisheit** Hiob, Psalmen, Sprichwörter, Koholet, Hohelied, Weisheit*, Jesus Sirach*
Ketubim/Schriften Psalmen, Hiob, Sprichwörter, Ruth, Hohelied, Koholet, Klagelieder, Esther, Daniel, Esra, Nehemia, 1. und 2. Chronik	**Die Bücher der Prophetie** Jesaja, Jeremia, Klagelieder, Baruch*, Ezechiel, Daniel und das Zwölfprophetenbuch (Hosea, Joel, Amos, Obadja, Jona, Micha, Nahum, Habakuk, Zefanja, Haggai, Sacharja, Maleachi)

Die im **Alten Testament** der christlichen Bibel mit Sternchen angegebenen Bücher gehören in den Kirchen der Reformation nicht zum Kanon (Texte, die kirchlich verbindlich sind) der biblischen Bücher; in der katholischen und orthodoxen Tradition werden sie als zu einem erweiterten Kanon gehörende Bücher anerkannt

privaten Zwecken dient. Jeder Funkamateur hat ein eigenes Rufzeichen, das aus Zahlen und Buchstaben zusammengesetzt ist. Der Betrieb von Amateurfunksendern unterliegt behördlichen Bestimmungen (im Gegensatz zum →CB-Funk).

■ **Amazonas** *der,* wasserreichster und (nach dem Nil) zweitlängster Strom der Erde, mit etwa 7 Mio. km² Einzugsgebiet das größte Stromgebiet der Erde, im nördlichen Südamerika, rund 6 500 km lang.
Der Amazonas entsteht durch Vereinigung dreier in den peruanischen Anden entspringenden Quellflüsse und mündet in den Atlantischen Ozean. Die Schifffahrt ist für alle Nationen freigegeben. Im Amazonas sammeln sich alle Gewässer des Amazonastieflandes. Dieses umfasst mehr als ein Fünftel Südamerikas und ist größtenteils von tropischem Regenwald bedeckt (»Grüne Hölle«). Der Amazonas ist fast überall mehr als 5 km, an der Mündung über 250 km breit.

Amazonas
Stromgebiet: 7 Mio. km²
Länge: 6518 km
Breite im Unterlauf meist über 5 km
über 220 Nebenflüsse

■ **Amazonen** [griech.], in der griechischen Mythologie ein Volk kriegerischer Frauen in Kleinasien, die u.a. mit Herakles, Achill und Theseus kämpfen. In der Kunst werden sie häufig zu Pferd dargestellt.

■ **Ambiente** [italienisch] *das,* **1)** *allgemein:* das Milieu, in dem eine Person lebt und durch das sie

geprägt wird, auch die Atmosphäre, die eine Person, einen Raum oder ein Kunstwerk umgibt.
2) *Kunst:* →Environment.

■ **Ambrosius,** lateinischer Kirchenlehrer; Heiliger, *Trier wahrscheinlich 339, †Mailand 4. April 397. Ambrosius, der 374 Bischof von Mailand wurde, war ein bedeutender Prediger und gelehrter Bibelausleger sowie Hymnendichter. Er gilt als Vater des abendländischen Kirchengesangs.

■ **ambulant** [lat.], wandernd, ohne festen Sitz; **ambulante Behandlung,** eine Behandlung, bei der der Kranke den Arzt aufsucht (im Gegensatz zur stationären Behandlung im Krankenhaus).

Ameisenarten
Ernteameisen
Blattschneiderameisen
Honigameisen
In Mitteleuropa:
Rote Waldameise
Riesen- oder Rossameise
Weg- und Hausameise
Rasenameise
Myrmicaameise

■ **Ameisen,** mit etwa 12 000 Arten weltweit verbreitete, Staaten bildende Insektenfamilie. In jedem Staat gibt es ein fruchtbares Weibchen, die »Königin«, die zunächst Flügel trägt und auf dem »Hochzeitsflug« von einem ebenfalls geflügelten Männchen begattet wird. Kurz danach stirbt das Männchen, und das Weibchen kehrt in ihr Nest zurück oder gründet ein neues. Das Weibchen wirft die Flügel ab und legt nur noch Eier (40–60 täglich). Aus ihnen entstehen (nach einem Stadium als Larve und als Puppe) die »Arbeiterinnen«. Diese bilden die größte Gruppe im Staat und führen alle Arbeiten wie Nestbau und Nestschutz, Futtersuche und Brutpflege aus. Bei ausländischen Ameisenarten kommen auch größere Arbeiterinnen mit stark aus-

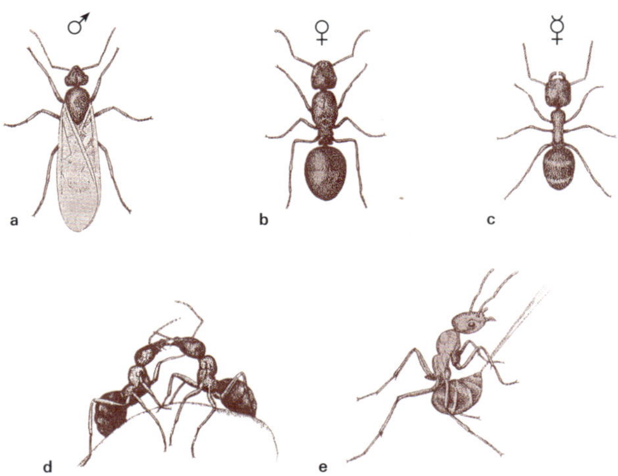

Die Gesellschaft der **Ameisen** unterscheidet drei Kasten: die Männchen (a), Weibchen/Königinnen (b) und die geschlechtlich unterentwickelten Weibchen, die Arbeiterinnen (c) -, die bis zu sechs Jahre alt werden können; in der unteren Bildhälfte ist eine Arbeiterin der Roten Waldameise beim Füttern einer Nestgenossin (d) sowie eine Arbeiterin der gleichen Art, die ihr Giftsekret verspritzt (e), dargestellt

Der zahnlose **Ameisenbär** – hier der auf Bäumen lebende Zwergameisenbär – angelt mit seiner langen, klebrigen Zunge Insekten

gebildeten Beißwerkzeugen, die »Soldaten«, vor, die das Nest beschützen. Aus den nicht befruchteten Eiern entwickeln sich Männchen. Ameisen vertilgen in großen Mengen schädliche Insekten; einige Arten (z. B. die **Rote Waldameise**) stehen in Deutschland unter Naturschutz.

■ **Ameisenbären,** eine Familie der Säugetiere in Mittel- und Südamerika, die vor allem. Termiten und Ameisen fressen. Mit ihren großen, scharfen Krallen brechen sie Termitenbauten auf und stecken ihre lange, röhrenförmige Schnauze in die Öffnung. An der bis 50 cm weit vorstreckbaren, wurmförmigen, äußerst klebrigen Zunge bleiben die Insekten haften. Der **Große Ameisenbär** hat einen langen, buschigen Schwanz und wird über 2 m groß, der kleinere, auf Bäumen lebende **Tamandua** ist nur katzengroß, der **Zwergameisenbär** sogar nur eichhörnchengroß.

■ **Amen** [hebräisch, = wahrlich, gewiss], im christlichen (auch jüdischen und islamischen) Gottesdienst Schlusswort in Gebeten.

■ **Amenophis IV.,** ägyptischer König, →Echnaton.

■ **Americium** [neulateinisch, nach Amerika] *das,* ein chemisches, radioaktives Element, das nur künstlich herstellbar ist. Die längste Halbwertszeit des silberweißen Metalls beträgt 7 400 Jahre.

■ **Amerika** [nach Amerigo →Vespucci], Doppelkontinent, der aus →Nordamerika und →Südamerika besteht, die durch eine Landbrücke (→Mittel-

> **Ameisen**
>
> Seit jeher wurden die Ameisen wegen ihres Fleißes z. B. in Fabeln (Äsop, La Fontaine) gerühmt. Der Saft der Giftdrüse der Ameisen wird in der Volksmedizin seit der Antike u. a. gegen Rheumatismus oder Hautkrankheiten verwendet. Die Ameisenpuppen – fälschlich »Ameiseneier« genannt – werden als Singvogel- und Zierfischnahrung geschätzt.

amerika) verbunden sind. A. umfasst 42 Mio. km^2 und hat 730 Mio. Einwohner. In der Beringstraße kommt Amerika bis auf 35 km Asien nahe; sonst ist es jedoch durch den Pazifik, den Atlantik und das Nordpolarmeer deutlich von den anderen Erdteilen getrennt.

Im Westen Amerikas erstrecken sich von Norden nach Süden die Hochgebirgsketten der →Kordilleren; daran schließen sich ostwärts weite Tiefländer und wieder Gebirge (niedriger als die Kordilleren) und Bergländer an. Klimatisch reicht Amerika vom polaren Norden über die Tropen bis zur südlichen gemäßigten Zone.

Bevölkerung: Amerika wurde über eine in der letzten Eiszeit vorhandene Landbrücke von Nordasien her besiedelt. Ureinwohner waren Eskimo und Indianer. In Mexiko und im Andengebiet findet man heute noch bedeutende Reste der indianischen Hochkulturen, u. a. der Tolteken, Azteken, Maya und Inka.

Für die heutige Zusammensetzung der Bevölkerung sind die im Gefolge der Kolonisation eingewanderten Europäer bestimmend geworden. Im Norden, USA und Kanada, waren es vorwiegend Engländer (sie werden als Angloamerikaner bezeichnet), deren Sprache zur Landessprache wurde, daneben u. a. Franzosen, Deutsche und Skandinavier. Mittel- und Südamerika wurde überwiegend von Spaniern und Portugiesen kolonisiert, die auch die Sprachen der mittel- und südamerikanischen Staaten bestimmten (daher Lateinamerika, von der lateinischen Abkunft der romanischen Sprachen).

Der Bevölkerungsanteil der Indianer (spanisch: Indios), die bei der Kolonisation zum Teil fast ausgerottet wurden, nimmt wieder zu. Eine große Rolle spielen außerdem die Nachkommen der als Sklaven nach Amerika verkauften Schwarzafrikaner. Indianer wie Schwarze haben sich teilweise stark mit den europäischen Einwanderern vermischt (Mestizen, Mulatten). – Infokasten S. 42

> **Americium**
>
> chemisches Symbol: Am
> Ordnungszahl: 95
> relative Nuklidmasse (des längstlebigen Isotops): 243
> Dichte (bei 20 °C): 13,67 g/cm^3
> Schmelzpunkt: 1 176 °C
> Siedepunkt: etwa 2 600 °C

Amethyst

■ **Amethyst** [griech.] *der,* eine violette Abart des Quarzes, die als Schmuckstein beliebt ist.

■ **Amfortas,** sagenhafter keltischer König; bei Wolfram von Eschenbach ist er der Hüter des →Grals.

> **Amazonen**
>
> Der Legende nach zogen die Amazonen nur Mädchen auf und brannten ihnen die rechte Brust ab, die ihnen beim Spannen des Bogens im Weg war. Zur Erhaltung ihres Geschlechts hatten sie nur einmal im Jahr Umgang mit Männern, die sie zuvor besiegt hatten. Penthesilea, eine ihrer Königinnen, kam nach Hektors Tod den Trojanern zu Hilfe und fiel durch die Hand des Achilles. Dieser verliebte sich in die Sterbende. Das Thema wurde oft auf griechischen Vasen dargestellt. – Heinrich von Kleist schrieb 1808 eine Tragödie, in der Penthesilea, die sich von Achilles verhöhnt glaubt, zuerst diesen in rasender Hassliebe tötet und dann sich selbst umbringt – nicht mit dem Dolch oder Schwert, sondern mit der vernichtenden Kraft des eigenen Gefühls.

■ **Amiens** [amjạ̃g], nordfranzösische Universitätsstadt an der Somme, mit 136 200 Einwohnern. Berühmt ist die gotische Kathedrale (1220 bis 14. Jahrh., UNESCO-Weltkulturerbe).

■ **Aminosäuren,** organische Säuren, die eine Aminogruppe ($-NH_2$) enthalten. Die allgemeine Formel ist $H_2N-CHR-COOH$, wobei der Rest R für verschiedene Gruppen steht, z. B. bei Glycin H, bei Alanin CH_3 und bei Serin CH_2OH. Am Aufbau der Proteine sind 20 verschiedene Aminosäuren beteiligt. Pflanzen können alle Aminosäuren selbst aufbauen, Tiere dagegen einige nicht. Diese so genannten »essenziellen« Aminosäuren müssen daher mit der Nahrung aufgenommen werden.

■ **Amische** (engl. Amish), Gruppe der →Mennoniten, die sich 1693 von diesen trennte und vor al-

Amerika – Die Idee von einer schönen neuen Welt

▶ Der französische Bildhauer Frédéric Auguste Bartholdi (1834–1904) schuf die Freiheitsstatue, die als Geschenk Frankreichs seit 1886 die Einwanderer aus der Alten Welt im Hafen von New York begrüßt

Die Vereinigten Staaten von Amerika sind seit ihrer Geburtsstunde eine Nation von Einwanderern. Das alte Europa blickte über den Atlantischen Ozean auf die Leuchtkugeln des nordamerikanischen Unabhängigkeitskriegs. Die Amerikapläne europamüder Auswanderer wurden rasch auch zum brennenden Thema europäischer Schriftsteller und Publizisten: »Der lebhafte Trieb nach Amerika im Anfange des achtzehnten Jahrhunderts war groß, indem ein jeder, der sich diesseits einigermaßen unbequem befand, sich drüben in Freiheit zu setzen hoffte«. Dies lässt der weltbürgerliche Amerikakenner Goethe in seinem Roman »Wilhelm Meisters Wanderjahre« berichten.

In der neuen Welt lockte nicht nur ein ausreichender Lebensunterhalt. Entscheidend waren die Ideen der gemeinsamen Grundlagen eines freien Lebens in einer freien Welt: das Bekenntnis zu den unveräußerlichen Menschenrechten. Das große Buch des amerikanischen Traums bekräftigt die untrennbare Dreiheit der Menschenrechte: »Leben«, »Freiheit« und das »Streben nach Glück«. In einem Gedicht, das Goethe »Den Vereinigten Staaten« im Jahr 1827 zugeeignet hat, fordert der hochbetagte Weltbürger die noch geschichtslose Neue Welt auf ihrem Weg von der Idee zur Wirklichkeit mit einem Wunsch heraus: »Amerika, du hast es besser«.

▶ Eine Frau symbolisiert die Republik Amerika: sie nährt, die Flagge mit den Sternen der Staaten hochhaltend, das Wappentier der Vereinigten Staaten von Amerika, den Weißkopfseeadler:

lem nach Pennsylvania auswanderte. Die Amischen lehnen alle technischen Errungenschaften ab; daher nutzen sie als einfache Farmer z. B. noch heute Pferdefuhrwerke.

■ **Amman,** Hauptstadt von Jordanien, 850 m über dem Meeresspiegel gelegen, mit 1,3 Mio. Einwohnern. Die Stadt, Residenz des jordanischen Königs, hat eine Universität. Aus römischer Zeit ist ein Amphitheater erhalten.

■ **Ạmmon** →Amun.

■ **Ammoniạk** [lat.] *das,* eine gasförmige Stickstoff-Wasserstoff-Verbindung (NH_3), die bei −33 °C flüssig wird und in diesem Aggregatzustand wasserähnliche Eigenschaften als Lösungsmittel hat. Ammoniak wurde ursprünglich aus verrotteten tierischen Ausscheidungen gewonnen (z. B. Kamelmist) und hat seinen Namen nach der Oase Ammon (Nordafrika). Heute wird Ammoniak aus dem Stickstoff der Luft und aus Wasserstoff unter sehr hohem Druck hergestellt (→Haber-Bosch-Verfahren) und in riesigen Mengen für die Gewinnung von Kunstdünger, Spreng- und Kunststoffen gebraucht. Die wässrige Lösung von Ammoniak ist eine Base und wird auch **Salmiakgeist** genannt.

■ **Ammonịten** [neulateinisch] (Ammonshörner), vor etwa 70 Mio. Jahren ausgestorbene Kopffüßer, die in großer Mannigfaltigkeit die Meere bevölkerten. Sie sind nur durch massenhafte Versteinerungen (→Fossilien) bekannt, die bis 200 Mio. Jahre alt sind. Die Weichteile sind nicht bekannt. Von ihren meist spiralig eingerollten, mehrkammerigen Gehäusen wurde nur die nach außen offene Kammer vom Tier bewohnt, die hinteren Kammern waren mit Gas gefüllt und dienten dem Auftrieb im Wasser. Die Ammoniten erreichten Größen bis 2 m, meist waren sie 3 bis 10 cm groß. Man kennt über 5 000 Arten

■ **Amnesie** [griech.], zeitlich begrenzte Erinnerungslücke, die durch eine Bewusstseinsstörung verursacht wird.

■ **Amnestie** [griech.] *die,* durch ein Gesetz ausgesprochene Strafbefreiung, die sich im Unterschied zur →Begnadigung auf eine unbestimmte Anzahl von rechtskräftig Verurteilten bezieht. Amnestie kann auch bedeuten, dass bestimmte Delikte nicht verfolgt werden.

■ **Amnesty International** [ämnisti int^ernäsch^en^el], Abkürzung **ai**, 1961 in London gegründete internationale Organisation zum Schutz der Menschenrechte. Sie versucht, Menschen in allen Staaten der Erde zu helfen, die aus weltanschaulich-religiösen oder politischen Gründen inhaftiert wurden. Zugleich wendet sie sich in ihrer Arbeit gegen die Todesstrafe und die Anwendung der Folter. Amnesty International erhielt 1977 den Friedensnobelpreis.

■ **Amöben,** weltweit verbreitete, mikroskopisch kleine einzellige Wurzelfüßer, die im Süß- und Meerwasser leben. Amöben besitzen keine feste Gestalt und bilden zur Fortbewegung und Nahrungsaufnahme lappenförmige »Scheinfüßchen« aus. Die Vermehrung geschieht meist durch Zweiteilung.

Zu den Amöben gehören die **Nacktamöben** (Wechseltierchen) und die **Schalenamöben** (Thekamöben), die sich aus einer chitinähnlichen Substanz ein Gehäuse bauen, in das sie sich bei Gefahr zurückziehen. Manche Amöben sind beim Menschen Krankheitserreger, wie die in den Tropen die Krankheit Ruhr verursachenden **Ruhramöben.**

Dieses Foto zeigt die natürliche Größe eines im Naturkundemuseum in Münster ausgestellten **Ammoniten** aus der Westfälischen Bucht

■ **Amoklaufen,** anfallartig auftretender Verwirrtheitszustand, in dem der Betroffene wahllos Menschen oder Tiere angreift und zu töten versucht.

■ **Amor,** römischer Liebesgott; er entspricht dem griechischen Gott Eros.

■ **amorph** [griech.], formlos, gestaltlos (Gegensatz: kristallin oder kristallisiert); amorph nennt man feste Stoffe, deren kleinste Bausteine (die Atome, Ionen und Moleküle) sich nicht zu Kristallgittern (→Kristalle) angeordnet haben. Gläser, viele Kunststoffe (z.B. Plexiglas) und Harze sowie Asphalt und Bitumen sind solche amorphen Stoffe.

■ **Ampere** [ampär] *das,* Einheitenzeichen A, die nach dem französischen Physiker und Mathematiker André Marie Ampère (1775–1836) benannte Maßeinheit der elektrischen Stromstärke (→Elektrizität). Das Ampere ist als Stärke eines elektrischen Stroms definiert, der, durch zwei im Abstand von 1 m angeordnete, gerade, unendlich lange Leiter fließend, zwischen diesen eine elektromagnetische Kraft bestimmter Stärke hervorruft.

■ **Amphetamine** [griech.], zu den Weckaminen gehörende Arzneimittel, die aufputschend wirken und für kürzere Zeit die Leistungsfähigkeit steigern. Ihr Missbrauch führt zu körperlicher und psychischer Abhängigkeit. – auch→Drogen.

■ **Amphibien**[griech.] (Lurche), eine Klasse der Wirbeltiere mit etwa 4000 Arten. Es sind 1 bis 150 cm große, wechselwarme Tiere mit einer stets feuchten, schleim- und drüsenreichen Haut. Die meisten Arten sind zumindest zur Fortpflanzung (Larven) ans Süßwasser gebunden. Die ältesten Amphibien und damit die ältesten Landtiere (außer Insekten) lebten bereits im Devon. – auch →Froschlurche.

■ **Amphibienfahrzeug,** Fahrzeug, das auf dem Land und mit Schraubenantrieb im Wasser fahren kann. Vor allem Autos und Panzer werden als Amphibienfahrzeuge gebaut. Flugzeuge, die Schwimmkörper und Räder haben (Landung und Start zu Wasser und zu Lande möglich), nennt man **Amphibienflugzeuge.**

■ **Amphitheater** [griech.], römisches Bauwerk für Gladiatorenkämpfe und Tierhetzen mit ansteigend um eine ovale Arena angeordneten Sitzreihen, z.B. das →Kolosseum in Rom.

■ **Amphora** [griech.] *die,* in der griechischen Antike ein bauchiger Krug aus gebranntem Ton mit engem Hals und zwei Henkeln. Amphoren wurden als Vorratsgefäße, vor allem für Wein und Öl, verwendet.

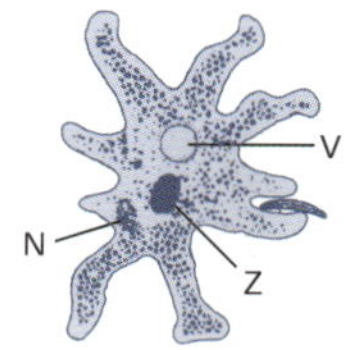

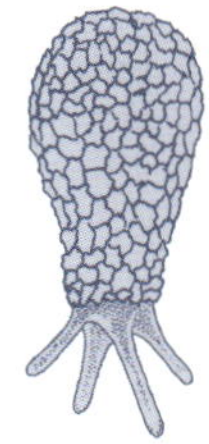

Zellkern (Z), Nahrungsbehälter (N) und die pulsierende Vakuole (V) der allenfalls millimetergroßen **Amöbe** sind von fingerähnlichen Scheinfüßchen umrahmt, die am rechten Rand der oberen Zeichnung eine Alge umfließen; die Ansicht darunter verdeutlicht eine Schalenamöbe

Fremdenfeindlichkeit unbekannt: der altägyptische Gott **Amun** wird mit großen Flügeln auf dem Kopf dargestellt – er bewegt sich im Wind, der alle Weltenräume erfüllt, und wird als Gott verehrt, der auch das Leben »aller fernen Fremdländer« erhält

Amur
Wichtigste Nebenflüsse
Von links:
Seja (1 242 km)
Bureja (623 km)
Von rechts:
Songhua Jiang (1 927 km)
Ussuri (897 km)

■ **Amplitude** [griech.] *die,* **1)** *Mathematik:* der größte absolute Funktionswert einer periodischen Funktion; z. B. hat die Funktion $f(x) = 4 \cos x$ die Amplitude 4.
2) *Physik:* (Schwingungsweite, Scheitelwert), die maximale Auslenkung aus der Ruhelage bei einer →Schwingung.

■ **Amputation** [lat.] *die,* die operative Entfernung eines schwer geschädigten Körperteils z. B. nach Unfällen, bösartigen Geschwulsten oder fortgeschrittener Mangeldurchblutung in den Beinen (z. B. Raucherbein).

■ **Amrum,** nordfriesische Insel, zu Schleswig-Holstein gehörend, mit 20 km² und 2 100 Einwohnern. Der Hauptort ist Wittdün (Fähre zum Festland). Auf Amrum liegen viel besuchte Seebäder.

■ **Amsel,** eine zur Brutzeit (März bis Juli) vor allem morgens und abends klangvoll singende Art der Drosseln. Im Unterschied zum schwarzen, gelbschnäbeligen Männchen sind Weibchen und Jungvögel unscheinbar braun. Die Eier werden in ein napfförmiges, aus feinen Zweigen gebautes Nest gelegt, das meist in Sträuchern steht. Die Amseln in Mitteleuropa waren ursprünglich Zugvögel, bleiben aber heute im Winter im Brutgebiet.

■ **Amsterdam,** Hauptstadt der Niederlande (Sitz der Regierung ist Den Haag), mit 718 100 Einwohnern. Die Stadt besitzt zwei Universitäten und bedeutende Museen (u. a. Rijksmuseum). Sie ist Sitz wichtiger Banken, einer Börse, vielseitiger Industrie (berühmte Diamantenschleifereien) und hat den zweitgrößten Hafen des Landes, am IJsselmeer. Kanäle führen zur Nordsee und zum Rhein.
Amsterdam ist seit dem 17. Jahrh. Welthandelsplatz. Der alte Stadtkern wurde im 13./14. Jahrh. auf Pfählen über Sumpfgelände erbaut. Er wird von zahlreichen Grachten (Kanälen) durchzogen. Die Altstadt bietet viele schöne Patrizierhäuser, z. B. das Rembrandthaus.

■ **Amtsgericht,** die unterste Stufe der ordentlichen Gerichtsbarkeit in Deutschland (→Gericht).

■ **Amudarja** *der* (in der Antike Oxus), wasserreichster Fluss Mittelasiens im Gebiet Tadschikistans, Turkmenistans und Usbekistans. Er entsteht durch Vereinigung der Flüsse Pjandsch und Wachsch an der Grenze zu Afghanistan. Der Amudarja ist 1415 km lang (einschließlich Pjandsch 2 540 km).

■ **Amulett** [lat.] *das,* kleinerer Gegenstand, der am Körper getragen wird und dem Gefahr abwendende und Glück bringende Kräfte zugeschrieben werden. – auch →Talisman.

■ **Amun** (Ammon), ägyptischer Gott, ursprünglich als Stadtgott von Theben, später als Reichsgott, Götterkönig und Schöpfer der Welt verehrt. Ihm ist die gewaltigste Tempelanlage der Ägypter, der Amuntempel beim heutigen Ort Karnak, geweiht. Griechen und Römer setzten ihn mit Zeus und Jupiter gleich.

■ **Amundsen,** Roald, norwegischer Polarforscher, *Borge (Østfold) 16. Juli 1872, verschollen bei Spitzbergen im Juni 1928 (bei der Suche nach der vermissten Mannschaft des Luftschiffs »Italia«). Er befuhr 1903–06 als Erster die Nordwestpassage. Am 14. Dezember 1911 gelangte er als Erster zum Südpol. 1926 überflog er mit Lincoln Ellsworth und Umberto Nobile den Nordpol.

■ **Amur** *der,* ostasiatischer Strom, entsteht aus dem Zusammenfluss von Schilka und Argun, insgesamt 4 510 km lang. Der Amur mündet ins Ochotskische Meer. Im größten Teil seines Laufes bildet er die russisch-chinesische Grenze.

Wie bei einem Fototermin: ein **Amselpaar** zeigt Profil; das schwarze Männchen mit leuchtend gelbem Schnabel und feinem gelblichen Augenring gehört zu den eindringlichsten Sängern in der einheimischen Vogelwelt

■ **Anabolika** [griech.], Sammelbezeichnung für künstlich hergestellte männliche Hormone, die den Proteinaufbau und damit auch das Muskelwachstum fördern. Sie werden bei Entwicklungs- und Wachstumsstörungen angewandt. Bei Frauen können sie zur »Vermännlichung« führen. Anabolika sind als Dopingmittel bei Sportlern verboten.

■ **Anachronismus** [...kro...; griech.] *der,* ein Verstoß wider die Zeitrechnung (Chronologie); eine Begebenheit wird aus Unkenntnis oder absichtlich in einen falschen Zeitraum versetzt, etwas wird zeitlich falsch zugeordnet (z. B. wenn in einer Erzählung Napoleon I. im Auto fährt) oder entspricht nicht den Anschauungen der Zeit (z. B. wenn heute jemand die Gleichberechtigung von Mann und Frau bestreitet).

■ **Anakonda** *die*, im nördlichen Südamerika in Flüssen lebende, bis 9 m lange Boaschlange. Sie bringt etwa 70 cm lange lebende Junge zur Welt. Ans Wasser kommende Säugetiere und Vögel packt sie mit den Zähnen, umwindet sie mit ihrem Körper, erdrosselt und verschlingt sie.

■ **anal** [lat.], den After (lat. Anus) betreffend.

■ **Analgetika** [griech.], die →schmerzstillenden Medikamente.

■ **analog** [griech.], entsprechend, ähnlich. Bei einer **Analoganzeige** werden die Werte durch eine stetig veränderliche physikalische Größe dargestellt.

■ **Analphabet** [griech.] *der*, ein Mensch, der weder lesen noch schreiben kann. Das **Analphabetentum** ist kennzeichnend für Länder, in denen es kein allgemeines Schulwesen gibt. Die meisten der über eine Milliarde geschätzten Analphabeten leben in Asien, Afrika und Südamerika.

■ **Analyse** [griech.] *die*, allgemein eine wissenschaftliche Methode, ein zusammengesetztes Ganzes zu zerlegen mit dem Ziel, es genauer kennen zu lernen (Gegensatz: Synthese). Beispiele aus unterschiedlichen Bereichen sind **Charakteranalyse** (Psychologie), **Blutanalyse** (Medizin) und **Stoffanalyse** (Chemie). Die Analyse kann qualitativer und quantitativer Natur sein, das heißt, die Untersuchung kann die an einem Ganzen beteiligten Arten oder die Anteile der Bestandteile am Ganzen feststellen. Die chemische Stoffanalyse ist heute vielfach auch ohne Zerlegung möglich (z. B. durch Spektralanalyse, →Spektrum).

■ **Analysis** [griech.] *die*, ein Teilgebiet der Mathematik, in dem mit Grenzwerten gearbeitet wird. Es umfasst im Wesentlichen die Differenzial- und Integralrechnung (Infinitesimalrechnung). In der Analysis werden vor allem die reellen und komplexen Zahlen, Folgen, Grenzwerte, Funktionen und deren Ableitung bzw. Integrale untersucht.

■ **analytische Geometrie**, ein Teilgebiet der Mathematik, in dem geometrische Fragestellungen mithilfe der linearen Algebra behandelt werden. Hauptkennzeichen der analytischen Geometrie ist die Beschreibung der Punkte der Ebene durch reelle Zahlenpaare (x, y) sowie der Punkte des Raumes durch reelle Zahlentripel (x, y, z), die kartesischen Koordinaten. Geometrische Gebilde, Voraussetzungen, Behauptungen und Beweise werden dann durch Ausdrücke in diesen Koordinaten (z. B. →Gleichungen, Gleichungssysteme, →Terme) beschrieben.

■ **Anämie** [griech., = Blutlosigkeit] *die*, eine Blutmangelkrankheit, bei der entweder die Blutmenge oder die Konzentration der roten Blutkörperchen stark verringert ist. Die Patienten haben eine blasse Gesichtsfarbe und leiden unter schneller Ermüdung und häufigem Kopfschmerz. Mögliche Ursachen für Anämie sind hoher Blutverlust (z. B. während der Menstruation) oder Mangel an Eisen oder Vitamin B_{12} in der Nahrung.

■ **Ananas** [portugiesisch] *die*, in tropischen Ländern angebaute Pflanze mit wohlschmeckendem, fleischig-zapfenartigem, großem Fruchtstand (Ananas[frucht]). Da die angebauten Formen samenlos sind, dient meist der abgeschnittene Blattschopf des Fruchtstandes als Steckling zur Vermehrung.

■ **Anapäst** →Vers.

■ **Anarchie** [griech.] *die*, Herrschaftslosigkeit, Gesetzlosigkeit.

■ **Anarchismus** [griech.] *der*, Bezeichnung für soziale und politische Denkmodelle und Bewegungen, die jede Art von Autorität als Form der Herrschaft von Menschen über Menschen ablehnen und das Zusammenleben nach den Grundsätzen von Gerechtigkeit, Gleichheit und Brüderlichkeit zu verwirklichen trachten.

■ **Anästhesie** [griech.] *die*, Unempfindlichkeit des Nervensystems gegen Reize wie z. B. Temperatur und Schmerz. Meist meint man mit Anästhesie die vom Arzt mit Betäubungsmitteln künstlich herbeigeführte Empfindungslosigkeit bei Operationen oder bei schmerzhaften Untersuchungen. Ist das Bewusstsein ausgeschaltet, also bei allgemeiner Betäubung, wird von **Narkose** gesprochen. Eine örtlich begrenzte Betäubung heißt **Lokalanästhesie**.

■ **Anatolien**, geographisch die zwischen

Anästhesie

Höllenqualen mussten Patienten früher bei Operationen aushalten. Bis ins 19. Jh. wurden sie notdürftig mithilfe von Alkohol, Opium oder durch das Einatmen von Kräuterdämpfen betäubt. In den napoleonischen Kriegen wurden, wo es möglich war, Amputationen auf dem Schlachtfeld bei Gefriertemperaturen von −19 °C durchgeführt. Ab Mitte des 19. Jahrh. wurden dann Lachgas, Äther und Chloroform als Narkosemittel angewandt. Diese gewährten dem Patienten weitgehende Schmerzfreiheit. Heutige Mittel wirken jedoch zuverlässiger, sind besser zu steuern (insbesondere ist ihre Wirkung gezielt zu beenden) und erzeugen weniger Nebenwirkungen.

Roald Amundsen

Das Fruchtfleisch der **Ananas** enhält viele Mineralstoffe und Vitamine

Schwarzem Meer und Mittelmeer nach Europa vorgestreckte Halbinsel, im Altertum **Kleinasien** genannt. Heute umfasst Anatolien den gesamten asiatischen Teil der Türkei bis zum Ararathochland.

■ **Anatomie** [griech.] *die,* die Lehre vom Bau der Lebewesen. Sie untersucht und beschreibt die Lage der Organe. Die Lehre von Aufbau und Funktion der Gewebe bezeichnet man als **Histologie,** die Lehre von den Zellen als →Zytologie.

■ **Andalusien,** historische Landschaft in Südspanien, heute verwaltungsmäßig eine Region mit 6,49 Mio. Einwohnern. Bedeutendste Städte sind Sevilla, Granada, Córdoba, Málaga und Cádiz. Andalusien gliedert sich in das gut bewässerte fruchtbare Guadalquivirbecken (Anbau von Südfrüchten und Wein), den Südabfall der Sierra Morena und (im Süden) das andalusische Faltengebirge. An der Küste herrscht reger Fremdenverkehr. Die Erzvorkommen (Kupfer, Eisen, Blei, Zink) wurden zum Teil schon von den Phönikern 1100 v. Chr. genutzt.

■ **andante** [italienisch, = gehend], Tempobezeichnung in der Musik: ruhig, mäßig. Ein musikalischer Satz in diesem Tempo heißt **Andante.**

■ **Anden,** junges Faltengebirge, das sich an der gesamten Westküste Südamerikas hinzieht. Das vulkanreiche Gebirge ist im zentralen Teil bis zu 700 km breit (zwischen West- und Ostkordillere ein Hochland) und erreicht eine Höhe von 6 959 m (Aconcagua). Die Anden sind ein Teil der →Kordilleren.

■ **Andersen,** Hans Christian, dänischer Schriftsteller, *Odense 2. April 1805, †Kopenhagen 4. August 1875. Er schrieb hauptsächlich – auch für Erwachsene bestimmte – Märchen, die in rund 80 Sprachen übersetzt wurden, z. B. »Die kleine Meerjungfrau«, »Des Kaisers neue Kleider«, »Das hässliche junge Entlein«, »Die Prinzessin auf der Erbse«.

Die Titelfigur eines der weltberühmten Märchen von **Hans Christian Andersen** – hier ein zeitgenössisches Porträt – wurde zum Wahrzeichen der dänischen Hauptstadt Kopenhagen: die kleine Meerjungfrau

Andorra

Flagge

Wappen

Andorra
Fläche 453 km²
Einwohner 76 000
Hauptstadt Andorra la Vella
Amtssprache Katalanisch
Nationalfeiertag 8. September
Währung spanische Peseta
Zeitzone MEZ

■ **Andorra,** Kleinstaat in den östlichen Pyrenäen zwischen Spanien und Frankreich. Der kärgliche Boden erlaubt nur Schaf-, Rinder- und Pferdezucht, sodass heute Handel und Fremdenverkehr die Haupteinnahmequellen sind.
Andorra ist ein unabhängiges parlamentarisches Fürstentum, das formell der Oberhoheit des französischen Staatspräsidenten und des spanischen Bischofs von Urgel untersteht (beide haben jedoch nur noch rein repräsentative Funktion). Die außenpolitischen Interessen des Landes vertritt Frankreich.

■ **Androgene** [griech.], die männlichen →Geschlechtshormone.

■ **androgyn** [griech.], mannweiblich, zwitterig. In der Botanik werden einhäusige Pflanzen, die gleichzeitig männliche und weibliche Blüten tragen, androgyn genannt.

■ **Andromeda, 1)** *griechischer Mythos:* Tochter der Kassiopeia. Weil ihre Mutter den Zorn der Götter hervorruft, wird Andromeda zur Versöhnung der Götter an eine Klippe geschmiedet und einem Meerungeheuer preisgegeben. →Perseus tötet das Ungeheuer und befreit Andromeda. Der Sage nach wird sie später in ein Sternbild verwandelt.

2) *Astronomie:* ein Sternbild am Nordhimmel; es enthält den mit bloßem Auge erkennbaren **Andromedanebel,** das der Milchstraße am nächsten gelegene Sternensystem (Entfernung 2,2 Mio. Lichtjahre).

■ **Äneas,** im griechisch-römischen Mythos einer der tapfersten trojanischen Helden. Nach dem Fall Trojas flieht Äneas mit dem Schiff und landet nach langer Irrfahrt in Italien (Latium). Sein Sohn Ascanius (von den Römern **Iulus** genannt) gründet Alba Longa, die Mutterstadt Roms, und wird der Ahnherr des römischen Geschlechts der Julier. Das Schicksal des Äneas und seine Niederlassung in Latium schildert Vergil in seinem Epos **Äneis.**

■ **Anekdote** [griech.] *die,* knappe Erzählung, die mit oft überraschender, witziger Wendung endet und eine Begebenheit wiedergibt, die für eine Person oder Gesellschaft besonders charakteristisch ist.

■ **Anemonen** [griech.], Gattung der Hahnenfußgewächse mit etwa 120 weltweit verbreiteten Arten, davon sechs in Mitteleuropa, z. B. das vor allem in Laubwäldern vorkommende **Buschwindröschen.** Einige Arten werden als Zierpflanzen in Gärten angepflanzt.

■ **Anführungszeichen** (umgangssprachlich Gänsefüßchen) →Satzzeichen (Übersicht).

■ **Angel,** ein Gerät zum Fischfang, das aus einer elastischen Rute (meist aus Glasfiber), einer Rolle und einer darauf gewickelten Schnur (aus Kunststoff), die durch Leitringe an der Rute entlangläuft, besteht. Am Ende der Schnur befindet sich der Haken, auf den ein Köder gesteckt wird. Diesen hält ein Schwimmer (aus Kork) in Schwebelage. Raubfische werden durch bewegliche Köder (Spinner und Blinker) angelockt.

■ **Angelsachsen,** Sammelbezeichnung für die im 5./6. Jahrh. vom Festland auf die britischen Inseln ausgewanderten germanischen Stämme der Angeln, Sachsen und Jüten. Sie vertrieben die dort ansässigen romanisierten Kelten in Randgebiete und gründeten sieben kleinere Königreiche. Im 6./7. Jahrh. wurden sie christianisiert und im 9. Jahrh. unter der Führung von König Egbert von Wessex (802–839) erstmals weitgehend geeint. 1066 siegte der Normannenherzog Wilhelm der Eroberer bei Hastings über den angelsächsischen König Harold II., der in der Schlacht fiel.

■ **Angestellte,** eine uneinheitliche Gruppe abhängig Beschäftigter im öffentlichen Dienst oder in der privaten Wirtschaft. Eine genaue Abgrenzung zu der Gruppe der Arbeiter ist in vielen Fällen nicht mehr möglich, weil die bisher trennenden Merkmale (z. B. monatliche Gehaltszahlung und überwiegend geistige Arbeit) an Bedeutung verloren haben.

■ **Angina** [lat.] *die,* eine Entzündung des Rachens, besonders der Mandeln und deren Umgebung, verursacht durch Viren oder Eitererreger. Zur Behandlung gehören Gurgeln und die Gabe von Antibiotika. Bei ständig wiederkehrender Erkrankung wird die Entfernung der Mandeln erwogen.

■ **anglikanische Kirche** (Kirche von England, engl. Church of England), die englische Staatskirche. Die anglikanische Kirche entstand durch den Bruch Heinrichs VIII. (1509–47) mit Rom; der König ernannte sich 1534 selbst zum Oberhaupt der Kirche, ohne aber ihre Lehre und Gottesdienstordnung anzutasten. Erst unter seinem Nachfolger Eduard VI. (1547–53) erhielten Lehre und Liturgie eine kalvinistische Prägung. Die anglikanische Kirche ist Mutterkirche der zur **Anglikanischen Kirchengemeinschaft** gehörenden, rechtlich selbstständigen Nationalkirchen in verschiedenen Ländern. 1992 wurden auch Frauen zum Priesteramt zugelassen.

■ **Angola,** Republik an der südlichen Westküste Afrikas. Angola ist eine Hochfläche, die im Westen steil zur Küste abfällt. Im Norden herrscht Feuchtsavanne vor, im Süden Trockensavanne, die im Südosten in Wüste übergeht. Die Bevölkerung besteht überwiegend aus Bantustämmen. Obwohl nur rund

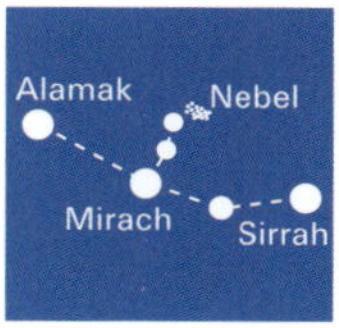

Die Namen der Sternbilder des nördlichen Himmels haben wie das Sternbild **Andromeda** überwiegend ihren Ursprung in der griechischen Sagenwelt

Angola

Flagge

Wappen

Die Aufnahme des Andromedanebels im Sternbild **Andromeda** zeigt dessen spiralförmig gebautes System mit einem auffällig dichten Kern in der Mitte

2 % der Staatsfläche landwirtschaftlich genutzt werden können, lebt der überwiegende Teil der Bevölkerung von der Landwirtschaft (vor allem Anbau von Kaffee). Das Land ist reich an Bodenschätzen, besonders Erdöl, Diamanten und Eisenerz.

Geschichte: Um 1520 ließen sich hier die ersten portugiesischen Siedler nieder. 1951 wurde aus der portugiesischen Kolonie eine den Provinzen Portugals gleichgestellte Überseeprovinz. Seit 1961 kämpften drei von der Sowjetunion und Kuba unterstützte Befreiungsbewegungen um die Unabhängigkeit des Landes, die 1975 erklärt wurde. Zwischen den Befreiungsbewegungen kam es in der Folgezeit immer wieder zu bürgerkriegsähnlichen Auseinandersetzungen.1991 wurde ein Mehrparteiensystem zugelassen, 1994 unterzeichneten die Bürgerkriegsparteien ein Friedensabkommen.

Angola
Fläche 1 246 700 km²
Einwohner 11,967 Mio.
Hauptstadt Luanda
Amtssprache Portugiesisch
Nationalfeiertage 11. 11. und 10. 12.
Währung 1 Kwanza Reajustado (Kzr)
Zeitzone MEZ

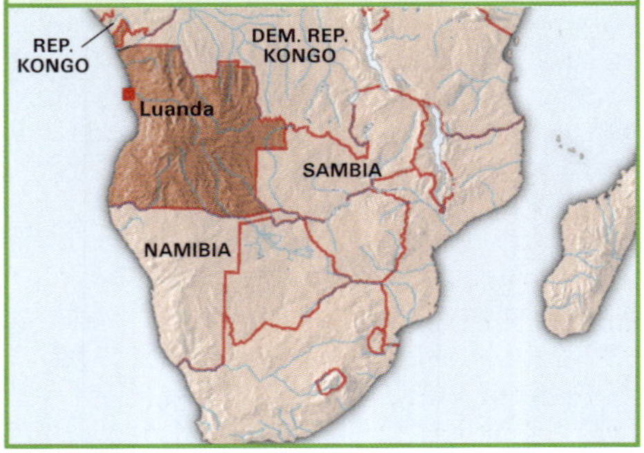

■ **Angst,** mit Beklemmung, Bedrückung, Erregung, oft auch mit quälender Verzweiflung einhergehender Gefühlszustand oder Affekt. Angst entsteht als Reaktion auf reale oder auch vorgestellte, nicht zwangsläufig voll bewusste Beeinträchtigungen oder Bedrohungen des eigenen Lebens; dies im Unterschied zur Furcht, die auf ein Objekt bezogen ist, und der meist durch Flucht oder Aggression und Gegenwehr begegnet werden kann. Angst wird häufig von körperlichen Symptomen (z. B. erhöhter Pulsschlag, Atemnot, Schweißausbruch, gesteigerte Blasen- oder Darmtätigkeit) begleitet und bewirkt nicht selten bei den betroffenen Personen eine Herabsetzung oder gar Aufhebung der Fähigkeit, Verstand und Willen zu kontrollieren.

Antarktis: Entdeckung und Erforschung

1772–75	James Cook überquert auf seiner zweiten Reise um die Welt dreimal den südlichen Polarkreis
1819–21	erste russische Antarktisexpedition unter Fabian Gottlieb von Bellingshausen, der 1821 die später so genannte Alexander-I.-Insel und Peter-I.-Insel entdeckt
1822/23	James Weddell dringt bis 74° 15' südlicher Breite in das später nach ihm benannte Weddellmeer vor
1840	Nachweis der Existenz eines antarktischen Kontinents durch die Küstenfahrten von Charles Wilkes; Entdeckung von Wilkesland
1839–43	James Clarke Ross gelangt in die Nähe des südlichen Magnetpols
1909	Douglas Mawson, Teilnehmer einer britischen Expedition unter Ernest Henry Shackleton, findet den südlichen Magnetpol
1911/12	Roald Amundsen (14. Dezember 1911) und Robert Falcon Scott (18. Januar 1912) erreichen den Südpol
1928–30	erster Flug zum Südpol durch Richard E. Byrd (am 29. November 1929)
1956	Beginn der antarktischen Forschungen auf breiter internationaler Grundlage; es entstehen ständige Forschungsstationen
1957/58	erste Transantarktisexpedition durch Vivian Ernest Fuchs
1989/90	Reinhold Messner und Arved Fuchs durchqueren die Antarktis zu Fuß

■ **Anguilla** [engl. ängwil[e]], Insel der Kleinen Antillen (91 km²), in der Karibik. Sie bildet mit der Insel Sombrero (5 km²) ein von Großbritannien abhängiges Gebiet mit innerer Autonomie; 11 000 Einwohner; Verwaltungssitz ist The Valley, die Amtssprache ist Englisch.

■ **Anilin** [arabisch] (Aminobenzol) *das,* 1826 entdeckte organische Verbindung, die ein wichtiger Ausgangsstoff für die Herstellung von Farbstoffen, Kunststoffen und Arzneimitteln ist.

■ **Animateur** [...tör; frz.] *der,* Freizeitberater in Ferienclubs und Hotels. Der Animateur organisiert Sport- und Freizeitaktivitäten und fördert Kontakte zwischen den Urlaubern. Ausbildung und Berufsabschluss sind nicht erforderlich.

■ **Animationsfilm** →Film.

■ **Animismus** [zu lat. anima, = Seele], besonders bei Naturvölkern verbreiteter Glaube an die Beseeltheit der Natur und der Naturkräfte.

■ **Anion** [griech.] *das,* ein elektrisch negativ geladenes Ion; bei der →Elektrolyse wandern die Anionen zur Anode. (→Kation).

■ **Anis** [griech.] *der,* bis 50 cm hoher, weiß blühender Doldenblütler aus dem östlichen Mittelmeergebiet. Das in den Früchten enthaltene Anisöl dient als Gewürz und wird als Arznei in Form von Tee gegen Blähungen, Husten und Krämpfe verwendet.

■ **Ankara** (im Altertum Ankyra), Hauptstadt der Türkei (seit 1923), in Anatolien, mit 2,838 Mio. Einwohnern (nach Istanbul) zweitgrößte Stadt des Landes. Ankara hat drei Universitäten und ist nach Istanbul und İzmir der wichtigste Industriestandort der Türkei.

■ **Anker** [lat.], **1)** *Elektrotechnik:* der rotierende Teil einer elektrischen Maschine (→Elektromotor). **2)** *Schifffahrt:* ein Gerät, mit dem ein Schiff auf freiem Wasser gegen Wind, Strömung und Seegang an seinem Platz gehalten wird; meist ein Schaft mit hakenartigen Armen, die sich selbsttätig in den Grund graben.

■ **Annahme als Kind** →Adoption.

■ **Annalen** [zu lat. annus = Jahr], Jahrbücher, Chroniken, die, nach Jahren geordnet, Ereignisse der Vergangenheit übersichtlich wiedergeben. Auch chronologisch angeordnete Geschichtswerke werden Annalen genannt (u. a. bei →Tacitus).

■ **Annan,** Kofi, ghanaischer Politiker und Diplomat, *in der britischen Kolonie Goldküste (heute Ghana) 8. April 1938. Er ist seit 1962 bei der UNO tätig und leitete 1993–95 als stellvertretender Generalsekretär die Abteilung für friedenserhaltende Missionen. 1997 wurde er Generalsekretär der UN.

■ **Annexion** [lat.-frz.] *die,* im Völkerrecht die gewaltsame, widerrechtliche Aneignung von Gebietsteilen eines fremden Staates.

■ **Anno Domini** [lat., = im Jahre des Herrn], Abkürzung **A. D.** oder **a. d.,** steht stets in Verbindung mit einer Jahreszahl und bedeutet: nach Christi Geburt, z. B. A. D. 1527.

■ **Anode** [griech.] *die,* die positive →Elektrode (→Elektrolyse).

■ **anonym** [griech.], ungenannt, namenlos, ohne Nennung des Namens.

■ **anorganische Chemie** →Chemie.

■ **Anouilh** [anuj], Jean, französischer Dramatiker, *Bordeaux 23. Juni 1910, †Lausanne 3. Oktober 1987. Biblische, antike, klassische und moderne Stoffe formte Anouilh zu erfolgreichen Theaterstücken, die sich durch scharfsinnigen psychologischen Aufbau und geistreiche Gesellschaftskritik auszeichnen, u. a. »Antigone« (1946), »Becket oder Die Ehre Gottes« (1959), »Seltsame Vögel« (1977).

■ **ansteckende Krankheiten,** →Infektionskrankheiten.

■ **Antarktis** [griech.] *die,* die Land- und Meergebiete um den Südpol. Das gebirgige Festland, der »sechste Erdteil« **Antarktika,** umfasst mit den Inseln und dem Schelfeis (auf dem Wasser schwimmende geschlossene Eisdecke) eine Fläche von etwa 14 Mio. km². Auch das Festland ist mit einer gewaltigen Eisdecke (im Mittel 1720 m mächtig) fast ganz bedeckt, nur einige Küstengebiete sind eisfrei. Die tiefste gemessene Temperatur beträgt −89,2 °C. Die eisfreien Gebiete sind nur spärlich mit Moosen und Flechten bewachsen; dagegen bevölkern zum Teil dichte Scharen von Seevögeln (z. B. Pinguine) und zahlreiche Meerestiere (z. B. Robben) die Küstengebiete und Inseln. – Die Antarktis wurde zuerst von James Cook 1772–75 umsegelt. – Karte S. 50

■ **ante Christum (natum)** [lat.], Abkürzung **a. Chr. (n.),** vor Christi Geburt.

■ **Antenne** [lat.] *die,* **1)** *Elektrotechnik:* Vorrichtung zum Senden oder zum Empfangen elektromagnetischer Wellen. Antennen bestehen aus elektrischen Leitern (Metalldrähten, -stäben). Ihre wirksame Länge hängt von der Wellenlänge der zu sendenden oder zu empfangenden Strahlung ab. In einer **Sendeantenne** werden Elektronen durch eine von der Sendeanlage gelieferte hochfrequente Wechselspannung in Schwingungen versetzt, was zur Abstrahlung einer elektromagnetischen Welle führt. In einer **Empfangsantenne** erregt eine solche Welle eine schwache Wechselspannung der gleichen Frequenz, die z. B. in einen Rundfunkempfänger eingespeist werden kann. Für den Empfang im Bereich der Kurz-, Mittel- und Langwellen genügt eine Stabantenne, für den UKW- und Fernsehempfang verwendet man Dipolantennen. Eine elektronische Antenne besitzt integrierte aktive Bauelemente (z. B. Transistoren); sie kann wesentlich kleinere Abmessungen haben (z. B. bei Mobiltelefonen). In der Radartechnik und für Richtfunkverbindungen werden **Richtantennen** verwendet, etwa die schalenförmige Parabolantenne für den Satellitenempfang. Je nach Verwendungszweck sind Richtantennen (z. B. Radarantennen, Radioteleskope) so montiert, dass sie um eine oder um zwei Achsen gedreht oder geschwenkt werden können. – Bild S. 51
2) *Zoologie:* die gegliederten Fühler am Kopf z. B. bei Insekten; sie tragen vor allem Tast- und Geruchsorgane.

■ **Anthologie** [griech.] *die,* in einer Sammlung zusammengestellte Auswahl von Gedichten oder Prosastücken.

■ **Anthropologie** [griech.] *die,* die Lehre vom Menschen. Als Teilgebiet der *Völkerkunde* befasst sich die Anthropologie mit den verschiedenen Menschenformen auf der Erde, als Teilgebiet der *Philosophie* untersucht sie das Wesen des Menschen und seine Stellung in der Welt.

■ **Anthroposophie** [griech.] *die,* von dem Österreicher Rudolf Steiner (1861–1925) begründete Lehre, nach der die Welt in stufenweiser Entwick-

Flunken heißen die Arme der **Anker** in der Seemannssprache, die auch Ankertypen unterscheidet: für Flussschiffe den »Draggen« mit vier festen Flunken, für Sport- und Segelschiffe den »Stockanker« mit zwei festen Flunken und für See- und Binnenschiffe den »Patentanker« mit klappbaren Flunken

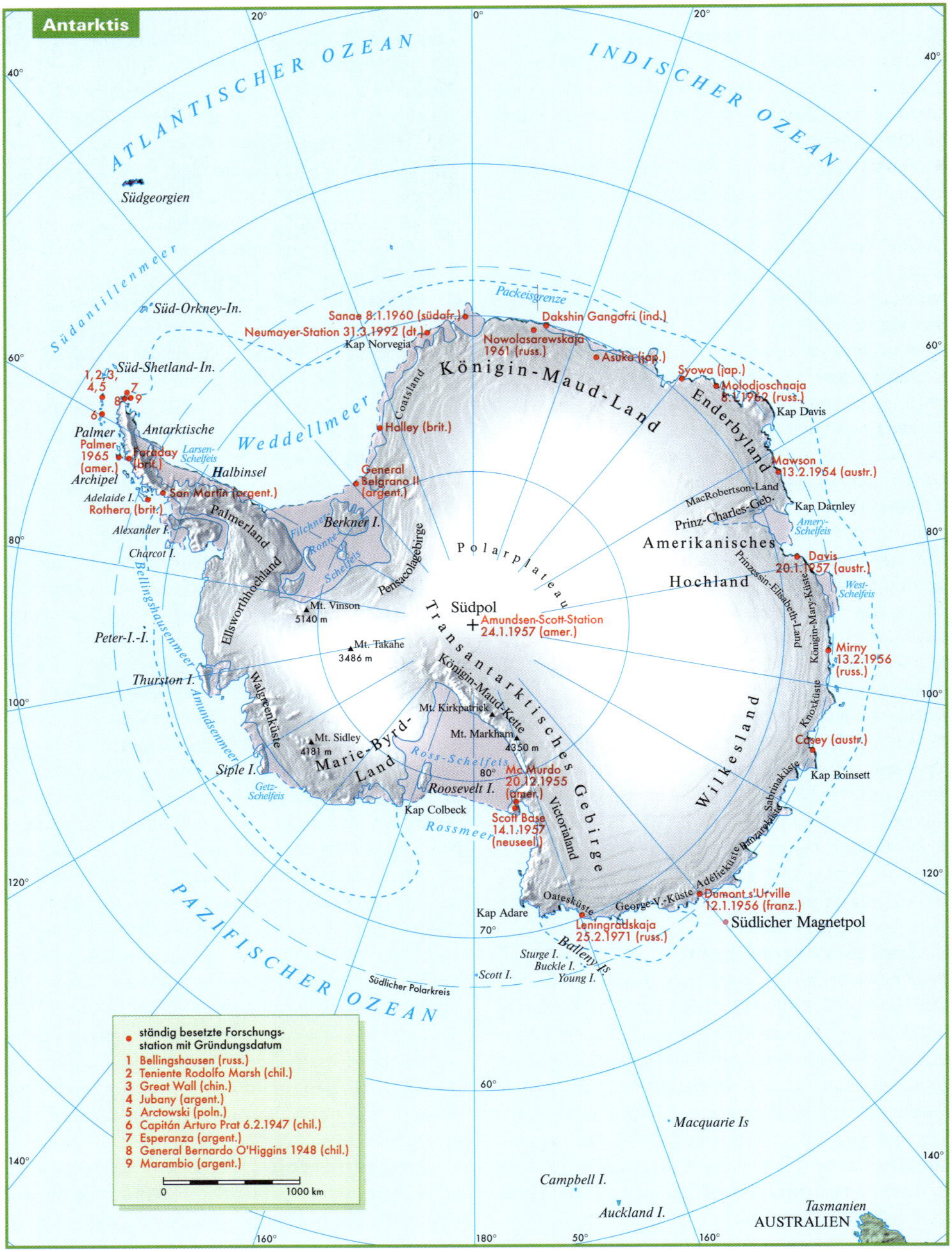

lung begriffen ist und jeder Mensch, wenn er einfühlend-erkennend diese Entwicklung nachvollzieht, »höhere« seelische Fähigkeiten entwickeln kann. Auf der Grundlage der Anthroposophie haben sich einige besondere Formen der Lebensgestaltung entwickelt. Dazu gehören u.a. die →Waldorfschulen und -kindergärten wie auch eine ganzheitliche Medizin und eine biologisch-dynamische Landwirtschaft.

■ **anti..., Anti...** [griech.], Bestimmungswort

von Zusammensetzungen mit der Bedeutung »gegen«, z. B. Antithese (Gegenthese).

■ **antiautoritär,** gegen die Ausübung von Autorität gerichtet. Die **antiautoritäre Erziehung** verzichtet weitgehend auf Zwang und gewährt den Kindern größtmögliche Freiheit.

■ **Antibabypille** […beˈbi…] (Pille), umgangssprachliche Bezeichnung für ein hormonelles Mittel zur →Empfängnisverhütung, das die Reifung einer Eizelle verhindert und von der Frau regelmäßig eingenommen werden muss. Wegen möglicher Nebenwirkungen wie Kreislaufstörungen, Bluthochdruck und Gewichtszunahme muss die Antibabypille vom Arzt verschrieben werden. Bei sachgemäßer Anwendung gehört sie zu den sichersten Verhütungsmitteln (→Sexualität).

■ **Antibiotika** [griech.], von Mikroorganismen, besonders von Schimmelpilzen und Bakterien gebildete, natürliche Stoffwechselprodukte und ihre auf chemischem Wege hergestellten Abwandlungsformen. Sie hemmen das Wachstum von vielen anderen, besonders auch krankheitserregenden Mikroorganismen oder töten sie ab. 1928 entdeckte Alexander Fleming das Penicillin als erstes Antibiotikum. Weitere medizinisch bedeutsame Antibiotika sind z. B. Streptomycin und Tetracyclin. Antibiotika werden auch in der Nutztierhaltung und zur Konservierung von Lebensmitteln verwendet.
Mögliche Nebenwirkungen der Antibiotika sind Durchfall (weil Vitamin bildende Darmbakterien vernichtet werden können) und allergische Reaktionen (z. B. Hautausschläge). Seltener kann bei wiederholter Einnahme von Antibiotika auch ein lebensgefährlicher, schockartiger Zustand eintreten. In den letzten Jahren haben immer mehr Mikroorganismen eine Resistenz gegen Antibiotika ausbildet.

■ **Antiblockiersystem,** Abkürzung **ABS,** Regeleinrichtung im Bremssystem von Fahrzeugen. Das Antiblockiersystem verhindert das Blockieren der Räder durch die Radbremsen und erhält dadurch beim Bremsen die Lenkbarkeit des Fahrzeugs. Es besteht im Wesentlichen aus Messfühlern (Drehzahlsensoren) an den Rädern, einem elektronischen Regelgerät und Magnetventilen. Fällt die Drehzahl eines Rads zu rasch ab, so gibt das Antiblockiersystem den Befehl an das entsprechende Magnetventil, den Druck in der zugehörigen Bremsleitung so weit zu senken, dass das Rad nicht blockiert.

■ **Antifaschismus** *der,* Opposition und Widerstand gegen →Faschismus und →Nationalsozialismus.

■ **Antigene** [griech.], Stoffe, die nach Kontakt

Diese schalenförmige Parabolantenne ist eine **Antenne** für den Satellitenempfang

mit dem Organismus in Mensch und Tier eine Immunabwehr (→Immunsystem) auslösen. Sie rufen die Bildung von →Antikörpern hervor oder aktivieren Reaktionen von Immunzellen. Antigene sind meist größere Moleküle von art- oder körperfremden Proteinen.

■ **Antigone,** in der griechischen Mythos die Tochter des Ödipus. Sie begleitet ihren blinden Vater in die Verbannung, bestattet nach ihrer Rückkehr gegen das Verbot König Kreons den Leichnam ihres aufständischen Bruders Polyneikes und wird zur Strafe lebendig eingemauert. Der Stoff wird in vielen Dramen (u. a. von Jean Anouilh und Bert Brecht) und Opern (u. a. von Carl Orff) behandelt.

■ **Antigua und Barbuda,** Inselstaat im Karibischen Meer, bestehend aus den Antilleninseln Antigua, Barbuda und Redonda (unbewohnt). Die Bevölkerung besteht fast ausschließlich aus den Nachkommen schwarzafrikanischer Sklaven. Hauptwirtschaftszweig ist heute der Fremdenverkehr.
Geschichte: Antigua wurde 1493 von Kolumbus entdeckt und im 17. Jahrh. zusammen mit Barbuda von Engländern kolonisiert. 1871–1956 waren die Inseln britische Kolonie. 1981 wurde Antigua und Barbuda ein selbstständiger Staat im Commonwealth. – Länderkasten S. 52

Antigua und Barbuda

Flagge

Wappen

■ **Antike** [lat.] *die* (klassisches Altertum), die Zeit der griechisch-römischen Kultur von etwa 800 v. Chr. bis um 500 n. Chr.

■ **Antikörper,** von besonderen Zellen des →Immunsystems gebildete Proteine, welche die Fähigkeit besitzen, mit bestimmten Fremdsubstanzen, den →Antigenen, zu reagieren und damit den Körper vor schädlichen Einflüssen zu schützen. Dabei

Antigua und Barbuda
Fläche 442 km²
Einwohner 67 000
Hauptstadt Saint John's (auf Antigua)
Amtssprache Englisch
Nationalfeiertag 1. 11.
Währung 1 Ostkarib. Dollar (EC$) = 100 Cents
Zeitzone MEZ – 5 Std.

wird für jedes Antigen ein spezieller Antikörper gebildet, sodass der menschliche Organismus über eine Vielzahl verschiedener Antikörper verfügt.

■ **Antillen,** Inselkette, die sich in weitem Bogen von der Halbinsel Yucatán (Mexiko) bis zur Küste Venezuelas erstreckt und das Karibische Meer umschließt. Den westlichen Teil bilden die **Großen Antillen** mit Kuba, Jamaika, Hispaniola und Puerto Rico. Die **Kleinen Antillen** werden unterteilt in die »Inseln über dem Winde« (zwischen Puerto Rico und Trinidad; Vulkaninseln mit tropischer Vegetation) und die »Inseln unter dem Winde« (zwischen Trinidad und dem Golf von Venezuela; zum Teil öde Vulkanfelsen). Die Inseln bilden teils selbstständige Staaten, teils gehören sie zu Frankreich, Großbritannien, den Niederlanden oder den USA.

■ **Antilopen** [griech.], Sammelbezeichnung für verschiedene gehörnte, zierlich gebaute und schnellfüßige Huftiere (Paarzeher) unterschiedlicher Größe (Hasen- bis Pferdegröße), die vor allem in den Steppen Afrikas und Asiens verbreitet sind; z. B. die →Gazellen, →Gnus, Kuhantilopen und Kudus.

■ **Antimaterie,** eine Form der Materie, deren atomare Bausteine **(Antiatome)** nur aus **Antiteilchen** aufgebaut sind, das heißt aus Elementarteilchen, deren Ladung das entgegengesetzte Vorzeichen der zugehörigen Teilchen besitzt: Positronen (Antielektronen), Antiprotonen und Antineutronen. Materie und Antimaterie zerstrahlen beim Aufeinandertreffen. Antimaterie kann mit Beschleunigern künstlich erzeugt werden. 1995 gelang erstmals der experimentelle Nachweis eines Antimaterieatoms. Weit entfernte Sternsysteme könnten aus Antimaterie aufgebaut sein, doch geht man meist davon aus, dass das Universum ausschließlich normale Materie enthält.

■ **Antimon** [mittellateinisch] *das,* ein chemisches Element. Das silberweiß glänzende, sehr spröde Metall wird in Verbindung mit anderen Metallen zur Herstellung von Glocken, in reiner Form in der Halbleitertechnik verwendet.

Antimon
chemisches Symbol: Sb (von lat. Stibium)
Ordnungszahl: 51
relative Atommasse: 121,75
Dichte: 6,69 g/cm³
Schmelzpunkt: 630,63 °C
Siedepunkt: zwischen 1 380 und 1 750 °C

■ **Antipathie** [griech.] *die,* Abneigung, Widerwille; Gegensatz: Sympathie.

■ **Antipode** [griech., = Gegenfüßler] *der,* Bewohner der entgegengesetzten Seite der Erde. Im übertragenen Sinn wird auch der Vertreter eines entgegengesetzten Standpunkts Antipode genannt.

■ **Antiqua** [lat.] *die,* Druckschrift, deren einfache runde Formen (im Unterschied zur eckigen →Fraktur) heute fast ausschließlich verwendet werden.

■ **Antiquariat** [lat.] *das,* eine Buchhandlung, die gebrauchte oder seltene alte Bücher (auch Kunstblätter und Handschriften) kauft und verkauft. Das **moderne Antiquariat** handelt mit Restauflagen oder Remittenden (beschädigten oder fehlerhaften Büchern) der Verlage.

■ **Antiquitäten** [lat.], durch Alter und Seltenheitswert ausgezeichnete Möbel, Kunst- und Haushaltsgegenstände.

■ **Antischlupfregelung,** Abkürzung **ASR,** eine zum schlupffreien Beschleunigen von Kraftfahrzeugen verwendete Antriebsregelung. Sie verhindert im Zusammenspiel mit dem Antiblockiersystem das Durchdrehen der Antriebsräder auf rutschiger Fahrbahn.

■ **Antisemitismus** *der,* Bezeichnung für Abneigung und Feindseligkeiten gegen Juden (nicht gegen andere Semiten, z. B. Araber).
Die Diskriminierung von →Juden ist bereits aus der Spätantike bekannt, sie verschärfte sich aber besonders während des Mittelalters. Sie richtete sich vor allem gegen das religiös-kulturelle Anderssein der Juden und war von religiösem Fanatismus sowie wirtschaftlichem Neid bestimmt.

Seit dem 19. Jahrh. spielten streng religiöse Gründe eine immer geringere Rolle, während vermeintlich »rassische« in den Vordergrund traten (obwohl Juden gar keine eigene Rasse bilden). Vereine und Parteien nahmen Ende des 19. Jahrh. den Antisemitismus als Grundsatz in ihr Programm auf und warnten vor angeblich schädlichen jüdischen Einflüssen, die es nach ihrer Meinung zu unterdrücken und bekämpfen galt.

Während des Nationalsozialismus kam es zur grausamen Umsetzung des Antisemitismus in die offizielle Politik. Der Antisemitismus, wichtigste Grundlage für die Ideologie des Nationalsozialismus, diente wesentlich dazu, der Bevölkerung vorgebliche Begründungen für ihre Unzufriedenheit (z. B. mit der hohen Arbeitslosigkeit) zu liefern.

Das Leben der Juden im nationalsozialistischen Deutschland wurde durch den offenen Antisemitismus zunächst immer beschwerlicher. Sie mussten ihrem Namen den Zusatz »Sara« oder »Israel« geben, den →Davidstern gut sichtbar tragen und waren so in ihrer Umgebung ständigen Anfeindungen und Aggressionen ausgesetzt. In der →Reichspogromnacht wurden überall in Deutschland zahlreiche jüdische Geschäfte in Brand gesteckt. Auf der Wannseekonferenz von 1942 schließlich wurde die »Endlösung der Judenfrage«, das heißt die Vernichtung aller Juden in Europa, beschlossen. Während des Zweiten Weltkriegs wurden etwa 6 Mio. Juden, vor allem in Konzentrations- und Vernichtungslagern, umgebracht.

Nach dem Zweiten Weltkrieg kam es zu einer weltweiten Ächtung des Antisemitismus. In der Bundesrepublik Deutschland werden antisemitische Handlungen und Äußerungen nach dem Grundgesetz strafrechtlich verfolgt. Dennoch ist der Antisemitismus auch heute noch vorhanden, besonders in neonazistischen Kreisen finden sich antisemitische Parolen und judenfeindliche Ausschreitungen (z. B. Grabschändungen).

■ **Antithese** [griech.] *die,* eine Gegenbehauptung (Gegenthese), die sich gegen einen ersten Satz (die These) richtet. Auf These, Antithese und →Synthese beruht das System der →Dialektik.

■ **Antonius,** Marcus (Mark Anton), römischer Staatsmann, *um 82 v. Chr., †(Selbstmord) 1. August 30 v. Chr.; Vertrauter Cäsars und als Konsul dessen rechtmäßiger Nachfolger. 43 v. Chr. schloss er mit den beiden anderen mächtigen Männern im Römischen Reich, Lepidus und Octavianus, ein Abkommen, das 2. →Triumvirat. Antonius übernahm die Macht im Osten des Reiches, siegte 42 bei Philippi (Makedonien) über die Cäsarmörder Brutus und Cassius und drängte die Parther zurück. 36 heiratete er Kleopatra, die Königin von Ägypten, drei Jahre später kam es zum Bruch mit Octavianus (dem späteren Kaiser Augustus), der mittlerweile alleiniger Herrscher im Westteil des Reiches geworden war. Antonius unterlag 31 v. Chr. Agrippa in der Schlacht bei Aktium in Griechenland.

■ **Antriebsschlupfregelung,** Abkürzung **ASR,** Regeleinrichtung, die beim Anfahren und Beschleunigen das Durchdrehen der Antriebsräder verhindert und so die Stabilität und Lenkbarkeit des Fahrzeugs sichert. Sie bewirkt das durch Eingriffe in die Motorsteuerung und durch gezieltes Bremsen der einzelnen Antriebsräder. Wesentliche Funktionseinheiten sind ähnlich wie beim Antiblockiersystem Messfühler (Sensoren) an den Rädern, ein Regelgerät und Aktoren für die Eingriffe in die Motorsteuerung und in das Bremssystem.

■ **Antwerpen** (frz. Anvers), Stadt in Belgien, an der Schelde, 88 km von der Nordsee entfernt, mit 449 700 Einwohnern. Die Stadt hat drei Universitäten und viele mittelalterliche Baudenkmäler, eine gotische Kathedrale (mit Werken von Rubens) und ein Renaissancerathaus. Der Hafen von Antwerpen ist einer der größten Europas. Die Stadt besitzt die weltweit bedeutendste Diamantenbörse. – Antwerpen wurde 1291 Stadt. Im 16. Jahrh. war es der größte Handelsplatz der Erde.

■ **Aorta** [griech.] *die,* die aus dem Vorhof der linken Herzkammer entspringende Hauptschlagader des Körpers. Aus ihr gehen alle Arterien des Körpers hervor (→Blutkreislauf).

■ **Apachen** (Apatschen), Sammelbezeichnung für verschiedene Indianerstämme im Südwesten der USA. Sie leisteten den vordringenden weißen Siedlern vor allem in den **Apachenkriegen** 1861/71–86 (unter den Häuptlingen Cochise und Geronimo) erbitterten Widerstand. Die (etwa 15 000 Apachen leben heute in →Reservationen.

■ **Apartheid** [Afrikaans] *die,* die Politik der Rassentrennung in Südafrika, die seit 1948 gesetzlich verankert war und die Vorherrschaft der aus Europa stammenden weißen Minderheit gegenüber der farbigen Mehrheitsbevölkerung (Bantu, Mischlinge, Asiaten) sichern sollte. Sie beinhaltete getrennte Wohngebiete, Schulen und Kirchen, das Verbot von Mischehen und die Beschränkung des Wahlrechts auf einen Teil der Bevölkerung. Die Politik Südafrikas wurde von den UN verurteilt und als unvereinbar mit den Menschenrechten abgelehnt. Mit dem In-Kraft-Treten einer neuen Verfassung wurde sie 1993 abgeschafft.

■ **Apennin** *der,* von der Toskana bis nach Sizi-

Apfelbaum

Der Apfelbaum galt in den alten Kulturen als Symbol für Fruchtbarkeit und als Liebesfrucht, wobei es sich aber meist um den Granatapfel handelte. In der griechischen Mythologie entschied Paris den Streit der Göttinnen Hera, Athene und Aphrodite um den Preis der Schönheit zugunsten von Aphrodite, indem er ihr einen Apfel überreichte. – In der christlichen Kunst wurde der Apfel zum Symbol für den Sündenfall. Im 11. Jahrh. erhält ihn Maria als Attribut der Erlösung. – Der Apfel ist auch ein altes Sinnbild von Herrschaft: Als solches hält ihn Christus auf Darstellungen ab dem 12. Jahrh. in der Hand. Als Herrschaftssymbol gehört der Apfel auch zu den Reichsinsignien.

lien reichender Gebirgszug in Italien; höchster Teil sind die →Abruzzen. Die Besiedlung der kahlen, oft zerklüfteten und rauen Landschaft bleibt auf einzelne Becken und Täler beschränkt.

■ **Apfelbaum,** ein Kernobstbaum aus der Familie der Rosengewächse. Die Frucht **(Apfel)** ist eine Scheinfrucht, deren Fleisch aus dem anschwellenden Kelchgrund und der Blütenachse entsteht; der Fruchtknoten bildet das Kerngehäuse der Frucht. Der Kulturapfelbaum wurde aus verschiedenen Wildarten gekreuzt. Bereits für die Steinzeit lässt sich die Zucht von Apfelbäumen nachweisen. Heute sind etwa 7000 Sorten bekannt; pro Jahr werden über 20 Mio. t Äpfel geerntet.

■ **Apfelsine** →Orangenbaum.

■ **Aphel** [griech.] *das,* →Apsiden.

■ **Aphorismus** [griech.] *der,* kurzer, meist kritischer, prägnant und geistreich formulierter Ausspruch, z. B. »Leute, die niemals Zeit haben, tun am wenigsten« (von Georg Christoph Lichtenberg). Der Aphorismus ist als literarische Form seit der Antike bekannt. Aphorismen schrieben in neuerer Zeit u. a. Friedrich von Schlegel, Novalis, Friedrich Nietzsche und Karl Kraus.

■ **Aphrodite,** griechische Göttin der Schönheit und der Liebe, nach Homer Tochter des Zeus und der Titanin Dione, nach anderen Mythen aus dem Schaum des Meeres geboren; verheiratet mit Hephaistos und Geliebte des Kriegsgottes Ares, mit dem sie mehrere Kinder hat, darunter Eros. Ihr entspricht die römische Venus.

■ **APO** (Apo), Abkürzung für →**a**ußer**p**arlamentarische **O**pposition.

■ **Apogäum** [griech.] *das,* →Apsiden.

■ **Apokalypse** [griech., = Enthüllung, Offenbarung] *die,* in der jüdischen Literatur eine prophetische Schrift, die in symbolischer, bilderreicher und schwer zu deutender Sprache über das Ende der Welt und die dann anbrechende Gottesherrschaft berichtet. Auch die frühchristliche Literatur kennt Apokalypsen, von denen das letzte Buch des Neuen Testaments, die »Offenbarung des Johannes«, die bekannteste ist.

■ **Apokryphen** [griech., = verborgene Schriften], die nicht zu den kanonischen (anerkannten) Büchern der Bibel gerechneten jüdischen oder christlichen Zusatzschriften zum Alten und Neuen Testament.

■ **Apoll** (griech. Apollon, lat. Apollo), im griechischen Mythos Sohn des Zeus, der Gott der Sühne, der Heilkunde, der Weissagungen und der musischen Künste, Gott des Lichts (Beiname Phoibos = der Strahlende) und Verkörperung der Schönheit. Zahlreiche bildliche Darstellungen finden sich vor allem in der Plastik der griechischen Antike.

■ **Apollo-Programm,** Raumfahrtprogramm der USA, bei dem es zwischen 1969 und 1972 zu sechs bemannten Mondlandungen kam. – auch →Raumfahrt.

■ **Apostel** [griech., = Sendbote], im Neuen Testament Bezeichnung für die zwölf Jünger Jesu, die

Apostel

Seit frühchristlicher Zeit wurden die Apostel darstellt, in ihrer Mitte hervorgehoben Christus als Lehrer, als der Auferstandene, als Gesetzgeber. Wegen der Heiligkeit der Zwölferzahl sind es meist zwölf Apostel; zu ihnen gehört oft Paulus, dann fehlen Judas oder Matthias. Schon früh erhielten Petrus und Paulus die bevorzugten Plätze unmittelbar neben Christus. Sie waren auch die Ersten und für lange Zeit die Einzigen, die bestimmte Kopfformen aufwiesen: Petrus wurde mit Lockenkopf, Paulus mit Kahlkopf dargestellt. Im Mittelalter rückte Johannes in den Vordergrund: Typisch wurde seine Darstellung als Jüngling, der an der Brust des Herrn ruhen darf. Die übrigen Apostel bekamen erst im 13. Jahrh. besondere Attribute, das heißt typische Kennzeichen, an denen sie erkannt werden können. So gehört z. B. zu Petrus der Schlüssel, zu Paulus das Schwert.

er aussandte, um seine Lehre zu verkünden: Petrus, Johannes, Andreas, Jakobus der Ältere, Philippus, Bartholomäus, Thomas, Matthäus, Jakobus der Jüngere, Judas Thaddäus, Simon, Judas Ischariot (für ihn kam nach seinem Verrat an Jesus Matthias hinzu). Auch →Paulus wird zu den Aposteln gezählt. Die **Apostelgeschichte** im Neuen Testament ist die Geschichte der Urkirche, ihrer Missionstätigkeit und Ausbreitung.

■ **Apostolisches Glaubensbekenntnis** (Apostolikum), ältestes christliches Glaubensbekenntnis (»Ich glaube an Gott, den Vater ...«), das nach der Überlieferung auf die Apostel zurückgehen soll. Die älteste erkennbare Form scheint am Anfang des 2. Jahrh. in Rom, die heute anerkannte im 5. Jahrh. in Südgallien entstanden zu sein.

■ **Apostroph** [griech.] *der,* Auslassungszeichen. Ein Apostroph steht anstelle eines ausgelassenen Vokals oder einer Buchstabenfolge, z. B. »wen'ge«, »'s war«. Außerdem ersetzt es das Beugungs-s im Genitiv bei Namen, die auf s, z, oder x enden, z. B. Günter Grass' Roman »Die Blechtrommel«.

■ **Apotheose** [griech.] *die,* Vergöttlichung, Huldigung; auch das mit großem Aufwand inszenierte Schlussbild einer Schaustellung.

■ **Appalachen,** waldreiches Gebirgssystem im Osten Nordamerikas. Die Appalachen erstrecken sich über eine Länge von 2600 km und erreichen eine Breite bis zu 300 km. Der höchste Berg ist mit 2037 m der Mount Mitchell in der **Blue Ridge** (dem östlichen Randgebirge). Wegen der großen Kohle-, Erdöl- und Eisenerzvorkommen gehören die Appalachen zu den wirtschaftlich wichtigsten Gebieten Nordamerikas.

■ **Appenzell,** zwei schweizerische Halbkantone südlich des Bodensees: **Appenzell-Außerrhoden** (243 km², 53800 Einwohner; Hauptort: Herisau) und **Appenzell-Innerrhoden** (173 km², 14900 Einwohner; Hauptort: Appenzell). Die Bevölkerung betreibt vor allem Viehzucht und Almwirtschaft.
Der ursprüngliche Kanton Appenzell wurde 1597, im Gefolge von Reformation und Gegenreformation, in die beiden Halbkantone aufgespalten.

■ **Apposition** [lat.] *die,* substantivische Beifügung (Attribut), die im gleichen Kasus steht wie das Substantiv oder Pronomen, zu dem sie gehört (z. B. Karl, *der Onkel meiner Mutter*).

■ **Aprikosenbaum,** ein Steinobstbaum aus der Familie der Rosengewächse, der ursprünglich aus Ostasien stammt. Da er warmen Boden benötigt, gedeiht der Aprikosenbaum in Deutschland hauptsächlich in Weinbaugebieten. Die Früchte **(Aprikosen, Marillen)** eignen sich auch zum Trocknen und zur Likörbereitung, die Kerne mancher Sorten als Ersatz für süße Mandeln.

■ **Apsiden** [griech.], bei der elliptischen Bahn eines Himmelskörpers die zwei Punkte, in denen dieser dem jeweiligen Zentralkörper (Gravitationszentrum) am nächsten bzw. am fernsten ist. Bei einer Bahn um die Sonne (z. B. Erde) sind dies **Perihel** (Sonnennähe) und **Aphel** (Sonnenferne), bei einer Bahn um die Erde (Mond und künstliche Satelliten) sind es **Perigäum** (Erdnähe) und **Apogäum** (Erdferne).

■ **Apsis** [griech.] *die,* halbkreisförmiger, mit einer Halbkugel überwölbter Raum, der einem Hauptraum angebaut ist; in den christlichen Kirchen anfangs für die Sitze der Geistlichen, später als Raum für den Altar.

■ **Apulien** (italienisch Puglia), Landschaft in Südostitalien, als Region 19363 km² mit 4,09 Mio. Einwohnern; Hauptstadt ist Bari. Apulien besteht aus einer trockenen, fast siedlungsleeren Kalkhochfläche im Innern (Schafweide) und den fruchtbaren Küstenebenen. Neben den Hafenstädten Bari, Brindisi und Tarent sind im Innern noch Foggia und Lecce von Bedeutung.
Apulien erlebte seit dem 11. Jahrh. unter den Normannen und seit 1189 unter den Staufern seine größte Blütezeit; aus dieser Zeit stammen zahlreiche romanische Dome und Kastelle.

■ **Aquädukt** [lat.] *der,* eine über Bogenbrücken geführte römische Wasserleitung, die das natürliche Gefälle des Wasserlaufs ausnutzte. Heute sind die Aquädukte als Ruinen in fast allen Ländern zu sehen, die einmal zum Römischen Reich gehörten, z. B. in Deutschland (Trier, Mainz), Frankreich (Nîmes), Spanien (Tarragona, Segovia) und Italien (Rom). – Bild S. 56

■ **Aquamarin** [lat.] *der,* ein hellblauer oder grüner Edelstein, eine Abart des →Berylls. Er wird vor allem in Brasilien gefunden.

■ **Aquarell** [italienisch, zu lat. aqua, = Wasser] *das,* ein mit Wasserfarben (ohne Deckweiß) gemaltes Bild. Kennzeichnend sind die weichen, fließenden Umrisse sowie das Durchscheinen des Malgrundes. Die Aquarelltechnik war schon im alten Ägypten gebräuchlich; als eigenständige Malgattung findet sie sich erst seit dem 16. Jahrhundert. Hervorragende Meister der Aquarellmalerei sind u. a. Albrecht Dürer und in der modernen Kunst Paul Cézanne, Paul Klee und Emil Nolde.

■ **Aquarium** [lat.] *das,* ein Wasserbehälter zur Züchtung und Haltung von Wassertieren (vor allem Fische, aber auch Würmer, Krebse, Insekten und Muscheln) und Wasserpflanzen. Bei größeren

Den **Aprikosenbaum** erkennt man an den großen hellrosa Blüten und den saftgrünen, vorn zugespitzen Blättern; seine durch eine Längsfurche gezeichneten Früchte mit scharfkantigem Kern schmecken bei Vollreife etwas mehlig

Dieses leuchtende **Aquarell** malte Emil Nolde im Jahr 1926; der Name »Aquarell« für diese Maltechnik hat sich erst im 18. Jahrhundert eingebürgert

Aquarien wird ein Filter zur Reinhaltung des Wassers benötigt; eine Belüftung sorgt für ausreichende Sättigung mit Sauerstoff. Man unterscheidet Kaltwasser- (bis 20 °C) und Warmwasseraquarien (bis 28 °C); für letztere ist meist eine spezielle Heizung erforderlich.

Die leicht zu handhabenden **Süßwasseraquarien** sind mit Leitungs-, Brunnen- oder Quellwasser gefüllt. Der Boden wird mit Sand und Kies bedeckt und den Ansprüchen der eingesetzten Tiere gemäß gestaltet (z. B. mit Laichmaterial, Pflanzen, Verstecken). Ein **Seewasser-** oder **Meerwasseraquarium** braucht nur feinen Kies oder Sand und einige Steine.

Ein Denkmal römischer Baukunst ist der gut erhaltene dreigeschossige Pont du Gard bei Nîmes; der 49 Meter hohe **Aqädukt** überquert das Tal des Gard in einer Länge von 275 Metern

■ **Äquator** [lat., = Gleichmacher] *der,* **1)** *Astronomie:* (Himmelsäquator), die Projektion des Erdäquators vom Mittelpunkt der Erde aus auf die gedachte Himmelskugel. Der Himmel wird somit in eine nördliche und eine südliche Halbkugel geteilt.
2) *Geographie:* (Erdäquator), mit einer Länge von 40 075,2 km der größte Breitenkreis (0° Breite) der Erde. Er teilt die Erde in eine nördliche und eine südliche Halbkugel; seine Ebene steht senkrecht zur Rotationsachse der Erde.

■ **Äquatorialguinea,** Republik in Westafrika, am Golf von Guinea. Das Land besteht aus einer Küstenebene, die weitgehend von tropischem Regenwald bedeckt ist, und einigen Inseln. Die größte Insel ist Bioko (früher Fernando Póo). Äquatorialguinea gehört zu den ärmsten Ländern Afrikas. Die Bevölkerung besteht aus verschiedenen Bantuvölkern (mehrheitlich katholisch). Grundlage der Wirtschaft sind der Anbau von Kakao und Holzwirtschaft. – Äquatorialguinea erlangte 1968 die Unabhängigkeit von Spanien.

■ **Äquinoktium** [lat.] *das* (Tagundnachtgleiche), jeder der zwei Zeitpunkte, zu denen die Sonne auf ihrer scheinbaren jährlichen Bahn bezüglich der Sterne, der →Ekliptik, den Himmelsäquator überquert. Im **Frühlingsäquinoktium** (Frühlingsanfang) und im **Herbstäquinoktium** (Herbstanfang) sind Tag und Nacht gleich lang. – Auf der Südhalbkugel vertauschen Frühling und Herbst gegenüber der Nordhalbkugel ihre Rollen.

■ **äquivalent** [lat.], gleichwertig.

■ **Ar** [frz.] *das,* Einheitenzeichen **a,** eine Flächeneinheit:

$$1\,a = 100\,m^2.$$

■ **Ära** [lat.] *die,* Zeitalter, Zeitabschnitt; Zeitrechnung von einem bestimmten Ereignis an, z. B. Nachkriegsära.

■ **Araber,** ursprünglich nur die Bewohner der Arabischen Halbinsel, heute alle, die Arabisch als Muttersprache sprechen (über 230 Mio.). Die Araber bekennen sich größtenteils zum Islam, den sie seit dem 7. Jahrh. über Vorderasien und Nordafrika bis nach Spanien verbreiteten. Auf dem Boden des Osmanischen Reiches bildeten sich nach 1918 arabische Staaten (z. B. Syrien, Libanon, Irak, Saudi-Arabien). Bemühungen, einen gesamtarabischen Staat zu schaffen, scheiterten besonders an den ehemaligen Kolonialmächten Großbritannien und Frankreich. Auch Gegensätze zwischen den arabischen Staaten selbst (z. B. zwischen rohstoffarmen und rohstoffreichen, vor allem Erdöl fördernden Ländern) verhinderten eine Einigung. Seit dem

Äquatorialguinea
Fläche 28 051 km²
Einwohner 430 000
Hauptstadt Malabo (auf Bioko)
Amtssprache Spanisch
Nationalfeiertag 12. 10.
Währung 1 CFA-Franc = 100 Centimes
Zeitzone MEZ

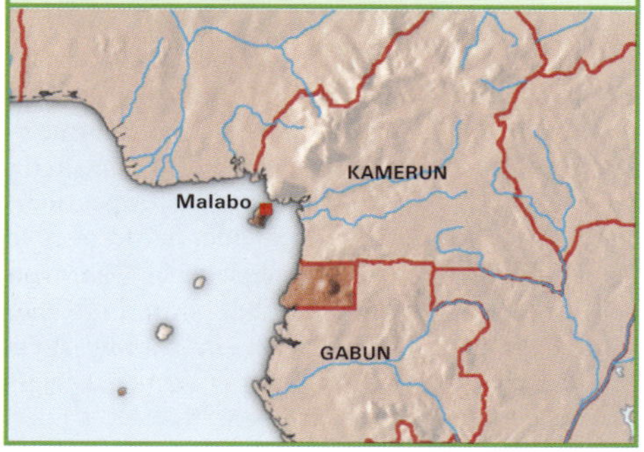

Ende des Zweiten Weltkriegs steht der 1948 entstandene Staat Israel im Brennpunkt arabischer Politik (→Nahostkonflikt).

■ **Arabeske** [italienisch-frz.] *die,* **1)** *bildende Kunst:* meist friesartig angeordnetes symmetrisches Ornament mit stilisiertem Laub- und Rankenwerk.

2) *Musik:* ein heiteres Musikstück, das durch reiches Umspielen der Melodie gekennzeichnet ist; meist für Klavier.

■ **Arabien** (Arabische Halbinsel), große Halbinsel Vorderasiens mit rund 3,5 Mio. km² Fläche. Arabien ist eine nach Osten abfallende Hochscholle, im Innern etwa 1 000 m hoch, im Süden und Westen mit hohen, steil zum Roten Meer abfallenden Randgebirgen. Nur im Südwesten fällt genügend Niederschlag für den Anbau u. a. von Kaffee, Weihrauchbäumen, Mais, Südfrüchten. Bis auf feuchtheiße Küstenstreifen ist Arabien Wüste oder Wüstensteppe; die **Große Arabische Wüste** ist das größte Sandmeer der Erde. Bedeutend sind die Erdölfunde am und im Persischen Golf. Auf der Arabischen Halbinsel liegen die Staaten Saudi-Arabien, Jemen, Oman, die Vereinigten Arabischen Emirate, Katar, Kuwait und – auf vorgelagerten Inseln – Bahrain, außerdem die südlichsten Teile von Irak und Jordanien.

■ **Arabische Liga,** 1945 gegründete Vereinigung arabischer Staaten und der Palästinensischen Befreiungsorganisation (PLO) zur politischen und wirtschaftlichen Zusammenarbeit und zur friedlichen Beilegung innerarabischer Konflikte. Mitglieder sind die Staaten Ägypten, Algerien, Bahrain, Djibouti, Irak, Jemen, Jordanien, Katar, Kuwait, Libanon, Libyen, Marokko, Mauretanien, Oman, Saudi-Arabien, Somalia, Sudan, Syrien, Tunesien und die Vereinigten Arabischen Emirate.

■ **arabische Schrift,** seit dem 3.–4. Jahrh. n. Chr. entstandene Schrift, die auf die altsemitische Konsonantenschrift zurückgeht. Das arabische Alphabet besteht aus 28 Zeichen für Konsonanten, die je nachdem, ob sie isoliert oder im Wortzusammenhang vorkommen, verschiedene Formen haben können. Dazu kommen sechs Vokalzeichen, von denen drei mit Konsonantenzeichen identisch sind. Die arabische Schrift wird von rechts nach links geschrieben. – Tabelle S. 58

■ **arabische Ziffern,** die heute gebräuchlichen, vor etwa 1 200 Jahren von den Arabern übernommenen Ziffern. Sie verdrängten die römischen Zahlen.

■ **Arafat,** Jasir, palästinensischer Politiker, *Jerusalem (nach anderen Angaben: Kairo) 27. August 1929. Arafat, Mitbegründer der Untergrundorganisation Al-Fatah, kämpfte als Führer der PLO (→Palästinensische Befreiungsbewegung) für einen unabhängigen Staat Palästina. 1993/94 erreichte er eine Teilautonomie für die Palästinenser im Gazastreifen und in der Stadt Jericho. 1996 wurde Arafat zum Präsidenten (»Rais«) des Palästinensischen Autonomierats gewählt. Er erhielt 1994 zusammen mit den israelischen Politikern Itzhak Rabin und Shimon Peres den Friedensnobelpreis.

■ **Aragonien** (spanisch Aragón), historische Landschaft in Nordostspanien, heute Verwaltungsregion mit 47 720 km² und 1,2 Mio. Einwohnern. Sie

Jasir Arafat im Jahr 1974: in einer Rede vor der Generalversammlung der UNO erklärt der Führer der PLO sein bis heute gültiges Programm des Neben- und Miteinanders von Juden, Christen und Muslimen in einem gemeinsamen Staat Palästina

Äqutorialguinea

Flagge

Wappen

erstreckt sich von den Pyrenäen über das Becken des mittleren Ebro bis zum Iberischen Randgebirge. Wichtigste Stadt ist Saragossa.

■ **A̱ralsee,** abflussloser See östlich des Kaspischen Meeres, in Kasachstan und Usbekistan. Durch starke Wasserentnahme aus seinen Zuflüssen Amudarja und Syrdarja hat sich der Aralsee von 68 000 km² (1960) auf 39 500 km² (1991) verkleinert. Gleichzeitig ist der Salzgehalt stark angestiegen, sodass kaum noch Fische im Aralsee leben.

■ **Aramä̱er,** semitischsprachige Stämme, die seit dem ausgehenden 2. Jahrtausend v. Chr. aus den Randgebieten der syrischen Wüstensteppe nach Mesopotamien, Syrien und Palästina vordrangen. Ihre Sprache, das **Aramäische,** verdrängte dort allmählich die älteren Sprachen (vor allem das Akkadische, →Akkad). Zur Zeit von Christi Geburt war Aramäisch auch die Umgangssprache in Palästina.

■ **A̱rarat** *der,* der höchste Berg der Türkei (im Großen Ararat 5 137 m, im Kleinen Ararat 3 925 m), im **Ararathochland** (Armenischen Hochland) gelegen. Der biblische Text von der Landung der Arche Noah auf dem Ararat bezieht sich nicht auf den Berg, sondern auf das gleichnamige Land, dessen Lage jedoch nicht bekannt ist.

Arabische Schrift

Name	Zeichen	wissenschaftliche Umschrift	gängige Wiedergaben
Alif	ا	ʼ	–
Ba	ب	b	b
Ta	ت	t	t
Tha	ث	ṯ	th
Djim (Dschim)	ج	ǧ	dj, dsch, g, j
Ha	ح	h	h, ch
Cha	خ	ḫ	ch, kh
Dal	د	d	d
Dhal	ذ	ḏ	dh, ds, s
Ra	ر	r	r
Saj	ز	z	s, z
Sin	س	s	s, ß
Schin	ش	š	sch, sh
Sad	ص	s	s, ss, ß
Dad	ض	d	d
Ta	ط	ṭ	t
Tsa	ظ	z	s, z
Ain	ع	ʻ	–
Ghain	غ	ḡ	gh, g
Fa	ف	f	f
Kaf	ق	q	k, q
Kaf	ك	k	k
Lam	ل	l	l
Mim	م	m	m
Nun	ن	n	n
Ha	ه	h	h
Waw	و	w	w, v
Ja	ى	y	j, y

■ **Ạrbeit** [mittelhochdeutsch, = Mühe], **1)** *allgemein:* auf ein Ziel gerichtete Betätigung, berufliche Beschäftigung.

2) *Physik:* die Energie-Übertragung von einem Körper auf einen anderen mittels einer Kraft, durch die dieser bewegt wird. Arbeit ist eine physikalische Größe, Formelzeichen *W,* definiert als das Produkt des Weges, den der Körper durch Einwirkung einer Kraft zurücklegt, mit der Komponente der Kraft, die längs dieses Weges wirkt. Die einem Körper zugeführte Arbeit wird als Energie oder Arbeitsvermögen in ihm gespeichert (soweit sie nicht als Wärme verloren geht, wie z. B. bei Arbeit gegen Reibungskräfte). Sie steht für eine neue Arbeitsleistung zur Verfügung.

Die Arbeit hat die gleiche Dimension wie die Energie. Ihre gesetzliche Einheit ist das **Joule** (Einheitenzeichen: J). Ein Joule ist die Arbeit, die verrichtet wird, wenn der Angriffspunkt der Kraft ein Newton in Richtung dieser Kraft um einen Meter verschoben wird.

$$1\,\mathrm{J} = 1\,\mathrm{N} \cdot 1\,\mathrm{m}.$$

Ein Joule (oder Newtonmeter) ist gleich einer Wattsekunde.

■ **Ạrbeiter,** abhängig beschäftigte Personen, die häufig körperliche Arbeit verrichten (früher galt dies als Hauptunterschied zu den Angestellten), heute aber auch weiter gehende, technisch anspruchsvolle Aufgaben erfüllen (z. B. Kontrolltätigkeiten an automatisierten Anlagen). Man unterscheidet zwischen Hilfsarbeitern ohne Berufsausbildung, angelernten Arbeitern, die eine betriebliche Anlernzeit durchlaufen haben, und Facharbeitern mit abgeschlossener Lehre und weitergehender Ausbildung, z. B. zum Industriemeister.

■ **Ạrbeiterbewegung,** im 19. Jahrh. im Gefolge der Industrialisierung entstandene politische Bewegung mit dem Bestreben, die Arbeits- und Lebensbedingungen der Arbeiterschaft zu verbessern. Durch die Industrialisierung hatte sich im 19. Jahrh. als neue soziale Schicht das Proletariat herausgebildet, dessen arbeitsrechtliche, soziale und wirtschaftliche Lage ungesichert und von Armut geprägt war. Die Arbeitszeit betrug oft mehr als 14 Stunden täglich, Kinder (→Kinderarbeit) und Frauen wurden für schwere und unzumutbare Arbeiten herangezogen.

Aragonien

Daten zur Geschichte
Zunächst selbsständige Grafschaft
1035 Aragonien wird Königreich
1089 Aragonien wird päpstliches Lehen
1118 Eroberung Saragossas (seitdem Hauptstadt)
1137 Zusammenschluss mit Katalonien
1238 Zusammenschluss mit Valencia
1469 Heirat Ferdinands II. mit Isabella von Kastilien, Grundlegung des spanischen Gesamtstaats
1982 die Region Aragonien erhält ein Autonomiestatut

Zunächst in England, später auch in den anderen europäischen Ländern, erhoben sich mehr oder weniger organisierte Gruppen von Arbeitern immer wieder zu Aufständen (z.B. Weberaufstand in Schlesien, 1844). Um ihre gesellschaftliche und politische Schlagkraft zu steigern, verbanden sie sich seit der Mitte des 19. Jahrh. in Selbsthilfeorganisationen; Träger der Arbeiterbewegung wurden hinsichtlich der wirtschaftlichen Forderungen die →Gewerkschaften, im politischen Bereich die Arbeiterparteien (→SPD).
Mit dem von Karl Marx und Friedrich Engels 1848 verfassten »Kommunistischen Manifest« erhielt die Arbeiterbewegung erstmals ein Ziel, verbunden mit einem Programm von weit tragender revolutionärer Bedeutung; sozialistische Ideen (→Marxismus) nahmen gegenüber linksliberalen und christlich-sozialen Gedanken starken Einfluss auf die Arbeiterbewegung Seit der russischen Revolution gespalten in die reformorientierte Sozialdemokratie und die nach Revolution strebenden kommunistischen Parteien, erlangte die Arbeiterbewegung im 20. Jahrh. auch in den parlamentarischen Demokratien eine politische Machtstellung, die die Durchsetzung vieler ihrer Forderungen erlaubte.

■ **Arbeitsamt,** die unterste Verwaltungsstelle der Bundesanstalt für Arbeit. Zu ihren Aufgaben zählen Arbeitsvermittlung und Berufsberatung, aber auch Umschulung und die Gewährung von Arbeitslosengeld.

■ **Arbeitslosenversicherung,** die Pflichtversicherung der Arbeitnehmer gegen die Folgen der Arbeitslosigkeit. Träger ist die Bundesanstalt für Arbeit (Sitz: Nürnberg); ausführende Behörden sind die Arbeitsämter. Die Beiträge werden je zur Hälfte von Arbeitnehmern und Arbeitgebern aufgebracht. Die Arbeitslosenversicherung gewährt **Arbeitslosengeld** in Höhe von 60 %, bei Erwerbslosen mit Kind 67 % des letzten Nettolohns. Die Zeit, in der man Arbeitslosengeld erhält, richtet sich nach der Dauer der vorhergehenden versicherungspflichtigen Beschäftigung (78 bis 312 Tage, nach Vollendung des 54. Lebensjahres bis zu 832 Tage). Arbeitslose, die keinen Anspruch auf Arbeitslosengeld haben, erhalten **Arbeitslosenhilfe** (53 bzw. 57 % des letzten Nettoarbeitslohns). Weitere Leistungen der Arbeitslosenversicherung sind Konkursausfallgeld, Kurzarbeiter- und Winterausfallgeld.

■ **Arbeitslosigkeit,** Zustand vorübergehender Beschäftigungslosigkeit von Arbeitnehmern. Das Ausmaß der Arbeitslosigkeit wird in der **Arbeitslosenquote** (Anteil der Arbeitslosen an der Gesamtzahl der abhängigen Erwerbspersonen) sichtbar. Arbeitslose erhalten, wenn sie die Voraussetzungen erfüllen, vom Arbeitsamt für eine bestimmte Zeit Arbeitslosengeld (→Arbeitslosenversicherung). Die Arbeitslosigkeit ist in fast allen Staaten in den letzten Jahren zu einem großen Problem geworden.

■ **Archaebakterien** [griech.] (Archaea), eine Gruppe von Bakterien, die sich von den klassischen Bakterien in wesentlichen biochemischen Merkmalen unterscheiden und daher ein eigenes Organismenreich darstellen. Sie haben z.B. anders aufgebaute Zellwände und sind unempfindlich gegen Antibiotika. Archaebakterien leben an extremen Standorten, z.B. in vulkanischen Schwefelquellen in der Tiefsee bei Temperaturen bis zu 110 °C oder in Salzseen.

■ **Archaikum** →geologisches System (Übersicht).

■ **archaisch** [griech.], altertümlich, aus alter Zeit stammend. In der griechischen Kunst bezeichnet man den Stil des 7. und 6. Jahrh. v. Chr. als **archaischen Stil**.

■ **Archäologie** [griech.] (Altertumskunde) *die,* die Wissenschaft, die sich mit der Erforschung des Altertums beschäftigt. Sie untersucht erhaltene Kunst- und Baudenkmäler, Schriftquellen und Bodenfunde und versucht, daraus auf Lebensbedingungen, Wirtschaftsformen und Ereignisse zu schließen.

■ **Arche Noah** [lat.] *die,* nach dem Bericht im Alten Testament (1. Buch Moses) ein hausartiges Schiff, das Noah auf Geheiß Gottes erbaute, um sich, seine Familie und je ein Paar der verschiedenen Tierarten vor der Sintflut zu retten. – auch →Ararat.

■ **Archetypus** [griech., = Urtypus, Urbild] *der,* nach der Lehre des Schweizer Psychologen und Psychiaters Carl Gustav Jung (1875–1961) Bezeichnung für urtümliche, angeborene Leitbilder von

Verhalten, Vorstellung und Erfahrung im »kollektiven Unbewussten«, das heißt dem allen Menschen gemeinsamen Teil des →Unbewussten. Solche urtümlichen Bilder kommen in Traum und Fantasie, aber auch in Mythen und Märchen zum Ausdruck.

■ **Archimedes,** griechischer Mathematiker und Physiker, *Syrakus um 285 v. Chr., †ebenda 212 v. Chr. Er schrieb grundlegende naturwissenschaftliche Werke und entdeckte mehrere mathematische und physikalische Gesetze. Er berechnete z. B. Kreisfläche und -umfang, Kegelschnitte, Quadratwurzeln und kubische Gleichungen. Außerdem konstruierte Archimedes den Flaschenzug. Er fand auch das archimedische Prinzip (→Auftrieb).

■ **Archipel** [griech.] *der,* ursprünglich Name der Inseln des Ägäischen Meeres; heute allgemeine Bezeichnung für Inselgruppen.

■ **Architektur** [griech.] *die* (Baukunst), das Entwerfen, Planen und Erstellen von Gebäuden; eine der drei Gattungen der bildenden Kunst. In der europäischen Kunstgeschichte unterscheidet man nach dem Zweck zwischen **Sakralbauten** (kirchlichen Bauten) und **Profanbauten** (weltlichen Bauten).

Die frühesten Zeugnisse künstlerischer Bauweise sind die für den religiösen Kult errichteten Bauwerke, die Grabbauten zu Ehren der Toten (z. B. die ägyptischen Pyramiden) sowie die Paläste der Herrscher in den frühen Hochkulturen. Während in der griechischen Baukunst noch der Tempelbau im Vordergrund stand, errichteten die Römer auch hervorragende Zweckbauten, z. B. Badeanlagen (Thermen), Brücken, Aquädukte, Platz- und Stadtanlagen.

Mit der Ausbreitung des Christentums entstanden die ersten christlichen Kirchen, meist nach dem Vorbild der antiken Basilika. Im Mittelalter standen Kirchen (Dome) und Burgen gleichgewichtig nebeneinander (→Romanik, →Gotik). Höchstes Ziel der Baumeister der →Renaissance war neben bedeutenden Einzelbauten der Städtebau. Gewaltige Schloss- und Kirchenbauten brachte der →Barock hervor, aus dem sich das zierliche →Rokoko entwickelte. In der 2. Hälfte des 18. Jahrh. kam es noch einmal zu einer Rückbesinnung auf die klassisch strengen Formen der griechischen Antike (→Klassizismus). Die Architekten des 19. Jahrh. kopierten einerseits die Stile früherer Epochen (eine Haltung, die man als »Historismus« bezeichnet), andererseits gaben ihnen die umwälzenden Fortschritte der Ingenieurstechnik neue Hilfsmittel und Materialien (z. B. Stahlbeton) an die Hand.

Die zeitgenössische Architektur ist durch zweckbestimmte Bauten (Wohn-, Verwaltungs- und Industriebauten, Brücken, Flughäfen, aber auch Kirchen) bestimmt, die durch die Verwendung von Stahl und Beton sowie durch große Glas- und Aluminiumflächen geprägt sind. Daneben entstand eine Richtung, die auf Elemente früherer Stile zurückgreift (→Postmoderne). Zunehmende Bedeutung ge-

Archimedes

Um den großen Erfinder Archimedes ranken sich viele Anekdoten. Als er den Flaschenzug erfunden hatte, soll er »Heureka!«, »ich hab's gefunden!« gerufen und angeblich hundert Ochsen als Dank für diese Entdeckung geopfert haben.
Von einem König bekam er die Aufgabe festzustellen, ob die königliche Krone aus reinem Gold bestand oder nicht. Die Lösung fand er, als er in eine Badewanne stieg und das Wasser überlief. Daraufhin maß er, wie viel Wasser die Krone verdrängte, und verglich das Ergebnis mit der Wassermenge, die ein gleich schwerer Klumpen reinen Goldes verdrängte. Die Krone verdrängte mehr Wasser als der Goldklumpen, war also aus einer weniger dichten Legierung hergestellt. Der König ließ den Goldschmied hinrichten.

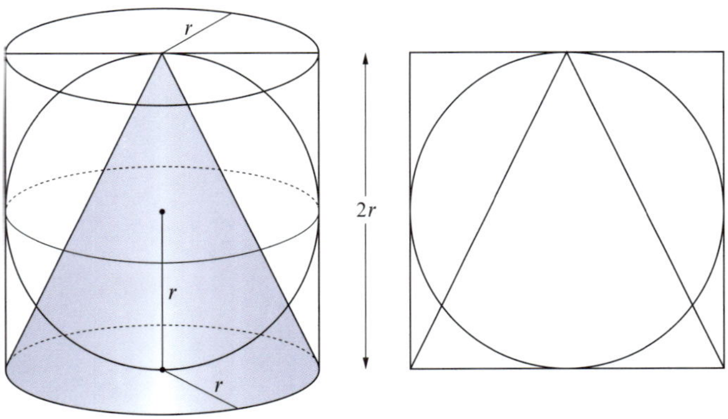

Bei der Berechnung von Rauminhalten machte **Archimedes** eine folgenreiche Entdeckung: das Volumen eines geraden Kreiskegels steht zu den Volumen einer Kugel und eines Kreiszylinders im Verhältnis 1 : 2 : 3, wenn der Grundradius des Kegels r und dessen Höhe $2r$ misst, die Kugel einen Radius r aufweist und der Zylinder wiederum einen Grundradius r und eine Höhe von $2r$; die eindimensionale Darstellung dieser Entdeckung – rechts im Bild – soll auf dem Grabstein des berühmten Mathematikers eingemeißelt gewesen sein winnt auch das Bauen nach ökologischen Gesichtspunkten.

■ **Archiv** [griech.] *das,* geordnete Sammlung von Schriftgut (Akten, Urkunden, Dokumente usw.) sowie von Ton- und Bildträgern; auch deren Aufbewahrungsraum.

■ **ARD,** Abkürzung für Arbeitsgemeinschaft der öffentlich-rechtlichen Rundfunkanstalten der Bundesrepublik Deutschland, Verband der deutschen Landesrundfunkanstalten. – auch →Fernsehen.

■ **Ardennen** (frz. Ardennes), die westliche Fortsetzung des Rheinischen Schiefergebirges in Luxemburg, Belgien und Ostfrankreich. Die Ardennen sind ein leicht hügeliges, waldreiches Hochland, das im Hohen Venn 694 m erreicht.

■ **Arena** [lat.] *die,* im Altertum ein sandbestreuter Kampfplatz im Amphitheater, Stadion oder Zirkus; heute oft Bezeichnung für einen Sportplatz mit Zuschauersitzen, z. B. Stierkampfarena.

■ **Areopag** [griech., = Hügel des Ares] *der,* Hügel in Athen westlich der Akropolis, auf dem der nach ihm benannte Alte Rat tagte. Dieser war nach der Beseitigung des Königtums im 8. Jahrh. v. Chr. die eigentliche Regierungsbehörde; seit dem 5. Jahrh. v. Chr. war er nur noch auf die Blutgerichtsbarkeit und auf religiöse Funktionen beschränkt.

■ **Ares,** in der griechischen Mythologie der Gott des Krieges, Sohn des Zeus und der Hera. Ihm entspricht der römische →Mars.

■ **Argentinien,** südamerikanische Bundesrepublik. Argentinien, der zweitgrößte Staat Südamerikas, liegt zwischen den Anden im Westen und dem Atlantischen Ozean im Osten. Das trockene, kühle und dürftig bewachsene Tafelland im Süden wird abgelöst von →Pampas, die den wirtschaftlichen Kern Argentiniens bilden. Im Norden schließt sich das große Tiefland des Gran Chaco an, eine heiße Busch- und Waldlandschaft. Das Klima ist größtenteils subtropisch bis gemäßigt, im Süden jedoch recht kühl.

Rund 90 % der Bevölkerung sind Weiße, meist spanischer oder italienischer Herkunft; daneben gibt es rund 2 Mio. Mestizen und im Nordosten sowie im Süden wenige Indianer. 90 % der Bevölkerung sind Katholiken.

Für die Wirtschaft besonders wichtig ist die Viehzucht (Rinder, Schafe, Pferde, Schweine). Der Ackerbau geht zugunsten der Industrie immer mehr zurück, in erster Linie werden noch Weizen und Mais angebaut. An Bodenschätzen finden sich Erdöl, Erdgas, Eisen, Uran, Silber und etwas Kohle. Wichtige Industriezweige bilden die Nahrungsmittelindustrie (u. a. Gefrierfleisch, Zucker, Fleischkonserven) sowie die Textil- und Kraftfahrzeugindustrie.

Geschichte: Die ältesten Funde in Argentinien stammen aus dem 11. bis 9. Jahrh. v. Chr. Um 500 v. Chr. wurden vom bolivianischen Hochland Feldbau, Keramik und Metallbearbeitung übernommen. Im 15. Jahrh. gliederten die Inka Nordwestargentinien ihrem Reich ein. 1516 entdeckten die Spanier die La-Plata-Mündung, 1536 folgte die Gründung der Stadt Buenos Aires. 1776 wurde Argentinien Teil des spanischen Vizekönigreichs Río de la Plata. 1816 erklärte es sich vom Mutterland unabhängig.

Der wirtschaftliche Aufstieg in der zweiten Hälfte des 19. Jahrh. war von inneren Unruhen und Bürgerkriegen (1880) begleitet. Die Wirtschaftsstruktur – auf der einen Seite die Großgrundbesitzer, auf der anderen die mittellosen unteren Schichten – führte zu sozialen Spannungen, die noch heute nicht gänzlich überwunden sind.

Im 20. Jahrh. lösten sich radikale sozialreformerische Kräfte und konservative, vom Militär gestützte Schichten in der Regierung ab. Der umstrittenste Staatspräsident war Oberst Juan Perón, der 1946 mithilfe der Gewerkschaften und der Arbeiter die Macht erlangte und 1955 gestürzt wurde. Trotz seiner diktatorischen Herrschaft führte er viele soziale und wirtschaftliche Reformen (Peronismus) durch. Nach einer Entwicklung, die durch häufige Regierungswechsel und sich verschärfende wirtschaftli-

Argentinien
Fläche 2 780 400 km²
Einwohner 36,577 Mio.
Hauptstadt Buenos Aires
Amtssprache Spanisch
Nationalfeiertage 25. 5. und 9. 7.
Währung 1 Argentin. Peso (arg $) = 100 Centavos (c)
Zeitzone MEZ – 4 Std.

Argentinien

Flagge

Wappen

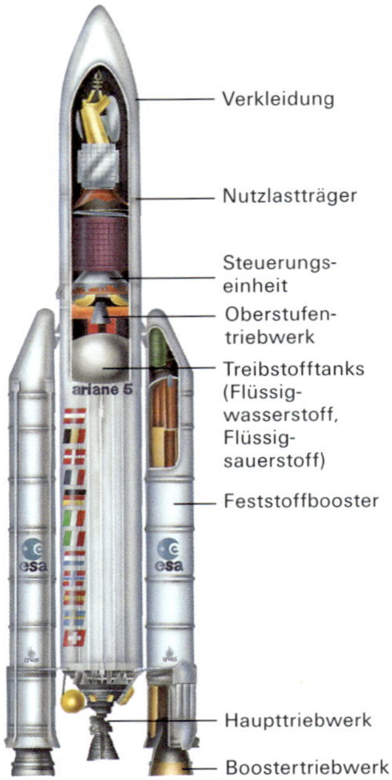

Für das Jahr 2009 ist mit der **Ariane 5** der Start einer unbemannten Raumsonde zum Planeten Merkur geplant; das Boostertriebwerk dient mit hoher Schubkraft der Startbeschleunigung und wird dann später zur Verringerung der Flugkörpermasse abgeworfen

che Schwierigkeiten gekennzeichnet war, wurde Perón 1973 erneut zum Staatspräsidenten gewählt. Als er 1974 starb, übernahm seine Witwe Isabel Perón (*1931) die Präsidentschaft. 1976 wurde sie vom Militär gestürzt.

Unter dem Militärregime kam es zu schweren Verletzungen der Menschenrechte: Zahlreiche Regimegegner wurden gefoltert oder verschwanden spurlos. Nach der Niederlage im Falklandkonflikt mit Großbritannien (1982) erhielt Argentinien 1983 wieder eine Zivilregierung. Staatspräsident ist seit 1999 Fernando De la Rúa (*1937).

■ **Ạrgon** [griech.] *das,* chemisches Element aus der Gruppe der Edelgase. Argon ist ein Bestandteil der Luft (0,93 % Volumen), aus der es durch Luftverflüssigung gewonnen wird. Wegen seiner geringen Wärmeleitfähigkeit und seiner großen Reaktionsträgheit wird es u.a. zusammen mit Stickstoff als Gasfüllung von Glühlampen verwendet und als Schutzgas beim Elektroschweißen eingesetzt.

Argon
chemisches Symbol: Ar
Ordnungszahl: 18
relative Atommasse: 39,95
Dichte: 1,78 g/cm^3
Schmelzpunkt: −189,3 °C
Siedepunkt: −185,9 °C

■ **Argonauten,** in der griechischen Mythologie Helden, die unter der Führung des thessalischen Königssohnes Jason auf dem Schiff »Argo« nach Kolchis am Schwarzen Meer segeln und dort das →Goldene Vlies rauben.

■ **Ariạdne,** in der griechischen Mythologie die Tochter des Königs Minos von Kreta. Sie gibt Theseus ein Garnknäuel, mit dessen Hilfe er den Weg aus dem →Labyrinth findet **(Ariadnefaden).**

■ **Ariane,** Familie von Trägerraketen der europäischen Weltraumorganisation (ESA), mit denen bis Ende 1999 bei 119 Starts insgesamt 182 Satelliten ins Weltall befördert wurden. Der jüngste Typ, die im Oktober 1997 erstmals erfolgreich gestartete Ariane 5, hat einen Schub von 1 200 t und kann zwei Satelliten von je 3 t Gewicht in eine geostationäre Umlaufbahn bringen. Bei ihrem Start am 10. Dezember 1999 beförderte sie das 11 m lange und 4 t schwere Röntgenobservatorium XMM in seine Erdumlaufbahn.

■ **Arie** [italienisch] *die,* kunstvolles Sologesangsstück mit Instrumentalbegleitung; meist Bestandteil von Opern, Oratorien und Kantaten.

■ **Arier** [Sanskrit], **1)** Angehörige frühgeschichtlicher Völker in Indien und in Iran, die zur indogermanischen Sprachfamilie gehörten.

2) in der nationalsozialistischen Rassenpolitik Bezeichnung für Menschen »deutscher oder artverwandter«, insbesondere nichtjüdischer Herkunft.

■ **Aristokratie** [griech., = Herrschaft der Besten] *die,* Staatsform, bei der ein Stand (→Stände) die Regierungsgewalt innehat, der sich durch vornehme Herkunft oder Besitz von der übrigen Bevölkerung abhebt; auch den Stand selbst bezeichnet man als Aristokratie.

■ **Aristophanes,** griechischer Komödiendichter, *Athen um 445 v. Chr., †ebenda um 385 v. Chr. Von seinen etwa 40 Stücken sind elf erhalten, darunter »Die Wolken«, »Die Vögel«, »Die Frösche« und »Lysistrate«. Sie bilden eine reiche Quelle für die Kenntnis des geistigen Lebens und der Sitten seiner Zeit.

■ **Aristoteles,** griechischer Philosoph, *Stagira in Makedonien 384 v. Chr., †Chalkis auf Euböa 322 v. Chr.; Schüler des Philosophen Platon und Erzieher Alexanders des Großen. Seine Schriften umfassen fast das gesamte Wissen des Altertums und ha-

Dieses Porträt des Philosophen **Aristoteles** ist wahrscheinlich eine römische Kopie einer Statue, die Alexander der Große zu Ehren seines geistigen Ziehvaters errichten ließ

ben bis in die Neuzeit gewirkt. Aristoteles gilt als Begründer der →Logik und der →Metaphysik. Er arbeitete auch auf dem Gebiet der →Ethik. Er formulierte den sittlichen Grundsatz, dass es für den Menschen am besten sei, Extreme zu vermeiden und einen Mittelweg zu wählen. Bedeutende Werke sind »Organon« (logische Schriften), »Physik«, »Metaphysik«, »Poetik«, »Nikomachische Ethik«, »Politik« und »Rhetorik«.

■ **Arithmetik** →Mathematik.

■ **Arkade** [frz., zu lat. arcus, = Bogen] *die,* von zwei Pfeilern oder Säulen getragener Bogen, meist als fortlaufende Reihe.

■ **Arkadien,** Landschaft der Peloponnes in Griechenland. Im Altertum wie heute vorwiegend Hirtenland, galt sie als Heimat des Gottes Pan und wurde zum Sinnbild für einen Schauplatz glückseligen, idyllischen Lebens auf dem Lande.

■ **Arktis** [griech.] *die,* die um den Nordpol (Nordpolargebiet) liegenden Länder und Meere. Das gesamte Gebiet ist etwa 26,4 Mio. km² groß, davon sind 30% Festland. Den Zentralteil bildet das Nordpolarmeer (14 Mio. km²) mit Tiefen bis 5449 m. Die Meeresoberfläche ist fast das ganze Jahr über mit Eis bedeckt. Der Festlandboden taut nur im Sommer oberflächlich auf. Das Land ist von der Tundra aus Flechten, Moosen, Gräsern und niedrigen Blütenpflanzen geprägt. Bäume gibt es nicht. Die Tierwelt ist polar, man findet Moschusochsen, Rens, Eisbären, Polarfüchse, Schneehasen, Wale, Walrosse, unter den Vögeln zahlreiche Lummen, Regenpfeifer, Schneeammern. In der Arktis leben etwa 2 Mio. Menschen. Neben dem Fischfang gewinnt der Abbau von Bodenschätzen zunehmend an Bedeutung. – Karte S. 64, Tabelle S. 65

■ **Armbrust,** aus dem Bogen entstandene Schusswaffe, mit der Bolzen oder Pfeile abgeschossen werden. Im 15./16. Jahrh. wurde die Armbrust als Waffe vom Gewehr verdrängt. Heute wird **Armbrustschießen** als Sport betrieben.

■ **Armee** [frz., zu lat. armare, = bewaffnen], im allgemeinen Sprachgebrauch meist Bezeichnung für die Gesamtstreitkräfte eines Staates oder auch nur für das Heer (die Landstreitkräfte). Im engeren, militärischen Sinn versteht man unter einer Armee einen großen Heeresverband, der in der Regel aus drei oder vier Armeekorps gebildet wird.

■ **Ärmelkanal** (Der Kanal), Meeresstraße zwischen England und Frankreich, die den Atlantischen Ozean mit der Nordsee verbindet. Die engste Stelle (Dover–Calais) ist 32 km breit. Seit 1993 ist der Ärmelkanal untertunnelt (→Eurotunnel).

■ **Armenien,** Republik in Vorderasien. Armenien, ein durchschnittlich 1800 m hohes Gebirgsland, hat im Norden Anteil am Kleinen Kaukasus; der größere Landesteil wird vom nordöstlichen Teil des Ararathochlandes eingenommen. Die ungünstigen natürlichen Voraussetzungen erlauben nur Schaf- und Rinderzucht, in den Tälern findet sich auch Getreide- und Obstanbau. Wirtschaftlich bedeutsam sind die Kupfer- und Zinkvorkommen. In der Industrie überwiegt der Maschinenbau vor der chemischen und Buntmetallindustrie. Die Bevölkerung besteht vorwiegend aus christlichen Armeniern.

Geschichte: Armenien bildete im 9. Jahrh. v. Chr.

Armenien

Fläche	29 800 km²
Einwohner	3,85 Mio.
Hauptstadt	Erewan
Amtssprache	Armenisch
Nationalfeiertage	28. 5. und 23. 8.
Währung	1 Dram (ARD) = 100 Luma (Lm)
Zeitzone	MEZ + 3 Std.

Der Begriff **Arkade** ist aus arcus, dem lateinischen Wort für Bogen, abgeleitet; Beispiele für mehrgeschossige Arkaden sind der Aqädukt in der Nähe von Nîmes und das Kolosseum in Rom

Armenien

Flagge

Wappen

erstmals eine politische Einheit. Ein Teil des Landes wurde 66 v. Chr. römisch, der größere Teil bildete einen Pufferstaat zwischen Rom und Persien. Um 300 n. Chr. wurde das Gebiet christianisiert. Ab dem 7. Jahrh. war Armenien arabisch; der Westteil fiel im 13. Jahrh. an das Osmanische Reich, der Nordteil im 18. und 19. Jahrh. an Russland. Forderungen nach Reformen im Osmanischen Reich wurden im späten 19. und frühen 20. Jahrh. mit Massakern und Deportationen beantwortet.

> **Arsen**
> chemisches Symbol: As
> Ordnungszahl: 33
> relative Atommasse: 74,92
> Dichte (graues Arsen): 5,73 g/cm^3
> Schmelzpunkt (bei 28 atm): 817 °C
> Sublimationspunkt: 614 °C

1918 entstand ein unabhängiger armenischer Staat, den 1920 die Rote Armee besetzte. 1936 wurde Armenien Unionsrepublik der Sowjetunion. 1988 kam es zu einem bewaffneten Konflikt mit Aserbaidschan um die Region Bergkarabach, der 1994 durch einen Waffenstillstand beigelegt wurde. 1990 erklärte Armenien seine Unabhängigkeit.

■ **Arminius,** Fürst des germanischen Stammes der Cherusker, *zwischen 18 und 16 v. Chr., †(ermordet) um 21 n. Chr. 9 n. Chr. besiegte er die Römer in der Varusschlacht (→Varus). Dieser Sieg war der Anfang vom Ende der römischen Offensive gegen die rechtsrheinischen Germanen. Im 17. Jahrh. kam für Arminius der (fälschlich) eingedeutschte Name **Hermann (der Cherusker)** auf. 1875 wurde ihm im →Teutoburger Wald ein Denkmal gesetzt.

■ **Armstrong,** Louis (»Satchmo«), amerikanischer Jazzmusiker, *New Orleans 4. Juli 1900, †New York 6. Juli 1971, einer der größten Trompeter und Sänger des Jazz, dessen Spielweise zahllose Trompeter und andere Instrumentalisten beeinflusste. Er spielte meist mit eigenen Gruppen, ab 1947 mit den »All Stars«. – Bild S. 66

■ **Arnim,** Achim von, deutscher Dichter der Romantik, *Berlin 26. Januar 1781, †Wiepersdorf (bei Jüterbog) 21. Januar 1831. Er gab zusammen mit Clemens Brentano die Volksliedersammlung »Des Knaben Wunderhorn« (1806–08) heraus. 1811 heiratete er dessen Schwester Bettina Brentano (1785–1859), die ebenfalls im Stil der Romantik dichtete.

■ **Arno** *der,* 241 km langer Fluss in Italien. Er entspringt im Nordapennin, fließt durch die Toskana und mündet bei Pisa ins Ligurische Meer.

■ **Aroma** [griech.] *das,* Wohlgeschmack und Wohlgeruch von Genussmitteln; auch natürlicher oder künstlicher Geschmacksstoff für Lebensmittel.

■ **Aromaten** →Kohlenwasserstoffe.

■ **Arrangement** [arangsch^{e}mang; frz.] *das,* die Bearbeitung eines Musikstücks für eine erforderliche Besetzung, vor allem im Jazz.

■ **Arsen** *das,* ein chemisches Element, ein Halbmetall. Es kommt in metallischer Form (graues Arsen) und in nicht metallischer Form (gelbes Arsen) vor. Arsen wird zur Härtung von Blei- und Kupferlegierungen sowie zur Herstellung von Halbleitern verwendet. Arsen und seine Verbindungen sind sehr giftig. Eine bekannte Verbindung ist **Arsenik,** das Arsentrioxid, das zur Schädlingsbekämpfung und zur Konservierung von Fellen verwendet wird. Vergiftungen führen zu Schwindel, Leibschmerzen mit blutigen Durchfällen, Atemlähmung und Kollaps.

■ **Art** →System.

■ **Artefakt** [lat.] *der,* etwas von Menschenhand

Arktis: Entdeckung und Erforschung

982	Erich der Rote gelangt von Island aus nach Grönland
1194	Erstentdeckung Spitzbergens durch Normannen
1576	M. Frobisher entdeckt Baffin Island
1594–96	W. Barents erreicht die Westküste von Nowaja Semlja und findet u. a. die Bäreninsel (Wiederentdeckung Spitzbergens)
1616	W. Baffin gelangt längs der grönländischen Westküste in die nach ihm benannte Meeresbucht
1733–43	Die russische »Große Nordische Expedition« unter V. Bering u. a. erforscht die Nordküste Sibiriens, die Beringstraße, Alaska und die Aleuten
1778	J. Cook erkundet die Beringstraße und dringt auf der Suche nach der Nordwestpassage im Nordpolarmeer bis zur Eisgrenze vor
1831	J. C. Ross bestimmt auf der kanadischen Halbinsel Boothia Felix die Lage des nördlichen Magnetpols
1845	J. Franklin auf der Suche nach der Nordwestpassage verschollen
1848–79	Bei etwa 40 Expeditionen zur Aufklärung des Schicksals von J. Franklin (Entdeckung wichtiger Spuren 1859) werden große Teile des Kanadisch-Arktischen Archipels entdeckt
1878/79	A. E. Nordenskiöld gelingt (mit der »Vega«) erstmals die Nordostpassage
1893–96	F. Nansens Driftfahrt mit der »Fram«; Schlittenvorstoß bis 86° 14' nördlicher Breite
1903–06	R. Amundsen bezwingt erstmals die Nordwestpassage
1908	F. A. Cook (umstritten) und
1909	R. E. Peary (nahe) am geographischen Nordpol
1921–24	»Thule«-Expedition K. Rasmussens von Grönland bis zur Beringstraße
1926	Flüge zum Nordpol mit dem Flugzeug (R. E. Byrd; Angabe umstritten) und mit dem Luftschiff (U. Nobile zusammen mit R. Amundsen)
1937/38	Sowjetische Forschungsstation unter I. D. Papanin driftet auf einer Eisscholle vom Nordpol bis zur Südostküste Grönlands
1958	Amerikanisches U-Boot »Nautilus« (mit Kernenergieantrieb) unterquert den Nordpol
1977	Sowjetischer Atomeisbrecher »Arktika« erreicht von der Laptewsee den Nordpol
1978	Der Japaner Naomi Uemura erreicht als erster Mensch im Alleingang (mit Hundeschlitten) den Nordpol
1991	Errichtung der deutschen Koldewey-Station auf Spitzbergen

Louis Armstrong

Jazz bedeutet Swing + Rhythmus + Improvisation. Und Louis Armstrong war es, der erstmals mit beispielloser Dynamik zielgenau auf jeden einzelnen Ton zuspielte. Anders ausgedrückt: Mit dem Timing, dem swingenden, schwingenden Setzen der Töne, trompetete und sang der schwarze Amerikaner die »dirty tones« des Jazz auf die Höhen der Weltmusik. Angefangen hat der berühmte »Satchmo« als »Jim Crow« auf der Straße. Jim Crow ist bis heute ein Schimpfname für schwarze Menschen. Satchmo kommt von »Satchelmouth« (= ein Mund so groß wie ein Schulranzen). Der Zeitungsjunge, Hafenarbeiter und Kohlenverkäufer dürfte etwa zwölf Jahre alt gewesen sein, als er anfing, für ein paar Groschen zusammen mit Little Mack singend durch die Straßen zu ziehen; begleitet wurden die beiden von einem Bassisten namens Dicknase und einem Trommler, der sich »der Fuchs« nannte. Etwas später kam »little Louis« in eine Erziehungsanstalt. In der Anstalt lernte der spätere »King of Jazz« sein zweites Ich kennen: das trompetenähnliche Kornett.

► Er spielte, dass »wirklich die Wand wackelte« und er wusste: »Jazz and I get born together«

Hergestelltes, vor allem ein Werkzeug aus vorgeschichtlicher Zeit, das menschliche Bearbeitung erkennen lässt.

■ **Artemis,** griechische Göttin der Jagd, Tochter des Zeus und der Leto. Die Zwillingsschwester Apolls galt als Schützerin der Jugend und der Jungfräulichkeit. Ihr entspricht die römische Göttin Diana.

■ **Artenschutz,** behördliche und private Maßnahmen zum Schutz seltener oder vom Aussterben →bedrohter Tier- und Pflanzenarten. Dazu wurde international 1973 das Washingtoner Artenschutzabkommen geschlossen. Es soll die Kontrolle oder das Verbot des gewerblichen Handels mit gefährdeten Tieren und Pflanzen garantieren. In der Bundesartenschutzverordnung sind die besonderen Bestimmungen für den Artenschutz in Deutschland fest gelegt.

■ **Arterien** [griech.] (Schlagadern, Pulsadern), die Gefäße, die das Blut vom Herzen wegführen. Die Arterien sind im Vergleich zu den Venen bedeutend stärker gebaut (→Blutkreislauf).

■ **Arteriosklerose** *die* (Arterienverkalkung), ein besonders nach dem 40. Lebensjahr auftretendes Blutgefäßleiden. Durch die Einlagerung von Fettsäuren, Cholesterin und Kalk verhärten und verdicken sich die Gefäßwände. Ein völliger Verschluss der Gefäße führt in den Beinen zu Thrombosen, im Herzen zum Herzinfarkt und im Gehirn zum Schlaganfall. Ursachen der Arteriosklerose sind neben genetischen Faktoren auch Übergewicht, Rauchen, Bluthochdruck, Stoffwechselstörungen (besonders bei Zuckerkrankheit), Gicht sowie vermehrter Stress.

■ **artesischer Brunnen,** eine auf besonderen geologischen Verhältnissen beruhende Brunnenart. Er erschließt Wasser führende Schichten, die zwischen wasserundurchlässigen Schichten liegen. Voraussetzung ist, dass die Wasser führenden Schichten höher hinaufreichen als der Brunnenauslauf. Nach dem Gesetz der →kommunizierenden Röhren sprudelt das Grundwasser unter Druck hervor.

■ **Artikel** [lat.] *der,* **1)** *allgemein:* Teil, Abschnitt, z. B. eines Gesetzes oder Vertrages.

2) *Sprachwissenschaft:* Geschlechtswort; man unterscheidet den bestimmten *(der, die, das)* und den unbestimmten Artikel *(ein, eine).*

■ **Artillerie** [frz.] *die,* Bezeichnung sowohl für die Gesamtheit aller Geschütztypen (Kanonen, Haubitzen, Mörser, Granatwerfer) als auch für die damit ausgestattete Truppengattung. Die **Artille-**

rietruppe ist eine mit Geschützen (seit dem Zweite Weltkrieg auch mit Raketenwerfern) ausgerüstete Truppengattung der Landstreitkräfte. Sie dient der Unterstützung der Kampftruppen in allen Gefechtsarten. Die Artillerie wird unterteilt in die »Schießende Artillerie« (Panzerartillerie, Feldartillerie, Raketenartillerie) und die »Aufklärende Artillerie«, deren Aufgabe die Zielortung und Gefechtsfeldüberwachung ist.

■ **Ạrtus,** sagenhafter britannischer König, der mit den Rittern seiner Tafelrunde (Lancelot, Erec, Parzival u. a.) in vielen Erzählungen des Mittelalters vorkommt.

■ **A̲SA,** Abkürzung für American Standards Association, Normenstelle der USA, die u. a. eine Abstufung für die Lichtempfindlichkeit fotografischen Materials (ASA-Grad) festgelegt hat.

■ **Asbẹst** [griech.] *der,* natürlich vorkommende mineralische Fasern (Silikatminerale). Wegen seiner Feuerbeständigkeit wird Asbest in versponnener Form als Feuerschutzkleidung, in gepresster Form als Wärmedämmung verwendet. Asbest ist gesundheitsgefährdend (das Einatmen von Asbestfasern kann zu Lungenkrebs führen). Daher versucht man heute, es durch gesundheitlich weniger bedenkliche Stoffe zu ersetzen.

■ **Aschermịttwoch,** in der katholischen Kirche der erste Tag der Fastenzeit vor Ostern, an dem der Priester den Gläubigen das »Aschenkreuz« als Zeichen der Buße auf die Stirn zeichnet.

■ **A̲schram** →Ashram.

■ **Ạschylus** →Aischylos.

■ **ASCII,** Abkürzung für American standard code for information interchange (›amerikanischer Standardcode für Informationsaustausch‹), in der Datenverarbeitung verwendeter Code für Ziffern, Buchstaben und Sonderzeichen.

■ **ASEAN** [ẹ'si^{e}n], Abkürzung für Association of Southeast Asian Nations [engl., = Verband südostasiatischer Staaten], 1967 in Bangkok gegründeter Staatenbund mit dem Ziel, die regionale Zusammenarbeit auf wirtschaftlicher, sozialer und kultureller Ebene zu fördern und den Frieden in Südostasien zu festigen. Mitglieder sind Indonesien, Malaysia, die Philippinen, Singapur, Thailand, Vietnam, Brunei.

■ **A̲sen,** Göttergeschlecht der →germanischen Mythologie.

■ **Aserbaidscha̲n,** Republik in Mittelasien, westlich des Kaspischen Meeres gelegen. Aserbaidschan hat Anteil am Großen und am Kleinen Kaukasus und umfasst die Halbinsel Apscheron. Das stark bewässerte Ackerland erlaubt den Anbau von

Aserbaidschan
Fläche 86 600 km^2
Einwohner 7,714 Mio.
Hauptstadt Baku
Amtssprache Aserbaidschanisch (Azeri)
Nationalfeiertag 28. 5.
Währung 1 Aserbaidschan-Manat (A. M.) = 100 Gepik (G)
Zeitzone MEZ + 3 Std.

Baumwolle, Getreide, Tabak, Wein und Zitrusfrüchten. Neben der Viehzucht spielt die traditionelle Seidenraupenzucht eine bedeutende Rolle. Wichtigster Wirtschaftszweig ist jedoch die Erdölindustrie mit dem Fördergebiet um Baku. Der größte Teil der Bevölkerung sind Aserbaidschaner, die mit den Türken eng verwandt sind; sie sind überwiegend Muslime.

Geschichte: Das Gebiet des heutigen Aserbaidschan wurde 643 von den Arabern erobert und islamisiert. Im 16. Jahrh. zwischen dem Osmanischen Reich und Persien umstritten, fiel es 1603 an Persien. 1828 kam das nördliche Aserbaidschan an Russland. 1918 entstand eine unabhängige Aserbaidschanische Republik, die 1920 durch die Rote Armee besetzt und 1922 Teil der Transkaukasischen Sowjetrepublik wurde. 1936 wurde Aserbaidschan eigenständige Unionsrepublik der Sowjetunion.

Als 1988 die mehrheitlich von Armeniern bewohnte Region Bergkarabach den Anschluss an Armenien forderte, kam es zu militärischen Auseinandersetzungen, die 1994 durch einen Waffenstillstand beigelegt wurden. 1991 erklärte Aserbaidschan seine Unabhängigkeit.

Aserbaidschan

Flagge

Wappen

■ **Ashram** [ạsch...; Sanskrit, = Ort der (religiösen) Bemühung] (Ashrama, Aschram), Stätte, an der hinduistische Lehrer und Führer ihre Anhänger versammeln, heute oft als Ort der Zurückgezogenheit und Besinnung verstanden.

Asien: Entdeckung und Erforschung

um 510 v.Chr.	Skylax von Karyanda befährt mit dem Schiff den Indus und die Küste des Indischen Ozeans
um 450 v.Chr.	Herodot bereist Kleinasien, Syrien und Mesopotamien
329–324 v.Chr.	Alexander der Große dringt auf seinen Feldzügen in Zentralasien bis zum Oxus (Amudarja) und Jaxartes (Syrdarja) sowie in Indien bis über den Indus vor
um 850	Der andalusische Kaufmann Soliman bereist die muslimischen Länder Vorderasiens
1246	G. Carpini gelangt als päpstlicher Gesandter nach Karakorum, dem Sitz des mongolischen Großkhans
1271–75	Marco Polo reist nach China und erkundet das Land bis zu seiner Heimfahrt (1292–95)
1325–49	Ibn Battuta besucht Vorderasien, Indien, die Sundainseln und China und erreicht Samarkand
1419–44	N. dei Conti erkundet das Innere Indiens und gelangt zum Malaiischen Archipel
1497/98	V. da Gama findet den Seeweg nach Indien
1512	A. de Abreu findet die Gewürzinseln (Molukken); F. Perez de Andrade entdeckt die Malediven und erkundet Sumatra
1521	F. de Magalhães erreicht auf seiner Weltumseglung die Philippinen
1542	F. M. Pinto gelangt als erster Europäer nach Japan
1661	J. Grueber und A. Dorville erreichen von Peking aus Lhasa und als erste Europäer Nepal
1690–92	E. Kaempfer erkundet Japan
1733–43	Die große Nordische Expedition unter V. Bering und A. I. Tschirikow erforscht Nord- und Ostsibirien
1761–67	C. Niebuhr auf der Arabischen Halbinsel, in Indien, Persien, Mesopotamien und Palästina
1787	J. F. la Pérouse erforscht fernöstlische Küstengebiete (Korea, Sachalin) und entdeckt die nach ihm benannte Meeresstraße
1823–37	J. Crawford erkundet Birma und das Irawadital (bis 1826) und durchwandert 1830–37 das Gebiet des Salween, Laos und Thailand
1823–30 und 1859–62	P. F. von Siebold hält sich in niederländischem Auftrag in Japan auf
1829	A. von Humboldt bereist Sibirien bis zum Altai und zur Dsungarei
1839–48 und 1855–64	F. W. Junghuhn unternimmt Reisen durch Java und Teile Sumatras
1856	Die Gebrüder Schlagintweit überqueren Himalaja und Karakorum, das Hochland von Tibet, den Kunlun und dringen bis ins Tarimbecken vor
1861–65	A. Bastian durchquert Hinterindien und erforscht die malaiische Inselwelt
1870–85	Vier Reisen N. Prschewalskis durch die Mongolei, Nordtibet, die Wüste Gobi und das Tarimbecken
1894–1935	S. Hedin erforscht auf mehreren Reisen Innerasien
1900/01, 1906–08 und 1913–16	Reisen A. Steins durch Zentralasien (alte Handelsstraßen, Ruinenfelder in Ostturkestan)
1926	S. W. Obrutschew entdeckt das Tscherskigebirge (Nordostsibirien)

■ **Asien,** größter Erdteil (44,4 Mio. km²), auf dem mit über 3 Milliarden Menschen mehr als die Hälfte der Weltbevölkerung wohnt. Zusammen mit Europa bildet Asien die zusammenhängende Landmasse **Eurasien**. Asien wird im Westen begrenzt vom Uralgebirge und vom Uralfluss, von der Manytschniederung, dem Schwarzen und dem Ägäischen Meer, im Südwesten und Süden durch den Suezkanal, das Rote Meer und den Indischen Ozean, im Südosten und Osten von der Arafurasee, vom Pazifischen Ozean und vom Beringmeer, im Norden durch das Nordpolarmeer.

Die *Oberflächengestalt* des Kontinents ist von einer außerordentlichen Vielfalt. Man findet in Asien die höchsten Erhebungen und ausgedehntesten Hochebenen der Erde sowie große Tiefländer. Der Kontinent wird von Kettengebirgen durchzogen, die sich vom Hochland von Kleinasien über das Arathochland und die iranischen Ketten bis zum Hindukusch und Pamir erstrecken. Dort gliedert sich das Kettengebirge in drei Züge. Im Süden erstreckt sich der Himalaja, der sich in Nord-Süd-Richtung in den Gebirgszügen Hinterindiens fortsetzt. In der Mitte verläuft der Kunlun, im Norden der Tienschan und die sibirischen Randkettengebirge. Zwischen den Gebirgszügen liegen ausgedehnte Hochebenen oder Hochbecken (u.a. Iran, Tibet). Große Tiefländer sind den Gebirgen vorgelagert, u.a. die Stromgebiete des Euphrat und Tigris und des Ganges sowie das Westsibirische Tiefland. Der Ostrand des Kontinents wird von vulkanbesetzten Inselketten begleitet.

Asien hat Anteil an fast allen *Klimabereichen* vom tropischen bis zum Tundrenklima. Bedingt durch die gewaltige Ausdehnung des Kontinents herrscht im Innern ausgesprochenes Kontinentalklima, im Süden und Südosten vorwiegend Monsunklima. In Sibirien liegt der nördliche →Kältepol, in Südwestasien dagegen gibt es extrem heiße Gebiete mit mittleren Jahrestemperaturen um 30 °C. Während die Steppen und Wüsten Arabiens und Innerasiens zu den niederschlagsärmsten Gebieten zählen, fällt in Assam die größte Regenmenge der Erde.

Auch die *Vegetation* ist sehr vielfältig: Der Norden wird von Tundra, Taiga und Steppe geprägt. Von Vorderasien zieht sich über Innerasien bis in die Mandschurei eine Trockenzone, die von Steppen und Wüsten durchzogen ist. In Vorderindien herrschen große Savannen und Dornbuschsteppen vor; wo genügend Niederschläge fallen (vor allem in Südostasien), finden sich subtropische oder tropische Regenwälder.

Die *Tierwelt* Asiens reicht von Rens, Eisbären, ver-

Asien
NORDPOLAR-MEER
Franz-Joseph-Land
Sewernaja Semlja
Nowaja Semlja
Barentssee
Karasee
Laptewsee
Neusibirische Inseln
Große Ljachowinsel
Taimyrhalbinsel
NORWEGEN
SCHWEDEN
FINNLAND
Trondheim
Narvik
Hammerfest
Nordkap
Oslo
Stockholm
Malmö
Luleå
Oulu
Umeå
Tampere
Turku
Helsinki
Tallinn
Riga
Murmansk
Kandalakscha
Archangelsk
Petrosawodsk
ST. PETERSBURG
Nowgorod
Pskow
Welikij
MINSK
WEISSRUSSL.
LITAUEN
LETTLAND
ESTLAND
POLEN
RUSSL.
KIEW
UKRAINE
CHARKOW
Woronesch
Smolensk
Tula
MOSKAU
Jaroslawl
Wologda
N. NOWGOROD
KASAN
Uchta
Syktywkar
Wjatka
PERM
Ischewsk
UFA
Toljatti
Pensa
Saratow
JEKATERINBURG
TSCHELJABINSK
Magnitogorsk
Orenburg
Orsk
Tjumen
ROSTOW AM DON
WOLGOGRAD
Astrachan
Grosny
Atyrau
Aktjubinsk
Uralsk
Aralsk
Schwarzes Meer
Kaspisches Meer
GEORGIEN
TIFLIS
ASERBAID-SCHAN
ARMENIEN
BAKU
TÜRKEI
IRAK
Petschora
Narjan-Mar
Workuta
Salechard
Nadym
Beresowo
Urengoi
Surgut
Chanty-Mansisk
Nischnewartowsk
Tobolsk
Tomsk
OMSK
Petropawlowsk
Koktschetaw
Astana
Karaganda
Semipalatinsk
Ust-Kamenogorsk
Barnaul
Bisk
Rubzowsk
NOWOSIBIRSK
Kemerowo
Nowokusnezk
Krasnojarsk
Kolpaschewo
Jenisseisk
Bratsk
Irkutsk
Kysyl
Tscheremchowo
Ulan-Ude
Ust-Kut
Kirensk
Nischneangarsk
Bodaibo
Witim
Tura
Bachta
Turuchansk
Krasnoselkup
Dudinka
Norilsk
Igarka
Golfschicha
Chatanga
Tareja
Wolotschanka
Nordwik
Tiksi
Saskylach
Olenjok
Mittelsibirisches Bergland
Nördlicher Polarkreis
Schigansk
Sangar
Jakutsk
Oljokminsk
Nakanno
Tommot
Aldan
Tschagda
Tynda
Skoworodino
Blagoweschtschensk
Chabarowsk
Komsomolsk am Amur
Nikolajewsk am Amur
Ochotsk
Magadan
Ust-Maja
Chandyga
Kasatschje
Tscherskigebirge
Srednekolymsk
Tschonuu
Druschina
Anadyr
Schmidt
Kamenskoje
Seimtschan
Ust-Kamtschatsk
Beringinsel
Mednyj-Insel
Attu Island
Beringmeer
Kamtschatka
Petropawlowsk-Kamtschatski
Ochotskisches Meer
Schantar-Insel
Ocha
Alexandrowsk-Sachalinsk
Sachalin
Juschno-Sachalinsk
Wakkanai
Asahikawa
Obihiro
SAPPORO
Hokkaido
Wladiwostok
Ussurisk
Ch'ongjin
Hakodate
Aomori
Akita
Morioka
Honshu
TOKIO
YOKOHAMA
KIOTO
KOBE
HIROSHIMA
Shikoku
Kyushu
Kumamoto
Kagoshima
Japanisches Meer
HARBIN
QIQIHAR
Jiamusi
Manzhouli
JILIN
CHANGCHUN
SHENYANG
FUSHUN
Fuxin
Benxi
ANSHAN
DALIAN
NORD-KOREA
PJÖNGJANG
INCH'ON
SEOUL
TAEJÖN
PUSAN
SÜD-KOREA
Gelbes Meer
PEKING
TIENTSIN
TANGSHAN
Hohhot
Datong
BAOTOU
TAIYUAN
ZIBO
TSINGTAU
Handan
ZHENGZHOU
Luoyang
Xuzhou
XI'AN
Baoji
LANZHOU
Xining
HUAINAN
NANKING
Wuxi
SCHANGHAI
Suzhou
HANGZHOU
Wenzhou
WUHAN
CHANGSHA
Zhuzhou
Hengyang
NANCHANG
FUZHOU
Xiamen
Ganzhou
Ostchinesisches Meer
Ryukyuinseln
Okinawa
Naha
Amami-Inseln
Saki-Inseln
Keelung
TAIPEH
TAIWAN
Tainan
KAOHSIUNG
CHENGDU
CHONGQING
GUIYANG
KUNMING
Gejiu
Nanning
Liuzhou
KANTON
Macau
KOWLOON
VICTORIA
Hongkong
Zhanjiang
Haikou
Hainan
PAZIFISCHER OZEAN
MONGOLEI
Ulan-Bator
Darchan
Erdenet
Tschoibalsan
Baruun-Urt
Mandalgowi
Sainschand
Dalandsadgad
Tsetserleg
Chowd
Innere Mongolei
Gobi
ÜRÜMQI
Turpan
Hami
Yining
Tienschan
Kaschgar
Hotan
Qiemo
Ruoqiang
Yumen
Golmud
Kunlun Shan
Tibet
CHINA
Lhasa
Shigatse
Himalaja
Mt. Everst
Kathmandu
NEPAL
Thimphu
BHUTAN
KASACHSTAN
Kasachensteppe
Dsheskasgan
Balchasch
Balchaschsee
Taldy-Kurgan
ALMATY
Bischkek
KIRGISTAN
Ksyl-Orda
Aralsee
Aktau
USBEKISTAN
Nukus
Urgentsch
Taschkent
Namangan
Andischan
Buchara
TURKMENISTAN
Turkmenbaschi
Aschchabad
Mary
TADSCHIKISTAN
Duschanbe
Mazar-e Sharif
AFGHANISTAN
KABUL
Herat
Kandahar
Gilgit
Srinagar
Islamabad
RAWALPINDI
PESHAWAR
LAHORE
FAISALABAD
MULTAN
Quetta
PAKISTAN
Bahawalpur
Sukkur
Hyderabad
KARATSCHI
Amritsar
LUDHIANA
Chandigarh
DELHI
Neu-Delhi
Bikaner
JAIPUR
Agra
LUCKNOW
KANPUR
Allahabad
Varanasi
Patna
Jodhpur
AHMADABAD
VADODARA
SURAT
INDORE
Jabalpur
Ranchi
Jamshedpur
Haora
KALKUTTA
DHAKA
BANGLA-DESH
CHITTAGONG
Gauhati
Imphal
INDIEN
NAGPUR
Raipur
Amravati
Dekhan
BOMBAY
PUNE
Solapur
HYDERABAD
Kolhapur
Belgaum
Hubli
Kurnool
Guntur
Vishakhapatnam
Kakinada
Nellore
BANGALORE
Mangalore
Mysore
MADRAS
Salem
Coimbatore
Cochin
Madurai
Thiruvananthapuram
Jaffna
Trincomalee
SRI LANKA
Colombo
Kandy
Galle
Sri Jayawardanapura
Cuttack
Golf von Bengalen
Andamanen (ind.)
Andamanensee
Nikobaren (ind.)
Lakkadiven (ind.)
Male
MALEDIVEN
Äquator
Arabisches Meer
Sokotra
Masira
Maskat
OMAN
Sur
SAUDI-ARABIEN
VER. ARAB. EMIRATE
Abu Dhabi
Persischer Golf
Bandar Abbas
Kerman
Yazd
Isfahan
IRAN
Abadan
Rascht
TEHERAN
MESCHHED
Elburs
Zagros
BIRMA
Myitkyina
Mandalay
Myingyan
Lashio
Akyab
Prome
Henzada
RANGUN
Moulmein
Tavoy
THAILAND
BANGKOK
LAOS
Vientiane
HANOI
HAIPHONG
Hue
Da Nang
Qui Nhon
VIETNAM
KAMBODSCHA
Phnom Penh
HO-CHI-MINH-STADT
Long Xuyen
Golf v. Thailand
Kap Ca Mau
Südchinesisches Meer
Phuket
George Town
Kota Baharu
KUALA LUMPUR
MALAYSIA
Melaka
SINGAPUR
Natuna-Inseln (indon.)
Banda Aceh
MEDAN
Pematangsiantar
Nias
Siberut
Padang
Pakanbaru
Telanaipura
Bangka
PALEMBANG
Bengkulu
Tanjungkarang
Belitung
JAKARTA
BANDUNG
Yogyakarta
SEMARANG
SURABAYA
Madura
Malang
Bali
Lombok
Sumbawa
Sumba
Flores
Timor
Kupang
Kleine Sundainseln
Javasee
INDONESIEN
Kuching
Pontianak
Samarinda
Banjarmasin
Borneo
Bandar Seri Begawan
BRUNEI
Kota Kinabalu
Sandakan
Makassarstr.
Ujung Pandang
Celebes
Kendari
Butung
Ceram
Obi
Ternate
Morotai
Manado
Gorontalo
Palu
Celebessee
Sulusee
Palawan
Mindanao
Zamboanga
Cagayan de Oro
Davao
Talaud
Negros
Cebu
Iloilo
Samar
Leyte
Panay
Mindoro
Batangas
MANILA
QUEZON CITY
Tarlac
San Fernando
Luzon
Laoag
PHILIPPINEN
Babuyan-Inseln
INDISCHER OZEAN
bis 100 000 Ew.
100 000 - 500 000 Ew.
500 000 - 1 Mill. Ew.
über 1 Mill. Ew.
historischer Ort, Ruine
BANGKOK Hauptstadt
Staatsgrenze
0 500 1000 km
40°
60°
80°
100°
120°
140°
20°
0°

Asien: Staatliche Gliederung

Staat	Staatsform	Fläche in km²	Ew. in 1 000	Hauptstadt
Afghanistan	Republik	652 225	23 384	Kabul
Armenien	Republik	29 800	3 850	Jerewan
Aserbaidschan	Republik	86 600	7 714	Baku
Bahrain	Emirat	694	534	Menama
Bangladesh	Republik	147 570	124 043	Dhaka
Bhutan	Königreich	47 000	1 917	Thimphu
Birma (Myanmar)	Republik	676 578	47 625	Rangun
Brunei	Sultanat	5 765	313	Bandar Seri Begawan
China	Republik	9 600 000	1 233 300	Peking
Georgien	Republik	69 700	5 428	Tiflis
Indien	Republik	3 287 263	1 006 800	Delhi
Indonesien[1]	Republik	1 904 443	206 522	Jakarta
Irak	Republik	438 317	21 795	Bagdad
Iran	Republik	1 648 000	73 057	Teheran
Israel	Republik	20 770	5 883	Jerusalem
Japan	Kaiserreich	372 824	126 486	Tokio
Jemen	Republik	527 968	16 841	Sanaa
Jordanien	Königreich	89 342	4 756	Amman
Kambodscha	Republik	181 035	10 751	Phnom Penh
Kasachstan (asiatischer Teil)	Republik	2 576 200	16 854[2]	Astana
Katar	Emirat	11 437	579	Doha
Kirgistan	Republik	198 500	4 497	Bischkek
Korea (Nord)	Republik	122 762	23 206	Pjöngjang
Korea (Süd)	Republik	99 268	46 115	Seoul
Kuwait	Emirat	17 818	1 809	Kuwait
Laos	Republik	236 800	5 358	Vientiane
Libanon	Republik	10 452	3 194	Beirut
Malaysia	Wahlmonarchie	329 758	21 450	Kuala Lumpur
Malediven	Republik	298	282	Male
Mongolei	Republik	1 566 500	2 624	Ulan-Bator
Nepal	Königreich	147 181	23 168	Kathmandu
Oman	Sultanat	309 500	2 504	Maskat
Pakistan	Republik	796 095	147 811	Islamabad
Philippinen	Republik	300 000	72 164	Manila
Russland (asiatischer Teil)	Republik	12 836 900	32 942	–
Saudi-Arabien	Königreich	2 150 000	20 207	Riad
Singapur	Republik	648	3 491	Singapur
Sri Lanka	Republik	65 610	18 450	Colombo
Syrien	Republik	185 180	15 335	Damaskus
Tadschikistan	Republik	143 100	6 161	Duschanbe
Taiwan	Republik	36 000	21 775	Taipeh
Thailand	Königreich	513 115	60 609	Bangkok
Türkei (mit europäischem Teil)	Republik	779 452	65 599	Ankara
Turkmenistan	Republik	488 100	4 316	Aschchabad
Usbekistan	Republik	447 400	24 105	Taschkent
Vereinigte Arabische Emirate	Föderation	83 600	2 720	Abu Dhabi
Vietnam	Republik	331 114	77 896	Hanoi
Zypern	Republik	9 251	776	Nikosia

[1] mit Irian Jaya [2] Kasachstan insgesamt

schiedenen Pelztierarten (z.B. Zobel) im Norden bis hin zu Antilopen, Wölfen, Affen, Elefanten, Tigern, Schlangen und farbenprächtigen Vögeln im Süden.
Die *Bevölkerung* Asiens ist teils mongolider, teils europider Herkunft; eine Mischgruppe bilden die Turkvölker. Ein großes Problem stellt für viele Länder das weiter anhaltende Bevölkerungswachstum dar. Zu den bevölkerungsreichsten Staaten zählen China, Indien und Indonesien.
Die *Wirtschaft* Asiens ist bestimmt durch den Gegensatz unterschiedlicher Wirtschaftsstrukturen: Neben hoch industrialisierten Ländern (z.B. Japan) und reichen Rohstoffländern (Ölländern) finden sich noch viele wirtschaftlich wenig entwickelte Staaten (→Entwicklungsländer). Auf dem Weltmarkt hält Asien eine Spitzenstellung bei Reis, Kautschuk, Tee, Jute, Seide, Palmöl, Erdnüssen, Baumwolle und Hirse. Industriezentren liegen in Sibirien, China, Indien, Korea und besonders in Japan. Asien ist reich an Bodenschätzen (vor allem Erdöl).
Geschichte: Schon sehr früh haben sich in Asien mehrere Hochkulturen entwickelt (seit dem 4./3. Jahrtausend v.Chr. die der Sumerer, Babylonier und Assyrer in Mesopotamien, um 2600 v.Chr. die indische Kultur am Indus, um 1500 v.Chr. die chinesische Hochkultur), aus denen auch große Religionen hervorgingen: in China der Konfuzianismus, in Indien Buddhismus und Hinduismus, in Vorderasien das Judentum, später Christentum und Islam.
Im Mittelalter vereinigte das Reich der Mongolen erstmals Vorder-, Mittel- und Ostasien. Die Osmanen breiteten sich im 14./15. Jahrh. bis nach Südeuropa aus. Seit der Entdeckung des Seeweges nach Indien (1498) erschlossen die Europäer Asien als Kolonialgebiet. Sie legten zunächst einzelne Handelsstützpunkte an (vor allem Handel mit Luxusgütern, z.B. Gewürze, Seide) und begannen im 18. Jahrh. mit der Eroberung und Kolonisation größerer Gebiete vor allem in Südostasien.
Im 19. Jahrh. verloren die Chinesen, über Jahrtausende hinweg die Beherrscher Ostasiens, große Teile ihres Gebiets an Russland. Auch Japan brachte Teile Chinas unter seine Herrschaft. Dies führte zu Spannungen mit den europäischen Kolonialmächten und den USA, die sich schließlich im Zweiten Weltkrieg entluden. Anschließend begann der Rückzug der Kolonialmächte aus Asien. Nach 1945 stieg vor allem China unter kommunistischer Herrschaft zu einer weltpolitisch bedeutenden Macht auf.

■ **Askese** [griech.] *die,* streng enthaltsame Lebensweise, die im Christentum vor allem von Mönchen und Nonnen geübt wird. Ein **Asket** ist ein Mensch, der enthaltsam lebt, sich von weltlichen Genüssen abkehrt.

■ **Äskulap,** der griechische (Asklepios) und römische Gott der Heilkunde, Sohn des Apoll. Sein von einer Schlange umwundener Stab **(Äskulapstab)** ist das Zeichen der Ärzte.

Sinnbild der Ärzte: der von der Schlange, dem heiligen Tier des griechischen Heilgottes **Äskulap,** umschlungene Stab

■ **Äsop,** griechischer Fabeldichter, der um die Mitte des 6. Jahrh. v.Chr. gelebt haben soll. Seine Tierfabeln beruhen wahrscheinlich auf mündlich überlieferten Stoffen. – auch →Fabel.

■ **Asowsches Meer,** nordöstliches Nebenmeer (bis 14 m tief) des Schwarzen Meeres, teils durch die Krim von diesem abgetrennt. Von Dezember bis März ist es vereist.

■ **asozial,** unfähig zum Leben in der Gemeinschaft. Als Asoziale bezeichnet man Menschen, die sich nicht in ihre soziale Umwelt einfügen können oder wollen.

■ **Asphalt** [griech.] *der,* ein Gemisch aus Bitumen und Mineralstoffen, ein pechartiger Rückstand bei der Erdöldestillation. Man verwendet Asphalt für den Straßen- und Wasserbau, für Dachpappe, als Isolier- und Kittmasse.

■ **ASR,** Abkürzung für →Antriebsschlupfregelung.

■ **Asseln,** Krebstiere mit meist plattem Körper und gegliedertem Rumpf. Körperlänge: 1–27 cm (Riesenasseln der Tiefsee). Die Wasserassel lebt im Süßwasser. Kellerassel und Rollassel sind Luftatmer an feuchten Orten.

■ **Assembler** [ᵉssämblᵉr; engl.] *der,* in der Informatik eine maschinenorientierte →Programmiersprache.

■ **Assimilation** [lat.] *die,* **1)** *allgemein:* Angleichung, Anpassung.
2) *Biologie:* die unter Energieverbrauch erfolgende Bildung körpereigener, organischer Substanz. Bei den meisten Pflanzen werden dazu in der →Photosynthese anorganische Stoffe aufgenommen, bei Pilzen, den meisten Bakterien und Tieren sind es vorwiegend organische Stoffe.
3) *Sprachwissenschaft:* die Angleichung eines Konsonanten an einen anderen; z.B. wird das *b* in mittelhochdeutsch *lamb* zu *m* in neuhochdeutsch *Lamm;* Gegensatz: Dissimilation.

■ **Assonanz** [lat., = Anklang], unvollständiger Reim, bei dem sich nur die Vokale von der letzten betonten Silbe an decken, z.B. sorgsam/kostbar.

■ **Assoziation** [lat.] *die,* **1)** *allgemein:* der freiwillige Zusammenschluss zur Wahrnehmung gemeinsamer Interessen, z.B. von gesellschaftlichen Gruppen (Genossenschaften, Gewerkschaften) oder von Staaten.

2) *Psychologie:* die Verknüpfung von Vorstellungen, von denen die eine die andere hervorruft, z. B.: Man sieht ein Flugzeug und denkt an einen Strand.

■ **Assuan** (arabisch Aswan), Stadt in Oberägypten, am rechten Nilufer, mit 196000 Einwohnern. 5 km südlich von Assuan befindet sich der 1902 fertig gestellte **Assuanstaudamm.** Das durch ihn aufgestaute Nilwasser ermöglicht eine Bewässerung der Nilebene zu allen Jahreszeiten. Um weiteres Ackerland zu erschließen, wurde 1960–70 der neue **Assuanhochdamm** erbaut. Wegen des neuen Stausees (Nassersee) wurden mehrere Siedlungen und Kulturdenkmäler, die sonst überflutet worden wären, verlegt (so die beiden Ramsestempel von Abu Simbel).

■ **Assyrien,** geschichtliche Landschaft im Nordteil des heutigen Staates Irak, am mittleren Tigris (→Mesopotamien).

■ **Astana** (bis 1998 Akmola), Hauptstadt (seit 1998) von Kasachstan, mit 287000 Einwohnern und mehreren Hochschulen.

■ **Astat** [griech.] *das,* ein instabiles radioaktives chemisches Element aus der Gruppe der Halogene; das seltenste aller natürlichen Elemente.

Asterix und Obelix rüsten sich erwartungsvoll mit ihrem vierbeinigen Begleiter Idefix für die nächste Rauferei mit Tullius Firlefanzus, dem Sonderbeauftragten von Julius Cäsar; die Szene stammt aus dem bekanntesten Asterixtitel »Asterix und der Avernerschild«, der im Jahr 1968 erschienen ist

■ **Asterix,** Titelheld einer französischen Comicserie (seit 1959), geschrieben von René Goscinny (1926–1977) und gezeichnet von Albert Uderzo (*1927). Die abenteuerliche Handlung spielt um 50 v. Chr.: Der listige Gallier Asterix und sein Freund Obelix, Hinkelsteinhändler und Liebhaber des Wildschweinbratens, setzen sich mithilfe eines Zaubertranks erfolgreich gegen die Römer, die ganz Gallien besetzt haben und nun auch ihr Dorf erobern wollen, zur Wehr. Seit 1968 entstanden auch mehrere Zeichentrickfilme über Asterix und die anderen Bewohner seines Dorfes.

■ **Asteroiden** →Planetoiden.

> **Astat**
> chemisches Symbol: At
> Ordnungszahl: 85
> relative Nuklidmasse von ^{210}At: 210

■ **Ästhetik** [griech.] *die,* die Lehre vom Schönen; **ästhetisch,** schön, geschmackvoll, ansprechend.

■ **Asthma** [griech.] *das,* eine anfallartige Behinderung der Atmung. Dabei verengen sich die feinen Bronchialäste, die zu den Lungenbläschen führen. Außerdem wird zäher Schleim gebildet, der das Ausatmen erschwert. Die Kranken haben das Gefühl zu ersticken. Ursachen sind Allergien oder auch seelische Spannungszustände.

■ **Astigmatismus** [griech.] *der,* ein Abbildungsfehler auf der Netzhaut des Auges, der von einer unregelmäßigen Krümmung der Hornhaut oder der Linse herrührt. Astigmatismus ist meist angeboren und kann mithilfe von speziellen Brillengläsern (Zylindergläsern) ausgeglichen werden.

■ **Astrologie** [griech.] *die,* Sterndeutung, Lehre vom angeblichen Einfluss der Gestirne auf irdisches Geschehen, auch auf den einzelnen Menschen. Die Astrologie war u. a. schon im alten China, in Indien und Babylon bekannt. Eine naturwissenschaftliche Begründung für die Vorhersagen und Deutungen der **Astrologen** aus der Stellung der Gestirne (→Horoskop) gibt es nicht.

■ **Astronaut** [griech.] *der* (Raumfahrer), Person, die an einem Flug durch den Raum außerhalb der Erdatmosphäre teilnimmt; im russischen Sprachgebrauch **Kosmonaut** genannt.

■ **Astronomie** [griech.] *die,* die Sternkunde, eine Naturwissenschaft, die sich mit der Erforschung des Universums befasst, das heißt mit der kosmischen Materie, ihrer Verteilung und Bewegung, ihrem physikalischen Zustand sowie ihrer Entstehung und Entwicklung.

Die **fundamentale** oder **klassische Astronomie** befasst sich fast ausschließlich mit der Messung der Richtung der von den Himmelskörpern kommenden Lichtstrahlung und sucht daraus deren Lage und Bewegung festzulegen.
Die **Stellarastronomie** erforscht die Verteilung und die Bewegung der Materie im Weltraum, insbesondere Aufbau und Dynamik abgegrenzter Objektgruppen (z. B. Milchstraße).
Die **Astrophysik** ermittelt die chemische Zusammensetzung und bestimmte physikalische Gegebenheiten (z. B. Radius, Masse, Leuchtkraft, Druck, Temperatur) einzelner Himmelskörper und untersucht deren Entwicklung.
Fragen des Werdens und Vergehens von Sternen behandelt die **Kosmogonie.** Mit dem Aufbau der Welt insgesamt, mit den Raum- und Zeitverhältnissen, die in ihr herrschen, befasst sich die **Kosmologie.**
In den letzten Jahrzehnten sind der astronomischen Wissenschaft durch die Entwicklung der Raketen- und Raumsondentechnik neue Möglichkeiten zur Erforschung des Weltalls erschlossen worden **(Planetenforschung).** Moderne Unterteilungen der Astronomie richten sich auch nach dem beobachteten Wellenlängenbereich des elektromagnetischen Spektrums (z. B. Gamma-, Röntgen-, Radioastronomie).

■ **Astronomische Einheit,** Einheitenzeichen AE, Längeneinheit in der Astronomie, die etwa dem mittleren Abstand Erde–Sonne entspricht:

1 AE = 149 597 870 km.

■ **Asturien,** waldreiche Gebirgslandschaft an der Nordküste Spaniens. Sie ist wirtschaftlich bedeutend durch vielseitigen Bergbau. – Im Mittelalter war das Königreich Asturien Ausgangspunkt des Kampfes der christlichen Staaten auf der Iberischen Halbinsel gegen die arabische Herrschaft.

■ **Asunción** [...sjɔn], Hauptstadt der Republik Paraguay, am Ufer des Paraguay, mit 546 600 Einwohnern. Die Stadt, 1537 von Spaniern gegründet, ist das Wirtschafts- und Kulturzentrum des Landes mit mehreren Universitäten.

■ **Asyl** [griech.] *das,* Zufluchtsort für Verfolgte; auch: Heim zur vorübergehenden Aufnahme von Obdachlosen und Hilfsbedürftigen.

■ **Asylrecht,** allgemein das Recht auf Schutz vor Verfolgung. Das Völkerrecht gibt zwar dem Einzelnen kein Recht, in einem Staat seiner Wahl Zuflucht zu suchen, garantiert den Staaten aber das Recht, Asyl zu gewähren. In der Bundesrepublik Deutschland sind nach Artikel 16 des Grundgesetzes Ausländer asylberechtigt, die in ihrem Heimatstaat politisch verfolgt werden. Als politisch Verfolgter gilt, wer u. a. wegen seiner Rasse, Religion, Nationalität oder wegen seiner politischen Überzeugung Verfolgungsmaßnahmen mit Gefahr für Leib und Leben ausgesetzt ist. Auf dieses Recht kann sich aber nicht berufen, wer aus einem Staat der Europäischen Union oder aus einem anderen »sicheren Drittstaat« einreist, in dem er keine Verfolgung fürchten muss.

20. Juli 1969: bei der ersten Mondlandung im Rahmen des Apolloprogramms hinterließen die **Astronauten** Neil A. Armstrong und Edwin E. Aldrin am Landeort die amerikanische Flagge

■ **Atatürk** →Kemal Atatürk.

■ **Atemwurzeln,** die senkrecht nach oben wachsenden Seitenwurzeln, die über den Boden oder das Wasser in die Luft ragen und der Atmung dienen. Vor allem Mangroven, die in sauerstoffarmen Sümpfen wachsen, haben Atemwurzeln.

■ **Atheismus** [griech.] *der,* eine Anschauung, die die Existenz eines persönlichen Gottes leugnet.

■ **Athen,** Hauptstadt Griechenlands, mit 772 100 Einwohnern (Groß-Athen mit Piräus: 3,07 Mio. Einwohner). Die Stadt liegt 5 km vom Ägäischen Meer (Saronischer Golf) entfernt und ist mit ihm durch den Hafen **Piräus** verbunden. Athen ist der kulturelle Mittelpunkt des Landes mit Hochschulen, wissenschaftlichen (archäologischen) Instituten und Museen. Die antiken Baudenkmäler (vor allem auf der →Akropolis) ziehen unzählige Touristen in die Stadt.
Geschichte: Athen entstand als Siedlung um den 156 m hohen Burgberg, die Akropolis. In der Antike hatte es seine Blütezeit als Staat (der ganz Attika umfasste) und Vormacht Griechenlands im 5. Jahrh. unter →Perikles. Der politische Niedergang der Stadt begann nach dem Peloponnesischen Krieg (431–404 v. Chr.). Seine Bedeutung als Mittelpunkt

Astronomie
Bedeutende Astronomen:
C. Ptolemäus (1. Jh. n. Chr.)
N. Kopernikus (1473–1543)
G. Galilei (1564–1642)
J. Kepler (1571–1630)
I. Newton (1643–1727)
E. Halley (1656–1742)
C. F. Gauß (1777–1855)
A. Einstein (1879–1955)

des geistigen Lebens büßte es erst nach Schließung der Akademie (529 n. Chr.) ein. Nach wechselvoller Geschichte unter fremden Herrschern (Römern, Byzantinern, Franken, Türken) wurde Athen 1834 Hauptstadt des neu geschaffenen Königreichs Griechenland.

■ **Äthen** →Äthylen.

■ **Athene** (Pallas Athene), griechische Göttin, Lieblingstochter des Zeus, dessen Haupt sie entsprungen sein soll. Sie ist die Schutzgöttin der Helden und Städte (besonders Athens) im Krieg sowie Schutzherrin der Wissenschaft, der Künste und des Handwerks im Frieden. Die Eule war ihr als heiliges Tier zugeordnet.

■ **Äther** [griech.] *der,* **1)** *Chemie:* (Ether), eine chemische Verbindungsklasse mit der charakteristischen Gruppe – C – O – C –. Äther entstehen, indem sich zwei Alkoholmoleküle unter Wasserabspaltung verbinden. Sie haben sehr gute Eigenschaften als Lösungsmittel für unpolare Stoffe (z. B. Fette), vor allem der Diäthyläther ($C_2H_5-O-C_2H_5$). Dieser wurde wegen seiner berauschenden Wirkung früher als Narkosemittel benutzt.

2) *Physik:* (Lichtäther, Weltäther), nach früheren Auffassungen ein den Weltraum erfüllender, nicht wahrnehmbarer Stoff, in dem sich die Lichtwellen und alle anderen elektromagnetischen Wellen ausbreiten. Physikalische Versuche brachten keinen Nachweis für einen derartigen Stoff.

■ **Äthiopien** (früher Abessinien), Republik in Nordostafrika. Äthiopien ist ein ausgeprägtes Gebirgsland, das bis 4620 m aufragt. Die Höhenunterschiede schaffen klimatisch sehr verschiedenartige Regionen: bis 1800 m feuchtheiß, bis 2400 m gemäßigt, darüber kühl. Die Bevölkerung besteht aus einer Vielzahl von verschiedenen Völkern und Stämmen (mehrheitlich Muslime) und lebt zu 90 % von der Landwirtschaft. Die Berglandschaft Kafa ist die

Demokratie in Athen

Das 5. Jahrhundert v. Chr. war für die Griechen in Athen eine glanzvolle Zeit. In dieser Zeit hatten die athenischen Bürger eine neue Staatsform gefunden, die sie Demokratie, zu deutsch Volksherrschaft nannten. Sie garantierte die Gleichstellung von Arm und Reich. In der Schlacht von Salamis im Jahr 480 waren die persischen Eroberer am Widerstand der griechischen Flotte gescheitert. Ohne die Männer an den Rudern der Schiffe wäre das nicht gelungen. Nach dem Sieg nahmen sich die Ruderer Sitz und Stimme in der Volksversammlung. Und das verlief ohne Machtkämpfe. Das freie und freiheitliche Gemeinwesen konnte so auch den Boden für das geistige und künstlerische Leben kultivieren: die Zeit der Dichter und Philosophen war angebrochen. Euripides, der auf Salamis zur Zeit der Schlacht geborene Tragödiendichter, machte die neue Staatsform zum Thema einer seiner Theaterstücke; darin fragt ein Herold aus Theben, wer in Athen der Landesfürst sei. Die Antwort lautet: »...hier gebietet nicht ein Einzelner; die Stadt ist frei. Die Bürger selbst bekleiden Jahr um Jahr der Reihe nach die Ämter, wobei sie nicht dem Reichtum einen Vorrang geben, nein, auch der Arme gleiches Recht genießen darf.« Die so gepriesene Demokratie fand mit Alexander dem Großen ein Ende. Selbst das Wort »Demokratie« blieb in den nächsten 2 000 Jahren beerdigt. Als im 18. Jahrhundert mit dem Amerikanischen Unabhängigkeitskrieg und der Französischen Revolution die Bürgerrechte ins Leben gekämpft wurden, waren sie um einen Wert bereichert, der außerhalb der Weltsicht der alten Griechen lag: den der unveräußerlichen Menschenrechte. Die Sklaven waren aus dem Kreis der armen oder reichen Bürger ausgeschlossen: der Sklave war ein Barbar und das bedeutete er war ein Nichtgrieche.

▶ In einem Jahr fanden 40 Zusammenkünfte der athenischen Volksversammlung statt; während bei weniger wichtigen Entscheidungen bei der Abstimmung das Handzeichen reichte, wurden für weiterreichende Beschlüsse Stimmsteine ausgegeben; der linke der hier abgebildeten originalen Stimmsteine bedeutete »Ja«, der rechte »Nein«:

Äthiopien
Fläche 1 133 380 km²
Einwohner 62,11 Mio.
Hauptstadt Addis Abeba
Amtssprache Amharisch
Nationalfeiertag 12. 9.
Währung 1 Birr (Br) = 100 Cents (ct.)
Zeitzone MEZ + 2 Std.

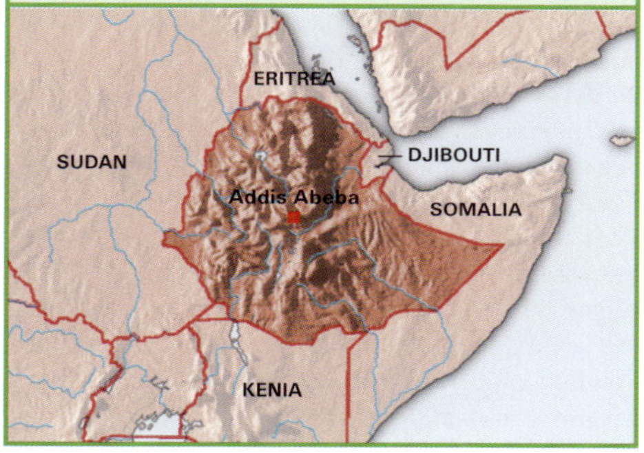

Heimat des Kaffeestrauchs. Äthiopien zählt zu den ärmsten Ländern der Erde.

Geschichte: Äthiopien geht zurück auf das Reich von Aksum, das seine Blütezeit im 4. Jahrh. erlebte. Schon damals wurde das Christentum eingeführt. Das Reich stand unter griechischem und ägyptischem Einfluss und gewann im 6. Jahrh. die Oberhoheit über Südarabien. Seit dem 13. Jahrh. verlagerte sich der politische Schwerpunkt nach Süden (Hauptstadt Lalibela). Seit dem 16. Jahrh. war das weiter im Norden gelegene Gondar Zentrum eines Reiches, dessen Herrscher wie die Könige von Aksum ihre Abstammung auf Salomo und die Königin von Saba, nach dem Glauben der Äthiopier eine äthiopische Fürstin, zurückführten.

Im 18. Jahrh. zerfiel Äthiopien in Teilreiche, die um 1889 vereinigt wurden. 1890 musste es Eritrea an Italien abtreten. Gegen weitere italienische Ansprüche konnten sich die Äthiopier erfolgreich wehren; 1896 fügten sie der italienischen Armee bei Adua eine Niederlage zu. 1935 überfielen die Italiener unter Mussolini das Land erneut und hielten es bis 1941 besetzt.

Kaiser Haile Selassie (1892–75), seit 1930 auf dem Thron, wurde 1974 gestürzt, eine kommunistische Militärregierung übernahm die Macht. Seit deren Sturz (1991) ist Äthiopien eine parlamentarische Republik mit bundesstaatlicher Ordnung. 1993 erklärte die Provinz →Eritrea, die in einem lang andauernden Bürgerkrieg für ihre Loslösung von Äthiopien gekämpft hatte, ihre Unabhängigkeit.

■ **Athos,** die östlichste der drei Halbinseln an der Chalkidike (Nordgriechenland), die sich als rund 50 km langer Gebirgszug ins Ägäische Meer erstreckt. Auf dem Berg Athos (2 033 m), an der Spitze der Halbinsel, siedelten sich seit dem 9. Jahrh. Mönche an. Heute gibt es auf Athos 20 größere und mehrere kleine Klöster, die zu einer Mönchsrepublik zusammengeschlossen sind; Frauen ist der Zutritt verboten.

■ **Äthylen** (Ethylen, Äthen, Ethen) *das,* ein farbloses, brennfähiges Gas (Formel: $H_2C = CH_2$), das aus Erdöl und Erdgas gewonnen wird. Äthylen ist der einfachste Vertreter der Alkene (→Kohlenwasserstoffe) und wird für eine Vielzahl von Produkten als Ausgangsmaterial verwendet, z. B. für Kunststoffe wie Polyäthylen.

■ **Atlantik** →Atlantischer Ozean.

■ **Atlantikcharta,** Grundsatzerklärung, die am 14. August 1941 an Bord eines britischen Schlachtschiffs zwischen dem amerikanischen Präsidenten Franklin D. Roosevelt und dem britischen Premierminister Winston Churchill abgegeben wurde. Sie sollte die Richtlinien der Politik nach dem Zweiten Weltkrieg festlegen. Der Atlantikcharta, die die Souveränität und freie Wahl der Regierungsform für alle Völker und die Zusammenarbeit aller Nationen vorsah, traten bis Ende des Zweiten Weltkriegs 45 Staaten bei. Sie wurde zu einem der Grunddokumente der UN.

■ **Atlantis,** eine sagenhafte Insel, die im Atlantischen Ozean liegen soll. Platon berichtet, Atlantis sei ein mächtiges Reich mit hoher Kultur gewesen, das 9 000 Jahre vor seiner Zeit durch eine große Naturkatastrophe an einem Tag im Meer versunken sei. Es ist bis heute umstritten, ob es sich um eine bloße Legende handelt.

■ **Atlantischer Ozean** (Atlantik), das zweitgrößte Weltmeer nach dem Pazifischen Ozean; zur Gesamtfläche des Atlantischen Ozeans, der mehr als ein Fünftel der Erdoberfläche bedeckt, rechnet man auch seine Nebenmeere: Hudsonbai, Europäisches Nordmeer, Nordsee, Ostsee, Mittelmeer, Amerikanisches Mittelmeer (Golf von Mexiko, Karibisches Meer).

Der Atlantischer Ozean erstreckt sich bei einer mittleren Breite von 5 500 km und einer Nord-Süd-Ausdehnung von mehr als 21 000 km s-förmig zwischen Europa und Afrika im Osten und Amerika im Westen. Die mittlere Tiefe liegt zwischen 3 300 und 3 900 m (in den Nebenmeeren erheblich weniger), die größte bisher gemessene Tiefe beträgt 9 219 m (im Puerto-Rico-Graben).

Die Oberfläche des Meeresbodens ist durch den in

Äthiopien:

Flagge

Wappen

Nord-Süd-Richtung verlaufenden Mittelatlantischen Rücken in zwei Längsbecken geteilt, die durch Seitenschwellen in weitere Becken aufgegliedert werden. Von den Meeresströmungen wird das Klima der angrenzenden Länder wesentlich mitbestimmt (→Golfstrom). Wirtschaftlich bedeutend ist der Nordatlantik als Fischfanggebiet sowie als Verkehrsweg: über 70% des Gütertransports der Erde werden hier abgewickelt; die Schelfe sind Lagerstätten von Erdöl.

■ **Ạtlas** *der,* **1)** *griechischer Mythos:* ein Riese, Bruder des Prometheus. Er kämpft auf der Seite der Titanen gegen die Götter und muss zur Strafe dafür das Himmelsgewölbe tragen.

2) *Kartographie:* eine Sammlung von Land- und Himmelskarten oder Bildtafeln (z.B. in der Medizin) in Buchform. Der Name wurde durch das 1585–95 erschienene Kartenwerk des Geographen Gerhardus Mercator geprägt, das auf dem Titelblatt den Riesen Atlas als Träger des Himmelsgewölbes zeigt.

3) *Anatomie:* der 1. (oberste) Halswirbel bei höheren Wirbeltieren, der den Kopf trägt (wie der Riese Atlas das Himmelsgewölbe).

■ **Ạtlasgebirge** (Atlas), eine Gruppe zusammenhängender Faltengebirgsketten in Nordwestafrika, die sich in der Längsachse über mehr als 2000 km durch Marokko, Algerien und Tunesien erstrecken und im Djebel Toubkal bis 4165 m aufragen. Das Atlasgebirge gliedert sich in Rif-, Mittleren, Hohen, Anti-, Tell- und Saharaatlas. Zwischen Tell- und Saharaatlas liegt das Hochland der Schotts, hauptsächlich Weidegebiet der Nomaden. – Der griechischen Sage nach ist das Atlasgebirge der versteinerte Riese Atlas.

■ **Atmosphä̱re** [griech.] *die,* die gasförmige Hülle eines Himmelskörpers, die durch seine Schwerkraft festgehalten wird, speziell die Lufthülle der Erde **(Erdatmosphäre)**. Die Atmosphäre der Erde besteht bei völlig trockener Luft zu 78,09% aus Stickstoff, zu 20,95% aus Sauerstoff, zu 0,93% aus Argon und zu 0,03% aus Kohlendioxid sowie Spuren von Edelgasen. Sie enthält einen stark schwankenden Anteil Wasserdampf und außerdem Staub, Meeressalzteilchen und Industrieabgase. In 20 bis 25 km Höhe ist →Ozon angereichert, das aus dem Luftsauerstoff durch die Einwirkung der Ultraviolettstrahlung der Sonne entsteht.

Atomistik

Die Erfindung der Atome im alten Griechenland war gleichsam ein raffinierter Trick, um die philosophisch geforderte Beständigkeit der Welt mit den überall wahrnehmbaren Veränderungen zu vereinbaren: Die Atome selbst – aus denen als kleinsten Teilchen die Welt bestehen sollte und denen keine anderen Qualitäten zukommen sollten als Größe, Form und Bewegung – sollten unteilbar sein und sich immer gleich bleiben, die Verschiedenheit und Wandelbarkeit der Dinge aber sollte auf der Mischung, Anordnung und Bewegung eben dieser Atome beruhen.

Diese antike *Hypothese* steht in markantem Gegensatz zum tatsächlichen und widerspruchsfreien *Nachweis* von Atomen durch die moderne Physik. Als endgültiger und unwiderlegbarer Existenzbeweis gilt die Erklärung der brownschen Bewegung auf der Grundlage der kinetischen Gastheorie zu Beginn des 19. Jahrhunderts.

Seither hat die Atomphysik nicht nur Atome als einzelne Teilchen nachgewiesen, sondern auch deren Eigenschaften bis in feinste Details untersucht. Sie konnte zeigen, dass die Atome *nicht* unteilbar sind und aus welchen Bestandteilen sie bestehen. Auf den Erkenntnissen der Atomphysik beruht ein weiter Bereich der heutigen Technik, insbesondere auch auf den Gebieten der Informations- und Kommunikationstechnologien.

▶ Eine Folge der brownschen Bewegung ist beispielsweise die Irrfahrt eines Pollenkorns auf einer Wasseroberfläche; wenn man das Beobachtungsfeld eines Mikroskops in Planungsquadrate einteilt und mit gleich bleibenden Zeitabständen registriert, in welchem Quadrat das Korn sich jeweils befindet, erhält man ein Muster wie das hier gezeigte:

Die Atmosphäre der Erde untergliedert man:
1. in die an den Polen bis in etwa 8 km, am Äquator bis in 18 km Höhe reichende **Troposphäre,** in der sich die Wettererscheinungen abspielen. In ihr nimmt die Temperatur bis auf –50 °C an der Obergrenze ab;
2. in die **Stratosphäre,** eine fast feuchtigkeitsfreie Übergangsschicht, die bis 50 km hoch reicht und an deren oberer Grenze die Temperatur auf etwa 0 °C ansteigt;
3. in die **Mesosphäre,** die bis in 80 km Höhe reicht und in der die Temperatur wieder bis auf –80 °C abnimmt. In dieser Schicht erfolgt das Aufleuchten der Meteore (Sternschnuppen);
4. in die **Thermosphäre,** die von etwa 80 bis 500 km Höhe reicht und in der Temperaturen bis über 1 000 °C auftreten. Die dann folgende **Exosphäre** bildet den Übergang zum interplanetaren Raum.

In Bezug auf die Ionisierung (Bildung von →Ionen) wird die Atmosphäre unterteilt in **Neutrosphäre** (bis 50 km) und **Ionosphäre.** An der Ionosphäre werden die Radiowellen (Kurzwellen) reflektiert, sodass ein weltweiter Kurzwellenempfang möglich ist.

■ **Atmosphäre,** die gesetzlich nicht mehr zugelassenen Einheiten des →Druckes (physikalische Atmosphäre [atm] und technische Atmosphäre [at, atü]), die durch die Einheiten →Pascal und →Bar ersetzt wurden.

■ **Atmung,** ein Vorgang, durch den fast alle Lebewesen Energie gewinnen. Bei der **äußeren Atmung** nimmt der Organismus durch die Haut oder besondere Atmungsorgane (z. B. →Lungen, →Kiemen) Sauerstoff auf und gibt Kohlendioxid ab (Gasaustausch).

Die **innere Atmung** (Zellatmung) ist ein Stoffwechselprozess in den →Mitochondrien, bei dem mithilfe von Enzymen unter Verbrauch von Sauerstoff Proteine, Fette und Kohlenhydrate zu Wasser und Kohlendioxid abgebaut werden. Die dabei gewonnene Energie wird in energiereichen Molekülen (Adenosintriphosphat, ATP) gespeichert und bei Bedarf (z. B. Muskelarbeit) verbraucht. Eine andere Form der Atmung ist die sauerstofflose (anaerobe) Atmung z. B. bei Bakterien; dabei wird anstatt des Sauerstoffs z. B. Schwefel, Eisen oder Nitrat zum Energiegewinn aufgenommen.

■ **Ätna** *der,* der mit 3 369 m höchste Vulkan Europas, an der Ostküste Siziliens gelegen. Bei Ausbrüchen quillt die Lava meist aus zahlreichen Nebenkratern und Spalten. In geschichtlicher Zeit sind mehr als 100 Ausbrüche bekannt, teilweise mit verheerenden Folgen; die letzten größeren Ausbrüche fanden 1991/92 und 2001 statt.

■ **Atoll** [engl.-malaiisch] *das,* ringförmiges Korallenriff, das eine Lagune umschließt. Atolle entstehen durch die Ansiedlung von Korallen auf dem Grund von Vulkankegeln oder untergetauchten Inseln.

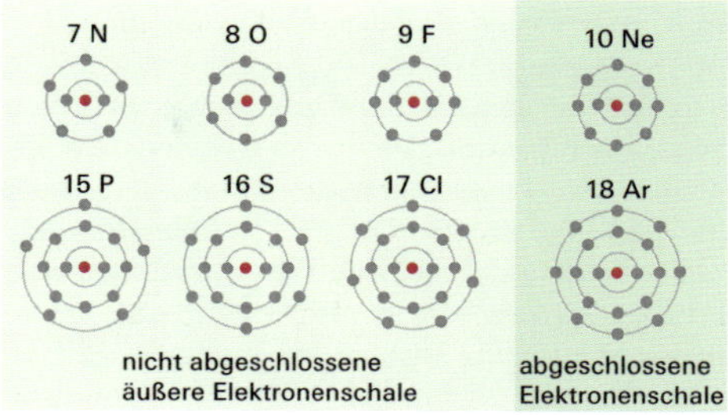

Die Grafik schematisiert die Energieschalen von **Atomen:** die rot gezeichneten Kerne enthalten jeweils ebenso viele Protonen wie die Energieschalen Elektronen (grau); Atome mit abgeschlossenen Schalen sind besonders stabil

■ **Atom** [griech. atomos, = unteilbar] *das,* der jeweils kleinste Teil jedes chemischen Elements, der noch dessen Identität hat. Demnach gibt es mindestens ebenso viele Atomsorten, wie es chemische Elemente gibt. Atome haben bemerkenswerte und für unsere Alltagserfahrung befremdliche Eigenschaften. Eine der wichtigsten ist ihre Kleinheit. Ein Stecknadelkopf enthält etwa 10^{21} (das ist eine Eins mit 21 Nullen) Atome – ein Atom ist also wirklich ungeheuer klein! Das ist der Grund, weswegen Atome nicht mit den physikalischen Theorien beschrieben werden können, die für gewöhnliche, also z. B. sichtbare oder berührbare Dinge gelten, sondern nur mithilfe der verschiedenen Quantentheorien, insbesondere der Quantenmechanik.

Ein Atom besteht aus einem kleinen schweren Kern mit einer positiven elektrischen Ladung und aus einer sehr viel größeren leichten Hülle mit einer ebenso großen negativen Ladung. Die Träger der positiven Ladung des Kerns sind die Protonen, die Träger der negativen Ladung der Hülle die fast 2 000-mal leichteren Elektronen. Die Ladung des Elektrons ist derjenigen des Protons entgegengesetzt, aber exakt gleich groß. Man bezeichnet sie als Elementarladung. Diesen Aufbau der Atome entdeckte Ernest Rutherford bereits 1911. Er stellte fest, dass nahezu die gesamte Masse eines Atoms in dessen Kern enthalten ist (Proton und Neutron sind fast 2 000-mal so schwer wie das Elektron!) und dass das Innere der Atome nahezu leer ist: Der

Durchmesser eines Atoms – beim Wasserstoff etwa 10^{-10} m (ein Zehnmillionstel Millimeter) – ist etwa 10 000-mal so groß wie der seines Kerns. Dieses Größenverhältnis ist etwa so wie das eines großen Stadions zu einem Tischtennisball in seiner Mitte.
Das kleinste und am einfachsten gebaute Atom ist das des →Wasserstoffs: Sein Kern besteht nur aus einem Proton und seine Hülle aus nur einem Elektron. Es verwundert daher nicht, dass die ersten Atommodelle am Wasserstoffatom erprobt wurden. Bereits der Wasserstoff gibt aber einen bemerkenswerten Hinweis: Die meisten chemischen Elemente bestehen aus unterschiedlichen, als Isotope bezeichneten Atomsorten. Die Isotope eines Elements haben alle dieselbe Anzahl an Protonen, aber verschieden viele →Neutronen – es gibt also *mehr* Atomsorten als chemische Elemente!
Nachdem der prinzipielle Aufbau der Atome entdeckt war, erkannte man schnell, dass ihre innere Struktur nicht mithilfe der herkömmlichen physikalischen Begriffe aufgeklärt werden kann. Das ist neben der Kleinheit der eigentliche Grund dafür, dass die Forschung erstens auf Atommodelle angewiesen war und dass sie diese zweitens immer wieder verändern und verbessern musste, bis sie bei dem abstrakt-mathematischen Modell angelangt war, das die Quantentheorien heute zur Verfügung stellen.

Atom: Größenvergleich (Angaben in cm)

Atom	1/100 000 000
rotes Blutkörperchen	1/10 000
Sandkorn	1/100
Floh	1/10
Maus	10
Kind	100

Ein wichtiger Schritt auf diesem Weg war das von Niels Bohr aufgestellte Atommodell mit seinen durch Quantenzahlen ausgezeichneten Bahnen diskreter, wohldefinierter Energie, auf denen die Elektronen strahlungslos umlaufen, solange sie nicht in Quantensprüngen von einer Bahn zur anderen wechseln und dabei elektromagnetische Strahlung in ganz bestimmten Energiequanten aufnehmen oder abgeben. Nach der klassischen Physik müssten die Elektronen ganz im Gegensatz hierzu auf solchen Bahnen andauernd elektromagnetische Energie abstrahlen und deswegen schließlich auf den Kern abstürzen. Das von Bohr entwickelte Bild der »alten Quantentheorie«, nach dem ein Atom einem Planetensystem ähnelt, wird auch heute noch oft

Die Kristallstruktur des Wolframs ist mithilfe eines Feldionenmikroskops dargestellt; dieses Mikroskop ermöglicht Auflösungen bis in den atomaren Bereich; die Strukturen der Kristalle beruhen auf den räumlichen und elektronischen Eigenschaften der **Atome** und Moleküle, aus denen sie bestehen

bemüht, obwohl es in einem wichtigen Punkt grundsätzlich falsch ist: Es gibt in Atomen und Systemen oder Teilchen ähnlicher Größe keine Bahnen und insbesondere keine planetenähnlichen Bahnen (Orbits) oder Systeme.
Die Quantenmechanik hat die gleichzeitige Angabe eines bestimmten Orts und einer bestimmten Geschwindigkeit für ein Elektron im Atom durch Wahrscheinlichkeiten für diese ersetzt und ist dadurch zu einer bis in feinste Details zutreffenden Beschreibung der Atome und atomarer Vorgänge gelangt. In diesem Sinn wurde der Begriff des Orbits durch den des Orbitals ersetzt, das man etwa als eine bestimmte räumliche Verteilung beschreiben kann, in der sich nach dem Pauli-Prinzip jeweils höchstens zwei Elektronen aufhalten können, die entgegengesetzten Spin haben. Solche zwei Elektronen befinden sich in einem durch Quantenzahlen bestimmten Zustand diskreter Energie. Mehrere Elektronen gleicher oder nahezu gleicher Energie bilden in den Atomen Energieschalen.
Sowohl der Spin des Elektrons als auch das mit diesem eng verbundene Pauli-Prinzip sind quantenmechanische Phänomene, für die es in der Welt der großen Dinge keine genaue Entsprechung gibt. Man kann den Spin der Elementarteilchen näherungsweise als deren Eigendrehimpuls bezeichnen. Das Pauli-Prinzip ist – in Verbindung mit der Aus-

bildung der jeweiligen Orbitale – der Grund dafür, dass sich die chemischen Elemente nach ihren Eigenschaften periodisch ordnen lassen (→Periodensystem der chemischen Elemente). Wenn man die Atome entsprechend den Regeln der Quantenmechanik in Gedanken schrittweise durch Hinzufügen je eines Protons und Elektrons nacheinander aufbaut, stellt man fest, dass die Elektronen in bestimmten Perioden »abgeschlossene Schalen« bilden. Wenn die inneren Schalen der Atome abgeschlossen sind, was gewöhnlich der Fall ist, sind sie für deren Eigenschaften nur von untergeordneter Bedeutung. Maßgeblich sind die äußeren Schalen mit den zugehörigen Orbitalen.

Wie die Elektronenhüllen haben auch die Kerne der Atome eine Struktur. Die für die Atomkerne maßgeblichen Übergangsenergien sind tausend bis Millionen Mal größer als die in der Hülle. Daher spielt für Vorgänge in der Hülle die innere Struktur des Kerns nahezu keine Rolle, einfach deswegen, weil die in der Hülle vorhandenen oder umgesetzten Energien zu klein sind. Auf dieser Tatsache beruht die Einteilung der Physik des Atoms in die Atomphysik (Physik der Hülle) und die Kernphysik. Aus diesem Grund ist die Atombombe eine Kernwaffe, die Atomenergie die Kernenergie und der Atomkrieg ein Krieg mit Kernwaffen. Dagegen bleibt die Atomuhr eine Atomuhr, weil sie auf dem Prinzip der Maser und Laser beruht, die Eigenschaften der Elektronenhüllen ausnützen.

Historische Entwicklung des Atombegriffs: Nur scheinbar hat ein Ding eine Farbe, nur scheinbar ist es süß oder bitter; in Wirklichkeit gibt es nur Atome und den leeren Raum, lehrte der griechische Philosoph Demokrit vor 2400 Jahren, und er glaubte, dass die Atome so klein seien, dass niemand sie sehen könne.

Nach diesem antiken Atomisten und seinen klassischen Nachfolgern, über Epikur bis zu Lukrez, dauerte es lange, bis die Atomhypothese in der Neuzeit ernsthaft wieder aufgegriffen wurde. Von besonderer Bedeutung war dabei, dass auch Isaac Newton, der Begründer der modernen Naturwissenschaft, zu ihren Verfechtern gehörte. Konkrete Fortschritte machte sie zuerst in der Chemie gegen Ende des 18. Jahrh. und dann gegen Ende des 19. Jahrh. mit der kinetischen Gastheorie in der Physik. Die letzten Zweifel an deren Behauptung, dass Gase aus Atomen (oder Molekülen) bestehen, dass Atome und Moleküle also wirklich existieren, wurden erst zu Beginn des 20. Jahrh. mit der Erklärung der »brownschen Bewegung« ausgeräumt, einer regellosen Zitterbewegung mikroskopisch kleiner Teilchen in Flüssigkeiten und Gasen (Albert Einstein 1905, Marian von Smoluchowski 1906, Jean Baptiste Perrin 1908). Das Hauptinteresse galt dann der Frage nach dem innern Aufbau des Atoms. Wichtige Marksteine auf dem Weg zu dessen Aufklärung waren das Kernmodell des Atoms von Ernest Rutherford 1911, das Schalenmodell des Atoms von Niels Bohr 1913 und schließlich die Grundlegung der Quantenmechanik durch Werner Heisenberg 1925 und Erwin Schrödinger 1926.

■ **atomare Masseneinheit,** Einheitenzeichen **u** (von engl. unit = Einheit), die gesetzliche Einheit für die Angabe von Teilchenmassen, der zwölfte Teil der Masse eines Atoms des Kohlenstoffisotops ^{12}C:

$$1\ \mathrm{u} = 1{,}661 \times 10^{-24}\ \mathrm{g}.$$

■ **Atombombe** →Kernwaffen.

■ **Atomenergie** →Kernenergie.

■ **Atomgewicht,** veraltet für →Atommasse.

■ **Atomkraftwerk** →Kernreaktor.

■ **Atommasse 1)** (absolute Atommasse), die Masse eines Atoms in Gramm (g) oder in der atomaren Masseneinheit (u). Bei Angabe in u ist ihr Zahlenwert gleich der relativen Atommasse.
2) (relative Atommasse), eine Zahl, die angibt, wievielmal die Masse eines Atoms größer ist als ein Zwölftel der Masse des Kohlenstoffisotops.

■ **Atommüll,** umgangssprachliche Bezeichnung für radioaktive Abfälle, die bei der Aufbereitung oder Verwendung radioaktiven Materials sowie vor allem bei der Wiederaufarbeitung ausgedienter Brennelemente von Kernreaktoren anfallen. – auch →Entsorgung.

■ **Atomuhr,** eine Apparatur von höchster Präzision zur Zeitbestimmung **(Atomzeit),** die die Eigenschwingungen der Atome als Zeitmaß nutzt. Die Ungenauigkeit einer Atomuhr beträgt weniger als 1 Sekunde in 3 Mio. Jahren.

■ **Atomwaffen** →Kernwaffen.

■ **Atomwaffensperrvertrag** →Kernwaffensperrvertrag.

■ **atonale Musik,** Musik, die nicht mehr auf dem Prinzip der →Tonalität beruht. Entwicklungen der atonalen Musik sind die →Zwölftontechnik und die →serielle Musik.

■ **Atrium** [griech.] *das,* der offene Hauptraum des römischen Wohnhauses mit einem Becken zum Auffangen des Regenwassers. Auch den Säulenhof des römischen Tempels sowie später den Säulenvorhof der →Basilika bezeichnet man als Atrium.

■ **Attaché** [...sche; frz.] *der,* Rangbezeichnung für die Eingangsstufe im diplomatischen Dienst so-

Auberginen an der blühenden Pflanze mit großen, schildförmigen Blättern

wie für Diplomaten, denen besondere Aufgaben zugeordnet sind (z. B. Militär, Handel, Kultur, Presse).

■ **Attentat** [lat.-frz.] *das,* politisch motivierter Anschlag auf das Leben eines Menschen, besonders auf Personen des öffentlichen Lebens.

■ **Attika,** Halbinsel im Südosten Griechenlands mit Athen als Hauptort. Sie besteht aus wasserarmen, kahlen Kalkgebirgen und fruchtbaren Ebenen, in denen Wein und Ölbäume gedeihen. An den Küsten herrscht starker Fremdenverkehr.

■ **Attila,** König der Hunnen (seit 434), †453. Mittelpunkt seines weiten Reiches war die Donauebene im Bereich der heutigen Staaten Ungarn und Rumänien. Von dort brach er mehrfach zu Eroberungszügen durch Europa auf. 451 drang Attila über den Rhein vor und wurde auf den Katalaunischen Feldern (zwischen Metz und Troyes) von dem weströmischen Feldherrn Aetius geschlagen. 452 brach er einen erfolgreich begonnenen Zug gegen Italien ab. Nach seinem Tod (seiner Ermordung?) zerfiel sein Reich schnell, doch die Erinnerung an ihn lebte in vielen Sagen und Liedern fort. Im »Nibelungenlied« ist er der König **Etzel,** der die Burgunden vernichtet.

■ **Attrappe** [frz.] *die,* die täuschende Nachbildung eines Gegenstandes oder Lebewesens, z. B. zu Werbezwecken oder für die Jagd.

■ **Attribut** [lat.] *das,* Beifügung, die ein Substantiv, Adjektiv oder Adverb näher bestimmt. Für das Substantiv kann das Attribut ein Adjektiv sein (der *grüne* Wald), ein Begleiter des Substantivs (*unser* Wald), ein Substantiv im Genitiv (der Wald *unserer Gemeinde*), ein Gefüge aus Verhältniswort und Substantiv (ein Wald *zur Erholung*), ein Adverb (der Wald *dort*) oder ein Infinitiv mit »zu« (die Kunst *zu schweigen*). Für das Adverb kann das Attribut ein weiteres Adverb sein (er besucht uns *sehr* oft), ein ungebeugtes Adjektiv (er sitzt *weit* hinten), ein Substantiv mit »als« oder »wie« (Schweigen wirkt mehr als *alles Schelten*), ein Akkusativ (er lebte *zehn Jahre* lang in Frankreich) oder ein Gefüge aus Verhältniswort und Substantiv (dort *am Hang* blüht der Ginster). – auch → Apposition, → Satz.

■ **Aubergine** [oberschin^{e}; frz.] *die* (Eierfrucht), meist violette, manchmal auch weißliche, bis 1 kg schwere Frucht eines einjährigen, bis 1 m hohen Nachtschattengewächses. Die Aubergine stammt aus Südostasien und kam im 16. Jahrh. nach Europa. Sie wird geschmort oder in Öl gebacken als Gemüse gegessen.

■ **Audienz** [lat.] *die,* Empfang bei hochgestellten politischen oder kirchlichen Persönlichkeiten.

■ **Auerhuhn,** eine Art der Hühnervögel. Mit bis zu 90 cm Höhe sind sie die größten in Mitteleuropa. Sie leben in abgelegenen, unberührten Nadelwaldgebieten der Mittel- und Hochgebirge. Die Auerhühner sind vielerorts ausgerottet.

■ **Auerochse** (Ur), ein im 17. Jahrh. ausgerottetes Wildrind mit bis 80 cm langen, spitzen Hörnern. Die Stiere wurden bis 1,80 m hoch, die Kühe waren um ein Viertel kleiner. Vom Auerochsen stammt unser Hausrind ab.

Die Balz des **Auerhuhns** dauert von März bis Mai; hier ein Hahn in Balzstellung

■ **Auferstehung der Toten,** die religiöse Vorstellung, dass die Menschen am Ende der Welt mit Leib und Seele aus dem Grab auferstehen. Die **Auferstehung Christi,** wie sie im Neuen Testament bezeugt ist, ist die grundlegende Aussage des christlichen Glaubens. Aus dem Glauben daran entstand die christliche Gemeinde.

■ **Aufforderungssatz** →Satz.

■ **Aufklärung,** eine europäische geistige Bewegung des ausgehenden 17. und 18. Jahrhundert. Sie erfasste das gesamte geistige Leben: Philosophie (bedeutendster Vertreter in Deutschland: Immanuel Kant), Politik (Friedrich II., der Große), Erziehung (Johann Heinrich Pestalozzi), Recht und Literatur (Gotthold Ephraim Lessing, Johann Christoph Gottsched).

Der Grundgedanke war: Der Mensch als vernunftbegabtes Wesen darf nur das zur Richtschnur seines Handelns machen, was im logischen Denken und in der Erfahrung seiner Sinne gegründet ist. Die Fähigkeiten des Verstandes können durch Erziehung ausgebildet werden. Aus diesem Menschenbild folgen die Verpflichtung zur Toleranz, die Erklärung der Gleichheit und der natürlichen Rechte aller Menschen und der Glaube an den Fortschritt.

Da die Aufklärung bürgerliche Freiheiten anstrebte, bereitete sie die Französische Revolution und alle folgenden demokratischen Bewegungen vor.

Im Bereich der Wissenschaften glaubten die Aufklärer an die logisch-systematische Erfassbarkeit aller Dinge. Die Literatur war stark von einer lehrhaft-moralisierenden Absicht gekennzeichnet. Die Philosophie der Aufklärung ist in sich nicht einheitlich und steht im Spannungsfeld zwischen →Empirismus (vor allem in England: Thomas Hobbes, John Locke, David Hume) und →Rationalismus (vor allem in Frankreich: René Descartes, Voltaire, Denis Diderot u. a.).

■ **Aufriss,** die Darstellung der Vorder- oder Seitenansicht eines Bauwerks.

■ **Aufsichtsrat,** gesetzlich vorgeschriebenes Organ, das u. a. in Aktiengesellschaften die Geschäftsführung kontrolliert und den Vorstand bestellt. Die Mindestzahl der Mitglieder des Aufsichtsrats beträgt drei. Ein Mitglied des Aufsichtsrats darf nicht gleichzeitig der Geschäftsführung angehören.

■ **Auftrieb,** eine der Gewichtskraft entgegenwirkende Kraft, die ein Körper aufgrund von Druckkräften in einer ihn umgebenden Flüssigkeit oder einem Gas erfährt. Der **statische Auftrieb** eines Körpers in einer Flüssigkeit oder einem Gas ist gleich der Gewichtskraft der von dem Körper verdrängten Flüssigkeits- oder Gasmenge **(archimedisches Prinzip).** Ein Schiff z. B. ist also im Wasser um die Gewichtskraft des verdrängten Wassers leichter als auf dem Trockendock. Ein **dynamischer Auftrieb** entsteht bei bewegten Körpern durch Strömungsunterschiede zwischen Ober- und Unterseite, die einen Druckunterschied hervorrufen, z. B. an den Tragflügeln der Flugzeuge.

■ **Aufwertung,** die Erhöhung des Wertes der inländischen Währung gegenüber ausländischen Währungen (Gegensatz: Abwertung). Sie dient dem Abbau von Exportüberschüssen, da Importgüter billiger und Exportgüter teurer werden.

■ **Aufwind,** eine aufwärts gerichtete Luftströmung, die häufig zu Wolkenbildung führt. Aufwinde entstehen über Gebirgen, die von der Sonne stark aufgeheizt worden sind. Die größten Geschwindigkeiten um 50 m/s treten als turbulenter Aufwind an der Vorderseite von Gewittern auf. – auch →Abwind.

■ **Aufzug, 1)** *Technik:* (Lift, Fahrstuhl), ortsfeste Förderanlage für Personen oder Lasten, deren »Förderkörbe« (meist Kabinen) sich senkrecht oder schräg in Führungsbahnen bewegen. Eine Aufzuganlage besteht aus dem Fahrkorb, der mit Drahtseilen über eine Antriebsscheibe mit einem Gegengewicht verbunden ist. Ein Motor ist an die Antriebsscheibe gekuppelt und wird über die Aufzugsteuerung bedient. An Personenaufzüge werden besondere Anforderungen gestellt (z. B. Notschalter, Fahrschachttüren und Fahrkorbtüren mit Schließkraftbegrenzer). Eine Sonderform ist der **Paternoster,** bei dem mehrere Fahrkörbe (Abstand etwa 4 m) an zwei endlosen Ketten ständig umlaufen. Die vorn offenen Fahrkörbe werden während der Fahrt betreten und verlassen.

2) *Theater:* →Akt 2).

■ **Auge,** ein lichtempfindliches, dem Sehen dienendes Organ. Niedere Tiere (z. B. Regenwürmer) haben nur einzelne lichtempfindliche Zellen in der Haut, mit denen sie hell und dunkel unterscheiden können. Einige Schnecken und Quallen haben **Grubenaugen,** mit denen sie die Richtung des einfallenden Lichts erkennen können. Bei einigen Tintenfischen finden sich **Lochkameraaugen,** mit denen bereits Entfernungssehen möglich ist. Eine veränderte Konstruktion zeigt das **Blasenauge,** das meist auch mit einer Linse versehen ist (bei vielen Schnecken, Ringelwürmern und Hohltieren). Insekten und Krebse haben **Facetten-** oder **Komplexaugen.** Diese bestehen aus vielen zusammengesetzten Einzelaugen, deren Anzahl bei Libellen bis zu 28 000 betragen kann. Dem Sehfeld eines Ein-

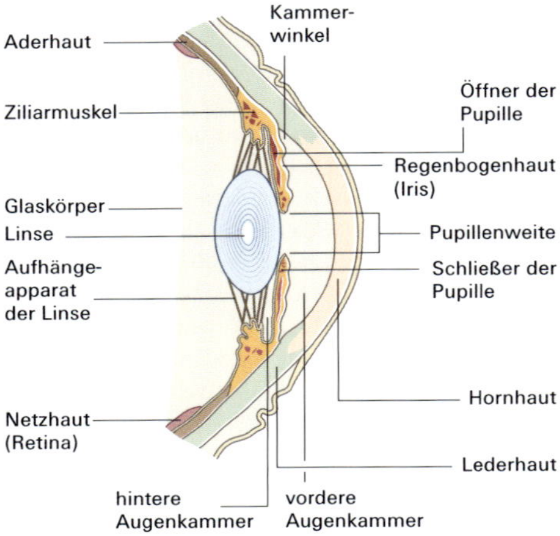

Das Innenleben des menschlichen **Auges**

zelauges entspricht ein Bildpunkt, sodass sich das von einem Facettenauge wahrgenommene Bild mosaikartig aus Bildpunkten zusammensetzt. Insekten können ultraviolettes Licht sehen. Alle Wirbeltiere und die hoch entwickelten Kopffüßer haben **Linsenaugen;** sie sind bei diesen beiden Tiergruppen auf völlig unterschiedlichen Wegen entstanden.

Das Auge des Menschen besteht aus dem Augapfel (Durchmesser etwa 24 mm), der durch Muskeln bewegt werden kann. Als Schutzorgane dienen Augenbrauen, Augenlider mit Wimpern, Tränendrüsen und die Bindehaut. Die runde, schwarze Öffnung inmitten der verschiedenfarbenen, oft braunen, grünlichen oder blauen Regenbogenhaut (Iris) ist die Pupille, hinter der die Linse an Fasern ausgespannt hängt. Ist sie abgeflacht, so ist das Auge auf das Sehen in die Ferne eingestellt. Beim Sehen in die Nähe zieht sich der ringförmige Ziliarmuskel um die Linse zusammen, sodass die Fasern entspannt werden und sich die Linse abkugelt. Durch die Linse werden auftreffende Lichtstrahlen gebrochen. Über Pupille und Regenbogenhaut wölbt sich die durchsichtige Hornhaut, die in die Lederhaut übergeht, die den Augapfel wie eine Kapsel umschließt. Auf jenem Teil der Lederhaut, der dem Weiß des Auges entspricht, liegt die Bindehaut, die sich als Schleimhaut auf der Unterseite der Augenlider fortsetzt.

Den Raum im Augapfel hinter der Linse nimmt der Glaskörper ein, der im Hintergrund des Auges an die Netzhaut (Retina) angrenzt, den eigentlichen lichtempfindlichen Teil des Auges. Die Netzhaut ist aus verschiedenen Zelltypen zusammengesetzt, vor allem den Stäbchen für das Hell-Dunkel-Sehen und den Zapfen für das Farbensehen. Beide Zelltypen enthalten den Sehfarbstoff Rhodopsin. In das Auge eindringendes Licht ruft in den Stäbchen und Zapfen chemische Reaktionen des Rhodopsins hervor, die in elektrische Signale umgewandelt werden. Diese werden über den Sehnerv zum Gehirn weitergeleitet und lösen dort Lichtempfindungen aus. Da die Zapfen weniger lichtempflindlich sind als die Stäbchen, können wir in der Dämmerung keine Farben unterscheiden. Am gelben Fleck, dem Ort des schärfsten Sehens, stehen besonders viele Zapfen. Die Abgangsstelle des Sehnervs in der Netzhaut ist der blinde Fleck. Zwischen der Netzhaut und der Lederhaut liegt die blutgefäßreiche Aderhaut, die vorn in die Regenbogenhaut übergeht.

■ **Augsburg,** Hauptstadt des Regierungsbezirks Schwaben, Bayern, an der Mündung der Wertach in den Lech, mit 255 400 Einwohnern. Die Stadt besitzt eine Universität. Das Stadtbild ist vor allem von Renaissancebauten geprägt.

Augsburg ging aus der unter Kaiser Tiberius gegründeten römischen Stadt **Augusta Vindelicum** hervor. Die günstige Lage an der Handelsstraße nach Italien machte die Stadt seit dem 14. Jahrh. zu einem bevorzugten Handelsplatz, dem die Geschlechter der →Fugger und der →Welser Geltung in ganz Europa verschafften. Im 16. Jahrh. wurden wichtige Reichstage in Augsburg abgehalten.

■ **Augsburger Bekenntnis,** die von Philipp Melanchthon verfasste Bekenntnisschrift der Protestanten, die 1530 auf dem Reichstag zu Augsburg Kaiser Karl V. überreicht wurde. Das Augsburger Bekenntnis umfasst 28 Artikel, in denen die Gemeinsamkeiten mit der katholischen Kirche und die Unterschiede zu ihr dargelegt werden.

1555 wurde im **Augsburger Religionsfrieden** das Augsburger Bekenntnis und damit das Luthertum reichsrechtlich anerkannt. Das Bekenntnis des Landesherrn sollte künftig bestimmend für die Untertanen sein. Es galt der Grundsatz »cuius regio, eius religio« (= wessen das Land, dessen die Religion).

■ **Auguren** [lat.], altrömische Priester, die vor wichtigen Entscheidungen im Staat den Willen der Götter aus bestimmten Zeichen am Himmel (vor allem Beobachtung des Vogelflugs) zu deuten versuchten.

■ **August II., der Starke,** Kurfürst von Sachsen (seit 1694), *Dresden 12. Mai 1670, †Warschau 1. Februar 1733. Er wurde 1697 – nach seinem Übertritt zum Katholizismus – zum König von Polen gewählt. Nach dem Ende des Nordischen Krieges 1709 führte er eine aufwendige Hofhaltung und schmückte seine Residenzstädte Warschau und Dresden mit prachtvollen Bauten.

■ **Augustinus,** Aurelius, bedeutendster Kirchenlehrer des Abendlandes; Heiliger, *Tagaste (Numidien, Nordafrika) 13. November 354, †Hippo Regius (heute Annaba, Algerien) 28. August 430. Er trat nach einem bewegten Leben 387 zum Christentum über und wurde bereits neun Jahre später Bischof von Hippo Regius. Seine autobiografischen »Bekenntnisse« und seine Schriften, vor allem »Über den Gottesstaat«, beeinflussten das religiöse Denken des Mittelalters entscheidend. Die Regel des Augustinus für das →Mönchtum ist die älteste des Abendlandes; sie schreibt Armut, Gehorsam und Verzicht auf die Ehe vor.

■ **Augustus,** ursprünglich Gaius Octavius, nach seiner Adoption Octavianus, der erste römische Kaiser, *Rom 23. September 63 v. Chr., †Nola (bei Neapel) 19. August 14 n. Chr.; Großneffe Cäsars, der ihn adoptierte und als seinen Erben einsetzte. Er bildete nach dem Tod Cäsars mit Marcus Antonius und Marcus Aemilius Lepidus das 2. →Triumvirat. Nach dem Sieg von Aktium über Antonius und der Einnahme Alexandrias (30 v. Chr.) war Augustus der alleinige Machthaber. Der Senat verlieh ihm 27 v. Chr. den Titel »Augustus« (= der Erhabene) und übertrug ihm die Macht über die wichtigsten Provinzen. Augustus bemühte sich um die Festigung des Reiches im Innern und um die politisch-militärische Sicherung nach außen (zum Teil durch neue Eroberungskriege).

Zur Zeit des Augustus stand Rom in wirtschaftlicher und kultureller Blüte; man spricht daher auch vom goldenen (Augusteischen) Zeitalter Roms.

■ **Auktion** →Versteigerung.

■ **Aula** [lat.] *die,* Festsaal in Schulen und Universitäten.

■ **au pair** [opär; frz., = zum gleichen Wert], Arbeitsleistung gegen Wohnung und Kost, gegebenenfalls auch Taschengeld **(Aupairmädchen).**

■ **Aurora,** die römische Göttin der Morgenröte; sie entspricht der griechischen Göttin Eos.

■ **Ausbildungsförderung,** staatliche finanzielle Mittel, die gemäß Bundesausbildungsförderungsgesetz **(BAföG)** von 1971 auf Antrag für den Besuch von allgemein bildenden und weiterführenden Schulen, Fach- und Hochschulen gewährt werden. Die Ausbildungsförderung kann in Zuschüssen oder aus Darlehen bestehen, die von der Vermögens- und Einkommenssituation des Antragstellers und seiner Familie abhängen. – Die Förderung der beruflichen Aus- und Fortbildung sowie der Umschulung richtet sich nach den Bestimmungen des Arbeitsförderungsgesetzes (AFG).

■ **Auschwitz** (polnisch Oświęcim), Stadt in Polen, 50 km westlich von Krakau, mit 46 000 Einwohnern. – Während des Zweiten Weltkriegs befand sich bei Auschwitz eines der berüchtigtsten deutschen Konzentrations- und Vernichtungslager, in dem etwa 1,6 Mio. Menschen, vor allem Juden, aber auch Sinti und Roma umgebracht wurden.

■ **Ausländer,** alle Personen, die eine andere als die Staatsangehörigkeit ihres Aufenthaltsortes besitzen oder staatenlos sind. Ihre Stellung ist in der Bundesrepublik Deutschland vor allem durch das Grundgesetz, das Ausländergesetz von 1965 (ergänzt 1990) und das Asylverfahrensgesetz geregelt. Jeder Ausländer benötigt zum längeren Aufenthalt in Deutschland eine behördliche Aufenthaltserlaubnis, die meist befristet erteilt wird. Nach fünf Jahren kann eine unbefristete Aufenthaltsberechtigung erworben werden, die den Status des Ausländers besser absichert. Ausländische Arbeitnehmer, die nicht aus EU-Staaten stammen, benötigen zusätzlich zur Aufenthaltserlaubnis eine Arbeitserlaubnis. Ausländer können in ihrer politischen Betätigung beschränkt werden und besitzen derzeit kein Wahlrecht. In einigen Städten und Gemeinden können sie beratend an kommunalpolitischen Entscheidungen mitwirken.

Ausländer unterliegen der allgemeinen gesetzlichen Ordnung (mit Ausnahme der Wehrpflicht); sie müssen Steuern und Sozialversicherungsabgaben zahlen. In vielen Bereichen (z. B. Ehe-, Scheidungs- und Erbrecht) gilt für sie das Recht ihres Heimatlandes. Bei groben Verstößen gegen die Belange der Allgemeinheit können sie ausgewiesen und unter Umständen abgeschoben (→Abschiebung) werden.

Mit dem wirtschaftlichen Aufschwung der Bundesrepublik Deutschland in den 1950er-Jahren stieg der Bedarf an Arbeitnehmern so stark an, dass er bald im Inland nicht mehr gedeckt werden. 1955 wurde mit Italien, wo die Arbeitsmarktbedingungen wesentlich schlechter waren, die erste Anwerbevereinbarung getroffen. Solche Vereinbarungen wurden bis 1968 auf sieben weitere Länder ausgedehnt. Der Einsatz dieser damals so genannten **Gastarbeiter,** die vor allem Arbeiten verrichteten, für die deutsche Arbeitnehmer nicht mehr zu gewinnen waren (z. B. schwere körperliche Arbeiten unter ungünstigen Bedingungen, monotone Arbeiten am Fließband oder Hilfsarbeiten), ermöglichte das hohe Wirtschaftswachstum Deutschlands in den 1960er-Jahren.

Seit Anfang der 1990er-Jahre ist eine zunehmend

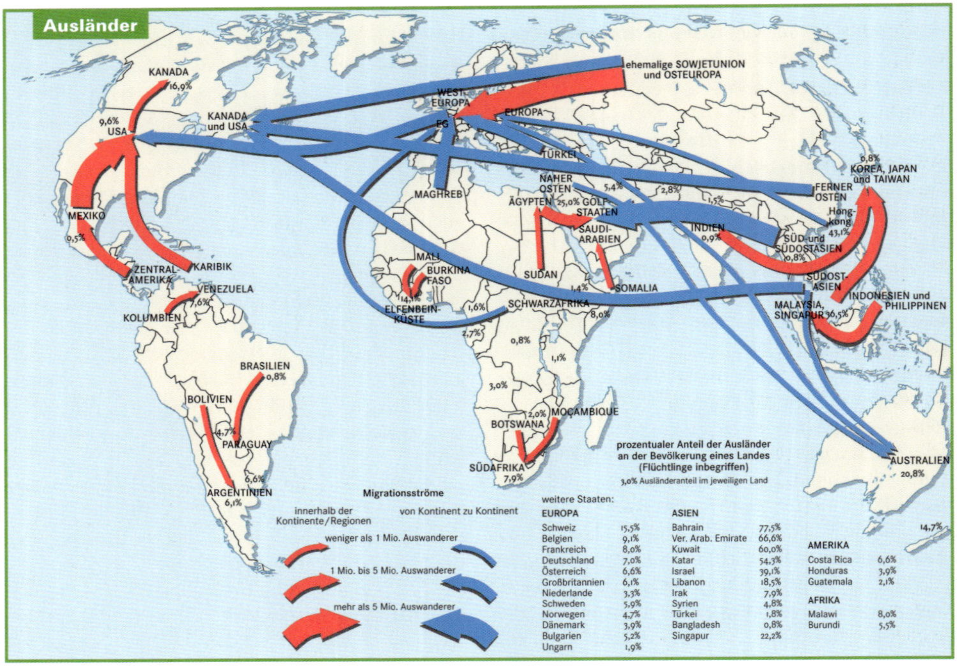

offene Fremdenfeindlichkeit festzustellen, die sich z. B. in Wahlentscheidungen zugunsten rechtsextremer Parteien, deren Programme eine rigide Ausländerpolitik vorsehen, im Zulauf zu militanten, zum Teil nazistisch geprägten Gruppen und in gewalttätigen Übergriffen auf Ausländer äußerte. Betroffen von dieser Fremdenfeindlichkeit sind trotz der rechtlichen Absicherung ihres Status vor allem Asylbewerber und Asylanten, die in ihrer Heimat aufgrund ihrer politischen Überzeugung, ihres Glaubens, ihrer Rasse oder Zugehörigkeit zu einer sozialen Gruppe verfolgt und unterdrückt wurden.

■ **Auslese** → Selektion.

■ **Ausrufesatz** → Satz.

■ **Ausrufezeichen** → Satzzeichen (Übersicht).

■ **Aussagesatz** → Satz.

■ **Aussageweise** (Modus) → Verb.

■ **Aussatz** → Lepra.

■ **Außenhandel** → Handel.

■ **Außenwinkel,** von einer Vieleckseite und der Verlängerung einer benachbarten Seite gebildeter Winkel. Die Summe der Außenwinkel eines Dreiecks, allgemein eines Vielecks, beträgt 360°.

■ **außerirdisches Leben** (extraterrestrisches Leben). Aus naturwissenschaftlichen und philosophischen Überlegungen ist nicht auszuschließen, dass außer dem irdischen Leben auch auf anderen Himmelskörpern Leben entstanden sein könnte. Sehr skeptisch wird von Wissenschaftlern die Annahme von außerirdischer Intelligenz und außerirdischen Zivilisationen diskutiert. Hierzu angestellte Versuche einer Kontaktaufnahme mittels starker Radioteleskope blieben bisher ohne Erfolg. Außerirdische Besucher der Erde kommen vorläufig nur im Bereich der → Science-Fiction vor. – auch → Aliens, → UFO.

■ **außerparlamentarische Opposition,** Abkürzung **APO,** nach 1966 in der Bundesrepublik Deutschland entstandene, vor allem von Studenten und Jugendlichen getragene Protestbewegung, die sich u. a. gegen die Notstandsgesetze und die Pressekonzentration richtete. Die APO wurde von amerikanischen Bewegungen gegen den Vietnamkrieg beeinflusst und verstand sich als Ausgleich für das Fehlen einer wirksamen parlamentarischen Opposition in der Zeit der großen Koalition (1966–69). Sie beschritt nicht den Weg über die politischen Parteien und das Parlament, sondern bediente sich »außerparlamentarischer« Mittel (Demonstrationen, Sit-ins u. a.). Die Bewegung zerfiel in den 1970er-Jahren.

■ **Aussiedler** → Vertriebene.

■ **Aussperrung,** → Streik.

■ **Auster,** 8–10 cm große, 10–15 Jahre alt werdende Muschel in Küstengewässern warmer und mäßig warmer Meere. Sie ist mit der einen ihrer dicken, blättrig-schuppigen Schalenhälften auf grobem sandigem oder steinigem Grund festgeheftet. Austern werden in 1–9 m Tiefe auf so genannten **Austernbänken,** oft in besonders angelegten **Austernparks,** gezüchtet, in Europa hauptsächlich an der französischen, niederländischen und englischen Küste.

■ **Australien,** der kleinste Erdteil, ganz auf der südlichen Halbkugel gelegen und vom Indischen und Pazifischen Ozean umschlossen. Der Kontinent Australien bildet mit der Insel Tasmanien und einigen kleineren Inseln den Bundesstaat **Australischer Bund**, eine parlamentarische Monarchie innerhalb des Commonwealth.

Die *Oberflächengestalt* Australiens lässt eine Dreiteilung erkennen: Der westaustralische Schild, eine Hochfläche mit riesigen Wüsten, umfasst den Westen und die Mitte des Kontinents; die mittelaustralische Senke erstreckt sich vom Carpentaria-Golf im Norden bis zum Mündungsgebiet des Murray im Süden und stellt ein monotones Flussablagerungsgebiet dar, das jedoch in seinem Untergrund mächtige Grundwasserseen besitzt und (durch artesische Brunnen) in den Trockenräumen Weidewirtschaft ermöglicht. Das ostaustralische Bergland schließlich ist ein Schollengebirge, etwa dem Harz oder dem Schwarzwald vergleichbar.

Das *Klima* Australiens ist tropisch und subtropisch; es ähnelt dem des nördlichen Afrika. Trockenzeiten werden durch ein stabiles Passathoch hervorgerufen, das das Landesinnere und den Nordwesten ganzjährig beeinflusst. Niederschläge bringen nur die Südostpassate, jedoch auf die Küstenregion beschränkt. Immer wieder kommt es zu Dürren, die über mehrere Jahre andauern können.

Für die *Vegetation* ist der Eukalyptus charakteristisch, der in über 450 Arten vorkommt. Im Küstenbereich des Nordostens finden sich tropische Regenwälder, in den trockenen Regionen bilden krüppelige Bäume und dornige Büsche den so genannten Scrub.

In der *Tierwelt* belegen über 150 Beuteltierarten (vor allem das Känguru in etwa 50 Arten), Schnabeltiere, Emus und über 300 Arten Papageien die Sonderstellung Australiens. Sonst weit verbreitete Tiergruppen fehlen hier. Wegen des Vorkommens vieler einfacher Tierarten wird Australien auch »Land der lebenden Fossilien« genannt.

Die Mehrheit (96 %) der *Bevölkerung* ist europäischer Abstammung. Die Ureinwohner (→Aborigines) wurden mit der Ansiedlung der Europäer aus den landwirtschaftlich nutzbaren Gebieten verdrängt; viele wurden getötet. Heute stammen von ihnen weniger als 1 % der Bevölkerung ab.

Australien
Fläche 7 682 230 km^2
Einwohner 18,87 Mio.
Hauptstadt Canberra
Amtssprache Englisch
Nationalfeiertag 26. 1.
Währung 1 Austral. Dollar ($A) = 100 Cents (c)
Zeitzone MEZ + 7, $8^1/_2$ und 9 Std.
(von W nach O)

Wirtschaft: Australien besitzt reiche Bodenschätze; es ist einer der größten Exporteure von Eisenerz, Bauxit, Blei, Zink und Nickel. Die Landwirtschaft ist hoch mechanisiert; ausgeführt werden allem Weizen, Wolle, Rind- und Schaffleisch.

Das *Verkehrswesen* ist von den großen Entfernungen und der Konzentration der Bevölkerung in den Küstenräumen des Ostens und Südostens geprägt. Ein Fernstraßenring entlang den Küstengebieten umschließt den Kontinent. Entscheidende Bedeutung hat neben der See- und Küstenschifffahrt der Luftverkehr.

Geschichte: In der Vorzeit bestand eine Landverbindung zwischen Australien und den großen Inseln Indonesiens. Auch Neuguinea und Tasmanien gehörten zum australischen Festland. Durch das Ansteigen des Meeresspiegels nach der Eiszeit wurde Australien von der übrigen Welt abgeschnitten. So entwickelte sich die Kultur der australischen Ureinwohner über Jahrtausende, ohne von außen beeinflusst zu werden.

Die Europäer erreichten Australien im 16. Jahrhundert. 1770 nahm James Cook die Südostküste für Großbritannien in Besitz, ab 1788 wurden Sträflingskolonien eingerichtet. Ab 1793 wanderten auch freie Bürger ein.

Australien

Flagge

Wappen

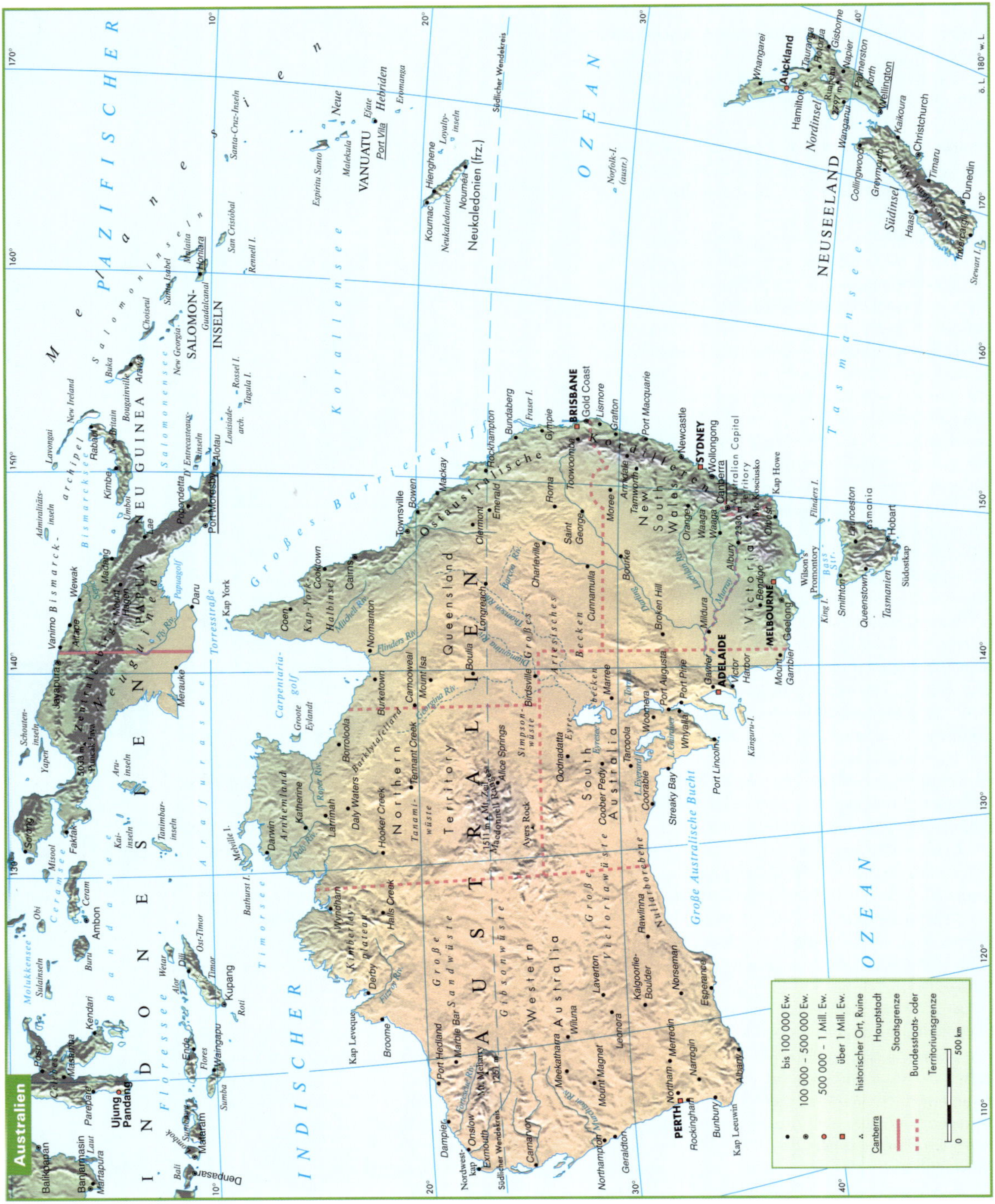
Australien
INDONESIEN
PAPUA-NEUGUINEA
SALOMON-INSELN
VANUATU
Neukaledonien (frz.)
NEUSEELAND
AUSTRALIEN
PAZIFISCHER OZEAN
INDISCHER OZEAN
Korallensee
Tasmansee
Arafurasee
Timorsee
Großes Barriereriff
Große Australische Bucht
Carpentariagolf
Torresstraße
Bass-Str.
Western Australia
Northern Territory
Queensland
South Australia
New South Wales
Victoria
Tasmanien
Australian Capital Territory
Nordinsel
Südinsel
Große Sandwüste
Gibsonwüste
Große Victoriawüste
Simpsonwüste
Tanamiwüste
Nullarborebene
Großes Artesisches Becken
Ostaustralische Kordilleren
Kap-York-Halbinsel
Arnhemland
Kimberleyplateau
Barklytafelland
Macdonnell Ranges
Ayers Rock
Eyresee
Mt. Kosciusko
Südlicher Wendekreis
CANBERRA
SYDNEY
MELBOURNE
BRISBANE
ADELAIDE
PERTH
Darwin
Alice Springs
Port Moresby
Honiara
Port Vila
Nouméa
Wellington
Auckland
Christchurch
Dunedin
Hobart
Launceston
Townsville
Cairns
Newcastle
Wollongong
Geelong
Gold Coast
Kalgoorlie-Boulder
Broken Hill
Mount Isa
Rockhampton
Albany
Bunbury
Geraldton
Port Hedland
Broome
Kap York
Kap Leeuwin
Kap Howe
Nordwestkap
Känguru-I.
Melville I.
Bathurst I.
Groote Eylandt
Flinders I.
King I.
Stewart I.
Norfolk-I. (austr.)
Lord Howe
bis 100 000 Ew.
100 000 - 500 000 Ew.
500 000 - 1 Mill. Ew.
über 1 Mill. Ew.
historischer Ort, Ruine
Canberra Hauptstadt
Staatsgrenze
Bundesstaats- oder Territoriumsgrenze
0 500 km
110° 120° 130° 140° 150° 160° 170° 180° w. L.
10° 20° 30° 40°

Im 19. Jahrh. wurden die Kolonien Neusüdwales, Victoria, Tasmanien, Südaustralien, Queensland und Westaustralien gegründet, die sich 1901 im Australischen Bund zusammenschlossen. 1931 erhielt dieser die Anerkennung als unabhängiger Staat und wurde gleichzeitig Mitglied des Commonwealth. Die endgültige Loslösung vom Mutterland Großbritannien (Staatsoberhaupt ist derzeit noch die britische Königin) und die Ausrufung einer Republik bestehen jedoch nach wie vor als politische Ziele.

■ **Australischer Bund** →Australien.

■ **Auszubildende,** umgangssprachliche Abkürzung **Azubi,** nach dem Berufsbildungsgesetz Bezeichnung für alle in einer zwei- bis dreieinhalbjährigen betrieblichen Ausbildung stehenden Personen (früher: Lehrlinge). Die Ausbildungszeit beginnt meist nach der Schulzeit und umfasst neben der beruflichen Ausbildung im Betrieb den Unterricht in einer Berufsschule. Die Berufsausbildung schließt mit einer Prüfung vor einer Kommission (im Handwerk zum →Gesellen oder Gehilfen) ab. – auch →Berufsausbildungsvertrag.

■ **Autarkie** [griech.] *die,* wirtschaftliche Unabhängigkeit eines Landes durch Selbstversorgung.

■ **authentisch** [griech.], echt; den Tatsachen entsprechend, glaubwürdig.

■ **Autismus** [griech.] *der,* in der Psychiatrie Bezeichnung für die extreme Insichgekehrtheit und Selbstbezogenheit einer Person. Autistische Kinder verschließen sich völlig vor ihrer Umgebung, weigern sich zu sprechen und wiederholen zwanghaft bestimmte Bewegungen; sie leben völlig in ihrer eigenen Vorstellungswelt, die sie mit niemandem teilen können. Ursachen können frühkindliche Schädigungen des Gehirns oder das Aufwachsen in einer sehr gefühlskalten, zuwendungsarmen Umgebung sein.

■ **Auto** →Kraftwagen.

■ **auto...** [griech.], vor Vokalen meist **aut...,** selbst..., eigen...

■ **Autobahnen,** mehrbahnige, kreuzungsfreie Fernstraßen für den Schnellverkehr von Kraftfahrzeugen. Die zwei- oder mehrspurigen Richtungsfahrbahnen sind durch einen mit Leitplanken versehenen Mittelstreifen voneinander getrennt. Es besteht ein generelles Wende-, Halte- und Rückwärtsfahrverbot. In Deutschland dürfen die Autobahnen nur von Fahrzeugen mit einer Mindestgeschwindigkeit von 60 km/h befahren werden; es besteht keine Geschwindigkeitsbegrenzung.
Die erste Autobahn in Europa wurde 1932 zwischen Köln und Bonn eröffnet.

■ **Autobiografie** [griech.] *die,* literarische Darstellung des eigenen Lebens, auch größere Abschnitte daraus.

■ **Autodidakt** [griech.] *der,* jemand, der sich durch Selbstunterricht Wissen oder Fähigkeiten angeeignet hat.

Australien: Verwaltungsgliederung (ohne Außenbesitzungen)

Bundesstaaten und Territorien	Fläche in km²	Ew. in 1 000	Ew. je km²	Hauptstadt
New South Wales	801 600	6 384,3	8,0	Sydney
Victoria	227 600	4 689,8	20,6	Melbourne
Queensland	1 727 200	3 485,2	2,0	Brisbane
South Australia	984 000	1 490,4	1,5	Adelaide
Western Australia	2 525 500	1 847,8	0,7	Perth
Tasmania	67 800	471,1	6,9	Hobart
Northern Territory	1 346 200	191,4	0,1	Darwin
Australian Capital Territory	2 400	308,7	128,6	Canberra
Australien	7 682 300	18 868,7	2,5	Canberra

■ **Autofokussystem,** eine Einrichtung zur automatischen Entfernungseinstellung bei Kameras mithilfe von Mikroprozessoren. Bei so genannten passiven Systemen wird das vom Objekt ausgehende Licht aufgefangen und ausgewertet. Bei akti-

Australien: Entdeckung und Erforschung

1601	Der Portugiese G. de Eredia landet an der australischen Nordwestküste
1606	W. Jansz(oon) erreicht Australien am Carpentariagolf; L. V. de Torres durchfährt die später nach ihm benannte Meeresstraße
1616	D. Hartog landet an der Westküste
1642	A. J. Tasman entdeckt Van Diemen's Land (Tasmanien); auf einer zweiten Reise (1644) erkundet er die Nordküste
1770	J. Cook gelangt an die Ostküste, überwindet das Große Barriereriff und passiert die Torresstraße
1788	Beginn der britischen Besiedlung durch Gründung einer Sträflingskolonie beim heutigen Sydney
1795–1803	M. Flinders erforscht die Südküste (der ihn begleitende G. Bass entdeckt 1798 die nach ihm benannte Meeresstraße); 1814 schlägt Flinders den Namen Australien vor (zuvor Neuholland)
1813	G. Blaxland, W. Lawson und W. C. Wentworth leiten die Erforschung des Landesinnern ein
1828–30	C. Sturt erkundet den Darling und den Murray
1839–41	E. J. Eyre entdeckt den Torrens- und den Eyresee
1844/45	L. Leichhardt durchquert Australien von der Moreton Bay (Ostküste) bis zum Van-Diemen-Golf (Arnhemland)
1860/61	Erste Durchquerung von Süd (Melbourne) nach Nord (Carpentariagolf) durch R. O'Hara Burke
1873–76	P. E. Warburton, die Brüder J. und A. Forrest und E. Giles durchziehen West- und Nordwestaustralien
1891	D. Lindsay erforscht die westaustralischen Wüsten

ven Systemen werden elektromagnetische Wellen oder Ultraschallimpulse zum Objekt geschickt und das reflektierte Signal aufgefangen. Der Mikroprozessor berechnet die Entfernung und steuert über einen Motor die Einstellung des Objektivs.

■ **Autogramm** [griech.] *das,* der eigenhändig geschriebene Namenszug, besonders einer bekannten Persönlichkeit.

■ **Autokratie** [griech., = Selbstherrschaft] *die,* eine Sonderform der Monarchie, bei der die unumschränkte Staatsgewalt in der Hand des Herrschers **(Autokrator)** liegt. Autokratien waren das Herrschaftssystem des oströmisch-byzantinischen Kaisers, der Absolutismus und die »Selbstherrschaft« der russischen Zaren.

■ **Automat** [griech.] *der,* eine Vorrichtung, die einen Arbeitsablauf selbsttätig entsprechend den eingestellten Werten oder gemäß seiner Programmierung ablaufen lässt. Als Automaten werden zum einen recht einfache Geräte bezeichnet, bei denen z. B. eine Münze Verriegelungen entsperrt (Warenautomat, Spielautomat), andererseits aber auch sehr viel kompliziertere Maschinen wie selbsttätig arbeitende Werkzeugmaschinen und Roboter.

Automat

Münzautomaten gibt es schon seit rund 2000 Jahren. Moderne Münzautomaten arbeiten elektronisch, das heißt, die eingeworfenen Münzen werden mit Leuchtdioden und Photosensoren auf Gewicht, Form und Leitfähigkeit der Zusammensetzung geprüft. Auf diese Weise können sehr viel mehr Münzen als früher und sogar Scheine von einem Automaten angenommen werden. Bei den älteren mechanischen Münzautomaten wurde im Einwurfschlitz die richtige Größe und Stärke der Münze geprüft. Danach stellte der Automat mithilfe eines Stiftes fest, ob die Münze gelocht war; auf diese Weise konnten z. B. Unterlegscheiben ausgesondert werden. Dann fiel die Münze auf eine Waage. War sie schwer genug, lief sie auf einer Schiene an einem Magneten vorbei, der bestimmte Legierungen verschieden stark verlangsamte. Nur die richtige Münze erhielt die richtige Rutschgeschwindigkeit, sodass sie eine Abweisvorrichtung passieren konnte und im richtigen Winkel in eine Weiche fiel, um in die Annahmerinne zu gelangen. Alle anderen Münzen gelangten in die Rückgaberinne.

■ **Automatisierung,** im engeren Sinn die Umstellung eines manuellen Arbeitsablaufes auf automatischen Betrieb; im weiteren Sinn ein Prozess im Rahmen der →Rationalisierung: Alle Arbeitsprozesse einschließlich der Steuerung und Regelung erfolgen selbsttätig; der Mensch muss weder ständig noch in einem erzwungenen Rhythmus unmittelbar tätig werden.

■ **autonom** [griech.], selbstständig, unabhängig, nach eigenen Gesetzen lebend.

■ **Autonome,** locker organisierte politische Gruppierungen in Deutschland, die eine herrschaftsfreie Gesellschaft anstreben und dafür auch gewalttätige Mittel anwenden.

■ **Autonomie** [griech.] *die,* allgemein das Recht von Einzelnen oder Gruppen, ihre Verhältnisse selbstständig zu regeln.
Im *Völkerrecht* bedeutet Autonomie das Recht eines Staates oder von Teilgebieten eines Staates (vor allem nationale Minderheiten, z. B. Südtirol) auf Selbstbestimmung.

■ **Autopilot** [griech.] *der,* ein Gerätesystem zur selbsttätigen Steuerung von Luftfahrzeugen, das in unbemannten Flugkörpern den Piloten ersetzt oder ihn in Flugzeugen besonders bei Langstreckenflügen entlastet. Ein Autopilot kann vorprogrammiert sein oder seine Anweisungen per Funk erhalten.

■ **Autopsie** [griech.] *die* (Sektion), die Leichenöffnung.

■ **Autorität** [lat.] *die,* das Ansehen, das ein Mensch wegen besonderer Leistungen oder aufgrund von Stellung und Tradition genießt (z. B. die Autorität eines Experten, der Eltern, eines Lehrers). Auch die Person, die dieses Ansehen genießt, nennt man Autorität – Als **autoritär** bezeichnet man ein Verhalten, das weder Kritik noch Widerspruch zulässt.

■ **Autotelefon** →Mobilfunk.

■ **autotroph** →Ernährung.

■ **Avantgarde** [awang...; frz.] *die,* Gruppe von Vorkämpfern (Avantgardisten) für eine Idee oder für eine künstlerische Richtung, besonders in Literatur, Kunst und Musik.

■ **Ave** [lat., = sei gegrüßt], lateinisches Grußwort. **Ave-Maria** [= Gegrüßet seist du, Maria] heißt, nach seinem Anfang, ein katholisches Mariengebet.

■ **Avignon** [awinjong], Stadt in Südfrankreich, an der Rhone gelegen, mit 86 900 Einwohnern. – 1309–76 residierten hier die Päpste (Avignonesisches Exil); aus dieser Zeit stammt der festungsartige Papstpalast. Als Wahrzeichen der Stadt gilt die Brücke (Pont d' Avignon) aus dem 12. Jahrhundert.

■ **Avocado** [spanisch] *die,* eine tropische, birnenförmige, dunkelgrüne Frucht mit ölhaltigem, nussartig schmeckendem Fleisch. Avocados werden vor allem in Kalifornien, Südafrika und Israel angebaut.

■ **AWACS** [engl. e^{iu}äks], Abkürzung für Airborne early warning and control system, luftgestütztes (fliegendes) Frühwarn- und Einsatzführungssystem der NATO. Jedes der mit einem großen Radarschirm ausgerüsteten Flugzeuge kann einen Umkreis von rund 500 km Durchmesser überwachen.

■ **Awaren** (Avaren), asiatisches Reitervolk, das im 6. Jahrh. von den Türken aus den Steppen östlich der Wolga verdrängt wurde und um 570 im Donauraum ein ausgedehntes Reich begründete. Ihr Vordringen auf dem Balkan bedrohte zeitweise Byzanz. Die Awaren wurden erst von Karl dem Großen endgültig besiegt.

■ **Axiom** [griech.] *das,* in Philosophie und Mathematik ein Grundsatz, der nicht von anderen Sätzen abgeleitet ist und daher nicht bewiesen werden kann. Da Axiome jedoch unmittelbar einleuchten, müssen sie auch nicht weiter begründet werden, z. B. »Das Ganze ist größer als einer seiner Teile« oder das Parallelenaxiom von Euklid (→Geometrie).

■ **Ayatollah** [persisch, = Zeichen Gottes] (Ajatollah), im schiitischen Zweig des Islam in Iran Ehrentitel führender Geistlicher und Religionsgelehrter. Der Ranghöchste unter ihnen wird als **Ayatollah al-usma** (»größtes Wunderzeichen Gottes«) bezeichnet.

■ **Ayers Rock** [e^{ie}s ...] (in der Sprache der Aborigines Uluru), einer der größten Inselberge der Erde, im Südwesten des australischen Nordterritoriums. Er besteht aus rotem Sandstein, hat einen Umfang von 9 km und ragt rund 350 m über die Ebene auf.

Der Ayers Rock ist ein mythischer Ort der Ureinwohner (Aborigines) Australiens, mit Felsbildern und heiligen Stätten. Er gehört zum UNESCO-Welterbe.

■ **Azoren,** portugiesische Inselgruppe im Atlantischen Ozean. Die neun größeren Inseln sind bewohnt: Santa Maria und São Miguel (die größte Insel) im Osten, Faial, São Jorge, Terceira, Graciosa und Pico in der Mitte sowie Corvo und Flores im Westen. Die Azoren sind 2 247 km^2 groß und haben 236 700 Einwohner; sie sind vulkanischen Ursprungs und erreichen auf der Insel Pico 2 345 m Höhe. Das milde Klima begünstigt den Anbau von Obst, Mais und Weizen. Wirtschaftlicher Hauptzweig ist die Rinderzucht. Wachsende Bedeutung kommt dem Fremdenverkehr zu.

Die Steinskulptur stellt eine Wasser- und Fruchtbarkeitsgöttin der **Azteken** dar

■ **Azteken,** Indianervolk (Eigenname: Mexica), das zur Zeit der spanischen Eroberung im 16. Jahrh. weite Teile Mexikos beherrschte. Die Azteken waren im 13. Jahrh. in das Hochbecken von Mexiko eingewandert. Ihre Hauptstadt war Tenochtitlán, auf deren Ruinen später die Stadt Mexiko erbaut wurde. An der Spitze der Gesellschaft stand ein nahezu absolut regierender Herrscher. Die Stadtkultur der Azteken übernahm Errungenschaften älterer Völker (z. B. Tempelanlagen); ihr eigener Beitrag bestand vor allem in der straffen politischen Organisation, im künstlerischen Bereich in der hochrangigen Steinskulptur. Das Reich der Azteken wurde von den Spaniern unter Hernán Cortés zerstört (1519–21).

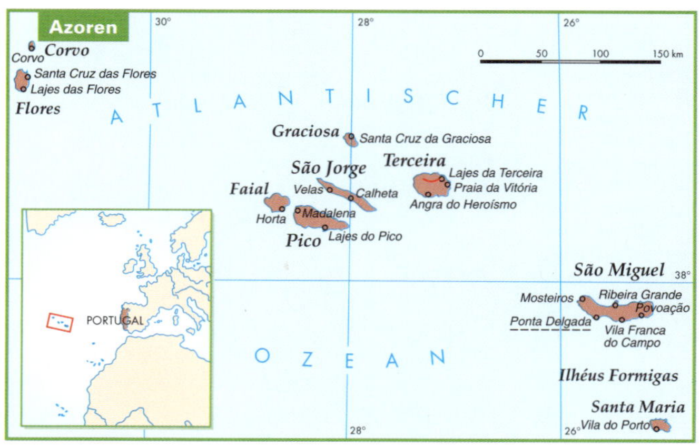

B

B, 1) der zweite Buchstabe des deutschen Alphabets, ein Konsonant. Er entspricht dem griechischen Buchstaben →Beta.
2) *Musik:* der Halbton über A, die durch ♭-Vorzeichen erniedrigte 7. Stufe der C-Dur-Tonleiter.

Baal [hebräisch, = Herr], der oft als Stier oder in Menschengestalt dargestellte semitische Wetter-, Fruchtbarkeits- und Himmelsgott.

Babylon, Ruinenstadt in →Mesopotamien (heute Irak), beiderseits des Euphrat gelegen. Babylon war die Hauptstadt Babyloniens. Die Anfänge der Stadt liegen im ausgehenden 3. Jahrtausend v. Chr. Unter →Hammurapi wurde Babylon Mittelpunkt der altorientalischen Kultur. Ihre Blütezeit erlebte die Stadt im Neubabylonischen Reich, vor allem unter Nebukadnezar II. (605–562 v. Chr.). Aus dieser Zeit stammt das Ischtartor in der nördlichen Stadtmauer. Die Stadt, die 539 von den Persern erobert wurde und bis etwa 1000 n. Chr. bewohnt war, wurde 1899–1917 teilweise ausgegraben.
Der **Babylonische Turm** (»Turmbau zu Babel«) der Bibel war wohl ein Tempelturm (Stufentempel) in Babylon, der bis in den Himmel gebaut werden sollte und dessen Fertigstellung Gott dadurch verhinderte, dass er den Arbeitern unterschiedliche Sprachen in den Mund legte **(babylonische Sprachverwirrung).** – In Babylon soll es auch die »Hängenden Gärten der Semiramis« gegeben haben, eines der →sieben Weltwunder.

Babylonien, geschichtliche Landschaft im heutigen Staat Irak, zwischen den Unterläufen von Euphrat und Tigris (→Mesopotamien).

Bacchus, römischer Gott der Fruchtbarkeit und des Weins; er entspricht dem griechischen Gott →Dionysos.

Bach, Johann Sebastian, deutscher Komponist, *Eisenach 21. März 1685, †Leipzig 28. Juli 1750. Bach entstammte einer Musikerfamilie. Er war Organist in Arnstadt und Mühlhausen (Thüringen) und wurde 1708 herzoglicher Hoforganist und Konzertmeister in Weimar. Aus dieser Zeit stammt ein großer Teil seiner Orgelkompositionen.
1717 ging er als Kapellmeister und Kammermusikdirektor nach Köthen (Anhalt). Hier komponierte er hauptsächlich Orchester-, Kammer- und Klaviermusik, darunter die sechs »Brandenburgischen Konzerte« und den ersten Teil des »Wohltemperierten Klaviers«.
Von 1723 bis zu seinem Tod war Bach Thomaskantor in Leipzig. Die Johannes- und die Matthäuspassion, das Weihnachtsoratorium, die »Hohe Messe in h-Moll« und die insgesamt fünf Jahrgänge Kirchenkantaten sowie die »Goldberg-Variationen« sind die wichtigsten Werke aus dieser Zeit. 1747 folgte er einer Einladung Friedrichs des Großen nach Potsdam. Über ein Thema des Königs komponierte er das »Musikalische Opfer«.
Bach, dessen Söhne zum Teil ebenfalls bedeutende Komponisten waren (Wilhelm Friedemann Bach, 1710–84; Carl Philipp Emanuel Bach, 1714–88; Johann Christoph Friedrich Bach, 1732–95; Johann Christian B., 1735–82), ist der bedeutendste Vertreter des musikalischen Barock in Deutschland und übte einen nachhaltigen Einfluss auf die europäische Musik aus.

Die außergewöhnlich vielseitige Schriftstellerin **Ingeborg Bachmann** arbeitete auch mit dem gleichaltrigen Komponisten Hans Werner Henze zusammen: sie schrieb die Textbücher für dessen Opern »Der Idiot« (1952), »Prinz von Homburg« (1960) und »Der junge Lord« (1965)

Bachmann, Ingeborg, österreichische Dichterin, *Klagenfurt 25. Juni 1926, †Rom 17. Oktober 1973. Sie gehörte zur →Gruppe 47 und schrieb vor allem bilderreiche Gedankenlyrik (Gedichtsamm-

Babylon

Zu einer »babylonischen Sprachverwirrung« kam es auch beim Bau der Pyramide von Cholula im heutigen Mexiko. Sie ist mit ihren 55 m Höhe und einer Grundfläche von 400 m das größte Bauwerk Altmittelamerikas. Alte Quellen berichten, dass die am Bau beteiligten Menschen durch eine Sprachverwirrung in alle Winde zerstreut wurden. Als die Spanier im 16. Jahrh. nach Amerika kamen, gab es dort mehr als 1 000 Sprachen. Inzwischen sind mindestens 600 davon verschwunden.

Bach goes Jazz - Bach goes Pop

Dass Bachs Musik etwas hat, das nicht nur eingefleischte Klassikfreunde fasziniert, haben viele Jazzmusiker des letzten Jahrhunderts gemerkt. Zunächst waren es bestimmte Rhythmen, die sich dem Schlagzeuger in die Stöcke drängten. Diese Rhythmen waren in der Barockmusik immer für ein ganzes Stück bestimmend. Und darin sahen Jazzmusiker eine Verwandtschaft mit Bachs Musik. Bachs Rhythmen hatten »Drive« und man brauchte sie nur ein bisschen synkopisch zu verschieben, um sie jazzig zu machen. Als mit dem Cool Jazz kammermusikalische Besetzungen aufkamen, versuchten Jazzmusiker wie John Lewis mit seinem »modern jazz quartett« die Musiksprache Bachs für einige Stücke (Jazzfuge) zu übernehmen. Wie man Bachs Musik zum Swingen bringt, hat das Trio von Jacques Loussier mit seinem Unternehmen »Play Bach« gezeigt. In den 70er-Jahren landete Walter Carlos mit seiner LP »Switched on Bach« einen Riesenerfolg. Carlos hatte die Musik Bachs Ton für Ton vom Synthesizer auf ein Mehrspurband gespielt und damit Millionen Menschen die aufregende Farbigkeit bachscher Musik gezeigt. Auch die Popmusik hat frühzeitig Bach für sich entdeckt. Die Beatles fügten einem ihrer Songs eine Bachtrompete hinzu und die Gruppe »Procul Harum« erreichte mit bachähnlichen Song »A whiter shade of pale« ihren größten Erfolg. Keith Emerson nahm sich mit seiner Gruppe »The Nice« Bachs 3. Brandenburgisches Konzert vor, um damit seine improvisatorische Virtuosität auf der Hammondorgel zu zeigen. Doch auch den umgekehrten Weg gibt es. Einige Stücke der Beatles wurden zu Barockmusik umgeschrieben: »The Barock Beatles Book«. Dort erscheinen einige Beatlestitel als Chorfuge, Rezitativ oder Arie ganz im Stile bachscher Kantaten.

▶ Dieses Gemälde aus dem Jahr 1747 ist das einzige Bildnis, das von Johann Sebastian Bach existiert; es wurde als Pflichtübung in Auftrag gegeben, weil die Satzung einer musikwissenschaftlichen Sozietät in Leipzig für ihre Mitglieder zwingend ein Porträt vorsah

lung »Die gestundete Zeit«, 1953), Hörspiele (u. a. »Der gute Mann von Manhattan«, 1958) sowie Romane (»Malina«, 1971) und Erzählungen.

■ **Bạchstelze,** ein sperlingsgroßer, schwarzweiß gefärbter Singvogel mit hohen, stelzenartigen Beinen und langem Schwanz, der beim Laufen fortwährend wippt. Die Bachstelze lebt im offenen Gelände, oft am Wasser, und frisst mit Vorliebe Wasserinsekten.

■ **Bạckbord** *das,* in der Seemannssprache die linke Schiffsseite (vom Heck, dem Ende des Schiffes, aus gesehen). Die rechte Seite heißt **Steuerbord.** Backbord trägt rote, Steuerbord grüne Beleuchtung (Positionslampen).

■ **Background** [bạkgraund; engl.] *der,* Hintergrund; geistige Herkunft; Berufs-, Lebenserfahrung.

■ **Bacon** [be̲iken], Francis, englischer Philosoph und Staatsmann, *London 22. Januar 1561, †ebenda 9. April 1626; Wegbereiter des Empirismus. Er forderte eine streng wissenschaftliche Vorgehensweise in der Naturforschung: Erfahrung anstelle von Spekulation. Beobachtung und Experiment waren für ihn Grundlage und Quelle des Wissens. Seine Utopie »Nova Atlantis« schildert einen Zukunftsstaat unter der Herrschaft von wissenschaftlich-technisch orientierten Weisen.

■ **Ba̲den,** historisches Land im Südwesten des Deutschen Reiches (Hauptstadt Karlsruhe), heute der westliche Teil von Baden-Württemberg. Baden umfasst verschiedene Landschaften zwischen Main, Hochrhein und Bodensee. Die bedeutendste Industriestadt ist Mannheim.

Badminton

1872 sah eine Gesellschaft, die der englische Herzog von Beaufort auf seinen Landsitz Badminton in Gloucestershire eingeladen hatte, erstmals das indische Federballspiel »Poona«. Die Geschichte des Federballspiels reicht aber viel weiter zurück: Indische Höhlenzeichnungen bezeugen das Spiel mit befiederten Bällen für die Zeit um Christi Geburt; von den Azteken ist ein Federballspiel mit Lederschlägern überliefert. In europäischen Adelskreisen seit der Renaissance, später auch in bürgerlichen Kreisen waren Federballspiele mit französischen Bezeichnungen wie »Coquantin« (dabei wird auf die bunten Federn des Hahns »coq« angespielt) oder »Jeu volant« (fliegendes Spiel) beliebt.

Die Markgrafschaft Baden entstand im 12. Jahrh. im Gebiet des alten Herzogtums Schwaben. 1806 wurde daraus, nach bedeutendem Gebietszuwachs, das Großherzogtum Baden, das 1918/19 Freistaat wurde. Seit 1952 gehört Baden zu →Baden-Württemberg.

■ **Bạden-Wụrttemberg,** Bundesland in der Bundesrepublik Deutschland, mit 35 752 km^2 und 10,428 Mio. Einwohnern; die Hauptstadt ist Stuttgart. Baden-Württemberg umfasst einen Teil des Oberrheinischen Tieflandes, den Schwarzwald, den Kraichgau und Teile des Odenwaldes, Teile des Alpenvorlandes und das schwäbische Schichtstufenland mit der Schwäbischen Alb. Neben fruchtbaren, landwirtschaftlich genutzten Gebieten und teilweise intensivem Fremdenverkehr ist Baden-Württemberg das am stärksten industrialisierte Bundesland mit Schwerpunkten in den Ballungsräumen Mittlerer Neckar (Stuttgart) und Rhein-Neckar (Mannheim, Heidelberg). Schlüsselindustrien sind Maschinenbau, Elektrotechnik und Fahrzeugbau.
Geschichte: Baden-Württemberg wurde 1952 nach einer Volksabstimmung (1951) aus den Ländern Baden, Württemberg-Baden und Württemberg-Hohenzollern gebildet. Ministerpräsident ist (seit 1991) Erwin Teufel (* 1939, CDU).

■ **Badminton** [bạdmint^{e}n; engl.] *das,* im Freizeitsport unter der Bezeichnung **Federball** bekanntes Rückschlagspiel für zwei Parteien. Ziel ist es, den aus einer leder- oder kunststoffüberzogenen Korkspitze und Naturfedern bestehenden Federball über ein in der Spielfeldmitte gespanntes Netz so in das gegnerische Feld zu schlagen, dass es dem Gegner nicht gelingt, ihn zurückzuschlagen, bevor er den Boden berührt. Als Wettkampfsport wird Badminton in der Halle mit zwei (Einzel) oder vier Spielern (Doppel) betrieben, gespielt wird auf zwei Gewinnsätze bis zu je 15 Punkten, im Dameneinzel bis zu je 11 Punkten.

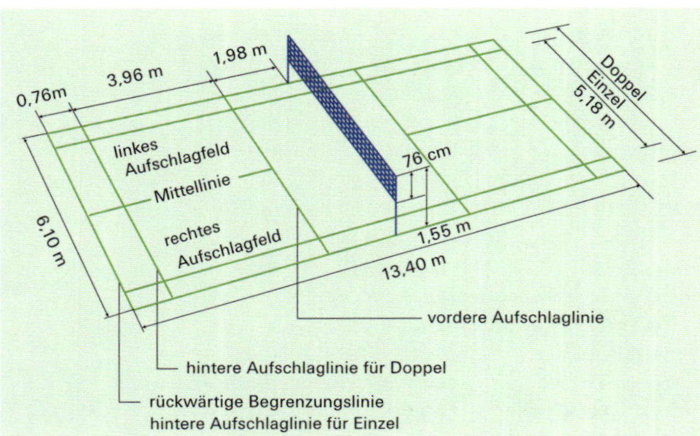

Badminton: Spielfeld

■ **BAföG,** Abkürzung für **B**undes**a**usbildungs**fö**rderungs**g**esetz (→Ausbildungsförderung).

■ **Bạgdad,** Hauptstadt von Irak, im Landesinneren am Tigris gelegen, mit 4,9 Mio. Einwohnern. Die Stadt hat vier Universitäten. – Bagdad wurde 762 als Hauptstadt der Kalifen gegründet und erlebte vom 9. bis zum 11. Jahrh. eine Blütezeit als Hochburg arabischer Kunst und Wissenschaft.

■ **Bahạmas,** Inselstaat im Atlantischen Ozean nördlich von Kuba, eine parlamentarische Monarchie im Commonwealth. Der Staat umfasst die **Bahamainseln**, etwa 700 Inseln, von denen nur 29 bewohnt sind (mehrheitlich von Schwarzen sowie 14 % Mischlingen und 12–15 % Nachkommen von Engländern). Wichtigster Wirtschaftszweig ist der Fremdenverkehr, der durch das milde Tropenklima und die schönen Sandstrände begünstigt wird.
Geschichte: Auf einer Bahamainsel (San Salvador oder Samana Cay) betrat Kolumbus 1492 erstmals amerikanischen Boden. Die Bahamas, seit 1718 britische Kronkolonie, wurden 1973 unabhängig.

■ **Bahrain,** Emirat im Persischen Golf, das 36 Inseln (davon vier bewohnt) umfasst. Die wirtschaftliche Grundlage ist das Erdöl, das hier seit 1932 gefördert wird. Da jedoch wegen der schwindenden Vorräte ein Ende der Förderung absehbar ist, wird die weiterverarbeitende Industrie immer wichtiger. – Bahrain stand bis 1971 unter britischer Schutzherrschaft; seit 1975 ist es eine absolute Monarchie.

■ **Bai** [niederländisch] *die,* Meeresbucht.

Bahamas
Fläche 13 878 km²
Einwohner 284 000
Hauptstadt Nassau (auf New Providence Island)
Amtssprache Englisch
Nationalfeiertag 10. 7.
Währung 1 Bahama-Dollar (B$) = 100 Cents (c)
Zeitzone MEZ – 7 Std.

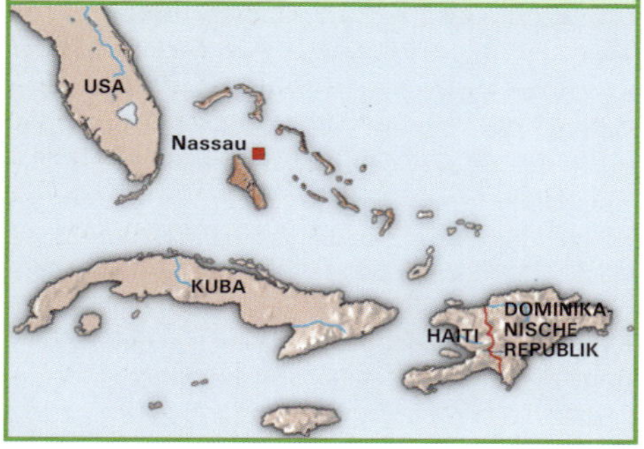

Bahamas

Flagge

Wappen

■ **Baiern** (Bajuwaren), germanischer Stamm, →Bayern (Geschichte).

■ **Baikalsee,** fischreicher Gebirgssee in Südsibirien, mit 31 500 km² fast 60-mal so groß wie der Bodensee. Der 455 m über dem Meer gelegene See ist mit einer Tiefe bis 1 637 m der tiefste Binnensee der Erde und der einzige, in dem Robben vorkommen. Sein Nordufer berührt die sibirische Eisenbahnlinie zum Amur, die 3 145 km lange **Baikal-Amur-Magistrale.**

■ **Baisse** [bäss$^{(e)}$; frz.] *die,* Rückgang der Börsenkurse, meist längere Zeit anhaltend; Gegensatz: Hausse.

■ **Bajonett** [frz.] *das,* ab Mitte des 17. Jahrh. vorn in den Gewehrlauf hineingesteckte oder auf ihn aufgeschobene, 40–50 cm lange, spitz zulaufende Klinge, durch die das Gewehr als Stoßwaffe benutzt werden konnte. Ab der 2. Hälfte des 19. Jahrh. trat an die Stelle des Bajonetts das mit Griff und Parierstange versehene Seitengewehr.

■ **Bajuwaren** →Bayern (Geschichte).

■ **Bake** *die,* ein fest stehendes und weithin sichtbares Orientierungszeichen vor allem für die Seefahrt. Im Straßenverkehr und bei der Eisenbahn nennt man Ankündigungszeichen und Vorsignale Baken, in der Luftfahrt Markierungszeichen, die optische oder Funksignale aussenden, z. B. zur Startbahnbefeuerung.

■ **Bakterien** [griech.], einfach strukturierte, einzellige Mikroorganismen ohne echten Zellkern. Bakterien im engeren Sinne sind die zu den Eubakterien zusammengefasste Gruppe der →Prokaryonten, die sich in wesentlichen biochemischen Merkmalen von den →Archaebakterien unterscheiden. Die Bakterien im engeren Sinne lassen sich grob in stäbchenförmige **Bazillen,** kugelförmige **Kokken** und schraubenzieherartig gewundene **Spirillen** unterteilen. Sie bewohnen fast alle Lebensräume und nutzen viele verschiedene Stoffwechselwege, um ihre Energie zu gewinnen. Bakterien vermehren sich stets durch Querteilung, die meist alle 15 bis 40 Minuten stattfindet. Unter ungünstigen Verhältnissen bilden sie Dauersporen, die sehr beständig gegen Hitze und Trockenheit sind.
Die meisten Bakterien sind Fäulnisbewohner oder Parasiten, die schwere Erkrankungen hervorrufen, z. B. Tuberkulose, Typhus, Lungenentzündung, Cholera und Pest. Viele sind aber auch nützlich für den Menschen, so bei der Verdauung, bei der industriellen Herstellung von Vitaminen und Antibiotika sowie bei der Käsereifung.
Bakterien kommen in riesiger Anzahl vor, z. B. enthält 1 g fruchtbarer Ackerboden über 2,5 Milliarden Bakterien. In 1 ml stark verschmutztem Abwasser leben etwa 1 Mio. Bakterien, in der gleichen Menge Trinkwasser höchstens 100. – Infokasten S. 95

■ **Baku,** Hauptstadt von Aserbaidschan und wichtigster Hafen am Kaspischen Meer, mit 1,7 Mio. Einwohnern. Das Erdöl aus Baku ist wegen seiner hohen Qualität sehr gefragt.

Bahrain
Fläche 694 km²
Einwohner 534 000
Hauptstadt Menama
Amtssprache Arabisch
Nationalfeiertag 16. 12.
Währung 1 Bahrain-Dinar (BD) = 1 000 Fils
Zeitzone MEZ + 3 Std.

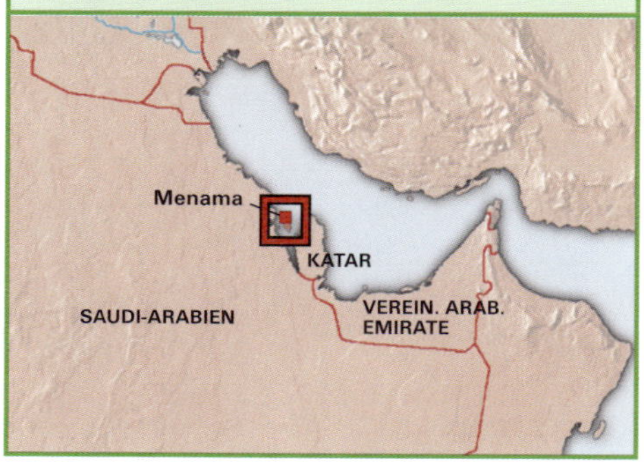

Bahrain

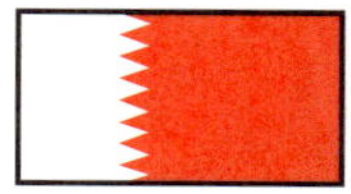

Flagge

Wappen

Balalaika

■ **Balalaika** [russisch] *die,* meist dreisaitiges russisches Volksmusikinstrument mit langem Hals und dreieckigem Schallkörper. Die Balalaika wird mit den Fingern oder dem Plektron angeschlagen.

■ **Baldrian** [mittellateinisch] *der,* bis über 1 m hohe Pflanze feuchter Standorte mit gefiederten Blättern und kleinen, rötlichen Blüten. Aus der Wurzel werden Beruhigungsmittel gewonnen. Baldriantropfen sind Hausmittel gegen Herzklopfen, Kopfschmerzen und Schlaflosigkeit.

■ **Balearen** (spanisch Islas Baleares), spanische Inselgruppe und Provinz im Mittelmeer, mit 4 992 km^2 und 788 000 Einwohnern. Die Balearen bestehen aus den Inseln →Mallorca, Menorca, Ibiza, Formentera und mehreren kleinen, meist unbewohnten Inseln. Hauptort ist Palma de Mallorca. Neben der Fischerei und der Landwirtschaft (Südfrüchte) ist der Fremdenverkehr die wichtigste Einnahmequelle.

■ **Bali,** zu Indonesien gehörende Sundainsel östlich von Java, 5 561 km mit 2,92 Mio. Einwohnern. Die Kultur ist von Hinduismus und Buddhismus geprägt und findet ihren Ausdruck u. a. in reich verzierten Tempeln, Tanzzeremonien und farbenprächtiger Kunst. Wirtschaftlich wichtig ist der Fremdenverkehr.

■ **Balkan** *der,* **1)** Kurzbezeichnung für die →Balkanhalbinsel.

2) waldreiches Faltengebirge in Bulgarien, das der Balkanhalbinsel den Namen gegeben hat. Der höchste Berg ist der Botew (2 376 m).

■ **Balkanhalbinsel** (Balkan), der gebirgige Südostteil Europas südlich von Save und Donau. Während die Küsten am Schwarzen Meer kaum gegliedert sind, greifen im Süden Buchten tief in das Land ein. Mittelmeerklima haben Griechenland und die Küstenbereiche des Adriatischen Meeres. Auf der übrigen Halbinsel herrscht kontinentales Klima. Anteil an der Balkanhalbinsel haben die Republiken des ehemaligen →Jugoslawien sowie Albanien, Griechenland, Bulgarien und die Türkei.

■ **Ballade** [lat.] *die,* ursprünglich ein Tanzlied, dann ein erzählendes, meist gereimtes Strophengedicht, das eine Handlung gedrängt wiedergibt. Ihre Stoffe nimmt die Ballade oft aus Geschichte und Sage. Sie erzählt z. B. von schicksalhaften Begebenheiten (Theodor Fontanes »Archibald Douglas«), von heldenhafter Bewährung (Conrad Ferdinand Meyers »Die Füße im Feuer«) oder von der Übermacht der Natur (Goethes »Erlkönig«).

Eine Sonderform ist die vor allem von Schiller gepflegte Ideenballade, in der durch die Handlung die Macht einer Idee sichtbar wird (z. B. die Idee selbstloser Freundschaft in Schillers »Bürgschaft«). Im 20. Jahrh. behandelt die Ballade auch sozialkritische Stoffe (u. a. Bertolt Brechts »Ballade von der Hanna Cash«).

■ **Ballaststoffe,** in natürlicher Nahrung enthaltene, unverdauliche Bestandteile, die die Darmbewegung anregen. Sie finden sich vor allem in Vollkornprodukten, Obst und Gemüse. Eine an Ballaststoffen arme Nahrung begünstigt Verstopfung und Hämorrhoiden.

■ **Ballett** [von italienisch ballo, = Tanz] *das,* der künstlerische Bühnentanz, auch Bezeichnung für die Gruppe der ausführenden Tänzer sowie das dargebotene Werk. Das Ballett entwickelte sich im

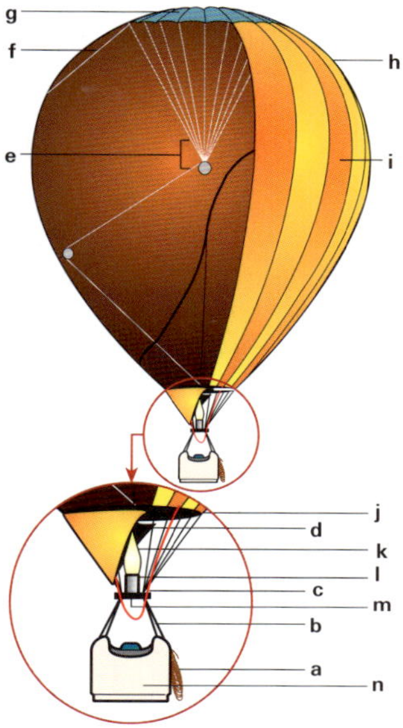

Die Hülle des **Ballons** – hier ein Heißluftballon – ist unten offen; a Korb, b gepolsterte Streben der Brennerplattform, c Ventilleine, d Segel, e Betätigungsleinen, f Zentrierleine, g Parachute, h Ballonhülle, i Stoffbahnen, j Füllöffnung, k Heizflamme, l Brenner, m Brennerplattform, n Schleppseil

15./16. Jahrh. in Italien aus der Schauspielkunst. Es setzt Melodie und Rhythmus in tänzerische Bewegung um und kann eine dramatische Handlung darstellen oder auch ein tänzerisches Spiel ohne jede Handlung sein.

■ **Ballịstik** [griech.] *die,* die Lehre vom Verhalten und von der Bewegung geworfener, geschossener oder durch Rückstoß angetriebener Körper. Wäre kein Luftwiderstand vorhanden, so wäre die Bahn eines Geschosses eine →Parabel (Wurfparabel). Infolge des Luftwiderstandes ergibt sich jedoch eine andere Flugbahn, die man als **ballistische Kurve** bezeichnet.

■ **Ballon** [balọng; frz.] *der,* ein mit Gas (das eine geringere Dichte hat als Luft, z. B. Wasserstoff oder Helium) gefüllter, aus leichtem, festem Material (Baumwolle) gefertigter Flugkörper ohne eigenes Triebwerk, der durch den Auftrieb getragen wird. Der **Fesselballon** ist mit einem Drahtseil am Boden verankert. Der **Freiballon** ist beschränkt steuerbar. Wird Gas abgelassen, sinkt der Ballon, wird Ballast abgeworfen, steigt er, sodass er in eine Höhe gelangt, in der eine Luftströmung gewünschter Richtung herrscht. Heute werden meist **Heißluftballons** verwendet, bei denen durch einen großen Füllansatz die Luftfüllung von einem über dem Korb angebrachten Gasbrenner mehr oder weniger stark erhitzt wird, sodass sich der Auftrieb regeln lässt.

■ **Bạllungsraum** →Agglomeration.

■ **Bạlsa** [spanisch] *das,* das äußerst leichte Holz des südamerikanischen Balsabaums, u. a. im Modellflugzeugbau verwendet.

■ **Bạlsam** [hebräisch] *der,* ein angenehm riechendes Gemisch aus Harzen und ätherischen Ölen, das in vielen Baumarten vorkommt. Balsame werden als Riech- und Heilmittel, auch zu technischen Zwecken verwendet.

■ **Bạltikum** *das,* zusammenfassende Bezeichnung für das Gebiet der Staaten Lettland, Estland und Litauen.

■ **Baltimore** [bå̲ltimo^r], Stadt am Atlantischen Ozean, im Bundesstaat Maryland, USA, mit 736 000 Einwohnern; einer der größten Seehäfen der USA. – Baltimore wurde 1729 gegründet und nach Lord Baltimore, dem Gründer der Kolonie Maryland, benannt.

■ **Bạltischer Ra̲t,** 1990 gegründeter Rat der Staaten Estland, Lettland und Litauen mit dem Ziel politischer und wirtschaftlicher Zusammenarbeit.

■ **Balustra̲de** [frz.] *die,* Brüstung oder Geländer auf kleinen Säulen.

■ **Bạlz** *die,* Paarungswerbung der Vögel, Fische und Reptilien, die mit besonderen Bewegungen und Lauten, vor allem der Männchen, die in der Balzzeit

Bakterien

Die unterschiedlichen Sorten von Bakterien kommen besonders dort vor und vermehren sich, wo die Temperaturen für sie am günstigsten sind. Manche Bakterien bevorzugen mittlere Temperaturen (von 10 °C bis etwa 50 °C, optimal ist für sie die menschliche Körpertemperatur von 37 °C), andere gedeihen am besten bei Kälte (von −7 °C bis etwa −35 °C, optimale Temperatur ist etwa −20 °C). Diese Bakterien kommen vor allem in arktischen Böden und in den Meeren vor. Wärme liebende Bakterien, die sich bei einer Temperatur zwischen 55 °C und 60 °C am wohlsten fühlen, finden sich im Kompost oder in heißen Quellen. Temperaturen von 80/90 °C vernichten alle Bakterien mit Ausnahme der Sporen, die erst unter Druck durch Erhitzen bei Temperaturen von etwa 120 °C abgetötet werden können. Gefriertemperaturen bis −194 °C überstehen die Bakterien im Allgemeinen gut.

auch oft auffallend gefärbte Körperstellen oder Federn aufweisen, verbunden ist. Die Balz wird von Geschlechtshormonen gesteuert, deren Produktion von äußeren Bedingungen wie Tageslänge und Temperatur ausgelöst wird. Die Männchen und Weibchen senden bei der Balz gegenseitig so genannte Schlüsselreize aus, die den natürlichen Aggressionstrieb hemmen und zur Paarungsbereitschaft führen. Die Balz entspricht der →Brunst der Säugetiere.

Noch beim Heranreifen der Bananenfrüchte stehen die großen ampelförmigen Blüten der **Banane** in voller Pracht; das Foto zeigt den aus vielen »Händen« bestehenden Wuchs des Fruchtstandes der Bananenstaude, deren hochwachsende Blätter der Pflanze insgesamt ein palmenähnliches Aussehen verleihen

■ **Balzac** [...sa̩k], Honoré de, französischer Schriftsteller, *Tours 20. Mai 1799, †Paris 18. August 1850. Er unternahm den Versuch, die Gesellschaft seiner Zeit in einer gewaltigen Romanfolge, der »Menschlichen Komödie« (mit über 90 Einzeltiteln), umfassend darzustellen und gilt daher als bedeutender Vertreter des literarischen Realismus.

■ **Ba̩mberg,** Stadt in Oberfranken, Bayern, mit 68 800 Einwohnern. Sie hat eine Universität und in der Altstadt viele bedeutende Baudenkmäler. Die Stadt wird überragt von dem 1237 geweihten spätromanisch-frühgotischen Dom, der neben berühmten Reliefs und Statuen auch ein Reiterstandbild, den **Bamberger Reiter,** birgt.

■ **Ba̩mbus** [malaiisch] *der,* bis etwa 30 m hohe, schnell wachsende Gräser tropischer Länder mit holzigen Halmen. Sie bedecken vor allem Gebiete Südostasiens als undurchdringliche Wälder. Die Halme verwendet man dort u. a. beim Haus- und Brückenbau, zur Möbel- und Instrumentenherstellung. Junge **Bambussprossen** liefern ein beliebtes Gemüse.

■ **Bana̲ne** [portugiesisch] *die,* 3–10 m hohe, baumähnliche Staude der Tropen. Die Früchte (Beerenfrüchte) zahlreicher Arten sind essbar; die Früchte der Kulturformen sind meist samenlos. Ihr traubiger Fruchtstand besteht aus mehreren »Händen« mit bis zu 16 Früchten. Die oberirdische Bananenpflanze stirbt nach der Fruchtreife ab, der sich aus dem Wurzelstock neu entwickelnde Spross kann schon nach neun Monaten wieder fruchten. Die für den Export vorgesehenen Früchte werden grün geerntet, in Kühlschiffen transportiert und dann in Reifungsräumen zur Vollreife gebracht.

■ **Bana̲t** *das,* Landschaft in Nordostserbien, Westrumänien und Ostungarn mit fruchtbaren Feldern in der Ebene und Wäldern sowie Erz- und Kohlenlagerstätten im Bergland. Im Banat wurden im 18. Jahrh. deutsche Kolonisten, die **Banater Schwaben,** angesiedelt.

■ **Ba̩ndkeramik,** mit Bandornamenten, vor allem mit Mäander- und Spiralmustern, verzierte Keramikgefäße der Jungsteinzeit in Mitteleuropa (4500–3500 v. Chr.).

■ **Ba̩ndscheibe,** eine bei den Menschen wie auch bei allen anderen Wirbeltieren zwischen zwei benachbarten Wirbelkörpern liegende, elastische knorpelige Scheibe, die einen weichen, gallertigen Kern hat. Die Bandscheiben dienen als »Stoßdämpfer« und erhöhen die Federung der Wirbelsäule. Bei einem **Bandscheibenvorfall** drängt der gallertartige Kern in den Wirbelkanal und drückt auf die dort verlaufenden Nervenfasern, was zu starken Schmerzen führt.

■ **Ba̩ndwürmer,** wenige Millimeter bis über 15 m lange und bis 2 cm breite, aus Einzelgliedern bestehende Plattwürmer mit kompliziertem Entwicklungskreislauf. Sie leben als darmlose →Parasiten im Darm von Wirbeltieren. Ehe sie fortpflanzungsfähig werden, durchlaufen die meisten Bandwürmer ihre Entwicklung über die Eier, Larve, Finne und dem erwachsenen Tier. Es gibt über 2000 Arten. Einige für den Menschen gefährliche Arten sind: Fisch-, Hunde-, Rinder- und Schweinebandwurm; meist werden sie durch den Genuss von rohem Fleisch übertragen. Mit dem Fuchsbandwurm kann man sich auch durch den Genuss von Waldbeeren infizieren.

■ **Bạngkok,** Hauptstadt und wichtigster Hafen Thailands, am unteren Menam, mit 5,9 Mio. Einwohnern. Die Stadt besitzt mehrere Universitäten sowie prächtige Tempelanlagen, Klöster und Paläste.

Bangladesh
Fläche 147 570 km²
Einwohner 124,043 Mio.
Hauptstadt Dhaka
Amtssprache Bengali
Nationalfeiertage 26. 3. und 16. 12.
Währung 1 Taka (Tk.) = 100 Poisha (ps.)
Zeitzone MEZ + 5 Std.

Bangladesh

Flagge

Wappen

■ **Bangladesh** [...dẹsch], Republik in Südasien, deren Kernland im Mündungsgebiet von Ganges und Brahmaputra liegt. Bangladesh gehört zu den am dichtesten besiedelten Ländern der Erde. Durch die häufigen Überschwemmungen, die auftreten, wenn Monsunregen, Schneeschmelze im Gebirge und tropische Wirbelstürme zeitlich zusammentreffen, wird die Landwirtschaft stark geschädigt und kann die Bevölkerung (hauptsächlich muslimische Bengalen) nicht ernähren.

Geschichte: Bei der Teilung Indiens (1947) kam der mehrheitlich von Muslimen bewohnte Teil Bengalens an Pakistan und bildete als Ostpakistan dessen östliche Staatshälfte. Nach einem mit indischer Hilfe geführten Unabhängigkeitskampf erlangte Bangladesh 1971 die Unabhängigkeit. Seit der Erhebung des Islam zur Staatsreligion (1988) haben fundamentalistische Gruppierungen zunehmend an Einfluss gewonnen.

■ **Bạnjo** [auch bạndscho; amerikanisch] *das,* fünf- bis neunsaitige nordamerikanische Schlaggitarre mit langem Hals. Der Steg liegt auf dem Fell einer Trommel, die als Resonanzkörper dient.

Banjo

■ **Bạnken** (Kreditinstitute), alle Unternehmen, die Bankgeschäfte betreiben. Dazu gehören: die Annahme von fremden Geldern im Einlagengeschäft, die Gewährung von Gelddarlehen und Krediten, der Ankauf von →Wechseln und →Schecks, der Handel mit sowie die Verwahrung und Verwaltung von Wertpapieren und die Abwicklung des bargeldlosen Zahlungsverkehrs.
Das Bankensystem der Bundesrepublik Deutschland besteht aus dem Zentralbanksektor (Deutsche Bundesbank mit den Landeszentralbanken; sie ist kein Kreditinstitut) und den Geschäftsbanken (z. B. Großbanken, Privatbanken, Sparkassen).
Internationale Geldinstitute, z. B. die Bank für Internationalen Zahlungsausgleich (BIZ), der →Internationale Währungsfonds und die →Weltbank, wurden eingerichtet, um den internationalen Zahlungsverkehr zu erleichtern, die Währungsstabilität zu sichern und die Investitionstätigkeit von wirtschaftlich schwachen oder von Krieg oder Naturkatastrophen betroffenen Ländern zu fördern.

■ **Bạnknoten,** von einer Notenbank ausgegebene Geldscheine; sie lauten stets auf einen runden Betrag.

■ **Bankrọtt** [italienisch] *der,* Zahlungsunfähigkeit eines Schuldners gegenüber seinen Gläubigern.

■ **Bạnn, 1)** auf frühen Stufen des Rechtsdenkens das gegen Personen, Orte oder Gegenstände verhängte Gebot des Meidens. Bann gegen Personen ist oft gleichbedeutend mit →Acht oder sozialer Isolierung (Verbannung). Im Mittelalter bezeichnete Bann die königliche Regierungsgewalt, die z. B. den Heerbann umfasste (die Einberufung des Heeres).
2) (Kirchenbann) →Exkommunikation.

■ **Bạnner** [frz.] *das,* Fahne, Feldzeichen; eine Flagge, bei der das Tuch an einer Querstange hängt.

■ **Bạnnmeile** (Bannkreis), Bereich um Parlaments- und Regierungsgebäude sowie um das Bundesverfassungsgericht. Innerhalb der Bannmeile sind öffentliche Versammlungen und Demonstrationen mit Ausnahme von religiösen Veranstaltungen und Volksfesten verboten.

■ **Bạntu,** große Gruppe von Stämmen und Völkern in Mittel- und Südafrika, z. B. Ambo, Herero, Zulu, die Bantusprachen sprechen (etwa 600 Sprachen).

■ **Baptịsten** [griech., = Täufer], Anhänger einer christlichen Freikirche, die Anfang des 17. Jahrh. in England entstanden ist. Sie orientieren sich am Vorbild der christlichen Urgemeinde und lassen sich erst als Erwachsene taufen. Weltweit gibt es mehr als 35 Mio. Baptisten, vor allem in Nordamerika.

■ **Baptisterium** [griech.] *das,* Taufkirche. Besonderer Bau für den Taufgottesdienst, vor allem im frühen Mittelalter. Baptisterien stehen neben der Kirche und sind meist rund oder achteckig.

■ **Bar** [griech.] *das,* Einheitenzeichen **bar,** eine Maßeinheit für den Druck. Ein Bar entspricht einem Druck von hunderttausend →Pascal (Pa):

1 bar = 100 000 Pa = 10^5 N/m².

In der Meteorologie wurde bei der Messung des Luftdrucks meistens der tausendste Teil des Bars verwendet, das **Millibar** (mbar), heute jedoch das Hektopascal (hPa):

1 mbar = 0,001 bar = 100 Pa = 1 hPa.

In Mitteleuropa leben rund 50 Arten des **Bärenspinners:** die hier abgebildete Art heißt »Brauner Bär«

■ **Bär, 1)** *Astronomie:* zwei Sternbilder des Nordhimmels, →Großer Bär und Kleiner Bär.
2) *Zoologie:* →Bären.

■ **Barbados,** Staat im Karibischen Meer, die östlichste Insel der Kleinen Antillen. Die Wirtschaft ist durch den Anbau von Zuckerrohr geprägt; daneben gewinnt der Tourismus zunehmend an Bedeutung. Die Bevölkerung besteht hauptsächlich aus Schwarzen und Mischlingen (mehrheitlich anglikanisch).
Barbados wurde 1536 von Spaniern entdeckt und war ab 1652 britische Kronkolonie. 1966 wurde es im Rahmen des Commonwealth unabhängig.

Barbados

Flagge

Wappen

Barbados
Fläche 430 km²
Einwohner 259 000
Hauptstadt Bridgetown
Amtssprache Englisch
Nationalfeiertag 30. 11.
Währung 1 Barbados-Dollar (BDS$) = 100 Cents
Zeitzone MEZ −5 Std.

■ **Barbar** [griech.] *der,* ein roher, empfindungsloser, auch ungebildeter Mensch. In der griechischen Antike war Barbar die Bezeichnung für jeden Nichtgriechen.

■ **Barbarossa** [italienisch, = Rotbart], Beiname des deutschen Kaisers Friedrich I.

■ **Barbecue** [babikju; engl., zu spanisch barbacoa, = Holzrost] *das,* Gartenfest, bei dem ganze Tiere oder große Fleischstücke am Spieß oder auf dem Rost gebraten werden. Auch der dafür verwendete Rost und das auf ihm geröstete, mit einer kalten pikanten Sauce **(Barbecuesauce)** gewürzte Fleisch wird Barbecue genannt.

■ **Barcelona** [barze...], Hauptstadt von Katalonien und mit 1,51 Mio. Einwohnern zweitgrößte Stadt Spaniens. Barcelona hat zwei Universitäten und ist wegen seiner günstigen Verkehrslage ein bedeutendes Handels- und Industriezentrum. Bemerkenswert sind die gotische Kathedrale und das gotische Rathaus sowie die von Antonio Gaudí entworfenen Bauwerke (bekannt vor allem die bis heute unvollendete, 1884 begonnene Kirche »La Sagrada Familia«). – 1992 war Barcelona Austragungsort der Olympischen Sommerspiele.

Barium
chemisches Symbol: Ba
Ordnungszahl: 56
relative Atommasse: 137,33
Dichte (bei 20 °C): 3,5 g/cm³
Schmelzpunkt: 727 °C
Siedepunkt: 1 537 bis 1 897 °C

■ **Barde** [irisch] *der,* keltischer Dichter und Sänger des Mittelalters.

■ **Bären,** Raubtierfamilie Eurasiens und Nordamerikas. Sie sind Sohlengänger, die sich auf den Hinterbeinen aufrichten können, und meist Allesfresser. Bekannte Arten sind der **Braunbär,** 2–2,20 m lang und 150–250 kg schwer (mit der Unterart **Grizzlybär,** der bis 2,3 m lang und über 350 kg schwer wird), und der **Eisbär** in der Arktis, mit 1,80–2,50 m Körperlänge und durchschnittlich 320–410 kg Gewicht. – Bilder S. 100

■ **Bärenspinner,** mit über 6 000 Arten weltweit verbreitete Familie häufig farbenprächtiger Schmetterlinge. Ihre Raupen sind meist stark behaart.

■ **Bari,** Hauptstadt der italienischen Region Apulien und ein wichtiger Hafen am Adriatischen Meer, mit 331 600 Einwohnern. Die Stadt hat eine Universität, Kirchen aus dem 11. und 12. Jahrh. und ein Kastell Kaiser Friedrichs II. aus dem 13. Jahrhundert.

Die Figur eines »Singenden« schuf **Ernst Barlach** im Jahr 1928; knapp zehn Jahre später – 1937 – wurde der Bildhauer und Schriftsteller als »entarteter Künstler« geächtet

■ **Bariton** [italienisch] *der,* mittlere Männerstimmlage zwischen Tenor und Bass.

■ **Barium** [griech.] *das,* silberglänzendes Leichtmetall, ein chemisches Element aus der Gruppe der Erdalkalimetalle. Das wichtigste Bariummineral ist Schwerspat (Bariumsulfat, $BaSO_4$). Bariumsulfat wird für Farben, als Füllmaterial für Papier, als Röntgenkontrastmittel und als Hilfsmittel für Erdölbohrungen verwendet.

■ **Barlach,** Ernst, deutscher Bildhauer, Grafiker und Dichter des Expressionismus, *Wedel (Holstein) 2. Januar 1870, †Rostock 24. Oktober 1938. In seinen strengen, schmucklosen Skulpturen und Holzschnitten ebenso wie in seinen Dramen gab Barlach der Erfahrung menschlichen Leids symbolhaften Ausdruck. Die Nationalsozialisten erteilten ihm als Vertreter der »entarteten Kunst« Berufsverbot und vernichteten zum Teil seine Werke.

■ **Bärlappgewächse,** alte, seit dem Devon nachgewiesene Klasse der Farnpflanzen, die meist in tropischen Regenwäldern vorkommen. Zu den unter Naturschutz stehenden heimischen Arten gehören der Kolbenbärlapp und der Sprossende Bärlapp. In früheren Erdzeitaltern (Devon, Karbon, Perm) gab es auch baumartige Formen (Schuppen- und Siegelbaum).

■ **Barock** [frz.] *der* oder *das,* Stilbegriff in der Kunst-, Literatur- und Musikgeschichte.

In der *Kunstgeschichte* folgt der Barock auf Renaissance und Manierismus und umspannt als letzte stilistisch relativ einheitliche Epoche der europäischen Kunst den Zeitraum von etwa 1570 bis 1750 (Übergang zum Rokoko etwa ab 1730). Die Kunst des Barock verbreitete sich von Rom aus über ganz Europa. In ihrer typischen Ausprägung findet sich die Barockkunst vor allem in den Hauptgebieten der Gegenreformation und in den Herrschaftsbereichen absolutistischer Fürsten und Könige.

Wesentliche Stilmerkmale sind Bewegtheit, Unterordnung der Einzelheit unter das Ganze und besondere Lichteffekte. Das Bemühen um die naturalistische Schilderung des Übersinnlichen führte zur Verwischung der Grenze zwischen Kunst und Wirklichkeit in oft verblüffenden Raumillusionen, die durch fließende Übergänge von Malerei zu Plastik und Architektur erreicht wurden.

In der Baukunst traten an die Stelle der klassisch-strengen Linien der Renaissance geschwungene Formen und reicher plastischer Schmuck. Es entstanden prunkvolle Paläste und Kirchen mit mächtigen Säulenordnungen an den Fassaden und reich verzierten Innenräumen (Stuckaturen, Wand- und Deckenmalerei). Dargestellt werden biblische und antike Stoffe, Landschaften und häusliche Szenen (Genrebilder) sowie Porträts. Bekannteste Vertreter

Zu den märchenhaften Sehenswürdigkeiten, die der spanische Architekt Antonio Gaudí (1852-1926) der Stadt **Barcelona** hinterließ, gehört die Kirche »La Sagrada Familia«; hier die Ansicht der Südfassade: über drei grottenähnlichen Portalen erheben sich die in zwei Paaren schräg gestellten Rundtürme

Selbstbildnis von **Ernst Barlach;** im Jahr seiner Ächtung schrieb Barlach sein letztes Werk mit dem symbolischen Titel »Der gestohlene Mond«; der Roman wurde 1948 gedruckt

der Barockmalerei sind Peter Paul Rubens und Rembrandt.
In der *Literaturgeschichte* versteht man unter Literatur des Barock die europäische Literatur etwa des 17. Jahrhunderts. Sie vereint Sinnenfreude und Entsagung, Diesseitsbejahung und Einsicht in die Vergänglichkeit alles Irdischen, Lebenshunger und Todesangst. Die Sprache ist kräftig, bilderreich und wirkt oft übersteigert. Ein bedeutender Dramatiker in Deutschland war Andreas Gryphius. Die wichtige Poetik der Zeit ist Martin Opitz' »Buch von der Deutschen Poeterey« (1624). Das in Deutschland heute noch bekannteste epische Werk ist der »Simplicissimus Teutsch« von Johann Jakob Christoffel von Grimmelshausen. Die geistliche Dichtung erreicht in der Lyrik, besonders im Kirchenlied, einen neuen Höhepunkt (Paul Gerhard, Friedrich von Spee).
In der *Musikgeschichte* gilt als Barock die Zeit vom Ende des 16. Jahrh. bis zur Mitte des 18. Jahrhunderts. Charakteristisch sind der Generalbass, das heißt die auf einer durchlaufenden Bassstimme aufgebaute Akkordbegleitung jeder Komposition, und das konzertierende Prinzip, das heißt die Gegenüberstellung verschiedener Klanggruppen, z. B. von Solisten und Orchester. Die wichtigsten Gattungen sind Oper (Claudio Monteverdi in Italien), Oratorium, Kantate, Lied, Konzert (Concerto grosso), Sonate, Suite, Fuge. Bedeutende Vertreter in Deutschland sind u. a.: Heinrich Schütz, Dietrich Buxtehude, Georg Philipp Telemann, Johann Sebastian Bach und Georg Friedrich Händel.

Eine Berühmtheit aus der Familie der **Bären**: der hier abgebildete nordamerikanische Grizzlybär ist Held vieler Abenteuergeschichten; im wirklichen Leben hält sich der Braunbär in größeren Beständen nur noch in Kanada und Alaska auf

Die **Bären** aus dem hohen Norden, die Eisbären, sind ständig auf Wanderschaft – auf Wegen bis zu 1000 km und mehr; das Pack-und Treibeis ist ihr Zuhause und Robben sind ihre Lieblingsnahrung; gejagt wird nicht nur im und unter Wasser, sondern auch auf dem Eis: dort lauern sie der Beute vor ihren Atemlöchern auf

■ **Barometer** [griech.] *das,* ein Gerät zur Messung des Luftdrucks. Das **Quecksilberbarometer** besteht aus einem evakuierten, das heißt fast luftleer gepumpten Glasrohr, das unten durch einen offenen Quecksilberbehälter abgeschlossen ist. In dem Glasrohr lastet kein Luftdruck auf der Quecksilberoberfläche, die Luft drückt jedoch auf die Oberfläche im offenen Quecksilberbehälter. Dadurch steigt das Quecksilber in dem Rohr so hoch, bis der Druck der Quecksilbersäule gleich dem Luftdruck ist. Auf einer Skala lässt sich die Steighöhe und damit der Luftdruck ablesen. Bei einer Steighöhe von 760 mm spricht man von einem Luftdruck von 760 mm Quecksilbersäule (760 mm Hg oder 760 Torr) oder 1013,25 mbar (Millibar; →Bar) oder 1013,25 hPa (Hektopascal).
Das **Dosenbarometer** (Aneroidbarometer) besteht aus einer luftleeren Metalldose, deren dünner,

welliger Deckel durch den äußeren Luftdruck mehr oder weniger eingedrückt wird. Durch ein Hebelwerk wird diese Bewegung vergrößert und auf einen Zeiger übertragen, der den Luftdruck auf einer Skala anzeigt.

■ **Barrel** [bär^{e}l; engl., = Fass] *das,* in Großbritannien und in den USA verwendetes Hohlmaß unterschiedlicher Größe. Für Erdöl wird es als **Petroleumbarrel** verwendet: 1 petr barrel = 158,987 l.

■ **Bạrsche,** eine Familie Süßwasser bewohnender Fische. Viele der rund 120 Arten sind wohlschmeckende Speisefische, z. B. der bis 45 cm lange **Flussbarsch**, ein Raubfisch mit stacheliger Rückenflosse und einem Stachel am Kiemendeckel, sowie der →Zander.

Dieser Flussbarsch gehört zu den einheimischen Arten der **Barsche**

■ **Bartholomäusnacht** →Heinrich IV. (König von Navarra und Frankreich).

■ **Bạrtók,** Béla, ungarischer Komponist, *Nagy Szent Miklós (heute Sânnicolau Mare, Rumänien) 25. März 1881, †New York 26. September 1945. Bartók sammelte seit 1905 mit seinem Freund Zoltán Kodály Volkslieder, vor allem in Ungarn, und verwendete in seinen Kompositionen Elemente der Volksmusik. Er schrieb eine Oper (»Herzog Blaubarts Burg«), Orchester-, Kammer- und Klaviermusik (»Mikrokosmos«, sechs Bände).

■ **Baryonen** [griech.], eine Familie schwerer →Elementarteilchen, zu denen die Nukleonen (Proton und Neutron) und die Hyperonen gehören. Alle Baryonen sind aus je drei →Quarks aufgebaut.

■ **Basạlt** [griech.] *der,* schwarzes, sehr hartes jungvulkanisches Gestein, das häufig zu sechseckigen Säulen erstarrt ist.

■ **Basạltemperatur,** die morgens unmittelbar nach dem Erwachen gemessene Körpertemperatur der Frau. Sie zeigt bei regelmäßiger Aufzeichnung 1–2 Tage nach dem →Eisprung einen Temperaturanstieg von 0,3 bis 0,6 °C und fällt vor der Regelblutung wieder ab. Fehlt der Eisprung, bleibt der Temperaturanstieg aus. – auch →Empfängnisverhütung.

■ **Basar** [persisch] *der,* Händlerviertel in orientalischen Städten. Auch ein Warenverkauf zu Wohltätigkeitszwecken wird so genannt.

■ **Baseball** [be^{i}ßbål; engl.] *der,* vor allem in den USA verbreitetes Schlagballspiel für zwei Mannschaften zu je neun Spielern. Während die verteidigende Mannschaft alle Spieler über das 175 m lange und 125 m breite Spielfeld verteilt, befindet sich von der angreifenden Mannschaft nur der Schlagmann (engl. batter) im Spiel, der den auf ihn geworfenen Ball mit dem Schlagstock zurückschlägt und dann um das im Spielfeld gelegene Baseballquadrat (27,47 m lang und breit) zu laufen versucht. Gelingt dies, erhält er einen Punkt. Die Spieler der gegnerischen Mannschaft versuchen dies zu verhindern, indem sie den geschlagenen Ball abfangen und mit ihm in der Hand den Schläger selbst oder ein an den Ecken des Spielfeldes angebrachtes Mal (engl. base) berühren.

■ **Bạsel** (frz. Bâle), Hauptstadt des schweizerischen Halbkantons Basel-Stadt, beiderseits des Hochrheins gelegen, mit 168 700 Einwohnern die zweitgrößte Stadt der Schweiz. Sie hat eine Universität (die älteste der Schweiz), ein Münster (11.–14. Jahrh.) und verschiedene Museen. – Basel, seit dem 14. Jahrh. Reichsstadt, trat 1501 der Eidgenossenschaft bei. Aus ihrem einstigen ländlichen Untertanengebiet bildete sich 1832/33 der Kanton Basel-Landschaft.

■ **Bạsel-Lạndschaft** (Basel-Land), Halbkanton in der nördlichen Schweiz, südlich des Hochrheins, mit 517 km^2 und 256 800 Einwohnern (deutschsprachig). Die Hauptstadt ist Liestal. Basel-Landschaft liegt hauptsächlich im Jura. Es hat

Glanzlichter der Kammermusik von **Bela Bartók** sind die zwischen 1908 und 1939 komponierten Streichquartette; im Protest gegen den Pakt der ungarischen Regierung mit der Nazidiktatur in Deutschland emigrierte der Komponist 1940 in die USA

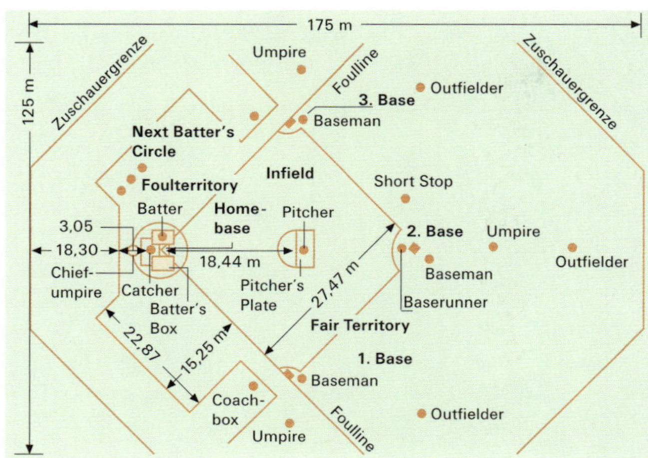

Baseball Spielfeld

große Kirschbaumkulturen und viele Zweigbetriebe der Baseler Industrie.

■ **Basel-Stadt,** schweizerischer Halbkanton zwischen der französischen und der deutschen Grenze, mit 37 km^2 und 190 500 Einwohnern (deutschsprachig). Die Hauptstadt ist Basel. Basel-Stadt umfasst die Stadt Basel und den rechtsrheinischen Gebietsanteil am Unterlauf der Wiese (Nebenfluss des Oberrheins).

Das aus dem **Basilikum** gewonnene ätherische Öl ist ein wertvoller Rohstoff für die Parfümerie

■ **Basen** [griech.], im herkömmlichen Sinne alle anorganischen und organischen Verbindungen, die in wässriger Lösung eine alkalische (basische) Reaktion (Abspaltung von Hydroxidionen [OH^-]) zeigen. Basen bilden bei Reaktion mit →Säuren Salze. Nach der allgemeineren Definition sind alle Stoffe Basen, die als Protonenakzeptoren wirken. Die wichtigsten und stärksten anorganischen Basen sind Natronlauge (NaOH) und Kalilauge (KOH).

■ **BASIC** [beisik; engl.] →Programmiersprachen.

■ **Basie** [beisi], William, genannt Count Basie, amerikanischer Jazzpianist und Bandleader, *Red Bank (New Jersey) 21. August 1904, †Hollywood (Florida) 26. April 1984. Basie leitete seit 1935 eigene Orchester, die stilistisch dem Swing verpflichtet waren.

■ **Basilika** [griech.] *die,* in der griechischen und römischen Baukunst Markt- und Gerichtsgebäude, aus dem sich seit dem 4. Jahrh. die Hauptform des christlichen Gotteshauses entwickelte. Die Basilika besteht aus dem Mittelschiff, das durch eine halbrunde Apsis abgeschlossen ist, und zwei oder vier niedrigeren Seitenschiffen.

■ **Basilikum** [griech., = Königskraut] *das,* ein 10 bis 40 cm hoher Lippenblütler aus Südasien. Das wärmebedüftige einjährige Gewürzkraut hat rötlich weiße oder lilafarbene Blüten. Es wird als Tee gegen Verdauungsstörungen und als Gewürz verwendet.

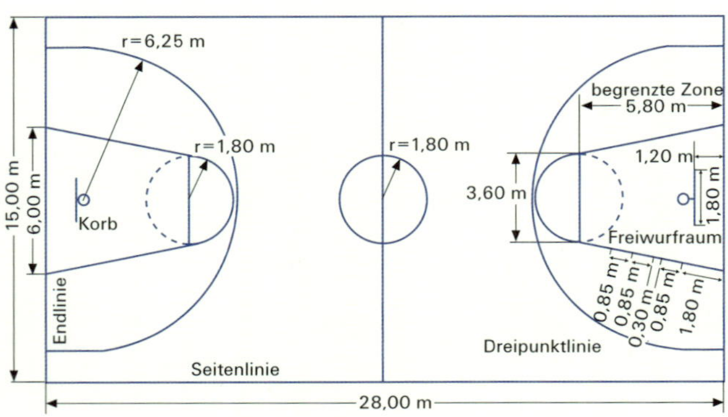

Basketball Spielfeld

■ **Basis** [griech.] *die,* Grundlage, Ausgangspunkt. In der Mathematik z. B. die Grundlinie eines Dreiecks, die Grundfläche eines Prismas oder die Grundzahl einer Potenz.
Basis wird auch der Sockel bei Säulen und Pfeilern genannt.

■ **Basken** (spanisch Vascos), Volk in den Westpyrenäen beiderseits der französisch-spanischen Grenze. Die Basken sprechen als einziges Volk in Europa eine vorindogermanische Sprache.
Das spanische Baskenland verlor im 19. Jahrh. seine Sonderstellung im spanischen Königreich, letzte Privilegien gingen 1939 verloren. Seit den 1960er-Jahren kämpfen die spanischen Basken für mehr Selbstständigkeit, auch mit Terroranschlägen der Untergrundorganisation ETA. Seit 1979 bildet das **Baskenland** eine autonome Region. Baskisch ist offiziell als Unterrichtssprache zugelassen.

■ **Basketball** [engl.] *der* oder *das,* schnelles Mannschaftsspiel, bei dem zwei Teams mit je fünf Feld- und bis zu sieben Auswechselspielern versuchen, einen 600–650 g schweren Hohlball möglichst oft in den in 3,05 m Höhe angebrachten gegnerischen Korb (engl. basket) zu werfen. Treffer aus dem Spiel heraus zählen zwei, solche von außerhalb der Dreipunktelinie drei Punkte, verwandelte Freiwürfe einen Punkt. Die reine Spielzeit beträgt zweimal 20 Minuten. Kennzeichnend für das Basketball ist das »körperlose« Spiel, das heißt das Vermeiden jeder absichtlichen körperlichen Berührung des Gegners. Ein Verstoß hiergegen wird in der Regel als Foul gewertet, nach fünf Fouls wird ein Spieler von der weiteren Spielteilnahme ausgeschlossen.

■ **Bass**[italienisch] *der, Musik:* 1. tiefstes Instrument einer Instrumentengattung, z. B. die Bassflöte; 2. tiefste Männerstimmlage.

■ **Bast, 1)** *Botanik:* das Gewebe unter der Borke von Bäumen. Der Bast dient vor allem der Leitung der Nährstoffe und der Festigung (Bastfasern).
2) *Jägersprache:* die behaarte, filzige Haut auf neu gebildeten →Geweihen. Der Bast wird nach der Wachstumsperiode durch Reiben an Zweigen u. a. »abgefegt«.

■ **Bastard** [frz.] *der* (Mischling), Nachkomme einer Kreuzung von Pflanzen oder Tieren zweier verschiedener Arten oder Gattungen, z. B. der Maulesel (männliches Pferd und Esel) oder das Maultier (männlicher Esel und Pferd).

■ **Bastille** [bastije; frz.] *die,* das burgartige Staatsgefängnis in Paris, das zu Beginn der Französischen Revolution am 14. Juli 1789 gestürmt und später zerstört wurde. Der 14. Juli ist seitdem französischer Nationalfeiertag.

Bastard

Mit dem Wort Bastard, das aus dem Altfranzösischen stammt und dort »der in der Scheune Gezeugte« bedeutete, bezeichnete man zunächst die außerehelichen, aber legitimierten, das heißt anerkannten Kinder adliger Väter. Ein berühmter Bastard war der Sohn Kaiser Karls V. aus der Verbindung mit der Regensburger Bürgerstochter Barbara Blomberg, der den Namen Don Juan de Austria (1547-78) erhielt. Später waren Bastarde dann allgemein die nicht ehelichen Kinder vornehmer Väter, seit dem 19. Jahrhundert alle nicht ehelichen Kinder. Schließlich wurde Bastard zum Schimpfwort.
In der Biologie hingegen bezeichnet der Begriff ohne moralischen Beigeschmack das Ergebnis von Kreuzungen zwischen Pflanzen oder Tieren unterschiedlicher genetischer Elternformen.

■ **Batavia** →Jakarta.

■ **Batik** [malaiisch] *der* oder *die,* ein aus Südostasien stammendes Verfahren, bei dem der Stoff entsprechend der gewünschten Musterung mit Wachs überzogen wird. Beim Färben dringt an den durch das Wachs abgedeckten Stellen keine Farbe ein. Nach Entfernen des Wachses zeigen feine Farbadern die Stellen, an denen die Wachsschicht gerissen war.

■ **Batterie** [frz.] *die,* **1)** *Elektrotechnik:* im weiteren Sinne die Zusammenschaltung mehrerer gleichartiger technischer Geräte, z. B. von Bleiakkumulatoren zur Kraftfahrzeugbatterie, im engeren Sinne Bezeichnung für alle →galvanischen Elemente, die auf elektrochemischem Wege eine elektrische Spannung erzeugen und eine Leistung abgeben können. Im Gegensatz zum →Akkumulator verlaufen die chemischen Reaktionen bei Batterien nicht umkehrbar, das heißt, sie können nicht wieder aufgeladen werden. Die handelsüblichen Batterien enthalten eine mit einem Quellmittel eingedickte Elektrolytlösungen **(Trockenbatterie)** und sind mit einem isolierten Stahlmantel umhüllt. Weit verbreitete Batterien sind die Alkali-Mangan-Zelle, die Quecksilberoxidzelle und die besonders langlebige Lithiumbatterie.

2) *Militärwesen:* die Kompanie bei den Truppengattungen Artillerie und Heeresflugabwehrtruppe.

■ **Bauchredner,** jemand, der, ohne die Lippen zu bewegen, mit dem Kehlkopf sprechen kann.

■ **Bauchspeicheldrüse** (Pankreas), eine Drüse des Verdauungstraktes, die beim Menschen im oberen Abschnitt der Bauchhöhle hinter dem Magen liegt. In den Drüsenzellen werden Verdauungssäfte produziert, die sich in den Zwölffingerdarm ergießen (etwa 1 bis $1^1/_2$ l täglich). Die Zellen der **Langerhans-Inseln** geben die für den Stoffwechsel der Kohlenhydrate wichtigen Hormone Insulin und Glucagon dagegen unmittelbar an das Blut ab.

■ **Baud** [nach dem französischen Ingenieur Émile Baudot, 1845–1903] *das,* Einheitenzeichen **Bd,** in der Informatik eine Maßeinheit für die Datenübertragungsrate: die Anzahl der pro Sekunde übertragenen Bits. Statt Baud sagt man auch »bits per second«, abgekürzt **bps.** Es gilt:

1 Bd = 1 bps = 1 Bit/s.

■ **Bauernbefreiung,** die Befreiung der Bauern aus ihrer Abhängigkeit von einem Guts- oder Grundherrn und die Übertragung des bewirtschafteten Bodens in ihr Eigentum. In Deutschland wurde sie im Wesentlichen im 19. Jahrh. erreicht.

■ **Bauernkrieg,** Aufstand der süddeutschen und mitteldeutschen Bauern 1524/25 gegen die Macht der Grundherren. Die Bauern forderten in zwölf Artikeln u. a. Aufhebung der Leibeigenschaft, Abschaffung des Zehnten, freie Wahl des Pfarrers. Der Aufstand erfasste ganz Süddeutschland (ohne Oberbayern und Niederbayern), Österreich, die Schweiz und Thüringen. Berühmte Bauernführer waren Florian Geyer, Götz von Berlichingen und Thomas Müntzer. Mit dem Sieg der Landesherren schieden die Bauern für Jahrhunderte aus dem politischen Leben weitgehend aus.

■ **Bauhaus,** Lehr- und Forschungsinstitut für Architektur, bildende Künste und Handwerk. Das Bauhaus wurde 1919 von Walter Gropius in Weimar gegründet, 1925 nach Dessau verlegt. 1933 lösten die Nationalsozialisten das Bauhaus auf. 1937 wurde es als New Bauhaus in Chicago neu gegründet.
Unter Führung der Architektur gelangten am Bauhaus Kunst und Handwerk zu einer zweckbezogenen, von Zierornamenten befreiten Formgebung, die noch heute unsere Gebrauchsgegenstände bestimmt (z. B. Lampen, Gläser, Geschirr, Möbel). Mitglieder des Bauhauses waren u. a. Lyonel Feininger (1871–1956), Paul →Klee, Wassily →Kandinsky, Oskar Schlemmer (1888–1943), Ludwig Mies van der Rohe (1886–1969). – An die Ideen des Bauhauses knüpfte nach 1945 u. a. die Hochschule für Gestaltung in Ulm an. – Infokasten S. 104

■ **Baukunst** →Architektur.

■ **Baum,** eine langjährige Pflanze mit verholztem Stamm und einer Krone aus beblätterten Zweigen **(Kronen-** oder **Wipfelbaum)** oder aus großen Blättern (**Schopfbaum,** z. B. Palmen, Baumfarne). Man unterscheidet →Laubhölzer und →Nadelhölzer.

■ **Baumgrenze,** die Grenzzone im Gebirge, bis zu der Baumwuchs noch möglich ist. Sie liegt z. B. in den Alpen bei etwa 1 900 bis 2 400 m, in den Tropen bis zu 3 500 m.

■ **Baumwolle,** die Samenhaare mehrerer Arten der Baumwollpflanze, die zur Zeit der Reife aus den walnussgroßen, aufgesprungenen Fruchtkapseln herausquellen. Die etwa 5 cm langen Samenhaare werden zu Garn versponnen. Der Anbau der Baumwollpflanze, einem strauchartigen Malvengewächs mit weißen oder gelben Blüten, ist nur in den Subtropen oder Tropen möglich. Die wichtigsten Anbauländer sind China, USA, Indien und Pakistan.

■ **Bausparkassen,** Kreditinstitute, die Spareinlagen entgegennehmen und aus den angesammelten Beträgen den Sparern neben dem angesparten Betrag Darlehen zu günstigen Zinssätzen für wohnungswirtschaftliche Maßnahmen (z. B. Hausbau oder -kauf) gewähren. Das Darlehen ist in zwölf Jahren zurückzuzahlen.

■ **Bauxit** *der,* ein erdiges, meist rötliches, durch Verwitterung entstandenes Mineral (Aluminiumoxid); wichtig für die Gewinnung von →Aluminium.

■ **Bayerischer Wald,** waldreiches Mittelgebirge in Südostbayern. Im geographischen Sinn ist der der Teil des →Böhmerwaldes, der sich als **Vorderer Wald** zwischen Donau und Regen erhebt (im Einödriegel 1 121 m hoch). Zunehmend schließt die Bezeichnung Bayerischer Wald(besonders als Fremdenverkehrsgebiet) heute auch den **Hinteren Wald** (im Großen Arber 1 456 m hoch) bis zur Grenze gegen die Tschechische Republik ein. Dort gibt es seit 1970 den **Nationalpark Bayerischer Wald** mit einer Fläche von rund 130 km^2.

Bauhaus

Die zwölf Jahre der Hitlerdiktatur haben in Deutschland alles zerstört, was in Jahrhunderten an Kultur gewachsen war. Die Zerstörungswut machte auch vor dem Bauhaus nicht Halt. Mit der hier abgebildeten »Bauhaustreppe« setzte Oskar Schlemmer, dessen Wandgestaltung des Weimarer Bauhauses schon im Jahr 1929 vernichtet worden war, den Bauhauskünstlern ein Denkmal. Das Gemälde fand Zuflucht in den Vereinigten Staaten von Amerika; der amerikanische Architekt Philipp Johnson, ein Bauhausschüler, hatte es für das New Yorker Museum of Modern Art erworben. Auch die meisten Lehrer und Schüler des Bauhauses konnten Deutschland verlassen und machten die USA zu ihrer zweiten Heimat. So der Bauhausgründer Walter Gropius, der ab 1937 an der berühmten Harvard University in Cambridge (Mass.) lehrte und dort eine Architekturschule von weltweitem Einfluss aufbaute. Ludwig Mies van der Rohe belebte von Chicago aus die Welt der Architektur und sein Bauhauskollege László Moholy-Nagy (1895–1946) übernahm in Chicago die Leitung des New Bauhaus. Auch im heutigen Deutschland haben die »Amerikaner« die Handschrift ihrer Baukunst hinterlassen: nach den Plänen von Gropius wurde in

Berlin unter anderem am Landwehrkanal das Gebäude des Bauhaus-Archivs errichtet und Mies van der Rohe hinterließ der Stadt die Neue Nationalgalerie.

Baum

Schon immer waren Bäume beliebte Kultobjekte, ob sie einzeln standen oder in Gruppen (»heiliger Hain«). Im Baum wurde die Gottheit verehrt, die man sich darin wohnend vorstellte, wie z. B. die Göttin Nut im alten Ägypten oder die griechischen Dryaden. Aus der Vorstellung heraus, der Baum führe aus der Tiefe der Erde immer von neuem Kräfte des Lebens ans Licht, wurde er zum meist weiblichen Symbol der Lebenserneuerung. Im Rauschen des Baums meinte man die Stimme der Gottheit zu hören; so wurde der Baum auch zum Orakel. Viele Religionen, auch die christliche, kennen den »Baum des Lebens«.

■ **Bayern** (Freistaat Bayern), das flächenmäßig größte Bundesland der Bundesrepublik Deutschland, mit 70 548 km² und 12,117 Mio. Einwohnern, eingeteilt in sieben Regierungsbezirke. Die Hauptstadt ist München.

Geographisch gliedert sich Bayern von Süden nach Norden in die Großlandschaften: Bayerische Alpen, Alpenvorland, Fränkische Alb und Fränkisches Stufenland. Im Nordosten wird es durch Fichtelgebirge, Oberpfälzer und Bayerischen Wald begrenzt. Die *Bevölkerung* setzt sich zusammen aus Bayern (Nachfahren der germanischen Baiern) im Süden und Osten, Schwaben im Westen, Franken im Norden und Nordwesten.

Im Alpengebiet wird vor allem Alm- und Molkereiwirtschaft und Rindviehzucht betrieben. Im Alpenvorland ist die Gewinnung elektrischer Energie durch zahlreiche Wasserkraftwerke besonders wichtig. In den ostbayerischen Grenzgebieten herrschen Forstwirtschaft und die Glasindustrie vor. In der Oberpfalz werden Eisenerz, Braunkohle und Kaolin abgebaut. Östlich von München wird Erdöl und Erdgas gefördert. Im Fichtelgebirge ist die Glas- und Porzellanindustrie heimisch. Allgemein wichtig ist die Landwirtschaft, vor allem der Anbau von Getreide und Hopfen (viele Bierbrauereien). Für große Teile Bayerns ist auch der Fremdenverkehr wirtschaftlich bedeutend. Die Industrien konzentrieren sich auf die Städte, vor allem München und Nürnberg.

Geschichte: In der 1. Hälfte des 6. Jahrh. war die Landnahme der germanischen Baiern (Bajuwaren), eines Stammes, der sich im 5. und 6. Jahrh. aus verschiedenen nach Bayern eingewanderten Gruppen gebildet hatte, abgeschlossen. Altbayern, das Land zwischen Alpen, Donau, Lech und Salzach, dazu die Oberpfalz, war seitdem ihr Stammesherzogtum, seit 788 fränkische Provinz, seit Anfang des 10. Jahrh. wieder Stammesherzogtum. 1070–1180 stand Bayern unter welfischer, 1180–1918 unter wittelsbachischer Herrschaft. 1623 wurde es Kurfürstentum, 1806 Königreich. 1919 erhielt Bayern eine Verfassung und wurde Freistaat, der im Dritten Reich »gleichgeschaltet« wurde, 1946 eine neue Verfassung erhielt und seit 1949 zur Bundesrepublik Deutschland gehört. Ministerpräsident ist seit 1993 Edmund Stoiber (* 1941, CSU).

■ **Bayreuth,** Hauptstadt des Regierungsbezirks Oberfranken, Bayern, am Roten Main, mit 73 600 Einwohnern. Bayreuth hat eine Universität. Berühmt ist das Wagner-Festspielhaus (1872–76 erbaut), in dem jedes Jahr während der **Bayreuther Festspiele** Opern von Richard Wagner gespielt werden.

■ **Bazillen** [lat.], stäbchenförmige →Bakterien, die Sporen bilden.

■ **Beachvolleyball** [bitschwoli...; engl. beach, = Strand], im Freien auf gleichmäßigem Sandbelag ausgeübtes Rückschlagspiel, bei dem zwei Teams zu je zwei Spielern versuchen, mit Händen oder Armen einen Ball so über das Netz in der Spielfeldmitte zu spielen, dass es dem Gegner nicht gelingt, diesen zurückzuschlagen, ehe er den Boden berührt. Spielfeld- und Netzabmessungen sowie Ballumfang und -gewicht entsprechen den Regelungen beim →Volleyball, der Innendruck des Balles ist jedoch erheblich geringer. Beachvolleyball steht seit 1996 auf dem olympischen Programm.

■ **Beamte,** Angehörige des öffentlichen Dienstes, die in einem öffentlich-rechtlichen Dienst- und Treueverhältnis stehen, das mit besonderen Rechten und Pflichten verbunden ist. In ein Beamtenverhältnis dürfen nur Deutsche oder Staatsangehörige aus EU-Mitgliedsländern berufen werden. Außerdem muss der Anwärter (je nach Laufbahn) eine bestimmte Vorbildung und Befähigung besitzen.

■ **Beat** [bit; engl., = Schlag] *der,* im Jazz und in der Rockmusik der durchgehende gleichmäßige Grundschlag der Rhythmusgruppe. Die Beatmusik wurde in Europa Anfang der 1960er-Jahre vor allem von den →Beatles und den →Rolling Stones eingeführt. – Das Akzentuieren der Melodiegruppe gegen die Norm des Beat heißt Offbeat (= weg vom Grundschlag).

■ **Beatles** [bitls], 1959 in Liverpool gegründete britische Popgruppe, seit 1962 in der Besetzung **John Lennon** (* 1940, ermordet 1980; Rhythmusgitarre, Keyboards), **Paul McCartney** (* 1942; Bassgitarre, Gesang), **George Harrison** (* 1943; Melo-

Die Fruchtkapseln der **Baumwolle** – hier im geschlossenen unreifen und geöffneten reifen Zustand – sind walnussgroß, die darunter abgebildeten Samenhaare werden zu Garn versponnen

August Bebel, ein Sozialdemokrat der ersten Stunde, verbrachte über 40 stürmische Jahre als Abgeordneter des deutschen Reichstags; seit 1875 setzte er sich auch mit aller Energie für das Frauenwahlrecht ein, dessen Einführung im Jahr 1919 der Politiker nicht mehr erleben konnte

diegitarre, Gesang) und **Ringo Starr** (*1940; Schlagzeug).
Unter der Leitung ihres Produzenten George Martin (*1926) landete die Band seit 1962 (Debütsingle »Love me do/P.S. I love you«) einen Hit nach dem anderen. Ab 1965 wandelte sich der Stil der Beatles von harter, motorischer Beatmusik mit einfachen Liedstrukturen (»She loves you«, »Help«) zu einer komplexen Musikform, die mit Elementen klassischer und asiatischer Musik, verschiedensten Instrumenten und elektronischen Verfremdungen in Verbindung mit ironischen und surrealistischen Texten experimentierte (LPs: »Sgt. Pepper's lonely hearts club band«, 1967; »Abbey road«, 1969). 1970 löste sich die Gruppe auf.

■ **Be̲bel,** August, deutscher Politiker (SPD), *Köln 22. Februar 1840, †Passugg (Kanton Graubünden, Schweiz) 13. August 1913. Er war Drechslermeister und schloss sich 1861 in Leipzig der Arbeiterbewegung an. 1869 gründete er zusammen mit Wilhelm Liebknecht die »Sozialdemokratische Arbeiterpartei« und wurde zum unbestrittenen Führer der deutschen Sozialdemokratie. Als Mitglied des Reichstags kritisierte er scharf die von Bismarck geführte Reichsregierung. Als das 1878 erlassene Verbot sozialdemokratischer Organisationen (Sozialistengesetz) aufgehoben wurde, beteiligte er sich in Erfurt maßgeblich an der Gründung der →SPD, die unter seinem Vorsitz zur Massenpartei aufstieg.

Die **Beatles** auf Deutschlandtournee; hier am 20. November 1963 in München: links im Vordergrund George Harrison, dahinter Ringo Starr am Schlagzeug sowie zusammen rechts im Bild Paul McCartney und John Lennon

■ **Bebop** [bi̲bop; amerikanisch] *der,* eine Stilrichtung des →Jazz.

■ **Bẹckenbauer,** Franz, deutscher Fußballspieler, *München 11. September 1945. Beckenbauer wurde mit dem FC Bayern München viermal deutscher Pokalsieger und viermal deutscher Meister, mit der deutschen Nationalmannschaft 1972 Europameister und 1974 Weltmeister. 1984–90 war er Teamchef der deutschen Nationalmannschaft (1990 Weltmeister). Seit 1998 ist er Vizepräsident des Deutschen Fußball-Bundes.

■ **Bẹcker,** Boris, deutscher Tennisspieler, *Leimen 22. November 1967. Becker gewann 1985 als erster deutscher und bis dahin jüngster Spieler die »All England Championships« in Wimbledon und wiederholte diesen Erfolg 1986 und 1989. 1988 und 1989 holte er mit der deutschen Mannschaft den Daviscup, 1992 zusammen mit Michael Stich die Olympische Goldmedaille im Doppel. 1991 stand er für elf Wochen an der Spitze der Weltrangliste.

■ **Bẹckett,** Samuel, irischer Schriftsteller, *Dublin 13. April 1906, †Paris 22. Dezember 1989. Beckett schrieb Romane, Dramen, Fernseh- und Hörspiele, in denen er die Absurdität des menschlichen Daseins, oft in symbolischer Weise, zum Ausdruck brachte. Sein berühmtestes Drama ist »Warten auf Godot« (1952). 1969 erhielt er den Nobelpreis für Literatur.

■ **Bẹckmann,** Max, deutscher Maler und Grafiker, *Leipzig 12. Februar 1884, †New York 27. Dezember 1950. Er setzte sich im Sinn des Expressionismus und unter dem Eindruck seiner Erlebnisse im Ersten Weltkrieg vor allem mit Themen wie Zerstörung und Gewalt, menschlicher Grausamkeit und Brutalität auseinander. Seine Bilder zeigen oft groteske, verzerrte menschliche Gestalten.

■ **Becquerel** [bäk^{e}rạ̈l; nach dem französischen Physiker Alexandre Henri Becquerel, 1852–1908] *das,* Einheitenzeichen **Bq,** seit 1986 Maßeinheit für die Aktivität radioaktiver Stoffe (früher →Curie; auch →Radioaktivität):

1 Bq = 1 Zerfall pro Sekunde.

■ **Bedẹcktsamer** (Magnoliophytina, Angiospermen), die höchstentwickelte Gruppe der Pflanzen. Die Bedecktsamer bilden mit den →Nacktsamern die Abteilung der Samenpflanzen. Im Gegensatz zu den Nacktsamern sind bei den Bedecktsa-

Beckett

Samuel Beckett verließ im Alter von 22 Jahren sein Geburtsland. Er lebte einige Jahre in London, dann auch kurz in Deutschland und ab 1937 in Frankreich, wo er nach dem Krieg Paris zu seiner Wahlheimat machte. Die meisten seiner Werke entstanden in französischer Sprache, die er dann selbst in seine Muttersprache übersetzte. Auch die Inszenierung seiner eigenen Theaterstücke nahm der Autor mit großem Erfolg hin und wieder gern selbst in die Hand. In Berlin brachte er neben »Warten auf Godot« und »Das letzte Band« unter anderem auch das »Endspiel« auf die Bühne. Das hier abgebildete Szenenfoto aus dem »Endspiel« stammt aus einer Aufführung, die Beckett 1967 am Berliner Schiller-Theater zeigte. Vier Personen spielen das Spiel: zusammengekauert in der Mülltonne sitzen

Nagg und Nell, die Eltern von Hamm. In herrischer Haltung sitzt Sohn Hamm gelähmt und blind in einem fahrbaren Stuhl, die geduckte Gestalt dahinter gehört dem Diener, der Clov heißt. Uraufgeführt wurde das »Endspiel« 1957 von einer französischen Truppe in einem Londoner Theater.

mern die Samenanlagen im Fruchtknoten eingeschlossen, in dem sie zu Samen reifen. Die Bedecktsamer werden in →einkeimblättrige Pflanzen und →zweikeimblättrige Pflanzen unterteilt.

■ **Bedingungsform** (Konditional) →Verb.

■ **bedrohte Pflanzen und Tiere,** Pflanzen- und Tierarten der Gegenwart, deren Bestand gefährdet ist. Für Deutschland sind etwa 45 000 Tierarten (weltweit etwa 1,4 Mio.) beschrieben, wobei die tatsächliche Zahl höher geschätzt wird (weltweit etwa 10–15 Mio.). Mehr als 1 000 Arten sind in Deutschland zurzeit stark bedroht. Von den weltweit etwa 400 000 beschriebenen Pflanzenarten sind gegenwärtig allein rund 10 % der höheren Pflanzen gefährdet oder vom Aussterben bedroht. Mit jeder Pflanzenart verschwinden etwa 10–30 auf diese Pflanzenart angewiesene Tierarten, vor allem Insekten. Nach neueren Statistiken verschwinden zurzeit fast 50 Arten (Pflanzen und Tiere) pro Tag, das sind rund 17 500 Arten pro Jahr. – auch →Rote Listen.

■ **bedrohte Völker,** von Menschenrechtsorganisationen in die politische Diskussion eingeführter Oberbegriff für meist kleine, benachteiligte oder in ihrer Existenz gefährdete Sprach- und Kulturgemeinschaften.

■ **Beduinen** [arabisch], umherziehende (→Nomaden) arabische Stämme, vor allem auf der Arabischen Halbinsel. Sie leben in Großfamilien zusammen. Oberhaupt eines Stammes ist der Scheich. Lebensgrundlage für die Beduinen sind, wahrscheinlich schon seit dem 3. Jahrtausend v. Chr., Kamelzucht, Wanderweidetum und die Herstellung von Dauernahrung aus Milchprodukten. Heute gehen sie zunehmend zur Sesshaftigkeit über.

■ **Beere,** eine Frucht mit fleischiger, im reifen Zustand saftiger, selten austrocknender Fruchtwand. Die Beere enthält meist mehrere Samen, z. B. die Johannisbeere, Heidelbeere, Tomate, Tollkirsche, Zitrone, Banane oder der Kürbis. Es gibt Früchte, die Beere genannt werden (z. B. Erdbeere, Himbeere), im botanischen Sinn aber gar keine Beeren sind.

■ **Beethoven,** Ludwig van, deutscher Komponist, getauft Bonn 17. Dezember 1770, †Wien 26. März 1827.Er lebte seit 1792 in Wien und studierte hier u. a. bei Joseph Haydn und gab als Pianist Konzerte. Schon bald erkrankte er an einem Gehörleiden, das 1819 zu völliger Taubheit führte. So hat Beethoven seine letzten Kompositionen, u. a. die 9. Sinfonie, nicht mehr hören können. Von Haydn und Wolfgang Amadeus Mozart ausgehend, komponierte Beethoven hauptsächlich Instrumentalwerke. In seiner Musik kommt in neuer Weise persönliches Erleben und Empfinden, eigenes Schicksal zum Ausdruck. Ein großer Reichtum der musikalischen Erfindung bei strenger formaler Geschlossenheit kennzeichnet sein Schaffen, das den Abschluss der Wiener Klassik bildet. Beethoven schrieb u. a. neun Sinfonien, fünf Klavierkonzerte, ein Violinkonzert, 16 Streichquartette, 32 Klaviersonaten, Chorwerke (u. a. die »Missa solemnis«), Lieder, Ouvertüren (zu »Egmont«, »Coriolan« u. a.) und die Oper »Fidelio«. – Bild und Infokasten S. 108

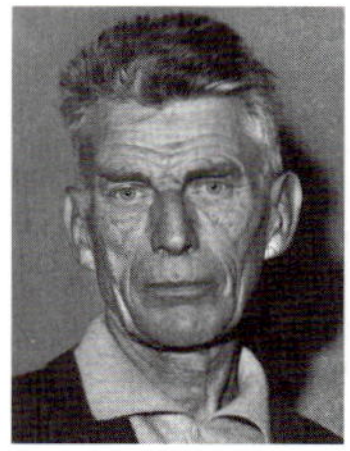

Samuel Beckett

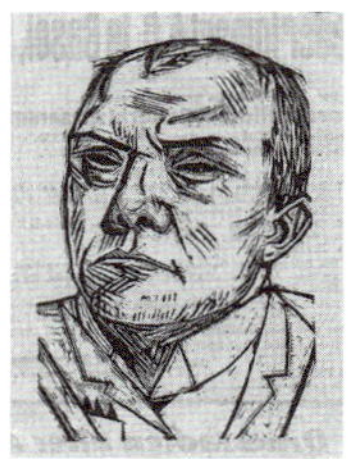

Im Jahr 1937 emigrierte **Max Beckmann** – hier ein Selbstporträt aus dem Jahr 1922 – nach Amsterdam; nach 1945 verbrachte er die letzten Jahre seines Lebens in den USA

Der Dritte im Bunde der »Wiener Klassik«: der aus Bonn stammende Musikersohn **Ludwig van Beethoven** zog im Alter von 22 Jahren nach Wien; dort schuf er sein Lebenswerk, das wie die Musik seiner Kollegen Haydn und Mozart eine Ganzheit darstellt, die von der unglaublichen Vielfalt der einmaligen und unwiederholbaren Klangfiguren jeder einzelnen Komposition lebt

■ **Befehlsform** (Imperativ) →Verb.

■ **Befreiungskriege** (Freiheitskriege), die Kriege der europäischen Mächte 1813–15 gegen die Herrschaft Napoleons I. Österreich, Russland, Preußen und Schweden vereinigten sich und besiegten Napoleon in der **Völkerschlacht bei Leipzig** (16.–19. Oktober 1813). Nach weiteren Kämpfen zogen die Verbündeten am 31. März 1814 in Paris ein. Napoleon wurde auf die Insel Elba verbannt.

Im März 1815 (während des →Wiener Kongresses) landete Napoleon wieder in Frankreich, es begann die »Herrschaft der Hundert Tage«. Bei Waterloo (heute in Belgien) siegten am 18. Juni 1815 der preußische Marschall →Blücher und der britische Feldherr Arthur Wellesley, Herzog von Wellington (1769–1852) gemeinsam über Napoleon. Wieder wurde Paris eingenommen. Napoleon wurde auf die Insel Sankt Helena verbannt.

■ **Befruchtung,** die im Anschluss an die Verschmelzung einer weiblichen und einer männlichen Geschlechtszelle erfolgende Verschmelzung der beiden Zellkerne. Da in den beiden Zellkernen jeweils nur die einfache (haploide) Anzahl der Chromosomen vorhanden ist, hat die nun entstandene Ursprungszelle des neuen Lebewesens (Zygote) die doppelte (diploide) Chromosomenanzahl. Alle weiteren durch Zellteilung aus der Zygote hervorgehenden Körperzellen haben ebenfalls die doppelte Chromosomenzahl. Beim Menschen findet die Befruchtung meist im Eileiter statt, nachdem die Spermien aus der Scheide durch die Gebärmutter in die Eileiter geschwommen sind, wo sie von der Eizelle chemisch angelockt werden.

■ **Begattung** (Kopulation, Paarung), bei Tieren die Vereinigung der äußeren männlichen und weiblichen Geschlechtsorgane, sodass die Spermienzellen in die Eizellen eindringen können (→Besamung) und deren Kerne verschmelzen (→Befruchtung). Bei einigen Tiergruppen (z. B. Säugetiere, Reptilien) sind besondere männliche Begattungsorgane (z. B. Penis) ausgebildet, die das Sperma in das weibliche Begattungsorgan (Scheide, Samentasche) übertragen. Bei anderen Tieren (z. B. den meisten Vögeln) erfolgt die Begattung durch das Aufeinanderlegen der Geschlechtsöffnungen. Beim Menschen →Geschlechtsverkehr.

■ **Begnadigung,** der Verzicht des Staates auf Vollstreckung eines rechtskräftigen Strafurteils im Einzelfall (im Gegensatz zur →Amnestie, die eine Mehrzahl von Fällen betrifft). In der Bundesrepublik Deutschland übt der Bundespräsident das Begnadigungsrecht des Bundes aus, in den Bundesländern meist die Ministerpräsidenten.

■ **Behinderte,** Menschen, die aufgrund körperlicher oder seelisch-geistiger Beeinträchtigungen in der Ausübung bestimmter Funktionen und Tätigkeiten wesentlich eingeschränkt sind. Dazu gehören u. a. Körperbehinderungen, geistige Behinderungen, aber auch soziale Behinderungen, die in

Beethoven

Das »Heiligenstädter Testament« ist keine Komposition von Ludwig van Beethoven, sondern ein Brief des Komponisten, den er am 6. Oktober 1802 in dem Dorf Heiligenstadt, das heute ein Stadtteil von Wien ist, verfasste. In einem Abschiedsbrief an seine Brüder bringt Beethoven die Erschütterung über seine zunehmende Schwerhörigkeit zum Ausdruck:

»Oh, ihr Menschen, die ihr mich feindselig, störrisch oder misanthropisch haltet oder erkläret, wie unrecht tut ihr mir. Ihr wisst nicht die geheime Ursache von dem, was euch so scheinet...«

Lern- und Verhaltensstörungen zum Ausdruck kommen.
In Deutschland gibt es etwa 6,4 Mio. Schwerbehinderte, davon über 105 000 Kinder und Jugendliche. Die Gesamtzahl der Behinderten wird auf etwa 7,8 Mio. geschätzt. Für Behinderte, die auf dem allgemeinen Arbeitsmarkt keine Stelle finden, wurden staatlich geförderte »Werkstätten für Behinderte« mit besonderen Arbeitsplätzen eingerichtet. Für die schulische Ausbildung stehen →Sonderschulen zur Verfügung.

■ **Behindertensport,** sportliche Aktivitäten von Körperbehinderten. Die Disziplinen sind den Behinderungen angepasst. Seit 1960 (Sommer) und 1976 (Winter) finden in den Jahren der Olympischen Spiele auch Behindertenolympiaden (seit 1988 **Paralympics** genannt) statt, die jeweils 14 Tage nach dem Ende der regulären Spiele am gleichen Ort ausgetragen werden.

■ **Behring,** Emil von, deutscher Bakteriologe, *Hansdorf (Westpreußen) 15. März 1854, †Marburg 31. März 1917. Er stellte als erster ein Heilserum gegen Diphtherie her.

■ **Beichte,** im Christentum das persönliche Schuldbekenntnis der Gläubigen. In der katholischen Kirche versteht man unter Beichte das geheime Bekenntnis der einzelnen Sünden gegenüber einem Geistlichen (Ohrenbeichte), der darüber strengstes Stillschweigen bewahren muss (**Beichtgeheimnis**); die Beichte ist Teil des Bußsakraments (auch →Sakrament). In den evangelischen Kirchen ist das gemeinsame allgemeine Schuldbekenntnis im Gottesdienst üblich.

■ **Beifügung** →Apposition, →Attribut.

■ **Beijing** →Peking.

■ **Beirut,** Hauptstadt des Libanon, am Mittelmeer, mit 1,9 Mio. Einwohnern. Während des Bürgerkriegs im Libanon (1975–91) wurde die vorher blühende Wirtschaft der Stadt stark beeinträchtigt und die Stadt erheblich zerstört.

■ **Beischlaf** →Geschlechtsverkehr.

■ **Bekennende Kirche,** Bewegung (seit 1934) innerhalb der deutschen evangelischen Kirchen, die sich gegen die Eingriffe und Maßnahmen der Nationalsozialisten wehrten sowie gegen die »Deutschen Christen«, eine vom nationalsozialistischen Staat geförderte evangelische Richtung, die z. B. das Alte Testament als »artfremd« (weil jüdisch) ablehnte.

■ **Belau** →Palau.

■ **Belemniten** [griech.], eine Ordnung ausgestorbener Weichtiere, die den heutigen Tintenfischen ähnlich sahen und auch im Meer lebten. Sie besaßen eine keilförmig zugespitzte Schale. Häufig

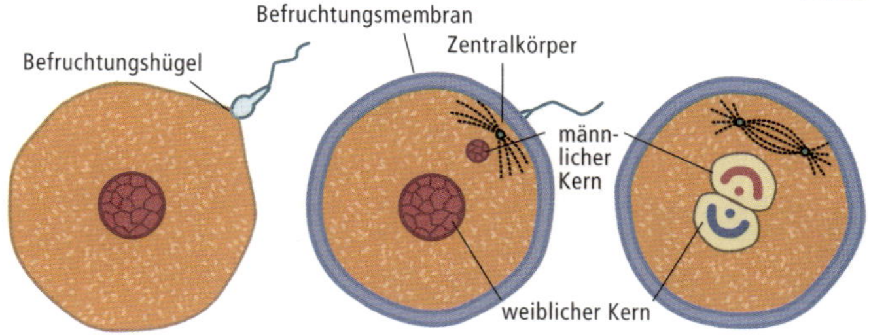

Die **Befruchtung** ist ein Vorgang in mehreren Schritten: nachdem sich das Spermium an die Eizelle geheftet hat, wölbt ihm die Eizelle einen Befruchtungshügel entgegen; sofort nach dem Eindringen des Spermiums bildet die Eizelle eine Befruchtungsmembran zur Abwehr weiterer Eizellen; aus dem Mittelpunkt des Spermiums entsteht der Zentralkörper für die erste Zellteilung, die dann die Verschmelzung beider Vorkerne zu einer Zygote möglich macht

liegen Versteinerungen (→Fossilien) in Form eines Steinkerns (»Donnerkeil«) vor . Belemniten waren in den Formationen Jura und Kreide (→geologisches System).

■ **Belfast** [bẹlfaßt], Hauptstadt und Einfuhrhafen von Nordirland (dem britischen Landesteil Irlands), mit 283 700 Einwohnern; kulturelles Zentrum mit Universität.

■ **Belgien,** Königreich in Westeuropa, seit 1993 ein Bundesstaat, der aus den Regionen Flandern (niederländisches Sprachgebiet), Wallonien (fran-

Belgien
Fläche 30 519 km²
Einwohner 10,192 Mio.
Hauptstadt Brüssel
Amtssprachen Französisch, Niederländisch und Deutsch
Nationalfeiertag 21. 7.
Währung 1 Belg. Franc (bfr) = 100 Centimes (c)
Zeitzone MEZ

Belgien

Flagge

Wappen

zösisches und deutsches Sprachgebiet) und Brüssel (zweisprachig französisch und niederländisch) besteht, aufgeteilt in zehn Provinzen und die Hauptstadtregion. Belgien ist eines der dichtestbesiedelten Länder Europas (323 Einwohner/km^2). Das Land gliedert sich in Niederbelgien (flandrisches Küstenland mit dem ehemaligen Welthafen Brügge; im Nordosten ein Teil des Kempenlandes), in das mittelbelgische Platten- und Hügelland (von der Schelde und ihren ebenfalls schiffbaren Nebenflüssen entwässert, mit vielen Kanälen) und in Hochbelgien mit den Ardennen und dem Hohen Venn. In der Wirtschaft hat die Industrie (vor allem Steinkohlenbergbau und hoch entwickelte Schwerindustrie) Vorrang vor Ackerbau und Viehzucht.
Geschichte: Der Name Belgien geht auf die Bezeichnung der römischen Provinz Gallia Belgica zurück, die von den keltischen, zum Teil auch germanischen Belgen bewohnt war. Im 5. Jahrh. Teil des Frankenreichs, gelangte das Gebiet im 14. Jahrh. an das Herzogtum Burgund und mit diesem 1477 an die Habsburger; seit 1556 unterstanden die südlichen Niederlande, das heutige Belgien, der spanischen Krone. 1815 wurden die katholischen südlichen und die protestantischen nördlichen Niederlande zum Königreich der Vereinigten →Niederlande zusammengefasst. Nach einem Aufstand der Südniederländer entstand 1830 das Königreich Belgien.
Bereits seit 1840 gibt es um die Sprachenfrage Auseinandersetzungen zwischen den französischsprachigen Wallonen und den Flamen, die zum niederländischen Kulturraum gehören. Im 19. Jahrh. wurde Belgien aufgrund seiner reichen Vorkommen an Steinkohle ein bedeutendes Industrieland. In beiden Weltkriegen war das Land von deutschen Truppen besetzt. Seit 1948 ist Belgien in Zollunion, seit 1960 in Wirtschaftsunion mit den Niederlanden und Luxemburg verbunden (→Benelux). König ist (seit 1993) Albert II. (* 1934).

■ **Belgrad** (serbisch Beograd), Hauptstadt von Serbien, an der Mündung der Save in die Donau gelegen, mit 1,16 Mio. Einwohnern. Die Stadt hat einen wichtigen Donauhafen und zwei Universitäten. Von alten Bauten sind vor allem die Festung sowie eine Moschee aus der Türkenzeit erhalten. – Belgrad geht zurück auf das unter Augustus eingerichtete römische Militärlager Singidunum. 1426–1521 war es ungarisch, danach bis 1867 osmanisch.

■ **Belichtungsmesser,** Gerät zur Ermittlung der für fotografische Aufnahmen erforderlichen Belichtung. Es misst die Stärke des vom Aufnahmegegenstand in die Kamera fallenden Lichts. Entsprechend seinem Messergebnis werden Blende und Belichtungszeit eingestellt; bei Kameras mit Belichtungsautomatik selbsttätig.

Belize

Flagge

Wappen

Belize
Fläche 22 966 km^2
Einwohner 236 000
Hauptstadt Belmopan
Amtssprache Englisch
Nationalfeiertag 10. 9. und 21. 9.
Währung Belize-Dollar (Bz$) = 100 Cents (c)
Zeitzone MEZ – 7 Std.

■ **Belize** [...s^e], Staat an der Ostküste Zentralamerikas. Die frühere Hauptstadt Belize (52 700 Einwohner) ist der wichtigste Hafen. Den Norden des Landes bildet ein vielfach sumpfiges Tiefland, den Süden eine von vielen Tälern zerschnittene Hochebene. Angebaut werden vor allem Zuckerrohr, Zitrusfrüchte und Bananen.
Geschichte: Das Gebiet des heutigen Belize, ursprünglich von Maya besiedelt, wurde 1862 britische Kolonie **(Britisch-Honduras).** 1973 erhielt es den Namen Belize, 1981 wurde es im Rahmen des Commonwealth unabhängig.

■ **Belletristik** [frz.] *die,* die so genannte schöngeistige Literatur (im Unterschied etwa zur wissenschaftlichen und zur Sach- und Fachliteratur); umfasst vor allem Romane und Erzählungen.

■ **Bellinzona,** Hauptstadt des schweizerischen Kantons Tessin, mit 16 900 Einwohnern, an der Gotthardbahn gelegen. Bellinzona ist Kultur- und Verkehrsmittelpunkt der italienischen Schweiz.

■ **Belt** *der,* Name von Meeresstraßen in der Ostsee: Der **Große Belt** zwischen den dänischen Inseln Fünen und Seeland ist 15–30 km breit. Zwischen den beiden Küsten wurde eine feste Verbindung geschaffen: zwischen Fünen und der Insel Sprogø die 6,6 km lange Straßen- und Eisenbahnbrücke (seit 1994), zwischen Sprogø und Seeland der 7,4 km lange Eisenbahntunnel (seit 1997) und die 6,8 km lange Hängebrücke für den Autoverkehr (seit 1998). Der **Kleine Belt** zwischen der Halbinsel Jütland und Fünen ist an der engsten Stelle 700 m breit. Über ihn führen eine kombinierte Straßen- und Eisenbahnbrücke (seit 1935) und eine Straßenbrücke (seit 1970). – auch →Fehmarn.

■ **Belutschistan,** Hochland im westlichen Pakistan und südöstlichen Iran.

■ **Benares** →Varanasi.

■ **Benedikt von Nursia,** Heiliger, *bei Nursia (heute Norcia, Provinz Perugia) um 480, †Monte Cassino 21. März 547 (?). Er gründete um 529 auf dem Berg Monte Cassino bei Neapel ein Kloster, das zur Keimzelle des Benediktinerordens wurde. Seine Ordensregel wurde grundlegend für das abendländische Mönchtum.

■ **Benediktiner,** Angehörige des nach der Regel des →Benedikt von Nursia lebenden katholischen Mönchsordens. Nach ihrem Grundsatz »Ora et labora« (= bete und arbeite) lebend, zählten die Benediktiner im Mittelalter zu den wichtigsten theologischen und kulturellen Lehrern des Abendlandes.

■ **Benelux,** 1948 in Kraft getretene Zollunion, seit 1960 auch Wirtschaftsunion zwischen den Ländern **Be**lgien, **Ne**derland (Niederlande) und **Lux**emburg, die man als **Beneluxländer** (Beneluxstaaten) bezeichnet.

■ **Bengalen,** fruchtbare, dicht besiedelte Landschaft des Ganges- und Brahmaputradeltas mit feuchtheißem Klima. Der westliche Teil bildet den indischen Bundesstaat West Bengal, der östliche fast das gesamte Staatsgebiet von Bangladesh.

■ **Benin,** Republik in Westafrika, am Golf von Guinea. Benin gehört zu den am wenigsten entwickelten Ländern der Erde. Haupterwerbsquelle der Bewohner (über 60 verschiedene Stämme) ist die Landwirtschaft. Der Haupthafen ist Cotonou.

Geschichte: Seit etwa 1600 existierte auf dem Gebiet des heutigen Benin ein Königreich. 1894 von den Franzosen besetzt, wurde das Land 1904 als **Dahomey** französische Kolonie. Seit 1960 ist es unabhängig. 1975 wurde die »Volksrepublik Benin« ausgerufen. 1989/90 kehrte das Land zum Mehrparteiensystem zurück.

■ **Benn,** Gottfried, deutscher Schriftsteller, *Mansfeld 2. Mai 1886, †Berlin 7. Juli 1956. Neben seiner Arzttätigkeit begann er mit expressionistischen Dichtungen und legte in seinen späten Werken besonderen Wert auf die sprachkünstlerische Gestaltung.

■ **Benutzeroberfläche,** in der Datenverarbeitung das Verbindungsglied zwischen Software und dem Benutzer. Benutzeroberflächen sind so gestaltet, dass der Benutzer die Funktionen eines Programms ohne längere Schulung verstehen und anwenden kann. Sie können kommandogesteuert, menügesteuert oder durch die Bildsymbole (Icons) gesteuert sein. Eine bekannte Benutzeroberfläche ist →Windows.

■ **Benz,** Carl, deutscher Ingenieur, *Karlsruhe 26. November 1844, †Ladenburg (Rhein-Neckar-Kreis) 4. April 1929. Er baute den ersten Kraftwagen (Patent 1886), nachdem er 1883 die Firma Benz & Cie. gegründet hatte, die 1926 mit der Daimler-Motoren-Gesellschaft zur Daimler-Benz AG verschmolzen wurde.

■ **Benzin** [arabisch] *das,* eine feuergefährliche, farblose Flüssigkeit aus einem Gemisch von →Kohlenwasserstoffen mit niedrigem Siedepunkt (40–220 °C). Gewonnen wird es durch Destillation von Erdöl und →Cracken von hochsiedenden Erdölprodukten. Benzin kann auch durch →Kohlehydrierung hergestellt werden. Es wird als Motorkraftstoff (→Oktanzahl) und als Lösungsmittel gebraucht.

■ **Benzol** *das,* der einfachste aromatische Kohlenwasserstoff, bestehend aus einem Ring aus sechs Kohlenstoff- und sechs Wasserstoffatomen. Benzol ist eine farblose, giftige, krebserzeugende und brennbare Flüssigkeit. Es wird verwendet als Lösungsmittel, Kraftstoffzusatz (zur Erhöhung der →Oktanzahl) und Ausgangsstoff für die Herstellung von Chemiefasern, Farbstoffen, Wasch-, Schäd-

Benin
Fläche 112 622 km²
Einwohner 5,88 Mio.
Hauptstadt Porto Novo
Amtssprache Französisch
Nationalfeiertag 1. 8.
Währung CFA-Franc
Zeitzone MEZ −1 Std.

Bestimmt vom Glauben an die Kraft der Kunst: **Gottfried Benn** erläutert in dem Buch »Doppelleben« seine Auffassung von Kunst und Alltag am Beispiel seines eigenen Lebens als Arzt und Dichter

Benin

Flagge

Wappen

lingsbekämpfungs- und Arzneimitteln. Es kommt im Erdöl, Kokereigas und Steinkohlenteer vor und kann durch Umwandlung von Erdöl gewonnen werden.

Die Musik von **Alban Berg** galt in den Jahren der Hitlerdiktatur ebenso wie die seines Lehrers Arnold Schönberg als »entartete Kunst«; Schönberg, der auch als Maler ein aufregendes Werk hinterließ, porträtierte seinen Schüler und lebenslangen Freund im Jahr 1910

■ **Berber, 1)** Sammelname für die älteste in Nordwestafrika lebende Bevölkerung (u. a. Kabylen, Guanchen, Tuareg). Ihre Kultur ist stark von den Arabern bestimmt. Eigene Formen haben sich besonders in der Kunst und im Kunsthandwerk erhalten.

2) Selbstbezeichnung von Nichtsesshaften.

■ **Berg,** Alban, österreichischer Komponist, *Wien 9. Februar 1885, † ebenda 24. Dezember 1935. Berg war Schüler von Arnold Schönberg und folgte dessen stilistischer Entwicklung von spätromantischer über freie atonale Musik zur Zwölftontechnik (seit 1923). Seine wichtigsten Werke sind die Opern »Wozzeck« (1921) und »Lulu« (nur zwei Akte vollendet, 1979 von F. Cerha ergänzt), die »Lyrische Suite für Streichquartett« (1926) und das Violinkonzert (1935).

■ **Berg,** jede deutlich die Umgebung überragende Geländeerhebung, durch die relative Größe vom Hügel unterschieden. Vom Bergfuß leitet der Hang oder das Gehänge zum Scheitel (Gipfel). In der Regel ist ein Berg Teil eines Gebirges; einzeln aus einer Ebene aufragende Berge (Inselberge der Tropen, Vulkane) sind selten.

■ **Bergbau,** Wirtschaftszweig, der sich mit dem Aufsuchen, Gewinnen, Fördern und Aufbereiten (das heißt Säubern und Abtrennen von unerwünschten Bestandteilen) von Bodenschätzen befasst. Vor allem Erze, Kohle, Salze, so genannte Steine und Erden (z. B. Ton, Schiefer), Erdöl und Erdgas werden im Bergbau aus den Lagerstätten gewonnen. Der Abbau erfolgt im Tiefbau (Untertagebau), Tagebau oder durch Tiefbohren. Für alle diese Abbauarten gibt es spezielle Maschinen und Maschinenanlagen, z. B. im Bergwerk Schrämmaschinen und Schrapper, Tagebaugroßbagger, Bohrtürme oder auch Bohrinseln. Auch das Herausfördern der Bodenschätze geschieht meistens vollmechanisch (Förderbänder, Rutschen, Druckleitungen). Zur Aufbereitung dienen Zerkleinerungsanlagen, Schüttelanlagen und meist mit Wasser arbeitende Großgeräte, in denen die Produkte nach ihrem spezifischen Gewicht sortiert werden.

■ **Bergkristall,** ein glasklarer Quarzkristall (Siliciumdioxid, SiO_2). Aus Bergkristall werden Schmuckgegenstände und kostbare Gefäße hergestellt, meist mit geschliffenen Verzierungen.

■ **Bergman** [bärj...], Ingmar, schwedischer Film- und Theaterregisseur, *Uppsala 14. Juli 1918. Er widmet sich in seinen Filmen besonders den psychologischen Aspekten der menschlichen Existenz und des Zusammenlebens. Bekannte Filme sind z. B. »Das Schweigen« (1962) und »Fanny und Alexander« (1983).

■ **Bergsteigen** (Alpinismus), sportliche Betätigung im Gebirge. Die leichteste Form des Bergsteigens ist das **Bergwandern** auf Hütten- und Passwegen. Bereits hierfür sind Ausdauer, Trittsicherheit, Schwindelfreiheit und Orientierungssinn ebenso notwendig wie eine angemessene Ausrüstung (wetterfeste Kleidung, Bergschuhe, Rucksack, Helm).

Das **Klettern im Fels** erfordert den ständigen Einsatz von Armen und Beinen. Die Schwierigkeiten reichen hierbei bis zum Erklettern von senkrechten oder gar überhängenden Wänden. Unverzichtbare Hilfsmittel sind Hammer, Felshaken aus Stahl, Klemmkeil, Kunststoffseil, Kletter- und Sitzgürtel. Spezielle Ausrüstungsgegenstände für **Eistouren** in der alpinen Eisregion sind Eispickel und Steigeisen, Sonnenschutzbrille und Gletscherbrandsalbe.

■ **Bergstraße,** Name des Westfußes des Odenwaldes entlang der Straße von Darmstadt nach Heidelberg. Dank des milden Klimas (»Riviera Deutschlands«) blühen hier die Obstbäume besonders früh.

■ **Beringstraße,** die 90 km breite Meeresstraße zwischen Amerika und Asien. Sie wurde benannt nach dem dänischen Seeoffizier Vitus Jonassen Bering (1680–1741), der sie in russischen Diensten als Erster durchsegelte.

■ **Berkelium** [benannt nach der kalifornischen Stadt Berkeley] *das,* ein künstliches, sehr stark radioaktives chemisches Element mit einer Halbwertszeit von 1400 Jahren; ein →Transuran.

Berkelium
chemisches Symbol: Bk
Ordnungszahl: 97
relative Nuklidmasse von ^{247}Bk: 247,07
Dichte (berechnet): 14 g/cm^3

Berg: die höchsten Berge der Erde

Asien	
Mount Everest	8 846 m
K 2	8 607 m
Kangchendzönga	8 586 m
Lhotse	8 516 m
Makalu	8 463 m
Südamerika	
Aconcagua	6 959 m
Ojos del Salado	6 880 m
Tupungato	6 800 m
Huascarán	6 768 m
Illimani	6 438 m
Nord- und Mittelamerika	
Mount McKinley	6 198 m
Mount Logan	5 951 m
Citlaltépetl	5 700 m
Mount Saint Elias	5 489 m
Popocatépetl	5 452 m
Afrika	
Kilimandscharo	5 895 m
Mount Kenya	5 194 m
Ruwenzori	5 119 m
Meru	4 567 m
Ras Daschan	4 550 m
Europa	
Montblanc	4 807 m
Dufourspitze	4 634 m
Matterhorn	4 478 m
Finsteraarhorn	4 274 m
Jungfrau	4 158 m
Australien, Ozeanien	
Gunung Jaya	5 033 m
Mauna Kea	4 205 m
Mount Cook	3 763 m
Mount Kosciusko	2 230 m
Antarktis	
Vinsonmassiv	4 897 m
Mount Markham	4 351 m
Mount Erebus	3 794 m

■ **Berlichingen,** Götz (Gottfried) von, fränkischer Reichsritter, *Jagsthausen (Baden-Württemberg) 1480, †Burg Hornberg (zu Neckarzimmern) 23. Juli 1562. Berlichingen verlor im Kampf seine rechte Hand, die durch eine eiserne ersetzt wurde; dieser verdankte er seinen Beinamen **Ritter mit der eisernen Hand.** 1525 führte er im Bauernkrieg die Aufständischen im Odenwald an, verließ die Bauern aber vor der Entscheidungsschlacht. Sein Lebensbericht liegt als Quelle dem Drama von Goethe zugrunde.

■ **Berlin,** Hauptstadt der Bundesrepublik Deutschland, zugleich Bundesland, am Zusammenfluss von Spree und Havel gelegen, umfasst 891 km² und ist mit 3,399 Mio. Einwohnern die größte Stadt Deutschlands. Berlin hat drei Universitäten (Freie Universität, Technische Universität und Humboldt-Universität) sowie mehrere Akademien und Forschungsinstitute. Steigenden Zuspruch findet Berlin als Kongress- und Messestadt (Internationale Grüne Woche, Internationale Funkausstellung). Berlin ist Verkehrsknotenpunkt mit sechs Fernbahnhöfen, den Flughäfen Schönefeld, Tegel und (Teilnutzung) Tempelhof sowie Kanalverbindungen zu Nord- und Ostsee.
Theater, Bibliotheken, Museen und andere kulturelle Einrichtungen finden sich im westlichen wie auch im östlichen Teil der Stadt. Das Stadtbild wird besonders bestimmt von den Baudenkmälern, die den Zweiten Weltkrieg relativ unbeschadet überdauerten oder restauriert wurden: Brandenburger Tor, Schloss Charlottenburg, Reichstag, Funkturm, Olympiastadion, die Museumsinsel (seit 2000 UNESCO-Weltkulturerbe). Daneben ragen noch heraus der neu gestaltete Alexanderplatz, die Straße »Unter den Linden«, die Neue Nationalgalerie, die Neue Wache (seit 1993 Zentrale Gedenkstätte der Bundesrepublik Deutschland), die Philharmonie, das Rote Rathaus, die Ruine der Gedächtniskirche. Zu den Neubauvierteln zählen das neue Hansaviertel, das Märkische Viertel und die »Gropiusstadt«.
Mit der neuen Funktion Berlins als Hauptstadt Deutschlands sind zahlreiche Neubauprojekte in Planung und Ausführung, so die Neugestaltung der

Bergsteigen
Erstbesteigungen:
Montblanc 1786
Ortler 1804
Jungfrau 1811
Zugspitze 1820
Matterhorn 1865
Aconcagua 1897
Mount Everest 1953

Berge galten in vielen Religionen als Sitz der Götter; die vielfältigen Bergformen werden mit anschaulichen Namen unterschieden – hier von oben: Pyramide, Horn, Kegel, Zinnen, Kuppe und Tafel

Gedacht als Sinnbild für Offenheit und Transparenz einer Demokratie: die von dem britischen Architekten Norman Foster (*1935) erbaute gläserne Kuppel des Reichtagsgebäudes in **Berlin;** die erste Sitzung des von Bonn in die neue Hauptstadt gezogenen Bundestags fand am 19. April 1999 statt

Der Dichter George Bernard Shaw würdigte den Klangreichtum der Kompositionen von **Hector Berlioz** mit einer klaren Adresse an die Dirigenten: »Um sagen zu können, ob ein Dirigent Sensibilität besitzt, muss man erst einmal hören, was er mit Berlioz und Mozart macht.«

Berliner Stadtmitte im Spreebogen (Regierungsviertel), auf der Spreeinsel, am Alexander-, Potsdamer, Leipziger und Pariser Platz.

Geschichte: Um die Burgen Köpenick und Spandau entstanden im 12. Jahrh. Siedlungen, gleichzeitig die Fernhandelssiedlung Cölln. Zwischen 1230 und 1240 gründeten die Markgrafen am rechten Spreeufer die Stadt Berlin; Cölln und Berlin wuchsen zur Doppelstadt zusammen, die seit 1470 Residenz der Kurfürsten von Brandenburg war und 1709 mit weiteren Orten zur Residenzstadt Berlin vereinigt wurde. Von 1871 bis 1945 war Berlin Reichshauptstadt.

Nach starker Zerstörung im Zweiten Weltkrieg wurde die Stadt 1945 in vier Sektoren aufgeteilt und unter die Kontrolle der vier Siegermächte Sowjetunion, USA, Großbritannien und Frankreich gestellt. Während der sowjetischen Sperrung der Land- und Wasserwege (Berliner Blockade) von Juni 1948 bis Mai 1949 wurde B. auf dem Luftweg versorgt. Während der Blockade vollzog sich die Spaltung von Berlin (West) und Berlin (Ost). Nach der Gründung der DDR 1949 wurde Berlin (Ost) deren Hauptstadt, Berlin (West) nach der Verfassung von 1950 Land der Bundesrepublik Deutschland, jedoch aufgrund von Vorbehalten der drei westlichen Alliierten ohne Stimmrecht in Bundestag und Bundesrat.

Um den Flüchtlingsstrom aus der DDR und Berlin (Ost) zu stoppen, begann die Regierung der DDR am 13. August 1961 mit dem Bau der **Berliner Mauer** (45,1 km lang, 1990/91 fast gänzlich abgerissen). 1971 bestätigten die vier Besatzungsmächte im Viermächteabkommen ihre gemeinsame Verantwortung und ihre Rechte für Berlin.

Nach dem Beitritt der DDR zur Bundesrepublik Deutschland am 3. 10. 1990 wurde das gesamte Berlin wieder Hauptstadt und Bundesland. Die Alliierten gaben ihre Kontrollrechte auf. Berlin ist seit 1994 Amtssitz des Bundespräsidenten; der Umzug von Regierung und Parlament folgte 1999. Regierender Bürgermeister ist (seit 1990) Eberhard Diepgen (*1941, CDU).

■ **Berlioz** [berljos], Hector, französischer Komponist, *La Côte-Saint-André (Département Isère) 11. Dezember 1803, †Paris 8. März 1869. Seine Kompositionen zeigen reiche Klangfarben und oft eine überraschende Verwendung der Instrumente. Berlioz versah seine Werke mit Titeln und Erläuterungen (Programmmusik). Er schrieb Opern (z. B. »Benvenuto Cellini«), Oratorien, Sinfonien (z. B. die »Symphonie phantastique«), Lieder, Chorwerke und Kirchenmusik.

■ **Bermudadreieck,** Seegebiet im südwestlichen Nordatlantik (Eckpunkte: Bermudainseln, Puerto Rico, Florida). Dort immer wieder vorkommende Schiffs- und Flugzeugkatastrophen werden gelegentlich mysteriösen oder übernatürlichen Ursachen zugeschrieben. Die Vorfälle lassen sich aber in der Regel auch ohne geheimnisvolle Phänomene erklären.

■ **Bermudainseln,** 360 Koralleninseln im westlichen Atlantischen Ozean, von denen 20 bewohnt sind. Insgesamt sind die Bermudainseln 53 km² groß und haben 62 500 Einwohner. Hauptort ist Hamilton auf Hamilton Island.

Die Bermudasinseln sind seit 1684 britische Kronkolonie. 1995 sprach sich die Bevölkerung in einer Volksabstimmung gegen die Unabhängigkeit aus.

■ **Bern, 1)** Kanton im Westen der mittleren Schweiz, mit 5 959 km² und 941 100 Einwohnern (deutschsprachig). Die Hauptstadt ist Bern 2). Der Kanton umfasst das Berner Oberland im Süden (mit Almwirtschaft und Fremdenverkehr) und Teile des Schweizer Mittellandes im Norden (mit Anbau von Weizen und Zuckerrüben). Industrie ist vor allem in den Städten Bern und Biel angesiedelt. – Vom Kanton Bern wurde 1978 der Kanton →Jura abgetrennt.

2) Hauptstadt der Schweiz und des Kantons Bern, an der Aare gelegen, mit 123 300 Einwohnern. Die Stadt hat eine Universität und ist Sitz internationaler Körperschaften. Sie hat eine malerische Altstadt.

Münster und Rathaus stammen aus dem 15. Jahrhundert. Das mächtige Bundeshaus, Sitz des Parlaments, liegt an der Aare.
Bern wurde 1191 gegründet und war seit 1218 Reichsstadt. 1353 verband es sich mit der Eidgenossenschaft und eroberte im 15. und 16. Jahrh. ein großes Territorium. Seit 1848 ist Bern Bundeshauptstadt der Schweiz.

■ **Bernhard,** Thomas, österreichischer Schriftsteller, *Kloster (bei Heerlen, Niederlande) 10. Februar 1931, †Gmunden (Oberösterreich) 12. Februar 1989. Er stellte in seinem Werk Menschen und Natur dar als der Krankheit, dem Tod und dem Verfall unterworfen. Aufsehen erregten seine Dramen (u. a. »Heldenplatz«, 1988).

■ **Bernhardiner,** Schutz- und Wachhund, auch Lawinensuchhund mit mächtigem Körper und kurzer Schnauze. Bernhardiner wurden bereits 1665 auf dem Großen Sankt Bernhard gezüchtet.

■ **Bernhard von Clairvaux** [...klärwo], Abt und Kirchenlehrer; Heiliger, *Schloss Fontaine (bei Dijon) um 1090, †Clairvaux (Département Aube) 20. August 1153. Seit 1112 Mönch in der Abtei Cîteaux (Burgund), wurde er 1115 als Abt zur Gründung des Tochterklosters Clairvaux ausgesandt, das für die Ausbreitung des Zisterzienserordens bedeutsam wurde.

■ **Bernini,** Giovanni Lorenzo, italienischer Baumeister, Bildhauer und Maler, *Neapel 7. Dezember 1598, †Rom 28. November 1680. Unter seiner Leitung erhielt Rom ein barockes Stadtbild (Kolonnadenreihen auf dem Petersplatz, Vierströmebrunnen auf der Piazza Navona).

Schmuckstück aus **Bernstein** mit eingeschlossenen Insekten

■ **Bernstein,** aus dem Tertiär erhaltenes Harz einer ausgestorbenen Kiefernart. Bernstein ist hellgelb bis gelbbraun getönt, durchsichtig bis undurchsichtig. Mitunter sind Insekten oder auch Pflanzenteile in Bernstein eingeschlossen. Er ist beliebt als Schmuckstein. Abgebaut wird Bernstein hauptsächlich an der so genannten Bernsteinküste des Samlandes (Ostpreußen).

Mit Haut und Haaren der Musik verschrieben: **Leonard Bernstein** 1978 in München bei einer Probe mit der amerikanischen Sopranistin Clamma Dale

■ **Bernstein** [bö̱rnstain], Leonard, amerikanischer Komponist, Dirigent, Pianist und Musikpädagoge, *Lawrence (Massachusetts) 25. August 1918, †New York 14. Oktober 1990, langjähriger Dirigent berühmter Orchester (u. a. New York Philharmonic Orchestra, Wiener Philharmoniker). Bernstein schrieb Orchesterwerke, Kammermusik, Musicals (»West Side Story«, 1957).

■ **Beruf,** im engeren, ursprünglichen Sinn die Tätigkeit (Arbeit), zu der sich ein Mensch durch Neigung und Begabung »berufen« fühlt. Der schon von Martin Luther im Sinne von »Berufung« gebrauchte, aber erst nach 1900 (anstelle des Begriffs »Stand«) in den allgemeinen Sprachgebrauch eingegangene Begriff »Beruf« hat sich seither immer wieder inhaltlich gewandelt. Heute versteht man unter einem Beruf eine auf Erwerb gerichtete hauptsächliche, regelmäßige Tätigkeit, die auf Ausbildung bzw. besonderen Kenntnissen, Fähigkeiten und Erfahrungen beruht. Mit dem auch im deutschsprachigen Raum häufig verwendeten Begriff **Job** bezeichnet man dagegen meist eine nicht auf Dauer angelegte Erwerbstätigkeit, mit der keine persönliche Identifikation verbunden ist und bei der das Geldverdienen im Vordergrund steht. Neuere Statistiken belegen, dass mehr und mehr Menschen im Laufe ihres Lebens auch mal eine Zeit lang einen Job ausüben, etwa während des Studiums oder um Arbeitslosigkeit zu umgehen.
In Deutschland garantiert Artikel 12 des Grundgesetzes die freie Wahl von Beruf, Ausbildungsstelle und Arbeitsplatz, das heißt, niemand darf zu einem

Vergleichbar mit seinem älteren Kollegen Robert Musil konzentriert sich das Werk des Schriftstellers **Thomas Bernhard** auf den Zustand des Staates Österreich, dessen Geschichte in seinem letzten Roman »Auslöschung« am Beispiel eines alten Familienbesitzes gespiegelt wird

bestimmten Beruf gezwungen werden. Das heißt aber nicht, dass jeder einen Anspruch auf seinen »Traumberuf« hat. Die Berufswahl hängt stets auch von den Möglichkeiten auf dem Arbeitsmarkt und der persönlichen Qualifikation ab.

Durch die immer schnellere Entwicklung in den Produktions- und Leistungsbereichen der industriellen Gesellschaft erlernt man heute einen Beruf vielfach nicht mehr für das ganze Leben. Fast jeder zweite Erwerbstätige wechselt mittlerweile im Laufe seines Lebens einmal seine berufliche Tätigkeit. Das bedeutet, dass die Weiterqualifizierung nach der ersten Ausbildung, die ständige Umstellung auf neue Aufgaben und die stetige Anpassung an neue Entwicklungen eine weitaus größere Rolle spielen als je zuvor.

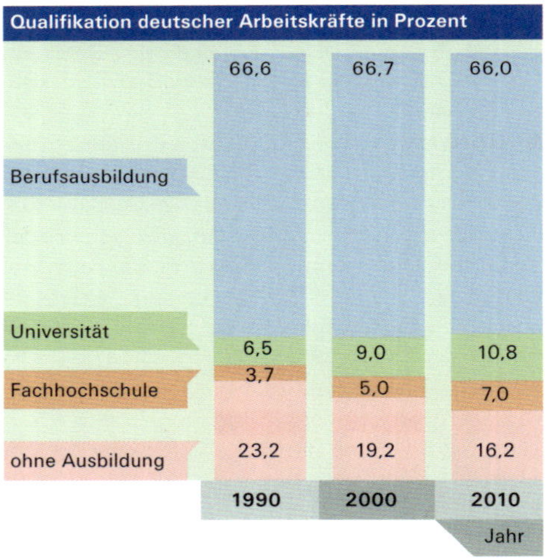

Der Zeitgeist verlangt Mobilität: einen einzigen **Beruf** von der Lehre bis zur Rente auszuüben, gehört heute zu den seltenen Ausnahmen

Heute gibt es in Deutschland über 400 staatlich anerkannte Ausbildungsberufe und über 20 000 verschiedene Berufstätigkeiten. Die meisten davon entstanden im Zuge immer stärkerer Arbeitsteilung durch Verzweigung (etwa der Beruf des Konditors aus dem des Bäckers). Aber es sind auch immer wieder Berufe verschwunden (z. B. der des Putzmachers, der handwerklich aus Bändern, Federn oder Pailletten Zierrat für Bekleidung herstellte) oder haben sich in ihren Anforderungen wesentlich gewandelt (so etwa der Schriftsetzer, der früher mit Bleibuchstaben hantierte und heute vor allem am Computer arbeitet).

Neben den staatlich anerkannten Ausbildungsberufen gibt es Berufe mit geregelten Ausbildungsgängen an →Berufsfachschulen (z. B. Krankenpflege), →Fachschulen, in Betrieben und Verwaltungen sowie solche Berufe, die ein Studium an einer →Fachhochschule oder an einer →Hochschule voraussetzen. Die meisten Studiengänge (z. B. Rechtswissenschaft) bereiten allerdings nicht gezielt auf einen bestimmten Beruf vor, sondern auf eine ganze Palette von unterschiedlichen Tätigkeiten (für den Rechtswissenschaftler sind das beispielsweise die Berufe des Rechtsanwalts, des Richters oder des Staatsanwalts, des Justiziars in einem Unternehmen), auf die man sich in der Regel erst in der Praxis spezialisiert.

■ **berufliches Gymnasium** →Fachgymnasium.

■ **Berufsaufbauschule,** mindestens einjährige Voll- oder Teilzeitschule, die neben oder nach der Berufsausbildung oder Berufstätigkeit besucht werden kann und zur Fachschulreife führt; besonders für Hauptschulabsolventen gedacht.

■ **Berufsausbildungsvertrag** (Lehrvertrag), ein zwischen dem Ausbildenden und dem Auszubildenden und dessen gesetzlichem Vertreter abgeschlossener Vertrag in schriftlicher Form. Inhalt des Berufsausbildungsvertrag sind u. a. die Bezeichnung der Berufstätigkeit, für die ausgebildet werden soll, Beginn und Dauer der Berufsausbildung, Dauer der Probezeit, der regelmäßigen Arbeitszeit und des Urlaubs, Höhe der Ausbildungsvergütung sowie Voraussetzungen, unter denen der Berufe gekündigt werden kann. Im Berufsausbildungsvertrag wird der Ausbildende u. a. verpflichtet, für die fachliche und persönliche Bildung des Auszubildenden zu sorgen, indem er ihm die für den Ausbildungsgang notwendigen Fähigkeiten und Kenntnisse vermittelt und ihn zum Besuch der Berufsschule freistellt. Zu den Pflichten des Auszubildenden (Azubi) gehört es u. a., die ihm übertragenen Arbeiten mit der nötigen Sorgfalt auszuführen und die für die Ausbildungsstätte geltende Ordnung zu beachten. Außerdem ist er zur Verschwiegenheit verpflichtet (Geschäftsgeheimnisse). Auszubildende im Handwerk erhalten nach bestandener Abschlussprüfung vor der Handwerkskammer oder Handwerksinnung ein Abschlusszeugnis, den Gesellenbrief. Auszubildende in der Industrie erhalten von der Industrie- und Handelskammer den Kaufmannsgehilfen- oder Facharbeiterbrief.

■ **Berufsberatung** →Beruf.

■ **Berufsfachschule,** ein- bis dreijährige berufliche Vollzeitschule, die neben einer erweiterten

Allgemeinbildung eine berufliche Grundbildung in einem der folgenden Bereiche vermittelt: Technik, Wirtschaft und Verwaltung, Ernährung und Hauswirtschaft, Sozial- und Gesundheitswesen, Agrarwirtschaft. Neben der Fachoberschulreife kann der Abschluss in einigen anerkannten Ausbildungsberufen erworben werden. Die Berufsfachschule baut in der Regel auf dem Hauptschulabschluss auf und bereitet auf eine spätere berufliche Tätigkeit vor. **Höhere Berufsfachschulen** sind berufliche Vollzeitschulen, die qualifizierte berufliche Kenntnisse in einem Berufsfeld oder einen Berufsabschluss sowie eine erweiterte und vertiefte Allgemeinbildung vermitteln. Berufsfachschulen können von Schülern mit Fachoberschulreife besucht werden. Der Besuch einer höheren Berufsfachschule führt zur Fachhochschulreife.

■ **Berufsgrundbildungsjahr,** einjährige Vollzeitschule, die im Rahmen eines Berufsfeldes eine berufliche Grundbildung und in einigen Bundesländern einen Schulabschluss der Sekundarstufe I vermittelt. Für einige Berufe ist ein Berufsgrundbildungsjahr vorgeschrieben.

■ **Berufskrankheiten,** Erkrankungen, die bei bestimmten Berufsgruppen durch die Arbeitsweise, das Arbeitsverfahren oder den zu bearbeitenden Rohstoff auftreten können. Juristisch gelten nur solche Erkrankungen als Berufskrankheiten, die durch das Unfallversicherungsgesetz anerkannt sind. So können z. B. Maler und Lackierer beim Arbeiten mit lösungsmittelhaltigen Farben an Veränderungen der Schleimhäute und auch an Krebs erkranken. Die Arbeit an lauten Maschinen kann Gehörschäden verursachen. Schleifstaub in Holz-, Metall- oder Stein verarbeitenden Betrieben kann zu Lungenschäden führen (Lungentuberkulose, Staublunge, Lungenkrebs). Auch Allergien, z. B. die Mehlallergie bei Bäckern oder eine Allergie gegen Haare bei Friseuren, gehören zu den Berufskrankheiten.

■ **Berufspraktikum,** der praktische Anteil der Ausbildung vor, während oder nach der Unterrichtszeit z. B. in der Berufsfachschule, Fachoberschule und Fachhochschule. Durch das Berufspraktikum soll der Schüler oder Student Berufsfelder genauer kennen lernen.

■ **Berufsschule,** Pflichtschule für alle Absolventen allgemein bildender Schulen, die in ein Ausbildungs- oder Arbeitsverhältnis eintreten oder die arbeitslos sind und der →Berufsschulpflicht unterliegen. Der Unterricht wird in Teilzeitform (ein bis zwei Tage pro Woche) oder in Vollzeitform (Blockunterricht von mehreren Wochen) erteilt. Die Berufsschule vermittelt die für einen bestimmten Beruf erforderliche berufliche Grund- und Fachbildung in Verbindung mit einer erweiterten Allgemeinbildung.

■ **Berufsschulpflicht.** Jugendliche ohne Berufsausbildungsverhältnis sind bis zum Ablauf des Schuljahres, in dem sie das 18. Lebensjahr vollendet haben, berufsschulpflichtig, ansonsten solange ein Berufsausbildungsverhältnis besteht, das vor Vollendung des 21. Lebensjahres begonnen wurde.

■ **Berufsvorbereitungsjahr,** Sonderform der beruflichen Grundausbildung vor allem für Jugendliche, die die Voraussetzungen für eine Berufsausbildung noch nicht erfüllen. Das Berufsbildungsjahr gibt Einblick in verschiedene Berufe und Berufsfelder und soll auch der Berufsfindung dienen.

■ **Berufung** →Revision.

■ **Beryll** [griech.] *der,* ein berylliumhaltiges, in reinem Zustand glasklares Mineral. Zur Beryllgruppe gehören u. a. der hellblaue oder grüne Aquamarin, der grüne Smaragd und der leuchtend gelbe Goldberyll.

■ **Beryllium** [griech.] *das,* ein chemisches Element aus der Gruppe der Erdalkalimetalle. Das sehr spröde Leichtmetall hat große Ähnlichkeit mit Aluminium, ist jedoch leichter als dieses. Es wird gewonnen aus →Beryll und als härtender Zusatz für Legierungen verwendet. Beryllium und seine Verbindungen sind giftig.

Beryllium
chemisches Symbol: Be
Ordnungszahl: 4
relative Atommasse: 9,01
Dichte: 1,85 g/cm^3
Schmelzpunkt: 1 287 °C
Siedepunkt: 2 471 °C

■ **Besamung,** im weiteren Sinn das Eindringen von Samenflüssigkeit in die weiblichen Geschlechtsorgane (→Begattung), im engeren Sinn die Verschmelzung der Geschlechtszellen, die in der Regel zur →Befruchtung führt. Neben der natürlichen Besamung gibt es auch die künstliche Besamung, die oft fälschlich künstliche Befruchtung genannt wird (→Insemination). – auch →In-vitro-Fertilisation.

■ **Beschleunigung,** die Zunahme oder Abnahme (Verzögerung) der Geschwindigkeit eines Körpers pro Zeiteinheit. Berechnet wird die Beschleunigung a aus der Geschwindigkeitszunahme

Δv des Körpers und der dazu erforderlichen Zeit Δt, also $a = \Delta v/\Delta t$.
Wächst die Geschwindigkeit eines Fahrzeugs z. B. innerhalb 1 Sekunde um 1 Meter pro Sekunde (m/s), so beträgt die Beschleunigung 1 m/s^2.
Allgemein versteht man unter Beschleunigung eine Änderung der Richtung oder des Betrages der Geschwindigkeit eines Körpers, hervorgerufen durch Einwirkung einer Kraft. Ein Körper, der sich mit gleich bleibender Geschwindigkeit auf einer Kreisbahn bewegt, erfährt ständig eine auf den Mittelpunkt der Kreisbahn hin gerichtete Beschleunigung (Zentripetalbeschleunigung).

Bestäubung

Sich fortzupflanzen scheint in der Pflanzenwelt mit ihrer großen Vielfalt ein schwieriges Geschäft zu sein. Auf diesen Gedanken kann man jedenfalls kommen, wenn man sieht, welchen Aufwand die Pflanzen mit ihren Blüten treiben, um bestäubende Tiere, vor allem Insekten und Vögel, herbeizulocken. So ist z. B. der unscheinbare, kolbenförmige Fruchtstab des Aronstabes zu diesem Zweck von einem auffälligen Hochblatt umhüllt. Einige der Orchideenarten, die in unseren Breiten gedeihen, treiben ein vollkommenes Trugspiel, indem sie das Aussehen eines weiblichen Insektes nachahmen. Auf Nummer Sicher geht der Salbei: Setzt sich ein Insekt auf den Rand eines seiner flachen und sehr weichen Blütenblätter, so beugt sich das Staubgefäß von allein nieder und legt seine Pollen auf dem Rücken des Insektes ab, das sie weitertragen soll.

■ **Beschneidung,** bei Männern das Einschneiden oder Kürzen der Vorhaut des Penis. Sie ist als Kulthandlung z. B. im Judentum und im Islam üblich. In manchen Ländern, vor allem in Afrika, gibt es auch die Beschneidung von Mädchen (Entfernen der Klitoris, oft auch der kleinen und, bei der »pharaonischen Beschneidung«, auch der großen Schamlippen). Die weibliche Beschneidung führt oft zu großer gesundheitlicher Beeinträchtigung.

■ **Besitz,** die tatsächliche (nicht die rechtliche) Gewalt über eine Sache; wer z. B. eine Brieftasche findet, ist zwar ihr Besitzer, er muss sie aber dem Eigentümer zurückgeben. – auch →Eigentum.

■ **besitzanzeigendes Fürwort** (Possessivpronomen) →Pronomen.

■ **Beskiden,** die Nordkette der Karpaten in Polen, in der Tschechischen und der Slowakischen Republik. Der höchste Berg ist die Babia Góra mit 1725 m.

■ **Bessarabien,** hügelige, fruchtbare Landschaft zwischen Pruth, Dnjestr und unterer Donau. Der größte Teil Bessarabiens gehört zu Moldawien. Die Bevölkerung setzt sich zusammen aus Rumänen und Ukrainern. Bis zur Umsiedlung 1940 lebten dort auch Deutsche.

■ **Bestäubung,** die bei den Samenpflanzen der Befruchtung vorausgehende Übertragung von Blütenstaub durch Wasser, Wind oder Tiere auf die Narbe einer anderen Blüte der gleichen Art. Man unterscheidet **Selbstbestäubung** und **Fremdbestäubung,** je nachdem, ob die Bestäubung mit Blütenstaub derselben Blüte, derselben Pflanze oder verschiedener Pflanzen geschieht. Selbstbestäubung wirkt sich meist nachteilig auf das Samengut aus (oft weniger, schwer keimende oder keine Samen). Bei zwittrigen Blütenpflanzen wird eine Selbstbestäubung dadurch verhindert, dass Staubblätter und Stempel (männliche und weibliche Blütenteile) in einem zeitlichen Abstand reifen.

■ **Bestseller** [engl.] *der,* ein Buch, das besonders erfolgreich verkauft wird.

■ **Beta,** der zweite Buchstabe des griechischen Alphabets (Zeichen Β, β).

■ **Betastrahlung** →Radioaktivität.

■ **Bethlehem** (arabisch Bait Lahm), Stadt im Westjordanland, südlich von Jerusalem, mit 30 000 Einwohnern. Im Alten Testament ist Bethlehem die Stadt Davids, im Neuen Testament der Geburtsort Jesu. Zum Gedächtnis daran ließ Kaiser Konstantin der Große 326–335 die Geburtskirche erbauen (um 540 erneuert).

■ **Beton** [betọng; frz.] *der,* ein Gemisch aus Sand, Kies (und anderen Zuschlagstoffen), Zement und Wasser, das als Baustoff dient. Zur Erhöhung der geringen Zugfestigkeit werden nach verschiedenen Methoden Stahleinlagen mit eingebaut **(Stahlbeton).**

■ **Betriebsrat,** gewählte Vertreter der Arbeitnehmer in einem Betrieb (→Mitbestimmung).

■ **Betriebssystem** (engl. operating system), zusammenfassende Bezeichnung für alle Programme eines →Computers, die die Ausführung der Benutzerprogramme, die Verwaltung der Betriebsmittel (z. B. Drucker, Tastatur, Bildschirm, Diskette, Festplatte) und die Aufrechterhaltung des Betriebes steuern und überwachen. Die verbreitetsten Betriebssysteme für Personalcomputer sind MS-DOS,

Linux und OS/2, bei größeren Computern vor allem Unix in mehreren Varianten.

■ **Bettelorden,** aus der Armutsbewegung des Mittelalters entstandene Orden, die nicht nur das persönliche Eigentum der Mönche und Nonnen, sondern auch das gemeinsame Eigentum des Klosters ablehnen und sich von Arbeit und Almosen ernähren. Bettelorden im engeren Sinn sind heute nur noch Franziskaner und Kapuziner, im weiteren Sinn auch Dominikaner, Augustiner und Karmeliter.

■ **Bettnässen,** ungewolltes Harnlassen im Schlaf, das oft als Folge von psychischen Problemen auftritt.

■ **Beugung, 1)** *Physik:* (Diffraktion), Abweichung von der geradlinigen Wellenausbreitung, die eintritt, wenn diese durch ein im Strahlengang befindliches Hindernis gestört wird. Man kann Beugung beobachten, wenn Licht durch enge Öffnungen hindurchtritt. Hinter einem schmalen Spalt entsteht z. B. keine scharfe Grenze zwischen Licht und Schatten; es gelangt Licht in den geometrischen Schattenbereich, sodass man dort helle (oft farbige) Streifen erkennen kann. Beugung lässt sich sehr gut bei Wasserwellen beobachten, z. B. an einer schmalen Hafeneinfahrt. Der Effekt der Beugung ist umso stärker, je größer die Wellenlänge im Vergleich zu den Abmessungen des Hindernisses ist (z. B. folgen Rundfunkwellen im Lang- und Mittelwellenbereich der Erdkrümmung).

2) *Sprachwissenschaft:* 1. Deklination (→Fälle); 2. Konjugation (→Verb).

■ **Beuteltiere,** eine Teilklasse der Säugetiere mit über 250 Arten in Australien und auf einigen Nachbarinseln, wenige Arten auch in Amerika. In Australien gibt es Kängurus, den Kletterbeutler (Koala) und viele Beuteltiere, die Lebensräume bewohnen, die auf anderen Kontinenten ansonsten andere Säugetiergruppen nutzen: Beuteldachs, Raubbeutler, Wombat, Beutelratten, Beutelmulle und Opossummäuse. Die sehr wenig entwickelt geborenen Jungen (0,5 bis 3 cm lang) wachsen, solange sie gesäugt werden (zum Teil länger als sechs Monate), in einem Brutbeutel am Bauch der Mutter heran. Im Tertiär (vor etwa 70 Mio. Jahren) waren die Beuteltiere über alle Erdteile verbreitet.

Beton

Aus der Römerzeit stammt das älteste uns bekannte Beispiel für die Mischung von Zement, Wasser und Zuschlagstoffen (z. B. kleine Steine): 121 v. Chr. wurde in Rom Beton für das Fundament eines Tempels verwendet. Das bekannteste und schönste Beispiel römischer Betonierkunst ist die mit einem Durchmesser von gut 43 m gewaltige Kuppel des römischen Pantheons, das im 2. Jahrh. n. Chr. unter Kaiser Hadrian errichtet wurde. Im Mittelalter geriet der Beton in Vergessenheit und taucht erst zu Beginn des 19. Jahrh. in Frankreich wieder auf, wo auch nach 1850 der Stahlbeton entwickelt wurde.

Beuteltiere

Das einzige ans Wasser angepasste Beuteltier ist das in Mittel- und Südamerika lebende Wasseropossum, auch Schwimmbeutler genannt: Es kann seine Beutelöffnung mittels eines kräftigen Schließmuskels wasserdicht machen und so seine bis zu fünf Jungen zur Jagd auf Fische und Krebse mitnehmen.

■ **Beuys** [beuß], Joseph, deutscher Künstler, *Krefeld 12. Mai 1921, †Düsseldorf 23. Januar 1986. Er dehnte seine künstlerische Kreativität auf alle Lebensbereiche aus (z. B. durch politische Aktionen) und versuchte, in seinem Schaffen (Zeichnungen, Plastiken, Happenings) den »ganzen« Menschen zu finden, in dem Natur und Kultur, Mythos und Wissenschaft wieder eins sind.

■ **Bevölkerungsentwicklung,** die Veränderung der Bevölkerungszahl eines bestimmten Gebietes, die vor allem von den Faktoren Geburtenhäufigkeit, Lebenserwartung, Sterblichkeit und Altersstruktur abhängig ist.

Wachstumsrate: Die Weltbevölkerung vergrößerte sich in den Jahrhunderten vor Christi Geburt wie auch danach nur sehr langsam. Bei einer Wachstumsrate von nahezu null bedurfte es mehrerer Jahrtausende, bis sich die Weltbevölkerung verdoppelt hatte. Um 1650 gab es etwa 500 Mio. Menschen auf der Erde, die Wachstumsrate betrug 0,3 % jährlich; dies entsprach einer Verdoppelungszeit von rund 250 Jahren. 1970 betrug die Weltbevölkerung etwa 3,7 Milliarden, 1985 etwa 5,7 Milliarden Menschen, was einer Wachstumsrate von 1,6 % und einer Verdoppelungszeit von 44 Jahren entspricht.
Die durchschnittliche jährliche Wachstumsrate der Bevölkerung für 1990–95 betrug in Afrika 2,8 %, in Mittel- und Südamerika 1,8 %, in Asien 1,7 %, in Australien und Ozeanien 1,6 %, in Nordamerika 1,0 % und in Europa 0,2 %. Während die westlichen Industrienationen im Wesentlichen stabile, wenn

Bhutan
Fläche 47 000 km²
Einwohner 1,917 Mio.
Hauptstadt Thimphu
Amtssprache Dzongkha
Nationalfeiertag 17. 12.
Währung 1 Ngultrum (NU) = 100 Chhetrum (CH)
Zeitzone MEZ + 4 1/2 Std.

Bhutan

Flagge

Wappen

nicht zurückgehende Bevölkerungszahlen aufweisen, befinden sich die Länder der Dritten Welt noch überwiegend in einer Anstiegsphase. Nach Schätzungen der UN wird die Weltbevölkerung im Jahre 2025 etwa 8,3 Milliarden betragen.

Folgen des Bevölkerungswachstums: Für die weltweite wirtschaftliche und soziale Entwicklung bringt das schnelle Bevölkerungswachstum große Probleme mit sich: In den davon unmittelbar betroffenen Ländern nimmt die Armut weiter zu. Da das vorhandene Geld vorrangig benötigt wird, um das gegenwärtige Überleben zu sichern, steht immer weniger für Investitionen in die künftige Verbesserung der Lebensbedingungen (z. B. für Bildung und Ausbildung) zur Verfügung. Von weltweit höchster Brisanz sind zudem die mit dem Bevölkerungswachstum verbundenen ökologischen Probleme. Gerade in den stark von der Landwirtschaft abhängigen Ländern in Afrika, Südamerika und Asien wird das ökologische Gleichgewicht zunehmend gefährdet. Die meist für das Überleben der vielen Menschen notwendigen Natureingriffe wie Überweidung und Abholzung des Regenwaldes führen zu nahezu unbehebbaren Schäden in den betroffenen Regionen (Versteppung, Bodenerosion, Wüstenbildung), aber auch zu weltweiten Klimaveränderungen.

Bevölkerungspolitik: Um die Bevölkerungsexplosion zu stoppen, muss in den betroffenen Ländern vor allem die Förderung der Unterschichten verbessert werden. Wichtig ist der Aufbau von Einrichtungen der sozialen Unterstützung und der Alterssicherung, der Ausbau eines Gesundheitssystems sowie eine Verbesserung der Bildungs- und Beschäftigungsmöglichkeiten, die die Notwendigkeit einer größeren Kinderzahl in den Familien verringern. Von ebenso großer Bedeutung ist eine gezielte Familienplanung, die über Methoden der Empfängnisverhütung aufklärt und entsprechende Mittel allgemein zugänglich macht.

■ **Bewegung,** die Ortsveränderung eines Körpers oder eines Massenpunktes relativ zu einem als ruhend angenommenen Bezugssystems (meist gegenüber der als ruhend gedachten Erdoberfläche). In der **Kinematik** wird die Bewegung unabhängig von ihrer Ursache untersucht; die **Dynamik** ist die Lehre von den Kräften, die Bewegung verursachen. – auch →Beschleunigung.

■ **bezügliches Fürwort** (Relativpronomen) →Pronomen.

■ **BGB,** Abkürzung für →Bürgerliches Gesetzbuch.

■ **Bhutan** (amtlich Druk-Yul), Königreich im östlichen Himalaja, das im Norden an China (Tibet) und im Süden an Indien grenzt. Die Bewohner, mehrheitlich Bhutija (tibetischer Herkunft), sind überwiegend Anhänger des lamaistischen Buddhismus. Haupterwerbsquelle ist die Landwirtschaft.

Geschichte: Bhutan stand seit dem 19. Jahrh. unter britisch-indischer Vorherrschaft, seit 1907 als Monarchie. 1949 erkannte Indien formell die Unabhängigkeit von Bhutan an, behielt sich aber die Wahrnehmung der außenpolitischen Angelegenheiten vor. In jüngster Zeit verstärkten sich die Bemühungen um volle Unabhängigkeit und außenpolitische Emanzipation von Indien.

■ **Biafra** →Nigeria.

■ **Biathlon** [griech., = Doppelkampf] *das,* Skisportdisziplin, die aus Skilanglauf mit eingeschobenen Schießübungen besteht. Bei den Herren werden Einzelwettbewerbe über 10 km und 20 km sowie die 4 × 7,5 km-Staffel ausgetragen, die Damenwettbewerbe führen über 5 km, 10 km und (Staffel) 3 × 5 km. Der eigentliche Lauf wird je nach Streckenlänge von zwei bis vier Schießübungen (jeweils mit fünf Schuss) unterbrochen, die liegend oder stehend absolviert werden, Fehlschüsse werden je nach Wettbewerb mit Strafzeiten oder Strafrunden geahndet.

■ **Bibel** [griech.] *die,* zusammenfassende Bezeichnung für die Schriften des →Alten Testaments und des →Neuen Testaments; von den christlichen

Kirchen als **Heilige Schrift** bezeichnet. Die Bibel schildert im Alten Testament Geschichte und Religion des jüdischen Volkes. Das Neue Testament berichtet von Jesus Christus und der Entstehung des Christentums. – Das Alte Testament ist ursprünglich im Wesentlichen in hebräischer Sprache geschrieben, in geringen Teilen aramäisch. Das Neue Testament ist in griechischer Sprache verfasst worden.
Die Bibel wurde bis heute in etwa 2000 Sprachen übersetzt. Die wichtigste ältere Bibelübersetzung ist die des Alten Testaments ins Griechische **(Septuaginta)**. Es folgten Übersetzungen des Neuen Testaments und der ganzen Bibel ins Syrische und in andere orientalische Sprachen, dann ins Lateinische **(Vulgata)**.
Die älteste germanische Bibelübersetzung ist die des Bischofs Wulfila ins Gotische (4. Jh). 1466 erschien in Straßburg die erste, damals etwa hundert Jahre alte vollständige deutsche Übersetzung im Druck, sie war aus der Vulgata übersetzt. Im Gegensatz dazu übersetzte Luther aus dem griechischen und hebräischen Urtext; im September 1522 erschien das Neue Testament, 1534 die vollständige Bibel in Luthers Übersetzung.

■ **Biber,** ein bis 1 m langes, gesellig lebendes Nagetier. Der Biber ist dank seiner Schwimmhäute an den Hinterfüßen ein guter Schwimmer und kann etwa 20 Minuten lang tauchen (Höchsttauchlänge etwa 300 m), wobei ihm sein flacher Schwanz (Kelle) als Steuer dient. Er frisst Rinde, Blätter und junge Schösslinge. Bäume bis 60 cm Durchmesser kann der Biber seitlich keilförmig annagen und sie fällen; er verwendet sie teils für seine Baue, teils als Nahrung. Durch groß angelegte Bauten (Erd- und Schlammburgen, Biberdämme) verändert er Flusslandschaften. Er wird etwa 50 Jahre alt. Der Biber lebt frei in Deutschland nur noch an der mittleren Elbe.

Die über alle Grenzen verbreitete **Bibel** ist heute in mehr als zweitausend Landessprachen übersetzt; das Bild zeigt einen äthiopischen Mönch beim Schreiben einer Bibelseite in Amharisch, der Amtssprache Äthiopiens

Als Experte in Gewässerkunde bewährt sich der **Biber** – sein steuerkräftiger Schwanz ist hier deutlich sichtbar – auch in der Baukunst: mit dem Holz von Weiden, Pappeln und anderen Weichhölzern, die seine starken Nagezähne zu Fall bringen, errichtet das hoch begabte Wassertier Wohnburgen und Dämme, die den Wasserstand und damit auch Hochwasser unter Kontrolle halten

■ **Bibliographie** [griech., = Bücherbeschreibung] *die,* früher die allgemeine Bücherkunde, heute die genaue Erfassung von Veröffentlichungen mit Angabe von Verfasser, Titel, Seiten und Bandzahl, Illustrationen, Erscheinungsjahr und -ort der Werke; auch Bezeichnung für ein Literaturverzeichnis, das diese Angaben enthält.

■ **Bibliothek** [griech., = Büchergestell] *die* (Bücherei), jede planmäßige Büchersammlung. Es gibt öffentliche und private Bibliotheken; bei den öffentlichen unterscheidet man wissenschaftliche Bibliotheken und von Kommunen eingerichtete öffentliche Büchereien. Es gibt auch Bibliotheken, die ihre Bücher nicht ausleihen (so genannte Präsenzbibliotheken; hier müssen die Bücher an Ort und Stelle benutzt werden). Die Bücherbestände werden den

Benutzern durch alphabetische Verfasser- und Sachkataloge erschlossen.

■ **Bicycle Motocross** [baißikl...; engl.], Abkürzung **BMX,** Radrennen mit Spezialrädern auf Hindernisbahnen von 200 bis 350 m Länge im Gelände. Das ungefederte BMX-Rad ohne Gangschaltung ist besonders stabil gebaut, Rahmen und Lenker sind gepolstert. Die Radreifen weisen ein grobstolliges Profil auf. Da BMX-Räder nicht der Straßenverkehrsordnung entsprechen (z. B. wegen fehlender Beleuchtung), dürfen sie nicht auf öffentlichen Straßen gefahren werden.

bildende Kunst: Meilensteine der Kunstgeschichte

Zeit	Epoche	beispielhafte Kunstwerke
11. Jahrh. bis 1. Jahrh. v. Chr.	griechische Kunst	Parthenon (Tempel der Athene) auf der Akropolis von Athen, Speerwerfer (Doryphoros) von Polyklet, Pergamonaltar
1. Jahrh. v. Chr. bis 5. Jahrh. n. Chr.	römische Kunst	Kolosseum in Rom, Marmorstatue des Augustus
200–600	frühchristliche Kunst	Mailänder Stadttorssarkophag, Kirche Sant' Apollinare in Classe in Ravenna, Wandmalereien in den Katakomben bei Rom
330–1453	byzantinische Kunst	Kirche Hagia Sophia in Istanbul, Ikone der Gottesmutter aus Wladimir
750–950	karolingische Kunst	Pfalzkapelle Karls des Großen in Aachen, Utrecht-Psalter
950–1250	Romanik	»Kaiserdome« in Speyer, Worms und Mainz, Kirche St. Michael in Hildesheim, Drei-Königen-Schrein im Kölner Dom
1140–1500	Gotik	Kathedralen in Paris, Reims und Chartres, Straßburger Münster, Dom in Magdeburg, Naumburger Stifterfiguren, Tilman Riemenschneiders »Heiligblutaltar«, Gemälde »Die Hochzeit des Giovanni Arnolfini und Giovanna Cenami« von Jan van Eyck
1420–1600	Renaissance	Domkuppel in Florenz von Filippo Brunelleschi, Villa »Rotonda« in Vicenza von Andrea Palladio, Heidelberger Schloss, Michelangelos Fresken in der Sixtinischen Kapelle, Michelangelos »David«, Leonardo da Vincis »Mona Lisa«, Albrecht Dürers Selbstbildnis
1600–1730	Barock	Schloss Versailles, Würzburger Residenz von Balthasar Neumann, Peter Paul Rubens' Gemälde »Die Folgen des Krieges«, Rembrandts Gemälde »Nachtwache«, Velázques Gemälde »Las Meninas«
1730–1780	Rokoko	Schloss Sanssouci bei Potsdam, François Bouchers Gemälde »Geburt der Venus«
1770–1830	Klassizismus	Brandenburger Tor in Berlin, Antonio Canovas Skulptur »Amor und Psyche«, Jacques-Louis Davids Gemälde »Der ermordete Marat«
1790–1830	Romantik	Caspar David Friedrichs Gemälde »Die Abtei im Eichwald«, Eugène Delacoix' Gemälde »Der Tod des Sardanapal«, William Turners Landschaftsaquarelle
1830–1890	Historismus	Gottfried Sempers Dresdner Opernhaus, Schloss Neuschwanstein, Houses of Parliament in London von Charles Barry
1830–1870	Realismus	Gustave Courbets Gemälde »Die Ährenleserinnen«, Adolph Menzels Gemälde »Eisenwalzwerk«, Honoré Daumiers Karikaturen
1870–1890	Impressionismus	Claude Monets Gemälde »Eindruck bei Sonnenaufgang«, Edgar Degas' Gemälde »Ballettprobe auf der Bühne«
1890–1914	Jugendstil	Joseph Maria Olbrichs Sezessionsgebäude in Wien, Louis Comfort Tiffanys Vasen
1907–1912	Kubismus	Pablo Picassos Gemälde »Les Demoiselles d'Avignon«, Georges Braques Gemälde »Häuser in L'Estaque«
1920–1930	Neue Sachlichkeit	George Grosz' Gemälde »Die Stützen der Gesellschaft«, Otto Dix' »Großstadt-Triptychon«
1920–1935	Surrealismus	Salvador Dalís Gemälde »Die brennende Giraffe«, René Magrittes Gemälde »Die Liebenden«
1900–1930	Expressionismus	Holzschnitte von Ernst Ludwig Kirchner und Erich Heckel, Emil Noldes Gemälde »Herbstwolken«, Franz Marcs Gemälde »Turm der blauen Pferde«, Egon Schieles Selbstbildnisse
1910–1920	Konstruktivismus	Gerrit Rietvelds »rot-blauer Stuhl«, Kasimir Malewitschs Gemälde »Suprematistische Komposition«, Piet Mondrians Gemälde »Raute mit Blau, Gelb und Rot«
1944–1955	abstrakter Expressionismus	Jackson Pollocks Gemälde »Number 32«, Willem de Koonings Gemälde »Vorort in Havanna«
1950–1970	Pop-Art	Andy Warhols Siebdruck »Marilyn Monroe«, Roy Lichtensteins Gemälde »M-Maybe«
seit 1980	Video- und Computerkunst	Nam June Paiks Installation »Mond, Erde, Sonne«, Bill Violas Installation »The tree of knowledge«

Biedermeier, Bezeichnung für die deutsche Kultur zwischen 1815 und 1848, besonders für Möbel, Mode und Malerei. Sie ist nach der von dem Schriftsteller Ludwig Eichrodt (1827–92) geschaffenen, spießbürgerlichen Figur des schwäbischen Schullehrers »Gottlieb Biedermaier« benannt. Der Sinn für häuslich-familiäre Geselligkeit bedingte schlichte, zweckentsprechende Möbel. Die Maler bevorzugten Themen aus dem Privatleben und detaillierte Naturbetrachtung; besonders bekannt ist Carl Spitzweg.
Die *Literatur* schilderte Selbstbescheidung und Zähmung der Leidenschaften als sittliche Ziele. Kennzeichnend war die unpolitische Haltung, die in der darauf folgenden Epoche des Realismus kritisiert wurde.

Bienen, eine Überfamilie der Hautflügler mit etwa 20000 Arten. Sie betreiben Brutpflege, besitzen einen Sammelapparat zum Eintragen von Blütenstaub und Nektar, meist auch einen Giftstachel. Bienen bauen Nester, wobei sie verschiedene Baumaterialien verwenden. Die meisten Bienen leben einzeln. Staatenbildend und hoch organisiert sind die →Hummeln und die →Honigbienen.

Bier, ein durch Gärung aus stärkehaltigen Rohstoffen (vor allem Gerste und Weizen) unter Zusatz von Wasser, Hefe und Hopfen gewonnenes alkoholisches Getränk.
Zum Brauen des Bieres wird Gerstenmalz zunächst für 2–3 Tage in Wasser eingeweicht, wobei die Gerste zu keimen anfängt, und dann bei 105 °C getrocknet. Das so gewonnene **Darrmalz** wird grob gemahlen, geschrotet und im Sudhaus mit heißem Wasser zur **Maische** gemischt (gemaischt), wobei sich Abbaustoffe der Stärke und des Eiweißes sowie Mineralstoffe lösen. Die Maische wird anschließend gefiltert und mit Hopfen zur **Würze** eingekocht. Die Bitterstoffe des Hopfens fällen Eiweiße aus, würzen das Bier und machen es haltbarer und bekömmlich. Nachdem die Hopfenrückstände abgefiltert wurden, kühlt man die Würze und versetzt sie in den Gärgefäßen mit Hefe, die unter Gärung einen Teil des Zuckers der Würze in Alkohol und Kohlendioxid verwandelt. Bei der **Obergärung,** bei der die Hefe obenauf schwimmt, entstehen bei 12–25 °C in 2–3 Tagen die obergärigen Biere (z. B. Weißbier, Altbier, Porter, Ale), bei der **Untergärung,** bei der die Hefe unter geringerer Erwärmung am Grunde des Gärbottichs bleibt, die haltbareren untergärigen Biere (Pilsener, Märzenbier). Die Gärung dauert 8–10 Tage und wird durch Kühlung auf 4–10 °C gehalten. Das entstandene Jungbier wird in Lagerfässern für 9–24 Tage nachgegärt und in Fässer oder Flaschen abgefüllt. In den Flaschen wird es durch Erhitzen auf 60–70 °C pasteurisiert.
Der Alkoholgehalt von Bier schwankt zwischen 0,5 und 5,5 Volumenprozent. Bei Malzbier und alkoholfreiem Bier liegt der Alkoholgehalt bei 0,5 Vol.-%, bei alkoholarmem Bier bei 1,5 Vol.-%, bei Dünnbier zwischen 1,5 und 2,0 Vol.-%, bei Vollbier zwischen 3,5 und 4,5 Vol.-% und bei Starkbier zwischen 4,8 und 5,5 Vol.-%.

Bigamie [lat.-griech.] (Doppelehe), das Eingehen einer weiteren Ehe trotz Bestehens einer früher geschlossenen Ehe. Bigamie ist laut Ehegesetz verboten und nach dem Strafgesetz strafbar.

Bikini, Atoll der Marshallinseln im Pazifik. 1946–58 fanden hier Atombombenversuche der USA statt. Von dem Namen dieses Atolls ist auch die Bezeichnung für eine knappe zweiteilige Damenbadekleidung abgeleitet.

Bilanz [italienisch] *die,* summarische, gegliederte Gegenüberstellung aller am Bilanzstichtag in einem Unternehmen eingesetzten Werte nach ihrer Herkunft **(Passiva)** und ihrer Verwendung **(Aktiva)**. Die Posten auf der Aktivseite geben Auskunft über das Vermögen, unterteilt nach Anlage- und Umlaufvermögen, die auf der Passivseite über das Kapital, unterteilt nach Eigen- und Fremdkapital. Zusammen mit der Gewinn-und-Verlust-Rechnung (Erfolgsbilanz) bildet die Bilanz den Gesamtabschluss des Rechnungswesens einer Unternehmung für ein Geschäftsjahr (Jahresabschluss).

bilateral [lat.], zweiseitig; Gegensatz: multilateral.

bildende Kunst, zusammenfassende Bezeichnung für Baukunst, Bildhauerkunst, Malerei, Grafik und Kunstgewerbe (Kunsthandwerk).

Bilderschrift, frühe Entwicklungsstufe der Schrift, eine Vorstufe der Wort- und der Buchstabenschrift. Die Bilderschrift war u. a. bei den Sumerern, den alten Ägyptern (Hieroglyphen), den Kretern und den Maya üblich. – auch →Keilschrift.

Bildhauerkunst, die Kunst, aus Holz, Stein, Bronze, Ton, Wachs oder Elfenbein ein körperhaftes Gebilde, ein Bildwerk, zu schaffen. Man unterscheidet je nach der Technik des Künstlers zwischen Plastik und Skulptur. Bei der **Plastik** wird Material (z. B. Ton) aufgetragen und modelliert, bei der **Skulptur** wird hartes Material (z. B. Stein) weggenommen (z. B. mit Meißel oder Bohrer). Typische Werke der Bildhauerkunst sind die Statue und das Relief.

Bildplatte (Videoplatte), ein scheibenförmiges Speichermedium aus Kunststoff, das die Bild- und Tonsignale eines Films oder eines aufgezeichneten Fernsehprogramms enthält. Die Bildplatte ist eine optische Speicherplatte, bei der die Bild- und Tonsignale auf einer gemeinsamen Spur gespeichert werden.

■ **Bildröhre,** jede →Elektronenstrahlröhre, bei der elektrische Signale, die optische Bildinformationen übermitteln, auf einem Bildschirm elektronenoptisch wiedergegeben werden. Bei der **Farbbildröhre** werden drei Elektronenstrahlen benutzt, die über einen aus Farbtripeln oder Farbstreifen in den Grundfarben Rot, Grün und Blau zusammengesetzten Leuchtschirm abgelenkt werden. Lochmasken im Strahlenweg sorgen dafür, dass jeder Elektronenstrahl nur die ihm zugeordneten Leuchtstoffelemente trifft.

■ **Bildschirmtext,** Abkürzung **Btx,** seit 1995 Bestandteil von **T-Online** (→Onlinedienste). Btx wird über das Datex-J-Netz zur Verfügung gestellt und bietet verschiedene Dienste an, z.B. Fahrplanauskünfte oder Telebanking. T-Online beinhaltet neben Btx weitere Komponenten wie den Zugang zum Internet oder E-Mail. Btx kann über →Modem und Zusatzdecoder mit dem Fernsehgerät empfangen werden, T-Online ist für die Computeranwendung geeignet.

■ **Bildungswesen,** alle öffentlichen und privaten Erziehungs- und Bildungseinrichtungen des Elementar-, Primar-, Sekundar- und Tertiärbereiches, der Weiterbildung, des →zweiten Bildungsweges, der außerschulischen Jugendbildung sowie die →Sonderschulen.

Das Bildungswesen in der Bundesrepublik Deutschland war in den letzten Jahrzehnten durch starke Veränderungen gekennzeichnet, die mit den gewandelten Anforderungen des Arbeitsmarktes zusammenhängen. Angesichts des Überangebots an Bewerbern besteht zwischen den Absolventen der unterschiedlichen Bildungsgänge ein Verdrängungswettbewerb im Kampf um Ausbildungs- und Arbeitsstellen. In diesem Wettbewerb ist die Hauptschule im Laufe der letzten 40 Jahre zu einer »Restschule« geworden, während das Gymnasium seinen Anteil am gesamten Schüleraufkommen vervielfacht hat. Einige Bundesländer haben daher versucht, die Bildungsgänge der Haupt- und Realschule unter dem Dach einer neuen Schulform, der →Gesamtschule, zu vereinigen.

Heute sind im Bildungswesen der Bundesrepublik Deutschland an nahezu jeder Stelle Übergänge zu weiterführenden Einrichtungen vorgesehen, die je nach persönlichem Leistungsvermögen, Entwicklungsstand und Anspruch wahrgenommen werden können. So ist z.B. auch von der Haupt- oder Realschule aus oder nach einer Berufsausbildung der Erwerb der Hochschulreife möglich.

Für die Gestaltung, Verwaltung und Finanzierung der einzelnen Bereiche des Bildungswesens sind in der Bundesrepublik Deutschland die Bundesländer zuständig; der Bund hat bedeutsame Zuständigkeiten nur in der außerschulischen Berufsbildung, der Berufsberatung, der Ausbildungsförderung, der Rahmengesetzgebung im Hochschulbereich und der Förderung des wissenschaftlichen Nachwuchses.

■ **Billard** [biljart; frz.] *das,* auf einem mit grünem Tuch bezogenen Tisch gespieltes Kugelspiel. Der rechteckige Billardtisch (2,83×1,42m) wird durch eine Umrandung (Bande) begrenzt. Während des Spiels werden Elfenbein- oder Kunststoffbälle (Durchmesser 62mm) mit einem 1,38–1,5m langen Billardstock, dem Queue, gestoßen. Es gibt verschiedene Arten des Billardspiels. Bei der gebräuchlichsten Art muss der mit dem Queue gestoßene eigene (weiße) Spielball den roten sowie den gegnerischen weißen Ball berühren (Karambolage); dies ergibt im Wettkampf einen Punkt. Der Spieler setzt sein Spiel so lange fort, bis ihm eine Karambolage misslingt. – auch →Poolbillard.

■ **Billiarde** [frz.] *die,* tausend Billionen, 1000000000000000 (eine 1 mit 15 Nullen), in der Potenzschreibweise: 10^{15}.

■ **Billings-Methode** →Empfängnisverhütung.

■ **Billion** [frz.] *die,* tausend Milliarden, 1000000000000 (eine 1 mit 12 Nullen), in der Potenzschreibweise: 10^{12}; in der ehemaligen UdSSR und in den USA 1000 Millionen (= 1 Milliarde; 10^9).

■ **Bill of Rights** [- raits; engl., = Gesetz der Rechte] *die,* das englische Staatsgrundgesetz von 1689, das nach der Vertreibung Jakobs II. entworfen wurde. Es verbrieft u.a. die parlamentarische Redefreiheit und macht die Erhebung von Steuern und den Unterhalt eines stehenden Heeres von der Billigung des Parlaments abhängig. Die Bill of Rights war eine wichtige Voraussetzung für die parlamentarische Regierungsform in Großbritannien.

■ **Bimetall,** eine feste, durch Schweißen oder Kleben hergestellte Verbindung zweier Metalle. Bimetallstreifen bestehen aus Metallen mit unterschiedlicher Wärmeausdehnung (z.B. Stahl und Messing). Beim Erwärmen dehnen sie sich verschieden stark aus, und der Streifen krümmt sich nach der Seite des Metalls mit der geringeren Ausdehnung. Eingesetzt werden Bimetalle etwa zur temperaturabhängigen Steuerung elektrischer Kontakte (z.B. beim Bügeleisen).

■ **Bimsstein,** ein schaumig-poröses, vulkanisches Gesteinsglas. Nach einem Vulkanausbruch wird es unter Wassereinfluss zu Tuff verfestigt. Bimsstein ist leichter als Wasser.

■ **binär,** aus zwei Einheiten oder Zeichen bestehend. Der **Binärcode,** ein aus nur zwei verschiedenen Zeichen (z. B. 0 und 1) zusammengesetzter Code, ist grundlegend für die Informatik. Er lässt sich technisch einfach umsetzen, z. B. beim Computer durch Strom/kein Strom oder bei Lochkarten durch gelocht/nicht gelocht. – **Binärsystem** →Dualsystem.

■ **Bindegewebe,** Gewebe, die Skelette aufbauen, Organe umhüllen und verbinden sowie Zwischenräume ausfüllen. Man unterscheidet: Gallert- und Fettgewebe, faseriges Bindhautgewebe (Sehnen und Bänder), Knorpel- und Knochengewebe.

■ **Bindehaut,** durchsichtige Augenschleimhaut, die die Innenfläche der Lider und den Vorderteil der Lederhaut überzieht. Anzeichen einer **Bindehautentzündung** sind Rötung, Brennen und Tränen des Auges.

■ **Bindewort** → Konjunktion.

■ **Bindung,** der Zusammenhalt atomarer oder nuklearer Teilchen aufgrund von Bindungskräften unterschiedlicher Art. Sind die Teilchen Atome, die zu einem Molekül oder Kristall zusammentreten, spricht man von einer →chemischen Bindung.

■ **Binnengewässer,** Gewässer auf dem Festland, also Flüsse, Seen, Kanäle.

■ **Binnenhandel** →Handel.

■ **bio...** [griech.], leben(s)...

■ **Biochemie,** ein Zweig der Chemie, der sich mit der Erforschung des chemischen Aufbaus biologisch wichtiger Moleküle (z. B. Proteine, Hormone, Nukleinsäuren) und deren Funktion im lebenden Organismus befasst.

■ **Biogas** (Faulgas), ein Gasgemisch, das sich bei der bakteriellen Zersetzung organischer Stoffe unter weitgehendem Sauerstoffabschluss entwickelt. Biogas enthält 50–60 % →Methan, 30–45 % Kohlendioxid und geringe Mengen anderer Gase.

■ **Biografie** [griech., = Lebensbeschreibung] *die,* Darstellung der Lebensgeschichte einer Person, die meist durch besondere Leistungen oder ein besonderes Schicksal bemerkenswert ist. – auch →Autobiografie.

■ **Bioindikatoren,** Organismen mit speziellen Umweltansprüchen, die sehr empfindlich auf Änderungen in ihrem Lebensraum reagieren. Ihr Vorkommen oder Fehlen in einem Biotop zeigt entsprechende Umweltqualitäten an. So eignen sich z. B. Flechten als Indikatoren für Luftverschmutzung.

■ **Biologie** [griech.] *die,* die Wissenschaft vom Leben. Sie beschäftigt sich mit dem Aufbau von Organismen und mit den in ihnen ablaufenden Vorgängen sowie mit den Wechselwirkungen von Organismen untereinander und mit der unbelebten Umwelt.

Die **allgemeine Biologie** befasst sich mit den allen oder vielen Organismen gemeinsamen Eigenschaften. Die Morphologie (Formenlehre, Gestaltlehre) beschreibt den äußeren Bau von Organismen und Organen, die Anatomie den Aufbau von Organen und deren Lagebeziehungen. Histologie (Gewebelehre) und Zytologie (Zellenlehre) beschäftigen sich mit dem Aufbau und der Funktion von Geweben und mit der Struktur von Zellen. Zelluläre Vorgänge (Transport von Molekülen, Zellteilung) sind Forschungsgegenstand der Zellbiologie. Die mit der Weitergabe des Erbmaterials (Nukleinsäuren) verbundenen Vorgänge sowie die Umsetzung der im Zellkern festgelegten Erbinformation bei der Proteinsynthese sind Thema der Molekularbiologie. Die Biochemie beschreibt die Struktur und die Funktion von Biomolekülen, z. B. von Kohlenhydraten, Fetten und Proteinen (darunter die →Enzyme). Die Physiologie beschäftigt sich mit den Lebensvorgängen in Pflanzen, Tieren und im Menschen: Ernährung und Verdauung, Stoffwechsel (bei Pflanzen z. B. →Photosynthese), →Atmung, →Blutkreislauf, Ausscheidung (Exkretion), Bewegung, Wahrnehmung (→Sinnesorgane), Verarbeitung aufgenommener Reize im Nervensystem (→Nerven), →Fortpflanzung, Wachstum und Differenzierung, Hormonsystem (→Hormone), Abwehr von Krankheitserregern durch das Immunsystem (Immunologie). Die Leistungen des Gehirns und die zugrunde liegenden Mechanismen werden von der Neurobiologie erforscht. Das Verhalten von Organismen beschreibt die →Verhaltensforschung, die Gesamtheit der Wechselwirkungen der Organismen in ihrer Umwelt die →Ökologie. Auf die Problematik der Gefährdung der natürlichen Umwelt durch den Menschen geht die Umweltbiologie ein; sie steht somit unmittelbar im Dienst des →Umweltschutzes. Die →Genetik erforscht die Gesetzmäßigkeiten der Vererbung. Die stammesgeschichtliche Herkunft der Arten (Phylogenese) und die Mechanismen der Stammesentwicklung (Evolution) beschreibt die Evolutionslehre.

Die **spezielle Biologie** versucht, die einzelnen Organismen und Organismengruppen ganzheitlich, das heißt unter Zuhilfenahme der Ergebnisse aller oben genannten Teilgebiete der Biologie, zu beschreiben und sie in ein natürliches System einzu-

ordnen, aus dem die verwandtschaftlichen Beziehungen der Arten hervorgehen (Taxonomie). Man unterteilt die spezielle Biologie in die klassischen Gebiete →Botanik, →Zoologie, →Anthropologie und Mikrobiologie. Innerhalb dieser Gebiete entwickelte sich eine Reihe von Spezialgebieten wie z. B. Algenkunde (Phykologie), Pilzkunde (Mykologie), Bakterienkunde (Bakteriologie), Vogelkunde (Ornithologie) und Insektenkunde (Entomologie).
Wichtige Anwendungen der B. sind die →Züchtung, die biologische →Schädlingsbekämpfung und die Produktion von Nahrungsmitteln und Arzneistoffen durch Mikroorganismen im Rahmen der Biotechnologie. Die hierzu eingesetzten Mikroorganismen sind oftmals in ihrem Erbmaterial künstlich verändert (→Gentechnologie).
Die Biologie bedient sich vielfältiger Methoden, die oft von naturwissenschaftlichen Nachbardisziplinen mitentwickelt worden sind, z. B. Färbe- und Schneidetechniken, Mikroskopie (→Elektronenmikroskop), Techniken zur Trennung, Reinigung und Analyse von Makromolekülen, gentechnologische Methoden oder Methoden der Biophysik (z. B. der Elektrophysiologie).

■ **biologischer Landbau** →ökologischer Landbau.

■ **biologisches Gleichgewicht** (ökologisches Gleichgewicht), ein Zustand, in dem sich alle Tier- und Pflanzenarten eines natürlichen, ungestörten Lebensraumes (→Biotop) befinden: Die Zahl der Lebewesen einer Art verändert sich im Laufe der Zeit nur unwesentlich; keine Art nimmt überhand oder stirbt aus.

■ **Biophysik,** eine Wissenschaft, in der physikalische Phänomene in Lebewesen (z. B. Vogelflug, Erregungsleitung in Nervenzellen) oder biologische Objekte und Vorgänge mit Methoden der Physik (z. B. elektronenmikroskopische Untersuchung von Zellstrukturen) untersucht werden.

■ **Biosphäre** [griech.] *die,* die Gesamtheit des von Lebewesen besiedelten Teils der Erde. Dazu gehören die Bereiche der oberen Schichten des Bodens, der Gewässer und der unteren Luftschichten der Atmosphäre. Die Biosphäre unterteilt man in einzelne →Ökosysteme, z. B. Wälder, Wüsten oder Küsten.

Biosphäre
Einige von der UNESCO geschützte Gebiete (»Biosphärenreservate«) in Deutschland:
Mittlere Elbe
Bayerischer Wald
Wattenmeer
Rhön
Spreewald
Pfälzerwald

■ **Biotechnologie,** die Wissenschaft von den Methoden und Verfahren, die angewendet werden, um biologische Prozesse technisch nutzbar zu machen und Naturprodukte umzuwandeln. Sie erarbeitet die Grundlagen für die Verwendung von lebenden Organismen, vor allem Mikroorganismen, in technischen Prozessen, z. B. bei der biologischen Abwasserreinigung, bei Gärungsprozessen oder bei der Herstellung von Enzymen, Antibiotika. Neben mikrobiologischen und biochemischen werden zunehmend auch gentechnologische Methoden angewandt (→Gentechnologie).

■ **Biotop** [griech.] *der* oder *das* (Lebensraum), der mehr oder weniger abgrenzbare, natürliche Lebensraum einer bestimmten Lebensgemeinschaft **(Biozönose)** von Pflanzen und Tieren (z. B. Hochmoor, Meeresküste). Charakteristisch für ein Biotop ist das →biologische Gleichgewicht der darin lebenden Pflanzen und Tiere.

■ **Birken,** Gattung von etwa 40 Arten einhäusiger Laubbäume der nördlichen Zonen. Bestäubt werden sie durch den Wind. Am bekanntesten ist die **Weißbirke** mit hängenden Zweigen und weißer Rinde.

■ **Birkhuhn,** ein etwa haushuhngroßer Hühnervogel in lichten Wäldern, Heide- und Moorgebieten. Das Gefieder des Hahns ist schwarz, oben stahlblau. Über den Augen hat er einen roten Wulst (»Rose«).

Birma

Flagge

Wappen

Birma
Fläche 676 578 km^2
Einwohner 47,625 Mio.
Hauptstadt Rangun (Yangon)
Amtssprache Birmanisch
Nationalfeiertag 4. 1.
Währung 1 Kyat (K) = 100 Pyas (P)
Zeitzone MEZ $+5^1/_2$ Std.

■ **Birma** (engl. Burma, birmanisch Myanmar), Republik in Hinterindien, mehrheitlich bewohnt von Birmanen (69 %) und Shan (8,5 %); 85 % der Einwohner sind Buddhisten. In den geräumigen Becken des Nordbirmanischen Hochlandes wird Reis angebaut, ebenso im Shanhochland (im Osten des Landes). Kernland ist das trockene Irawadibecken. Das Mündungsgebiet des Irawadi, in dem reichliche Niederschläge fallen, ist das ertragreichste Reisanbaugebiet Hinterindiens. Wirtschaftlich bedeutend sind ferner die Gewinnung von Teakholz, Blei, Zink, Zinn, Wolfram, Silber, Erdöl und Erdgas. Die Industrie befindet sich im Ausbau.

Geschichte: Birma war ursprünglich ein selbstständiges Königreich. Im 19. Jahrh. wurde es von den Engländern Britisch-Indien angegliedert. 1948 wurde Birma unabhängig. Seitdem wird das Land überwiegend vom Militär beherrscht, das die oppositionellen Kräfte unterdrückt und mehrmals das Parlament auflöste.

■ **Birmingham** [bö̱ʳmingᵉm], Stadt in Mittelengland, mit 1,01 Mio. Einwohnern die zweitgrößte Stadt Großbritanniens. Sie hat zwei Universitäten. Birmingham ist eine der bedeutendsten Industriestädte der Erde.

■ **Bi̱rne** (Birnbaum), eine Gattung der Rosengewächse mit etwa 25 Arten in Eurasien und Nordafrika, darunter die **Holzbirne,** aus der u. a. der **Kulturbirnbaum** hervorgegangen ist. Man kennt heute etwa 700 Sorten. Die saftige Birnenfrucht ist ähnlich wie der Apfel aufgebaut. Ihr Fruchtfleisch geht aus dem krugförmig sich entwickelnden Blütenboden und dem Fruchtknoten hervor.

■ **Bi̱samratte,** ein Nagetier mit etwa 40 cm langem Körper und etwa 25 cm langem Schwanz. Die Bisamratte stammt aus Nordamerika. 1906 wurde sie in Böhmen als Pelztier ausgesetzt und hat sich seitdem über weite Gebiete Europas verbreitet. Ihre Lebensweise ähnelt der des Bibers. Sie kann große Schäden an Dämmen und Teichrändern anrichten. Wegen ihres wertvollen Pelzes wird sie in Pelztierfarmen gehalten.

■ **Biscaya** [biskaja] *die* (Biskaya, Golf von Biscaya), große Bucht des Atlantischen Ozeans zwischen der französischen West- und der spanischen Nordküste, größte Tiefe 5 872 m. Die Biscaya ist wegen ihrer heftigen Stürme bei den Seeleuten gefürchtet.

■ **Bi̱schof** [griech., = Aufseher] *der,* leitender Geistlicher der christlichen Gemeinden. In der katholischen und in der orthodoxen Kirche ist der Bischof der geweihte Träger der kirchlichen Leitungsfunktionen in der Nachfolge der Apostel. In den evangelischen Kirchen heißt das von einer Synode gewählte Oberhaupt einer Landeskirche oft Bischof (andere Amtstitel sind Präses, Propst oder Kirchenpräsident). In den evangelischen Kirchen können auch Frauen Bischof werden.

■ **Bi̱sexualität,** das Nebeneinanderbestehen von hetero- und homosexuellen Neigungen und Beziehungen. – auch →Sexualität.

■ **Biskaya** →Biscaya.

Alle in Mitteleuropa lebenden **Bisamratten** stammen von fünf Tieren ab, die 1906 im Schlossgut Dobrisch bei Prag ausgesetzt wurden; das Nagetier ist ein ein ausgezeichneter Schwimmer und Taucher und errichtet im flachen Wasser große, kegelförmige Wohnhügel aus Pflanzenteilen

■ **Bi̱smarck,** Otto, seit 1865 Graf von B.-Schönhausen, 1871 Fürst von Bismarck, 1890 Herzog von Lauenburg, deutscher Politiker, *Schönhausen/Elbe 1. April 1815, †Friedrichsruh 30. Juli 1898. Er war 1851–59 Vertreter →Preußens im Bundestag in Frankfurt am Main und 1859–62 Gesandter in Russland. 1862 ernannte ihn König Wilhelm I. zum preußischen Ministerpräsidenten. 1866 führte die Auseinandersetzung um die politische und wirtschaftliche Vormachtstellung Preußens in Mitteleuropa zum »Deutschen Krieg« zwischen Preußen und Österreich, der zugunsten Preußens endete. Bismarck wurde nun Kanzler des 1867 gegründeten Norddeutschen Bundes, der die Staaten nördlich der Mainlinie zusammenfasste. Dem Sieg im Deutsch-Französischen Krieg 1870/71 folgte 1871 die Gründung des Deutschen Reiches, dessen erster Reichskanzler Bismarck wurde.

Durch eine vorausschauende Bündnis- und Vertragspolitik versuchte Bismarck, Deutschland außenpolitisch zu sichern. Innenpolitisch bekämpfte er das Anwachsen der Sozialdemokratie, u. a. durch das »Sozialistengesetz« von 1878 (Verbot sozialdemokratischer Bestrebungen), aber auch durch eine Sozialgesetzgebung (Kranken-, Unfall-, Invaliden- und Altersversorgung), durch die die Arbeiterschaft in die bestehende, konservative Gesellschaftsordnung eingebunden werden sollte. Im Kulturkampf, der Auseinandersetzung von Staat und katholische Kirche (1870–78), setzte er die staatliche Schulauf-

Typisch **Bison:** die zottige Halbkörpermähne verdichtet sich zwischen den Hörnern zu einer weit in die Stirn hängenden Haarkappe und endet in einem zerzausten Kinnbart

sicht, die Einführung von Standesämtern und die Zivilehe durch. Persönliche und sachliche Gegensätze führten dazu, dass Bismarck 1890 von Kaiser Wilhelm II. entlassen wurde.

■ **Bismarckarchipel** *der,* Inselgruppe im Pazifischen Ozean, nordöstlich von Neuguinea, etwa 49 900 km², mit rund 400 000 Einwohnern (meist Melanesier). Der Bismarckarchipel war 1884–1918 deutsche Kolonie und gehört heute zu →Papua-Neuguinea.

■ **Bismut** [lat.] *das,* in der chemischen Fachsprache für →Wismut.

■ **Bison** [lat.] *der,* ein bis 1,9 m hohes und bis 3 m langes, dicht wollig behaartes Wildrind in Nordamerika. Bisons lebten in riesigen Herden in den Prärien und waren das wichtigste Jagdwild der Prärieindianer. Weiße Siedler schossen sie massenweise ab, um den Indianern die Lebensgrundlage zu entziehen. 1889 war der Bison fast ausgerottet. Heute leben wieder etwa 30 000 Tiere in Schutzgebieten der USA und Kanadas. Eng verwandt ist der →Wisent.

■ **Bistum** [griech.] *das* (Diözese), Amtsbezirk eines Bischofs.

■ **Bit** (bit) *das,* Abkürzung für **bi**nary digi**t** [engl., = Binärziffer], das kleinste Darstellungselement (0 oder 1) bei der binären Darstellung von Daten. Die Zusammenfassung von acht Bits heißt ein →Byte.

■ **Bitumen** [lat.] *das,* ein dunkelfarbiges, halbfestes bis festes Gemisch aus →Kohlenwasserstoffen, das vor allem aus Erdölen gewonnen wird. Bitumen wird als Isolier- und Abdichtungsmaterial, für Klebemassen und Schwarzlacke sowie als Binde-

Bismarck

»Durch Eisen und Blut« würden die großen Fragen der Zeit entschieden und nicht durch Reden und Majoritätsbeschlüsse, erklärte Otto von Bismarck wenige Tage nach seiner Ernennung zum preußischen Ministerpräsidenten 1862. Er sagte dies auf dem Höhepunkt des erst 1866 beigelegten Verfassungskonflikts zwischen der Krone und dem Abgeordnetenhaus, dessen liberale Mehrheit den Militärhaushalt ablehnte. Und tatsächlich führte Preußen unter seiner Leitung drei Kriege – gegen Dänemark, Österreich und Frankreich, bis 1871 das deutsche Kaiserreich gegründet wurde. Seither betrachtete Bismarck Deutschland als »saturiert« und suchte die Konflikte der Großmächte aus Europa fernzuhalten. Mit einem klug durchdachten Bündnissystem stabilisierte er Deutschlands Position in der Mitte Europas. Die Meinungsverschiedenheiten, die Bismarck mit Wilhelm II., seit 1888 Kaiser, hatte, führten 1890 zu seiner Entlassung. Seither trat in der deutschen Außenpolitik in zunehmender Rivalität zu Großbritannien das Streben nach einer Weltmachtstellung in den Vordergrund.

▶ Das Gemälde aus dem Jahr 1888 zeigt den ersten Reichskanzler des 1871 gegründeten Deutschen Reiches, Otto Fürst von Bismarck, in einer Rede vor dem Bundesrat; die Stimmen verteilten sich nicht nach der Volkszahl, sondern nach der Größe der Länder mittel beim Bau von Straßendecken (etwa 80 %) verwendet.

■ **Biwak** [frz.] *das*, Lager im Freien, vor allem beim Militär.

■ **Bizeps** [lat.] *der*, der zweiköpfige Oberarmmuskel, der vom Schulterblatt zum Unterarm zieht und den Arm im Ellenbogen beugt. Bei gebeugtem Arm ist er auf der Vorderseite des Oberarms deutlich sichtbar. Sein Gegenmuskel ist der **Trizeps**, der dreiköpfige Streckmuskel auf der Hinterseite des Oberarms.

■ **Bizet** [bisẹ], Georges, französischer Komponist, *Paris 25. Oktober 1838, †Bougival (bei Paris) 3. Juni 1875. Berühmt wurde er vor allem durch die Oper »Carmen« (1875).

■ **Blackout** [blạ̈kaut; engl., = Verdunkelung] *das* oder *der*, die vorübergehende Einschränkung der Sehfähigkeit infolge ungenügender Durchblutung der Netzhaut. Sie kann unter Einwirkung hoher Beschleunigung beim Fliegen auftreten. Auch gleichartige Zustände bei akutem Ausfall der Hirntätigkeit werden so genannt. Umgangssprachlich bezeichnet Blackout den plötzlichen, vorübergehenden Verlust des Erinnerungsvermögens (Gedächtnislücke).

■ **Blair** [blạ̈ʳ], Anthony (Tony), britischer Politiker, *Edinburgh 6. Mai 1953. Ursprünglich Rechtsanwalt, wurde Blair 1975 Mitglied und 1994 Vorsitzender der Labour Party, deren grundlegende Modernisierung er einleitete. 1997 übernahm er nach einem überwältigenden Sieg seiner Partei bei den Unterhauswahlen das Amt des Premierministers.

■ **blanko** [italienisch, = weiß], leer, nicht ausgefüllt (z. B. bei Formularen oder Schecks); **Blankovollmacht**, unbeschränkte Vollmacht.

■ **Blankvers** → Vers.

■ **Blase, 1)** *Anatomie:* ein Hohlorgan zur Aufnahme von Körperflüssigkeiten bei Tier und Mensch (z. B. Gallen- und Harnblase) oder zur Aufnahme von Gasen (Schwimmblase der Fische).

2) *Medizin:* eine blasenförmige Ablösung an der obersten Schicht von Haut und Schleimhaut, unter der sich Luft oder Flüssigkeit ansammeln kann (z. B. Blutblase, Eiterblase, Wasserblase).

■ **Blasinstrumente**, Musikinstrumente, bei denen die Tonerzeugung durch Atem hervorgebracht wird (Aerophone). Man unterscheidet **Blechblasinstrumente** (z. B. Trompete, Posaune, Horn) und **Holzblasinstrumente** (z. B. Flöte, Klarinette, Oboe, Fagott).

■ **Blasphemie** [griech.] *die*, Gotteslästerung, böswillig verletzende und Ärgernis erregende Äußerung über etwas Heiliges.

■ **Blasrohr**, bei verschiedenen Völkern in Lateinamerika und Südostasien verbreitete röhrenartige Jagdwaffe, bei der mithilfe des durch den Mund erzeugten Luftdrucks Geschosse (Giftpfeile, Tonkugeln) verschossen werden.

■ **Blatt**, ein meist flächiges, Chlorophyll enthaltendes Organ der Samen- und Farnpflanzen. Es dient als **Laubblatt** vor allem dem Aufbau der Kohlenhydrate durch die → Photosynthese und der Wasserabgabe durch Verdunstung. Diese wird durch die **Spaltöffnungen** reguliert, die sich an der Unterseite der meisten Blätter befinden.
Das Blatt gliedert sich in ein **Oberblatt** mit einer flachen oder nadelförmigen **Spreite** (Laub- oder Nadelblatt) und (meist) einem **Blattstiel** sowie in ein **Unterblatt** mit dem **Blattgrund**, der das Blatt mit der Sprossachse verbindet. **Blattadern** oder **Blattnerven** durchziehen die Spreite, bei zweikeimblättrigen Pflanzen meist netzartig, bei einkeimblättrigen in der Regel parallel oder bogenförmig. Sie dienen der Versorgung mit Wasser und Nährsalzen sowie dem Abtransport der Kohlenhydrate. Die flache Spreite der Laubblätter kann ungeteilt, gefiedert, gestielt oder ungestielt sein. Blätter können in vielfältiger Weise umgewandelt sein, z. B. als Dornen oder Ranken. Auch die verschiedenen Blätter der → Blüte der Bedecktsamer leiten sich von Blättern ab.

■ **Blattern** → Pocken.

■ **Blattgrün** → Chlorophyll.

■ **Blatthornkäfer**, eine Käferfamilie mit mehr als 22 000 Arten, davon 150 in Deutschland; meist große bis sehr große Käfer, deren Fühlerglieder blattartig verbreitert sind. Zu den Blatthornkäfern gehören u. a. Maikäfer, Laubkäfer, Mistkäfer und Rosenkäfer. Die Larve der Blatthornkäfer heißt Engerling.

■ **Blattläuse**, eine weltweit verbreitete Unterordnung der Pflanzenläuse. Blattläuse sind selten größer als 3 mm. Sie sind Pflanzensauger, viele von ihnen sind an Nutzpflanzen schädlich. Ihr zuckerhaltiger, flüssiger Kot (Honigtau) wird von Ameisen und Bienen aufgeleckt. Ameisen halten sich oft regelrechte Blattlausherden.

■ **Blaubart**, im Märchen ein Ritter, der nacheinander sechs Frauen heiratet und tötet, weil sie trotz seines Verbots das verschlossene Zimmer betreten, in dem die Leichen ihrer Vorgängerinnen aufbewahrt sind.

■ **Blauer Reiter**, Künstlergemeinschaft des Expressionismus, die 1911 in München gegründet wurde. Zu der nur lose verbundenen Gruppe gehörten z. B. Franz → Marc, Wassily → Kandinsky, Ga-

Mit seiner heute weltweit meistgespielten und zigfach verfilmten Oper »Carmen« erlebte **Georges Bizet** bei der Uraufführung am 3. März 1875 in Paris einen glatten Reinfall

Mit der neuen Weichenstellung für die britische Labour Party wirkte **Tony Blair** auch auf die deutsche Sozialdemokratie unter Gerhard Schröder ein

briele Münter (1877–1962), Paul Klee, August Macke (1887–1914) und Alfred Kubin (1877–1959). Ihr Anliegen, das sie mit Ausstellungen und dem 1912 erschienenen Almanach »Der blaue Reiter« an die Öffentlichkeit brachten, war die Abkehr von der akademischen Malerei.

Aufbruchstimmung: im Jahr 1903 malte der aus Russland stammende Maler Wassily Kandinsky ein Bild mit dem Namen »Der blaue Reiter«; dieser **Blaue Reiter** weist auf dem hier abgebildeten Almanach der gleichnamigen Künstlergruppe in die Richtung der neuen Zeit

■ **Blausäure** (Cyanwasserstoff), eine farblose, nach Bittermandel riechende und äußerst giftige Flüssigkeit. Ihre Salze sind die →Cyanide. Blausäure ist wichtig für Synthesen in der organischen Chemie, z. B. als Zwischenprodukt der Kunststoffindustrie. In sehr geringen Mengen ist Blausäure in den Kernen von Mandeln und Steinobst vorhanden.

■ **Blauwal** →Wale.

■ **Blei,** ein chemisches Element, ein weiches, bläulich graues Schwermetall. Das giftige Blei wird in großen Mengen für die Herstellung von Akkumulatoren, Bleiglas, Rohrleitungen, Schrotkugeln und Rostschutzmitteln (Mennige) sowie im Strahlenschutz (als Abschirmung von Röntgen- und Gammastrahlen) verwendet.

■ **Blende,** in der Optik eine Vorrichtung, mit der Strahlungsbündel im Querschnitt begrenzt und damit Bildfehler durch störende Randstrahlen vermieden werden. Beim Auge dient die Pupille als Blende, die sich durch Erweiterung und Verengung selbst reguliert. Eine Blende ist auch Teil des Objektivs einer Kamera. Sie begrenzt die Lichtmenge, die durch das Objektiv auf den Film gelangt. Eine kleine Blendenzahl (z. B. Blende 2,8) bedeutet eine große Blendenöffnung, sodass viel Licht auf den Film durchgelassen wird. Die Lichtmenge halbiert sich jedes Mal, wenn die Blende um eine Stufe geschlossen wird.

■ **Blinddarm,** der auf der rechten Unterleibseite gelegene Anfangsteil des Dickdarms, der am unteren Ende geschlossen (»blind«) ist. Einen kleinen schlauchartigen Anhang zu ihm bildet der **Wurmfortsatz** (Appendix), ein verkümmerter Darmteil, der ebenfalls blind geschlossen ist und oft mit dem Blinddarm verwechselt wird. Die so genannte **Blinddarmentzündung** ist eigentlich eine Entzündung des Wurmfortsatzes, für die es verschiedene Ursachen gibt, u. a. können sich in ihm verhärtete Teile des Darminhalts festsetzen. Bei Schmerzen an der rechten Unterbauchseite mit leichtem Fieber und möglicherweise Erbrechen muss unverzüglich der Arzt verständigt werden.

■ **Blindenschrift** (Brailleschrift), von dem Franzosen Louis Braille (1809–52), der seit seinem 3. Lebensjahr blind war, 1825 entwickeltes Hilfsmittel für Blinde. Jeder Buchstabe besteht aus bis zu sechs Punkten, die in Papier eingedrückt werden und sich auf der anderen Seite ertasten lassen, weil sie dort kleine Erhöhungen bilden. Heute gibt es auch eine Kurz- und eine Notenschrift für Blinde.

■ **Blindflug,** das Fliegen ohne Bodensicht, z. B. bei Nebel, nur nach Bordinstrumenten (→Instrumentenflug).

■ **Blindheit,** das völlige Fehlen oder eine starke Verminderung der Sehfähigkeit. Sie kann angeboren sein, doch ist sie meist durch Erkrankung, Verletzung oder Verlust der Augen erworben. Als blind gelten in Deutschland nicht nur Menschen, die das Augenlicht vollständig verloren haben, sondern auch solche, deren Sehschärfe so gering ist, dass sie sich in einer ihnen nicht vertrauten Umgebung ohne fremde Hilfe nicht zurechtfinden können. Be-

Blei
chemisches Symbol: Pb (von lat. Plumbum)
Ordnungszahl: 82
relative Atommasse: 207,2
Dichte: 11,35 g/cm³
Schmelzpunkt: 327,5 °C
Siedepunkt: 1 749 °C

Blende: Die beiden ersten Fotografien zeigen den Einfluss der Blendenöffnung bei kurzen Belichtungszeiten – eine kleine Blendenöffnung bewirkt große Tiefenschärfe (links), eine große Blendenöffnung eine geringere (rechts daneben); die nachfolgende Fotografie zeigt den Einfluss der Belichtungszeit auf die Bewegungsschärfe – durch lange Belichtungszeiten erscheinen bewegte Gegenstände unscharf

treuung finden Blinde durch staatliche und private Blindenfürsorge. Zum Lesen und Schreiben dient ihnen die →Blindenschrift. Zum Führen von Blinden werden Blindenhunde ausgebildet.

■ **Blindschleiche,** mit den Eidechsen eng verwandtes, beinloses und daher sich schlängelnd fortbewegendes Reptil vor allem in Europa und Westasien. Das oberseits graubraune bis kupferfarbene, unterseits schwarze Tier frisst vorwiegend Würmer und kleine Nacktschnecken. Es kommt besonders in den frühen Morgen- und Abendstunden hervor, tagsüber verkriecht es sich im feuchten Moos und unter Steinen.

■ **Blitz,** eine elektrische Entladung zwischen verschieden aufgeladenen Wolken (Wolkenblitz) oder zwischen einer Wolke und der Erde (Erdblitz). Die in einem Gewitter auftretenden elektrischen Spannungen, die zu einem Blitzschlag führen, können einige 100 Mio. Volt betragen. Ein Erdblitz schlägt meist in vielen Verästelungen von der Erde zu einer Wolke (Linienblitz); weitere, jedoch seltenere Formen sind der Perlschnur- und der Kugelblitz (Infokasten S. 132).

Ein Blitz stellt einen elektrischen Strom hoher Stromstärke (100 000 Ampere) dar, der nur für Bruchteile einer Sekunde fließt. Im »Blitzkanal« wird die Luft so stark erhitzt (mehr als 20 000 K), dass sie hell aufleuchtet. Infolge der Erhitzung dehnt sie sich explosionsartig aus, es entstehen Schallwellen, die als **Donner** zu hören sind.

■ **Blitzableiter,** eine Vorrichtung, die Gebäude und elektrische Anlagen vor Beschädigungen durch einen Blitzschlag schützen soll. Auf den Dächern von Gebäuden werden dazu senkrecht stehende metallische Stangen angebracht. Über einen starken, möglichst geradlinig geführten Draht, der die Elektrizität gut leitet, verbindet man sie mit der Erde. – Der Erfinder des Blitzableiters war Benjamin Franklin.

■ **Blitzlicht,** beim Fotografieren zur Be- und Ausleuchtung des Objekts verwendetes Licht, das von besonderen Blitzlampen für Bruchteile von Sekunden ausgestrahlt wird. Das Blitzlicht entsteht im **Kolbenblitz** durch die Verbrennung einer Fül-

Die **Blindschleiche** steht unter Naturschutz; wegen ihrer kleinen Augen wurde sie früher fälschlicherweise für blind gehalten

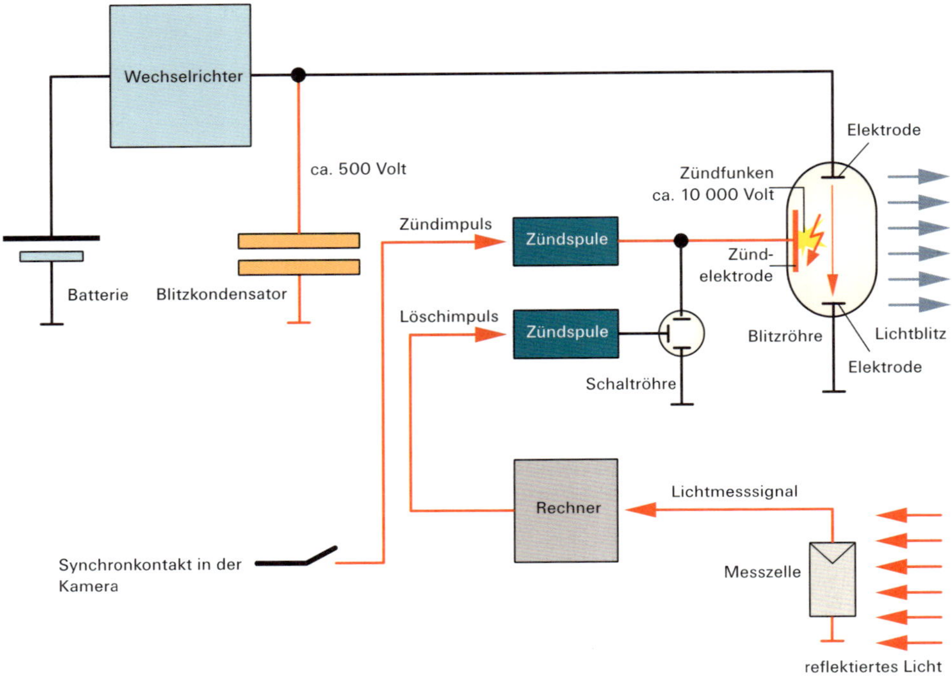

Die Technik der heutigen Blitzgeräte – hier das Innenleben eines Computerblitzgerätes – passt die Energie des **Blitzlichts** automatisch an

lung fein geschnitzelter Metallfolie, die in einem Glaskolben in einer Sauerstoffüberdruckatmosphäre entzündet wird. Das **Elektronenblitzgerät** ermöglicht ein wiederholtes Erzeugen von Lichtblitzen durch Impulszündungen einer mit Edelgas gefüllten Entladungsröhre. Die elektrische Energie für die Entladung wird von einem Kondensator geliefert, der zuvor (z. B. mithilfe eines Akkumulators) aufgeladen wurde. **Computerblitzgeräte** besitzen eine eigenständige Elektronik zur Erfassung und Steuerung der notwendigen Lichtmenge. Sie sind mit einer lichtempfindlichen Messzelle ausgestattet, die die vom Objekt reflektierte Lichtstrahlung misst und beim Erreichen einer vorgegebenen Lichtmenge den Blitz abschaltet.

Blitz

Kugelblitze sind eine eigentümliche Erscheinung, für die es bisher keine eindeutige Erklärung gibt. Sie treten gegen Ende eines schweren Gewitters auf, haben die Form einer leuchtenden Kugel von der Größe eines Tennis- bis Fußballs und bewegen sich – etwa so schnell wie ein Mensch im langsamen Dauerlauf – rollend oder springend in einer unregelmäßigen Bahn nahe dem Erdboden fort. Nach 4 bis 5 Sekunden erlischt eine solche Kugel geräuschlos oder sie zerplatzt mit einem lauten Knall.

■ **Blizzard** [blịsᵉrd; amerikanisch] *der,* plötzlich auftretender Schneesturm in Nordamerika.

■ **Blọckflöte** (Schnabelflöte), einstimmiges Blasinstrument aus Holz oder Bambus mit schnabelförmigem Mundstück. Die Blockflöte war besonders beliebt in der Renaissance und im Barock. Heute ist sie vor allem in der Schul- und Jugendmusik verbreitet. Blockflöten werden in vier Größen (Bass, Tenor, Alt, Sopran) und verschiedenen Stimmungen gebaut.

■ **Blọckparteien,** Bezeichnung für die im Parlament vertretenen, formell nicht kommunistischen Parteien in den ehemals kommunistisch regierten Staaten Osteuropas. Da die Blockparteien zur Unterstützung der herrschenden kommunistischen Partei und zur Anerkennung von deren führender Rolle verpflichtet waren, gab es keine Opposition. Blockparteien in der DDR waren die Christlich-Demokratische Union Deutschlands (CDUD), die Liberal-Demokratische Partei Deutschlands (LDPD), die National-Demokratische Partei Deutschlands (NDPD) und die Demokratische Bauernpartei Deutschlands (DBD).

■ **Blocksberg,** Bezeichnung für mehrere sagenumwobene Berge, besonders für den Brocken im Harz, die im Volksglauben als Versammlungsort von Hexen galten.

■ **Blockschrift,** lateinische Großbuchstaben in gleicher Höhe und Strichstärke, z. B. DUDEN.

■ **Blücher,** Gebhard Leberecht, Fürst B. von Wahlstatt, preußischer Feldmarschall (»Marschall Vorwärts«), *Rostock 16. Dezember 1742, †Krieblowitz (Schlesien) 12. September 1819. Blücher errang in den →Befreiungskriegen mehrere Siege gegen die französischen Truppen, in der Schlacht von Waterloo führte er die Entscheidung zugunsten der antinapoleonischen Koalition herbei.

■ **Bluejeans** [bludschins; engl.] →Jeans.

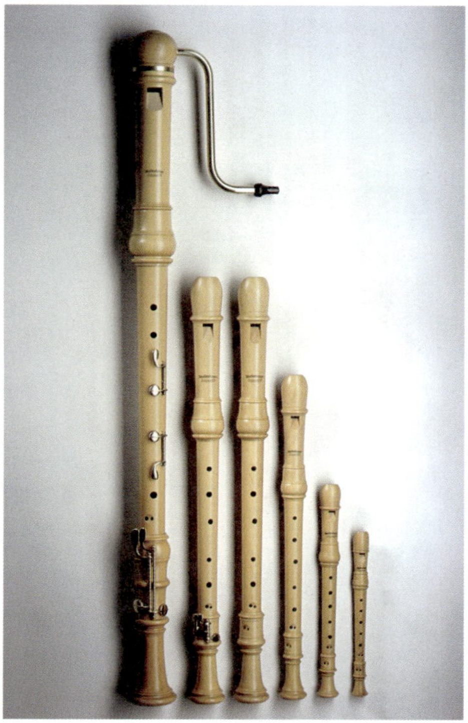

Die **Blockflöte** hat sieben Grifflöcher auf der Vorderseite und ein Daumenloch (Überblasloch) auf der Rückseite; ihr Stimmumfang beträgt anderthalb bis zwei Oktaven; im Bild von links gesehen: Bass in F, Tenor in C (ein Instrument mit Klappe, eins ohne), Alt in F, Sopran in C und Sopranino in F

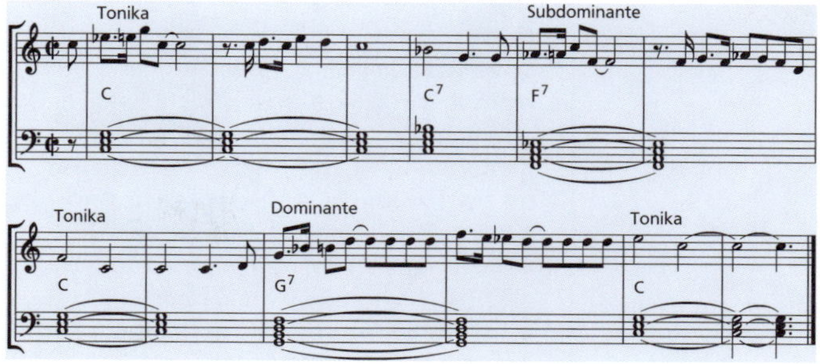

Dieses Beispiel führt die Standardform des **Blues** vor: die Bluesformel ist ein Akkord- und Taktschema, das mit drei Grundakkorden (Tonika, Dominante, Subdominante) in drei Phasen zu je vier Takten gegliedert ist

■ **Blues** [blus; amerikanisch] *der,* ursprünglich das volkstümliche weltliche Lied der schwarzen Sklaven in den Südstaaten der USA, mit schwermütig getragener Grundstimmung. In der 2. Hälfte des 19. Jahrh. entstanden, wurde der Blues später zu einer instrumentalen Musizierform, die eine entscheidende Rolle bei der Entstehung des →Jazz spielte. Charakteristisch für den Blues sind die zwölftaktige **Bluesformel,** die sich in drei viertaktige Teile gliedert, und die Verwendung der **Bluenotes** (Töne auf der erniedrigten 3., 5. und 7. Stufe der Tonleiter). Die Texte behandeln Lebenssituationen und -bedingungen der Bluessänger (soziale Missstände, Rassendiskriminierung u. a.). Klassische Bluessänger waren u. a. Bessie Smith (1894–1937) und Muddy Waters (1915–1983).

Mit der Verbreitung der Rockmusik, die stark auf den Formen des Blues aufbaut, setzte nach 1960 ein weltweites Interesse am Blues ein. Weiße Rocksänger wie Alexis Korner (1928–1984) und Eric Clapton (*1945) und Gruppen wie Rolling Stones und Animals übernahmen Strukturformen und Ausdrucksqualitäten des Blues **(Bluesrock).**

■ **Blumentiere** Korallen.

■ **Blut,** eine im Blutgefäßsystem zirkulierende Körperflüssigkeit, die aus Blutplasma und Blutzellen besteht. Hauptaufgabe des Blutes ist die Atemfunktion, das heißt, den Sauerstoff zu den Geweben zu transportieren und das Kohlendioxid aus den Geweben zur Lunge. Weiter befördert das Blut Stoffwechselabbauprodukte zu den Nieren, Nährstoffe aus Darm und Leber zu den Geweben sowie Hormone und Vitamine. Darüber hinaus hat es eine Abwehrfunktion gegen Krankheiten und körperfremde Stoffe und regelt die Ableitung überschüssiger Wärme aus dem Körperinnern an die Körperoberfläche.

Blut

Das Blut in Zahlen: Ein erwachsener Mensch mit 70 kg Körpergewicht hat 5 bis 5,5 l Blut, das entspricht etwa 7 bis 8 % des Körpergewichts. Die Zahl der roten Blutkörperchen beträgt beim Erwachsenen etwa 20 Billionen (in Zahlen: 20 000 000 000 000), das sind knapp 5 Billionen pro Liter. Würde man sie an einander reihen, käme man auf eine Strecke von ungefähr 200 000 km, das ist fünfmal der Erdumfang! Dagegen genießen die weißen Blutkörperchen fast schon Seltenheitswert: Auf einen Liter Blut kommen gerade mal 7,5 Milliarden (in Zahlen: 7 500 000 000).

Blut besteht zu etwa 55 % aus **Blutplasma,** einer Flüssigkeit, die u.a. Proteine (Fibrinogen, Albumine, Globuline), anorganische Salze und die transportierten Stoffe enthält. Blutzellen sind **rote Blutkörperchen** (Erythrozyten), **weiße Blutkörperchen** (Leukozyten) und **Blutplättchen** (Thrombozyten). Alle Bestandteile des Blutes übernehmen bestimmte Aufgaben. Die roten Blutkörperchen (eigentlich der eingelagerte rote Blutfarbstoff **Hämoglobin**) bewältigen den Transport des Sauerstoffs. Die weißen Blutkörperchen (etwa 70 % Granulozyten, etwa 25 % Lymphozyten, etwa 5 % Monozyten) wehren Krankheitserreger ab (dabei Bildung von Eiter) und beseitigen Zell- und Gewebereste. Die Blutplättchen sind wichtig für die →Blutgerinnung.
Beim Menschen und bei allen anderen Wirbeltieren ist das Blut rot, bei einigen Würmern grün, Krebse, Schnecken und Tintenfische haben blaues Blut, bei den meisten Tieren ist es farblos. – auch →Blutkreislauf.

Blut
Bestandteile:
Erythrozyten
Leukozyten
Thrombozyten
55 % Blutplasma (Wasser, Proteine, Ionen, Glucose, Enzyme, Hormone, Kreatin, Harnstoff)

■ **Blutbild,** die Feststellung der Zahl der roten und weißen Blutkörperchen, des Gehaltes an →Hämoglobin sowie des Zahlenverhältnisses der Blutkörperchen untereinander.

■ **Blüte,** ein aus mehreren Blattkreisen bestehender Sprossabschnitt bei Pflanzen, der der Fortpflanzung dient. Die Blätter sind oft stark umgebildet. In der Mitte stehen die **Fruchtblätter,** die die weiblichen Blütenteile darstellen und meist zu einem stempelartigen Gebilde (Stempel) verwachsen sind. Sein unteres Ende bildet den Fruchtknoten (mit der Samenanlage), der sich nach oben zum Griffel verjüngt und die Narbe trägt. Um den Stempel sind die fadenförmigen **Staubblätter** angeordnet, die Staubbeutel entwickeln, in denen die männlichen Pollen (Blütenstaub) gebildet werden. Dies alles wird von der **Blumenkrone** umhüllt, deren Blätter meist stark vergrößert sind und durch ihre auffällige Färbung Insekten zur Bestäubung anlocken. Der äußerste Blattkreis wird vom meist kleinen, grünen **Kelch** gebildet. Man unterscheidet Zwitterblüten (Staub- und Fruchtblätter; z.B. unsere Obstbäume) von rein männlichen und rein weiblichen Blüten (z.B. bei Weiden und beim Haselnussstrauch). Blüten können einzeln stehen oder zu →Blütenständen vereinigt sein.

■ **Blutegel,** ein Unterklasse bis 15 cm langer Ringelwürmer, die als Räuber oder Blutsauger in ruhigen, seichten Gewässern leben. Der **Medizinische Blutegel** saugt Blut von Amphibien und Säugetieren, um geschlechtsreif zu werden. Dabei sondert er den Stoff Hirudin ab, der eine Gerinnung des Blutes verhindert. Mitunter wird er zur Behandlung von Venenerkrankungen und Thromobosen verwendet.

■ **Blütenstand,** der obere Abschnitt von Pflanzen, der eine, mehrere oder zahlreiche Blüten trägt. Die Einteilung (z.B. Ähre, Dolde, Kolben, Rispe, Traube) richtet sich nach der Verzweigungsart der Blüten tragenden Stängelteile.

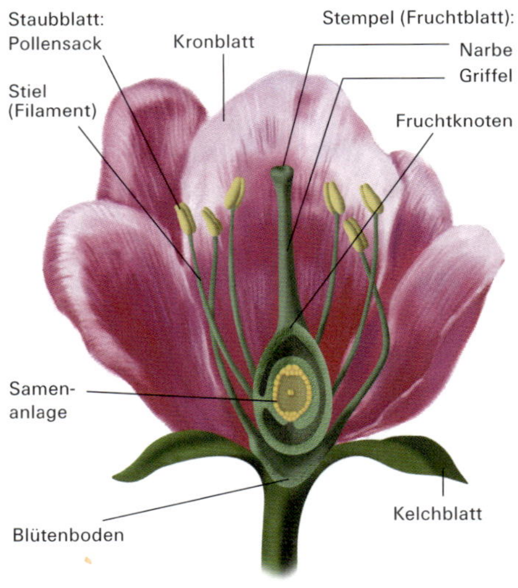

Aufbau einer **Blüte;** die Staubblätter sind die männlichen Fortpflanzungsorgane der Pflanze; sie enthalten in den Pollensäcken die Pollenkörner; der in der Samenanlage entwickelte Stempel ist das weibliche Fortpflanzungsorgan mit klebriger Narbe, an der die Pollenkörner kleben bleiben

■ **Bluterguss,** eine Ansammlung von Blut im Gewebe als Folge eines Risses von Blutgefäßen. Das Gewebe schwillt an und die Haut verfärbt sich. Blutergüsse entstehen meist durch Prellungen.

■ **Bluterkrankheit** (Hämophilie), eine Erbkrankheit, die in der Regel nur bei Männern auftritt. Frauen sind lediglich Träger (und Überträger) der Erbanlage. Bei Bluterkranken (»Blutern«) fehlt einer der Gerinnungsfaktoren im Blut, sodass jede äußere oder innere Wunde (z.B. ein Bluterguss) lebensgefährlich werden kann. Eine Heilung ist nicht möglich; der Gerinnungsfaktor kann jedoch regelmäßig über Blutpräparate zugeführt werden.

■ **Blutgefäße** (Adern), beim Menschen und bei höheren Tieren Röhren oder Schläuche mit unterschiedlichem Durchmesser, in denen das Blut, angetrieben vom Herzen, durch den Körper fließt. Nach Aufbau und Funktion unterscheidet man die vom Herzen wegführenden Arterien, die zum Herzen hinführenden Venen und die Kapillaren, die vor allem für den Stoffaustausch in den Geweben bzw. Organen verantwortlich sind.

■ **Blutgerinnung,** die Erstarrung des Blutes nach einer Verletzung, ausgelöst durch den Kontakt der Blutplättchen mit der verletzten Blutgefäßwand oder dem Gewebesaft des verletzten Gewebes. Mit dem anschließenden Zerfall der Blutplättchen wird ein Enzym freigesetzt, das unter Mitwirkung anderer Stoffe (Vitamine, Gerinnungsfaktoren) aktiviert wird. Über weitere Zwischenreaktionen wird schließlich das im Blut gelöste Protein Fibrinogen in ein dichtes Fadennetz (Fibrin) umgewandelt, das sich langsam zusammenzieht und eine klare Flüssigkeit, das **Blutserum,** herauspresst.

■ **Blutgruppen,** erbbedingte Merkmale, die 1901 von dem österreichischen Bakteriologen Karl Landsteiner (1868–1943) im Blut entdeckt wurden und heute zu über zehn verschiedenen Blutgruppensystemen zusammengefasst werden. Die wichtigsten sind das AB0-System und das Rhesussystem.

Die besonderen Merkmale einer Blutgruppe werden von zuckerartigen Substanzen (Mukopolysaccharide) bestimmt, die der Oberfläche der roten Blutkörperchen eine charakteristische Struktur geben und als →Antigene wirken. Ein Mensch mit der Blutgruppe A hat also das Antigen »A« auf den roten Blutkörperchen, einer mit Blutgruppe B das Antigen »B«, derjenige mit AB beide Sorten von Antigenen und Blutgruppe 0 weder »A« noch »B«.

Gleichzeitig besitzt fast jeder Mensch in seinem Blutserum noch →Antikörper, die gegen körperfremde Blutgruppenantigene gerichtet sind: Blutgruppe A hat Antikörper B (Anti B), B hat Antikörper A (Anti A), AB hat weder Anti A noch Anti B und 0 hat sowohl Anti A als auch Anti B. Bei der

Bluterkrankheit

Königin Victoria von Großbritannien war eine Überträgerin der Bluterkrankheit. Sie vererbte die Krankheit bzw. die Erbanlagen dazu an einen ihrer Söhne, Herzog Leopold von Albany, sowie an ihre Tochter Viktoria. Diese heiratete den deutschen Kaiser Friedrich III. Ihr Sohn Kaiser Wilhelm II. war kein Bluter, hingegen sein Bruder Waldemar. Die zweite Tochter Königin Victorias, Alice, heiratete Großherzog Ludwig IV. von Hessen-Darmstadt und übertrug die Anlagen der Bluterkrankheit ihrer Tochter Alexandra, die als Frau des russischen Zaren Nikolaus II. die Krankheit an ihren Sohn, den Thronfolger Alexei, vererbte.

Blutübertragung kommt es in den Fällen zur Unverträglichkeit, wo Anti A mit Antigen A und Anti B mit Antigen B reagieren kann. Eine solche Antigen-Antikörper-Reaktion führt zur Verklumpung **(Agglutination)** des Blutes und damit zu gefährlichen Verstopfungen der Blutgefäße.

Antigene kommen auch auf anderen Körperzellen vor und spielen so eine wichtige Rolle bei Organverpflanzungen. Sie sind sehr beständig, sodass sich heute noch die Blutgruppen von Mumien bestimmen lassen. Antikörper bilden sich in den ersten sechs Monaten nach der Geburt, wahrscheinlich wegen des Kontaktes des Immunsystems mit Bakterien im Darm, auf denen ebenfalls Antigen A bzw. B nachgewiesen wurde.

Etwa 75% der Mitteleuropäer besitzen auf ihren roten Blutkörperchen noch ein weiteres Antigen, das **Rhesusfaktor** (Rh^+) genannt wird, weil es zuerst bei Rhesusaffen entdeckt wurde. Sein Vorhandensein oder Fehlen muss vor allem bei Blutübertragungen (→Bluttransfusion) und bei Schwangerschaften beachtet werden, da Rh^+-Blut bei rhesusfaktorfreien Menschen (Rh^-) zu Unverträglichkeiten führen kann. Im Blut dieser Menschen sind normalerweise keine Antikörper Anti Rh nachzuweisen; diese bilden sich beim ersten Kontakt mit Rh^+-Blut.

Blutgruppen
Häufigkeit bei Mitteleuropäern:
A: 42%
B: 13%
AB: 7%
0: 38%

■ **Blutkörperchen** →Blut.

■ **Blutkrebs** →Leukämie.

■ **Blutkreislauf,** der Umlauf des Blutes in einem offenen oder geschlossenen System. So besitzen z.B. Weichtiere (Schnecken, Muscheln usw.) und Insekten einen offenen Blutkreislauf, wobei das Blut, von einem einfachen Herzen angetrieben, in den Körperhohlräumen fließt. Bei Wirbeltieren wie auch beim Menschen fließt das Blut in speziellen Blutgefäßen (Adern), sodass der Blutkreislauf vollständig geschlossen ist. Das vierkammerige →Herz pumpt das Blut durch die Hauptschlagader (Aorta) und weitere elastische, dickwandige Schlagadern (Arterien) bis in die Kapillaren (Haargefäße). Dort findet der Stoffaustausch statt: Nährstoffe und Sauerstoff werden ins Gewebe abgegeben, Abfallstoffe

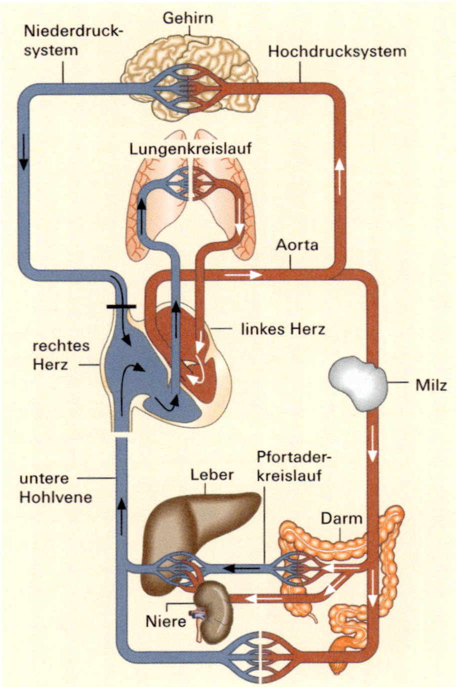

Blutkreislauf des Menschen; das arterielle Blut ist rot, das venöse blau eingezeichnet

und Kohlendioxid aufgenommen. Über dünnwandige Venen gelangt es zum Herzen zurück. Diesem großen Blutkreislauf (Körperkreislauf) schließt sich der kleine Blutkreislauf an, bei dem das verbrauchte Blut durch die Lungenarterien zur Lunge gelangt und nach Abgabe von Kohlendioxid und Aufnahme von Sauerstoff über die Lungenvenen wieder zum Herzen fließt.

■ **Blụtsenkung,** die Geschwindigkeit, mit der die roten Blutkörperchen im stehenden, ungerinnbar gemachten Blut aufgrund ihrer Schwere absinken. Da Blutkörperchen bei Kranken schneller (selten langsamer) als bei Gesunden absinken, bedient sich der Arzt der Blutsenkung bei Verdacht auf eine Erkrankung.

■ **Blụtserum** →Blutgerinnung.

■ **Blụttransfusion,** die Übertragung von Blut aus einem Organismus in einen anderen, früher direkt, heute aus einer Blutkonserve (haltbar gemachtes Blut eines Spenders). Eine Bluttransfusion ist bei großem Blutverlust und bei bestimmten Blutkrankheiten erforderlich. Zu beachten ist, dass sich die →Blutgruppen von Spender- und Empfängerblut vertragen müssen.

■ **Blụtvergiftung** (Sepsis), die Überschwemmung des Bluts und besonders der Lymphbahnen und Lymphdrüsen mit Bakterien, die über eine Wunde in den Körper eingedrungen sind und von den weißen Blutkörperchen nicht mehr bezwungen werden. Es kommt zu hohem Fieber. Treten rote Streifen (von der Wunde ausgehend) auf, so zeigt dies eine Entzündung der Lymphbahnen an. Bei einer Blutvergiftung ist schnelle ärztliche Hilfe notwendig.

■ **BMX,** Abkürzung für →Bicycle Motocross.

■ **BND,** Abkürzung für →**B**undes**n**achrichten**d**ienst.

■ **Bö̲** (Böe), ein heftiger Windstoß, wie er besonders bei Schauern und Gewittern auftritt.

■ **Bo̲aschlangen,** zu den Riesenschlangen gehörende, lebend gebärende Schlangen mit etwa 40 Arten, darunter als größte die →Anakonda. Sie sind nicht giftig.

■ **Bọbsport,** Wintersportart, bei der mit einem Spezialschlitten (Bob) ein künstlich angelegter abschüssiger und kurvenreicher Eiskanal (Bobbahn) möglichst schnell durchfahren wird. Der Bob verfügt über zwei Kufenpaare, von denen das vordere über einen Seilzug gelenkt wird. Die rinnenförmige Bobbahn ist mindestens 1 200 m lang, ihre Kurven sind zum Teil stark überhöht; es werden Geschwindigkeiten von über 100 km/h erreicht. Wettbewerbe werden in den Disziplinen Zweier- und Viererbob ausgetragen.

■ **Boccaccio** [bokạtscho], Giovanni, italienischer Dichter, *wahrscheinlich Florenz 1313, †Certaldo (bei Florenz) 21. Dezember 1375. Sein Hauptwerk ist das »Decamerone« (1348–53), eine Sammlung von 100 Novellen, in denen die Freude am irdischen Leben zum Ausdruck kommt und damit eine Abkehr vom Lebensgefühl des Mittelalters vollzogen wird. Boccaccio veranlasste die erste vollständige Übersetzung Homers ins Lateinische.

■ **Boccia** [bọtscha; italienisch] *das* oder *die,* Kugelspiel auf einer Kunststoff- oder Sandbahn für zwei Parteien. Die Spieler beider Mannschaften versuchen, ihre Kugeln (Durchmesser 9–11 cm) möglichst nahe an die zuvor ins Spielfeld geworfene kleinere Zielkugel heranzuwerfen oder Kugeln der Gegner wegzutreiben. Jede Kugel einer Partei, die näher an der Zielkugel liegt als eine der gegnerischen Partei, zählt einen Punkt. Gespielt wird auf zwei Gewinnsätze zu je 15 Punkten. Ein bocciaähnliches Spiel ist u. a. das **Boule**.

■ **Bọckkäfer,** Käferfamilie mit mehr als 25 000 meist tropischen Arten, in Mitteleuropa etwa 250 Arten. Es sind lang gestreckte, oft sehr große Käfer mit langen Fühlern und langen Beinen. Oft sind sie Pollenfresser an Blüten. Die Larven sind zum Teil gefährliche Holzschädlinge.

■ **Bọ̈cklin,** Arnold, schweizerischer Maler, *Basel 16. Oktober 1827, †San Domenico (bei Florenz) 16. Januar 1901. Bekannt wurde er vor allem durch seine fantasievollen Landschaftsbilder mit Figuren der antiken Mythologie, die er als Sinnbilder der in der Natur wirksamen Kräfte ansah. Er war ein bedeutender Vertreter des →Symbolismus.

■ **Bọdden** *der,* seichte, unregelmäßig geformte Bucht mit enger Öffnung zum Meer. Die Boddenküste ist typisch für Mecklenburg-Vorpommern.

■ **Bo̲denreform,** Veränderung der Eigentumsverhältnisse an Grund und Boden, vor allem an landwirtschaftlich genutztem Boden, durch Umverteilung oder Überführung in Gemeineigentum. Bodenreformen wurden u. a. in Russland 1917/18 und nach 1945 (nach russischem Vorbild) in den Ländern des Ostblocks durchgeführt.

■ **Bo̲denschätze,** natürliche Anreicherungen von Mineralen, Gesteinen und chemischen Verbindungen im Boden, deren Gewinnung von volkswirtschaftlichem Nutzen ist, z. B. Erze, Kohlen, Salze, Bitumen, Erdöl, Erdgas, Steine, Erden.

■ **Bo̲densee** (Schwäbisches Meer), großer See im Alpenvorland mit deutschem, schweizerischem und österreichischem Anteil. Der Bodensee ist 571,5 km^2 groß. Die größte Tiefe beträgt 254 m. Er wird vom Rhein durchflossen.
In ihm liegen drei Inseln: **Mainau** (Schloss, üppige Pflanzenwelt, zum Teil subtropische Pflanzen), **Reichenau** (romanische Klosteranlage) und **Lindau** (mit Hafen). Gegliedert wird der Bodensee in den Obersee (das Hauptbecken), den Überlinger See mit der Insel Mainau und den Untersee mit der Insel Reichenau. Das Klima ist mild und ausgeglichen; es begünstigt den Fremdenverkehr. Fährschiffe verbinden die Uferstädte.

■ **Bodybuilding** [bọdibilding; engl.] *das,* spezielles Training zur Stärkung der Muskulatur unter Verwendung meist eigens für diesen Zweck konstruierter Geräte. Im Wettkampfsport werden nach Punkten die in bestimmten Posen gezeigte Muskulatur, Körperproportionen und die nach ausgewählter Musik gestaltete Posingkür bewertet.

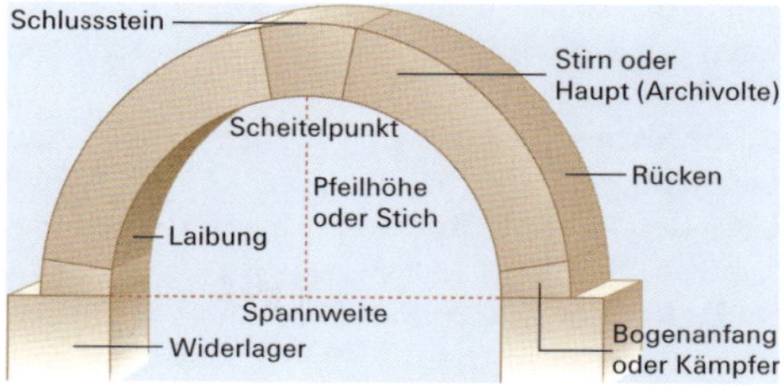

Bennung der einzelnen Elemente eines **Bogens** in der Fachsprache der Baukunst

■ **Bodyguard** [bọdiga^{r}d; engl.] *der,* der Leibwächter.

■ **Bogart** [bọ^{u}ga^{r}t], Humphrey, eigentlich H. de Forest Bogart, amerikanischer Film- und Bühnenschauspieler, *New York 25. Dezember 1899, †Beverly Hills (Calif.) 14. Januar 1957. Er war ein Charakterdarsteller, der nach seinem Tod zur Legende wurde; Filme: »Die Spur des Falken« (1941), »Casablanca« (1942), »Tote schlafen fest« (1946), »Die Caine war ihr Schicksal« (1954), »An einem Tag wie jeder andere« (1955), »Schmutziger Lorbeer« (1956).

■ **Bo̲gen, 1)** *Baukunst:* eine gewölbte Überdeckung, die sich auf Pfeiler, Säulen oder Mauern stützt; auch bloße Schmuckform. Unterschieden werden u. a.: Rundbogen (römisch, romanisch und Renaissance), Kleeblattbogen (spätromanisch), Spitzbogen (gotisch), Vorhangbogen (spätgotisch), Flachbogen (barock), Tudorbogen (spätgotisch in England) und Hufeisenbogen (maurisch bzw. islamisch).

2) *Buchdruck:* ein bedrucktes und gefalztes Blatt, das meist 16 Seiten umfasst.

3) *Musik:* elastischer, mit Rosshaaren bespannter Holzstab zum Anstreichen der Saiten von Musikinstrumenten, z. B. der Geigenbogen.

4) *Waffenwesen, Sport:* Jagd- und Sportwaffe. Mit dem Bogen, der aus einem gekrümmten Stab (Bügel) und einer Sehne besteht, werden Pfeile verschossen. Einfache und zusammengesetzte Bögen sind seit der jüngeren Altsteinzeit bekannt.

■ **Bo̲genschießen,** das sportliche Schießen mit Pfeil und Bogen auf Zielscheiben in 18–90 m Entfernung. Je nach Distanz beträgt der Durchmesser der runden Scheiben zwischen 40 und 122 cm, eingeteilt sind sie in Ringe mit der Wertigkeit 1 bis 10 (im Zentrum).

■ **Bogotạ́,** Hauptstadt von Kolumbien, 2 650 m über dem Meeresspiegel gelegen, mit 6 Mio. Ein-

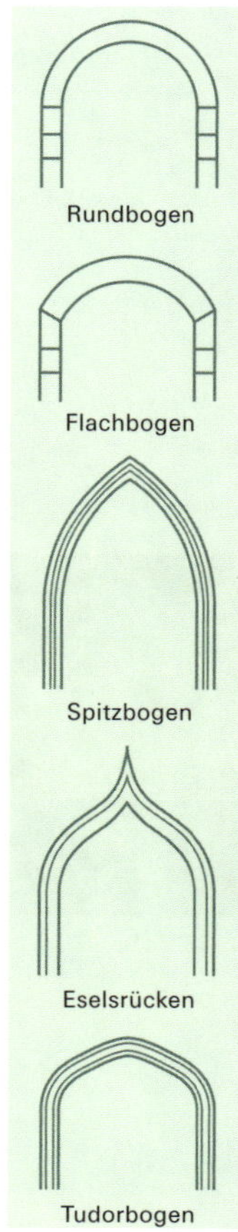

Bogen in der Baukunst

wohnern (Ballungsraum). Die Stadt hat 14 Universitäten u. a. Hochschulen. – Bogotá wurde 1538 von den Spaniern gegründet.

■ **Boheme** [boä̯m; frz.] *die,* ungebundene, außerhalb der bürgerlichen Ordnung lebende Künstlerkreise. Oft ist mit **Bohemien** auch nur ein unbekümmerter Lebenskünstler gemeint.

■ **Böhmen,** historisches Gebiet, das den Westteil der →Tschechischen Republik umfasst, mit Prag als Zentrum. Im Osten grenzt es an Mähren.

Geschichte: In das von den keltischen Boiern, später von germanischen Stämmen bewohnte Gebiet drangen im 6. Jahrh. Slawen ein. Im 9. Jahrh. gehörte Böhmen zum Großmährischen Reich (bis 907), im 10. Jahrh. wurde es Teil des Heiligen Römischen Reiches. Die böhmischen Herrscher, die Přemysliden, erhielten 1198 die Königswürde und 1290 auch die Kurwürde. Seit 1526 gehörte Böhmen zum habsburgischen Österreich, 1918 wurde es Teil der neu gegründeten Tschechoslowakei.

■ **Böhmerwald,** Grenzgebirge zwischen Deutschland, der Tschechischen Republik und Österreich. Die höchste Erhebung ist der Große Arber (1 456 m). Der deutsche Anteil wird im Norden auch als **Oberpfälzer Wald,** im Süden als **Hinterer Bayerischer Wald** bezeichnet. Der Böhmerwald ist in seiner ursprünglichen Form in Naturschutzgebieten erhalten.

■ **Bohne,** eine Gattung der Schmetterlingsblütler mit etwa 200 Arten. Sowohl die unreifen Hülsenfrüchte als auch die Samen werden als Gemüse verwendet. Am bekanntesten ist bei uns die **Gartenbohne** (Schnittbohne), die aus Mexiko und dem westlichen Südamerika stammt. Sie kommt in zwei Zuchtformen vor: als buschartig wachsende **Buschbohne** und als wenig verzweigte, bis über 2 m an Stützen sich hochwindende **Stangenbohne.** Die leuchtend rot, aber auch weiß blühende **Feuerbohne** stammt wahrscheinlich aus Mittelamerika. Nicht zur Gattung Bohne gehören die Gattungen Wicke (u. a. Ackerbohne und Dicke Bohne oder Saubohne), Helmbohne, Kuhbohne und Glyzine (→Sojabohne).

Niels Bohr

■ **Bohr,** Niels, dänischer Physiker, *Kopenhagen 7. Oktober 1885, †ebenda 18. November 1962. Seine Forschungen auf dem Gebiet der Atomphysik waren von grundlegender Bedeutung. Bohr entwickelte ein nach ihm benanntes Atommodell (→Atom), mit dem er das Spektrum des Wasserstoffs erklären und eine Begründung des →Periodensystems der chemischen Elemente geben konnte. 1922 erhielt er den Nobelpreis für Physik.

■ **Bohrinsel,** allgemeine Bezeichnung für Geräteträger zum Niederbringen von Bohrungen nach Erdöl und Erdgas im Meer (→Offshoretechnik).

■ **Bohrium** [nach Niels Bohr] *das,* künstliches, radioaktives chemisches Element, ein →Transuran. Es wurde 1981 in Darmstadt erstmals hergestellt.

Bohrium
chemisches Symbol: Bh
Ordnungszahl: 107

■ **Boje** *die,* ein verankertes, schwimmendes Seezeichen, das zur Kennzeichnung der Fahrrinne und zur Warnung vor Gefahrenstellen angebracht wird. Manche Bojen sind mit besonderen Signaleinrichtungen versehen (z. B. Leucht-, Heul- und Glockenbojen).

■ **Bola** →Gaucho.

■ **Bolívar,** Simón, lateinamerikanischer Politiker, Anführer der Unabhängigkeitsbewegung gegen die Spanier, *Caracas (Venezuela) 24. Juli 1783, †San Pedro Alejandrino (bei Santa Marta, Kolumbien) 17. Dezember 1830. 1819 wurde Bolívar zum Präsidenten von Venezuela gewählt. Er vereinigte Venezuela und Neugranada (das spätere Kolumbien) zur Republik Großkolumbien, befreite 1822 Ecuador, 1824 Peru (dessen Präsident er seit 1827 war) und organisierte die Regierung in Oberperu (nach Bolívar Bolivien genannt). Nach vergeblichen Versuchen, alle amerikanischen Länder zu einigen (1826 Einberufung des 1. panamerikanischen Kongresses), trat er 1830 zurück.

■ **Bolivien,** Republik im mittleren Andenraum Südamerikas. Kernraum ist das über 3 500 m hohe Hochland, das zwischen der West- und der Ostkordillere liegt. Zwei Drittel des Landes sind Tiefland, das zu den Einzugsgebieten des Amazonas und des Paraná gehört. Das Klima ist tropisch. Der

Niels Bohr

Als junger Mann war Niels Bohr ebenso wie sein Bruder, der Mathematiker Harald Bohr (1887-1951), ein sehr erfolgreicher Fußballspieler und mehrfacher Nationalspieler. So wird die Meldung einer Kopenhagener Zeitung 1922 verständlich: »Dem bekannten Fußballspieler Niels Bohr wurde der Nobelpreis für Physik verliehen.« – Aber natürlich hat er diesen Preis nicht für die Berechnung der Flugbahn eines Fußballs bekommen, sondern für seine Forschungen über die Struktur des Atoms.

Bolivien
Fläche 1 098 581 km²
Einwohner 8,142 Mio.
Hauptstadt Sucre
Regierungssitz La Paz
Amtssprachen Spanisch, Ketschua, Aimara
Nationalfeiertag 6. 8.
Währung 1 Boliviano (Bs) = 100 Centavos (c.)
Zeitzone MEZ – 5 Std.

größte Teil der Bevölkerung (etwa 50 % Hochlandindianer, über 30 % Mestizen, 15 % Weiße) ist in der Landwirtschaft tätig. Angebaut werden Weizen, Mais, Kartoffeln, Gerste, Reis. Die Viehzucht beschränkt sich weitgehend auf Schafe und Lamas. Obwohl Bolivien mit seinen Bodenschätzen (besonders Zinn, Wolfram, Eisen, Blei, Kupfer, Silber und Erdgas) eines der reichsten Länder der Erde ist, kommt die Industrialisierung nur langsam voran.

Geschichte: Das Gebiet des heutigen Bolivien war Teil des Inkareichs, bis es 1538 von Spanien erobert wurde. In der Kolonialzeit war es eng mit Peru verbunden. 1825 wurde es eine unabhängige Republik und erhielt nach Simón Bolívar den Namen Bolivien Verlustreiche Kriege gegen Chile und Paraguay, Militärrevolten und wechselnde Regierungen, Streiks und Guerillakämpfe prägten die Geschichte des Landes.

■ **Böll,** Heinrich, deutscher Schriftsteller, *Köln 21. Dezember 1917, †Langenbroich (zu Kreuzau, Kreis Düren) 16. Juli 1985. Böll setzte sich in seinen frühen Werken mit den Auswirkungen des Zweiten Weltkriegs auseinander, in den späteren kritisierte er die Sattheit, Oberflächlichkeit und Scheinmoral in der Bundesrepublik Deutschland. Er schrieb Romane, Kurzgeschichten, Hörspiele, u. a. »Wo warst du, Adam?« (1953), »Und sagte kein einziges Wort« (1953), »Doktor Murkes gesammeltes Schweigen« (1958), »Ansichten eines Clowns« (1963), »Gruppenbild mit Dame« (1971), »Die verlorene Ehre der Katharina Blum« (1974), »Frauen vor Flußlandschaft« (1985). 1972 erhielt Böll den Nobelpreis für Literatur.

■ **Bologna** [bolọnja], Hauptstadt der italienischen Region Emilia-Romagna, mit 382 000 Einwohnern. Die Stadt besitzt eine der ältesten Universitäten Europas (im 11./12. Jahrh. aus privaten Rechtsschulen entstanden) und zahlreiche Bauwerke aus Gotik und Renaissance.

■ **Bolschewịsmus** [russisch] *der,* heute weniger gebräuchlicher Sammelname für Theorie und Praxis des Kommunismus sowjetischer Prägung. Die **Bolschewiki** waren die revolutionäre Mehrheit (russisch bolsche, = mehr) der ehemaligen sozialdemokratischen Arbeiterpartei Russlands, die sich unter Lenins Führung 1903 von der Politik einer gemäßigteren Minderheit (**Menschewiki**; russisch mensche = weniger) trennten.

■ **Bombay** [bọmbeⁱ], wichtigste Hafenstadt Indiens, auf der gleichnamigen Insel vor der Westküste gelegen, mit 9,93 Mio. Einwohnern. Die Wirtschafts- und Finanzmetropole, Sitz mehrerer Universitäten und Hochschulen, ist nach Kalkutta die zweitgrößte Stadt Indiens.

■ **Bọmbe,** Explosivkörper (z. B. Brand-, Spreng-, Atombombe).

■ **Bonapạrte,** Napoléon →Napoleon I.

■ **Bọnhoeffer,** Dietrich, deutscher evangelischer Theologe, *Breslau 4. Februar 1906, †(hingerichtet) im Konzentrationslager Flossenbürg 9. April 1945. Bonhoeffer war 1935–37 Leiter des illegalen Priesterseminars der →Bekennenden Kirche. 1938 wurde er aus Berlin ausgewiesen und erhielt Rede- (1940) und Schreibverbot (1941). Daraufhin schloss er sich der Widerstandsbewegung an. 1943 wurde er verhaftet und zwei Jahre später mit anderen Widerstandskämpfern hingerichtet. – Bild und Infokasten S. 140

■ **Bonifatius,** ursprünglich Winfried, genannt »Apostel der Deutschen«, angelsächsischer Benediktiner und Missionar, Heiliger, *in Wessex (England) 672/673, †bei Dokkum (Friesland) 5. Juni 754. Bonifatius, der seit 716 das Christentum in Friesland, Thüringen, Hessen und Bayern predigte, wurde 722 in Rom zum Bischof geweiht, nach erfolgreicher Germanenmission und kirchlicher Aufbauarbeit 732 zum Erzbischof und zum Legaten für Deutschland ernannt. Er gründete zahlreiche Bistümer und Klöster, u. a. in Fulda, wo sich (im Dom) auch sein Grab befindet. 747 übernahm er das Bistum Mainz. Auf einer Missionsreise durch Friesland wurde er von Anhängern des alten Götterglaubens erschlagen.

Bolivien

Flagge

Wappen

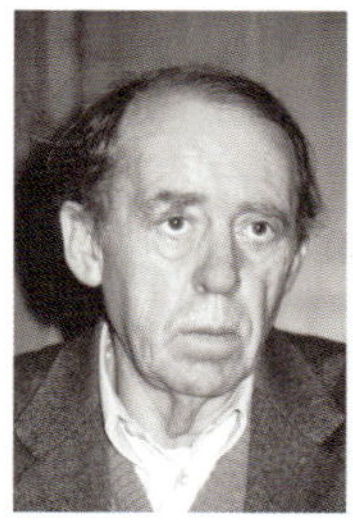

Der Nobelpreisträger **Heinrich Böll** gehört zu den bekanntesten Vertretern der deutschen Nachkriegsliteratur

■ **Bonn** (Bundesstadt Bonn), Stadt am Rhein in Nordrhein-Westfalen, mit 304 100 Einwohnern, bis zur Vereinigung der beiden deutschen Staaten (1990) Hauptstadt der Bundesrepublik Deutschland. Nach der Wahl Berlins zur Hauptstadt des vereinigten Deutschland (1991) gingen die Funktionen Bonns vor allem als Sitz von Bundesregierung und Bundestag auf Berlin über. Die Stadt hat eine Universität und wissenschaftliche Institute, neben anderen Museen das Haus der Geschichte der Bundesrepublik Deutschland. Neben dem ehemaligen Regierungsviertel (Bundestag, Abgeordnetenhaus, Bundeskanzleramt) gehören die Villa Hammerschmidt (bisher Sitz des Bundespräsidenten), das Palais Schaumburg, die Beethovenhalle, das romanische Münster, das Stadtschloss, Schloss Poppelsdorf und das Geburtshaus Beethovens zu den Sehenswürdigkeiten. – Bonn entwickelte sich aus einem römischen Legionärslager (Bonna), das um 43 n. Chr. entstanden war.

■ **Bonobo** [afrikanisch] *der* (Zwergschimpanse), die kleinere Art der →Schimpansen (Kopf-Rumpf-Länge 70–90 cm), mit dunklem Gesicht und fleischfarbenen Lippen. Bonobos leben bevorzugt auf Bäumen. Ihre Bestände in den Regenwäldern Zentralafrikas sind sehr zerstreut und vom Aussterben bedroht.

Dietrich Bonhoeffer

■ **Bonsai** [japanisch] *das*, die besonders in Japan gepflegte Kunst, aus Samen oder Stecklingen durch Beschneiden der Zweige und Wurzeln Zwergbäume (6 bis 90 cm hoch) zu ziehen.

Dietrich Bonhoeffer

»Von guten Mächten wunderbar geborgen / Erwarten wir getrost, was kommen mag«, schrieb der Theologe Dietrich Bonhoeffer in einem Neujahrsgedicht auf das Jahr 1945. Als Mann des Widerstands gegen das staatlich organisierte Verbrechen wurde er am 5. April 1943 verhaftet. Aus der Zeit bis zu seiner Hinrichtung am 9. April 1945 hinterließ Bonhoeffer Briefe und Dichtungen, die zu einem großen Teil aus der Haft geschmuggelt und 1951 unter dem Titel »Widerstand und Ergebung« von seinem Freund Eberhard Bethge veröffentlicht werden konnten; in dem Gedicht »Stationen auf dem Weg zur Freiheit« heißt es: »nicht in der Flucht der Gedanken, allein in der Tat ist die Freiheit, / Tritt aus ängstlichem Zögern heraus in den Sturm des Geschehens, / nur von Gottes Gebot und deinem Glauben getragen, / und die Freiheit wird deinen Geist jauchzend empfangen.«

Bonsai

Eine Bonsaizüchtung soll die Formen des natürlichen Vorbildes wiedergeben, wobei neben der Schönheit des Baumes auch seine Harmonie mit dem Gefäß, in dem er steht, von Wichtigkeit ist. Die Bonsaikunst kam in China auf und wurde schon vor über 1000 Jahren in Japan weiterentwickelt. Hier werden ganze Miniaturlandschaften aus verschiedenen Baumarten und Felsen, Grotten, Bächen und Brücken geschaffen. Diese Landschaften blühen im Sommer und sind im Winter kahl. – Bonsais sind auch Gegenstand von Verehrung und Meditation.

■ **Bonus** [lat., = gut] *der*, Vergütung, Gutschrift; Vorteil.

■ **Bonze** [japanisch] *der*, **1)** buddhistischer Mönch oder Priester.

2) verächtliche Bezeichnung für: hohes Parteimitglied, einflussreicher Funktionär.

■ **Boogie-Woogie** [bugiwugi; amerikanisch] *der*, ein jazzverwandter Klavierstil des Blues, der Anfang des 20. Jahrh. im amerikanischen Mittelwesten aufkam und in den 1920er-Jahren vor allem in Chicago sehr populär war. Später wurde er als Stilmittel in die Swingmusik einbezogen. Die sich daraus entwickelnde Tanzmusik hatte mit dem ursprünglichen Klavierstil allerdings nur noch dem Namen gemeinsam. Grundlage des Boogie-Woogies sind rollende Bassfiguren in punktierten Achteln und stark rhythmisierte Melodien.

■ **booten** [bu...; engl. boot (up), = laden], in der Computersprache der Neustart eines Rechners.

■ **Bootlegger** [but...; zu engl. bootleg, = Stiefelschaft] *der*, in den USA umgangssprachliche Bezeichnung für Schmuggler und Schwarzhändler. Sie entstand in der amerikanischen Kolonialzeit (18. Jahrh.), als beim verbotenen Verkauf von Alkohol an die Indianer die Ware in den Stiefelschäften versteckt wurde.

Heute sind **Bootlegs** unrechtmäßig hergestellte Tonträger, für die keine Gebühren an den Rechtsinhaber abgeführt werden (→Urheberrecht).

■ **Bor** [persisch] *das*, ein chemisches Element, in kristallinem Zustand das härteste nach Diamant (Kohlenstoff). In seinem chemischen Verhalten liegt Bor zwischen den Metallen und den Nichtmetallen (Halbmetall). Bor wird als härtender Bestandteil von Legierungen verwendet, die Verbindungen **Borsäure** in der Glas- und Farbenindustrie sowie in der Gerberei, **Borax** (das Natriumsalz der Borsäure) in der analytischen Chemie (Boraxperle), zur Glasur von Steingut, Porzellan und Metall (Emaille) sowie zur Herstellung von temperaturbeständigen Gläsern, **Borcarbid** als Polier- und Schleifmittel.

■ **Bora** [italienisch] *die,* ein kalter, stürmischer Fallwind an der Küste Dalmatiens, besonders im Winter, wenn die kalten Luftmassen vom Land zur wärmeren Adria strömen. Auch ähnlich bedingte Winde in anderen Gebieten können als Bora bezeichnet werden.

■ **Bordeaux** [bordo], Stadt in Frankreich, an der Garonne, mit 210 300 Einwohnern. Obwohl Bordeaux 80 km oberhalb der Flussmündung liegt, ist es ein wichtiger französischer Atlantikhafen. Die Stadt hat mehrere alte Kirchen und eine Universität. Sie ist als Weinbauzentrum bekannt: **Bordeauxweine** sind rote und weiße Weinsorten der südwestfranzösischen Weinbaulandschaft **Bordelais.**

■ **Bordell** [frz., ursprünglich = Bretterhüttchen] *das* (Freudenhaus), ein Unternehmen, dessen Inhaber Räume zur Ausübung der →Prostitution zur Verfügung stellt. Das Betreiben eines Bordells kann strafbar sein, besonders wenn es gewerbsmäßig geschieht und die Prostituierten darin in persönlicher und wirtschaftlicher Abhängigkeit gehalten werden. Strafbar macht sich auch, wer die Räume Personen unter 18 Jahren zum Zwecke der Prostitution überlässt.

■ **Borgia** [bordscha], italienisches Adelsgeschlecht spanischer Herkunft, das die Päpste **Kalixt III.** (1378–1458; Papst seit 1455), und **Alexander VI.** (1432–1503; Papst seit 1492) stellte. **Cesare Borgia** (1475–1507), Sohn Alexanders VI., versuchte als skrupellos herrschender Kirchenfürst und Staatsmann vergeblich, ein mittelitalienisches Königreich zu errichten. Seine Schwester **Lucrezia Borgia** (1480–1519) förderte als Herzogin von Ferrara Dichter und Gelehrte. Ihr die Jahrhunderte überdauernder schlechter Ruf entstand durch Verleumdung.

Bor
chemisches Symbol: B
Ordnungszahl: 5
relative Atommasse: 10,81
Dichte: 2,34 g/cm³
Schmelzpunkt: 2 075 °C
Sublimationspunkt: 2 550 °C

Von Kopf bis Fuß auf Liebe eingestellt: auch unabhängig von der Fortpflanzung genießen die **Bonobos** das sexuelle Beisammensein als Daseinsfreude, die sich von selbst versteht

■ **Borke,** der abgestorbene, verkorkte äußere Teil der Rinde der Holzgewächse. Die Borke bildet ein wirksames Abschlussgewebe nach außen. Beim Dickenwachstum des Stammes kann sie in Schuppen (bei Eiche, Platane, Nadelhölzern) oder in Streifen abgehen.

■ **Borkenkäfer,** artenreiche Familie meist nur wenige Millimeter großer Käfer. Ihre Larven und sie selbst ernähren sich von Holz, Bast oder Borke der Bäume, wobei sie typische Fraßgänge anlegen. Durch Massenbefall werden sie zu Holzschädlingen (meist an Nadelhölzern). Der gefährlichste Borkenkäfer ist der 4–5 mm große, rötliche bis dunkelbraune **Buchdrucker** (Fichtenborkenkäfer) unter der Rinde von Fichten. Er kann ganze Waldbestände vernichten.

Borkenkäfer

■ **Borkum,** die größte und westlichste der Ostfriesischen Inseln (Niedersachsen), mit 30,6 km² und 5 800 Einwohnern, vor der Mündung der Ems gelegen. An der Westküste liegt die Stadt **Borkum,** ein bekanntes Nordseeheilbad.

■ **Borneo,** größte der Sundainseln und drittgrößte Insel der Erde, (mit Nebeninseln) 743 385 km² mit rund 14 Mio. Einwohnern (Dayak, Malaien und Chinesen). Die Tiefebenen an der Küste reichen weit in das Gebirgsland des Inneren hinein. Das Klima ist tropisch. Die Wirtschaft ist wenig entwickelt, es werden Kautschuk, Kopra, Holz und Erdöl gewonnen. Der größte Teil Borneos gehört zu Indonesien, der Nordwestteil zu Malaysia, den Norden nimmt das Sultanat Brunei ein.

Ein Winzling mit vernichtender Wirkung: der **Borkenkäfer;** hier der Buchdrucker und dessen Fraßbild

■ **Bornholm,** dänische Ostseeinsel, mit 588 km² und 44 800 Einwohnern; die Hauptstadt ist Rønne. Die Bevölkerung lebt hauptsächlich von Landwirtschaft, Fischerei und vom Fremdenverkehr. Mehrere landeinwärts gelegene Rundkirchen aus dem

Bosnien und Herzego wina

Flagge

Wappen

12. Jahrh., die auch als Fluchtburgen dienten, sind erhalten.

■ **Borreliose** → Lyme-Borreliose.

■ **Börse** [niederländisch] *die*, Markt für Waren (z. B. Gold, Kaffee), Wertpapiere (Aktien) oder → Devisen, an dem bei regelmäßigen Zusammenkünften Händler und Kaufleute zusammenkommen, um Preise für die angebotenen und gesuchten Güter auszuhandeln und Geschäfte zu tätigen (zu kaufen und zu verkaufen). Auch die Gebäude selbst, an denen diese Geschäfte stattfinden, werden Börsen genannt.

■ **Bosch, 1)** Hieronymus, niederländischer Maler, *Herzogenbusch um 1450, begraben ebenda 9. August 1516. Er stellte in seinen religiösen Bildern Versuchungen, Sünden und Höllenstrafen mit grausam-satirischer Fantasie dar.

2) Robert, deutscher Industrieller, *Albeck (heute zu Langenau, Alb-Donau-Kreis) 23. September 1861, †Stuttgart 12. März 1942. Er gründete in Stuttgart die spätere Robert Bosch GmbH, heute ein Konzern der Autozubehör- und Elektroindustrie, in der die Magnetzündung für Kraftwagen entwickelt wurde.

Robert Bosch führte in seinem Unternehmen schon 1906 den Achtstundentag ein, was ihm bei der Unternehmerschaft den Namen »der rote Bosch« eintrug

■ **Bosnien und Herzegowina,** Staat in Südosteuropa, der sich in den nördlichen Landesteil Bosnien (Hauptstadt: Sarajevo), und den südlichen Teil Herzegowina (Hauptort: Mostar) gliedert. Etwa 44 % der Bevölkerung sind muslimische Bosniaken, 32 % orthodoxe Serben, 17 % katholische Kroaten. Landwirtschaft und der Abbau von Bodenschätzen sind von Bedeutung.

Geschichte: Bosnien und Herzegowina, seit 1918 Teil des Bundesstaats → Jugoslawien, erklärte nach einer Volksabstimmung Anfang März 1992 seine Unabhängigkeit. Die Konflikte zwischen den verschiedenen Bevölkerungsgruppen führten daraufhin zu einem blutigen Bürgerkrieg, der Ende 1995 durch den Friedensvertrag von Dayton beendet wurde. Bei formeller Wahrung seiner staatlichen Einheit wurde das Land faktisch geteilt in zwei relativ eigenständige Gebietseinheiten, die Bosniakisch-Kroatische Föderation und die Serbische Republik. Zur Absicherung des Friedensprozesses wurde eine internationale Friedenstruppe unter Führung der NATO nach Bosnien und Herzegowina entsandt.

Botswana

Flagge

Wappen

■ **Bosporus** *der*, türkische Meerenge zwischen Europa (Thrakien) und Kleinasien (Anatolien), 31 km lang und 660 bis 3 000 m breit. Der Bosporus verbindet das Schwarze Meer mit dem Marmarameer und weiter mit dem Mittelmeer. An beiden Seiten des Bosporus liegen Stadtteile von Istanbul, die durch zwei Hängebrücken miteinander verbunden sind; die erste, 1973 gebaute, ist 1 570 m lang, die zweite von 1988 ist 1 480 m lang.

Bosnien und Herzegowina
Fläche 51 129 km²
Einwohner 3,675 Mio.
Hauptstadt Sarajevo
Amtssprache Bosnisch
Nationalfeiertag 29. 2./1. 3.
Währung Konvertible Mark (KM) = 100 Fening
Zeitzone MEZ

■ **Boston** [bɔstᵊn], Hauptstadt des Staates Massachusetts, USA, mit 574 300 Einwohnern. Boston hat mehrere Universitäten, außerdem im benachbarten Cambridge die berühmte Harvard University. – Die Stadt wurde Ende des 18. Jahrh. zu einem

Botswana
Fläche 581 730 km²
Einwohner 1,55 Mio.
Hauptstadt Gaborone
Amtssprachen Tswana und Englisch
Nationalfeiertag 30. 9.
Währung 1 Pula (P) = 100 Thebe (t)
Zeitzone MEZ + 1 Std.

Zentrum des Widerstandes gegen das Mutterland Großbritannien (»Boston Tea Party«: Vernichtung einer Teeladung im Hafen von Boston durch als Indianer verkleidete Bürger, die so gegen die Teesteuer protestierten).

■ **Botanik** [griech.] *die* (Pflanzenkunde), ein Teilgebiet der Biologie. Die Botanik gliedert sich in zahlreiche Teilgebiete: Die **Morphologie** befasst sich mit der äußeren Gestalt und dem inneren Aufbau der Pflanze. Die **Systematik** benennt die Pflanzen und gliedert sie nach Verwandtschaftsgraden in ein System ein. Die **Physiologie** erforscht ihre Lebensvorgänge, die **Ökologie** untersucht die Beziehungen der Pflanzen zu ihrer Umwelt.

■ **botanischer Garten,** große öffentliche Gartenanlage mit Freiland und Gewächshäusern, in der oft Tausende von Pflanzen aus allen Erdteilen zu Lehr- und Forschungszwecken gezogen werden. In vielen Anlagen werden auch natürliche Biotope und Lebensgemeinschaften von Pflanzen nachgebildet, z. B. in den **Alpengärten,** die man in vielen Orten der Alpenländer findet.

■ **Botschafter,** höchste Rangstufe eines diplomatischen Vertreters im Ausland (→Diplomat).

■ **Botswana,** Republik im südlichen Afrika. Den größten Teil des Landes nimmt ein trockenes, abflussloses Steppenhochland ein. Die Wirtschaft ist vom Bergbau, vor allem der Förderung von Diamanten, geprägt. Dennoch dient die Landwirtschaft für über 60 % der Bevölkerung als Haupterwerbsquelle.

Das überwiegend von Bantuvölkern bewohnte Land wurde 1885 britisches Schutzgebiet **(Betschuanaland).** 1966 erhielt es die Unabhängigkeit im Rahmen des Commonwealth.

■ **Böttger** (Böttiger), Johann Friedrich, deutscher Alchimist, *Schleiz 4. Februar 1682, †Dresden 13. März 1719. Er stellte erstmals in Europa Porzellan her (1709) und leitete die 1710 gegründete Porzellanmanufaktur in Meißen.

■ **Botticelli** [...tschälli], Sandro, italienischer Maler der Renaissance, *Florenz 1. März 1445, †ebenda 17. Mai 1510. Seine mythologischen und religiösen Gemälde verbinden naturnahe Darstellung mit zarter, vergeistigter Schönheit, z. B. »Geburt der Venus«, »Der Frühling«.

■ **Boule** [bul; frz., = Kugel] *das,* Sammelbezeichnung für bocciaähnliche Kugelspiele (→Boccia).

■ **Boulevard** [bulᵉwar; frz.] *der,* breite Prachtstraße; **Boulevardpresse,** sensationell aufgemachte, in großen Auflagen erscheinende und darum billige Zeitungen (die auf den Boulevards und Straßen angeboten werden).

Hieronymus Bosch malte so wie die heutigen Maler, die wir Surrealisten nennen; die hier abgebildete »Hölle« zeigt unter einer brennenden Stadt peinlich genaue Einzelheiten einer in unglaublichen Kombinationen verschlungenen Welt: inmitten des Geschehens der nachdenkliche, von einem Mühlstein mit Dudelsack belastete Kopf eines Baummenschen mit einem behausten Eierschalenkörper, darunter haben Musikinstrumente Menschen in ihrer Gewalt, ein Hase seinen Jäger und und und

■ **Bourbon** [burbong], französisches Herrschergeschlecht. Mitglieder des Hauses Bourbon (die **Bourbonen**) herrschten 1589–1792 und 1814–30 als Könige in Frankreich, 1700–1931 und seit 1975 in Spanien sowie 1735–1860 in Neapel.

■ **Bourgeoisie** [burschoa...; von frz. bourgeois, = Bürger] *die,* nach Karl Marx das Besitzbürgertum als die bestimmende Klasse in der kapitalistischen Gesellschaft, im Gegensatz zum besitzlosen Proletariat.

■ **Boviste** (Bofiste), Bauchpilze, deren Inneres zu staubfeinen Sporen zerfällt. Der jung essbare **Riesenbovist** kann bis 60 cm Durchmesser und ein Gewicht bis 15 kg erreichen.

■ **Bowie** [boui], David, eigentlich David Jones, britischer Rocksänger, -gitarrist und -saxophonist, *London 8. 4. 1947. Er war ein wichtiger Vertreter des Glitter-Rock Anfang der 1970er-Jahre mit Transvestitenkostümen und aufwendigen Bühnenshows. Später wandelten sich Bowies Stile öfter, und inzwischen gehört er zu den vielseitigsten Artisten der Popgeschichte. Bowie wirkte auch in Spielfilmen mit.

■ **Bowiemesser** [bowi...; engl.], dolchartiges Jagdmesser, benannt nach dem amerikanischen Oberst James Bowie (1796–1836).

■ **Bowling** [bouling; engl.] *das,* amerikanische Form des →Kegelns.

Boxen

Man könnte glauben, dass Boxhandschuhe den Geschlagenen vor Verletzungen schützen sollen – weit gefehlt! Vielmehr wurden sie um 1890 eingeführt, um zu vermeiden, dass der Boxer sich beim Schlag die Hand bricht. Und tatsächlich sind die Verletzungen mit den etwa 200–400 g schweren Handschuhen schlimmer als beim Boxen ohne.

■ **Boxen** [engl.], Faustzweikampf mit gepolsterten Boxhandschuhen aus Leder in einem Boxring (4,90 × 4,90 m bis 6,10 × 6,10 m). Um Chancengleichheit zu gewährleisten, sind die Boxsportler in →Gewichtsklassen eingeteilt. Amateure boxen meist drei Runden zu je drei Minuten, Berufsboxer bis zu 15 Runden. Schläge sind auf alle vorderen Körperteile, einschließlich des Kopfes, bis zur Gürtellinie erlaubt. Der Kampf endet mit:

1. Sieg nach Punkten für den Boxer, dem die Mehrheit der Punktrichter eine höhere Punktwertung gibt;
2. Sieg durch Niederschlag, wenn der niedergeschlagene Boxer nicht innerhalb von zehn Sekunden wieder kampffähig ist (englisch **knockout,** Abkürzung **k. o.**);
3. Sieg durch freiwillige oder verletzungsbedingte Aufgabe eines Boxers;
4. Sieg durch Abbruch des Kampfes durch den Ringrichter aufgrund offensichtlicher sportlicher Unterlegenheit oder Verletzung eines Boxers **(technisches K. o.).**

Bereits in der Antike war Boxen bei den Olympischen Spielen üblich. Geboxt wurde mit bloßen oder durch weiche Riemen geschützten Fäusten. Der moderne Boxsport stammt aus England.

■ **Boykott** [beu...; engl.] *der,* Abbruch wirtschaftlicher, politischer oder sozialer Beziehungen mit dem Ziel, ein bestimmtes Verhalten zu erzwingen. Die Bezeichnung Boykott geht auf den englischen Gutsverwalter Charles Boycott (1832–97) zurück, der sich in Irland durch seine Strenge gegen die Pächter so verhasst machte, dass er von der Gemeinschaft geächtet **(boykottiert)** wurde.

■ **Bozen** (italienisch Bolzano), Provinzhauptstadt in Norditalien, in Südtirol, mit 97 000 Einwohnern. Die malerische Altstadt mit der gotischen Pfarrkirche, dem Franziskanerkloster (14. Jahrh.) und der Laubengasse (17./18. Jahrh.) wie auch die landschaftlich schöne Lage mit Schlössern und Burgen in der Nähe haben Bozen zu einem Anziehungspunkt für den Fremdenverkehr gemacht.

■ **Brabant,** historisches Gebiet zwischen Maas und Schelde, im Norden und Osten Belgiens und im Süden der Niederlande (Provinz Nordbrabant). Der belgische Teil, früher Provinz mit der Hauptstadt Brüssel, wurde 1995 in die Provinzen Flämisch-Brabant (Hauptstadt: Löwen) und Wallonisch-Brabant (Hauptstadt: Nivelles) geteilt. – Das Herzogtum Brabant kam 1430 an die Herzöge von Burgund, 1477 an die Habsburger. Das Gebiet um den Welthafen Antwerpen war im 15./16. Jahrh. Mittelpunkt der niederländischen Kultur.

■ **Brahmaputra** *der,* Fluss in Südasien, rund 3 000 km lang. Er entspringt im Himalaja und heißt dort **Tsangpo,** später **Dihang.** Etwa 1 300 km sind schiffbar. Mit dem Ganges bildet er ein gemeinsames, 44 000 km^2 großes Delta am Golf von Bengalen.

■ **Brahms,** Johannes, deutscher Komponist, *Hamburg 7. Mai 1833, †Wien 3. April 1897. Brahms, der ab 1862 in Wien lebte, gilt als Vertreter einer klassizistischen Romantik. Sein Kompositionsstil wurde bestimmt durch die Musik der Wiener Klassik, besonders durch Beethoven, aber auch durch das Studium der alten Meister (Bach, Händel, Vivaldi) und die Beschäftigung mit dem Volkslied. Seine Werke sind gekennzeichnet durch sangliche Melodik und Reichtum in Rhythmik und Harmonik. Er schrieb vier Sinfonien, ein Violinkonzert, zwei Klavierkonzerte, Chorwerke (»Ein deutsches Requiem«, 1868), mehr als 200 Lieder mit Klavierbegleitung (u.a. »Guten Abend, gute Nacht«), Kammer- und Klaviermusik.

■ **Brainstorming** [brẹ^i^nsto^r^ming; engl. brainstorm, = Geistesblitz] *das,* Gruppendiskussion, bei der spontane Einfälle zu einem bestimmten Problem gesammelt werden.

■ **Braintrust** [brẹ^i^ntrast; engl., = Gehirntrust] *der,* beratender Ausschuss, Expertengruppe, besonders in Wirtschaft und Politik. Ursprünglich war Braintrust die Bezeichnung für das Beratergremium des amerikanischen Präsidenten F. D. Roosevelt.

■ **Branche** [brangsch^e^; frz.] *die,* Fachgebiet; Wirtschafts-, Geschäftszweig.

■ **Brandenburg,** Bundesland der Bundesrepublik Deutschland mit 29 476 km² und 2,59 Mio. Einwohnern (darunter rund 20 000 Angehörige der Volksgruppe der Sorben). Die Hauptstadt ist Potsdam.

Brandenburg liegt im Norddeutschen Tiefland zwischen Elbe und Oder und umgibt Berlin. Die kiefernwaldreiche Moränenlandschaft ist von Moorgebieten und Seen geprägt. Der karge, sandige Boden ermöglicht Roggen- und Kartoffelanbau, nur die ehemaligen Sumpfgebiete (z. B. das Oderbruch) sind fruchtbarer. Wirtschaftliche Grundlagen sind der Braunkohleabbau sowie Stahl- und Textilindustrie. Brandenburg ist von vielen Flussarmen und einem dichten Kanalnetz durchzogen. Havellandschaft und Spreewald sind beliebte Ausflugsziele.

Geschichte: Die im 10. Jahrh. entstandene Mark Brandenburg kam 1134 an die Askanier, die zu bedeutenden Reichsfürsten aufstiegen (Markgrafen, später Kurfürsten), 1320 an die Wittelsbacher, 1373 an die Luxemburger und 1417 an das Haus Hohenzollern, das auch die Kurwürde erhielt. Im 17. Jahrh. kamen Gebiete hinzu (u.a. 1614 Kleve, Mark und Ravensberg, 1618 das Herzogtum Preußen als polnisches Lehen). Der »Große Kurfürst« Friedrich Wilhelm schuf im 17. Jahrh. den brandenburgisch-preußischen Staat. Nach der Krönung Friedrichs I. (1657–1713) zum König in Preußen (1701) ging die brandenburgische Geschichte in der Geschichte →Preußens auf. 1815 wurde die Provinz Brandenburg neu gegliedert, wobei die bisher sächsische Niederlausitz angeschlossen wurde, während die

Johannes Brahms, der Sohn eines Hamburger Musikers, machte Wien zu seiner Wahlheimat; das Foto zeigt den Komponisten, der eng mit Clara und Robert Schumannn befreundet war, etwa drei Jahre vor seinem Tod

Altmark zu Sachsen und der nordöstliche Zipfel der Neumark zu Pommern kamen. 1920 schied Berlin als selbstständige Provinz aus. Nach dem Zweiten Weltkrieg und der Auflösung Preußens (1947) war Brandenburg zunächst Land der Sowjetischen Besatzungszone, dann der DDR, wurde 1952 jedoch in die Bezirke Neubrandenburg, Potsdam, Frankfurt und Cottbus aufgeteilt. Die Gebiete östlich der Oder-Neiße-Linie fielen unter polnische und (Königsberg) sowjetische Verwaltung (1990 endgültig geregelt). Am 3. Oktober 1990 entstand das Land Brandenburg als Bundesland der Bundesrepublik Deutschland neu. Ministerpräsident ist (seit 1990) Manfred Stolpe (* 1936, SPD).

■ **Brandt,** Willy, früher Herbert Ernst Karl Frahm, deutscher Politiker (SPD), * Lübeck 18. Dezember 1913, † Unkel (bei Bonn) 8. Oktober 1992. Er verließ 1933 aus politischen Gründen Deutschland und arbeitete in Norwegen und Schweden als Journalist; 1945 kehrte er zurück. 1949–57 und seit 1969 gehörte er dem deutschen Bundestag an und war 1964–87 Bundesvorsitzender der SPD. Brandt war 1959–66 Regierender Bürgermeister von Berlin, anschließend Vizekanzler und Außenminister der Koalitionsregierung von CDU und SPD, 1969–74 Bundeskanzler. 1971 erhielt er den Friedensnobelpreis für seine erfolgreichen Bemühungen um Entspannung im Ost-West-Konflikt. 1976–92 war er Vorsitzender der Sozialistischen Internationale.

■ **Brạnntwein,** ein alkoholisches Getränk, das aus gegorenen (Maischen) oder durch andere Verfahren verzuckerten Flüssigkeiten durch Brennen (→destillieren) gewonnen wird. Ausgangsstoffe sind z. B. vergorene Trauben (Weinbrand), vergorenes Obst (z. B. Kirschwasser), Zuckerrohrmelasse (Rum), Gersten-, Weizen-, Roggenmalz (Korn, Whisky). – auch →Alkohole.

■ **Brasịlia,** seit 1960 die Hauptstadt Brasiliens. Sie liegt 1 060 m über dem Mweeresspiegel auf der Hochebene des Bundesstaates Goías, 940 km nordwestlich der früheren Hauptstadt Rio de Janeiro, und hat 1,82 Mio. Einwohner. – Brasília wurde 1956 geplant und als weiträumige Verwaltungsstadt angelegt. Ihr Grundriss kann als Kreuz oder Flugzeug gedeutet werden.

Brasilien

Flagge

Wappen

Brasilien
Fläche 8 547 404 km²
Einwohner 171,853 Mio.
Hauptstadt Brasília
Amtssprache Portugiesisch
Nationalfeiertag 7. 9.
Währung 1 Real (R$) = 100 Centavos
Zeitzone MEZ – 4 bis – 6 Std. (von O nach W)

■ **Brasịlien,** Bundesrepublik und größter Staat in Südamerika. Größte Städte sind São Paulo und Rio de Janeiro. Brasilien grenzt im Osten an den Atlantischen Ozean und hat u. a. mit Venezuela, Kolumbien, Peru und Bolivien gemeinsame Grenzen. Landschaftlich ist Brasilien dreigeteilt: Im Norden liegt das Bergland von Guayana, daran schließt sich das ausgedehnte Amazonastiefland an, den Süden nimmt das riesige Brasilianische Bergland ein. Das Amazonasbecken ist das größte tropische Regenwaldgebiet der Erde; es wird vom Amazonas durchzogen. Das Brasilianische Bergland (500–1 100 m hoch) steigt an der Ostküste zu steilen, bewaldeten Gebirgen auf, die zum Teil fast 3 000 m hoch sind. Das Klima ist tropisch, im Süden subtropisch.

Das Land ist ungleichmäßig besiedelt; 71 % der Bevölkerung wohnen in Städten. 54 % der Brasilianer sind Weiße, 40 % Mischlinge, 5 % Schwarze, 0,5 % Asiaten, 0,2 % Indianer. 80 % der Brasilianer sind katholisch, viele gehören jedoch zugleich afrobrasilianischen Religionen an.

Wirtschaftlich bedeutend ist der Anbau von Kaffee, Baumwolle, Kakao, Tabak, Zuckerrohr, Sojabohnen und Orangen. Wichtig ist auch die Rinderzucht. Die reichen Bodenschätze (Erdöl, Erdgas, Kohle, Eisen- und Manganerze, Bauxit und Gold) sind erst teilweise erschlossen. Die Industrie ist vielseitig und konzentriert sich im Südosten und Süden des Landes. Brasilien gilt als typisches Schwellenland.

Geschichte: Brasilien wurde ab 1530 kolonisiert und blieb bis 1821 portugiesische Kolonie. 1822 erklärte das Land seine Unabhängigkeit und wurde Kaiserreich, 1889 wurde es Republik. Konsequent wurde die Einwanderung von Europäern gefördert. Präsident Getúlio Dornelles Vargas (1883–1954) errichtete in zwei Regierungsperioden (1930–45 und 1951–54) ein diktatorisches Regime. Seit seiner vom Militär erzwungenen Abdankung kam es in Brasilien zu zahlreichen Regierungsneubildungen, die oft durch Revolutionen und Militärputsche verursacht wurden. Staatspräsident ist seit 1995 Fernando Henrique Cardoso (* 1931).

■ **Brạtislava** →Preßburg.

■ **Brạtsche** [italienisch] (Viola) *die,* Streichinstrument aus der Violinfamilie mit vier in Quinten gestimmten Saiten. Die Bratsche ist eine Quinte tiefer gestimmt als die Violine.

■ **Braun,** Wernher Freiherr von, amerikanischer Physiker und Raketeningenieur deutscher Herkunft, * Wirsitz (Posen) 23. März 1912, † Alexandria (Virginia) 16. Juni 1977. Braun war während des Zweiten Weltkriegs in Deutschland an der Entwicklung der V-1- und V-2-Raketen beteiligt. 1945 ging er in die USA, wo er maßgeblich an der Entwicklung von Trägerraketen (u. a. »Saturn«) mitwirkte.

■ **Braunkohle,** gelb- bis schwarzbraune Kohle, die durch Zersetzung von Pflanzen infolge Einwirkung von Hitze und Druck unter Luftabschluss in der Vorzeit entstanden ist. Oft sind in verkohltem Zustand noch Baumstümpfe erhalten. Braunkohle ist erdgeschichtlich jünger und weniger energie-

Willy Brandt

Bei seinem Besuch in Polen anlässlich der Unterzeichnung des Warschauer Vertrages im Dezember 1970 ehrte Bundeskanzler Willy Brandt am Mahnmal des Warschauer Gettos die Opfer des nationalsozialistischen Terrors. Brandts ungewöhnliche Geste wurde in der Weltöffentlichkeit umso mehr beachtet, als der deutsche Bundeskanzler selbst ein Vertreter des »anderen Deutschland« war. Bereits unmittelbar nach der Machtübernahme der Nationalsozialisten hatte er als Neunzehnjähriger Deutschland verlassen müssen, um nicht in die Fänge des braunen Staatsterrorismus zu gelangen. In Norwegen, ab 1940 in Schweden arbeitete er als Journalist und Buchautor. Nach Kriegsende kehrte Brandt nach Deutschland zurück und engagierte sich bald in der Berliner Politik und in der SPD. Der Warschauer Vertrag war nach dem Moskauer Vertrag der zweite in der Reihe der Gewaltverzichtsverträge, die die Regierung von Bundeskanzler Brandt und Außenminister Scheel im Rahmen ihrer neuen Ostpolitik abschloss. Es folgten der Grundlagenvertrag mit der Deutschen Demokratischen Republik und der Deutsch-Tschechoslowakische Vertrag.

Unter Wahrung des Ziels der deutschen Einheit suchte die deutsche Regierung durch die Anerkennung der bestehenden Grenzen und durch gegenseitigen Gewaltverzicht die Beziehungen zu den östlichen Nachbarstaaten zu verbessern. Im Verhältnis zur DDR war das Ziel, durch vermehrte Kontakte zwischen den Menschen die Einheit der Nation zu wahren. Von der CDU/CSU wurde diese Politik zunächst heftig bekämpft, dann geduldet und nach 1982 von der Regierung Kohl weitgehend übernommen und fortgeführt.

reich (Kohlenstoffgehalt 55–75%), weicher und wasserhaltiger als Steinkohle. Oft bildet Braunkohle mächtige, oberflächennahe Lager und Flöze, die meist im Tagebau abgebaut werden. Zu Heizzwecken wird Braunkohle zu Briketts gepresst. Braunkohle kann aber auch verflüssigt (→Kohlehydrierung) oder zu Teer verschwelt werden, aus dem durch Destillation Benzin, Heizöl, Paraffin u. a. gewonnen werden.

■ **braunsche Röhre,** von dem deutschen Physiker Karl Ferdinand Braun (1850–1918) 1897 erfundene →Elektronenstrahlröhre. Sie ist in weiterentwickelter Form Bestandteil aller Oszilloskope, Radargeräte und Fernsehgeräte.

■ **Braunschweig,** Stadt in Niedersachsen, an der Oker, zwischen der Lüneburger Heide und dem Harz, mit 248 000 Einwohnern. Die Stadt ist Sitz einer technischen Universität. Sehenswert sind das Grabmal Heinrichs des Löwen im Dom und das berühmte Löwenstandbild vor der Burg Dankwarderode.

■ **Brazzaville** [brasawil], Hauptstadt der Republik Kongo, mit 937 600 Einwohnern. Die Stadt ist Ausgangspunkt der Binnenschifffahrt auf dem Kongo.

■ **BRD,** häufig verwendete, nicht amtliche Abkürzung für **B**undes**r**epublik **D**eutschland.

■ **Breakdance** [breˈkdanß; engl.] *der,* Bezeichnung für unterschiedliche Tanzformen, die von roboterhaften Bewegungen bis zu akrobatischen Sprüngen, Wirbeln und Pirouetten auf Schultern, Kopf oder Rücken reichen. Der Breakdance ist Mitte der 1970er-Jahre als Teil der afroamerikanischen →Hip-Hop-Kultur in amerikanischen Großstädten entstanden. Getanzt wurde der Breakdance zu →Rap.

■ **Brecht,** Bert (Bertolt), eigentlich Eugen Berthold Friedrich Brecht, deutscher Schriftsteller und Regisseur, *Augsburg 10. Februar 1898, †Berlin (Ost) 14. August 1956. Brecht lebte nach der nationalsozialistischen Machtergreifung 1933-47 im Exil (zuletzt in den USA). 1949 kehrte er nach Berlin (Ost) zurück, wo er mit seiner Frau **Helene Weigel** (1900–71) das »Berliner Ensemble« gründete. Am wirksamsten wurde Brecht als Regisseur, Theatertheoretiker und Dramatiker, vor allem durch seine

Unregelmäßige Rhythmen bestimmten den Weg des Lyrikers und Dramatikers **Bert Brecht:** nach dem Exil lebte er als österreichischer Staatsbürger mit zwiespältigem Verhalten in Ostberlin – in einem Gedicht zum Aufstand des 17. Juni 1953 heißt es indessen ziemlich eindeutig: »Wäre es da / Nicht einfacher, die Regierung / Löste das Volk auf und / Wählte ein anderes?«

Vorstellungen vom **epischen Theater:** Der Zuschauer soll sich nicht mit Gestalten und Geschehen identifizieren, sondern zum Nachdenken über die Veränderbarkeit gesellschaftlicher Verhältnisse angeregt werden.

Zu seinen bekanntesten Stücken gehören (mit dem Datum der Uraufführung): »Die Dreigroschenoper« (1928; Musik von Kurt Weill), »Mutter Courage und ihre Kinder« (1941), »Der gute Mensch von Sezuan« (1943), »Leben des Galilei« (1943) und »Der kaukasische Kreidekreis« (1948). Brecht schrieb auch realistische und satirisch-groteske Erzählungen, Balladen, Moritaten und andere Lyrik.

■ **Brechung** (Refraktion), die Änderung der Ausbreitungsrichtung von Wellen (Strahlen) beim Übergang in einen Stoff mit einer anderen Ausbreitungsgeschwindigkeit. Ein Lichtstrahl wird beim Übergang in ein optisch dichteres Medium (→Lichtgeschwindigkeit) zum Einfallslot hin gebrochen. Trifft ein Lichtstrahl z. B. schräg auf eine ebene Wasseroberfläche, so wird ein Teil zurückgeworfen (reflektiert), der andere Teil dringt ins Wasser ein. Dabei ändert der Strahl seine Richtung zum Einfallslot hin. Ein gerader Stab, den man schräg ins Wasser hält, erscheint aus diesem Grund an der Wasseroberfläche geknickt. Hat ein Lichtstrahl die umgekehrte Richtung (Lichtquelle im Wasser), so wird er beim Übergang aus dem Wasser in die Luft vom Einfallslot weg gebrochen.

Geht ein Lichtstrahl durch ein optisches Prisma, so wird er beim Ein- und Austritt gebrochen, beide Male von der »brechender Kante« des Prismas weg. Weil die Stärke der Brechung dabei von der Wellenlänge (Farbe) abhängt, wird weißes Licht durch ein Prisma in sein →Spektrum zerlegt.

Die relative **Brechzahl** zweier Stoffe (1 bzw. 2) für Licht ist der Quotient

$$n = \frac{\sin \alpha_1}{\sin \alpha_2},$$

wobei α_1 und α_2 dieWinkel sind, die derLichtstrahl in demMedium1 bzw. 2 mit dem Einfallslot bildet. Wenn der Stoff 2 (z. B. Glas) optisch dichter ist als der Stoff 1 (z. B. Luft), dann ist n größer als eins.

■ **Bregenz,** Hauptstadt des österreichischen Bundeslandes Vorarlberg, am Bodensee gelegen, mit 26 500 Einwohnern.

■ **Brehm,** Alfred, deutscher Zoologe und Schriftsteller, *Renthendorf (bei Gera) 2. Februar 1829, †ebenda 11. November 1884. Er wurde 1863 Direktor des Zoologischen Gartens in Hamburg. Brehm schildert lebendige, oft aus eigener Anschauung, das Leben der Tiere. Sein Hauptwerk, »Illustriertes Tierleben« (13 Bände, 1864–69), später »Brehms Tierleben«, wurde in viele Sprachen übersetzt.

■ **Breite,** in der Geographie die Angabe, wie weit ein Ort vom Äquator entfernt ist (geographische Breite). Sie wird in **Breitengraden** von 0° bis 90° ausgedrückt und nördlich des Äquators als **nördliche Breite** (Abkürzung **n. Br.**), südlich davon als **südliche Breite** (Abkürzung **s. Br.**) bezeichnet. Orte gleicher geographischer Breite liegen auf einem Breitenkreis. – auch →Gradnetz der Erde.

■ **Bremen, 1)** (Freie Hansestadt Bremen), das kleinste Bundesland der Bundesrepublik Deutschland, bestehend aus den beiden Städten Bremen und Bremerhaven (an der Wesermündung, 131 200 Einwohner), mit 404 km² und 666 000 Einwohnern.

Das Land Bremen liegt in einer fruchtbaren Marschlandschaft. Bürgermeister ist (seit 1995) Henning Scherf (*1938; SPD).

2) Stadt zu beiden Seiten der Weser, Regierungssitz von 1), mit 542 300 Einwohnern, nach Hamburg der wichtigste deutsche Seehafen. Viele mittelalterlichen Bauten wurden im Zweiten Weltkrieg zerstört; sehenswert sind u. a. der Dom (11. Jahrh.) und das Backsteinrathaus (1405–10) mit Renaissancefassade (1608–12). Die Rolandsäule (1404) auf dem Markt ist das Zeichen der städtischen Freiheit.

782 erstmals genannt, war Bremen seit 1358 Mitglied der Hanse.

■ **Bremse,** eine Vorrichtung, mit der ein Rad oder ein anderes bewegtes Teil verlangsamt oder angehalten wird. Die Bremse wirkt entweder durch äußere Reibung (mechanische Bremse, z. B. Trommelbremse), durch elektrischen Strom (elektrische Bremse, z. B. Wirbelstrombremse) oder innere Reibung eines Mediums (Flüssigkeitsbremse, z. B. Wasserwirbelbremse). Beim Kraftfahrzeug ist sie häufig mit einem →Antiblockiersystem ausgerüstet.

■ **Bremsen** (Viehfliegen), eine Familie der Fliegen mit rund 100 Arten in Mitteleuropa. Die Männchen leben von Pollen, die Weibchen saugen Blut von Warmblütern. Überträger von Krankheiten sind vor allem die **Gemeine Rinderbremse** und die 25 mm lange **Pferdebremse,** die größte mitteleuropäische Fliegenart.

Bremse

Autofahrer kann man gar nicht oft genug daran erinnern, einen ausreichend großen Abstand zum Vordermann einzuhalten, um Auffahrunfälle zu vermeiden. Auch wenn der Bremsweg von individuellen Faktoren wie Geschwindigkeit und Bremskraft abhängt, kann man ihn mittels einer einfachen Formel errechnen: Bremsweg = (km/h : 10)^2. Der Anhalteweg ist um den Reaktionsweg (= (km/h : 10)×3) länger, der in der Reaktionszeit vom Erkennen eines Hindernisses bis zum Betätigen des Bremspedals zurückgelegt wird. Der Bremsweg eines Kraftfahrzeugs beträgt, normale Straßenverhältnisse und Bereifung vorausgesetzt, also bei 50 km/h 25 m, bei 100 km/h 100 m und bei 150 km/h 225 m, der jeweilige Anhalteweg 40 m, mehr als 130 m und 270 m. Letzterer nimmt also mit steigender Geschwindigkeit sehr rasch zu.

■ **Brennelement** (Brennstoffelement), das Bauteil eines Kernreaktors, das den Kernbrennstoff enthält. Ein Brennelement ist meist aus vielen **Brennstäben** zusammengesetzt, die in eine dichte, formfeste **Brennstoffhülse** oder in eine fest aufgebrachte **Brennstoffhülle** eingeschlossen sind.

■ **Brenner** *der* (italienisch Brennero), wichtigster Pass in den Ostalpen (1 371 m) südlich von Innsbruck, der schon in vorgeschichtlicher Zeit begangen wurde. Auf dem Brenner verläuft die Grenze zwischen Österreich und Italien. Über den Pass führen die **Brennerautobahn** mit der 785 m langen Europabrücke, der höchsten Pfeilerbrücke der Erde, und die **Brennereisenbahn.**

■ **Brennnessel,** eine 0,5 bis 1,5 m hohe Pflanze, die meist in Massen an überdüngten Standorten vorkommt. Die vierkantigen Stängel und die Blätter tragen zahlreiche Brennhaare, mit verkieselter, köpfchenartiger Spitze. Bei Berührung brechen die Köpfe ab und die Haare dringen in die Haut ein. Dabei ergießt sich ein ameisensäurehaltiges Gift aus dem Innern jedes Brennhaares in die kleine Wunde. Dies bewirkt einen brennenden Schmerz und eine leichte Entzündung.

■ **Brennpunkt** (Fokus), der Punkt vor oder hinter einer Linse, einem Linsensystem oder vor einem Hohlspiegel, in dem sich parallel zur optischen Achse einfallende Lichtstrahlen nach Brechung bzw. Reflexion schneiden. Als **Brennweite** bezeichnet man die Entfernung des Brennpunktes von der Linse, beim Hohlspiegel den halben Krümmungsradius. Das Normalobjektiv eines Fotoapparats hat z. B. die Brennweite f von 50 mm. – auch →Ellipse, →Parabel.

■ **Brennspiritus,** für Heizungs- und Reinigungszwecke, als Frostschutz- und Verdünnungsmittel verwendetes 95-prozentiges Äthanol, das durch ein Vergällungsmittel versetzt wird und dadurch ungenießbar ist.

■ **Brennstoffe,** natürliche (Holz, Kohle, Erdöl, Erdgas) oder veredelte (Briketts, Koks, Gas, Benzin, Heizöl), feste, flüssige oder gasförmige Stoffe, die zur wirtschaftlichen Wärmeerzeugung verbrannt werden. Die Brennstoffe verbrennen mit (Luft-)Sauerstoff im Wesentlichen zu Kohlendioxid und Wasser. Die Bewertung der Brennstoffe erfolgt durch die Bestimmung des Brennwertes und der Brenngeschwindigkeit. Brennstoffe, deren chemisch gebundene Energie unmittelbar in mechanische Arbeit umgesetzt wird, bezeichnet man als **Kraft-** oder **Treibstoffe.** – auch →Kernreaktor.

■ **Brennstoffzelle** (Brennstoffelement), eine

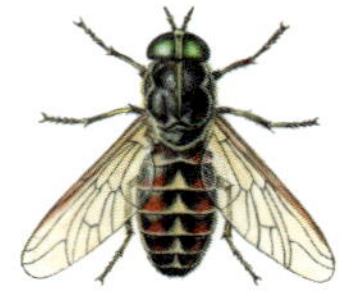

Die **Bremsen** peinigen Tier und Mensch; hier die Gemeine Rinderbremse

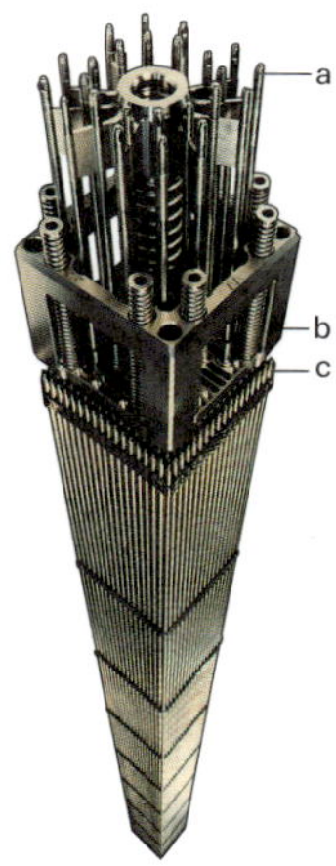

Brennelement eines Druckwasserreaktors; a Fingerhalter, b Rahmen, c Brennstäbe

elektrische Stromquelle, in der durch elektrochemische Oxidation einer leicht oxidierbaren Substanz (z.B. Wasserstoff, Methanol) mit Sauerstoff chemische Energie direkt (ohne Flamme) in elektrische Energie umgewandelt wird. Brennstoffzellen sind wichtig für die Raumfahrt, in Unterwasserstationen und als Notstromaggregate. Große Bedeutung kommt ihnen in der Wasserstofftechnologie zu.

■ **Brennweite** →Brennpunkt.

■ **Brentano,** Clemens, deutscher Dichter der Romantik, *Ehrenbreitstein (heute zu Koblenz) 8. September 1778, †Aschaffenburg 28. Juli 1842. Zusammen mit Achim von Arnim gab er die Volksliedersammlung »Des Knaben Wunderhorn« (1806–08) heraus. Brentano erwies sich in Novellen und Märchen als meisterhafter Erzähler.

■ **Breschnew,** Leonid Iljitsch, sowjetischer Politiker, *Kamenskoje (heute zu Dneprodserschinsk, Ukraine) 19. Dezember 1906, †Moskau 10. November 1982. Breschnew war als Vorsitzender des Präsidiums des Obersten Sowjets 1960–64 und 1977–82 das nominelle Staatsoberhaupt der Sowjetunion. Zur Rechtfertigung der militärischen Intervention der Staaten des Warschauer Paktes in der Tschechoslowakei 1968 vertrat er die Doktrin von der »begrenzten Souveränität« und dem »beschränkten Selbstbestimmungsrecht« aller sozialistischen Staaten **(Breschnew-Doktrin)**.

Briefmarke

Als älteste Briefmarke gilt der vom damaligen Pächter der Pariser Stadtpost 1653 herausgegebene Papierstreifen, der am Brief befestigt wurde. Die ersten aufklebbaren Briefmarken wurden in Großbritannien nach Vorschlägen des späteren Generalpostmeister Sir Rowland Hill am 6. 5. 1840 ausgegeben. Sie waren auf Papierbögen gedruckt und mussten ausgeschnitten werden. 1854 waren englische Briefmarken die ersten, die gezähnt, d.h. perforiert hergestellt wurden. In Deutschland führte Bayern als erstes Land am 1. 11. 1849 Briefmarken ein und behielt auch eigene Marken, bis am 1. 4. 1920 die bayerische Postverwaltung in der Deutschen Reichspost aufging. Am 1. 1. 1872 erschienen die ersten Briefmarken der Deutschen Reichspost. Ihre Inschrift lautete ab 1875 »Reichspost«, ab 1902 »Deutsches Reich«. Nach 1945 erschienen zahlreiche Einzelausgaben von Städten, Gemeinden und Ländern. Die erste Neuausgabe der Bundesrepublik Deutschland war die »Ziffernserie 1951« der Deutschen Bundespost.

■ **Breslau** (polnisch Wrocław), Stadt in Polen, beiderseits der Oder in Schlesien, mit 639 400 Einwohnern. Die nach ihrer Zerstörung im Zweiten Weltkrieg wieder aufgebaute Stadt ist das kulturelle, wissenschaftliche und wirtschaftliche Zentrum Schlesiens mit Universität und mehreren Hochschulen. Die kunsthistorisch bedeutsamen Bauten sind zum großen Teil restauriert oder rekonstruiert worden, so das Rathaus (Ende 13. bis 16. Jahrh.) mit den Bürgerhäusern am umgebenden Ringplatz sowie die Kathedrale (13.–15. Jahrh.) auf der Dominsel.

Seit 1945 stand die im 13. Jahrh. gegründete deutsche Stadt Breslau unter polnischer Verwaltung, seit 1991 gehört sie völkerrechtlich zu Polen.

■ **Bretagne** [br^{e}tanj^e] *die,* nordwestliche Halbinsel und Region Frankreichs mit der Hauptstadt Rennes. Das hügelige Innere ist meist von Heide, Moore und Wäldern bedeckt. Das milde Klima der Küstenebene ermöglicht Obst- und Gemüseanbau. Seebäder bieten vielfältige Erholungsmöglichkeiten.

Im 5. und 6. Jahrh. ließen sich keltische Briten **(Bretonen)** in der Bretagne nieder; sie haben zum Teil bis heute ihre Sprache und Kultur bewahrt. 1297 wurde die Bretagne Herzogtum, das 1532 mit Frankreich vereinigt wurde.

■ **Briand** [briang], Aristide, französischer Politiker, *Nantes 28. März 1862, †Paris 7. März 1932. Briand erstrebte als Außenminister (1925–32) die Verständigung mit Deutschland und leitete mit Gustav Stresemann eine Politik des Ausgleichs zwischen den Siegermächten des Ersten Weltkriegs und Deutschland ein (auch →Locarno). Zusammen mit Stresemann erhielt er 1926 den Friedensnobelpreis.

■ **Briefgeheimnis,** neben Post- und Fernmeldegeheimnis ein garantiertes Grundrecht, durch das jede schriftliche Mitteilung vor dem Zugriff Unbefugter geschützt wird. Das unberechtigte Öffnen eines verschlossenen Schriftstücks ist strafbar. Es gibt bestimmte Einschränkungen, z.B. für Zwecke der Strafverfolgung.

■ **Briefmarke** (amtlich Postwertzeichen), aufklebbares, bei Postkarten aufgedrucktes Wertzeichen, mit dem die Beförderungsgebühr von Postsendungen im Voraus bezahlt wird. Briefmarken werden auf besonderes Papier gedruckt, das oft mit einem Wasserzeichen versehen ist. Durch den Poststempel, aus dem Ort und Datum der Einlieferung zu erkennen sind, wird die Briefmarke entwertet.

Brille

Ursprünglich dienten Brillen nicht der Augenkorrektur. Die Völker der Arktis kannten Schneebrillen. Die Eskimo trugen zu diesem Zweck ein den Augen angepasstes Holzgestell mit zwei Sehschlitzen. In der Antike verwendete man gefärbte Gläser zum Schutz vor Sonnenstrahlen, der römische Kaiser Nero besaß dafür einen Smaragd. Zum Ausgleich der Weitsichtigkeit verwendeten die Menschen des Mittelalters »Lesesteine«. Das waren geschliffene Berylle (die auch der Brille ihren Namen gaben) oder Quarze, die nicht vor die Augen gehalten, sondern wie ein Vergrößerungsglas auf die zu lesende Textstelle gelegt wurden. Zum Ausgleich der Kurzsichtigkeit konkav geschliffene Gläser gab es erst ab dem 15. Jahrhundert. Das Zweiglas, bei dem mit einem Niet, später mit einem Bügel zwei Eingläser zusammengefasst wurden, entstand im 14. Jahrh. und wurde mit der Hand vor die Augen gehalten. Erst im 17. Jahrh. konnte man sich die Brille auf die Nase setzen. Führende Brillenlieferanten waren zunächst die Venezianer, deren Glasverarbeitungstechnik ein hohes Niveau hatte. Doch bekamen sie bald Konkurrenz von Brillenherstellern aus Flandern. In Deutschland wird erstmals 1478 ein »Parillenmacher« in Nürnberg genannt.

▶ Der Maler Konrad von Soest hielt im Jahr 1403 das Zweiglas auf einer Bildtafel des Flügelaltars in der Stadtkirche von Bad Wildungen fest

Die ersten aufklebbaren Briefmarken wurden 1840 in England herausgegeben. Die erste deutsche Briefmarke erschien 1849 im Königreich Bayern (schwarze 1-Kreuzer-Marke); 1872 kamen die ersten Briefmarken der Deutschen Reichspost heraus. Das Sammeln von Briefmarken ist fast so alt wie die Briefmarke selbst. Mit Erscheinen der ersten Briefmarkenkataloge (Straßburg 1861, Leipzig 1862) und der ersten Sammlerfachzeitschriften entstand die Briefmarkenkunde, die **Philatelie.** Ganz besonders seltene Marken wie etwa die »blaue Mauritius« von 1847 haben Sammlerwerte von mehreren 100 000 DM erreicht. Entscheidend für den Wert einer Briefmarke ist ihre Seltenheit und ihr Zustand; nur völlig einwandfreie Briefmarken haben einen Sammlerwert. Je nach Häufigkeit kann eine Briefmarke gestempelt wertvoller sein als ungestempelt, öfter aber sind die ungestempelten, »postfrischen« Briefmarken wertvoller.

■ **Brieftaube,** eine aus verschiedenen Rassen der Haustaube gezüchtete Taubenart, die wegen ihres guten Ortssinnes ihren Heimatschlag immer wieder findet. Sie hat die Fähigkeit, ziemlich schnell zu fliegen (über 60, höchstens 90 km/h). Brieftauben wurden bis ins 20. Jahrh. zum Überbringen von eiliger Post (vor allem beim Militär) eingesetzt. – Infokasten S. 152

■ **Brillant** [briljant; frz.] *der,* eine besonders kunstvolle Schliffform des →Diamanten mit 24 Facetten (Flächen) und einer Spitze an der Unterseite sowie 32 Facetten und einer Tafel an der Oberseite zur Erhöhung des Farbspiels oder »Feuers«.

■ **Brille,** Augengläser zum Ausgleich von Sehfehlern oder auch zum Schutz der Augen. Es gibt Brillen mit Sammellinsen für Weitsichtige und mit Zerstreuungslinsen für Kurzsichtige (auch →Linsen). Für Augen mit besonderen Sehfehlern (→Astigmatismus) werden Brillen mit zylindrisch geschliffenen Linsen verwendet. Es gibt Brillen mit Mehrstärkengläsern (Bifokal-, Trifokal-, Panfokalgläser) oder mit phototropen Gläsern, die sich den Lichtverhältnissen anpassen. Entspiegelte Gläser setzen störende Lichtreflexe herab. Die Brillenstärke wird in Dioptrien gemessen.

■ **Brillenschlange** →Kobra.

■ **Britannien,** seit der Antike gemeinsamer Name für England, Wales und Schottland.

■ **Britische Inseln,** Inselgruppe in Nordwesteuropa, umfasst die Hauptinseln Großbritannien und Irland, die Orkney- und Shetlandinseln, die Hebriden sowie Wight, Man und weitere kleinere Inseln, zusammen über 315 000 km² mit rund 60 Mio. Einwohnern.

■ **Britisches Reich** (engl. British Empire), früher Bezeichnung für das Vereinigte Königreich Großbritannien und Nordirland sowie dessen Kolonialreich. Nach dem Zerfall des Kolonialreichs entstand als lockerer Verband das →Commonwealth of Nations.

■ **Britisch-Honduras** →Belize.

■ **Britten** [britᵉn], Benjamin, englischer Komponist, *Lowestoft (County Suffolk) 22. November 1913, †Aldeburgh (County Suffolk) 4. Dezember 1976. Sein Werk umfasst Opern (u.a. »Peter Grimes«, 1945; »Der Tod in Venedig«, 1973), Orchesterwerke (u.a. »Simple symphony«, 1934), Chorwerke (u.a. »War Requiem«, 1962), Kammer- und Klaviermusik sowie Instrumentalkonzerte.

■ **Broadway** [brådᵘeⁱ] *der,* eine der Hauptstraßen New Yorks (25 km lang), die vor allem durch ihre Theater bekannt ist.

Brieftaube

Seit alters her wurden Brieftauben zum Übermitteln von Nachrichten eingesetzt. Ausgebaute Postnetze gab es im Mittelalter besonders im Vorderen Orient, in Europa erst seit dem 16. Jahrhundert. Mit großem Erfolg setzten die Franzosen Brieftauben ein, als die Deutschen während des Krieges von 1870/71 Paris belagerten: Mit Luftballons wurden die Tauben in die Provinz geflogen, von wo sie mit Nachrichten in die Hauptstadt zurückehrten. Mit der Erfindung des Fernschreibers verlor die Brieftaubenpost ihre Bedeutung. Dennoch gab es für militärische Zwecke, vor allem im Spionagedienst noch im Ersten und Zweiten Weltkrieg Brieftauben.

■ **Brocken** *der,* der höchste Berg im Harz, 1141 m hoch; ein über die Waldgrenze reichendes Granitmassiv. Auf dem Brocken befindet sich eine Wetterwarte. – auch →Blocksberg.

■ **Brokat** [italienisch] *der,* schwerer, gemusterter Seidenstoff, der oft mit schillernden Metallfäden durchsetzt ist. Brokat wird vor allem für kostbare Kleidungsstücke verwendet.

■ **Brom** [griech.] *das,* ein nichtmetallisches Element aus der Gruppe der Halogene. Es verhält sich chemisch fast wie Chlor (es ist etwas weniger aktiv) und liegt neben Quecksilber als einziges chemisches Element bei Zimmertemperatur als (schwere, rotbraune) Flüssigkeit vor. Brom kommt in der Natur in Vulkangasen als Bromwasserstoff und in gelöster Form im Meerwasser als Bromide vor. Brom wird u.a. in Arzneimitteln, Farbstoffen und als lichtempfindliche Substanz für Filme und Fotopapier (Silberbromid) verwendet.

Brom
chemisches Symbol: Br
Ordnungszahl: 35
relative Atommasse: 79,9
Dichte: 3,12 g/cm³
Schmelzpunkt: −7,2 °C
Siedepunkt: 58,78 °C

■ **Brombeere,** eine Gattung der Rosengewächse. Es sind Halbsträucher, die häufig an anderen Pflanzen, an Zäunen u.a. emporklettern. Die glänzenden schwarzen Früchte sind Sammelfrüchte, die sich aus kleinen Steinfrüchten zusammensetzen.

■ **Bronchien** [griech.], die Verzweigungsäste der Luftröhre. Die Bronchien sind von einer Schleimhaut mit Flimmerhärchen ausgekleidet, die z.B. eingeatmete Schmutzstoffe wieder zum Mund transportieren, sodass sie ausgespuckt werden können. Die Bronchien gehen in die flimmerhärchenfreien, sehr feinen **Bronchiolen** über, an deren Ende die Lungenbläschen sitzen. **Bronchitis** ist eine Entzündung der Bronchien.

■ **Bronze** [brongße; frz.] *die,* Legierung aus Kupfer und Zinn mit verschiedenen Zusätzen (z.B. Zink, Phosphor). Der Kupfergehalt schwankt je nach der Art der Legierung zwischen 60 und 90%. Bronze wurde schon in vorgeschichtlicher Zeit (Bronzezeit) verwendet.

■ **Bronzezeit** [brongße...], auf die Jungsteinzeit folgende Epoche der →Vorgeschichte. In Europa dauerte sie von etwa 1800 v. Chr. bis etwa 800 v. Chr. und wurde hier von der Eisenzeit abgelöst. Die Entdeckung der Bronze als Werkstoff für die Herstellung von Geräten und Waffen bedeutete einen erheblichen technischen Fortschritt. Bronze löste

Stein als Werkstoff allmählich ab, die Steinzeit ging in die Metallzeit über.

■ **brownsche Bewegung,** erstmals 1827 von dem britischen Botaniker Robert Brown beschriebene erratische Bewegung (random walk) von in Flüssigkeiten oder Gasen suspendierten (schwebenden) Teilchen. Sie wurde von Albert Einstein (1905) und Marian von Smoluchowski (1906) unter Anwendung der →kinetischen Gastheorie auf statistische Schwankungserscheinungen in den Flüssigkeiten und Gasen zurückgeführt. Die so hergeleiteten Formeln wurden von Jean-Baptiste Perrin (1908) experimentell überprüft und bestätigt. Diese Erklärung der brownschen Bewegung wurde als endgültiger Beweis der atomistischen Struktur der Materie angesehen (→Atom).

■ **Browser** [brausᵉr; von engl. to browse, = schmökern] *der,* ein Programm, mit dem man im →World Wide Web Daten und Dokumente suchen, abrufen und auf einem Computerbildschirm darstellen kann. Die meisten Browser können nicht nur Text, sondern auch multimediale Dokumente mit Ton, Bild und Computeranimationen darstellen.

■ **Bruch, 1)** *Mathematik:* eine in der Form $\frac{a}{b}$ geschriebene rationale Zahl, z.B.: $\frac{1}{2}, \frac{1}{3}, \frac{1}{4}, \frac{7}{8}, \frac{9}{5}$. Der Wert eines Bruches $\frac{a}{b}$ ist die Zahl, die sich bei der Division $a : b$ ergibt. Der Bruchstrich steht also für die Teilungspunkte; z.B. ist

$$\frac{1}{2} = 1:2, \frac{1}{3} = 1:3 \text{ usw.}$$

Die Zahl, die über dem Bruchstrich steht, heißt **Zähler,** die darunter stehende **Nenner.** Einen Bruch, dessen Nenner 10, 100, 1000 usw. ist, nennt man einen **Dezimalbruch,** z.B.

$$\frac{1}{10}, \frac{7}{10}, \frac{9}{100}, \frac{17}{1000}.$$

Bei einem **echten Bruch** ist der Zähler kleiner als der Nenner, bei einem **unechten Bruch** ist der Zähler gleich oder größer als der Nenner. Ist der Zähler größer als der Nenner, so lässt sich solch ein unechter Bruch als **gemischte Zahl** schreiben, z.B.

$$\frac{5}{3} = \frac{3}{3} + \frac{2}{3} = 1 + \frac{2}{3} = 1\frac{2}{3}.$$

2) *Medizin:* (Eingeweidebruch), das Eintreten von Baucheingeweiden durch eine Bauchwandlücke (Bruchpforte) in eine Ausstülpung des Bauchfells (Bruchsack). Die häufigsten Formen sind der Leisten-, der Nabel- und der Hodenbruch.

■ **Brücke,** ein Bauwerk, das Verkehrswege, Rohrleitungen u.a. über natürliche (z.B. Schluchten, Wasserläufe) oder künstliche (z.B. Bebauung) Hindernisse führt. Man benennt Brücken nach dem verwendeten Material (z.B. Holz-, Beton-, Stahlbrücken) oder nach ihrer Bauform (z.B. Hänge-, Bogen-, Klapp- oder Drehbrücke). – Tabelle S. 155

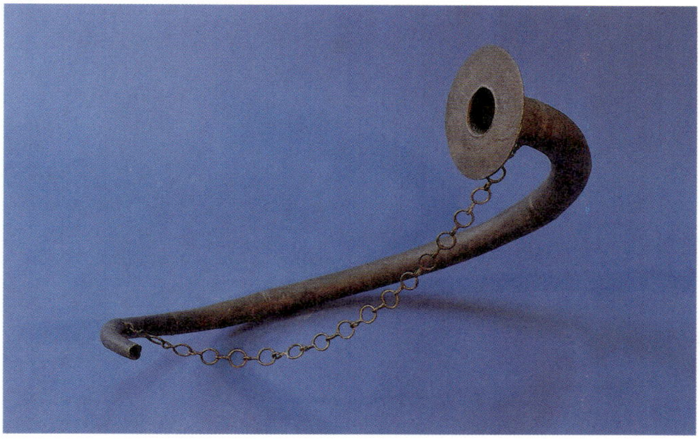

Dieses aus der **Bronzezeit** stammende Blasinstrument mit posaunenähnlichem Klang wird »Lure« genannt; der ursprüngliche Name des Instrumentes, von dem bislang über 50 Exemplare in nordischen Mooren gefunden wurden, ist nicht bekannt

■ **Brücke, Die,** 1905 in Dresden gegründete Künstlervereinigung des deutschen Expressionismus, der u.a. Ernst Ludwig →Kirchner, Erich Heckel (1883–1970), Karl Schmidt-Rottluff (1884–1976), Max Pechstein (1881–1955) und Otto Mueller (1874–1930) angehörten. Charakteristisch für sie war ein flächiger, stark farbiger Mal- und Zeichenstil; besondere Bedeutung erlangte die Druckgrafik, vor allem der Holzschnitt.

■ **Bruckner,** Anton, österreichischer Komponist und Organist, *Ansfelden (Oberösterreich) 4. September 1824, †Wien 11. Oktober 1896. Seine neun Sinfonien sind neben denen von Brahms Höhepunkte der Gattung im späten 19. Jahrhundert. Bruckner schrieb auch vier Messen sowie Motetten, Psalmen und Hymnen.

Seine mit harmonischen Kühnheiten und rhythmischer Energie geladenen Sinfonien feilte **Anton Bruckner,** der Lehrer Gustav Mahlers, in mehreren Fassungen aus

■ **Bruegel** (Brueghel, Breughel) [brȫchᵉl], Pieter, der Ältere, genannt der »Bauernbruegel«, niederländischer Maler, *Breda(?) zwischen 1525 und 1530, †Brüssel 5. September 1569. Er malte vor allem Szenen aus dem Bauernleben, Landschafts- und Monatsbilder und schilderte das Tun und Treiben der Menschen seiner Zeit (auch biblische Szenen verlegte er in seine eigene Zeit). Berühmt sind u.a. »Bauernhochzeit«, »Die Sprichwörter«, »Das Schlaraffenland«.

Auch Bruegels Söhne **Pieter Bruegel der Jüngere** (1564–1638), genannt »Höllenbruegel«, und

Jan Bruegel der Ältere (1568–1625), genannt »Blumenbruegel«, waren bedeutende Maler.

■ **Brügge** (niederländisch Brugge, frz. Bruges), Hauptstadt der belgischen Provinz Westflandern, mit 115 600 Einwohnern. Früher lag die Stadt direkt an der Nordsee. Infolge Versandung liegt sie heute etwa 15 km landeinwärts und ist durch den 8 m tiefen **Brügger Seekanal** mit dem Vorhafen **Zeebrügge** verbunden. Mittelalterliche Bauten und Kunstwerke geben der Stadt ihr Gepräge.

■ **Brüllaffen,** mittel- und südamerikanische Affen mit Greifschwanz und einem stark ausgebildeten Kehlkopf, mit dem sie orgelnde Heultöne hervorbringen.

Brunei

Flagge

Wappen

■ **Brunei,** Sultanat in Südostasien, an der Nordwestküste Borneos. Grundlage der Wirtschaft sind die reichen Erdöl- und Erdgasvorkommen, die Brunei zu einem der reichsten Länder der Erde machen. 69 % der Bevölkerung sind Malaien, 18 % Chinesen; der Islam ist Staatsreligion. – Das im 15. Jahrh. entstandene Sultanat Brunei wurde 1888 britisches Protektorat. 1984 erlangte es die Unabhängigkeit.

Brunei
Fläche 5 765 km²
Einwohner 313 000
Hauptstadt Bandar Seri Begawan
Amtssprache Malaiisch
Nationalfeiertag 23. 2. und 15. 7.
Währung 1 Brunei-Dollar (BR$) = 100 Cents (¢)
Zeitzone MEZ + 7 Std.

■ **Brunft** →Brunst.

■ **Brunhild** (Brünhild), in der germanischen Sage (z. B. im »Nibelungenlied«) eine Frau mit riesenhafter Kraft; Gemahlin des Burgunderkönigs Gunther.

■ **Brüning,** Heinrich, deutscher Politiker, *Münster 26. November 1885, †Norwich (Vermont) 30. März 1970. Der Vorsitzende der Zentrumspartei suchte 1930–32 als erster Reichskanzler eines nur vom Vertrauen des Reichspräsidenten Hindenburg abhängigen Präsidialkabinetts die schwere Wirtschaftskrise durch drastische Kürzungen der Staatsausgaben und Notverordnungen zu bewältigen; er erreichte die Aufhebung der Reparationen.

»Das Schlaraffenland«, das märchenhafte Land der Schlemmer und Faulenzer, malte **Pieter Bruegel, der Ältere** im Jahr 1567

■ **Brünn** (tschechisch Brno), südmährische Stadt, mit 384 700 Einwohnern die zweitgrößte Stadt der Tschechischen Republik. Die Universitätsstadt, Hauptort Mährens, hatte bis 1918 eine zu 60 % deutsche Bevölkerung.

■ **Brunnen,** eine meist zur Grundwasserentnahme und -sammlung dienende künstliche Anlage. Die üblichen Schachtbrunnen sind so gebaut, dass sich in ihnen das Grundwasser sammelt, das mithilfe von Schöpfgefäßen oder Pumpen nach oben befördert wird. Eine besondere Form des Brunnens ist der →artesische Brunnen.

■ **Bruno,** Giordano, italienischer Naturphilosoph, Dominikaner, *Nola (bei Neapel) 1548, †Rom 17. Februar 1600. Bruno glaubte an die Unendlichkeit des Universums und die Einheit von Gott und Welt. Er geriet deshalb in Konflikt mit der Kirche, wurde von der Inquisition verurteilt und als Ketzer verbrannt.

■ **Brunst** (Brunft), ein in bestimmten Zeitabständen auftretender Zustand geschlechtlicher Erregung bei vielen Säugetieren, der zur Paarung der Geschlechter führt. Er wird durch bestimmte Hormone ausgelöst und gesteuert. Bei manchen Arten tritt die Brunst nur einmal im Jahr auf (z. B. bei Reh und Hirsch), bei anderen mehrmals (besonders bei Haustieren).

■ **Brüssel** (niederländisch Brussel, frz. Bruxelles), Haupt- und Residenzstadt des Königreichs Belgien mit 134 000 Einwohnern (als **Region Brüssel** mit 18 umgebenden Gemeinden 951 600 Einwohner). Brüssel ist u.a. Sitz der EU-Kommission und des NATO-Hauptquartiers. Die mehrfache Universitätsstadt hat eine malerische Altstadt mit gotischem Rathaus.

■ **Brüsseler Pakt** (Brüsseler Vertrag), Vertrag vom 17. März 1948 zwischen Großbritannien, Frankreich und den Beneluxländern über eine umfassende Zusammenarbeit; richtete sich zunächst gegen ein wieder erstarkendes Deutschland. 1954 wurden die Bundesrepublik Deutschland und Italien in den Brüsseler Pakt aufgenommen; 1955 wurde dieser in die →Westeuropäische Union umgewandelt.

■ **Brust, 1)** bei Mensch und Wirbeltieren der obere und der vordere Teil des Rumpfes, bei Gliederfüßern der mittlere, gegen Kopf und Hinterleib abgegrenzte Teil des Körpers.

2) bei der geschlechtsreifen Frau Bezeichnung für die weibliche Brust (lat. mamma). Der Begriff »Busen« entspricht eigentlich der Vertiefung zwischen den Brüsten.

Die Brüste werden durch drei verschiedene Gewebe gebildet: Milchdrüsengewebe, Bindegewebe und Fettgewebe, wobei deren Anteile individuell verschieden sind. Die **Brustwarzen**, in denen die Ausführgänge der Milchdrüsen münden, können sich durch glatte Muskulatur aufrichten. Die Brustwarze wird vom **Warzenhof** umgeben, der durch das Sekret zahlreicher Talgdrüsen geschmeidig gehalten wird.

■ **Brut**, alle gleichzeitig ausgebrüteten oder in einem Wurf geborenen Nachkommen von Vögeln oder Säugetieren. Auch die Larven von Staaten bildenden Insekten (z.B. Bienen oder Ameisen) in einem Staat und die sich entwickelnden Eier einer Fischzucht werden als Brut bezeichnet.

■ **Brutreaktor**, besondere Art des →Kernreaktors, bei der durch Kernspaltung frei werdende Neutronen zur Umwandlung von nicht spaltbarem in spaltbares Material so genutzt werden, dass mehr spaltbares Material erzeugt (»erbrütet«) als verbraucht wird.

■ **brutto** [italienisch], roh, ohne oder vor Abzug; Gegensatz: netto. Das **Bruttogewicht** ist das Gewicht einer Ware einschließlich Verpackung; der **Bruttolohn** ist der Lohn ohne die Abzüge (Steuern, Sozialversicherung).

■ **Bruttoregistertonne**, Abkürzung **BRT**, ein Raummaß für die Größe von Schiffen. Die Bruttoregistertonne wurde 1982 durch die Bruttoraumzahl (→Raumzahl) ersetzt.

■ **Bruttosozialprodukt**, Wert aller in einer bestimmten Periode produzierten Güter und Dienstleistungen in einem Land. Das Bruttosozialprodukt ist ein international üblicher Gradmesser der wirtschaftlichen Leistungsfähigkeit eines Landes.

■ **Brutus**, Marcus Iunius, römischer Politiker, *85 v. Chr., †bei Philippi (Makedonien) 42 v. Chr.; beteiligte sich führend an der Verschwörung gegen seinen Förderer Cäsar, unterlag in der Schlacht bei Philippi gegen Octavianus und Antonius und tötete sich selbst.

■ **BSE**, Abkürzung für **b**ovine **s**pongiforme **E**nzephalopathie [lat.-griech., = Schwamm bildende Gehirnkrankheit der Rinder] (umgangssprachlich Rin-

Berühmte Brunnen
Löwenbrunnen (1377) in der Alhambra, Granada
Schöne Brunnen (14. Jahrh.), Nürnberg
Hausbrunnen im Kloster Maulbronn (14. Jahrh.)
Fontana die Trevi (1735), Rom

bedeutende Brücken

Name und Lage, Bauart	vollendet	größte Spannweite in m
Brücke über den Großen Belt (Hängebrücke)	1997	1624
Tsing-Ma-Brücke in Hongkong (Hängebrücke)	1997	1377
Verrazano-Narrows-Brücke in New York (Hängebrücke)	1964	1298
Golden-Gate-Brücke in San Francisco (Hängebrücke)	1937	1280
Bosporus-Brücke in Istanbul (Hängebrücke)	1973	1074
Brücke der Normandie bei Honfleur (Schrägseilbrücke)	1995	856
Brücke über den Firth of Forth in Schottland (Fachwerkbalkenbrücke)	1890	521
Kill-van-Kull-Brücke in New York (Fachwerkbogenbrücke)	1930	504
Niagara-Brücke (Vollwand-Bogenbrücke)	1962	305
Eisenbahn-Brücke über den Rhein Düsseldorf–Neuss (Bogenbrücke)	1987	250
Fehmarnsund-Brücke (Vollwand-Stabbogenbrücke)	1963	248
Europa-Brücke bei Innsbruck (Vollwand-Balkenbrücke)	1963	198
Pont du Gard bei Nîmes (steinerne Gewölbebrücke)	19 v. Chr.	24,5

derwahnsinn), eine stets tödlich verlaufende Infektionskrankheit der Rinder. Erreger sind infektiöse Proteine (Prionen) oder ungewöhnliche Viren. Nach einer Inkubationszeit von 2-8 Jahren kommt es zu den charakteristischen Veränderungen im Gehirn (schwammige Strukturen), die zur Krankheitsbezeichnung geführt haben. Krankheitszeichen sind Verhaltens- und Bewegungsstörungen, Aggressivität und körperlicher Verfall. BSE ist bisher vor allem in Großbritannien, Frankreich, in der Schweiz und in Deutschland aufgetreten. Die Übertragung auf den Menschen ist bislang nicht bewiesen, sie gilt jedoch als sehr wahrscheinlich.

■ **Btx** (BTX), Abkürzung für →**B**ildschirm**t**e**x**t.

■ **Buch,** größeres Schrift- oder Druckwerk aus mehreren gefalzten Bogen (zu je acht, 16 oder 32 Seiten) beschriebenen, meist bedruckten Papiers, die vom Buchbinder entweder als Doppelblätter mit Fäden in einen festen Einband geheftet (»gebunden«) oder als Einzelblätter (vor allem bei Taschenbüchern, Paperbacks) geklebt werden.

Papier, aus dem Bücher heute gemacht werden, ist in Europa erst seit dem 13./14. Jahrh. gebräuchlich. Babylonier, Assyrer und andere Völker des Alten Orients schrieben auf Tontafeln; Ägypter, Griechen und Römer benutzten den aus dem Mark der Papyrusstaude gewonnenen Papyrus. Seit dem 3. Jahrh. v. Chr. kam das aus Tierhäuten hergestellte Pergament auf. War bisher die Buchrolle üblich gewesen, so entstand seit dem 1./2. Jahrh. n. Chr. die flache viereckige Buchform aus Lagen von gefalteten Pergamentblättern.

In der Antike wurden Bücher von Sklaven, im Mittelalter von Mönchen in Klöstern, später auch von Lohnschreibern vervielfältigt, die sie in langwieriger Arbeit abschrieben und mit prachtvoll ausgemalten Anfangsbuchstaben (Initialen) und farbigen Bildern (Miniaturen) ausschmückten. Erst die Erfindung des Buchdrucks mit beweglichen Lettern durch Johannes Gutenberg (um 1450) ermöglichte die Entwicklung des Buches zu einem Massenartikel.

Hier die einzige einheimische Art der **Buche,** die Rotbuche, mit ihren kugelig gebüschelten weiblichen Blüten und dreikantigen Bucheckern, die in einem bestachelten Fruchtbecher sitzen

■ **Buche,** Gattung der Buchengewächse in der gemäßigten Zone der nördlichen Halbkugel, bis 30 m hoher sommergrüner Laubbaum. Die sommergrüne Buche trägt ganzrandige, spitz eiförmige Blätter. Die dreikantigen Samen **(Bucheckern)** sitzen in einer vierteiligen, bestachelten Hülle. Sie enthalten bis zu 43 % Öl. In Mitteleuropa heimisch ist die **Rotbuche,** die **Blutbuche** ist eine Kulturform der Rotbuche. Das rötliche Holz wird für Möbel, Werkzeuge, Dielen, Böden und Holzkohle verwendet.

■ **Buchenwald,** nationalsozialistisches Konzentrationslager auf dem Ettersberg bei Weimar, in dem zwischen 1937 und 1945 etwa 53 000 Menschen den Tod fanden. 1945–50 war Buchenwald ein sowjetisches Internierungslager (Speziallager Nr. 2). Heute ist es eine Gedenkstätte.

■ **Bücherverbrennung,** die Verbrennung missliebiger Bücher aus religiösen oder politischen Gründen, teils von der weltlichen oder kirchlichen Obrigkeit angeordnet, teils aus Protest gegen sie, um auf Unterdrückungsmaßnahmen aufmerksam zu machen (etwa Martin Luther 1530 mit der Verbrennung der päpstlichen Bannandrohungsbulle in Wittenberg).

Bücherverbrennungen gab es schon im alten China und in Europa seit der Antike. Die folgenschwerste Bücherverbrennung inszenierten die Nationalsozialisten mithilfe der »Deutschen Studentenschaft« am 10. 5. 1933 auf dem Berliner Opernplatz und in anderen deutschen Universitätsstädten. Die Verbrennung von Werken jüdischer Schriftsteller sowie von als marxistisch oder pazifistisch angesehenen Autoren bildete den Auftakt zur Vertreibung und Verfolgung unzähliger Repräsentanten der deutschen und deutschsprachigen Kultur.

■ **Buchhaltung** (Buchführung), zeitlich und sachlich geordnete, lückenlose Aufzeichnung aller geschäftlichen Vorgänge. Nach dem Handelsge-

Bücherverbrennung

Von Heinrich Heine stammt der Ausspruch: »Wer Bücher verbrennt, verbrennt auch Menschen.« Nicht nur die Nationalsozialisten, auch andere Fanatiker haben zu allen Zeiten die Schriften Andersdenkender im Feuer vernichtet, um so ihre Ideen auszulöschen. So ließ der chinesische Kaiser Qin Shi Huangdi um 221 v. Chr. die politisch missliebigen Bücher der Konfuzianer verbrennen. Die kirchliche Inquisition des Mittelalters brachte den als Ketzer angesehenen Menschen auf den Scheiterhaufen. In Florenz wurden 1497 die heute zur Weltliteratur zählenden Werke Boccaccios und Petrarcas verbrannt. Mit Luthers Schriften verfuhr man mancherorts ebenso, und Luther selbst verbrannte in einem Akt der Auflehnung am 10. 12. 1520 in Wittenberg zusammen mit der päpstlichen Bannandrohungsbulle ein Exemplar des Corpus Iuris Canonici, der Rechtsvorschriften der katholischen Kirche.

Georg Büchner

Büchner starb, nicht ganz vierundzwanzigjährig, in der Züricher Steingasse 12 (heute Spiegelgasse). Erst kurz zuvor war er dort als Asylant Dozent für vergleichende Anatomie geworden. In Deutschland stand sein Name wegen »Theilnahme an staatsverätherischen Handlungen« seit 1835 im Fahndungsbuch. Im März 1835 war Büchner unter dem Namen Jacques Lutzius über die französische Grenze gegangen. Ab Juni war seine Beschreibung in Zeitungen auf einem Steckbrief nachzulesen. Büchner hatte einen unbestechlichen Blick für die Anatomie der Zeitumstände: »Das arme Volk schleppt geduldig den Karren, worauf die Fürsten und Liberalen ihre Affenkomödie spielen«, schreibt der Medizinstudent im Dezember 1833. Im gleichen Jahr gründet er heimlich die Darmstädter Sektion der »Gesellschaft der Menschenrechte«, mit der er sich auch im Pistolenschießen übt. Dieses Kapitel war mit Beginn des Jahres 1835 abgeschlossen. Der Spötter – so Büchner über sich selbst – investiert jetzt seine ganze Kraft in sein schriftstellerisches Werk. In dem Lustspiel »Leonce und Lena« macht er mit seinem Spott auch vor den Bauern nicht halt, für die er das berühmte Flugblatt »Friede den Hütten! Krieg den Palästen!« in Umlauf gebracht hatte. Dem Flugblatt war eine Art Bedienungsanleitung beigegeben: »...würde das Blatt dennoch bei Einem gefunden, der es gelesen hat, so muß er gestehen, daß er es eben dem Kreisrath habe bringen wollen.« Die meisten Bauern brachten gehorsam die Blätter zur Polizei.

► In den 1920er-Jahren war Büchner eine Entdeckung – der neutönerische Komponist Alban Berg bereicherte die damalige Kulturmetropole Berlin mit der Oper »Wozzeck« und Alfred Döblin, der Autor des Romans »Berlin Alexanderplatz«, drückte zur gleichen Zeit seine Begeisterung mit dem Ruf aus: »Dieser Büchner war ein toller Hund«

setzbuch ist »jeder Kaufmann verpflichtet, Bücher zu führen und in diesen seine Handelsgeschäfte und die Lage seines Vermögens ersichtlich zu machen«.

■ **Büchner,** Georg, deutscherDichter, *Goddelau (bei Darmstadt) 17. Oktober 1813, †Zürich 19. Februar 1837. Er war Verfasser der revolutionären Flugschrift »Der Hessische Landbote« und wirkte mit seinen Werken bahnbrechend für das moderne Drama. Seine bekanntesten Stücke sind »Dantons Tod« (1835), »Woyzeck« (handschriftlich überliefert, Erstausgabe 1879; als Oper »Wozzeck« von Alban Berg) und das Lustspiel »Leonce und Lena« (Erstausgabe 1842).

■ **Budapest,** Hauptstadt Ungarns, mit 1,9 Mio. Einwohnern, zu beiden Seiten der Donau gelegen. Budapest entstand aus den ehemals (bis 1872) selbstständigen Städten **Pest** (am linken Donauufer) und **Buda** (am rechten Donauufer). Burgviertel und Uferzone der engen Altstadt von Pest zählen zum UNESCO-Weltkulturerbe. Viele jüngere Prachtbauten, besonders am Donaukai, erinnern an die Blütezeit der Stadt im 18. und 19. Jahrh. Budapest ist die wichtigste Industriestadt und der kulturelle Mittelpunkt (sechs Universitäten und zahlreiche Hochschulen) Ungarns. Es hat auch Thermalquellen.

■ **Buddha** [Sanskrit, = der Erleuchtete], späterer Ehrenname des Siddhartha Gautama, des Stifters des Buddhismus (*um 560 v. Chr., †um 480 v. Chr.). Nach der Legende lebte Buddha als Sohn eines Fürsten bis zu seinem 29. Lebensjahr im Luxus bei seiner Familie im Vorland des nepalesischen Himalaja.

■ **Buddhismus** *der,* die von Buddha im 6. oder 5. Jahrh. v. Chr. gestiftete →Weltreligion. Sie ist am stärksten in Asien verbreitet, wo etwa 336 Mio. Buddhisten leben.

Nachdem er seine Erleuchtung erlangt hatte, verkündete Buddha seine neue, nüchtern-strenge Selbsterlösungslehre. Im Mittelpunkt stehen die »vier edlen Wahrheiten«:

1. Alles Leben ist leidvoll.

2. Leiden entsteht durch die Begierde, den Durst nach Leben und Lust. Götter und Menschen sind dieser Gier unterlegen, deshalb müssen sie zahllose Wiedergeburten erdulden. Nach dem universellen Gesetz der Tatenvergeltung (Karma-Gesetz) haben gute oder böse Taten für den Täter selbst glückliche oder leidvolle Konsequenzen in einer späteren Existenz.

3. Aufhebung des Leidens bedeutet Aufhebung der Gier, das Sich-Lösen von ihr.

4. Zur Aufhebung des Leidens führt der achtfache Pfad: rechte Anschauung und Gesinnung, rechtes Reden, rechtes Handeln und Leben, rechtes Streben, Überdenken und Sich-Versenken.

Für alle Buddhisten bindend sind die fünf Gebote: nicht töten, nicht stehlen, nicht lügen, nichts Unkeusches tun und nichts Berauschendes trinken.

Höchstes Ziel ist das Eingehen ins Nirwana (»Verwehen«), das mit der Befreiung von aller Gier, von Leidenschaften und Verblendung sowie mit dem Ausscheiden aus dem Kreislauf der Wiedergeburten einhergeht. Über den unendlich vielen Welten gibt es keinen absoluten Gott; Buddha wird von den Buddhisten als Lehrer und Vorbild verehrt.

Im Ursprungsland Indien verlor der Buddhismus seit der 2. Hälfte des 1. Jahrtausends zunehmend an Boden und wurde um 1200 durch die islamischen Eroberer endgültig unterdrückt. Die strenge Form, das **Hinajana** (Hinayana, = Kleines Fahrzeug), ist heute vor allem auf Sri Lanka und in Hinterindien verbreitet. Das **Mahajana** (Mahayana, = Großes Fahrzeug), um Christi Geburt entstanden, verehrt Buddha in besonderer Weise sowie weitere Buddhas und Bodhisattwas, die vorläufig auf die eigene Erlösung (Nirwana) verzichten, um anderen Wesen auf dem Erlösungsweg zu helfen. Das geforderte moralische Verhalten ist hier eher den Laien angepasst und lebensbejahend.

Diese Form gelangte über China (→Konfuzius) und Korea nach Japan. Der **Zen-Buddhismus** stellt die chinesisch-japanische Form des Mahajana dar. In Tibet und der Mongolei findet man das **Wadschrajana** (Vajrayana, = Diamantfahrzeug) mit prunkvollen Zauber- und Dämonenkulten, um 1400 reformiert durch die mönchische Sekte der Gelbmützen, die Tibet in einen Priesterstaat verwandelten (Lamaismus).

Buddhismus

Zahl der Buddhisten weltweit (2000)
rund 359 Mio.
Hauptverbreitungsgebiete
Südostasien
Ostasien
Zentralasien und Ostsibirien
Hauptrichtungen
Hinajana (›kleines Fahrzeug‹)
Mahajana (›großes Fahrzeug‹)
Lamaismus (tibetischer Buddhismus)
Zen (japanischer Buddhismus)
wichtige Feste (Auswahl)
Losar (tibetisches Neujahrsfest; Lamaismus, Februar)
Nirvana-Tag (Erinnerung an das Eingehen Buddhas ins Nirvana; Mahajana, 15. Februar)
Neujahr (Hinajana, April)
Hana Matsuri (›Blumenfest‹, Erinnerung an die Geburt Buddhas; Mahajana, 8. April)
Wesak (Erinnerung an die Geburt, die Erleuchtung und das Sterben Buddhas; Hinajana, Mai)
Saga Dawa (Erinnerung an die Geburt Buddhas; Lamaismus, Mai/Juni)
Rohatsu (Erinnerung an die Erleuchtung Buddhas; Zen, Oktober/November)
Bodhi-Tag (Erinnerung an die Erleuchtung Buddhas; Mahajana, 8. Dezember)
wichtige Wallfahrtsorte, heilige Stätten (Auswahl)
Lumbini, Nepal (Geburtsort Buddhas)
Bodh Gaya, Indien (Ort der Erleuchtung Buddhas unter dem Bodhibaum)
Rajgir, Indien (Wirkungsstätte Buddhas und nach buddhistischer Überlieferung Ort des ersten buddhistischen Konzils nach Buddhas Tod)
Anuradhapura, Sri Lanka (ältester historisch belegter Ableger des Bodhibaums)
Kandy, Sri Lanka (Zahnreliquie Buddhas)
die Berge Kailas und Emei Shan in China

■ **Budget** [büdsche; frz.] *das,* →Haushaltsplan.

■ **Buẹnos Aires,** Hauptstadt Argentiniens, am Río de la Plata gelegen. Die Stadt hat 2,988 Mio. Einwohner (mit Vorstädten 11,26 Mio.). Sie besitzt mehrere Universitäten, einen Seehafen und ist der wirtschaftliche Mittelpunkt Argentiniens.

■ **Buffalo Bịll** [bạf^{e}lo^{u}...], eigentlich William Frederick Cody, amerikanischer Kavallerieoffizier, *Scott County (Iowa) 26. Februar 1846, †Denver (Colorado) 10. Januar 1917. Als Kundschafter in den Indianerkriegen brachte er 1887 die erste Wildwestschau nach Europa. Seinen Spitznamen erhielt er vermutlich 1867/68, als er im Rahmen der Fleischbeschaffung für die beim Bau der Union Pacific Railroad tätigen Eisenbahnarbeiter ein erfolgreicher Bisonjäger war.

Buddhismus

520 begründete der indische Mönch Bodhidharma, den die Japaner Daruma nennen, in China den Zen-Buddhismus, eine mystische Schule der Meditation, die in Japan seit dem 13. Jahrh. eine überragende Bedeutung für das dortige Geistesleben erlangte. Das Zen möchte direkt zum Geist der buddhistischen Lehre vorstoßen. Im Mittelpunkt steht »Satori«, die Erleuchtungserfahrung und Schau ins eigene wahre Wesen. Diesem dient »Zazen«, das »Sitzen in Versunkenheit«, meist unter Anleitung eines Meisters (Roshi). Vom Zen beeinflusst sind in Japan eine Reihe von Künsten wie Teezeremonie, Blumenstecken (Ikebana), Steingärten, Tuschmalerei und Bogenschießen. Wie in der Zen-Meditation hat hier das Üben in vollkommener Hingabe und Achtsamkeit ebenfalls die Erleuchtung und damit das Freiwerden der Übenden von ichbezogener Motivation zum Ziel.

■ **Büffel** [griech.], Bezeichnung für zwei Rindergattungen, die durch ihren massigen Bau und die meist mächtigen, weit ausladenden Hörner auffallen. Sie erreichen Größen bis 3 m Körperlänge und ein Gewicht bis 900 kg. Der massige, bis 1,8 m schulterhohe **Wasserbüffel** Südasiens besitzt große, fast in einer Ebene sichelförmig nach hinten gebogene Hörner. Beim etwas kleineren **Kaffernbüffel** Afrikas stoßen die stark geschwungenen Hörner in breiter Front auf der Stirn zusammen.

■ **Bukarest** (rumänisch București), Hauptstadt Rumäniens, mit 2,02 Mio. Einwohnern. Neben einer Universität gibt es mehrere Hochschulen. – Bukarest war seit dem 14. Jahrh. zeitweilig, seit 1659 dauernd Sitz der Fürsten der Walachei und wurde 1861 Hauptstadt des vereinigten Rumänien.

■ **Bukowina** *die* (Buchenland), eine Landschaft der Ostkarpaten. Der nördliche Teil gehört zur Ukraine, der südliche zu Rumänien.

■ **Bulgarien,** Republik auf der Balkanhalbinsel, mehrheitlich bewohnt von den südslawischen, meist orthodoxen Bulgaren sowie Türken (9,7 %) und Roma (3,4 %). Die Landschaft ist von weiten Ebenen und hohen, teils dicht bewaldeten Gebirgen geprägt. Bis auf die mediterrane Schwarzmeerküste gehört Bulgarien zum mitteleuropäischen Vegetationsgebiet. Wirtschaftlich bedeutend sind Industrie (Maschinenbau, Metallverarbeitung) und Landwirtschaft (vor allem Wein, Obst, Tabak, Tomaten) sowie Fremdenverkehr, besonders an der Schwarzmeerküste.

Geschichte: Im 7. Jahrh. wanderte das Turkvolk der Protobulgaren von der Wolga her ein und vermischte sich mit den um 580 eingewanderten Slawen (der Bevölkerungsmehrheit); 679 n. Chr. wurde das Erste Bulgarische Reich gegründet. Im 11./12. Jahrh. stand Bulgarien unter byzantinischer Herrschaft. 1187 entstand das Zweite Bulgarische Reich, das im 13. Jahrh. zum größten Staat Südosteuropas aufstieg, im 14. Jahrh. jedoch zerfiel. Bulgarien kam 1396 unter türkische Herrschaft (bis 1878). Im Ersten und Zweiten Weltkrieg stand das Land auf der Seite Deutschlands und seiner Verbündeten. Seit der Besetzung durch sowjetische Truppen (1944) gehörte Bulgarien, das sich 1946 als Volksrepublik konstituierte, zum sowjetischen Einflussgebiet. Im Gefolge der politischen Umwälzungen in Osteuropa 1989/90 wurde Bulgarien eine demokratische Republik.

■ **Bulimie** →Essstörungen.

■ **Bulle** *der,* erwachsenes männliches Tier u. a. bei Rindern, Giraffen, Antilopen, Elefanten und Nashörnern.

■ **Bulle** [lat.] *die,* **1)** mittelalterliches Urkundensiegel von kreisrunder Form aus Metall (Gold, Silber, Blei).

2) Urkunde, die mit einer Bulle versiegelt ist (heute nur noch Bezeichnung für Papsturkunden).

■ **Bulletin** [bültãng; frz.] *das,* amtliche Bekanntmachung, offizielle Verlautbarung.

Bulgarien
Fläche 110 912 km²
Einwohner 8,387 Mio.
Hauptstadt Sofia
Amtssprache Bulgarisch
Nationalfeiertag 3. 3.
Währung 1 Lew (Lw) = 100 Stótinki (St)
Zeitzone MEZ + 1 Std.

Bulgarien

Flagge

Wappen

■ **Bumerang** [auch bu...; australisch] *der,* gewinkeltes oder leicht gebogenes Wurfholz. Der Querschnitt und die gegeneinander verdrehten Ebenen der beiden Arme bewirken, dass der gekonnt geschleuderte Bumerang zum Werfer zurückkehrt.

■ **BUND,** Abkürzung für **B**und für **U**mwelt und **N**aturschutz **D**eutschland e.V., 1975 gegründete, unabhängige private Umweltschutzorganisation mit Bundesgeschäftsstelle in Bonn.

■ **Bundesausbildungsförderungsgesetz,** Abkürzung **Bafög,** →Ausbildungsförderung.

■ **Bundesbank** →Deutsche Bundesbank.

■ **Bundesgerichtshof,** in der Bundesrepublik Deutschland das höchste Gericht (mit Sitz in Karlsruhe), das in letzter Instanz in Straf- und Zivilprozessen entscheidet.

■ **Bundesgrenzschutz,** Abkürzung **BGS,** 1951 gegründete Sonderpolizei des Bundes zum Schutz des Bundesgebietes und der Bundesorgane. Eine Spezialeinheit ist die 1972 zur Bekämpfung des Terrorismus gebildete Grenzschutzgruppe 9 (GSG 9).

■ **Bundesjugendspiele,** seit 1951 in der Bundesrepublik Deutschland von Schulen, Sport- und Jugendverbänden veranstaltete Wettkämpfe für Jugendliche ab dem achten Lebensjahr. Seit 1979 umfassen sie einen Dreikampf nach Wahl im Geräteturnen, Schwimmen und in der Leichtathletik. Die Wettkämpfe werden in Jahrgangsstufen nach Punkten bewertet, ab einer bestimmten Punktzahl erhalten die Teilnehmer Sieger- oder Ehrenurkunden.

■ **Bundeskanzler,** in der Bundesrepublik Deutschland das nach dem Vorbild des Reichskanzlers geschaffene Amt des Leiters der Bundesregierung. Auf Vorschlag des Bundespräsidenten wählt ihn der Bundestag mit der Mehrheit seiner Abgeordneten. Er kann nur gestürzt werden, indem der Bundestag mehrheitlich einen neuen Bundeskanzler wählt (»konstruktives Misstrauensvotum«). Ein Rücktritt ist jederzeit möglich. In der Regel stellt die Partei, die bei der Bundestagswahl die meisten Stimmen erlangt hat, den Bundeskanzler. Er bestimmt die Richtlinien der Politik der Bundesregierung und trägt dafür die Verantwortung. – auch →deutsche Geschichte (Übersicht).

Auch in *Österreich* heißt der Vorsitzende der Bundesregierung Bundeskanzler; er wird vom Bundespräsidenten ernannt.

In der *Schweiz* ist der Bundeskanzler der Vorsteher der Bundeskanzlei. Er wird für vier Jahre von der Bundesversammlung (gleichzeitig mit dem Bundesrat) gewählt.

■ **Bundesländer** (Länder), die Gliedstaaten eines Bundesstaats. Im deutschen Grundgesetz werden die Gliedstaaten der Bundesrepublik Deutschland als Länder bezeichnet.

■ **Bundesliga,** höchste deutsche Spiel- oder Leistungsklasse für Vereinsmannschaften in verschiedenen Sportarten, zum Teil aus zwei regionalen Gruppen bestehend. Die erste Bundesliga gab es im Eishockey (1958), im Fußball wurde sie 1963 eingeführt.

Bumerang

Nicht nur die australischen Aborigines benutzen den Bumerang als Jagdwaffe, sondern auch indianische Völkerstämme in Nordamerika. Im alten Ägypten kannte man ihn ebenfalls. Es ist auch keineswegs so, dass alle Bumerangmodelle beim Wurf an ihren Ausgangsort zurückkehren. Vielmehr werden die als Jagdwaffe geeigneten Formen geradeaus geworfen und kehren nicht zurück. Hingegen wirken die Flächen eines Bumerangs mit nahezu senkrechter Drehachse wie Tragflächen: Sein Anstellwinkel bleibt während des ganzen Fluges erhalten, sodass er nach Verbrauch seiner Bewegungsenergie wie ein Gleitflugzeug zum Werfer zurückkehrt.

■ **Bundesminister,** in der Bundesrepublik Deutschland Mitglieder der Bundesregierung, die innerhalb der vom Bundeskanzler bestimmten Richtlinien der Politik ihren Geschäftsbereich selbstständig und eigenverantwortlich leiten. Sie werden auf Vorschlag des Bundeskanzlers vom Bundespräsidenten ernannt und entlassen.

■ **Bundesnachrichtendienst,** Abkürzung **BND,** der deutsche Auslandsnachrichtendienst. Er ist dem Bundeskanzleramt unterstellt; Sitz: Pullach im Isartal bei München.

■ **Bundespräsident,** das Staatsoberhaupt in der Bundesrepublik Deutschland, Österreich und der Schweiz. In der Bundesrepublik Deutschland wird er von der →Bundesversammlung gewählt. Jeder Deutsche, der das Wahlrecht zum Bundestag besitzt und das vierzigste Lebensjahr vollendet hat, kann zum Bundespräsidenten gewählt werden. Seine Amtszeit beträgt fünf Jahre; er kann einmal wiedergewählt werden.

Zu den Hauptaufgaben des Bundespräsidenten gehören die völkerrechtliche Vertretung der Bundesrepublik Deutschland und die Ausfertigung,

Gegenzeichnung und Verkündung der Gesetze (im Bundesgesetzblatt). Seine politische Macht ist relativ gering, seine Anordnungen bedürfen der Gegenzeichnung des Bundeskanzlers oder des zuständigen Bundesministers. Bei der Wahl des Bundeskanzlers besitzt er das Vorschlagsrecht. Unter bestimmten Umständen kann er den Bundestag auflösen und Neuwahlen anordnen. Vertreter des Bundespräsidenten ist der Präsident des Bundestages. – auch →deutsche Geschichte (Übersicht).

In *Österreich* wird der Bundespräsident von den wahlberechtigten Bürgern für sechs Jahre gewählt. Wiederwahl ist möglich. Er ernennt die Bundesregierung, ist aber in seinem Handeln weitgehend an deren Vorschläge gebunden. – auch →Österreich (Übersicht).

In der *Schweiz* ist der Bundespräsident der auf ein Jahr von der Bundesversammlung gewählte Vorsitzende des Bundesrates.

■ **Bundesrat,** die Interessenvertretung der Bundesländer eines Bundesstaats. In der Bundesrepublik Deutschland wirken die Länder bei der Verwaltung und Gesetzgebung des Bundes durch den Bundesrat mit. Seine Mitglieder gehören einer Landesregierung an und werden von dieser abgeordnet, also nicht unmittelbar vom Volk gewählt. Die Anzahl der Vertreter eines Landes richtet sich nach der Einwohnerzahl eines Landes. Die Mitglieder des Bundesrates wählen aus ihrer Mitte für ein Jahr den **Bundesratspräsidenten.**

Auch in *Österreich* ist der Bundesrat die Vertretung der einzelnen Bundesländer. In der Schweiz übt der Bundesrat die Regierung aus. Seine sieben Mitglieder (Bundesräte) werden von der Bundesversammlung für vier Jahre ernannt. Aus ihrer Mitte wird der Bundespräsident gewählt. Die Vertretung der Kantone liegt beim Ständerat.

■ **Bundesregierung,** die Regierung eines →Bundesstaats. In der Bundesrepublik Deutschland besteht die B. aus dem →Bundeskanzler und den →Bundesministern. In Österreich kommt der Vizekanzler hinzu.

■ **Bundesrepublik Deutschland,** amtliche Bezeichnung für →Deutschland.

■ **Bundesstaat, 1)** Staatsform, bei der mehrere Gliedstaaten (in der Bundesrepublik Deutschland die Bundesländer) einen Gesamtstaat (Bund) bilden. Die einzelnen Gliedstaaten behalten ihre Eigenstaatlichkeit (z.B. Kulturhoheit der Länder), übertragen aber einen (großen) Teil ihrer Staatsgewalt auf den Gesamtstaat. Bundesstaaten sind u.a. die Bundesrepublik Deutschland, Österreich, die Schweiz und die USA. Vom Bundesstaat zu unterscheiden ist der →Staatenbund.

2) auch Bezeichnung für die Gliedstaaten des Gesamtstaates (z.B. in den USA).

■ **Bundestag** (Deutscher Bundestag), in der Bundesrepublik Deutschland die gewählte Volksvertretung. Mit der Wahl der **Abgeordneten** durch die wahlberechtigte Bevölkerung wird der Bundestag berechtigt, im Namen des Volkes seine Entscheidungen nach bestem Wissen und Gewissen zu treffen. Zu seinen Hauptaufgaben und Rechten gehören: die Beschlussfassung über die Bundesgesetze, das Budgetrecht (also die Bewilligung der öffentlichen Gelder), die Zustimmung zu Verträgen mit anderen Staaten, die Wahl des Bundeskanzlers, die Mitwirkung bei der Besetzung der obersten Gerichtshöfe und des Bundesverfassungsgerichts. An der Spitze des Bundestags steht der von ihm gewählte **Bundestagspräsident.** Dem Deutschen Bundestag entspricht in Österreich der Nationalrat, in der Schweiz die Bundesversammlung.

■ **Bundesverdienstkreuz** →Orden 2).

■ **Bundesverfassungsgericht,** in der Bundesrepublik Deutschland das oberste Organ, das in Streitfragen bei der Auslegung der Verfassung, des Grundgesetzes, entscheidet; Sitz: Karlsruhe.

■ **Bundesversammlung,** in der Bundesrepublik Deutschland die Versammlung, die den Bundespräsidenten wählt. Sie besteht aus den Abgeordneten des Bundestages und einer gleichen Anzahl von Mitgliedern, die von den Landtagen nach den Grundsätzen der Verhältniswahl gewählt werden.

In *Österreich* ist die Bundesversammlung das Gesamtorgan von Bundesrat und Nationalrat, in der Schweiz das Parlament, bestehend aus dem Nationalrat als Vertretung des Volkes und dem Ständerat als Vertretung der Kantone.

■ **Bundeswehr,** die Streitkräfte der Bundesrepublik Deutschland, bestehend aus den Teilstreitkräften Heer, Luftwaffe und Marine, dem Sanitätsdienst sowie dem Bereich Zentrale Militärische Dienststellen. Die Gesamtstärke beträgt im Frieden 338 000 Mann, im Krisenfall kann sie auf 370 000 erweitert werden. Im Verteidigungsfall umfasst die Bundeswehr 680 000 Soldaten. Ein eigenständiger Bereich ist die Bundeswehrverwaltung mit etwa 99 000 zivilen Mitarbeitern. Die Befehls- und Kommandogewalt hat der Bundesminister der Verteidigung, im Verteidigungsfall der Bundeskanzler. Je nach ihrem Status lassen sich die Angehörigen der Bundeswehr unterteilen in Grundwehrdienstleistende mit einer Dienstzeit von zehn Monaten, Soldaten auf Zeit (2 bis 15 Jahre) und Berufssoldaten. – →NATO, →Wehrpflicht.

■ **Bundeszentralregister,** ein vom Generalbundesanwalt in Berlin geführtes Register. In das Bundeszentralregister werden u. a. alle rechtskräftigen strafgerichtlichen Verurteilungen, die Anordnung von Maßregeln der Besserung und Sicherung sowie verwaltungsbehördliche Entscheidungen eingetragen, die strafrechtlich bedeutsam sein können. In das **Erziehungsregister,** das beim Bundeszentralregister geführt wird, werden bestimmte Entscheidungen der Jugend- und Vormundschaftsgerichte, die keinen Strafcharakter haben, eingetragen. Die Eintragungen werden nach bestimmten Fristen getilgt. Auskunft in eigener Sache über Eintragungen erhalten Personen über 14 Jahren **(Führungszeugnis).**

■ **Bündnis 90/Die Grünen,** Partei der Bundesrepublik Deutschland; sie entstand 1993 durch den Zusammenschluss des ostdeutschen **Bündnis 90**, das aus Bürgerbewegungen der DDR hervorgegangen war, und der überwiegend westdeutschen Partei »Die Grünen« (→Grüne).

Burgen
Höhenburgen:
Castel del Monte (Süditalien)
Kaiserburg in Nürnberg
Burg Eltz (Mosel)
Wasserburgen:
Glücksburg (Schleswig-Holstein)
Grafenstein in Gent (Belgien)

■ **Bundschuh,** Name und Feldzeichen aufständischer Bauernverbände, die es vor allem zu Beginn des 16. Jahrh. in großer Zahl gab. Benannt wurden sie nach dem Schuh des Bauern im Mittelalter. – auch →Bauernkrieg.

■ **Bungalow** [bunggalo; engl.] *der,* ursprünglich das einstöckige Sommerhaus der Europäer in Indien und anderen Kolonialgebieten; dann allgemein ein Bautyp für eingeschossige Wohnhäuser, häufig mit flachem Dach.

■ **Bungee-Jumping** [*bandschidschamping;* engl., zu bungee, = Gummiband und jumping, = das Springen] *das,* Sturz kopfüber aus großer Höhe (mindestens 50 m), bei dem der Stürzende durch ein Seil gesichert ist. Das Gummiseil, mit dem der Springer durch abgepolsterte Fußschlaufen oberhalb der Knöchel verbunden ist, bewirkt ein federndes Auspendeln. Bei einer Absturzhöhe von z. B. 70 m werden etwa 30 m im freien Fall zurückgelegt, danach beginnt das Abfedern; die erste Rückschnellhöhe beträgt etwa 45 m. Bungeejumping gehört zu den →Extremsportarten.

■ **Bunsenbrenner,** ein 1855 von Robert Wilhelm Bunsen (1811–99) konstruierter Gasbrenner, bei dem das zugeführte Gas die notwendige Verbrennungsluft durch eine verstellbare Öffnung ansaugt.

■ **Buñuel** [bunjuäl], Luis, spanischer Filmregisseur, *Calanda (Provinz Teruel) 22. Februar 1900, †Mexiko 29. April 1983. Er schuf zunächst surrealistische, später auch sozialkritische Filme, häufig mit symbolischen Verschlüsselungen.

■ **Burckhardt,** Jacob, schweizerischer Kultur- und Kunsthistoriker, *Basel 25. Mai 1818, †ebenda 8. August 1897. Sein bedeutendstes Werk ist »Die Cultur der Renaissance in Italien« (1860).

■ **Buren,** die Nachkommen der seit 1652 in das Kapland in Südafrika eingewanderten niederländischen und deutschen Siedler. Sie zogen 1835–38 im »Großen Treck« nach Norden und gründeten mehrere Freistaaten, die heute zur Republik →Südafrika gehören. Im **Burenkrieg** (1899–1902) siegte Großbritannien über die Burenstaaten.

■ **Burg,** verteidigungsfähiger Wohnsitz des Adels im Mittelalter. In der Frühphase des Burgenbaus umgab man die zu dieser Zeit noch aus Holz errichteten Wohngebäude mit Wall und Graben, etwa ab 1100 n. Chr. entstanden umfangreiche, aus Steinmauern und -gebäuden bestehende Anlagen. Um die Verteidigungsfähigkeit gegen einen Angreifer in den verschiedenen Geländearten zu gewährleisten, baute man im Bergland **Höhenburgen**, im Flachland von Wassergräben umgebene **Wasserburgen**.

■ **Bürge,** jemand, der sich vertraglich verpflichtet hat, für einen anderen zu bürgen (die **Bürgschaft** zu übernehmen), das heißt an dessen Stelle für Schulden aufzukommen, wenn der andere zahlungsunfähig ist.

■ **Burgenland,** Bundesland im Osten Österreichs, mit 3966 km² und 279800 Einwohnern; die

1 Bergfried
2 Verlies
3 Zinnenkranz
4 Palas
5 Kemenate (Frauenhaus)
6 Vorratshaus
7 Wirtschaftsgebäude
8 Burgkapelle
9 Torhaus
10 Pechnase
11 Fallgitter
12 Zugbrücke
13 Wachturm
14 Palisade (Pfahlzaun)
15 Wartturm
16 Burgtor
17 Ringgraben
18 Torgraben

Diese Zeichnung einer mittelalterlichen **Burg** zeigt die typische Anlage einer Wasserburg

Hauptstadt ist Eisenstadt. Das hügelige Land wird vorwiegend landwirtschaftlich genutzt.

■ **Bürger,** ursprünglich »die im Schutz einer Burg Wohnenden«; seit dem Mittelalter Bezeichnung für die freien Stadtbewohner mit vollem **Bürgerrecht;** seit der Französischen Revolution mit Staatsbürger (Angehörige eines Staatsvolks) gleichgesetzt. Die Gesamtheit der Bürger als Gesellschaftsschicht, das **Bürgertum,** brachte die moderne **bürgerliche Gesellschaft** hervor, die auf den individuellen Freiheitsrechten beruht.

■ **Bürgerinitiative,** von politischen Parteien und anderen Verbänden unabhängiger Zusammenschluss gleich gesinnter Bürger. Ihr Ziel besteht darin, bestimmte Probleme (z.B. auf den Gebieten Umweltschutz, Stadtplanung, Verkehr), die von der Gemeinde oder dem Staat nicht im Sinne der Bürger gelöst werden, durch Aktionen ins Bewusstsein der Öffentlichkeit zu rücken und durch Druck auf die behördlichen Stellen deren Entscheidungen zu beeinflussen.

■ **Bürgerkrieg,** bewaffnete Auseinandersetzung zwischen verschiedenen Gruppen innerhalb eines Staates. Er wird geführt, um die politischen und gesellschaftlichen Verhältnisse zu verändern oder zu erhalten oder um die staatliche Lostrennung eines Teilbereichs des Staates zu erreichen oder zu verhindern.

■ **Bürgerliches Gesetzbuch,** Abkürzung **BGB,** seit dem 1. Januar 1900 in Deutschland geltendes Gesetzeswerk, in dem der größte Teil des allgemeinen Privatrechts geregelt ist. Es gliedert sich in fünf Bücher: einen allgemeinen Teil, das Recht der Schuldverhältnisse, Sachenrecht, Familienrecht und Erbrecht. Es wurde seit seiner Entstehung den Zeitumständen häufig angepasst.

■ **Bürgermeister,** der Vorsteher einer Gemeinde oder Stadt; er wird vom Gemeinde- oder Stadtrat oder direkt von allen wahlberechtigten Bürgern gewählt. Seine Stellung und seine Aufgaben sind in den Gemeindeordnungen der Bundesländer festgelegt. In Berlin (Regierender Bürgermeister), Bremen (Bürgermeister und Senatspräsident) und Hamburg (Erster Bürgermeister) entspricht seine Stellung der eines Ministerpräsidenten.

■ **Bürgerrechtsbewegung,** Sammelbezeichnung für Gruppen, die sich um die Durchsetzung der Menschen- und Bürgerrechte bemühen. Bürgerrechtsbewegungen setzten sich in den USA seit 1910 für Rechtsgleichheit der Farbigen und Beseitigung der Rassenvorurteile ein, in Südafrika für die Rechte der schwarzen Mehrheit und in Nordirland für die politisch-soziale Gleichstellung der katholische Minderheit. Die seit den 1970er- und 1980er-Jahren in der DDR und in den osteuropäischen Staaten entstandenen oppositionellen Gruppen, die auch als Bürgerrechtsbewegung oder als **Bürgerbewegung** bezeichnet wurden, waren wesentlich am politischen Umsturz 1989/90 beteiligt.

■ **Burgtheater,** berühmtes, 1741 gegründetes Theater in Wien.

■ **Burgund** (frz. Bourgogne), historische Landschaft in Ostfrankreich, mit der Hauptstadt Dijon, ein bekanntes Weinbaugebiet. Burgund ist das Kernland des früheren **Herzogtums Burgund,** das, um Teile der Niederlande vergrößert, zwischen 1363 und dem Tod Karls des Kühnen 1477 eine wichtige Rolle in der europäischen Geschichte spielte.

■ **Burgunder** (Burgunden), ostgermanischer Stamm, der im 1. Jahrh. n. Chr. zwischen Oder und Weichsel siedelte, im 3. Jahrh. dann am Main nachweisbar ist. Im frühen 5. Jahrh. lebten die Burgunder in der Gegend um Worms, Mainz und Speyer. Beim Versuch, nach Westen vorzudringen, erlitten sie unter ihrem König Gundahar 436 eine vernichtende Niederlage durch die Römer und die mit diesen verbündeten Hunnen (Kern der Nibelungensage um König →Gunther). Der Rest des Burgundervolkes wurde 443 von den Römern am Westrand der Alpen angesiedelt. Dort bestand ihr Königreich bis 534, als es dem Fränkischen Reich angegliedert wurde.

■ **Burkina Faso,** Republik in Westafrika, deren Einwohner in der Mehrheit zu den Sudanvölkern

Burkina Faso
Fläche 274 200 km²
Einwohner 11,4 Mio.
Hauptstadt Ouagadougou
Amtssprache Französisch
Nationalfeiertage 5. 8. und 11. 12.
Währung CFA-Franc
Zeitzone MEZ – 1 Std.

Burkina Faso

Flagge

Wappen

(vor allem Mosi) gehören. Der größte Teil des Landes wird von Savannen und Halbwüsten eingenommmen. Einziger ganzjährig Wasser führender Fluss ist der Schwarze Volta. Betrieben wird Wanderfeldbau (Hirse, Mais, Baumwolle, Erdnüsse), hauptsächlich aber Rinderhaltung. Burkina Faso gehört zu den ärmsten der Erde.

Geschichte: 1896 eroberte Frankreich das Königreich der Mosi, das 1947 als **Obervolta** Französisch-Westafrika angegliedert wurde. 1960 wurde das Gebiet unabhängig und erhielt 1984 seinen heutigen Namen.

■ **Burma** →Birma.

■ **Bürokratie** [frz.] *die,* eine Form staatlicher, politischer oder privat organisierter Verwaltung. Sie ist u. a. gekennzeichnet durch einen streng geordneten Aufbau (Instanzenweg) sowie durch genaue und lückenlose Aktenführung. Bürokratie wird häufig auch in der Bedeutung einer engstirnigen, unbeweglichen, umständlichen und überholten Art der Verwaltung gebraucht.

Burundi

Flagge

Wappen

■ **Burundi,** Republik in Ostafrika. Die Hauptstadt Bujumbura liegt am Tanganjikasee. Das Land wird überwiegend von einem bis 1700 m hohen Hochland eingenommen. Die Bevölkerung besteht größtenteils aus Bantustämmen. Wirtschaftsgrundlage ist die Landwirtschaft (vor allem Ausfuhr von Kaffee).

Geschichte: Burundi war seit 1890 ein Teil von Deutsch-Ostafrika und bildete seit 1919 als Urundi mit Ruanda das belgische Treuhandsgebiet Ruanda-Urundi. 1962 wurde es als Königreich unabhängig, nach einem Putsch 1966 Republik.

Burundi
Fläche 27 834 km²
Einwohner 6,59 Mio.
Hauptstadt Bujumbura
Amtssprachen Rundi und Französisch
Nationalfeiertag 1. 7.
Währung Burundi-Franc (F. Bu.) = 100 Centimes
Zeitzone MEZ + 1 Std.

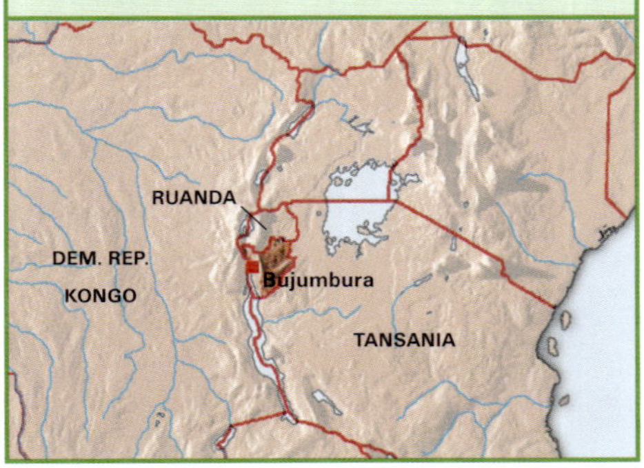

■ **Bus** [engl.], in der Informatik eine zentrale Verbindungsleitung, an die alle Komponenten eines Computers (z. B. →CPU und Speicher) angeschlossen sind und über die sie miteinander Informationen austauschen können.

■ **Busch,** Wilhelm, deutscher Dichter und Maler, *Wiedensahl (bei Stadthagen) 15. April 1832, †Mechtshausen (heute zu Seesen) 9. Januar 1908. In humorvollen Bilderfolgen mit knappen, treffenden Texten (manche wurden zum geflügelten Wort) stellte er das Spießbürgertum seiner Zeit bloß. Am bekanntesten wurden »Max und Moritz« (1865) und »Die fromme Helene« (1872).

■ **Buschmänner** (Buschleute, San), Jäger- und Sammler-Volk, das vor 12 000 bis 15 000 Jahren im ganzen südlichen Afrika beheimatet war und später durch die nach Süden vorrückenden Bantu und die Weißen in Randgebiete (vor allem die Kalahari) zurückgedrängt wurde. Von den noch etwa 50 000 Personen haben nur noch etwa 10 % ihre traditionelle Lebensform bewahrt.

■ **Bush** [busch], **1)** George Herbert Walker, 41. Präsident der USA (1989–93), *Milton (Massachusetts) 12. Juni 1924; Vater von 2). Bush war 1967–70 Abgeordneter der Republikanischen Partei im Repräsentantenhaus, danach in verschiedenen Regierungsämtern tätig, 1975–76 Leiter der CIA.

2) George W. (Walker), 43. Präsident der USA (seit 2001), *New Haven (Connecticut) 6. Juli 1946; Sohn von 1). Bush war 1968 Pilot der Texas National Guard, 1975-86 in der Ölindustrie tätig. 1995 wurde er Gouverneur von Texas.

■ **Business** [bisniss; engl.] *das,* Geschäft oder Geschäftsleben.

■ **Bussarde** [frz.], eine Gattung der Greifvögel mit 23 Arten. Lange, breite Flügel befähigen sie zum Segeln (Kreisen). Der Schwanz ist kurz und abgerundet. Bussarde haben kurze, scharfkrallige Zehen. In Mitteleuropa leben der Mäusebussard und der Raufußbussard.

■ **Buße, 1)** *allgemein:* für eine religiöse, sittliche oder rechtliche Schuld zu leistende Sühne, so im mittelalterlichen Recht die Entschädigung, die als Ersatz für blutige Vergeltung entrichtet wurde. – Im Christentum spielt die Buße eine wesentliche Rolle. Sie bedeutet die ständige Bereitschaft zur Umkehr zu einem besseren Leben. In der katholischen Kirche ist sie, mit der →Beichte verbunden, ein Sakrament **(Bußsakrament).**

2) *Recht:* (Geldbuße) →Bußgeld.

■ **Bußgeld** (Geldbuße), Ahndungsmittel bei Rechtsverletzungen, die bloße →Ordnungswidrigkeiten sind. Das Bußgeld wird im Wege des **Bußgeldverfahrens** festgesetzt.

■ **Buß- und Bettag,** der am Mittwoch vor dem letzten Sonntag des Kirchenjahres (Ende November) in den deutschen evangelischen Kirchen begangene Tag der Besinnung.

■ **Butan** *das,* ein brennbarer, gasförmiger Kohlenwasserstoff, der verflüssigt in Stahlbehältern als Campinggas verwendet wird.

■ **Butter,** ein Milchprodukt, das mindestens 82 % Fett und höchstens 16 % Wasser enthält. Zur Herstellung von Butter wird Milch in Zentrifugen ausgerahmt. Dabei bleibt eine säuerliche Magermilch, die **Buttermilch** zurück. Der Rahm wird in Butterfertigern weiterverarbeitet. Um 1 kg Butter herzustellen, benötigt man etwa 25 l Milch.

■ **Bypass** [baipaß; engl., = Umleitung] *der,* in der Medizin die Umgehung eines nicht mehr durchgängigen Blutgefäßes durch ein künstliches Gefäß oder ein Gefäßtransplantat (z. B. eine Vene). Bypassoperationen werden vor allem bei Verschluss von Herzkranzgefäßen vorgenommen.

»Max und Moritz« beim »Zweiten Streich« aus der gleichnamigen, von **Wilhelm Busch** gezeichneten und gereimten »Bubengeschichte in sieben Streichen«: »Unterdessen auf dem Dache – ist man tätig bei der Sache – Max hat schon mit Vorbedacht – Eine Angel mitgebracht. – Schnupdiwup! da wird nach oben – Schon ein Huhn heraufgehoben, Schnupdiwup! jetzt Numero zwei; – Schnupdiwup! jetzt Numero drei; – Und jetzt kommt noch Numero vier: Schnupdiwup! Dich haben wir!! – Zwar der Spitz sah es genau, – Und er bellt: Rawau! Rawau!«

■ **Byrd** [bǝ̄ʳd], Richard Evelyn, amerikanischer Admiral und Polarforscher, *Winchester (Virginia) 25. Oktober 1888, †Boston 12. März 1957. Byrd hat nach eigenen Angaben (heute angezweifelt) 1926 als erster den Nordpol überflogen; 1929 überflog er als Erster den Südpol.

■ **Byron** [bairᵉn], George Gordon Noel, Baron, genannt Lord Byron, englischer Dichter der Romantik, *London 22. Januar 1788, †Mesolongion (Griechenland) 19. April 1824. Er errang mit Gedichten und Verserzählungen internationalen Ruhm. Aufsehen erregte auch sein exzentrischer Lebenswandel. Er starb als begeisterter Anhänger der griechischen Freiheitsbewegung.

■ **Byte** [bait; engl.] *das,* in der Informatik eine zusammengehörige Folge von acht →Bits, also die Zusammenfassung von acht elementaren Speicherplätzen für je ein Bit zu einer Speicherzelle. Ein Byte wird im Allgemeinen zur Darstellung genau eines Zeichens verwendet und dient als Maßzahl zur Angabe der Speicherkapazität der verschiedenen Speicher einer Rechenanlage. Dabei gilt:

1 Kilobyte = 1 KB = 2^{10} Byte = 1 024 Byte,
1 Megabyte = 1 MB = 2^{20} Byte = 1 024 KB,
1 Gigabyte = 1 GB = 2^{30} Byte = 1 024 MB.

■ **byzantinische Kunst,** die Kunst des Byzantinischen Reiches, erwachsen aus römischen und frühchristlichen Traditionen. Die Kirchenarchitektur war geprägt von der Kuppel als wichtigstem Element; ein Hauptwerk ist die →Hagia Sophia in Istanbul. Zu besonderer Blüte gelangte auch das Mosaik (z. B. in Ravenna), die Ikonen- und die Buchmalerei, die Goldschmiedekunst und die Elfenbeinschnitzerei.

■ **Byzantinisches Reich** (Oströmisches Reich, kurz Byzanz, Ostrom), die durch die Reichsteilung 395 n. Chr. entstandene östliche, griechisch-orientalisch geprägte Hälfte des Römischen Reiches und der aus ihr entstandene spätantike und mittelalterliche Staat. Zu Anfang umfasste das Byzantinische Reich den Balkan bis zur Donau, Kleinasien, Syrien, Ägypten und Libyen; unter Justinian (527–565) wurde es nach Westen ausgedehnt.

Die Geschichte des Reiches war geprägt von ständigen Konflikten mit den Bulgaren und den seit dem 7. Jahrh. vordringenden Arabern. Die Kaiserkrönung Karls des Großen (800) stellte zudem den An-

Wie sein Name schon verrät, ernährt sich der hier abgebildete **Bussard,** ein Mäusebussard, hauptsächlich von Mäusen; auf der Lauer nach seiner Beute hockt er auf Baumstämmen, Steinen und Erdhügeln

Selbstporträt von **Wilhelm Busch** aus dem Jahr 1894

Nach einer außergewöhnlichen Wahl wurde **George W. Bush** 43. Präsident der Vereinigten Staaten von Amerika

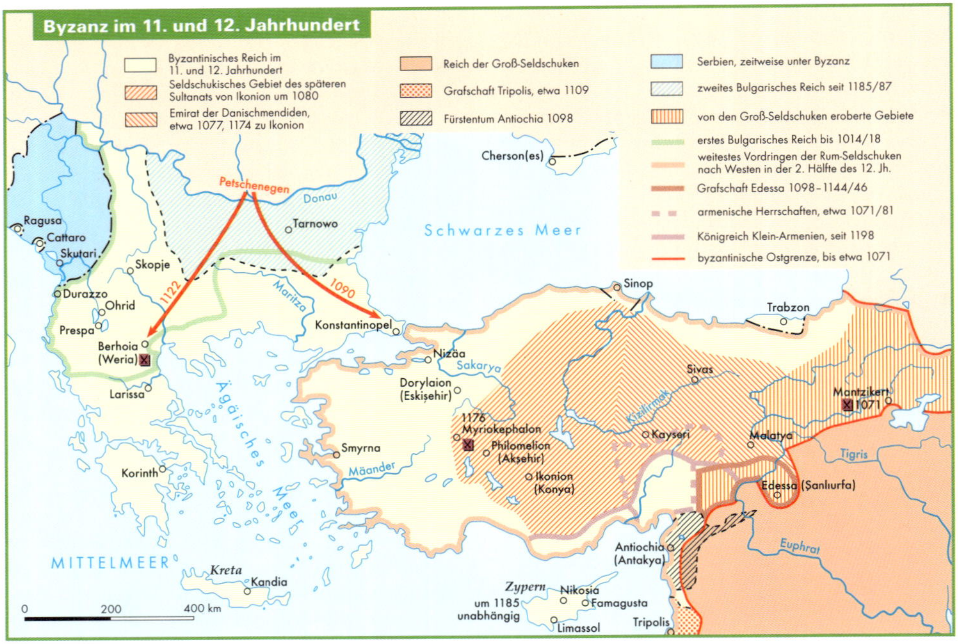

Byzanz im 11. und 12. Jahrhundert

spruch des byzantinischen Kaisers in Frage, Oberhaupt der Christenheit zu sein; die beiderseitige zunehmende Entfremdung führte 1054 schließlich zur kirchlichen Trennung (Schisma) von römisch-katholischer und orthodoxer Kirche. Mit der Eroberung Konstantinopels durch die Osmanen (1453) ging das Byzantinische Reich unter.

■ **Byzạnz,** Name einer um 660 v. Chr. gegründeten griechischen Kolonie am Bosporus, die der römische Kaiser Konstantin der Große 324 neu errichten ließ und 330 zur neuen Reichshauptstadt Konstantinopel erhob; heute →Istanbul. Nach Byzanz nannten die Humanisten das Oströmische Reich »Byzantinisches Reich«.

C

■ **C, 1)** der dritte Buchstabe des deutschen Alphabets, ein Konsonant.

2) römisches Zahlzeichen für 100 (centum; CC = 200).

3) *Musik:* der Grundton der C-Dur-Tonleiter.

■ **Cabral** [kawrạl], Pedro Álvarez, portugiesischer Seefahrer, *Belmonte (Beira Alta) um 1467, † um 1520. Er erreichte 1500 die Ostküste Brasiliens und nahm sie für Portugal in Besitz. Auf der Weiterfahrt erreichte er über das Kap der Guten Hoffnung Vorderindien, wo er portugiesische Handelsniederlassungen gründete.

■ **Cachespeicher** [kạsch....; engl.], in der Informatik ein kleiner, sehr schnell arbeitender Zwischenspeicher, der einen häufig benötigten Teil des Hauptspeicherinhalts abbildet, sodass die Zentraleinheit auf diesen Teil rascher zugreifen kann.

■ **CAD,** Abkürzung für computer-aided design

Wörter, die man unter C vermisst, suche man unter K, Tsch oder Z [engl., = rechnergestützter Entwurf], Entwurf und Konstruktion technischer Produkte mithilfe spezieller Computer (mit elektronischem Zeichenbrett und Lichtstift) und Programme. Der Einsatz des Computers ermöglicht vielfältige grafische Darstellungen (verschiedene Blickwinkel und Schnitte, Zoomtechnik), die Erstellung von Plänen und Zeichnungen, in Teilbereichen auch die Nutzung der Konstruktionsdaten durch automatische Produktionsmaschinen. – auch →CAM, →CIM.

■ **Cádiz** [kadith], Hafenstadt in Südwestspanien, am Golf von Cádiz, mit 155 600 Einwohnern. Auf einer schmalen Landzunge gelegen, ist die Südwestseite durch Mauern gegen das Meer geschützt. Sehenswert ist die Alte Kathedrale (12. und frühes 17. Jahrh.). – Cádiz wurde um 1100 v. Chr. von Phönikern gegründet.

■ **Cadmium** (Kadmium) [griech.] *das,* ein chemisches Element. Das silberweiße, weiche Schwermetall kommt in der Natur vor allem als Bestandteil von Zinkerzen vor. Es wird als Elektrodenmaterial für galvanische Elemente verwendet, als Korrosionsschutz, als Legierungszusatz bei Lagermetallen; ferner dient es zur Herstellung von Brems- und Regelstäben für Kernreaktoren. Cadmiumverbindungen und -dämpfe sind starke Gifte.

Cadmium
chemisches Symbol: Cd
Ordnungszahl: 48
relative Atommasse: 112,41
Dichte: 8,65 g/cm^3
Schmelzpunkt: 321,7 °C
Siedepunkt: 767 °C

■ **Caesar** →Cäsar.

■ **Caesium** →Cäsium.

■ **Cage** [keidsch], John, amerikanischer Komponist, *Los Angeles 5. September 1912, †New York 13. August 1992. Seine neuartig-experimentellen Kompositionen beruhen auf Klängen und Geräuschen aller Art, auf Verfremdungen (präpariertes Klavier) und Zufallsbildungen; sie benutzen oft Grafiken und Spielanweisungen statt Noten. Cage gab wesentliche Anstöße zur Überwindung der seriellen Musik und zur Abkehr vom traditionellen Begriff des Kunstwerks.

■ **Cagliari** [kaljari], Stadt an der Südküste der Insel Sardinien, mit 167 500 Einwohnern. Cagliari ist ein bedeutender Hafen mit vielseitiger Industrie. – Sehenswert sind die Kathedrale (vollendet Anfang des 14. Jahrh.) und die zum Teil noch aus dem Mittelalter stammenden Bastionen. Aus römischer Zeit ist ein Amphitheater erhalten.

■ **cal,** Einheitenzeichen für die gesetzlich nicht mehr zugelassene Einheit →Kalorie.

■ **Calais** [kalä], Hafenstadt in Nordfrankreich, mit 75 300 Einwohnern, an der engsten Stelle des Ärmelkanals gegenüber der englischen Stadt Dover gelegen. Calais ist ein wichtiger Ausgangshafen für den Fährverkehr nach England. Bekannt ist das Denkmal »Die Bürger von Calais« (1895 vor dem Rathaus aufgestellt) von Auguste Rodin.
Die alte flandrische Festung wurde 1347 im Hundertjährigen Krieg von den Engländern erobert und blieb als letzte englische Festlandbastion bis 1558 in englischem Besitz.

Calcium
chemisches Symbol: Ca
Ordnungszahl: 20
relative Atommasse: 40,08
Dichte: 1,55 g/cm^3
Schmelzpunkt: 842±2 °C
Siedepunkt: 1 484 °C

■ **Calcium** (Kalzium) [lat.] *das,* ein chemisches Element aus der Gruppe der Erdalkalimetalle. Das silberglänzende, weiche Metall ist nach Eisen und Aluminium das dritthäufigste Metall. Biologische Bedeutung haben einige Calciumverbindungen für den Aufbau von Knochen und Zähnen bei Wirbeltieren sowie für die Bildung von Schalen und Gehäusen bei wirbellosen Tieren wie z. B. Muscheln und Schnecken. – auch →Kalkspat.

■ **Calderón de la Barca,** Pedro, spanischer Dramatiker, *Madrid 17. Januar 1600, †ebenda 25. Mai 1681. Sein Werk bildet einen Höhepunkt des spanischen Barocktheaters. Calderón de la Barca, der Hofdramatiker König Philipps IV. war, schrieb etwa 200 Schauspiele, die vom Weltbild des Katholizismus geprägt sind, u. a. »Das große Welttheater« (um 1635).

John Cage

Bei seinem 1952 komponierten Klavierwerk »Vier Minuten 33 Sekunden« ist kein einziger Ton zu hören. Der Pianist sitzt während der gesamten Dauer des Stücks vor leeren Notenblättern am Klavier. Die »Musik« besteht aus den zufälligen Geräuschen im Konzertsaal.

Der amerikanische Komponist **John Cage** war der Inbegriff des experimentierfreudigen Musikers

Californium [benannt nach dem Staat Kalifornien, USA] *das,* ein künstliches, radioaktives chemisches Element aus der Gruppe der →Transurane.

Californium
chemisches Symbol: Cf
Ordnungszahl: 98
relative Nuklidmassen: 249 bzw. 251
Schmelzpunkt: etwa 900 °C

Calvin, Johannes, eigentlich Jean Cauvin, französisch-schweizerischer Reformator, * Noyon 10. Juli 1509, † Genf 27. Mai 1564. Calvin ist neben Luther und Zwingli der dritte der führenden Reformatoren. Er wirkte in Genf, wo er 1541 eine neue (strenge) Kirchenordnung einführte, die weite Verbreitung fand. Grundlegend für seine Lehre, den **Kalvinismus,** ist der Gedanke der →Prädestination. – auch →reformierte Kirchen.

CAM, Abkürzung für **c**omputer-**a**ided **m**anufacturing [engl., = rechnergestützte Fertigung], die direkte Steuerung von Produktionsanlagen und Maschinen durch einen Computer (z. B. Industrieroboter, Fräsmaschinen). – auch →CIM.

Camargue [kamạrg] *die,* Landschaft in Südfrankreich, im Rhonedelta südlich von Avignon. Charakteristisch für das einstige Sumpfland sind die vielen Strandseen. Der südliche Teil der Camargue steht unter Naturschutz. Berühmt sind die Flamingokolonien und die halbwilden Pferde (Camarguepferde).

Cambridge [ke̱ⁱmbridsch], Stadt in Ostengland, mit 95 700 Einwohnern. Die 1209 gegründete Universität von Cambridge ist neben Oxford die berühmteste Universität Englands. Zu ihr gehören mehr als 20 Colleges, eine Sternwarte und die berühmte King's College Chapel (15./16. Jh). Bekannt ist die jährliche Ruderregatta der Universitäten Oxford und Cambridge.

Camcorder [aus engl. **cam**era und re**corder**] *der,* eine tragbare →Videokamera mit eingebautem →Videorekorder.

Camera obscura [lat., = dunkle Kammer] *die,*, lichtdichte Kastenkamera mit einem feinen Loch anstelle des Objektivs (Lochkamera), die einfachste Art des Fotoapparats. Auf der transparenten Rückwand (Mattscheibe) oder dem davor eingeschobenen lichtempfindlichen Aufnahmematerial wird ein umgekehrtes, seitenverkehrtes Bild sichtbar. – auch →Fotografie.

Campanile →Kampanile.

Der in Algerien aufgewachsene Franzose **Albert Camus** schrieb als junger Reporter gegen die Misshandlungen der Araber an: »Es gibt nichts Schändlicheres als den Anblick von Menschen, die zur Unmenschlichkeit herabgewürdigt werden«; 1940 ging er nach Paris, wo er sich dem »Krieg gegen Hitler« anschloss

Campus [engl. kạmpᵉs; von lat. campus, = Feld] *der,* geschlossenes Universitätsgelände, besonders in den USA.

Camus [kamü̱], Albert, französischer Schriftsteller, * Mondovi (Algerien) 7. November 1913, † nahe Villeblevin (bei Sens) 4. Januar 1960. Beeinflusst vom französischen Existenzialismus, schildert Camus die Verantwortung des Menschen in der »absurden« Welt, das heißt in einer Welt, in der der Mensch, ohne Gott, sich selbst überlassen ist. Neben philosophischen Essays schrieb er u. a. die Romane »Der Fremde« (1942), »Die Pest« (1947) und »Der Fall« (1956). 1957 erhielt er den Nobelpreis für Literatur.

Canadier →Kanusport.

Canberra [kạnbᵉrᵉ], Hauptstadt des Australischen Bundes, mit 344 800 Einwohnern. Die Stadt wurde 1913 gegründet und ist seit 1927 Sitz des Parlaments.

Cannabis →Hanf.

Cannae, antiker Ort in Apulien, bekannt durch den Sieg der Karthager unter Hannibal (216 v. Chr.) über die Römer.

Cañon [kạnjon; spanisch] →Canyon.

Canossa, Felsenburg (heute Ruine) im Apennin, bei Reggio nell'Emilia. Canossa wurde berühmt durch den Bußgang König Heinrichs IV., der hier nach dreitägigem Warten 1077 die Lossprechung vom päpstlichen Bann erreichte und so seine politische Handlungsfreiheit zurückgewann. – **Canossagang** (Gang nach Canossa) wird noch heute im übertragenen Sinn für Demütigung verwendet.

Canossa

»Nach Canossa gehen wir nicht«, sagte der deutsche Reichskanzler, Fürst Otto von Bismarck, am 14. 5. 1872, nachdem er erfahren hatte, dass der Papst den von ihm bestimmten deutschen Botschafter am Heiligen Stuhl abgelehnt hatte, und unterstrich so auf dem Höhepunkt des Kulturkampfes seine kompromisslose Haltung gegenüber der katholischen Kirche.

Canyon [kạnjᵉn; engl.] *der* (spanisch Cañon), tief eingeschnittenes, enges Tal mit steilen Wänden in trockenen Gebieten, z. B. der →Grand Canyon des Colorado in Arizona, USA.

Canyoning [kạnjᵉning; engl.] *das,* das Begehen unwegsamer, ohne Spezialausrüstung nicht zugänglicher Schluchten (Canyons) mit Disziplinen wie Abseilen, Schluchtenwandern, Durchschwimmen stehender und fließender Gewässer sowie Wildwasserschwimmen; auch Sprünge in Wasserfälle sowie das Rutschen durch glatte Felsrinnen. Canyoning zählt zu den →Extremsportarten.

■ **Capri,** Kalkfelseninsel im Golf von Neapel, 10,4 km² groß, bis 589 m hoch, mit Höhlen (berühmt ist vor allem die Blaue Grotte). – Capri war schon in römischer Zeit ein beliebter Erholungsort.

■ **Caracas,** Hauptstadt Venezuelas, nahe der Küste des Karibischen Meeres in einem fruchtbaren Talkessel gelegen, mit 1,96 Mio. Einwohnern (als Ballungsraum 3,44 Mio.). Die Stadt hat mehrere Universitäten. Sie wurde in den letzten Jahrzehnten zu einer der modernsten Städte Südamerikas ausgebaut.

■ **Caravaggio** [karawạdscho], eigentlich Michelangelo Merisi, italienischer Maler, *Caravaggio (bei Bergamo) 28. September 1571, †Porto Ercole (Provinz Rom) 18. Juli 1610. Sein ruheloser Lebenswandel verbindet sich mit einer neuartigen, den Barock vorwegnehmenden Kunstauffassung. Caravaggios naturnahe Bilder (u. a. »Amor als Sieger«, um 1596) begründeten wegen ihrer Hell-Dunkel-Effekte eine grundlegende Umwälzung in der Malerei.

■ **Carbide** [lat.], Verbindungen des Kohlenstoffs mit Metallen, z. B. das Calciumcarbid (CaC_2), das mit Wasser →Acetylen entwickelt. Es gibt aber auch Carbide, die Kohlenstoff mit Bor oder Silicium bildet. Diese zeichnen sich durch große Härte aus und werden anstelle von Industriediamanten vor allem als Schleifmittel verwendet. Uran- und Thoriumcarbide sind wichtige Kernbrennstoffe in Hochtemperaturreaktoren.

■ **Carbonate,** die Salze der Kohlensäure (H_2CO_3), bei denen beide Wasserstoffatome durch Kationen ersetzt sind. Wird nur ein Wasserstoffatom ersetzt, spricht man von Hydrogencarbonaten. Wichtige Carbonate sind Natriumcarbonat (→Soda) und Calciumcarbonat (→Kalk).

■ **Carbonsäuren,** organische Säuren, die eine oder mehrere Carboxylgruppen (– COOH) besitzen. Man unterscheidet Monocarbonsäuren (z. B. Ameisensäure, Essigsäure), Dicarbonsäuren (z. B. Oxalsäure) und Tricarbonsäuren (z. B. Zitronensäure). Carbonsäuren sind meist schwache Säuren und bilden mit Metallen Salze. Mit Alkoholen reagieren Carbonsäuren zu →Estern.

■ **Cardiff,** Hauptstadt von Wales, am Bristolkanal, mit 318 300 Einwohnern. Die Stadt ist Sitz der Universität von Wales und einer der wichtigsten britischen Seehäfen sowie ein Zentrum der Schwerindustrie. – Cardiff entstand um eine normannische Burg (1093), die heute stark restauriert ist.

■ **Carlos** (Don Carlos), Infant von Spanien, *Valladolid 8. Juli 1545, †Madrid 24. Juli 1568; ältester Sohn Philipps II. Sein Vater schloss ihn, den Erbprinzen, wegen seiner schwachen Gesundheit und charakterlichen Unausgeglichenheit von der Thronfolge aus und verbot ihm zu heiraten. Als Carlos seine Flucht plante, ließ ihn der Vater im Schloss zu Madrid gefangen setzen, wo er starb. Sein Schicksal wurde von Schiller in dem Drama »Don Carlos« (1787) frei gestaltet.

■ **Carnac,** Ort in der Bretagne, Frankreich, Mittelpunkt einer Gegend, in der sich viele vorgeschichtliche Megalithgräber befinden. Die Hauptsehenswürdigkeit ist eine 4 km lange Steinallee, die von fast 3 000 Menhiren gebildet wird. Diese vermutlich kultischen Denkmäler stammen aus der Zeit um 2000 v. Chr.

Als Fortsetzung von »Alice im Wunderland« veröffentlichte **Lewis Carroll** die Geschichte von »Alice hinter den Spiegeln«; die Illustration zeigt Alice an der Hand der Roten Königin, die dem Mädchen eine Einsicht erklärt, die man so nicht in der Schule lernt: »Hierzulande musst du so schnell rennen, wie du kannst, wenn du am gleichen Fleck bleiben willst«

■ **Carroll** [kärᵉl], Lewis, eigentlich Charles Lutwidge Dodgson, englischer Schriftsteller und Mathematiker, *Daresbury (bei Warrington) 27. Januar 1832, †Guildford (County Surrey) 14. Januar 1898. Seine für Kinder geschriebene Nonsensliteratur wurde wegen ihrer logischen und sprachlichen Spiele weltberühmt, vor allem »Alice im Wunderland« (1865).

■ **Cartagena** [...chẹna], Hafenstadt in Südostspanien, am Mittelmeer, mit 168 000 Einwohnern. Cartagena hat vielseitige Industrie und ist der wichtigste Kriegshafen Spaniens. Sehenswert sind die

Befestigungsanlagen mit einer Burg aus dem 13. Jahrh. und die ehemalige Kathedrale (13. Jahrh.). – Cartagena ist eine Gründung der Karthager.

■ **Cartoon** [kaʳtu̲n; engl.] *der* oder *das,* humorvolle Zeichnung oder Grafik, die sich mit den »kleinen« Problemen des Alltags beschäftigt. – auch →Karikatur.

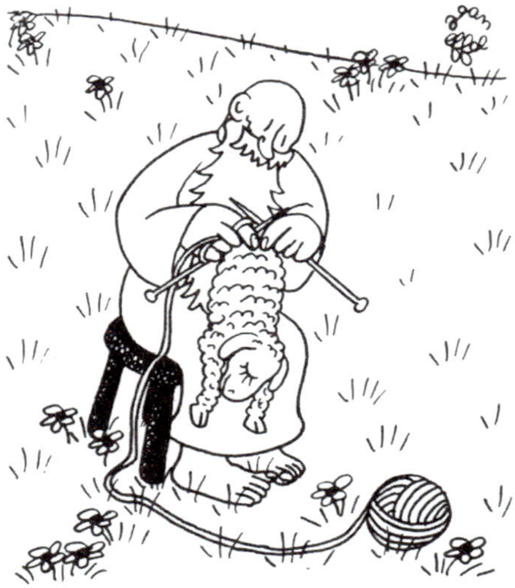

Der französische Zeichner Jean Effel fing in seinen **Cartoons** am liebsten biblische und mythologische Motive ein; die Zeichnung »Das Lamm« stammt aus seiner 1951 erschienenen Buchreihe »Die Erschaffung der Welt«

■ **Caru̲so,** Enrico, italienischer Opernsänger (Tenor), * Neapel 27. Februar 1873, † ebenda 2. August 1921. Er wurde als bester Operntenor seiner Zeit gefeiert.

■ **Casabla̩nca,** größte Stadt Marokkos, am Atlantischen Ozean, mit 2,9 Mio. Einwohnern. Casablanca ist Hauptstandort der marokkanischen Industrie; der Hafen ist der zweitgrößte Handelshafen Afrikas. 1993 wurde in Casablanca die zweitgrößte Moschee der Welt vollendet (für über 20 000 Gläubige).

■ **Casano̲va,** Giovanni Giacomo, italienischer Abenteurer und Schriftsteller, *Venedig 2. April 1725, †Schloss Dux (Nordböhmen) 4. Juni 1798. Casanova bereiste ganz Europa und kam mit vielen bedeutenden Persönlichkeiten in Verbindung. Bekannt wurde er durch seine Memoiren, die ausführlich auf seine Liebesabenteuer eingehen und auch als kulturgeschichtliche Quelle Bedeutung haben.

■ **Cä̲sar** [zä̲...] (Gaius Iulius Caesar), römischer Staatsmann, Feldherr und Schriftsteller, *Rom 13. Juli 100 v. Chr., †ebenda 15. März 44 v. Chr. Er entstammte dem Patriziergeschlecht der Julier und war ein Neffe des Marius. Umfassend gebildet, schlug er die für einen Patrizier übliche Ämterlaufbahn ein. 58–51 vollendete er die Eroberung Galliens und unternahm 55/54 zwei Expeditionen nach Britannien.

Im Jahre 60 schloss er ein Triumvirat mit Pompeius und Crassus, 49 begann er einen Bürgerkrieg gegen Pompeius (Crassus war inzwischen gestorben) und besiegte ihn. Im Jahre 44 wurde Cäsar zum Diktator auf Lebenszeit ernannt. Seine selbstherrliche Regierung führte zu einer Verschwörung in den Kreisen des Adels unter Führung von Brutus und Cassius; während der Senatssitzung an den Iden des März (15. März) 44 wurde Cäsar erdolcht.

Cäsar schrieb sieben Bücher über den gallischen Krieg (»De bello Gallico«) und drei über den Bürgerkrieg (»De bello civile«). Er führte den julianischen →Kalender ein.

■ **Cäsium** [zä̲...; lat.] (Caesium) *das,* ein chemisches Element aus der Gruppe der Alkalimetalle. Das silberweiße und sehr weiche Metall ist das unedelste und reaktionsfähigste Metall. Es entzündet sich an der Luft und bildet mit Wasser unter Feuererscheinung Cäsiumhydroxid, die stärkste anorganische Base. Aufgrund dieser Eigenschaften kommt es gediegen (rein) nicht vor. Verwendet wird Cäsium für die Herstellung von Photozellen und anderen elektronischen Bauelementen. Das bei der Reaktorkatastrophe von Tschernobyl neben anderen Spaltprodukten in die Atmosphäre gelangte radioaktive Cäsiumisotop ^{137}Cs (Halbwertszeit 30,1 Jahre) ist ein gefährliches →Radionuklid.

Cäsium
chemisches Symbol: Cs
Ordnungszahl: 55
relative Atommasse: 132,91
Dichte: 1,87 g/cm³
Schmelzpunkt: 28 °C
Siedepunkt: 671 °C

■ **CASTOR,** Abkürzung für **c**ask for **s**torage and **t**ransport **o**f **r**adioactive material [engl., = Behälter für Lagerung und Transport radioaktiven Materials], in der Kerntechnik ein Spezialbehälter für den Transport hochradioaktiver Abfälle oder bestrahlter Brennelemente sowie deren Zwischenlagerung in einem Trockenlager. CASTOR-Behälter müssen so ausgelegt sein, dass auch bei schweren Störfällen der Eintritt einer nuklearen Kettenreaktion innerhalb des Behälters oder eine Strahlungsfreisetzung nach außen ausgeschlossen ist.

Als erster römischer Feldherr wurde **Cäsar** schon zu seinen Lebzeiten auf Münzen verewigt

■ **Castro Ruz** [...ruß], Fidel, kubanischer Politiker, *Mayarí (Oriente) 13. August 1927. Castro Ruz war ursprünglich Rechtsanwalt. Nach einem gescheiterten Putschversuch 1953, anschließender politischer Haft und Exil in den USA kehrte er 1959 mit wenigen Anhängern nach Kuba zurück und stürzte nach erfolgreichem Guerillakrieg den Diktator Fulgencio Batista y Zaldívar (1901–73). 1959 übernahm er das Amt des Ministerpräsidenten und errichtete einen sozialistischen Staat in enger Anlehnung an die Sowjetunion.

■ **Çatal Hüyük** [tschatal hüjük], Ruinenhügel mit einer ausgegrabenen stadtartigen Großsiedlung der frühen Jungsteinzeit (7./6. Jahrtausend v. Chr.) in der türkischen Provinz Konya, Anatolien, mit reichen Funden von Wohn- und Kultbauten. In einem zweiten Hügel (2. Hälfte des 6. Jahrtausends) fanden sich Reste (z. B. bemalte Keramik) der Folgesiedlung.

■ **Catania,** zweitgrößte Stadt Siziliens, an der Ostküste der Insel, am Fuß des Ätna gelegen, mit 339 300 Einwohnern. Catania hat eine Universität, ein vulkanologisches Institut, ein Observatorium und einen bedeutenden Ausfuhrhafen. – Die Stadt ist eine griechische Gründung (8. Jahrh. v. Chr.). Nach dem Erdbeben von 1693 wurde sie fast völlig neu aufgebaut.

■ **Cato der Ältere** (Marcus Porcius Cato Censorius), römischer Politiker und Schriftsteller, *Tusculum (heute Frascati, Provinz Rom) 234 v. Chr., †149 v. Chr. Er gilt wegen seines Festhaltens an alten römischen Werten als Hauptvertreter altrömischer Staats- und Moralvorstellungen.

■ **Cayman-Inseln** [keɪmᵊn...] (Kaimaninseln), drei Koralleninseln in der Karibik, südlich von Kuba. Die gleichnamige britische Kronkolonie umfasst 259 km² und hat rund 39 000 Einwohner; die Hauptstadt George Town liegt auf der Insel Grand Cayman.

■ **CB-Funk,** Abkürzung für **C**itizen **B**and [engl., = Bürgerwelle] (Jedermann-Funk), eine Form des Sprechfunks mit Geräten kleiner vorgeschriebener Leistung und damit geringer Reichweite. CB-Funk kann ohne Prüfung von jedem betrieben werden. Die Reichweite beträgt je nach Gerätetyp, Geländeform und Bebauung zwischen 300 m in der Stadt und mehr als 30 km auf dem Wasser. – auch →Amateurfunk.

■ **CD,** Abkürzung für: **1)** →**C**orps **D**iplomatique. **2)** →**C**ompact **D**isc.

■ **CD-I,** Abkürzung für **C**ompact **D**isc-**I**nteraktiv, ein optische Speicherplatte, die Ton, Bild und Softwareanwendungen miteinander verknüpft. Die Wiedergabe geschieht über Fernseher oder Stereoanlage; dabei kann der Benutzer über Joystick oder Maus in den Programmablauf eingreifen. Die Multimedia-Anwendungen reichen von Musikvideos über Filme und Computerspiele bis zur anspruchsvollen Schulungssoftware.

■ **CD-ROM** *die,* eine optische Speicherplatte zur festen Datenspeicherung (→ROM), die auf der Speichertechnik der Compact Disc beruht. CD-

Die Wortbilder und sprachlichen Anspielungen, die in den Gedichten **Paul Celans** leben, wurzeln in der jüdischen Kulturtradition; die Zerstörung dieser Tradition durch die Nationalsozialisten lässt das Werk des Dichters, der auch nach dem Holocaust bewusst in deutscher Sprache schrieb, im heutigen Deutschland als rätselhaft erscheinen

In seinen Bildern hat **Marc Chagall** immer wieder die jüdische Welt im Russland seiner Kindheit beschworen; in mehreren Ausführungen erinnert ein von Dorf zu Dorf ziehender Geiger in den verschiedensten Farbklängen – hier in bedrohlichen Tönen – an die Tradition der jüdischen Musiker, die in der jiddischen Sprache Klezmer heißen

ROMs können eine Speicherkapazität bis zu einem Gigabyte besitzen und werden mittels Laserstrahl ausgelesen. Sie dienen als Massenspeicher für große Datenverzeichnisse wie Bibliothekskataloge, Telefonbücher und elektronische Lexika. Ihre Daten können vom Benutzer nicht bearbeitet werden.

Christlich demokratische Union

■ **CDU,** Abkürzung für Christlich Demokratische Union, 1945 als Sammlungsbewegung ehemaliger Politiker des Zentrums, nationalkonservativer Parteien und christlicher Gewerkschaften entstandene Partei. In Bayern wurde die **CSU** (Abkürzung für Christlich Soziale Union) gegründet. In der DDR gehörte die CDU (CDUD) bis 1989 zu den →Blockparteien. Die CDU bildet mit der CSU eine gemeinsame Fraktion im Bundestag. Sie war 1949–69 und 1982–98 Regierungspartei. Geprägt wurde die CDU vor allem durch die Bundeskanzler Konrad Adenauer und Helmut Kohl.

■ **Cela̲n** [z...], Paul, eigentlich P. Antschel, Lyriker, *Czernowitz (Ukraine) 23. November 1920, †(Selbstmord) Paris im April 1970. Celan wuchs als Sohn jüdischer Eltern in Rumänien auf; ab 1948 lebte er in Paris. Die Erfahrung des Nationalsozialismus und des Holocaust ist der Bezugspunkt für sein in deutscher Sprache geschriebenes lyrisches Werk, u. a. »Mohn und Gedächtnis« (1952, darin die »Todesfuge«), »Sprachgitter« (1959), »Die Niemandsrose« (1963). – Bild S. 171

■ **Celebes** [zeḷebes, auch zẹlebes] (indonesisch Sulawesi), drittgrößte der Sundainseln, Indonesien, mit 189 216 km² und etwa 14 Mio. Einwohnern. Die gebirgige Insel ist fast zur Hälfte von immergrünen tropischen Wäldern bedeckt; im Norden finden sich tätige Vulkane.

■ **Cẹllo** [tsch...; italienisch] *das,* Kurzform für →Violoncello.

■ **Cellulo̲se** [z...] →Zellulose.

■ **Cẹlsius** [z...], Anders, schwedischer Astronom, *Uppsala 27. November 1701, †ebenda 25. April 1744. Er führte 1742 die heute gebräuchliche Temperaturskala (Celsius-Skala) ein, bei der der Abstand zwischen Gefrier- und Siedepunkt des Wassers in 100 gleiche Teile (°C) unterteilt ist.

■ **Cembalo** [tschạm...; italienisch] *das,* Kurzform von Clavicembalo; ein Tasteninstrument mit ein bis zwei Manualen (Tastenreihen). Die Saiten, die parallel zu den Tasten gespannt sind, werden mit Kielen aus Kunststoff oder Leder angerissen. Durch mehrfachen Saitenbezug und deren Kombination ergeben sich unterschiedliche Register (Klangfarben). Das Cembalo war vor allem im 17. und 18. Jahrh. beliebt.

■ **Cẹnt** [z...; von lat. centum, = hundert] *der,* Untereinheit ($^1/_{100}$) verschiedener Währungen, u. a. in den USA, in Kanada, im Australischen Bund, in Südafrika und in den Niederlanden.

■ **Centime** [ßangti̲m; frz.], Untereinheit ($^1/_{100}$) verschiedener Währungen, u. a. in Frankreich und Belgien.

Cer
chemisches Symbol: Ce
Ordnungszahl: 58
relative Atommasse: 140,12
Dichte: 6,77 g/cm³
Schmelzpunkt: 799 °C
Siedepunkt: 3 424 °C

■ **Cer** [ze̲r; neulateinisch, nach dem Planetoiden Ceres] *das,* ein chemisches Element. Das verhältnismäßig weiche, gut verformbare und chemisch reaktionsfähige Metall wird vor allem für Legierungen verwendet.

■ **Ce̲res** [z...], römische Göttin der Feldfrucht

und des Wachstums. Sie entspricht der griechischen Demeter.

■ **CERN** Abkürzung für frz. **C**onseil **E**uropéen pour la **R**echerche **N**ucléaire (jetzt Organisation Européenne pour la Recherche Nucléaire, Europäische Organisation für Kernforschung), eine 1954 gegründete Organisation für die kernphysikalische Grundlagenforschung der europäischen Länder; ihr Sitz ist Genf. CERN betreibt mehrere →Teilchenbeschleuniger.

■ **Cervantes Saavedra** [ßerwantäß], Miguel de, spanischer Dichter, getauft in Alcalá de Henares (bei Madrid) 9. Oktober 1547, †Madrid 23. April 1616. Der Sohn eines kleinen Adligen ging 1569 nach Italien und wurde 1570 Soldat; 1575–80 befand er sich in der Hand von algerischen Piraten; seit 1608 lebte er in Madrid. Sein Hauptwerk, der Roman »Der sinnreiche Junker Don Quijote von der Mancha« (1605–15) ist nicht nur eine Satire auf die Ritterromane seiner Zeit. Er ist ein früher Höhepunkt des europäischen Romans und gilt als bedeutendster Beitrag Spaniens zur Weltliteratur.

■ **Ceylon** [zailon], früherer Name von →Sri Lanka.

■ **Cézanne** [ßesan], Paul, französischer Maler, *Aix-en-Provence 19. Januar 1839, †ebenda 22. Oktober 1906. Vom Impressionismus ausgehend, schuf Cézanne mit seinen Stillleben und Landschaften eine Malerei, die vor allem auf die Wirkung der Farbe setzte, der sich auch die Formen einfügen mussten (Änderung der Maßverhältnisse, Rückführung auf geometrische Grundformen). Damit gab er der modernen Kunst, vor allem dem Kubismus, starke Impulse. – Bilder S. 174

■ **Chabrol** [sch...], Claude, französischer Filmregisseur, *Paris 24. Juni 1930. Er eröffnete mit seinen Werken die »Neue Welle« des französischen Films.

■ **Chagall** [sch...], Marc, russischer Maler, *Liosno (bei Witebsk) 7. Juli 1887, †Saint-Paul (Département Alpes-Maritimes) 28. März 1985. Chagall lebte seit 1923 in Frankreich. In seinen farbenfrohen, meist heiteren Bildern verschmelzen Traumvisionen mit Motiven russischer Märchen und Erinnerungen an das russisch-jüdische Leben seiner Heimat. Er schuf auch Bibelillustrationen und Entwürfe für Glasfenster (z. B. Fraumünster in Zürich, Sankt Stephan in Mainz) und Mosaiken.

■ **Chalcedon** [k...; griech.] *der,* ein durchschei-

Cervantes' Don Quijote

Beliebt seit 400 Jahren. Ein Buch also, das wir heute »Longseller« nennen. Und der weltberühmte »Don Quijote« hatte schon im Jahr seines Erscheinens 1605 den Erfolg eines »Bestsellers«. In seinem Roman lässt Cervantes ein innerlich und äußerlich ungleiches Paar auftreten: den spannenlangen Ritter Don Quijote und den nudeldicken Diener Sancho Pansa. Der Ritter ist ein besonderer Ritter, er ist ein »sinnreicher« Ritter: Im Kampf für seine Ideale kämpft er gegen Trugbilder, gegen Bilder oder Vorstellungen seiner Fantasie. Im krassen Gegensatz dazu steht der praktische Verstand seines bauernschlauen Dieners. Auf ihrer Abenteuerreise ergeben sich durch diesen Kontrast unglaublich komische Situationen. Dieser Roman, der in zwei Teile geteilt ist, gehört wohl auch zu den von Schriftstellern der folgenden Jahrhunderte meistgelesenen Büchern. In seinem autobiographischen »Leben des Henri Brulard« verrät der französische Schriftsteller Stendhal (1783–1842) ein einmaliges Leseerlebnis: »Don Quichotte ließ mich sterben vor Lachen ... Die Entdeckung dieses Buches ist vielleicht der größte Augenblick meines Lebens«.

► Zahlreiche Künstler haben das Gespann des Ritters, dessen Pferd Rosinante heißt, und seines »schlauen« Dieners im Bild festgehalten; diese Pinselzeichnung, die viele Möglichkeien der Betrachtung zulässt, stammt von einem Landsmann des Cervantes: Pablo Picasso

Die Werke des Malers **Paul Cézanne** wurden anfänglich mit vernichtender Kritik bedacht; davon unbeirrt, setzte er auf seinen ganz eigenen künstlerischen Willen und schuf Meisterwerke mit einer Ausstrahlungskraft, die sein jüngerer Kollege Picasso mit dem Satz »Cézanne ist unser aller Vater« rühmte; das »Stillleben mit Apfelkorb« malte Cézanne um 1890, die Ansicht »Montagne Sainte-Victoire« rechts daneben entstand etwa zehn Jahre später

nender, matt glänzender Quarz besonderer Struktur. Man unterscheidet: → Achat, Chrysopras (grün), Jaspis (bläulich, gelb, rot oder braun) und Carneol (rötlich).

■ **Chamäleons** [k...; griech., = Erdlöwen], eine Familie kleiner Echsen mit langer, klebriger, vorn keulig verdickter Schleuderzunge, mit der Insekten gefangen werden, einem Greifschwanz und Greifklauen. Die Augen können einzeln bewegt werden. Durch einen Farbwechsel, der z. B. durch Kälte, Licht oder Angst beeinflusst ist, können die Tiere sich ihrer Umgebung anpassen. Sie leben meist auf Bäumen in Südspanien, Afrika und in Asien.

■ **Champagne** [schangpanjᵉ] *die,* weiträumige Schichtstufenlandschaft in Nordfrankreich, östlich von Paris, berühmt durch den **Champagner,** den dort hergestellten Schaumwein.

■ **Champignon** [schampinjong; frz.] *der,* eine Gattung der Blätterpilze mit mehr oder weniger stark gewölbtem, glattem oder mit Schuppen bedecktem, weißem, gelblichem oder bräunlichem Hut, Stielmanschette und safranroten bis dunkelbraunen Lamellen. Verwechseln kann man Champignons leicht mit den giftigen Knollenblätterpilzen. Man züchtet Champignons in Kellerräumen und Höhlen, die gleichmäßig warm und feucht sein müssen.

■ **Chanson** [schangßong; frz.] *das,* ursprünglich jedes Gedicht in Strophen mit weltlichem Inhalt. Seit dem 15. Jahrh. bezeichnete man volkstümliche, mehrstimmige Lieder als Chanson. Heute versteht man darunter ein witziges, häufig freches, mitunter auch leicht sentimentales und melancholisches Lied.

■ **Chanukka** [ch...; hebräisch, = Weihe], jüdisches Fest, das acht Tage lang im Dezember in Erinnerung an die Wiedereinweihung des Tempels in Jerusalem (165 v. Chr.) gefeiert wird. Dabei werden täglich fortschreitend die Lichter des achtarmigen Chanukkaleuchters angezündet; Chanukka wird deshalb auch »Lichterfest« genannt.

■ **Chaos** [k...; griech.] *das,* nach den griechischen Weltentstehungsmythen der ungeordnete Urzustand der Welt; heute: totale Verwirrung, völliges Durcheinander.

■ **Chaostheorie** [k...], eine bisher noch unvollständige mathematische Theorie, die versucht, die »chaotischen« Zustände zu beschreiben, wie sie bei physikalischen, technischen, wirtschaftlichen oder ökologischen Prozessen vorkommen können. Die Chaostheorie nimmt an, dass innerhalb eines bestimmten Systems gleiche Ursachen zwar gleiche Wirkungen haben, ähnliche Ursachen jedoch verschiedene Wirkungen haben können und so das Verhalten des Systems langfristig nicht vorhergesagt werden kann (z. B. Wetterprognosen). Das Hauptproblem besteht darin, ansonsten vernachlässigbare, sehr kleine Änderungen der Einflussgrößen bei der mathematischen Modellbildung korrekt zu beschreiben.

■ **Chaplin** [tschäplin], Charles Spencer (Charlie), britischer Filmschauspieler, Drehbuchautor und

Produzent, *London 16. April 1889, †Corsier-sur-Vevey (Kanton Waadt, Schweiz) 25. Dezember 1977. Seine Filme, die durch groteske Situationskomik auffallen, sind eigentlich Tragikomödien des »kleinen Mannes« im Widerstreit mit der Umwelt. Zu den wichtigsten Filmen zählen »Goldrausch« (1925), »Moderne Zeiten« (1936) und »Der große Diktator« (1940).

■ **Charakter** [k...; griech., = das Eingeprägte] *der,* die typische Eigenart einer Person oder einer Sache, die geistig-seelische Prägung eines Menschen.

■ **Charisma** [k...; griech., = Gnadengabe] *das,* nach dem ersten Korintherbrief des Apostels Paulus eine besondere Begabung zu einem Dienst in der christlichen Gemeinde (Predigt, Prophetie). Heute wird allgemein eine als nicht alltäglich oder sogar übernatürlich empfundene Ausstrahlung eines Menschen, die ihm Autorität verleiht, als Charisma bezeichnet.

■ **Chariten** [ch...; von griech. chairein, = sich freuen] (Charitinnen), im griechischen Mythos die Göttinnen der Anmut, Töchter des Zeus, die sich häufig im Gefolge von Hermes, Aphrodite und Apoll finden: Aglaia (Glanz), Euphrosyne (Frohsinn), Thalia (blühendes Glück). Von den Römern wurden sie Grazien genannt.

■ **Charon, 1)** in der griechischen Mythologie der Fährmann, der die Verstorbenen über den Styx, den Fluss der Unterwelt, setzt, Unbestattete aber zurückweist.

2) Mond des Planeten Pluto.

■ **Charta** [k...; lat.] *die,* ein Staatsgrundgesetz (nach dem Vorbild der Magna Charta libertatum); im Staats- und Völkerrecht eine Urkunde, in der Grundsatzerklärungen und Vereinbarungen zwischen mehreren Staaten festgelegt werden (z. B. die Charta der Vereinten Nationen).

1936: **Charlie Chaplin** in seinem zweiten Tonfilm »Moderne Zeiten« ; in dem Film haben nur die Manager der »Modern Times« über Radio, Grammophon und eine Fabriküberwachungsanlage eine Sprache, die anderen Menschen bleiben stumm; 1933–1945 war der Film in Deutschland verboten, er wurde erstmals 1956 gezeigt

■ **Chartres** [schartr^{e}], Stadt und Wallfahrtsort in Frankreich, an der Eure, südwestlich von Paris, mit 41 900 Einwohnern. Berühmt ist die gotische Kathedrale mit Figurenschmuck an den Portalen und bedeutenden Glasfenstern; sie gehört zum UNESCO-Weltkulturerbe. – Bild S. 176

■ **Charts** [tschats; engl.], periodisch zusammengestellte Listen der beliebtesten Hits, meistverkauften Schallplatten und Compact Discs.

■ **Charybdis** [ch...] *die,* in der griechischen Sage ein gefährlicher Meeresstrudel (auch als Meeresungeheuer gedacht) gegenüber der →Skylla.

■ **Chat** [tschät; engl. to chat, = plaudern] *der,* die online stattfindende Unterhaltung zwischen mindestens zwei Computeranwendern mithilfe einer Mailbox.

■ **Chauvinismus** [schowi...; frz.] *der,* übersteigerter, unkritischer Nationalismus. Der Name geht zurück auf eine französische Lustspielfigur des 19. Jahrh., den übertrieben patriotischen Rekruten Chauvin. – Als **männlicher Chauvinismus** wird der selbstgefällige Überlegenheitsanspruch von Männern, der mit der gesellschaftlichen Benachteiligung von Frauen verbunden ist, bezeichnet.

■ **Chemie** [arabisch] *die,* Naturwissenschaft, die sich mit dem Aufbau und der Umwandlung von chemischen Elementen beschäftigt.

Die **organische Chemie,** die auch als »Chemie des Kohlenstoffs« bezeichnet wird, beschäftigt sich mit den Kohlenwasserstoffen und deren Abkömmlingen (Derivaten), mit Farbstoffen, Kunststoffen u. a., aber auch mit der Strukturaufklärung und Synthese von Naturstoffen (auch →Biochemie).

Die **anorganische Chemie** behandelt alle Stoffe, die nicht der organischen Chemie zugerechnet werden. Von wenigen Ausnahmen (z. B. Kohlenmonoxid, Kohlendioxid und Carbonate) abgesehen, enthalten anorganische Verbindungen keinen Kohlenstoff.

Die **allgemeine Chemie** behandelt die allen Teilgebieten der Chemie gemeinsamen Grundlagen, z. B. den Aufbau der Atome, chemische Bindungen und Säure-Base-Theorien.

Die **physikalische Chemie** ist ein Grenzgebiet zwischen Chemie und Physik. Wichtige Teilbereiche von ihr sind: Elektrochemie, Kolloidchemie, Kristallchemie, Photochemie, Reaktionskinetik, Thermochemie (chemische Thermodynamik), theoretische Chemie.

Die **analytische Chemie** untersucht die qualita-

Charlie Chaplin, der Stummfilmkomiker, in der Rolle des legendären Tramps, den die List der Armut und die Intelligenz des Durchhaltens durchs Leben kommen lassen

tive und quantitative Zusammensetzung von Elementen, Verbindungen und Gemischen. Sie trägt z. B. zur Aufklärung der Struktur unbekannter Verbindungen, zur Ermittlung der Emission und Immission von Stoffen und zur Überwachung industrieller Prozesse bei. Die angewandte oder technische Chemie hat die Aufgabe, die industrielle Produktion von Stoffen zu optimieren.

Geschichte: Erste Hypothesen über den Aufbau der Materie sind von den altgriechischen Philosophen bekannt. Im Mittelalter spielte die Suche nach dem »Stein der Weisen«, mit dessen Hilfe man meinte, Stoffe in Gold umwandeln zu können, eine dominierende Rolle (→ Alchimie). Der Aufschwung, den die Chemie in Europa im 16. Jahrh. nahm, führte 1609 in Marburg zur Einrichtung der ersten Professur für Chemie Unter den vielen Entdeckungen des 18. Jahrh. war die wohl wichtigste die des Sauerstoffs im Jahr 1771. 1869 entwickelten Lothar Meyer und Dmitri Mendelejew das → Periodensystem der chemischen Elemente. Die Einführung der Quantenmechanik in die Chemie geschah in enger Zusammenarbeit mit der Physik.

Glasfenster aus der berühmten Kathedrale in **Chartres;** auf dem Pferd dargestellt ist Karl der Große, der den Bau einer Kirche beaufsichtigt

■ **Chemiefasern** (Kunstfasern), Sammelbegriff für alle synthetisch hergestellten oder chemisch abgewandelten Fasern. Es gibt Chemiefasern aus anorganischen Stoffen (z. B. Glas-, Metall- und Gesteinsfasern), aus chemisch aufbereiteten natürlichen Fasern (z. B. Viskose) und aus synthetischen Polymeren (z. B. Nylon, Perlon). Die Textilindustrie verarbeitet Filamentgarne (Einzelfäden und verdrillte Einzelfäden) und Spinnfasern, die aus geschnittenen und danach versponnenen Einzelfäden hergestellt werden. Erstere ergeben glatte, seidenartige Gewebe, letztere wollartige, flauschige Gewebe. Immer größere Bedeutung erhalten auch Mischfasern aus Baumwolle und synthetischen Fasern.

■ **chemische Bindung,** der Zusammenhalt von Atomen in Atomverbänden (Molekülen, Kristallen u. a.). Fast alle chemischen Elemente haben ein Bestreben, Bindungen einzugehen, durch die sie die Edelgaskonfigurationen der Elektronen erreichen.

Im Wesentlichen lassen sich dabei drei Bindungsarten unterscheiden: Durch Abgabe von Elektronen gehen Metalle bevorzugt in positive Ionen (Kationen) und durch Aufnahme von Elektronen Nichtmetalle in negative Ionen (Anionen) über Ionenbindung. Ein Beispiel ist die Reaktion von Natrium und Chlor zu Natriumchlorid:

Die **Ionenbindung** beruht auf den Anziehungskräften zwischen entgegengesetzt geladenen Ionen. Diese führen zur Bildung von Ionengittern, aus denen die Salze aufgebaut sind. Sie zeichnen sich meist durch große Härte, Sprödigkeit, hohe Schmelz- und Siedepunkte und die elektrische Leitfähigkeit ihrer Schmelzen oder wässrigen Lösungen aus.

Bei der **Atombindung** wird die Edelgaskonfiguration durch gemeinsame Elektronen zwischen Atomen erreicht. Das gemeinsame Elektronenpaar darf beiden Atomen zugezählt werden. Moleküle üben untereinander wenig Anziehungskräfte aus, sodass Moleküle aus wenigen Atomen Gase (z. B. Wasserstoff, Sauerstoff, Stickstoff) oder Flüssigkeiten (z. B. Brom) sind. Durch Bindungen zwischen vielen Atomen können auch sehr große Moleküle entstehen (z. B. Diamant, Zellulose, Proteine, Kunststoffe).

Die **Metallbindung** bei Metallen und Legierungen beruht auf frei beweglichen Elektronen, die sich zwischen den als Gitter angeordneten positiven Ionen bewegen. Damit lässt sich die gute Leitfähigkeit von Metallen erklären. Zwischen den verschiedenen Bindungstypen gibt es auch zahlreiche Übergänge.

■ **chemische Elemente,** Stoffe, die sich durch chemische Verfahren nicht weiter zerlegen lassen. Ein chemisches Element enthält ausschließlich Atome der gleichen Ordnungszahl. Zurzeit sind 115 chemische Elemente bekannt (→ Periodensystem der chemischen Elemente). Unter Normalbedingungen sind elf Elemente gasförmig, zwei Elemente flüssig und die übrigen fest. 93 chemische Elemente kommen in der Natur vor, die restlichen sind nur künstlich herzustellen. Die Elemente ab der Ordnungszahl 104 wurden bisher nur als einzelne Atome künstlich erzeugt.

■ **chemische Verbindungen,** aus zwei oder mehr Elementen zusammengesetzte homogene Stoffe, die sich in ihren Eigenschaften immer von denen der Ausgangselemente unterscheiden. Anders als Gemische, Lösungen und Legierungen sind sie stets in ganz bestimmten, gleich bleibenden Atom- und daher auch Massenverhältnissen aufgebaut.

■ **Chemnitz** [kạm...], Stadt in Sachsen, mit 268 300 Einwohnern, ein Industriezentrum am Fuß des Erzgebirges. 1953–90 hieß Chemnitz **Karl-Marx-Stadt.**

■ **Cherusker** [ch...], germanischer Volksstamm an der mittleren Weser, der wahrscheinlich in den Sachsen aufgegangen ist. Die Cherusker besiegten unter →Arminius die Römer (9 n. Chr.) in der Varusschlacht (→Varus).

■ **Chiang Kai-shek** [tschiankaischek], chinesischer General und Politiker, *Xigoun (Provinz Zhejiang) 31. Oktober 1887, †Taipeh 5. April 1975. Unter seiner Führung wurde die chinesische demokratisch-nationale Partei 1928 Regierungspartei. Im chinesischen Bürgerkrieg konnte er sich nicht gegen die Kommunisten behaupten. 1949 wurde er zum Rückzug nach Taiwan gezwungen, wo er von 1950 an Staatspräsident war.

■ **Chicago** [schikago^{u}], drittgrößte Stadt der USA, am Südwestufer des Michigansees, im Bundesstaat Illinois, mit 2,72 Mio. Einwohnern (als Ballungsraum 8,46 Mio.). Chicago, eines der größten Handelszentren der Welt, ist der größte Eisenbahnknotenpunkt der Erde und der weltweit größte Binnenhafen, der durch den →Sankt-Lorenz-Strom auch für Seeschiffe zugänglich ist. O'Hare Airport ist der am stärksten frequentierte Flughafen der Welt.

■ **Chicago-Jazz** →Jazz.

■ **Chiemsee** [kịm...], größter See Bayerns, im Alpenvorland, 80 km² groß, bis 74 m tief, mit drei Inseln: Auf **Herrenchiemsee** befindet sich ein Prunkschloss König Ludwigs II. im Stil von Versailles, auf **Frauenchiemsee** eine alte Benediktinerinnenabtei; die **Krautinsel** ist unbewohnt.

■ **Chiffre** [schịfr^{e}; frz.] *die,* geheimes Schriftzeichen, Geheimzeichen; in Zeitungen eine Kennziffer von Anzeigen, unter der Zuschriften an Inserenten gerichtet werden können, deren Name somit unbekannt bleibt.

■ **Chile** [tschịle, auch chịle], Republik im Westen Südamerikas. Die Anden im Osten und der Pazifische Ozean im Westen bilden die natürlichen Grenzen des lang gestreckten Landes. Man unterscheidet vom Landesinneren bis zum Meer: die Hochkordillere der Anden (bis fast 7 000 m hoch), die mittleren Hochebenen (im Norden) und die Senken (im Süden), die Küstenkordillere und die Küstenebenen. Zahlreiche Gipfel der Gebirge sind vulkanischen Ursprungs. Häufig kommt es zu Erdbeben. Der Norden wird von der Atacama eingenommen, der trockensten Wüste der Erde. Die Flüsse sind kaum schiffbar, können aber teilweise zur Bewässerung genutzt werden. Über die Hälfte des Landes ist nicht nutzbar (Gebirge, Wüste). Es gibt nur wenig Acker- und Weideland. Der Humboldtstrom begünstigt die Fischwirtschaft (Fischmehlexport). Wirtschaftliche Grundlage ist für Chile jedoch der Kupferbergbau. Das Land besitzt rund 20 % der Kupfervorkommen der Erde und ist mit seiner Hüttenproduktion einer der weltweit größten Kupfererzeuger. Die früher bedeutende Salpetergewinnung hat heute nur noch untergeordneten Rang. Die Bevölkerung besteht überwiegend aus Mestizen; über 80 % gehören der katholischen Kirche an.

Geschichte: Um 1480 unterwarfen die Inka Nord- und Mittelchile und gliederten es ihrem Reich an. Ab 1539 wurde Chile von den Spaniern erobert; 1810–18 erkämpfte sich das Land seine Unabhängigkeit. Seit Ende des 19. Jahrh. war die politische Entwicklung in Chile zwar durch ein relativ stabiles parlamentarisches System gekennzeichnet, gleichzeitig verschärften sich jedoch die sozialen Probleme.

Chile
Fläche 756 626 km²
Einwohner 15,019 Mio.
Hauptstadt Santiago
Amtssprache Spanisch
Nationalfeiertag 18. 9.
Währung 1 Chilenischer Peso (chil$) = 100 Centavos
Zeitzone MEZ – 5 Std.

Chile

Flagge

Wappen

Der Versuch des sozialistischen Präsidenten Salvador Allende Gossens, durch Reformen (ab 1970) eine Verbesserung der wirtschaftlichen und sozialen Situation zu erreichen, scheiterte 1973 durch einen blutigen Militärputsch, bei dem Allende ums Leben kam. Das Militär verhängte den Belagerungszustand (bis 1978) und setzte weite Teile der Verfassung außer Kraft. Bis 1989 herrschte das Militär unter General Augusto Pinochet Ugarte (*1915), der eine Diktatur errichtete, zahlreiche Sozialreformen rückgängig machte und mit gewaltsamen Mitteln alle politischen Aktivitäten unterdrückte. Nach der Amtsaufgabe Pinochets kehrte Chile 1990 zu demokratischen Regierungsformen zurück. Präsident ist seit 2000 Ricardo Lagos Escobar (*1938).

China

Flagge

Wappen

■ **China** [chi...], Volksrepublik in Ostasien. Große Teile Chinas werden von Hochländern (darunter Tibet als das größte Hochland der Erde) und Gebirgen eingenommen. Im Osten gibt es ausgedehnte Tieflandgebiete. Hochkontinentales, extrem winterkaltes Klima haben Hochasien und die Mandschurei, wüstenhaft trocken ist dagegen Zentralasien und subtropisch Südchina. Die Niederschläge fallen im gesamten China meist während des Sommers; von ihnen hängt die Wasserführung der großen Ströme (Jangtsekiang, Hwangho und Xi Jiang) ab.
Zu den reichen Bodenschätzen gehören Kohle (besonders im Norden), Erdöl, Erdgas, Eisen, Zinn, Wolfram und Antimon. Der Hauptteil der Bevölkerung (über 90 % Chinesen, daneben 55 nationale Minderheiten) treibt Landwirtschaft (Reis, Weizen, Mais, Baumwolle, Tee, Sojabohnen). Wichtig sind auch Schweinehaltung und Fischerei.

China
Fläche 9 600 000 km²
Einwohner 1 233,3 Mio.
Hauptstadt Peking
Amtssprache Chinesisch
Nationalfeiertag 1. 10.
Währung 1 Renminbi ¥uan (RMB.¥) = 10 Jiao = 100 Fen
Zeitzone MEZ + 7 Std.

Geschichte: China ist eines der ältesten Kulturländer der Erde. Skelettfunde von Urmenschen reichen bis in die Zeit um 500 000 v. Chr. Das früheste historisch und archäologisch fassbare Reich (unter der Shang-, später Yin-Dynastie) bestand zwischen dem 16. und dem 11. Jahrh. v. Chr. Das Kernland des chinesischen Kaiserreichs lag in Ostchina, in der Ebene des Hwangho. Um 500 v. Chr. lehrte der Philosoph →Konfuzius, dessen Tugendlehre (Konfuzianismus) die Staats- und Gesellschaftsordnung bis zum Sturz des Kaisertums entscheidend beeinflusste.
Im 4./3. Jahrh. v. Chr. entstand der Taoismus, als dessen Urheber der Philosoph →Laotse gilt.
In den Anfängen bestand China aus vielen Reichen, die von König Zheng (seit 221 v. Chr. Kaiser Qin Shi Huangdi) geeint wurden. Dieser Kaiser war es auch, der mit dem Bau der →Chinesischen Mauer begann, um China vor den Nomadenvölkern jenseits der Grenzen zu schützen.
Im 7. Jahrh. n. Chr., unter der Tang-Dynastie, stieg China zu einem Weltreich auf, das sich bis zum Kaspischen Meer, nach Korea und Tibet erstreckte. Im 13. Jahrh. eroberten die Mongolen das Land, und Kubilai, der Enkel Dschingis Khans, wurde 1279 unter dem Namen Shizu Kaiser von China. Marco Polo berichtete nach seiner Rückkehr (1295) von der glanzvollen Hofhaltung in Peking. Um 1500 lernten die Europäer chinesische Errungenschaften kennen, z. B. die Seidenraupenzucht, die Herstellung von Papier, den Gebrauch des Schießpulvers und das Porzellan.
Im 17. Jahrh. erreichte China unter den Mandschukaisern (Qing-Dynastie) seine größte Ausdehnung, doch erschütterten die Europäer, die China gewaltsam dem europäischen Handel erschließen wollten (Opiumkrieg 1840–42), und Aufstände im Innern das Kaisertum.
1912 dankte der noch minderjährige Kaiser Pu Yi (1906–67) ab; das Land wurde Republik. Erster Präsident war Sun Yat-sen (1866–1925). 1920 brach ein Bürgerkrieg zwischen Kommunisten (unter →Mao Zedong) und Nationalisten (unter →Chiang Kaishek) aus, der nur während des chinesisch-japanischen Krieges (1937–45) eingestellt wurde.
Nach dem Sieg der Kommunisten rief Mao 1949 die Volksrepublik aus; die Nationalchinesen zogen sich nach →Taiwan zurück. 1951 gliederte sich China Tibet ein. 1959 trat Mao als Staatspräsident ab, blieb aber Parteivorsitzender. Allmählich wurde die chi-

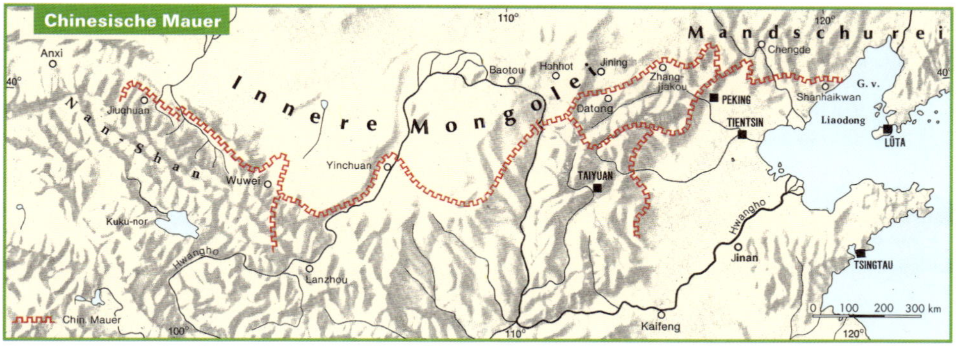

nesische Stellung im kommunistischen Lager immer selbstständiger; China geriet in ideologischen Streit mit der Sowjetunion. Durch die blutig verlaufende Kulturrevolution (1965–69) versuchte Mao, die noch wirksamen traditionell chinesischen und westlichen Denkweisen zu bekämpfen und seine Macht zu festigen.

Nach Maos Tod (1976) und der Ausschaltung der radikalen »Viererbande«, zu der u. a. Maos Witwe gehörte, wurde im Zuge der verstärkten Industrialisierung und Modernisierung des Landes unter →Deng Xiaoping der wirtschaftliche, technische und kulturelle Austausch mit den westlichen Industrieländern erheblich intensiviert. Demonstrationen von Studenten und Arbeitern zur Durchsetzung demokratischer Reformen schlug die Regierung im Juni 1989 auf dem »Platz des Himmlischen Friedens« jedoch mit brutaler Gewalt nieder.

Nach dem Tod Deng Xiaopings (1997) kam es zu innerparteilichen Auseinandersetzungen um seine Nachfolge; Generalsekretär der allmächtigen Kommunistischen Partei und (seit 1993) Staatspräsident ist Jiang Zemin (*1926), Ministerpräsident (seit 1998) Zhu Rongji (*1928). 1997 wurde Hongkong in die Volksrepublik China eingegliedert, 1999 das bis dahin unter portugiesischer Oberhoheit stehende Macao. – Tabelle S. 180

■ **China, Republik** →Taiwan.

■ **Chinchillas** [tschintschilas; spanisch], in den Anden lebende Familie der Nagetiere mit dichtem, seidenweichem, silber- bis blaugrauem Fell und buschigem Schwanz. Wegen ihres Fells, das einen begehrten Pelz liefert, werden vor allem die eigentlichen Chinchillas (Wollmäuse) gezüchtet.

■ **Chinesische Mauer** (Große Mauer), Schutzmauer in Nordchina, deren Bau um 200 v. Chr. begonnen wurde und die unter der Ming-Dynastie im 15. Jahrh. ihre heutige Form erhielt. Sie ist mit einer Länge von 6350 km die größte Schutzanlage der Erde und besteht aus gestampftem Lehm (im Westen und Süden) und Stein (im Norden bei Peking). In der Ebene und an Gebirgspässen ist sie rund 16 m hoch, auf Gipfeln niedriger. Sie ist unten bis zu 7 m, oben etwa 5 m dick. In Abständen sind Türme errichtet, die durch Flaggen-, Rauch- oder Feuersignale miteinander in Verbindung standen. Die Tore sind stark befestigt. Die Chinesische Mauer gehört zum Weltkulturerbe der UNESCO.

Chinesische Mauer
Länge: 6 250 km (ursprünglich vielleicht bis zu 10 000km lang)
Höhe: im Schnitt 6-8 m (stellenweise bis 16 m)
Breite: bis zu 7 m an der Basis

■ **Chinin** [ch...; indianisch] *das,* ein Alkaloid, das ursprünglich aus der Rinde des Chinarindenbaumes gewonnen wurde. Es war das erste Mittel gegen Malaria und wird noch heute für manche Malariaformen gebraucht. In geringen Mengen wird Chinin als Bitterstoff Limonaden und Mineralwässern zugesetzt (Tonicwater).

China: chinesische Dynastien

Traditionelle Chronologie			
Urkaiser (Mythische Kaiser)			2852–2205 v. Chr.
Xia			2205–1766 v. Chr.
Historische Chronologie			
Shang, später **Yin**			16. Jahrh. bis etwa 1050 v. Chr.
Zhou			etwa 1050–249 v. Chr.
Westliche Zhou			etwa 1050–771 v. Chr.
Östliche Zhou			771–249 v. Chr.
Qin			221–206 v. Chr.
Han			202*) v. Chr.–220 n. Chr.
Westliche (Frühere) Han			202*) v. Chr.–9 n. Chr.
Östliche (Spätere) Han			25–220 n. Chr.
»Drei Reiche«			
Wei 220–265		Shu 221–263	Wu 222–280
Jin			265–420
Westliche Jin			265–316
1. Trennung in Nord und Süd			
Im Norden		Im Süden	
16 Staaten	302–439	Östliche Jin	317–420
Nördliche Wei	386–534	Song	420–479
Westliche Wei	535–556	Qi	479–502
Östliche Wei	534–550	Liang	502–557
Nördliche Zhou	556–581	Chen	557–589
Nördliche Qi	550–577		
Sui			581/589–618
Tang			618–907
2. Trennung in Nord und Süd			
Im Norden		Im Süden	
»Fünf Dynastien« (Wudai)	907–960	»Zehn Staaten«	902–979
Spätere Liang	907–923	Außerdem in der Mandschurei, Mongolei und Nordost-China	
Spätere Tang	923–936		
Spätere Jin	936–946		
Spätere Han	947–950	Liao	907–1125
Spätere Zhou	951–960		
Song			960–1279
Nördliche Song			960–1127
Südliche Song			1127–1279
Yuan			1271/79–1368
Ming			1368–1644
Qing			1644–1911/12

*) nach anderen Chronologien 206 v. Chr

■ **Chip** [tschip; engl.] *der,* ein dünnes Kristallplättchen aus Silicium von wenigen Millimetern Kantenlänge. Alle Elemente und Verbindungen sind zu einer Schaltung zusammengefasst (integriert; →integrierte Schaltung). Zu seinem Schutz wird der Chip in ein Kunststoffgehäuse eingebettet, aus dem seitlich die Anschlüsse herausragen. Es gibt viele verschiedene Arten von Schaltkreisen, die jeweils eine bestimmte Aufgabe erfüllen. Im →Computer werden Chips z. B. als Datenspeicher oder als Mikroprozessoren für Steuer- und Rechenaufgaben verwendet.

■ **Chirac** [schirak], Jacques, französischer Politiker, *Paris 29. November 1932. Chirac war 1977–95 Bürgermeister von Paris sowie 1974–76 und 1986–88 Ministerpräsident. 1976–94 war er Vorsitzender der gaullistischen Parteiorganisation ›Rassemblement pour la République‹, 1995 wurde er zum Staatspräsidenten gewählt.

■ **Chirurgie** [ch...; griech.] *die,* ein Fachgebiet der Medizin, das sich mit der Heilung von Wunden, Knochenbrüchen und von mechanisch verursachten Organerkrankungen sowie mit der operativen Behandlung von Geschwülsten, Missbildungen und eitrigen Infektionen befasst. Die Chirurgie gliedert sich in viele Spezialfächer, wie Thoraxchirurgie (Brustkorb), Bauchchirurgie, Neurochirurgie (Gehirn, Rückenmark und Nerven), Herzchirurgie, Gefäßchirurgie, plastische Chirurgie (Wiederherstellung der Körperformen), septische Chirurgie (Infektionen) und Unfallchirurgie.

■ **Chitin** [ch..; griech.] *das,* ein fester, elastischer und meist besonders leichter, zelluloseähnlich gebauter Stoff, der bei Insekten und anderen Gliederfüßern die Körperhülle bildet. Es ist ein stickstoffhaltiges Kohlenhydrat.

■ **Chlodwig I.** [klot...], fränkischer König, *um 466, †Paris 511. Chlodwig, ein Gaukönig aus dem Geschlecht der Merowinger, ist der Begründer des →Fränkischen Reiches, zu dessen Residenz er Paris machte. 496 ließ er sich taufen, womit er die Unterstützung der katholische Kirche gewann.

■ **Chlor** [klor; griech.] *das,* ein chemisches Element aus der Gruppe der Halogene. Es ist ein giftiges, gelblich grünes, stechend riechendes Gas. Es verbindet sich direkt mit fast allen anderen chemischen Elementen, am heftigsten, mit den Alkali- und Erdalkalimetallen und bildet mit diesen **Chloride.** Wegen dieser starken Neigung zur Zusammenlagerung mit anderen Stoffen (Reaktionsfähigkeit) kommt Chlor in der Natur nicht frei vor, sondern meist als Natriumchlorid (NaCl, Kochsalz) oder Kaliumchlorid (KCl) in der Erdkruste und ge-

Chlor
chemisches Symbol: Cl
Ordnungszahl: 17
relative Atommasse: 35,45
Dichte: 3,21 g/cm³
Schmelzpunkt: −101,5 °C
Siedepunkt: −34,04 °C

löst im Meer. Technisch wird Chlor durch die →Elektrolyse von Natriumchlorid gewonnen. Aus der Verbindung von Chlor mit Wasserstoff entsteht Chlorwasserstoff (HCl), dessen wässrige Lösung die →Salzsäure ist.

Elementares Chlor wird z. B. zum Bleichen von Papier und Rohtextilien, zur Desinfektion von Bädern, Trink- und Abwässern sowie bei der Erzaufbereitung gebraucht. Wichtig sind auch die Verbindungen, die Chlor mit Kohlenwasserstoffen eingeht. Diese reaktionsfähigen und hochgiftigen **Chlorkohlenwasserstoffe** sind Ausgangs- und Zwischenprodukte in vielen Bereichen der organischen Chemie.

■ **Chloroform** [kl...; griech.] *das* (Trichlormethan, $CHCl_3$), eine schwer brennbare, farblose Flüssigkeit. Chloroform war früher ein häufig gebrauchtes Betäubungsmittel. Es wird heute noch als Lösungsmittel für Öle, Harze, Kautschuk u. a. verwendet.

■ **Chlorophyll** [k...; griech.] *das* (Blattgrün), der magnesiumhaltige grüne Farbstoff, der bei allen grünen Pflanzen im Membransystem der Chloroplasten enthalten ist. Es sind verschiedene Chlorophylle bekannt (Chlorophyll a, b, c), die in ihrem chemischen Aufbau dem roten Blutfarbstoff (Häm im Hämoglobin) ähneln. Chlorophyll absorbiert vor allem den roten und blauen Anteil des sichtbaren Lichts und ermöglicht dadurch die →Photosynthese. Es wird in der Lebensmittel-, Kosmetik- und Kerzenindustrie als Farbstoff verwendet.

■ **Chloroplasten** [k...; griech.], durch Chlorophyll grün gefärbte Organellen der Pflanzen. Sie sind von zwei Membranen umgeben, enthalten eigene Desoxyribonukleinsäure und vermehren sich durch Teilung. In den Chloroplasten findet die →Photosynthese statt.

■ **Cholera** [k...; griech.] *die*, eine schwere Infektionskrankheit, die ohne Behandlung tödlich enden kann. Der Körper verliert durch Erbrechen und heftige Durchfälle große Mengen an Flüssigkeit und Mineralsalzen. Versagen schließlich die Nieren, so tritt nach kurzer Zeit der Tod ein.

Behandelt wird die Cholera durch Versorgung mit Wasser und Mineralsalzen über Infusionen, gegebenenfalls mit Antibiotika. Der Erreger der Cholera ist das kommaförmige, 1883 von Robert Koch isolierte Bakterium **Vibrio cholerae,** das über infiziertes Trinkwasser und verschmutzte Nahrung aufgenommen wird.

■ **Choleriker** [k...; griech.] *der*, ein reizbarer, jähzorniger Mensch, der schnell aufbraust. – auch →Temperament.

■ **Cholesterin** [cho... oder ko...; griech.] *das*, eine chemische Substanz aus der Gruppe der Steroide, die vom Organismus (vor allem in Leber und Darm) selbst hergestellt wird und in der Gallenflüssigkeit und im Blutplasma zu finden ist. Kohlenhydrat- und fettreiche Mahlzeiten erhöhen den Cholesterinspiegel im Blut. Dies kann zusammen mit anderen Risikofaktoren (z. B. Rauchen) die Entstehung von →Arteriosklerose und Herzinfarkt fördern.

■ **Chopin** [schopãng], Frédéric, polnischer Komponist und Pianist, *Żelazowa-Wola (bei Warschau) 22. Februar (laut Taufurkunde; nach eigenen Angaben 1. März) 1810, †Paris 17. Oktober 1849. Seine rhythmisch vielseitige, romantisch-poetische Musik wurzelt in der polnischen Nationalmusik. Chopin gilt als Meister des lyrischen Klavierstücks (Nocturnes, Préludes, Impromptus). Er wurde zum Begründer eines neuen Klavierstils, in dem eine hohe Virtuosität völlig im Dienst des poetischen Ausdrucks steht.

Die aufrührerischen Klavierwerke **Frédéric Chopins** faszinieren durch das lyrische Feingefühl, mit dem der Komponist den Aufruhr durch zurückhaltende Klarheit umbricht

■ **Chor** [k...; griech.] *der*, **1)** *Antike:* der mit Gesang verbundene Tanz in der griechischen Tragödie; auch die ausführende Personengruppe.

Choreographie
Berühmte Choreographen in der 2. Hälfte des 20. Jahrh.:
G. Balanchine
P. Bausch
M. Béjart
J. Cranco
H. van Manen

2) *Baukunst:* der (ursprünglich für die Sänger vorgesehene) Kirchenraum vor dem Hauptaltar, der im Mittelalter erhöht und durch Chorschranken oder Trennwände (Lettner) vom Kirchenschiff abgeteilt wurde.
3) *Musik:* eine Gruppe von Sängern.

■ **Choral** [k...; griech.] *der,* in der katholischen Kirche ein einstimmiger Gesang mit lateinischem Text (gregorianischer Gesang), in den evangelischen Kirchen das deutschsprachige Kirchenlied.

■ **Choreographie** [k...; griech.] *die,* die künstlerische Gestaltung und Einstudierung eines Balletts; auch: Tanzschrift aus eigens dafür gestalteten Zeichen, mit denen Haltung und Bewegungen der Tänzer festgelegt werden.

■ **Chow-Chow** [tschautschau; chinesisch] *der,* schon vor etwa 2 000 Jahren in China gezüchtete, bis 55 cm schulterhohe Hunderasse mit dichtem und abstehendem Fell und blauschwarzer Zunge.

■ **Christentum** [k...], eine der →Weltreligionen. Mit dem Begriff Christentum wird zum einen die Gesamtheit der Anhänger des christlichen Glaubens bezeichnet, zum anderen dieser Glaube selbst. Stifter dieser Offenbarungs- und Erlösungsreligion war der Jude Jesus von Nazareth (†um 30 n. Chr.), genannt Christus (= der Gesalbte), der für die Christen der Sohn Gottes ist, der in die Welt kam, um die Menschheit zu erlösen. Als Heilige Schrift gilt die →Bibel mit dem Alten und dem Neuen Testament. Das Neue Testament schildert Jesus als einen Wanderprediger und Wundertäter, der den römischen Behörden in Jerusalem ausgeliefert wurde. Der Landpfleger von Palästina, Pontius Pilatus, ließ ihn kreuzigen. Seine Jünger und Jüngerinnen, vor allem der engere Kreis der zwölf Apostel, bezeugten seine Auferstehung und später seine Himmelfahrt.
Kennzeichnend für das Christentum ist der Glaube an die »Dreieinigkeit«, den einen Gott in drei Erscheinungsweisen als Vater, Sohn und Heiliger Geist. Der Vater ist nach Aussagen der Bibel der Gott Israels, der Schöpfer der Welt, der am Leben des Menschen Anteil nimmt und seinen in Schuld und Sünde verstrickten Geschöpfen zu Hilfe kommt. Der Sohn Gottes ist dem Vater gleich. Dadurch, dass er in die Welt gekommen ist und den

Das Christentum und seine Symbole

Als Mittel der geheimen Verständigung in einer der jungen christlichen Religion feindlich gesinnten Umgebung schufen sich die Christen eine vielgestaltige Symbolsprache. Neben dem Kreuz und dem »Guten Hirten« gehören das »Lamm Gottes« und das Bild der Fische zu den besonders gängigen Darstellungen. Dazu gesellten sich im Laufe der Zeit Bilder, die auch in anderen Religionen und Kulturkreisen Glaubensüberzeugungen bildhaft zum Ausdruck bringen: Pfau, Adler, Greif, Pelikan, Taube, Hirsch, Löwe und Phönix sowie Weinstock und Palme. Das hier abgebildete Relief an einem im 5. Jahrhundert in Ravenna erbauten Sarkophag stellt mit dem von Palmen umrahmten Lamm den Sohn Gottes dar, den der Jünger Johannes im Neuen Testament mit den Worten beschreibt: »Seht das Lamm Gottes, das hinwegnimmt die Sünden der Welt«. Das Lamm Gottes – in der lateinischen Sprache Agnus Dei genannt – ist hier zusätzlich mit dem Christusmonogramm, dem symbolischen Zeichen für den Namen und Titel »Christus« erhellt, das aus den griechischen Anfangsbuchstaben X (chi) und P (rho) von »Christus« gebildet ist.

Porträt eines **Chow-Chows** mit den charakteristischen Stehhaaren

Tod auf sich nahm, eröffnete er den Menschen den Weg zur Errettung. Nach christlichem Glauben hat Jesus durch seinen Tod am Kreuz und seine Auferstehung von den Toten den Tod überwunden. Der Heilige Geist ist die Liebe Gottes, der Geist Gottes, an dem die Kirche (als der »Leib Christi«) teilhat und der die Christen zum Leben im Glauben befähigt. Verbindlich für alle Christen ist die Lehre Christi wie sie das Neue Testament bezeugt, insbesondere das Gebot der Nächstenliebe.
Nachdem Jesus gestorben war, begannen seine Anhänger (z. B. Petrus und Paulus) eine rege Missionstätigkeit. Obwohl die Christen anfänglich als Anhänger jüdischer Sekten galten und von den römischen Herrschern verfolgt wurden, breitete sich das Christentum bald über das ganze Römische Reich aus. Unter Kaiser Theodosius I. wurde es 380/381 zur Staatsreligion erhoben. Zwischen dem 4. und 13. Jahrh. wurden auch die germanischen, keltischen und slawischen Völker zum Christentum bekehrt. Rom, die ehemalige Hauptstadt des Römischen Reiches, war der Mittelpunkt der Christenheit und ist bis heute Sitz des Papstes.
Als seit dem 4. Jahrh. Konstantinopel zu einem zweiten römischen Regierungssitz wurde, bildete sich dort ein zweites Zentrum, das oft mit Rom über Glaubens- und Verfahrensfragen in Streit geriet, bis es 1054 zu einem endgültigen Bruch (»Schisma«) kam. Von da an gab es die lateinische Kirche mit dem Papst als Oberhaupt und die Ostkirche, der der Patriarch vorsteht. Aus der Ostkirche entwickelte sich die orthodoxe Kirche, die vor allem in Russland, dem übrigen slawischen Raum und in Griechenland verbreitet ist.
Mit der Entdeckung und Eroberung fremder Erdteile, z. B. Amerika (um 1500), wurde der christliche Glaube immer weiter verbreitet. Im 16. Jahrh. kam es zur →Reformation, der Abspaltung der evangelischen Kirche von der katholischen Kirche. Fast alle christlichen Konfessionen (die katholische Kirche gehört diesem Gremium nicht an) sind im Ökumenischen Weltrat (Sitz: Genf) vertreten, der über Glaubensfragen und die Wiedervereinigung der christlichen Kirchen berät.
Die Grundaussagen des christlichen Glaubens sind im →Apostolischen Glaubensbekenntnis formuliert. Sichtbare Zeichen der Zugehörigkeit zum christlichen Glauben sind das Sakrament der →Taufe und die Feier des →Abendmahls (Eucharistie).
Die Anhänger des christlichen Glaubens werden auf etwa 2 Milliarden geschätzt. Davon sind fast 60 % katholisch, 20 % gehören protestantischen und 10 % orthodoxen Kirchen an. – Karte S. 184

■ **Christenverfolgung** [k...], die Verfolgung der Christen, die sich weigerten, den römischen Staatskult zu vollziehen und daher als Staatsfeinde galten. Zu grausamen Verfolgungen kam es bereits unter den Kaisern Nero und Trajan. Planmäßig verlief die Christenverfolgung aber erst unter Decius (249), Valerian (257) und Diokletian (Anfang des 4. Jahrh.). 311 wurde die Christenverfolgung durch ein Toleranzedikt abgeschafft.

■ **Christlich Demokratische Union** →CDU.

■ **Christlicher Verein Junger Menschen,** Abkürzung **CVJM**, freie Vereinigung evangelischer Jugendlicher und Erwachsener, die sich auf ökumenischer Grundlage die religiöse, er-

Christentum

Zahl der Christen weltweit
rund 1 999 Mio.
davon in:
Europa (rund 536,8 Mio.)
Lateinamerika (rund 475,6 Mio.)
Nordamerika (rund 212,2 Mio.)
Afrika (rund 335,1 Mio.)
Asien (rund 307,3 Mio.)
Australien und Ozeanien (rund 21,4 Mio.)
dazu weltweit:
rund 111,1 Mio. Anhänger von unabhängigen, oft pfingstlich geprägten Kirchen (besonders in Afrika und Lateinamerika)

In der Symbolik des **Christentums** weist der Pfau auf das Paradies und die Auferstehung, weil sein Fleisch als unverderblich angesehen wurde; der Fisch ist unter anderem ein Bild für Christus: aus den Anfangsbuchstaben von griechisch **I**esus **ch**ristos **th**eou **y**ios **s**oter (»Jesus Christus Gottes Sohn Retter«) ergibt sich das Wort »Ichthys« und das bedeutet »Fisch«

zieherische und soziale Arbeit mit jungen Menschen zur Aufgabe macht; Weltbund: **Young Men's Christian Association** (Abkürzung **YMCA**).

■ **Christo** [k...], eigentlich Christo Jawatschew, amerikanischer Künstler bulgarischer Herkunft, *Gabrowo 13. Juni 1935. Christo und seine Frau **Jeanne Claude** (*1935) verpacken Gegenstände, umhüllen Gebäude (z.B. den Reichstag in Berlin, 1995) und Brücken und verändern Landschaften mit Folien. Damit ermöglichen sie neue Erfahrungen der Wahrnehmung.

■ **Christophorus** [k...; griech., = Christusträger], Märtyrer und Heiliger; nach der Legende ein Riese, der das Jesuskind durch einen reißenden Strom trug und von ihm getauft wurde. Er gilt als Patron der Reisenden.

■ **Christus** [k...; griech., = der Gesalbte, Übersetzung des hebräischen Wortes Messias], Würdename des Jesus von Nazareth, der später zu seinem Eigennamen wurde (→Jesus Christus).

■ **Chrom** [k...; griech.] *das,* ein chemisches Element. Das silberglänzende, zähe Metall wird häufig als Bestandteil von Hartstahllegierungen verwendet. Wegen seiner Beständigkeit wird es auch als Oberflächenschutz auf Stahl verwendet. Die Chromate (Salze der Chromsäure) benutzt man zur Ledergerbung und als Farbe (Chromgelb).

Chrom
chemisches Symbol: Cr
Ordnungszahl: 24
relative Atommasse: 52
Dichte: 7,18 g/cm³
Schmelzpunkt: 1 907 °C
Siedepunkt: 2 671 °C

■ **Chromatik** [k...; von griech. chrõma, = Farbe] *die,* in der Musik die durch Versetzungszeichen (♯, ♭) bewirkte Erhöhung oder Erniedrigung (»Färbung«) der Stammtöne einer Tonart. Die chromatische →Tonleiter ist nur aus Halbtönen gebildet, im Unterschied zur diatonischen Tonleiter (→Diatonik).

■ **Chromatographie** [k...; griech.] *die,* ein physikalisch-chemisches Verfahren, um Stoffgemi-

Christentum – Ausbreitung vom 4. bis zum 14. Jahrhundert

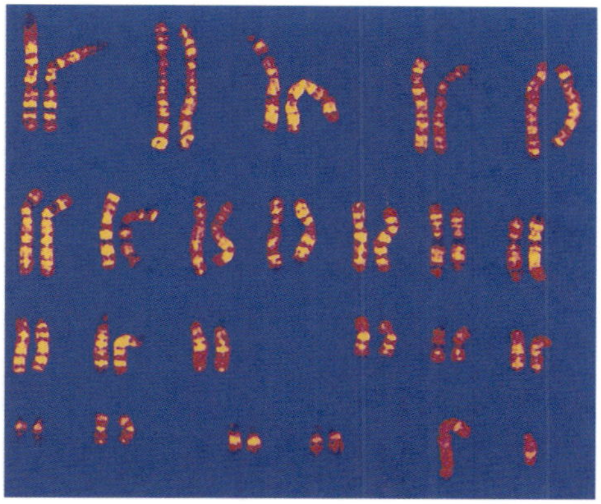

Träger der Gene sind die **Chromosomen;** die Abbildung zeigt in 2 400 facher Vergrößerung den männlichen Chromosomensatz mit den Geschlechtschromosomen X und Y in der rechten unteren Ecke

sche zu trennen und zu identifizieren sowie um hochreine Stoffe zu gewinnen. Die zu trennenden Stoffe werden in einem Lösungsmittel auf ein spezielles Papier **(Papierchromatographie)** oder auf Platten mit Kieselgel **(Dünnschichtchromatographie)** aufgetragen und wandern dann mit dem Lösungsmittel von dem Auftragungspunkt weg. Die Trennung erfolgt durch die unterschiedliche Fähigkeit der Stoffe, an das Papier oder das Kieselgel zu binden.

In der chemischen Forschung wird das Material, an dem die Stoffgemische binden sollen, meistens in eine Säule gefüllt und die Flüssigkeit durch die Säule gepumpt **(Säulenchromatographie).** Gasförmige oder verdampfbare Stoffgemische werden durch die **Gaschromatographie** getrennt.

■ **Chromosomen** [k...; griech.], fadenförmige Gebilde im Zellkern eukaryotischer Zellen, die die Träger der Erbanlagen sind. Ein Chromosom besteht aus zwei Einzelfäden, den **Chromatiden,** die aus →Desoxyribonukleinsäure (DNS, engl. DNA) und Proteinen besteht. Die DNS ist aus vier verschiedenen Bausteinen aufgebaut, deren Reihenfolge die Information für eine Erbanlage (Gen) enthält. Jede Art enthält in ihren Zellkernen eine ganz bestimmte Anzahl von Chromosomen.

Die Chromosomen sind in den Geschlechtszellen einfach und in den Körperzellen doppelt vorhanden. Beim Menschen sind es z.B. 23 bzw. 46. Von den Chromosomenpaaren eines Lebewesens sind bis auf ein Paar alle gleich. Das ungleiche Paar, die **Geschlechtschromosomen,** bestimmt das Geschlecht eines Lebewesens und wird X- bzw. Y-Chromosom genannt. Ein weibliches Lebewesen hat zwei X-Chromosomen, ein männliches ein X- und ein Y-Chromosom.

■ **Chronik** [k...; griech.] *die,* Darstellung von Ereignissen in ihrer zeitlichen Abfolge, z.B. die Chronik einer Stadt oder eines Herrscherhauses. Sie endet meist mit der Zeit ihres Verfassers, des Chronisten.

■ **chronisch** [k....; griech.], in der Medizin lange dauernd, langwierig, auch langsam verlaufend (von Krankheiten); Gegensatz: akut.

■ **Chronologie** [k...; griech.] *die,* Zeitfolge, Zeitrechnung; **chronologisch,** nach der Zeitfolge geordnet.

■ **Chronometer** [k...; griech., = Zeitmesser] *das,* eine besonders genau gehende, hauptsächlich in der Astronomie, in der Luft- und Schifffahrt verwendete Uhr.

■ **Chrysanthemen** [krü...; griech.] (Winterastern), in den verschiedensten Farben blühende Korbblütler. Eine bei uns heimische Chrysantheme ist z.B. die Wiesenmargerite. Die Chrysanthemen, die ursprünglich aus China und Japan stammen, haben zum Teil große, kugelige Blütenköpfe und können bis zu 1,5 m hoch werden.

■ **Chur** [kur], Hauptstadt des schweizerischen Kantons Graubünden, mit 30 200 Einwohnern. Se-

Berlin 1995: Der von **Christo** und seiner Frau **Jeanne Claude** mit 100 000 m² silbrigem Polypropylengewebe verhüllte und mit 15 600 m blauem Polypropylenseil verschnürte Reichstag zog zwischen dem 24. Juni und 6. Juli rund 5 Millionen Besucher an; die Verpackung wurde anschließend als Zeichen der »einzigartigen Qualität des Vergänglichen« recycelt henswert ist vor allem die romanisch-gotische Kathedrale aus dem 12./13. Jahrhundert.

■ **Churchill** [tschö̱rtschil], Sir Winston, britischer Politiker, *Blenheim Palace (bei Woodstock, Oxford) 30. November 1874, †London 24. Januar 1965. Er gehörte, mit einer längeren Unterbrechung, der konservativen Partei an und war ab 1906 in verschiedenen Ministerien tätig. 1940–45 und 1951–55 war er Premierminister. Während des Zweiten Weltkriegs wurde er zum Symbol des britischen Durchhaltewillens; er sorgte für Einigkeit im Innern (Kabinett der »Nationalen Konzentration«) und unter den Verbündeten der »Anti-Hitler-Koalition«. Für seine geschichtlichen und politischen Schriften erhielt er 1953 den Nobelpreis für Literatur.

Das war zur Zeit des Zweiten Weltkriegs im Januar 1943; der britische Premierminister **Winston Churchill** (mit Hut und Zigarre) und der amerikanische Präsident Franklin D. Roosevelt geben in Casablanca vor Vertretern der internationalen Presse das erklärte Ziel der Anti-Hitler-Koalition bekannt: die bedingungslose Kapitulation der nationalsozialistischen und faschistischen Achsenmächte

■ **CIA** [ßi̱aie̱i] *die* oder *der,* Abkürzung für engl. **C**entral **I**ntelligence **A**gency, das 1947 gegründete Zentralamt des Geheimdienstes der USA.

■ **Cicero** [zi̱zero], Marcus Tullius, römischer Politiker und Schriftsteller, *Arpinum (heute Arpino, Provinz Frosinone) 3. Januar 106 v. Chr., †bei Formiae (heute Formia, Provinz Latina) 7. Dezember 43 v. Chr. Cicero war ein unerbittlicher Gegner jeglicher Diktatur. Als Konsul vereitelte er 63 die Verschwörung des Catilina. Er führte die lateinische Sprache zu klassischer Höhe und übte vor allem als philosophischer Schriftsteller und viel beachteter Redner starken Einfluss aus. Im Bürgerkrieg, der nach der Ermordung Cäsars ausbrach, wurde er ermordet.

■ **Cid** (El Cid) [ßi̱d; aus arabisch sayyid, = Herr], Beiname des spanischen Nationalhelden **Rodrigo Díaz de Vivar** (1043–99), auch **el Campeador** (= der Kämpfer) genannt. Er eroberte 1094 den maurischen (arabischen) Staat Valencia. Als Sieger über die Mauren wurde der Cid eine Gestalt der Heldensage, deren Schicksal vielfach literarisch gestaltet wurde.

■ **CIM** [ßi̱aie̱m], Abkürzung für **c**omputer-**i**ntegrated **m**anufacturing [engl., = rechnerintegrierte Fertigung], eine industrielle Produktionsweise, bei der alle bei der Fertigung eines Produktes beteiligten, computergesteuerten Teilprozesse (z. B. CAD, CAM, Planung, Steuerung, Betriebswirtschaft) miteinander verbunden und optimal aufeinander abgestimmt werden.

■ **Cincinnati** [ßinßina̱ti], Stadt in Ohio, USA, mit 358 200 Einwohnern, am Fluss Ohio gelegen. Cincinnati hat zwei Universitäten. Früher waren für die Wirtschaft der Stadt große Schlachthäuser und Bierbrauereien bestimmend, heute sind es der Bau von Werkzeugmaschinen udn Flugzeugtriebwerken sowie chemische Industrie.

■ **Circe** [zi̱rze] (Kirke), in der griechischen Sage eine Zauberin, die die Gefährten des →Odysseus in Schweine verwandelt.

■ **City** [ßi̱ti; engl.] *die,* Innenstadt, Geschäftsviertel in Großstädten.

■ **Claudius,** Matthias, deutscher Dichter, *Reinfeld (Holstein) 15. August 1740, †Hamburg 21. Januar 1815. Er gab die erste deutsche Volkszeitung, den »Wandsbecker Boten«, heraus. Bekannt wurde er vor allem durch seine volksliedhafte, von tiefer Gläubigkeit erfüllte Lyrik (u. a. »Der Mond ist aufgegangen«).

■ **Clinch** [kli̱n(t)sch; engl.] *der,* beim Boxen das Umklammern des Gegners im Nahkampf, um ihn am Schlagen zu hindern.

■ **Clinton** [kli̱nten], Bill (William Jefferson), 42. Präsident der USA (1993-2001), *Hope (Arkansas) 19. August 1946. Clinton war 1979–81 und 1983–93 Gouverneur von Arkansas. 1992 gewann er als Kandidat der Demokratischen Partei die Präsidentschaftswahlen gegen den amtierenden George Bush. Sein Regierungsprogramm war zunächst stark innenpolitisch bestimmt (u. a. Stärkung der Wirtschaft, Reformen von Bildungs- und Gesundheitswesen). Außenpolitisch vermittelte er u. a. im Nahostkonflikt und im Krieg in Bosnien und Herzegowina (Abkommen von Dayton 1995).

■ **Club of Rome** [klạb ^{e}w ro^{u}m; engl.], 1968 in Rom gegründete lockere Vereinigung von Wissenschaftlern, Politikern und Industriellen mit dem Ziel der Untersuchung, Darstellung und Deutung der »Lage der Menschheit«, um Anstöße zur Lösung weltweiter Probleme (z. B. Bevölkerungswachstum, Umweltschutz) zu geben.

■ **Cluny** [klünị], Stadt in Frankreich, westlich der unteren Saône, mit 4 400 Einwohnern. Die Entstehung der Stadt geht auf eine ehemalige Benediktinerabtei zurück, die 910 gegründet wurde. Die von den **Kluniazensern** im 10./11. Jahrh. angestrebte Reform des klösterlichen Lebens wurde später von den →Zisterziensern weitergeführt.

■ **Cluster** [klạst^{e}r; engl., = Klumpen, Traube] *der,* in der Musik ein Komplex von mehreren benachbarten Tönen im Abstand von Sekunden oder kleineren Intervallen. Cluster werden z. B. auf dem Klavier mit der flachen Hand oder dem Unterarm hervorgebracht.

■ **Co.** (Co), Abkürzung für frz. **Co**mpagnie und engl. **Co**mpany, Gesellschaft, Handelsgesellschaft.

■ **Coach** [ko^{u}tsch; engl.] *der,* im Sport der Trainer, Berater, Betreuer einer Mannschaft oder eines Einzelsportlers.

■ **Cọbalt** →Kobalt.

■ **CỌBOL** →Programmiersprachen.

■ **Cọcker,** Joe, eigentlich John Robert Cocker, britischer Rocksänger, *Sheffield 20. 5. 1944. Cockers ausdrucksstarker, von farbigen Blues- und Soulvorbildern geprägter Vokalstil machte ihn zu einem erfolg- und einflussreichen Rockmusiker (u. a. »With a little help from my friends«, 1968; »You are so beautiful«, 1975; »Up where we belong«, 1982).

Bill Clinton, der 42. Präsident der Vereinigten Staaten von Amerika, wird am 20. Januar 1977 in Begleitung seiner Frau Hillary und Tochter Chelsea Clinton, am 20. Januar 1977 für eine zweite Amtsperiode vereidigt

■ **Cọckpit** [engl.] *das,* im Flugzeug die Pilotenkabine, im Rennwagen der Platz des Fahrers.

■ **Cocktail** [kọkte^{i}l; engl.] *der,* kaltes Mixgetränk aus Alkohol, Fruchtsäften u. a. (auch alkoholfrei).

■ **Code** [ko̱d; frz.] (Kode) *der,* eine eindeutige Vorschrift für die gegenseitige Zuordnung von Zeichen zweier verschiedener Zeichenvorräte (z. B. Buchstaben und Morsezeichen oder beim Computer der Binärcode). **Codierung** bedeutet die Umsetzung einer Nachricht, die aus Zeichen des einen Vorrats zusammengesetzt ist, gemäß vereinbartem Code in eine Nachricht aus dem anderen Zeichenvorrat (»Verschlüsselung«). Die Umkehrung heißt **Decodierung.**

■ **Codeịn** (Kodein) [griech.] *das,* ein aus Opium gewonnenes Alkaloid, das aufgrund seiner schmerzstillenden Wirkung als Arzneimittel eingesetzt wird, vor allem als Hustenmittel. Wegen der bestehenden Suchtgefahr unterliegt Codein dem Betäubungsmittelgesetz.

■ **Cọdex** →Kodex.

■ **Coimbra** [kuịmbra], Stadt in Mittelportugal, mit 147 700 Einwohnern. Neben mehreren alten Kirchen besitzt Coimbra prächtige Gebäude der ältesten Universität Portugals (1290 in Lissabon gegründet, 1308 nach Coimbra verlegt). – Coimbra war im 12. und 13. Jahrh. Sitz der portugiesischen Könige.

■ **Cọitus** →Geschlechtsverkehr.

■ **Cọitus interrụptus** [lat.] *der,* der unterbrochene Geschlechtsverkehr, →Empfängnisverhütung.

■ **Collage** [kola̱sch^e; frz.] *die,* Klebebild aus Papierstücken (oft mit Text oder Fotografien bedruckt), Stoff, Draht, Glas und anderen beliebigen Dingen und Materialien. Die Collage wurde als **Papiers collés** nach 1910 von den Malern Georges Braque und Pablo Picasso in die moderne Kunst eingeführt.

■ **College** [kọlidsch; engl.] *das,* **1)** in Großbritannien höhere private Schule mit Internat, die auf das Universitätsstudium vorbereitet (z. B. Eton College); auch Bezeichnung für die einer Universität angegliederte Wohngemeinschaft von Dozenten und Studenten mit eigenem Lehrbetrieb (z. B. Oxford, London).

2) in den USA Eingangsstufe der Universität.

■ **Cọlmar,** Stadt im Oberelsass, Frankreich, mit 63 500 Einwohnern; Zentrum des elsässischen Weinbaus. In der malerischen Altstadt sind zahlreiche Fachwerkhäuser und bedeutende Kirchen er-

Für seine Volkszeitung »Der Wandsbecker Bote« gewann **Matthias Claudius** die denkbar besten Mitarbeiter wie zum Beispiel Lessing, Herder und Klopstock

»With a little help from my friends«: auch der in die Jahre gekommene **Joe Cocker** singt noch heute vor ausverkauftem Haus

halten. Im Unterlindenmuseum befindet sich der Isenheimer Altar von Matthias Grünewald.

■ **Colọmbo,** Hauptstadt von Sri Lanka, an der Westküste der Insel Ceylon, mit 615 000 Einwohnern. Hafen und Flughafen haben eine Schlüsselstellung für den Verkehr und Handel zwischen Europa, Süd- und Ostasien und Australien. In Colombo gibt es mehrere Hindutempel und eine große Moschee.

■ **Colora̱do** (Colorado River) *der,* Fluss im Südwesten der USA, 2 334 km lang. Er entspringt in den Rocky Mountains, durchschneidet das Coloradoplateau in tiefen und landschaftlich sehr schönen Schluchten (auch →Grand Canyon) und mündet in Mexiko in den Golf von Kalifornien.

■ **Cọlt** *der,* ein Revolver mit Trommelmagazin, benannt nach dem amerikanischen Waffenfabrikanten Samuel Colt (1814–62).

Die französischen Comic-Künstler René Goscinny (Texter) und Albert Udzero (Zeichner) verhalfen ihren **Comicfiguren** Asterix, Obelix und ihrem Hund Idefix zu Weltruhm; hier eine Szenenfolge aus »Asterix und die Trabantenstadt«

■ **Come-back** [kambạk; engl.] *das,* das erfolgreiche Wiederauftreten eines Politikers, Sportlers oder Künstlers nach längerer Pause als Neubeginn oder Fortsetzung seiner früheren Karriere.

■ **CỌMECON** →Rat für gegenseitige Wirtschaftshilfe.

■ **Cọmer Se̱e** (italienisch Lago di Como), Alpenrandsee in Norditalien, 146 km² groß, bis 410 m tief.

■ **Cọmics** [engl.] (Comicstrips), Bildergeschichten abenteuerlichen, spaßigen oder utopischen Inhalts mit wenig Text. Die Dialoge der Personen stehen in den typischen »Sprechblasen«. Die Ende des 19. Jahrh. in den USA als Nachfolger der volkstümlichen Bilderbogen entstandenen Comics verbreiteten sich nach 1945 in Europa. Berühmte Comicfiguren sind Mickey Mouse, Donald Duck, die Peanuts, Asterix und Obelix.

■ **Coming-out** [kamingaut; engl.] *das,* das Öffentlichmachen, vor allem der eigenen Homosexualität.

■ **Commonwealth of Nations** [kọm^{e}n^{u}ält-h^{e}w ne̱^{i}sch^{e}ns; engl., = Gemeinschaft der Völker], Verband unabhängiger Staaten, die teils die formale Oberhoheit der britischen Krone anerkennen, teils durch Tradition und wirtschaftliche Bindungen dem Verband angehören. Das Commonwealth of Nations entstand aus dem Britischen Reich **(British Empire),** das sich etwa seit dem 17. Jahrh. durch Erwerbung von Kolonien bildete. Nach und nach wurde einzelnen Gebieten Selbstregierung gewährt: Es entstanden Dominions. Durch das Westminsterstatut von 1931 wurde das Empire zum Commonwealth umgewandelt; der Begriff Dominion (= Herrschaftsgebiet) wurde nach 1945 nicht mehr als zeitgemäß empfunden und durch »Member of the Commonwealth« (= Mitglied des Commonwealth) ersetzt.

■ **Cọmo,** Stadt in Italien, am Comer See, mit 83 900 Einwohnern. Sehenswert ist die Altstadt mit mittelalterlichen Mauern und Türmen, der Basilika Sant'Abbondio (11. Jahrh.) und dem Dom (Gotik und Renaissance). – Das antike **Comum** war eine reiche römische Handelsstadt.

■ **Compact Disc** [kompạkt dịsk; engl.] *die,* Abkürzung **CD,** eine Schallplatte mit digital aufgezeichneten Toninformationen in Form einer metallisierten Kunststoffscheibe mit einem Durchmesser von 12 cm im Standardformat. Die Toninformationen sind als winzige Vertiefungen in einer reflektierenden Aluminiumschicht gespeichert. Die CD ist

Comics: Lucy und ihr Bruder Linus agieren seit 1950 als Hauptfiguren der amerikanischen Comicserie »Peanuts« von Charles M. Schulz

mit einer durchsichtigen Schutzschicht überzogen und wird mithilfe eines Laserstrahls optisch (also berührungslos) abgetastet.
Gegenüber der früheren Schallplatte zeichnet sich die CD durch eine längere Lebensdauer und eine bessere Tonqualität aus.
Eine neuere Variante der CD ist die **Minidisc (MD)** mit einem Durchmesser von 6,4 cm. Sie wird als bespielte (in herkömmlicher CD-Technik) oder bespielbare (mit magnetischer Aufzeichnung und magneto-optischer Laserabtastung) MD angeboten. Verschiedene Weiterentwicklungen der Musik-CD beziehen auch Bild- oder Videoinformationen ein (z. B. Foto-CD, Laser Disc, CD-Interaktiv), sind mehrfach bespielbar und können mit anderen Medien kombiniert werden. Der Datenspeicherung bei Computern dient die →CD-ROM.

■ **Compiler** [kompail^{e}r; engl.] *der,* in der Informatik ein Übersetzungsprogramm, das die Befehle eines vom Benutzer eines Computers in einer höheren, problemorientierten Programmiersprache abgefassten Programms (Quellprogramm) in ausführbare Maschinenbefehle (Maschinensprache des Zielprogramms) umwandelt.

■ **Computer** [kompjut^{e}r; engl. to compute, = rechnen] *der* (Rechner, Rechenanlage, Datenverarbeitungsanlage), eine programmgesteuerte elektronische Anlage zur →Datenverarbeitung und -speicherung sowie zur Steuerung von Geräten und Prozessen. Die Anweisungen, die ein Computer ausführen soll, müssen zuerst als Algorithmen genau beschrieben und mithilfe einer →Programmiersprache in eine für den Computer verständliche Arbeitsanweisung übersetzt worden sein. Die elektronischen und mechanischen Teile eines Computers werden als Hardware, die Programme als Software bezeichnet.
Die **Hardware** besteht im Wesentlichen aus der Zentraleinheit (→CPU), dem Arbeitsspeicher (→RAM) und den Peripheriegeräten (Ein- und Ausgabegeräte), die mit einer zentralen Datenleitung (→Bus) über spezielle →Schnittstellen (Interfaces) verbunden sind. Die Zentraleinheit (aus einem oder mehreren Prozessoren) ist das aktive Element des Computers und steuert den gesamten Programmablauf sowie den Datenaustausch.
Moderne Computer verwenden als Arbeitsspeicher leistungsfähige Chips, die auf kleinster Fläche mehrere Millionen Zeichen speichern können. Die Befehlseingabe geschieht normalerweise über eine Tastatur oder eine Maus. Über ein Modem können Programme und Daten von anderen Computern übermittelt werden. Scanner und die Spracheingabe sind weitere Möglichkeiten der Datenerfassung. Ausgabegeräte sind Bildschirm, Drucker und Plotter. Neben dem Arbeitsspeicher in der Zentraleinheit gehören zu einem Computer auch Massenspeicher mit größerer Aufnahmekapazität. Die wichtigsten sind Magnetplatten (Wechsel- und Festplatten), Disketten, Magnetbandspeicher und optische Speicherplatten. Magnetplatten erlauben einen schnellen direkten Zugriff (im Mittel 15–100 ms), Disketten sind wesentlich langsamer.
Nach Anwendung und Leistungsfähigkeit lassen sich verschiedene Arten von Computern unterscheiden.
Mikrocomputer bestehen im Wesentlichen aus einem →Mikroprozessor und einem Arbeitsspeicher, z. B. in Form eines Festwertspeichers. Die Geräte sind nicht frei programmierbar und meist nur auf eine spezielle Aufgabe ausgelegt, z. B. in Autos (Bordcomputer), Videorekordern, Haushalts- und Telefongeräten.
Minicomputer sind an eine größere Anzahl von Peripheriegeräten anschließbar. Sie werden zum Betrieb kleinerer zentraler EDV-Anwendungen eingesetzt, wo meist auch mehrere Bildschirmarbeitsplätze (Workstations) zur Verfügung stehen müssen, z. B. in kleineren Unternehmen zur Personalverwaltung.
Großcomputer stellen z. B. die Informationen für Bildschirmtext zur Verfügung oder werden für umfangreiche Statistiken, Hoch- oder Modellrechnungen (Simulationen) eingesetzt.
Personalcomputer (Abkürzung **PC**) sind relativ preiswerte, eigenständige und frei programmierbare Einzelgeräte unterschiedlicher Leistung. Zen-

traleinheit und Massenspeicher befinden sich in einem zentralen Gehäuse, und Ein- und Ausgabegeräte sind direkt anschließbar. PC werden z.B. zu Textverarbeitung, Kalkulation und Datenbankanwendungen, für Computerspiele und für die Nutzung des →Internets eingesetzt.

Sonderformen des PC sind leichte und sehr kompakte, tragbare Computer mit Flüssigkristall- oder Plasmabildschirm **(Laptop, Notebook)** und handliche, kleine Computer für begrenzte Aufgaben **(Notepad, Palmtop, Organizer)**.

Unter dem Begriff **Software** werden alle Programme zusammengefasst, die auf der Hardware eines Computers ablaufen können. Man unterscheidet zwischen Systemsoftware (z.B. Betriebssysteme), Standardsoftware (z.B. Datenbanksysteme) und der Anwendungssoftware (z.B. Abrechnungs- und Textverarbeitungssysteme, Computerspiele). Ein Softwareprogramm wird zunächst in einer geeigneten Programmiersprache verfasst und dann durch ein als →Compiler oder →Interpreter bezeichnetes Übersetzungsprogramm in eine Maschinensprache umgesetzt. Nur diese kann der Computer lesen und die im Binärcode gegebenen Befehle befolgen. Ein Programm wird ausgeführt, indem ein Befehl nach dem anderen in der Zentraleinheit abgearbeitet wird.

Größere Softwarepakete werden ingenieurmäßig entwickelt (Software-Engineering). Ihre Entstehung gliedert sich in verschiedene Phasen von der Festlegung der Anforderungen über den Entwurf und die Programmierung bis zu Tests und Wartung. Die Kosten der Software übersteigen heute diejenigen der Hardware.

Geschichte: Vorläufer des Computers waren Rechengeräte wie der Rechenschieber (Edmund Gunter, 1624), Rechenuhren (Wilhelm Schickard) und Rechenmaschinen (Gottfried Wilhelm Leibniz) oder Zählmaschinen (Hermann Hollerith, 1890).

Die Hardware-Entwicklung begann mit der Benutzung von Relais (Konrad Zuse, 1941) und Röhren (J. Presper Eckert und John W. Mauchly, 1946). 1944 formulierte John von Neumann seine Grundidee über die heute noch gültige Architektur und die damit verbundene Arbeitsweise der Zentraleinheit eines Computers und Ende der 1950er Jahre kam die Transistoren- und Diodentechnik auf. Seit Ende der 1970er Jahre wurden hoch- und höchstintegrierte Schaltungen eingeführt, zuletzt zum Teil mit mehreren Prozessoren auf einem Chip. Die Geschwindigkeit der ersten Rechner betrug etwa 1000 Additionen pro Sekunde; moderne Supercomputer bewältigen mehrere Milliarden Operationen pro Sekunde. Die Computer der nächsten Generation werden spezielle Aufgaben selbstständig lösen (→künstliche Intelligenz), in bestimmtem Maße lernfähig sein sowie die natürliche Sprache und Bildinformationen verarbeiten.

■ **Computerkriminalität** [kompjut^{e}r...], alle Straftaten, die mittels Computer begangen werden und bei denen durch unbefugtes Benutzen (z.B. durch →Hacker) oder entsprechendes Programmieren (z.B. durch Computerviren) Datenbestände missbraucht oder zerstört werden. Zur Computerkriminalität zählt auch die unerlaubte Vervielfältigung urheberrechtlich geschützter Software.

■ **Computertomographie** [kompjut^{e}r...], Abkürzung **CT**, ein medizinisches Untersuchungsverfahren, das die Darstellung des menschlichen Körpers einschließlich seiner Weichteile ermöglicht. Mit dünnen, fächerartigen Röntgenstrahlen werden die zu untersuchenden Körperregionen schichtweise aus allen Richtungen und in gegeneinander versetzten Schichten abgetastet. Die Messdaten werden von einem angeschlossenen Computer zu einem Bild aufbereitet.

■ **Computerviren** [kompjut^{e}r...], Programmstücke in einem Computerprogramm, die sich über das Internet oder Disketten in ein Wirtsprogramm »einnisten« und sich später kopieren (»vermehren«), andere Daten und Programme unbrauchbar machen, das Betriebssystem stören oder sich auf dem Bildschirm melden. Einen relativen Schutz ge-

Computer

Die ersten Rechenanlagen, die als Computer bezeichnet werden können, wurden während des Zweiten Weltkrieges entwickelt. Der deutsche Ingenieur Konrad Zuse (1910-95) schuf 1941 den ersten voll arbeitsfähigen elektromechanischen Digitalrechner mit 2000 Relais. 1946 wurde der von den Amerikanern John Presper Eckert (1919-95) und John William Mauchly (1907-80) konstruierte elektronische Rechner ENIAC (»Electronic Numeral Integrator and Calculator«) in Betrieb genommen. Dieser bedeckte eine Fläche von 140 m² und wog 30 Tonnen. Die Maschine bestand aus rund 18 000 Elektronenröhren und 50 000 Schaltungen. Sie verbrauchte so viel Strom wie drei U-Bahn-Linien. In der Sekunde bewältigte sie 300 verschiedene Rechenoperationen oder 5 000 Additionen.

Die abgebildete Festplatte eines **Computers** ist ein Magnetplattenspeicher, der aus mehreren Platten besteht; der Schreib-Lese-Kopf ist an einem Zugriffsarm so angebracht, dass er auf die gewünschte Plattenspur positioniert werden kann

gen Computerviren bieten Antivirenprogramme, die bei Nutzung des Internets öfter aktualisiert werden sollten.

■ **Concerto grọsso** [kontschạrto...; italienisch] *das,* mehrsätziges Instrumentalwerk der Barockzeit: Eine Solistengruppe (meistens aus drei Musikern bestehend) und eine stärker besetzte Tuttigruppe musizieren im Wechsel miteinander. Die Hauptmeister sind Arcangelo Corelli (1653–1713), Vivaldi und Händel.

■ **Concorde** [kongkọrd; frz.] *die,* ein Überschall-Verkehrsflugzeug für 2,2fache Schallgeschwindigkeit (in 15600 m Reiseflughöhe 2180 Stundenkilometer) und bis zu 128 Fluggäste. Es wurde von der französischen und britischen Luftfahrtindustrie gemeinsam entwickelt. Der planmäßige Passagierdienst begann am 21. Januar 1976. Insgesamt wurden nur 16 Serienflugzeuge gebaut.

■ **Conrad** [kọnräd], Joseph, englischer Schriftsteller polnischer Herkunft, *Berditschew (Ukraine) 3. Dezember 1857, †Bishopsbourne (County Kent) 3. August 1924. Conrad, der als Kapitän vor allem die südlichen Weltmeere befuhr, schilderte in seinen abenteuerlichen und exotischen Romanen (z. B. »Lord Jim«, 1900) Menschen in schicksalhaften Entscheidungssituationen.

■ **Container** [kontẹ^{i}n^{e}r; engl.] *der,* ein wieder verwendbarer Transportbehälter zur Beförderung von Gütern in größeren Mengen. Container gibt es in verschiedenen, international genormten Größen. Sie werden mit geeigneten Anlagen, z. B. Containerbrücken, direkt auf Eisenbahn, Lkw, Schiff oder Flugzeug verladen. Ein Spezialschiff zum Transport von Gütern in Containern ist das **Containerschiff.**

■ **Cook** [kụk], James, britischer Seefahrer, *Marton-in-Cleveland (County Yorkshire) 27. Oktober 1728, †(von Eingeborenen erschlagen) auf Hawaii 14. Februar 1779. Er unternahm drei bedeutende Südseereisen, auf denen er zahlreiche Inseln im Pazifischen Ozean (u. a. die Hawaii-Inseln) und die Ostküste Australiens entdeckte. Auf der Suche nach einem sagenhaften Südland (»Terra Australis«) stieß er bis in die Antarktis vor. – Karte S. 192

Joseph Conrad, der ein sehr abenteuerliches Leben führte, schilderte in seinen Werken häufig eigene Erlebnisse

■ **Cookinseln** [kụk...], Inselgruppe im Pazifischen Ozean (Polynesien), mit 240 km² und rund 20000 Einwohnern (meist Polynesier); Verwaltungssitz ist Avarua auf Roratonga. – Die Cookinseln wurden 1595 von Spaniern entdeckt und 1773 teilweise von James Cook erkundet. Seit 1888 britisch, kamen sie 1901 zu Neuseeland. 1965 erhielten sie die innere Autonomie.

■ **Cool Jazz** →Jazz.

■ **Cooper** [kụp^{e}r], James Fenimore, amerikanischer Schriftsteller, *Burlington (New Jersey) 15. September 1789, †Cooperstown (New York) 14. September 1851. Er wurde vor allem durch seine »Lederstrumpf«-Erzählungen (darunter der Roman »Der letzte Mohikaner«, 1826) bekannt, in denen er das Leben der Indianer und der nordamerikanischen Siedler im Grenzbereich zwischen Wildnis und Zivilisation schildert.

James F. Cooper war der bekannteste amerikanische Schriftsteller seiner Zeit; seine Romane wurden in mehr als 30 Sprachen übersetzt

■ **Copyright** [kọpirait; engl.] *das,* in den englischsprachigen Ländern Bezeichnung für das →Urheberrecht. Nach dem Welturheberrecht schützt der Copyrightvermerk (©), auch in deutschsprachigen Büchern, vor unberechtigtem Nachdruck. 1980 wurde auch die Schutzfähigkeit von Computerprogrammen ausdrücklich anerkannt.

■ **Cọ́rdoba,** Stadt in Südspanien, mit 306 200 Einwohnern. Die Stadt hat eine Universität und ist Mittelpunkt eines Wein- und Olivenanbaugebietes. Von 756 bis 1030 war Córdoba als Residenz maurischer Herrscher ein Mittelpunkt der Künste und Wissenschaften. Auf maurische Zeit geht die enge, malerische Innenstadt zurück. In die ehemalige Hauptmoschee, eine der größten der Welt mit 860 Säulen, wurde ab 1236 eine Kathedrale eingebaut.

■ **Corịnth,** Lovis, deutscher Maler, *Tapiau (bei Königsberg) 21. Juli 1858, †Zandvoort (Niederlande) 17. Juli 1925; bedeutender Maler des Impressionismus, dessen Werk durch eine kraftvolle Malweise gekennzeichnet ist. Er schuf religiöse Bilder, Landschaften, Porträts und Selbstbildnisse.

■ **Coriolịs-Kraft** [nach dem französischen Physiker G. G. de Coriolis, 1792–1843], die Trägheitskraft, die ein bewegter Körper, von einem rotierenden Bezugssystem aus betrachtet, senkrecht zu seiner Bahn und zur Drehachse des Bezugssystems erfährt. Für einen raumfesten Beobachter tritt sie nicht auf. Durch die Coriolis-Kraft werden z. B. Wasser- und Luftmassen auf der sich drehenden Erde auf der Nordhalbkugel nach rechts und auf der Südhalbkugel nach links abgelenkt. Auch die Tatsache, dass auf der Nordhalbkugel die rechten Ufer der Flüsse stärker vom Wasser angegriffen werden als die linken, hat ihre Ursache in der Coriolis-Kraft.

Die Reisen von James Cook

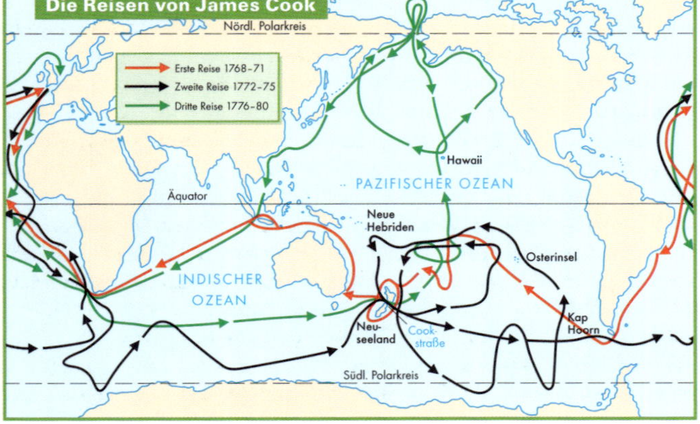

■ **Corneille** [kornạj], Pierre, französischer Dramatiker, *Rouen 6. Juni 1606, †Paris 1. Oktober 1684. Corneille gilt als Vollender des klassischen französischen Dramas. Die Helden seiner Tragödien (darunter »Le Cid«, 1637) sind Willensmenschen, die den Widerstreit von Pflicht und Leidenschaft heroisch überwinden.

■ **Corps Diplomatique** [kor diplomatịk; frz.] *das,* Abkürzung **CD,** das diplomatische Korps, die Gesamtheit der Leiter der diplomatischen Vertretungen, die bei einem Staatsoberhaupt offiziell anerkannt sind.

■ **Cọrtés,** Hernán, spanischer Konquistador (Eroberer), *Medellín (Provinz Badajoz) 1485, †Castilleja de la Cuesta (bei Sevilla) 2. Dezember 1547. Cortés drang 1519 mit einer Söldnerschar von 600 Mann in das Innere Mexikos ein, eroberte die Hauptstadt des Aztekenreiches und nahm den Herrscher Moctezuma II. gefangen. Ein Aufstand der Azteken erzwang seinen Rückzug, jedoch eroberte er 1521 Mexiko erneut. Sein rücksichtsloses Vorgehen führte zum Zusammenbruch der aztekischen Kultur.

■ **Cortisọn** (Kortison) *das,* ein Hormon der Nebennierenrinde. Cortioson und das ähnlich aufgebaute **Cortisol** sind die Gegenspieler des →Insulins: Sie steigern den Blutzuckerspiegel und beschleunigen den Protein- und Fettabbau. Künstlich hergestelltes Cortison wird u. a. zur Behandlung von Allergien und Rheuma verwendet.

■ **Cọsta Rịca,** Republik in Zentralamerika. Das Land wird von Nordwesten nach Südosten von Gebirgszügen mit zum Teil noch tätigen Vulkanen durchzogen. Nördlich und östlich davon erstreckt sich ein zum Teil sumpfiges Tiefland. In einem Hochbecken im mittleren Costa Rica leben zwei Drittel der Bevölkerung (überwiegend Weiße). Ausgeführt werden Kaffee, Bananen und Kakao.

Geschichte: Costa Rica wurde 1563 von den Spaniern erobert und gehörte bis 1821 zum spanischen

Costa Rica
Fläche 51 100 km²
Einwohner 3,674 Mio.
Hauptstadt San José
Amtssprache Spanisch
Nationalfeiertag 15. 9.
Währung 1 Costa-Rica-Colón (Fr) = 100 Céntimos (c)
Zeitzone MEZ −7 Std.

Kolonialreich. 1838 wurde die Republik Costa Rica gegründet.

■ **Côte d'Azur** [kotdasür; frz., = blaue Küste] *die,* der in Frankreich und Monaco gelegene Teil der →Riviera.

■ **Côte d'Ivoire** [kotdiwoar; frz.] →Elfenbeinküste.

■ **Coubertin** [kubertäng], Pierre de, französischer Pädagoge und Historiker, *Paris 1. Januar 1863, †Genf 2. September 1937. Coubertin rief 1894 die Olympischen Spiele der Neuzeit ins Leben und gründete im selben Jahr das Internationale Olympische Komitee, dessen Präsident er 1896–1925 war.

■ **Coulomb** [kulong; nach dem französischen Physiker Charles Augustin de Coulomb, 1736–1806] *das,* Einheitenzeichen **C**, Einheit für die Elektrizitätsmenge (elektrische Ladung):

1 C = 1 As (Amperesekunde).

■ **Countdown** [kauntdaun; engl.] *der,* rückwärts zählende Ansage der Zeiteinheiten (meist von 10 bis 0), besonders vor dem Start von Weltraumraketen zur Ausführung der letzten Kontrollen.

■ **Countrymusic** [kantrimjusik; engl.] *die,* die Volksmusik im Süden und Mittelwesten der USA.

■ **County** [kaunti; engl.] *die,* Verwaltungsbezirk in Großbritannien und in den USA.

■ **Coventry** [kowentri], Industriestadt in Mittelengland, mit 304 400 Einwohnern und einer Universität. Die Stadt wurde 1940 durch deutsche Luftangriffe systematisch zerstört. Zur Erinnerung ließ man neben der neuen Kathedrale (1954–62) die Ruinen des Vorgängerbaus stehen.

■ **Cover** [kawer; engl.] *das,* Schutzumschlag; Schallplattenhülle; Titelseite einer Zeitung.

■ **Cowboy** [kauboi; engl.] *der,* berittener Rinderhirt im nordamerikanischen Westen.

■ **CPU** *die,* Abkürzung für **C**entral **P**rocessing **U**nit [engl., = zentrale Verarbeitungseinheit] (Zentraleinheit), Rechnerkern eines →Computers, der alle Funktionseinheiten zum Ausführen von Befehlen umfasst und in dem die wesentliche Tätigkeit des Computers abgewickelt wird. Die CPU besteht aus einem Steuerwerk, einem Rechenwerk und einigen wenigen Speicherzellen (Register, Akkumulator) und ist über einen Datenbus (→Bus) mit anderen Computerteilen (z. B. dem Hauptspeicher) verbunden. Sie wird aus →integrierten Schaltungen aufgebaut und kann als Mikroprozessor auf einem einzigen Chip untergebracht sein.

■ **Crack** [kräk; amerikanisch] *das,* auf der Basis von Kokain hergestelltes Rauschmittel (→Drogen), das mit Wasser und Backpulver verbacken und geraucht wird. Im Unterschied zu Kokain tritt die aufputschende und halluzinogene Wirkung bei Crack innerhalb von Sekunden ein. Das Suchtpotenzial ist so hoch, dass die meisten Erstverbraucher zu Dauerkonsumenten werden. – auch →Designerdrogen.

■ **Cracken** [kräken; engl. to crack, = spalten], in

Das Leben der **Cowboys**, unter denen sich viele Schwarze und Indianer befanden, hatte wenig mit dem Heldenbild von Freiheit und Abenteuer zu tun, wie wir es aus den meisten Wildwestfilmen kennen; die Cowboys – hier ein Foto aus dem Jahr 1885 – arbeiteten unter rauen Bedingungen in Lohnarbeit

Costa Rica

Flagge

Wappen

der Erdölverarbeitung gebräuchliches Verfahren, um durch Hitze und Katalysatoren größere Kohlenwasserstoffmoleküle in kleinere Moleküle umzuwandeln. Cracken ist besonders wichtig für die Herstellung von Motorentreibstoffen mit hoher Klopffestigkeit (Oktanzahl).

■ **Cranach,** Lucas, der Ältere, deutscher Maler und Grafiker, *Kronach 1472, †Weimar 16. Oktober 1553; neben Dürer einer der großen Meister der deutschen Renaissance. Er schuf religiöse Bilder sowie Bilder mit Themen aus der antiken Sagenwelt. Durch seine Freundschaft mit Luther wurde er zum Schöpfer einer protestantischen Kunst (Holzschnitte zur Bibel). In seiner Werkstatt arbeitete auch sein Sohn **Lucas der Jüngere** (1515–86), der vor allem durch Porträts bekannt wurde.

■ **Crashtest** [kräsch...; engl. crash, = Zusammenstoß], ein Verfahren, mit dem untersucht wird, wie sich Kraftfahrzeuge (Autos, Motorräder) und ihre Insassen bei Unfällen verhalten. Bei einem Crashtest prallt ein Fahrzeug, das oft mit einer Testpuppe **(Dummy)** besetzt ist, gegen ein Hindernis oder ein anderes Fahrzeug. Aus der Verformung der Karosserie und den Kräften, die auf die Testpuppe einwirken, kann auf Unfallverletzungen geschlossen werden.

■ **Crassus,** Marcus Licinius, genannt Dives (»der Reiche«), römischer Politiker und Feldherr, *115 oder 114 v. Chr., †(gefallen) 53 v. Chr. Er bildete mit →Cäsar und Pompeius das 1. Triumvirat. 71 v. Chr. warf er den Sklavenaufstand unter Spartacus nieder.

■ **Credo** [lat., = ich glaube] *das,* Glaubensbekenntnis, vor allem als Teil der katholischen Messe.

■ **Cremona,** Stadt im Süden der Lombardei, Italien, mit 72 300 Einwohnern, am Po gelegen. Cremona hat viele alte Paläste und Kirchen mit wertvollen Kunstschätzen, darunter der Dom (12./13. Jahrh.) mit dem höchsten Kampanile Italiens, dem »Torrazzo« (111 m). – Einen besonderen Ruf erwarb sich die Stadt durch die dort ansässigen Geigenbauer des 16. bis 18. Jahrh. (Amati, Guarneri, Stradivari).

■ **crescendo** [kräschändo; italienisch], musikalische Vortragsbezeichnung: anwachsend in der Tonstärke; Zeichen: .

■ **Crew** [kru; engl.] *die,* Mannschaft, Besatzung, z. B. eines Schiffes oder Flugzeugs.

■ **Cromwell,** Oliver, englischer Staatsmann, *Huntingdon (County Cambridgeshire) 25. April 1599, †London 3. September 1658. Er war der Führer der protestantischen Opposition (→Puritaner) im Bürgerkrieg gegen die absolute Königsherrschaft des katholischen Königs Karl I., den er 1649 hinrichten ließ. In der Republik, die daraufhin gebildet wurde, regierte Cromwell ab 1653 als »Lord Protector« mit uneingeschränkter Macht. Außenpolitisch gelang es ihm, die Stellung Englands zu stärken. Bald nach seinem Tod wurde die Monarchie jedoch wieder eingeführt.

Curium
chemisches Symbol: Cm
Ordnungszahl: 96
relative Nuklidmasse: 247
Dichte: 13,51 g/cm³
Schmelzpunkt: 1 340 °C
Siedepunkt: 3 110 °C

■ **Crosscountry** [krosskantri; engl.] *das,* Bezeichnung für Querfeldeinwettbewerbe in der Leichtathletik, im Rad- und Motorsport.

■ **Cruise-Missile** [krusmissl oder ...missail; engl.] *das* (Marschflugkörper), unbemannter Lenkflugkörper mit konventionellem oder nuklearem Gefechtskopf, Strahltriebwerk und einer Reichweite von bis zu 5 000 Kilometern. Cruise-Missiles, die von Flugzeugen oder von Kriegsschiffen aus gestartet werden, fliegen ihre Ziele im extremen Tiefflug an, um die gegnerische Radarerfassung zu unterfliegen.

■ **ČSFR** →Tschechoslowakei.

■ **ČSSR** →Tschechoslowakei.

■ **CSU,** Abkürzung für **C**hristlich **S**oziale **U**nion (→CDU).

■ **Curie** [küri], Marie, geborene Skłodowska, französische Chemikerin und Physikerin polnischer Herkunft, *Warschau 7. November 1867, †Sancellemoz (Département Haute-Savoie) 4. Juli 1934. Sie wurde 1906 als erste Frau Professorin für Physik an der Sorbonne. Mit ihrem Mann **Pierre Curie** (1859–1906) entdeckte sie die chemischen Elemente Radium und Polonium und erhielt dafür 1903 zusammen mit ihrem Lehrer Antoine Henri Becquerel und ihrem Mann den Nobelpreis für Physik. Ihre Arbeiten auf dem Gebiet der Radiochemie, die Entdeckung des Radiums und die Untersuchungen der chemischen Verbindungen dieses Elements trugen ihr 1911 auch den Nobelpreis für Chemie ein.

■ **Curie** [küri; nach Marie und Pierre Curie] *das,* Einheitenzeichen **Ci,** Einheit der Aktivität eines radioaktiven Strahlers; 1 Ci entspricht $3{,}7 \cdot 10^{10}$ Zerfällen pro Sekunde:

$$1\ \mathrm{Ci} = 3{,}7 \cdot 10^{10}\ \mathrm{Bq}.$$

Die Einheit wurde 1985 durch das →Becquerel ersetzt.

Marie und Pierre Curie: Bahnbrecher der Nuklearforscher; Frau Curie arbeitete unter anderem auch auf dem Gebiet der medizinischen Röntgenologie

■ **Cu̱rium** [nach Marie und Pierre Curie] *das,* ein künstliches radioaktives chemisches Element mit einer Halbwertszeit von 163 Tagen. Es ist ein Alphastrahler, der in so genannten Atombatterien als Wärmequelle zur Stromerzeugung (z. B. in Satelliten und Herzschrittmachern) und als Strahlenquelle bei der Materialprüfung eingesetzt wird.

■ **Curri̱culum** [lat.] *das,* Lehrprogramm eines Schulfachs mit systematischer Entwicklung und Begründung von Lernzielen, Abstimmung der Lehrmittel auf die Lernziele, methodischen Anweisungen an den Lehrer zur Umsetzung des Geplanten im Unterricht und zur Überprüfung des Lernprozesses.

■ **Cursor** [kö̱^{r}ß^{e}r; engl.] *der,* eine auf dem Bildschirm eines Computers verschiebbare Schreibmarke, durch die angezeigt wird, an welcher Stelle das nächste eingegebene Zeichen erscheint. Der Cursor ist als (blinkender) Strich oder Rechteck zu erkennen und wird mit speziellen Funktionstasten oder mit der Maus bewegt.

■ **Cutter** [kạt^{e}r; engl. to cut, = schneiden] *der,* Schnittmeister bei Film und Fernsehen. Der Cutter schneidet aus den Filmaufnahmen die ausgewählten Teile heraus und setzt aus ihnen den endgültigen Film in der im Drehbuch vorgesehenen Folge zusammen.

■ **Cuxha̱ven,** Stadt und Nordseebad in Niedersachsen, an der Elbemündung, mit 53 900 Einwohnern; Vorhafen Hamburgs, Überseehafen (Amerikahafen), Fährhafen (für Helgoland, Nordfriesische Inseln und Brunsbüttel) und Hochseefischereihafen.

■ **CVJM,** Abkürzung für →Christlicher Verein Junger Menschen.

■ **Cyani̱de** [griech.], die überaus giftigen, schon in geringen Mengen tödlich wirkenden Salze der Blausäure. Das bekannteste Cyanid ist **Zyankali** (Kaliumcyanid, KCN). Da Cyanide mit Gold und Silber lösliche komplexe Verbindungen eingehen, werden sie oft beim Vergolden und Versilbern von Gegenständen verwendet. In der organischen Chemie werden sie **Nitrile** genannt. Sie sind dort als Zwischenprodukte für die Synthese z. B. von Farbstoffen und Arzneimitteln wichtig.

■ **Cyberspace** [ßa̱ib^{e}spe^{i}ß; engl., = künstlicher Raum] *der,* →virtuelle Realität.

■ **Cyborg** [ßa̱ibo^{r}g] *der,* Abkürzung für **cy**bernetic **org**anism [engl., = kybernetisches Lebewesen], in der Futurologie die Bezeichnung für einen Menschen, in dessen Körper technische Geräte eingebaut wurden, z. B. als Vorbereitung für lange Raumflüge. Die Geräte, z. B. künstliche Augen, die auch infrarotes Licht sehen können, sollen dem Menschen helfen, sich besser an extreme Umweltbedingungen, wie sie etwa auf anderen Planeten herrschen, anzupassen.

D

■ **D, 1)** der vierte Buchstabe des deutschen Alphabets, ein Konsonant.
2) *Musik:* die 2. Stufe der C-Dur-Tonleiter.
3) römisches Zahlzeichen für 500.

■ **da capo** [-ka̱po; italienisch, = noch einmal, von Anfang an], die Anweisung, ein Musikstück vom Anfang bis zu einer mit »Fine« oder einem Schlusszeichen bezeichneten Stelle zu wiederholen.

■ **Dạcca** →Dhaka.

■ **Dạchau,** Stadt in Oberbayern, an der Amper, mit 37 800 Einwohnern. Bei Dachau befand sich 1933–45 eines der ersten nationalsozialistischen Konzentrationslager, in dem etwa 32 000 Menschen umgebracht wurden.

■ **Dạch der Wẹlt,** Bezeichnung für das Hochland von →Pamir, auch für das Hochland von Tibet.

■ **Dạchreiter,** Türmchen aus Holz oder Stein auf dem Dachfirst (der obersten waagerechten Kante des Daches).

Dachreiter

■ **Dạchs,** ein etwa 70 cm langes und bis 20 kg schweres, nachtaktives, zu den Mardern gehörendes Tier. Besonders in Wäldern baut er sich mit den Grabklauen seiner Vorderpfoten einen unterirdischen Wohnkessel (Dachsbau) mit mehreren Zugängen, in dem er auch überwintert. – Bild S. 196

■ **Dachstein,** österreichischer Gebirgsstock in den Nördlichen Kalkalpen, bis 2 995 m hoch (Hoher Dachstein). Bekannt sind die Rieseneishöhle (im Sommer −1 °C; mit eindrucksvollen gefrorenen Wasserfällen) und die Mammuthöhle.

Den **Dachs** erkennt man an dem langschnäuzigen, schwarzweiß gezeichneten Kopf

■ **Dackel** (Dachshund, Teckel), eine Rasse kurz- und krummbeiniger →Hunde mit Hängeohren, lang gestrecktem Körper und langem, horizontal getragenem Schwanz. Der Dackel wurde ursprünglich nur als Jagdhund verwendet. Zuchtformen sind Kurzhaar-, Langhaar- und Rauhaardackel.

■ **Dadaismus** [frz.] *der,* während des ersten Weltkriegs entstandene Kunst- und Literaturrichtung, die die bestehenden Kunstauffassungen provokativ ablehnte. Der Dadaismus verneinte jegliche Regeln und benutzte den Zufall als Mittel der Gestaltung. Er gab damit der Kunst des 20. Jahrh. wichtige Impulse.

■ **Dädalus,** in der griechischen Sage ein erfindungsreicher Baumeister, der auf Kreta ein Labyrinth für das Ungeheuer Minotaurus errichtet. Von König Minos dort mit seinem Sohn **Ikarus** gefangen gehalten, fertigt er Flügel aus Federn und Wachs an, mit denen sie entfliehen. Ikarus kommt der Sonne zu nahe, sodass das Wachs schmilzt und er ins Meer stürzt.

■ **DAG,** Abkürzung für **D**eutsche **A**ngestellten-**G**ewerkschaft (→Gewerkschaften).

Einheit von Erfindungs - und Unternehmergeist: **Gottfried Daimler,** der Pionier des Kraftfahrzeugbaus

■ **Dahlien,** bis über 1 m hohe, zum Teil buschig wachsende Gartenpflanzen aus Mexiko. Als Korbblütler entwickeln sie im Sommer und Herbst große, lang gestielte Blütenköpfchen in den verschiedensten Farben.

■ **Daimler,** Gottlieb, deutscher Erfinder, *Schorndorf 17. März 1834, †Stuttgart-Bad Cannstatt 6. März 1900. Daimler konstruierte neben Carl Benz die ersten brauchbaren Kraftfahrzeuge und Motorräder. 1890 gründete er die Daimler-Motoren-Gesellschaft, die 1926 mit der Firma Benz & Cie. zur Daimler-Benz AG verschmolzen wurde. 1901 wurde der erste **Mercedes** (vier Zylinder, 35 PS, 72 km/h) gebaut.

■ **Dakar** [auch dakar], Hauptstadt der Republik Senegal, auf der Halbinsel Kap Vert am Atlantischen Ozean, mit 1,73 Mio. Einwohnern. Die Stadt ist das wirtschaftliche Zentrum des Landes und besitzt den größten und modernsten Seehafen Westafrikas.

■ **Dakota,** Gruppe der Siouxindianer. Die Dakota lebten beiderseits des Missouri, ursprünglich von Feldbau, später von der Bisonjagd. Heute leben die etwa 70 000 Dakota überwiegend in Reservationen.

■ **Daktylus** →Vers.

■ **Dalai-Lama** [tibetisch] *der,* das politische und – neben dem Pantschen-Lama – religiöse Oberhaupt im Lamaismus, der tibetanischen Form des Buddhismus. Der gegenwärtige (14.) Dalai-Lama, **Tenzin Gyatso** (*1935; 1940 inthronisiert), flüchtete 1959 nach der Besetzung Tibets durch China nach Indien. Er setzt sich für Toleranz zwischen den Religionen und Völkern ein. 1989 erhielt er den Friedensnobelpreis.

Die **Damhirsche** leben meist in kleinen Rudeln; hier ein männliches Tier

■ **Dalí,** Salvador, spanischer Maler und Grafiker, *Figueras (bei Barcelona) 11. Mai 1904, †ebenda 23. Januar 1989. Er schloss sich als junger Mann in Paris dem Surrealismus an. Seine absurd anmutenden Traumbilder, deren Inhalte allein seiner Fantasie entstammen, malte er mit fotografischer Genauigkeit, als habe er diese »verrückten« Szenen mit eigenen Augen gesehen (z. B. die zerlaufenden Uhren in dem Bild »Zerrinnende Zeit«).

■ **Dalmatien** (serbokroatisch Dalmacija), Küstenlandschaft an der Adria von Istrien im Nordwesten bis an die Bucht von Kotor, gehört vorwiegend zu Kroatien. Der stark gegliederten Küste sind viele Inseln vorgelagert (Dalmatinische Inseln). Die bedeutendsten Städte sind Split und Dubrovnik.

■ **Damaskus,** Hauptstadt Syriens, mit 1,9 Mio. Einwohnern. Die Stadt ist eines der religiösen Zentren des Orients mit über 75 Moscheen; die Altstadt wurde von der UNESCO zum Weltkulturerbe erklärt.
Die Anfänge der Stadt reichen wohl bis ins 3. vorchristliche Jahrtausend zurück. 661–750 war sie als Sitz der omaijadischen Kalifen Mittelpunkt der islamischen Welt.

■ **Damhirsch,** etwa 1 m hoher Hirsch mit meist rotbraunem, weiß geflecktem Fell, weißem Spiegel und – beim männlichen Tier – Schaufelgeweih.

■ **Damokles,** Höfling des Tyrannen Dionysios II. von Syrakus (4. Jahrh. v. Chr.). Als Damokles den Herrscher um sein Glück beneidete, ließ dieser ihm unter einem Schwert, das an einem Pferdehaar aufgehängt war, köstliche Speisen vorsetzen, um ihm das ständig gefährdete Glück der Mächtigen zu demonstrieren. – Als **Damoklesschwert** bezeichnet man deshalb auch eine stets drohende Gefahr.

■ **Dämon** [griech.] *der,* in der griechischen Antike Bezeichnung für das Göttliche. In vielen Religionen und im Aberglauben gelten Dämonen meist als böse Mächte, die Krankheiten und Missgeschick bringen.

■ **Dampf,** der gasförmige Aggregatzustand eines Stoffes, der gleichzeitig noch in flüssiger oder fester Form vorkommt, sodass ständig Moleküle vom flüssigen oder festen Aggregatzustand in den gasförmigen übergehen und umgekehrt.
Im engeren Sinne versteht man unter Dampf den Wasserdampf. Dieser ist als Gas unsichtbar; er ist nur sichtbar, wenn er bereits fein verteiltes, tröpfchenförmiges Wasser enthält (Nebel). Große Mengen Wasserdampf entstehen z. B. beim Sieden von Wasser. In einem geschlossenen Gefäß kann dabei der Druck, den der Dampf auf die Wände ausübt **(Dampfdruck)**, sehr hoch werden. Diesen Dampfdruck nutzt man z. B. in Dampfmaschinen und im Dampfdrucktopf.

■ **Dämpfer,** bei Musikinstrumenten eine Vorrichtung, die den Ton abschwächt und so seine Klangfarbe, zuweilen auch die Tonhöhe verändert. Dämpfer sind z. B. bei Streichinstrumenten ein Kamm, der auf den Steg gesetzt wird, bei Blasinstrumenten ein birnenförmiger Holz- oder Leichtmetallteil, der in das Schallstück eingeschoben wird.

■ **Dampfmaschine** (Kolbendampfmaschine), eine Kraftmaschine, bei der der Druck, den der Wasserdampf auf einen oder mehrere Kolben ausübt, eine Bewegung des Kolbens und damit die Umwandlung der Druckenergie des Dampfes in mechanische Energie bewirkt. Der entweder nur auf die Deckelseite des Kolbens (einfach wirkende Dampfmaschine) oder abwechselnd auf die Deckel- und Kurbelseite (doppelt wirkende Dampfmaschine) gegebene Dampf verschiebt den Kolben im Zylinder und treibt über die mit dem Kolben verbundene Kolbenstange den Kreuzkopf an. Die hier angelenkte und andererseits mit der Kurbelwelle verbundene Schubstange wandelt die Bewegung des Kolbens und des Kreuzkopfes in eine Drehbewegung der Kurbelwelle um. Der britische Mechaniker James Watt erhielt 1769 sein erstes Patent für eine Dampfmaschine.
Anders wird die Energie des Dampfes in der **Dampfturbine** ausgenutzt: Der unter hohem Druck stehende Dampf strömt mit großer Geschwindigkeit auf ein Schaufelrad, das in Drehung versetzt wird (auch →Turbine). Meist baut man mehrere solcher Schaufelräder hintereinander, um die Dampfenergie besser und vollständiger nutzen zu können.

■ **Dänemark,** Königreich zwischen Nord- und Ostsee. Das Land umfasst die Halbinsel Jütland (70 % der Landfläche) und neben 400 kleinen die Hauptinseln Seeland, Fünen, Lolland, Falster und Bornholm; außerdem gehören →Grönland und die →Färöer zum Königreich. Während Ostjütland und die Inseln fruchtbaren Boden haben, hat Westjütland vorwiegend Sandboden mit Heide und Mooren. Landwirtschaft (Fleisch, Molkereierzeugnisse) und Fischfang sind für den Export von Bedeutung. Die Industrie hat ihre Schwerpunkte in der Nahrungs- und Genussmittelherstellung sowie im Textilbereich und bei chemischen Erzeugnissen. Als Bindeglied zwischen Mitteleuropa und Skandinavien hat Dänemark eine wichtige Handels- und Transitfunktion (→Vogelfluglinie).
Geschichte: Als Staatsgründer gilt Gorm der Alte (um 950). 1397 wurden in der »Kalmarer Union« un-

In Deutschland wurden die ersten **Dahlien** im Berliner Botanischen Garten aus Samen gezogen, die Alexander von Humboldt 1804 aus Mexiko geschickt hatte

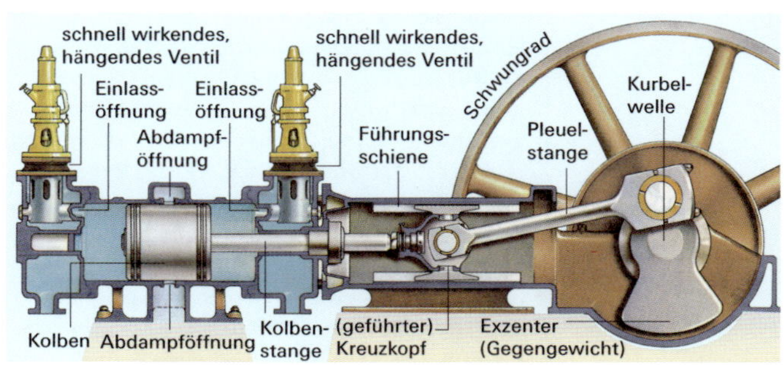

Schnittzeichnung einer **Dampfmaschine**

Dänemark
Fläche 43 094 km²
Einwohner 5,295 Mio.
Hauptstadt Kopenhagen
Amtssprache Dänisch
Nationalfeiertag 5. 6.
Währung 1 Dänische Krone (dkr) = 100 Øre
Zeitzone MEZ

Dänemark

Flagge

Wappen

ter der dänischen Königin Margarete Dänemark, Schweden und Norwegen vereinigt. Anfang des 16. Jahrh. löste sich Schweden aus dieser Union, 1814 fiel Norwegen an Schweden. 1848–50 und 1864 kam es zu deutsch-dänischen Kriegen um Schleswig-Holstein, das von Dänemark an Österreich und Preußen abgetreten werden musste. Im Ersten Weltkrieg blieb das Land neutral, gewann aber durch den Versailler Vertrag Nordschleswig hinzu. 1940–45 war Dänemark von deutschen Truppen besetzt. Seit 1972 ist Margarete II. (*1940) Königin.

■ **Dante Alighieri** [...aligjäri], italienischer Dichter, *Florenz im Mai 1265, †Ravenna 14. September 1321. Dante war zeitlebens in politische Parteikämpfe verwickelt. Aus diesem Grund wurde er 1302 aus seiner Heimatstadt verbannt. Sein Hauptwerk, die »Divina Commedia« (»Göttliche Komödie«), an der er seit 1313 arbeitete, schildert die traumhafte Wanderung des Dichters durch das Jenseits, von der Hölle (Inferno) über den Läuterungsberg (Purgatorio) zum Paradies (Paradiso), und gibt in Begegnungen und Gesprächen ein umfassendes Bild seiner Zeit. Durch dieses Werk, das Dante nicht mehr in der lateinischen, sondern in der italienischen Sprache (Mundart der Toskana) verfasste, wurde das Italienische zur Literatursprache

■ **Danton** [dangtong], Georges Jacques, französischer Revolutionär , *Arcis-sur-Aube (Département Aube) 28. Oktober 1759, †Paris 5. April 1794. Als eine der führenden Persönlichkeiten der »Französischen Revolution« organisierte Danton 1792 die Septembermorde (Massenmorde zur Abschreckung der Gegner). Als er ab Herbst 1793 eine gemäßigtere Politik verfolgte, geriet er in Gegensatz zu Robespierre, der ihn verhaften und hinrichten ließ. – Berühmt ist Georg Büchners Drama »Dantons Tod« (1835).

■ **Danzig** (polnisch Gdańsk), Industrie- und Hafenstadt an der Danziger Bucht (Ostsee), in Polen, mit 461 400 Einwohnern. Die Stadt wurde im Zweiten Weltkrieg stark zerstört, wichtige mittelalterliche Bauten wurden aber wieder aufgebaut (u. a. die gotische Marienkirche, das Rathaus, der Artushof und das Krantor).

Aus einer slawischen Siedlung und einer benachbarten deutschen Marktsiedlung entstanden und um 1240 zur Stadt erhoben, entwickelte sich Danzig gegen Ende des 13. Jahrh. zu einer See- und Handelsmacht (Mitglied der Hanse). 1308 kam die Stadt in den Besitz des Deutschen Ordens, Mitte des 15. Jahrh. unter polnische Verwaltung, 1793 an Preußen.

Durch den →Versailler Vertrag wurde Danzig vom Deutschen Reich getrennt, 1920 als »Freie Stadt Danzig« Freistaat unter dem Schutz des Völkerbunds. Am 1. September 1939 wurde die Stadt dem Deutschen Reich eingegliedert, 1945 kam sie unter polnische Verwaltung, 1990 endgültig zu Polen.

■ **Daoismus** →Taoismus.

■ **Dardanellen** (im Altertum Hellespont genannt), Meerenge zwischen Ägäischem Meer und Marmarameer, etwa 65 km lang und 2–6 km breit. Ihre geringe Breite machte sie zu einem strategisch wichtigen Gebiet, besonders für Russland, da sie die einzige Verbindung vom Schwarzen Meer zum Mittelmeer sind. So kam es im 19. Jahrh. zur Dardanellenfrage: Nicht türkischen Kriegsschiffen wurde die Durchfahrt verboten. Im Ersten Weltkrieg waren die Dardanellen schwer umkämpft; danach wurden sie entmilitarisiert, 1936 aber von den Türken neu befestigt.

■ **Dareios I., der Große** (lat. Darius), persischer König (seit 522 v. Chr.), †486 v. Chr. Er erweiterte das Persische Reich, das unter ihm seine größte Ausdehnung und Machtfülle erreichte, im Osten bis an den Indus. Seine Kriegszüge gegen Griechenland scheiterten (Schlacht bei Marathon 490 v. Chr.).

■ **Dareios III.** (lat. Darius), persischer König (seit 336), *um 380, †bei Hekatompylos (Iran) im Juli 330 v. Chr. Er verlor Reich und Thron an Alexander den Großen (Niederlagen bei Issos 333 und bei Gaugamela 331 v. Chr.).

Dante – Dichter und Politiker

10. März 1302: in Rom wird der Dichter Dante Alighieri in seiner Eigenschaft als einflussreicher Politiker in Abwesenheit zum Tode verurteilt. In seiner Heimatstadt, dem damaligen Stadtstaat Florenz, verlor er als Führer der politisch unterlegenen Partei der Ghibellinen Wohnrecht und Besitz. Seitdem lebte er mit seiner Familie im Exil: in Verona, Lucca, Pisa und zuletzt in Ravenna. Dort vollendete Dante, der in Italien den Ruf eines Nationalhelden genießt, seinen großen Wurf: die »Commedia«, die in der ersten Reihe der Weltliteratur Platz genommen hat. Einmalig ist die ausgezirkelte Architektur dieser Dichtung, deren Form man »Epos« nennt: es besteht aus drei Teilen mit je 33 Abschnitten (»Gesängen«) : »Inferno«, »Purgatorio« und »Paradiso«; die 99 Abschnitte, die in Terzinen (Dreireimen) gefasst sind, werden durch einen einleitenden »Gesang« auf die Zahl 100 abgerundet. Das Beiwort »divina« hatte Dantes berühmter Kollege Giovanni Boccaccio dem Werk zugedacht. Der Titel »Divina Commedia« wurde übrigens erst im 16. Jahrhundert üblich. Ein anderer Zeitgenosse Dantes, Francesco Petrarca, preist im Jahr 1359, also zu einer Zeit, in der es üblich war, in lateinischer Sprache zu dichten, in einem Brief an seinen Freund Boccaccio die Tatsache, dass Dante seine »Commedia« in die italienische Volkssprache gegossen hat: »Denn in der Dichtung in der Volkssprache ist er herrlicher und höher aufgestiegen als im lateinischen Gedicht und in lateinischer Prosa«.

■ **Darlehen,** die rechtliche Grundform aller Kreditgeschäfte: Überlassung von Geld, wobei sich der Darlehensnehmer verpflichtet, den Betrag (oft in Raten) zurückzuzahlen. Ein Darlehen kann unentgeltlich oder gegen Entgelt (Zinsen) gewährt werden.

■ **Darm,** der schlauchförmige Abschnitt des Verdauungskanals (→Verdauung) zwischen Magenausgang und After, der beim Menschen etwa 8 m lang ist. Er ist gegliedert in Dünndarm und Dickdarm. In den vorderen Abschnitt des **Dünndarms,** den Zwölffingerdarm, münden die Gänge der Bauchspeicheldrüse und der Gallenblase. Zusammen mit Bauchspeichel und Gallensaft werden im Dünndarm noch weitere enzymhaltige Verdauungssäfte gebildet, die den Speisebrei aufbereiten. Die Nährstoffe gelangen über die große Oberfläche der stark gefalteten und mit vielen kleinen Zotten (Hautausstülpungen) versehenen Darmwand in den Körper. In dem sich anschließenden **Dickdarm** wird dem unverdaulichen Rest das Wasser entzogen, und Mikroorganismen (Darmflora) zersetzen noch einen Teil des Darminhalts, wobei sie wichtige Vitamine freisetzen. Der Kot wird durch den After ausgeschieden.

■ **Darmstadt,** Stadt in Südhessen, mit 138 700 Einwohnern. Neben einer technischen Hochschule befindet sich in Darmstadt auch das »Europäische Operationszentrum für Weltraumforschung« der →ESA. Darmstadt ist Sitz der Deutschen Akademie für Sprache und Dichtung. Auf der Mathildenhöhe stehen wichtige Jugendstilbauten.

■ **Darts** [engl.] *das,* englisches Wurfspiel, bei dem kleine Pfeile mit Stahlspitze und Federn auf eine Scheibe geworfen werden. Die Scheibe ist durch ein Drahtgeflecht in 20 keilförmige Kreissegmente unterteilt, denen unterschiedliche Punktzahlen zugeordnet sind; ein Treffer im Mittelkreis zählt 50 Punkte.

■ **Darwin,** Charles Robert, britischer Naturforscher, *The Mount (bei Shrewsbury) 12. Februar 1809, †Down House (heute zu London) 19. April 1882. Darwin nahm 1831–36 an einer Weltumsegelung teil. Aufgrund von Tierbeobachtungen auf dieser Reise, vor allem auf den Galápagosinseln, entwickelte er in dem Buch »Über den Ursprung der Arten durch natürliche Zuchtwahl« (1859) eine Evolutionstheorie **(Darwinismus)**, die zunächst sehr umstritten war, heute aber weitgehend anerkannt ist. Sie geht davon aus, dass alle Lebewesen von einem gemeinsamen Urahn abstammen. Wie Darwin in seinem Buch »Die Abstammung des Menschen« (1871) darlegte, sind auch die Menschen aus der Evolution der Lebewesen hervorgegangen. Die Ideen Darwins wirkten umwälzend auf die Biologie. – auch →Evolution.

Die Karikatur aus dem Jahr 1874 spiegelt die Verstörung, die der Naturforscher **Charles Darwin** mit seiner Evolutionstheorie bei seinen Zeitgenossen ausgelöst hatte

■ **DAT,** Abkürzung für **d**igital **a**udio **t**ape [engl., = Digitaltonband], eine spezielle Tonbandkassette, bei der die magnetische Aufzeichnung der Schallsignale in digitalisierter Form erfolgt. Dadurch wird bei der Wiedergabe eine gleich gute Tonqualität erreicht, wie sie das Original (z. B. eine Compact Disc) hat. Die Geräte sind unempfindlich gegenüber mechanischen Erschütterungen. DAT-Kassetten (73×54×10,5 mm) haben eine Laufzeit von bis zu 240 Minuten.

■ **Datei,** auf einem Computer abgespeicherte Menge zusammengehöriger Daten gleichen Typs. Die Speicherung kann z. B. auf Disketten, Magnetplatten, Magnetbändern oder Compact Discs erfolgen.

■ **Datenanzug** (engl. Data-Suit), mit einem Computer verbundenes Gerät, das in Form eines Anzugs den Körper umhüllt und über Sensoren die Arme und Beine und einige andere Körperbereiche abtastet. Die ermittelten Daten werden im Computer verarbeitet, sodass der Träger des Anzugs in eine vom Computer erzeugte →virtuelle Realität eintauchen kann. Teil des Datenanzuges ist ein Helm, der durch Bildschirme die vom Computer erzeugten Bilder übermittelt und mithilfe von Sensoren die Bewegungen von Augen und Kopf registriert. Diese Daten fließen wieder in die Berechnungen des Computers ein.
Der Träger des Datenanzugs kann sich mithilfe eines **Datenhandschuhs,** der über Sensoren die Bewegungen von Fingern oder der Hand feststellt, in der virtuellen Realität bewegen und Gegenstände darin berühren. Über eine Rückkopplung kann der Computer den Tastsinn des Handschuhträgers reizen und ihm so Informationen zur Oberfläche oder dem Gewicht des Gegenstandes liefern.

■ **Datenautobahn** (engl. Information-Highway), Bezeichnung für schnelle, leistungsfähige Datenübertragungsnetze, die durch Zusammenschalten verschiedener Teilnetze zustande kommen und über Koaxial- oder Glasfaserkabel Ton-, Bild- und Datensignale transportieren.

■ **Datenbank** (Datenbanksystem), eine systematische Sammlung von Daten, die auf einem Computer so gespeichert sind, dass sie bei optimaler Zugriffszeit auf dem neuesten Stand gehalten und jederzeit nach verschiedenen Kriterien durchsucht und ausgewählt werden können. Beispiele für Datenbanken sind Literaturdatenbanken in Bibliotheken, die Sammlung von Kontodaten in einer Bank oder die Fahndungsdatei des Bundeskriminalamtes.
Eine Datenbank besteht aus Dateien, in denen Daten abgelegt sind, und mehreren Programmen, die die Dateien nach vorgegebenen Beschreibungen verwalten und die Zugriffe durchführen. Datenbanken, die personenbezogene Daten enthalten, unterliegen dem →Datenschutz.

■ **Datenfernverarbeitung,** eine Form der Datenverarbeitung, bei der Ein- und Ausgabe der

Daten von ihrer Verarbeitung räumlich getrennt sind. Sie wird ermöglicht durch die →Datenübertragung. Typische Beispiele für Datenfernverarbeitung sind Buchungs- und Reservierungssysteme von Fluggesellschaften: In den einzelnen Reisebüros werden die Daten (Reisetermin, -ziel usw.) eingegeben und gegebenenfalls bestätigt; die Buchung erfolgt zentral durch einen entfernten Computer.

■ **Datenschutz,** der Schutz des Einzelnen vor Beeinträchtigung seiner Privatsphäre durch unbefugte Erhebung, Speicherung, Verwendung und Weitergabe seiner persönlichen Daten. Die rechtliche Grundlage des Datenschutzes bildet das Bundesdatenschutzgesetz von 1990, dessen Einhaltung von **Datenschutzbeauftragten** überwacht wird. Organisatorische und technische Maßnahmen sind z. B. die räumliche Abschirmung des Datenbestandes und die Beschränkung des Zugriffs auf bestimmte Mitarbeiter. Die an verschiedenen Stellen (z. B. in Datenbanken von Versicherungen, Banken und Behörden) gesammelten Angaben (z. B. über Vermögensverhältnisse, beruflichen Werdegang oder Krankheiten) dürfen nicht unkontrolliert, nicht missbräuchlich und nicht zum Schaden des Einzelnen verwendet werden. Nach dem Bundesdatenschutzgesetz haben die Bürger das Recht, bestimmte Daten (z. B. bei Behörden) einzusehen und falsche Daten berichtigen, sperren oder löschen zu lassen.

■ **Datensicherung,** alle Maßnahmen und Methoden, die die mit einem Computer gespeicherten Daten gegen Zerstörung und unbeabsichtigte Änderungen (z. B. durch Fehlbedienung oder aufgrund von Hardware- oder Softwarefehlern) schützen sollen. Beispiele sind die mechanische Schreibsperre bei Disketten und die Erstellung von Sicherungskopien von Dateien.

■ **Datenübertragung,** die Übermittlung von Daten zwischen entfernten Computern oder zwischen einem Computer und entfernten Ein- oder Ausgabegeräten. Die Datenübertragung erfolgt mit einem →Modem über spezielle Datenleitungen, z. B. über das Datexnetz der Deutschen Telekom oder →ISDN.

■ **Datenverarbeitung** (elektronische Datenverarbeitung), Abkürzung **DV (EDV),** ein Prozess, bei dem meist große Mengen von Daten mit einem →Computer erfasst, gespeichert, geordnet und gegebenenfalls umgeformt werden, um Informationen zu gewinnen.

■ **Dativ** (Wemfall) →Fälle.

■ **Dativobjekt** →Satz.

■ **Dattelpalme,** im tropischen und subtropischen Afrika und Asien vorkommende Palmengattung. Dattelpalmen können bis 30 m hoch werden. Ihre weit in die Tiefe wachsenden Wurzeln finden selbst noch in Wüstengebieten Wasser. Die Dattelpalme ist deshalb die wichtigste Nutzpflanze der Oasen. Sie liefert unter günstigen Bedingungen zwischen 50 und 150 kg der gelben bis braunroten Beerenfrüchte **(Datteln).** Ihr Fruchtfleisch, das reich an Kohlenhydraten ist, wird roh gegessen, getrocknet oder zu Sirup verarbeitet.

Im alten Ägypten wurde die **Dattelpalme** als heiliger Baum verehrt

■ **Datum** [lat., = gegeben] *das,* die Zeitangabe (Tag, Monat, Jahr) nach dem →Kalender.

■ **Datumsgrenze,** eine gedachte Linie auf der Erdoberfläche, die durch den Pazifischen Ozean führt und ungefähr mit dem 180. Längengrad zusammenfällt. Beim Überschreiten dieser Linie von West nach Ost gilt dasselbe Datum zwei Tage lang, während bei umgekehrter Reiserichtung ein Tag übersprungen wird.

■ **David,** israelitischer König (etwa 1004 bis 965 v. Chr.). David wurde als Waffenträger an den Hof Sauls berufen und bewährte sich im Kampf gegen die Philister (Sage von David und Goliath). Als Nachfolger Sauls einte er Juda und Israel zu einem Reich und machte Jerusalem zur Hauptstadt und zum Mittelpunkt der Gottesverehrung (Überführung der Bundeslade). Seinen Sohn Salomo setzte er als Nachfolger ein. David gilt als Verfasser vieler Psalmen.

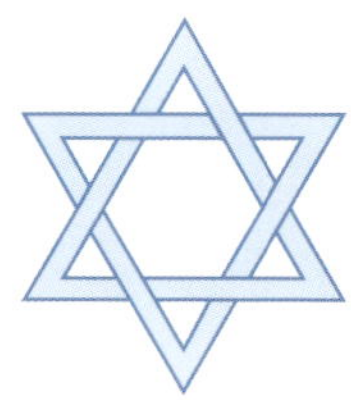

Davidstern

■ **Davidstern,** ein sechseckiger Stern aus zwei ineinander geschobenen, gleichseitigen Dreiecken. Seit dem 18. Jahrh. ist er ein jüdisches Glaubenssymbol, seit 1897 Wahrzeichen des →Zionismus. Im nationalsozialistischen Deutschland wurden die Juden gezwungen, einen gelben Davidstern (»Judenstern«) sichtbar an der Kleidung zu tragen. Seit 1948 ist der Davidstern Symbol in der Staatsflagge Israels.

■ **Daviscup** [de̲iwiskap; engl.] *der* (Davispokal), vom amerikanischen Diplomaten und Tennisspieler Dwight Filley Davis (1879–1945) im Jahre 1900 gestifteter Wanderpokal für die beste Tennis-Nationalmannschaft der Herren. Im jährlich ausgetragenen Daviscup-Wettbewerb wird der Sieger nach dem K.-o.-System ermittelt; bei den Partien zwischen zwei Nationen werden an drei aufeinander folgenden Tagen jeweils vier Einzel und ein Doppel gespielt. Die deutsche Mannschaft gewann den Wettbewerb 1988, 1989 und 1993. Im Damentennis entspricht dem Daviscup der →Federationcup.

■ **DCC,** Abkürzung für **D**igital **C**ompact **C**assette [engl., = digitale Kompaktkassette], eine Weiterentwicklung der herkömmlichen, analogen Kompaktkassette, bei der die magnetische Aufzeichnung der Schallsignale in digitalisierter Form erfolgt. Wegen des gegenüber Compact Disc und DAT geringeren Fassungsvermögens werden bei der Aufnahme auf DCC die vom menschlichen Gehör ohnehin nicht mehr wahrnehmbaren Musiksignale verringert. Die Spieldauer der DCC entspricht der von Kompaktkassetten; diese sind mit DCCs kompatibel, das heißt, sie können auf DCC-Rekordern abgespielt werden.

Mit Vorliebe bannte **Claude Debussy** Naturereignisse in die Tonsprache, so in dem Orchesterwerk »La mer« (Das Meer) und auch in vielen Klavierstücken wie »Le vent dans la plaine« (Der Wind in der Ebene)

■ **DDR,** Abkürzung für →**D**eutsche **D**emokratische **R**epublik.

■ **DDT®** *das,* Abkürzung für **D**ichlor**d**iphenyl**t**richlorethan, ein Insektenvernichtungsmittel. DDT wird in der Natur nur langsam abgebaut; es kann sich über die →Nahrungskette im tierischen Fettgewebe anreichern und zu Schäden führen. Seine Verwendung ist daher in Deutschland verboten. Nach dem Zweiten Weltkrieg – und in Entwicklungsländern zum Teil bis heute – wurde DDT mit großem Erfolg zur Bekämpfung der Malaria eingesetzt.

■ **Dealer** [di̲ler; engl.] *der,* jemand, der mit verbotenen Drogen handelt (»dealt«).

■ **Debạtte** [frz.] *die,* Diskussion, bei der die Aussprache in geregelter Rede und Gegenrede abläuft (z. B. im Parlament).

■ **Debussy** [debüssi̲], Claude, französischer Komponist, * Saint-Germain-en-Laye (Département Yvelines) 22. August 1862, † Paris 25. März 1918. Debussy gilt als Hauptmeister des musikalischen →Impressionismus. Seine Musik ist durch feinste Unterschiede in den Klangfarben und verschwimmende Klänge geprägt.

■ **Debüt** [debü̲; frz.] *das,* erstes Auftreten, z. B. eines Künstlers, in der Öffentlichkeit.

■ **Deco̲der** [engl.] *der,* eine elektronische Baugruppe, die codierte Nachrichten entschlüsselt (→Code). Sie findet sich z. B. in Fernsehgeräten zum Empfang von Videotext.

■ **decrescendo** [dekräschạndo; italienisch], musikalische Vortragsbezeichnung: leiser werdend; Zeichen: >.

■ **DED,** Abkürzung für →**D**eutscher **E**ntwicklungs**d**ienst.

■ **Deduktio̲n** [lat., = Herabführung] *die,* eine Form der logischen Beweisführung: die Ableitung des Besonderen aus dem Allgemeinen, also von bestimmten Sätzen (»Sokrates ist sterblich«) aus anderen, allgemeineren Sätzen (»Alle Menschen sind sterblich«). – Gegensatz: Induktion.

■ **Deeskalatio̲n** →Eskalation.

■ **de fạcto** [lat.], tatsächlich, den gegebenen Tatsachen entsprechend. Im Völkerrecht versteht man unter einer **De-facto-Anerkennung** eine praktisch vollzogene Anerkennung, ohne dass sie

Dass **Edgar Degas** auch ein begeisterter Fotograf war, davon zeugt die Meisterschaft, mit der der Künstler in seinen Bildern den unverwechselbaren Gestus einer Momentaufnahme festhält; die »Drei Tänzerinnen in Blau« malte Degas nach 1893, dem Jahr seiner beginnenden Erblindung

z. B. durch einen Vertrag festgelegt wurde. Dagegen bedeutet **de jure**: dem Recht nach, der Rechtslage (z. B. einem Vertrag) entsprechend.

■ **Defensive** [frz.] *die,* Verteidigung, Abwehr; Gegensatz: Offensive.

■ **Defizit** [lat.] *das,* Fehlbetrag, Mangel.

■ **Deflation** [lat.] *die,* der Rückgang der Preise (im Gegensatz zur →Inflation). Ist in einer Volkswirtschaft das Angebot an Gütern größer als die Nachfrage, sinkt der Geldumlauf, und es kommt zu Geldwertsteigerungen.

■ **Defloration** [von lat. deflorare, = der Blüte berauben] *die* (Entjungferung), das Einreißen des Jungfernhäutchens (Hymen) beim ersten Geschlechtsverkehr.

■ **Defoe** [dᵉfo], Daniel, englischer Schriftsteller, *London 1660(?), †ebenda 26. April 1731. Er wandte sich als Journalist gegen politische und religiöse Unfreiheit. Erst im Alter von 60 Jahren schrieb er seinen ersten Roman, die in Tagebuchform geschilderten Erlebnisse des Schiffbrüchigen »Robinson Crusoe« (1719). Auch seine folgenden Romane (z. B. »Moll Flanders«, 1722) sind Abenteuerromane.

■ **Deformation** [lat.] *die,* die Formveränderung eines Körpers durch äußere Kräfte, z. B. Druck; bei Organismen auch die Fehlbildung (Missbildung).

■ **Degas** [dᵉga], Edgar, französischer Maler, *Paris 19. Juni 1834, †ebenda 26. September 1917. Degas, einer der bedeutendsten Maler des Impressionismus, schuf vor allem Darstellungen von Tänzerinnen sowie Kaffeehaus- und Rennbahnszenen, wobei ihn besonders Bewegungen und das Spiel des Lichts interessierten.

■ **Degen,** im 14. Jahrh. in Italien aus dem spätmittelalterlichen Schwert entwickelte Hieb- und Stoßwaffe mit langer, schmaler und (im Gegensatz zum Säbel) gerader Klinge; heute als Sportwaffe beim →Fechten verwendet.

■ **Degeneration** [lat.] *die,* Verschlechterung der Leistungsfähigkeit und des Erscheinungsbildes bei Individuen, Organen, Zellverbänden und Zellen. Eine Degeneration kann u. a. auf →Mutationen, Schäden durch →Inzucht, →Domestikation und Abbauerscheinungen beruhen.

■ **Deich,** ein künstlicher Damm an der Meeresküste oder längs eines Flusses zum Schutz gegen Überschwemmungen. Deiche sind meist aus Erde aufgeschüttet, mit Rasen bedeckt und auf der Wasserseite mit Steinen befestigt. Bei Seedeichen ist die Außenböschung lang und flach abfallend, damit sich die Wellen »totlaufen« können.

Die Freiheit des Wortes brachte **Daniel Defoe** im Jahr 1703 an den Pranger; der Journalist hatte einen satirischen Text mit der Überschrift »Kurzer Prozess mit den Nonkonformisten« veröffentlicht; die so angeprangerte Staatsmacht reagierte prompt, die begeisterten Leser auch: auf der Illustration ehren Londoner Bürger den Mann der spitzen Feder mit Blumen und gezogenen Hüten

■ **Deismus** [lat.] *der,* zur Zeit der Aufklärung verbreitete Gottesauffassung, nach der Gott zwar die Welt geschaffen hat, in das Weltgeschehen aber nicht weiter eingreift.

■ **Déjà-vu-Erlebnis** [deschawü...; frz., = schon gesehen], Erinnerungstäuschung, bei der jemand das Gefühl hat, etwas soeben Erlebtes oder Gesehenes früher schon einmal erlebt oder gesehen zu haben.

■ **de jure,** von Rechts wegen, nach der Rechtslage. – auch →de facto.

■ **Deka...** [griech., = zehn], Vorsatz vor Einheiten; es bezeichnet das Zehnfache der betreffenden Einheit, z. B. Dekagramm = 10 Gramm.

■ **Dekade** [griech.] *die,* eine Gesamtheit von zehn Einheiten, Anzahl von zehn Stück; Zeitraum von zehn Tagen, Wochen, Monaten oder Jahren.

■ **Dekadenz** [frz.] *die,* kultureller Niedergang, Verfall, Entartung.

■ **Dekan** [lat.] *der,* **1)** *evangelische Kirchen:* in

verschiedenen evangelischen Landeskirchen ein Vorgesetzter des Pfarrers.

2) *katholische Kirche:* (Dechant, Erzpriester), in der katholischen Kirche Vorsteher eines Kirchenbezirks, eines Domkapitels.

3) *Universitätswesen:* an Hochschulen der Leiter einer Fakultät oder eines Fachbereichs.

Fayencevase aus **Delft**

■ **Deklaration** [lat.] *die,* grundsätzliche Erklärung (z. B. die Deklaration der Menschenrechte).

■ **Deklination** [lat.] *die,* **1)** *Astronomie:* der Winkelabstand eines Gestirns vom Himmelsäquator.

2) *Geophysik:* die Abweichung der Richtung einer Magnetnadel von der wahren Nordrichtung, weil magnetischer und geographischer Nordpol nicht übereinstimmen.

3) *Grammatik:* →Fälle.

■ **Dekret** [lat.] *das,* behördliche oder richterliche Verfügung, Erlass.

■ **Delegation** [lat.] *die,* Abordnung, Vertretung; auch: die Übertragung von Zuständigkeiten oder Aufgaben.

■ **Delft,** Stadt in den Niederlanden, mit 94 700 Einwohnern. Delft hat ein malerisches Stadtbild mit vielen schmalen Grachten. Berühmt wurde die Stadt besonders durch ihre Fayenceherstellung.

■ **Delhi** [deli], Stadt in Nordindien, mit 7,21 Mio. Einwohnern; auf dem Unionsterritorium Delhi (1 483 km² groß) leben insgesamt 10,87 Mio. Einwohner. Der Stadtteil **Neu-Delhi** ist die Hauptstadt Indiens. Delhi ist das größte Kultur-, Verkehrs- und Handelszentrum Nordindiens mit wichtiger Industrie. In der Altstadt befinden sich prächtige Paläste und Moscheen. Das moderne Neu-Delhi ist als Gartenstadt gestaltet.

Der nach seiner schwertförmigen Rückenfinne benannte Schwertwal ist der für andere Meeresbewohner gefährlichste **Delphin:** er verschlingt ganze Pinguine, Robben oder Seelöwen; im Verhalten gegenüber dem Menschen zeigt er sich jedoch als sanfter und gelehriger Dressurzögling

■ **Delikt** [lat.] *das,* Straftat, rechtswidrige Handlung.

■ **Delirium** [lat.] *das,* eine Bewusstseinstrübung, die sich in hochgradiger Erregung, Verwirrtheit und Wahnvorstellungen äußert. Sie kommt bei schweren Erkrankungen (z. B. Hirnhautentzündung) oder akuten Vergiftungen (z. B. mit Alkohol) vor und kann bei Süchtigen auch durch den plötzlichen Entzug von Alkohol oder Drogen ausgelöst werden.

■ **Delphi,** altgriechische Kultstätte an den Südhängen des Parnass, nördlich des Golfs von Korinth; Mittelpunkt der Verehrung des Gottes Apollon und bedeutendste Orakelstätte der Griechen (→Orakel). Der **Omphalos** (ein halbovaler Stein) im Tempel des Apollon galt als der »Nabel« der Welt.

■ **Delphine** [griech.], in allen Meeren vorkommende Familie 1–9 m langer, vorwiegend Fische fressender Zahnwale. Die Schnauze dieser Meeressäugetiere ist meist schnabelartig verlängert, die Rückenfinne kräftig entwickelt. Delphine leben meist gesellig, oft in großen Gruppen; sie sind lebhaft und flink, außerordentlich intelligent und verständigen sich durch ein System akustischer Signale. Sie orientieren sich mithilfe eines so genannten Sonarsystems, wobei sie das Echo eines ausgestoßenen Lautes zur Berechnung der Entfernung eines Hindernisses benutzen. – Zu den Delphinen gehören u. a. der Gemeine Delphin, der Tümmler, die Grindwale und die Schwertwale.

■ **Delta** [griech.] *das,* **1)** der vierte Buchstabe des griechischen Alphabets (Zeichen Δ, δ); er entspricht dem lateinischen D.

2) nach dem griechischen Buchstaben benannte Art der Flussmündung, bei der der Fluss ein fächerförmig von Flussarmen durchzogenes Schwemmland aufbaut, das in das Meer oder in einen See hineinwächst.

■ **Demagoge** [griech.] *der,* Volksverführer, Aufwiegler.

■ **Dementi** [frz.] *das,* offizieller Widerruf, Berichtigung einer Nachricht.

■ **Demenz** *die* (lat. Dementia), die nicht angeborene und meist nicht heilbare Minderung geistiger Fähigkeiten wie Intelligenz, Gedächtnis und Auffassungsgabe. Sie wird durch Schädigungen des Gehirns (z. B. bei der Alzheimer-Krankheit) verursacht.

Delphi

Die Landschaft an den Südhängen des Parnass war durch ihre Großartigkeit zum Standort eines Heiligtums vorbestimmt. Delphi entwickelte sich seit dem 8. Jahrh. v. Chr. zum zentralen Apollo-Heiligtum, wenn nicht gar zum wichtigsten Heiligtum der altgriechischen Welt. Im Allerheiligsten saß die Pythia auf einem Dreifuß. Wodurch sie in Rausch geriet, wissen wir nicht, aber sie verkündete ihre vieldeutigen Sprüche mit »rasender Zunge«. Nur die Priester verstanden die Orakelsprüche und brachten sie für den Rat Suchenden in oft kunstvolle Versform. Delphi hatte auf diese Weise großen Einfluss auf politische Entscheidungen und besaß auch moralische Autorität, wie zahlreiche Inschriften im Vorraum des Tempels zeigen, z. B. »Nichts im Übermaß« oder »Erkenne dich selbst«.

Tritt die Demenz in höherem Alter auf, wird sie als Altersdemenz oder senile Demenz bezeichnet.

■ **Demeter,** griechische Göttin des Ackerbaus und der Fruchtbarkeit. Ihr entspricht die römische Göttin Ceres.

■ **Demission** [lat.] *die,* der Rücktritt einer Regierung oder eines Ministers.

■ **Demokratie** [lat., = Herrschaft des Volkes] *die,* eine Staatsform, in der die Staatsgewalt vom Volk ausgeht, die Regierenden die Macht vom Volk nur »geliehen« haben. Der amerikanische Präsident Abraham Lincoln prägte im Jahr 1863 dafür die Kurzformel »Regierung des Volkes durch das Volk und für das Volk«.

Zu den Grundlagen der modernen Demokratie gehört die **Gewaltenteilung.** Danach üben die Volksversammlung oder das Parlament (Legislative) die gesetzgebende, die Regierung (Exekutive) die ausführende und unabhängige Gerichte (Judikative) die rechtsprechende Gewalt aus. Die Demokratie kann nur dann verwirklicht werden, wenn die von der Mehrheit getroffenen Entscheidungen, z. B. bei Wahlen oder Parlamentsabstimmungen, anerkannt werden **(Mehrheitsprinzip);** diese Entscheidungen müssen allerdings mit der Verfassung und den Gesetzen übereinstimmen. Ein weiteres Grundprinzip ist die politisch-rechtliche Gleichheit aller Staatsbürger **(Gleichheitsprinzip).** Sie äußert sich einmal bei der Wahl, bei der die Stimme jedes Wahlberechtigten gleiches Gewicht besitzt (etwa im Unterschied zum →Dreiklassenwahlrecht), zum anderen in der Gleichheit vor dem Gesetz. Außerdem müssen in einer Demokratie die Bürger aktive staatsbürgerliche Rechte besitzen; solche Rechte sind neben dem Wahlrecht z. B. die Grundrechte (→Menschenrechte).

Geschichte: Der griechische Gesetzgeber Solon schuf im 6. Jahrh. v. Chr. die Grundlagen der Demokratie, die sich in Athen dann im 5. Jahrh. v. Chr. ausbildete. Allerdings galt sie bis in die Neuzeit hinein noch nicht als stabile Regierungsform. So sprachen sich in der Antike Aristoteles und Cicero für Staatsverfassungen aus, die aristokratische und demokratische Elemente enthielten.

In England bedurfte das Königtum seit alters her der (oft formlosen oder stillschweigenden) Zustimmung des Volkes; im englischen Parlament hat die Volksvertretung moderner Prägung ihr Vorbild.

Mit der Verfassung von 1787 erhielten die Vereinigten Staaten, mit der Verfassung von 1791 Frankreich eine demokratische Ordnung in Form einer repräsentativen Demokratie. Der Versuch der Revolution, in Frankreich die Demokratie zu verwirklichen, war für die Entwicklung der Demokratie in ganz Europa bedeutsam. Die repräsentative Demokratie wurde jedoch 1832 in Großbritannien weiterentwickelt. Demokratische Bestrebungen setzten sich in den angelsächsischen Ländern und – mit Unterbrechungen – in Frankreich fort, in Preußen und Österreich dagegen kamen sie erst um die Wende zum 20. Jahrh. zum Tragen. Auf breiter Front setzte sich das demokratische Element im Rahmen von Repräsentativsystemen jedoch erst nach dem Ersten Weltkrieg durch. Versuche, auf dem Wege einer »Räteherrschaft« eine Form direkter Demokratie zu schaffen, scheiterten oder mündeten schnell in diktatorische Regierungssysteme (z. B. in der Sowjetunion). Aber auch demokratische Systeme wurden infolge sozialer und politischer Konflikte von diktatorischen und totalitären Systemen verdrängt (so in Deutschland 1933, in Italien 1922 und in Spanien 1936/39).

Nach 1945 entstanden neben parlamentarisch-de-

Formen der Demokratie

direkte Demokratie	Die Bürger stimmen in wichtigen politischen Angelegenheiten unmittelbar ab
repräsentative Demokratie	Die Bürger wählen Abgeordnete, die im Parlament stellvertretend für sie entscheiden
präsidiale Demokratie	Der Präsident als oberste Spitze des Staates wird von der Bevölkerung gewählt
parlamentarische Demokratie	Das Parlament wählt den Regierungschef

mokratischen Regierungssystemen (z. B. in Italien und in der Bundesrepublik Deutschland) im Verlauf der »Sowjetisierung« von Teilen Mittel- und Osteuropas kommunistische Einparteiensysteme (z. B. in der Deutschen Demokratischen Republik, in Polen und in der Tschechoslowakei). Im Gefolge einer weltweiten Protestbewegung (z. B. im Gefolge der Studentenbewegung) setzten in den 1960er-Jahren vor allem in den parlamentarischen Demokratien Europas und Nordamerikas redikaldemokratische Bestrebungen ein, die eine Demokratisierung der gesellschaftlichen Bereiche unterhalb der staatlichen Ebene (darunter z. B. der Universitäten) forderten, wodurch eine Hinwendung zu basisdemokratischen Ideen begünstigt wurde.
Zu einer neuerlichen Demokratisierungswelle mit einer Öffnung diktatorischer Herrschaftssysteme kam es seit Mitte der 1970er-Jahre zunächst vor allem in Lateinamerika, später auch in Asien und Afrika. In Ost- und Mitteleuropa gingen aus den nach 1975 verstärkt entstehenden Bürgerrechtsbewegungen 1989 massenhafte Demokratiebewegungen hervor, die den politischen Umbruch 1989–92 maßgeblich herbeiführten. Diese Öffnungsprozesse dauern zum Teil noch an. Die ständige Erneuerung und Weiterentwicklung des demokratischen Prozesses bleibt damit eine dauernde Aufgabe. Neben die herkömmlichen Demokratiemodelle tritt heute die Forderung nach Basisdemokratie, in der alle Bürger an der Willensbildung zu allen wesentlichen Fragen der Gesellschaft teilnehmen sollen, etwa durch Engagement in Bürgerbewegungen. Dabei soll die Trennung von Gesellschaft und Staat, Alltagsfragen und Politik überwunden werden.

■ **Demonstration** [lat.] *die,* **1)** *allgemein:* anschauliche Beweisführung durch Versuche oder an Beispielen.
2) *Politik:* Veranstaltung unter freiem Himmel, durch die Forderungen oder Proteste öffentlich bekannt gemacht werden sollen. Das Recht auf Demonstration wird durch die Grundrechte geschützt, kann aber gesetzlich beschränkt werden (→Bannmeile, Versammlungsgesetz). Auch die Rechte Dritter dürfen nicht beliebig verletzt werden.

■ **Demonstrativpronomen** (hinweisendes Fürwort) →Pronomen.

■ **Demontage** [demontasche; frz.] *die,* der Abbau, besonders von Maschinen und Industrieanlagen, und deren Abtransport ins Ausland zur Wiedergutmachung von Kriegsschäden. – auch →Reparationen.

■ **Demoskopie** →Meinungsforschung.

■ **Demosthenes,** griechischer Redner und

1989 – das Jahr des Durchbruchs der **Demokratie** im Osten; Sprachrohr der Demokratiebewegung in der Tschechoslowakei war das Bürgerforum um den Schriftsteller und späteren Staatspräsidenten Václav Havel; das Foto vermittelt die Stimmung der »Prager Demonstration der 500 000 Rosen« im Dezember 1989

Staatsmann, *Paiania (Attika) 384 v. Chr., † auf Kalaureia (heute Poros) 322 v. Chr. Als einer der glänzendsten Redner Athens rief Demosthenes in seinen Reden, den »Philippika«, die Athener auf, ihre Freiheit gegen Philipp von Makedonien zu verteidigen.

■ **Demutsgebärde** (Demutsstellung), angeborene Körperhaltung, die ein Tier annimmt, wenn es sich (z. B. im Rivalenkampf) geschlagen gibt. Demutsgebärden verkleinern den Körperumfang oder bieten verwundbare Körperstellen ungeschützt dar. Sie verhindern ernsthafte Verletzungen oder gar den Tod.

■ **Deng Xiaoping** [-ßjau...], chinesischer Politiker, *Guang'an (Provinz Sichuan) 22. August 1904, † Peking 19. Februar 1997. Seit 1955 Mitglied des Politbüros, wurde er 1967 während der Kulturrevolution wegen seines »kapitalistischen Weges« seiner Ämter enthoben, 1973 rehabilitiert, 1976 erneut gestürzt und nach dem Tod Maos 1977 erneut rehabilitiert. 1981–89 war er Vorsitzender der zentralen Militärkommission und somit verantwortlich für den blutigen Militäreinsatz gegen die studentische Demokratiebewegung 1989.

■ **Den Haag** (amtlich 's-Gravenhage), Regierungssitz und königliche Residenz der Niederlande, mit 442 800 Einwohnern. Sehenswert sind die Grote Kerk (15./16. Jahrh.), das Alte Rathaus (16. Jahrh.) und der Binnenhof mit öffentlichen Gebäuden (13.–18. Jahrh.). Den Haag ist Sitz des Internationalen Gerichtshofs, des Ständigen Schiedsgerichtshofs und einer Völkerrechtsakademie.

■ **Denkmalpflege** (Denkmalschutz), alle Maßnahmen zur Erhaltung künstlerisch oder kulturgeschichtlich wertvoller Zeugnisse der Vergangenheit. Zu diesen zählen neben bedeutsamen Einzelbauwerken auch Gesamtanlagen, z. B. historische Stadtkerne, aber auch Kunstwerke der Bildhauerei, Malerei und des Kunsthandwerks.
In Deutschland ist die Denkmalpflege eine Aufgabe der Bundesländer, die eigene Denkmalschutzgesetze erlassen haben. Die »Landesämter für Denkmalpflege« erfassen die zu schützenden Denkmäler im **Denkmalbuch**. Bauwerke, die unter Denkmalschutz stehen, dürfen nur mit Genehmigung der Denkmalämter verändert oder abgerissen werden. Auf internationaler Ebene fällt die Denkmalpflege in den Bereich der →UNESCO und der ihr nachgeordneten Organisation ICOMOS (International Council on Monuments and Sites).

■ **Denver,** Hauptstadt des Bundesstaates Colorado, USA, am Ostabfall der Rocky Mountains, mit 504 700 Einwohnern. Die Stadt hat vielfältige Industrie und ist daneben ein Zentrum des Wintersports. – Denver entstand 1859 als Goldsucherlager.

■ **Département** [departmang; frz.], Verwaltungsbezirk in Frankreich.

■ **Deponie** [lat.] (Mülldeponie) *die,* zentraler Abladeplatz von Abfällen (Müll). Zur →Abfallbeseitigung werden geordnete Deponien als Gruben oder als Halden angelegt. Um ein Versickern flüssiger Abfälle zu verhindern, wird am Boden der Deponie eine wasserundurchlässige Dichtung verlegt. Der Müll wird verdichtet (zerstampft), mit Isolierschichten z. B. aus Bauschutt bedeckt und zum Schluss auch begrünt.

■ **Deportation** [lat.] *die,* die Zwangsverschickung oder Verbannung von einzelnen Personen oder Gruppen aufgrund staatlicher Anordnung.

■ **Depot** [depo; frz.] *das,* **1)** *allgemein:* Aufbewahrungsort von Sachen oder Fahrzeugen (z. B. Munitionsdepot, Straßenbahndepot).
2) *Bankwesen:* die bei einer Bank zur Verwahrung und Verwaltung hinterlegten Wertsachen, vor allem Wertpapiere.

■ **Depression** [lat.] *die,* **1)** *Geographie:* eine abflusslose Landsenke in Trockengebieten, die unter dem Niveau des Meeresspiegels liegt (z. B. das Tote Meer 392 m unter dem Meeresspiegel).
2) *Medizin* und *Psychologie:* ein seelischer Zustand, der von Niedergeschlagenheit, Hoffnungslosigkeit, gedrückter Stimmung und Angst geprägt ist. Depressionen können seelische (traurige Verstimmung, Interesselosigkeit, innere Unruhe, Überempfindlichkeit, Konzentrationsstörungen), körperliche (Schlaf- und Appetitstörungen, Gewichtsverlust, Magen-Darm-Störungen, Kopf-, Herzschmerzen, Kreislaufstörungen) und seelisch-soziale Symptome (Rückgang zwischenmenschlicher Kontakte, Isolationsneigung und Leistungsabfall) haben. Schwere Depressionen bedürfen einer psychotherapeutischen oder ärztlichen Behandlung.
3) *Wirtschaft:* eine Phase mit starker Abnahme der Produktion, der Beschäftigung (steigende Arbeitslosenzahlen), der Einkommen, eventuell auch mit sinkenden Preisen.

■ **Derby** [därbi; engl.] *das,* ursprünglich nur Bezeichnung für das alljährlich bei Epsom, einer englischen Stadt südwestlich von London, stattfindende Pferderennen für Dreijährige über eine Entfernung von 2 400 Meter, benannt nach dem 12. Earl of Derby, der 1780 erstmals dieses Rennen veranstaltete. Später wurden auch gleiche Rennen in anderen Ländern Derby genannt.
Als »Lokalderby« bezeichnet man heute eine sportliche Begegnung zwischen regional benachbarten Vereinen.

■ **Dermatologie** [von griech. dérma, = Haut] *die,* die Lehre von den Hautkrankheiten.

■ **Derwisch** [persisch] *der,* Mitglied einer islamischen religiösen Bruderschaft (Derwischorden), deren Lehre und Frömmigkeit auf der islamischen Mystik beruhen. Ihre geistlichen Übungen sind oft mit Tanz und Musik verbunden. – Bild S. 208

■ **Descartes** [dekart], René, französischer Philosoph, Mathematiker und Physiker, *La Haye (heute Descartes, Département Indre-et-Loire) 31. März 1596, †Stockholm 11. Februar 1650; Begründer des neuzeitlichen →Rationalismus. Auf der Suche nach einer gesicherten Grundlage des Wissens stieß er auf die Erkenntnis, dass der denkende Mensch an allem zweifeln kann, außer an seinem eigenen Denken. Dies brachte er in dem Satz **»Cogito ergo sum«** (»ich denke, also bin ich«) zum Ausdruck. In der Mathematik war Descartes einer der Wegbereiter der analytischen Geometrie.

René Descartes, hier auf einem Porträt von Frans Hals, verhalf ebenso wie sein Zeitgenosse Galileo Galilei der Naturwissenschaft zur Emanzipation von der Kirche

Dieses historische Foto aus dem Staatlichen Museum für Völkerkunde in München zeigt einen Orden von **Derwischen,** die sich »Mewlewije« (Tanzende Derwische) nannten

■ **Deserteur** [...tör; frz.] *der,* Soldat, der seine Truppe unerlaubt verlässt (er »desertiert«) und damit →Fahnenflucht begeht.

■ **Desertifikation** [lat.] *die,* die Ausbreitung von Wüsten in bisher noch von den Menschen genutzte Räume. Grund ist eine zu starke Nutzung der Wüstenrandgebiete durch den Menschen (z. B. durch Holzschlag), wodurch das Ökosystem dieses Raumes gestört wird. Ein Beispiel für Desertifikation ist die Ausdehnung der Sahara zum Sahel hin.

■ **Design** [disain; engl.] *das,* die formgerechte und funktionale (dem Gebrauchszweck am besten dienende) Gestaltung von Gebrauchsgegenständen und Industrieprodukten.

■ **Designerdrogen** [disainer...; engl.], für den illegalen Drogenmarkt synthetisch hergestellte →Drogen, die die Wirkung der natürlichen Suchtstoffe nachahmen und die gleichen Sucht erzeugenden Eigenschaften besitzen. Sie sind zwar meist billiger, zum Teil aber sehr unberechenbar und wirken häufig schon in geringster Menge tödlich. Bekannte Designerdrogen sind z. B. Crack und Ecstasy.

■ **Desinfektion** [lat.] *die,* Verfahren zur Abtötung von Krankheitserregern. Man desinfiziert mit chemischen Mitteln (z. B. Chlorkalk, Ozon) oder auf physikalischem Weg (z. B. durch ultraviolettes Licht oder Erhitzen).

■ **Desktop-Publishing** [...pablisching; engl.], Abkürzung DTP *das,* die Erstellung von publikationsfertigen Druckerzeugnissen mithilfe eines Computers. Alle Vorgänge von der Text- und Grafikeingabe bis zur Satzherstellung werden beim DTP an einem grafikfähigen Computer in Verbindung mit einem Laserdrucker abgewickelt. Das künftige Druckerzeugnis kann auf dem Bildschirm entwickelt und bearbeitet, auch vergrößert oder verkleinert werden.

■ **Desoxyribonukleinsäure,** Abkürzung **DNS** (engl. Desoxyribonucleic acid, Abkürzung **DNA**), ein spiralig gewundenes Riesenmolekül, das die gesamte Erbinformation eines Lebewesens enthält. Die DNS ist aus →Nukleinsäure aufgebaut, die aus einer Kette von Nukleotiden besteht. Eine bestimmte Abfolge von Nukleotiden enthält die Information für ein →Gen. Im DNS-Molekül sind zwei solcher Nukleotidketten leiterförmig miteinander verbunden. Die beiden Hälften dieser »Leiter« sind schraubig umeinander gewunden und bilden so eine **Doppelhelix.** Dadurch können auf kleinstem Raum sehr lange DNS-Ketten untergebracht werden. Die DNS ist in allen Zellen eines Organismus gleich aufgebaut. In einem als **Replikation** bezeichneten Vorgang kann sie sich identisch verdoppeln. Die Replikation geht jeder Mitose und Meiose voraus (→Zellteilung).

■ **Despot** [griech.] *der,* Tyrann, Gewaltherrscher; herrischer Mensch.

■ **Desprez** →Josquin Desprez.

■ **Dessau,** Stadt in Sachsen-Anhalt, mit 986 100 Einwohnern, an der Mündung der Mulde in die Elbe gelegen; mit bedeutender Industrie und einem Elbhafen. Dessau war Sitz des →Bauhauses.

■ **destillieren** [lat.], flüssige Stoffgemische durch Verdampfen reinigen oder auch trennen. Die **Destillation** wird dadurch möglich, dass die gemischten Stoffe unterschiedliche Siedepunkte haben und daher bei verschiedenen Temperaturen in Dampf übergehen. Dieser Dampf wird dann in Kühlrohre geleitet und verflüssigt sich wieder. Von großer Bedeutung ist die Destillation vor allem für die Verarbeitung von Erdöl.

■ **Deszendenzlehre** →Abstammungslehre.

■ **Detail** [detaj; frz.] *das,* Einzelheit, Einzelteil.

■ **Detektor** [lat.] *der,* ein Nachweis- oder Aufspürgerät, z. B. zum Nachweis von Strahlen (Strahlendetektor, Teilchendetektor). – auch →Lügendetektor.

■ **Determinismus** [lat.] *der,* philosophische Lehre, die besagt, dass alles, was geschieht, eine eindeutige Ursache hat. So ist jedes Ereignis durch ein früheres bestimmt. Eine solche Auffassung führt etwa in der Ethik zu der Behauptung, dass der menschliche Wille nicht frei sei.

■ **Deuce** [djuß; engl.] *das,* →Tennis.

■ **deutsch.** Das Adjektiv »deutsch« lässt sich auf ein germanisches Substantiv »thiot« (= Volk) zurückführen. Die Geschichte des Wortes wurde durch die kulturellen und politischen Gegebenheiten im Fränkischen Reich mitbestimmt, zu dem fränkisch-germanische und romanische Bevölkerungsteile gehörten. Um 700 verwendeten die Westfranken »theudisk« (= dem eigenen Stamm zugehörig) zur Abgrenzung von »walhisk« (= welsch, romanisch). Unter Karl dem Großen wurde die (768 erstmals belegte) mittellateinische Form »theodiscus« gebildet: »Theodisca lingua« war die fränkische Volkssprache im Unterschied zum Latein, aber seit dem Anfang des 9. Jahrh. auch zum Altfranzösischen. Nach dem Zerfall des Fränkischen Reiches wurde die im ostfränkischen Raum entstandene althochdeutsche Form »diutisk« (sie entsprach dem westfränkischen »theudisk«) zur Sammelbezeichnung der Stammessprachen im Ostfränkischen Reich, aus dem Deutschland hervorging, und zum direkten Vorläufer der Form »deutsch«. Erstmals im Annolied (um 1080) wurde die Bezeichnung auch auf die Sprachträger, die Deutschen, angewendet.

■ **Deutsche Bahn AG** →Eisenbahn.

■ **Deutsche Bundesbank,** die Zentralbank (→Notenbank) der Bundesrepublik Deutschland mit Sitz in Frankfurt am Main. Sie ist seit dem 1. Januar 1999 eine von elf nationalen Zentralbanken im Europäischen System der Zentralbanken (ESZB), an dessen Spitze die →Europäische Zentralbank steht.

■ **Deutsche Demokratische Republik,** Abkürzung **DDR,** von 1949 bis 1990 bestehender Staat in Mitteleuropa. Er umfasste das Gebiet der heutigen Bundesländer Brandenburg, Mecklenburg-Vorpommern, Sachsen, Sachsen-Anhalt und Thüringen der →Bundesrepublik Deutschland sowie Berlin (Ost), die Hauptstadt der DDR.

Nach der 1968 verabschiedeten Verfassung der DDR war das oberste staatliche Machtorgan die Volkskammer, die alle übrigen Verfassungsorgane wählte. Kollektives Staatsoberhaupt war der von der Volkskammer gewählte Staatsrat, dessen Vorsitzender die DDR völkerrechtlich vertrat. Der Ministerrat, die Regierung der DDR, war für die Erledigung politischer, wirtschaftlicher, kultureller, sozialer und militärischer Aufgaben verantwortlich. Zentralkomitee und Politbüro der SED waren de facto die allein bestimmenden Kräfte.

Die Grundrechte standen unter dem Vorbehalt der politischen Zweckmäßigkeit; stark eingeschränkt waren u. a. die Freiheit der Meinungsäußerung (auch in den Medien) und die Versammlungsfreiheit; für den einzelnen Bürger gab es keine Ausreise- und Auswanderungsfreiheit. Der Staat und die ihm eng verbundene Sozialistische Einheitspartei Deutschlands (SED) nebst den angeschlossenen Massenorganisationen wie dem Freien Deutschen Gewerkschaftsbund (FDGB) und der Freien Deutschen Jugend (FDJ) reglementierten das Leben.

Die DDR wurde nach ihrer Gründung völkerrechtlich zunächst nur durch die sozialistischen Staaten anerkannt und völlig in das Militär- und Wirtschaftssystem Osteuropas eingegliedert (1950 →Rat für gegenseitige Wirtschaftshilfe, 1955 →Warschauer Pakt).

Die Wirtschaft des Landes war nach sowjetischem Vorbild als staatlich gelenkte Planwirtschaft angelegt. Neben wenigen privaten Unternehmen bestanden überwiegend volkseigene Betriebe (VEB) sowie auf dem Agrarsektor landwirtschaftliche Produktionsgenossenschaften (LPG) und volkseigene Güter. Trotz beschränkter Rohstoffvorkommen (Braunkohle, Stein- und Kalisalz) nahm die Industrie innerhalb des Rates für gegenseitige Wirtschaftshilfe eine führende Stellung ein. – Zur Geschichte →deutsche Geschichte.

■ **deutsche Geschichte,** Deutschland ging – wie Frankreich – aus dem →Fränkischen Reich Karls des Großen hervor, als Ludwig der Fromme dieses Reich im Vertrag von Verdun (843) unter seine Söhne aufteilte: Der Ostteil kam an Ludwig den Deutschen, der Westteil an Karl den Kahlen; Lothar erhielt den mittleren Reichsteil (»Lotharingien«). Später fiel auch der nördliche Teil des Lotharingischen Zwischenreiches an das Ostfränkische Reich (843–911). Dieses Ostfränkische Reich bildete die Grundlage des **Heiligen Römischen Reiches,** dessen eigentliche Geschichte mit dem Aussterben der ostfränkischen Karolinger und der Wahl Konrads I. zum König (911) begann.

In Anknüpfung an römisch-fränkische Traditionen suchte König Otto I., der Große, das Reich auszubauen und zu sichern; unter seiner Herrschaft entstand mit dem Reichskirchensystem ein von der Kirche getragenes Verwaltungsnetz als Gegengewicht zum Adel. Nachdem Otto 955 einen bedeutenden Sieg gegen die Ungarn auf dem Lechfeld bei Augsburg errungen hatte, fand der Anspruch einer politischen Vormachtstellung im Abendland seinen Ausdruck in der Kaiserkrönung Ottos 962 in Rom.

Der →Investiturstreit, der Kampf der Herrscherhäuser der →Salier und der →Staufer gegen das Papsttum um die Vorherrschaft im Reich, und das Erstarken der Landesherren schwächten das deutsche Königtum deutlich. Nach dem Tod Friedrichs II. (1250) wählten die sieben Kurfürsten Könige aus wechselnden Dynastien. Diese suchten durch den Erwerb umfangreicher Territorien ihre Eigenständigkeit gegenüber den Fürsten zu stärken. Gekennzeichnet war diese Zeit durch das Aufblühen der Städte und deren Bündnisse (→Hanse) sowie durch verheerende Seuchen (Pest) und umwälzende Veränderungen in Handel und Wissenschaft (Erfindung des Buchdrucks, Gründung von Universitäten).

Prägend für das neuzeitliche Deutschland wurde die →Reformation, deren Ausgangspunkt die 1517 von Martin Luther in Wittenberg veröffentlichten Thesen gegen kirchliche Missstände bildeten. 1521 wurde Luther auf dem Reichstag zu Worms verurteilt; ein gewaltsames Vorgehen seitens Kaiser Karls V. wurde jedoch durch die rasche Verbreitung der Glaubensneuerungen und durch kriegerische Verwicklungen (Bauernkrieg, Auseinandersetzungen mit Frankreich und den Türken) verhindert. Seit dem Augsburger Religionsfrieden (1555) war eine freie Wahl des Bekenntnisses möglich.

Die konfessionellen Gegensätze gipfelten schließlich in den während der Gegenreformation gebildeten Militärbündnissen und im →Dreißigjährigen Krieg (1618–48), in den auch ausländische Mächte (Schweden, Frankreich) eingriffen. Im Westfälischen Frieden (1648) wurde die »Landeshoheit« der Reichsfürsten anerkannt, das Reich zerfiel in viele kleine Fürstentümer.

Die katastrophalen Folgen des Dreißigjährigen Krieges, vor allem der Bevölkerungsverlust und die schlechte wirtschaftliche Lage, führten zu staatlichen Förderprogrammen in Landwirtschaft, Handel und Handwerk. In diese Zeit fielen neue Ausei-

deutsche Geschichte: deutsche Könige und Kaiser (*= nur König)

Karolinger (ostfränkische Könige)	
*Ludwig II., der Deutsche	843–876
*Karlmann (von Bayern)	876-880
*Ludwig III., der Jüngere	876-882
Karl III., der Dicke	876/881–887
Arnulf von Kärnten	887/896–899
*Ludwig IV., das Kind	900–911
*Konrad I. (Konradiner)	911–918
Sächsische Herrscher (Liudolfinger)	
*Heinrich I.	919–936
Otto I., der Große	936/962–973
Otto II.	(961) 973/967–983
Otto III.	983/996–1002
Heinrich II., der Heilige	1002/1014–1024
Salier	
Konrad II.	1024/1027–1039
Heinrich III.	1039/1046–1056
Heinrich IV.	1056/1084–1106
Heinrich V.	1106/1111–1125
Lothar III. (Supplinburger)	1125/1133–1137
Staufer	
*Konrad III.	1138–1152
Friedrich I. Barbarossa	1152/1155–1190
Heinrich VI.	1190/1191–1197
*Philipp von Schwaben	1198–1208
*Otto IV. von Braunschweig (Welfe)	1198/1209–1218
Friedrich II.	1212/1220–1250
*Konrad IV.	1250–1254
aus verschiedenen Häusern	
*Wilhelm von Holland	1247–1256
*Richard von Cornwall	1257–1272
*Alfons X. von Kastilien und León	1257–1273
Rudolf I. von Habsburg	1273–1291
*Adolf von Nassau	1292–1298
*Albrecht I. von Österreich	1298–1308
*Heinrich VII. von Luxemburg	1308/1312–1313
*Friedrich der Schöne von Österreich	1314–1330
Ludwig IV., der Bayer	1314/1328–1347
Luxemburger	
Karl IV.	1346/1355–1378
*Wenzel	1378–1400
*Ruprecht von der Pfalz (Wittelsbacher)	1400–1410
Sigismund	1410/1433–1437
Habsburger	
*Albrecht II.	1438–1439
Friedrich III.	1440/1452–1493
Maximilian I.	1493/1508–1519
Karl V.	1519/1530–1556
Ferdinand I.	1531/1556–1564
Maximilian II.	1564–1576
Rudolf II.	1576–1612
Matthias	1612–1619
Ferdinand II.	1619–1637
Ferdinand III.	1637–1657
Leopold I.	1658–1705
Joseph I.	1705–1711
Karl VI.	1711–1740
Karl VII. Albrecht (Wittelsbacher)	1742–1745
Habsburg-Lothringer	
Franz I. Stephan	1745–1765
Joseph II.	1765–1790
Leopold II.	1790–1792
Franz II.	1792–1806
Hohenzollern	
Wilhelm I.	1871–1888
Friedrich (III.)	1888
Wilhelm II.	1888–1918

nandersetzungen zwischen Frankreich und den Habsburgern. In den Kriegen gegen die nach Südosteuropa vordringenden Türken gewannen die Habsburger Ungarn, Siebenbürgen und Teile Serbiens, im Spanischen Erbfolgekrieg die spanischen Niederlande, Mailand, Sizilien und Neapel.
Zur gleichen Zeit begann der Aufstieg von Brandenburg-Preußen (1675 Sieg über die Schweden), gipfelnd in der Regentschaft Friedrichs II., des Großen, der Preußen im Sinne des aufgeklärten →Absolutismus regierte. Sein Angriff auf Schlesien führte zum Kampf zwischen Preußen und Österreich um die Vorherrschaft in Deutschland. Maria Theresia von Österreich konnte im Siebenjährigen Krieg (1756–63) den Verlust Schlesiens nicht verhindern; Preußen wurde Großmacht.
Die →Französische Revolution (1789) und die Feldzüge Napoleons I. (Niederlage Preußens 1806) erschütterten die erstarrten Grundlagen des Reiches (→Säkularisation, →Reichsdeputationshauptschluss); 1806 legte Franz II. die Kaiserkrone nieder. Auch in Preußen setzten Reformen ein (Bauernbefreiung 1807; Selbstverwaltung der Städte 1808; Gewerbefreiheit 1810).
Die Niederlage Napoleons in Russland gab den Anstoß für die Befreiungskriege (1813 Völkerschlacht bei Leipzig). Auf dem Wiener Kongress 1814/15 erfolgte die Neuordnung Deutschlands und die Schaffung des **Deutschen Bundes** als lockerem Staatenbund. Die Folgezeit bis 1848 (»Vormärz«) wurde durch die um Wiederherstellung vergangener Zustände bemühte Politik Metternichs bestimmt (»Restauration«). Liberal-nationale Bestrebungen konnten sich trotz anfänglicher Erfolge auch in der Revolution von 1848 (→Märzrevolution) nicht durchsetzen.
Die Politik Otto von Bismarcks erzwang die nationale Einigung unter Ausschaltung Österreichs (1866 Norddeutscher Bund) und führte über den Krieg gegen Frankreich (1870/71) zur Gründung des **Deutschen Reiches** (1871) unter Führung Preußens; König Wilhelm I. von Preußen wurde Deutscher Kaiser. Als Reichskanzler zielte Bismarck zum einen auf eine außenpolitische Absicherung, zum anderen auf die Bewahrung der konservativen inneren Ordnung Deutschlands. Den politischen Forderungen der sich formierenden →Arbeiterbewegung begegnete er mit Sozialistengesetz (Verbot sozialdemokratischer Aktivitäten) und Sozialgesetzgebung (Einführung der Sozialversicherung); Konflikte mit der katholischen Kirche mündeten in den Kulturkampf.
1888 bestieg Kaiser Wilhelm II. den Thron; die Entlassung Bismarcks durch ihn (1890) und sein »neuer Kurs« bedeuteten das Ende des bismarckschen Bündnissystems und führten zum Zusammenrücken Englands, Frankreichs und Russlands gegen die Mittelmächte und schließlich zum Ersten Weltkrieg (1914–18). Im November 1918 besiegelten Waffenstillstand und →Novemberrevolution das Ende des Kaiserreichs.
Im Januar 1919 fanden Wahlen zur Nationalversammlung statt. Die Verfassung der **Weimarer Republik** trat am 11. August 1919 in Kraft. SPD, Zentrum und die Deutsche Demokratische Partei (»Weimarer Koalition«) bildeten die erste Regierung; der Sozialdemokrat Friedrich Ebert wurde erster Reichspräsident. Die Belastungen des →Versailler Vertrags führten bis 1923 zu schweren innenpolitischen Krisen (Kapp-Putsch, Ruhrbesetzung, Geldentwertung, Hitlerputsch, Zusammenbruch der Währung), denen jedoch bis 1929 eine innere Stabilisierung und eine internationale Verständigung (Verträge von Locarno und Rapallo) folgten. Ende der 20er-Jahre radikalisierte sich das politische Leben erneut von rechts (NSDAP; →Nationalsozialismus) und links (KPD) im Gefolge

deutsche Geschichte: Staatsoberhäupter des 20. Jahrhunderts

Deutsches Reich – Reichspräsidenten:	
Friedrich Ebert	1919–25
Paul von Hindenburg	1925–34
Adolf Hitler (»Führer und Reichskanzler«)	1934 bis April 1945
Karl Dönitz	Mai 1945
Bundesrepublik Deutschland – Bundespräsidenten:	
Theodor Heuss	1949–59
Heinrich Lübke	1959–69
Gustav W. Heinemann	1969–74
Walter Scheel	1974–79
Karl Carstens	1979–84
Richard Freiherr von Weizsäcker	1984–94
Roman Herzog	1994–99
Johannes Rau	seit 1999
Deutsche Demokratische Republik:	
Wilhelm Pieck (Präsident)	1949–1960
Vorsitzende des Staatsrats:	
Walter Ulbricht	1960–1973
Willi Stoph	1973–1976
Erich Honecker	1976–1989
Egon Krenz	Oktober bis Dezember 1989
Manfred Gerlach	Dezember 1989 bis März 1990
amtierendes Staatsoberhaupt:	
Sabine Bergmann-Pohl	April bis 2. Oktober 1990

der Weltwirtschaftskrise. Notverordnungen des Reichspräsidenten (seit 1925 Paul von Hindenburg) ersetzten eine vom Parlament getragene Regierung. Mit seiner Ernennung zum Reichskanzler am 30. Januar 1933 erfolgte die »Machtergreifung« Hitlers. Das Ermächtigungsgesetz und das Verbot aller politischen Parteien mit Ausnahme der NSDAP ermöglichten die Errichtung der **nationalsozialistischen Diktatur.** Damit begann die rücksichtslose Unterdrückung Andersdenkender, die in der systematischen Ermordung von Millionen von Juden gipfelte. Gleichzeitig verfolgte Hitler eine Machtpolitik mit dem Ziel der Erweiterung des »deutschen Lebensraumes« (1938 Anschluss Österreichs, Angliederung des Sudetengebiets; 1939 Zerschlagung der Tschechoslowakei, Abschluss des deutsch-russischen Nichtangriffspaktes). Mit dem Angriff auf Polen am 1. September 1939 eröffnete Deutschland den Zweiten Weltkrieg, der mit der deutschen Kapitulation am 8. Mai 1945 endete.

Die Alliierten teilten Deutschland in vier Besatzungszonen, Berlin in vier Sektoren; die Gebiete östlich der Oder-Neiße-Linie und die nach 1937 einverleibten Territorien wurden abgetrennt und größtenteils unter polnische und sowjetische Verwaltung gestellt. In Nürnberg fanden Kriegsverbrecherprozesse statt; die Entnazifizierung wurde eingeleitet. Der wachsende politische Gegensatz zwischen Ost und West im Kalten Krieg verhinderte jedoch

Deutschlandlied

1841 dichtete der Patriot A. H. Hoffmann von Fallersleben das »Lied der Deutschen« zu einer Melodie eines Streichquartetts von Joseph Haydn. 1922 wurde dieses Lied zur Nationalhymne Deutschlands. Seit 1952 wird nur noch die dritte Strophe »Einigkeit und Recht und Freiheit« gesungen. Am patriotischen Überschwang der ersten Zeile »Deutschland, Deutschland über alles« hat man sich allerdings nicht erst nach dem Zweiten Weltkrieg gestört. Schon Kurt Tucholsky schrieb: »Nein, Deutschland steht nicht über allem – niemals. Aber mit allen soll es sein, unser Land.«

Das Deutsche Reich 1871–1918 (mit der Grenze bis 1937)

den Abschluss eines Friedensvertrages und führte schließlich zur Teilung Deutschlands.

In der 1949 gegründeten **Deutschen Demokratischen Republik** führten der Widerstand gegen die zunehmende ideologische Bevormundung und die Kontrolle durch Staat und Partei unter Walter Ulbricht sowie wirtschaftliche Missstände zu dem blutig niedergeschlagenen Aufstand vom 17. Juni 1953. In der Folgezeit kam es zu Massenfluchten, die durch immer stärkere Abriegelung der Grenzen und letztlich den Bau der Berliner Mauer (1961) gestoppt wurden. Im Zuge der Ostpolitik der Bundesrepublik Deutschland (1972 Grundlagenvertrag) wurde die Deutsche Demokratische Republik von fast allen Staaten diplomatisch anerkannt und 1973 zusammen mit der Bundesrepublik in die UN aufgenommen.

Im Zuge der politischen Umwälzungen in Osteuropa 1989/90 führten Massendemonstrationen für Freiheit und Demokratie 1989 zum Rücktritt Erich Honeckers und schließlich zur Öffnung der Grenzen zur Bundesrepublik Deutschland am 9. November 1989. Im März 1990 lösten die ersten freien Wahlen zur Volkskammer das Machtmonopol der SED ab. Am 3. Oktober 1990 folgte nach der zum 1. Juli 1990 in Kraft getretenen Wirtschafts-, Währungs- und Sozialunion der Beitritt der Deutschen Demokratischen Republik zur Bundesrepublik Deutschland.

In den drei Westzonen kam es mit der Währungsreform (1948) und der Verkündung des vom Parlamentarischen Rat erarbeiteten Grundgesetzes (1949) zur Gründung der **Bundesrepublik Deutschland.** Bestärkt durch einen ungeahnten wirtschaftlichen Aufschwung (im Rahmen eines durch sozialstaatliche Maßnahmen abgefederten marktwirtschaftlichen Systems), suchte die bürgerliche Regierung unter Konrad Adenauer (CDU) die Souveränität der Bundesrepublik durch Einordnung in das westliche Bündnissystem wiederzuerlangen: Das Besatzungsstatut endete mit dem Deutschlandvertrag (1952). Mit den Pariser Verträgen (1954) entließen die Westmächte die junge Republik in die Unabhängigkeit und gestanden ihr das Recht zu, im Rahmen der NATO eigene Streitkräfte aufzubauen. Die Römischen Verträge (1957) besiegelten die Integration der Bundesrepublik in die Europäische Gemeinschaft. Zugleich verbesserten sich während der »Wirtschaftswunderjahre« auch die Lebensumstände für einen Großteil der Bevölkerung erheblich. Wachsende Kritik an Adenauers innen- und außenpolitischer Linie führte besonders nach dem Bau der Berliner Mauer (1961) und der Spiegel-Affäre (1962) zu einem Verlust an Popularität. Adenauer trat 1963 zurück, zum neuen Bundeskanzler wurde Ludwig Erhard (CDU) gewählt.

Die innen- und außenpolitische Stagnation sowie eine ökonomische Krise bereiteten, zunächst durch die »Große Koalition« (1966–69) zwischen CDU/CSU und SPD unter Bundeskanzler Kurt Georg Kiesinger (CDU), den Machtwechsel vor: 1969–82 konnte die sozialliberale Koalition zwischen SPD und FDP wesentliche Reformen verwirklichen. Bundeskanzler Willy Brandt (SPD) stellte seine Amtszeit unter das Motto »Mehr Demokratie wagen«. Dass seine »neue Ostpolitik« zu einer Annäherung zwischen der Bundesrepüublik Deutschland und den Warschauer-Pakt-Staaten DDR, Sowjetunion, Polen und Tschechoslowakei führte, trug entscheidend zum Abbau des Ost-West-Konflikts in Europa bei. Nach Entdeckung eines Spions der DDR im Kanzleramt (Guillaume-Affäre) trat Brandt 1974 zurück. Sein Nachfolger wurde Helmut Schmidt (SPD), der angesichts einer weltweiten Wirtschaftskrise eine Politik verfolgte, die stärker an den Sachzwängen orientiert war, und sich auf dem Höhepunkt des nationalen und internationalen Terrorismus mit der Gewährleistung der inneren Sicherheit konfrontiert sah.

Sozial- und wirtschaftspolitische Konflikte zwischen den Koalitionspartnern führten 1982 zum Sturz Schmidts. Eine CDU/CSU-FDP-Koalition unter Bundeskanzler Helmut Kohl (CDU) übernahm die Regierung, die 1990 die staatliche Einheit Deutschlands herstellte und sich um neue Impulse für den europäischen Einigungsprozess bemühte. Nach der Bundestagswahl 1998 wurde sie durch eine Koalition aus SPD und Bündnis 90/Die Grünen abgelöst; Bundeskanzler wurde Gerhard Schröder (SPD).

deutsche Geschichte: Bundeskanzler der Bundesrepublik Deutschland

Konrad Adenauer (CDU)	1949–63
Ludwig Erhard (CDU)	1963–66
Kurt Georg Kiesinger (CDU)	1966–69
Willy Brandt (SPD)	1969–74
Helmut Schmidt (SPD)	1974–82
Helmut Kohl (CDU)	1982–98
Gerhard Schröder (SPD)	seit 1998

■ **Deutsche Kommunistische Partei** →DKP.

■ **Deutsche Lebens-Rettungs-Gesellschaft e.V.,** Abkürzung **DLRG,** eine 1913 gegründete Organisation, die Maßnahmen gegen den

Tod durch Ertrinken fördert: Sie sorgt vor allem für die Einrichtung von Rettungsstellen und für die Ausbildung von Rettungsschwimmern.

■ **Deutsche Mark** →DM.

■ **Deutsche Post AG** →Post.

■ **Deutscher Bund,** der 1815 gegründete deutsche Staatenbund, in dem Österreich den Vorsitz hatte. Er wurde 1866 aufgelöst.

■ **Deutsche Reichsbahn** →Eisenbahn.

■ **Deutscher Gewerkschaftsbund** →DGB.

■ **Deutscher Orden,** 1190 gegründeter geistlicher Ritterorden; neben den Johannitern und den Templern der dritte, der in der Zeit der Kreuzzüge entstanden ist. Nach dem Rückzug aus dem Heiligen Land unterwarf er 1226 die Prußen (Altpreußen), einen baltischen Stamm, der zwischen Weichsel und Memel siedelte. Im Kampf mit Polen-Litauen unterlag der Deutsche Orden 1410 in der Schlacht bei Tannenberg und musste 1466 die Westhälfte Preußens mit der Marienburg, die seit 1309 Sitz des Ordensoberen (»Hochmeisters«) war, an Polen abtreten und die polnische Oberhoheit über das übrige preußische Ordensland anerkennen. Dieses wurde 1525, nach Einführung der Reformation, in ein weltliches Herzogtum unter polnischer Lehnshoheit umgewandelt (→Preußen, Geschichte). Nach der faktischen Auflösung durch Napoleon I. 1809 bestand der Deutsche Orden zunächst nur noch in Österreich weiter. Heute gibt es Niederlassungen in Österreich, Deutschland, Italien, Slowenien und Tschechien. Hauptarbeitsfelder sind Seelsorge und sozial-karitatives Wirken.

■ **deutsche Sprache,** eine indogermanische Sprache. Sie gehört zum germanischen Sprachstamm und unterscheidet sich von anderen westgermanischen Sprachen vor allem durch die 2. (die hochdeutsche) →Lautverschiebung. Die unterschiedliche Verbreitung dieser Lautverschiebung gliederte die hochdeutschen Mundarten in zwei Gruppen: in das Oberdeutsche (Südfränkisch, Ostfränkisch, Bayrisch, Schwäbisch-Alemannisch) und in das Mitteldeutsche (Westmitteldeutsch: Rhein- und Mittelfränkisch; Ostmitteldeutsch: Thüringisch, Obersächsisch, Schlesisch). Unberührt von der 2. Lautverschiebung blieben die niederdeutschen Mundarten (Niederfränkisch, Niedersächsisch, Ostniederdeutsch).

Geschichtlich wird die hochdeutsche Sprache eingeteilt in Althochdeutsch (etwa 750 bis 1050), Mittelhochdeutsch (etwa 1050 bis 1350), Frühneuhochdeutsch (etwa 1350 bis 1650) und Neuhochdeutsch (etwa ab 1650). Im 15./16. Jahrh. begann sich eine über die Mundarten hinausgehende Hochsprache herauszubilden, gefördert durch die Einführung der Buchdruckerkunst, Luthers Bibelübersetzung und einen einheitlichen Formwillen von Grammatikern und Literaten.

■ **Deutsches Reich, 1)** amtliche Bezeichnung für den deutschen Staat von 1871 bis 1945 (1938–45 mit Österreich auch: Großdeutsches Reich).
2) umgangssprachliche Bezeichnung für das Heilige Römische Reich bis 1806.

■ **Deutsche Telekom AG** (kurz Telekom), im Zuge der Umstrukturierung des Post- und Fernmeldewesens (→Post) 1989 aus der Deutschen Bundespost hervorgegangenes Unternehmen für Telekommunikation, seit 1. 1. 1995 AG mit dem jetzigen Namen; Sitz: Bonn.

Deutschland
Fläche 357 021 km²
Einwohner 82,065 Mio.
Hauptstadt Berlin
Amtssprache Deutsch
Nationalfeiertag 3. 10.
Währung 1 Deutsche Mark (DM) = 100 Deutsche Pfennige (Pf)
Zeitzone MEZ

Deutschland

Flagge

Wappen

■ **Deutschland** (Bundesrepublik Deutschland), Bundesstaat in Mitteleuropa, im Norden begrenzt von Dänemark, im Westen von den Niederlanden, Belgien, Luxemburg und Frankreich, im Süden von der Schweiz und Österreich, im Osten von der Tschechischen Republik und Polen. Deutschland ist der sechstgrößte Staat Europas (nach dem europäischen Teil Russlands, der Ukraine, Frankreich, Spanien und Schweden) und nach Russland der bevölkerungsreichste Staat Europas. Mit 223 Einwohnern auf 1 km² ist es relativ dicht besiedelt.
Geographie: Deutschland lässt sich in vier Großräume einteilen:

1. Das Norddeutsche Tiefland, ein durch die Eiszeiten geprägtes Aufschüttungsland mit wenigen niedrigen Höhenzügen (Moränen), ausgedehnten Sand- und Geröllgebieten sowie Mooren und Urstromtälern. Im Wattenmeer der Nordsee sind der Küste Düneninseln vorgelagert (Ausnahme: die Buntsandsteininsel Helgoland). Die Ostsee bietet Förden-, Buchten- und Boddenküste, mit Rügen als größter vorgelagerter Insel. Nach Süden reichen Tieflandbuchten weit in das Mittelgebirge hinein (Kölner, Münsterländer, Leipziger Tieflandbucht).
2. Das südlich folgende Gebiet der weitgehend bewaldeten Mittelgebirge, die einen geschlossenen Gürtel, einen Teil der so genannten Mittelgebirgsschwelle, bilden, die aber auch den Südosten (Oberpfälzer und Bayerischen Wald) und den Südwesten (Randgebirge am Graben des Oberrheins) bestimmen. Sie sind zum Teil auch durch Vulkanismus geprägt.
3. Die weiten Hochflächen Süddeutschlands, die das durch Schichtstufen gegliederte Süddeutsche Stufenland und das allmählich nach Süden ansteigende Nördliche Alpenvorland (südlich der Donau) umfassen. Letzteres ist ein Hügelland (im Süden Moränen) mit weiten, zum Teil bewaldeten Aufschüttungsflächen und Gletscherseen im Süden (größter Gletschersee: Bodensee).
4. Den äußersten Süden, mit dem Deutschland Anteil am Hochgebirge der Alpen (Zugspitze 2962 m) hat.
Das *Klima* ist durch eine unbeständige, den jahreszeitlichen Schwankungen unterworfene Witterung gekennzeichnet. Niederschläge gibt es zu allen Jahreszeiten. Der größte Teil Deutschlands wird zur Nordsee (Rhein, Ems, Weser, Elbe) und zur Ostsee (Oder) entwässert, das Alpenvorland über die Donau zum Schwarzen Meer.
Besiedlung und **Wirtschaft:** Deutschland ist ein Industrieland. Ausgesprochene Industriezentren mit starker Bevölkerungsballung wechseln jedoch mit weiten, dünner besiedelten Gebieten ab, in denen die Landwirtschaft bestimmend ist. In den Mittelgebirgen, im Alpenvorland und besonders in Südwestdeutschland mit seiner hohen Städtedichte wechseln landwirtschaftliche Betriebe und Waldgebiete mit städtischen Industriezonen. Von der Landwirtschaft geprägte Gebiete sind das Norddeutsche Tiefland, das Alpenvorland (im Allgäu besonders Milchwirtschaft) und die Gebiete mit lockeren Lehm-, Löss- oder fruchtbaren Verwitterungsböden (vor allem Kölner Bucht, Harzvorland, Wetterau, Oberrheintal, Magdeburger Börde, Thüringer Becken, die Gäue von Stuttgart bis Schweinfurt und das Unterbayerische Hügelland), in denen besonders Weizen, Zuckerrüben, Gemüse und Obst angebaut werden. Weinbau wird vor allem im Oberrheinischen Tiefland, an Rhein, Mosel, Ahr, Nahe, Main, Neckar sowie am Bodensee betrieben. Tabak- und Hopfenbau spielen nur eine geringe Rolle.
Steinkohle, Braunkohle, Kali- und Steinsalz, Eisenerz sowie silber- und goldhaltiges Blei-Zink-Erz sind wirtschaftlich wichtig, auch Erdöl (gefördert vor allem im Norddeutschen Tiefland im Gebiet zwischen Elbe, Weser und Ems, außerdem im Alpenvorland und im Oberrheinischen Tiefland) und Erdgas. Das Ruhrgebiet, das Aachener und das Kölner Gebiet bilden den größten Ballungsraum. Von Bedeutung sind aber auch das Industriegebiet an der Saar, das Rhein-Main-Gebiet (mit dem Zentrum Frankfurt am Main), das Rhein-Neckar-Gebiet um Mannheim und Ludwigshafen am Rhein, die Räume Stuttgart, Nürnberg und München, die Hafenstädte Hamburg und Bremen, der Berliner Raum sowie die Ballungszentren Chemnitz/Zwickau, Dresden und Halle/Leipzig. Ein wichtiger Wirtschaftsfaktor, vor allem im Küstengebiet, im Hochgebirge und in Teilen der Mittelgebirge, ist der Fremdenverkehr.
Deutschland verfügt über ein gut ausgebautes Verkehrsnetz, stellt mit Duisburg den größten Binnenhafen Europas und mit dem Flughafen Frankfurt am Main ein Zentrum des internationalen Luftverkehrs.
Politisches System: Nach Artikel 20 des Grundgesetzes ist die Bundesrepublik Deutschland ein de-

Deutschland: Verwaltungsgliederung (Fläche 1998 und Bevölkerung 1999)

Bundesland	Fläche in km²	Ew. in 1 000	Ew. je km²	Hauptstadt
Baden-Württemberg	35 752	10 428	292	Stuttgart
Bayern	70 548	12 117	172	München
Berlin	891	3 399	3 815	–
Brandenburg	29 476	2 590	88	Potsdam
Bremen	404	666	1 649	–
Hamburg	755	1 704	2 257	–
Hessen	21 115	6 043	286	Wiesbaden
Mecklenburg-Vorpommern	23 170	1 795	77	Schwerin
Niedersachsen	47 613	7 873	165	Hannover
Nordrhein-Westfalen	34 079	17 983	528	Düsseldorf
Rheinland-Pfalz	19 847	4 027	203	Mainz
Saarland	2 570	1 072	417	Saarbrücken
Sachsen	18 412	4 476	243	Dresden
Sachsen-Anhalt	20 447	2 664	130	Magdeburg
Schleswig-Holstein	15 770	2 772	176	Kiel
Thüringen	16 172	2 456	152	Erfurt
Deutschland	357 021	82 065	230	Berlin

Deutschland
Nordsee
Deutsche Bucht
Helgoland
Ostsee
Kieler Bucht
Fehmarnbelt
Fehmarn
Lübecker Becken
Nordfriesische Inseln
Ostfriesische Inseln
Helgoländer Bucht
Sylt
Westerland
Föhr
Halligen
Flensburg
Husum
Schleswig
Schleswig-Holstein
Rendsburg
Heide
Kiel
Plön
Eutin
Neumünster
Nord-Ostsee-Kanal
Itzehoe
Bad Oldesloe
Lübeck
Cuxhaven
Norderstedt
Hamburg
HAMBURG
Stade
152 m
164 m
Rügen
122 m
Sassnitz
Bergen auf Rügen
Stralsund
Greifswald
Usedom
Rostock
Bad Doberan
Wismar
Mecklenburg-Vorpommern
Anklam
Güstrow
Schweriner See
Schwerin
Mecklenburgische Seenplatte
Neubrandenburg
Waren (Müritz)
Müritz
179 m
Parchim
Neustrelitz
Prenzlau
Ludwigslust
Uckermark
Wittmund
Jever
Aurich
Wilhelmshaven
Ostfriesland
Emden
Leer (Ostfriesland)
Bremerhaven
Brake (Unterweser)
Osterholz-Scharmbeck
Oldenburg (Oldenburg)
Bremen
Delmenhorst
Verden (Aller)
Wildeshausen
Fallingbostel
150 m
Falkenberg
Uelzen
Lüneburg
Elbe
Weser
Ems
Emsland
Niedersachsen
Meppen
Vechta
Diepholz
Nienburg (Weser)
Aller
Celle
Steinhuder Meer
Gifhorn
Nordhorn
Osnabrück
Minden
Hannover
Wolfsburg
Perleberg
Neuruppin
Brandenburg
Eberswalde
Oder
Salzwedel
Altmark
Stendal
Oranienburg
Rathenow
Berlin
BERLIN
Seelow
Potsdam
Brandenburg a. d. Havel
Mittelmark
Frankfurt (Oder)
Sachsen-Anhalt
Magdeburg
Belzig
Luckenwalde
Lübben/ Spreewald
Fläming
Niederlausitz
Steinfurt
Teutoburger Wald
Herford
Hildesheim
Braunschweig
Münster
Gütersloh
Bielefeld
Hameln
Schönebeck (Elbe)
Bocholt
Weserbergland
Goslar
Halberstadt
Dessau
Wittenberg
Cottbus
Nordrhein-Westfalen
Detmold
468 m
622 m
Harz
Brocken 1142 m
Wernigerode
Bernburg (Saale)
Forst (Lausitz)
Kleve
Rhein
Recklinghausen
Hamm
Paderborn
Herzberg/Elster
Wesel
Northeim
187 m
Torgau
Senftenberg
Oberhausen
Bochum
Dortmund
Duisburg
Essen
Arnsberg
Göttingen
Nordhausen
Halle (Saale)
Oberlausitz
Düsseldorf
Wuppertal
843 m
Kassel
Heilbad Heiligenstadt
Merseburg
Leipzig
Hoyerswerda
Lüdenscheid
Rothaargebirge
Korbach
Mühlhausen/ Thüringen
315 m
Riesa
Mönchengladbach
Solingen
Remscheid
Eschwege
Naumburg (Saale)
Bautzen
Neiße
Köln
Leverkusen
Homberg (Efze)
Döbeln
Meißen
Görlitz
Düren
Siegen
Eisenach
Erfurt
Weimar
Sachsen
Dresden
Aachen
Siegburg
Bad Hersfeld
Gotha
Jena
Gera
Mittweida
Freiberg
Pirna
Zittau
Euskirchen
Bonn
Westerwald
Marburg
Werra
Thüringer Wald
Thüringen
Chemnitz
Zwickau
Bad Neuenahr-Ahrweiler
657 m
Hessen
Gießen
Gr. Beerberg 982 m
Stollberg/ Erzgeb.
Erzgebirge
Neuwied
Wetzlar
774 m
Vogelsberg
Fulda
Suhl
Saalfeld/ Saale
Plauen
747 m
Montabaur
Oelsnitz
Koblenz
Daun
Eifel
Cochem
Frankfurt a. Main
Bad Kissingen
Coburg
Hof
Kronach
Rheinland-Pfalz
Taunus
878 m
Hanau
Wiesbaden
Offenbach a. Main
Fichtelgebirge
1053 m
Bitburg
Wittlich
Mainz
Schweinfurt
Kulmbach
Hunsrück
Mosel
Main
Spessart
Bayreuth
Trier
Bad Kreuznach
Alzey
Darmstadt
Würzburg
Steigerwald
Bamberg
Tirschenreuth
Saar
816 m
Worms
Odenwald
Tauberbischofsheim
498 m
Weiden i.d.OPf.
St. Wendel
Ludwigshafen a. Rhein
Mannheim
626 m
Fürth
Erlangen
Oberpfälzer Wald
Saarland
Kaiserslautern
Pfälzer Wald
Heidelberg
Amberg
Saarlouis
Neunkirchen
Neustadt a. d. W.
Nürnberg
Saarbrücken
Pirmasens
Künzelsau
Jagst
Ansbach
Neumarkt i.d.OPf.
Schwandorf
Cham
Heilbronn
Schwäbisch Hall
Fränkische Alb
Landau i. d. Pfalz
Karlsruhe
Baden-Württemberg
Weißenburg in Bayern
Regensburg
Bayerischer Wald
Gr. Arber 1457 m
Ludwigsburg
Pforzheim
Bayern
Donau
Stuttgart
Straubing
Baden-Baden
Göppingen
Donauwörth
Ingolstadt
Deggendorf
1164 m
Sindelfingen
Schwäbisch Gmünd
Isar
Passau
Offenburg
Tübingen
Reutlingen
Landshut
Schwarzwald
Neckar
Schwäbische Alb
Günzburg
Lech
Augsburg
Freising
Pfarrkirchen
Ulm
Neu-Ulm
Dachau
Erding
Inn
Kaiserstuhl
557 m
Balingen
Rottweil
Biberach an der Riß
MÜNCHEN
Altötting
Freiburg im Breisgau
Villingen-Schwenningen
Sigmaringen
Alpenvorland
Ammersee
Landsberg a. Lech
Starnberger See
Chiemsee
Salzach
Feldberg 1493 m
Memmingen
Rosenheim
Ravensburg
Weilheim i. OB
Miesbach
Traunstein
Lörrach
Waldshut-Tiengen
Konstanz
Bodensee
Kempten (Allgäu)
Bad Tölz
Friedrichshafen
Garmisch-Partenkirchen
Sonthofen
Nebelhorn 2224 m
Zugspitze 2962 m
0 50 100 150 200 km
bis 50 000 E.
50 000 - 1 00 000 E.
100 000 - 500 000 E.
500 000 - 1 Mill. E.
über 1 Mill. E.
Mainz Landeshauptstadt
BERLIN Hauptstadt
Landesgrenze
Staatsgrenze

mokratischer und sozialer Bundesstaat. Das Staatsgebiet besteht aus den 16 Bundesländern, die gemeinsam den Bund bilden, dem sie bestimmte Teile ihrer Staatsgewalt übertragen. Dazu gehört u. a. das alleinige Recht, die auswärtigen Angelegenheiten (Außenpolitik) sowie das Währungs- und Geldwesen zu bestimmen, die Verteidigung (Bundeswehr) wahrzunehmen und den Schutz der Zivilbevölkerung sicherzustellen. Die Zuständigkeit für die Kulturpolitik (darunter das Schulwesen) dagegen liegt bei den Ländern. Wichtigstes Verfassungsorgan der Bundesrepublik Deutschland ist der →Bundestag. Die Bundesregierung wird gebildet durch den →Bundeskanzler und die →Bundesminister. Der →Bundesrat ist die Vertretung der Länder. Der →Bundespräsident wird nicht vom Volk direkt, sondern von der →Bundesversammlung gewählt. – auch→deutsche Geschichte.

■ **Deutschlandvertrag,** 1952 abgeschlossener, 1955 in Kraft getretener Vertrag zwischen der Bundesrepublik Deutschland und den drei Besatzungsmächten Frankreich, Großbritannien und den USA. Er gab der Bundesrepublik Deutschland staatliche Eigenständigkeit. Die früheren drei Besatzungsmächte durften danach Truppen in der Bundesrepublik Deutschland stationieren, behielten grundlegende Rechte in Berlin und blieben für Deutschland als Ganzes zuständig. Mit der Vereinigung der beiden deutschen Staaten entfielen 1990 die Vertragsgrundlagen.

■ **Deutsch-Polnischer Grenzvertrag,** im Gefolge des →Zwei-plus-Vier-Vertrags vom 12. September 1990 geschlossener Vertrag, in dem Polen und die Bundesrepublik Deutschland die beiderseitige Grenze entlang der →Oder-Neiße-Linie als unverletzlich anerkennen; unterzeichnet am 14. November 1990 in Warschau. Damit gab Deutschland völkerrechtlich verbindlich seinen Anspruch auf Teile des früheren deutschen Reichsgebiets zwischen der Oder-Neiße-Linie im Westen und der Grenze des Deutschen Reiches vom 31. Dezember 1937 im Osten auf, die im →Potsdamer Abkommen und einem weiteren Vertrag 1945 bis zur endgültigen Regelung durch einen Friedensvertrag unter polnische Verwaltung gekommen waren.

■ **Devisen** [...w...], Zahlungsmittel in ausländischer Währung im Besitz von Inländern, z. B. im Ausland zahlbare Schecks oder Wechsel. Im Unterschied dazu bezeichnet man als **Sorten** Banknoten und Münzen ausländischer Zentralbanken.

■ **Devon** →geologisches System (Übersicht).

■ **Dezi...** [lat.], Vorsatzzeichen **d,** Vorsatz vor Maß- und Gewichtseinheiten, der den zehnten Teil der betreffenden Einheit bezeichnet; z. B. ist ein Dezimeter $^1/_{10}$ Meter: 1 dm = 0,1 m.

■ **Dezibel** *das,* Kurzzeichen **dB,** der zehnte Teil des **Bel,** ein Maß zur Messung des Schalldruckpegels (→Lärm).

■ **Dezimalsystem** (Zehnersystem, dekadisches System), ein →Zahlensystem mit der Grundzahl 10. Jede reelle Zahl lässt sich im Dezimalsystem mit 10 Zahlzeichen darstellen. Der Wert einer Ziffer richtet sich nach der Stellung, sie muss entsprechend mit einer Zehnerpotenz multipliziert werden, z. B.:

$$642{,}31 = 6 \cdot 10^2 + 4 \cdot 10^1 + 2 \cdot 10^0 + 3 \cdot 10^{-1} + 1 \cdot 10^{-2}.$$

Ziffern vor dem Komma werden mit Zehnerpotenzen mit positiven Exponenten, Ziffern hinter dem Komma mit Zehnerpotenzen mit negativen Exponenten multipliziert.

■ **dezimieren** [aus lat. decimare, = jeden zehnten Mann (mit dem Tode) bestrafen, zu decem, = zehn], stark vermindern.

■ **DGB,** Abkürzung für **D**eutscher **G**ewerkschafts**b**und, 1949 gegründeter gewerkschaftlicher Dachverband von (2001) acht autonomen Einzelgewerkschaften mit Sitz in Düsseldorf. – auch →Gewerkschaften.

Deutscher Gewerkschaftsbund

■ **Dhaka** (früher: Dacca, Dakka), Hauptstadt von Bangladesh, im Ganges-Brahmaputra-Delta, mit 3,4 Mio. Einwohnern (als städtischer Ballungsraum 6,11 Mio.). Dhaka ist das Industriezentrum des Landes. Die Hälfte der Bevölkerung der schnell wachsenden Stadt lebt in Elendssiedlungen.

■ **Dia,** Kurzwort für →Diapositiv.

■ **Diabetes mellitus** [griech.-lat.] *der* (Zuckerkrankheit), eine chronische Stoffwechselkrankheit, die durch ungenügende Produktion von →Insulin entsteht und zur Erhöhung des Blutzuckerspiegels sowie zur Ausscheidung von Traubenzucker im Harn (Hauptkennzeichen der Krankheit) führt. Gleichzeitig ist der Protein- und Fettstoffwechsel gestört, was zu einer Übersäuerung des Blutes und Gewebes führt. Stärke- und Zuckergenuss muss deshalb bei der Ernährung verringert werden; in schwereren Fällen muss Insulin durch Injektionen zugeführt werden.

■ **Diadochen** [griech., = Nachfolger], die Feldherren Alexanders des Großen, die sich nach dessen Tod (323 v. Chr.) sein Reich teilten. Nach langen Kämpfen der Diadochen untereinander **(Diadochenkämpfe)** bildeten sich drei große Reiche **(Diadochenreiche)**: das Ptolemäerreich (Ägypten; →Ptolemäer), das Seleukidenreich (Syrien, Mesopotamien, Iran; →Seleukiden) und Makedonien; später (um 280 v. Chr.) kam das Reich von Pergamon dazu.

■ **Diagnose** [griech.] *die,* die Feststellung einer Krankheit durch den Arzt.

■ **Diagonale** [griech.] *die,* die Verbindungsstrecke zweier nicht benachbarter Ecken eines Vielecks (z. B. Viereck) oder eines Vielflachs (z. B. Würfel). Bei den Diagonalen eines Vielflachs unterscheidet man Raumdiagonalen, die durch sein Inneres verlaufen, und Flächendiagonalen, die in den Begrenzungsflächen liegen.

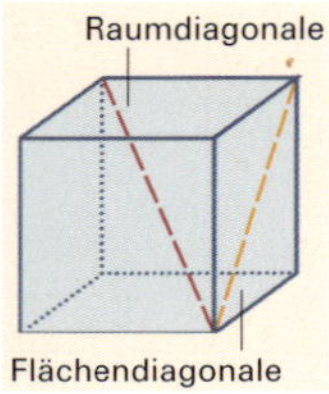

Diagonalen eines Würfels

■ **Diagramm** [griech.] *das* (Schaubild), die zeichnerische Darstellung der Zahlenwerte von statistischen Größen (z. B. Temperatur oder Preise) in ihrer Abhängigkeit von den Zahlenwerten einer anderen Größe (z. B. Zeit). Man unterscheidet Kurven-, Stab-, Säulen- und Kreisdiagramme.

Kurvendiagramm

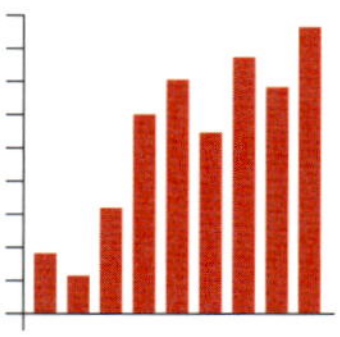
Stabdiagramm

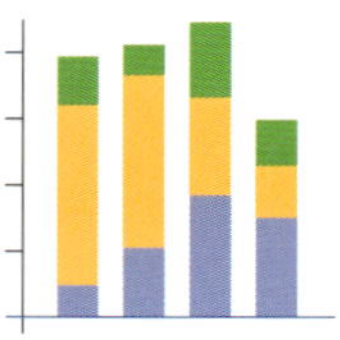
Säulendiagramm

Kreisdiagramm

Diagramm

■ **Diakon** [griech., = Diener] *der,* in der katholischen Kirche ein Geistlicher, der um einen Weihegrad unter dem Priester steht; in der evangelischen Kirche ein kirchlicher Mitarbeiter, der vor allem in der Sozialarbeit tätig ist. – Eine **Diakonisse** ist eine evangelische Gemeinde- und Pflegeschwester.

■ **diakritische Zeichen** [griech.], Zeichen über oder unter einem Buchstaben (auch im Buchstaben selbst) zur Markierung einer besonderen Aussprache oder Betonung. Ein diakritisches Zeichen ist beispielsweise der Akzent.

■ **Dialekt** →Mundart.

■ **Dialektik** [griech. diálektos, = Unterredung] *die,* die schon in der Antike (Sokrates, Platon) geübte Form der philosophischen Beweisführung, in der die Wahrheit im Gespräch, durch Rede und Gegenrede, herausgefunden werden soll.
Im engeren Sinn versteht man heute unter Dialektik ein von der idealistischen Philosophie (Fichte, Hegel) herkommendes Verfahren, das jede Entwicklung in dem für das dialektische Denken charakteristischen Dreischritt **These** (Satz) – **Antithese** (Gegensatz) – **Synthese** (Zusammenfassung von Satz und Gegensatz zu einer höheren Einheit) beschreibt.
Bei Hegel war die Dialektik das innere Bewegungsgesetz des Seins, besonders der geschichtlichen Welt, bei Karl Marx später das Bewegungsgesetz der wirtschaftlich-gesellschaftlichen Wirklichkeit.

■ **Dialog** [griech.] *der,* Zwiegespräch, Wechselrede; wichtiges Element des (klassischen) Dramas. – auch →Monolog.

■ **Dialogbetrieb,** Betriebsart einer Datenverarbeitungsanlage, bei der meist mehrere Benutzer über Ein- und Ausgabegeräte im Wechsel von Frage und Antwort (Dialog) direkt Informationen austauschen können (eingesetzt z. B. in Flugreservierungssystemen).

■ **Dialyse** [griech.] *die,* ein chemisch-physikalisches Verfahren zur Abtrennung von kleinen Teilchen aus einer Lösung mithilfe einer Membran, die nur für diese Teilchen durchlässig ist. In der Medizin wird die Dialyse beim Ausfall der Nierenfunktion zur Reinigung des Blutes von Stoffwechselprodukten eingesetzt. Das dazu verwendete Gerät nennt man Dialysator oder künstliche Niere.

■ **Diamant** [frz.] *der,* ein wertvoller →Edelstein, der aus reinem Kohlenstoff in besonderer Kristallisationsform besteht. Hinreichend große und reine (glasklare) Diamanten werden in der Schmuckindustrie zu →Brillanten geschliffen. Als Gewichtseinheit dient das →Karat. Der größte bekannte Diamant wog 3 106 Karat (= 621,2 g). Hauptvorkommen in Australien, der Demokratischen Republik Kongo, in Südafrika und Russland.
Etwa 95% der gefundenen Diamanten sind trüb oder verunreinigt; diese werden als **Bort** bezeichnet und in der Industrie wegen ihrer großen Härte als Schleif- und Bohrmaterial verwendet. Seit 1955 werden Industriediamanten unter Drücken von mehreren 100 000 bar und Temperaturen bis 3 000 °C aus reinem Graphit künstlich hergestellt.

■ **Diana,** römische Göttin der Jagd; sie entspricht der griechischen Göttin →Artemis.

■ **Diaphragma** →Empfängnisverhütung.

■ **Diapositiv** [griech.-lat.] *das,* Kurzform **Dia,** ein durchsichtiges, fotografisch erzeugtes Bild, das auf eine weiße Fläche vergrößert projiziert werden kann. – auch →Projektionsapparate.

■ **Diaspora** [griech.] *die,* die unter Andersgläubigen zerstreut lebenden Glieder einer Religionsgemeinschaft; auch das Gebiet, in dem sie wohnen. Ursprünglich wurde Diaspora für die außerhalb Palästinas lebenden Juden gebraucht.

■ **Diät** [griech.] *die,* eine Form der Ernährung, bei der Zusammensetzung, Menge und Zubereitung der Nahrung besonders darauf ausgerichtet sind, Krankheiten (auch Übergewicht) zu vermeiden und zu behandeln.

■ **Diäten** [frz.], die finanzielle Entschädigung der Parlamentsabgeordneten, die ihre Unabhängigkeit sichern soll.

■ **Diatonik** [griech.] *die,* in der Musik die Einteilung der Oktave in fünf Ganz- und zwei Halbtöne, so bei den Dur- und Molltonleitern (→Tonleiter). – auch →Chromatik.

■ **Diaz** [diasch] (Dias), Bartolomeu, portugiesischer Seefahrer, *um 1450, †im südlichen Atlantik

Ende Mai 1500. Er umsegelte 1487/88 auf der Suche nach einem Seeweg nach Indien als Erster die Südspitze Afrikas, der er den Namen »Stürmisches Kap« gab (später »Kap der Guten Hoffnung« genannt).

■ **Dichte,** Formelzeichen ρ (Rho), das Verhältnis der Masse *m* eines Stoffes zu seinem Volumen *V.* Einheit der Dichte: Kilogramm pro Kubikmeter (kg/m^3), Gramm pro Kubikzentimeter (g/cm^3), bei Gasen auch Gramm pro Liter (g/l).

Dichte einiger Stoffe bei 0 °C und 1013 hPa (= 1013 mbar)

Stoff	Dichte
Äthylalkohol	0,789 g/cm^3
Wasser (bei 4 °C)	0,9998 g/cm^3
Aluminium	2,69 g/cm^3
Eisen	7,86 g/cm^3
Blei	11,4 g/cm^3
Gold	19,3 g/cm^3
Holz	0,4–0,8 g/cm^3
Wasserstoff	0,0899 g/l
Helium	0,179 g/l
Luft	1,29 g/l
Sauerstoff	1,43 g/l
Kohlendioxid	1,98 g/l
Chlor	3,21 g/l

■ **Dichtung, 1)** *Literatur:* allgemein die Dichtkunst, konkret das einzelne Sprachkunstwerk; die klassischen Gattungen sind: →Lyrik, →Epik, Dramatik (→Drama).
2) *Technik:* eine Vorrichtung, die den unerwünschten Übertritt von Gasen oder Flüssigkeiten durch Fugen oder Risse verhindert. Als Dichtungsmaterial sind elastische Stoffe, z. B. Gummi, Leder, vor allem aber Kunststoffe üblich.

■ **Dickens,** Charles, englischer Schriftsteller, *Landport (bei Portsmouth) 7. Februar 1812, †Gadshill Place (bei Rochester) 9. Juni 1870. Zu seinen bekanntesten Werken, von denen viele zunächst als Fortsetzungsromane in Zeitschriften erschienen, gehören »Die Pickwickier« (1836/37), »Oliver Twist« (1837/38) und »David Copperfield« (1850). Seine Kritik an sozialen Missständen, für die er die Form des sozialen Romans prägte, gab Anstoß für verschiedene Reformen.

■ **Didaktik** [griech.] *die,* Wissenschaft und Lehre vom →Unterricht.

■ **Diderot** [did^{e}ro], Denis, französischer Schriftsteller und Philosoph, *Langres (Département Haute-Marne) 5. Oktober 1713, †Paris 31. Juli 1784. Diderot war neben Voltaire einer der bedeutendsten Vertreter der französischen Aufklärung. Er verfasste eine Vielzahl kritischer und wissenschaftlicher Schriften sowie Romane und Erzählungen. 1751–80 gab er die berühmte »Encyclopédie« heraus, ein 35 Bände umfassendes systematisches Lexikon, das zum Standardwerk der Aufklärung wurde.

■ **Dido,** in der römischen Mythologie Gründerin und Königin von Karthago.

■ **Diebstahl,** das vorsätzliche Entwenden einer fremden beweglichen Sache, um sie sich rechtswidrig anzueignen. Diebstahl wird mit Geldstrafe oder Freiheitsstrafe bis zu fünf Jahren, in schweren Fällen (z. B. Einbruchdiebstahl oder Diebstahl mit Waffen) bis zu zehn Jahren bestraft.

■ **Dienstleistungen,** wirtschaftliche Tätigkeiten, die der Befriedigung menschlicher Bedürfnisse dienen, aber nicht auf die Herstellung von Waren gerichtet sind, z. B. die Abwicklung des Zahlungsverkehrs durch eine Bank oder die Verkaufsleistung im Einzelhandel. »Produktion« und Verbrauch von Dienstleistungen fallen zeitlich zusammen; Dienstleistungen sind demnach nicht lagerfähige Güter.
Der Dienstleistungsbereich, zu dem Handel und Verkehr, Banken, Versicherungen, das Gesundheitswesen und die öffentliche Verwaltung gehören, ist neben Landwirtschaft und Industrie der dritte Wirtschaftsbereich einer Volkswirtschaft. Er hat in den letzten Jahrzehnten zunehmend an Bedeutung gewonnen; heute erbringt er in der Bundesrepublik Deutschland mehr als 60 % des gesamten Wertes der Volkswirtschaft. Hoch entwickelte Gesellschaften, in denen die Arbeits- und Lebensbedingungen nicht mehr vor allem durch die industrielle Fertigung, sondern durch vielfältig organisierte Dienstleistungen geprägt werden, nennt man **Dienstleistungsgesellschaften.**

■ **Dieselmotor,** ein →Verbrennungsmotor, der von dem Maschineningenieur Rudolf Diesel (1858–1913) entwickelt wurde. Im Zylinder wird Luft durch den Kolben so hoch verdichtet (30–55 bar) und erhitzt (700–900 °C), dass sich der von der Einspritzpumpe geförderte und durch die Einspritzdüse eingespritzte **Dieselkraftstoff** sofort entzündet und den Kolben abwärts treibt.
Dieselmotoren können sowohl als Vier- wie als Zweitakter arbeiten. In beiden Fällen komprimiert der Kolben bei einem Aufwärtsgang die Luft und erhitzt sie. Beim Viertakter dient ein Aufwärtsgang dem Auspuffen der Verbrennungsgase und der anschließende Abwärtsgang dem Ansaugen von Frischluft, beim Zweitakter erfolgt das Auspuffen

Die Schriften **Denis Diderots** waren in ganz Europa begehrt; Katharina II. von Russland hatte Diderots Bibliothek angekauft und Goethe besorgte die Übersetzung einiger Titel in die deutsche Sprache

Ungeschliffener **Diamant,** auch Rohdiamant genannt

Die Geschichte von dem Leidensweg eines Londoner Waisenjungen, die **Charles Dickens** in seinem Roman »Oliver Twist« erzählt, kam 1909 erstmals ins Kino

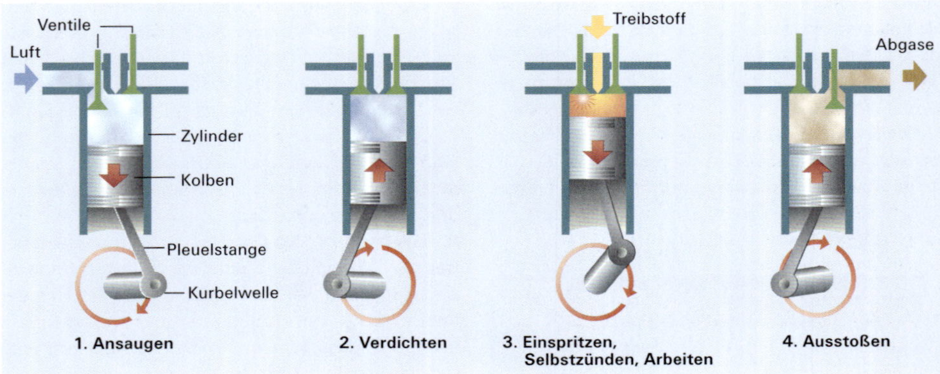

Funktionsweise eines viertaktigen **Dieselmotors**

und Eindringen von Frischluft gleichzeitig beim tiefsten Stand des Kolbens. Der Dieselmotor hat im Vergleich zum →Ottomotor (24%) einen höheren Wirkungsgrad (32%).

■ **Diesterweg,** Adolph, deutscherPädagoge, *Siegen 29. Oktober 1790, †Berlin 7. Juli 1866. Diesterweg setzte sich für eine Verbesserung der Volksbildung sowie eine einheitlichere und bessere Ausbildung der Lehrer ein; er bekämpfte den staatlichen und kirchlichen Einfluss auf das Schulwesen.

■ **Dietrich von Bern,** Gestalt der deutschen Heldensage, deren geschichtliches Vorbild der Ostgotenkönig →Theoderich ist. Dietrich von Bern tritt in zahlreichen Epen des Mittelalters, u. a. im »Nibelungenlied«, auf. »Bern« war im Mittelalter der deutsche Name für Verona.

■ **Differenz** [lat.] *die,* **1)** *allgemein:* Unterschied ; auch: Meinungsverschiedenheit.
2) *Mathematik:* das Ergebnis einer →Subtraktion.

■ **Differenzialgetriebe** (Differenzial, Ausgleichsgetriebe), eine Vorrichtung in der angetriebenen Achse von Kraftfahrzeugen, mit der die Unterschiede an Kräften und Geschwindigkeiten, die zwischen den beiden Rädern der Achse (z. B. in Kurven) auftreten können, ausgeglichen werden.

■ **Differenzialrechnung,** ein Teilgebiet der Mathematik, das mit der →Integralrechnung zur Infinitesimalrechnung zusammengefasst wird und eine der Grundlagen für die höhere Analysis bildet. In einer Differenzialrechung wird der **Differenzialquotient** (die **Ableitung**) einer Funktion $y = f(x)$ untersucht. Solche Größen treten in vielen mathematischen und physikalischen Fragestellungen auf.

■ **Diffraktion** →Beugung.

■ **diffus** [lat.], unregelmäßig verstreut, verschwommen.

■ **Diffusion** [lat.] *die,* von selbst eintretende, allmähliche Vermischung verschiedener Stoffe, die ursprünglich getrennt vorlagen (und aneinander grenzten), z. B. von verschiedenen nicht bewegten Gasen oder Flüssigkeiten miteinander. Ursache ist das Konzentrationsgefälle der Stoffe.
In Lebewesen ist die Diffusion die treibende Kraft der Stoffverteilung innerhalb der Zellen oder zwischen benachbarten Zellen.

■ **digital** [lat.], stufenförmig, nur diskrete, das heißt nicht stetig veränderliche Werte annehmend. Bei einer **Digitalanzeige** werden Daten und Messwerte in Ziffern dargestellt.

■ **Dijon** [dischong], Stadt in Ostfrankreich, am Kanal von Burgund, mit 151 600 Einwohnern. Die Stadt besitzt eine Universität und bedeutende kirchliche Bauten wie die Kathedrale und die Kirche Notre-Dame (14./15. Jahrh.). Dijon ist ein wichtiger Verkehrsknotenpunkt und ein Zentrum des Weinhandels (Burgunder).

■ **Diktator** [lat.] *der,* in der römischen Republik ein Beamter, der in Notzeiten mit unbeschränkten Vollmachten ausgestattet war, um Gefahren für den Staat abzuwenden. Seine Amtszeit war auf höchstens sechs Monate beschränkt. – auch →Diktatur.

■ **Diktatur** [lat.] *die,* Herrschaftsform mit unbeschränkter Macht einer Person **(Diktator)** oder Gruppe; besonders als Gegensatz zur →Demokratie verstanden. Die Diktatur ist verbunden mit der Unterdrückung der Opposition, der Aufhebung der Gewaltenteilung, der Ausschaltung oder Behinderung der Öffentlichkeit bei der Kontrolle politischer Macht sowie der weitgehenden Einschränkung der verfassungsmäßigen Grund- und Mitwirkungsrechte der Bürger. Sie stützt sich meist auf eine Partei oder auf das Militär. Die national- und sozialrevolutionären Bewegungen des 20. Jahrh. (Faschismus, Nationalsozialismus, Kommunismus) entwickelten die Form der totalitären Diktatur (→totalitär).

■ **Dill,** ein gelblich blühendes Doldengewächs, das aus dem östlichen Mittelmeergebiet und dem Vorderen Orient stammt. Dill wird vor allem als Gewürz für Salate und Soßen verwendet.

■ **Dimension** [lat.] *die,* **1)** *allgemein:* Ausdehnung, Ausmaß.

2) *Mathematik:* die Ausdehnung geometrischer Grundgebilde nach Länge, Breite und Höhe (jeweils eine Dimension). Ein Punkt hat die Dimension null, eine Gerade hat eine Dimension, eine Ebene hat zwei, der Raum und jeder Körper haben drei Dimensionen.

3) *Physik:* das einer physikalischen Größe zugeordnete Produkt aus den Grundgrößenarten (Grunddimensionen) des verwendeten Maßsystems (z. B. Länge, Zeit, Masse) oder ihren Potenzen (auch solche mit negativen oder gebrochenen Exponenten). Die Dimension einer physikalischen Größe gibt an, wie diese Größe (bzw. ihre Einheit) mit den Grundgrößen (bzw. deren Einheiten) verknüpft ist und sich aus ihnen zusammensetzt, z. B. [Geschwindigkeit] = [Länge] × $[\text{Zeit}]^{-1}$.

■ **Dimmer** [von engl. to dim, = (Licht) dämpfen] *der,* ein stufenloser Helligkeitsregler für elektrische Glühlampen, der meist mit dem Lichtschalter kombiniert ist.

■ **DIN,** ursprünglich Abkürzung für **D**eutsche **I**ndustrie-**N**orm, Kennzeichen für Erzeugnisse, die den von der Normungsorganisation DIN (Deutsches Institut für Normung e. V.) erarbeiteten Normen entsprechen. Die Normen entstehen in Zusammenarbeit mit Vertretern von Herstellern, Handel, Wissenschaft, Verbrauchern und Behörden u. a. zur Rationalisierung, Sicherheit und Qualitätssicherung. Am bekanntesten sind die Papierformate nach DIN.

■ **Ding** →Thing.

■ **Dingo** [australisch] *der,* ein verwilderter Haushund in Australien, etwa so groß wie ein Schäferhund, mit ziemlich kurzem, rötlich braunem bis gelblichem Fell, buschigem Schwanz und spitzer Schnauze.

Papierformate nach DIN der Reihe A

DIN A 0	84,1 × 118,9 cm
DIN A 1	59,4 × 84,1 cm
DIN A 2	42,0 × 59,4 cm
DIN A 3	29,7 × 42,0 cm
DIN A 4	21,0 × 29,7 cm
DIN A 5	14,8 × 21,0 cm
DIN A 6	10,5 × 14,8 cm
DIN A 7	7,4 × 10,5 cm
DIN A 8	5,2 × 7,4 cm

■ **Dingwort** →Substantiv.

■ **Dinkel** →Weizen.

■ **Dinosaurier** [griech.], zusammenfassende Bezeichnung für die ausgestorbenen Reptilienordnungen **Saurischia** und **Ornithischia,** die ihre größte Verbreitung zur Jura- und Kreidezeit hatten. Die Dinosaurier hatten meist einen kleinen Kopf sowie einen langen Hals und Schwanz. Ihre Größe schwankte zwischen tauben- bis huhngroßen Kleinformen und Riesenformen, die bis zu 40 m lang und damit die größten Landtiere überhaupt waren. Dinosaurier waren ursprünglich räuberische Fleischfresser, die sich auf den Hinterbeinen fortbewegten, wobei die oft sehr kurzen Vorderbeine Greifhände hatten. Viele Arten wurden im Verlauf der späteren Entwicklung zu Pflanzenfressern, die auf vier säulenartigen Beinen liefen. Viele Dinosaurier waren wahrscheinlich Warmblüter und hatten eine soziale Lebensweise. – Bild S. 222

■ **Diode** [griech.] *die,* ein Halbleiterbauelement mit zwei Anschlüssen. Dioden besitzen eine deutlich ausgeprägte Stromrichtungsabhängigkeit (Ventilwirkung). In Durchlassrichtung betrieben fließt bei zunehmender Spannung zwischen den beiden Anschlüssen ein stark ansteigender Durchlassstrom. In Sperrrichtung fließt zunächst ein sehr geringer Sperrstrom, der erst bei Überschreiten eines bestimmten Grenzwertes steil ansteigt. Dioden werden u. a. zum Gleichrichten von Wechselströmen, zur Spannungsstabilisierung oder für optoelektronische Zwecke (z. B. Leuchtdioden) genutzt.

■ **Diogenes** (Diogenes von Sinope), griechischer Philosoph, * um 400 v. Chr., † wohl zwischen 328 und 323 v. Chr. Er vertrat in Leben und Lehre das Ideal der Bedürfnislosigkeit als Voraussetzung für ein glückliches Leben. Die Anhänger dieser Lebens- und Denkweise wurden »Kyniker« genannt. Der Legende nach lebte Diogenes in einer Tonne.

■ **Dionysos,** griechischer Gott der Fruchtbarkeit und des Weins; ihm entspricht der römische Gott **Bacchus**.

■ **Diözese** [griech.] *die,* in der katholischen Kirche der Amtsbereich eines Bischofs, das Bistum.

■ **Diphtherie** [griech.] *die,* eine anzeigepflichtige, vorwiegend im Kindesalter auftretende Infektionskrankheit. 3–5 Tage nach der Ansteckung mit den Diphtheriebakterien durch eine Tröpfcheninfektion sind die Mandeln gerötet und geschwollen. Nach kurzer Zeit bildet sich ein grauweißer Belag

Dill

So könnte es vor Urzeiten ausgesehen haben: die Zeichnung rekonstruiert die bunte Vielfalt von **Dinosauriern** und Flugsauriern, die in einer Zeit, die man erdgeschichtlich Jura- und Kreidezeit nennt, den Höhepunkt ihrer Entwicklung erlebten; gegen Ende der Kreidezeit, vor etwa 65 Millionen Jahren, starben die Tiere aus

im Rachen. Die Bakteriengiftstoffe überschwemmen schließlich den ganzen Körper und können zu schweren Herzschäden und Nervenlähmungen führen. Auch Erstickungsgefahr kann auftreten. Durch eine Schutzimpfung kann die Krankheit vermieden werden.

■ **Diphthong** [griech.] *der,* Doppellaut, z. B. au, äu, eu, ei.

■ **Diplom** [griech.] *das,* Urkunde, durch die eine besondere Leistung, vor allem eine bestandene Prüfung, bescheinigt wird. Viele Akademiker schließen ihre Ausbildung mit einem Diplom ab (deshalb z. B. Diplomingenieur).

■ **Diplomat** [frz.] *der,* höherer Beamter des auswärtigen Dienstes (z. B. Botschafter, Gesandter). Er vertritt die Interessen seines Staates bei einem anderen Staat oder bei einer internationalen Organisation.

■ **direkte Rede,** wörtliche, durch Anführungszeichen markierte Wiedergabe einer Aussage im Gegensatz zur **indirekten Rede,** die die Aussage eines anderen oder auch des Sprechers selbst in der Berichtform ausdrückt; Beispiel: Er sagte: »Ich liebe Christine« (direkte Rede); Er sagte, er liebe Christine (indirekte Rede).

■ **Direktmandat** → Wahlen.

■ **Dirigent** [lat.] *der,* Chor- oder Orchesterleiter.

■ **Diskant** [lat.] *der,* die höchste Stimmlage einer Singstimme; auch: die höchste Tonlage bei bestimmten Instrumenten.

■ **Diskette** [engl.] *die* (Floppy-Disk), ein externer Speicher für digitale Daten in Form einer magnetisierbaren (flexiblen) runden Scheibe. Durch einen Ausschnitt in der festen, die Diskette schützend umgebenden quadratischen Hülle wird sie mit einem zu dem Diskettenlaufwerk gehörenden Lese-Schreib-Kopf bearbeitet. – auch → Festplatte.

■ **Diskont** → Wechsel.

■ **Diskosound** [...saund; engl.] *der,* seit Mitte der 1970er-Jahre verwendete Bezeichnung für eine vor allem für Diskotheken bestimmte Form der Popmusik. Musikalische Kennzeichen sind ein monotoner $^{4}/_{4}$-Grundbeat mit starker Betonung der zweiten und vierten Zählzeit, starre Bassfiguren mit häufigem Oktavwechsel, Streicherhintergrund sowie der elektronisch-synthetische Klang. Musikalische Form und Arrangement sind bewusst einfach gehalten, die Texte meist eine Aneinanderreihung von nichts sagenden Gemeinplätzen und Redensarten. Der Discosound entstand als eine kommerziell kalkulierte, grobe Vereinfachung von afroamerikanischer Soul- und Funkmusik. Neben dem Punk war er einer der herausragenden Trends im Bereich der Pop- und Rockmusik in der zweiten Hälfte der 70er-Jahre. Zu den Hauptvertretern gehörten die Gruppen Bee Gees und Boney M sowie Donna Summer (*1948) und Gloria Gaynor (*1947).

■ **Diskothek** [griech.] *die* (Disko), Tanzlokal, in dem Musik von Tonträgern gespielt wird. Auswahl und Abspielen der Musik übernimmt ein **Discjockey (DJ).**

■ **diskriminieren** [lat.], verleumden, verächtlich machen, benachteiligen (z. B. Diskriminierung von Minderheiten, Rassen).

■ **Diskuswerfen** [von griech. dískos, = Scheibe], leichtathletische Disziplin. Der Diskus, ein scheibenförmiges Wurfgerät aus Holz mit Metallkern und Metalleinfassung (2 kg für Herren, 1 kg für Damen), wird durch einen Schleuderwurf aus einem Wurfkreis (2,5 m Durchmesser) heraus geworfen. Bereits im antiken Griechenland wurde Diskuswerfen bei den →Olympischen Spielen als sportlicher Wettbewerb betrieben.

■ **Disney** [disni], Walt, amerikanischer Filmproduzent, *Chicago 5. Dezember 1901, †Burbank (Kalifornien) 15. Dezember 1966. Disney begründete den Zeichentrickfilm (»Mickymaus«, »Donald Duck«, »Bambi«, »Cinderella« u. a.) und drehte später auch erfolgreiche Dokumentarfilme (»Die Wüste lebt«, 1953) und Spielfilme (»20 000 Meilen unter dem Meer«, 1954). 1955 begründete er in Anaheim bei Los Angeles **Disneyland,** einen Vergnügungspark mit Gestalten aus Märchen und Abenteuerbüchern. Nach seinen Plänen entstand ein ähnlicher Park bei Orlando in Florida: **Disneyworld** (1971 eröffnet). 1992 wurde in Marne-la-Vallée bei Paris **Euro Disney** eröffnet.

Das war im Jahr 1966: **Walt Disney** besichtigt mit seiner ältesten Figur Mickymaus (*1927) den Vergnügungspark Disneyland im kalifornischen Anaheim

■ **Dispersion** [lat.] *die,* **1)** *Chemie:* eine Mischung, bei der ein Stoff in einem anderen fein verteilt (aber nicht gelöst) ist.

2) *Physik:* die Abhängigkeit der Phasengeschwindigkeit einer →Welle von deren Wellenlänge. Ein Medium, das eine solche Abhängigkeit zeigt, wird als »dispersiv« bezeichnet. Die Dispersion des Lichts zeigt sich z. B. in der Auffächerung weißen Lichts in ein Spektrum bei der →Brechung.

■ **Display** [displeⁱ; engl.] *das,* **1)** *Handel:* Dekorationsmittel, das den ausgestellten Gegenstand werbewirksam in den Blickpunkt rücken soll.

2) *Physik:* ein System, das elektrische Signale von Maschinen, Messgeräten u. a. in optisch erfassbare, alphanumerische oder grafische Zeichen umwandelt und anzeigt (z. B. das Anzeigen von Ziffern bei einem Taschenrechner oder einer elektrischen Uhr).

■ **disqualifizieren** [lat.], jemanden für untauglich erklären; einen Sportler wegen grob regelwidrigen Verhaltens vom Wettkampf ausschließen.

■ **Dissens** [lat.] *der,* Meinungsverschiedenheit, Unterschiedlichkeit der Standpunkte; Gegensatz: Konsens.

■ **Dissertation** [lat.] *die* (Doktorarbeit), eine schriftliche wissenschaftliche Arbeit zur Erlangung des Doktorgrades.

■ **Dissident** [lat.] *der,* Andersdenkender; ursprünglich Bezeichnung für jemanden, der sich außerhalb einer Religionsgemeinschaft stellt; allgemein Bezeichnung für denjenigen, der von einer offiziellen Meinung abweicht, vor allem für jenen, der in sozialistischen Staaten für die Verwirklichung der Bürger- und Menschenrechte eintrat.

■ **Dissimilation** [lat., = Entähnlichung] *die,* **1)** *Biologie:* der Abbau körpereigener Stoffe (Proteine, Fette, Kohlenhydrate) in niedermolekulare Produkte (z. B. Wasser, Kohlendioxid), bei dem Energie für die Lebensprozesse (z. B. Muskelarbeit) frei wird.

2) *Sprachwissenschaft:* die stärkere Unterscheidung von zwei gleichen oder ähnlichen Lauten innerhalb eines Wortes, z. B. der Wechsel von t zu k in Kartoffel aus Tartüffel, die Ausstoßung eines n in König aus kuning; Gegensatz: Assimilation.

■ **Dissonanz** [lat.] *die,* in der Musik eine Verbindung von Tönen, die in einem Spannungsverhältnis zueinander stehen und nach Auflösung in einer **Konsonanz** (= Zusammenklang) verlangen.

■ **Distanz** [lat.] *die,* Abstand, Entfernung.

■ **Distelfink** →Stieglitz.

■ **Disteln,** eine Gattung der Korbblütler mit etwa 120 Arten in Eurasien und Afrika. Die krauti-

Die hier abgebildete **Distel** mit dem hängenden Blütenköpfchen nennt man Nickende Distel

Otto Dix hält die Stimmung des Großstadtlebens in den »Goldenen Zwanzigerjahren« fest; 1937, genau zehn Jahre nach Entstehung dieses Bildes, das Teil eines dreiteiligen Gemäldes ist, prangerten die Nationalsozialisten die Werke der zeitgenössischen Kunst nahezu ausnahmslos als »entartet« an, so auch das hier abgebildete

gen Pflanzen sind bis 3 m hoch und haben stachelige Blätter und meist purpurfarbene oder weiße Röhrenblüten. Umgangssprachlich werden auch andere stachelige Korbblütler aus verschiedenen Gattungen (z. B. Ackerdistel) als Disteln bezeichnet.

■ **Distichon** →Vers.

■ **Disziplin** [lat.] *die,* **1)** Zucht, Ordnung. **2)** Fachgebiet, Wissenszweig; Sportart.

■ **Dithmarschen,** Landschaft an der Nordseeküste, zwischen Elbe- und Eidermündung, in Schleswig-Holstein. Sie besteht aus dem fruchtbaren Marschland an der Küste, das teilweise erst durch Eindeichung gewonnen wurde, und dem Geestland mit Mooren und Heide im Inneren.
Dithmarschen war seit dem 13. Jahrh. eine nahezu freie Bauernrepublik; erst 1559 wurde es Teil Schleswig-Holsteins.

■ **Dividende** [lat.] *die,* der Anteil am Gewinn einer →Aktie.

■ **Division** [lat., = Teilung] *die,* **1)** *Mathematik:* das Teilen von Zahlen, eine der vier Grundrechenarten; man errechnet, wie oft eine Zahl in einer anderen enthalten ist. Die Zahl, die man durch eine andere dividiert (teilt), heißt **Dividend,** die Zahl, durch die man teilt, **Divisor,** das Ergebnis **Quotient.**
2) *Militärwesen:* aus zwei bis vier Brigaden oder Regimentern und weiteren Truppenteilen bestehender Großverband mit einer Stärke von 12 000 bis 18 000 Soldaten. Mehrere Divisionen bilden ein Korps.

■ **Dix,** Otto, deutscher Maler, *Untermhaus (heute zu Gera) 2. Dezember 1891, †Singen (Hohentwiel) 25. Juli 1969. In scheinbar wirklichkeitsgetreuer Pinselführung entführt Dix in die Welt der 1920er-Jahre. Er zeigt den Schock des Kriegserlebnisses (Dix selbst kämpfte als Maschinengewehrschütze), die von den Massenvernichtungswaffen entstellten Kriegskrüppel, die Halbwelt der »Goldenen Zwanzigerjahre«, Porträts berühmter Zeitgenossen.

■ **Dixieland-Jazz** [diksiländdschäs; engl.], eine Form des →Jazz, die durch Nachahmung der Instrumentalmusik der Schwarzen (New-Orleans-Jazz) durch weiße Musiker entstanden ist. Die beim »schwarzen« Jazz lässige (relaxed) Betonung des 2. und 4. Taktviertels ist härter, die Zeitmaße sind stärker beschleunigt.

■ **Djakarta** [dsch...] →Jakarta.

■ **DJH,** Abkürzung für **D**eutsches **J**ugend**h**erbergswerk e. V. – auch →Jugendherberge.

■ **Djibouti** [dschibuti] (Dschibuti), Republik an derNordostküste Afrikas. Das Land ist überwiegend eine flache Halbwüste (mit Salzseen), die wirtschaftlich kaum nutzbar ist. Über die Hälfte der Bevölkerung drängt sich in der gleichnamigen Hauptstadt. Hier dominiert der Dienstleistungsbereich, da Djibouti wegen seiner Lage eine Handelsdrehscheibe der Region ist.
Das Gebiet, das seit dem 16. Jahrh. unter arabischer Herrschaft stand, geriet 1862 unter französischen Einfluss und wurde 1977 unabhängig.

Djibouti

Flagge

Wappen

■ **DKP,** Abkürzung für **D**eutsche **K**ommunistische **P**artei, von Funktionären der 1956 verbotenen →KPD 1968 gegründete kommunistische Partei in der Bundesrepublik Deutschland.

■ **DLRG,** Abkürzung für →**D**eutsche **L**ebens-**R**ettungs-**G**esellschaft e. V.

■ **DM,** Abkürzung für **D**eutsche **M**ark, seit der Währungsreform vom 20. Juni 1948 die Währungseinheit der Bundesrepublik Deutschland; sie trat an die Stelle der **Reichsmark** (RM), die am 30. August 1924 eingeführt worden war. Mit der Wirtschafts- und Währungsunion zwischen der Bundesrepublik Deutschland und der DDR wurde am 1. Juli 1990 die DM als Währungseinheit auch in der damaligen

Division

Faustregeln, welche die Division hoher Zahlen erleichtern. So ist eine Zahl teilbar
durch 2, wenn sie gerade ist;
durch 3, wenn die Quersumme durch 3 teilbar ist;
durch 4, wenn die letzten beiden Ziffern durch 4 teilbar oder 00 sind;
durch 5, wenn die letzte Ziffer 0 oder 5 ist;
durch 6, wenn die Zahl gerade und durch 3 teilbar ist;
durch 8, wenn die letzten drei Ziffern durch 8 teilbar oder 000 sind;
durch 9, wenn die Quersumme durch 9 teilbar ist.

DDR eingeführt. Im Jahr 2002 wird die DM durch den →Euro ersetzt werden.

■ **DNA,** Abkürzung für engl. Desoxyribonucleic acid (→Desoxyribonukleinsäure).

■ **Dnjẹpr** *der,* mit 2 200 km drittlängster Strom Europas. Der Dnjepr entspringt auf den Waldaihöhen in Russland und führt durch Weißrussland und die Ukraine zum Schwarzen Meer. Über den Pripjet, einen Nebenfluss, und den 196 km langen **Dnjepr-Bug-Kanal** besteht eine Wasserstraßenverbindung zur Ostsee.

■ **DNS** *die,* Abkürzung für →Desoxyribonukleinsäure.

Djibouti
Fläche 23 200 km²
Einwohner 652 000
Hauptstadt Djibouti
Amtssprachen Arabisch und Französisch
Nationalfeiertag 27. 6.
Währung 1 Djibouti-Franc (FD) = 100 Centimes (c)
Zeitzone MEZ + 2 Std.

■ **Dọbermann,** aus Pinschern gezüchtete Rasse bis etwa 70 cm großer →Hunde. Der Dobermann ist kurzhaarig mit aufrechten gestutzten Ohren und kurzer, kupierter (gestutzter) Rute. Seine Farbe ist meist schwarz oder braun mit rostroten Abzeichen. – Bild S. 226

■ **Döbli̱n,** Alfred, deutscher Schriftsteller und Arzt, *Stettin 10. August 1878, † Emmendingen 26. Juni 1957. Er trat zunächst mit expressionistisch geprägten Novellen und Romanen hervor, in denen er eine neue Erzähltechnik (Reportage, Montage) anwandte. Bekannt wurde er vor allem durch seinen Roman »Berlin Alexanderplatz« (1929). – Bild S. 226

■ **documẹnta** *die,* seit 1955 alle vier oder fünf Jahre in Kassel stattfindende Ausstellung internationaler Gegenwartskunst.

■ **Dodekae̱der** [griech.] *das* (Zwölfflächner, Zwölfflach), ein von zwölf ebenen Flächen begrenzter Körper.

■ **Doge** [dọsche, italienisch dọdsche; von lat. dux, = Führer], in den Stadtstaaten Venedig und Genua bis zum Ende des 18. Jahrh. der oberste staatliche Würdenträger.

■ **Dọggen,** eine Rassengruppe kräftiger →Hunde verschiedener Größe mit breitgesichtigem Kopf, z. B. Bernhardiner, Boxer, Deutsche Dogge, Mops.

■ **Dọggerbank,** Sandbank in der Nordsee zwischen England und Dänemark. Sie ist etwa 300 km lang, 100 km breit und liegt nur 13–20 m unter dem Meeresspiegel. Das Gebiet der Doggerbank ist besonders fischreich.

■ **Dọgma** [griech.] *das,* verbindliche religiöse Lehrmeinung, kirchlicher Glaubenssatz. Nach katholischer Lehre ist das Dogma ein von Gott geoffenbarter Glaubenssatz und gilt deshalb als unanfechtbar.

■ **Dọhle,** etwa 30 cm großer, meist schwarzer Rabenvogel, der Türme, Ruinen und Felswände bewohnt und in Höhlen brütet. Dohlen sind sehr lernfähig.

■ **do it yourself** [du̱ ịt ju'sälf; engl., = mach es selbst!], in den USA entstandenes Schlagwort, das dazu auffordert, handwerkliche Arbeiten selbst, also ohne Handwerker, auszuführen.

■ **Dọktor** [lat.], Abkürzung **Dr.,** höchster akademischer Grad, der nach mehrjährigem Studium an einer Hochschule durch die **Promotion** erlangt werden kann. Dazu muss eine schriftliche wissenschaftliche Arbeit (Dissertation) angefertigt und eine mündliche Prüfung abgelegt werden.
Man kann in allen Wissenschaften den Doktorgrad

Dixieland
Musiker:
Jack Laine (1873–1966)
Nick LaRocca (1889–1961)
Paul Mares (1900–49)
Tom Brown (1890–1968)

Dnjepr
Wichtige Nebenflüsse:
Von rechts:
Beresina (613 km)
Pripjet (775 km)
Ingulez (549 km)
Von links:
Sosch (648 km
Desna (1 130 km)

Dohle

Das Foto zeigt **Alfred Döblin** in französischer Uniform; der 1933 nach Paris emigrierte und von dort 1940 vor seinen Landsleuten in die USA geflohene deutsche Schriftsteller kehrte im November 1945 als Kulturberater der französichen Besatzungsmacht in sein Land zurück, das er 1951 wieder verließ

erwerben (z. B. Dr. phil. = Doktor der Philosophie, Dr. med. = Doktor der Medizin).
Die **Ehrendoktorwürde** wird für hervorragende, nicht notwendig auf wissenschaftlichem Gebiet erbrachte Leistungen verliehen (Abkürzung: Dr. h. c. oder Dr. e. h., lat.: **h**onoris **c**ausa = **e**hren**h**alber).

■ **Doktrin** [lat.] *die,* wissenschaftliche Theorie, die absolute Gültigkeit in Anspruch nimmt; auch: politischer Handlungsgrundsatz.

Dolomiten
Höchste Gipfel:
Marmolada (3 342 m)
Tofana-Gruppe (bis 3 243 m)
Langkofelgruppe (bis 3 181 m)
Sella-Gruppe (bis 3 151 m)
Rosengarten (bis 3 004 m)
Drei Zinnen (bis 2 999 m)
Schlern (2 564 m)

■ **Dolby-System®,** ein von dem amerikanischen Elektrotechniker Ray M. Dolby (*1933) 1965 entwickeltes Verfahren zur Verminderung des Rauschens bei Tonaufzeichnungen und ihrer Wiedergabe mit einem Tonbandgerät und beim UKW-Rundfunk.

■ **Dolde** → Blütenstand.

■ **Doldenblütler** (Doldengewächse), eine Familie zweikeimblättriger Pflanzen mit über 3 000 Arten, meist Kräuter oder Stauden. Die kleinen, weißen oder gelben Blüten stehen in Dolden. Doldenblütler sind u. a. Sellerie, Möhre, Fenchel, Anis und Kümmel.

■ **Doline** [slawisch] *die,* eine napf- oder trichterförmige Vertiefung im Karstgestein. Dolinen entstehen durch den Einsturz unterirdischer Hohlräume, die durch Auslaugung von Kalk- und Salzgesteinen gebildet wurden, oder unmittelbar durch Auslaugung der Gesteine an der Oberfläche.

■ **Dollar** [amerikanisch] *der,* Zeichen **$,** Währungseinheit der USA (1 D. = 100 Cents). Der Dollar ist (mit Zusatzbezeichnung) auch Währungseinheit in zahlreichen anderer Ländern, u. a. in Australien, Kanada, Liberia, Malaysia Namibia und Neuseeland. Im internationalen Zahlungsverkehr spielt der US-Dollar eine vorherrschende Rolle. Viele Staaten haben ihre Währung mehr oder weniger eng an den Kurs des US-Dollars gebunden.

■ **Dolmen** [frz.] *der,* vorgeschichtliche Grabkammer aus senkrecht aufgestellten Steinen und einem Deckstein. Ursprünglich waren Dolmen mit Erde oder Steinen hügelartig bedeckt. Sie kommen vor allem in West- und Nordeuropa vor.

■ **Dolomit** *der,* ein grauweißes, grünliches oder bräunliches Mineral aus Calcium- und Magnesiumcarbonat.

■ **Dolomiten,** Teil der Südlichen Kalkalpen, östlich von Etsch und Eisack. Steil aufragende, zerklüftete Berge (in der Marmolada bis 3 342 m hoch) und reich bewaldete Täler sind für die Dolomiten kennzeichnend.

■ **Dom** [lat.] *der,* Bezeichnung für die Bischofskirche (Kathedrale), gelegentlich auch für andere bedeutende Kirchen.

■ **Domestikation** [lat.] *die,* die Umwandlung von wild lebenden Tier- und Pflanzenarten in Haustiere und Kulturpflanzen durch gezielte Züchtung. Die ältesten Kulturpflanzen (Einkorn, Gerste, Mais, Reis) wurden wahrscheinlich ursprünglich gesammelt. Ihr Anbau begann vor etwa 10 000 bis 12 000

Der **Dobermann** ist ein besonders wachsames und mutiges Tier; er wird deshalb gern als Schutz- und Polizeihund eingesetzt

Jahren in Vorderasien, Südostasien und im tropischen Amerika. Noch in der Altsteinzeit dürften Jägerstämme wandernden Rentierherden gefolgt sein, die sie als Vorstufe der Domestikation nutzten und kontrollierten. Die ältesten bisher nachgewiesenen echten Haustiere sind →Hunde, die vor etwa 15 000 Jahren domestiziert wurden.

■ **dominạnt** [lat.], *Genetik:* im Erbgang eine vorherrschende Wirkung gegenüber anderen Erbanlagen habend; Gegensatz: rezessiv.

■ **Dominạnte** [italienisch] *die,* der 5. Ton einer Tonleiter und dessen Dreiklang.

■ **Dominịca** [auch domị...], Staat auf der gleichnamigen Insel der Kleinen Antillen. Die Insel ist gebirgig und im Inneren von schwer zugänglichem tropischem Regenwald bedeckt. Wirtschaftliche Schwerpunkte sind Bananenexport und Fremdenverkehr. Die meist katholische Bevölkerung besteht zu zwei Dritteln aus Schwarzen.

Geschichte: Die Insel wurde an einem Sonntag (spanisch domingo) des Jahres 1493 von Kolumbus entdeckt. Sie war im18. Jahrh. zwischen Frankreich und Großbritannien umstritten und wurde Anfang des 19. Jahrh. endgültig britisch. 1978 erhielt das Land die Unabhängigkeit.

■ **Dominikạner,** Angehörige des Dominikanerordens (Predigerordens), eines vom heiligen Dominikus 1216 gegründeten Bettelordens. Heute sind die Dominikaner besonders in der Seelsorge und im Unterricht tätig.

Dominica
Fläche 751 km²
Einwohner 65 000
Hauptstadt Roseau
Amtssprache Englisch
Nationalfeiertag 3. 11.
Währung 1 Ostkaribischer Dollar (EC$) = 100 Cents
Zeitzone MEZ – 5 Std.

Dominikanische Republik
Fläche 48 734 km²
Einwohner 8,13 Mio.
Hauptstadt Santo Domingo
Amtssprache Spanisch
Nationalfeiertag 27. 2.
Währung 1 Dominikanischer Peso (dom$) = 100 Centavos (cts)
Zeitzone MEZ – 5 Std.

■ **Dominikạnische Republịk,** Republik im östlichen Teil der Antilleninsel Hispaniola, Mittelamerika. Die gebirgige Insel hat tropisches Klima und verfügt über fruchtbare Küstenebenen im Süden. Die Bewohner, vor allem Mulatten, bauen Zuckerrohr (Zucker ist Hauptexportgut), Bananen, Tabak, Kaffee und Kakao an. Der Bergbau fördert vor allem Silber, Gold, Nickel und Eisenerz.

Geschichte: Die 1492 von Kolumbus aufgesuchte Insel Hispaniola gehörte zum spanischen Kolonialreich; die indianische Urbevölkerung war schon im 16. Jahrh. ausgerottet. 1821 erklärte sich der Ostteil für unabhängig, wurde aber 1822 von →Haiti besetzt und konnte sich erst 1844 als unabhängige Republik von Haiti lösen.

■ **Dominion** [domịnj^{e}n; engl., = Herrschaft, Gebiet] *das,* bis 1945 Bezeichnung für ein selbstständiges Mitglied des →Commonwealth of Nations.

■ **Dọmpfaff** (Gimpel), etwa 15 cm langer Fink in Nadelwäldern und Gärten. Das Männchen hat ein oben blaugraues, unten leuchtend rotes, das Weibchen ein oben graubraunes, unten rötlich braunes Gefieder; beide mit schwarzer Kopfkappe.

■ **Dọn** *der,* Strom im europäischen Teil Russlands und in der Ukraine, 1 870 km lang, davon 1 355 km schiffbar. Der Don entspringt auf der Mittelrussischen Platte und mündet ins Asowsche Meer.

■ **Donald Duck** [dọnld dạk], Trickfilmfigur (seit 1934) und Comicfigur (seit 1938) aus der Disney-Produktion; eine männliche Entenfigur in ver-

Dominikanische Republik

Flagge

Wappen

Dominion
Britische Dominions 1907–45:
Kanada
Australien
Neuseeland
Südafrika
Irland (seit 1921)

Dominica

Flagge

Wappen

Donald Duck

menschlichter Gestalt, die den Typ des völlig mittellosen Pechvogels verkörpert.

■ **Donar** (Thor), Gott der →germanischen Mythologie .

■ **Donatello,** eigentlich Donato di Niccolò di Betto Bardi, italienischer Bildhauer, *Florenz um 1386, †ebenda 13. Dezember 1466; bahnbrechender Meister der italienischen Plastik der Frührenaissance. Er modellierte neben der ersten neuzeitlichen umschreitbaren Vollfigur (»David«, nach 1427) das erste Reiterdenkmal seit der Antike (»Gattamelata«, 1447–53, in Padua).

■ **Donau** *die,* zweitlängster Strom Europas (nach der Wolga), 2850 km lang, entsteht bei Donaueschingen aus Breg und Brigach. Die Donau durchfließt Süddeutschland, Österreich und einen Zipfel der Slowakei, danach durchfließt oder berührt der Strom Ungarn, Serbien, Rumänien, Bulgarien und die Ukraine. Mehrfach durchbricht die Donau verschiedene Gebirge, z. B. in der Wachau und am →Eisernen Tor. In einem dreiarmigen Delta mündet sie in Rumänien ins Schwarze Meer.

Schiffbar ist die Donau auf 2412 km Länge ab Kelheim in Bayern. Die Fahrstrecke zum Schwarzen Meer wird durch den 1984 eröffneten **Donau-Schwarzmeer-Kanal** (64 km lang) in Rumänien um rund 380 km verkürzt. Über den →Rhein-Main-Donau-Großschifffahrtsweg besteht eine Verbindung zur Nordsee.

Donau
Wichtigste Nebenflüsse
von rechts:
Iller (165 km)
Lech (263 km)
Isar (295 km)
Inn (510 km)
Enns (254 km
Drau (749 km)
Save (945 km)
Morawa (500 km)
Isker (368 km)
von links:
Altmühl (220 km)
Naab (165 km)
Regen (107 km)
March (358 km)
Theiß 966 km)
Alt (670 km)
Sereth (706 km)
Pruth (953 km)

■ **Donez** [russisch, = kleiner Don] *der,* rechter Nebenfluss des Don, 1053 km lang. Er fließt hauptsächlich durch die Ukraine; Quelle und Mündung liegen in Russland. Im Unterlauf umfließt er die westlich gelegene Donezplatte mit dem Donez-Steinkohlenbecken (russische Kurzform: **Donbass**), das einen 620 km langen und bis 170 km breiten Streifen zwischen Dnjepr und Kaukasus umfasst.

■ **Don Juan** [...chuan], Gestalt des Dramas »Der steinerne Gast« (1639) von Tirso de Molina (1571–1648): ein reicher, skrupelloser Verführer, der in der Hölle endet. Der Typus ist oft literarisch gestaltet worden, musikalisch z. B. in Mozarts Oper »Don Giovanni«.

■ **Donner** →Blitz.

■ **Donnerkeile** →Belemniten.

■ **Don Quijote** [don kichote] (Don Quixote, Don Quichotte), Titelheld eines Romans von Miguel de →Cervantes Saavedra.

■ **Doping** [auch do...; engl.] *das,* im Sport verbotene Methode, bei der dem Körper →Anabolika, Aufputschmittel oder andere unerlaubte Substanzen zugeführt werden, um Höchstleistungen zu erreichen. Doping ist nicht nur unfair, sondern über längere Zeit angewandt auch äußerst schädlich. Dopingmittel können noch Tage nach der Anwendung (im Urin), zum Teil sogar Monate danach (in den Haaren) nachgewiesen werden, was eine Disqualifikation und einen Ausschluss von weiteren Wettkämpfen auf Zeit oder für immer zur Folge hat.

Der berühmte »David« von **Donatello** war vermutlich eine Brunnenbekrönung in einem Garten der Familie Medici in Florenz

■ **Doppelpunkt** →Satzzeichen (Übersicht).

■ **Dopplereffekt,** die nach dem österreichischen Physiker Christian Doppler (1803–53) benannte Erscheinung, dass bei einer →Welle die in ihrem Sender gemessene Frequenz sich von der in ihrem Empfänger gemessenen unterscheidet, wenn Sender und Empfänger sich relativ zueinander bewegen. Der optische Dopplereffekt zeigt sich in einer Verschiebung der Spektrallinien des Lichts, das von einem Stern ausgestrahlt wird. Bewegt dieser sich auf den Beobachter zu, so verschieben sich die Spektrallinien nach Violett, bewegt er sich dagegen von ihm weg, so beobachtet man eine Verschiebung nach Rot.

Daneben wird in der Astronomie noch eine andere Art von Rotverschiebung beobachtet, die kosmologische, die durch die Expansion (Ausdehnung) des Raums zustande kommt. Während die erstgenannte Verschiebung also auf einer Bewegung *durch* den Raum beruht, beruht die kosmologische Rotverschiebung auf einer Veränderung des *Raums selbst.*

■ **Dordogne** [...dọnj^{e}] *die,* rechter Nebenfluss der Garonne (die unterhalb der Dordognemündung den Namen **Gironde** führt), 490 km lang. Das Flussgebiet der Dordogne ist reich an Felshöhlen mit vorgeschichtlichen Funden und Felsbildern.

■ **Dọrer** (Dorier), griechische Stammes- und Dialektgruppe, die ursprünglich in Nordwestgriechenland und Epirus ansässig war, von dort aus Mittelgriechenland besetzte und seit etwa 1100 v. Chr., im Verlauf der **dorischen Wanderung,** die gesamte Peloponnes in Besitz nahm und →Sparta gründete.

■ **Dọrf,** ländliche, vorwiegend bäuerliche Siedlung mit einer größeren Zahl von Gehöften. Heute leben vor allem in stadtnahen Dörfern auch Angehörige von Berufen, die nicht in der Landwirtschaft tätig sind. Es gibt verschiedene Dorfformen.

■ **Dọrsche,** nahezu weltweit verbreitete Familie der Dorschfische mit über 50, bis 1,8 m langen Arten. Die Dorsche gehören zu den wichtigsten Nutzfischen (u. a. →Kabeljau und →Schellfisch).

■ **Dọrtmund,** Stadt in Nordrhein-Westfalen, im Ruhrgebiet, mit 590 300 Einwohnern die größte Stadt Westfalens. Die einstige Industriestadt hat sich in den vergangenen Jahren zu einem Zentrum für Dienstleistungen und Forschung entwickelt. Dortmund ist Universitätsstadt und Verkehrsknotenpunkt mit einem großen Hafen am →Dortmund-Ems-Kanal. Zu den Sehenswürdigkeiten gehören mehrere alte Kirchen, das moderne Theater, der Fernsehturm im Westfalenpark, die Westfalenhalle und das Westfalenstadion.

■ **Dọrtmund-Ẹms-Kanal,** Kanal zwischen dem östlichen Ruhrgebiet und Emden, 269 km lang, durch den Rhein-Herne-Kanal und den Wesel-Datteln-Kanal mit dem Rhein und durch den Mittellandkanal mit der Weser verbunden.

■ **Dostojẹwski,** Fjodor Michailowitsch, russischer Schriftsteller, *Moskau 11. November 1821, †Sankt Petersburg 9. Februar 1881. Dostojewski, der Schöpfer des psychologischen Romans, widmete sich in seinen Werken besonders religiösen, sozialen und politischen Problemen. Bekannte Werke sind u.a. die autobiografischen »Aufzeichnungen aus einem Totenhaus« (Erlebnisse aus seiner Verbannungszeit in Sibirien; 1860–62), die Romane »Schuld und Sühne« (1866; auch als »Verbrechen und Strafe«), »Der Idiot« (1868/69), »Die Dämonen« (1871–72) und »Die Brüder Karamasow« (1879/80). – Bild S. 230

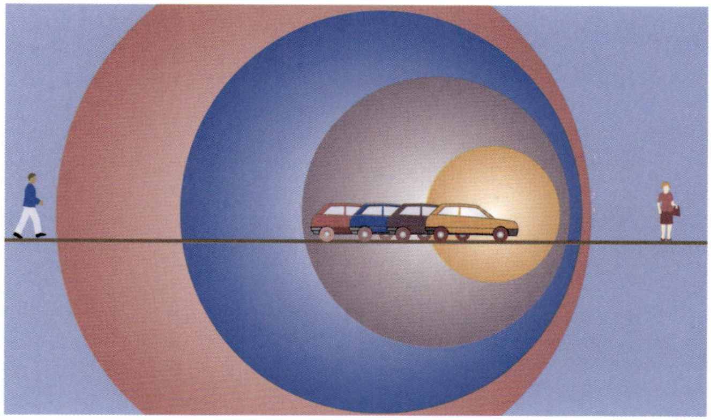

Schallwellen breiten sich nach allen Seiten kugelförmig aus; dies führt beim akustischen **Dopplereffekt,** bei dem die Schallquelle - hier das Auto - bewegt wird, dazu, dass es für den ruhenden Beobachter zum Zusammen- bzw. Auseinanderrücken der Schallwellen kommt; die Frau, in deren Richtung das Auto fährt, hört aufgrund der höheren Schallfrequenz ein höheres Fahrgeräusch, der Mann hingegen ein tieferes

Christian Doppler

Dorfformen in Mitteleuropa

Weiler: kleine Gruppensiedlung unterhalb Dorfgröße; Gehöfte sind unregelmäßig angeordnet.
Haufendorf: größer als ein Weiler; unregelmäßiges Straßennetz im Ortskern.
Straßendorf: Häuser liegen zu beiden Seiten nur einer Straße, oft über mehrere Kilometer.
Hufendorf: Straßendorf, bei dem der landwirtschaftliche Besitz (Hufe) der einzelnen Bauern direkt hinter dem Gehöft liegt; in Rodungsgebieten »Waldhufendorf« genannt.
Angerdorf: Gehöfte liegen zu beiden Seiten des Angers (Dorfplatz), meist einer Grünfläche mit Weiher.
Rundling: Gehöfte sind fächerartig um einen fast runden Anger angeordnet; das Dorf ist meist von einem Wassergraben oder einer Hecke umschlossen.

Sumpfdotter-blumen

Im Laufe der Zeit wurde der Name Sherlock Holmes gleichbedeutend mit dem Wort Detektiv; hier ein Foto seines Erfinders **Arthur Conan Doyle** aus dem Jahr 1920

■ **Dotter,** im →Ei eingelagerte Reservestoffe, die als Nährsubstanz für die Entwicklung des Embryos dienen.

■ **Dotterblumen,** Pflanzengattung der Hahnenfußgewächse. In Deutschland kommt nur die von März bis Mai dottergelb blühende, giftige **Sumpfdotterblume** (Butterblume) auf Sumpfwiesen und an Wassergräben vor.

■ **Double** [dubᵉl; frz.] *das,* Ersatzschauspieler, der z. B. bei Proben oder gefährlichen Szenen im Film eingesetzt wird. – auch →Stuntman.

■ **Dover** [doᵘwᵉr], Hafenstadt in Südostengland, am →Ärmelkanal, mit 34 200 Einwohnern. Von Dover aus ist ein Fährverkehr nach Boulogne-sur-Mer, Calais, Dünkirchen, Ostende und Zeebrugge (Vorhafen von Brügge) eingerichtet.

■ **Downsyndrom** [daun...; benannt nach dem britischen Arzt J. L. Down, 1828-96] *das* (Trisomie 21, früher auch Mongolismus), eine angeborene, erblich bedingte Entwicklungshemmung, hervorgerufen durch das dreifache (statt zweifache) Auftreten des Chromosoms 21 in jedem Zellkern. Kennzeichen der Erkrankung sind u. a. geistige Behinderung aufgrund einer Unterentwicklung des Gehirns, kurzer, runder Kopf, Organmissbildungen (Herz, Nieren), Schrägstellung der Lidachsen und eine Vierfingerfurche. Durchschnittlich tritt das Downsyndrom bei 1,4 von 1 000 lebend geborenen Kindern auf. Die Häufigkeit steigt mit dem Alter der Frau (vor allem ab dem 35. Lebensjahr) an.

■ **Doyle** [deul], Sir Arthur Conan, englischer Schriftsteller, *Edinburgh 22. Mai 1859, †Crowborough (County East Sussex) 7. Juli 1930. Er war zunächst Arzt. Doyle ist der Verfasser der berühmten Kriminalromane um den Meisterdetektiv Sherlock Holmes, der zusammen mit Dr. Watson durch seine Kombinationsgabe die schwierigsten Fälle löst.

■ **Dozent** [lat.] *der,* Abkürzung **Doz.,** Hochschullehrer, Lehrbeauftragter im Weiterbildungsbereich.

■ **Dr.,** Abkürzung für →Doktor.

■ **Drache,** Fabelwesen, das in den Mythen, Märchen und Religionen vieler Völker vorkommt. Der Gestalt des Drachen können verschiedene Tierarten (z. B. Krokodil, Schlange, Vogel) zugrunde liegen. In China gilt er als Glück bringendes Wesen.

■ **Drachen,** Spielzeug und Sportgerät aus einem Stabgerüst mit Papier-, Textil- oder Folienbespannung. Der Drachen erfährt durch Wind oder Anschleppen einen Auftrieb und wird mittels Schnur oder Seil gehalten und gesteuert.
Die ersten Drachen sind aus dem China des 5. Jahrh. v. Chr. belegt. In Europa wurden sie erst im 16. Jahrh. allgemein bekannt. Später dienten sie auch zu wissenschaftlichen Zwecken, z. B. in der Wetterkunde.

Dostojewski hat große Romane hinterlassen; weniger bekannt ist »Der kleine Held«, eine Geschichte über einen elfjährigen Jungen, die der weltberühmte Schriftsteller 1849 unter besonderen Umständen geschrieben hat: er saß im Gefängnis; als Mitglied einer Sozialistengruppe wurde er Ende 1849 zur Hinrichtung geführt, die dann in letzter Minute »abgeblasen« wurde

■ **Drachenfliegen,** das Fliegen mit einem motorlosen Fluggerät, das aus einem sichelfömigen Tragflügel und einem durch Stahlseile mit den Enden des Quer- und Längsholmes verbundenen Steuertrapez besteht. Der in Gurten am Fluggerät hängende Pilot kann durch Verlagerung des Körpergewichts Anstellwinkel und Seitenlage verändern. Gestartet wird von Hängen aus oder mithilfe von Schleppwinden. Die Piloten müssen mindestens 16 Jahre alt sein und einen Luftfahrerschein besitzen.

■ **Dracula,** Vampirgestalt aus dem Roman »Dracula« (1897) des irischen Schriftstellers Bram Stoker (1847–1912). Der Roman verbindet den Volksglauben an Vampire mit Überlieferungen über den grausamen Fürsten Vlad Ţepeş, Sohn des Vlad Dracul, der im 15. Jahrh. in der Walachei (Rumänien) lebte. Der Stoff wurde oft verfilmt, z. B. unter dem Titel »Nosferatu« von Fritz Murnau (1921) und Werner Herzog (1979); eine Parodie ist der

Film »Tanz der Vampire« (1966) von Roman Polanski.

■ **Draisine** [drai..., auch: drä...] *die,* **1)** ein 1817 von Karl Freiherr Drais von Sauerbronn (1785–1851) konstruiertes hölzernes Zweirad mit Lenkstange. Man bewegte sich damit fort, indem man sich mit den Füßen vom Boden abstieß. Die Draisine ist eine Urform des Fahrrads.
2) ein vierrädriges Schienenfahrzeug zur Gleis- und Streckenkontrolle.

■ **Drake** [dreik], Sir Francis, englischer Seeheld, *Crowndale (bei Plymouth) um 1540/43, †vor Portobelo (Panama) 28. Januar 1596. Drake unternahm als Freibeuter Fahrten gegen Spanien, kaperte die spanische Silberflotte und nahm 1588 als Vizeadmiral an der erfolgreichen Abwehr der Armada teil. Zwischen 1577 und 1580 umsegelte er als erster Engländer die Erde.

■ **Drakon,** athenischer Gesetzgeber des 7. Jahrh. v. Chr. Er zeichnete um 621 v. Chr. erstmals die Gesetze Athens auf. Die Härte der Strafen seines Gesetzes ist sprichwörtlich geworden **(drakonische Strafen).**

■ **Drama** [griech., = Handlung] *das,* literarische Form, in der eine in sich abgeschlossene Handlung durch Personen in Rede und Gegenrede (Dialog) dargestellt wird und die für die Aufführung auf einer Bühne gedacht ist. Hauptformen des Dramas sind →Tragödie und →Komödie.

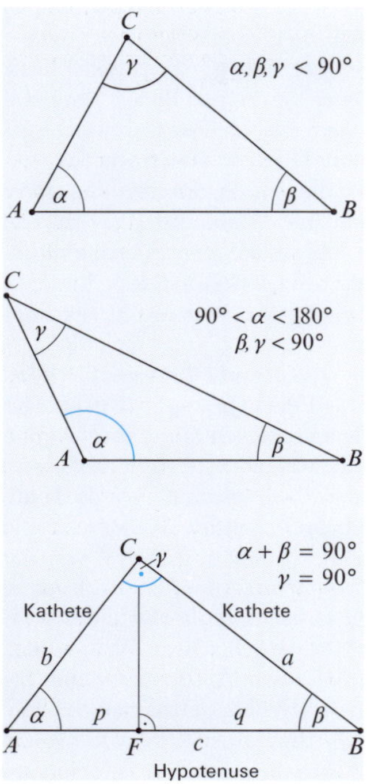

Von oben nach unten gesehen: spitzwinkliges, stumpfwinkliges und rechtwinkliges Dreieck

■ **Drau** *die,* rechter Nebenfluss der Donau, 749 km lang. Die Drau kommt aus den Dolomiten (Südtirol, Italien), fließt durch Österreich und mündet in Kroatien unterhalb von Osijek (deutsch Esseg) in die Donau.

■ **Drehbank,** veraltet für →Drehmaschine.

■ **Drehbuch,** Manuskript für Film oder Fernsehsendungen mit Text und genauen Anweisungen für alle Einzelheiten der Darstellung.

■ **Drehimpuls** (Drall), Formelzeichen L, physikalische Größe bei Drehbewegungen. Der Drehimpuls eines Teilchens der Masse m mit der Geschwindigkeit v auf einer Kreisbahn mit dem Radius r beträgt $L = m \cdot r \cdot v$ **(Bahndrehimpuls).** Der Drehimpuls eines starren Körpers, der sich um eine Achse dreht (z. B. ein Kreisel), setzt sich aus dem Drehimpuls aller Massenpunkte zusammen, aus denen man sich den Körper zusammengesetzt denken kann.

Für seine Kaperei beziehungsweise Seeräuberbeute wurde **Francis Drake** von Elisabeth I. in den Adelsstand erhoben

■ **Drehmaschine** (früher Drehbank), eine sehr vielseitig verwendete Maschine für Handwerk und Industrie, vor allem zum **Drehen,** bei dem durch Drehmeißel Späne von einem Werkstück (aus Holz oder Metall) abgenommen werden. Heute arbeiten Drehmaschinen oft automatisch (elektronisch gesteuerte Drehautomaten).

■ **Drehstrom** (Dreiphasenstrom), eine Verkettung dreier elektrischer →Wechselströme, die um 120° phasenverschoben sind. Der Name D. rührt daher, dass in einer elektrischen Maschine ein rotierendes magnetisches Feld erzeugt wird. Drehstrom ist die in der Stromversorgung am häufigsten verwendete Stromart.

■ **Dreieck,** eine von drei in einer Ebene liegenden Geraden begrenzte geometrische Figur. Die Verbindungslinien der drei Ecken eines Dreiecks heißen Dreieckseiten. Die Summe der drei Innenwinkel eines Dreiecks beträgt 180°.
Ein Dreieck mit einem stumpfen Winkel (größer als 90°) nennt man **stumpfwinklig,** ein Dreieck mit einem rechten Winkel (gleich 90°) **rechtwinklig,** ein Dreieck mit nur spitzen Winkeln (kleiner als 90°) **spitzwinklig.** Sind alle Dreieckseiten gleich lang, so spricht man von einem **gleichseitigen Dreieck,** sind nur zwei Dreieckseiten gleich lang, so heißt das Dreieck **gleichschenklig.**
Im rechtwinkligen Dreieck bezeichnet man die dem rechten Winkel gegenüberliegende Seite als **Hypo-**

tenuse, die dem rechten Winkel anliegenden Seiten sind die **Katheten.**

Den Flächeninhalt F eines Dreiecks berechnet man nach der Formel $F=12g \times h$ wobei g eine beliebige Dreieckseite sein kann und h die auf dieser »Grundlinie« senkrecht stehende Höhe bedeutet.

■ **Dreifaltigkeit** (Trinität), die im Christentum geglaubte Dreiheit der Personen (Vater, Sohn, Geist) in Gott.

■ **Dreifelderwirtschaft,** lange Zeit maßgebende Form der Ackerbewirtschaftung: In regelmäßigem Wechsel wird $^1/_3$ des Ackerlandes mit Wintergetreide (Herbstsaat), $^1/_3$ mit Sommergetreide (Frühjahrssaat) bestellt, $^1/_3$ wird zur Brache (keine Einsaat, da der Acker ruhen soll). Die heute übliche verbesserte Form der Dreifelderwirtschaft ersetzt die Brache im 3. Jahr durch Hackfrüchte (Kartoffeln, Rüben) oder durch Einsaat von Grünfutter (Klee u. a.).

■ **Dreiklang,** Zusammenklang von drei Tönen, insbesondere der in Terzen aufgebaute Dur- oder Molldreiklang, z. B. in C-Dur auf dem Grundton aufgebaut: c-e-g, in c-Moll: c-es-g.

■ **Dreiklassenwahlrecht,** nach Einkommen oder Steuerleistung abgestuftes Parlamentswahlrecht in Preußen 1849–1918. Die Bevölkerung jedes Wahlbezirks wurde in drei Klassen mit jeweils gleichem Steuergesamtbetrag aufgeteilt. Jede Klasse wählte ein Drittel der Wahlmänner, diese die Abgeordneten. Wenige Personen mit hohem Steueraufkommen der ersten Gruppe hatten dadurch ebenso viele Stimmen wie die große Zahl der Personen mit geringen Steuern der dritten Gruppe.

■ **Drei Könige** →Heilige Drei Könige.

■ **Dreimonatsspritze** →Empfängnisverhütung.

■ **Dreisatz,** ein Rechenschema, in dem aus drei bekannten Größen eine vierte, unbekannte Größe bestimmt wird. – Beispiel: Wie viel kosten fünf Knöpfe, wenn zwölf Knöpfe 1,80 DM kosten? Die drei Sätze lauten:

Zwölf Knöpfe kosten 1,80 DM.

Ein Knopf kostet den 12. Teil davon, also 1,80 DM/12 = 0,15 DM.

Fünf Knöpfe kosten fünfmal so viel, also 0,15 DM · 5 = 0,75 DM.

■ **Dreisprung,** leichtathletische Disziplin aus drei zusammengesetzten Sprüngen. Der Sportler springt mit einem Bein vom Sprungbalken ab, landet auf dem gleichen Bein, springt sofort wieder ab, landet auf dem anderen Bein, springt nochmals ab und kommt dann in der Sprunggrube auf; hierbei werden Weiten von 16–17 m erzielt.

■ **Dreißigjähriger Krieg,** europäischer Krieg von 1618 bis 1648 auf deutschem Boden. Die Ursachen waren vor allem der religiöse Gegensatz zwischen Katholiken und Protestanten sowie das Streben der Reichsstände nach Erweiterung ihrer Macht. Anlass war der Aufstand des vorwiegend protestantischen Adels in Böhmen gegen die katholischen habsburgischen Landesfürsten.

Man kann den Dreißigjährigen Krieg in vier Konflikte unterteilen:

1. Böhmischer Aufstand / Böhmisch-Pfälzischer Krieg (1618–23): Ein Jahr nach dem »Prager Fenstersturz« (die kaiserlichen Statthalter wurden von protestantischen Ständevertretern aus einem Fenster der Prager Burg gestürzt) wurde Ferdinand II. durch die böhmischen Stände abgesetzt und der protestantische Kurfürst Friedrich V. von der Pfalz zum König von Böhmen gewählt. Nach seiner Wahl zum Kaiser besiegte Ferdinand die böhmischen Truppen 1620 in der Schlacht am Weißen Berg. Damit endete der Böhmische Aufstand und auch die Herrschaft Friedrichs, der den Spottnamen »Winterkönig« erhielt (weil er nur einen Winter König von Böhmen war). Der kaiserliche Feldherr Tilly eroberte 1622 die Pfalz, die pfälzische Kurwürde fiel 1623 an Bayern. Böhmen wurde gewaltsam rekatholisiert.

2. Niedersächsisch-Dänischer Krieg (1625 bis 1629): Von England und Holland unterstützt, griff König Christian IV. von Dänemark mit seinen protestantischen Truppen in Norddeutschland ein. Er wurde 1626 von Tilly geschlagen, der zusammen mit Wallenstein Norddeutschland unterwarf. Die gleichzeitigen zentralistischen Bestrebungen des Kaisers missfielen jedoch auch den katholischen Fürsten, die 1630 die Entlassung Wallensteins als kaiserlicher Feldherr durchsetzten.
3. Schwedischer Krieg (1630–35): Der kaiserliche Sieg in Norddeutschland führte zum Eingreifen des protestantischen schwedischen Königs Gustav II. Adolf. Er zog mit seinem Heer bis nach München und Augsburg, was den Kaiser veranlasste, Wallenstein erneut zu berufen. In der Schlacht bei Lützen, die unentschieden ausging, fiel der Schwedenkönig 1632. 1634 wurden die schwedischen Truppen und die mit ihnen verbündeten protestantischen Fürsten bei Nördlingen von den Kaiserlichen geschlagen. Die Niederlage führte zum Prager Frieden von 1635. Wallenstein war 1634 wegen eigenmächtiger Friedensbestrebungen vom Kaiser erneut abgesetzt und dann in Eger ermordet worden.
4. Schwedisch-Französischer Krieg (1635–48): Um die Habsburger zu schwächen, griff Frankreich an der Seite Schwedens ein. Der Religionskrieg wurde endgültig zu einem Machtkampf nationaler Interessen. Es ging nicht mehr um die Freiheit der Konfession, sondern um Landbesitz und politischen Einfluss. Der unentschiedene Kampf und die allgemeine Kriegsmüdigkeit führten schließlich 1648 zum →Westfälischen Frieden.

■ **Dresden,** Landeshauptstadt von Sachsen, mit 469 100 Einwohnern. Die Stadt hat eine technische Universität, Akademien und Forschungsinstitute sowie bedeutende Gemäldesammlungen. Sie ist ein Verkehrsknotenpunkt mit Elbhafen und hat vielfältige Industrie.
Durch Luftangriffe wurde Dresden, das als eine der schönsten deutschen Städte galt (»Elbflorenz«), in der Nacht des 13./14. Februar 1945 stark zerstört. Wieder aufgebaut wurden u.a. der Zwinger (eine von Matthäus Daniel Pöppelmann 1711–28 geschaffene Barockanlage), die Hofkirche, die Kreuzkirche und das von Gottfried Semper (1803–79) gebaute Opernhaus (Semperoper). Die von Georg Bähr 1726–34 errichtete Frauenkirche, der bedeutendste protestantische Barockkirchenbau und Wahrzeichen Dresdens, blieb als Ruinenmahnmal für die Opfer des Luftangriffs erhalten und wird seit 1994 wieder aufgebaut.

Die Schrecken des Krieges: das zerstörte **Dresden** nach dem Luftangriff im Frühjahr 1945

■ **Dressurreiten,** im Pferdesport eine in mehrere Klassen unterschiedlicher Schwierigkeitsgrade eingeteilte Leistungsprüfung, bei der der Ausbildungsstand eines Pferdes und das Können des Reiters bewertet werden. In einem mit Sand ausgelegten Dressurviereck muss das Pferd an genau festgelegten Stellen bestimmte Lektionen ausführen, die auf den natürlichen Bewegungen des Pferdes beruhen. Vorzuführen sind z.B. Gangarten, Tempowechsel, Hufschlagfiguren und Wendungen. – auch →hohe Schule.

■ **Drift** (Trift) *die,* durch Wind hervorgerufene oberflächennahe Meeresströmung. Als Drift bezeichnet man auch das durch die Strömung bewirkte Treiben eines Schwimmkörpers (Eisscholle, Flaschenpost).

■ **dritter Stand,** bis zur Französischen Revolution 1789 Bezeichnung für die nicht privilegierten Bürger und Bauern, die nach den privilegierten

Dreißigjähriger Krieg

1618	Böhmischer Aufstand
1620	Schlacht am Weißen Berg bei Prag; Sieg Tillys über Friedrich V. von der Pfalz
1626	Schlacht bei Lutter am Barrenberg; Sieg Tillys über Christian IV. von Dänemark
1629	Christian IV. zum Friedensschluss gezwungen
1630	Landung Gustav II. Adolf auf Usedom
1631	Schwedischer Sieg bei Breitenfeld
1632	Tod Gustav Adolfs in der Schlacht bei Lützen
1635	Sonderfrieden von Prag zwischen dem Kaiser und den meisten protestantischen Fürsten; Eintritt Frankreichs in den Krieg
1644	Beginn der Friedensverhandlungen
1648	am 24. Oktober wird der Westfälische Frieden geschlossen

Ständen der Geistlichkeit und des Adels in der ständischen Gliederung an dritter Stelle standen. In der Revolution erkämpfte sich der dritte Stand die Gleichberechtigung mit den anderen Ständen und die politische Führung, die vorwiegend dem Großbürgertum zufiel.

■ **Drittes Reich,** Bezeichnung für das Deutsche Reich während der Herrschaft des →Nationalsozialismus (1933–45).

■ **Dritte Welt,** ursprünglich Bezeichnung für die Länder, die als »blockfreie Staaten« keinem der beiden Militärblöcke der westlichen und östlichen Staatenwelt (»erste« und »zweite« Welt) zugerechnet werden konnten. Heute gebraucht man den Begriff für die Gesamtheit der (gemessen am Standard der industriell hoch entwickelten Länder) wirtschaftlich und sozial unterentwickelten Länder Asiens, Afrikas und Lateinamerikas (→Entwicklungsländer).

Das Geschäft mit den **Drogen;** seit 1989 geht die Regierung Kolumbiens schärfer gegen das organisierte Verbrechen der Kokainmilliardäre vor; das Foto zeigt Jugendliche, die von der kolumbianischen Militärpolizei nach Drogen durchsucht werden

■ **Drogen** [frz.], im engeren Sinn tierische und pflanzliche Stoffe (z. B. aus Blättern, Blüten und Wurzeln), die als Heilmittel, Stimulanzien oder Gewürze verwendet werden; sie können auch teilweise oder ganz synthetisch (→Designerdrogen) hergestellt werden. Heute wird der Begriff Drogen häufig im Sinne von Rausch- oder Suchtdrogen für alle **Rauschgifte** gebraucht. Allen Drogen ist gemeinsam, dass sie im Organismus – insbesondere durch Einwirkung auf das Zentralnervensystem – eine oder mehrere Funktionen verändern können.

Zu den Drogen zählen zum einen weit verbreitete Genussmittel (z. B. Kaffee, Tee, Tabak und alkoholhaltige Getränke), bestimmte Arzneimittel (z. B. Schlaf-, Beruhigungs-, Aufputsch- und Schmerzmittel) und Lösungsmittel, wie sie z. B. in manchen Klebstoffen vorkommen (»Schnüffelstoffe«), zum anderen die verbotenen (illegalen) Drogen wie die Cannabisprodukte →Haschisch und →Marihuana, Halluzinogene wie →LSD, Stimulanzien wie →Kokain und →Crack, Betäubungsmittel wie →Opium und →Heroin sowie die künstlichen Abkömminge des Amphetamins wie →Ecstasy.

Die Cannabisprodukte sind in der Regel für den Konsumenten die ersten illegalen Drogen. Früher wurden sie als »Einstiegsdrogen« bezeichnet, weil angenommen wurde, dass die Konsumenten nach Cannabis zwangsläufig zu anderen, härteren Drogen greifen würden. Heute wird die Gefahr dagegen vor allem im Einstieg in das Drogenmilieu gesehen, der häufig mit dem Haschisch- oder Marihuanakonsum einhergeht.

Alle Drogen können missbraucht werden und über die Gewöhnung zur seelischen (psychischen) oder körperlichen (physischen) Abhängigkeit, das heißt zur →Sucht führen. Die Drogenabhängigkeit ist das Ergebnis verschiedener Faktoren: die Eigenwirkung der Droge, die Befindlichkeit des Konsumenten, die Bedingungen des sozialen Umfelds und die Gegebenheiten des Drogenmarktes, die u. a. auch als Ursachen der Suchtentstehung gelten.

Die Situation der Drogenabhängigen

Der Missbrauch von Drogen ist in Deutschland in den letzten Jahrzehnten zu einem großen gesellschaftlichen Problem geworden. Viele kommen schon früh in Berührung mit Drogen. So nimmt im Durchschnitt ab dem 14. Lebensjahr der Anteil der Raucher stärker zu. Der erste Alkoholrausch wird im Schnitt im Alter von 15 Jahren erlebt, und mit 17 Jahren wird im Durchschnitt zum ersten Mal eine illegale Droge probiert. Da sowohl der Tabak- als auch der Alkoholkonsum in Mitteleuropa wesentlich weiter verbreitet ist als der Konsum illegaler Drogen, ist auch die Zahl der dadurch hervorgerufenen Erkrankungen wesentlich höher. Die Statistiken zu den illegalen Drogen sind für die Öffentlichkeit jedoch besorgniserregender. Weit über 100 000 Menschen sind von illegalen Drogen (meist Heroin) abhängig, rund 15 000 davon sind HIV-infiziert.

Die hohen Schwarzmarktpreise illegaler Drogen verursachen den Abhängigen enorm hohe Kosten und treiben sie meist zur so genannten Beschaffungskriminalität, häufig auch zur (unfreiwilligen) Prostitution. Fast immer empfinden die Süchtigen ihre Situation als bedrückend. Sie werden von der

Anette von Droste-Hülshoff wartet auch nach 1997 – dem Jahr der Feierlichkeiten zu ihrem 200. Todesjahr – immer noch auf Leser, die den kleinen Kreis eines Fanclubs überschreiten; die Westfälin hielt nichts von einer Schriftstellerei, die, wie einige ihrer zeitgenössischen Kollegen, vor allem die Tagespolitik im Auge hatte – sie galt und gilt deshalb als »konservativ« und ihr kleines Theaterstück mit dem Titel »Perdü! oder Dichter, Verleger und Blaustrümpfe« hat noch keinen Verleger gefunden

Gesellschaft meist ausgegrenzt, was ihre Verelendung noch verschlimmert. Hilfe bieten die Drogenberatungsstellen, die den Abhängigen kostenlos und ohne bürokratischen Aufwand helfen, von der Droge loszukommen.

■ **Dromedar** [auch dro...] →Kamele.

■ **Drosseln,** weltweit verbreitete, Insekten fressende Singvogelfamilie mit spitzem, schlankem Schnabel, großen Augen, meist gestutztem Schwanz und ziemlich langen Beinen. Drosseln sind meist Zugvögel. Es gibt über 300 Arten, darunter Amsel, Singdrossel und Nachtigall.

■ **Droste-Hülshoff,** Annette Freiin von, deutsche Dichterin, *Schloss Hülshoff (bei Münster) 10. oder 12. Januar 1797, †Meersburg (Bodenseekreis) 24. Mai 1848. Ihr in strenger, herber Sprache geschriebenes Werk ist von religiösen Ahnungen und Visionen bestimmt. Am bekanntesten wurde, neben den Balladen (z. B. »Der Knabe im Moor«), die packend geschriebene Novelle »Die Judenbuche« (1842), eine Analyse von Schuldverstrickung und selbst vollzogener Sühne.

■ **Druck,** Formelzeichen *p*, das Verhältnis einer Kraft *F* zu der Fläche *A*, auf die sie senkrecht einwirkt:

$$p = F/A.$$

Gesetzliche Maßeinheiten für den Druck sind das →Pascal (Pa), das →Newton pro Quadratmeter (N/m^2) und das →Bar (bar). Dabei ist

$$1\ \mathrm{Pa} = 1\ \mathrm{N/m^2} = 10^{-5}\ \mathrm{bar}.$$

Der Druck wird mit einem Barometer oder Manometer gemessen.

■ **Drucken,** das Vervielfältigen einer Vorlage durch Abdrucken einer teilweise gefärbten Druckform auf einen Druckträger (z. B. Papier). Man unterscheidet verschiedene Druckverfahren:

1. Hochdruck: Die Druckelemente sind erhaben, sie wirken wie ein Stempel auf den Druckträger.

2. Tiefdruck: Die »druckenden« Teile liegen durch Gravieren oder Ätzen vertieft in der Druckform, die Farbe wird hieraus unter Pressen auf das Papier gesaugt.

3. Flachdruck (vor allem Steindruck oder Lithographie, Offsetdruck, Lichtdruck): Die »druckenden« Stellen liegen in der gleichen Ebene wie die »nicht druckenden«, nur sind Erstere fettig und nehmen Farbe an, während Letztere feucht gehalten werden und keine Farbe annehmen können.

4. Siebdruck: Die Druckform besteht aus einer Schablone aus farbdurchlässigem Material. Die dickflüssige Farbe wird mit der Hand oder in der Siebdruckmaschine mit einer Rakel (Gerät in Form eines Messers aus Gummi oder Holz) durch die Maschen des Siebes auf den Bedruckstoff gedrückt.

■ **Drucker,** an einen Computer angeschlossenes Ausgabegerät, das die vom Computer über eine →Schnittstelle übermittelten Daten auf Papier in sichtbaren Zeichen (Buchstaben, Ziffern, Sonderzeichen, Grafiken) wiedergibt.

Beim **Typendrucker** werden die Zeichen mittels eines über einem Farbband mechanisch bewegten Typenrades zu Papier gebracht.

Beim **Matrixdrucker** setzen sich die Zeichen aus Punkten zusammen, die durch Drahtstifte (z. B. Nadeldrucker) oder feinste Farbstrahltröpfchen (z. B. Tintenstrahldrucker) auf das Papier gelangen.

Laserdrucker erstellen eine Druckvorlage mit einem Laserstrahl; diese wird mit einem elektrostatischen Verfahren ähnlich einem Kopierer auf das Papier gebracht.

Thermodrucker erwärmen gezielt Spezialpapiere und färben diese ein.

Speziell für technische Zeichnungen wird der →Plotter eingesetzt.

Druckluft → Pressluft.

Druden, im Volksglauben gespenstische, meist als weiblich gedachte Wesen, die Albdrücken und Albträume verursachen. Um sich vor ihnen zu schützen, gebrauchte man magische Zeichen, z. B. den **Drudenfuß.**

Druiden [keltisch], die Priesterkaste der keltischen Völker in Gallien und auf den Britischen Inseln. Sie waren zugleich Gelehrte, Richter und Seher sowie Heil- und Sternkundige.

Druse *die,* ein Hohlraum im Gestein, dessen Wände mit kristallisierten Mineralen bedeckt sind.

Drüsen, bei Mensch und Tier die Organe, die lebenswichtige Wirkstoffe (Sekrete) erzeugen und diese durch Ausführgänge der Haut nach außen (z. B. Milch-, Speichel-, Talg- und Schweißdrüsen) oder in innere Hohlräume (z. B. die Magendrüsen in den Magen, die Hormondrüsen in die Blutbahn) abgeben. Auch Pflanzen haben Drüsen, z. B. die Nektardrüsen, die Nektar ausscheiden.

Drusus, Nero Claudius, genannt Germanicus, römischer Feldherr, * 14. Januar 38 v. Chr., † im September 9 v. Chr., Stiefsohn des Kaisers Augustus. Drusus war Statthalter der gallischen Provinzen und Kommandeur an der Rheinfront. Zahlreiche Feldzüge gegen die Germanen führten ihn bis an Ems, Weser und Elbe.

Druiden

In seiner »Naturgeschichte« beschreibt der römische Schriftsteller Plinius der Ältere die Druiden: »Hier dürften wir auch nicht die religiöse Ehrfurcht übergehen, die die Gallier für die Mistel hegen. Die Druiden – so nennen sie ihre Zauberer – halten nämlich nichts heiliger als die Mistel und den Baum, auf dem sie wächst, sofern es ein Eichbaum ist. Aber auch so pflegen sie ihre Eichenhaine und vollziehen kein Opfer ohne den Laubschmuck dieser Bäume, sodass sie – so erklären es die Griechen – ihren Namen ›Druiden‹ von den Eichen erhalten zu haben scheinen... Sie nennen die Mistel in ihrer Sprache die ›Allesheilende‹. Wenn sie nach ihrem Brauch Opfer und Mahl gerichtet haben, führen sie zwei weiße Stiere herbei, deren Hörner sie zuerst bekränzen. Dann besteigt ein mit weißem Gewand bekleideter Priester den Baum und schneidet mit einer goldenen Sichel die Mistelpflanze ab, die in einem weißen Tuch aufgefangen wird. Daraufhin opfern sie die Stiere und beten, dass der Gott die Gabe glückbringend machen möge für diejenigen, denen er sie gesandt habe.« Die Autoren der Asterix-Comics kannten diese Passage sicher sehr genau, als sie die Figur des Druiden Miraculix schufen!

Dschibuti → Djibouti.

Dschingis Khan, eigentlich Temüdschin (»Schmied«), mongolischer Herrscher, * am Onon 1155, 1162 oder 1167, † vor Ninghsia (heute Yinchuan, China) im August 1227; Sohn eines Stammesfürsten unter der Oberhoheit der Tataren. Durch Bündnisse und blutige Feldzüge gegen mongolische und türkische Stämme, Chinesen und Russen begründete er das mongolische Weltreich, das nach seinem Tod unter seine Söhne und seinen Enkel Batu Khan (→ Goldene Horde) aufgeteilt wurde.

Dschungel [indisch] *der,* ursprünglich Bezeichnung für den regengrünen Monsunwald Vorderindiens; im weiteren Sinne bezeichnet man auch einen unpassierbaren tropischen Sumpf- oder Regenwald als Dschungel.

Dschunke [malaiisch] *die,* chinesisches Segelschiff (bis 500 t Tragfähigkeit) mit bis zu fünf Masten, einem flachen, breiten Rumpf, hochgezogenem Bug und Segeln aus Bastmatten, verstärkt durch Bambusleisten.

Dualismus [lat.] *der,* **1)** *allgemein:* Zweiheit, Gegensätzlichkeit.

2) *Philosophie:* die Lehre, nach der zwei Grundprinzipien des Seins nebeneinander bestehen, z. B. Gott – Welt, Geist – Stoff, Leib – Seele.

3) *Politik:* die Rivalität zweier Mächte in einem Staatenbund oder Bundesstaat, z. B. der Dualismus zwischen Österreich und Preußen im Deutschen Bund (1815–66).

Dualsystem (Binärsystem, dyadisches System), ein Zahlensystem, das mit zwei Ziffern (meist 0 und 1) alle Zahlen darstellt: Mit 1 wird das Vorhandensein, mit 0 das Fehlen einer bestimmten Potenz von 2 in einer solchen nach Potenzen zerlegten Dezimalzahl angezeigt.

Die Dezimalzahl 5 ($= 1 \cdot 2^2 + 0 \cdot 2^1 + 1 \cdot 2^0$) erhält als Dualzahl die Darstellung 101.

Das Dualsystem ist die Basis digitaler Datenverarbeitungsanlagen, da sich die Symbole 0 und 1 in die elektrischen Signale »aus« und »ein« umsetzen lassen.

Dubai, Teilstaat der → Vereinigten Arabischen Emirate.

Dublin [dablin] (irisch Baile Átha Cliath), Hauptstadt der Republik Irland, an der Irischen See, mit 502 000 Einwohnern. Die Stadt hat zwei Univer-

Dschunke

Im 15. Jahrhundert übertrafen chinesische Dschunken alles, was das Abendland an Schiffen zustande brachte. Europäische Schiffe, z. B. das Segelschiff des Entdeckers Vasco da Gama, hatten eine Tragkraft von höchstens 100 Tonnen, während die chinesischen Hochseedschunken damals etwa 500 Tonnen transportieren konnten. Die Dschunken hatten einen flachen Boden, und ihre zahlreichen Masten waren geneigt und standen am Bug und Heck versetzt, sodass sich die Segel nicht gegenseitig den Wind wegnahmen. Die Segel waren mit Bambusstreben versteift, weshalb man sie bequem wie Jalousien streichen, setzen oder reffen, das heißt verkürzen konnte.

sitäten, eine vielseitige Industrie und ein vom Hafen und zwei Kathedralen geprägtes Stadtbild.

■ **Dubnium** *das,* ein radioaktives, künstliches chemisches Element, ein →Transuran. Es wurde 1970 im Kernforschungszentrum von Dubna erstmals hergestellt.

Dubnium
Zeichen: Db
Ordnungszahl: 105

■ **Dubrovnik** (italienisch Ragusa), Hafenstadt in Kroatien, an der süddalmatinischen Küste, mit 49 700 Einwohnern; Seebad und Fremdenverkehrsort. Alte Festungsmauern, gotische und barocke Bauten prägen das Stadtbild; die Altstadt gehört zum Weltkulturerbe der UNESCO.

■ **Dudelsack** (Sackpfeife, engl. bagpipe), altes Musikinstrument, das heute noch vor allem in Schottland, Irland, in der Bretagne und Südosteuropa gebräuchlich ist. Es besteht aus einem Luftsack aus Fell oder Leder, in den eine oder mehrere Pfeifen eingelassen sind. Der Luftstrom wird durch Armdruck in die Pfeifen gepresst.

■ **Duden®,** Warenzeichen für Nachschlagewerke (vor allem Wörterbücher) aus dem Verlag Bibliographisches Institut & F. A. Brockhaus AG, Mannheim. Benannt sind sie nach dem deutschen Philologen und Gymnasialdirektor Konrad Duden (1829–1911), dessen »Vollständiges Orthographisches Wörterbuch der deutschen Sprache« 1880 im Bibliographischen Institut erstmals erschien. Schon bald nach seinem ersten Erscheinen wurde der Duden zum wichtigsten Rechtschreibwörterbuch. In der Schweiz ist er noch heute amtlich verbindlich. Bis 1990 erschien eine eigene Neubearbeitung des Dudens im Bibliographischen Institut Leipzig. Seit 1991 gibt es wieder einen gemeinsam erarbeiteten Duden für das gesamte deutsche Sprachgebiet.

■ **Duell** [frz.] *das,* mit tödlichen Waffen ausgetragener Zweikampf zur Schlichtung von Ehrenstreitigkeiten (heute verboten).

■ **Duett** [italienisch] *das,* Musikstück für zwei Instrumente oder zwei Singstimmen; neben der Arie ein wichtiges Element der Oper.

■ **Dufay** [düfạ], Guillaume, frankoflämischer Komponist, *um 1400, †Cambrai 27. November 1474. Er fasste in seinen Messen, Motetten und Chansons die französische, italienische und englische Musik seiner Zeit zusammen. – auch →Musik.

■ **Duisburg** [düß...], Stadt in Nordrhein-Westfalen, an der Mündung der Ruhr in den Rhein, mit 521 300 Einwohnern. Duisburg besitzt den größten Binnenhafen der Erde und ist ein Zentrum der deutschen Eisen- und Stahlindustrie.

■ **Dukaten** [italienisch] *der,* Goldmünze des 13. bis 19. Jahrh., eine der wichtigsten Welthandelsmünzen der Geschichte; ab 1559 Hauptgoldmünze des Heiligen Römischen Reiches.

■ **Duma** (Staatsduma) *die,* das Unterhaus im Zweikammerparlament Russlands.

■ **Dumas** [dümạ], **1)** Alexandre, der Ältere, französischer Schriftsteller, *Villers-Cotterêts (bei Soissons) 24. Juli 1802, †Puys (bei Dieppe) 5. Dezember 1870; Vater von 2). Er behandelte in seinen Werken

Alexandre Dumas der Ältere

Alexandre Dumas der Jüngere

In dieser Kohlezeichnung hat **Albrecht Dürer** das Porträt seiner Mutter in deren Todesjahr 1514 verewigt

Ein selbstbewusster Künstler: der elegant gekleidete achtundzwanzigjährige **Albrecht Dürer** präsentiert sich in einem Selbstporträt aus dem Jahr 1500

vorwiegend Ereignisse der französischen Geschichte und abenteuerliche Begebenheiten. Besonders bekannt wurden seine Romane »Die drei Musketiere« (1844) und »Der Graf von Monte Christo« (1845/46).

2) Alexandre, der Jüngere, französischer Schriftsteller, *Paris 27. Juli 1824, †Marly-le-Roi (bei Paris) 27. November 1895; Sohn von 1). Sein größter Erfolg war der Roman »Die Kameliendame« (1848), der auch als Drama aufgeführt wurde und Vorlage für Verdis Oper »La Traviata« (1853) war.

■ **Dummy** [dạmi; engl.] *der,* eine lebensgroße, bei Unfalltests mit Kraftfahrzeugen (→Crashtest) verwendete Kunststoffpuppe mit einem dem menschlichen Skelett nachgebildeten »Skelett« gleicher Bruchfestigkeit und im Wesentlichen gleichem Bewegungsverhalten. Die Puppe ist meist mit Sensoren ausgestattet, um die bei Unfällen auftretenden Kräfte zu messen.

■ **Dumping** [dạm...; engl.] *das,* der Verkauf von Waren zu sehr niedrigen Preisen, die sogar unter den Herstellungskosten liegen können (»Dumpingpreise«), um einen Marktvorteil gegenüber der Konkurrenz zu erringen.

■ **Dunant** [dünang], Henri, schweizerischer Schriftsteller, *Genf 8. Mai 1828, †Heiden (Kanton Appenzell-Außerrhoden) 30. Oktober 1910. Dunant regte unter dem Eindruck der Gräuel der Schlacht von Solferino (1859) die Gründung des Roten Kreuzes an und veranlasste die Einberufung einer internationalen Konferenz, die die →Genfer Konvention beschloss. 1901 erhielt er zusammen mit dem Politiker und Friedenskämpfer Frédéric Passy (1822–1912) den Friedensnobelpreis.

■ **Dünen,** vom Wind angewehte Sandablagerungen, die man vorwiegend am Meer und in der Wüste findet.

Küstendünen entstehen parallel zur Uferlinie und senkrecht zur Windrichtung.

Binnendünen können als Querdünen (sie verlaufen quer zur Windrichtung), Längsdünen oder bogenförmige Sicheldünen auftreten.

Bei **Wanderdünen** werden die Sandkörner ständig von der Luvseite der Dünen abgetragen und an der Leeseite wieder abgelagert, die Dünen »wandern« also in Richtung des Windes.

■ **Düngemittel,** Nährstoffe, die man dem Boden zur Förderung des Pflanzenwachstums zusetzt, weil er an natürlich vorhandenen Nährstoffen verarmt ist. Man unterscheidet **Wirtschaftsdünger** (z. B. Stallmist, Jauche, Kompost) und **Mineraldünger** (Handelsdünger), der in Fabriken oder Bergwerken gewonnen wird. Die wichtigsten Nährelemente sind Stickstoff, Phosphor, Kalium, Calcium sowie in geringen Mengen auch Magnesium, Eisen und Schwefel.

■ **Du̲o** [italienisch] *das,* Musikstück für zwei Instrumente oder Singstimmen.

■ **Duplika̲t** [lat.] *das,* Zweitausfertigung (eines Schriftstücks).

■ **Du̲r** [lat. durus, = hart] *das,* Tongeschlecht mit der großen →Terz. – auch →Moll.

■ **Durban** [dö^{r}b^{e}n], bedeutendste Hafenstadt der Republik Südafrika, am Indischen Ozean gelegen, mit 715 600 Einwohnern (als Ballungsgebiet 1,14 Mio.); viel besuchtes Seebad mit 8 km langem Sandstrand.

■ **Dü̲rer,** Albrecht, deutscher Maler, Grafiker und Kunsttheoretiker, *Nürnberg 21. Mai 1471, †ebenda 6. April 1528. Auf Reisen nach Italien (1494/95, 1505/07) und in die Niederlande (1520/21) eignete er sich die in diesen Ländern entwickelten neuen Gestaltungsprinzipien an und vollzog damit den Übergang von der Spätgotik zur Renaissance. Sein Werk umfasst Gemälde (Altartafeln, Porträts, Selbstporträts), Aquarelle (Landschaften), Holzschnitte (z. B. »Apokalypse«, 1498) und Kupferstiche (z. B. »Ritter, Tod und Teufel«, 1513). Die theoretischen Bemühungen Dürers mündeten in einen umfangreichen schriftlichen Nachlass; nach seinem Tod erschienen u. a. »Vier Bücher über die Proportion« (1528).

Immer noch erfolgreich auf Tournee: **Bob Dylan** im Jahr 1996

■ **Dụ̈rrenmatt,** Friedrich, schweizerischer Dramatiker und Erzähler, *Konolfingen (bei Bern) 5. Januar 1921, †Neuenburg 14. Dezember 1990. Dürrenmatt bevorzugte die Komödie als »die einzig mögliche dramatische Form, heute das Tragische auszusagen«; seine bekanntesten Komödien sind »Der Besuch der alten Dame« (1956) und »Die Physiker« (1962). Drastischer Witz und sarkastischer Humor zeichnen auch die Kriminalromane (»Der Richter und sein Henker«,1952; »Der Verdacht«, 1953) aus.

Friedrich Dürrenmatt war nach dem Zweiten Weltkrieg zusammen mit Max Frisch der bekannteste Autor der schweizerischen Literatur

■ **Dü̲se,** ein Rohr, dessen Querschnitt sich allmählich verengt. Mithilfe von Düsen kann bei Gasen, Dämpfen und Flüssigkeiten Druckenergie praktisch verlustlos in Bewegungsenergie umgewandelt werden. Die Strömungsgeschwindigkeit einer Flüssigkeit oder eines Gases an der engsten Stelle, dem Düsenhals, steigt um so höher, je enger dieser Querschnitt ist. Düsen werden z. B. zum Zerstäuben von Flüssigkeiten verwendet und als Spinndüsen für Kunststofffasern.

■ **Dü̲senflugzeug,** in der Umgangssprache Bezeichnung für ein Flugzeug, das von einem oder mehreren →Strahltriebwerken angetrieben wird.

■ **Dụ̈sseldorf,** Landeshauptstadt von Nordrhein-Westfalen, am Niederrhein gelegen, mit 568 500 Einwohnern. Die Universitätsstadt ist Sitz vieler Konzernverwaltungen und der Rheinisch-Westfälischen Börse. Aufgrund der guten Verkehrslage ist Düsseldorf, Standort vielfältiger Industrie, auch eine bedeutende Messe-, Handels- und Kongressstadt.

Antonín Dvořák lebte von 1892–1895 in New York; seiner dort im Dezember 1893 mit Riesenerfolg uraufgeführten 9. Sinfonie, in der Farbklänge von amerikanischen Spirituals und indianischer Musik mitschwingen, gab er den Titel »Aus der Neuen Welt«

■ **Dvořák** [dwọr~~sch~~a̲k], Antonín, tschechischer Komponist, *Nelahozeves (bei Prag) 8. September 1841, †Prag 1. Mai 1904. Dvořák verband Einflüsse der Klassiker und Romantiker mit Lied- und Tanzelementen der slawischen Volksmusik. Er schrieb u. a. neun Sinfonien, Kammermusik (vor allem 14 Streichquartette), Opern, Lieder und Klaviermusik.

■ **Dyck** [da̲ik], Sir Anthonis van, flämischer Maler des Barock, *Antwerpen 22. März 1599, †London 9. Dezember 1641. 1620 nach England ausgewandert und zum Hofmaler Karls I. aufgestiegen, wurde er vor allem berühmt durch Porträts, die in Anlehnung an die Malerei seines Lehrers Rubens entstanden.

■ **Dylan** [dịl^{e}n], Bob, eigentlich Robert Zimmermann, amerikanischer Sänger und Komponist, *Duluth (Minnesota) 24. Mai 1941; eine der einflussreichsten Persönlichkeiten der Rockmusik, sowohl für die Entwicklung des Protestsongs in der ersten Hälfte der 1960er-Jahre wie für den Folk- und Countryrock. Zahlreiche seiner lyrisch anspruchsvollen und engagierten Songs wurden zu »Klassikern« des Folk- und Rockmusikrepertoires (u.a. »Blowin' in the wind«, »Like a rolling stone«, »Mr. Tambourine Man«).

■ **Dynamik** [griech.] *die,* **1)** *Elektroakustik:* ein meist in Dezibel (dB) angegebenes Verhältnis zwischen der größten und der kleinsten Amplitude elektrischer oder akustischer Signale.
2) *Physik:* ein Teilgebiet der Mechanik; die Lehre von den Bewegungen der Körper unter dem Einfluss von Kräften.

■ **Dynamit** [griech.] *das,* ein Sprengstoff, in dem das flüssige, hochexplosive Nitroglycerin (Glycerintrinitrat) mit Kollodiumwolle zur besseren Handhabung verfestigt (gelatiniert) ist. Das 1867 von Alfred Nobel erstmals hergestellte Dynamit wurde noch mit Kieselgur verfestigt. Verwendet wird Dynamit zur Sprengung sehr harter Gesteine.

■ **Dynamo** [auch dy...] *der,* ein selbst erregender Gleichstromgenerator (→Generator), z.B. der Fahrraddynamo.

■ **Dynastie** [griech.] *die,* Herrscherhaus, Herrscherfamilie, die durch Erbfolge über mehrere Generationen die Landesherren stellt.

Dynastie

Die älteste noch bestehende Dynastie ist die der japanischen Kaiser. Am 11. Februar 660 v. Chr. soll der sagenhafte Jimmu Tenno, Abkömmling der Sonnengöttin Ameratasu, den japanischen Thron bestiegen haben. Er gilt als Ahnherr der heute noch bestehenden Dynastie. Die Göttlichkeit seiner Person musste der 124. Tenno jedoch am 1. Januar 1946 auf Verlangen der Amerikaner öffentlich verneinen.

■ **Dysprosium** [griech.] *das,* ein chemisches Element aus der Gruppe der Lanthanoide. Das Schwermetall wird für Bleilegierungen, als Abschirmmaterial in der Kerntechnik und für magnetische Werkstoffe verwendet.

Dysprosium
chemisches Symbol: Dy
Ordnungszahl: 66
relative Atommasse: 162,5
Dichte: 8,55 g/cm^3
Schmelzpunkt: 1411 °C
Siedepunkt: 2561 °C

E

■ **E, 1)** der fünfte Buchstabe des deutschen Alphabets, ein Vokal.
2) *Musik:* die 3. Stufe der C-Dur-Tonleiter.

■ **Ebbe** →Gezeiten.

■ **Eber,** das männliche Schwein.

■ **Eberesche** (Vogelbeerbaum), im nördlichen Europa und in Westasien verbreiteter Baum oder Strauch aus der Familie der Rosengewächse. Die Blüten sind klein und weiß und stehen in endständigen Doldenrispen; die scharlachroten Früchte sind ungenießbar.

Zweig mit den Früchten der Eberesche

■ **Ebert,** Friedrich, deutscher Politiker (SPD), *Heidelberg 4. Februar 1871, †Berlin 28. Februar 1925. Als Gewerkschafts- und Parteisekretär war Ebert in den innerparteilichen Flügelkämpfen auf Ausgleich bedacht. 1913 wählte ihn die SPD als Nachfolger August Bebels zu ihrem Parteivorsitzenden; 1916–18 führte er auch die Fraktion seiner Partei im Reichstag, dem er seit 1912 angehörte. Nach dem Sturz der Monarchie wurde er im November 1918 zum Vorsitzenden des →Rats der Volksbeauftragten und 1919 von der Weimarer Nationalversammlung zum ersten deutschen Reichspräsidenten gewählt. Dieses Amt, in dem er sich um überparteiliche Vermittlung innenpolitischer Gegensätze bemühte, hatte er, von maßlosen Verleumdungen verfolgt, bis zu seinem Tod inne.

■ **Ebner-Eschenbach,** Marie Freifrau von, geborene Gräfin Dubsky, österreichische Schriftstellerin, *Schloss Zdislawitz (bei Kremsier, Südmähren) 13. September 1830, †Wien 12. März 1916. Bekannt wurden vor allem ihre von menschlicher Anteilnahme erfüllte Erzählung »Das Gemeindekind« (1887) und die Tiergeschichte »Krambambuli« (1883).

■ **Ebola-Fieber,** eine meldepflichtige Infektionskrankheit, die bisher nur in Zentralafrika auftrat; sie wird durch das **Ebola-Virus** hervorgerufen. Nach etwa zehn Tagen kommt es zu akuten Krankheitserscheinungen mit Fieber, allgemeinem Krankheitsgefühl, Kopf- und Gliederschmerzen, gefolgt von Erbrechen, Durchfall und Hautausschlag. Das Virus wird durch Kontakt mit Blut oder anderen Körperausscheidungen, vor allem durch unsachgemäß gereinigte und sterilisierte medizinische Instrumente wie Spritzen, übertragen. Das Ebola-Fieber verläuft in 50–90% der Fälle tödlich.

■ **Ebro** *der,* Fluss in Nordostspanien, 910 km lang. Er entspringt im Kantabrischen Gebirge, durchfließt das **Ebrobecken,** eine trockene Steppenlandschaft, und mündet südlich von Tarragona ins Mittelmeer.

■ **ec,** Abkürzung für **e**uro**c**heque (→Scheck).

■ **EC,** Abkürzung für EuroCity, →InterCity.

■ **Echnaton** [ägyptisch, = dem Aton wohlgefällig], ägyptischer König der 18. Dynastie, der ursprünglich **Amenophis IV.** (= Amun ist gnädig) hieß. Er bestieg um 1350 v. Chr. den Thron und regierte etwa 16 Jahre; seine Gemahlin war Nofretete. Echnaton führte die alleinige Verehrung der Gottheit Aton ein und änderte deshalb auch seinen Namen.

■ **Echo** [griech.] *das,* ein Widerhall, der dadurch entsteht, dass Schallwellen an einem Hindernis (Wand, Berg, Waldrand) zurückgeworfen werden. Dabei wird der zurückgeworfene Schall zeitlich nach dem ursprünglichen wahrgenommen.

■ **Echolot,** ein Gerät zur Bestimmung der Wassertiefe. Von einem Schiff aus wird ein Schall- oder Ultraschallimpuls in Richtung Meeresboden geschickt. Aus der Zeit, die bis zum Eintreffen des Echos vergeht, kann die Meerestiefe berechnet werden. – Bild S. 242

■ **Echsen,** Unterordnung der Reptilien mit etwa 3000 Arten, 3 cm bis 3 m lang. Sie haben meist vier Gliedmaßen, die teilweise oder ganz zurückgebildet sein können. Zu den Echsen gehören u. a. Eidechsen, Leguane, Schleichen, Warane, Geckos und Chamäleons.

■ **Eckermann,** Johann Peter, deutscher Schriftsteller, *Winsen (Luhe, Landkreis Harburg) 21. September 1792, †Weimar 3. Dezember 1854. Er war seit 1823 der Vertraute und literarische Gehilfe Goethes. Wichtig sind vor allem seine seit 1825 aufgezeichneten »Gespräche mit Goethe in den letzten Jahren seines Lebens« (1836–48). – Bild S. 242

Echnaton

Amenophis IV., der sich später Echnaton nannte, erkärte den Sonnengott Aton zur alleinigen Gottheit. Er befahl damit einen reinen Monotheismus – den Glauben an einen einzigen Gott. Die übrige Götterwelt sollte von ihren Plätzen verdrängt werden und für immer der Vergangenheit angehören. Um diesen Bruch mit der Tradition abzusichern, ließ der Pharao in Mittelägypten eine neue Hauptstadt bauen: Achetaton (= Horizont des Aton), das heutige Amarna. Schon bald nach dem Tod des Echnaton wurde diese Stadt wieder verlassen. Der König, dessen religiöse Revolution für knapp 20 Jahre die ägyptische Welt auf den Kopf gestellt hatte, sollte vergessen werden: Sein Name verschwand aus den Königslisten, seine Inschriften wurden getilgt.

■ **Eckhart,** genannt Meister Eckhart, deutscher Philosoph und Theologe, *Hochheim (bei Gotha) um 1260, †Avignon (?) vor dem 30. April 1328; Dominikaner. Er lebte als Lehrer und Prediger in Paris, Straßburg und Köln. Etwa 100 seiner ausdrucksstarken deutschen Predigten sind (in späteren Sammlungen) erhalten. Meister Eckhart sah im »Seelenfünklein« das Bild Gottes im Menschen. Seine philosophische Theologie wird der →Mystik zugerechnet.

■ **E-Commerce** →Internet.

■ **Ecstasy** [äxt^{e}si̯; engl.] *das,* eine sythetisch hergestellte →Droge aus der Familie der Amphetamine, die zu euphorischen Gefühlsstimmungen führt, aber auch Muskelkrämpfe, Herzrasen, Bluthochdruck und einen gefährlichen Wasserverlust des Körpers hervorrufen kann. Sie ist vor allem in der »Technoszene« verbreitet. – auch →Designerdrogen.

■ **ECU** [ekü̯; frz.] *der* oder *die,* Abkürzung für **E**uropean **C**urrency **U**nit [engl., = europäische Währungseinheit], künstliche Währung im →Europäischen Währungssystem.

Echnaton

Der Sozialdemokrat **Friedrich Ebert** wird nach dem Zusammenbruch des Kaiserreichs Reichspräsident der ersten deutschen Republik, die auch Weimarer Republik genannt wird

Ecuador
Fläche 272 045 km²
Einwohner 12,562 Mio.
Hauptstadt Quito
Amtssprache Spanisch
Nationalfeiertag 10. 8.
Währung 1 Sucre (S/.) = 100 Centavos (Ctvs)
Zeitzone MEZ – 6 Std.

Ecuador

Flagge

Wappen

■ **Ecuador** (Ekuador), Republik im Nordosten Südamerikas, beiderseits des Äquators (nach diesem benannt). Die Bevölkerung besteht hauptsächlich aus Mestizen und Indianern. Landschaftlich gliedert sich Ecuador in das Andenhochland (Sierra), die Küstenebene (Costa) und das obere Amazonasbecken (Oriente).
Nur ein geringer Teil des Landes wird landwirtschaftlich genutzt (Kaffee, Kakao, Bananen, Zuckerrohr, Reis, Mais), mehr als die Hälfte ist von Regenwald bedeckt (Balsaholz, Kautschuk), die übrigen Landesteile sind Hochgebirge (Chimborasso 6 267 m). Bodenschätze sind Erdöl (Hauptexportgut), Kupfer, Zink, Silber und Gold. Größte Stadt und Haupthafen ist Guayaquil. Zu Ecuador gehören die →Galápagosinseln.
Geschichte: Das Gebiet des heutigen Ecuador ist in der Küstenebene seit etwa 3000 v. Chr. besiedelt. Vor der Eroberung durch die Spanier (1533/34) gehörte es zum Inkareich, 1822 wurde es Teil des unabhängigen Großkolumbien. Seit 1830 ist Ecuador selbstständige Republik.

Johann Peter Eckermann war auch ein überaus wichtiger Partner bei der letzten von Goethe selbst betreuten Ausgabe seiner Werke (in der Fachsprache: Ausgabe letzter Hand)

■ **Edda,** Name zweier Werke der altisländischen Literatur. Die jüngere **Snorra-Edda** ist ein um 1225 von Snorri Sturluson verfasstes und in Handschriften aus dem 13. und 14. Jahrh. erhaltenes Lehrbuch für Skalden. Sie besteht aus einer Darstellung der nordischen Mythologie (Gylfaginning), der Sprache der Dichtkunst (Skáldskaparmál; mit zahlreichen Zitaten aus der Skaldendichtung) und einer Aufzählung der Versarten (Háttatal). Die **Liederedda,** eine Sammlung von etwa 30 Götter- und Heldengesängen, die hauptsächlich aus der Wikingerzeit (8.–11. Jahrh.) stammen, wurde im 13. Jahrh. aufgezeichnet.

■ **Edelgase,** die Elemente der VIII. Hauptgruppe des Periodensystems der chemischen Elemente: Helium, Neon, Argon, Krypton, Xenon und Radon. Alle sechs Elemente sind geruch-, geschmack- und farblose Gase. Die Edelgase sind wegen der abgeschlossenen Elektronenanordnung ihrer Atome **(Edelgaskonfiguration)** sehr reaktionsträge und bilden nur unter extremen Bedingungen chemische Verbindungen mit Fluor und Sauerstoff. Die Luft enthält etwa 1 % Edelgase, größtenteils Argon. Verwendet werden sie vor allem als Füllgas von Leuchtröhren (z. B. Neon) und als Ballonfüllung (Helium).

■ **Edelmetalle,** Sammelbezeichnung für Metalle, die an der Luft bei Raumtemperatur kaum oxidieren. Edelmetalle sind z. B. Silber, Gold, Quecksilber, Ruthenium, Rhodium, Palladium, Osmium, Iridium und Platin. Sie kommen in der Natur meist rein (gediegen) vor, Ausnahmen bilden jedoch Silber und Quecksilber.

■ **Edelsteine,** alle natürlich vorkommenden oder heute zum Teil auch künstlich hergestellten Minerale, aber auch Abarten von Marmor und Gips

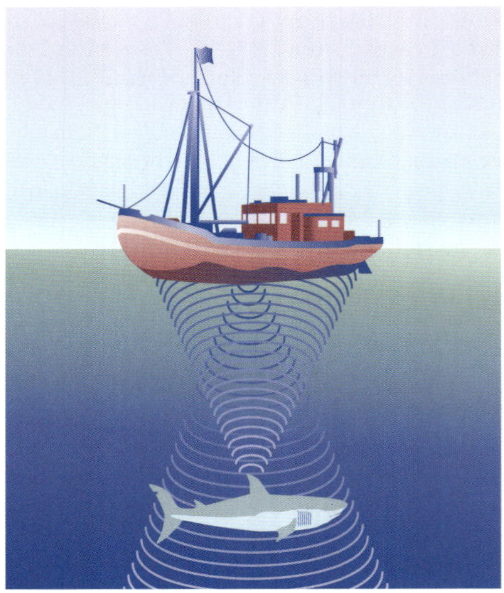

Diese Grafik demonstriert das Prinzip des **Echolots:** aus der Zeitdauer zwischen dem Aussenden eines Schallsignals und der Rücksendung des Echos kann bei bekannter Schallgeschwindigkeit die Tiefe des Objekts berechnet werden

sowie Materialien organischen Ursprungs (z. B. Bernstein, Korallen), die wegen ihrer Schönheit zu Schmuck und Schmuckgegenständen verarbeitet werden. Ihr Gewicht wird in **Karat** angegeben (1 Karat = 0,2 Gramm).

Besonders wertvolle Edelsteine sind durchsichtige und harte Minerale mit hochwertigen optischen Eigenschaften, z. B. Diamant, Rubin, Saphir, Topas, Smaragd und Aquamarin.

Vielfach undurchsichtig, weniger widerstandsfähig und wertvoll sind die **Halbedelsteine,** z. B. Amethyst, Granat, Lapislazuli und Achat.

■ **Edelweiß,** eine Gattung der Korbblütler, die in den Gebirgen und Steppen Asiens und Europas vorkommt; niedrige, dicht behaarte, weißliche bis grüne Stauden mit kleinen Blütenköpfchen. Das unter Naturschutz stehende Edelweiß der Alpen wächst meist direkt unterhalb der Schneegrenze.

■ **Edikt** [lat.] *das,* kaiserlicher oder königlicher Erlass, in Österreich eine amtliche Anordnung.

■ **Edinburgh** [ạdinb^{e}r^e], Hauptstadt von Schottland, mit 450 200 Einwohnern. Die ehemalige Residenzstadt der schottischen Könige gehört wegen ihres mittelalterlichen und klassizistischen Stadtbildes zum UNESCO-Weltkulturerbe.

■ **Edison** [ạdiss^{e}n], Thomas Alva, amerikanischer Erfinder, *Milan (Ohio) 11. Februar 1847, †West Orange (New Jersey) 18. Oktober 1931. Edison, der 1 093 Erfindungen patentieren ließ, darunter das Kohlekörnermikrofon (1877/78), das noch bis vor wenigen Jahren in die Sprechmuscheln der Telefone eingebaut wurde, den Phonographen, einen Vorläufer des Grammophons (1878 patentiert), und die erste brauchbare elektrische Glühlampe (1879). 1882 richtete er in New York das erste öffentliche Elektrizitätswerk der Welt ein. – Infokasten S. 243

■ **Editor** [ẹdi..., edị...; lat.] *der,* **1)** *Buchwesen:* Herausgeber, z. B. von Büchern oder Musikalien.

2) *Informatik:* eine Komponente des Betriebssystems eines Computers, die die Bearbeitung von Texten und Grafiken (z. B. Ein- und Ausgabe, Korrektur) steuert.

■ **EDV,** Abkürzung für **e**lektronische →**D**aten**v**erarbeitung. – auch →Computer.

■ **EEG** *das,* Abkürzung für **E**lektro**e**nzephalo**g**ramm, Aufzeichnung der Gehirnströme, die vom Schädel und der Kopfhaut mithilfe von Elektroden abgeleitet werden. Ein EEG kann zum Nachweis von Verletzungen und Geschwulsten sowie bei →Epilepsien herangezogen werden.

■ **Efeu,** eine Kletterpflanze mit immergrünen, lederartigen Blättern. Die Pflanze blüht im Herbst, erst im nächsten Frühjahr reifen die giftigen, schwarzen Beeren. Die Efeuzweige liegen auf dem Boden oder klettern mithilfe von Haftwurzeln an Bäumen oder Mauern empor.

■ **EFTA,** Abkürzung für **E**uropean **F**ree **T**rade **A**ssociation, →Europäische Freihandelsassoziation.

■ **EG,** Abkürzung für →**E**uropäische **G**emeinschaft (bis 1993: Europäische Wirtschaftsgemeinschaft) und →**E**uropäische **G**emeinschaften.

■ **Eger, 1)** *die* (tschechisch Ohře), linker Nebenfluss der Elbe in Nordwestböhmen, Tschechische Republik. Die Eger entspringt im Fichtelgebirge (Bayern) und ist 291 km lang.

2) (tschechisch Cheb), Stadt in der Tschechischen Republik, an der Eger, mit 31 600 Einwohnern. Sehenswert ist u. a. die Ruine der alten Kaiserpfalz aus dem 12. Jahrhundert.

■ **Egmont** (Egmond), Lamoraal Graf von, Fürst von Gavere, niederländischer Feldherr und Statthalter von Flandern und Artois, *La Hamaide (Hennegau) 18. November 1522, †Brüssel 5. Juni 1568. Er stand aufseiten der Opposition gegen die spanische Verwaltung und wurde deshalb hingerichtet. Goethe hielt sich in seiner Tragödie »Egmont« (1788) nicht an das historische Geschehen; Beethoven schrieb zu diesem Trauerspiel eine Bühnenmusik.

■ **Egoismus** [lat.] *der,* Ichsucht, eine Verhaltensweise, bei der stets die eigenen Interessen im Vordergrund stehen (Gegensatz: Altruismus). Ein Verhalten, das die eigene Person als Mittelpunkt allen Geschehens ansieht und alle Ereignisse nur in ihrer Bedeutung für die eigene Person wertet, heißt **Egozentrik.**

■ **Ehe,** auf Dauer angelegte und auf partnerschaftlicher Wertschätzung beruhende Lebensgemeinschaft zwischen Mann und Frau, die als eine Grundform menschlichen Zusammenlebens festen sozialen, religiösen und rechtlichen Bindungen unterworfen ist. Mindestens einer der Partner, die durch die **Trauung** die Ehe schließen wollen, muss volljährig, der andere mindestens 16 Jahre alt sein. Die beiden Partner dürfen nicht miteinander verwandt sein, das Eheversprechen muss von beiden vor einem Standesbeamten und zwei Trauzeugen abgegeben werden. Mann und Frau schulden sich gegenseitig Unterhalt und teilen sich gleichberechtigt die Erziehung der Kinder.

Vor dem Gesetz ist die Auflösung einer Ehe durch **Ehescheidung** möglich; die katholische Kirche erkennt eine solche jedoch nicht an, da nach ihrer Lehre die Ehe ein Sakrament ist und als unauflöslich gilt.

Eine Ehe im überlieferten Sinn zwischen gleichgeschlechtlichen Paaren ist in Deutschland nicht

Edda: Seite aus der Liederedda

Efeu

nicht möglich. Stattdessen wurde 2000 ein Gesetz verabschiedet, das die **Eingetragene Lebenspartnerschaft** homosexueller Paare in vielen Bereichen rechtlich der Ehe gleichstellt. Es legt fest, dass beide Partner füreinander einstehen und dass ihnen aus der gegenseitigen Verantwortung verbindliche Rechte (z. B. Erbrecht) und Pflichten (z. B. Unterhaltspflicht) erwachsen.

In Europa kennt man nur die Einehe **(Monogamie)**, in manchen Ländern, z. B. in den arabischen Staaten, ist auch die Vielehe **(Polygamie)** erlaubt. – auch →Familie.

Thomas Alva Edison

■ **Ehrenbürger,** Ehrentitel von Personen, denen wegen persönlicher Verdienste oder weil sie sich um eine Gemeinde verdient gemacht haben die Ehrenbürgerschaft verliehen wurde.

■ **Ei, 1)** →Eizelle.

2) die Eizelle zusammen mit den Nährsubstanzen und den Eihüllen, die sie umschließen. Beim Huhn ist das eigentliche Ei der Eikeim (Keimscheibe, »Hahnentritt«) und der Nahrungsdotter (Eidotter).

■ **Eibe,** eine Gattung der Eibengewächse, immergrüne, zweihäusige Nadelhölzer. Die Gemeine Eibe kann über 1 000 Jahre alt werden. Die dunkelgrünen Nadeln sind flach und weich und zweizeilig angeordnet. Der Same ist von einem roten Samenmantel umgeben und täuscht so eine Beere vor. Der Samen-

»Aus Erfahrung gut«

Die Karriere des Amerikaners Thomas Alva Edison war die Karriere des richtigen Mannes zur richtigen Zeit am richtigen Ort. Edison hatte seine unternehmerische Tätigkeit im Alter von zwölf Jahren mit dem Verkauf von Zeitungen in Eisenbahnzügen begonnen. Mit dem ersten größeren Geldbetrag, den er mit seinem technischen Erfindungsreichtum verdiente, richtete er 1876 das hier abgebildete Forschungslabor ein, in dem er 50 Angestellte beschäftigte. Im Jahr 1881 stellte er auf einer Pariser Ausstellung das von ihm entwickelte Beleuchtungssystem vor. Die Fachwelt reagierte mit geteiltem Echo. Ein wissenschaftlicher Vorträger ließ sich in Paris zu der Bemerkung hinreißen, die Glühlichtanlage sei hier zum ersten und damit wohl auch zum letzten Mal in Betrieb gewesen. Ganz anders sah das der unvoreingenommene deutsche Unternehmer Emil Rathenau: »Edisons Beleuchtungssystem war bis in die Einzelheiten so genial erdacht und sachkundig durchgearbeitet, dass man meinte, es sei in unzähligen Städten jahrzehntelang erprobt gewesen. Weder Fassungen, Umschalter, Schmelzsicherungen, Lampenträger noch andere zur Installation gehörige Gegenstände fehlten, und die Stromerzeugung, die Regulierung, die Leitungen mit ihren Abzweigungen, Hausanschlüssen, Elektrizitätsmessern usw. waren mit staunenswertem Verständnis und unvergleichlichem Genie durchgebildet.« Ein treffendes Urteil zur richtigen Zeit. Rathenau erwarb die Rechte an den deutschen Edison-Patenten und gründete 1883 die Deutsche Edison-Gesellschaft. Aus ihr ging 1886 die Allgemeine Elektrizitätsgesellschaft hervor – die AEG mit dem späteren Werbeslogan »Aus Erfahrung gut«.

Das Wachsrelief zeigt **Joseph von Eichendorff** im Alter von zwölf Jahren; etwa zwölf Jahre später verarbeitete er die Eindrücke seiner Kindheit und Jugendjahre in dem Roman »Ahnung und Gegenwart«

mantel schmeckt süß und ist als einziger Teil der Eibe nicht giftig.

■ **Eiche,** eine Gattung der Buchengewächse, zum Teil über 700 Jahre alt werdende Bäume mit gesägten bis gelappten Blättern. Die Früchte sind Nüsse (Eicheln), die in einem festen Fruchtbecher sitzen. In Mitteleuropa heimisch sind die **Stieleiche** und die **Traubeneiche**. Von den südeuropäischen Eichenarten liefern die beiden **Korkeichen** den Kork; die **Steineiche** ist typisch für die Macchie.
Das harte Eichenholz verwendet man für Fässer, Parkettfußböden und Furniere. Aus der Rinde (Lohrinde) wurden früher Gerbmittel gewonnen.

■ **Eichelhäher,** ein etwa 35 cm großer, rötlichbrauner Rabenvogel in Europa, Nordwestafrika und Vorderasien. Der Eichelhäher hat einen schwarzen Schwanz, einen weißen Flügelfleck und blauschwarz gebänderte Flügeldecken.

■ **eichen,** Maße (z. B. Längenmaßstäbe, Litergefäße) und Messgeräte (z. B. Waagen) auf ihre Genauigkeit amtlich überprüfen.

■ **Eichendorff,** Joseph Freiherr von, Dichter der deutschen Hochromantik, *Schloss Lubowitz (bei Ratibor, Oberschlesien) 10. März 1788, †Neisse (Oberschlesien) 26. November 1857. Seine Themen sind Natur, Sehnsucht und Lebensfreude. In seiner berühmten Erzählung »Aus dem Leben eines Taugenichts« (1826) verbindet er kunstvoll Prosa und Lyrik. Viele seiner Gedichte wurden vertont (»Wem Gott will rechte Gunst erweisen«, »In einem kühlen Grunde«).

■ **Eichhörnchen,** Nagetiere aus der Familie der Hörnchen, mit buschigem Schwanz und langen Haarpinseln an den Ohren, Fell rotbraun, grau oder schwarz. Das Eichhörnchen klettert schnell und springt sehr geschickt, wobei der Schwanz zum Steuern benutzt wird. Sein Nest (Kobel) wird meist in Astgabeln angelegt. Das Eichhörnchen hält eine oft unterbrochene Winterruhe. – Bild S. 246

■ **Eid,** Schwur, feierliche Bekräftigung einer Aussage. Zeugenaussagen vor Gericht müssen meistens beeidet werden. Der Eid dient der Rechts- und Urteilsfindung. Das Beschwören (Beeiden) einer bewusst falschen Aussage (**Meineid**), der »fahrlässige Falscheid« und falsche eidesstattliche Versicherung sind strafbar.
Die **Eidesmündigkeit,** die Fähigkeit zur Eidesleistung vor Gericht, tritt mit Vollendung des 16. Lebensjahres ein. Ein Eid muss auch vor Übernahme bestimmter Ämter (z. B. von Beamten als Diensteid) geleistet werden.

Ein lebendes **Ei:** bebrütetes Hühnerei nach fünf und nach fünfzehn Tagen

■ **Eidechsen,** eine Familie 12–90 cm langer, lebhafter Echsen mit etwa 180 Arten, mit gestrecktem Körper und leicht abbrechendem, jedoch wieder nachwachsendem Schwanz. Sie verscharren ihre Eier an sonnigen Orten, wo sie von der Sonne ausgebrütet werden. Den Winter überdauern sie in Erdhöhlen. In Mitteleuropa sind heimisch die **Zauneidechse**, die **Mauereidechse**, die **Bergeidechse** und die (sehr seltene) **Smaragdeidechse.** – Bild S. 247

■ **Eidgenossenschaft, Schweizerische** → Schweiz.

■ **Eierstöcke,** die weiblichen Keimdrüsen als Teil der weiblichen → Geschlechtsorgane, in dem die Eizellen gebildet werden. Sie sind bei den Wirbeltieren paarig angelegt. Beim Menschen liegen die Eierstöcke im kleinen Becken rechts und links neben der Gebärmutter und werden vom Bauchfell gehalten. Bei der geschlechtsreifen Frau haben sie etwa Größe und Form einer Mandel. In jedem Eierstock entstehen mit Flüssigkeit gefüllte (1,5 mm große)

Die Samen der **Eibe** reifen von August bis September

Bläschen, die **Follikel,** in deren Wänden jeweils eine Eizelle liegt, die im reifen Zustand einen Durchmesser von etwa 0,2 mm hat. Die Zahl der in beiden Eierstöcken angelegten Eier beträgt bereits zur Zeit der Geburt etwa 400 000; davon kommen nur etwa 400 zur vollen Reife.
In der Regel alle vier Wochen, zwischen zwei Menstruationen, platzt ein Follikel **(Eisprung)** und das frei gewordene Ei wird von den trichterförmigen Enden des Eileiters aufgenommen und von diesem in die Gebärmutter befördert. Der entleerte Follikel wandelt sich zu einer Hormondrüse, dem **Gelbkörper.** Tritt keine Schwangerschaft ein, so zerfällt der Gelbkörper bei der nächsten Menstruation und wird zu einem weißlich narbigen Körper; bei erfolgter Empfängnis bleibt er bis zur 10.–12. Schwangerschaftswoche in Funktion. Die Eierstöcke produzieren auch Hormone, die vor allem die periodischen Veränderungen der Gebärmutterschleimhaut regeln.

Der **Eiffelturm** auf dem Marsfeld in Paris ist zum Wahrzeichen der französischen Hauptstadt geworden

■ **Eifel** *die,* nordwestlicher Teil des Rheinischen Schiefergebirges zwischen Mosel, Rhein und Ruhr, eine raue Hochfläche mit tief eingeschnittenen Tälern. Der höchste Berg ist die Hohe Acht (747 m). Die südliche Eifel, die **Vulkaneifel,** ist reich an Vulkankuppen, alten Lavaströmen, Asche- und Bimssteinfeldern sowie reizvollen Maaren.

■ **Eiffelturm,** Wahrzeichen und Sehenswürdigkeit von Paris. Der Eiffelturm wurde von dem französischen Ingenieur Gustave Eiffel (1832–1923) für die Pariser Weltausstellung von 1889 gebaut und ist 300,5 m hoch (mit Antenne 320,8 m).

■ **Eigenschaftswort** →Adjektiv.

■ **Eigentum,** im Unterschied zum →Besitz die umfassende rechtliche Verfügungsgewalt über eine Sache. Das Eigentum ist in der Bundesrepublik Deutschland im Grundgesetz garantiert, es kann allerdings zum Wohle der Allgemeinheit eingeschränkt werden.

■ **Eiger,** 3 970 m hoher Gipfel der Finsteraarhorngruppe in den Berner Alpen (Schweiz). Berühmt ist seine steile Nordwand, die 1938 zum ersten Mal von Bergsteigern durchstiegen wurde. Durch das 3 619 m hohe Eigerjoch ist der Eiger mit dem →Mönch verbunden.

Einheiten: Basiseinheiten des Internationalen Einheitensystems (SI)

Größe	Einheit	Einheitenzeichen
Länge	Meter	m
Masse	Kilogramm	kg
Zeit	Sekunde	s
elektrische Stromstärke	Ampere	A
thermodynamische Temperatur	Kelvin	K
Stoffmenge	Mol	mol
Lichtstärke	Candela	cd

Eichhörnchen können acht bis zehn Jahre alt werden; während die Fähigkeit, mit den Pfoten etwas zu greifen, angeboren ist, muss das Aufknacken von Nüssen und anderen Früchten erlernt werden

■ **Eileiter,** der röhrenförmige Ausführgang für die Eizellen aus dem →Eierstock. Beim Menschen ist der Eileiter ein paariges, 8 bis 10 cm langes, muskulöses Organ, das die reifen Eizellen am Eierstock mit seiner trichterförmigen Öffnung auffängt und in die Gebärmutter leitet. Beim Menschen findet die Befruchtung im Eileiter statt.

■ **Einbaum,** von Naturvölkern noch heute verwendetes Boot, das aus einem einzigen (oft durch Feuer) ausgehöhlten Baumstamm gefertigt wird.

■ **Eingetragene Lebenspartnerschaft,** →Ehe.

■ **einhäusig** nennt man Pflanzenarten, bei denen sich männliche und weibliche Blüten auf derselben Pflanze befinden; Gegensatz: zweihäusig.

■ **Einheiten,** aus Mengen gleichartiger Größen ausgewählte und international vereinbarte Vergleichsgrößen **(SI-Einheiten),** die feste, durch genau vorgeschriebene Mess- oder Eichverfahren reproduzierbare Beträge haben. Meist werden nur die Basiseinheiten eines Einheitensystems festgelegt. Aus diesen lassen sich weitere Einheiten in der Form von Produkten oder Quotienten ableiten. Große Vervielfache oder keine Bruchteile der Einheiten lassen sich mithilfe von Vorsätzen und den entsprechenden Vorsatzzeichen angeben (z. B. Mega oder Mikro)angeben.

■ **Einhorn,** pferdeartiges Fabeltier mit einem großen Horn auf der Stirn.

■ **einkeimblättrige Pflanzen** (Einkeimblättrige, Monokotyledonen), eine Klasse der Bedecktsamer, bei welcher der Keimling nur ein Keimblatt ausbildet. Parallelnervige, meist längliche Blätter sind weitere Kennzeichen. Einkeimblättrige Pflanzen sind z. B. Gräser, Liliengewächse (Tulpe, Küchenzwiebel), Orchideen und Palmen.

■ **Einkommensteuer,** Steuer, bei der das Einkommen Berechnungsgrundlage der zu zahlenden Steuer ist. Die Einkommensteuer ist eine Personensteuer, der alle natürlichen und juristischen Personen unterliegen. Wird die Einkommensteuer vom Lohn oder Gehalt einer Person berechnet und vom Arbeitgeber an das Finanzamt abgeführt, so wird sie als **Lohnsteuer** bezeichnet. Personen mit einem Einkommen, das eine bestimmte, im Einkommensteuergesetz festgelegte Höhe übersteigt, sowie Selbstständige werden zur Einkommensteuer veranlagt, das heißt, das Finanzamt setzt die Steuer aufgrund der Steuererklärung des Steuerpflichtigen fest. Die Einkommensteuer, die juristische Personen (z. B. Unternehmen) für ihre Einnahmen zahlen müssen, wird als **Körperschaftsteuer** bezeichnet. Die Höhe der Steuer richtet sich bei Lohn- oder Gehaltsempfängern nach der Höhe des Einkommens, aber auch nach dem Familienstand (so zahlt z. B. eine ledige Person mehr Steuern als eine Familie mit Kindern). Außerdem können bestimmte Sonderausgaben, Werbungskosten sowie außergewöhnliche Belastungen vom Einkommen abgezogen werden.

Der in einem Schneckengehäuse lebende **Einsiedlerkrebs** ist durch die auf dem Gehäuse festsitzenden Seeanemonen perfekt getarnt

■ **Einsiedlerkrebse** (Eremiten), zehnfüßige Krebse mit weichem Hinterleib, den sie in einer leeren Schneckenschale bergen. Bei Gefahr ziehen sie sich in das Gehäuse zurück und versperren den Eingang mit der größeren der beiden Scheren. Einige Arten leben stets in →Symbiose mit Seeanemonen. Diese sitzen auf dem Schneckenhaus, schützen den Einsiedlerkrebs durch ihre Nesselfäden vor Angreifern und nehmen einen Teil seiner Beute als Nahrung. Beim Umzug in ein neues Gehäuse nimmt der Einsiedlerkrebs die Seeanemone mit.

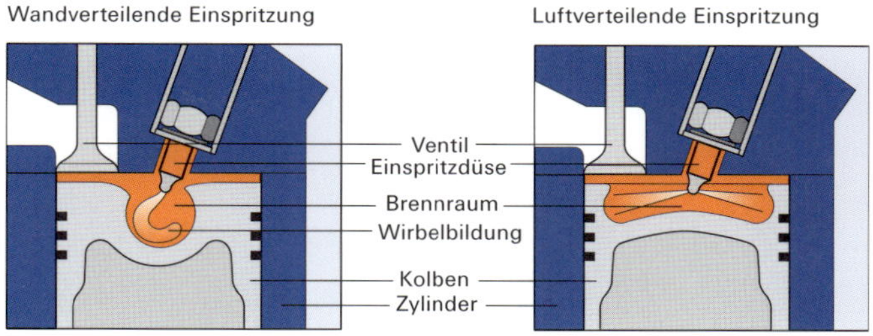

Die Grafik zeigt das Funktionieren eines **Einspritzmotors** am Beispiel eines Dieselmotors: bei der wandverteilenden Einspritzung wird der Kraftstoff auf die Wand des kugelförmigen, in die Kolbenmitte eingelassenen Brennraumes gespritzt; bei der luftverteilenden Einspritzung wird der Kraftstoff in eine flache Brennraummulde im Kolben eingespritzt und durch Luftdrall verwirbelt

■ **Einspritzmotor,** ein Verbrennungsmotor, bei dem die Gemischbildung nicht durch einen Vergaser erfolgt, sondern durch Einspritzung des Kraftstoffs durch Düsen in die Verbrennungsluft (direkt in den Brennraum oder vor die Einlassventile). Dadurch erreicht man eine höhere Leistung bei einem geringeren Verbrauch, wobei weniger schädliche Abgasbestandteile entstehen.

■ **Einstein,** Albert, deutscher Physiker (ab 1901 schweizerische, ab 1941 amerikanische Staatsbürgerschaft), *Ulm 14. März 1879, †Princeton (New Jersey) 18. April 1955. Einstein ist der Schöpfer der epochemachenden →Relativitätstheorie und war entscheidend an der Weiterentwicklung der Quantentheorie Max Plancks beteiligt. Neben vielen anderen Ehrungen erhielt er 1921 den Nobelpreis für Physik. Angesichts der von Deutschland ausgehenden nationalsozialistischen Bedrohung empfahl er trotz seiner grundsätzlich pazifistischen Haltung 1939 den USA die Entwicklung der Atombombe. Nach 1945 setzte er sich nachhaltig für den Abbau nuklearer Waffen ein. – Infokasten S. 249

■ **Einsteinium** [nach Albert Einstein] *das,* ist ein künstliches chemisches Element, ein →Transuran. Es wurde 1952 im Staub der ersten Wasser-

Die **Eidechsen** – hier eine Bergeidechse – können sich außergewöhnlich schnell fortbewegen

Einsteinium
chemische Symbol: Es
Ordnungszahl: 99
relative Nuklidmasse des ^{252}Es: 252
Schmelzpunkt: 860 °C

Eisberg in Grönland

stoffbombenexplosion auf dem Bikini-Atoll entdeckt.

■ **Eintagsfliegen,** weltweit verbreitete, meist in Massenschwärmen auftretende Insekten mit zartem, schlankem Körper (0,3–6 cm lang) und meist drei langen, vielgliedrigen Schwanzanhängen. Sie nehmen keine Nahrung auf und leben meist nur wenige Stunden bis einige Tage nach der Begattung. Die räuberischen oder Pflanzen fressenden Larven entwickeln sich in ein bis vier Jahren im Wasser.

Die Grafik zeigt das Ausmaß eines **Eisberges:** nur ein Bruchteil ist sichtbar

Eisberge

Eisberge gibt es in der Arktis und in der Antarktis. Sie können sehr groß werden. Manche sind über 150 m lang und wiegen einige Millionen von Tonnen. Ungefähr ein Siebtel eines Eisbergs ragt aus dem Wasser heraus, die übrigen sechs Siebtel schwimmen unter Wasser. Ragt also ein Eisberg 150 m aus dem Wasser, so ist er nochmals etwa 900 m tief. Man sieht also tatsächlich nur die sprichwörtliche »Spitze des Eisberges«. Deshalb sind die Eisberge eine große Gefahr für die Schifffahrt. Seit dem Untergang der Titanic, die in der Nacht vom 14. zum 15. April 1912 vor der Küste Neufundlands mit einem Eisberg zusammenstieß und sank, gibt es im Nordatlantik und in anderen Nördlichen Meeren einen Aufklärungsdienst, der die Schiffe vor umhertreibenden Eisbergen warnt.

■ **Einzahl** →Numerus 2).

■ **Einzeller,** Lebewesen, die nur aus einer einzigen Zelle bestehen, etwa die tierischen Protozoen (z. B. →Amöben), viele Algen, manche Pilze und die Bakterien. Sie besitzen Organellen, die der Funktion nach den Organen der Vielzeller entsprechen.

■ **Eis,** gefrorenes Wasser. Beim Abkühlen auf 0 °C (Erstarrungspunkt) geht das Wasser vom flüssigen in den festen →Aggregatzustand über. Dabei dehnt es sich um etwa 9 % seines Volumens aus. Daher zerplatzen wassergefüllte Gefäße und Rohre beim Gefrieren. Eis hat eine geringere Dichte als Wasser und schwimmt deshalb auf der Oberfläche. Ein See gefriert von oben nach unten zu, Wassertiere sind daher vor dem Einfrieren weitgehend geschützt.

■ **Eisbär** →Bären.

■ **Eisberg,** im Meer schwimmende, oft riesige Eismasse, die sich durch Abbrechen von einem Gletscher oder einer bis ans Meer reichenden Inlandeismasse losgelöst hat. Nur etwa ein Fünftel bis ein Achtel ihrer gesamten Masse ragt über die Meeresoberfläche heraus.

■ **Eisbrecher,** ein Spezialschiff, das das Eis auf zugefrorenen Schifffahrtsstraßen aufbricht, um eine Fahrrinne zu schaffen. Der Eisbrecher schiebt sich mit seinem abgeschrägten Vorderteil auf die Eisfläche, die dann unter seinem Gewicht zerbricht.

■ **Eisen,** ein chemisches Element, das häufigste Schwermetall in der Erdkruste. Diese besteht zu etwa 5 % aus Eisen, das jedoch meist in Form seiner Verbindungen (Eisenerze; auch →Eisenverbindungen) vorkommt. Die wichtigsten Eisenerze sind Magnet-, Rot-, Brauneisenstein, Eisenspat und Pyrit (Eisenkies). Reines Eisen, ein silberweißes, biegsames Metall, findet sich in Meteoriten, was darauf hinweist, dass auch die anderen Himmelskörper zu großen Teilen aus Eisen bestehen.

In der Praxis hat man es fast immer mit →Legierungen aus Eisen und Kohlenstoff zu tun. Eisenlegierungen mit einem Kohlenstoffgehalt von mehr als 2,1 % bezeichnet man als →Gusseisen, Legierungen mit weniger als 2,1 % Kohlenstoff als →Stahl. Darüber hinaus wird Stahl durch vielerlei Zusätze, z. B. Silicium, Mangan, Schwefel, Phosphor, Chrom, Molybdän und Vanadium veredelt, um Werkstoffen bestimmte gewünschte Eigenschaften zu geben. Das so genannte Roheisen wird aus den Erzen im →Hochofen bei etwa 1 700 °C herausgeschmolzen. Erst dieses Roheisen wird dann durch verschiedene Verfahren mit den genannten Zusätzen versehen und in den gewünschten Zustand gebracht.

Einstein

Wie mag wohl ein Lichtstrahl aussehen, wenn er ihm hinterhereile und ihn schließlich einhole, fragte er sich als sechzehnjähriger Schüler. Zehn Jahre später wusste er, dass man einen Lichtstrahl niemals einholen kann und veröffentlichte die berühmteste seiner Formeln,

$$E = mc^2$$

Durch sie wird die allgemeine Äquivalenz von Masse *(m)* und Energie *(E)* ausgedrückt (*c* ist die Lichtgeschwindigkeit im Vakuum). Einstein war ein überdurchschnittlich guter Schüler – er erhielt das beste Abiturzeugnis seiner Klasse – und ein begabter Musiker. Seine Geige »Lina« nahm er mit, wohin er ging.
Er hinterließ uns folgende Botschaft: »Liebe Nachwelt! Wenn Ihr nicht gerechter, friedlicher und überhaupt vernünftiger sein werdet, als wir sind beziehungsweise gewesen sind, soll euch der Teufel holen.«

Eisen spielt auch im menschlichen Körper (beim Erwachsenen etwa 4,2 g in Verbindungen) eine wichtige Rolle. So trägt z.B. jedes Molekül des roten Blutfarbstoffes Hämoglobin in seinem Zentrum ein Eisenatom.
Eisen wurde in vorgeschichtlicher Zeit (→Eisenzeit) erst gewonnen und verarbeitet, als Bronze (→Bronzezeit) bereits bekannt war. Die Eisengewinnung bedeutete für den Menschen einen wichtigen kulturellen Fortschritt.

Eisen
chemisches Symbol: Fe (von lat. Ferrum)
Ordnungszahl: 26
relative Atommasse: 55,85
Dichte: 7,87 g/cm³
Schmelzpunkt: 1 538 °C
Siedepunkt: 2 861 °C

■ **Eisenach,** Stadt am Nordwestfuß des Thüringer Waldes, mit 44 400 Einwohnern. Die Stadt wird von der →Wartburg überragt; sie hat ein Lutherhaus und ein Bachmuseum.

■ **Eisenbahn,** Bezeichnung für Schienenbahnen zum Transport von Personen und Gütern, bestehend aus Lokomotive und angehängten Wagen oder aus Triebwagen, in denen Antriebsmaschine und Nutzraum in einer Wageneinheit untergebracht sind. Nach der Spurweite, dem Abstand zwischen den beiden Schienen, unterscheidet man Regelspurbahnen mit 1,435 m (auch Normal- oder Vollspur genannt), Breitspurbahnen mit um 1,60 m und Schmalspurbahnen mit etwa 1 m breiter Spur.
Je nach Geschwindigkeit, Reichweite und Häufigkeit der Haltestellen werden in Deutschland die Personenzüge aufgeteilt in S-Bahn (S), StadtExpress (SE), RegionalBahn (RB) und RegionalExpress (RE). InterRegio (IR), InterCity (IC), EuroCity (EC) und InterCityExpress (ICE) werden im nationalen und internationalen Fernverkehr eingesetzt. Der neue ICE 3 erreicht eine Reisegeschwindigkeit von 300 km/h, der IC und IR von 200 km/h.
1990 hatten die Deutsche Bundesbahn und die Deutsche Reichsbahn zusammen eine Streckenlänge von 40 989 km (15 718 elektrifiziert), täglich wurden etwa 30 000 Personen- und 13 000 Güterzüge eingesetzt.
Die Sicherheitsfahrschaltung überwacht die Dienstfähigkeit des Fahrzeugführers und löst gegebenenfalls eine Notbremsung aus. Hauptsignale (u.a. Ausfahr- oder Blocksignale) sichern den Raumabstand aufeinander folgender Züge. Des Weiteren gibt es Gleissperrsignale für den Rangierbetrieb, Weichensignale für die Anzeige des eingestellten Fahrweges und Abfahrtssignale in den

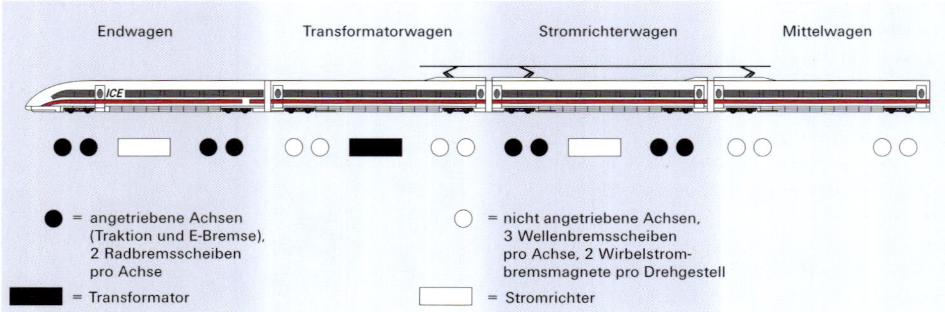

Der seit Juni 2000 eingesetzte ICE der dritten Generation eröffnete einen neuen Abschnitt in der Geschichte der Eisenbahn; der ICE 3 hat keine Triebköpfe mehr, die das Fahrzeug ziehen – die Antriebskomponenten sind stattdessen unter der ganzen Bahn verteilt; bei diesem Zug, der im wörtlichen Sinne kein Zug mehr ist, umfasst eine Zugeinheit (Halbzug) acht Wagen mit unterschiedlichen Aufgaben, wobei jeweils vier Wagen eine elektrische Einheit bilden: Endwagen, Transformatorwagen, Stromrichterwagen und Mittelwagen

Bahnhöfen. Die induktive Zugbeeinflussung verhindert das Überfahren eines auf Halt stehenden Hauptsignals durch Auslösung einer Notbremsung. – auch →Lokomotive.

■ **Eisenverbindungen,** die Gruppe von chemischen Verbindungen, die Eisen enthalten. Man unterscheidet zwischen den zweiwertigen und den viel häufigeren dreiwertigen Eisenverbindungen, etwa Eisen(II)-oxid (FeO) und Eisen(III)-oxid (Fe_2O_3).

Die bekannteste Eisenverbindung ist der Rost, ein Eisenoxid bzw. -hydroxid, das durch die Einwirkung von feuchter Luft auf Eisen bzw. Stahl gebildet wird. Eisenoxide und Eisensulfide sind die wichtigsten Eisenerze für die Gewinnung von Eisen (→Hochofen). Weitere wichtige Eisenverbindungen sind Eisenchloride ($FeCl_2$, $FeCl_3$) und Eisensulfate ($FeSO_4$, $Fe_2(SO_4)_3$). Sie werden für die Färberei und Wasseraufbereitung, als Oxidationsmittel und Kondensatoren verwendet.

■ **Eisenzeit,** Abschnitt der Menschheitsgeschichte, der sich an die Bronzezeit anschließt. In Europa beginnt sie örtlich verschieden etwa um 800 v. Chr. und endet um Christi Geburt. Während die Eisenzeit in Südeuropa schon mit der griechischen und römischen Geschichte zusammenfällt, wird sie in Mittel-, Nord- und Westeuropa noch der →Vorgeschichte zugerechnet. Hier gliedert sich die Eisenzeit in zwei zeitlich aufeinander folgende Hauptabschnitte: in die **Hallstattzeit** (800–400 v. Chr.) und in die **La-Tène-Zeit** (400 v. Chr. bis Christi Geburt, im mittel- und osteuropäischen Raum bis 800 n. Chr.). Kennzeichnend ist die Verwendung von Eisen zur Herstellung von Geräten, Schmuck und Waffen.

■ **Eiserner Vorhang,** von Winston Churchill 1946 geprägter Ausdruck für die Abriegelung des Herrschafts- und Einflussbereichs der ehemaligen Sowjetunion gegenüber der westlichen Welt.

■ **Eisernes Tor,** 130 km langes Durchbruchstal der Donau zwischen den Südkarpaten und dem Serbischen Erzgebirge; im engeren Sinn nur der östlichste Abschnitt des Donaudurchbruchs. Dort wurde ein Staudamm, verbunden mit Schleusen und zwei Kraftwerken, errichtet.

■ **Eisheilige,** volkstümlicher Name für die Tage vom 11. bis 14. Mai (Gedenktage der Heiligen Mamertus, Pankratius, Servatius und Bonifatius) und den 15. Mai (die »kalte Sophie«), an denen es oft zu Kälterückfällen kommt.

■ **Eishockey** [...hoki], auf einer Eisbahn in der Halle ausgetragenes schnelles Mannschaftsspiel für zwei Parteien. Die Teams bestehen aus jeweils höchstens 22 mit Schlittschuhen ausgestatteten Spielern, von denen jedoch stets nur sechs (fünf Feldspieler, ein Torwart) auf der Eisfläche sein dürfen. Ziel des Spiels ist es, eine Hartgummischeibe, den Puck, mit dem Eishockeyschläger (Stock) so oft wie möglich ins gegnerische Tor zu schießen. Die effektive Spielzeit beträgt 3 × 20 Minuten.

Zur Minderung der Verletzungsgefahr durch Stockschläge und den extrem schnell fliegenden Puck (100 bis 120 km/h) tragen die Spieler gepolsterte Spezialkleidung und Helme. Regelwidrigkeiten ahnden die Schiedsrichter (1 Hauptschieds- und 2 Linienrichter) durch zeitlich begrenzte Hinausstellung des bestraften Spielers, der für diese Zeit (meist zwei Minuten) nicht durch einen Auswechselspieler ersetzt werden darf.

■ **Eiskunstlauf,** sportlich-künstlerische Darbietung von auf Schlittschuhen laufenden Damen, Herren und Paaren. Absolviert werden in den Einzelwettbewerben und im Paarlauf ein vorgeschriebenes Kurzprogramm zu frei gewählter Musik sowie eine selbst gestaltete Kür. Beim **Eistanz** wird das tänzerische Element stärker betont, der Wettbewerb besteht hier aus Pflichttänzen, dem Original- sowie dem Kürtanz. In allen Wettbewerben und Disziplinen wird das technische Können mit der A-Note, die künstlerische Darbietung mit der B-Note bewertet, die Notenskala reicht von 0 (nicht gelaufen) bis 6,0 (vollkommen und fehlerfrei).

■ **Eisleben** (Lutherstadt Eisleben), Stadt im östlichen Harzvorland, in Sachsen-Anhalt, mit 21 800 Einwohnern. In der Altstadt liegen das Geburts- und das Sterbehaus Martin Luthers.

■ **Eismeere,** die Pack- und Treibeis führenden Meere der Polargebiete: das **Nordpolarmeer,** umgeben von Eurasien und Nordamerika, sowie die südlichen Eismeere, die den antarktischen Kontinent umgeben.

■ **Eisprung** (Ovulation), das Platzen eines Eibläschens (→Follikel) im Eierstock der Frau, bei dem eine befruchtungsfähige Eizelle freigegeben wird. Der Eisprung erfolgt etwa 14 Tage vor dem Beginn der →Menstruation. In den folgenden Stunden kann eine →Befruchtung stattfinden. Den ersten Eisprung haben die meisten Mädchen mit 11 bis 13 Jahren, einige aber auch schon mit 10 Jahren oder erst mit 14 oder 15 Jahren, auf den dann 14 Tage später die erste Monatsblutung folgt.

■ **Eisschnelllauf,** mit Schlittschuhen auf 400 m langen Natur- oder Kunsteisbahnen ausgetragener Ausdauer- und Schnelligkeitswettbewerb; Männer laufen über Distanzen zwischen 500 m und 10 000 m, Frauen über solche zwischen 500 m und 5 000 m.

■ **Eisstockschießen** (Eisschießen), Sport, bei dem ein pilzartiges Wurfgerät mit Griff **(Eisstock)** auf einer Eisbahn möglichst nahe an das Ziel, einen Hartgummireifen von 12 cm Durchmesser **(Daube),** geschoben wird. Das Zielschießen (Einzel, Mannschaft) wird auf der 30 × 3 m großen Stockschießbahn, das Weitschießen (nur für Männer) auf abgesteckten Bahnen ausgetragen.

■ **Eiszeiten,** verschiedene Zeiten der Erdgeschichte, in denen es infolge von Klimaveränderungen zu Vergletscherungen riesigen Ausmaßes kam. Als Eiszeit im engeren Sinne bezeichnet man das jüngste Eiszeitalter (etwa 600 000 bis 11 000 v. Chr.): Hier unterscheidet man vier Hauptvereisungen (mittlere Jahrestemperatur 5 Grad tiefer als heute) und drei Zwischeneiszeiten (mittlere Jahrestemperatur 5–6 Grad höher als heute). In Europa schob sich das Inlandeis von Skandinavien bis Mitteldeutschland vor (Menap-, Elster-, Saale-, Weichseleiszeit). Von den Alpen flossen die Gletscher ins Vorland (Günz-, Mindel-, Riß-, Würmeiszeit). Das Eis führte schwere Felsblöcke mit, die nach dem Abschmelzen als **Findlinge** liegen blieben; der abgelagerte Gesteinsschutt bildete Schuttwälle, die **Moränen.** Beim Schmelzen der Eismassen entstanden die Urstromtäler.

■ **Eiter,** bei eitrigen Entzündungen abgesonderte, gelbliche bis blaugrünliche Flüssigkeit aus weißen Blutkörperchen, zerfallenem Gewebe und Blutserum. Eiter entsteht durch die Abwehrreaktion gegen Krankheitserreger, die von den weißen Blutkörperchen vernichtet werden.

■ **Eiweiße** →Proteine.

Eishockey: Stock und Schlittschuh

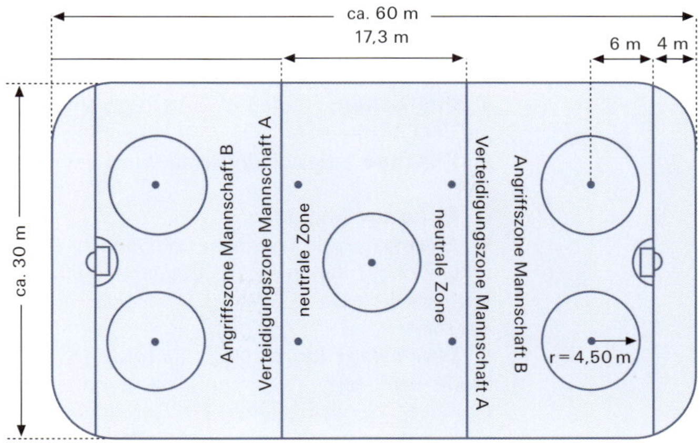

Eishockey: Spielfeld

■ **Eizelle,** die weibliche Geschlechtszelle bei Mensch, Tier und Pflanze. Sie wird beim Menschen und bei Tieren in besonderen Geschlechtsorganen, den Eierstöcken, gebildet, bei Pflanzen in der Samenanlage. Bei der →Befruchtung der Eizelle durch eine männliche Keimzelle bildet sich an der Stelle, an der die Keimzelle eindringt, der Empfängnishügel. Die Entwicklung des Keimes beginnt mit der Eifurchung (Teilung der Eizelle).

Eisschnelllauf: Schlittschuh

■ **Ejakulation** [lat.] *die* (Samenerguss), das Ausspritzen des Samens aus dem steifen Penis (→Erektion). Dabei wird die Samenflüssigkeit (→Sperma) durch rhythmisches Zusammenziehen (Kontraktion) der Muskulatur aus dem Hoden in die Harnröhre gepresst und nach außen entleert. Dabei werden Sekrete aus der Bläschendrüse und der Vorsteherdrüse dazugemischt. Mit einer Ejakulation werden normalerweise zwei bis sechs Milliliter Sperma mit insgesamt 200 bis 500 Millionen Spermien nach außen befördert. Die erste Ejakulation erleben Jungen im Durchschnitt mit 13 oder 14 Jahren, mitunter aber auch zwei Jahre früher oder später.

■ **EKG** *das,* Abkürzung für Elektrokardiogramm, Aufzeichnung der Aktionsströme des Herzens, die von der Körperoberfläche mithilfe von Elektroden abgeleitet werden: Aus dem Kurvenverlauf lassen sich Störungen der Herztätigkeit erkennen.

■ **Ekliptik** [griech.] *die,* die Bahn, auf der sich die Sonne im Lauf eines Jahrs bezüglich der Sterne an der Himmelskugel bewegt und dabei die zwölf Sternbilder des Tierkreises durchwandert. Ausgezeichnete Punkte erreicht die Sonne auf dieser Bahn zu den je zwei Zeitpunkten der →Sonnenwende und des →Äquinoktiums. Da sich in Wirklichkeit die Erde um die Sonne bewegt, ist die Ebene der Ekliptik die Ebene der Erdbahn um die Sonne. Sie ist um 23°27' gegenüber dem Himmelsäquator geneigt, da die Erdachse nicht senkrecht auf der Erdbahn steht.

■ **Ekstase** [griech.] *die,* Verzückung, Entrücktheit.

■ **Ekuador** →Ecuador.

■ **Ekzem** [griech.] *das,* eine entzündliche Hauterkrankung aufgrund einer Überempfindlichkeit mit Bläschenbildung, Juckreiz, Rötung und Nässen der Haut.

■ **Elastizität** [griech.] *die,* die Fähigkeit vieler Stoffe, nach einer Verformung ihre ursprüngliche Gestalt wieder anzunehmen. Eine gespannte Feder sucht z. B. aufgrund ihrer Elastizität ihre ursprüngliche Form wieder anzunehmen, sich zu entspannen. Dabei gibt sie die Arbeit, die zum Spannen (Verformen) erforderlich war, wieder ab und kann damit beispielsweise ein Uhrwerk antreiben.

■ **Elba,** zu Italien gehörende gebirgige Insel im Mittelmeer, mit 223,5 km² und 29 100 Einwohnern. – Elba war vom 3. Mai 1814 bis zum 26. Februasr 1815 Verbannungsort Napoleons I.

■ **Elbe** *die,* einer der Hauptströme Mitteleuropas und nach dem Rhein der längste und verkehrsreichste deutsche Fluss, 1 165 km lang, davon sind 940 km schiffbar. Die Elbe entspringt im Riesengebirge und mündet bei Cuxhaven in die Nordsee. Es bestehen Kanalverbindungen zu Oder, Weser, Rhein und Ostsee.

Elbe
Wichtige Nebenflüsse
von links:
Moldau (440 km)
Eger (291 km)
Mulde (147 km, nach Zusammenfluss von Zwickauer und Freiberger Mulde)
Saale (427 km)
von rechts:
Iser (170 km)
Schwarze Elster (181 km)
Havel (343 km)

■ **Elbsandsteingebirge,** waldreiches, durch Gewässer zerfurchtes Tafelland aus Kreidesandstein, beiderseits der Elbe, zwischen Erzgebirge und Lausitzer Bergland; im Hohen Schneeberg bis 721 m hoch. In der Sächsischen Schweiz mit bizarren Felsformationen gibt es viele Luftkurorte.

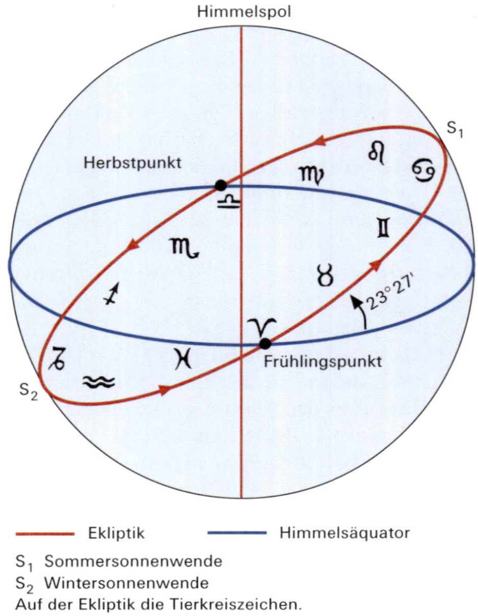

Ekliptik bezogen auf die Nordhalbkugel

■ **Elch,** der größte lebende Hirsch mit bis zu 3,1 m Länge, 2,4 m Schulterhöhe und 800 kg Gewicht. Die männlichen Tiere tragen ein mächtiges, nach den Seiten gerichtetes, bis 20 kg schweres Schaufelgeweih. Der Elch lebt in den Wäldern und Mooren des nördlichen Nordamerika, in Nord- und Osteuropa sowie in Nordasien. Seine spreizbaren Hufe ermöglichen das Begehen von moorigem Boden. Außerdem ist er ein guter Schwimmer.

■ **Eldorado** [spanisch] *das,* sagenhaftes Goldland in Südamerika; das Wort wird im übertragenen Sinn für »Traumland«, »Paradies« gebraucht.

■ **Electronic Banking** [ilektronik bänk...; engl., = elektronischer Bankverkehr] *das,* computergestützte Bankdienstleistungen. Zum Electronic Banking gehört z. B. die Geldausgabe mittels Automaten, das Ausdrucken von Kontoauszügen oder die Informationsabfrage an Kundenterminals. Kunden können ihre Bankgeschäfte über Telefon oder Personalcomputer und Modem auch von zu Hause oder vom Büro aus tätigen **(Telebanking).**

■ **Elefanten,** die einzige Familie der sonst ausgestorbenen Rüsseltiere, deren Arten bis zu 4 m Schulterhöhe, 5,5–7,5 m Körperlänge und bis zu 6 t

Gewicht erreichen. Ihr Rüssel dient als Geruchs- und Greiforgan, die Ohren fächeln bei Hitze und regulieren dadurch die Wärmeabgabe des Körpers. Die Stoßzähne sind umgewandelte Schneidezähne, wachsen ständig nach und liefern das →Elfenbein. – Der **Afrikanische Elefant** besitzt sehr große Ohren und an der Rüsselspitze zwei Greiffinger. Der **Indische Elefant** hat kleinere Ohren, die weiblichen Tiere haben nur selten sichtbare Stoßzähne.

■ **Elegie** [griech.] *die,* bei den Griechen ein Gedicht in Distichen (→Distichon), in dem die Dichter die verschiedensten Themen besangen; bei den Römern (Ovid u.a.) wurde die Elegie zum Gedicht schwermütigen und wehmütigen Inhalts oder auch zum Trauerlied entwickelt (daher bedeutet **elegisch** »klagend«, »wehmütig«).

■ **Elektra,** griechische Sagengestalt, Tochter des Königs Agamemnon. Elektra treibt ihren Bruder Orest dazu, den Tod des ermordeten Vaters zu rächen. Der Stoff wurde u.a. in Tragödien von Sophokles und Euripides sowie in einer Oper (1919) von Richard Strauss (Text von Hugo von Hofmannsthal) behandelt.

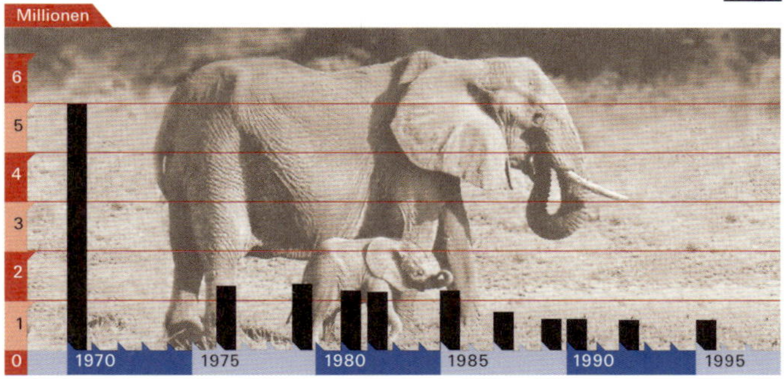

In Afrika wurde der Bestand der **Elefanten** in 25 Jahren auf rund ein Zehntel der ursprünglichen Dichte reduziert

Sein beachtliches Gewicht hindert den **Elch** – hier ein männliches Tier mit seinem schaufelförmigen Geweih – nicht daran, ein schneller Läufer und ein guter Schwimmer zu sein

■ **Elektrizität** [von griech. elektron, = Bernstein, an dem eine elektrische Aufladung durch Reiben beobachtet werden konnte] *die,* zusammenfassender Begriff für alle Erscheinungen, die mit dem Auftreten ruhender oder bewegter elektrischer Ladungen verknüpft sind:

1. Elektrische Ladung: In der Natur treten zwei Arten elektrischer Ladungen auf, die positive und die negative. Sie werden in Coulomb (C) gemessen. Die kleinstmögliche elektrische Ladung entspricht der des →Elektrons. Gleichnamige Ladungen stoßen sich gegenseitig ab. In der Umgebung eines elektrisch geladenen Körpers wird dessen Wirkung durch ein elektrisches Feld beschrieben, das durch Feld- oder Kraftlinien veranschaulicht wird. Diese geben für jeden Punkt des Raumes die Richtung der Kraft an, die dort auf eine Ladung wirkt. Elektrische Feldlinien beginnen stets an einer positiven und enden stets an einer negativen Ladung. Positive und negative Ladungen sind in einem Körper im Allgemeinen gleichmäßig verteilt und heben sich dadurch in ihrer Wirkung nach außen auf, sie neutralisieren sich. Durch Reiben können sie jedoch voneinander getrennt werden. Reibt man beispielsweise einen Hartgummistab mit einem Wolllappen, so trennt man die vorhandenen Ladungen. Der Hartgummistab wird elektrisch positiv geladen. Elektrische Ladungen lassen sich also weder erzeugen oder vernichten, sondern nur trennen oder wieder vereinigen. In einem elektrischen Leiter (z.B. Metall) sind die elektrischen Ladungen frei beweglich. Bringt man einen solchen Leiter in ein elektrisches Feld, so werden die Ladungen getrennt. Ein Überschuss an positiven Ladungen entsteht am einen Ende, ein Überschuss an negativen am anderen Ende. Die Erscheinung heißt elektrische →Influenz.

2. Elektrischer Strom: Bewegen sich elektrische Ladungen in einem Leiter, etwa in einem Draht, so spricht man von einem elektrischen Strom. Als Stromstärke I bezeichnet man die pro Zeiteinheit (t) durch den Leiter hindurchfließende Ladung $(Q): I = Q/t$. Sie wird gemessen in →Ampere (A, 1 A = 1 c/s). Der elektrische Strom lässt sich nur an seinen Wirkungen erkennen. Diese sind: a) Wärmewirkung: Ein stromdurchflossener dünner Draht wird erhitzt (elektrischer Heizofen, Bügeleisen, Glühlampe); b) chemische Wirkung: Durch einen Stromfluss können chemische Verbindungen in

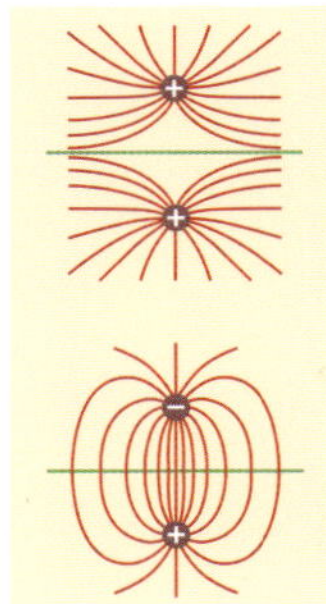
Elektrizität: der Feldverlauf zwischen zwei gleichnamigen und zwei ungleichnamigen Ladungen

ihre Bestandteile zerlegt werden (→Elektrolyse); c) magnetische Wirkung: Ein stromdurchflossener Leiter ist von einem Magnetfeld umgeben (→Elektromagnet, →Elektromotor).
Ein elektrischer Strom kann nur fließen, wenn durch ein elektrisches Feld im Leiter ein Spannungsgefälle erzeugt wird, eine elektrische Spannung vorhanden ist. Diese wird gemessen in Volt (V). Man unterscheidet **Gleichstrom** (Gleichspannung; z. B. in einer Batterie) und **Wechselstrom** (Wechselspannung, z. B. an einer Steckdose). Beim Gleichstrom erfolgt die Bewegung der Ladungsträger stets in derselben Richtung, beim Wechselstrom dagegen vollführen die Ladungsträger eine periodische Hin- und Herbewegung. Jeder Körper setzt dem Fließen des elektrischen Stroms einen bestimmten Widerstand entgegen. Er wird gemessen in Ohm (Ω). Ein Widerstand R hat die Größe 1 Ω, wenn eine an seine Enden gelegte Spannung (U) von 1 V einen Stromfluss von 1 A hervorruft. Allgemein gilt: $R = U/I$ (ohmsches Gesetz).
3. Elektrische Energie: Mithilfe des elektrischen Stroms kann man Arbeit verrichten, z. B. einen Elektromotor betreiben. Der elektrische Strom trägt also Energie. Die Größe der Stromarbeit (Energie) ist gegeben aus der Beziehung: Stromarbeit = Stromstärke × Spannung × Zeit. Gemessen wird die Stromarbeit in Wattsekunden (Ws) oder Joule (J): 1 Kilowattstunde (kWh) = 3 600 kWs = 3,6 Megajoule (MJ). Als elektrische Leistung (P) bezeichnet man die pro Sekunde abgegebene Stromarbeit. Es gilt: Leistung = Spannung × Stromstärke. Gemessen wird die elektrische Leistung in Watt (W): 1 Kilowatt (kW) = 1 000 W; 1 Megawatt (MW) = 1 000 kW.

■ **Elektrochemie,** ein Teilgebiet der physikalischen Chemie, das sich mit der gegenseitigen Umwandlung von chemischer und elektrischer Energie (z. B. durch Elektrolyse, Batterie, Akkumulator, Brennstoffzelle) beschäftigt.

■ **Elektroden** [griech.], die beiden Anschlussstücke der Strom führenden Zu- oder Ableitung der Gleichstromquelle (Kathode und Anode), z. B. bei der →Elektrolyse. Die **Kathode** gibt Elektronen durch ihre Grenzflächen an den Elektrolyten ab, die **Anode** nimmt Elektronen aus der Umgebung auf. – →auch Elektronenröhre.

■ **Elektrofahrzeuge,** mithilfe eines elektrischen Fahrmotors angetriebene, nicht schienengebundene Fahrzeuge. Ihre elektrische Energie wird aus mitgeführten, aufladbaren Batterien (z. B. Elektroauto, Elektrokarren), aus einer Oberleitung (z. B. Oberleitungsbus) oder aus einem Generator mit Dieselantrieb (Hybridantrieb) gewonnen. Die elektrische Energie kann auch durch direkte Umwandlung von chemischer Energie in einer Brennstoffzelle oder von Sonnenenergie in Solarzellen (Solarmobil) erzeugt werden.

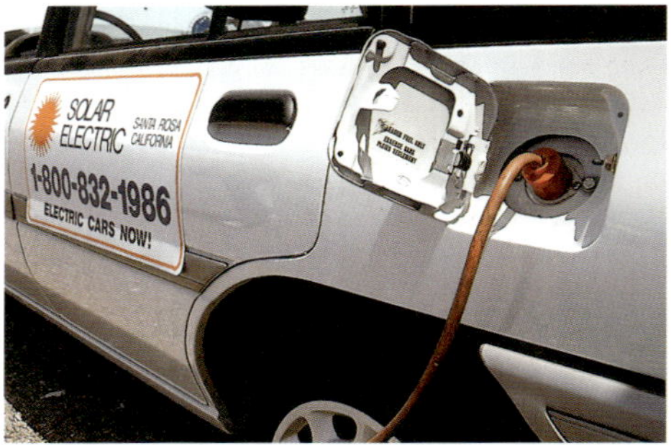

Das batteriebetriebene **Elektrofahrzeug** lässt sich ohne weiteres über ein einfaches Stromkabel auftanken; das Aufladen der Batterien ist jedoch eine Frage von Stunden

■ **Elektrolyse** [griech.] *die,* mithilfe des elektrischen Gleichstroms bewirkte chemische Umsetzung. Lösungen oder Schmelzen (→Elektrolyte) werden in eine Elektrolysezelle gefüllt, in die zwei →Elektroden eintauchen. Die negative Elektrode (Kathode) gibt von ihrer Oberfläche Elektronen an die in der Nähe befindlichen positiven Ionen (Kationen) ab und bringt diese zur elektrischen Entladung und Abscheidung. Die positive Elektrode (Anode) zieht die negativen Ionen (Anionen) an und entzieht ihnen die Elektronen. Die dadurch neutral gewordenen Teilchen scheiden sich ab.
Die Elektrolyse hat eine große technische Bedeutung. Bei der **Chloralkalielektrolyse** werden Natriumchloridlösungen durch Elektrolyse zersetzt. An der Kathode wird gasförmiger Wasserstoff gebildet, an der Anode entwickelt sich Chlor. Die wichtigste **Schmelzelektrolyse** dient zur Gewinnung von Aluminium aus Aluminiumoxid. Die Elektrolyse dient auch der Oberflächenbehandlung von Metall; dabei wird das in der Lösung befindliche positiv geladene Metallion auf dem als Kathode geschalteten Werkstück in gleichmäßiger Schicht abgeschieden (z. B. bei der Vergoldung, Verchromung, Vernickelung durch Galvanisieren). Schließlich kann man die Elektrolyse auch zur Herstellung besonders reiner Metalle verwenden, z. B. zur Reinigung von Rohkupfer (Elektrolytkupfer).

■ **Elektrolyte** [griech.], alle Stoffe, die in geschmolzenem Zustand oder als wässrige Lösung elektrischen Strom leiten können. In beiden Fällen sind bewegliche →Ionen vorhanden, die zu den elektrischen Polen wandern können. Salze, Säuren und Laugen sind bekannte Elektrolyte, die durch →Elektrolyse zerlegt werden können.

■ **Elektromagnet,** elektrisch erregter Magnet, bestehend aus einer Spule mit Weicheisenkern. Sobald ein elektrischer Strom durch die Spule fließt, erzeugt sie ein Magnetfeld. Elektromagneten gibt es in Stab- und Hufeisenform. Benutzt werden sie vor allem in elektrischen Maschinen und Messgeräten, in Relais, aber auch als Lastenheber (Tragkraft bis 100 Tonnen).

■ **elektromagnetische Strahlung,** Wellenstrahlung, die sich im leeren Raum, in Isolatoren, auf Leitern oder im Vakuum mit der Lichtgeschwindigkeit des jeweiligen Mediums ausbreitet. Die elektromagnetischen Wellen sind Transversalwellen, deren elektrische und magnetische Feldgrößen in aufeinander senkrecht stehenden Ebenen schwingen. Sie zeigen die vom Licht – einer elektromagnetischen Wellenerscheinung – her bekannten Reflexions-, Brechungs-, Beugungs- und Polarisationserscheinungen. Die Frequenzen der elektromagnetischen Wellen erstrecken sich theoretisch fast von null bis unendlich, die Wellenlängen umgekehrt fast von unendlich bis null. Praktisch reichen sie von den Langwellen des Rundfunks bis zu der sehr energiereichen Gammastrahlung. Je kleiner die Wellenlänge der elektromagnetischen Strahlung ist (das heißt je größer die Frequenz), umso »härter« wird sie, umso deutlicher tritt ihr Teilchencharakter in Erscheinung und umso energiereicher werden ihre Energiequanten, die Photonen.

elektromagnetische Strahlung: Frequenzbereiche von Rundfunkwellen

Bezeichnung	Frequenzbereich
Langwellen	148,5 ... 283,5 kHz
Mittelwellen	526,5 ... 1 606,5 kHz
Kurzwellen	13 Bänder zwischen 2,3 MHz und 26,1 MHz: 120-m-*, 90-m-*, 75-m-, 61-m-*, 59-m-*, 49-m-, 41-m-, 31-m-, 25-m-, 19-m-, 16-m-, 13-m-, 11-m-Band (mit * sind Bänder für Rundfunk in Tropengebieten gekennzeichnet)
Ultrakurzwellen	87,5 ... 108 MHz

■ **Elektromotor,** elektrische Maschine zur Umwandlung von elektrischer Energie in Bewegungsenergie. Ein Elektromotor stellt die genaue Umkehrung eines →Generators dar. Elektromotoren bestehen aus mindestens zwei Magneten: aus dem feststehenden **Ständer** und aus dem rotierenden **Läufer** mit einem, meist jedoch drei oder mehr Elektromagneten, die nach ihrer Form auch als **Anker** bezeichnet werden.
Der Läufer befindet sich zwischen den beiden Polen des Ständers, der ein Dauer- oder ebenfalls ein Elektromagnet ist. Sobald ein Strom durch die Ankerwicklung fließt, wird der Anker magnetisch. Sein Nordpol wird vom Südpol des Ständers und sein Südpol von dessen Nordpol angezogen. Der Läufer dreht sich also in die Stellung, in der die entsprechenden Pole einander am nächsten sind. In diesem Augenblick wird die Stromrichtung in der Ankerwicklung umgedreht. Der Nordpol des Ankers wird zum Südpol und daraufhin vom Südpol des Ständers abgestoßen. Dasselbe geschieht umgekehrt auch mit dem anderen Pol. Die Folge ist, dass sich der Läufer weiterdreht.

■ **Elektron** [griech.] *das,* mit einer →Elementarladung elektrisch negativ geladenes Elementarteilchen (Symbol e, e^-). Es gehört mit seinem Antiteilchen, dem Positron, zu den →Leptonen. Seine Masse beträgt etwa $0{,}91 \cdot 10^{-28}$ g. Elektronen bilden die Hüllen der →Atome.

■ **Elektronenmikroskop,** ein Mikroskop, bei dem →Kathodenstrahlen zur Erzeugung eines vergrößerten Abbildes des betrachteten Gegenstandes verwendet werden. Gegenstände, deren Ausdehnung kleiner ist als die Wellenlänge des sichtbaren Lichtes (0,0004–0,0008 mm), lassen sich nicht mehr mit dem normalen Lichtmikroskop betrachten. Das Elektronenmikroskop ermöglicht dagegen die Darstellung von Gegenständen, deren Ausdehnung nur 1 millionstel mm beträgt, da die Wellenlänge von Kathodenstrahlen etwa 100 000-mal kleiner ist als die des sichtbaren Lichtes. Anstelle von Glaslinsen werden beim Elektronenmikroskop Spulen verwendet. Ihr Magnetfeld wirkt auf Kathodenstrahlen ähnlich wie eine Sammellinse auf Lichtstrahlen. Das entstehende Bild wird auf einem Leuchtschirm betrachtet oder fotografiert. Da sich Elektronen über größere Strecken nur im luftleeren Raum ausbreiten können, befindet sich in der gesamten Anlage ein →Vakuum.

■ **Elektronenröhre,** ein luftleer gepumpter Glaskolben mit mindestens zwei Elektroden, zwischen denen ein Elektronenübergang und somit Stromleitung stattfindet. Verwendet zum Gleichrichten und Verstärken von elektrischen Spannungen und Strömen, wurde die Elektronenröhre fast ganz durch Halbleiterbauelemente und integrierte Schaltungen (Mikroelektronik) ersetzt.

■ **Elektronenstrahlen,** freie Elektronen, die

sich im Vakuum, in Gasen oder Plasmen strahlenförmig ausbreiten, z. B. Kathoden- und Betastrahlen.

■ **Elektronenstrahlröhre** (braunsche Röhre, Kathodenstrahlröhre), eine Elektronenröhre zum Sichtbarmachen eines Elektronenstrahls. Die Elektronenstrahlröhre ist eine nach einer Seite hin sich erweiternde, geschlossene, luftleer gepumpte Glasröhre mit zwei Elektroden: Von der negativ geladenen Kathode gehen Elektronen aus. Diese werden zu einem engen Strahl gebündelt und fliegen auf die positiv geladene Anode zu und durch deren Öffnung auf die breite Röhrenwand, den Leuchtschirm. Der Elektronenstrahl kann durch das Magnetfeld von Spulen oder das elektrostatische Feld von Ablenkplattenpaaren gesteuert oder abgelenkt werden. So kann man auf dem Leuchtschirm z. B. ein Bild eines elektrischen Schwingungsvorgangs aufzeichnen.

Da der Elektronenstrahl in seiner Stärke beeinflusst werden kann, lässt sich auch die Helligkeit des Bildes verändern. Überstreicht der Elektronenstrahl in schneller Folge den ganzen Bildschirm und verändert dabei von Punkt zu Punkt seine Stärke (und damit seine Helligkeit auf dem Bildschirm), lässt sich aus den verschieden hellen Punkten ein Bild darstellen. Nach diesem Prinzip arbeitet die Bildröhre im Fernsehgerät.

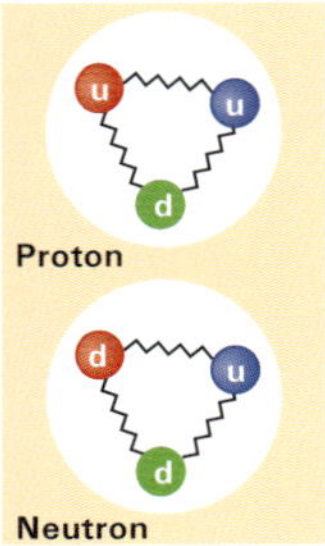

Die beiden **Elementarteilchen** Proton und Neutron unterscheiden sich nur in einem Quarkteilchen

■ **Elektronik** [griech.] *die,* ein Teilgebiet der Elektrotechnik, das sich mit der durch elektrische oder magnetische Felder, elektrische Ströme, Licht u. a. gesteuerten Bewegung von Elektronen (Elektrizitätsleitung) befasst. Die **Informations-** oder **Signalelektronik,** zu der u. a. die Unterhaltungselektronik zählt, ist Teilgebiet der Nachrichtentechnik, die **Leistungselektronik** (z. B. Hochspannungs-Gleichstrom-Übertragung) ist Teilgebiet der Starkstromtechnik. Die **Optoelektronik** dient der Umwandlung optischer in elektrische Signale und umgekehrt (z. B. Leuchtdiode, Lichtleiter).

Besondere Bedeutung kommt der **Halbleiterelektronik** zu. Die Fortschritte im Bereich der Halbleitertechnik führten über den →Transistor zu universell einsetzbaren →integrierten Schaltungen mit sehr kleinen Abmessungen, geringem Stromverbrauch und hoher Zuverlässigkeit. Diese enthalten auf einem →Chip komplette Funktionseinheiten.

Die nach dem Dualsystem arbeitende **Digitalelektronik** verwendet nur zwei Zustände (z. B. ein – aus, Strom – kein Strom). Sie bildet die Grundlage für die Computertechnik und die moderne Nachrichtenübertragung. In der **Analogelektronik** sind für die Ströme und Spannungen innerhalb gewisser Grenzen alle Zwischenwerte möglich und sinnvoll. Die vielfältige Anwendung elektronischer Bauteile beruht u. a. auf dem Fehlen bewegter Teile (Kontakte), auf langer Lebensdauer, großer Schaltgeschwindigkeit und geringem Platzbedarf.

■ **elektronische Datenverarbeitung** →Datenverarbeitung.

■ **elektronische Musik,** von einem Synthesizer oder anderen elektronischen Klangerzeugern produzierte Musik, die im Studio hergestellt und aufgezeichnet wird.

■ **elektronischer Handel** (E-Commerce) →Internet.

■ **Elektronisches Stabilitäts-Programm,** Abkürzung **ESP,** Regeleinrichtung in Straßenfahrzeugen zur Beeinflussung von deren Querdynamik und Drehung um die Hochachse. Bei einer drohenden Instabilität kann das ESP jedes Rad einzeln abbremsen und in das Motormanagement eingreifen. Es stabilisiert so das Fahrzeug und hilft, dieses auch in Grenzsituationen sicher zu beherrschen. Das ESP baut auf dem →Antiblockiersystem und der →Antriebsschlupfregelung auf. Es besitzt zusätzlich zu deren Funktion Messfühler (Sensoren) für die Querbeschleunigung, für die Drehung um die Hochachse und für die Einstellung des Lenkrads.

■ **Elektronvolt** *das,* Einheitenzeichen **eV,** Energieeinheit, die vorwiegend in der Atomphysik verwendet wird. Ein Elektron hat die Energie 1 eV, wenn es ein Spannungsgefälle von 1 Volt durchlaufen hat:

$$1\,\text{eV} = 1{,}602 \cdot 10^{-19}\,\text{J (Joule)}.$$

■ **Elektrosmog,** die technisch verursachte elektromagnetische Strahlung in der Umwelt. Man zählt hierzu im Allgemeinen nur die nicht ionisierende Strahlung im Frequenzbereich 0–300 Megahertz. Als Quellen für Elektrosmog kommen z. B. Hochspannungsleitungen, Radaranlagen, Computer, Mobilfunk und Haushaltsgeräte (wie Mikrowellenherde) infrage. Die von ihnen abgestrahlten Felder können zu einer Erwärmung des Körpers und als Folge davon zu organischen Schäden führen. Es wird auch untersucht, ob sie zur Entstehung von Krebs beitragen. Zum Schutz des Menschen vor elektromagnetischer Strahlung wurden für alle infrage kommenden Geräte und Anlagen Grenzwerte festgelegt.

■ **Elektrotechnik,** Zweig der Technik, der sich mit der Anwendung der physikalischen Grundlagen der Elektrizität befasst. Man unterscheidet: elektrische Energietechnik (früher Starkstromtechnik),

Nachrichtentechnik, elektrische Messtechnik, Regelungs- und Steuerungstechnik.

■ **Element** [lat.] *das,* Grundstoff (→chemische Elemente).

■ **Elementarladung** (elektrisches Elementarquantum), Formelzeichen *e,* die kleinste bisher frei nachgewiesene positive oder negative elektrische →Ladung: $e = 1{,}6022 \cdot 10^{-19}$ Coulomb. Träger einer einzelnen Elementarladung sind die Elementarteilchen.

■ **Elementarteilchen,** die kleinsten, nicht weiter zerlegbaren Teilchen. Zurzeit sind weit über 200 bekannt. Zu ihnen gehören das Proton, das Neutron und das Elektron, die Bausteine der →Atome. Einige Elementarteilchen (die Hadronen, z.B. Proton und Neutron) bestehen aus kleineren, frei allerdings nicht auftretenden Teilchen, den Quarks. Sie sind neben den →Leptonen die fundamentalen Bausteine der Materie. Zu jedem Teilchen gibt es ein Antiteilchen mit gleich großer Masse aber entgegengesetzter elektrischer Ladung.

■ **Elfen** (Elben, Alben), in der germanischen Mythologie hilfreiche oder bösartige kleine Wasser- (Nixen) und Hausgeister.

■ **Elfenbein,** Bezeichnung für die aus Zahnbein bestehenden Stoßzähne der Elefanten und des Mammuts, weiter auch für die Zähne von Walross, Narwal und Nilpferd. Die weißlichgelbe, vorwiegend aus Calciumphosphat bestehende Substanz ist polierfähig und dient besonders zur Herstellung von Schnitzereien, Billardkugeln und Klaviertasten. In Deutschland ist die Einfuhr von Elfenbein seit 1989 untersagt.

■ **Elfenbeinküste** (frz. Côte d'Ivoire), Republik in Westafrika, bewohnt von etwa 60 meist sudaniden Stämmen. An die Küstenebene mit vielen Lagunen schließt ein Hochland an. Der tropische Regenwald im Süden geht im Norden in Savanne über. Vor der Küste wird seit 1980 Erdöl gefördert. Wichtigste Ausfuhrgüter sind Kaffee, Kakao und Holz; wichtigster Hafen ist Abidjan.

Geschichte: Vor der Kolonisation durch Frankreich im 19. Jahrh. gehörte das Gebiet zu verschiedenen afrikanischen Reichen (Mali, Ashanti). Ab 1895 war das heutige Staatsgebiet Teil von Französisch-Westafrika. Seit 1960 ist der Staat Elfenbeinküste unabhängig.

■ **El Greco** →Greco, El.

■ **Elisabeth I.** (engl. Elizabeth I), englische Königin (seit 1558), *Greenwich (heute zu London) 7. September 1533, †Richmond 24. März 1603, Tochter Heinrichs VIII. Sie festigte das von politischen und religiösen Auseinandersetzungen zerrissene Land und förderte Wirtschaft, Handel und Schifffahrt. Unter ihrer Herrschaft wurde →Maria Stuart hingerichtet, die Vormacht Spaniens gebrochen und die Großmachtstellung Englands begründet, u.a. durch die Entdeckung und Eroberung überseeischer Gebiete. Gleichzeitig kam es zu einer Blüte der englischen Dichtung (Shakespeare) und Kunst. Die Epoche wird **Elisabethanisches Zeitalter** genannt.

■ **Elisabeth II.** (engl. Elizabeth II), Königin von Großbritannien und Nordirland (seit 1952), *London 21. April 1926, älteste Tochter König Georgs VI. Sie ist seit 1947 mit Philipp Mountbatten (*1921) verheiratet und hat vier Kinder: Charles (*1948; Thronfolger), Anne (*1950), Andrew (*1960) und Edward (*1964).

■ **Elisabeth** (Sissi), Kaiserin von Österreich und Königin von Ungarn, *München 24. Dezember 1837, †Genf 10. September 1898. Die junge bayerische Prinzessin heiratete 1854 den österreichischen Kaiser Franz Joseph I. Ihre politische Sympathie galt dem ungarischen Landesteil. Dem streng geregelten Hofleben, durch das sie sich eingeengt fühlte, entzog sie sich durch häufige Reisen. In Genf wurde »Sissy«, die als eine der schönsten Frauen ihrer Zeit galt, von einem italienischen Anarchisten erstochen.

■ **Elite** [frz.] *die,* Auslese; Gruppe von Menschen mit besonderer Befähigung; die Besten, Führenden, z.B. in Wissenschaft, Politik, Sport.

Elfenbeinküste
Fläche 322 463 km²
Einwohner 14,567 Mio.
Hauptstadt Yamoussoukro
Regierungssitz Abidjan
Amtssprache Französisch
Nationalfeiertag 7. 8.
Währung 1 CFA-Franc = 100 Centimes
Zeitzone MEZ – 1 Std.

Elfenbeinküste

Flagge

Wappen

Die **Elster** fällt durch ihr kontrastreiches schwarz-weißes Gefieder und den langen abgestuften Schwanz auf

El Salvador

Flagge

Wappen

■ **Ellipse** [griech.] *die,* eine zu den Kegelschnitten gehörende geschlossene Kurve. Für die Ellipse gilt, dass für jeden Punkt die Summe der Abstände von zwei festen Punkten, den beiden Brennpunkten F_1 und F_2, gleich ist. Den größtmöglichen Durchmesser der Ellipse bezeichnet man als Hauptachse, den kleinstmöglichen als Nebenachse. Die Gleichung der Ellipse lautet:

$$\frac{x^2}{a^2}+\frac{y^2}{b^2}=1,$$

worin a gleich der Hälfte der Hauptachse und b gleich der Hälfte der Nebenachse ist.

■ **El Niño** [elninjo; spanisch, = (Christ-)Kind] *der,* um die Weihnachtszeit auftretende Erwärmung einer kalten Meeresströmung im Pazifik vor den Küsten von Peru und Ecuador. Alle drei bis sieben Jahre (zuletzt 1997/98) tritt dieses Phänomen besonders stark auf, was dann zu einer Erwärmung der Oberflächentemperatur des Ozeans um mehrere Grad Celsius führt. Als Folge davon kommt es in den Tropen zu hohen Niederschlägen in sonst trockenen Gebieten (Überschwemmungen) und zu Dürren in sonst feuchten Gebieten.

■ **El Salvador,** Republik in Zentralamerika, am Pazifischen Ozean. El Salvador ist bis auf einen schmalen Küstenstreifen fruchtbares Hügel- und Gebirgsland (»Gartenrepublik«). Wichtigster Wirtschaftszweig ist die Landwirtschaft (Ausfuhr von Kaffee, Baumwolle und Zuckerrohr). Rund 90 % der Bevölkerung sind Mestizen.

El Salvador
Fläche 21 041 km²
Einwohner 5,939 Mio.
Hauptstadt San Salvador
Amtssprache Spanisch
Nationalfeiertag 15. 9.
Währung 1 El-Salvador-Colón = 100 Centavos
Zeitzone MEZ – 7 Std.

Geschichte: El Salvador stand wie die anderen Staaten der Region von 1524/25 bis 1821 unter spanischer Herrschaft. 1841 wurde es unabhängig. Seit 1931 wurde das Land von wechselnden Militärdiktaturen regiert. Nach dem Militärputsch 1979 herrschte Bürgerkrieg zwischen Regierungstruppen, linksgerichteten und rechtsradikalen Gruppen, der erst 1992 mit einem Friedensvertrag beendet wurde.

■ **Elsass** *das* (frz. Alsace), historische Landschaft in Ostfrankreich, zwischen Vogesen und Oberrhein, Schweizer Jura und Pfälzer Wald. Die Elsässer sprechen eine alemannische Mundart; offizielle Sprachen sind Französisch und Deutsch. Im Oberrheinischen Tiefland werden vor allem Getreide, Gemüse, Tabak und Hopfen angebaut, am Rande der Vogesen Obst und Wein. In den Vogesen überwiegt die Wald- und Milchviehwirtschaft. Hauptindustriezentren sind Straßburg, Mülhausen und Colmar. Große Bedeutung hat der Fremdenverkehr, besonders an der Elsässischen Weinstraße.

Geschichte: Das Elsass wurde zur Zeit der Völkerwanderung von Alemannen besiedelt. Als Grenzland war es häufig Streitgegenstand zwischen Deutschland und Frankreich. Seit 1919/45 gehört es endgültig zu Frankreich.

■ **Elster,** ein fast 45 cm langer Rabenvogel, der vor allem an Waldrändern und in offenem Kulturland Eurasiens, Nordwestafrikas und des westlichen Nordamerika lebt. Der weißschultrige und weißbauchige, ansonsten schwarze, metallisch schimmernde Vogel ist ein Allesfresser und bringt zuweilen blanke Gegenstände in sein Nest (»diebische Elster«).

■ **elterliche Sorge,** das Recht und die Pflicht der Eltern oder Erziehungsberechtigten, für ihre unmündigen Kinder zu sorgen, sie zu erziehen und sie rechtlich zu vertreten. Die elterliche Sorge steht während der Ehe dem Vater und der Mutter gleichermaßen zu; sie haben sie in gegenseitigem Einvernehmen zum Wohl des Kindes auszuüben. Entwürdigende Erziehungsmaßnahmen sind unzulässig. In Fragen der Ausbildung sind Neigung und Eignung des Kindes zu beachten.

Leben die Eltern getrennt, so kann das Familiengericht die Ausübung des Sorgerechts regeln. Ist die Ehe der Eltern geschieden, so bestimmt das Familiengericht, welchem Elternteil die elterliche Sorge zustehen soll. Maßgebend ist allein das Wohl des Kindes, das ab vollendetem 14. Lebensjahr ein Vorschlagsrecht hat. Auf übereinstimmenden Antrag der Eltern kann die elterliche Sorge auch beiden Eltern gemeinsam zugesprochen werden.

■ **Elternrecht,** das im Grundgesetz garantierte Recht der Eltern oder Erziehungsberechtigten auf Pflege und Erziehung ihrer Kinder, einschließlich der weltanschaulich-religiösen Erziehung, der Bestimmung der Art der Schule und der freien Wahl zwischen den verschiedenen Bildungswegen. Das Elternrecht garantiert die Selbstverantwortung der Eltern; es ist jedoch pflichtgebunden, da die Eltern stets das Wohl des Kindes zu beachten haben. Versagen die Erziehungsberechtigten, kann das Kind gegen ihren Willen von der Familie getrennt werden.

■ **Elternvertretungen** (Elternbeiräte, Elternausschüsse), Organe, die es den Eltern ermöglichen, beratend oder mitbestimmend die Bildungs- und Erziehungsarbeit der →Schule zu fördern. Die Bezeichnungen, Aufgaben und Befugnisse der Elternvertretungen sind in den Schulgesetzen der Länder unterschiedlich geregelt. Elternvertretungen sind in verschiedenen Gremien (z. B. Klassenpflegschaft, Schulpflegschaft, Schulkonferenz) und auf unterschiedlichen Ebenen (Gesamtelternbeirat einer Stadt, Landeselternrat, Bundeselternrat) möglich.

■ **Elysium** [griech.] *das,* in der griechischen Mythologie das Gefilde der Seligen.

■ **Email** [emaj; frz.] *das* (Emaille), vor allem aus Soda, Borax, Flussspat sowie Quarzsand und Feldspat mit färbenden Metalloxiden und Trübungsmitteln hergestellter glasharter Überzug auf Metalloberflächen.

■ **E-Mail** [imeil] *die,* Abkürzung für Electronic **Mail** [engl., = elektronische Post], die Übermittlung von Mitteilungen auf elektronischem Weg durch Datenübertragung. Dadurch ist ein Informationsaustausch zwischen zwei Datenendgeräten in einem Datennetz über große Entfernungen möglich. Das Datenendgerät des Empfängers muss mit einem speziellen Speicher (Mailbox) ausgestattet sein, in dem die Mitteilungen abgelegt werden. Mailadressen bestehen oftmals aus einem Benutzernamen, dem @-Zeichen (»at« gesprochen, auch »Klammeraffe« genannt) und einer Folge von Rechner- und Domainnamen, z. B. president@whitehouse.gov.

■ **Emanzipation** [lat.] *die,* Befreiung aus dem Zustand der rechtlichen, politisch-sozialen, geistigen oder psychischen Abhängigkeit. Mit Emanzipation der Frau ist die gesellschaftliche, berufliche und rechtliche Gleichstellung der Frauen mit den Männern gemeint.

■ **Embargo** [spanisch] *das,* im Völkerrecht Maßnahmen, durch die ein Staat oder eine Staatengruppe die Zufuhr von Gütern in einen anderen Staat zu unterbinden sucht, um diesen zu einem bestimmten Verhalten zu zwingen (z. B. Handelsembargo, Waffenembargo).

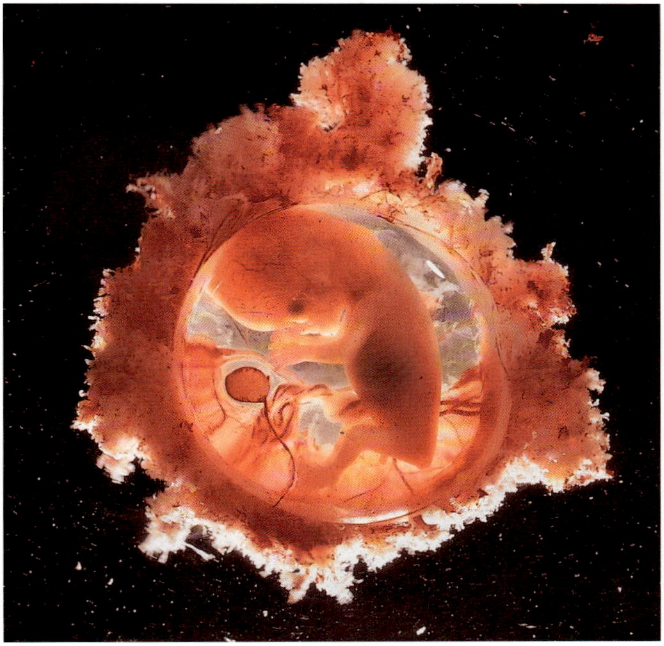

Gegen Ende des dritten Monats ist der **Embryo** etwa 7 cm lang und (als Fetus) unverkennbar ein Mensch

■ **Emblem** [griech.] *das,* Kennzeichen, Sinnbild; Hoheitszeichen.

■ **Embolie** [griech.] *die,* der plötzliche Verschluss von Blutgefäßen durch einen in die Blutbahn geratenen, mit dem Blutstrom verschleppten körpereigenen oder körperfremden Stoff. Dadurch kann ein Organ von der Versorgung mit Nährstoffen und vor allem. mit Sauerstoff abgeschnitten werden und zugrunde gehen. Wenn Herz, Gehirn oder Lunge betroffen sind, kann das den sofortigen Tod zur Folge haben.

■ **Embryo** [griech.] *der,* österreichisch auch *das* (Keimling), der sich aus der befruchteten Eizelle entwickelnde Organismus, solange er sich noch in den Eihüllen, der Eischale oder im mütterlichen Körper befindet. Bei den Säugetieren ist es üblich, die Leibesfrucht bis zum Ende der Organentwicklung Embryo zu nennen (beim Menschen am Ende des 3. Schwangerschaftsmonats) und danach als →Fetus.

■ **Emigrant** [lat.] *der,* jemand, der aus seinem

Heimatland auswandert, weil er dort aus politischen, religiösen oder weltanschaulichen Gründen unterdrückt oder verfolgt wird. Als **Emigration** (zum Teil gleichbedeutend mit →Exil verwendet) bezeichnet man die Auswanderung, aber auch den Aufenthalt in einem fremden Land nach der Auswanderung.

■ **Emir** [arabisch], Titel arabischer Fürsten und Stammesführer. Das Herrschaftsgebiet eines Emirs heißt **Emirat.**

■ **Emission** [lat.] *die,* **1)** *Bankwesen:* die Ausgabe von Wertpapieren.

2) *Physik:* die Aussendung einer Wellenstrahlung oder einer Teilchenstrahlung.

3) *Umweltschutz:* das Ausströmen luftverunreinigender Stoffe in die Umwelt.

■ **Emoticon** [engl.] *das,* (Smiley), Kunstwort aus **Emot**ion und **Icon**, ein aus Zeichen bestehendes Symbol, das eine Stimmung ausdrückt. Emoticons werden u.a. in E-Mails verwendet. Gelesen werden sie mit leicht nach links gedrehtem Kopf. Das Standardemoticon ist :-); es gibt ein freundliches Lachen an.

■ **Emotion** [lat.] *die,* Gemütsbewegung, seelische Erregung.

■ **Empfängnis** (Konzeption), die →Befruchtung, das heißt die Verschmelzung einer Eizelle mit einem Spermium.

■ **Empfängnisverhütung** (Kontrazeption), Maßnahmen, die eine Schwangerschaft als mögliche Folge des Geschlechtsverkehrs ausschließen sollen. Sie verhindern das Eindringen der Spermien in die Eizelle (und damit die Befruchtung) oder die Einnistung einer befruchteten Eizelle in die Gebärmutter. Grundsätzlich unterscheidet man zwischen natürlicher Empfängnisverhütung und Empfängnisverhütung mit mechanischen, chemischen oder hormonellen Mitteln.

Die Methoden der natürlichen Empfängnisverhütung beruhen allesamt auf der Bestimmung der unfruchtbaren Tage der Frau, in denen ungeschützter Geschlechtsverkehr möglich ist, und der fruchtbaren Tage, in denen es zu einer Schwangerschaft kommen kann und in denen man entweder auf Geschlechtsverkehr verzichten muss oder, z.B. mit einem →Kondom, Diaphragma oder Scheidenzäpfchen verhüten muss.

Die **Knaus-Ogino-Methode** (Kalendermethode) ist sehr unzuverlässig, da sie fälschlicherweise davon ausgeht, die Zyklen einer Frau seien immer gleich lang und der Eisprung würde stets um den gleichen Tag stattfinden (was vor allem bei jungen Frauen nur äußerst selten der Fall ist).

Die **Billings-Methode** bestimmt die unfruchtbare Zeit durch die Beobachtung des Schleims im Scheideneingang, der um die Zeit des Eisprungs dünnflüssig wird und so den bevorstehenden Eisprung ankündigt.

Die **Temperaturmethode** beruht auf dem täglichen Messen der →Basaltemperatur, die ein bis zwei Tage nach dem Eisprung sprunghaft um 0,3–0,5 °C ansteigt. Die sicher unfruchtbare Zeit beginnt am dritten Tag nach der Temperaturerhöhung und dauert bis zur nächsten Menstruation. Die Methoden der natürlichen Empfängnisverhütung können, vor allem in der Kombination von Billings- und Temperaturmethode **(symptothermale Methode),** sehr sicher sein, was jedoch maßgeblich davon abhängt, wie gewissenhaft die Frau damit umgeht.

Auch der **Coitus interruptus,** bei dem der Geschlechtsverkehr vor dem Samenerguss des Mannes unterbrochen wird, zählt streng genommen zu den Methoden der natürlichen Empfängnisverhütung. Er ist allerdings äußerst unzuverlässig, da schon vor dem Samenerguss Samen austreten können.

Die mechanischen Verhütungsmittel **Kondom** und Diaphragma sollen den Spermien den Weg zur Eizelle versperren. Das **Diaphragma** (Scheidenpessar) ist ein gewölbtes Gummihäutchen, das vor dem Geschlechtsverkehr so in die Scheide eingelegt wird, dass der Gebärmuttermund verschlossen wird. Der **Intrauterinpessar** (die »Spirale«), ein Gebilde aus Weichplastik, zum Teil auch mit dünnem Kupferdraht umwickelt, wird vom Arzt in die Gebärmutter eingesetzt und soll durch seinen Einfluss auf die Gebärmutterschleimhaut die Einnistung eines befruchteten Eis verhindern.

Eine geringere Zuverlässigkeit hat die Anwendung von chemischen Verhütungsmitteln (Samen abtötende Zäpfchen, Salben oder Gels, die vor dem Geschlechtsverkehr in die Scheide eingeführt werden), die durch die Bildung eines zähen Schleims oder Schaums den Eingang zur Gebärmutter verschließen und Spermien abtöten. Ihre zusätzliche Anwendung kann jedoch die Zuverlässigkeit der Empfängnisverhütung mit Kondom oder Diaphragma erhöhen.

Hormonelle Verhütungsmittel verhindern die Reifung einer Eizelle und den Eisprung; sie werden deshalb auch Ovulationshemmer genannt. Am zuverlässigsten ist, bei regelmäßiger Einnahme, die →**Antibabypille.** Sie enthält Östrogene und Gestagene und bewirkt durch Hemmung der Hirnanhangdrüse, dass keine Eizelle reifen kann. Ebenfalls hormonell wirkt die **Dreimonatsspritze** (alle drei

Monate wird vor allem Gestagen gespritzt). Die **Minipille** enthällt nur geringe Gestagenmengen und kann somit den Eisprung nicht hemmen; sie verhindert aber die Verflüssigung des Gebärmutterschleims während der fruchtbaren Tage, sodass die Spermien nicht zur Eizelle vordringen können.
Die sicherste Methode der Empfängnisverhütung ist die →**Sterilisation**. Da diese jedoch so gut wie nicht rückgängig zu machen ist, kommt sie nur für wenige, meist ältere Frauen und Männer infrage.

■ **Empire** [angpir; frz., = Kaiserreich] *das,* **1)** das französische Kaiserreich Napoleons I. (1800–15; erstes Empire) und Napoleons III. (1852–70; zweites Empire).
2) (Empirestil), Stilepoche von etwa 1800–30 in Frankreich: ein auf das Dekorative bedachter Klassizismus, der sich von der Kunst der römischen Kaiserzeit anregen ließ (vor allem in der Innenarchitektur und in der Mode).

■ **Empirismus** [griech.] *der,* in der Philosophie die Lehre, dass alle gültige Erkenntnis (nur) auf Erfahrung, vor allem auf Beobachtung und Experiment, gegründet sei (Gegensatz: Rationalismus). Gelten die Sinne als einzige Quelle der Erfahrung, spricht man von **Sensualismus.** Der Empirismus wurde im 17./18. Jahrh. in England begründet; als Wegbereiter gilt Francis →BaconBacon (1561–1626), Hauptvertreter waren Thomas Hobbes (1588–1679), David Hume (1711–76) und John →Locke.

■ **Ems** *die,* Fluss in Nordwestdeutschland, 371 km lang. Die Ems mündet in den Dollart, eine Nordseebucht südlich von Emden. Sie ist ein wichtiger Schifffahrtsweg zwischen dem Ruhrgebiet und der Nordsee.

■ **Emu** [portugiesisch] *der,* ein bis 1,8 m hoher, bräunlicher, flugunfähiger Laufvogel (Spitzengeschwindigkeiten von 65 km/h), der vor allem in den Savannen und lichten Buschgebieten Australiens lebt.

■ **Emulgatoren** [lat.], Hilfsmittel zur Herstellung und Stabilisierung von Emulsionen. Emulgatoren bestehen meist aus Substanzen, die eine polare (hydrophile, das heißt »wasserfreundliche«) und eine unpolare (lipophile, das heißt »fettfreundliche«) Gruppe in einem Molekül enthalten. Sie sind wichtig für die Herstellung von Lebensmitteln (Margarine), Kosmetika sowie als Inhaltsstoffe von Waschmitteln (Tenside, Seifen).

■ **Emulsion** [lat.] *die,* ein Gemisch von zwei ineinander nicht oder kaum löslichen Flüssigkeiten, wobei die eine Flüssigkeit die andere in Form kleiner Tröpfchen in sich einbettet. Emulsionen sind meist weißlich-trüb (milchig). Die bekannteste Emulsion ist die Milch, ein Gemisch aus wässriger Lösung und Fetttröpfchen. Je nach ihrer Stabilität können sich Emulsionen im Laufe der Zeit entmischen.

■ **E-Musik,** die **e**rnste, meist klassische **Musik** im Unterschied zur U-Musik, der Unterhaltungs**musik** (vor allem Schlager, Tanzmusik).

Dieses Bild zeigt eine Szene aus der Verfilmung der »Unendlichen Geschichte« von **Michael Ende;** der Junge Bastian aus Phantásien fliegt auf einem Fabeltier seinen Abenteuern in der Anderswelt entgegen

■ **Ende,** Michael, deutscher Schriftsteller, *Garmisch-Partenkirchen 12. November 1929, †Filderstadt 28. August 1995. Ende wurde durch seine abenteuerlich-fantastischen Erzählungen für Kinder (»Jim Knopf und Lukas der Lokomotivführer«, 1960; »Jim Knopf und die Wilde 13«, 1962; »Momo«, 1973; »Die unendliche Geschichte«, 1979; »Der satanarchäolügenialkohöllische Wunschpunsch«, 1989) auch bei Erwachsenen populär.

■ **Endlagerung,** die sichere Verwahrung schädlicher und giftiger, vor allem aber radioaktiver Abfälle mit dem Ziel, die Schadstoffe dauerhaft vom menschlichen Lebensbereich zu isolieren. Als relativ sicherer Ort für die Endlagerung radioaktiver Abfälle gilt zurzeit die Deponierung in tiefere geologische Formationen, z. B. in Salzstöcke.

■ **endogen** [griech.], im Inneren (z. B. des Körpers oder der Erde) entstehend; Gegensatz: exogen.

■ **Endorphine** [Kurzwort aus **end**ogen und M**orphin**], Sammelbezeichnung für verschiedene körpereigene, morphinartig wirkende Moleküle aus wenigen Aminosäuren (Peptide), die im Gehirn und

Energiequellen: Windkraftanlagen arbeiten an günstigen Standorten – wie hier in Kalifornien – mit hohem Wirkungsgrad; diese Branche boomt inzwischen auch in Deutschland

in der Hypophyse vorkommen. Sie besitzen eine schmerzstillende Wirkung, sind aber wie Opiate stark suchterzeugend.

■ **Endoskopie** [griech.] *die,* ein Verfahren zur Untersuchung (»Spiegelung‹«) von Körperhöhlen und -kanälen sowie Hohlorganen durch unmittelbare Betrachtung mithilfe eines **Endoskops.** Dieses besteht entweder aus einem starren Rohr mit einer Niedervoltlampe und einem optischen System von Prismen und Linsen oder, als Fibroskop (Fiberendoskop), aus einer biegsamen Faseroptik aus Glasfaserbündeln. Bei diesem verläuft die Bildübertragung über das aus Material mit hoher Brechzahl bestehende Leitbündel, der Lichttransport über die umgebenden Lichtleitfasern. Untersucht werden z.B. die Bauchhöhle, die Harnblase, die Luftröhre oder die Gelenkhöhlen.

Die geballte Wasserkraft ist als **Energiequelle** eine Zukunftsmöglichkeit; auch Wellenenergie lässt sich nutzen; für funktionierende Wasserkraftwerke fehlen aber noch die technischen Erfahrungen

■ **Energie** [griech.] *die,* einer der wichtigsten physikalischen Begriffe, in seiner Bedeutung etwa dem der Materie vergleichbar. Energie wird anschaulich als das Äquivalent von Arbeit erklärt oder als die Fähigkeit zu deren Verrichtung. Sie ist überall vorhanden und kann entweder an Materie gebunden auftreten (z.B. als mechanische Energie in einer aufgezogenen Feder) oder unabhängig von Materie (z.B. als elektromagnetische Strahlung). Nach der Speziellen Relativitätstheorie ist sie der Masse äquivalent.

Der Begriff der Energie ist deswegen so bedeutsam, weil Energie prinzipiell weder erzeugt noch vernichtet werden kann und daher in abgeschlossenen Systemen erhalten bleibt (Energieerhaltungssatz). Ihre verschiedenen Erscheinungsformen wie mechanische Energie, Arbeit, elektrische Energie oder Wärme lassen sich mehr oder weniger vollständig ineinander umwandeln – auch Energie in Masse und umgekehrt Masse in Energie, was insbesondere in der Kernphysik und in der Physik der Elementarteilchen eine wichtige Rolle spielt. Die gesetzliche Einheit der Energie ist das →Joule. Andere Einheiten sind die →Kalorie und das →Elektronvolt.

■ **Energiequellen.** Eine ausreichende und preiswerte Versorgung mit Energie ist einerseits Voraussetzung für wirtschaftliche Entwicklung und Wohlstand, anderseits ist jedoch klar, dass die traditionellen fossilen Energiequellen einmal erschöpft sein werden. Die Erfahrung der Verknappung und Verteuerung des Erdöls in den Ölkrisen 1973/74 und 1979/80 hat den Industrieländern die Anfälligkeit für Störungen in der Energieversorgung bewusst gemacht und neue Forschungsvorhaben eingeleitet. Die Diskussionen über die Kernenergie und über den Treibhauseffekt haben die Probleme verdeutlicht, die mit der Nutzung bestimmter Energiequellen verbunden sein können. Die Suche nach neuen, umweltverträglichen Energiequellen hat daher in den letzten Jahren an Bedeutung gewonnen.

Energieträger

Energie kann in unterschiedlicher Weise in einem Körper oder Stoff gespeichert werden. In der Energietechnik unterscheidet man die in natürlichen Energieträgern (z.B. Kohle, Erdöl, Erdgas, Kernbrennstoffen, Wasser, Wind, Sonnenstrahlung u.a.) enthaltene **Primärenergie** von der daraus durch

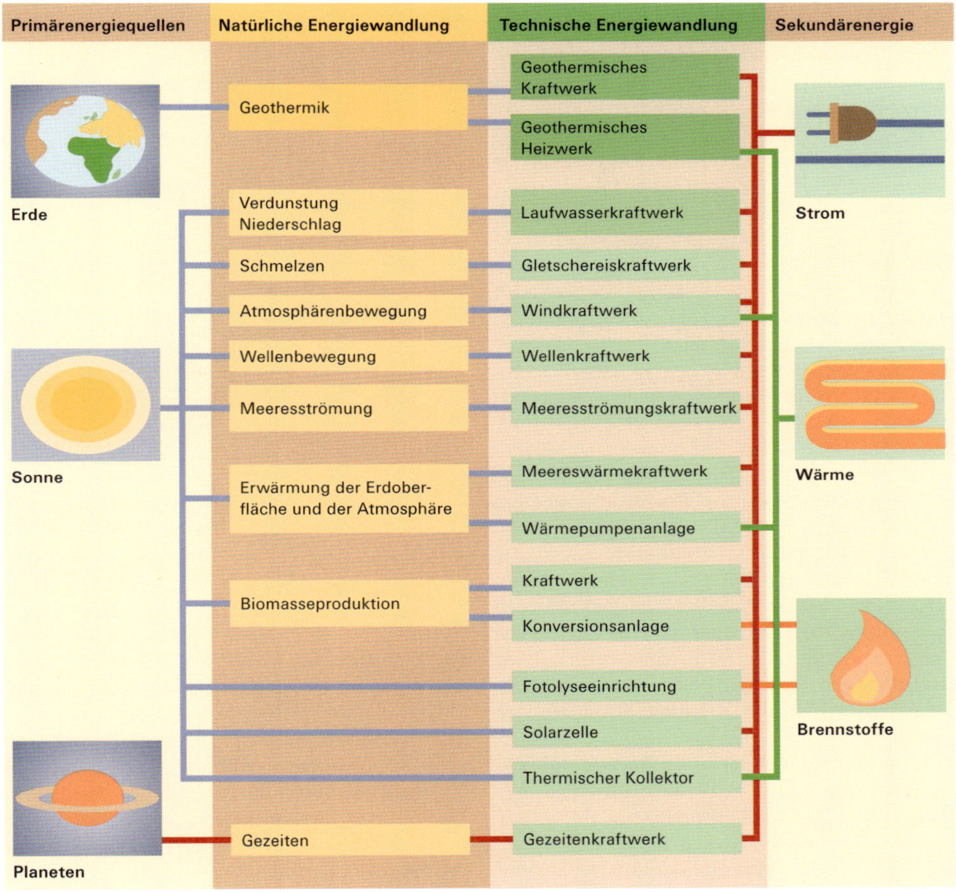

Blick in die Zukunft der **Energiequellen:** mit Ausnahme der geothermischen und Gezeitenenergien liefert die Sonne den Löwenanteil für andere erneuerbare Energieformen

Umwandlung gewonnenen **Sekundärenergie,** die in erster Linie als elektrische Energie, aber auch als mechanische, thermische oder chemische Energie (z. B. in Briketts und Benzin) vorliegt. Die von einem Verbraucher bezogene Sekundärenergie wird als **Endenergie,** die davon zur Erfüllung einer bestimmten Arbeits- oder Energieleistung genutzte Energie als **Nutzenergie** bezeichnet.

Über 90 % der weltweit eingesetzten Primärenergie stammen derzeit aus nicht erneuerbaren Energiequellen. Dazu zählen die **fossilen Brennstoffe** (Kohle, Erdöl, Erdgas) sowie die **Kernbrennstoffe** (Uran, Plutonium). Die bekannten Erdöl- und Erdgasreserven der Erde, die heute rund 60 % des Weltbedarfs an Primärenergie decken, werden eines Tages erschöpft sein. Außerdem ist Umwandlung in Sekundärenergie angesichts ihrer Bedeutung als wertvolle Rohstoffe für die chemische Industrie eine Verschwendung. Als Alternative wurde zunächst weltweit vor allem die Kernenergie gefördert. Nach den schweren Reaktorunfällen von Harrisburg (1979) und Tschernobyl (1986) verstärkte sich aber das Interesse an der Erschließung von erneuerbaren und risikoärmeren Energiequellen **(Alternativenergien).**

Zu diesen zählt die **Erdwärme** und die **Gezeitenenergie.** Alle anderen erneuerbaren Energieformen lassen sich auf die **Sonnenenergie** zurückführen, etwa die mit Sonnenkraftwerken und anderen Mitteln der Solartechnik unmittelbar genutzte Sonnenstrahlung, die mit Wasser- und Wellenkraftwerken sowie Windenergieanlagen genutzte Energie der Wasser- und Windkräfte, die in den oberen Schichten der Meere und des Erdbodens gespeicherte Wärmeenergie (Meereswärmekraftwerke, Wärmepumpen) sowie die u. a. in den Pflanzen enthaltene **Bioenergie**.

Technologien

Durch Umwandlung von Primär- in Nutzenergie sorgen →Kraftwerke für die Bereitstellung von elektrischer Energie. Dabei werden bislang nur Wärmekraftwerke in großem Umfang eingesetzt. Kraftwerke, die Strom aus erneuerbaren Energien erzeugen, befinden sich – außer Wasserkraftwerke – noch weitgehend im Entwicklungs- oder Teststadium und können meist mit herkömmlichen Kraftwerken noch nicht konkurrieren.

Die im Innern der **Sonne** erzeugte Energie versucht man mithilfe von Sonnenkollektoren, →Solarzellen, Solarkraftwerken und Sonnenöfen nutzbar zu machen. In Deutschland beträgt das jährliche Sonnenenergieangebot im Flachland immerhin 1 MWh (das sind 1 000 kWh) pro m^2.

In Windkraftwerken wird die Strömungsenergie des **Windes** in nutzbare Rotationsenergie umgewandelt. Während kleine Windkraftanlagen mit Leistungen unter 100 kW sich zur Stromversorgung von Gehöften oder kleineren Siedlungen in abgelegenen Gebieten eignen, erzeugen große Anlagen mit Leistungen bis zu einigen Megawatt Strom für den Netzverbund.

Die großtechnische Nutzung der Energie strömenden **Wassers** erfolgt in Wasserkraftwerken, z. B. Flusskraftwerken, Speicherkraftwerken (Talsperren) und Pumpspeicherwerken. In Deutschland tragen rund 640 größere Wasserkraftwerke (je mindestens 1 MW Leistung) zur Stromversorgung bei; sie decken 4 bis 5% des Strombedarfs.

Die mit dem Wechsel der **Gezeiten** gegebene Energie kann mithilfe von Gezeitenkraftwerken in elektrische Energie umgewandelt werden. Voraussetzungen für einen wirtschaftlich sinnvollen Einsatz sind große Tidenhübe von mehr als 3 m und natürliche Meeresbuchten oder Flussmündungen, die mit einem Damm abgeschlossen werden können. Bei Flut wird das künstlich geschaffene Becken gefüllt, bei Ebbe wieder geleert. Dabei wandelt sich die potenzielle Energie der unterschiedlichen Wasserstände in kinetische Energie des ein- und ausströmenden Wassers um.

Da **Biomasse** (alle Substanzen, aus denen Pflanzen und Tiere sowie deren Abfall- und Reststoffe bestehen) in sehr verschiedener Beschaffenheit auftritt, ist ihre Nutzung als Energiequelle grundsätzlich aufwendiger und weniger effizient als die fossiler Brennstoffe. Die wichtigsten Methoden sind die Verbrennung, die Vergasung und die biologische Umwandlung zu Methan (z. B. von Zuckerrohr).

Friedrich Engels lebte in enger wissenschaftlicher und familiärer Beziehung zu Karl Marx und Jenny Marx sowie

Die Nutzungsmöglichkeiten der **Erdwärme** erstrecken sich von medizinischen Anwendungen in Thermalbädern über die Beheizung von Gebäuden bis hin zur Stromerzeugung in geothermischen Kraftwerken. Derartige Kraftwerke nutzen Bereiche der Erdkruste, in denen Wärme als Heißwasser oder Dampf mit Temperaturen von mindestens 130 °C aus dem Erdinnern an die Erdoberfläche fließt. Sie werden nur an wenigen Stellen der Erde betrieben (z. B. in Kalifornien und Island).

Daneben ist die Nutzung von Wärmeenergie interessant. Gegenwärtig fällt mehr als die Hälfte des Verbrauchs an Primärenergie als **Abwärme** an, die zum großen Teil ungenutzt bleibt. Deshalb werden Techniken zur Nutzung dieser meist niedrig temperierten Abwärme, die für den verursachenden Energieumwandlungsprozess selbst nicht direkt nutzbar ist, entwickelt (z. B. Wärmepumpen, Kraft-Wärme-Kopplung).

Die **Energiedirektumwandlung** befindet sich noch im Versuchsstadium. Sie umfasst alle Methoden, Energie unmittelbar in elektrische Energie umzuwandeln, ohne den Umweg über die mechanische Energie, wie er für die Erzeugung von Elektroenergie mit herkömmlichen Generatoren typisch ist.

Dazu gehört u. a. die Stromerzeugung mit thermoelektrischen oder magnetohydrodynamischen Energiewandlern. In Isotopenbatterien erfolgt eine Umwandlung von radioaktiver Strahlung, in Solarzellen und Sonnenbatterien von elektromagnetischer Strahlungsenergie (Licht) in elektrische Energie. Die Wirkungsgrade sind zwar noch klein im Vergleich zur konventionellen Erzeugung von Elektroenergie, die Vorteile (z. B. lange Lebensdauer, keine verschleißbaren Teile, hohe Überbelastbarkeit) sind jedoch zukunftweisend. Neben den bereits bestehenden Anwendungen, z. B. in der Raumfahrt, bietet vor allem die Stromerzeugung mit Solarzellen große Entwicklungschancen und Anwendungsmöglichkeiten.

■ **Energietechnik,** zusammenfassende Bezeichnung für alle Verfahren und Anlagen, die dazu dienen, möglichst optimal erzeugte oder anfallende Primärenergie (z. B. Erdöl) in eine unmittelbar nutzbare Sekundärenergie (z. B. Benzin) umzuwandeln.

■ **Engadin** *das,* Hochtal im Kanton Graubünden, Schweiz, vom Inn durchflossen, 91 km lang. Bekannte Kurorte und Wintersportplätze im Engadin sind Sankt Moritz und Pontresina.

■ **Engel** [von griech. angelos, = Bote], in vielen Religionen, besonders aber im Judentum und im Christentum, Sendboten Gottes, die auserwählten Menschen eine Nachricht überbringen oder als Helfer und Beschützer auftreten **(Schutzengel).** An der Spitze der Engel, die als körperlose Geistwesen gedacht werden, stehen die vier **Erzengel**: Gabriel, Raphael, Michael und Uriel. In der Kunst werden die Engel seit dem 4. Jahrh. mit Flügeln dargestellt, zunächst als schöne Jünglinge, seit dem Mittelalter auch als Kinderengel.

■ **Engels,** Friedrich, deutscher Philosoph und Politiker, * Barmen (heute Wuppertal) 28. November 1820, † London 5. August 1895; enger Freund und Mitarbeiter von Karl Marx, Mitbegründer des →Marxismus. Als Sohn eines Textilfabrikanten lernte er während seiner Ausbildung zum Kaufmann in England die menschenunwürdigen Lebensverhältnisse der englischen Industriearbeiter kennen und kämpfte in der Arbeiterbewegung für eine Verbesserung ihrer sozialen Lage. Zusammen mit Marx schrieb er 1848 das →Kommunistische Manifest. Er verfasste philosophische und ökonomische Werke zur Theorie des wissenschaftlichen Sozialismus und widmete sich auch in der Praxis der sozialistischen Bewegung.

■ **Engerlinge,** die Larven der →Blatthornkäfer; häufig durch Wurzelfraß schädlich werdende Larven der →Maikäfer.

■ **England,** der südliche Teil der britischen Hauptinsel (→Großbritannien und Nordirland).

■ **Enklave** [frz.] *die,* Teil eines fremden Staatsgebiets, der vom eigenen Staatsgebiet vollständig umgeben ist. Vom Standpunkt des anderen Staates aus wird der abgetrennt liegende Gebietsteil **Exklave** (Ausschluss) genannt.

■ **entartete Kunst,** abwertende Bezeichnung der Nationalsozialisten für Werke vor allem der zeitgenössischen Kunst, die nicht der nationalsozialistischen Kulturauffassung entsprachen. Man warf den Künstlern vor, nur das »Abnorme« und »Krankhafte« dargestellt zu haben; alle nicht naturgetreuen Malweisen seit dem Impressionismus gal-

Entdeckungsreisen

982	Erich der Rote erreicht Grönland von Island aus.
um 1000	Leif Erikson erreicht die nordamerikanische Küste, vermutlich bei Nova Scotia, Labrador.
1271–95	Marco Polo reist auf dem Landweg von Venedig bis China.
1418	Der portugiesische Prinz Heinrich (»der Seefahrer«) veranlasst Entdeckungsreisen entlang der afrikanischen Küste.
1492	Christoph Kolumbus entdeckt Amerika.
1497	Giovanni Caboto erreicht die Ostküste Nordamerikas (wahrscheinlich Neufundland).
1497	Auf seiner Indienfahrt umfährt Vasco da Gama das Kap der Guten Hoffnung.
1500–02	Amerigo Vespucci und andere erreichen die Küste Brasiliens.
1519–21	Hernando Cortés erobert das Reich der Azteken im Bereich des heutigen Mexiko.
1519–21	Magalhães umsegelt die Erde.
1531–33	Francisco Pizarro erobert das Inkareich im Bereich des heutigen Peru.
1607–11	Der Engländer Henry Hudson entdeckt die Hudsonbai und die Hudsonstraße.
1642–44	Der Niederländer Abel J. Tasman entdeckt Tasmanien und Neuseeland und erkundet die Nordküste Australiens.
1728	Der Däne Vitus Jonassen Bering entdeckt die Beringstraße.
1768–80	Auf drei Reisen erkundet der Brite James Cook die Inselwelt des Pazifischen Ozeans und den subantarktischen Raum.
1799–1804	Alexander von Humboldt bereist Süd- und Mittelamerika.
1893–96	Der Norweger Fridtjof Nansen durchquert auf Skiern und Schlitten Grönland.
1903–06	Dem Norweger Roald Amundsen gelingt erstmals die Durchfahrt (von Ost nach West) durch die Nordwestpassage.
1909	Der Amerikaner Robert Edwin Peary erreicht den Nordpol.
1911	R. Amundsen erreicht den Südpol.
1953	Der Neuseeländer Edmund Percival Hillary besteigt als Erster den höchsten Berg der Erde, den Mount Everest.

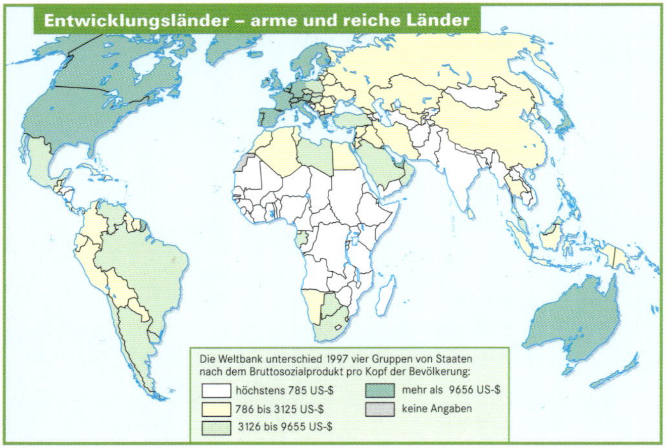

ten als »dekadent«. Die so verfemten Künstler erhielten Arbeits- und Ausstellverbot, ihre Werke wurden beschlagnahmt. Betroffen waren u. a. Ernst Barlach, Max Beckmann, Wassily Kandinsky. Oskar Kokoschka und Emil Nolde. Viele Künstler wanderten aus. 1937 veranstaltete man in München die Ausstellung »Entartete Kunst«, um die gezeigten Werke lächerlich zu machen. Danach wurde ein Teil von ihnen ins Ausland verkauft, viele der anderen, darunter über 1000 Gemälde, wurden öffentlich verbrannt.

Der vielseitige und vielsprachige Schriftsteller **Hans Magnus Enzensberger** hat es sich zur Aufgabe gemacht, gegen den Wahn linker wie rechter Ideologien anzuschreiben

■ **Entdẹckungsreisen,** die Reisen, die der Erkundung unbekannter Länder, der Erschließung neuer Handelswege und der Erweiterung der politischen Einflusssphäre eines Staates dienten. Die Entdeckungsreisen des 15. und 16. Jahrh. brachten eine bis dahin beispiellose Ausweitung des geographischen Wissens. Sie entwickelten sich aber in der Folge zu Raub- und Eroberungszügen und schufen so die Voraussetzung für den Kolonialismus. – Tabelle S. 265

■ **Ẹnten,** Unterfamilie der Gänsevögel mit über 100 Arten, vor allem auf Gewässern (oder in deren Nähe) lebende Schwimmvögel. Enten haben Schwimmhäute. An den Schnabelinnenseiten finden sich quergestellte lamellenartige Erhöhungen, die mit entsprechenden Bildungen an der Zunge einen Seihapparat darstellen. Enten sind Nestflüchter. Die in Europa häufigste Entenart ist die **Stockente,** aus der die Hausentenrassen gezüchtet wurden.

■ **Entente** [angtangt; frz.] *die,* Einvernehmen oder Bündnis, besonders die **Entente cordiale** (deutsch = herzliches Einverständnis) von 1904, in der sich Frankreich und Großbritannien über Kolonialfragen in Nordafrika einigten; 1907 um Russland zur **Tripleentente** (Dreiverband) erweitert.

■ **Entropi̱e** [griech.] *die,* Formelzeichen S, Maß für den Ordnungszustand thermodynamischer Systeme (→Thermodynamik) bzw. für die Unumkehrbarkeit der in ihnen ablaufenden thermodynamischen Prozesse.

In einem **abgeschlossenen System** (ohne Energie- und Massenaustausch) ist die Entropie bei umkehrbaren Vorgängen konstant bei nichtumkehrbaren Vorgängen nimmt sie zu.

In einem **offenen System,** das durch Stoffaustausch mit seiner Umgebung verbunden ist (z. B. ein lebender Organismus), kann die Entropie zunehmen, gleich bleiben oder abnehmen. Trotz der laufenden Aufnahme und Abgabe von Materie und Energie auf mikroskopischer Ebene kann der makroskopische Zustand des offenen Systems gleichbleibend sein.

■ **Entsọrgung,** der Abtransport und die Beseitigung von Abfallstoffen aller Art; im engeren Sinn die Beseitigung von radioaktiven Abfällen, die beim Betrieb von Kernkraftwerken anfallen **(nukleare Entsorgung).** Dazu gehört vor allem die sichere Lagerung ausgedienter Brennelemente und ihre Verwertung durch Wiederaufarbeitung.

■ **Entwịcklungshilfe,** Bezeichnung für alle Maßnahmen privater und öffentlicher, nationaler und internationaler Organisationen zur Unterstützung und Förderung der →Entwicklungsländer. Entwicklungshilfe kann in Form technischer Hilfe (Bereitstellung von Fachleuten, technischen Hilfsmitteln, Material und Ausbildungsmöglichkeiten), Kapitalhilfe (Kredite, Bürgschaften), Güterhilfe (Nahrungsmittel, Medikamente) und durch han-

Das Gefieder der **Enten** ist bei den Geschlechtern sehr unterschiedlich; während das Weibchen gedämpfte Farben trägt, zeigt das Männchen (Erpel) satte und – wie hier bei den Stockenten– metallisch glänzende Farben

delspolitische Maßnahmen (Abbau von Zöllen) geleistet werden. Die UN haben den Industrieländern empfohlen, 0,7 % ihres Bruttosozialproduktes als Entwicklungshilfe zu leisten; dem wird jedoch nur von wenigen Staaten entsprochen.

■ **Entwicklungsländer,** Bezeichnung für Länder mit einem vergleichsweise niedrigen wirtschaftlichen Entwicklungsstand (u. a. mit geringem Pro-Kopf-Einkommen). Entwicklungsländer sind vor allem Länder in Afrika (außer Südafrika), Asien (außer Japan), Mittel- und Südamerika sowie Ozeanien (außer Neuseeland). Sie werden oft auch als **Dritte Welt** bezeichnet; für die am wenigsten entwickelten Länder wird auch die Bezeichnung **Vierte Welt** verwendet.
Man unterscheidet Entwicklungsländer mit niedrigem Einkommen (z. B. Indien, Äthiopien), Entwicklungsländer mit mittlerem Einkommen (z. B. Ägypten, Philippinen) sowie die so genannten **Schwellenländer** (z. B. Argentinien, Brasilien), die in ihrer wirtschaftlichen Entwicklung den Industrieländern nahe kommen.
Die wirtschaftlichen Schwierigkeiten der Entwicklungsländer (gering ausgebaute Industrie, einseitige, oft rückständige Landwirtschaft, hohe Arbeitslosigkeit, schlechte Infrastruktur, zunehmende Verschuldung) stehen dabei in engem Zusammenhang mit sozialen Problemen (mangelnde medizinische Versorgung, hohes Analphabetentum, extrem ungleiche Verteilung der vorhandenen Güter). Das schnelle Bevölkerungswachstum trägt zudem dazu bei, dass in vielen Entwicklungsländern die Bevölkerung nur ungenügend mit Nahrungsmitteln versorgt werden kann. Zur Unterstützung der Entwicklungsländer soll u. a. die →Entwicklungshilfe beitragen. – auch →Nord-Süd-Konflikt.

■ **Entziehungskur,** meist in Spezialkrankenhäusern vorgenommene Behandlung, durch die Alkohol- und Drogenabhängige von den Suchtmitteln entwöhnt werden sollen. Wichtig für den Erfolg einer solchen Behandlung ist, dass die Betroffenen auch nach ihrer Entlassung betreut werden, z. B. durch Ärzte, Beratungsstellen oder in Selbsthilfegruppen. – auch →Drogen, →Sucht.

■ **Entzündung,** örtliche Reaktion des Körpers (Gewebes) auf infektiöse (durch Bakterien und Viren), chemische (Gifte, z. B. beim Insektenstich) oder physikalische (Strahleneinwirkung, z. B. Sonnenbrand) Schädigung. Zeichen einer Entzündung sind Rötung, Hitze, Schmerzen, Schwellung und Fieber.

■ **Environment** [inwaiᵉrᵉnmᵉnt; engl., = Umwelt] *das* (italienisch Ambiente), eine Darstellungsform der zeitgenössischen bildenen Kunst: künstlerisch gestaltetes Raumgebilde, das unterschiedlichste Materialien und Gegenstände vereint und den Betrachter in die Gesamtwirkung einbezieht.

■ **Enzensberger,** Hans Magnus, deutscher Schriftsteller, *Kaufbeuren 11. November 1929. Mit treffsicherer Sprache greift er gesellschaftliche Missstände, überkommene Machtverhältnisse und Denkgewohnheiten an. Er schreibt Lyrik (u. a. »verteidigung der wölfe«, 1957; »blindenschrift«, 1964), Prosa (»Das Verhör von Habana«, 1970) sowie Essays (»Die große Wanderung«, 1992).

■ **Enzian** *der,* eine Gattung der Enziangewächse, die mit über 450 Arten vor allem in den Gebirgen der Nordhalbkugel und in den Anden vorkommen (in Deutschland rund 30 Arten); meist blaublütig und kurzstängelig, seltener höhere Pflanzen mit roten oder gelben Blüten (z. B. der bis 1,4 m hohe Gelbe Enzian, aus dessen Wurzeln Enzianschnaps bereitet wird). Viele Arten stehen unter Naturschutz.

Der in Mitteleuropa unter anderem in den Alpen und Vogesen, dem Jura und der Schwäbischen Alb etwa von Juni bis August blühende Gelbe Enzian gehört zu den streng geschützten **Enzianen**

Dieser in den Alpen von April bis Ende August blühende **Enzian,** der Stängellose Enzian, bevorzugt trockene und steinige Standorte bis in 3000 m Höhe

■ **Enzyklika** [griech.] *die,* Lehrschreiben, in dem der Papst zu wichtigen Glaubens- und Sittenfragen Stellung nimmt.

■ **Enzyklopädie** [griech.] *die,* Nachschlagewerk; eine systematisch oder alphabetisch angeordnete Darstellung aller Wissensgebiete oder eines bestimmten Wissensgebiets in seiner Gesamtheit. Die erste große Enzyklopädie der Neuzeit entstand in der Zeit der Aufklärung unter der Leitung von Denis →Diderot in Frankreich.

■ **Enzyme** [griech.] (früher Fermente), in allen lebenden Organismen vorkommende, hochmoleku-

lare Proteine, die chemische Reaktionen beschleunigen, indem sie die Aktivierungsenergie herabsetzen und so den Reaktionsablauf unter den Bedingungen, die in einem Organismus vorliegen erst ermöglichen.
Enzyme sind häufig kugelig gebaute Proteine, die neben dem Proteinanteil noch einen Nichtproteinbestandteil **(Coenzym)** haben. Sie besitzen eine charakteristisch geformte Vertiefung (aktives Zentrum), in die genau das Molekül (Substrat) passt, dessen chemische Umsetzung sie bewirken (Schlüssel-Schloss-Prinzip). Enzyme sind also substratspezifisch und außerdem reaktionsspezifisch, das heißt, sie katalysieren nur eine ganz bestimmte biochemische Reaktion im Stoffwechsel. Zur Reaktion wird das Substrat kurzfristig im aktiven Zentrum gebunden, chemisch verändert und dann wieder entlassen. Das Enzym liegt danach unverändert vor. Pro Minute und Enzymmolekül können mehrere hunderttausend Substratmoleküle umgesetzt werden.
Mehr als 3 000 verschiedene Enzyme sind bekannt. Praktischen Nutzen haben sie etwa in Waschmitteln, wo sie eiweißhaltigen Schmutz lösen, und in der Nahrungsmittelindustrie bei der Herstellung z. B. von Käse und Brot.

■ **Eos,** in der griechischen Göttersage die Göttin der Morgenröte und des Tages. Bei den Römern entspricht ihr die Göttin Aurora.

■ **Epidemie** [griech.] *die,* eine Infektionskrankheit, die sich in einem größeren, umgrenzten Gebiet vorübergehend stärker ausbreitet. Sind nur kleinere örtliche Bezirke betroffen, spricht man von **Endemie,** bei Verbreitung über größere Gebiete (Länder, Erdteile) von **Pandemie.**

■ **Epigone** [griech.] *der,* unbedeutender Nachfolger eines außergewöhnlichen Vorgängers; Nachahmer ohne Schöpferkraft (besonders in der Kunst).

■ **Epigramm** [griech., = Aufschrift] *das,* knappes, treffendes Sinn- oder Spottgedicht.

■ **Epik** [griech.] *die,* erzählende Dichtung (im Gegensatz zu Lyrik und Dramatik) in Versen oder in Prosa. Großformen der Epik sind Epos und Roman; zu den Kleinformen gehören Novelle, Kurzgeschichte, Sage und Märchen, Fabel, Anekdote.

■ **Epikur,** griechischer Philosoph, *auf Samos 341 v. Chr., † Athen 270 v. Chr. Der Sinn des Lebens liegt für ihn im diesseitigen Glück, das der Mensch aber nicht durch unbeschränkten Genuss erlangt, sondern in der weisen Zurückgezogenheit. Seine Anhänger heißen **Epikuräer.**

■ **Epilepsie** [griech.] *die* (Fallsucht), angeborene oder z. B. durch Unfall erworbene Krankheit,

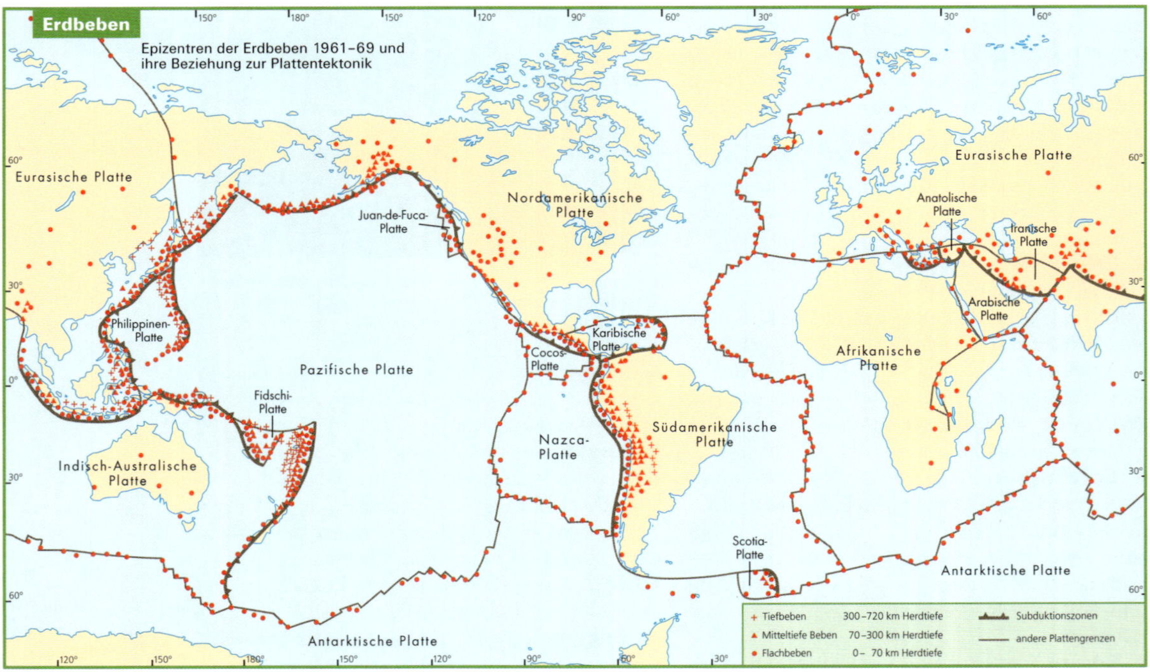

die auf Veränderungen im Gehirn zurückzuführen ist. Sie äußert sich in wiederkehrenden, plötzlich auftretenden Krämpfen, die meist von Bewusstseinsstörungen begleitet sind.

■ **Epilog** [griech.] *der,* abschließendes Nachwort; Nachspiel, Schlussrede.

■ **episches Theater,** von Bertolt →Brecht geprägter Begriff für seine Form des modernen Theaters.

■ **Episkopat** [griech.] *der* oder *das,* die Gesamtheit der Bischöfe eines Landes; auch das Bischofsamt.

■ **Episode** [griech.] *die,* Ereignis von kurzer Dauer; in der Literatur Einschub oder Nebenhandlung.

■ **Epistel** [lat., = Brief] *die,* Bezeichnung für die Briefe des Neuen Testaments, die von Aposteln verfasst oder ihnen zugeschrieben wurden. Auch die daraus im Gottesdienst verlesenen Abschnitte werden Epistel genannt.

■ **Epithel** [griech.] *das* (Deckgewebe), die oberste Zellschicht des tierischen und menschlichen Haut- und Schleimhautgewebes.

■ **Epizentrum** →Erdbeben.

■ **Epoche** [griech.] *die,* bedeutender Abschnitt in der Geschichte.

■ **Epos** [griech.] *das,* Großform erzählender Dichtung in gleichartig gebauten Versen oder Strophen, meist mehrteilig. Charakteristisch ist eine Zentralfigur oder ein Leitgedanke, Distanz zu den Geschehnissen und gehobene Sprache. Das Epos behandelt vor allem heldische und sagenhafte sowie ritterliche Stoffe (z. B. »Ilias«, »Odyssee«, »Nibelungenlied«, »Parzival«), aber auch Stoffe aus der bürgerlichen Welt (Goethes »Hermann und Dorothea«) oder aus der Tierfabel (Epen um Reineke Fuchs).

■ **Equipe** [ekip; frz.] *die,* im Pferde- und im Fechtsport Bezeichnung für Mannschaft.

■ **Erasmus von Rotterdam** (er nannte sich seit 1496 Erasmus Desiderius), niederländischer Theologe und Humanist, *Rotterdam 28. Oktober 1466 oder 1469, †Basel 12. Juli 1536; bedeutender Philologe, Kritiker der weltlichen und geistlichen Mächte seiner Zeit. Er schrieb u. a. die Satire »Lob der Torheit« (1511), die in Form einer ironischen Lobrede auf das Laster gegen die Rückständigkeit der Scholastik und die Verweltlichung der Kirche gerichtet ist. In seiner Kontroverse mit Luther über die Freiheit des menschlichen Willens offenbarten sich die Gegensätze zwischen Humanismus und Reformation.

■ **Erbium** *das,* ein metallisches chemisches Element aus der Gruppe der Lanthanoide. Technische Bedeutung hat es z. B. in der Lasertechnik.

Erbium
chemisches Symbol: Er
Ordnungszahl: 68
relative Atommasse: 167,26
Dichte: 9,07 g/cm³
Schmelzpunkt: 1 529 °C
Siedepunkt: 2 862 °C

■ **Erblehre** →Genetik.

■ **Erbschaft,** alles, was ein Verstorbener (der **Erblasser**) den **Erben** hinterlässt. Dazu gehören das gesamte Vermögen, aber auch alle Verpflichtungen und Schulden. Der Erblasser kann vor seinem Tod durch ein →Testament bestimmen, wie die Erbschaft zu verteilen ist. Hierbei haben Kinder, Ehepartner und gegebenenfalls die Eltern und Großeltern des Erblassers jedoch Anspruch auf einen Mindestanteil (Pflichtteil), der aus der Hälfte des gesetzlichen Erbteils besteht. Hinterlässt der Erblasser kein Testament, richtet sich die Erbfolge nach gesetzlichen Bestimmungen. Ein Erbe ist nicht gezwungen, eine Erbschaft anzunehmen. Sofern kein Erbe vorhanden ist, fällt die Erbschaft an den Staat.

■ **Erbse,** eine Gattung der Schmetterlingsblütler mit sieben Arten, darunter die schon zur Steinzeit angebaute **Gartenerbse.** Die Samen der Hülsenfrüchte enthalten neben Stärke besonders viel Proteine.

Blühende **Erbse** – hier eine Gartenerbse – mit einer geschlossenen und einer geöffneten Frucht, in deren zweiklappigen Hülse die kugeligen Samen zu sehen sind

■ **Erbsünde** →Sünde.

■ **Erdachse,** die Achse, um die sich die →Erde dreht.

■ **Erdbeben,** eine Erschütterung des Erdbodens. Einsturzbeben entstehen, wenn ein Hohlraum in der Erdkruste zusammenbricht. Vulkanische Beben sind Begleiterscheinungen von Vulkanausbrüchen. Die stärksten und häufigsten Erdbeben gehören zu den tektonischen Beben. Verursacht werden sie durch Gesteinsverschiebungen in der Erdkruste; diese führen zu Spannungszuständen, die sich von Zeit zu Zeit mit großer Gewalt ausgleichen.

Der Ausgangspunkt eines solchen Bebens heißt Erdbebenherd **(Hypozentrum).** Er liegt bis zu 700 km unter der Erdoberfläche. Die Stelle der Erdoberfläche, die genau über dem Erdbebenherd liegt, heißt **Epizentrum.** Dort werden die größten Zerstörungen hervorgerufen. Die Erschütterungen breiten sich als Erdbebenwellen im Inneren und an der Oberfläche der Erde aus. Sie werden mit →Seis-

Erdbeben

Die Chinesen, vor allem die ländliche Bevölkerung, widmeten seit langem dem ungewöhnlichen Verhalten von Haustieren vor einem Erdbeben besondere Aufmerksamkeit. So beobachteten sie kurz vor dem Erdbeben in der Provinz Liaoning am 28. 1. 1975, dass Kühe, Pferde, Hunde und Schweine sich merkwürdig verhielten. Die Schlangen unterbrachen sogar ihren Winterschlaf, kamen an die Erdoberfläche und erfroren dort. Am 4. 2. 1975 ordneten daher wegen ähnlicher Beobachtungen die Behörden der Stadt Haicheng um 14 Uhr eine Evakuierung an. Um 19.30 Uhr zerstörte ein Erdbeben die Stadt zu 90 %. Von den rund eine Million Einwohnern kamen nur wenige ums Leben.

mographen registriert. Ihre Stärke wird angegeben nach der nach oben offenen (1935 von dem amerikanischen Seismologen Charles Francis Richter aufgestellten) **Richter-Skala,** auf der bislang maximale Werte zwischen acht und neun erreicht wurden.

Die Erde wird jährlich von einigen hunderttausend Erdbeben erschüttert. Die meisten davon sind allerdings kaum merkbar und rufen keine Zerstörungen hervor. Die am häufigsten von Erdbeben heimgesuchten Gebiete liegen am Rand junger Faltengebirge, vor allem am Rand des Pazifischen Ozeans und entlang der sich von Südeuropa bis weit nach Asien erstreckenden Hochgebirgskette. Liegt der Erdbebenherd unter dem Meeresboden, so entsteht ein Seebeben. Dabei bilden sich oft sehr hohe Flutwellen (Tsunamis), die an den nächstliegenden Küsten Überschwemmungen hervorrufen können.

Erde: die wichtigsten Daten

Durchmesser am Äquator	12 756 km
Durchmesser an den Polen	12 714 km
Umfang am Äquator	40 075 km
Umfang über die Pole	40 008 km
Oberfläche	510 065 600 km²
Volumen	1 083 207 000 000 km³
Masse	$6 \cdot 10^{21}$ (= 6 Trilliarden) Tonnen
Rotationsgeschwindigkeit am Äquator	465,1 m/s
mittlere Geschwindigkeit auf der Umlaufbahn	29,8 km/s
Alter	4,6 Milliarden Jahre

■ **Erdbeeren,** eine Gattung der Rosengewächse mit etwa 40 Arten, mit weißen Blüten und roten Früchten. Drei Arten kommen in Deutschland wild (z. B. die Walderdbeere) vor.

■ **Erde,** der fünftgrößte, von der Sonne aus gezählt drittnächste der neun Planeten des Sonnensystems. Die Erde bewegt sich auf einer elliptischen Bahn in einem durchschnittlichen Abstand von etwa 150 Mio. km um die Sonne (→Ekliptik). Für einen Umlauf benötigt sie 365 Tage und rund 6 Stunden (→Jahr), also etwas länger als ein Kalenderjahr von 365 Tagen (→Kalender). Um den Zeitunterschied auszugleichen, ist jedes vierte Jahr ein Schaltjahr mit 366 Tagen. Gleichzeitig mit der Bewegung um die Sonne dreht sich die Erde in 24 Stunden einmal um die eigene Achse. Dadurch entsteht der Wechsel von Tag und Nacht. Die Erdachse steht nicht senkrecht auf der Erdbahn, sondern ist gegen sie geneigt. Dies ist die Ursache für den Wechsel der Jahreszeiten. Die gedachte Verlängerung der Erdachse zeigt zum Himmelspol (auf der Nordhalbkugel der Polarstern). – Ein großer Satellit, der →Mond, umkreist die Erde.

Der Erdkörper hat annähernd die Gestalt einer Kugel, ist aber an den Polen etwas abgeplattet **(Geoid);** daher ist der Poldurchmesser kürzer als der Durchmesser am Äquator. Die Verteilung von Land und Wasser auf der Erdoberfläche ist ungleich. Nahezu $^3/_4$ sind vom Meer bedeckt, nur etwas mehr als $^1/_4$ der Gesamtfläche entfällt auf Festland und Inseln.

Kenntnisse über den Aufbau der Erde hat man z. B. aufgrund von Messungen bei Erdbeben gewonnen. Der Erdkörper lässt sich in Kruste, Mantel und Kern gliedern. Die **Erdkruste** wird in zwei Bereiche unterteilt. Der oberste ist die Oberkruste, nach dem Vorherrschen der chemischen Elemente Silicium und Aluminium auch Sialzone genannt. Sie wird meist von einer bis zu 6 km dicken Schicht von Ablagerungen überlagert. Die Sialzone bildet die Kerne der Kontinente und ist zwischen 3 km und 60 km dick; unter den Ozeanen kann sie ganz fehlen. Ihre Teile driften wie Eisschollen auf der schweren unteren Kruste, in der die Elemente Silicium und Magnesium vorherrschen (Simazone). Die Simazone reicht bis in eine Tiefe von etwa 30 – 70 km. Darunter folgt der **Erdmantel** und in einer Tiefe von 2 900 km der **Erdkern**, der vermutlich zu 90 % aus Eisen und 10 % aus Nickel besteht. Dichte, Druck und Temperatur nehmen mit der Tiefe zu; die Temperatur beträgt im Erdmittelpunkt etwa 7 000 °C. – auch →Erdgeschichte.

■ **Erdgas,** Sammelbezeichnung für alle Gase, die

in der Erdkruste vorkommen. Unter Erdgas im engeren Sinne versteht man die brennbaren Kohlenwasserstoffe Methan (CH_4) und Äthan (C_2H_6), manchmal mit Beimengungen von Kohlendioxid, Stickstoff, Helium und Schwefelwasserstoff.
Erdgas befindet sich häufig in den Kuppeln (Gaskappen) von Erdöllagerstätten. Es ist wegen seiner Verwendung als Brennstoff (Heizgas) und als Rohstoff für die Petrochemie von großer wirtschaftlicher Bedeutung.

■ **Erdgeschichte,** die Entwicklungsgeschichte der Erde, besonders der Erdkruste. Mit der Erforschung der Erdgeschichte befasst sich die **Geologie,** mit der Erforschung der Entwicklung des Lebens auf der Erde die **Paläontologie.** Die zeitliche Gliederung der Erdgeschichte ist mithilfe der Überreste von Lebewesen (Fossilien) und mit physikalischen Verfahren (Altersbestimmung der Gesteine) möglich. – Übersicht »geologisches System« S. 372

■ **Erdkunde** →Geographie.

- Lithosphäre 0–80...120 km
- Asthenosphäre 80...120–200 km
- Oberer Erdmantel (Olivin) 200–400 km
- Übergangszone mit Hochdruckmodifikationen 400–670 km
- Unterer Erdmantel 670–2900 km
- Äußerer Kern 2900–5200 km
- Innerer Kern 5200–6371 km

Der Körper der **Erde** in seiner Tiefengliederung

■ **Erdmagnetismus,** eine magnetische Erscheinung, die überall auf der Erde auftritt. Der nördliche arktische Nordpol (eigentlich der magnetische Südpol) liegt in der Nähe des geographischen Nordpols, der südliche antarktische Südpol (eigentlich der magnetische Nordpol) in der Nähe des geographischen Südpols; die Lage der beiden Magnetpole ändert sich ständig geringfügig. Jede Magnetnadel stellt sich in Richtung auf die magnetischen Feldlinien ein, also auf die beiden magnetischen Pole. Auf dieser Tatsache beruht der →Kompass.

■ **Erdnuss,** ein einjähriger, bis 80 cm hoher Schmetterlingsblütler, dessen Heimat Südamerika ist. Nach der Bestäubung wachsen die Stiele abwärts und bohren den Fruchtknoten in den Erdboden. Dort wachsen die Hülsenfrüchte heran. Die Samen (Erdnusskerne) werden gegessen, außerdem wird aus ihnen Erdnussöl gewonnen.

Blühende Planze der **Erdnuss** mit ihren in den Erdboden gedrückten Früchten

■ **Erdöl** (englisch Petroleum), ein flüssiges Gemisch aus ketten- oder ringförmigen Kohlenwasserstoffen mit geringen Beimischungen von Stickstoff-, Schwefel- und Sauerstoffverbindungen. Erdöl ist aus pflanzlichem und tierischem Material entstanden. Aus diesem bildeten sich in erdgeschichtlicher Zeit Faulschlämme, die nicht verwesen oder verrotten konnten, weil sie von der Luft abgeschlossen waren. Das Erdöl in seiner heutigen Zusammensetzung entstand vermutlich aus demjenigen organischen Material, von dem durch Druck und Hitze unter Mitwirkung von Bakterien, Enzymen und Katalysatoren Kohlensäure abgespalten wurde. Das Erdöl hat sich in porösen Sanden und Sandsteinen gesammelt. Diese Erdöllagerstätten werden durch Bohrungen erschlossen; das Erdöl wird dann durch Eigendruck oder durch Pumpen gefördert. Hauptförderländer sind Saudi-Arabien, die USA und die GUS-Staaten.
In Erdölraffinerien wird das Erdöl durch fraktionierte Destillation in einzelne Stoffgruppen (Fraktionen) mit unterschiedlichen Siedepunkten getrennt, die zu Kraft- und Treibstoffen, Heizölen, Schmierstoffen und Straßenbaumaterialien (Bitumen für Asphalt) verarbeitet werden. Durch →Cracken kann der Anteil an niedrig siedenden Produkten (Gase, Benzine, Heizöl) erhöht werden. Durch verschiedene Verfahren werden die Kohlenwasserstoffe des Erdöl in die unterschiedlichen Endprodukte (z. B. Kunststoffe, Waschmittel, Pharmazeutika) übergeführt.

■ **Erdteil** (Kontinent), Bezeichnung für die großen geschlossenen Landmassen der Erde mit den ihnen vorgelagerten oder zugerechneten Inseln: Europa, Asien, Afrika (»Alte Welt«), Nordamerika, Südamerika (»Neue Welt«), Australien (mit Ozeanien) und das Südpolargebiet (Antarktika). Europa und Asien bilden zusammen Eurasien.

■ **Erdung,** die Verbindung elektrischer Geräte, insbesondere ihrer Metallgehäuse, mit der Erde (über eine besondere Erdungsleitung) zum Schutz vor Unfällen, z. B. elektrischem Schlag.

■ **Erdzeitalter** →geologisches System (Übersicht).

Erfindungen, Entdeckungen und Höchstleistungen in Naturwissenschaft und Technik

v. Chr.	
um 4000	hölzernes Scheibenrad
um 4000	ältester (hölzerner) Pflug (Vorderasien)
vor 3000	Papyrus als Beschreibstoff (Ägypten)
um 2500	Cheopspyramide (Ägypten)
um 2000	Speichenrad (Kleinasien)
um 2000	Webstühle (Ägypten)
um 600	älteste römische Steinbrücke
um 250	Flaschenzug, Hebelgesetz (Archimedes)
n. Chr.	
105	Papier in China (Ts'ai Lun)
um 1200	Magnetnadel als Richtungsweiser (Europa)
um 1320	Pulvergeschütz (Europa)
um 1445	Druck mit beweglichen Lettern (Johannes Gutenberg)
um 1590	Mikroskop (Hans und Zacharias Janssen)
vor 1608	Fernrohr (Jan Lippershey)
1675	Bestimmung der Lichtgeschwindigkeit (Ole Römer)
1752	Blitzableiter (Benjamin Franklin)
1765	Dampfmaschine (James Watt)
1767	Spinnmaschine (James Hargreaves)
1772	Entdeckung des Stickstoffs (Michail Wassiljewitsch Lomonossow)
1785	mechanischer Webstuhl (Edmund Cartwright)
1800	voltasche Säule (Alessandro Volta)
1820	Elektromagnetismus (Hans Christian Ørsted)
1825	Dampfeisenbahn (George Stephenson)
1826	ohmsches Gesetz (Georg Simon Ohm)
1831	elektromagnetische Induktion (Michael Faraday)
1837-43	elektromagnetischer Schreibtelegraf (Samuel Morse)
1854	elektrische Glühlampe (Henry Goebel)
1861	Fernsprecher (Johann Philipp Reis)
1864-96	Schreibmaschine (Peter Mitterhofer)
1867	Dynamit (Alfred Nobel)
1867	Eisenbeton (Joseph Monier)
1876	Weiterentwicklung des Telefons (Alexander Graham Bell, Elisha Gray)
1876	Viertaktmotor (Nikolaus August Otto)
1877	Kohlemikrofon (Thomas Alva Edison)
1881	elektrische Straßenbahn (Werner von Siemens)
1884	Dampfturbine (Charles Parsons)
1885	Benzinkraftwagen (Carl Benz, Gottlieb Daimler)
1888	Nachweis elektromagnetischer Wellen (Heinrich Hertz)
1890	Luftreifen (John Dunlop)
1890-96	erste Gleitflüge (Otto Lilienthal)
1893-97	Dieselmotor (Rudolf Diesel)
1895	Röntgenstrahlen (Wilhelm Conrad Röntgen)
1895-97	drahtlose Telegrafie (Alexandr Stepanowitsch Popow, Guglielmo Marchese Marconi)
1896	natürliche Radioaktivität (Alexandre Henri Becquerel)
1900	Quantentheorie (Max Planck)

■ **Erektion** [lat.] *die,* die vor allem bei sexueller Erregung ausgelöste Versteifung und Aufrichtung des männlichen Gliedes (Penis). Dabei staut sich das Blut in den Schwellkörpern, die Hoden heben sich, der Penis richtet sich auf, wird größer und fest (→Geschlechtsverkehr).

■ **Eremit** [griech.] *der,* Einsiedler.

■ **Erewan** (russisch Jerewan, bis 1936 Eriwan), Hauptstadt der Republik Armenien, mit 1,83 Mio. Einwohnern. Die Stadt ist ein kulturelles Zentrum (mit Universität sowie mehreren Museen und Theatern) und vielseitiger Industrie.

■ **Erfindung,** die Hervorbringung von etwas Neuem durch Forschen oder Experimentieren, vor allem auf naturwissenschaftlich-technischem Gebiet. – auch →Patent.

■ **Erfurt,** Hauptstadt von Thüringen, an der Gera gelegen, mit 201 300 Einwohnern; seit 1994 wieder Universitätsstadt (erste Lehrveranstaltungen Ende 1999). Bekannt ist die Erfurter Blumen- und Samenzucht (internationale Gartenbauausstellung). Das Stadtbild wird vom Domhügel mit Dom (15. Jahrh.) und der Severikirche (13.–14. Jahrh.) beherrscht.
Die 1379 gegründete Universität (1392 eröffnet, 1816 aufgehoben) war eine Hochburg des deutschen Humanismus und der Reformation; hier studierte 1501–05 Martin Luther.

■ **Erhard,** Ludwig, deutscher Politiker (CDU), *Fürth 4. Februar 1897, †Bonn 5. Mai 1977. Nach dem Zweiten Weltkrieg war Erhard an der Vorbereitung der Währungsreform beteiligt. Er setzte als Bundeswirtschaftsminister (1949–63) das Konzept der sozialen Marktwirtschaft um und war wesentlich am wirtschaftlichen Aufschwung in der Bundesrepublik Deutschland beteiligt (»Vater des deutschen Wirtschaftswunders«). 1963–66 war er Bundeskanzler. – Bild S. 274

■ **Eriesee** [ˈiəri...], einer der fünf Großen Seen in Nordamerika, 25 745 km² groß, bis 64 m tief. Durch den See verläuft die Grenze zwischen Kanada und den USA. Die Haupthäfen sind Buffalo, Erie, Cleveland und Toledo.

■ **Erinnyen** [griech.], griechische Göttinnen der Rache.

■ **Eritrea,** Republik in Nordostafrika, am Roten Meer. Eritrea ist ein trockenes, sehr heißes Küstentiefland, im Innern ist es gebirgig und teilweise ackerbaulich nutzbar. Die Bevölkerung, etwa zur Hälfte Muslime, zur Hälfte koptische Christen, lebt hauptsächlich von Landwirtschaft, im Südosten herrscht Nomadenwirtschaft vor.

Geschichte: An der Küste Eritreas, die vom 14. bis 19. Jahrh. zwischen Arabern, Portugiesen, Türken,

Eritrea
Fläche 121 143 km^2
Einwohner 3,548 Mio.
Hauptstadt Asmara
Amtssprachen Tigrinja und Arabisch
Nationalfeiertag 24. 5.
Währung 1 Nakfa = 100 Cents (ct.)
Zeitzone MEZ + 2 Std.

Eritrea

Flagge

Wappen

Ägyptern und Äthiopiern umkämpft war, setzten sich nach 1881 die Italiener fest und erklärten Eritrea 1890 zur italienischen Kolonie, die nach der Eroberung durch britische Truppen im Zweiten Weltkrieg 1952 mit →Äthiopien zusammengeschlossen wurde. Ein langwährender Bürgerkrieg und Dürrekatastrophen führten zu großen Flüchtlingsströmen (über 500 000 Menschen), vor allem in den Sudan. 1993 erklärte Eritrea seine Unabhängigkeit. Ein Grenzkrieg mit Äthiopien (1998) konnte 2000 vorerst beendet werden.

■ **Eriwan** →Erewan.

■ **Erlangen,** Stadt in Mittelfranken, Bayern, an der Regnitz, mit 100 600 Einwohnern. E. hat einen Hafen am Main-Donau-Kanal. Das barocke Stadtbild ist geprägt von zahlreichen Kirchen, dem Schloss, dem Markgrafentheater und der ehemaligen Rittterakademie.

■ **Erle,** eine Gattung der Birkengewächse mit etwa 30 Arten. Die weiblichen Blüten sitzen in gestielten, eiförmigen Kätzchen dicht unterhalb der herunterhängenden männlichen Kätzchen. Die Früchte, kleine, fünfeckige Nüsschen, stehen in verholzenden Fruchtzapfen. In Mitteleuropa wachsen Schwarzerle, Grauerle und Grünerle. – Bild S. 274

■ **Ernährung.** Jeder Organismus braucht Nährstoffe, um seine Lebensprozesse – Wachstum, Bewegung, Fortpflanzung – aufrechterhalten zu können. Zu ihnen gehören vor allem die Proteine, Fette, Kohlenhydrate, Vitamine und Mineralstoffe. Bis auf die Mineralstoffe können sich die meisten Pflanzen diese Nährstoffe mithilfe der →Photosynthese aus anorganischen Stoffen selbst aufbauen (sie sind **autotroph**). Menschen, Tiere und Pilze müssen ihren Nährstoffbedarf durch Aufnahme organischer Stoffe anderer Lebewesen decken (sie sind **heterotroph**).
Die Ernährung des Menschen entspricht derjenigen von tierischen Allesfressern. Art, Menge, Zusammensetzung und Zubereitung der pflanzlichen (Gemüse, Obst, Getreide) und tierischen Nahrungsmittel (Milch, Eier, Fleisch) hängen von biologischen und sozialen Gegebenheiten ab. Sie unterliegen außerdem in starkem Maße nationalen und kulturellen Gepflogenheiten.
Mit der Nahrung sollen die Grundnährstoffe →Proteine(Eiweiße), →Kohlenhydrate und →Fette im geeigneten Verhältnis sowie genügend Mineralstoffe, →Vitamine, →Spurenelemente, Ballaststoffe und Wasser aufgenommen werden. Durch sachgemäße Zubereitung werden sie für den Organismus gut aufschließbar und damit besser verwertbar. Im Verdauungskanal werden die Nährstoffe in eine lösli-

Erfindungen, Entdeckungen und Höchstleistungen in Naturwissenschaft und Technik (Fortsetzung)

1903	Motorflugzeug (Gebrüder Wright)
1904	Kreiselkompass (Hermann Anschütz-Kaempfe)
1905	Relativitätstheorie (Albert Einstein)
1913	bohrsches Atommodell (Niels Bohr)
1928	Penicillin (Alexander Fleming)
1929	Expansion des Weltalls (Edwin P. Hubble)
1929	Fernsehen (Karolus-Telefunken)
1933	Elektronenmikroskop
1934	künstliche Radioaktivität (Irène und Jean-Frédéric Joliot-Curie)
1938	induzierte Kernspaltung (Otto Hahn, Fritz Straßmann)
1939	Raketen- und Strahlturbinenflugzeug (Ernst Heinkel)
1939	Radar (Großbritannien)
1942	Fernrakete (Wernher von Braun)
1945	Atombombe (USA)
1946	elektronische Rechenmaschine (USA)
1948	Transistor (John Bardeen, Walter Brattain, William Shockley)
1953	Aufklärung der DNA-Struktur (James D. Watson, Francis H. Crick)
1957	erster künstlicher Erdsatellit (Sowjetunion)
1960	Laser (USA)
1961	erste bemannte Raumfahrt (Sowjetunion)
1966	Landung einer Raumsonde auf der Venus (Sowjetunion)
1969	der erste Mensch auf dem Mond (USA)
1977	Mikroprozessoren
1989	World Wide Web (Timothy Berners-Lee)
1996	Klonschaf »Dolly« (Ian Wilmut)

che und damit aufnehmbare Form gebracht, mit dem Blut in die verschiedenen Gewebe transportiert und dort in den Zellen mithilfe von Enzymen auf- und abgebaut. Dieser Vorgang ist bedingt einer Verbrennung (Oxidation) vergleichbar, die einerseits Bewegungsenergie, andererseits Wärme liefert. Nicht verwertbare Nahrungsbestandteile werden aus dem Körper vor allem über den Darm, mit dem Harn und durch die Atmung ausgeschieden. Kohlenhydrate und Fette dienen vor allem als Energiespender, während Proteine vorwiegend zum Aufbau und Ersatz von Zellen und zur Bildung von Enzymen und Hormonen benötigt werden.

Bei einer richtig zusammengestellten Kost sollen etwa 55–60 % des Energiebedarfs aus Kohlenhydraten, 25–30 % aus Fetten und 10–15 % aus Proteinen gedeckt werden, wobei eine geeignete Kombination der Nährstoffe bei den einzelnen Mahlzeiten von großer Bedeutung ist. Die Proteinzufuhr sollte täglich 0,8 g je kg Körpergewicht betragen. Bei Jugendlichen, Schwangeren, älteren Menschen sowie während der Stillperiode und bei Krankheit liegt der Proteinbedarf höher.

Die Blätter der **Erle** sind am Rande leicht gesägt oder gelappt; die hier abgebildeten Zweige einer Schwarzerle zeigen in der oberen Abbildung die zu hängenden Kätzchen vereinigten männlichen Blüten sowie die verschieden großen Zapfen der weiblichen Blüten, die, wie in der unteren Zeichnung dargestellt, zu Fruchtständen verholzen

Diese einheimische Art der **Erle**, die meist mehrstämmige Schwarzerle, wächst an Flussufern und in Auenwäldern; sie wird auch als Zierbaum angepflanzt

Als Bundeswirtschaftsminister mit 14jähriger Amtszeit wurde **Ludwig Erhard** zur Symbolfigur des westdeutschen Wirtschaftswunders

Ein wichtiges Kohlenhydrat ist die Stärke, die u. a. in Getreideprodukten und Kartoffeln enthalten ist. Sie wird im Verdauungskanal zu Glucose abgebaut, die in der Leber zu Glykogen aufgebaut und in der Leber und Muskulatur gespeichert wird. Glykogen kann je nach Bedarf wieder zu Glucose abgebaut und als solche verbrannt werden. Bei einem Überangebot an Nahrungsstoffen wird die nicht verbrauchte Menge in Form von Körperfett gespeichert. Dieses wiederum kann im Bedarfsfall jederzeit abgebaut und verbrannt werden.

Fette sind wegen ihres hohen Energiegehaltes eine wichtige Energiereserve des Körpers. 1 g Kohlenhydrate und 1 g Protein liefern jeweils 17,2 kJ (4,1 kcal), 1 g Fett dagegen 39 kJ (9,3 kcal). Einige lebenswichtige Fettsäuren, wie Linol- und Linolensäure, kann der Organismus nicht selbst aufbauen. Die Zufuhr dieser essenziellen Fettsäuren sollte täglich etwa 4–6 g betragen (z. B. enthalten in zwei Teelöffeln Sonnenblumenöl, 45 g Margarine oder 150 g Butter). Fette sind außerdem wichtig für die Aufnahme der fettlöslichen Vitamine A, D, E und K, die nur zusammen mit Fetten die Darmwand passieren können

Der tägliche Energiebedarf eines gesunden Menschen ist außer vom Grundumsatz vor allem von der körperlichen Beanspruchung abhängig. Der Grundumsatz (Ruheumsatz) beträgt beim Erwachsenen etwa 4,2 kJ (1 kcal) je Stunde und Kilogramm Körpermasse. Eine 70 kg schwere Person verbraucht also etwa 7050 kJ (1689 kcal) am Tag. Der genaue Wert hängt von Geschlecht, Alter, Körperoberfläche sowie hormonelle Einflüssen ab. Die im Grundumsatz benötigte Energie wird verbraucht für Herzarbeit, Atemtätigkeit, Leistung der Drüsen, der glatten Muskulatur und für den Stoffwechsel der Gewebe. Er ist erhöht während der Schwangerschaft und beim Stillen sowie bei Sportlern, dagegen gesenkt im Schlaf sowie bei längerem Fasten. In tropischen Gebieten lebende Menschen haben einen um 10–20% niedrigeren Grundumsatz als Menschen aus arktischen Gebieten. Um eine gleichmäßige, den Stoffwechsel nicht belastende Zufuhr der benötigten Nährstoffe zu gewährleisten, wird empfohlen, die tägliche Nahrungszufuhr auf mindestens fünf kleine, in sich ausgewogene Mahlzeiten zu verteilen.

Bei falscher, meist zu einseitiger Zusammensetzung der Nahrung kommt es auch bei Ernährung, die genügend Energie enthält, zu Mangelerscheinungen. Zum einen können sich die Nährstoffe gegenseitig nur bedingt ersetzen, sodass die Aufnahme von Mindestmengen gewährleistet sein muss (vor allem von Proteinen), zum anderen sind etwa 50 verschiedene essenzielle Substanzen bekannt, die mit den Lebensmitteln aufgenommen werden müssen.

Die Zusammensetzung der menschlichen Nahrung hat sich seit Beginn der industriellen Revolution, besonders aber im 20. Jahrh. vor allem in den industriell hoch entwickelten Ländern drastisch verändert, ohne dass eine gleichzeitige physiologische Anpassung erfolgt ist. Sie enthält heutzutage hohe Anteile an Fetten und Zuckern und weniger Ballaststoffe. Außerdem wird sie durch die unterschiedlichen Verarbeitungsverfahren, z. B. die Anwendung von Zusatzstoffen (Konservierungsmittel, Farbstoffe u. a.) zum Teil erheblich verändert. Zudem ist das Maß an körperlicher Anstrengung bei der Arbeit gesunken. Die Folgen sind eine Zunahme des Anteils der Übergewichtigen und der damit oft verbundenen ernährungsabhängigen Krankheiten. Zusammenhänge zwischen Krankheiten und Fehlernährung sind in vielen Fällen mittlerweile teilweise bewiesen, in anderen Fällen werden sie vermutet.

■ **Ernst,** Max, französischer Maler, Grafiker und Plastiker deutscher Herkunft, *Brühl (Erftkreis) 2. April 1891, †Paris 1. April 1976. In seinen Werken spiegeln sich Züge des Dadaismus und des Surrealismus wider. Ernst bediente sich häufig neuer Techniken, etwa beim Zusammenkleben (Collage), Durchreiben (Frottage) ursprünglicher Materialien oder Abkratzen (Grattage) von Farbschichten. Seine Bilder bringen in oft beklemmender Weise die Welt des Unbewussten zum Ausdruck. Seine Plastiken (ab 1928) zeigen Anregungen aus der Kunst der Naturvölker. – Bilder S. 276

■ **erogen,** sexuelle Erregung auslösend. Als **erogene Zonen** bezeichnet man Körperstellen, deren Reizung sexuelles Lustempfinden auslöst (z. B. Lippen, Brustwarzen, Innenseite der Schenkel). – auch →Sexualität.

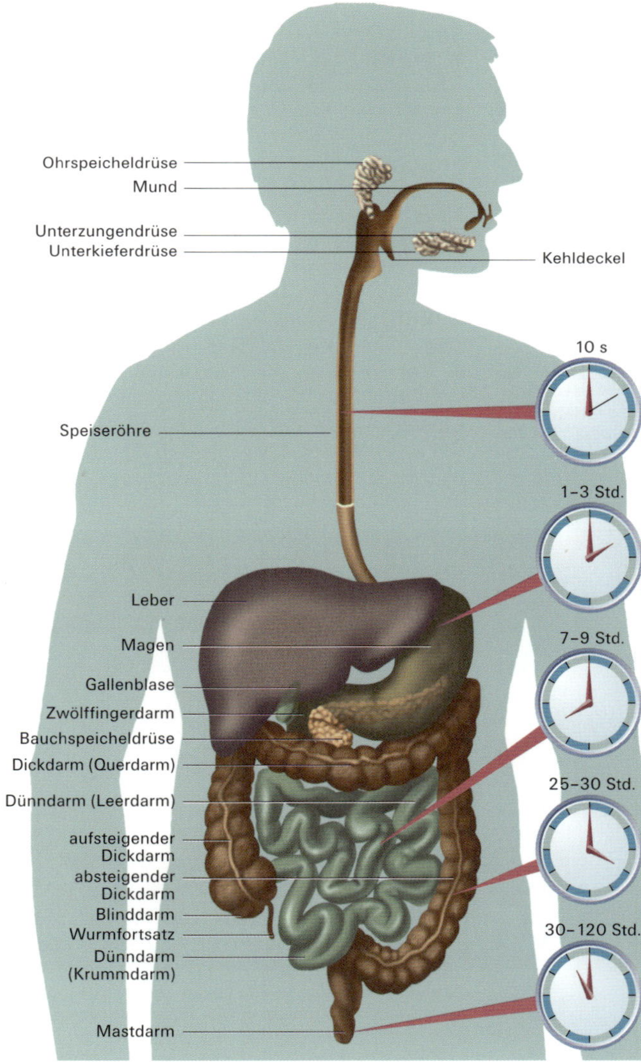

Ernährung: Die Verdauung von Nahrungsstoffen ist ein hochkomplizierter Trennungsvorgang; die Grafik gibt einen Überblick über den Verdauungstrakt des Menschen: rechts ist die durchschnittliche Verweildauer der Nahrung in dem jeweilgen Organ angegeben

Der in Deutschland geborene **Max Ernst** lebte ab 1922 in Paris; 1939 wurde er in einem französischen Lager interniert, aus dem ihm 1941 die Flucht nach New York gelang; als amerikanischer Staatsbürger kehrte er 1949 nach Frankreich zurück und nahm dort 1959 die französische Staatsbürgerschaft an

■ **Eros,** griechischer Liebesgott; ihm entspricht der römische Gott Amor.

■ **Erosion** [lat.] *die,* die Abtragung von festem Untergrund (Gestein, Boden) durch Wind, Eis, Schnee, besonders aber durch fließendes Wasser, wodurch Flusstäler entstehen oder fruchtbarer Boden weggeschwemmt wird (Bodenerosion). Das Ausmaß der Erosion hängt von der Wasserführung, dem Gefälle und dem Widerstand des Untergrunds ab.

■ **Erotik** [griech.] *die,* im weiteren Sinne alle Erscheinungsformen der Liebe, wie sie im zwischenmenschlichen Bereich zum Ausdruck kommen; im engeren Sinne meist die geistig-seelische Entfaltung der Geschlechtlichkeit und das Spiel mit deren Reizen, ebenso die Auswirkungen in Geselligkeit, Mode, Kunst, Werbung und Publizistik. Die Erotik als elementare Ausdrucksform menschlicher Kommunikation überschreitet damit die Grenzen unmittelbarer →Sexualität.

■ **ERP,** Abkürzung für European Recovery Program, →Europäisches Wiederaufbauprogramm.

■ **Erpressung,** die rechtswidrige Anwendung von Gewalt oder die Androhung eines empfindlichen Übels gegenüber einem anderen mit dem Ziel, den anderen zu einer Handlung, Duldung oder Unterlassung zu zwingen und dadurch sein Vermögen zu schädigen, um sich selbst unrechtmäßig zu bereichern.

Das hier abgebildete »Rendez-vous der Freunde« schuf der Maler **Max Ernst,** als er sich 1922 in Paris dem auf dem Gemälde porträtierten Kreis der Surrealisten anschloss; inmitten der Runde befindet sich auch Max Ernst selbst, im grünen Anzug auf den Knien eines großen Vorbilds, des russischen Dichters Dostojewski sitzend, und aus der Ferne der rechten Bildfläche schaut die Büste des Renaissancekünstlers Raffael auf das Treiben seiner künstlerischen Nachfahren

■ **erste Hilfe,** sofortige, vorläufige Leistung von Hilfsmaßnahmen am Unfallort oder bei plötzlichen Erkrankungen. Zur ersten Hilfe ist jeder verpflichtet. Wichtig (vor allem bei Verkehrsunfällen) ist die Reihenfolge der Hilfsmaßnahmen:

- **Überblick gewinnen,**
- **Umgebung absichern,**
- **Verletzte aus dem Gefahrenbereich bergen,**
- **lebensrettende Sofortmaßnahmen einleiten,**
- **Notruf absetzen.**

Zu den **lebensrettenden Sofortmaßnahmen** zählen insbesondere das Überprüfen der Atmung und Freimachen der Atemwege, die Überprüfung des Kreislaufs durch Tasten des Pulses, die Schockbekämpfung, das Stillen starker Blutungen und die stabile Seitenlagerung des Bewusstlosen.

Bei der Erstversorgung von Verletzten sollen Schutzhandschuhe angezogen werden (Schutz vor Infektionen, z. B. Hepatitis B). Der Notruf zur Anforderung weiterer Hilfe über die bundesweit gültige **Notrufnummer 110** (Polizeinotruf) ist gebührenfrei; mitzuteilen sind unbedingt: Ort und Hergang des Geschehens, Art der Verletzungen, Anzahl der Verletzten, Angaben zur eigenen Person.

■ **Erster Weltkrieg** →Weltkrieg.

■ **Eruption** [lat.] *die,* vulkanischer Ausbruch von Lava, Asche, Gas und Dampf. – auch →Vulkan.

■ **Erz,** Mineral, das Metall(e) in Verbindungen, meist Oxide oder Sulfide, in so hoher Konzentration enthält, dass es sich als Rohstoff zur Metallgewinnung eignet. Erze sind in der Regel in ihren Lagerstätten von anderem Gestein (taubem Gestein) umgeben.

■ **Erzbischof,** in der katholischen Kirche Amtstitel des Leiters einer Kirchenprovinz oder ein Bischof, der einer Erzdiözese vorsteht.

■ **Erzgebirge,** 130 km langes und 30–35 km breites Gebirge zwischen Elstergebirge und Elbsandsteingebirge, über dessen Kammfläche (seit 1996 ein 1 500 km^2 großer Naturpark) die Grenze zwischen Deutschland (Sachsen) und der Tschechischen Republik verläuft. Die höchste Erhebung auf deutscher Seite ist der Fichtelberg mit 1 214 m, auf tschechischer Seite der Keilberg mit 1 244 m.

Im Mittelalter wurde im Erzgebirge Bergbau betrieben, besonders Silberbergbau. Der nach 1945 betriebene Uranbergbau wurde zumeist wieder aufgegeben. Bekannt ist die Holz- und Spielzeugindustrie.

■ **Erziehungsberechtigte,** diejenigen, die die Rechte und Pflichten der →elterlichen Sorge ausüben, in der Regel die Eltern.

■ **ESA** *die,* Abkürzung für engl. European Space Agency, 1975 gegründete Europäische Weltraumorganisation mit Sitz in Paris, die Satelliten und Trägerraketen zur friedlichen Erforschung und Nutzung des Weltraums entwickelt und baut und eine Kooperation der europäischen Staaten in der Weltraumforschung und Raumfahrttechnik herbeiführen soll. Größere Programme sind die Trägerrakete →Ariane und Fernerkundungssatelliten.

■ **Eschatologie** [griech., = Lehre von den letzten Dingen] *die,* in verschiedenen Religionen die Lehre von einem neuen Zustand der Welt nach Weltgericht und Weltende: im Judentum vorgestellt als das vom Messias errichtete Reich der Gerechtigkeit und des Friedens, im Christentum als Reich Gottes, im Islam als Paradies.
In der christlichen Theologie beschreibt die Eschatologie die Vollendung des Einzelnen und der ganzen Schöpfung (Auferstehung der Toten, Jüngstes Gericht, Weltende).

■ **Esche,** eine Gattung der Ölbaumgewächse mit etwa 65 Arten. Die Blüten stehen in Rispen oder Trauben. Die Frucht ist eine geflügelte Nuss, die vom Wind verbreitet wird.

Ein beeindruckendes Beispiel für **Erosion:** die Hinterrheinschlucht der Via Mala

Esel mit Jungtier; kennzeichnend für den Esel sind seine auffallend langen Ohren, die kurze, aufrecht stehende Nackenmähne und der Quastenschwanz

■ **Esel,** mit den Pferden verwandte Säugetiere, die vor allem in Südeuropa und Nordafrika als Haustiere gehalten werden (wild kommen sie nur noch vereinzelt in Nordafrika vor). Sie sind kleiner als Pferde, haben längere Ohren und schmalere Hufe. Ihr Fell ist graubraun, der Schwanz nur am Ende behaart. Die zähen und genügsamen Esel dienen als Reit- und Lasttiere. Sie liefern Milch und Fleisch.
Kreuzungen von Eselhengst mit Pferdestute nennt man **Maultier** (pferdeähnlich), von Pferdehengst mit Eselstute **Maulesel** (eselähnlich); beide sind unfruchtbar.

■ **Eskalation** [lat.] *die,* die allmähliche Steigerung, vor allem Verschärfung und Ausweitung, eines internationalen Konflikts, die sich insbesondere beim Einsatz militärischer oder politischer Mittel zeigt. Im Gegensatz dazu umschreibt der Begriff **Deeskalation** Verfahren zur Begrenzung und Verminderung von Spannungen, Krisen und Konflikten.

■ **Eskimo** [indianisch, = Rohfleischesser], die Bevölkerung Nordostsibiriens und der nordamerikanischen Arktis, von Alaska bis Grönland. In ihrer eigenen Sprache nennen sie sich **Inuit** (= Menschen). Die Eskimo waren ursprünglich Jäger und Fischer, doch das traditionelle Leben hat sich durch den Kontakt mit Europäern (zunächst durch die Errichtung von Militärstützpunkten gegen Ende des Zweiten Weltkriegs) stark verändert. Nur noch wenige Eskimo leben als Nomaden in Iglus und Zelten und benutzen Hundeschlitten und Boote als Verkehrsmittel. Ebenso wie ihr Leben hat sich auch ihr Glaube, in dem ursprünglich die Natur (mit Tiergeistern und Schamanen als Vermittler) vorherrschte, dem europäischen angenähert.

■ **Esoterik** [griech.] *die,* ursprünglich Bezeichnung für religiöse Geheimlehren, die nur einem bestimmten Personenkreis zugänglich sein sollten. Heute wird der Begriff auch für eine Vielfalt von Lebens- und Weltanschauungen gebraucht, die meist unterschiedliche Elemente aus Astrologie, Okkultismus und Religion miteinander verbinden.

■ **ESP,** Abkürzung für →Elektronisches Stabilitäts-Programm.

■ **Espe** →Pappeln.

■ **Esperanto** *das,* von dem polnischen Arzt Ludwig Zamenhof (1859–1917) 1887 entwickelte künstliche Sprache, die nur 16 grammatische Grundregeln und einen begrenzten Wortschatz (rund 80 000 Wörter) kennt. Sie baut vorwiegend auf romanischen Sprachen sowie auf Englisch auf. Zamenhof (Deckname »Dr. Esperanto«) hatte gehofft, dass mit seiner Welthilfssprache die Angehörigen vieler Völker sich leicht verständigen könnten.

■ **Essay** [ẹsseⁱ; engl., = Versuch] *der* oder *das,* Aufsatz in geistreicher Form über ein beliebiges Thema, der sich einerseits durch Stilbewusstsein und subjektive Formulierung von der objektiven, streng wissenschaftlichen Untersuchung unterscheidet, andererseits durch breitere Anlage und gedanklichen Anspruch vom journalistischen Feuilleton.

■ **Essener** (Essäer), jüdische Gemeinschaft, die 150 v. Chr. bis 70 n. Chr. nach ordensähnlichen Regeln lebte. Ihr Tageslauf war durch strenge Disziplin, Waschungen, Gebet, Schriftauslegung, gemeinsame Mahlzeiten und Arbeit geprägt. Ein Teil ihrer Schriften wurde in der Ruinenstätte Qumran am Toten Meer gefunden.

■ **Essenz** [lat.] *die,* konzentrierte, meist alkoholische Lösung von ätherischen Ölen oder anderen, meist pflanzlichen Stoffen zur Geschmacks- und Geruchsverbesserung von Nahrungsmitteln und Getränken.

■ **Essig,** eine wässrige, verdünnte Lösung von Essigsäure, die auch andere geschmackverbessernde natürliche Stoffe enthält. Essig ist ein viel verwendetes Würz- und Konservierungsmittel, das durch die Vergärung von Früchten, Wein, Kräutern und Branntwein hergestellt wird.

■ **Essigsäure,** wichtige organische Säure mit stechendem Geruch und ätzender Wirkung. Reine, das heißt wasserfreie Essigsäure nennt man **Eisessig,** weil sie bei 16,6 °C zu eisartigen Kristallen erstarrt.

Essigsäure kann neben anderen Verfahren z. B. durch Oxidation von Äthanol gewonnen werden und ist der wesentliche Bestandteil des Essigs. Technisch wird die Essigsäure vielfältig verwendet. Die Salze der Essigsäure nennt man Acetate.

■ **Essstörungen,** alle Störungen bei der Nahrungsaufnahme, für die sich keine organische Ursache finden lässt, vor allem Magersucht (Anorexie), Bulimie (Ess-Brech-Sucht) und Fettsucht (Adipositas).

Die häufigste Form der **Magersucht,** die Pubertätsmagersucht (Anorexia nervosa), ist durch eine extreme Ablehnung der Nahrungsaufnahme gekennzeichnet, die zu bedrohlichem Abmagern und bei bis zu 10 % der Erkrankten sogar bis zum Tod führen kann. Sie tritt in 90 bis 95 % der Fälle bei (vorwiegend intelligenten und ehrgeizigen) Mädchen oder jungen Frauen auf, jedoch beobachtet man in den letzten Jahren auch eine Zunahme der Magersucht bei Jungen und jungen Männern. Meist beginnt eine Magersucht im Alter zwischen 12 und 19 Jahren.

Wesentliches Kennzeichen der Krankheit ist, dass trotz Hungers nicht gegessen wird und fast jedes Mittel recht ist, um abzunehmen, so z. B. Fasten, Erbrechen, körperliche Aktivität, Missbrauch von Abführmitteln und Entwässerungsmitteln. Übergänge zur Bulimie sind nicht selten. Gesundheitliche Folgen sind z. B. Kreislaufprobleme und schlechte Durchblutung, Verstopfung, Konzentrations- und Schlafprobleme; bei Mädchen bleibt oft die Monatsblutung aus.

Lange Zeit sah man die Ursache der Magersucht in einer Reifungskrise, wobei man annahm, dass die Betroffenen unbewusst die Entwicklung zur Frau ablehnen und mit der Nahrungsverweigerung kindliche Körperformen beizubehalten hoffen. Heute weiß man, dass bei der Entstehung der Magersucht mehrere Ursachen eine Rolle spielen, so z. B. eine genetische Veranlagung, Störungen der Körperwahrnehmung, familiäre Anlagen (z. B. Trend zu Perfektionismus und übergroßer Anpassung), Spannungen in der Familie, für die die Magersucht eines Mitglieds sozusagen als »Blitzableiter« dient, aber ebenso das vorherrschende superschlanke Schönheitsideal unserer Gesellschaft, dem viele Mädchen und Frauen entsprechen wollen.

Eine Heilung wird in der Regel nicht aus eigener Kraft geschafft. Die meist verhaltenstherapeutisch oder tiefenpsychologisch orientierte Behandlung der Pubertätsmagersucht kann (bei lebensbedrohlichem Gewichtsverlust gilt das ohnehin) oft nur stationär eingeleitet werden. Häufig widersetzen sich Patienten und Angehörige zunächst auch einer

Therapie oder brechen diese ab, weil dadurch die Konflikthaftigkeit der familiären Struktur deutlich werden könnte.

Die **Bulimie,** umgangssprachlich auch als **Ess-Brech-Sucht** bezeichnet, wird in jüngerer Zeit von der Magersucht abgegrenzt. Sie ist gekennzeichnet durch regelrechte Essanfälle, bei denen binnen kürzester Zeit gewaltige (meist kalorienreiche) Nahrungsmengen aufgenommen und anschließend durch selbst herbeigeführtes Erbrechen, seltener auch durch Missbrauch von Abführmitteln, wieder ausgeschieden werden. Die Bulimie, der häufig extremes Übergewicht oder eine Magersucht vorausgeht, tritt vorwiegend bei jungen Frauen auf, neueren Schätzungen zufolge bei 2–4 % aller Frauen zwischen dem 18. und 35. Lebensjahr. Als Ursachen werden, ähnlich wie bei der Magersucht, Persönlichkeitsfaktoren, familiäre sowie genetisch-konstitutionelle Einflüsse angenommen.

Bei der **Fettsucht** sammelt sich als Folge einer erhöhten Nahrungsaufnahme an verschiedenen Körperteilen übermäßig Fett an. Der normale Fettgehalt des Körpers beträgt 15 % (bei Männern) bis 20 % (bei Frauen); bei einer Fettsucht steigt er bis auf 50 bis 70 %. Zu den Ursachen der Fettsucht zählen nur in etwa 5 % der Fälle Hormonstörungen oder andere Erkrankungen. In den übrigen Fällen ist die Regelung der Nahrungsaufnahme durch Hunger und Sättigungsgefühl durch einen übermäßigen Appetit gestört. Seelische Einflüsse (»Kummerspeck«) sowie die individuellen Ess- und Lebensgewohnheiten spielen dabei eine wichtige Rolle. Vor allem in den hochzivilisierten Ländern beruht die Fettsucht häufig auch auf Überernährung bei körperlicher Minderbeanspruchung und auf falscher Ernährung. Die Betroffenen versuchen meist vergeblich, ihr Übergewicht durch Diäten und Abmagerungskuren zu vermindern.

Die Beschwerden ergeben sich aus dem zu hohen Körpergewicht, aber auch aus der Schädigung verschiedener Organe durch die Fettanhäufung, z. B. Druck der vergrößerten Leber. Häufig kommt es zu einer Muskelschwäche, verstärkt durch einen Mangel an körperlicher Betätigung, zu Herzbeschwerden und zu einer vorzeitigen Arteriosklerose. Schließlich hängen Auftreten und Ausmaß bestimmter Erkrankungen, z. B. Zuckerkrankheit, Bluthochdruck, Herzinfarkt und Gicht, oft mit einer Fettsucht zusammen. Die Frühsterblichkeit von Fettsüchtigen liegt um 10 % höher als die der Normalgewichtigen.

■ **Establishment** [istạblischmᵉnt; engl., = das Errichtete, Bestehende], abwertend gebrauchtes Schlagwort vor allem oppositioneller Gruppen für die herrschenden, auf Verfestigung ihrer Macht und Unterdrückung nicht privilegierter Schichten gerichteten Kräfte in Staat und Gesellschaft.

■ **Ẹster** [Kunstwort aus Essigäther] *der,* Verbindung von organischen oder anorganischen Säuren mit Alkohol. Viele Ester zeichnen sich durch angenehmen Geruch und Geschmack aus; sie werden als Geschmacksaromen und in der Parfümherstellung verwendet. Wichtige natürliche Ester sind auch die Fette und fetten Öle, Wachse und Lecithine. Die technisch hergestellten Ester Nitroglycerin (Dynamit), Zelluloseacetat (Filme) und Polyester (Textilien) haben eine große wirtschaftliche Bedeutung.

Estland
Fläche 45 227 km²
Einwohner 1,442 Mio.
Hauptstadt Tallinn (Reval)
Amtssprache Estnisch
Nationalfeiertag 24. 2.
Währung 1 Estnische Krone (ekr) = 100 Senti
Zeitzone MEZ +1 Std.

Estland

Flagge

Wappen

■ **Ẹstland,** Republik in Nordosteuropa, an der Ostsee, Teil des Baltikums. Estland ist ein seen- und waldreiches Gebiet, nur im Südosten und östlich der Hauptstadt Tallinn findet man Hügelland. Milch- und Viehwirtschaft, Ölschieferabbau und eine vielseitige Industrie bilden die Erwerbsquellen der Bevölkerung (etwa 64 % Esten, 29 % Russen sowie Ukrainer, Weißrussen und Finnen).

Geschichte: Im 13. Jahrh. vom Schwertbrüderorden und den Dänen unterworfen und christianisiert, kam das Gebiet 1561 an Schweden und 1721 an Russland. Seit 1918 war Estland selbstständige Republik. 1940 wurde es der Sowjetunion angegliedert. 1991 erlangte es wieder seine Unabhängigkeit.

■ **ESZB,** Abkürzung für **E**uropäisches **S**ystem der **Z**entral**b**anken, →Europäische Zentralbank.

Nicht nur die Kunst, mit der dieses umschlungene Paar auf dem Deckel ihres Sarkophages abgebildet wurde, ist der Nachwelt erhalten geblieben, auch deren Namen sind, wie es bei den **Etruskern** üblich war, in den Stein eingeschrieben: Ramtha Visnai und Arnth Tetnies

■ **Etat** [eta; frz., = Staat] *der,* der staatliche →Haushaltsplan.

■ **Ethik** [zu griech. ethos = Gewohnheit, Herkommen, Sitte] (Moralphilosophie) *die,* die philosophische Wissenschaft vom Sittlichen, die sich mit der Frage beschäftigt, wie der Mensch richtig leben soll, an welchen Normen und Zielen (Zwecken, Werten) er sich orientieren soll. Die Frage nach dem richtigen, dem guten oder sittlichen Leben ist für den Menschen von grundlegender Bedeutung, denn sein Handeln ist nicht durch Instinkt oder angeborene Verhaltensweisen festgelegt wie beim Tier, sondern bedarf der Regeln, die zumeist durch Herkunft und Erziehung vermittelt werden. Seit der griechischen Antike haben die Philosophen immer wieder nach dem Maß des guten menschlichen Lebens, Handelns und Verhaltens gefragt und dieses auf der Grundlage verschiedener Methoden und Grundüberzeugungen zu bestimmen versucht. Auch in den Religionen haben Antworten auf die Frage nach dem Guten, nach sittlichen Werten, meist unter Berufung auf göttliche Gebote, einen großen Einfluss gehabt.

■ **Ethnologie** →Völkerkunde.

■ **Ethologie** →Verhaltensforschung.

■ **Etrusker** [lat.], nichtindogermanische Bevölkerungsgruppe des Altertums in Italien, deren Herkunft umstritten ist. Die Etrusker bildeten in ihrem

Ein Beispiel für die künstlerische Hinterlassenschaft der **Etrusker** ist dieses Relief des um Gnade flehenden erblindeten Ödipus; es war Teil eines Tempelgiebels, der Figuren aus der frühgriechischen Sagenwelt zeigt

Kernland Etrurien, der Landschaft zwischen den Flüssen Tiber und Arno, eine Reihe von Stadtstaaten, von denen die zwölf mächtigsten in einem Bund zusammengeschlossen waren. Nach und nach dehnten sie ihr Gebiet nach Süden und Osten bis an die Adria aus. Ihre Macht wurde durch die um 400 v. Chr. nach Italien vordringenden Kelten und vor allem durch den Aufstieg Roms gebrochen; 264 v. Chr. waren die etruskischen Städte weitgehend unterworfen.

Etrusker

Die Etrusker verwendeten ein aus Griechenland stammendes Alphabet, sodass das Lesen etruskischer Texte in der Regel keine Schwierigkeiten bereitet. Dagegen ist die etruskische Sprache sehr schwer zu verstehen. Der Grund liegt einerseits darin, dass das Etruskische vom Wortschatz und von der Grammatik her unter den erhaltenen antiken Sprachen weitgehend isoliert dasteht, zum anderen, weil wörtlich übereinstimmende Texte des Etruskischen mit dem Lateinischen oder Griechischen bisher fehlen. Von den 1 300 Wörtern des längsten bisher gefundenen etruskischen Textes konnten daher bis heute nur etwa 500 in ihrem Sinn erfasst werden.

Die Etrusker wurden vor allem durch ihre Kunst bekannt. Die Blütezeit ihrer Kultur erstreckte sich vom 7. bis zum 4. Jahrh. v. Chr. Bedeutende Kunstwerke wie Vasen, Keramikarbeiten, Wandmalereien, Urnen und Sarkophage haben sich erhalten. Die Grabdenkmäler zeigen eine Schrift, die aus einem (west)griechischen Alphabet übernommen wurde; die etruskische Sprache blieb unbekannt.

■ **Etsch** *die* (italienisch Adige), der Hauptfluss Südtirols, mit einer Länge von 410 km der zweitgrößte Fluss Italiens. Er entspringt am Reschenpass in den Zentralalpen und mündet in den Golf von Venedig.

■ **Etüde** [frz.] *die,* musikalisches Übungsstück. Die Etüde greift jeweils bestimmte Schwierigkeiten heraus, deren Beherrschung die Fingerfertigkeit des Klavierspielers bilden und erhalten soll. Daneben gibt es die eigenständige, künstlerisch gestaltete **Konzertetüde** (z. B. von Frédéric Chopin).

■ **Etymologie** [griech.] *die,* die Wissenschaft von der Herkunft, Grundbedeutung und historischen Entwicklung der Wörter.

■ **Etzel,** in der deutschen Heldensage der Name für den Hunnenkönig →Attila.

■ **EU,** Abkürzung für →Europäische Union.

■ **Eucharistie** [griech., = Danksagung] *die,* in der christlichen Urgemeinde zunächst die Danksagung innerhalb der Feier des →Abendmahls; seit Ausgang des 1. Jahrh. in der frühen Kirche die allgemeine Bezeichnung für die Abendmahlsfeier, später in der katholischen Kirche liturgisch ausgeformt zur Euchariestiefeier, in den evangelischen Kirchen zur Abendmahlsfeier und in den orthodoxen Kirchen zur Feier der göttlichen Liturgie.

■ **Eugen,** Prinz von Savoyen-Carignan, bekannt als »Prinz Eugen«, österreichischer Feldherr und Staatsmann, *Paris 18. Oktober 1663, †Wien 21. April 1736. Er errang im Kampf gegen die Türken mehrere große Erfolge, so bei Zenta (Wojwodina) 1697 und bei Belgrad 1717. Auch im Spanischen Erbfolgekrieg gegen Frankreich war er siegreich. Außer durch militärische und staatsmännische Erfolge wurde er als großzügiger Förderer von Kunst und Wissenschaft bekannt.

■ **Eugenik** [griech.] *die* (Erbgesundheitslehre, Erbhygiene), die Lehre von der Verbesserung des Erbguts. Ziel eugenischer Maßnahmen ist es, unter Anwendung genetischer Erkenntnisse den Fortbestand günstiger Erbanlagen in einer menschlichen Population zu sichern und die Ausbreitung nachteiliger Gene einzuschränken. In der Zeit des Nationalsozialismus wurde mit der Eugenik der Massenmord an geistig und körperlich behinderten Menschen begründet (→Euthanasie).

■ **Eukalyptus** [griech.] *der,* Sträucher oder bis etwa 120 m hohe und bis 3 m dicke, immergrüne Bäume, die ursprünglich aus Australien stammen und heute weltweit in allen wärmeren Gebieten (z. B. in Südeuropa) wachsen. Die Früchte sind holzige Kapseln mit vier Fächern und vielen Samen. Die Blätter liefern Eukalyptusöl (z. B. für Hustenmittel).

■ **Eukaryonten** [griech.] (Eukaryoten), zusammenfassende Bezeichnung für alle Organismen, deren Zellen einen echten Zellkern besitzen.

■ **Euklid,** griechischer Mathematiker, *um 365 v. Chr., †um 300 v. Chr. Sein vielbändiges Werk »Stoicheia« (= »Elemente«) ist bis in die Neuzeit als grundlegendes Lehrwerk anerkannt worden. Von den rund 500 Lehrsätzen und mathematischen Beweisen ist besonders der **Lehrsatz des Euklid** (Kathetensatz) bekannt geworden:

> **Im rechtwinkligen Dreieck ist das Quadrat über einer Kathete flächengleich dem Rechteck aus der Hypotenuse und dem zur Kathete gehörenden Hypotenusenabschnitt.**

■ **Eulen,** meist im Wald lebende, weltweit verbreitete, 15–80 cm große, nachts jagende Vögel (etwa 140 Arten) mit nach vorn gerichteten, unbeweglichen Augen, die meist von einem Federkranz umgeben sind. Ihr Gehör ist fein, ihr samtartig weiches Gefieder erlaubt ihnen einen fast lautlosen Flug. Sie verschlingen ihre Beute zunächst ganz, die unverdaulichen Haare und Knochen werden wieder ausgewürgt **(Gewölle).** In Deutschland leben u. a. Schleiereule, Uhu, Stein- und Waldkauz. – Die Eule gilt als Sinnbild der Weisheit. –Infokasten S. 282

■ **Eulenfalter,** eine Familie der →Schmetterlinge.

■ **Eulenspiegel,** Till, Titelgestalt eines Volksbuches. Angeblich wurde Eulenspiegel in Kneitlingen bei Braunschweig geboren; 1350 soll er in Mölln gestorben sein. Die ursprüngliche Fassung des Eulenspiegelbuches ging verloren, erhalten ist die erste hochdeutsche Fassung (Straßburg 1515). Es ist eine Sammlung von Schwänken mit einer Rahmenerzählung. Der Schalk Till Eulenspiegel treibt mit vielen Leuten seine Späße und legt sie meistens gründlich herein. Es gibt viele Nacherzählungen.

■ **Euphrat** *der,* größter Strom Vorderasiens, mit dem Quellfluss Murat 3380 km lang. Der Euphrat entsteht im Hochland Ostanatoliens aus den Quellflüssen Karasu (»Östlicher Euphrat«) und Murat (»Westlicher Euphrat«), durchfließt Syrien und Irak und mündet gemeinsam mit dem Tigris als →Schatt el-Arab in den Persischen Golf. Sein Wasser wird zur Bewässerung und Energiegewinnung genutzt.

■ **Eurasien,** die zusammenhängende Landmasse der Erdteile **Eur**opa und **Asien** (mehr als ein Drittel des gesamten Festlandes der Erde).

■ **EURATOM,** Abkürzung für →**Eur**opäische **Atom**gemeinschaft.

■ **Euripides,** griechischer Dichter, *auf Salamis 485/484 oder 480 v. Chr., †vermutlich in Pella (Makedonien) 407/406 v. Chr.; nach Aischylos und Sophokles der jüngste der großen athenischen Tragiker. Von 82 ihm zugeschriebenen Werken blieben außer Fragmenten und einem Satyrspiel 17 Tragödien erhalten (u. a. »Alkestis«, »Medea«, »Elektra«, »Helena«, »Orest«).

■ **Euro** *der,* Abkürzung **EUR,** Name der Einheitswährung in der Europäischen Union. Der Euro wurde im Rahmen der →Europäischen Wirtschafts- und Währungsunion am 1. Januar 1999 – zunächst in elf Ländern – eingeführt, zunächst aber nur im bargeldlosen Zahlungsverkehr verwendet. Anfang 2002 sollen auf Euro lautende Banknoten und Münzen ausgegeben werden, und spätestens nach dem 30. Juni 2002 sollen die nationalen Banknoten und Münzen ihre Eigenschaft als gesetzliche Zahlungsmittel verlieren.

Blühender Zweig eines **Eukalyptus**

Ein Euro hat einen Wert von rund 1,95 DM; 1 Euro = 100 Cent (Eurocent). Es wird 5-, 10-, 20-, 50-, 100-, 200- und 500-Euro-Banknoten geben sowie Münzen zu 1 und 2 Euro sowie 1, 2, 5, 10 und 50 Cent.

- **Eurocheque** →Scheck.
- **EuroCity** →InterCity.
- **Europa,** Gestalt der griechischen Mythologie: eine phönikische Prinzessin, die von Zeus, der sich in einen zahmen Stier verwandelt hat, nach Kreta entführt wird.
- **Europa,** mit rund 10,5 Mio. km² und etwa 700 Mio. Einwohnern der zweitkleinste Erdteil (nach Australien), der mit Asien eine zusammenhängende Landmasse (Eurasien) bildet; kulturgeographisch gilt er jedoch als eigener Erdteil. Die Trennungslinie bilden Uralgebirge, Uralfluss, Kaspisches Meer und Schwarzes Meer.

Geographie: Die Oberflächengestalt zeigt eine reiche Gliederung mit tief eindringenden Meeresbuchten, Halbinseln und Inseln. Vom Ural her erstreckt sich ein breites Tiefland bis zur Westküste. Es trennt das Gebirge Skandinaviens von einem Mittelgebirgsstreifen, an den sich südlich ein Faltengebirgszug vom Atlantik bis zum Schwarzen Meer anschließt (Pyrenäen, Alpen, Karpaten, Balkangebirge). Die südeuropäischen Halbinseln werden von Ausläufern durchzogen oder durch Hochländer (z. B. Kastilien) und Tieflandbecken (z. B. Andalusien, die Poebene) geprägt.

Das *Klima* reicht von polar bis subtropisch, ist aber überwiegend gemäßigt und wird durch den Golfstrom begünstigt. Der Westen und die Mitte des Kontinents erhalten durch Westwinde genügend Niederschläge, nach Osten hin besteht zunehmend Kontinentalklima mit starken jahreszeitlichen Temperaturschwankungen. Südeuropa hat Mittelmeerklima mit heißen, trockenen Sommern.

Die *Vegetation* im Norden wird von der Tundra bestimmt, es schließt sich eine Nadelwaldzone an, und weiter nach Süden folgt ein West-, Mittel- und Osteuropa durchziehender Mischwaldgürtel. Für den Süden kennzeichnend ist die Hartlaubzone des Mittelmeerbereichs.

In der *Tierwelt* finden sich als typische Vertreter der Tundra Rentiere, Polarfüchse und viele Vogelarten, im Nadelwaldbereich Pelztiere wie Bären, Füchse und Zobel und in der Laubwaldzone Rot-, Dam- und Rehwild, im Hochgebirge Gämsen, Steinböcke und Murmeltiere. Im Mittelmeerraum gibt es verstärkt wechselwarme Tiere (z. B. Eidechsen).

Die *Bevölkerung* besteht fast ausschließlich aus

Auf den griechischen Vasen lassen sich die dargestellten Götterfiguren immer an den ihnen zugeordneten Tieren erkennen; auf diesem Gefäß ist die Göttin Athene mit einer **Eule** dargestellt

Eulen

Seit alters wurden Eulen in Zusammenhang mit Tod, Dunkelheit und Unglück gebracht, so in Ägypten, Indien, China, bei den Etruskern, Kelten, Griechen und Römern. In der Bibel gelten Eulen als unreine Tiere. Auch mit Hexenzauber brachte man sie in Verbindung. In Athen wurde die Eule zum heiligen Tier der Stadtgöttin Athene. Als Tier der Athene war die Eule das Sinnbild der Weisheit und der Wissenschaft. Daneben galt sie auch als Unglücksbote und Wetterprophet. Das Bild der Eule findet sich – zusammen mit dem der Göttin – seit dem 6. Jahrh. v. Chr. auf attischen Münzen. Diese wurden in so großer Stückzahl hergestellt, dass es heute noch als sinnlos gilt, »Eulen nach Athen zu tragen«. Diese Redensart geht auf den Ausspruch »Wer hat die Eule nach Athen getragen?« in der Komödie »Die Vögel« von Aristophanes zurück.

▶ Einige Arten der **Eulen** heißen Käuze; der hier abgebildete Raufußkauz lebt in Nadelwäldern

Weißen (Europiden), von denen 95% indogermanische (vor allem germanische, romanische und slawische) Sprachen sprechen. Zu den nicht indogermanischen Minderheiten zählen Basken, Ungarn, Esten und Finnen. Der Konfessionszugehörigkeit nach sind die Europäer überwiegend christlich (katholisch, vor allem in Süd- und Westeuropa; protestantisch vor allem in Großbritannien, Mittel- und Nordeuropa; orthodox vor allem in Südost- und Osteuropa).

Im Bereich der *Wirtschaft* verfügt Europa über eine ertragreiche Landwirtschaft, deren Hauptproblem häufig die Überproduktion ist. Bodenschätze sind in großer Vielfalt vorhanden, teilweise sind die Lager auch schon erschöpft oder von außereuropäischen Vorkommen an den Rand gedrängt worden (z.B. Zinn, Gold, Silber, Kupfer). Neben Nordamerika und Japan ist Europa eines der wichtigsten Industriezentren der Erde. Kerngebiet ist eine hoch industrialisierte Zone, die sich von Großbritannien über Frankreich, die Beneluxländer, Deutschland und die Nordschweiz nach Böhmen und Südpolen erstreckt, mit Nebengebieten in Nordspanien, Norditalien und Mittelschweden. In Osteuropa ist vor allem die Industrie im Donezbecken und im Südural von Bedeutung. Wachsende Bedeutung kommt dem Dienstleistungsbereich zu.

Geschichte: Die europäische Geschichte des Altertums führt von der griechischen zur römischen Kultur, nach der Teilung des Römischen Reiches (395 n. Chr.) in der östlichen Reichshälfte zur byzantinischen Kultur. Mit der →Völkerwanderung zerfiel die Einheit des Weströmischen Reiches; es entstand eine germanische Staatenwelt, die nach und nach das Christentum übernahm. Hier stieg das →Fränkische Reich unter Karl dem Großen zur Vormacht auf; es zerfiel aber schon im 9. Jahrhundert. Seitdem war eine Mehrzahl von größeren und mittleren Staaten Träger der politischen Entwicklung Europas, wenn auch das römisch-deutsche Kaisertum von der Mitte des 10. bis zur Mitte des 13. Jahrh. eine führende Stellung einnahm. Die germanischen und romanischen Nationen, vor allem die Deutschen, Franzosen, Engländer, Italiener, Spanier, Portugiesen und Niederländer, bildeten den Kern der abendländischen kulturellen Gemeinschaft, in die nach und nach auch die slawischen Völker Ost- und Südosteuropas einbezogen wurden.

Im Mittelalter verkörperte die katholische Kirche mit der geistlichen Spitze des Papsttums in Rom die geistige Einheit des »Abendlands«. Die konfessionelle Einheit zerfiel durch die →Reformation. Wie sich die Nationen Europas in der kulturellen Führung untereinander ablösten, so ließ sich auch die dauernde Vormachtstellung eines Großstaats nicht mehr durchsetzen: Das spanisch-habsburgische Reich des 16. Jahrh., das Frankreich Ludwigs XIV. und besonders Napoleons I. riefen die entschlossene Abwehr der anderen Mächte auf den Plan, und im Sinne des »europäischen Gleichgewichts« bildete sich ein Staatensystem mit einem festen Kreis von Großmächten heraus. Bedroht sah sich das christliche Europa jahrhundertelang durch das Übergreifen des Islam; die Maurenherrschaft in Spanien wurde 1492, die Türkenherrschaft über Südosteuropa zu Beginn des 20. Jahrh. endgültig gebrochen.

Mit den Entdeckungsfahrten des 15. und 16. Jahrh. setzte eine koloniale Eroberung ein, die die Macht

Beim **Euro** zeigt die einheitlich gestaltete Vorderseite der Münzen den Wert an, die Rückseite gestaltet jedes Land mit eigenen Motiven; hier die europäische Vorderseite und die deutsche Rückseite

Euro-Umrechnungstabelle

nationale Währung	Wert in Euro (€)	1 € in nationaler Währung
1 Belgischer Franc (bfr)	0,0247894	40,3399 bfr
1 Deutsche Mark (DM)	0,511292	1,95583 DM
1 Finnmark (Fmk)	0,168188	5,94573 Fmk
1 Französischer Franc (FF)	0,152449	6,55957 FF
1 Holländischer Gulden (hfl)	0,453780	2,20371 hfl
1 Irisches Pfund (Ir£)	1,26974	0,787564 Ir£
1 Italienische Lira (Lit)	0,000516457	1936,27 Lit
1 Luxemburgischer Franc (lfr)	0,0247894	40,3399 lfr
1 Österreichischer Schilling (öS)	0,0726728	13,7603 öS
1 portugiesischer Escudo (Esc)	0,00498798	200,482 Esc
1 spanische Peseta (pta)	0,00601012	166386 Pta

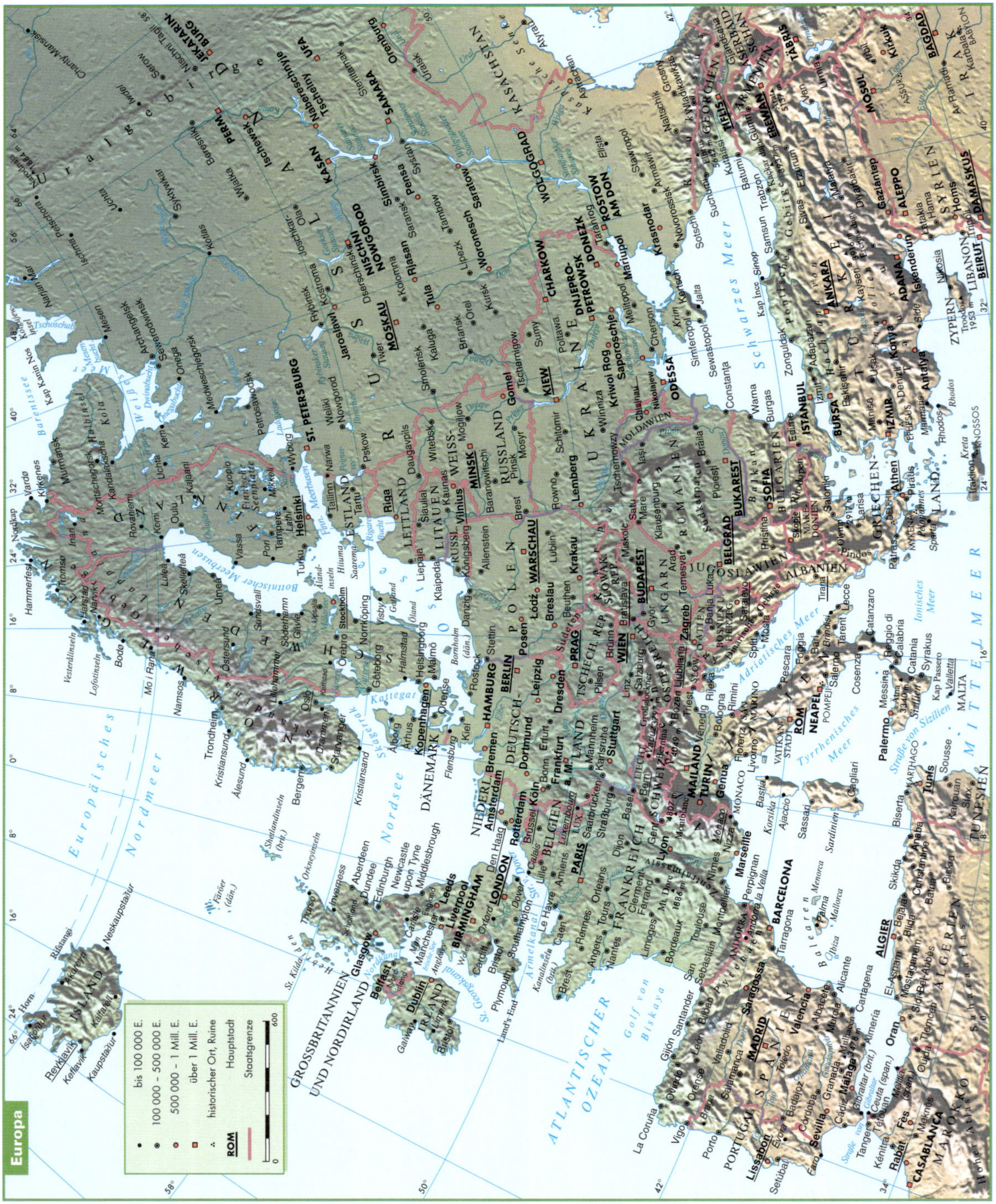
Europa
bis 100 000 E.
100 000 - 500 000 E.
500 000 - 1 Mill. E.
über 1 Mill. E.
historischer Ort, Ruine
ROM Hauptstadt
Staatsgrenze
0 600

europäischer Staaten fast über die ganze Erde ausdehnte und eine entsprechend weite kulturelle Führungsrolle Europas begründete. Im 18. Jahrh. nahmen Medizin, Physik und Chemie einen ungeahnten Aufschwung, und die Aufklärung entfaltete ihre emanzipatorische Kraft. Die Forderung nach Freiheit und Gleichheit, aber auch der nationalstaatliche Gedanke gelangten mit der →Französischen Revolution 1789 zum Sieg. Freilich steigerten die nationalen Kämpfe, verbunden mit den weltpolitischen Gegensätzen der Epoche des →Imperialismus, auch die Spannungen innerhalb Europas, die schließlich zum Ersten →Weltkrieg führten. Dieser beendete die Vormachtstellung Europas.
Der Aufstieg der USA zur führenden Weltmacht, die →Oktoberrevolution in Russland, die Modernisierung Chinas und Japans schufen neue Größenordnungen. In Italien übernahm 1922 der →Faschismus, in Deutschland 1933 der →Nationalsozialismus die Macht.
Nach dem Zweiten →Weltkrieg teilte der »Eiserne Vorhang« Europa in ein westliches Lager unter Führung der USA und ein östliches Lager unter Führung der Sowjetunion (→Ost-West-Konflikt). In Westeuropa, mit den USA durch die NATO verbunden, wuchsen die Bestrebungen zur Einigung und Zusammenfassung der politischen und wirtschaftlichen Kräfte in den →Europäischen Gemeinschaften. In Osteuropa festigte die Sowjetunion ihre Vormachtstellung durch die Bildung des Warschauer Pakts und des Rats für gegenseitige Wirtschaftshilfe.
Die Umwälzungen in Mittel- und Osteuropa und die Reformpolitik der Sowjetunion führten 1989/90 zum Zusammenbruch des sowjetischen Systems und zum Ende des Kalten Krieges. Die Auflösung der sozialistischen Staatengemeinschaft bildete auch die Grundlage für die friedliche Wiederherstellung der staatlichen Einheit Deutschlands 1990. Erhebliche Veränderungen der politischen Landkarte ergaben sich ab 1991 mit der Auflösung der Sowjetunion in zahlreiche unabhängige Republiken, die sich teilweise in der Gemeinschaft Unabhängiger Staaten (GUS) zusammenfanden, im Verlauf des Bürgerkriegs in Jugoslawien und durch die Aufteilung der Tschechoslowakei. – Während sich im östlichen Europa das Aufbrechen von jahrzehntelang unterdrückten Nationalitätenkonflikten mit dem ohnehin problemreichen gesellschaftlichen wie wirtschaftlichen Neubeginn verband, schritt in Westeuropa die Einigung der EG-Staaten zur →Europäischen Union voran. – Übersicht S. 286/287

■ **Europabrücke,** mit bis zu 198 m Pfeilerhöhe die höchste Brücke Europas, eine Autobahnbrücke südlich von Innsbruck, 785 m lang.

■ **Europa der Regionen,** ein politisches Ordnungskonzept zum Aufbau föderativer Strukturen bei der Einigung Europas. Es sieht vor, die Regionen (z. B. die Länder in Deutschland oder die Regionen in Frankreich und Italien) als »dritte Ebene« neben den einzelnen Nationalstaaten und der Europäischen Union in die Arbeit der europäischen Institutionen einzubeziehen. Der Maastrichter Vertrag (in Kraft seit November 1993) rief den **Ausschuss der Regionen** (222 vom Rat der EU ernannte Vertreter der Regionen und Kommunen) mit beratender Funktion ins Leben.

■ **Europaflagge,** die offizielle Flagge des Europarats (1955) und der Europäischen Gemeinschaften (1986) und seit ihrer Gründung Symbol der Europäischen Union, seit 1993 auch der Europäischen Bewegung: auf blauem Grund ein Kreis von zwölf goldgelben Sternen (für die einst zwölf Mitgliedstaaten der Europäischen Gemeinschaften).

■ **Europagedanke,** die Vorstellung, dass Europa nicht nur eine geographische Größe ist, sondern auch eine historisch-kulturelle Einheit bildet. Sie entwickelte sich in Ansätzen schon in der Antike: Obwohl das Römische Reich auch Teile Nordafrikas und Vorderasiens umfasste, hinterließ es doch mit der christlichen Religion und der lateinischen Sprache zwei wesentliche Eckpfeiler für die künftige Entwicklung des westlichen Europa. Am Ende des Mittelalters, das mit der adligen Grundherrschaft, dem Lehnswesen sowie dem Ritter- und Mönchtum neue gemeinsame Grundstrukturen ausgebildet hatte, zerfiel Europa in »Nationen«. Zugleich entstand aber auch eine Vielzahl von Leitbildern, die die nationalstaatliche Zersplitterung des »Abendlandes«, eine Quelle ständiger Kriege, zu überwinden suchten. So wurden etwa nach dem Dreißigjährigen Krieg Stimmen laut, die einen »ewigen Frieden« in Europa anmahnten. Im 18. Jahrh. strebten die Philosophen der Aufklärung eine europäische Rechts- und Friedensordnung in Form eines Völkerbundes an. Bis ins 19. Jahrh. konzentrierte sich die Europapolitik jedoch auf die Herstellung und Erhaltung des Gleichgewichts im »Konzert der europäischen Mächte«.
Erst als die Erfahrung zweier Weltkriege im 20. Jahrh. bei den politischen Eliten die Bereitschaft zu einem engen Zusammenschluss ihrer Staaten geweckt hatte, nahm der Europagedanke institutionelle Gestalt an. Nach dem Ersten Weltkrieg, der das europäische Staatensystem schwer erschüttert hatte, organisierte sich die europäische Einigungs-

bewegung erstmals: 1923 begründete der Publizist Richard Nikolaus Graf Coudenhove-Kalergi (1894–1972) in Wien die Paneuropa-Bewegung, die die Bildung der »Vereinigten Staaten von Europa« anstrebte. Der Plan des französischen Außenministers Aristide Briand, einen europäischen Bund souveräner Staaten und einen gemeinsamen Wirtschaftsmarkt zu schaffen, scheiterte jeoch 1930.
Nach der Katastrophe des Zweiten Weltkriegs fand der Gedanke der politischen Einigung Europas, nachdrücklich zuerst 1946 von Winston Churchill vertreten, ein starkes Echo. 1948 führte die Gründung der »Europäischen Bewegung« zu Verhandlungen zwischen den Regierungen von zehn westeuropäischen Staaten; aus diesen Bemühungen ging 1949 der Europarat hervor. Die ersten Anstöße zu einer wirtschaftlichen Integration Westeuropas kamen dagegen von außen: Zur Verwirklichung des amerikanischen Wirtschaftshilfeprogramms für den Wiederaufbau Europas wurde 1948 die Organisation für europäische wirtschaftliche Zusammenarbeit (OEEC) errichtet. Damit geriet die europäische Einigung aber zugleich in das Spannungsfeld des Ost-West-Konflikts, der Europa in zwei ideologisch und politisch entgegengesetzte Machtbereiche spaltete.
Die Europäischen Gemeinschaften (EG) blieben zunächst auf den engen Rahmen eines »Europa der Sechs« beschränkt: Belgien, die Bundesrepublik Deutschland, Frankreich, Italien, Luxemburg und die Niederlande gründeten 1951 die Europäische Gemeinschaft für Kohle und Stahl (EGKS, »Montanunion«), sechs Jahre später mit den Römischen Verträgen die Europäische Wirtschaftsgemeinschaft (EWG) und die Europäische Atomgemeinschaft (EURATOM). Ihre Organe brachten die wirtschaftliche und die politische Einigung Europas schrittweise voran. Der Vergemeinschaftung des Agrarmarktes (ab 1962) und der Gründung einer Zollunion (1968) schlossen sich eine Ausweitung

Europa: Staatliche Gliederung[1)]

Staat	Staatsform	Fläche in km²	Einwohner in 1 000	Hauptstadt
Albanien	Republik	28 748	3 365	Tirana
Andorra	Fürstentum	453	76	Andorra la Vella
Belgien	Königreich	30 519	10 192	Brüssel
Bosnien und Herzegowina	Republik	51 129	3 675	Sarajevo
Bulgarien	Republik	110 912	8 387	Sofia
Dänemark	Königreich	43 094	5 295	Kopenhagen
Deutschland	Republik	357 021	82 057	Berlin
Estland	Republik	45 227	1 442	Tallinn (Reval)
Finnland	Republik	338 145	5 156	Helsinki
Frankreich	Republik	543 965	58 484	Paris
Griechenland	Republik	131 957	10 551	Athen
Großbritannien und Nordirland	Königreich	244 101	59 001	London
Irland	Republik	70 284	3 564	Dublin
Island	Republik	103 000	277	Reykjavík
Italien	Republik	301 341	57 613	Rom
Jugoslawien	Republik	102 173	10 410	Belgrad
Kroatien	Republik	56 538	4 677	Zagreb
Lettland	Republik	64 589	2 354	Riga
Liechtenstein	Fürstentum	160	32	Vaduz
Litauen	Republik	65 301	3 585	Vilnius (Wilna)
Luxemburg	Großherzogtum	2 586	422	Luxemburg
Makedonien	Republik	25 713	2 023	Skopje
Malta	Republik	316	379	Valletta
Moldawien	Republik	33 700	4 461	Chișinău
Monaco	Fürstentum	1,95	33	Monaco
Niederlande	Königreich	41 526	15 654	Amsterdam/Den Haag
Norwegen	Königreich	323 758	4 392	Oslo
Österreich	Republik	83 858	8 086	Wien

der Aufgabenbereiche der Wirtschaftsgemeinschaft, die Einführung eines Europäischen Währungssystems (EWS) und die Verabredung zu einer Europäischen Politischen Zusammenarbeit (EPZ) in außenpolitischen Fragen an. Die Einheitliche Europäische Akte (EEA, 1986/87), die Verfahrenserleichterungen brachte, die beiden Schengener Abkommen (1985 und 1990, seit 1995 in Kraft), der Maastrichter Vertrag (1992/1993) und der Amsterdamer Vertrag (1997/99) ebneten den mühseligen, aber letztlich erfolgreichen Weg zur Europäischen Union.

■ **Europahymne,** 1972 vom Ministerkomitee des Europarats zur europäischen Hymne erklärte »Ode an die Freude« aus der 9. Sinfonie (1822–24) von Beethoven. 1986 wurde die Europahymne (zusammen mit der Europaflagge) von den EG-Außenministern nach Absprache mit dem Europarat als einheitliches Symbol für alle europäischen Institutionen festgelegt.

■ **Europäische Atomgemeinschaft,** Abkürzung **EURATOM,** eine der →Europäischen Gemeinschaften, 1957 gegründet durch die Römischen Verträge; Sitz ist Brüssel. Ziel ist die gemeinsame Erforschung und friedliche Nutzung der Kernenergie durch die Mitgliedsländer.

■ **Europäische Bewegung,** aus internationalen Verbänden und (1999: 31) nationalen Sektionen (Räten) bestehende Organisation mit Sitz in Brüssel; gegründet 1948 auf dem Europakongress in Den Haag. Ihr Ziel ist die Schaffung der »Vereinigten Staaten von Europa«, die über eine vom Europäischen Parlament kontrollierte Regierung und eine eigenständige Verfassung verfügen. Die Europäische Bewegung initiierte u. a. die Gründung des Europarats und die Schaffung der Europäischen Konvention zum Schutz der Menschenrechte und Grundfreiheiten.

■ **Europäische Freihandelsassoziation,** Abkürzung **EFTA** (engl. European Free Trade Association), 1960 in Stockholm gegründeter Staatenbund zum Schutz der Handelsinteressen der west-

Europa: Staatliche Gliederung[1]; Fortsetzung

Staat	Staatsform	Fläche in km²	Einwohner in 1 000	Hauptstadt
Polen	Republik	312 685	38 610	Warschau
Portugal[2]	Republik	92 389	9 798	Lissabon
Rumänien	Republik	238 391	22 334	Bukarest
Russland	Republik	17 075 400	146 394	Moskau
davon in Europa		4 238 500		
San Marino	Republik	61,2	26	San Marino
Schweden	Königreich	449 964	8 863	Stockholm
Schweiz	Republik	41 285	7 124	Bern
Slowakische Republik	Republik	49 035	5 388	Bratislava (Preßburg)
Slowenien	Republik	20 255	1 971	Ljubljana
Spanien[3]	Königreich	505 992	39 754	Madrid
Tschechische Republik	Republik	78 866	10 282	Prag
Ukraine	Republik	603 700	49 811	Kiew
Ungarn	Republik	93 030	10 092	Budapest
Vatikanstadt		0,44	1	
Weißrussland	Republik	207 595	10 402	Minsk
abhängige Gebiete				
von Dänemark				
Färöer		1 399	48	Tórshavn
von Großbritannien				
Gibraltar		6,5	28	
Kanalinseln		195	151	Saint Hélier Saint Peter Port
Man		572	77	Douglas

1) Ohne die europäischen Teile der Türkei (23 764 km²) und Kasachstans (rund 50 000 km²)
2) Mit Azoren und Madeira
3) Spanien insgesamt

europäischen Staaten, die nicht in die Europäische Gemeinschaft (ursprünglich EWG) eingebunden sind. Mitglieder sind (2001) Island, Liechtenstein, Norwegen und die Schweiz. Seit 1994 bilden EFTA (mit Ausnahme der Schweiz) und EG einen gemeinsamen →Europäischen Wirtschaftsraum.

■ **Europäische Gemeinschaft,** Abkürzung **EG,** die bedeutsamste der drei →Europäischen Gemeinschaften. Sie wurde 1957 als **Europäische Wirtschaftsgemeinschaft (EWG)** von Belgien, Deutschland, Frankreich, Italien, Luxemburg und den Niederlanden durch die Römischen Verträge errichtet. Mit der Gründung der Europäischen Union (1993) wurde die EWG in EG umbenannt, da sie heute über eine bloße Wirtschaftsgemeinschaft hinausgewachsen ist und Politikbereiche wie z. B. Gesundheitsschutz, Umweltschutz und Verbraucherschutz integriert. Mitglieder sind (2001) die 15 Mitgliedsstaaten der Europäischen Gemeinschaften.

Ziel der EG ist es, insbesondere durch Schaffung eines gemeinsamen Markts (→Europäischer Binnenmarkt) und die Errichtung der →Europäischen Wirtschafts- und Währungsunion eine harmonische und ausgewogene Entwicklung des Wirtschaftslebens, ein beständiges, nichtinflationäres und umweltverträgliches Wachstum, die Hebung der Lebensqualität und den wirtschaftlichen und sozialen Zusammenhalt sowie die Solidarität zwischen den Mitgliedsstaaten zu fördern (Artikel 2 EG-Vertrag).

Dahinter steht der Gedanke, dass die fortschreitende wirtschaftliche Integration zwischen den europäischen Ländern zu einer immer enger werdenden politischen Zusammenarbeit führen soll, die auch in eine politische Union münden könnte. Mit zahlreichen Ländern, die nicht der EG angehören, z. B. den EFTA-Mitgliedern (→Europäischer Wirtschaftsraum), der Türkei, Malta und Zypern, wurden Abkommen über intensive wirtschaftliche Beziehungen abgeschlossen. Verträge über Zusammenarbeit bestehen auch mit den →AKP-Staaten und der Organisation →ASEAN.

Europäische Gemeinschaften
Mitgliedsländer:
Belgien
Dänemark
Deutschland
Finnland
Frankreich
Griechenland
Großbritannien
Irland
Italien
Luxemburg
Niederlande
Österreich
Portugal
Schweden
Spanien
Offizielle Beitrittsverhandlungen seit 1998 mit:
Polen
Ungarn
Tschechische Republik
Estland
Slowenien
Zypern
seit 2000 mit:
Bulgarien
Lettland
Litauen
Malta
Rumänien
Slowakische Republik
Weiterer Beitrittskandidat:
Türkei

■ **Europäische Gemeinschaften,** Abkürzung **EG**, Sammelbezeichnung für die →Europäische Gemeinschaft (bis 1993: Europäische Wirtschaftsgemeinschaft), die →Europäische Atomgemeinschaft und die →Europäische Gemeinschaft für Kohle und Stahl, deren Organe seit 1967 miteinander verschmolzen sind; seit 1993 Bestandteil der →Europäischen Union.

Mitglieder der EG sind (2001) Deutschland, Frankreich, Italien, die Niederlande, Belgien, Luxemburg, Großbritannien, Dänemark, Irland, Griechenland, Portugal, Spanien, Österreich, Finnland und Schweden.

Wichtige Organe der EG sind das →Europäische Parlament, der Rat der Europäischen Union (bis 1993 Rat oder Ministerrat), der sich aus je einem Mitglied der Regierungen der Mitgliedstaaten zusammensetzt, der →Europäische Gerichtshof sowie als Exekutive die →Europäische Kommission (bis 1993 Kommission der Europäischen Gemeinschaften). Im →Europäischen Rat haben sich die Regierungschefs der Mitgliedstaaten zusammengeschlossen. Neben diesen Institutionen haben die EG noch eine ganze Reihe von Ausschüssen und Fonds, wie z. B. den Wirtschafts- und Sozialausschuss, den Entwicklungsfonds (für Hilfen an Entwicklungsländer) und den Europäischen Sozialfonds. Der Europäische Rechnungshof kontrolliert die Einnahmen und Ausgaben der EG.

■ **Europäische Gemeinschaft für Kohle und Stahl,** Abkürzung **EGKS** (Montanunion), supranationale Organisation zur gemeinsamen Verwertung von Kohle, Eisenerz und Stahl, gegründet 1951 durch den Pariser Vertrag (in Kraft getreten 1952) zwischen Belgien, der Bundesrepublik Deutschland, Frankreich, Italien, Luxemburg und den Niederlanden. Mitglieder sind heute alle Mitgliedstaaten der Europäischen Gemeinschaften. Die ursprünglichen Organe der EGKS sind weitgehend in den gemeinsamen Organen der Europäischen Gemeinschaften aufgegangen.

■ **Europäische Kommission,** gemeinsames Organ der →Europäischen Gemeinschaften bzw. der →Europäischen Union. Die Europäische Kommission besteht aus 20 Mitgliedern, die von den Mitgliedstaaten ausgewählt werden; üblicherweise stellen die größeren Mitgliedsländer je zwei Kommissare. Ihre Ernennung bedarf der Zustimmung des Europäischen Parlaments. An ihrer Spitze steht der Präsident der Europäischen Kommission (seit 1999 Romano Prodi).

Die Europäische Kommission nimmt im Institutionengefüge der Gemeinschaften eine zentrale Stellung ein. Sie allein darf Vorschläge für gemeinschaftliche Rechtsakte machen, sie ist für die Ausführung der Rechtsakte verantwortlich und sie muss die Einhaltung des Gemeinschaftsrechts überwachen, ist also die »Hüterin der Verträge«. Ihr obliegt auch in weitem Umfang die Vertretung der Gemeinschaftsinteressen nach außen (z. B. Abkommen mit Drittstaaten).

■ **Europäische Kulturhauptstadt** →Kulturstadt Europas.

■ **Europäische Organisation für Kernforschung** →CERN.

■ **Europäischer Binnenmarkt,** zum 1. Januar 1993 in Kraft getretene Vereinbarung auf dem Weg zur wirtschaftlichen Integration innerhalb der Europäischen Gemeinschaft. Diese ist danach ein Raum ohne Binnengrenzen, in dem die Grundfreiheiten (freier Verkehr von Waren, Personen, Dienstleistungen, Kapital) gewährleistet sind. Schon der EWG-Vertrag von 1957 sah die Errichtung eines gemeinsamen Markts bis 1970 vor; dieser blieb jedoch – trotz der 1970 gebildeten Zollunion und Fortschritten bei der Verwirklichung der Grundfreiheiten – unvollkommen und uneinheitlich.

■ **Europäischer Gerichtshof,** Abkürzung **EuGH,** das 1952 gegründete höchste Gericht der →Europäischen Union mit Sitz in Luxemburg, das die Auslegung und Anwendung des Gemeinschaftsrechts in den Mitgliedsländern überwacht. Der EuGH setzt sich aus 15 Richtern zusammen, die von neun (ab Oktober 2000: acht) Generalanwälten (unabhängigen und unparteilichen Gutachtern) bei der Urteilsfindung unterstützt werden müssen. Seit dem 31. Oktober 1989 ist dem EuGH das Gericht erster Instanz beigeordnet, das ebenfalls 15 Richter umfasst. Der EuGH kann von den Mitgliedsstaaten, den EG-Organen und nationalen Gerichten angerufen werden.

■ **Europäischer Gerichtshof für Menschenrechte,** internationales Gericht mit Sitz in Straßburg, das zuständig ist für die Wahrung der 1953 wirksam gewordenen Konventionen zum Schutz der Menschenrechte.

■ **Europäischer Rat,** die Zusammenkunft der Staats- und Regierungschefs der Mitgliedsstaaten der Europäischen Union und des Präsidenten der Europäischen Kommission. Anders als der Rat der Europäischen Union (Ministerrat) ist er kein Organ der Europäischen Gemeinschaften, sondern steht als zwischenstaatliches Gremium außerhalb ihres institutionellen Gefüges.

Der Europäische Rat tritt seit 1975 mindestens zweimal jährlich zusammen (»Gipfeltreffen«). Auf diesen Treffen werden Grundsatzfragen der Weiterentwicklung der Europäischen Union verhandelt. Außerdem koordiniert der Europäische Rat im Rahmen der Gemeinsamen Außen- und Sicherheitspolitik (GASP) die Positionen der Mitgliedsstaaten.

■ **Europäischer Wirtschaftsraum,** Abkürzung **EWR,** gemeinsamer Markt der 15 Mitgliedstaaten der Europäischen Gemeinschaft und der Staaten der →Europäischen Freihandelsassoziation EFTA (mit Ausnahme der Schweiz). Der Vertrag über den EWR wurde 1992 unterzeichnet und trat 1994 in Kraft. Hauptziel des Abkommens ist die Herstellung gleicher Wettbewerbsbedingungen und Freizügigkeit. Durch den Vertrag gelten auch für die EFTA-Staaten die Grundfreiheiten (Freiheit des Personen-, Waren-, Dienstleistungs- und Kapitalverkehrs) des Europäischen Binnenmarktes. Mit dem EWR entstand der größte gemeinsame Markt der Welt (370 Mio. Verbraucher).

■ **Europäisches Hochschulinstitut,** 1972 von den Mitgliedsstaaten der EG gegründete und 1976 in Fiesole bei Florenz eröffnete Hochschule (für Bewerber mit abgeschlossenem Studium) mit den Abteilungen Geschichts- und Kulturwissenschaften, Wirtschaftswissenschaften, Rechtswissenschaft, Politik- und Sozialwissenschaft. Das Europäische Hochschulinstitut, an dem Dozenten aus verschiedenen europäischen Ländern lehren, dient der Forschung im Sinne des Gedankens der europäischen Einheit (zwei- bis dreijähriges Studium mit Promotion).

■ **Europäisches Parlament** (Europaparlament), die parlamentarische Versammlung der →Europäischen Gemeinschaften, gegründet 1951 als beratende »Gemeinsame Versammlung« der Europäischen Gemeinschaft für Kohle und Stahl, die sich 1958 zur »Europäischen Parlamentarischen Versammlung« der EG konstituierte und seit 1962 Europäisches Parlament heißt; Verwaltungssitz ist Luxemburg, Tagungsort Straßburg; Tagungen des Plenums und der (zurzeit 20) Ausschüsse finden auch in Brüssel statt.

Die Mitglieder (seit dem 1. Januar 1995: 626; das größte Kontingent stellt die Bundesrepublik Deutschland mit 99 Abgeordneten) werden seit 1979 direkt für fünf Jahre gewählt (zuletzt 1999). Das Europäische Parlament hat derzeit nur kontrollierende und beratende Funktion, jedoch keine gesetzgebenden Befugnisse. Es muss jedoch der Nominierung des Kommissionspräsidenten und der Ernennung der Kommission als Kollegialorgan zustimmen.

■ **Europäisches System der Zentralbanken** →Europäische Zentralbank.

■ **Europäisches Währungssystem,** Abkürzung**EWS,** 1979 von den Mitgliedstaaten der →Europäischen Gemeinschaften eingerichtetes Währungssystem, durch das eine stabile Währungszone in Europa geschaffen werden sollte. Ziel war die stufenweise Verwirklichung einer europäischen Wirtschafts- und Währungsgemeinschaft mit einer einheitlichen europäischen Währung, der

Europäischen Währungseinheit, englisch **European Currency Unit** (Abkürzung **ECU**).
Mit Beginn der letzten Stufe der →Europäischen Wirtschafts- und Währungsunion am 1. Januar 1999 wurde das EWS in der bisherigen Form beendet und der ECU im Verhältnis 1:1 auf die gemeinsame europäische Währung →Euro umgestellt.

■ **Europäisches Wiederaufbauprogramm** (engl. European Recovery Program, Marshallplan), auf Anregung des amerikanischen Außenministers George Catlett Marshall (1880–1959) von den USA 1948 beschlossenes Hilfsprogramm zur wirtschaftlichen Unterstützung der durch den Zweiten Weltkrieg zerstörten europäischen Länder. Die Hilfe bestand in erster Linie aus Sachlieferungen (Lebensmittel, Rohstoffe) und Krediten. Die Verteilung erfolgte auf Vorschlag der Organisation für europäische wirtschaftliche Zusammenarbeit (→OEEC). Bis 1951 erhielt Westeuropa von den USA insgesamt etwa 13 Milliarden Dollar, die Bundesrepublik Deutschland und Berlin (West) bis 1957 insgesamt 1,7 Milliarden.

■ **Europäische Union,** Abkürzung **EU**, der am 1. November 1993 mit dem In-Kraft-Treten des **Maastrichter Vertrags** entstandene Dachverband des europäischen politischen Einigungsprozesses. Die EU umfasst neben den →Europäischen Gemeinschaften die »Gemeinsame Außen- und Sicherheitspolitik« (GASP) sowie die »Innere Sicherheit« als Felder der Zusammenarbeit.

■ **Europäische Wirtschaftsgemeinschaft,** AbkürzungEWG, bis 1993 Name der →Europäischen Gemeinschaft.

■ **Europäische Wirtschafts- und Währungsunion,** Abkürzung **EWWU**, nach dem Maastrichter Vertrag (1993) der stufenweise zu realisierende wirtschaftliche und währungspolitische Zusammenschluss der Europäischen Gemeinschaften. Einheitliche Zahlungseinheit in der EWWU ist seit dem 1. Januar 1999 der →Euro. Für die Geldpolitik ist seither die Europäische Zentralbank mit Sitz in Frankfurt am Main zuständig.

■ **Europäische Zentralbank,** Abkürzung **EZB**, die Zentralbank der an der Europäischen Währungsunion (→Europäische Wirtschafts- und Währungsunion) teilnehmenden Staaten. Ihr Sitz ist Frankfurt am Main. Die EZB bildet zusammen mit den nationalen Zentralbanken (in Deutschland die Deutsche Bundesbank) das **Europäische System der Zentralbanken (ESZB)**. Sie hat am 1. Juni 1998 ihre Arbeit aufgenommen; die geldpolitische Verantwortung ist am 1. Januar 1999 – mit dem Start der Währungsunion – auf sie übergegangen.

■ **Europa-Kolleg,** internationale Bildungseinrichtungen für nachuniversitäre Studien auf den Gebieten der Rechts-, Wirtschafts- und politischen Wissenschaften. Das Studium bereitet auf Tätigkeiten in Behörden, Verwaltungen und Verbänden mit europäischem Bezug vor; Abschluss: »Master of European Studies«. Das erste Europa-Kolleg wurde 1949 in Brügge gegründet, ein zweites 1992 in Warschau eröffnet.

■ **Europaparlament** →Europäisches Parlament.

■ **Europarat,** Abkürzung **ER**, 1949 gegründete internationale Organisation europäischer Staaten zum Schutz und zur Förderung ihrer gemeinsamen Ideale und Grundsätze sowie zur Förderung ihres wirtschaftlichen und sozialen Fortschritts; Sitz ist Straßburg.

■ **Europaschulen,** mehrsprachige Schulen von der Grundschule bis zur höheren Schule (Europäisches Abitur), besonders für Kinder von Beamten der Europäischen Gemeinschaften.

■ **Europium** *das*, chemisches Element aus der Gruppe der Lanthanoide, ein eisengraues, schmied-

Europium
chemisches Symbol: Eu
Ordnungszahl: 63
relative Atommasse: 151,96
Dichte: 5,24 g/cm³
Schmelzpunkt: 822 °C
Siedepunkt: 1 596 °C

bares Metall. Es wird u.a. in Spezialleuchtstoffen von Farbfernsehröhren verwendet.

■ **Europol,** Abkürzung für **Euro**päisches **Poli**zeiamt, 1994 errichtete Behörde der Staaten der Europäischen Union mit Sitz in Den Haag. Europol befasst sich mit der Sammlung, Auswertung und Verknüpfung von Informationen zur länderübergreifenden Bekämpfung vor allem von Terrorismus, Drogen- und Menschenhandel, Nuklearkriminalität und Geldwäscherei; eigene Handlungsbefugnisse besitzt Europol nicht.

■ **Eurotunnel** (Kanaltunnel), der 1994 fertig gestellte Eisenbahntunnel zwischen Fréthun (bei Calais), Frankreich, und Cheriton (bei Folkestone), Großbritannien, unter dem Ärmelkanal, bestehend aus drei separaten, parallel verlaufenden Röhren (für den Zugverkehr in jeweils einer Richtung sowie ein Servicetunnel), Gesamtlänge 50,45 km.

Mount Everest

Aufgrund der Wetterverhältnisse ist eine Besteigung des Mount Everest, des höchsten Berges der Erde, nur im Dezember/Januar, vor dem Monsun im April/Mai und nach dem Monsun im Oktober möglich. Allerdings sollte man sich rechtzeitig anmelden, wenn man eine Gipfeltour unternehmen will. Die Termine für mögliche Expeditionen sind auf Jahre hin ausgebucht, da jeweils höchstens zwei gleichzeitig (und auf verschiedenen Routen) durchgeführt werden dürfen.

■ **Eurydike,** Gestalt der griechischen Mythologie, Gemahlin des →Orpheus.

■ **Euthanasie** [griech.] *die* (Sterbehilfe), ursprünglich in der griechischen Antike der schöne, leichte Tod, heute oft als Bezeichnung für die **aktive Sterbehilfe** verwendet. Dabei wird ein Mensch, der an einer Krankheit leidet, die qualvoll zum Tod führt, durch ein schnell wirkendes Gift getötet. Diese Form der Euthanasie ist rechtlich nicht zulässig. Von **passiver Sterbehilfe** spricht man, wenn ein Arzt bei einem tödlich Kranken lebensverlängernde Maßnahmen unterlässt.
Während des Nationalsozialismus wurden im Rahmen eines »Euthanasieprogramms« mehr als 100 000 geistig behinderte Kinder und Erwachsene getötet.

■ **Eva** →Adam und Eva.

■ **Evangelische Kirche in Deutschland,** Abkürzung **EKD,** Zusammenschluss von 24 deutschen evangelischen Landeskirchen des lutherischen, reformierten und unierten Bekenntnisses, dessen rechtliche Grundlage die am 3. Dezember 1948 in Kraft gesetzte Grundordnung bildet. Mit rund 27,4 Mio. Mitgliedern in über 18 000 Kirchengemeinden umfassen die Gliedkirchen der EKD den größten Teil der evangelischen Christen in Deutschland. Die EKD hat gesamtkirchliche Aufgaben (z.B. auf rechtlichem Gebiet und in Fragen der öffentlichen politischen Stellungnahme), aber keinen Einfluss auf die Lehre der einzelnen Gliedkirchen. Das leitende Organ ist der **Rat der EKD.**

■ **Evangelium** [griech., = frohe Botschaft], die Botschaft Jesu vom Kommen des Gottesreiches und ihre schriftliche Fixierung in den vier Schriften des Neuen Testaments über sein Leben und Wirken, den Evangelien nach Matthäus, Markus, Lukas und Johannes.

■ **Everest, Mount** [maunt ęwᵉrist; engl.] *der,* der höchste Berg der Erde, im Himalaja, nach einer Neumessung (1987) 8 872 m hoch (bisherige Höhenangabe: 8 848 m). Der Berg wurde nach Sir George Everest (1790–1866) benannt, der ihn beschrieb und vermaß. Die Erstbesteigung gelang 1953 dem Neuseeländer Sir Edmund Percival Hillary (*1919) und dem Nepalesen Tenzing Norgay (1914–86), die erste Besteigung ohne Sauerstoffgeräte 1978 Reinhold Messner und Peter Habeler (*1942).

■ **Evolution** [lat.] *die,* die Entwicklung der Lebewesen von einfachen zu hoch entwickelten Formen. Sie wird heute meistens mithilfe der von Charles Darwin 1859 begründeten und in den wesentlichen Punkten immer noch gültigen Abstammungslehre erklärt. Danach wird die Evolution von den Faktoren Mutation, Rekombination und Selektion bestimmt:
Durch **Mutationen,** das heißt durch Veränderungen der Erbanlagen eines Lebewesens, können bei den Nachkommen neue Eigenschaften entstehen. Mutationen werden häufig durch Umwelteinflüsse ausgelöst.
Durch **Rekombination** werden die verschiedenartigen Erbanlagen bei der Fortpflanzung vermischt, sodass neue Merkmalkombinationen entstehen.

Aufgrund der **Selektion** kann sich das Lebewesen mit den vorteilhafteren Eigenschaften gegenüber den Artgenossen durchsetzen.

Von der Evolution bis zu den ersten Lebewesen mit Zellkern hat man heute folgende Vorstellungen: Auf der etwa 4,5 Milliarden alten Erde entstanden in den ersten 2 Milliarden Jahren an der Oberfläche der Urozeane aus den heißen Gasen einer sauerstofffreien Uratmosphäre (z. B. Ammoniak, Schwefelwasserstoff, Methan) unter Einwirkung energiereicher Ultraviolettstrahlen organische Zellbausteine (Proteine, Nukleinsäuren usw.), die sich im Wasser anreicherten und die »Ursuppe« bildeten.

Zum Aufbau der ersten lebenden Zelle lagerten sich die Bausteine zusammen. Nahrungsgrundlage dieser ersten bakterienähnlichen Zellen waren die Stoffe der »Ursuppe«. Als die Zellen sich stark vermehrten, wurde die Nahrung knapp, und nur durch die Photosynthese konnte sich das Leben auf der Erde weiterentwickeln. Cyanobakterien (Blaualgen) waren die ersten Zellen, die mithilfe des grünen Farbstoffs Chlorophyll Kohlendioxid und Wasser unter Ausnutzung der Lichtenergie zu Zellbausteinen umwandeln konnten und dabei als »Abfallprodukt« Sauerstoff an die Atmosphäre abgaben. Sie waren somit als Selbstversorger nicht mehr auf die »Ursuppe« angewiesen.

Der Sauerstoff in der Atmosphäre war die Voraussetzung für die Entwicklung höherer Lebewesen. Die zellkernhaltigen Zellen (Eukaryonten) entstanden durch die Aufnahme von zunächst eigenständigen Bakterien, aus denen sich im Lauf der Zeit die wichtigsten Organellen, die Mitochondrien und bei den Pflanzen die Chloroplasten, entwickelten.

■ **EWG,** Abkürzung für Europäische Wirtschaftsgemeinschaft, →Europäische Gemeinschaft.

■ **EWR,** Abkürzung für →Europäischer Wirtschaftsraum.

■ **EWS,** Abkürzung für →Europäisches Währungssystem.

■ **EWWU,** Abkürzung für →Europäische Wirtschafts- und Währungsunion.

■ **Examen** [lat.] *das,* Prüfung, vor allem als Abschluss eines Studiums.

■ **Exekution** [lat.] *die,* die Vollstreckung eines Todesurteils, Hinrichtung.

■ **Exekutive** [lat.] *die,* die vollziehende Gewalt, also die gesamte Staatstätigkeit mit Ausnahme der gesetzgebenden (Legislative) und der Recht sprechenden Gewalt (Judikative). – auch →Gewaltenteilung.

■ **Exhibitionismus** [lat.] *der,* die besonders bei Männern vorkommende, auf sexuellen Lustgewinn gerichtete Neigung zur Entblößung der Geschlechtsorgane in Gegenwart anderer Personen. In Deutschland ist der Exhibitionismus von Männern strafbar; er wird nur auf Antrag verfolgt, außer bei besonderem öffentlichem Interesse. In Österreich und der Schweiz wird er als »öffentliche, unzüchtige Handlung« erfasst.

■ **Exil** [lat.] *das,* Aufenthalt im Ausland nach Flucht (meist aus politischen Gründen), Ausbürgerung oder Verbannung. – auch →Emigrant.

■ **Existenz** [lat.] *die,* **1)** *allgemein:* das Dasein als Wirklichkeit, Tatsächlichkeit.

2) *Philosophie:* zentraler Begriff der →Existenzphilosophie, der das Besondere und Einzigartige eines jeden menschlichen Lebens meint, das mit seiner (problematischen) Freiheit gegeben ist.

■ **Existenzialismus** [lat.] *der,* eine besonders in Frankreich um 1940 aufgekommene, vor allem nach dem Zweiten Weltkrieg populäre Richtung der →Existenzphilosophie (u. a. Jean-Paul Sartre, Albert Camus). Der Existenzialismus vertritt die Ansicht, dass sich Philosophie und Religion überlebt hätten, dass es im Leben keinen vorgegebenen Sinn gebe. Sinnleere und Absurdität des Daseins sollen dem Menschen in Augenblicken der Angst, des Ekels und der Schuld aufgehen und ihn dazu bringen, mit sich und der Welt eine neue Erfahrung zu machen.

■ **Existenzphilosophie,** philosophische Richtung, die in den 1920er-Jahren vor allem in Deutschland und Frankreich aufkam und die menschliche →Existenz in den Mittelpunkt ihres Fragens stellte (in Deutschland vor allem Martin Heidegger und Karl Jaspers). – auch →Existenzialismus.

■ **Exklave** →Enklave.

■ **exklusiv** [lat.], abgesondert, nur wenigen zugänglich; höchsten Ansprüchen genügend.

■ **Exkommunikation** [lat.] *die* (früher: Kirchenbann), Ausschluss aus der katholischen Kirche.

■ **Exkremente** [lat.], die vom menschlichen und tierischen Körper ausgeschiedenen unverdaulichen Teile der aufgenommenen Nahrung (→Kot, →Harn).

■ **Exkurs,** die bewusste Abschweifung vom eigentlichen Thema; Behandlung eines Nebenthemas, z. B. als Anhang zu wissenschaftlichen Werken.

■ **Exkursion** [lat.] *die,* Lehr- und Studienfahrt unter wissenschaftlicher Leitung.

■ **Exlibris** [lat.] *das,* künstlerisch ausgeführtes Bucheignerzeichen mit dem Namen oder Wappen des Besitzers, das auf die Innenseite des Buchdeckels geklebt wird.

■ **Exodus** [griech.-lat.] *der,* Auszug, Abwanderung (einer Gesamtheit), besonders der im 2. Buch Mose (Buch Exodus) des Alten Testaments beschriebene Auszug der Israeliten aus Ägypten.

■ **exogen** [griech.], außen entstehend; Gegensatz: endogen.

■ **Exorzismus** [griech.] *der,* Beschwörung, besonders die Austreibung von Dämonen und Geistern durch Wort und Geste. Die katholische Kirche übt bis heute den Exorzismus mit Erlaubnis des zuständigen Bischofs bei Besessenheit.

■ **exotisch** [griech.], fremdländisch, fremdartig.

■ **Expansion** [lat.] *die,* Ausdehnung, z.B. von politischer Macht, wirtschaftlicher Größe; in der Physik Ausdehnung von Gasen, z.B. beim Erwärmen.

■ **Expedition** [lat.] *die,* Forschungsreise; veraltet auch: Feldzug.

■ **Experiment** [lat.] *das,* planmäßiger wissenschaftlicher Versuch, mit dessen Hilfe eine vermutete Gesetzmäßigkeit bestätigt oder widerlegt werden soll.

■ **Experte** [lat.] *der,* Sachverständiger, Kenner, Fachmann.

■ **Expertensystem,** ein Computer- und Programmsystem aus dem Bereich der künstlichen Intelligenz, das Expertenwissen über ein spezielles Fachgebiet speichert, aus dem Wissen Schlussfolgerungen zieht und zu konkreten Problemen des Gebiets Lösungen anbietet. Ein Expertensystem kann große Mengen auch diffusen, vagen und unformalisierten Wissens in problembezogener Weise darstellen, aus diesem auf logischem Weg neues Wissen gewinnen und im Dialog mit dem Benutzer einen Lösungsweg finden.

■ **Explosion** [lat.] *die,* eine sehr rasch verlaufende chemische Umwandlung (meist Verbrennung) eines Stoffes, die unter starker Gas- und Hitzeentwicklung vor sich geht. Die dabei entstehende Stoß- oder Druckwelle kann in der Umgebung große Zerstörungen hervorrufen.

■ **Exponent** [lat.] *der* (Hochzahl), in der Mathematik Bezeichnung für die hoch gesetzte Zahl bei Potenzen und Wurzeln.

■ **Export** [lat.] *der,* die Ausfuhr von Gütern, Dienstleistungen und Kapital ins Ausland; Gegensatz: Import.

■ **Expressionismus** [lat.] *der,* eine Kunstrichtung des frühen 20. Jahrh. vor allem in Deutschland. Die Künstler des Expressionismus wollten nicht die äußere Wirklichkeit abbilden, sondern vor allem ihre inneren Erlebnisse ausdrücken. Durch kraftvolle, manchmal grelle Farben in großen Flächen

Expressionismus als Farbexplosion: »Herbstwolken« von Emil Nolde aus dem Jahr 1910

und verzerrte, oft zerrissene Formen erzielten sie einen besonders intensiven Ausdruck. Bedeutende Vertreter waren u.a. Ernst Ludwig Kirchner, Karl Schmidt-Rottluff, Emil Nolde, Oskar Kokoschka und Franz Marc sowie der Bildhauer Ernst Barlach. Sie waren zum Teil in Künstlergemeinschaften zusammengeschlossen (→Blauer Reiter, Die →Brücke).

In der *Literatur* entwickelte sich der Expressionismus parallel zur bildenden Kunst etwa zwischen 1910 und 1925. In bildhafter, oft visionärer Sprache wird der Untergang des Alten und der Anbruch einer neuen Zeit verkündet. Dem entsprechen eine Steigerung des Gefühls bis zum Rausch ebenso wie die Stimmung des Grauens und eines nahenden Endes. Der »neue Mensch« (z.B. bei Georg Kaiser, 1878–1945) soll nicht durch gesellschaftliche Übereinkunft und hergebrachte Verhaltensweisen eingeengt werden. Bei den Frühexpressionisten (vor dem Ersten Weltkrieg) überwiegt eine verinnerlichte, unpolitische Haltung (u.a. Georg Trakl, 1887–1914; Georg Heym, 1887–1912), bei den späteren zeigen sich radikale Züge mit dem Willen zu sozialer und politischer Umgestaltung (u.a. Johannes R. Becher, 1891–1958; Franz →Werfel, Ernst Toller, 1893–1939).

■ **extensiv** [lat.], ausgedehnt, umfassend.

■ **extern** [lat.], außen, auswärtig; draußen befindlich.

■ **Exterritorialität** [lat.] *die,* völkerrechtliche Bestimmung, nach der Staatsoberhäupter, Diplomaten oder Angehörige internationaler Organisationen, die sich mit der Erlaubnis des Gastlandes in einem fremden Staat aufhalten, dessen Gerichtsbarkeit und Staatsgewalt nicht unterliegen. Auch die Räume der Botschaften sind »exterritorial«.

■ **Extrakt** [lat.] *der,* **1)** *allgemein:* Auszug, Zusammenfassung der wesentlichen Punkte (einer Rede, eines Buches), im Unterschied zum wörtlich übereinstimmenden **Exzerpt.**

2) *Pharmazie* und *Lebensmitteltechnologie:* eingedickter Auszug aus tierischen oder pflanzlichen Stoffen.

■ **Extraktion** [lat.] *die,* das Herauslösen einzelner Stoffe aus Stoffgemischen oder Pflanzenteilen (etwa des Zuckers aus den Zuckerrübenschnitzeln) mithilfe von Lösungsmitteln (z. B. Wasser, Alkohol, Benzin).

■ **Extremismus** [lat.] *der,* eine Haltung, die Unbedingtheit und Ausschließlichkeit in den politischen Zielsetzungen (Radikalismus) mit der Infragestellung des Rechtsstaatsprinzips und des gesellschaftlichen Pluralismus verbindet und Gewalt als Mittel der Politik nicht ausschließt. Es gibt Rechts- und Linksextremismus.

■ **Extremitäten** [lat.] (Gliedmaßen), die beweglichen, paarigen Körperanhänge von Gliederfüßern und Wirbeltieren, wie Arme, Beine, Flossen und Flügel.

■ **Extremsportarten,** ungewöhnliche, zum Teil risikoreiche sportliche Disziplinen, bei denen der Ausübende höchsten physischen und psychischen Belastungen ausgesetzt ist, z. B. →Bungee-Jumping, →Canyoning, →Freeclimbing, (Ironman-)Triathlon (→Triathlon), Marathonschwimmen, →Rafting und →Skysurfing.

■ **Exzenter** [lat.] *der,* Vorrichtung zur Umwandlung einer Drehbewegung in eine hin- und hergehende Bewegung. Der Exzenter besteht aus einer Scheibe, die sich um eine nicht durch ihren Mittelpunkt verlaufende (exzentrische) Achse dreht. An der Scheibe ist die Exzenterstange befestigt, die sich hin- und herbewegt, wenn sich die Scheibe dreht.

■ **exzentrisch** [lat.], außerhalb des Mittelpunkts gelegen; im übertragenen Sinn: verschroben, überspannt.

■ **Eyck** [äjk], Jan van, niederländischer Maler, *Maaseik (?; bei Maastricht) um 1390, begraben in Brügge 9. Juli 1441. In der Technik der Ölmalerei und in der Schärfe und Detailgenauigkeit bei der Wiedergabe des Naturvorbildes war er von großem Einfluss auf die Kunstgeschichte, vor allem mit Porträts, Landschaften und Interieurs (Darstellungen von Innenräumen). Sein bekanntestes Werk, an dem auch sein Bruder Hubert van Eyck (um 1370–1426) einen Anteil hat, ist der 1432 vollendete Genter Altar (aufgestellt in der Kirche Sankt Bavo in Gent).

■ **EZB,** Abkürzung für →Europäische Zentralbank.

F

■ **F, 1)** der sechste Buchstabe des deutschen Alphabets, ein Konsonant.

2) *in der Musik* die 4. Stufe der C-Dur-Tonleiter.

3) Einheitenzeichen für Farad.

4) Formelzeichen für Kraft.

■ **Fa.,** Abkürzung für →Firma.

■ **Fabel** [lat.] *die,* ein lehrhaftes Gleichnis in Form einer Geschichte oder eines Gedichts. Die Hauptpersonen sind oft Tiere, die wie Menschen reden und handeln und auch die typisch menschlichen Schwächen zeigen. Bedeutende Fabeldichter waren in der Antike der Grieche Äsop und der Römer Phädrus, in der Neuzeit der Franzose Jean de La Fontaine, in Deutschland Christian Fürchtegott Gellert (1715–69) und Lessing.

Als Fabel bezeichnet man auch das Handlungsgerüst, das einem literarischen Werk zugrunde liegt.

Fabeltiere
Drache
Einhorn
Greif
Phönix
Sphinx
Werwolf
Zentaur

■ **Fabeltiere,** Fantasiegeschöpfe wie Drache, Einhorn, Greif und Zerberus, die in Mythen, Märchen und Sagen von jeher eine wichtige Rolle spielen.

■ **Facette** [fassät^{e}, frz.] *die,* angeschliffene Fläche, vor allem bei Edelsteinen und Glas.

Facettenauge → Auge.

Fachgymnasium (berufliches Gymnasium), in einigen Bundesländern eingerichtete gymnasiale Oberstufe, die mit einem beruflichen Schwerpunkt zur allgemeinen Hochschulreife führt. Voraussetzung zum Besuch ist der Realschul- oder ein gleichwertiger Abschluss.

Fachhochschule, Abkürzung **FH,** Bildungseinrichtung, die eine im Vergleich zu Universitäten stärker anwendungsbezogene Ausbildung vermittelt. Ihr Studienangebot umfasst vor allem die Bereiche Technik, Wirtschaft, Sozialwesen, Landwirtschaft und Gestaltung. Voraussetzung für den Besuch einer Fachhochschule ist die Fachhochschulreife, die an der Fachoberschule erworben wird. Auch mit Abitur und abgeschlossener Berufsausbildung sowie zweijähriger Berufspraxis ist ein Zugang möglich. Die Studiendauer beträgt in der Regel acht Semester, die auch Berufspraktika einschließen. Studienabschluss, der auch die allgemeine Hochschulreife enthält, ist ein Fachhochschuldiplom.

Fachoberschule, meist zweijährige Schule, die auf den Besuch einer Fachhochschule vorbereitet. Voraussetzung für den Besuch einer Fachoberschule ist der Realschulabschluss oder ein als gleichwertig anerkannter Abschluss (Fachoberschulreife). Das erste Jahr, das ein Praktikum einschließt, kann durch eine abgeschlossene Berufsausbildung ersetzt werden. Abschluss ist die Fachhochschulreife.

Fachschule, Schule, die der beruflichen Weiterbildung dient. Voraussetzung für den Besuch einer Fachschule ist in der Regel eine abgeschlossene Berufsausbildung und eine mehrjährige Berufspraxis. Fachschulen werden als Tages- oder Abendschulen mit unterschiedlicher Dauer geführt. Die Ausbildung an einer Fachschule endet in einigen Bundesländern mit einer staatlichen Abschlussprüfung (z.B. Meisterprüfung, Betriebswirt, Fachwirt).

Fachwerkbau, Holzbauweise mit Rahmenwerk, dessen Zwischenräume (Gefache, Fächer) mit Lehm oder Backsteinen und Ähnlichem ausgefüllt werden. Bei Fachwerkhäusern ist das Holzgerüst häufig von außen sichtbar; die Balken sind oft kunstvoll verziert.

Fadenwürmer, drehrunde Schlauchwürmer, die bei einem Durchmesser von meist 0,5–5 mm bis 1 m lang werden. Sie besitzen nur Längsmuskeln und bewegen sich schlängelnd fort. Sie leben im Boden oder im Wasser, oft auch als Schmarotzer im Körper von Tieren und Menschen. Zu den Fadenwürmern gehören Spulwürmer, Madenwürmer, Hakenwürmer und Trichinen.

Dieses stolze **Fabeltier**, eine knapp 30 cm große Elfenbeinfigur mit weiblichem Löwenkopf und aufrechter menschlicher Körperhaltung, wurde bei Ausgrabungen im Lonetal bei Ulm gefunden; es dürfte vor über 30000 Jahren gestaltet worden sein

Fagott [italienisch] *das,* Bassinstrument unter den Holzblasinstrumenten mit langer, u-förmig geknickter Röhre (etwa 260 cm lang) und s-förmigem Metallanblasröhrchen, dem ein Doppelrohrblatt aufgesetzt wird. Neben einigen Grifflöchern hat das Fagott eine komplizierte Klappenmechanik. Der Klang ist voll und dunkel in der Tiefe, anmutig in der Mitte und näselnd in der Höhe. Der Tonumfang beträgt $_1$A oder $_1$B bis es^2. – Bild S. 296

Fahne, ein an einer Stange befestigtes Tuch, meist mit symbolischer Bedeutung (Kampf- oder Siegeszeichen, Herrschafts- oder Nationalitätensymbol). – auch → Banner, → Flagge.

Fahneneid, der militärische Treue- und Gehorsamseid. In der deutschen Bundeswehr leisten die Soldaten keinen Fahneneid im eigentlichen Sinn. Berufssoldaten und Soldaten auf Zeit leisten einen »Diensteid«, in dem sie schwören, der Bundesrepublik Deutschland treu zu dienen und das

Recht und die Freiheit des deutschen Volkes tapfer zu verteidigen. Wehrpflichtige legen ein »feierliches Gelöbnis« gleichen Inhalts ab.

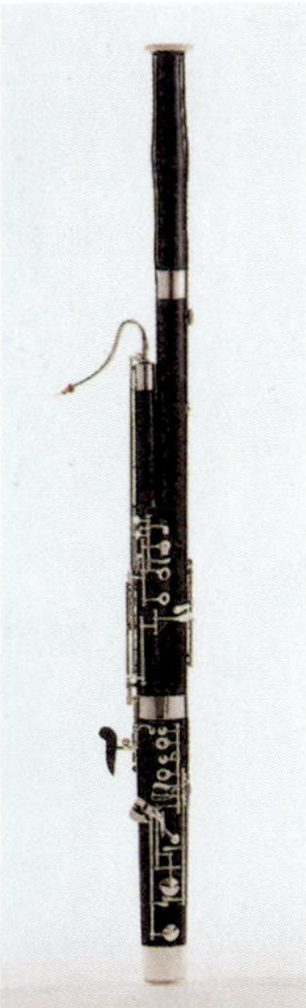

Das **Fagott** besitzt eine sehr lange Röhre, deren verschieden lange Teile nebeneinander liegen und durch ein u-förmig gebohrtes Unterstück (Stiefel) verbunden sind

■ **Fahnenflucht** (Desertion), das eigenmächtige Verlassen der Truppe in der Absicht, sich der Verpflichtung zum Wehrdienst zu entziehen. Fahnenflüchtige (Deserteure) können in der Bundesrepublik Deutschland mit Freiheitsentzug bis zu fünf Jahren bestraft werden.

■ **Fahrenheit,** Daniel Gabriel, deutscher Physiker, *Danzig 24. Mai 1686, †Den Haag 16. September 1736. Er führte das Quecksilberthermometer ein und die nach ihm benannte Temperaturskala (→Temperatur), die vor allem in den USA gebräuchlich ist.

■ **Fahrerflucht** (Verkehrsunfallflucht, unerlaubtes Entfernen vom Unfallort). Wer sich als Unfallbeteiligter nach einem Verkehrsunfall vom Unfallort entfernt, begeht Fahrerflucht und wird mit einer Freiheitsstrafe bis zu drei Jahren oder mit einer Geldstrafe und dem Entzug der Fahrerlaubnis bestraft.

■ **Fahrrad,** über Tretkurbeln angetriebenes, meist zweirädriges Fahrzeug. Der Antrieb erfolgt vom Tretlager über eine Kette zum Hinterrad. Die Kraftübertragung kann durch eine 3- oder 5-gängige Naben- oder durch eine bis zu 21-gängige Kettenschaltung unterstützt sein. Man unterscheidet zwischen Damen- und Herrenrädern, nach der Radgröße (z. B. 24 oder 28 Zoll Durchmesser) oder nach dem Verwendungszweck (Tourenräder zum allgemeinen Gebrauch, leichte Rennräder für sportliche Zwecke und stabil gebaute Mountain- oder Trekkingbikes, die besonders geländegängig oder für Bergfahrten geeignet sind).

■ **Fährte,** die hintereinander liegenden Fußabdrücke u. a. von Reh, Hirsch, Wildschwein, Bär, Wolf im Boden oder im Schnee.

■ **Fäkalien** [lat.], die Exkremente (→Kot, →Harn).

■ **Fakir** [arabisch] *der,* in islamischen Ländern ein frommer Bettler, der asketisch (enthaltsam) lebt; in Indien ziehen hinduistische Fakire heimat- und besitzlos umher; einige von ihnen führen als wandernde Gaukler das Erdulden von Qualen (z. B. das Liegen auf Nagelbrettern) als »Kunststücke« vor.

■ **Faksimile** [lat., = mach ähnlich!] *das,* originalgetreue Wiedergabe einer Vorlage, z. B. einer Handschrift. Heute wird ein Faksimile meist fotomechanisch hergestellt.

■ **Faktor** [lat.] *der,* **1)** *allgemein:* wichtiger Umstand, Bestandteil.

2) *Mathematik:* eine Zahl oder Größe, mit der eine andere multipliziert wird.

■ **Faktum** [lat., = das Getane, Geschehene] *das* (Fakt), Tatsache, etwas nachweisbar Vorhandenes oder Geschehenes. Als **faktisch** bezeichnet man etwas, das sich auf Tatsachen gründet.

■ **Fakultät** [lat.] *die,* die fachliche Abteilung einer Hochschule, z. B. naturwissenschaftliche oder philosophische Fakultät. Heute haben die (kleineren) Fachbereiche die Fakultäten abgelöst.

■ **fakultativ** [lat.], wahlfrei, dem eigenen Ermessen überlassen; Gegensatz: obligatorisch.

■ **Falken,** eine Familie der Greifvögel mit 60 Arten (davon zehn in Europa). Ihre Flügel sind lang und spitz, der Schnabel ist hakig gebogen und besitzt ein Paar Hornzähne **(Falkenzahn)** am Ober-

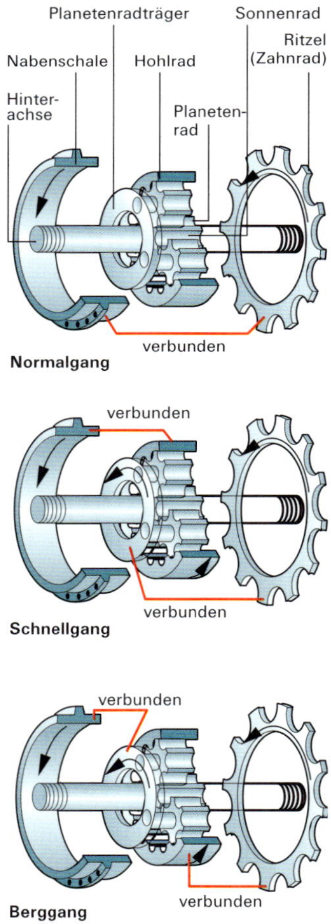

Fahrrad: Bestandteile und Funktionsweise einer 3-Gang-Nabenschaltung

schnabel. Falken sind hervorragende Flieger und jagen Vögel, Mäuse und Insekten. Sie bauen keine eigenen Horste, sondern benutzen verlassene Nester oder nisten in Felsnischen oder auf dem Boden.

■ **Falklandinseln** (Malwinen), Inselgruppe im Südatlantik, mit zwei großen und über 200 kleinen Inseln, 12 173 km², mit rund 3 000 Einwohnern; Hauptort ist Port Stanley. Das raue Klima und die karge Vegetation lassen nur Schafzucht zu.
Auf die Falklandinseln, die seit 1833 britisch (eine Kronkolonie) sind, erhebt auch Argentinien Anspruch. 1982 endete der argentinische Versuch, sich die Inseln gewaltsam anzueignen (Falklandkrieg), mit einer militärischen Niederlage.

■ **Fall, 1)** *Grammatik:* →Fälle.
2) *Physik:* die Bewegung eines frei beweglichen Körpers im Schwerefeld der Erde. Sie erfolgt in Richtung des Erdmittelpunktes mit ständig zunehmender Geschwindigkeit. Der Fall ist also eine beschleunigte →Bewegung. Die →Beschleunigung erfolgt gleichförmig, das heißt, die Geschwindigkeit nimmt in gleichen Zeitabschnitten um den gleichen Betrag zu. Der Fall wird durch die **Fallgesetze** beschrieben:
Für den fallend zurückgelegten Weg *s* gilt:

$$s = \frac{1}{2} g t^2$$

Für die Geschwindigkeit *v* des fallenden Körpers gilt:

$$v = g \cdot t$$

(g = Erdbeschleunigung ≈ 9,81 m/s², t = Fallzeit).

■ **Fallada,** Hans, eigentlich Rudolf Ditzen, deutscher Schriftsteller, *Greifswald 21. Juli 1893, †Berlin 5. Februar 1947. Er hinterließ in seinen Romanen ein genaues Bild der sozialen, politischen und kulturellen Missstände seiner Zeit, u. a. »Kleiner Mann – was nun?« (1932), »Wer einmal aus dem Blechnapf frißt« (1934), »Wolf unter Wölfen« (1937).

Ein Großteil der Romane von **Hans Fallada** ist auch verfilmt worden

■ **Fälle** (lat. Kasus). Das Deutsche kennt vier Fälle bei der Beugung (Deklination) des Substantivs, des Adjektivs, des Artikels, des Pronomens und des Zahlworts. Das folgende Beispiel zeigt die vier Fälle in der Einzahl:
Nominativ (1. Fall oder Werfall): der grüne Tisch,
Genitiv (2. Fall oder Wesfall): des grünen Tisches,
Dativ (3. Fall oder Wemfall): dem grünen Tisch[e],
Akkusativ (4. Fall oder Wenfall): den grünen Tisch.

■ **Fällen** (Ausfällen), eine Grundoperation in der chemischen Praxis. Der Zweck des Fällens ist die Abtrennung bestimmter Bestandteile von Lösungen in Form unlöslicher Verbindungen (z. B. zur →Analyse von Stoffen).
Fällen wird durch Zugabe von Fällungsmitteln erreicht. Gießt man z. B. in eine (farblose) Lösung von Kochsalz (Natriumchlorid, $NaCl$) eine ebenfalls farblose Lösung von Silbernitrat ($AgNO_3$), so scheidet sich weißes, unlösliches Silberchlorid ($AgCl$) am Boden des Gefäßes ab:

$$NaCl + AgNO_3 \rightarrow NaNO_3 + AgCl.$$

Durch Filtration lässt sich das feste Silberchlorid vom gelösten Natriumnitrat trennen.

■ **Fallschirm,** schirmähnliche Vorrichtung, mit der Fallschirmspringer mit einer Sinkgeschwindigkeit von etwa 3,5 bis 6,5 m pro Sekunde von einem

Fahrrad

Im Jahr 1817 baute der Forstmeister Karl Friedrich Drais von Sauerbronn das erste lenkbare Zweirad, auf dem man sich sitzend und mit den Füßen am Boden abstoßend fortbewegte. Diese hölzerne Tretmaschine wurde nach ihrem Erfinder »Draisine« genannt. Um mit einer Kurbeldrehung eine größere Strecke zurücklegen zu können, machte man die Vorderräder in den 1870er-Jahren immer größer und die Hinterräder immer kleiner. Das Hochrad ermöglichte höhere Geschwindigkeiten, verlangte aber auch ein fast artistisches Können. Damit war die erste Generation unseres heutigen Fahrrads geboren – die Luftreifen kamen im Jahr 1888 dazu, 1894 folgte die Freilaufnabe mit Rücktrittbremse und 1905 die Gangschaltung.

▶ Das hier abgebildete Modell aus Stahl mit dem riesigen Vorderrad und einem Kettenantrieb auf das Hinterrad wurde 1882 von dem Briten James K. Starley entwickelt.

Tempi passati – die Zeiten sind vorbei: **Familien** mit vielen Kindern haben bei uns heute Seltenheitswert; dieses Foto aus dem Jahr 1907 zeigt eine andere Realität, kinderreiche proletarische Familien gehörten als größte soziale Gruppe zur Normalität

Flugzeug aus zur Erde schweben können. Neben halbkugelförmigen Rundkappenfallschirmen gibt es rechteckige Gleitfallschirme, die ein schräg nach unten gerichtetes, steuerbares Gleiten ermöglichen. Der Fallschirm befindet sich in einem Sack und wird nach dem Absprung automatisch oder mit der Hand geöffnet. Fallschirme werden im Fallschirmsport, bei militärischen Einsätzen (Fallschirmjäger), als Rettungsgerät, zum Absetzen von Lasten in schwer zugänglichen Gebieten (Lastenfallschirm) und bei der Landung von Raumkapseln verwendet.

■ **Familie** [lat.] *die,* **1)** *allgemein:* im umfassenden Sinn die (Lebens-)Gemeinschaft der Eltern (meist als Ehepartner) und ihrer Kinder einschließlich der weiteren Verwandtschaft. Das aus dem Lateinischen stammende Wort bedeutete ursprünglich »Dienerschaft« oder »Hausgenossenschaft« und schloss das unverheiratete Gesinde mit ein.
In den modernen Industrieländern überwiegt die Kleinfamilie, die aus einem oder beiden Elternteilen und deren Kindern besteht. Diese Kleinform der Familie entwickelte sich zum einen aufgrund der modernen Mittel der Empfängnisverhütung, zum anderen aber auch aufgrund des wachsenden Wohlstandes, der mit der Ausbildung alterssichernder Rentensysteme einherging. Dagegen sind die Familien in den Ländern der Dritten Welt meist auf zahlreichen Nachwuchs angewiesen, da nur so das Auskommen der Eltern im Alter gewährleistet wird. So leben die meisten Gesellschaften außerhalb Europas und Nordamerikas in größeren Familienverbänden, die aus Mitgliedern mehrerer Generationen (Großfamilie) oder zusätzlichen Ehepartnern (polygame Familie) bestehen und zudem in größere Familienverbände (Sippen, Klane) eingebettet sind.
In den westlichen Industrieländern war die Familie in den letzten Jahrzehnten entscheidenden Veränderungen unterworfen. Deutlich zugenommen hat die Zahl der nichtehelichen Lebensgemeinschaften, der nichtehelichen Geburten und der allein erziehenden Mütter und Väter. Dem versuchte die Gesetzgebung Rechnung zu tragen, so z. B. im Hinblick auf das Sorgerecht für nichteheliche Kinder oder auf das Namenrecht (seit 1992 müssen Ehepartner nicht mehr einen gemeinsamen Ehenamen tragen). Auch das Bild von der Machtstruktur innerhalb der Familie hat sich geändert. Der Begriff der »elterlichen Gewalt« z. B. ist dem der »elterlichen Sorge« gewichen (→Elternrecht). Das Ideal der gleichberechtigten »partnerschaftlichen Familie« ist dabei eng an die Durchsetzung der Gleichberechtigung der Frauen in der Gesellschaft gebunden. Die traditionelle Rollenverteilung, bei der der Vater für den Lebensunterhalt der Familie außer Haus arbeitet und die Mutter den Haushalt und die Kinder betreut, ist zunehmend in Auflösung begriffen. Dennoch ist die Zahl der Väter, die die Kinder versorgen, während die Mutter ihren Beruf ausübt, noch außerordentlich niedrig.
Zu den Kennzeichen des Wandels in der heutigen Familienstruktur gehören ferner: die gestiegene Zahl der Ehescheidungen, das häufige Auftreten von »Singles«, die bewusst auf feste partnerschaftliche Bindungen und Kinder verzichten, und die zunehmende Kinderlosigkeit zahlreicher Paare.
2) *Biologie:* →System.

Farbe: Die Abbildung zeigt vier additive Farbmischungen – Rot und Gelb ergibt Orange, Blau und Grün ergibt Blaugrün, in diesen Fällen entsteht durch die Mischung zweier Farben eine dritte; besonders interessant sind die Mischungen Rot und Blaugrün sowie Blau und Gelb, die bei sorgfältiger Einstellung beide ein unbuntes Weiß ergeben

■ **Fanatismus** [lat.] *der,* blinder Eifer, rücksichtsloser Einsatz für eine Überzeugung.

■ **Fanfare** [frz.] *die, Musik:* 1. lange, gerade Trompete ohne Ventile; 2. schmetterndes Trompetensignal auf Töne des Dreiklangs (z. B. beim Militär).

■ **Fantasie** [griech.] (Phantasie) *die,* Einbildungskraft; die schöpferische Fähigkeit des menschlichen Geistes, neue Vorstellungsbilder hervorzubringen und zu kombinieren.

■ **Fantasy** [fänt^{e}si; engl.] *die,* eine Gattung in Literatur und Film, die Motive aus Märchen, Sagen und Mythen aufgreift. Die Geschichten spielen in einer fantastischen Vergangenheit, in der Zukunft (hier sind die Übergänge zur Science-Fiction fließend) oder in einer zeitlich nicht einzuordnenden Parallelwelt. Bekannte Werke der Fantasyliteratur, die auch verfilmt wurden, sind z. B. »Der Herr der Ringe« (1954–55) von J. R. R. Tolkien sowie »Momo« (1973) und »Die unendliche Geschichte« (1979) von M. Ende.

Fallschirm: Der Gleitfallschirm hat kein Steuerruder; die rechteckige Schirmkappe füllt sich im Flug mit Stauluft und gewinnt dadurch ein tragflächenähnliches Profil, das den Auftrieb erzeugt

■ **Farad** [nach M. Faraday] *das,* Einheitenzeichen F, gesetzliche Einheit der elektrischen Kapazität. Ein Kondensator hat die Kapazität 1 F, wenn eine Ladung von 1 Coulomb eine Spannung von 1 Volt erzielt:

$$1\ \mathrm{F} = 1\,\frac{\text{Coulomb}}{\text{Volt}}.$$

Meist werden kleinere Einheiten verwendet, z. B. 1 mF (Mikrofarad, 10^{-6} F).

Superman – einer der bekanntesten Comicsuperhelden der **Fantasy**

■ **Faraday** [fär^{e}di], Michael, britischer Physiker und Chemiker, *Newington (heute zu London) 22. September 1791, †Hampton Court (heute zu London) 25. August 1867. Faraday war der Erste, der Chlor verflüssigte und Benzol gewann. Bekannt wurde er vor allem durch seine Arbeiten zur Elektrizitätslehre: Ihm gelang der Nachweis der elektromagnetischen →Induktion. Von Faraday stammen auch grundlegende Arbeiten zur →Elektrolyse. Er prägte viele Begriffe der Physik, z. B. Elektrolyse, Elektrode, Kathode und Anode.

Michael Faraday konstruierte unter anderem auch den ersten Dynamo

■ **Farbe,** eine Sinnesempfindung **(Farbempfindung),** die auf der spektralen Zusammensetzung der dem →Auge dargebotenen elektromagnetischen Strahlung **(Farbreiz)** beruht. Farbempfindungen entstehen durch die jeweils spezielle Art der Reizung dreier verschiedener Sinneszellen (Zapfen) in der Netzhaut des Auges, die in unterschiedlichen Spektralbereichen ihre größte Empfindlichkeit haben (Rot, Grün, Blau). Daher kann jede Farbempfindung durch eine additive Farbmischung dreier Grundfarben hervorgerufen werden. Nach dem gleichen Prinzip arbeitet auch der Farbdruck, der Farbfilm und das Farbfernsehen.

Die Eigenschaft einer Strahlung, eine bestimmte Farbempfindung hervorzurufen, wird als ihre **Farbvalenz** bezeichnet. Jedem Farbreiz entspricht zwar eine bestimmte Farbvalenz, aber umgekehrt kann eine bestimmte Farbvalenz durch unterschiedliche Farbreize hervorgerufen werden. Im einfachsten Fall, bei den **Spektralfarben** (→Spektrum), entspricht eine bestimmte Lichtwellenlänge einer bestimmten Farbvalenz, das heißt einer wahrgenommenen Farbe.

Ein Körper erscheint im weißen Licht farbig **(Körperfarbe),** wenn er bestimmte Spektralbereiche des Lichts unterschiedlich stark oder auch gar nicht zurückwirft. Ein roter Körper beispielsweise wirft diejenigen Anteile des Lichts zurück, die den Eindruck »Rot« hervorrufen, während er die übrigen Bestandteile absorbiert (»verschluckt«). Die Wirkung eines Farbglases (Farbfilter) beruht darauf, dass es nur bestimmte Anteile des weißen Lichts durchlässt, die anderen dagegen absorbiert.

■ **Farbenblindheit,** eine meist angeborene Unfähigkeit, Farben zu unterscheiden. In den meisten Fällen besteht nur eine **Farbenfehlsichtigkeit** (Farbsinnstörung, Dyschromasie), das heißt eine Abweichung vom normalen Farbempfinden und Farbenunterscheidungsvermögen, die sich z. B. als Rot-Grün-Blindheit zeigen kann. Absolut farbenblinde Menschen sind selten. Einer Farbenblindheit liegt der Funktionsausfall aller oder bestimmter Sinneszellen der Netzhaut (→Auge), der Zapfen, zugrunde.

■ **Farbfernsehen** →Fernsehen.

■ **Farbmischung,** das Gewinnen einer neuen Farbvalenz (→Farbe) aus der Zusammensetzung von zwei oder drei anderen.

Bei der **subtraktiven Farbmischung** wird Licht aus unterschiedlichen Spektralbereichen durch verschiedene Farbstoffe absorbiert (→Absorption), z. B. beim Vermischen farbiger Flüssigkeiten oder beim Hintereinanderschalten farbiger Filter.

Additive Farbmischung ist die räumliche oder zeitliche Überlagerung von Farbreizen, etwa durch Übereinanderprojektion von Farben, durch einen rotierenden Farbkreisel oder durch dicht zusammenliegende verschiedenfarbige Bildpunkte (z. B. beim Rasterdruck und beim Fernsehen).

■ **Farbstoffe,** Substanzen mit der Eigenschaft, von künstlichem oder natürlichem Licht Anteile unterschiedlicher Wellenlängenbereiche verschieden stark zurückzuwerfen (reflektieren) oder durchzulassen. Farbstoffe nennt man in Lösungs- oder Bindemitteln lösliche Farbmittel, denen die unlöslichen →Pigmente gegenüberstehen. Man unterscheidet weiterhin zwischen natürlichen und synthetischen Farbstoffen.

Zu den bekanntesten pflanzlichen Farbstoffen gehören Indigo aus der Färberwaidpflanze und Chlorophyll, weiter die Vielzahl der Blütenfarbstoffe.

Beispiele für Farbstoffe tierischen Ursprungs sind der Purpurfarbstoff aus der Purpurschnecke und der rote Blutfarbstoff Hämoglobin.

Die zahllosen synthetischen organischen Farbstoffe, die früher zu einem Großteil aus Steinkohlenteer (Teerfarben) hergestellt wurden, haben die natürlichen organischen Farbstoffe für Färbezwecke fast völlig verdrängt, weil sie über eine größere Licht- und Waschechtheit verfügen, meist eine bessere Farbwirkung ergeben und billiger zu produzieren sind. Manche natürlich vorkommenden Farbstoffe werden auch synthetisch hergestellt, z. B. das für die Jeansfärbung verwendete Indigo.

■ **Farbwechsel,** die Änderung der Körperfarbe bei Tieren. Neben dem langsam ablaufenden **morphologischen Farbwechsel** gibt es den **physiologischen Farbwechsel,** der auf einer Wanderung vorhandener →Pigmente in den pigmentführenden Zellen der Körperoberfläche beruht. Dieser Farbwechsel erfolgt sehr schnell und kann sich rasch wieder umkehren. Farbwechsel zeigen viele wirbellose Tiere und einige wechselwarme Wirbeltiere. Er wird nervlich oder hormonell gesteuert und dient u. a. der Tarnung (z. B. beim Tintenfisch und beim Chamäleon).

■ **Farm** [engl.] *die,* im englischen und amerikanischen Sprachgebrauch ein landwirtschaftlicher Betrieb. In Deutschland versteht man unter Farm meist einen Betrieb, in dem eine bestimmte Nutztierart gezüchtet und aufgezogen wird, z. B. Chinchilla-, Hühnerfarm.

■ **Farne,** meist krautige, manchmal baumartige blütenlose Klasse der Farnpflanzen. Farne tragen meist große, reich gefiederte Blätter (Wedel), an deren Unterseite sich Sporenbehälter befinden. Die Fortpflanzung ist mit einem →Generationswechsel verbunden. Bei uns gibt es u. a. die Hirschzunge, den Tüpfel-, den Adler- und den Wurmfarn.

In erdgeschichtlicher Vorzeit war die Erde von weiten Farnwäldern bedeckt, aus denen teilweise unsere Steinkohlenlager entstanden sind.

■ **Farnpflanzen,** eine Abteilung der Pflanzen, zu der die Farne, die Bärlappgewächse, die Schachtelhalme und die Urfarne gehören.

■ **Färöer** [dänisch, = Schafinseln], zu Dänemark gehörende Inselgruppe zwischen Island und Norwegen, 1 399 km².Von den etwa 25 Felseninseln sind nur 17 bewohnt. Die Hauptstadt ist Tórshavn. Die auf den Färöern lebenden 45 000 Färinger (oder Färöer) betreiben hauptsächlich Fischfang sowie Schafzucht und Wollverarbeitung.

■ **Fasanen** [griech.], eine mit fast 30 Arten weltweit verbreitete Unterfamilie der Fasanenartigen, die ursprünglich nur in Asien vorkamen. Es sind meist Bodenvögel, deren Männchen prächtig gefärbt sind und verlängerte Schwanzfedern aufweisen. Am bekanntesten ist bei uns der **Edelfasan** (Jagdfasan).

■ **Fasching,** vor allem in Österreich und Bayern Bezeichnung für die Zeit der →Fastnacht.

■ **Faschismus** [italienisch] *der,* **1)** politische Bewegung in Italien, die 1919 von Benito Mussolini organisiert wurde. Der Faschismus lehnte die Demokratie, den Parlamentarismus und die Freiheit der Wirtschaft ab. Seine besondere Gegnerschaft galt dem Kommunismus. Er verkündete die Allmacht des Staates, die vollkommene Unterordnung des Einzelnen unter die Zwecke des Staates und unter den Willen eines Führers (italienisch Duce). Als Sinnbild wählte er das Beil mit den Rutenbündeln (lat. fasces), das im alten Rom den Konsuln als Zeichen ihrer Gewalt über Leben und Tod vorangetragen wurde.

1922 übernahmen die Faschisten mit dem »Marsch auf Rom« (etwa 40 000 Teilnehmer) die Regierungsgewalt in Italien, die sie durch Terror und rücksichtslosen Machtgebrauch allmählich festigten. Die anderen Parteien wurden ausgeschaltet, Presse-, Meinungs- und Versammlungsfreiheit aufgehoben. Im Bündnis mit dem deutschen Nationalsozialismus führte das faschistische Regime Italien in den Zweiten Weltkrieg. 1943 endete es durch einen Staatsstreich (→Italien, Geschichte).

2) Sammelbezeichnung für politische Bewegungen und Parteien in fast allen Staaten Europas ab den 1920er-Jahren, die am italienischen Faschismus orientiert waren, z. B. in Deutschland der →Nationalsozialismus, in Österreich die Heimwehren, in Spanien die Falange, in Großbritannien die British Union of Fascists, in Frankreich u. a. der Francismus, der Parti Populaire Français.

Ursachen für die Entstehung dieser Bewegungen waren die sozialen und politischen Veränderungen nach dem Ersten Weltkrieg. Die Anhänger des Faschismus stammten vor allem aus der Mittelschicht, die sich durch das Anwachsen der Arbeiterbewegung und die Industrialisierung in ihrer Existenz bedroht sahen. Volksgemeinschaftsparolen sollten die Klassengegensätze verschleiern, die sozialen Spannungen sollten auf Randgruppen (z. B. Juden, →Antisemitismus) abgelenkt werden.

Nach dem Zweiten Weltkrieg weitete sich der Begriff »faschistisch« stark aus und verlor an Eindeutigkeit. Er wurde nun nicht allein für Verfechter rechtsradikaler Ziele gebraucht, sondern im politischen Meinungskampf auch für die Gegner der liberal-parlamentarischen Demokratie oder des kommunistisch regierten Staates.

■ **Fasern,** lange, feine Gebilde, die zu Garnen versponnen werden können. **Naturfasern** werden aus pflanzlichen oder tierischen Organismen gewonnen. Pflanzliche Fasern bestehen überwiegend aus Cellulose. Sie werden in Pflanzenhaare (Baumwolle), Bastfasern und Hartfasern unterteilt. Baumwollfasern sind 10–50 mm lang, Wollfasern 10–400 mm. Unter den tierischen Fasern haben die aus Keratin bestehenden Wollarten und Seide die größte Bedeutung.

Chemiefasern werden aus natürlichen oder synthetisch gewonnenen Molekülen hergestellt. Aus natürlichen Molekülen bestehen die Cellulosefasern (u. a. Viskose); wichtige synthetische Fasern sind Polyesterfasern, Polyamidfasern und Polyacrylfasern.

■ **Fạssbinder,** Rainer Werner, deutscher Regisseur und Filmproduzent, *Bad Wörishofen 31. Mai 1945, †München 10. Juni 1982. Fassbinder war einer der bekanntesten Vertreter des »neuen deutschen Films«.

■ **Fạsten,** der freiwillige Verzicht auf Nahrung aus gesundheitlichen oder religiösen Gründen. Durch totales (»Nulldiät«) oder gemäßigtes Fasten, bei dem eine geringe Nahrungsaufnahme erlaubt ist, versucht man bei fettleibigen Menschen eine Verringerung des Gewichts zu erreichen, um so Folgekrankheiten (z. B. Bluthochdruck, Gelenkveränderungen) zu vermeiden. Vorbeugende Fastenkuren sollen den Körper entschlacken und die Abwehrkräfte stärken.

In einigen Religionen gibt es festgelegte Fastenzeiten (z. B. in der katholischen Kirche die 40-tägige Fastenzeit vor Ostern, im Islam der Fastenmonat Ramadan), die der Besinnung dienen.

■ **Fast Food** ['fa̱stfud; engl.] *das,* vorgefertigte Gerichte, die einfach und schnell zubereitet werden können (z. B. Currywurst, Hamburger, Dönerkebab). Der übermäßige Verzehr von Fast Food kann

Der »Duce« des italienischen **Faschismus,** Benito Mussolini, schreitet im September 1937 bei einem Staatsbesuch im nationalsozialistischen Deutschland mit dem »Führer« Adolf Hitler (links) eine buchstäblich gesichtslose Front der SA (der Sturmabteilung der NSDAP) ab

zu Mangelerscheinungen (vor allem Calcium, Eisen, Vitamin A und C) und Übergewicht führen.

■ **Fastnacht** (Fasnacht, Fasching, Karneval), die Zeit vor der Fastenzeit (also vor Aschermittwoch), in der die gewohnte Ordnung verspottet wird (z.B. durch Verkleidung und Umzüge).

■ **Fastnachtsspiele,** kurze, derb-witzige Theaterstücke für die Fastnachtszeit, vor allem im 15. und 16. Jahrhundert. Sie sind die ältesten weltlichen Dramen in deutscher Sprache. Bekannte Fastnachtspiele schrieb Hans Sachs (u.a. »Das Hofgesind der Venus«, 1517).

■ **Fatalismus** [lat.] *der,* Haltung, bei der die Ergebenheit in die »blinde« Notwendigkeit allen Geschehens das Leben bestimmt.

■ **Fata Morgana** →Luftspiegelung.

■ **Fatwa** [arabisch] (Fetwa) *die,* Rechtsgutachten des Muftis (eines arabischen Rechtsgelehrten), in dem festgestellt wird, ob eine Handlung mit dem islamischen Recht vereinbar ist; es hat die Bedeutung eines Gesetzes.

■ **Fäulnis,** Zersetzung organischer Stoffe durch Mikroorganismen bei Sauerstoffmangel. Häufig entstehen dabei stinkende Gase.

■ **Faulschlamm** (Sapropel), breiige Masse am Boden stehender oder schwach bewegter, sauerstoffarmer Gewässer, gebildet aus Überresten von Plankton u.a. Stoffen. Aus Faulschlamm früherer Erdzeitalter ist das Erdöl gebildet worden. – Als Faulschlamm wird auch der Klärschlamm aus den Faultürmen der Kläranlagen bezeichnet.

■ **Faultiere,** Säugetierfamilie, die im tropischen Mittel- und Südamerika beheimatet ist. Sie verbringen praktisch ihr ganzes Leben, auch die Schlafzeit, mit dem Rücken nach unten hängend, in den Bäumen. Nur zum Kotabsetzen oder zum Baumwechsel gehen sie kurzfristig auf den Erdboden. Arme und Beine haben lange Sichelkrallen zum Anhängen und Klettern. Die Faultiere fressen hauptsächlich Blätter.

■ **Faun** (lat. Faunus), altrömischer Naturgott, als dessen Wohnung man sich Wälder und Berge dachte; Beschützer der Herden. Ihm entspricht der griechische Gott Pan.

■ **Fauna** [nach Fauna, der Frau oder Schwester des Gottes Faun] *die,* die Tierwelt eines bestimmten Gebietes.

■ **Faust,** Dr. Johannes (oder Georg), Arzt, Astrologe und Schwarzkünstler, *Knittlingen um 1480, †Staufen im Breisgau 1536 oder kurz vor 1540. Faust zog in Deutschland umher, stellte Horoskope und erregte mit Zauberkunststücken großes Aufsehen.

Das langhaarige **Faultier** – hier ein Dreifingerfaultier – trägt nicht zu Unrecht seinen Namen: nach seinem täglich etwa 15 Stunden dauernden Schlaf bewegt es sich im lässigen Zeitlupentempo durch das Geäst der Bäume

Schon zu Lebzeiten bildeten sich um seine Person zahlreiche Legenden; sie wurden zur Grundlage des »Volksbuchs vom Dr. Faust« (1587). Auch in der Dichtung ist das Leben dieses Mannes gestaltet worden, der seine Seele dem Teufel verpfändet haben soll, um übermenschliches Wissen und geheimnisvolle Macht über die Natur zu gewinnen. Goethe hat den Stoff als Menschheitsdrama angelegt (»Faust I«, 1808; »Faust II«, 1832).

■ **Faustball,** Rückschlagspiel für zwei Mannschaften zu je fünf Spielern. Ziel ist es, mit der Faust oder dem Unterarm einen 350–380 g schweren Lederhohlball so über ein in der Spielfeldmitte in 2 m Höhe gespanntes Band ins gegnerische Feld zu schlagen, dass er vom Gegner nicht erreicht oder nur fehlerhaft zurückgeschlagen werden kann. Fehler ist, wenn der Ball zweimal hintereinander von demselben Spieler berührt oder mehr als dreimal hintereinander von derselben Mannschaft geschlagen wird und wenn er mehr als einmal vor jedem Schlag den Boden berührt.

Das Spielfeld misst 50×20 m im Freien und 40×20 m in der Halle. Gespielt wird auf zwei Gewinnsätze bis jeweils 15 oder 20 Punkte, oder nach Zeit (Feldspiel 2×15, Hallenspiel 2×10 Minuten).

■ **Faustkeil,** Steinwerkzeug und Waffe der älteren und mittleren Steinzeit. Der Faustkeil ist beiderseitig kantig zugeschlagen und wurde zum Schlag oder Stoß in der Faust geführt.

■ **Faustrecht,** früher ein gesetz- und rechtloser Zustand, in dem das Recht des Stärkeren galt; auch gleichgesetzt mit →Fehde. Heute versteht man unter Faustrecht die nur ausnahmsweise im Rahmen der gesetzlich geregelten Notwehr erlaubte Selbsthilfe.

■ **Fax** →Telefax.

■ **Fayence** [fajangß; frz., benannt nach der italienischen Stadt Faenza] *die,* mit einer Glasur überzogene und dann bemalte Tonware (Gefäße, Tafeln). Fayencen waren schon im 2. Jahrtausend v. Chr. weit verbreitet. Besonders schöne Fayencen wurden in der Renaissance hergestellt. Der italienische Name für Fayence ist **Majolika** (nach der Insel Mallorca, einem der Haupthandelsplätze für Fayencen).

■ **FBI** [efbiai] *das,* Abkürzung für engl. Federal Bureau of Investigation, die Bundeskriminalpolizei der USA mit Sitz in Washington (D. C.). Sie ist dem Bundesjustizminister unterstellt und zuständig für Verstöße gegen das Bundesstrafrecht, für die Sammlung von erkennungsdienstlichen Unterlagen (z. B. Fingerabdrücke) und Beweismaterial (z. B. Waffen), für Spionage- und Sabotageabwehr sowie für den Schutz des Präsidenten. Daneben ist der Kampf gegen das internationale organisierte Verbrechen eine der Hauptaufgaben des FBI, das hierbei auch mit europäischen Polizeidienststellen zusammenarbeitet.

■ **FCKW** →Fluorchlorkohlenwasserstoffe.

■ **FDGB,** Abkürzung für Freier Deutscher Gewerkschaftsbund, die 1945 entstandene Einheitsgewerkschaft und größte Massenorganisation in der DDR. Der FDGB lehnte das Streikrecht in der »volkseigenen Wirtschaft« ab und erkannte die »führende Rolle der SED« an.

■ **FDJ,** Abkürzung für Freie Deutsche Jugend, die 1946 gegründete, der SED eng verbundene Einheitsorganisation für Jugendliche ab 14 Jahren in der DDR. Ihre Aufgabe war die politische Organisierung der Jugend, deren ideologische und fachliche Erziehung sowie eine organisierte Freizeitgestaltung, die bis zur vormilitärischen Ausbildung reichte.

Die Vorstufe zur FDJ war die von ihr geleitete Pionierorganisation »Ernst Thälmann«.

■ **FDP** (F.D.P.), Abkürzung für Freie Demokratische Partei, politische Partei, die 1948 aus dem Zusammenschluss nationalliberaler und linksliberaler Gruppen entstand. Sie war seit 1949 fast durchweg (mit Unterbrechungen 1957–61 und 1966–69) in Koalitionen sowohl mit der CDU/CSU als auch mit der SPD an der Bundesregierung beteiligt. 1998 ging sie in die Opposition.

■ **Feature** [fitsch^{e}r; engl.] *das,* bei Presse, Rundfunk, Film oder Fernsehen aktueller Bericht mit Hintergrundinformationen, vor allem aus Reportage, Dokumentation, Tonzitat und Kommentar bestehend, im Hörfunk und Fernsehen dramaturgisch aufbereitet.

■ **Fechten,** sportlicher Zweikampf mit Hieb- und Stoßwaffen. Als reine Stoßwaffen gelten das **Florett** (Länge bis 1,10 m, Gewicht 500 g, vierkantige Stahlklinge) und der **Degen** (Länge bis 1,10 m, Gewicht 770 g, dreikantige Stahlklinge). Der **Säbel,** mit dem nur Herren fechten, ist eine Hieb- und Stichwaffe (Länge 1,05 m, Gewicht 500 g, vierkantige Stahlklinge).

Ziel ist es, beim Gegner gültige Treffer zu landen, Trefffläche ist beim Florettfechten nur der Oberkörper, beim Degenfechten der gesamte Körper, beim Säbelfechten der Oberkörper einschließlich Kopf und Armen. Beim Florett- und Degenfechten werden Treffer durch eine elektrische Trefferanzeige kenntlich gemacht, beim Säbelfechten durch einen Schiedsrichter (Obmann).

Die Fechtbahn (Planche) ist 1,8–2,0 m breit und 14–18 m lang. Um Verletzungen zu vermeiden, werden wattierte Westen und Handschuhe getragen, das Gesicht wird durch eine Drahtmaske geschützt. Ausgetragen werden in allen drei Disziplinen Einzel- und Mannschaftswettbewerbe; beim Mannschaftswettbewerb kämpfen die jeweils vier Fechter einer Mannschaft jeder gegen jeden.

■ **Feder, 1)** *Maschinenbau:* eine Vorrichtung aus elastischem Material (meist Stahl) zum Abfangen von Stößen und Erschütterungen (Federung), besonders bei Fahrzeugen. Biegefedern verbiegen sich dabei, Torsionsfedern (Torsion = Verdrehung) verdrehen sich. Im modernen Fahrzeugbau werden auch Luftpolster zur Federung verwendet (Luftfederung). Federn, die zum Antrieb von Uhrwerken und Ähnlichem benutzt werden, heißen Triebfedern.

2) *Zoologie:* eine aus Horn bestehende Bildung der Vogelhaut, gegliedert in Kiel und Fahne. Der Grundteil des Kiels, die Spule, ist rund und hohl und steckt in der Haut. Am oberen Teil, dem Schaft, ist die Fahne angeordnet. Man unterscheidet Deckfedern, die das Großgefieder bilden, und den zarten, flaumigen Daunen (Dunen).

Die in unterschiedlicher Größe und Form angefertigten **Faustkeile** gehören zu den wichtigsten Zeitzeugen der Altsteinzeit

F.D.P. Die Liberalen

Freie Demokratische Partei

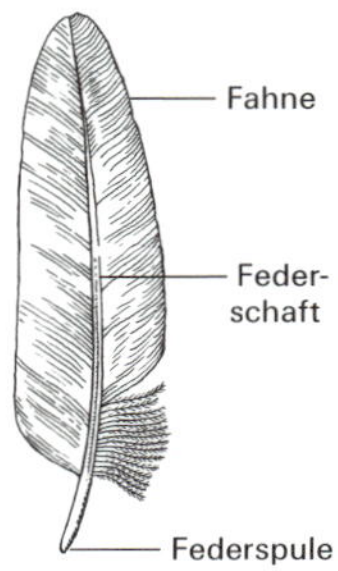

Aufbau der **Feder** eines Vogels

Im Herbst 1940 verfolgte in Frankreich eine Schar von Kindern einen Hund, der flüchtend in einem Loch verschwand; das Loch entpuppte sich als Höhle (von Lascaux), die bis dahin mit ihrem ungeheueren Reichtum an etwa 17 000 bis 18 000 Jahre alten **Felsbildern** unentdeckt geblieben war

Ast des **Feigenbaums** mit Früchten und den fingerförmig gelappten Blättern, darunter eine aufgeschnittene Essfeige

■ **Federationcup** [fed^{e}re^{i}schnkap; engl.] *der,* im Tennis internationaler Mannschaftswettbewerb für Damen, der dem →Daviscup bei den Herren entspricht. Gespielt werden zwei Einzel und ein Doppel.

■ **Federball,** freizeitsportliche Variante des →Badminton.

■ **Feedback** [fidbäk; engl.] *das,* in der Kybernetik und Technik Bezeichnung für →Rückkopplung (z. B. von Signalen in Schalt- und Regelkreisen).

■ **Fegefeuer,** nach der katholischen Glaubenslehre der Zustand der Läuterung des Menschen nach dem Tod.

■ **Fehde,** in germanischer Zeit und im Mittelalter ein Privatkrieg zwischen zwei Freien oder ihren Sippen zur Durchsetzung von Rechtsansprüchen. Das Waffenverbot für Bürger und Bauern, die Forderung nach Ausschöpfen des Rechtsweges und die Verpflichtung zur Ankündigung (Fehdebrief) schränkten die Fehde ein, bis sie durch den Ewigen Landfrieden (1495) abgeschafft wurde.

■ **Fehlgeburt** (Abort), das Ausstoßen der Leibesfrucht innerhalb der ersten 28 Schwangerschaftswochen. Als **frühe Fehlgeburt** bezeichnet man die Ausstoßung der Frucht bis zum Ende der 12. Schwangerschaftswoche, also bis zum Abschluss der Organentwicklung. 30–50 % der Schwangerschaften enden in dieser Phase mit einer – von den Frauen oft unbemerkten – Fehlgeburt. Durch eine frühe Fehlgeburt werden Schwangerschaften mit schwer missgebildeten Embryonen und ungünstiger Einnistung in die Gebärmutter frühzeitig beendet. Eine frühe Fehlgeburt beginnt meistens mit Blutungen, später kommen wehenartige Schmerzen hinzu.
Als **späte Fehlgeburt** bezeichnet man die Geburt eines toten Fetus zwischen der 13. und 28. Schwangerschaftswoche mit einem Geburtsgewicht von unter 1000 Gramm. In dieser Zeit der Schwangerschaft sind Fehlgeburten eher selten. Ursachen hierfür können ein ungenügender Verschluss des Muttermundes oder Infektionen des Fetus sein. Die späte Fehlgeburt beginnt meist mit Wehen.

■ **Fehmarn,** deutsche Ostseeinsel zwischen Kieler und Mecklenburger Bucht, 185 km^2, mit 12 300 Einwohnern. Der Hauptort ist Burg auf Fehmarn. Als **Fehmarnbelt** bezeichnet man die 18 km breite Meeresstraße zwischen Fehmarn und der dänischen Insel Lolland. **Fehmarnsund** heißt die etwa 1 km breite, zwischen Fehmarn und der Halbinsel Wagrien gelegene Meeresstraße, über die die Fehmarnsundbrücke der →Vogelfluglinie führt.

■ **Feigenbaum,** Art der Gattung Feige, die in tropischen und subtropischen Gebieten angebaut wird. Die Frucht der Essfeige bildet sich aus den weiblichen Blüten nach Bestäubung durch die in wärmeren Ländern beheimatete Feigengallwespe.

■ **Feingehalt,** der Gehalt an Edelmetall in einer Legierung, bei Gold und Silber angegeben in Promille (Gewichtsanteil des Edelmetalls an 1 000 Teilen der Legierung), z. B. enthält »900er-Gold« 900 Teile Gold und 100 Teile Zusatzmetalle.

■ **Feld,** in der Physik eine mit einem besonderen Zustand des Raums verbundene Erscheinung, die mit der Wirkung einer Kraft auf einen Probekörper verbunden sein kann. So übt etwa das elektrische Feld eine Kraft auf elektrisch geladene Körper aus.

■ **Feldberg,** höchster Berg des Schwarzwaldes, 1 493 m. Der Feldberg ragt über die Waldgrenze hinaus und hat hohe Niederschläge.

■ **Feldspäte** (Feldspate), Gruppe der wichtigsten gesteinsbildenden Minerale (50 bis 60 % aller Silikatminerale; fast 60 % der Erdkruste). Die harten, aber gut spaltbaren Mineralien bestehen aus Aluminiumsilikaten, in die Kalium-, Natrium- oder Calciumionen eingebaut sind, z. B beim weit verbreiteten Kalifeldspat. Feldspäte sind wichtige Rohstoffe für die keramische Industrie, die Glasindustrie und die Herstellung von →Email.

■ **Fellachen** [arabisch], die Ackerbau treibende Landbevölkerung im Nahen Osten, vor allem in Ägypten. Die ägyptischen Fellachen sind direkte Nachkommen der alten Ägypter und haben in ihrer Kultur manche Züge aus altägyptischer und römischer Zeit erhalten.

■ **Fellini,** Federico, italienischer Filmregisseur, *Rimini 20. Januar 1920, †Rom 31. Oktober 1993. Seine oft autobiografisch beeinflussten Filme sind symbolträchtige Beschreibungen einer feudal wirkenden Gesellschaft, z. B. »La Strada« (1954), »Das süße Leben« (1959).

■ **Felsbilder,** gemalte oder eingeritzte Darstellungen auf Fels. Feldbilder sind in allen Erdteilen zu finden; die ältesten stammen aus der jüngeren Altsteinzeit, die jüngsten aus unserer Zeit. Die ältesten gemalten Felsbilder sind in Höhlen erhalten geblieben, in denen Temperatur und Luftfeuchtigkeit gleichmäßig blieben. Berühmt sind die Höhlenmalereien von Altamira bei Santillana del Mar (Nordspanien) und Lascaux bei Montignac (Département Dordogne, Frankreich). Man findet u. a. Tier- und Menschendarstellungen, Jagdszenen sowie magische Zeichen.

■ **Fememorde,** Morde, die von Geheimbünden an politischen Gegnern begangen werden. Die Fememörder geben vor, in Selbsthilfe so genannte Feinde des Volkes oder »Verräter« zu verurteilen und »hinzurichten«. Besonders bekannt wurden Fememorde rechtsradikaler Verbände in Deutschland nach dem Ersten Weltkrieg.

■ **Femgericht,** im Mittelalter und in der frühen Neuzeit Bezeichnung für Gerichte, die neben den fürstlichen und städtischen Gerichten für sich das Recht beanspruchten, schwere Rechtsbrüche, besonders gegen den →Landfrieden, zu verurteilen (vor allem in Westfalen). Da sie nur für Freie zuständig waren, nannte man sie auch Freigerichte (Freistuhl). Ende des 18. Jahrh. wurden die Femgerichte aufgelöst.

■ **Femininum** →Substantiv.

■ **Feminismus** [lat.] *der,* Bezeichnung für die Frauenbewegung, besonders seit Ende der 1960er-Jahre, und die von ihr vertretene Theorie. Ziel des Feminismus ist die Abschaffung des Sexismus, das heißt der Unterdrückung der Frau, und eine stärker von weiblichem Einfluss geprägte, grundlegende Veränderung des gesellschaftlichen Wertesystems.

■ **Fenchel,** eine im Mittelmeergebiet heimische Gattung der Doldenblütler mit drei Arten. Der **Gartenfenchel** wird als Gewürzpflanze kultiviert. Aus den etwa 8 mm langen Früchten werden Fenchelöl und Fencheltee hergestellt. Als Gemüse wird eine Sorte mit zwiebelförmig verdickten Blattscheiden angebaut.

Fenchel: blühender Gartenfenchel und eine Zwiebel des Gemüsefenchels

■ **Fermate** [italienisch] *die,* in der Musik ein Zeichen (𝄐) über einer Note oder Pause, das deren Aushalten über den angegebenen Wert hinaus vorschreibt.

■ **Fermente** →Enzyme.

■ **Fermium** [benannt nach dem italienischen Physiker Enrico Fermi, 1901–54] *das,* ein künstliches, radioaktives chemisches Element aus der Gruppe der →Transurane.

Fermium
chemisches Symbol: Fm
Ordnungszahl: 100
relative Nuklidmasse des ^{257}Fm: 257

■ **Ferner Osten,** Bezeichnung für die östlichen Randländer und Inseln Asiens von Ostsibirien bis Hinterindien.

■ **Fernheizung,** die Wärmeversorgung mehrerer Gebäude oder ganzer Stadtteile von einem zentralen Heizwerk aus. Dampf oder Heißwasser wird über unterirdische Rohrleitungen den angeschlossenen Gebäuden zugeführt. Meist wird die Fernheizung von Elektrizitätswerken betrieben, die dafür den Abdampf der Dampfturbinen verwenden (Kraft-Wärme-Kopplung).

■ **Fernmeldetechnik,** ein Bereich der →Nachrichtentechnik, der sich mit den Verfahren und Ausführungsformen elektrischer Übertragungs- und Vermittlungstechniken, die der Kommunikation dienen, befasst.

■ **Fernrohre,** optische Instrumente, die das von entfernten Gegenständen ausgehende Licht so sammeln, dass diese unter einem größeren Sehwinkel betrachtet werden können und heller erscheinen. Das Licht sammelnde Element kann aus Linsen bestehen (Objektiv) oder ein Hohlspiegel (Primärspiegel oder Reflektor) sein. Die entsprechenden Fernrohre heißen **Refraktoren** bzw. **Reflektoren.**

Zu den Refraktoren gehört das keplersche (astronomische) Fernrohr. Sein Objektiv erzeugt von dem betrachteten Gegenstand ein verkleinertes, umgekehrtes, reelles Zwischenbild, das durch das sammelnde Okular wie mit einer Lupe betrachtet wird. Um das Bild aufzurichten, können eine Sammellinse (Umkehrlinse) zwischen Objektiv und Okular geschaltet oder zwei Umlenkprismen in den Strahlengang gebracht werden (Prismenfernrohr). Das galileische (holländische) Fernrohr hat ein zerstreuend wirkendes Okular, in dem kein reelles Zwischenbild erscheint. Das vom Betrachter wahrgenommene Bild des beobachteten Gegenstandes steht aufrecht. Wegen seines kurzen Strahlengangs wird das galileische Fernrohr bevorzugt als Opernglas verwendet.

Fernrohre für den Handgebrauch mit beidäugigem Durchblick werden meist als **Ferngläser** bezeichnet. Vor allem in der Astronomie werden mit Primärspiegeln ausgestattete Fernrohre auch als →Spiegelteleskope bezeichnet.

■ **Fernschreiber,** Anlage zur telegrafischen Übermittlung schriftlicher Nachrichten. Sende- und Empfangseinrichtungen sind in einem Gerät untergebracht, das einer Schreibmaschine ähnelt. Der Empfänger wird wie beim Telefon angewählt. In der Minute können bis zu 400 Zeichen übermittelt werden.

■ **Fernsehen,** die Aufnahme bewegter Bilder sowie des zugehörigen Tons und ihre drahtlose oder kabelgebundene Übertragung und Wiedergabe mit Mitteln der Rundfunk- und Nachrichtentechnik. Zur Übertragung wird ein Bild in ein feines Raster aus einzelnen Bildpunkten zerlegt. Nach der in Mitteleuropa verwendeten technischen Norm besteht dies aus 625 Zeilen mit je 833 Bildpunkten, das heißt 520 625 Rasterpunkten, die nicht gleichzeitig, sondern zeilenweise nacheinander übertragen werden.

Für die Darstellung bewegter Bilder ist die Übertragung von etwa 25 Bildern pro Sekunde notwendig, damit das Auge den Eindruck einer kontinuierlichen Bewegung erhält. Durch einen technischen Trick, das Zeilensprungverfahren, werden die Bildzeilen nicht in ihrer natürlichen Reihenfolge wie-

Fernsehen

Das PAL-System wurde von Professor Walter Bruch (1908-90) für AEG-Telefunken entwickelt und ab 1967 in Deutschland und zahlreichen anderen Ländern eingeführt. Es stellte gegenüber dem amerikanischen NTSC-System eine wesentliche Verbesserung dar. Bei ihm werden auf dem Übertragungsweg entstehende Farbfehler dadurch kompensiert, dass ein mit den Farbensignalen amplitudenmodulierter Farbträger beim Sender und Empfänger Zeile für Zeile umgepolt wird. Daher auch der Name: Phase Alternating Line – zeilenweise Phasenveränderung.

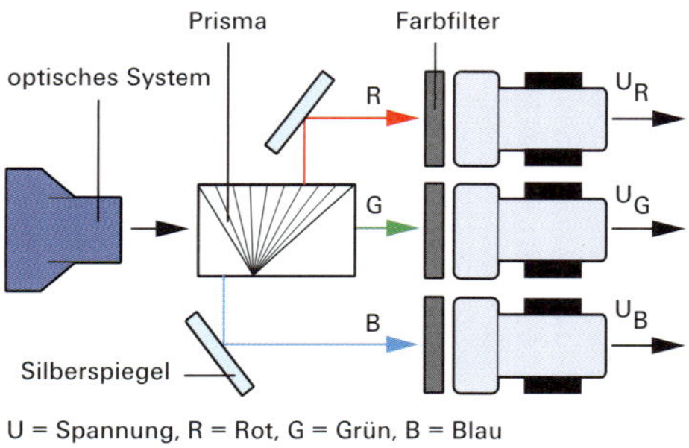

Prinzip der Farbfernsehkamera

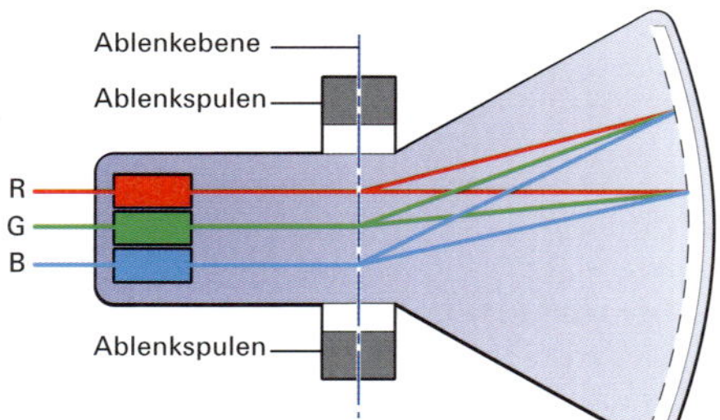

Bildwiedergabe auf dem Bildschirm

Fernsehen: Schema der Aufnahme und Wiedergabe von Farbfernsehbildern

dergegeben, sondern in der ersten Fünfzigstelsekunde nur die ungeradzahligen Zeilen abgetastet, in der nächsten Fünfzigstelsekunde nur die geradzahligen usw. Dadurch werden 50 Bilder in der Sekunde mit halber Zeilenzahl erzeugt, die auf dem Bildschirm ineinander geschachtelt sind und dadurch flimmerfrei wirken. Dabei werden etwa 13 Millionen Bildpunkte pro Sekunde übertragen.
Die Umwandlung des Bildes in elektrische Signale (Videosignale) geschieht mit einer elektronischen Fernsehkamera, in der die Helligkeits- und Farbwerte der Bildpunkte abgetastet und umgesetzt werden. Die Bildsignale werden weiter verarbeitet, verstärkt und von einer Sendeantenne ausgestrahlt oder in ein Kabelnetz eingespeist. Der zu einer Fernsehsendung gehörende Ton wird einem Tonsender zugeführt.
Für die Verbreitung über elektromagnetische Wellen sind Fernsehsende- bzw. -empfangsantennen auf hohen Bergen in Abständen von 50 bis 100 km nötig, da hochfrequente Wellen sich nahezu geradlinig ausbreiten und der Erdkrümmung nicht folgen.
Beim Kabelfernsehen werden die Signale der Fernsehprogramme über ein breitbandiges Kabelnetz (→Koaxialkabel) übertragen und im Fernsehempfänger umgesetzt. Beim Fernsehen über Satelliten werden die Signale mit Parabolantennen empfangen und mit Decodern entschlüsselt.
Im Fernsehempfänger wird das Bild- und Tonsignal durch Demodulation gewonnen, das heißt, beide Signale werden getrennt, und das verstärkte Tonsignal wird dem Lautsprecher zugeführt. Das Bildsignal beeinflusst über die Steuerelektroden einer braunschen Röhre einen im Zeilenrhythmus der Fernsehkamera über den Leuchtschirm gleitenden Elektronenstrahl. Neuere Bildschirme arbeiten auf der Basis von Flüssigkristallanzeigen, Plasmadisplays oder Displays auf der Grundlage der Dünnschichtelektrolumineszenz.
Mit bestimmten Zusatzgeräten (Decoder) ist neben dem Empfang der Fernsehprogramme auch die Nutzung von →Bildschirmtext, →Videotext und →Internet möglich. Außerdem lässt sich ein →Videorekorder zur Bespielung und Wiedergabe von Videokassetten anschließen.
Das Grundprinzip des **Farbfernsehens** beruht auf der Umwandlung der Farbe in elektrische Signale. Diese werden zusätzlich zu den in einem Schwarz-Weiß-Bild enthaltenen Helligkeitsinformationen übertragen. Alle natürlichen Farben lassen sich durch additive Mischung der drei Grundfarben Rot, Grün und Blau darstellen (→Farbe). Die drei Farbauszüge und das Helligkeitssignal werden in der Farbfernsehkamera mithilfe von Filtern gewonnen und in die entsprechenden Signale umgewandelt. Im Fernsehgerät steuern die Farbsignale je einen von drei Elektronenstrahlen. Diese sind so ausgerichtet, dass sie in jedem Bildpunkt durch das Loch einer Schattenmaske auf eine Dreiergruppe von rot, grün und blau aufleuchtenden Phosphorscheiben fallen, die so klein sind, dass sie vom menschlichen Auge nicht einzeln wahrgenommen werden. Durch additive Farbmischung entsteht der farbige Bildeindruck.
Geschichte: Die Idee der zeilenweisen Abtastung eines Bildes (Alexander Bain, 1843), die Entwicklung des ersten brauchbaren mechanischen Bildfeldzerlegers (Paul Nipkow, 1884), die Einführung der braunschen Röhre (→Elektronenstrahlröhre) für 20-zeilige Schattenbilder und des Röhrenverstärkers waren notwendige technische Voraussetzungen für den Beginn des Fernsehzeitalters. 1919 konnte Dénes von Mihály einfache Schattenbilder und Buchstaben über mehrere Kilometer übertragen.
Die ersten praktischen Fernsehvorführungen wurden etwa um 1925 durchgeführt. Erste Versuche mit farbigen Fernsehbildern führte John Baird 1928 vor. Mit der Entwicklung des elektronischen Bildabtasters (Ikonoskopröhre, Wladimir Kosma Zworykin) konnte 1934 die Serienproduktion von Fernsehgeräten beginnen. Der tägliche Programmbetrieb des öffentlichen Fernsehens in Deutschland setzte am 25. Dezember 1952 ein.

■ **Fernsprecher** →Telefon.

■ **Fernuniversität – Gesamthochschule in Hagen,** 1974 in Hagen gegründete Universität des Landes Nordrhein-Westfalen, die 1975 den Lehrbetrieb aufnahm. Sie schickt ihren Studierenden das Lehrmaterial (z. B. Studienbriefe, Kassetten), das von Professoren erarbeitet und betreut wird, zur Bearbeitung nach Hause. Zusätzlich werden die Studierenden in rund 60 Studienzentren direkt betreut.

■ **Ferrara,** Stadt in Norditalien, am Po, mit 132 700 Einwohnern und einer 1391 gegründeten Universität. Das Stadtbild wird von zahlreichen Kirchenbauten und Renaissancepalästen geprägt. – Ferrara fiel 1240 endgültig an die Familie Este (seit 1471 Herzöge von Ferrara).

■ **Fertilität** →Fruchtbarkeit.

■ **Fès,** Stadt im nördlichen Marokko, mit 564 000 Einwohnern, ein kultureller und religiöser Mittelpunkt des Landes. Die Altstadt **Fès el-Bali** mit prachtvollen Moscheen ist eine der besterhaltenen

Die Nägel und Anhänger dieser afrikanischen Fetischfigur sollen als Kraftladungen den **Fetisch** aktivieren

Der Adler war ein beliebtes Motiv für die prachtvollen frühgeschichtlichen Schmuckstücke, die man **Fibeln** nennt; diese Adlerfibel wurde in einem gotischen Fürstengrab im heutigen Rumänien gefunden

mittelalterlichen islamischen Städte (Weltkulturerbe der UNESCO).

■ **Fẹstigkeit,** die Widerstandskraft, die ein Körper einer Verformung entgegensetzt. Man unterscheidet u. a. die Festigkeit gegenüber Zugkräften und die Festigkeit gegenüber Druckkräften. Gemessen wird die Festigkeit in N/cm^2 oder N/mm^2.

■ **Fẹstkörper,** Stoffe im festen Aggregatzustand, die eine feste Gestalt und ein festes Volumen besitzen. Festkörper setzen jeder Gestalt- und Volumenänderung großen Widerstand entgegen, da ihre Einzelbausteine (Atome, Moleküle oder Ionen) durch elektromagnetische Wechselwirkungen sehr fest miteinander verbunden sind.
Nach der inneren Struktur lassen sich Festkörper in die Klassen Kristalle (mit regelmäßiger Gitterstruktur, z. B. Metalle, Salze, Eis) und amorphe Festkörper (mit zufälliger Verteilung der Atome bzw. Moleküle, z. B. Glas, Siegellack) einteilen. Eine andere Klassifizierung wird nach den Bindungsverhältnissen vorgenommen, z. B. Metalle, Ionenkristalle usw.
Die **Festkörperchemie** untersucht Festkörper, deren chemische und physikalische Eigenschaften stark durch äußere Faktoren wie Druck und Temperatur beeinflusst werden (z. B. Kohlenstoff als Graphit, Diamant oder Fulleren).
Die **Festkörperphysik** untersucht die Kristallstrukturen und Bindungsverhältnisse von Festkörpern; daneben werden mechanische, elektrische, optische und andere physikalische Eigenschaften gemessen und interpretiert (z. B. →Halbleiter).

■ **Fẹstplatte,** ein →Magnetspeicher, der in einen →Computer fest eingebaut ist (im Gegensatz zur Wechselplatte) und zur Speicherung von Daten genutzt wird. Die Speicherkapazitäten betragen bis zu 18 Gigabyte.

■ **Fẹtisch** [frz.] *der,* ein Gegenstand, dem übernatürliche Kräfte zugeschrieben werden. Fetische wrden bei manchen Naturvölkern, vor allem in Afrika, kultisch verehrt (Fetischismus).

■ **Fẹtte,** Sammelbegriff für feste (z. B. Kokosfett), halbfeste (z. B. Gänseschmalz) oder flüssige (z. B. Rapsöl), wasserunlösliche Stoffwechselprodukte von Pflanzen und Tieren. Chemisch sind es →Ester des Glycerins (Triglyceride).
Der Grad der Festigkeit der Fette wird durch Art und Anteil der in den Fettmolekülen veresterten Fettsäuren bestimmt. Fette, die hohe Anteile an ungesättigten Fettsäuren (z. B. Ölsäure) enthalten, sind meist flüssig und werden als fette Öle bezeichnet. Nicht zu den Fetten gehören die vor allem aus Kohlenwasserstoffen bestehenden Mineralöle.
Die Fette sind wegen ihres Gehalts an so genannten essenziellen Fettsäuren (z. B. Linolsäure) neben den Kohlenhydraten und Proteinen die dritte Gruppe der Hauptnahrungsmittel des Menschen. Im Organismus werden sie als Nahrungsmittelreserve (Depotfett) gespeichert. Die Fettschicht dient auch als Wärmeisolator und schützt Organe (z. B. die Niere) vor Stößen.
Neben der Verwendung als Nahrungsmittel werden die Fette hauptsächlich durch Hydrolyse (Verseifung) in →Glycerin und Fettsäuren sowie deren Salze (→Seifen) gespalten, die in der chemischen Industrie weiterverarbeitet werden.

■ **Fettsucht** →Essstörungen, →Körpergewicht.

■ **Fẹtus** [lat.] *der* (Fötus), die Frucht der höheren Säugetiere und des Menschen im Anschluss an die Embryonalperiode; beim Menschen vom 4. Monat an bis zum Ende der Schwangerschaft.

■ **Feudalịsmus** [mittellateinisch] *der,* eine Form der gesellschaftlichen, politischen und wirtschaftlichen Ordnung, die sich im späten Mittelalter auf der Grundlage des Lehnswesens (→Lehen) im fränkisch-abendländischen Raum ausbildete. Ab dem 18. Jahrh. wurde Feudalismus als Gegenbegriff zur bürgerlichen Gesellschaft, im 19. Jahrh. zum Kapitalismus verwendet; damit wurde der Begriff auch auf außereuropäische Gebiete anwendbar. Im Marxismus-Leninismus wird Feudalismus als Entwicklungsstufe zwischen Sklavenhaltergesellschaft und Kapitalismus gesetzt.

■ **Feuer,** eine unter Licht-, Wärme- und Flammenentwicklung erfolgende →Verbrennung.

■ **Feuerland,** Insel an der Südspitze Südamerikas, durch die Magellanstraße vom Festland getrennt. Mit den umliegenden kleinen Inseln bildet sie den **Feuerlandarchipel,** dessen Osten zu Argentinien und dessen Westen zu Chile gehört. Die gebirgigen, stark vergletscherten Inseln sind nur von wenigen Menschen bewohnt. – Feuerland ist benannt nach den Feuern der Indianer, die Magalhães 1520 nachts aufleuchten sah.

■ **Feuerstein** (Flint), ein dichtes, hartes, kieseliges Gestein aus Chalcedon und beigemengtem Opal, das leicht zu scharfkantigen Stücken zersprengbar ist. Der Feuerstein und einige ihm eng verwandte Gesteinsarten bildeten den ältesten Rohstoff, der vom Menschen zur Herstellung seiner Geräte verwendet wurde. In der Steinzeit waren Feuersteine ein wichtiger Handelsgegenstand. Zum Feuerschlagen wurden sie bis in die Gegenwart verwendet.

■ **Feuerwehr,** eine Einrichtung zur Abwehr von Gefahren, die durch Brände drohen, sowie zur Hilfeleistung bei Notständen und Unfällen. In allen grö-

ßeren Städten gibt es eine Berufsfeuerwehr, in kleineren Orten eine freiwillige F.; größere Betriebe haben eine eigene Werksfeuerwehr.
Die technische Ausrüstung der Berufsfeuerwehr besteht aus Löschgeräten, Rettungsgeräten, Geräten zur ersten Hilfe und Geräten für technische Hilfeleistungen. **Löschzüge** bestehen meist aus einem Löschgruppenfahrzeug mit Kreiselpumpe (Wasserförderung 1600 bis 2400 Liter pro Minute), Tragkraftspritzen, Tanklöschfahrzeugen und Trockenlöschfahrzeugen sowie fahrbaren Drehleitern. Die Mannschaft ist in einer Feuerwache stationiert, wo sie telefonisch oder durch Feuermelder benachrichtigt werden kann.

■ **Feuilleton** [föj^{e}tọng; frz.] *das,* der kulturelle Teil einer Zeitung. Er umfasst vor allem Berichte aus dem Kultur- und Geistesleben, Theater-, Film-, Fernseh- und Buchbesprechungen sowie Fortsetzungsromane, Erzählungen und Gedichte.

■ **ff.,** Abkürzung für folgende, z.B. Seiten (im Buch), Verse (im Gedicht).

Fidschi
Fläche 18 274 km²
Einwohner 822 000
Hauptstadt Suva (auf Viti Levu)
Amtssprachen Englisch und Fidschianisch
Nationalfeiertag 10. 10.
Währung 1 Fidschi-Dollar ($F) = 100 Cents (c)
Zeitzone MEZ + 11 Std.

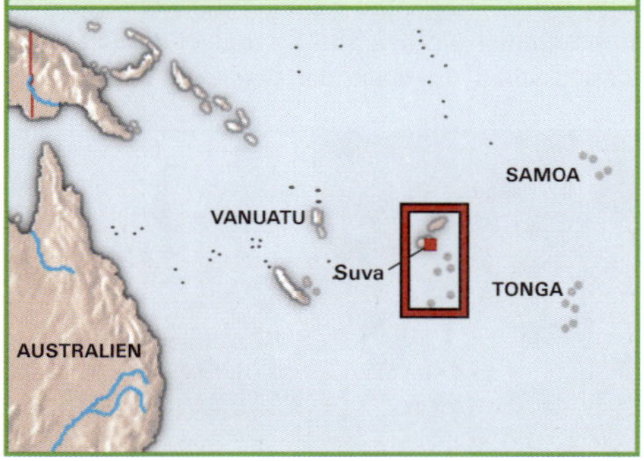

■ **Fi̲bel** [lat.] *die,* eine Nadel oder Spange zum Zusammenhalten der Gewänder. Fibeln gehören zu den meistüberlieferten frühen Schmuck- und Gebrauchsstücken. In Europa waren sie etwa seit dem 14./13. Jahrh. v. Chr. verbreitet.

■ **Fịbel** [entstellt aus Bibel] *die,* Übungsbuch zum Lesenlernen (besonders für Schulanfänger).

■ **Fịchte,** Johann Gottlieb, deutscher Philosoph, *Rammenau (bei Bischofswerda) 19. Mai 1762, †Berlin 29. Januar 1814. Fichte, ein Vertreter des deutschen Idealismus (neben Schelling und Hegel), wandte als Erster den dialektischen Dreischritt (→ Dialektik) als grundlegende Methode philosophischen Denkens an. Seine Lehre, wonach der Mensch sich und sein Schicksal selbst bestimmt, wollte er auch auf das politische Leben angewendet wissen. In seinen »Reden an die deutsche Nation« (1807/08) rief Fichte zu einer nationalen Erziehung gegen die französische Fremdherrschaft auf.

■ **Fịchte,** eine Gattung der Kieferngewächse mit einzelnen, meist vierkantigen Nadeln, die vom Zweig nach allen Seiten abstehen. Die reifen Zapfen hängen herab; sie zerfallen bei der Reife nicht.
Der wichtigste Waldbaum in Nord- und Osteuropa ist die **Gemeine Fichte (Rottanne),** die bis zu 60 m hoch, bis 1,50 m dick und bis 1000 Jahre alt werden kann. Ihr Holz wird als Bauholz sowie zur Herstellung von Papier und Zellwolle verwendet.

■ **Fịchtelgebirge,** reich bewaldetes Mittelgebirge im nordöstlichen Bayern mit dem Schneeberg (1051 m) als höchster Erhebung.

■ **Fịdschi,** Staat im südwestlichen Pazifischen Ozean, der die Fidschi-Inseln und die Insel Rotuma umfasst. Von den rund 360 Vulkan- und Koralleninseln sind nur 106 bewohnt. Rund 50 % der Bevölkerung sind einheimische Fidschianer (Melanesier), 44 % Inder (vormals von den Briten als Zuckerrohrarbeiter ins Land geholt); etwa 50 % sind Christen, 40 % Hindus, 8 % Muslime. Zuckerrohr, Bananen, Ananas, Kokosnussöl und Gold sind die Hauptausfuhrgüter. Wichtigster Devisenbringer ist jedoch der Fremdenverkehr.
Geschichte: Die 1643 entdeckten Inseln wurden 1874 britische Kronkolonie. 1970 erhielten sie als parlamentarische Monarchie die Unabhängigkeit im Rahmen des Commonwealth. 1987 wurde nach einem Militärputsch die Republik ausgerufen.

■ **Fie̲ber,** eine erhöhte Körpertemperatur, die meist als Zeichen einer Krankheit auftritt. Beim Menschen gilt eine Körpertemperatur von über 37,5 °C (im After gemessen) als Fieber.

■ **FI̲FA** *die,* Kurzwort für Fédération Internationale de Football Association, 1904 in Paris gegründeter Internationaler Fußballverband mit Sitz in Zürich.

■ **Fiktio̲n** [lat.] *die,* etwas Erfundenes, Erdachtes, etwas, das nur in der Vorstellung existiert.

■ **Filia̲le** [von lat. filia, = Tochter] *die,* Zweigniederlassung eines Geschäfts, einer Bank.

■ **Filigra̲n** [zu lat. filum, = Faden und granum, = Korn] *das,* Goldschmiedearbeiten aus feinem Draht (Gold , Silber, Kupfer, Eisen), oft mit aufgelöteten

Die Gemeine **Fichte** ist der wichtigste Waldbaum Nord- und Mitteleuropas; hier der reife Zapfen an einem Zweig mit den stachelspitzigen, glänzend grünen Nadeln, darunter links die Kätzchen des männlichen Blütenstands, daneben der aufrechte Zapfen des weiblichen Blütenstands

Fidschi

Flagge

Wappen

Kügelchen (Granulation). Filigran wird entweder auf eine Metallunterlage gelötet oder bildet ein kunstvolles Geflecht in durchbrochener Arbeit. Die Technik war schon in frühester Zeit bekannt, wie Funde aus Troja (um 2 500 v. Chr.) belegen.

■ **Film,** eine mit fotografischen oder elektronischen Mitteln erzeugte Folge von Einzelbildern, die, mit einer Geschwindigkeit von 24 Bildern pro Sekunde auf eine Leinwand projiziert oder auf einem Bildschirm (25 Bilder pro Sekunde) sichtbar gemacht, den Eindruck von Bewegung erzeugt.

Die gebräuchlichsten Aufnahmeformate sind Normalfilm (35 mm breit, besonders für Kinospielfilme), 16-mm-Film (für Fernseh- und Lehrfilme) und, heute weitgehend durch Video verdrängt, der 8-mm-Film (Super-8-Film) für Amateure. Der Begleitton für den Tonfilm wird auf der Randspur optisch (Lichtton) oder magnetisch (Magnetton) aufgezeichnet.

Man kann zwei Hauptgattungen des Films unterscheiden: den **Spielfilm**, der eine vorher im Drehbuch festgelegte Geschichte gestaltet, und den **Dokumentarfilm**, der vor allem informieren will und die Realität unmittelbar berichtend wiedergibt. Eine Sonderform ist der **Zeichentrickfilm,** für den die Bilder einzeln gezeichnet und aufgenommen werden (für eine einzige Sekunde im Film müssen 24 verschiedene Bilder gezeichnet werden). Zeichentrickfilme gehören zur Gattung Animationsfilm (Trickfilm), der u. a. auch mit Puppen, Scherenschnitten und heute vor allem mit Computeranimation arbeitet.

Nach ihren Inhalten werden die Spielfilme in einer Vielzahl von Gattungen unterschieden, deren Grenzen allerdings meist fließend sind:

Der Kriminalfilm z. B. setzt vor allem auf Spannung bei der Aufklärung von Kriminalfällen.

Der Western, der lange sehr populär war, erzählt von der Kolonisationsgeschichte Nordamerikas. Eine Variante der Western sind die Italowestern von italienischen Regisseuren (u. a. Sergio Leones »Spiel mir das Lied vom Tod«, 1968) oder neuere Formen wie Kevin Costners »Der mit dem Wolf tanzt« (1987).

Der Horrorfilm, der Anfang der 30er-Jahre einen ersten Höhepunkt erreichte (mit Filmen wie »King Kong oder die weiße Frau« und »Frankenstein«), erzeugt eine Atmosphäre von Angst und Entsetzen.

Das »Roadmovie« spielt vor allem auf der Straße; die Ideale seiner klassischen Protagonisten sind Freiheit und Unabhängigkeit, so etwa in »Easy Rider« (1969).

Science-Fiction und Fantasy gestalten eine Welt, in der irreale Gesetze herrschen, die im Science-Fiction-Film vor allem an Naturwissenschaft und Technik orientiert sind und nicht selten auch eine kritische Haltung zum Fortschrittsoptimismus ausdrücken (»2001 – Odyssee im Weltraum«; 1968), während Fantasyfilme eher in die Nähe zum Märchen rücken.

Die Idee zu einer Filmhandlung wird zunächst meist in einem Exposé dargestellt; im Treatment sind Schauplätze und Charaktere umrissen. Das Rohdrehbuch enthält die für die Filmaufnahmen wesentlichen Angaben; der Regisseur arbeitet mit

Filmtheater

Die ersten Filmvorführungen fanden in Cafés, Varietees oder Jahrmarktsbuden statt. Kurz nach 1900 wurden ortsfeste Kinos eröffnet, die in den USA »Nickelodeons« (der Eintrittspreis betrug damals einen »Nickel« = fünf Cents), in Deutschland Ladenkinos genannt wurden. In Läden oder Wohnungen richtete man einen zumeist schlauchförmigen Kinoraum ein. Kurz vor dem Ersten Weltkrieg entstanden luxuriöse Filmpaläste, die häufig wie große Theaterbauten aussahen. Anfang der 1960er-Jahre wurden in Deutschland die großen Säle meist in mehrere kleine so genannte Schachtelkinos aufgeteilt. Seit den 1990er-Jahren baut man wieder komfortable Kinos mit modernster Technik, die als Multiplexe mehrere große Säle in einem Gebäude umfassen. Mit dem hier abgebildeten Kinoplakat warben die französischen Filmpioniere, die Brüder Auguste und Louis Lumière, um die vorletzte Jahrhundertwende für ein Filmprogramm im »Grand Café« in Paris.

den Autoren danach das Drehbuch aus. Der Drehplan enthält die nummerierten Kameraeinstellungen und die an den einzelnen Drehtagen vorgesehenen Szenen.
Alle in der gleichen Dekoration spielenden Szenen werden nacheinander aufgenommen. Für die Schauspieler bedeutet das, dass unter Umständen schon die Schlussszene aufgenommen werden muss, bevor noch alle Anfangsszenen gedreht sind. Jede Aufnahme (»Take«) wird entsprechend der Szenenhelligkeit, der Kontrastverhältnisse und der Empfindlichkeit des Aufnahmematerials ausgeleuchtet. Sprach- und Geräuschaufnahmen werden oft (zur Vermeidung von störenden Nebengeräuschen) separat aufgenommen und nachsynchronisiert.
In Kopieranstalten werden die Negative entwickelt, kopiert, geschnitten und synchronisiert. Bild, Geräuschkulisse und Dialog sind zunächst noch getrennt aufgezeichnet. Schon während der Drehzeit fertigt der Schnittmeister (Cutter) den Rohschnitt an, in dem die einzelnen Einstellungen nach ihrer Nummerierung im Drehbuch zu einer Arbeitskopie zusammengefügt sind. Später werden die Übergänge zwischen den Einstellungen künstlerisch abgestimmt. Dann werden Geräusche und Musik dem Bild zugefügt. Im Mischatelier werden Dialoge, Geräusche, Musik, Kommentartexte auf einem Band zusammengeführt. Aus dem fein geschnittenen Bildnegativ und diesem »Ton«-Band wird im Kopierwerk eine erste kombinierte Kopie mit Lichttonspur hergestellt; von ihr wird die Musterkopie gezogen, die als Vorlage für die Vervielfältigung dient. Die Kopien gehen schließlich in die Kinos.
Die Anfänge des Films gehen ins 19. Jahrh. zurück. Der so genannte Taschenkinematograph war ein kleines Buch, das beim schnellen Abblättern eine Figur zeigte, die sich zu bewegen schien. Rollfilme von 35 mm Breite, die heute noch benutzt werden, entwickelte Thomas Alva Edison 1892. 1895 zeigten die Brüder Skladanowsky in Berlin und die Brüder Lumière in Paris ihre ersten auf diesem Material hergestellten Filme. Diese ersten Filme waren Stummfilme und nicht länger als 20 m (Vorführdauer weniger als 1 Minute). In Frankreich drehte Georges Méliès als Erster Filme mit Berufsschauspielern. Aus den USA kam nach der Jahrhundertwende der Wildwestfilm (Western) nach Europa. Während des Ersten Weltkriegs trat die Filmkomödie in den Vordergrund, für die Mack Sennett mit der »Slapstick Comedy« die Grundlage schuf. Es folgten u. a. Charlie Chaplin, Buster Keaton und Harold Lloyd. In den 30er-Jahren kam zuerst in den

Szene aus dem **Film** »Kinder des Olymp«, französisch »Les enfants du Paradis«; dieses einmalige Kinostück hat der französische Regisseur Marcel Carné in den Jahren 1943–45 mit außergewöhnlichen Schauspielern unter außergewöhnlichen Bedingungen gedreht – in einem Versteck vor der Gestapo in dem von den Deutschen besetzten Frankreich

USA, dann auch in Europa der Farbfilm auf. – Tabelle S. 212

■ **Filter** [lat.] *der* oder *das,* **1)** *chemische Technik:* eine Vorrichtung zum Trennen fester Stoffteilchen aus Flüssigkeiten und Gasen. Als Filtermaterial wird Papier, Sand, Ton u. a. verwendet.
2) *Elektrotechnik:* eine (aus Kondensatoren und Spulen bestehende) Schaltung, die nur für Wechselströme bestimmter Frequenzen durchlässig ist.
3) *Optik:* ein Glas, das bestimmte Bestandteile des sichtbaren Lichts zurückhält (z. B. Gelbfilter).

■ **Finale** [italienisch] *das,* **1)** *allgemein:* Schlussteil, glanzvoller Abschluss.
2) *Musik:* der letzte Satz einer Sinfonie oder einer Sonate; die Schlussszene eines Opernaktes.
3) *Sport:* Endkampf, -lauf, -runde, -spiel.

■ **Finderlohn,** Entgelt für die Ehrlichkeit und Mühe eines Finders, der eine verlorene Sache in Besitz genommen hat. Der Fund einer Sache im Wert von mehr als 10,– DM muss dem Eigentümer oder der Polizei angezeigt werden. Der Finder kann einen Finderlohn verlangen; er beträgt 5 % bei Sachen im Wert bis zu 1000,– DM, darüber hinaus 3 %), bei Tieren 3 %. Mit dem Ablauf von sechs Monaten nach Anzeige des Fundes erwirbt der Finder das Eigentum an der Fundsache.

■ **Findling** → Eiszeiten.

■ **Fingerabdruck,** beim Menschen die Rillen

und Linien in der Haut (Hautleisten) auf den inneren Hand- und Fußflächen, vor allem den Fingerkuppen, die ein ganz bestimmtes Muster haben. Das erblich festgelegte Muster ist für jeden Menschen typisch und bleibt das ganze Leben unverändert. Von der Polizei werden Fingerabdrücke gesammelt, um Menschen wieder zu erkennen oder als Täter zu überführen.

■ **Fingerhut** (Digitalis), eine Gattung der Rachenblütler mit rund 25 Arten; bis zu 2 m hoch werdende Stauden mit fingerhutförmigen Blüten, die in langen Trauben stehen. Die drei in Mitteleuropa vorkommenden Arten sind Gift- und Heilpflanzen, u. a. der **Rote Fingerhut,** der herzwirksame Glykoside liefert. Alle europäischen Arten stehen unter Naturschutz.

■ **Fingersprache** → Taubstummheit.

■ **Finken,** eine Familie der Singvögel, die mit Ausnahme Australiens überall auf der Erde vorkommt. Finken besitzen einen meist kurzen, kegelförmigen Schnabel. Ihre Nahrung sind Körner und Insekten. Sie sind gute Sänger und gute Nestbauer. Bekannte Arten in Mitteleuropa sind Buchfink, Stieglitz und Zeisig.

■ **Finne,** eine meist sehr kleine, seltener bis kindskopfgroße Larvenform von Bandwürmern. Sie entwickelt sich in der Regel im Darm des → Zwischenwirts. In den Endwirt, wo sie dann zum Bandwurm heranwächst, gelangt sie häufig durch den Genuss von rohem oder nicht durchgebratenem Fleisch.

Finnland

Flagge

Wappen

Finnland
Fläche 338 145 km²
Einwohner 5,156 Mio.
Hauptstadt Helsinki
Amtssprachen Finnisch und Schwedisch
Nationalfeiertag 6. 12.
Währung 1 Finnmark (Fmk) = 100 Penniä (p)
Zeitzone MEZ +1 Std.

Fingerabdruck

In Argentinien wurden erstmals Fingerabdrücke als Verfahren zur Verbrechensaufklärung benutzt: 1892 wurde dort ein Doppelmord mithilfe eines blutigen Daumenabdrucks aufgeklärt. Im Polizeibüro von La Plata hatte man eine Identifizierungs- und Archivierungsmethode für Fingerabdrücke entwickelt. Nach 1900 setzte sich das Fingerabdruckverfahren, das der britische Naturforscher Francis Galton bei Scottland Yard eingeführt hatte, international durch. Von der Unverwechselbarkeit der Fingerabdrücke wussten die Japaner schon seit Jahrhunderten: Das einfache Volk verwendete sie als Unterschrift.

■ **Finnland** (finnisch Suomi), Republik in Nordeuropa, bewohnt vor allem von Finnen (93 %), Schweden (5,8 %) und (in Finnisch-Lappland) etwa 1 800 Lappen. Finnland ist reich an Seen, Wäldern und Mooren und hat ein kühles, feuchtes Klima. Im Süden werden Kartoffeln, Rüben und Getreide angebaut, Milchwirtschaft, Rentier- und Pelztierzucht sind von Bedeutung. Neben Metallindustrie finden sich Holzverarbeitung, chemische, Nahrungsmittel- und Textilindustrie.

Geschichte: Zwischen dem 2. und 8. Jahrh. n. Chr. besiedelten finnische Stämme (vom Baltikum und aus dem Osten kommend) Süd- und Mittelfinnland. Nach der Christianisierung wurde Finnland im 12./13. Jahrh. Teil des schwedischen Reiches. Seit dem Ende des 15. Jahrh. war das Land ein ständiger Kampfplatz zwischen Schweden und Russland, das 1721–1809 ganz Finnland erobern konnte. 1917 wurde Finnland unabhängig. Durch die Kriege 1939/40 und 1941–44 gegen die Sowjetunion verlor Finnland Wyborg mit Westkarelien und Petsamo (heute Petschenga). Nach 1945 verfolgte Finnland ein gutnachbarliches Verhältnis zur Sowjetunion, orientierte sich jedoch wirtschafts- und gesellschaftspolitisch an den skandinavischen Nachbarn und den westeuropäischen Staaten.

■ **finnougrische Sprachen,** eine Sprachfamilie, die in weit auseinander liegenden Gebieten zwischen Finnland und Sibirien und in Ungarn gesprochen wird und nicht mit den indogermanischen Sprachen verwandt ist. Dazu gehören u. a. die finnische, estnische und ungarische Sprache.

■ **Firma** [italienisch] *die,* Abkürzung **Fa.,** Name, unter dem ein Kaufmann, eine Handelsgesellschaft oder eine Genossenschaft ihre Geschäfte betreiben.

Die Firma muss in das →Handelsregister eingetragen werden.

■ **Firmung** [von lat. firmare, = bestärken] *die,* in der katholischen Kirche ein →Sakrament, das der Festigung des Glaubens dienen soll. Die Firmung wird durch Handauflegen und Salbung der Stirn vollzogen. Sie wird einige Jahre nach der Erstkommunion durch den Bischof gespendet.

■ **Firn,** alter Schnee im Hochgebirge, der durch mehrmaliges Auftauen und Gefrieren körnig geworden ist.

■ **Fische,** im Wasser lebende Überklasse der Wirbeltiere, die sich in die Klassen der **Knorpelfische** (vor allem Haie und Rochen) und der **Knochenfische** (alle anderen Fische) unterteilt. Ihr Körper ist meist seitlich abgeplattet (1 cm bis 15 m lang) und trägt paarige Brust- und Bauchflossen, unpaarige Rücken- und Afterflossen sowie eine Schwanzflosse. Die Schwanzflosse ist das Hauptbewegungsorgan. Die Haut ist schleimig und mit Schuppen oder Knochenplatten besetzt. Das Skelett ist knorplig (Knorpelfische) oder knöchern (Knochenfische).
Fische sind wechselwarme Tiere und atmen fast stets durch Kiemen. Die meisten Fische legen Eier (Laich), nur wenige bringen lebende Junge zur Welt. Als Vorfahren der Fische sind die niedersten Wirbeltiere anzusehen, die kieferlosen Lanzettfischchen und die Rundmäuler (zB. Neunauge). Den Übergang zu den Lurchen bilden die Lungenfische.

■ **Fischer,** Joseph (»Joschka«), deutscher Politiker, *Gerabrunn 12. April 1948. Fischer ist seit 1980 Mitglied der Partei »Die Grünen«. In Hessen war er

Wurde in der ersten rotgrünen Bundesregierung im Oktober 1998 Außenminister und Vizekanzler: **Joschka Fischer**

berühmte Filme und ihre Regisseure

Jahr	Film	Regisseur
1920	Das Cabinet des Dr. Caligari	Robert Wiene
1922	Nosferatu – Eine Symphonie des Grauens	Friedrich Wilhelm Murnau
1925	Panzerkreuzer Potemkin	Sergej Eisenstein
1927	Metropolis	Fritz Lang
1929	Ein andalusischer Hund	Luis Buñuel
1931	M – Eine Stadt sucht einen Mörder	Fritz Lang
1936	Moderne Zeiten	Charlie Chaplin
1939	Vom Winde verweht	Victor Fleming
1941	Die Spur des Falken	John Huston
1941	Citizen Kane	Orson Welles
1942	Casablanca	Michael Curtiz
1944	Arsen und Spitzenhäubchen	Frank Capra
1945	Kinder des Olymp	Marcel Carné
1946	Die Mörder sind unter uns	Wolfgang Staudte
1950	Der dritte Mann	Carol Reed
1950	Rashomon	Akira Kurosawa
1952	Zwölf Uhr mittags	Fred Zinnemann
1953	Abend der Gaukler	Ingmar Bergmann
1954	La Strada	Federico Fellini
1955	Jenseits von Eden	Elia Kazan
1957	Die Brücke am Kwai	David Lean
1959	Ben Hur	William Wyler
1959	Die Brücke	Bernhard Wicki
1959	Manche mögen's heiß	Billy Wilder
1960	Außer Atem	Jean-Luc Godard
1961	West Side Story	Robert Wise/ Jerome Robbins
1961	Accattone – Wer nie sein Brot mit Tränen aß	Pier Paolo Pasolini
1963	Die Vögel	Alfred Hitchcock
1964	Alexis Sorbas	Micheal Cacoyannis
1966	Fahrenheit 451	François Truffaut
1967	Uhrwerk Orange	Stanley Kubrick
1967	Der eiskalte Engel	Jean-Pierre Melville
1967	Das Dschungelbuch	Walt Disney
1968	Spiel mir das Lied vom Tod	Sergio Leone
1969	Easy Rider	Dennis Hopper
1971	Der Pate	Francis F. Coppola
1974	The Rocky Horror Picture Show	Jim Sharman
1975	Einer flog über das Kuckucksnest	Miloš Forman
1977	Krieg der Sterne	George Lucas
1977	E. T.	Steven Spielberg
1978	Die Blechtrommel	Volker Schlöndorff
1979	Apokalypse Now	Francis F. Coppola
1980	Die letzte Metro	François Truffaut
1982	Yol – Der Weg	Yilmaz Güney
1982	Fanny und Alexander	Ingmar Bergmann
1984	Amadeus	Miloš Forman
1986	Down by Law	Jim Jarmusch
1987	Auf Wiedersehen, Kinder	Louis Malle
1990	Der mit dem Wolf tanzt	Kevin Costner
1990	Korczak	Andrzei Wajda
1991	Das Schweigen der Lämmer	Jonathan Demme
1992	Gestohlene Kinder	Gianni Amelio
1993	Schindlers Liste	Steven Spielberg
1996	Jenseits der Stille	Caroline Link
1998	Das Leben ist schön	Roberto Benigni
1999	American Beauty	Sam Mendez
2000	Brot und Tulpen	Silvio Soldini

1985–87 Minister für Umwelt und Energie und 1991–94 Minister für Umwelt und Bundesangelegenheiten. 1994 wurde er Fraktionsvorsitzender seiner Partei im Deutschen Bundestag und 1998 Außenminister der Bundesrepublik Deutschland.

■ **Fischerei,** der gewerbsmäßige Fang von Fischen u. a. Wassertieren. Bei der **großen Hochseefischerei** bleiben die Fischereifahrzeuge (Logger, Trawler, Fischfabrikschiffe) mehrere Wochen auf See; der Fang wird auf dem Schiff verarbeitet oder mit Frischeis konserviert (vor allem Kabeljau, Rotbarsch und Hering).

In der **kleinen Hochseefischerei** und in der **Küstenfischerei** verwendet man Kutter mit Schwimmschleppnetzen, Scherbrettnetzen, Garnelen- und Aalreusen, Fischzäunen und Angeln. Die Fanggebiete der Küstenfischerei sind die Priele des Wattenmeeres und ein Küstenstreifen (vor allem. Krabben, Krebse, Aale, Schollen, Heringe und Garnelen).

In der **Binnenfischerei** in Flüssen verwendet man die gleichen Fanggeräte wie bei der Küstenfischerei (vor allem Aale, Hechte, Zander, Karpfen, Schleien).

Der **Fischreiher** – hier mit eingezogenem Hals – hat eine Flügelspannweite von etwa 1,80 m

■ **Fischreiher,** ein etwa 90 cm langer, stelzbeiniger Reiher, der in Eurasien und in Teilen Afrikas lebt. Der Kopf ist weiß mit schwarzem Federschopf, die Oberseite grau. Er nistet kolonienweise auf hohen Bäumen oder im Schilf.

■ **Fischwanderungen,** ausgedehnte Wanderungen bestimmter Fischarten, meist zum Aufsuchen der Laichplätze oder nach Wechsel der Umweltbedingungen. So wandern die Aale zum Laichen von den Flüssen ins Meer, die Lachse und Störe vom Meer in die Flüsse. Andere Fische, z. B. Heringe, Sardinen, Thunfische und Dorsche, unternehmen unregelmäßige, weite Nahrungswanderungen. Auch der Wechsel der Wassertemperatur im Verlauf des Jahres veranlasst manche Fische zu Wanderungen.

■ **Fiskus** [lat.] *der,* der Staat als Eigentümer des Staatsvermögens; auch das Staatsvermögen (die Staatskasse) selbst.

■ **Fistel** [lat.] *die,* ein röhrenförmiger Gang, der angeboren sein kann, durch Entzündungen oder Verletzungen entstanden ist oder durch eine Operation angelegt wurde (z. B. bei einem Harnleiter- oder Darmverschluss). Er verbindet Körperorgane oder -hohlräume untereinander (innere Fistel) oder mit der Körperoberfläche (äußere Fistel).

■ **fixen** [engl.], sich Drogen spritzen.

■ **Fixsterne** [von. lat. fixus, = fest stehend], aus dem Altertums stammende Bezeichnung für die mit unterschiedlicher Farbe und Helligkeit selbst leuchtenden →Sterne, die, im Gegensatz zu den Wandelsternen (den →Planeten) ihren Ort am Himmel nicht zu verändern scheinen (abgesehen von der täglichen Bewegung des gesamten Himmels vom Ost- zum Westhorizont infolge der Erdrotation).

■ **Fjord** [skandinavisch] *der,* schmale, meist tiefe und weit ins Landesinnere reichende Meeresbucht mit steilen Felswänden. Fjorde wurden während der Eiszeit durch Gletscher als trogähnliche Täler ausgehobelt, in die dann am Ende der Eiszeit, bedingt durch den Anstieg des Meeresspiegels, Wasser eindrang. Sie kommen vor allem in Skandinavien, Schottland, Labrador, Neuseeland und Feuerland vor.

■ **FKK,** Abkürzung für **F**rei**k**örper**k**ultur, Freiluft- und Wassersport ohne Bekleidung. Die FKK-Anhänger vertreten die Auffassung, dass aus dem Erlebnis des Aufenthalts im Freien in natürlicher Nacktheit die Entwicklung des Menschen zur freien und gesunden Persönlichkeit gefördert wird.

■ **Fläche,** ein ebenes oder gekrümmtes Gebilde im Raum mit zwei Dimensionen. Die Koordinaten (x,y,z) ihrer Punkte genügen einer Gleichung $F(x,y,z) = 0$, wenn man ein Koordinatensystem im Raum zugrunde legt.

Man unterscheidet **ebene Flächen** (Ebenen, auch Flächen 1. Ordnung) und **gekrümmte Flächen** (z. B. Kugeloberfläche, Zylindermantel, auch Flächen 2. Ordnung).

Z. B. wird die Kugeloberfläche als Fläche 2. Ordnung

beschrieben durch die Gleichung $x^2+y^2+z^2-r^2=0$ (r = Kugelradius).
Der Flächeninhalt gibt an, wievielmal die Flächeneinheit (m^2, cm^2, mm^2) in der vorliegenden Fläche enthalten ist.

■ **Flachs** (Lein), ein einjähriges, bis 120 cm hohes Leingewächs. Aus den Samen gewinnt man Leinöl, das zur Herstellung von Ölfarbe, Seife u. a. verwendet wird. Aus den Stängeln gewinnt man Flachsfasern, die zu Garn versponnen werden, aus dem man Leinwand (Leinen) webt.

■ **Flagellaten** (Geißelträger), eine nicht systematische Gruppe von Einzellern, deren zahlreiche Arten sich mit einer oder mehreren Geißeln fortbewegen. Flagellaten sind vor allem in Gewässern verbreitet, kommen aber auch als Parasiten vor.
Sind Chloroplasten vorhanden, nennt man sie **pflanzliche Flagellaten,** z. B. Euglena, ansonsten **tierische Flagellaten (Geißeltierchen),** z. B. die Trypanosomen, die Erreger der Schlafkrankheit.
Flagellaten betrachtet man als die ursprünglichsten Einzeller überhaupt und stellt sie deshalb an die gemeinsame Wurzel des Pflanzen- und Tierreichs.

■ **Flagge,** drei- oder viereckiges Tuch in charakteristischen Farben (oft auch mit Zeichen), das (als National- oder Staatsflagge) Hoheitszeichen eines Staates ist. Schiffe führen Handels- und Kriegsflaggen als Erkennungszeichen sowie Signalflaggen zur Verständigung mit anderen Schiffen.

■ **Flamen,** die Niederländisch (Flämisch) sprechende Bevölkerung Flanderns.

■ **Flamenco** [spanisch] *der,* Gattung andalusischer Tanzlieder, meist in schwermütig-dramatischem Stil. Der Flamenco wird als Solo- oder Einzelpaartanz vorgetragen, wobei der Rhythmus durch Stampfen mit den Füßen, In-die-Hände-Klatschen und Kastagnettenspiel unterstrichen wird.

■ **Flamingos** [spanisch], bis 1,3 m hohe, grazile Stelzvögel in warmen Gebieten in Südeuropa (Camargue, Südspanien), Südasien, Afrika sowie Mittel- und Südamerika. Ihr Gefieder ist weiß, rot oder rosafarben. Die sehr langen Beine und der lange Hals sind im Flug gestreckt. Mit ihrem Schnabel durchsuchen sie seichtes Wasser, Seen oder Sümpfe nach kleinen Wassertieren und Pflanzen. Flamingos nisten in riesigen Brutkolonien in Sumpf- und Überschwemmungsgebieten. Ihre Schlammnester, die unter der Sonne steinhart werden, bauen sie über dem Wasserspiegel.

■ **Flandern,** historische Landschaft in den südwestlichen Niederlanden, Nordwestbelgien und Nordfrankreich, die hauptsächlich von Flamen bewohnt ist. Flandern war im Mittelalter eine Grafschaft, die bereits damals wegen ihrer Tuchindustrie berühmt war. Die bekanntesten Städte sind Brügge und Gent.

■ **Flaschenpost,** Nachricht in einer wasserdicht verschlossenen Flasche, die vor allem von Schiffbrüchigen ins Wasser geworfen wird, in der Hoffnung, dass sie irgendwo von jemandem gefunden wird. Sie diente früher auch der Wissenschaft als Hilfsmittel zur Erforschung von Richtung und Geschwindigkeit von Meeresströmungen, so 1802 erstmals zur Erforschung des Golfstroms.

■ **Flaschenzug,** ein Gerät zum Heben schwerer Lasten. Im einfachsten Fall besteht der Flaschenzug aus einer festen und einer losen Rolle, über die ein Seil geführt wird. An der losen Rolle hängt die Last. Die Tragkraft verteilt sich auf zwei Seilabschnitte. Zieht man am freien Ende des Seiles, braucht man daher nur eine Kraft aufzuwenden, die halb so groß ist wie die Last. Dafür muss man aber das Seil um den doppelten Betrag der Strecke ziehen, um den die Last gehoben wird. Das Produkt aus Kraft und Weg (= Arbeit) bleibt gleich. Was an Kraft gewonnen wird, muss an Weg zugesetzt werden (»goldene Regel der Mechanik«).

Schema eines einfachen und eines vierrolligen **Flaschenzugs**

■ **Flaubert** [flobär], Gustave, französischer Schriftsteller, *Rouen 12. Dezember 1821, †Croisset (bei Rouen) 8. Mai 1880. Flaubert gehört wie sein etwas älterer Zeitgenosse Honoré Balzac zu den Schriftstellern, die den literarischen Realismus mit Meisterwerken bereichert haben. Sein bekanntestes Werk ist der mehrfach verfilmte Roman »Madame Bovary« (1857).

■ **Flechten,** niedere Pflanzen, deren Körper von Grünalgen oder Cyanobakterien (Blaualgen) und Schlauch- oder Ständerpilzen aufgebaut wird. Die beiden Partner leben in einer Lebensgemeinschaft (Symbiose). Die Alge versorgt den Pilz mit Kohlenhydraten, das Pilzgeflecht dient als Wasserspeicher (und enthält die Mineralstoffe). Die Fortpflanzung und Verbreitung erfolgt durch Pilzfäden (Soredien) oder durch losgelöste Flechtenteile. Flechten wachsen auf Felsen, Baumrinden oder auf dem Boden in krustigen, strauch- oder laubförmigen Lagern. Bekannt sind Isländisch Moos, Rentierflechte und Mannaflechte.

■ **Fleckfieber** (Flecktyphus), eine lebensgefährliche Infektionskrankheit des Menschen mit hohem Fieber und rötlichem, später bläulichem Ausschlag. Der Erreger wird vor allem durch Kleiderläuse in Hautwunden des Menschen übertragen. Die Behandlung erfolgt mit Antibiotika; unbehandelt sterben mehr als 50 % der Erkrankten.

Flamingo

■ **Fledermäuse,** eine Unterordnung der Flat-

Die meist großohrigen **Fledermäuse** gehören zu den Tieren, deren Raumbild durch die Wahrnehmung von Ultraschallwellen über das Hören vermittelt wird; ihre bevorzugte Insektennahrung können sie deshalb auch bei völliger Dunkelheit ermitteln

tertiere und neben den →Flughunden die einzigen fliegenden Säugetiere. Fledermäuse sind 3–16 cm lang, ihre Flügelspannweite beträgt bis zu 70 cm. Sie orientieren sich durch Ultraschallortung (die Laute werden durch Nase oder Mund ausgestoßen). Die einheimischen Fledermäuse halten sich tagsüber und während des Winterschlafs meist in Baum- und Felshöhlen auf.

Zu den **Fleisch fressenden Pflanzen** gehört die hier abgebildete Venusfliegenfalle: sobald ein Insekt auf einem offenen Blatt eine Fühlborste berührt, klappt die Falle zu; selbst recht große Brocken werden, wie man rechts sieht, von den wie Fangeisen funktionierndden Blatthälften festgehalten und verdaut

■ **Fleisch,** allgemein alle Weichteile (Muskeln) von Menschen und Tieren, aber auch von Pflanzen (z. B. Fruchtfleisch). Im engeren Sinn sind meistens mit Fleisch die Teile von warmblütigen Tieren gemeint, die als Nahrungsmittel verzehrt werden. Durch seinen hohen Gehalt an Eiweißstoffen, Mineralstoffen und Vitaminen ist Fleisch ein wichtiger Bestanteil der menschlichen →Ernährung.

■ **Fleisch fressende Pflanzen,** auf nährstoffarmen Böden wachsende Pflanzen, die sich durch den Fang vor allem von Insekten eine zusätzliche Stickstoffquelle verschaffen (deshalb auch oft **Insekten fressende Pflanzen** genannt). Um die Tiere anzulocken, sind sie oft auffällig gefärbt oder scheiden süße Säfte aus. Bei manchen Arten sind die Blätter oder Blattteile zu klebrigen »Fallen« umgebaut (z. B. Sonnentau), andere Pflanzen können die Blätter zusammenklappen (z. B. Venusfliegenfalle), um Tiere zu erbeuten.

■ **Fleming,** Sir Alexander, britischer Bakteriologe, *Farm Lochfield (bei Darvel) 6. August 1881, †London 11. März 1955. Er entdeckte 1928 als erstes Antibiotikum (→Antibiotika) das Penicillin und erhielt dafür 1945 zusammen mit Sir Ernst Boris Chain und Sir Howard Walter Florey den Nobelpreis für Medizin.

■ **Flensburg,** Hafenstadt an der **Flensburger Förde** (einem 43 km ins Land reichenden Meeresarm der Ostsee), in Schleswig-Holstein, mit 84 500 Einwohnern. Flensburg ist Sitz des Kraftfahrt-Bundesamtes, das u. a. für das Verkehrszentralregister (»Verkehrssünderkartei«) zuständig ist. Bekannt sind die gotischen Backsteinkirchen (die Nikolai- und die Marienkirche).

■ **Flexion** [lat.] (Beugung) *die,* zusammenfassende Bezeichnung für Deklination (→ Fälle) und Konjugation (→ Verb).

■ **Flieder,** eine Gattung der Ölbaumgewächse, 2–4 m hohe Sträucher mit herzförmigen Blättern und lilafarbenen oder auch weißen oder roten, in Rispen stehenden Blüten, die stark duften. Der **Gemeine Flieder,** der Ende des 16. Jahrh. von Konstantinopel nach Wien gebracht wurde, wird heute in zahlreichen Kulturformen angepflanzt.

■ **Fliegen,** eine Unterordnung der zweiflügeligen Insekten mit kurzen, dreigliedrigen Fühlern und leckenden oder saugenden Mundwerkzeugen; etwa 50 000 Arten. Die Larven sind fußlos (Maden) und leben als Schädlinge in und an Pflanzen, als Parasiten auf Tieren oder als Räuber von anderen Insekten.

■ **Fliegende Fische,** eine Familie der Knochenfische, die vorwiegend in tropischen und subtropischen Meeren leben. Die bis etwa 45 cm langen Hochseefische benutzen ihre großen, flügelähnlichen Brustflossen zum Gleitflug über der Wasseroberfläche. Bei manchen Arten sind auch die

Bauchflossen vergrößert. Fliegende Fische können bis 6 m aus dem Wasser hochschnellen und mehrmals hintereinander bis zu 50 m lange Gleitflüge durch die Luft machen.

■ **Fliegender Holländer,** Gestalt aus einer seit etwa 1600 bekannten Seemannssage: ein holländischer Kapitän, der wegen seiner Prahlerei dazu verdammt ist, ewig auf seinem Geisterschiff auf den Weltmeeren zu kreuzen. Richard Wagner schrieb, diesem Motiv folgend, die Oper »Der Fliegende Holländer« (1843).

■ **fliegende Untertasse** →UFO.

■ **Fliegenpilz,** ein sehr giftiger Lamellenpilz mit scharlachrotem oder gelbrotem Hut, der mit kleinen, weißen Flecken bedeckt ist. Die Flecken sind Reste der Hülle, die den jungen Fruchtkörper ganz einhüllt. Der Stiel ist knollig verdickt und trägt eine Manschette. Früher diente der Fliegenpilz, in Milch eingelegt, zum Töten von Fliegen.

■ **Fliehkraft** →Zentrifugalkraft.

■ **Fließband,** eine Fördereinrichtung, durch die Werkstücke in gleichmäßigen Abständen von einem Arbeitsplatz zum nächsten transportiert werden. Jeder Arbeiter hat nur wenige, jedoch immer die gleichen Handgriffe an dem Werkstück zu tun. Die ersten Fließbänder führte 1913 der amerikanische Autohersteller Henry Ford ein.

■ **Flint** →Feuerstein.

■ **Flinte,** früher Kurzbezeichnung für die Flintbüchse, ein im 17.–19. Jahrh. gebräuchliches Infanteriegewehr mit innen glattem Lauf, bei dem ein Feuerstein (»Flint«) den Zündfunken lieferte. Waffen dieser Art wurden auch »Steinschlossgewehr« genannt.

Heute versteht man unter Flinte ein Sport- und Jagdgewehr zum Verfeuern von Schrotgeschossen.

■ **Flipflop** [engl.] *das* (bistabile Kippschaltung), eine elektronische Schaltung mit zwei stabilen Zuständen: Strom führend oder gesperrt. Durch entsprechende Eingangssignale kann ein Wechsel von einem Zustand in den anderen veranlasst werden. In der elektronischen Datenverarbeitung ist das Flipflop das meistgebrauchte Speicherelement.

■ **Floating** [flo^{u}…; engl. to float, = schwimmen] *das,* das durch die Freigabe des Wechselkurses eingeleitete Schwanken des Außenwertes einer Währung in einem System fester Wechselkurse. Dadurch kann sich der Kurs durch Angebot und Nachfrage frei entwickeln, bevor man einen neuen festen Wechselkurs festlegt.

■ **Flöhe,** eine Ordnung bis 7 mm großer, flügelloser Insekten. Die langen Hinterbeine dienen als Sprungbeine. Flöhe leben als Blut saugende Schmarotzer auf Vögeln, Säugetieren und Menschen. Dabei können sie gefährliche Krankheitserreger übertragen, z. B. der **Rattenfloh** die Pestbakterien.

Flöhe leben etwa zwei Jahre und können länger als ein Jahr hungern. Die beinlosen Larven entwickeln sich in Kot, Abfällen, Nestern und warmen, trockenen Ställen. Der etwa 3 mm lange **Menschenfloh** lebt auf Menschen, Hunden, Ratten, Katzen und Hühnern. Er kann 35 cm weit und 20 cm hoch springen.

■ **Floppy Disk** →Diskette.

■ **Flora** [nach Flora, der römischen Göttin des Getreides und der Blumen] *die,* **1)** die Pflanzenwelt (eines bestimmten Gebietes).

2) die Gesamtheit der Bakterien in einem Körperorgan, z. B. Darmflora (alle Bakterien, die im Darm leben).

■ **Florenz** (italienisch Firenze), Stadt in Italien, am Arno, Hauptstadt der Toskana, mit 376 800 Einwohnern. Sie besitzt viele bedeutende Kunstdenkmäler aus dem Mittelalter und der Renaissance, vor allem den Dom (mit der Kuppel des berühmten Baumeisters Filippo Brunelleschi, 1377–1446, und dem →Baptisterium mit herrlichen Bronzetüren), die Kirche San Lorenzo mit den von Michelangelo geschaffenen Medici-Grabmälern und den Palazzo Vecchio (der erste ständige Sitz der Stadtregierung). Zwei der vielen bedeutenden Museen sind die Uffizien und der Palazzo Pitti. Die älteste Brücke ist der Ponte Vecchio.

Florenz wurde im 2. Jahrh. v. Chr. als **Florentia** von den Römern gegründet. Ab dem 4. Jahrh. n. Chr. war es Bischofssitz und wurde um 1100 als Stadt selbstständig. Die mächtige Gewerbe- und Handelsstadt entwickelte sich im 13./14. Jahrh. zur führenden Macht in Mittelitalien. Unter den ersten →Medici, die 1434 die Regierung übernahmen, erlebte Florenz seine Glanzzeit als Mittelpunkt der italienischen Renaissance und des Humanismus. – Bild S. 318

■ **Florett** *das,* beim →Fechten verwendete Sportwaffe.

■ **Florida,** Halbinsel und Bundesstaat im Südosten der USA, 170 314 km², mit 14,916 Mio. Einwohnern. Die Hauptstadt ist Tallahassee. Das seenreiche und teilweise sumpfige Land hat subtropisches Klima (Anbau von Zitrusfrüchten) mit milden und trockenen Wintern. Berühmt sind die Badeorte Miami und Palm Beach sowie der Vergnügungspark Walt Disney World in der Nähe von Orlando; an der Ostküste liegt das Raketenstartgelände Cape Canaveral.

Entdeckte das Penicillin: **Alexander Fleming**

Fliegenpilz

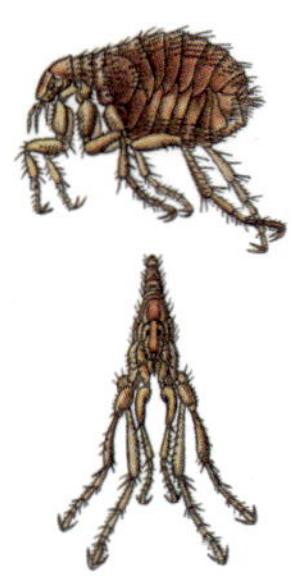

Die weiblichen **Flöhe** legen einige Hundert Eier ab, aus denen sich madenförmige beborstete Larven entwickeln; hier die stark vergrößerte Seiten- und Vorderansicht eines ausgebildeten Menschenflohs

Diese Ansicht aus dem Jahr 1480 zeigt die Pracht der Stadt **Florenz** zur Zeit des feinsinnigen Lorenzo de' Medici, der als Förderer der Künste und Wissenschaften das bis heute erhaltene Gesicht dieser Stadt prägte

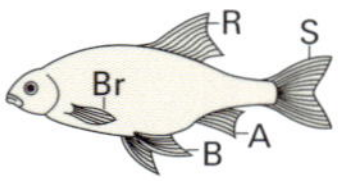

Die **Flossen** eines Fisches:
A Afterflosse,
B Bauchflosse,
Br Brustflosse,
R Rückenflosse,
S Schwanzflosse

Florida wurde 1513 um Ostern (spanisch Pascua florida) entdeckt. 1819 von Spanien gekauft, wurde es 1845 als 27. Staat in die Union aufgenommen.

■ **Flossen,** der Fortbewegung dienende Organe oder Hautsäume im Wasser lebender Tiere, insbesondere der Fische. Sie werden durch Flossenstrahlen gestützt. Man unterscheidet paarige Flossen (Brust-, Bauchflossen) und unpaarige (Rücken-, Fett-, Schwanz-, Afterflosse).

■ **Flöte,** eines der ältesten Blasinstrumente (→Blockflöte, →Querflöte).

■ **Flotte,** alle Schiffe eines Staates, unterschieden in Fischerei-, Handels- und Kriegsflotte.

■ **Flöz** *das,* bergmännische Bezeichnung für eine Schicht nutzbarer Gesteine, die als Ablagerungen im Laufe der Erdgeschichte entstanden sind, z. B. Kohlenflöz, Kaliflöz.

■ **Fluchtlinie,** bei der perspektivischen Konstruktion (→Perspektive) die auf einen **Fluchtpunkt** zulaufende Linie, die von einem Punkt eines Objekts aus gezogen ist. Im Fluchtpunkt treffen sich dann sämtliche Fluchtlinien der Konstruktionszeichnung.

■ **Flugbahn,** die Bahn eines fliegenden Körpers, der dem Einfluss von Schwerkraft und Coriolis-Kraft, Antriebskräften, Steuerkräften sowie zur Bahn wirkenden Strömungskräften (Luftwiderstand und Auftrieb) unterworfen ist. Für Flugzeuge wird diese Bezeichnung normalerweise nicht verwendet. Im weiteren Sinn werden auch die parabelförmige Wurfbahn eines geworfenen Körpers und die antriebslos durchflogene Bahn eines Geschosses als Flugbahn bezeichnet.
Im Unterschied zur Wurfbahn kann die Flugbahn während der gesamten Bewegungsdauer durch Steuerkräfte und Veränderung von Antriebs- und Auftriebskräften beeinflusst und damit einer gegebenen Aufgabenstellung optimal angepasst werden. Eine Zwischenstellung nehmen Raketen ein, die während der Antriebsphase einer Flugbahn, nach Brennschluss der Triebwerke (Freiflugphase) jedoch einer Wurfbahn folgen. Die Bewegungsbahnen von Raumfahrzeugen werden als Raumflugbahnen bezeichnet.

■ **Flügel, 1)** *Architektur:* Baukörper, der, meist im Winkel, an den Hauptbau anschließt.

2) *Musik:* großes Klavier in Form eines Vogelflügels, bei dem die Saiten in Richtung der Tasten laufen.

3) *Zoologie:* flächiges Organ bei Tieren, das diese zum Fliegen befähigt. Bei Vögeln und Flattertieren sind die Flügel durch eine Umbildung der vorderen Gliedmaßen entstanden. Bei den Insekten sind es Ausstülpungen der Körperoberfläche.

■ **Flughunde,** eine Unterordnung der Flattertiere mit etwa 130 Arten in den Tropen und Subtropen der Alten Welt. Der Kopf ist hundeähnlich, der Schwanz ist kurz oder fehlt ganz. Flughunde schlafen tagsüber in Höhlen oder Bäumen, manche frei hängend zu Hunderten in einem Baum.

■ **Flugzeug,** ein Luftfahrzeug, das im Gegensatz zu →Ballon und →Luftschiff spezifisch schwerer ist als Luft. Der Auftrieb erfolgt durch die an den Tragflächen vorbeiströmende Luft. Die Tragflächen sind so geformt, dass die an der Oberseite vorbeiströmende Luft im Vergleich zu der an der Unterseite vorbeiströmenden einen größeren Weg zurücklegen muss. Dadurch entsteht an der Oberseite ein

Sog, der das Flugzeug nach oben zieht. Der Auftrieb wird durch einen Motor über einen Propeller (Propellerflugzeuge) oder durch den Schub eines Strahltriebwerks (Düsenflugzeuge) erreicht. Beim Gleitflug mit geneigtem Rumpf, den Segelflugzeuge und Hängegleiter (z.B. Drachenflieger, Gleitschirme) ausführen, wird die Vortriebskraft durch die in Flugrichtung liegende Komponente der Gewichtskraft erzeugt.
Gesteuert wird ein Flugzeug mit dem Höhen-, Seiten- und Querruder. Höhen- und Seitenruder sind am hinteren Teil des Flugzeugs im →Leitwerk zusammengefasst. Das Querruder befindet sich an der Hinterkante der Tragflächen. Mit dem Höhenruder lässt sich das Flugzeug um die Querachse, mit dem Seitenruder um die senkrechte Achse und mit dem Querruder um die Längsachse drehen. Beim Kurvenflug werden Querruder und Seitenruder gleichzeitig bedient. Landflugzeuge besitzen für Start und Landung ein Fahrwerk, das während des Fluges in der Regel eingezogen wird, um den Luftwiderstand zu verringern; Wasserflugzeuge haben dagegen entweder zwei Schwimmer (Schwimmerflugzeug) oder einen als Bootskörper ausgebildeten Rumpf (Flugboot). Senkrechtstarter benötigen weder Start- noch Landebahn. Zu den Flugzeugen gehören auch →Hubschrauber und Tragschrauber (Drehflügelflugzeuge). – auch →Luftfahrt.

■ **Flugzeugträger,** größeres Kriegsschiff, von dem aus Militärflugzeuge und -hubschrauber auf hoher See eingesetzt werden können. Hierzu verfügt der Flugzeugträger über ein sich längs des gesamten Schiffes erstreckendes Deck, auf dem die Flugzeuge mithilfe eines →Katapults beschleunigt

Ein **Flughund** schützt im Paarflug sein Junges

starten können. Zum Abfangen der landenden Maschinen dienen an diesen angebrachte Fanghaken, die in eines der quer über die Landebahn gespannten Fangseile greifen. Die notwendigen Aufbauten sind an einer Seite des Schiffes in einer kompakten Kommandozentrale (»Insel«) zusammengefasst.

■ **Flunder** →Schollen.

■ **Fluor** [lat.] *das,* ein nichtmetallisches chemisches Element aus der Gruppe der Halogene. Fluor ist ein giftiges, grünliches Gas, das eine starke Reizwirkung auf Haut und Schleimhäute ausübt. Sein chemisches Verhalten ist ähnlich wie Chlor, nur wesentlich aggressiver.
Wichtige Fluormineralien sind der **Flussspat** (Calciumfluorid CaF_2), ein wichtiger Rohstoff zur Herstellung von Flusssäure, Email, Glasuren und Milchglas, und der Kryolith (Na_3AlF_6). Mit **Fluss-**

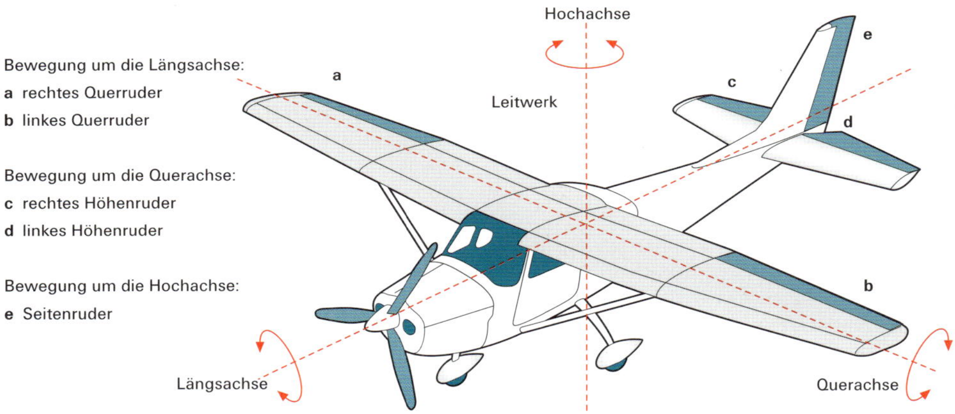

Die Lenkeinrichtungen eines **Flugzeugs;** der Pilot hat drei »Ruder«, die die Drehung des Flugzeugs um jede Achse getrennt beeinflussen

Fluor
chemisches Symbol: F
Ordnungszahl: 9
relative Atommasse: 19
Dichte: 1,7 g/cm³
Schmelzpunkt: −219,6 °C
Siedepunkt: −188 °C

säure (Fluorwasserstoffsäure) lassen sich viele Metalle lösen und Gläser ätzen.
Fluor wird verwendet für die Herstellung von besonders widerstandsfähigen Kunststoffen (z. B. Teflon®) und für Fluorchlorkohlenwasserstoffe (Kältemittel in Kühlaggregaten, Treibmittel in Spraydosen). Mit der Zugabe von Fluor zum Trinkwasser hofft man, die weit verbreitete Zahnkrankheit Karies eindämmen zu können.

die längsten Flüsse der Erde

Fluss	Länge in km	Einzugsgebiet in Mio. km	Einmündungsgewässer
Nil (mit Kagera)	6671	2,87	Mittelmeer
Amazonas	6437	7,18	Atlantischer Ozean
Janktsekiang	6300	1,808	Ostchinesisches Meer
Mississippi (mit Missouri)	5970	3,221	Atlantischer Ozean
Ob (mit Irtysch)	5410	2,99	Nordpolarmeer
Hwangho	4845	0,771	Gelbes Meer
Amur (mit Argun)	4416	1,855	Ochotskisches Meer
Mekong	4500	0,81	Südchinesisches Meer
Kongo	4347	3,69	Atlantischer Ozean
Lena	4313	2,490	Nordpolarmeer

■ **Fluorchlorkohlenwasserstoffe,** Abkürzung **FCKW,** Kohlenwasserstoffe, in denen die Wasserstoffatome durch Chlor- und Fluoratome ersetzt sind. Sie dienen heute noch, wenn auch in geringerem Umfang als früher, als Treibmittel für Sprays und zum Verschäumen von Kunststoffen sowie als Kälte- und Feuerlöschmittel. FCKWs beeinträchtigen maßgeblich die Ozonhülle (→Ozon) der Erde. – auch →Klima.

■ **Fluoreszenz** [lat.] *die,* die zuerst am Flussspat entdeckten Leuchterscheinungen von festen Körpern, Flüssigkeiten oder Gasen beim Bestrahlen mit Licht, Röntgen- oder Teilchenstrahlung. Die einfallenden Strahlen (Primärstrahlen) regen den Stoff zu einer Eigenstrahlung (Sekundärstrahlung) mit größerer, energieärmerer Wellenlänge an (der Stoff **fluoresziert**). Diese Erscheinung wird u. a. beim Röntgenschirm zur Sichtbarmachung von Röntgenstrahlen verwendet.

■ **Fluss,** jedes fließende Gewässer des Festlandes; große Flüsse werden **Strom** genannt, kleine **Bach** und kleinste **Rinnsal.**
Ein Fluss mündet in einen anderen Fluss (Nebenfluss) oder in einen Endsee oder ein Meer. Das zu einem Fluss gehörende Gewässernetz bildet sein **Flusssystem,** das von diesem entwässerte Landgebiet sein **Einzugsgebiet;** es wird durch eine Wasserscheide vom nächsten getrennt. Je nach Klima und Niederschlägen schwankt die Wasserführung im Jahreslauf (Hoch-, Mittel-, Niedrigwasser), mitunter trocknet ein Fluss auch ganz aus.

■ **flüssige Luft,** Luft im flüssigen →Aggregatzustand. Flüssige Luft hat eine Temperatur von −194,5 °C. Sie wird als Kühlmittel und als Ausgangsprodukt für die Gewinnung von Stickstoff, Sauerstoff und Edelgasen verwendet.

■ **Flüssigkristallanzeige** (LCD-Anzeige), eine Anzeigevorrichtung, bei der die Ziffern und Zeichen mithilfe flüssiger Kristalle sichtbar gemacht werden. Die beim Anlegen einer geringen elektrischen Spannung sich ändernden optischen Eigenschaften der flüssigen Kristalle (z. B. Änderung des Reflexionsvermögens bzw. der Lichtdurchlässigkeit) ermöglichen bei Verwendung zweckmäßig geformter Elektroden die Darstellung sehr unterschiedlicher Zeichen. Die Flüssigkristallanzeige wird nicht nur für Uhren und Taschenrechner, sondern auch für Computer- und Fernsehbildschirme genutzt.

■ **Flusspferde,** nicht wiederkäuende Paarhufer mit plumpem, haarlosem Körper. Sie sind nicht mit den Pferden verwandt. Die emporgehobenen, zum Tauchen verschließbaren Nasenöffnungen liegen an der Oberseite des sehr großen Kopfes. Neben den Backenzähnen oben und unten sitzen nur je zwei Schneide- und Eckzähne. Flusspferde kommen heute nur noch in Afrika südlich der Sahara vor.
Das **Nilpferd** wird bis 4,6 m lang und bis zu 3200 kg schwer. Als Nahrung benötigt es täglich etwa 50 kg Pflanzen. Die Haut ist dick, glatt und fast haarlos. Die Eckzähne des Unterkiefers sind zu »Hauern« ausgebildet.

■ **Flut** →Gezeiten.

■ **Föderalismus** [von lat. foedus, = Bündnis] *der,* politisches Gestaltungsprinzip, das auf dem Gedanken des bündnishaften Zusammenschlusses mehrerer weitgehend unabhängiger Staaten (→Staatenbund) beruht oder ein ausgewogenes Verhältnis zwischen Gesamtstaat und untergeordneten Gliedstaaten (→Bundesstaat) begründet.

■ **Föderation** [lat.] *die,* Staatenbündnis, dessen

Partner sich zu einem sachlich oder zeitlich begrenzten Zweck verbinden.

■ **Fohlen** (Füllen), junges Pferd bis zum 2. Lebensjahr.

■ **Föhn,** warmer, trockener Fallwind, der über ein Gebirge weht und dabei an der Luvseite (dem Wind zugekehrt) Feuchtigkeit abgibt und sich beim Absteigen an der Leeseite (dem Wind abgekehrt) erwärmt.
Der Föhn tritt häufig in den Tälern am Alpennordrand und im Alpenvorland auf, wo er im Winter vielfach Tauwetter bringt. Er verursacht bei manchen Menschen gesundheitliche Störungen (Mattigkeit, Schlaflosigkeit, Kopfschmerzen).

■ **Föhr,** eine der Nordfriesischen Inseln, vor der Westküste Schleswig-Holsteins im Wattenmeer gelegen, 82 km^2, mit 8600Einwohnern; Hauptort ist Wyk auf Föhr.

■ **Föhre** →Kiefer.

■ **Fokus** →Brennpunkt.

■ **Fokussierung** [lat.] *die,* die Vereinigung von Strahlen in einem Punkt, dem →Brennpunkt (Fokus). Bei der Fokussierung von Lichtstrahlen oder Wärmestrahlen werden Hohlspiegel oder Sammellinsen benutzt, bei der Strahlführung geladener Teilchen dagegen elektrische oder magnetische Felder.

■ **Folklore** [engl.] *die,* die volkstümliche Überlieferung eines Volkes, besonders von Volksmusik, Volkstanz und Volksliteratur.

■ **Folksong** [fo^{u}k...; engl.] *der,* im angelsächsischen Raum Bezeichnung für ein dem Volkslied entsprechendes Lied. Der amerikanische Folksong mit Sängern wie Joan Baez (*1941), Bob Dylan und Arlo Guthrie (*1947) geht vor allem von europäischen Volksliedern und von Liedern der Schwarzen aus. Er ist oft mit politischen und sozialen Forderungen verknüpft und nähert sich dann dem Protestsong. Seit etwa 1965 beeinflussten amerikanische Folksänger europäische Gruppen, besonders in Irland, Schottland und England.

■ **Follikel** [lat.] *der,* **1)** ein bläschen- oder balgförmiges Gebilde, z. B. Haarfollikel (Haarbalg).
2) die aus Follikelzellen bestehende Hülle um die im Eierstock heranreifende Eizelle. Sie dient zur Ernährung der Eizelle und zur Bildung von Hormonen (Östrogene). Meist bildet der Follikel eine flüssigkeitserfüllte Höhlung (beim Menschen bis zu 2 cm Durchmesser) aus, in die die reife Eizelle hineinragt (Eibläschen). Im Anschluss an die Reifung des Follikels erfolgt der →Eisprung.

■ **Folter,** das gezielte Zufügen körperlicher und geistig-seelischer Schmerzen, um dadurch Aussagen, Geständnisse oder (politische) Meinungsänderungen zu erzwingen, eine tatsächlich oder mutmaßlich begangene Tat zu bestrafen oder jemanden einzuschüchtern.Trotz internationaler Ächtung ist die Folter auch heute noch eine weltweit festzustellende Form politischer Verfolgung und Unterdrückung. Nach Angaben von →Amnesty International werden noch immer in etwa 70 Ländern jährlich etwa 500 000 Menschen gefoltert.

■ **Fonds** [fong; frz.] *der,* für einen bestimmten Zweck gebildete und verwaltete Geld- oder Vermögenswerte (z. B. Immobilienfonds).

■ **Fontane,** Theodor, deutscher Schriftsteller, *Neuruppin 30. Dezember 1819, †Berlin 20. September 1898. Er schrieb zunächst Gedichte (»Herr von Ribbeck«) und Balladen (u. a. »Archibald Douglas«, »John Maynard«). Es folgten die »Wanderungen durch die Mark Brandenburg« (1862–82) und nach 1876 die realistischen Erzählungen und Romane, in denen er gesellschaftliche Probleme und Schicksale meisterhaft darstellt und ein kritisches Zeitbild der preußischen Gesellschaft vermittelt (u. a. »Frau Jenny Treibel«, 1892; »Effi Briest«, 1895; »Der Stechlin«, 1899). – Bild S. 322

■ **Fontäne** [frz.] *die,* mächtiger aufsteigender Wasserstrahl, vor allem eines Springbrunnens.

■ **Fontanellen** [frz.], die durch ein Bindegewebe verschlossenen Knochenlücken am Schädeldach des neugeborenen Kindes. Sie werden in den ersten beiden Lebensjahren durch Knochen verschlossen. – Bild S. 323

■ **Fonts** [engl.], in einem Computer die Schriften, mit denen die Zeichen auf dem Bildschirm dargestellt und vom Drucker ausgedruckt werden.

Flusspferde verbringen den größten Teil des Tages im Wasser; hier das schwärzlichbraune, im alten Ägypten ursprünglich im Niltal lebende Nilpferd mit seinem Nachwuchs

■ **Football** [fu̯tbål; engl.] (American Football), aus dem Rugby entstandenes hartes Ballspiel mit zwei Mannschaften zu je elf Spielern und bis zu 34 Auswechselspielern auf einem 109,75 m langen und 48,80 m breiten Spielfeld. Ziel ist es, einen eiförmigen Lederhohlball hinter die gegnerische Torlinie zu bringen. Das Tragen des Balles dorthin oder ein Pass zu einem dort stehenden Mitspieler (Touchdown) zählt sechs Punkte. Nach einem Touch-down kann ein weiterer Punkt dadurch erzielt werden, dass der Ball von einem bestimmten Punkt auf dem Feld zwischen die Torstangen getreten wird.
Die angreifende Mannschaft hat jeweils vier Versuche, den Ball wenigstens 9,15 m näher an das gegnerische Tor zu treiben. Gelingt dies und wird der Ballträger nicht zu Fall gebracht, folgen vier weitere Versuche. Gelingt keiner der vier Versuche, greift die andere Mannschaft an. Die Spieler dürfen mit fast allen Mitteln am Vorankommen gehindert werden. Die reine Spielzeit beträgt 4 × 15 Minuten.

Zu Weltruf kam **Henry Ford** mit der Herstellung des Serienautos »Modell T«, von dem in den Jahren von 1908 bis 1927 mehr als 15 Millionen Wagen verkauft wurden

■ **Fọrd,** Henry, amerikanischer Großindustrieller, *Dearborn (Michigan) 30. Juli 1863, †Detroit (Michigan) 7. April 1947. Er gründete 1903 in Detroit die Ford Motor Company, die er zu einem der führenden Automobilwerke der Welt ausbaute. Seine Stiftung, die Ford Foundation, dient der Förderung von Wissenschaft, Erziehung und Sozialarbeit.

■ **Forẹllen,** schnelle und gewandte Lachsfische in Bächen, Flüssen, Binnenseen und küstennahen Meeresgewässern. Man unterscheidet die **Europäische Forelle** mit Lachsforelle (Länge 40–80 cm) und Bachforelle (Länge 25–40 cm) sowie die ursprünglich aus Nordamerika stammende **Regenbogenforelle** (Länge 25–50 cm). Forellen sind wertvolle Speisefische und werden deshalb häufig in Fischzuchtanlagen gehalten.

Die **Forelle** mit dem breiten rosa Längsband und den kleinen schwarzen Flecken heißt Regenbogenforelle

■ **Fọrmaldehyd** → Aldehyde.

■ **Formati̱e̱ren,** in der Datenverarbeitung das Zusammenstellen und Anordnen von Daten nach bestimmten Vorschriften; auch: die Einteilung von plattenförmigen Datenspeichern (z. B. Disketten) in Sektoren, in denen die Informationen abgelegt werden.

Theodor Fontane war als Chronist des gesellschaftlichen Umbruchs ein Meister der Beobachtung und der feinfühligen Schattierung in der Darstellung der verschiedenen Charaktere der einzelnen Menschen; das Porträt zeigt den Schriftsteller im Alter von etwa 76 Jahren

In der Textverarbeitung versteht man unter Formatieren oftmals die Textgestaltung, u. a. der Zeilenumbruch, die Absätze und die Ränder.

■ **Formatio̱n** [lat.] *die,* **1)** *Geologie:* die Gesteinsschichtenfolge, die sich in einem größeren erdgeschichtlichen Zeitraum gebildet hat.
2) *Militärwesen:* von einer Truppe, einem Kriegsschiff- oder Flugzeugverband in einer bestimmten Situation eingenommene Aufstellung, z. B. Gefechts- oder Marschformation.

■ **Fọrmel** [lat.] *die,* eine mathematische Darstellung gesetzmäßiger Zusammenhänge zwischen zwei oder mehreren Größen. Die einzelnen Größen und ihre Zahlenwerte werden dabei durch Buchstaben (Formelzeichen) vertreten; der Zusammenhang zwischen ihnen wird durch mathematische Symbole (Zeichen wie =, >, +, −) dargestellt.
Beispiel: Den Flächeninhalt (F) eines Quadrates erhält man, wenn man die Seitenlänge (a) mit sich selbst multipliziert. Die Formel hierzu lautet: $F = a \cdot a = a^2$.

■ **Fọrmel 1,** die bekannteste Rennfahrzeugkategorie im Automobilsport. Formel-1-Fahrzeuge sind

einsitzige, offene Rennwagen mit unverkleideten Rädern; sie haben ein Mindestgewicht von 600 kg, eine maximale Höhe von 95 cm und eine maximale Breite von 180 cm. Angetrieben werden sie von einer Achse; die Motoren sind Viertaktsaugtriebwerke mit maximal zwölf Zylindern und einem maximalen Hubraum von 3000 cm^3. Das Getriebe muss vier bis sieben Gänge aufweisen.
Seit 1950 werden Formel-1-Weltmeisterschaften ausgetragen, bei denen ein Fahrer- und ein Konstrukteursweltmeister ermittelt werden. Sieger sind der Fahrer und das Werksteam, die am Ende der aus mehreren Grand-Prix-Rennen (im Jahr 2000: 17) bestehenden Rennsaison die meisten Wertungspunkte erreicht haben. Pro Rennen gibt es für die Plätze eins bis sechs 10, 6, 4, 3, 2, 1 Punkte.

■ **Formọsa** → Taiwan.

■ **Fort** [fọr; frz.] *das,* kleinere selbstständige Befestigungsanlage zur Sicherung von wichtigen Objekten (z. B. Hafeneinfahrten) und Geländeabschnitten (z. B. an Verkehrsknotenpunkten) oder Teil einer größeren Festung (z. B. Fort Douaumont als Teil der Festung Verdun).

■ **fọrte** [italienisch], Abkürzung **f**, musikalische Vortragsbezeichnung: stark, laut (Gegensatz: piano); **fortissimo,** Abkürzung **ff.** sehr stark, sehr laut.

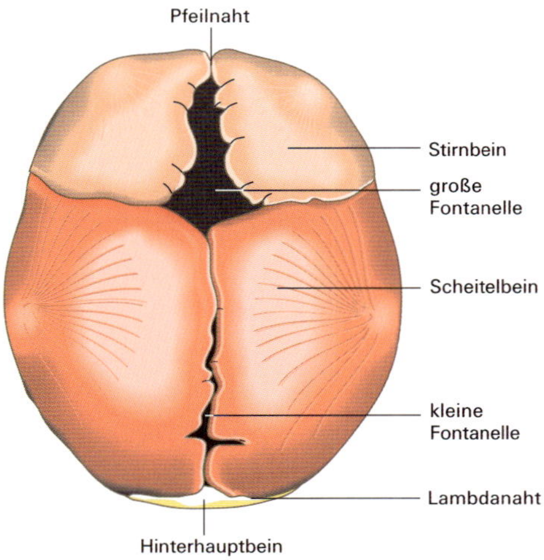

Fontanellen im Schädel eines Neugeborenen

■ **Fort Knox** [fọʳt nọx], Militärstandort in Kentucky, USA; hier lagert der größte Teil der amerikanischen Goldreserven.

■ **Fọrtpflanzung** (Reproduktion), der Vorgang, bei dem aus einer Mutterpflanze bzw. aus Eltern neue Individuen (Nachkommen) gebildet werden. In der Regel erhöht sich durch Fortpflanzung die Zahl der Individuen einer Art.
Bei der **ungeschlechtlichen Fortpflanzung** entwickeln sich aus Körperzellen des mütterlichen Organismus durch Zellteilungen neue Lebewesen, welche die gleichen Erbanlagen tragen.
Bei der **geschlechtlichen Fortpflanzung** entstehen neue Lebewesen durch eine → Befruchtung (Verschmelzung von Eizelle und Spermium), wodurch eine Neukombination von Erbanlagen erfolgt. Eine besondere Form der geschlechtlichen Fortpflanzung ist die → Jungfernzeugung.

Forum: heutiger Blick auf das im antiken Rom angelegte Forum Romanum

■ **Fortu̱na,** römische Göttin des Schicksals und des Glücks; sie wird oft mit Glücksrad und Füllhorn dargestellt.

■ **Fọrum** [lat.] *das,* in römischen Städten der Marktplatz mit Behördengebäuden und Tempeln, Zentrum des politisch-kulturellen Lebens, z. B. das **Forum Romanum** im antiken Rom.
Heute versteht man unter Forum auch einen Kreis von sachverständigen Personen, in dem Probleme erörtert werden.

■ **fossi̱l** [lat., = ausgegraben], urzeitlich, aus der erdgeschichtlichen Vergangenheit stammend.

■ **Fossi̱lien** [lat.], Tier- und Pflanzenreste, auch deren Lebensspuren (z. B. Fährten, Kriechspuren) aus erdgeschichtlicher Vergangenheit, die als **Versteinerungen** vorliegen.
Fossilien, die für eine Schicht oder Schichtgruppe bezeichnend sind, nennt man **Leitfossilien**. Mit-

hilfe der Leitfossilien kann man das Alter der Schichten bestimmen.

■ **Foto-CD,** eine Compact Disc, auf der Kleinbilddias und -negative gespeichert werden können. Die Bilder werden mithilfe spezieller Scanner abgetastet, in Bildpunkte zerlegt und digital auf der Foto-CD auflösungs- und rasterunabhängig abgespeichert.

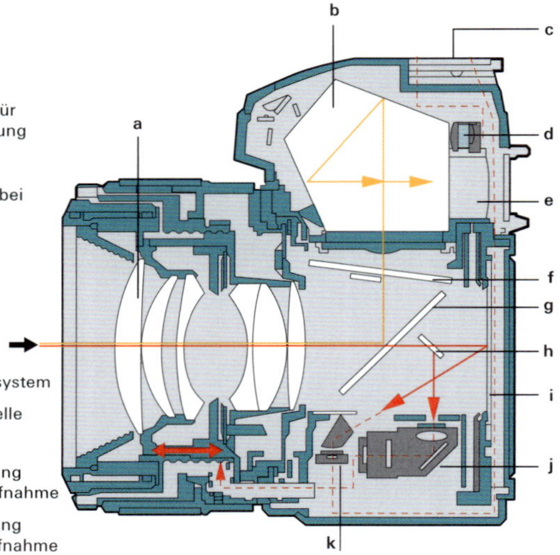

a Objektiv
b Sucherprisma (Umlenkprisma)
c Blitzlichtschuh
d TTL-Messzelle für Helligkeitsmessung
e Sucherokular
f Spiegelstellung bei der Aufnahme
g Umlenkspiegel (Grundposition)
h Hilfsspiegel (Grundposition)
i Filmebene
j Autofokusmesssystem
k TTL-Blitzmesszelle

Strahlengang vor der Aufnahme
Strahlengang bei der Aufnahme

Fotografie: Darstellung des Strahlengangs in einer Spiegelreflexkamera

■ **Fotografie** [griech.] *die,* alle Verfahren zur Herstellung dauerhafter Abbildungen von beliebigen Objekten durch Einwirkung von Strahlung (sichtbares Licht, aber auch z. B. Ultraviolett- und Röntgenstrahlung) auf Schichten, deren physikalische oder chemische Eigenschaften unter dieser Energieeinwirkung verändert werden. Als Fotografie wird daneben auch das erzeugte Bild (das »Foto«) selbst bezeichnet.

In der **Schwarz-Weiß-Fotografie** müssen die Farben des Motivs in Grautöne übersetzt werden. Das Aufnahmematerial besteht im Wesentlichen aus einer lichtempfindlichen Schicht (Emulsion von Silberhalogeniden, vor allem Silberbromid, in Gelatine), die auf den eigentlichen Träger (Film, Glas, Papier) aufgetragen ist.

Die Empfindlichkeit des Aufnahmematerials wird nach Normverfahren angegeben, die die Lichtmenge messen, die eine bestimmte Schwärzung hervorruft; international üblich ist die Angabe in ISO (früher in DIN und in ASA). Je höher die Empfindlichkeitsangabe ist, desto geringer wird die erforderliche Belichtungsmenge, aber je empfindlicher der Film ist, desto grobkörniger ist gegebenenfalls die Schicht und um so weicher wird die Tonabstufung.

Belichtet man die Emulsion, so ist zunächst keine Veränderung wahrzunehmen. Erst durch die Entwicklung, Fixierung und Wässerung wird die chemische Veränderung der Emulsion, die das Licht hervorgerufen hat, sichtbar und haltbar gemacht. Das so entstandene Negativ gibt die Lichtwerte des Motivs in umgekehrter Intensität wieder. Das Positiv erhält man durch einen Kopier- und Vergrößerungsprozess, in dem man durch das Negativ hindurch eine meist auf Papier aufgebrachte lichtempfindliche Schicht belichtet.

Bei der **Farbfotografie** werden die vom Motiv reflektierten Farbgemische in drei Spektralbereiche (Blau, Grün, Rot) zerlegt. Bei der Wiedergabe werden die Farbtöne aus drei einfarbigen Bildern gemischt (→Farbmischung). Die additiven Farbverfahren, bei denen die Farbtöne der drei Einzelbilder gemeinsam auf das Auge wirken, liefern nur Projektions- und Durchsichtsbilder. Die heute überwiegend verwendeten subtraktiven Farbverfahren (Siebverfahren) benutzen ein mehrschichtiges fotografisches Material mit einer blauempfindlichen oberen Schicht, einer Gelbfilterschicht zur →Absorption des restlichen blauen Lichtes, einer grünempfindlichen Schicht und einer rotempfindlichen Unterschicht. Jede Schicht enthält Komponenten (Farbkuppler), die bei der Entwicklung mit einem Farbentwickler einen Bildfarbstoff ergeben, der zu der jeweiligen Schicht »komplementär« ist (Gelb, Purpur und Blaugrün). Je nach Aufbau des Films und Entwicklungsmethode erhält man nach dem Mehrschichtenverfahren komplementärfarbige Negative oder farbige Diapositive (Umkehrfilm). Aus beiden können mit entsprechendem Mehrschichtenpapier Papierabzüge kopiert werden.

Fotoapparate bestehen grundsätzlich aus einem lichtdichten Gehäuse mit Filmhalterung und Transportvorrichtung, Objektiv, Verschluss, Spiegelreflexsystem oder Sucher sowie Entfernungs- und →Belichtungsmesser. Digitalkameras speichern die Bilder nicht mehr auf einem Film sondern in digitaler Form. Bei Spiegelreflexkameras erfolgt die Motivauswahl über ein Sucherfenster und ein optisches System mit einem schwenkbaren Spiegel direkt durch das Objektiv.

→Sofortbildkameras liefern unmittelbar nach der Aufnahme ein fertiges Positiv. Vollelektronisch arbeitet eine als Videoeinzelbildkamera (Still-Videokamera) bezeichnete Kamera, die das Bild in elektrische Signale umwandelt und auf einer Magnetkassette aufzeichnet. Die Aufnahmen können mit einem normalen Fernsehgerät über ein besonderes Abspielgerät sichtbar gemacht werden.

Systemkameras verfügen über auswechselbare Objektive der verschiedensten Brennweiten (→Brennpunkt): für Kleinbildkameras z. B. Weitwinkelobjektive zwischen 35 und 16 mm, Normalobjektive zwischen 45 und 75 mm sowie Teleobjektive zwischen 85 und 2000 mm. Eine besondere Rolle spielen die Zoomobjektive mit verstellbarer Brennweite. Spezialobjektive sind z. B. Makroobjektive für Nahaufnahmen bis zu einem Abstand von wenigen Zentimetern oder Fisheye-Objektive mit Brennweiten von etwa 6 mm.

Geschichte: 1727 entdeckte Johann Heinrich Schulze, dass Silbersalze lichtempfindlich sind. 1816 unternahm Joseph Nicéphore Niepce Versuche mit silberchloridbeschichtetem Papier. 1837 fixierte Louis Jacques Mandé Daguerre versilberte Kupferplatten nach einer Belichtung mit einer Natriumchloridlösung. Für eine »farbrichtige« Wiedergabe in der Schwarz-Weiß-Fotografie und die Entwicklung der Farbfotografie war die Anpassung des lichtempfindlichen Materials an die Spektralfarben notwendige Voraussetzung, was Herrmann Wilhelm Vogel 1873 in Berlin gelang. 1888 erschien die kastenförmige Rollfilmkamera (von Kodak), nach 1925 setzten sich die Kleinbildkameras (zuerst Leica) durch.

■ **Fotokopie,** die fotografisch hergestellte Kopie eines Schriftstücks, einer Druckseite oder eines Bildes. – auch →Kopierverfahren.

■ **Fotozelle** →Photozelle.

■ **Fötus** →Fetus.

■ **Foucault** [fuko], Léon, französischer Physiker, *Paris 18. September 1819, †ebenda 11. Februar 1868. Er bestimmte mit einem Drehspiegel die Lichtgeschwindigkeit und bestätigte die Wellentheorie des Lichts. Berühmt wurde er durch einen Pendelversuch, mit dem er die Drehung der Erde nachwies (1850). Außerdem leistete er wichtige Forschungsbeiträge u. a. zur Elektrizitätslehre.

■ **Foul** [faul; engl.] *das,* Regelverstoß im Sport.

■ **Foyer** [foaje; frz.] *das,* Wandelhalle, vor allem im Theater.

■ **Frack,** ein meist schwarzer Abendanzug. Das Jackett hat hinten zwei lange Frackschöße (»Schwalbenschwanz«). Zum Frack gehören u. a. eine weiße Weste, ein Hemd mit gestärktem Brustteil und eine weiße Querschleife.

■ **fragendes Fürwort** (Interrogativpronomen) →Pronomen.

■ **Fragesatz** →Satz.

■ **Fragezeichen** →Satzzeichen (Übersicht).

■ **Fragment** [lat.] *das,* Bruchstück; unvollendetes (meist literarisches) Werk.

■ **Fraktale** [von engl. fractional, = gebrochen], komplexe, unregelmäßig geformte (»zerfranste«) Gebilde und Erscheinungen, wie sie so oder ähnlich in der Natur vorkommen (z. B. Schneeflocken, Luftwirbel, Küstenlinien). Bei einem Fraktal ähnelt jeder noch so kleine Ausschnitt bei entsprechender Vergrößerung dem Gesamtobjekt; z. B. zeigt ein vergrößerter Ausschnitt einer Küstenlinie immer noch die Merkmale einer Küstenlinie.

Die **fraktale Geometrie** verwendet Fraktale, um komplexe Naturerscheinungen mathematisch zu modellieren und am Computer zu simulieren.

■ **Fraktion** [lat.] *die,* Zusammenschluss politisch gleich gesinnter Abgeordneter, die meist derselben Partei angehören, in der Volksvertretung (Parlament). Der Fraktionszwang, der gegen den Grundsatz des freien (allein dem Gewissen des einzelnen Abgeordneten verpflichteten) Mandats verstößt, verlangt die Unterordnung des einzelnen Abgeordneten unter die Beschlüsse seiner Fraktion.

■ **Fraktur** [lat.] *die,* **1)** *Medizin:* Knochenbruch. **2)** *Schriftwesen:* deutsche Schrift mit gebrochenen Linien; sie wurde durch die →Antiqua verdrängt.

■ **Franc** [frang; frz.] *der,* Bezeichnung für Währungseinheiten verschiedener Staaten, z. B. Französischer Franc (Abkürzung FF), Belgischer Franc (Abkürzung bfr); 1 Franc = 100 Centimes.

Francium
chemisches Symbol: Fr
Ordnungszahl: 87
relative Nuklidmasse von ^{223}Fr: 223
Schmelzpunkt: 27 °C
Siedepunkt: 677 °C

■ **Francium** *das,* ein radioaktives chemisches Element aus der Gruppe der Alkalimetalle. Francium ist das am stärksten elektropositive Element. Es kommt in der Natur in Uranmineralien in einer Gesamtmenge von nur etwa 30 g vor.

■ **Franco Bahamonde,** Francisco, spanischer General und Politiker, *El Ferrol (Provinz La Coruña) 4. Dezember 1892, †Madrid 20. November 1975. Franco Bahamonde wurde nach dem Militärputsch gegen die demokratisch gewählte Regierung 1936 zum Chef der nationalspanischen Regierung bestimmt und zum Generalissimus ausgerufen. Den Spanischen Bürgerkrieg gewann er mit deutscher und italienischer Hilfe. 1938 wurde er Staatschef und errichtete eine faschistische Diktatur, gestützt auf das Militär, die Einheitspartei der Falange und den Interessenbund mit der katholischen Kirche. Er vereinigte ab 1957 auf sich die Ämter des Staatschefs, des Regierungschefs (bis 1973), des militärischen Oberbefehlshabers und des Führers (spanisch Caudillo) der Einheitspartei.

Das Tagebuch der **Anne Frank** ist in etwa 30 Sprachen übersetzt; 1955 wurde eine Theaterfassung des Tagebuchs in New York uraufgeführt, die auch mehrmals verfilmt worden ist

■ **Frank,** Anne, eigentlich Annelies Marie Frank, *Frankfurt am Main 12. Juni 1929, †Konzentrationslager Bergen-Belsen im März 1945. Die deutsch-jüdische Familie Frank wanderte nach der Machtergreifung durch die Nationalsozialisten 1933 in die Niederlande aus und hielt sich 1942–44 mit einer befreundeten Familie in einem Hinterhausversteck in Amsterdam verborgen (zusammen acht Menschen). 1944 wurden die Untergetauchten an die deutsche Besatzungsmacht verraten und in verschiedene Konzentrationslager verschleppt, in denen die ganze Familie bis auf den Vater den Tod fand (Anne und ihre Schwester in Bergen-Belsen, ihre Mutter in Auschwitz, wo der Vater 1945 befreit wurde).
Anne Frank wurde bekannt durch ihr Tagebuch, das sie vom 14. Juni 1942 bis zum 1. August 1944 führte und das als erschütterndes Zeitdokument das Schicksal einer Gruppe von Verfolgten schildert.

■ **Franken,** germanischer Stammesverband, der sich im Verlauf der Völkerwanderung aus vielen kleineren Völkerschaften herausgebildet hat. Teile des fränkischen Kernstammes der **Salier (salische Franken)** setzten im 4. Jahrh. erstmals über den Rhein und siedelten als Bundesgenossen Roms im Norden Galliens (Belgien und Nordfrankreich). Ein Teil von ihnen stand im 4./5. Jahrh. unter der Herrschaft von Kleinkönigen aus der Dynastie der Merowinger. Von ihnen ging die Einigung der Franken im →Fränkischen Reich unter Chlodwig I. aus. Am Niederrhein siedelten zur gleichen Zeit **Rheinfranken** mit Königssitz in Köln.

■ **Franken,** historische deutsche Landschaft, etwa das Gebiet am mittleren und oberen Main, an Kocher und Jagst. Es lag zur Zeit des Fränkischen Reiches (8./9. Jahrh.) an dessen Ostgrenze und wurde daher als Ostfranken bezeichnet. Danach zerfiel es bald in West- oder Rheinfranken und Ost- oder Mainfranken. Der Name Franken wird heute nur noch für den östlichen Teil verwendet.

■ **Franken** *der* (Schweizer Franken), Abkürzung **sfr,** die Währungseinheit in der Schweiz: 1 sfr = 100 Rappen.

■ **Frankenstein,** Titelheld des 1818 erschienenen Romans »Frankenstein, oder der moderne Prometheus« der englischen Schriftstellerin Mary Wollstonecraft-Shelley: Frankenstein erschafft aus Leichenteilen einen künstlichen, aber beseelten Menschen, der sich dann jedoch gegen ihn wendet und ihn schließlich tötet.

■ **Frankfurt am Main,** Stadt in Hessen, in der Untermainebene, mit 644 700 Einwohnern. Zu den Bildungseinrichtungen gehören u. a. die Universität, das Naturmuseum und Forschungsinstitut Senckenberg (das größte deutsche Forschungsmuseum), Bibliotheken (u. a. die Deutsche Bibliothek) sowie zahlreiche Museen. Als Geburtsstadt Goethes beherbergt Frankfurt das Goethehaus mit dem Goethemuseum. Sehenswert sind ferner der gotische Dom, die Paulskirche (18./19. Jahrh.) und der Römer, der als Rathaus aus mittelalterlichen Patrizierhäusern entstand.
Als Knotenpunkt des mitteleuropäischen Eisenbahn- und Luftverkehrs (Rhein-Main-Flughafen) sowie durch Anschluss an Wasserwege und Autobahnen besitzt Frankfurt eine außerordentlich günstige Verkehrslage. Wirtschaftlich ist es eine der wichtigsten deutschen Städte mit vielseitiger Industrie und bedeutenden Messen (größte Buchmesse der Welt, Internationale Automobilausstellung). Als Banken- und Börsenplatz nimmt es die erste Stelle in Deutschland ein (u. a. Sitz der Deutschen Bundesbank und der Europäischen Zentralbank).
Geschichte: Frankfurt, ursprünglich eine römische Siedlung, war seit dem 12. Jahrh. häufig Ort der deutschen Königswahl (1356 festgesetzt); 1562 bis 1806 wurden hier die Kaiser gekrönt. Ab dem 13./14. Jahrh. entwickelte sich die Stadt zum überregionalen Handels- und Messeplatz. 1848/49 war sie Tagungsort der →Frankfurter Nationalversammlung.

■ **Frankfurter Nationalversammlung,** das Parlament, das am 18. Mai 1848 in der Frankfurter Paulskirche zusammentrat mit dem Ziel, einen deutschen Nationalstaat zu schaffen und ihm eine Verfassung zu geben. Der Versuch, Deutschland zu einigen, scheiterte 1849, weil die meisten deutschen Staaten die Reichsverfassung ablehnten und ihre Abgeordneten zurückzogen.

■ **Frankfurt (Oder),** Stadt am Mittellauf der Oder in Brandenburg, mit 75 100 Einwohnern. Die Stadtteile rechts der Oder gehören zu Polen. 1505–1811 hatte die Stadt eine Universität, die 1991 als Europa-Universität Viadrina neu gegründet wurde. – 1777 wurde hier Heinrich von Kleist geboren.

■ **Fränkisches Reich,** die bedeutendste germanische Reichsgründung während der Zeit der →Völkerwanderung. Den Kern bildete das Siedlungsgebiet der Franken um Tournai im südlichen Belgien, wo seit 482 der Merowinger Chlodwig König war. Dieser gründete nach Siegen über die Römer, Alemannen und Westgoten das Fränkische Reich, das bei seinem Tod 511 große Teile des heutigen Frankreich, Belgien, einen Teil der Niederlande, Westdeutschland und große Teile Süddeutschlands umfasste. Der Übertritt Chlodwigs zum katholischen Glauben schuf die Voraussetzung für die Integration der romanischen Bevölkerung.

Nach Chlodwigs Tod wurde das Fränkische Reich durch Teilungen geschwächt; hinzu kamen Spannungen zwischen dem Westteil (Neustrien) und dem Ostteil (Austrasien) sowie die Gegensätze zwischen Königtum und Adel. Seit dem 7. Jahrh. übten die dem Geschlecht der Karolinger entstammenden →Hausmeier die eigentliche Macht im Fränkischen Reich aus. 751 wurde Pippin der Jüngere König; unter dessen Sohn →Karl dem Großen erlangte das Fränkische Reich seine größte Macht und Ausdehnung.

Nach dem Tod Karls wurde das Reich im Vertrag von Verdun 843 unter seinen Söhnen geteilt: Das Westreich fiel an Karl den Kahlen, der Ostteil an Ludwig den Deutschen, der Mittelteil an Lothar I. (»Lotharingien«), später auch noch an die östliche Reichshälfte. Ende des 9. Jahrh. verselbstständigten sich die Teilbereiche: Aus dem Westfränkischen Reich entstand Frankreich, aus dem Ostfränkischen Reich das Reich der Deutschen.

Mit dem Fränkischen Reich verlagerte sich das Zentrum der politischen Macht in Europa aus dem Mittelmeerraum (Rom) in den Norden. Reste der antiken Kultur blieben jedoch erhalten und bildeten mit germanischen und christlichen Traditionen die Ausgangsbasis für die abendländische Kultur des Mittelalters.

Seit dem 8. Jahrh. schufen die fränkischen Könige ein abgestuftes System von Abhängigkeiten, das zur Grundlage des Lehnswesen (→Lehen) wurde. Die zentrale Bedeutung des Grundbesitzes entsprach der fast ausschließlich agrarischen Wirtschafts-

Fränkisches Reich

Daten zur Geschichte:

482–751: Herrschaft der Merowinger (darunter: Chlodwig, König 482–511)

seit 751: Herrschaft der Karolinger (darunter Karl I., der Große, König 768–814, Kaier seit 800)

843: Teilung im Vertrag von Verdun

885: Karl III., der Dicke (König des Ostfränkischen Reichs seit 876, abgesetzt 887), vereinigt ein letztes Mal das Fränkische Reich, das danach zerfällt

Fränkisches Reich

Aus einem Herrschaftsbereich mit dem Mittelpunkt Tournai entstand seit dem 5. Jahrh. n. Chr. das Frankenreich. Karl der Große, in Frankreich Charlemagne genannt, machte durch Kriege, die gut drei Jahrzehnte dauerten, das Fränkische Reich zum mächtigsten Großreich des abendländischen Mittelalters. Es prägte auch die innere Ordnung fast aller späteren europäischen Staaten des Mittelalters: Als königliche Beamte wurden die Grafen eingesetzt. Damit war durch die Verbindung von Vasallentum und Vergabe von Landbesitz das mittelalterliche Lehnswesen begründet. Jedoch bildeten die Freien noch den größten Teil des Volkes. Die Stellung des Königtums leitete sich aus dem germanischen Heerkönigtum her, wurde aber durch die Übernahme römischer Einrichtungen wesentlich verändert und gestärkt. Die Mittelpunkte des Frankenreichs bildeten die Pfalzen, von denen in karolingischer Zeit Aachen, Ingelheim und Nimwegen die wichtigsten waren.

▶ Karl der Große hoch zu Pferde: die etwas über 23 cm hohe Bronzestatuette kann man heute im Louvre in Paris besichtigen

grundlage der Zeit. Kulturelle Zentren waren die Klöster und Bischofssitze.

■ **Franklin** [fr̹ängklin], Benjamin, amerikanischer Politiker und Naturwissenschaftler, *Boston (Massachusetts) 17. Januar 1706, †Philadelphia (Pennsylvania) 17. April 1790. Franklin stieg durch unermüdliches Selbststudium vom einfachen Handwerker (Buchdrucker) in hohe Ämter auf. Als Politiker setzte er sich für die amerikanische Unabhängigkeit ein und hatte wesentlichen Anteil an der Erarbeitung der demokratischen Verfassung der neu entstandenen USA (1787). Franklin trieb auch naturwissenschaftliche Studien, besonders zur Elektrizitätslehre, und machte zahlreiche Erfindungen, u. a. erfand er den Blitzableiter.

Benjamin Franklin, der einfallsreiche Erfinder und engagierte Politiker, war der erste Amerikaner, der durch seine wissenschaftlichen Arbeiten auch in Europa populär wurde

■ **Fr̹ankreich** (frz. La France), Republik in Westeuropa.

Geographisch ist Frankreich durch weite Flusssysteme und Bergländer deutlich in verschiedene Landschaften gegliedert: Im Nordosten und Osten erstrecken sich die Ardennen und Vogesen, an die sich westlich das Seine-Loire-Becken mit dem Pariser Becken anschließt, hier bildet das Bretonische Massiv die westliche Begrenzung. Südlich der Vogesen hat Frankreich Anteil am Jura und an den Westalpen mit dem Montblanc. Westlich dieser Gebirge erstreckt sich das Saône- und Rhonetal, auf das das ausgedehnte, 1 211 m hohe Zentralmassiv und dann das Garonnebecken folgen. Im Süden verläuft über die Pyrenäen die Grenze zu Spanien.

Das *Klima* ist mild, da Frankreich, bedingt durch seine Lage zwischen dem Atlantik (Golfstrom) und dem Mittelmeer den ausgleichenden Meereswinden geöffnet ist. Im Süden ist es mediterran, im Westen maritim-atlantisch und im Osten mitteleuropäisch.

Ein verhältnismäßig hoher Teil der Franzosen (etwa 15 Mio.) ist zweisprachig und spricht neben dem Französischen Okzitanisch (vor allem im Südwesten), Bretonisch, Flämisch, Katalanisch, Baskisch, Italienisch oder Deutsch (im Elsass und in Lothringen). Etwa drei Viertel der Bevölkerung sind katholisch. Die größte religiöse Minderheit bilden die Muslime (etwa 4,5%).

Wirtschaft: Frankreich ist ein hoch entwickelter Industriestaat mit einem starken Dienstleistungssektor. Die Landwirtschaft spielt eine führende Rolle in Europa. Erzeugt werden vor allem Getreide, Fleisch, Milchprodukte, Obst und Gemüse. Mit seinen berühmten Anbaugebieten wie Burgund, Champagne, Bordelais und Loiretal ist Frankreich einer der bedeutendsten Weinerzeuger. An Bodenschätzen verfügt das Land über Eisenerz- und Kohlevorkommen sowie über Vorräte an Blei, Zink, Uran, Erdgas und

Kalisalz. Kohle- und Erzförderung sind jedoch rückläufig, in der Energiewirtschaft setzt Frankreich vor allem auf die Kernenergie. Bedeutende Industriezweige sind die Hüttenindustrie, der Maschinen-, Fahrzeug- und Schiffbau, die Luft- und Raumfahrtindustrie, elektrotechnische Industrie und der Rüstungsbereich.
Das Verkehrsnetz ist gut ausgebaut und besonders im Bahnbereich durch den Einsatz von Hochgeschwindigkeitszügen stark modernisiert. Größter Seehafen ist Marseille, größter Binnenhafen Paris.

Geschichte: Aus Südfrankreich stammen die ältesten Funde menschlicher Besiedlung in Westeuropa. Bereits während der Altsteinzeit entwickelte sich eine bedeutende Kunst (Felsbilder, Gravierungen auf Knochen und Stein). Während der Jungsteinzeit entstanden u. a. die Megalithkulturen mit ihren Großsteinanlagen (z. B. in →Carnac).
Das ab dem 7. Jahrh. v. Chr. von den →Kelten bewohnte Gallien wurde im 1. Jahrh. v. Chr. von den Römern unterworfen und ging im 5. Jahrh. n. Chr. im →Fränkischen Reich auf. Nach dessen Teilung im Vertrag von Verdun (843) entwickelte sich im Westen das Westfränkische Reich; die zuletzt im Vertrag von Ribemont (880) festgelegte Grenze gegen Osten blieb während des ganzen Mittelalters bestehen. Im Norden verstärkten sich die Einfälle der Normannen, 911 wurde ihnen die Normandie als Lehnsfürstentum überlassen.
Nach dem Tod des letzten Karolingers ging die königliche Gewalt auf die →Kapetinger (987–1328) über, deren Hausmacht sich in der Île de France, dem Gebiet um Paris, konzentrierte. Philipp II. August (1180–1223) eroberte die meisten Besitzungen auf dem westfranzösischen Festland zurück, die Mitte des 12. Jahrh. durch Erbschaft und Heirat in den Besitz der englischen Könige gelangt waren. Als England nach dem Aussterben der Kapetinger und der Thronfolge der Valois im →Hundertjährigen Krieg (1337–1453) Anspruch auf den französischen Thron erhob, gingen zunächst große Gebiete verloren; erst das Eingreifen der →Jeanne d'Arc 1429 (Befreiung von Orléans) führte zur Wende des Krieges.
Die Thronbesteigung des Bourbonen und Führers der →Hugenotten Heinrich IV. (1589–1610) beendete die seit 1562 das Land erschütternden Religions- und Bürgerkriege, die verheerende Auswirkungen hatten. Deren Überwindung diente nicht nur das Toleranzedikt von Nantes (1598), sondern auch die Wiederherstellung der königlichen Zentralgewalt mit den Mitteln einer neu begründeten Staatsautorität, des →Absolutismus. Dieser erreichte unter Ludwig XIII. (1610–43) und seinen Ministern Richelieu und Mazarin sowie vor allem unter Ludwig XIV. (1643–1715) seinen Höhepunkt. Die Eroberungskriege Ludwigs XIV. gegen Spanien, die Niederlande und das Heilige Römische Reich brachten Frankreich zwar Gebietszuwachs und ein Kolonialreich, zerrütteten aber die Staatsfinanzen. Im →Siebenjährigen Krieg (1756–63) gingen die nordamerikanischen Kolonien an England verloren.
Aus den Wirren der →Französischen Revolution (1789–99) ging →Napoleon I. als Sieger hervor; 1804 krönte er sich zum Kaiser der Franzosen. Nach seinen erfolgreichen Kriegen gegen Preußen, Spanien, Portugal und Österreich scheiterte seine Große Armee jedoch in Russland. Die darauf folgenden →Befreiungskriege führten 1814 und endgültig 1815 zur Niederlage und Verbannung Napoleons.
Die wieder eingesetzten Bourbonen (Ludwig XVIII.) wurden in der Julirevolution 1830 endgültig vertrieben; der Herrschaft des »Bürgerkönigs« Louis Philippe machte die Februarrevolution 1848 ein Ende. Der Präsident der Zweiten Republik, Louis Napoleon Bonaparte, erklärte sich 1852 als Napoleon III. zum Kaiser der Franzosen. Der Deutsch-Französische Krieg 1870/71 führte zur Niederlage Frankreichs, zum Sturz des Kaisers und zur Ausrufung der Dritten Republik (1870–1940). Bis zum Ersten Weltkrieg dehnte Frankreich sein Kolonialreich in Afrika und Südostasien aus.
Nach dem Ersten Weltkrieg (1914–18) besetzten

Frankreich
Fläche 543 965 km²
Einwohner 58,484 Mio.
Hauptstadt Paris
Amtssprache Französisch
Nationalfeiertag 14. 7.
Währung 1 Französischer Franc (FF) = 100 Centimes (c)
Zeitzone MEZ

Frankreich

Flagge

Wappen

1923 französische Truppen das Ruhrgebiet. Die bald darauf einsetzende Verständigungspolitik unter dem Ministerpräsidenten Aristide Briand vermochte die deutsch-französischen Gegensätze aber nicht völlig abzubauen. Im Zweiten Weltkrieg (1939–45) übernahm nach der Besetzung durch deutsche Truppen und dem Waffenstillstand 1940 Marschall Philippe Pétain (1856 – 1951) in Vichy die Regierung des unbesetzten Südfrankreich (»État Français«); in London bildete General Charles de Gaulle eine Exilregierung, die die französische Widerstandsbewegung (»Résistance«) unterstützte. Britische und amerikanische Truppen befreiten Frankreich 1944.
1946 wurde mit einer neuen Verfassung die Vierte Republik formell begründet; 1958 wurde de Gaulle Staatspräsident. Seine Persönlichkeit bestimmte nach einer Staatskrise und der Annahme einer neuen Verfassung (Fünfte Republik, seit 1958) die politische Entwicklung. Frankreich baute eine französische Atomstreitmacht auf, bemühte sich um eine Annäherung an die Staaten des Ostblocks sowie um einen deutsch-französischen Ausgleich, musste jedoch die Unabhängigkeit der meisten Kolonien (u.a. Algerien 1962) hinnehmen. Die Reaktion auf wirtschaftliche und soziale Probleme im Inneren gipfelten in den Maiunruhen 1968 und schließlich im Rücktritt de Gaulles 1969. Als Nachfolger von François Mitterrand wurde 1995 Jacques Chirac zum Staatspräsidenten gewählt, Regie-

rungschef ist (seit 1997) Ministerpräsident Lionel Jospin.

■ **Franziskaner,** Name der Bettelorden, die auf →Franz von Assisi zurückgehen. Die Franziskaner leben in strenger Armut und sind in Seelsorge, Schule, Wissenschaft und Mission tätig.

■ **Franz Joseph I.,** Kaiser von Österreich und König von Ungarn, *Schönbrunn (heute zu Wien) 18. August 1830, †ebenda 21. November 1916. Die Revolution von 1848 führte zur Abdankung Kaiser Ferdinands I. zugunsten seines Neffen Franz Joseph, der zunächst die von Metternich geprägte absolutistische Regierungsform beibehielt. Mehrere Aufstände in Ungarn und Italien sowie die nationale Bewegung der Tschechen und nicht zuletzt die österreichische Niederlage im Deutschen Krieg von 1866 zwangen den Kaiser zur Umgestaltung seines Reiches (Begründung der Doppelmonarchie Österreich-Ungarn) und zu Verfassungsreformen.
Auf außenpolitischem Gebiet bemühte sich Franz Joseph I. um eine Ausweitung und Festigung der österreichischen Stellung auf dem Balkan. Die Regierungszeit des Kaisers war vorwiegend durch die Gegensätze zwischen den Völkern in seinem Reich und durch ihre Forderung nach Selbstständigkeit geprägt.

■ **Französische Revolution,** Epoche der französischen Geschichte, die von 1789 bis 1799 dauerte und in der die alte Herrschaft (Ancien Régime) gewaltsam beseitigt wurde. Die Französische Revolution wurde durch Missstände wie die Willkürherrschaft der Könige, stetig anwachsende Staatsverschuldung bei gleichzeitiger Zunahme der Steuerlast und Hungersnot hervorgerufen. Sie wurzelte gedanklich in der →Aufklärung.
Nachdem im Mai 1789 wegen der Finanznot der Regierung die Generalstände (Geistlichkeit, Adel, dritter Stand) einberufen worden waren, erklärte sich der dritte Stand zur verfassunggebenden Nationalversammlung. Mit der Erstürmung der Bastille (das alte Staatsgefängnis in Paris) am 14. Juli begann der offene Aufstand (der 14. Juli ist daher noch heute Nationalfeiertag).
Die Nationalversammlung beschloss tief greifende Veränderungen: Sie verkündete die Menschenrechte, schuf das zentralistische Verwaltungssystem mit den Départements und schaffte die Vorrechte von Adel und Geistlichkeit ab. Führende Personen waren Georges Danton und Jean Paul Marat (1743–93). Der Nationalkonvent, die neue Volksvertretung (seit 1792), beschloss die Abschaffung des Königtums; Ludwig XVI. wurde 1793 hingerichtet.
Der Wohlfahrtsausschuss (das ausführende Organ des Nationalkonvents) mit Robespierre an der Spitze und der Nationalkonvent übten eine **Schreckensherrschaft** aus.

Das Gemälde zeigt den Auftakt der **Französischen Revolution**, die Erstürmung der Bastille am 14. Juli 1789, aus der Sicht eines zeitgenössischen französischen Künstlers

Nach dem Sturz Robespierres und seiner Hinrichtung (1794) übernahm 1795 ein Direktorium von fünf Konventsmitgliedern die Regierung. Die inneren Misserfolge (Bankrott des Staates 1797) und die außenpolitischen Niederlagen in den Revolutionskriegen führten 1799 zum Staatsstreich Napoleon Bonapartes und zur Auflösung des Direktoriums.
Die allgemeine Losung der Französischen Revolution (»Freiheit, Gleichheit, Brüderlichkeit«) blieb eine immer wieder und auch heute noch erhobene Forderung der Vorkämpfer für die →Menschenrechte. – Infokasten S. 332

■ **Französisch-Guayana,** französisches Überseedépartement an der Nordostküste von Südamerika, 83 534 km². Die rund 167 000 Einwohner leben fast alle in der Küstenebene. Die Hauptstadt ist Cayenne. Etwa 90 % des Landes sind von tropischem Regenwald bedeckt. Südlich von Cayenne befindet sich Kourou, das französische Raumforschungszentrum mit Raketenabschussbasis. – Französisch Guayana, seit 1816 in französischem Besitz, war 1854–1938 Sträflingskolonie und wurde 1946 französisches Überseedépartement.

■ **Franz von Assisi** (Franziskus), Ordensstifter, *Assisi 1181 oder 1182, †ebenda 3. Oktober 1226. Aus wohlhabender Familie stammend, pflegte

Französische Revolution frisst ihre Frauen

Die Schriftstellerin Olympe des Gouges starb am 3. November 1793 in Paris unter der Guillotine. Das Revolutionstribunal hatte unter Führung des Jakobiners Maximilien de Robespierre der Frau das Verbrechen angelastet, einen »Anschlag auf die Souveränität« verübt zu haben.
Wir erinnern: am 26. August 1789 verkündeten die französischen Bürger in ihrer Nationalversammlung die »Erklärung der Menschen- und Bürgerrechte«. Das Herzstück der Revolution wurde auch Teil der Verfassung. Das war im Jahr 1791. Im gleichen Jahr veröffentlichte Olympe de Gouges die »Erklärung der Rechte der Frau und der Bürgerin«. Darin gab die Revolutionsfrau einen wunden Punkt zu bedenken: »Mann bist du fähig, gerecht zu sein? Eine Frau stellt dir diese Frage. Dieses Recht wirst du ihr zumindest nicht nehmen können. Sag mir, wer hat dir die selbstherrliche Macht verliehen, mein Geschlecht zu unterdrücken? ... Nur der Mann hat sich aus der Ausnahme ein Prinzip zurechtgeschneidert. Extravagant, blind, ... will er in diesem Jahrhundert der Aufklärung und Scharfsinnigkeit, doch in krasser Unwissenheit, despotisch über ein Geschlecht befehlen, das alle intellektuellen Fähigkeiten besitzt.« Angesichts dieses Anschlags auf seine Souveränität vollstreckte der männliche Mensch seine Gerechtigkeit mit der Guillotine. Und die Geschichtsschreibung hat den weiblichen Menschen namens Olympe de Gouges mit dem Vergessen bestraft. Das Wahlrecht für die Frauen wurde in Frankreich erst im Jahr 1946 eingeführt.

▶ In memoriam – im Gedenken an **Olympe de Gouges;** das Porträt der Schriftstellerin wurde ein Jahr nach ihrer Hinrichtung gemalt

er nach Krankheit und Bekehrungserlebnissen Aussätzige, führte ein Bettlerleben und wandte sich freiwilliger Buße zu. Er gewann rasch viele Anhänger, aus denen die →Franziskaner hervorgingen. Franz von Assisi wurde bereits 1228 heilig gesprochen.

■ **Frauenbewegung,** politische und soziale Bewegung, die sich für die Gleichstellung und Gleichberechtigung der Frauen einsetzt. Die erste neuzeitliche Frauenbewegung entstand Ende des 18. Jahrh. im Gefolge der Französischen Revolution in Westeuropa und in den USA. In Deutschland war sie in der 2. Hälfte des 19. Jahrh. fest organisiert. Ihr Ziel war zunächst der Ausbau der höheren Bildung für Frauen, ihre Zulassung zum Universitätsstudium und zu akademischen Berufen.
In den letzten Jahren des 19. Jahrh. verlagerte sich der Schwerpunkt auf die Forderung des Frauenstimmrechts und der frei gewählten Mutterschaft (Empfängnisverhütung, Abschaffung des Verbots der Abtreibung). Gleichzeitig bildete sich die proletarische Frauenbewegung heraus, die sich für das Recht der Frau auf uneingeschränkte Erwerbstätigkeit als Voraussetzung für ihre Emanzipation einsetzte.
Die Einführung des **Frauenwahlrechts** (Finnland 1906, Norwegen 1913, Dänemark 1915, Sowjetunion 1917, Deutschland 1918, USA 1920, Schweden 1921, Großbritannien 1928, Frankreich 1944) erfüllte eine zentrale Forderung der Frauen und machte einen weiteren Kampf für viele gegenstandslos.
Ende der 1960er-Jahre bildete sich im Zusammenhang mit der Studentenbewegung und dem amerikanischen →Feminismus die »neue Frauenbewegung«. Sie macht darauf aufmerksam, dass zwar in nahezu allen europäischen Staaten Frauen und Männer inzwischen dem Gesetz nach gleichgestellt sind, dass aber dennoch die Gleichberechtigung der Frauen in der Gesellschaft noch längst nicht erreicht ist. So sind z. B. Frauen beruflich eher in untergeordneten Positionen und schlechter bezahlten Berufen tätig; ihr durchschnittliches Gehalt liegt

unter dem der Männer; Frauen sind von Arbeitslosigkeit überdurchschnittlich stark betroffen. Zudem sind Frauen der Bedrohung und Misshandlung durch Männer ausgesetzt (Mädchenhandel, sexueller Missbrauch, Vergewaltigung).
Im Zusammenhang mit der Frauenbewegung entstanden zahlreiche Einrichtungen, die sich in unterschiedlichen Bereichen für eine Verbesserung der Situation der Frauen einsetzen, im kulturellen Bereich z. B. Frauenzentren, -verlage und -forschungseinrichtungen, im sozialen Bereich z. B. Frauenhäuser und Selbsthilfegruppen.

■ **Frauenhaus,** Einrichtung, in der Frauen, die von Männern misshandelt werden, vorübergehend (mit ihren Kindern) wohnen können und Beratung und Hilfe bekommen.

■ **Frauenschuh,** eine Gattung der Orchideen mit rund 50 Arten auf der nördlichen Halbkugel. Die Blüten haben eine große, schuhförmige Unterlippe. In Europa wächst in lichten Wäldern der geschützte **Rotbraune Frauenschuh.**

■ **Freeclimbing** [friklaiming; engl.] *das,* Form des Klettersports, bei der Felspassagen ausschließlich aus eigener Kraft und Geschicklichkeit zu überwinden sind. Dabei werden natürliche Haltepunkte (Risse, Tritte u. a) ausgenutzt. Auf Steighilfen, wie sie beim alpinen Bergsteigen verwendet werden, wird verzichtet, allerdings sind die Freeclimber durch Haken, Gurt und Seil gesichert. Freeclimbing gehört zu den →Extremsportarten.

■ **Free Jazz** [fridschäs; engl.], eine um 1960 von afroamerikanischen Musikern entwickelte Spielart des Jazz, die auf herkömmliche Stilkriterien verzichtet und das Tonmaterial völlig frei verwendet. Charakteristisch sind der Wegfall des den Grundrhythmus markierenden Beat und die »offene Form« als Grundlage für die Improvisation. Zu den stilbildenden Musikern des Free Jazz gehören Ornette Coleman, John Coltrane und Don Cherry.

■ **Fregatte** [lat.] *die,* seit dem 17. Jahrh. Bezeichnung für schnelle Kriegsschiffe mittlerer Größe und Bewaffnung. Kleiner als die Linienschiffe, wurden sie im 18. und 19. Jahrh. zur Aufklärung und zum Geleitdienst in der Handelskriegführung eingesetzt; um 1900 wurden sie von den Kreuzern verdrängt.
Im Zweiten Weltkrieg wurde die Bezeichnung von Amerikanern und Briten auf einen aus dem Zerstörer entwickelten Schiffstyp für die U-Boot-Jagd übertragen. Heute versteht man unter einer Fre-

Franz von Assisi

Wer die Geschichte kennt, weiß auf Anhieb, wer sich auf diesem Fresko der Vogelwelt zuneigt. Es ist Franz von Assisi. Der Bettelmönch war unter dem Namen Giovanni Bernardone als Sohn einer einflussreichen Familie in der italienischen Stadt Assisi auf die Welt gekommen. In der Mitte seines Lebens kehrt er dem angehmen Leben im Wohlstand den Rücken und lebt fortan das Leben eines unbequemen Alternativen. Im Sinne der Bergpredigt verbreitet er Gedanken, für die man ihn heute zu den »Naturschützern« zählen würde. So wollte er beispielsweise den Vogelfang verbieten lassen: »Wenn ich mit dem Kaiser sprechen könnte, würde ich ihn bitten, aus Liebe zu Gott ein besonderes Gesetz aufzustellen, wonach niemand unsere Schwestern, die Lerchen, fangen, töten oder sie sonst belästigen dürfte.«
Der italienische Schriftsteller und Filmregisseur Pier Paolo Pasolini (1922–1975) hat dem obdachlosen Mönch im Jahr 1966 mit dem Film »Große Vögel, kleine Vögel« ein Denkmal gesetzt. Darin erzählt ein Rabe den Mönchen Toto und Ninetto von Franziskus, der zwei anderen Mönchen den Auftrag gab, zu den Falken und den Spatzen zu sprechen. Die Mönche predigen den Vögeln von der Liebe Gottes zu seinen Geschöpfen und von der Liebe der Lebewesen untereinander. Trotzdem fallen die Falken weiter über die Spatzen her ...

gatte ein Mehrzweckkampfschiff, das fast Zerstörergröße erreicht.

■ **Freiburg** (frz. Fribourg), **1)** Kanton in der Westschweiz, mit 1671 km² und 232100 Einwohnern, die zu 60% französisch und zu 30% deutsch sprechen; Hauptstadt ist Freiburg 2).
2) (auch Freiburg im Üechtland), Hauptstadt von 1), auf einer Flusshalbinsel an der Saane gelegen, mit 32100 Einwohnern. In Freiburg befindet sich die einzige katholische Universität der Schweiz. Im Stadtbild sind zahlreiche mittelalterliche Bauten erhalten.

■ **Freiburg im Breisgau,** Stadt am Westrand des Schwarzwaldes, in Baden-Württemberg, mit 200500 Einwohnern. Die Universitätsstadt ist das Verwaltungszentrum Südbadens. Sehenswert ist das 1200–1513 erbaute Freiburger Münster mit dem gotischen Kirchturm mit durchbrochenem Helm.

■ **Freie Demokratische Partei** →FDP.

■ **Freie Deutsche Jugend** →FDJ.

■ **Freier Deutscher Gewerkschaftsbund** →FDGB.

■ **Freihafen,** von dem übrigen Hafen abgetrennte Hafenanlage, in der ausländische Waren zollfrei eingeführt, gelagert, bearbeitet und wieder ausgeführt werden können. Freihäfen besitzen u.a. Hamburg, Bremen, Bremerhaven, Cuxhaven, Emden und Kiel.

■ **Freihandel,** Handelsverkehr mit anderen Staaten, der durch keinen Zoll und keinerlei Beschränkungen der Ein- und Ausfuhr behindert ist. Ein auf dieser Basis entstandener Wirtschaftsraum wird als **Freihandelszone** bezeichnet. Heute wird Freihandel lediglich für den Warenverkehr verschiedener regionaler Gemeinschaften (Europäische Gemeinschaft, Europäische Freihandelsassoziation) schrittweise verwirklicht. – auch →GATT.

■ **Freiheitskriege** → Befreiungskriege.

■ **Freiheitsstrafe,** eine Strafe, die aus dem teilweisen oder völligen Entzug der persönlichen Freiheit (von einem Monat bis lebenslänglich) besteht.

■ **Freikirche,** Bezeichnung für religiöse Gemeinschaften, vor allem im Bereich der evangelischen Kirchen, die (im Unterschied zur Staats- oder Volkskirche) unabhängig von staatlichen Einflüssen sind und deren Mitglieder nur aufgrund ausdrücklicher Willenserklärung aufgenommen werden, in Deutschland z.B. die Baptisten und die Evangelisch-methodistische Kirche.

■ **Freilauf,** eine Vorrichtung zur Trennung von Antrieb und angetriebener Achse, sobald letztere sich schneller dreht als die antreibende Achse. Beim Fahrrad z.B. werden in der Freilaufbremsnabe beim Vorwärtstreten über einen Walzenführungsring Walzen gegen das Gehäuse gepresst, das Hinterrad wird mitgenommen; beim Nichttreten gleitet das Rad über die Walzen. Beim Rückwärtstreten werden die Walzen wiederum gegen das Gehäuse gepresst, das Rad wird gebremst (Rücktritt).

■ **Freimaurer,** international verbreitete Vereinigung, die sich ein Wirken im Sinn von Toleranz und Achtung vor der Menschenwürde zur Aufgabe gemacht hat. Der Bund der Freimaurer wurde 1717 in London gegründet und ist heute mit fast 7 Mio. Mitgliedern vor allem in der westlichen Welt verbreitet. Es gibt keine internationale Organisation, jedoch lose Zusammenschlüsse innerhalb einzelner Staaten.
Die örtlichen Vereinigungen der Freimaurer heißen **Logen,** ihre Mitglieder **Logenbrüder.** Die Arbeit in den Logen geschieht nach dem Vorbild der mittelalterlichen Bauhütten (mit einem geheimen Ritual, Symbolen, Verschwiegenheit). Die Freimaurerei stellt im Verständnis der Freimaurer eine sinnbildliche Baukunst dar: Gegenstand des Bauens ist der einzelne Mensch und über ihn hinaus die gesamte Menschheit.

■ **Freischärler,** die Angehörigen einer nicht zu den regulären Streitkräften gehörenden bewaffneten Gruppe (→Guerilla); auch die Mitglieder militärischer Freischaren (besonders im 19. Jahrhundert).

■ **Fremdenlegion** (frz. Légion étrangère), eine 1831 gegründete, zum französischen Heer gehörende Freiwilligentruppe, die aus Angehörigen zahlreicher Nationen besteht. Die Fremdenlegion wurde in fast allen Kolonialkriegen Frankreichs eingesetzt, vor allem in Nordafrika und Indochina.

■ **Fremdwort,** ein aus einer fremden Sprache übernommenes Wort, das noch deutlich fremdsprachliche Merkmale, z.B. ungewöhnliche Aussprache, Schreibung, Flexion, Endung oder Buchstabenverbindung, aufweist, also noch nicht voll der deutschen Sprache angeglichen ist, z.B. Portemonnaie, Team.
Im Gegensatz zum Fremdwort hat sich das **Lehnwort** dem Deutschen so angepasst, dass die Herkunft des Wortes nicht mehr erkennbar ist, z.B. Fenster (aus lat. fenestra), Mauer (aus lat. murus).

■ **Frequenz** [lat.] *die,* eine Kenngröße für periodische Vorgänge, insbesondere für Schwingungen. Sie gibt an, wie viele Perioden pro Zeiteinheit stattfinden und ist daher gleich dem Kehrwert der Periodendauer. Ihre Einheit ist das Hertz (Hz): Die Frequenz ein Hertz entspricht der Periodendauer eine Sekunde. Daher gilt:

$$1\,\mathrm{Hz} = 1/\mathrm{s}.$$

Weitere Einheiten sind:
1 **Kilohertz** (kHz) = 1 000 Hz,
1 **Megahertz** (MHz) = 1 000 kHz,
1 **Gigahertz** = 1 000 MHz.

■ **Freskomalerei,** eine künstlerische Technik der Wandmalerei, bei der frischer (italienisch a fresco = auf das Frische), noch feuchter Putz mit Wasserfarben bemalt wird; die Farbpigmente binden mit dem Kalk (des Putzes) zu einer dauerhaften Verbindung ab.
Die Freskomalerei gab es schon in der Antike; seit etwa 1300 wurde sie besonders in Italien gepflegt; berühmt sind vor allem die Fresken von Michelangelo in der Sixtinischen Kapelle in Rom.

■ **Frettchen** →Iltis.

■ **Freud,** Sigmund, österreichischer Nervenarzt, *Freiberg (heute Příbor, Nordmähren) 6. Mai 1856, †London 23. September 1939; Begründer der →Psychoanalyse. Als Haupttrieb menschlichen Verhaltens nahm er den Geschlechtstrieb an. Da gerade dieser durch gesellschaftliche Regeln und Tabus bereits in der frühen Kindheit unterdrückt wird, ergeben sich hieraus nach Freud Fehlentwicklungen bis hin zu Neurosen. Seine häufig kritisierte Lehre wurde bahnbrechend für die Behandlung psychischer Krankheiten.

Fremdwort

Fremdwörter werden in der Wissenschaft auch Entlehnungen genannt. Dabei unterscheidet man verschiedene Formen der Entlehnung: Wörter, die ohne wesentliche Veränderungen aus einer anderen Sprache übernommen und als fremd erkannt werden wie z. B. »Geisha« oder »Mafia«, sind Fremdwörter. Dabei muss die Bedeutung des Fremdworts nicht mit seiner ursprünglichen Bedeutung übereinstimmen. Das Wort »Job« etwa hat im Amerikanischen nicht den Beiklang von »Gelegenheitsarbeit«, den es im Deutschen noch hat.
Von Lehnwörtern dagegen spricht man, wenn Fremdwörter so weit an die deutsche Sprache angeglichen werden, dass sie nicht mehr als fremd erkannt werden, wie z. B. das Wort »Pfeil«, das auf das lateinische »pilum« zurückgeht oder »Mauer« aus lateinisch »murus«.
Wenn Wörter nicht einfach aus einer fremden Sprache übernommen, sondern nachgebildet werden, spricht man von Lehnübertragungen und Lehnübersetzungen. So ist z. B. »Vaterland« aus lateinisch »patria« eine Lehnübertragung und »Wolkenkratzer« aus englisch »skyscraper« eine Lehnübersetzung.

■ **Freundschaftsinseln** →Tonga.

■ **Frieden,** der Zustand eines ungestörten Miteinander- und Nebeneinanderlebens von einzelnen Menschen, Gruppen und Staaten. Man unterscheidet zwischen **innerem Frieden,** der durch die Respektierung der Bürger- und Menschenrechte eine besondere Qualität erhält, und dem **äußeren Frieden,** der seinen Ausdruck in gutnachbarlichen Beziehungen zu anderen Staaten findet.
Seit Ende des 19. Jahrh. versuchen die Staaten durch Abrüstungsvereinbarungen (→Abrüstung), durch die Schaffung internationaler Organisationen (→Völkerbund, →UN) und die Einrichtung internationaler Schiedsgerichte den Frieden zu sichern. Im Rahmen der **Friedensforschung** gibt es heute wissenschaftliche Bemühungen, die Konflikte zwischen Staaten zu untersuchen und Lösungen vorzuschlagen.

■ **Friedensbewegung,** Bezeichnung für alle Organisationen und Initiativen, deren Mitglieder auf Krieg und Kriegsgefahr aufmerksam machen wollen, um die eigenen Regierungen durch Unterschriftensammlungen, Demonstrationen u.a. zu Friedenssicherung durch Rüstungskontrolle und Abrüstung zu veranlassen. Seit dem Zweiten Weltkrieg richtete sich die Friedensbewegung auch gegen die Bedrohung durch die (militärische) Nutzung der Kernkraft. Anfang der 1980er-Jahre konnte die Friedensbewegung, ausgelöst durch die geplante Stationierung neuer Kernwaffen auf dem Gebiet der Bundesrepublik Deutschland, einen Teil der Öffentlichkeit mobilisieren. – auch →Pazifismus.

■ **Friedenspfeife** (Calumet), Tabakspfeife aus indianischem Pfeifenstein, Holz oder Knochen, die z.B. mit Federn, Haaren oder Perlen geschmückt war. Sie wurde von nordamerikanischen Indianern bei feierlichen Anlässen, z.B. Friedensabschlüssen geraucht.

■ **Friedenspflicht,** die Pflicht der Tarifvertragsparteien, für die Dauer des Tarifvertrags den Arbeitsfrieden zu wahren. Dazu gehört vor allem der Verzicht auf Arbeitskampfmaßnahmen (z.B. Streiks).

■ **Friedrich I. Barbarossa** (Rotbart), deut-

Von 1885 bis zu seiner Emigration im Jahr 1938 war der große Psychoanalytiker Sigmund Freud in Wien tätig scher (»Römischer«) König (seit 1152), Kaiser (seit 1155), *Waiblingen (?) 1122, †(ertrunken) im Saleph (heute Göksu, Türkei) 10. Juni 1190; Sohn Herzog Friedrichs II. von Schwaben aus dem Geschlecht der →Staufer. Sein Bemühen, die kaiserliche Macht in Italien wiederherzustellen, verwickelte ihn in schwere Kämpfe vor allem mit dem Papsttum und den lombardischen Städten. Nach der 1176 bei Legnano erlittenen Niederlage schloss er 1177 in Venedig Frieden mit dem Papst und 1183 in Konstanz mit den Städten. Im Reich gelang ihm der Ausbau der staufischen Hausmacht und der Sturz des sich königsgleich wähnenden Herzogs von Bayern und Sachsen, Heinrichs des Löwen (1180), jedoch kein Ausgleich mit den Welfen. Während des 3. Kreuzzuges ertrank er beim Baden im Fluss Saleph. Nach der Sage schläft der Kaiser verzaubert im →Kyffhäuser.

■ **Friedrich II.,** deutscher (»Römischer«) König (ab 1212), Kaiser (ab 1220), *Iesi (Provinz Ancona, Italien) 26. Dezember 1194, †Fiorentino (bei Lucera, Provinz Foggia, Italien) 13. Dezember 1250. Als Sohn Kaiser Heinrichs VI. und Enkel Friedrichs I. Barbarossa wurde er von seinem Vormund, Papst Innozenz III., in den deutschen Thronwirren als Gegenkönig gegen den Welfen Otto IV. aufgestellt und 1212 zum König gewählt. Von griechischen und arabischen Lehrern erzogen, war Friedrich II., der schon im Alter von vier Jahren König von Sizilien geworden war, hochgebildet (er schrieb z. B. ein Buch über die Falkenjagd). Er schuf in Sizilien einen modernen, straff organisierten Beamtenstaat, der seiner Zeit weit voraus war. 1215 und 1220 gelobte er, einen Kreuzzug ins Heilige Land anzutreten und erlangte damit die Kaiserkrönung. Da er den Kreuzzug immer wieder aufschob, bannte der Papst ihn 1227 und hob den Bann auch nicht auf, als Friedrich II. 1228 nach Jerusalem zog (5. Kreuzzug). Er erlangte ohne Blutvergießen durch Vertrag die Überlassung der heiligen Stätten und krönte sich 1229 zum König von Jerusalem.

■ **Friedrich II., der Große,** genannt »der Alte Fritz«, preußischer König (seit 1740), *Berlin 24. Januar 1712, †Sanssouci (bei Potsdam) 17. August 1786. Musikalisch und literarisch begabt und den Ideen der Aufklärung gegenüber aufgeschlossen, wurde er von seinem Vater, dem »Soldatenkönig« Friedrich Wilhelm I. (1688–1740), streng und

Friedrich II.

Wie kaum ein anderer mittelalterlicher Kaiser hat Friedrich II. die Fantasie seiner Mit- und Nachwelt beschäftigt – bei den einen größte Bewunderung, bei den anderen tiefsten Abscheu erregt. Man sah in ihm den »Verwandler« und das »Staunen der Welt«, und in dieser Charakterisierung mischen sich Hochschätzung und Unbehagen, Furcht, vielleicht sogar Grauen. Die päpstliche Propaganda machte ihn zum Antichrist und Ketzer, der das berüchtigte Wort von den drei Betrügern, Christus, Moses und Mohammed, gesprochen habe; er selbst hat noch auf dem Sterbelager seine Rechtgläubigkeit betont. In der Sage von dem in den Kyffhäuser entrückten Endkaiser, der sein Volk einst aus tiefer Not retten wird, lebte in Deutschland die Erinnerung an ihn fort; im 16. Jahrhundert wurde er hier durch die Person seines Großvaters Friedrich Barbarossa ersetzt. Selbst den Künsten und Wissenschaften gegenüber aufgeschlossen, machte er seinen Hof in Palermo zu einem Zentrum des kulturellen Lebens und pflegte Verbindungen zu arabischen Gelehrten. Das Castel del Monte in Apulien zeugt von seinem Interesse an der Architektur.

► Die Abbildung zeigt **Friedrich II.** in einer Darstellung aus seinem Buch über die Falkenjagd, in dem er auch seine Auffassung von Wissenschaft darlegt: »Unser Bestreben ist es, ... das, was ist, so wie es ist, darzustellen.«

Friedrich II., der Große – ein preußischer König, der Flöte spielte und auch komponierte, der französisches Theater und französische Literatur liebte und auch in französischer Sprache schrieb; das Porträt zeigt den jungen Friedrich, der wegen seiner musischen Begabung in krassen Gegensatz zu seinem Vater geriet, ein Jahr vor seinem Thronantritt

verständnislos erzogen. Sein Versuch, nach England zu fliehen (1730), schlug fehl; er wurde inhaftiert (bis 1732), sein an der Flucht beteiligter Freund Hans Hermann Katte vor seinen Augen hingerichtet. Nach seinem Regierungsantritt 1740 begann Friedrich II. ohne Rechtsgrundlage den 1. Schlesischen Krieg (1740–42) gegen Österreich unter Kaiserin Maria Theresia; im 2. Schlesischen Krieg (1744/45) verteidigte er das eroberte Schlesien erfolgreich. Nach dem Siebenjährigen Krieg (1756–63), den Friedrich II. ausgelöst hatte und durch den Preußen an den Rand einer Niederlage gebracht worden war, vollendete sich der Aufstieg Preußens zur Großmacht. Im Heer, im Rechts- und Erziehungswesen und in der Landwirtschaft leitete er Reformen ein, die Künste und Wissenschaften (u. a. Voltaire) fördernd.

■ **Friedrich,** Caspar David, deutscher Maler, *Greifswald 5. September 1774, †Dresden 7. Mai 1840. Friedrich, ein bedeutender Vertreter der Romantik, malte empfindsame, stimmungsvolle Landschaften mit religiöser Symbolik, u. a. »Kreuz im Gebirge«, »Mönch am Meer«, »Abtei im Eichwald«, »Kreidefelsen auf Rügen«. – Bild S. 338

■ **Friedrich Wilhelm,** der Große Kurfürst, Kurfürst von Brandenburg (seit 1640), *Berlin 16. Februar 1620, †Potsdam 9. Mai 1688. Er gewann im Westfälischen Frieden 1648 u. a. Hinterpommern und erhielt im Frieden von Oliva 1660 die Souveränität im Herzogtum Preußen (Ende der polnischen Lehnshoheit). 1675 besiegte er bei Fehrbellin die Schweden, die in Brandenburg eingefallen waren.

Kennzeichnend für die Politik des Großen Kurfürsten ist sein ausschließlich zweckbestimmtes Vorgehen; durch rücksichtslosen Frontwechsel kämpfte er einmal auf schwedischer, dann wieder auf polnischer Seite, aufseiten des Kaisers, dann aufseiten Frankreichs um Vorteile für sein Land. Mit dem Edikt von Potsdam (1685) antwortete er auf das Verbot des protestantischen Glaubens in Frankreich: Brandenburg wurde Zuflucht für viele Hugenotten.

■ **Fries,** in der Baukunst ein mit Bildern oder Ornamenten verzierter Streifen als Gliederung und Schmuck einer Wand.

■ **Friesen,** westgermanischer Stamm an der (heutigen deutschen und niederländischen) Nordseeküste, der von 12 v. Chr. bis Ende des 3. Jahrh. unter römischer Herrschaft stand, um 700 ein Großreich von Brügge bis zur Weser bildete und 785 von Karl dem Großen unterworfen wurde. Nach 1000 bildeten sich friesische Bauernrepubliken, die im 15./16. Jahrh. zerfielen.

■ **Friesische Inseln,** Inselkette entlang der Nordseeküste, gegliedert in die niederländischen **Westfriesischen Inseln**, die sich von Texel bis zur Emsmündung erstrecken (Texel, Vieland, Terschelling, Ameland, Schiermonnikoog und Rottumerplaat), die deutschen **Ostfriesischen Inseln** zwischen Ems- und Wesermündung (Borkum, Juist, Norderney, Baltrum, Langeoog, Spiekeroog, Wangerooge) und die deutschen und dänischen **Nordfriesischen Inseln** im Wattenmeer vor der Küste Schleswig-Holsteins (die Halligen, Amrum, Föhr, Sylt, Nordstrand, Pellworm; in Dänemark: Rømø und Fanø).

■ **Frigidität** [lat.] *die,* unpräzise Bezeichnung für die sexuelle Empfindungslosigkeit der Frau. Die Gründe hierfür liegen häufig in Erziehungsfehlern oder im mangelnden Einfühlungsvermögen des Partners; organische Ursachen sind selten.

■ **Frisch,** Max, schweizerischer Erzähler und Dramatiker, *Zürich 15. Mai 1911, †ebenda 4. April 1991. Hauptthema seines Werks ist der zeitgenössische Mensch in seiner entfremdeten Umwelt, sein Verlangen nach der Freiheit, sich jeweils anders als

Den **Fries** unterscheidet man in der Sprache der Baukunst nach verschiedenen Ornamenttypen: hier sind von oben nach unten ein Eierstabfries, ein Mäanderfries sowie ein Rundbogen- und Kreuzbogenfries abgebildet

Max Frisch war nach dem Zweiten Weltkrieg zusammen mit Friedrich Dürrenmatt der bekannteste Autor der schweizerischen Literatur

in den vorgegebenen Normen zu verhalten. Bekannt wurden vor allem seine Romane »Stiller« (1954), »Homo Faber« (1957) und »Mein Name sei Gantenbein« (1964) sowie die Dramen »Herr Biedermann und die Brandstifter« (Hörspiel 1956, Drama 1958) und »Andorra« (1961).

Mit der »Abtei im Eichwald« schuf **Caspar David Friedrich** ein Gemälde von gespenstisch wirkender Schwermut und Einsamkeit

■ **Frondienste** (Fronen), Dienstleistungen, die abhängige Personen früher einem Herrn (althochdeutsch fro) zu leisten hatten. In Westeuropa zum Teil bereits im Mittelalter durch Abgaben ersetzt, endeten sie erst mit der Bauernbefreiung.

■ **Fronleichnam** [mittelhochdeutsch, = Leib des Herrn], katholisches Kirchenfest am 2. Donnerstag nach Pfingsten zur Verehrung der → Eucharistie.

■ **Front** [frz.] *die,* **1)** *Militärwesen:* die dem Feind unmittelbar gegenüberliegende vorderste (meist geschlossene) Kampflinie einer Truppe; auch Bezeichnung für die gesamte Kampfzone.

2) *Wetterkunde:* eine schmale Luftzone zwischen Luftmassen mit unterschiedlichen Temperaturen in der Atmosphäre: Gleitet warme Luft über kältere, spricht man von einer **Warmfront,** schiebt sich kalte Luft unter warme, von einer **Kaltfront.**

Unter den **Fröschen** ist der in Teichen und Tümpeln lebende Wasserfrosch an seinen dunklen Flecken und seiner weißlichen Unterseite zu erkennen

■ **Frösche** (Echte Frösche), eine artenreiche Familie der → Froschlurche. Sie haben eine glatte Haut und ein breites Maul. In Mitteleuropa leben u. a. Wasserfrosch, Seefrosch, Grasfrosch, Moorfrosch und Springfrosch.

■ **Froschlurche,** eine weltweit verbreitete Ordnung der Amphibien. Die Hinterbeine sind als Sprung- und Schwimmbeine ausgebildet. Das Maul ist weit, die Zunge muskulös und klebrig. Die Haut enthält zahlreiche Schleim- und Giftdrüsen. Viele Froschlurche können mithilfe von Schallblasen Laute hervorbringen. Die Eier (Laich) werden ins Wasser abgelegt. Aus ihnen entwickeln sich Larven (Kaulquappen), die einen Ruderschwanz und Kiemen, aber (noch) keine Gliedmaßen besitzen. Man unterscheidet u. a. Scheibenzüngler, Krötenfrösche, Echte Frösche und Laubfrösche.

■ **Frucht,** aus der Blüte hervorgehendes pflanzliches Organ, das die Samen bis zur Reife birgt und meist auch der Samenverbreitung dient. Die Frucht wird von den Fruchtblättern bzw. dem Stempel, oft unter Beteiligung weiterer Teile der Blüte und des Blütenstandes (z. B. des Blütenbodens), gebildet.

Man unterscheidet **Einzelfrüchte,** bei denen aus einer Blüte nur eine einzige Frucht hervorgeht, die sich bei der Reife ganz oder teilweise öffnet und die Samen freigibt (Öffnungsfrüchte, z. B. Balgfrucht, Hülse und Schote) oder in geschlossenem Zustand von der Pflanze abfällt (Schließfrüchte, z. B. Nuss, Beere und Steinfrucht).

Bei **Sammelfrüchten** entsteht aus jedem einzelnen Fruchtblatt eine Furcht für sich (Früchtchen), doch bilden alle Früchtchen dieser Blüte unter Mitwirkung anderer Blütenteile (z. B. der Blütenachse) bei der Reife einen einheitlichen Verband, der eine Einzelfrucht vortäuscht (Scheinfrucht) und sich als Gesamtheit ablöst. Sammelfrüchte sind die Sammelnussfrucht (z. B. Erdbeere), Sammelsteinfrucht (z. B. Himbeere) und Sammelbalgfrucht (z. B. Apfel). Nehmen ganze Blütenstände bei der Reife das Aussehen einer Einzelfrucht an und werden als Ganzes verbreitet, spricht man von **Fruchtständen.** Sie können als Nussfruchtstand (z. B. Maulbeere), Beerenfruchtstand (z. B. Ananas) oder Steinfruchtstand (z. B. Feige) ausgebildet sein.

■ **Fruchtbarkeit** (Fertilität), die Fähigkeit von Organismen, Nachkommen hervorzubringen. Beim Menschen sind Männer normalerweise von der Pubertät bis ins hohe Alter fruchtbar, Frauen von der Pubertät bis zu den Wechseljahren, ungefähr vom 12. bis zum 50. Lebensjahr.

■ **Fruchtfliegen** → Taufliegen.

■ **Fruchtwasser,** die von den Fruchthüllen (Amnion) gebildete Flüssigkeit innerhalb der Fruchtblase. Im Fruchtwasser ist der Embryo und später der Fetus frei beweglich eingebettet und gegen Druck, Stoß und Erschütterungen von außen geschützt. Die Fruchtwassermenge beträgt am Ende der Schwangerschaft 200–1 000 ml.

■ **Frühgeburt,** die vorzeitige Entbindung eines lebenden Neugeborenen zwischen der 28. (»Siebenmonatskind«) und der 38. Schwangerschaftswoche. Ursachen können z. B. Erkrankungen der Mutter oder des Kindes sein. Frühgeborene wiegen 2500 g und weniger; sie sind meist längere Zeit kleiner und schwächer als zum Normaltermin geborene Kinder, holen deren Vorsprung aber bis zum 5. oder 6. Lebensjahr auf.

■ **Frühling** →Jahreszeiten.

■ **Frühlingspunkt** (Widderpunkt), der Punkt am Himmel, in dem die Sonne zu Frühlingsanfang steht, das heißt ein Schnittpunkt des Himmelsäquators mit der Ekliptik. Der Gegenpunkt ist der **Herbstpunkt.** – auch →Äquinoktium.

■ **Frustration** [lat.] *die,* Erlebnis der Enttäuschung, das sich einstellt, wenn der fest erwartete Erfolg oder die Belohnung für eine Handlung ausbleibt.

■ **Füchse,** etwa 20 Arten aus der Raubtierfamilie der Hundeartigen. Die Schnauze ist zugespitzt, der Schwanz buschig behaart. Ihre Augen besitzen im Gegensatz zu denjenigen der übrigen Hundeartigen eine längliche, senkrechte Pupille. Füchse besitzen eine Afterdrüse, die eine übel riechende Flüssigkeit ausscheidet. Ihr Geruchs- und Gehörsinn ist gut entwickelt.
Der in Deutschland verbreitete **Rotfuchs** gilt wegen seiner räuberischen Lebensweise als der Hauptüberträger des Wildtollwutvirus. Daher versucht man, mithilfe von präparierten Ködern, das Tier gegen diese Krankheit zu impfen. Weitere Arten sind der **Polarfuchs** (mit Blau- und Weißfuchs) und der **Graufuchs.**

■ **Fudschijama** (Fuji, Fujisan, Fujiyama), der höchste Berg Japans, auf der Insel Honshū, 3776 m. Der Fudschijama ist ein nicht tätiger Vulkan mit einem 600 m breiten und 150 m tiefen Krater. Er ist der heilige Berg der Japaner.

■ **Fuge** [lat.] *die,* ein streng kontrapunktisch aufgebautes Musikstück, in dem ein Thema in verschiedener Form mehrmals wiederkehrt: Eine Stimme beginnt mit dem Thema (Subjekt) in der Grundtonart. Darauf setzt als »Beantwortung« eine zweite Stimme mit dem Thema auf der fünften Tonstufe der Grundtonart, der Quinte, ein, während die erste Stimme eine Gegenstimme (Kontrasubjekt) dazu ausbildet. Wenn alle Stimmen das Thema gebracht haben, ist die erste Durchführung (Exposition) beendet; danach folgen noch mindestens zwei weitere Durchführungen. Die Entwicklung der Fuge erreichte ihren Höhepunkt mit Johann Sebastian Bach.

■ **Fugger,** deutsche Kaufmannsfamilie, fürstliches und gräfliches Geschlecht, seit 1367 in Augsburg. Die Fugger waren ursprünglich Webermeister. Im 15. Jahrh. wandten sie sich Geldgeschäften zu, trieben dann Handel mit überseeischen Waren (z. B. Gewürzen) und betätigten sich im Silber- und Kupferbergbau. Ihr Kontor war ein Finanzzentrum und ein Mittelpunkt des Welthandels.
Begründer der Hausmacht war **Jakob Fugger, der Reiche** (1459–1525). Er finanzierte 1519 mit einem Darlehen die Wahl des Habsburgers Karl I. von Spanien zum Kaiser (Karl V.) sowie den Ablasshandel. Er wurde zum Bankier des Kaisers, der Päpste und der römischen Kurie. In Augsburg schuf er eine Wohnsiedlung (Fuggerei) für Bedürftige.

■ **Führerschein,** amtliche Bescheinigung, mit der der Inhaber die Erlaubnis nachweist, auf öffentlichen Straßen ein Kraftfahrzeug führen zu dürfen. Der Führerschein wird erst nach erfolgreicher theoretischer und praktischer Prüfung erworben. Die erstmals erworbene Fahrerlaubnis wird zunächst nur auf Probe (zwei Jahre) erteilt. Aufgrund einer gerichtlichen Entscheidung oder wenn der Inhaber sich als ungeeignet zum Führen von Kraftfahrzeugen erwiesen hat, kann der Führerschein entzogen werden. – Tabelle S. 341

■ **Führungszeugnis** (früher polizeiliches Führungszeugnis), urkundlicher Auszug aus dem →Bundeszentralregister.

■ **Fulbe,** Stammesgruppe in West- und Zentralafrika; ihre Sprache ist das **Ful.** Die Fulbe, Angehörige des Islam, leben als Nomaden (Rinderhirten) und als sesshafte Feldbauern. Zwischen dem 16. und 19. Jahrh. gab es mehrere Fulbestaaten.

Dieser **Fuchs,** der bei uns heimische nachtaktive Rotfuchs, hält sich tagsüber in Erdbauten auf

■ **Fulda, 1)** *die,* Quellfluss der Weser, 218 km lang. Die Fulda entspringt an der Wasserkuppe (Rhön) und vereinigt sich bei Hann. Münden mit der Werra zur Weser.
2) Stadt in Hessen, an der Fulda, mit 62 200 Einwohnern. Der mittelalterliche Stadtkern hat einen zum

Teil noch erhaltenen Mauerring. Bemerkenswert sind u.a. die karolingische Michaelskirche und der Dom (mit dem Grab des heiligen Bonifatius), der in der Barockzeit an der Stelle der karolingischen Abteikirche errichtet wurde, sowie das barocke Schloss, die ehemalige Residenz der Fürstäbte.

■ **Fullerene,** ausschließlich aus Kohlenstoff bestehende Moleküle mit in sich geschlossener, polyedrischer Struktur und einer geraden Anzahl von Atomen. Sie stellen eine bisher unbekannte und – neben Graphit und Diamant – dritte Modifikation des Kohlenstoffs dar. Am häufigsten sind die Fullerene aus 60 und 70 Kohlenstoffatomen.

■ **Fundament** [lat.] *das,* Grundlage; bei Bauwerken der Unterbau, der bis auf den tragfähigen Untergrund hinabgeführt wird.

■ **Fundamentalismus** [lat.] *der,* das starre Festhalten an bestimmten, meist religiösen Grundsätzen, verbunden mit einer ablehnenden Haltung gegenüber allen Neuerungen. In diesem Sinn bezeichnet man eine Richtung im Protestantismus als fundamentalistisch, die sich auf die Bibel als unmittelbares Wort Gottes, das in allen Einzelheiten wörtlich zu verstehen sei, beruft. Ebenso wird mit Fundamentalismus (oder **Islamismus**) eine Strömung im Islam bezeichnet, deren Vertreter die Rückkehr zum ursprünglichen Islam und die wörtliche Befolgung der Vorschriften des Korans und des islamischen Gesetzes (Scharia) fordern.

■ **Fünen,** zweitgrößte Insel Dänemarks, zwischen Großem und Kleinem Belt gelegen, 2985 km² mit 419 000 Einwohnern. Hauptort ist Odense.

■ **Fünfkampf** → moderner Fünfkampf.

■ **Fünfprozentklausel** → Wahlen.

■ **fünfte Kolonne,** im Spanischen Bürgerkrieg (1936–39) entstandene Bezeichnung für umstürzlerische Gruppen, die im Interesse einer fremden Macht (vor allem in Krisenzeiten) politische Ziele verfolgen.

■ **Fungizide** [lat. Fungus. = Pilz], chemische Wirkstoffe, die Pilze und ihre Sporen abtöten.

■ **Funk** [fank; engl.] *der,* ein aus dem afroamerikanischen Slang (funky = miefend) abgeleiteter Begriff für eine bluesbetonte und auf Elemente der Gospelmusik zurückgreifende Spielweise des Hardbop Ende der 1950er-Jahre und in den 60er-Jahren **(Funky Jazz)**.

Seit den 1970er-Jahren wird der Begriff Funk für die **Funkmusic** (u.a. Earth, Wind and Fire, Commodores, Kool & The Gang), einen Stilbereich der schwarzen Popmusik, verwendet. Kennzeichnend sind flexible, springende Bässe, ein federnder Beat und kurze, rhythmisch verschachtelte Melodieteile. Die

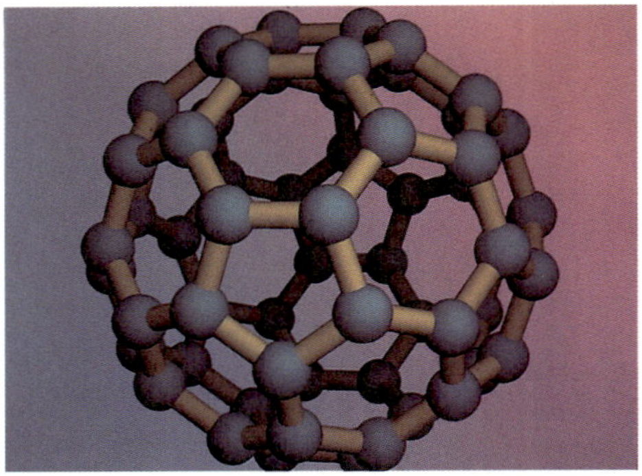

Die Elektronen-Orbitale der Atome sind maßgeblich für deren Eigenschaften, insbesondere für die Art der Bindungen, die sie eingehen können; das hier als Modell dargestellte fußballähnliche Molekül des **Fullerens** (Buckminsterfulleren) besteht aus 60 Kohlenstoffatomen (grau), von denen jedes eine Bindung mit drei anderen eingeht

Funkmusic beeinflusste den Jazz (als **Jazzfunk,** u.a. Crusaiders) und die Rockmusik (als **Funkrock,** u.a. Mothers Finest) und war eine der Wurzeln des → Rap.

■ **Funksprechgerät** (engl. Walkie-Talkie), tragbares Gerät zur drahtlosen Übermittlung von Nachrichten. Sende- und Empfangsgerät bilden eine Einheit und benutzen eine gemeinsame Antenne zum Senden und Empfangen. Die Sendeleistung ist verhältnismäßig gering, entsprechend beschränkt ist daher auch die Reichweite dieser Geräte (zwischen 0,5 und 50 km).

■ **Funktechnik,** ein Teilgebiet der Nachrichtentechnik, das sich mit der drahtlosen Übermittlung von elektrischen Signalen, Nachrichten und Bildern befasst. Als Träger der gesendeten Informationen dienen elektromagnetische Wellen. Zur Funktechnik gehören u.a. Hörfunk-, Fernseh-, Funkmess- und Radartechnik.

■ **Funktion** [lat.] *die,* in der Mathematik eine Vorschrift, nach der jedem Element einer Menge (Urbildmenge) ein Element einer anderen Menge (Bildmenge) zugeordnet wird (man spricht auch von einer Abbildung). Bei Zahlenmengen wird durch eine Funktion (Zeichen f) jeder Zahl x aus der Urbildmenge eine Zahl y aus der Bildmenge zugeordnet:

$$y = f(x).$$

Die Urbildmenge stellt den Definitionsbereich der Funktion dar; ihre Elemente x heißen Argumente (unabhängige → Variable). Die Bildmenge stellt den Wertebereich oder Wertevorrat der Funktion dar;

ihre Elemente y heißen Funktionswerte (abhängige Variable).
Beispiel für eine Funktion ist die Vorschrift $y = 3x$. Sie bedeutet: Jedem $x \in \square$ (»x Element aus der Menge der reellen Zahlen«) ist ein $y \in \square$ zugeordnet in der Art, dass y genau dreimal so groß ist wie x. Die Wertepaare $P = (x, y)$ einer beliebigen Funktion $y = f(x)$ lassen sich grafisch in einem rechtwinkligen kartesischen Koordinatensystem (→Koordinaten) darstellen.

■ **Funktionsverb,** ein Verb, das in einer festen Verbindung mit einem Substantiv gebraucht wird und dabei seinen eigentlichen Inhalt weitgehend verloren hat, z. B. in Erwägung *ziehen,* Beachtung *finden.*

■ **Furien** [lat.], römische Rachegöttinnen; sie entsprechen den griechischen Erinnyen.

■ **Furka** *die* (auch Furkapass), Alpenpass in der Schweiz vom Rhonetal (Gletsch) ins Urserental (Andermatt). Über die 2431 m hohe Furka führt die Furkastraße; eine ganzjährige Eisenbahnverbindung ist durch den 15,4 km langen Furkabasistunnel möglich.

■ **Furnier** [frz.] *das,* dünne Blätter von edlem Holz (z. B. Kirschbaum, Eiche), die auf geringerwertiges Holz, das so genannte Blindholz (meist Spanplatte), aufgeleimt werden. Furniere, in der Möbelindustrie verwendet, werden maschinell durch Sägen, Schälen oder Schneiden hergestellt.

■ **Fürst** [althochdeutsch furisto, = der Erste, der Vornehmste], seit dem Mittelalter Bezeichnung für die höchste Schicht des hohen Adels, die durch ihre besondere Königsnähe an der Herrschaft über das Reich, insbesondere in seiner territorialen Gliederung, teilhatte, vor allem Herzöge und Herzogsgleiche sowie Erzbischöfe, Bischöfe und Äbte der Reichsabteien. Seit 1919 ist der Fürstentitel in Deutschland nur noch Namensbestandteil.
Aus dem Fürstenstand ging im Heiligen Römischen Reich im 13./14. Jahrh.J die Gruppe der **Kurfürsten** hervor, die zur Wahl des Königs (endgültig festgelegt in der Goldenen Bulle 1356) berechtigt war; bis 1648 gehörten diesem Kurverein sieben Kurfürsten an: die Erzbischöfe von Trier, Mainz und Köln, der Herzog von Sachsen, der Markgraf von Brandenburg, der König von Böhmen und der Pfalzgraf bei Rhein (dessen Kurwürde 1623 an Bayern überging).

■ **Furt,** seichte Stelle in einem Fluss, die ein leichtes Überqueren ermöglicht und daher oft ausschlaggebend für die Gründung einer Siedlung war, z. B. Frankfurt.

■ **Fürth,** Stadt in Mittelfranken, Bayern, am Zusammenfluss von Pegnitz und Rednitz, mit 109 700 Einwohnern. – 1835 fuhr zwischen Nürnberg und Fürth die erste deutsche Eisenbahn. – Bild S. 342

■ **Furunkel** [lat.] *der,* auch *das,* durch Bakterien verursachte eitrige Entzündung eines Haarbalgs und seiner Talgdrüse. Es entwickelt sich ein schmerzhafter Knoten, in dessen Mitte ein Eiterpfropf sitzt.

■ **Fürwort** →Pronomen.

■ **Füsiliere** [von frz. fusil, = Gewehr], im 17. Jahrh. in Frankreich aufgestellte, mit Steinschlossgewehren bewaffnete Spezialtruppe, die bei

Führerschein: die EU-Fahrerlaubnisklassen

Klasse	Fahrzeuge	Gültigkeit
A 1	Leichtkrafträder	ab 16 Jahre; max. 125 cm^3/11 kW (16- und 17-jährige Fahrer max. 80 km/h)
A beschränkt	Krafträder	ab 18 Jahre; die ersten beiden Jahre max. 25 kW bzw. max. 0,16 kW/kg
A unbeschränkt	Krafträder	ab 25 Jahre, bei Nachweis von zwei Jahren Fahrpraxis in der Klasse A (beschränkt) auch früher
B	Kraftfahrzeuge	ab 18 Jahre; max. 3500 kg und Anhänger bis 750 kg; max. acht Sitzplätze
BE	Kraftfahrzeuge	ab 18 Jahre; max. 3500 kg und Anhänger von über 750 kg; max. acht Sitzplätze
C 1	Kraftfahrzeuge	ab 18 Jahre; max. 7500 kg und Anhänger bis max. 750 kg; max. acht Sitzplätze
C	Kraftfahrzeuge	ab 18 Jahre; über 7500 kg und Anhänger von max. 750 kg; max. acht Sitzplätze
C 1 E	Kraftfahrzeuge	ab 18 Jahre; max. 7500 kg und Anhänger von über 750 kg, zusammen aber nicht mehr als 12 000 kg; max. acht Sitzplätze
CE	Kraftfahrzeuge	ab 18 Jahre; über 7500 kg und Anhänger von über 750 kg; max. acht Sitzplätze
D	Kraftfahrzeuge	ab 21 Jahre; über 18 Sitzplätze
D 1	Omnibusse	ab 21 Jahre; max. 16 Sitzplätze
DE	Kraftfahrzeuge	ab 21 Jahre; Kfz der Klasse D mit Anhänger von über 750 kg
D 1 E	Omnibusse	ab 21 Jahre; bis 16 Sitzplätze; mit Anhänger von über 750 kg, zusammen aber nicht mehr als 12 000 kg
M	Kleinkrafträder und Fahrräder mit Hilfsmotor	ab 16 Jahre; Elektromotor oder max. 50 cm^3; max. 45 km/h
L	Zugmaschinen	ab 16 Jahre; für Land- und Forstwirtschaft (max. 32 km/h, mit Anhängern max. 25 km/h), selbstfahrende Arbeitsmaschinen und Flurförderzeuge (max. 25 km/h)
T	Zugmaschinen	ab 16 Jahre; für Land- und Forstwirtschaft (max. 60 km/h; unter 18 Jahre: max. 40 km/h), selbstfahrende land- und forstwirtschaftliche Arbeitsmaschinen (max. 40 km/h; jeweils auch mit Anhängern)

Die angegebenen Zahlen zur jeweils erlaubten Sitzplatzzahl beinhalten den Fahrerplatz nicht.

Belagerungen zum Schutz der Artillerie und Pioniere eingesetzt wurde; später allgemeine Bezeichnung für leichte Infanterie.

Die Dampflokomotive »Adler« zog die erste deutsche Eisenbahn auf der Strecke zwischen Nürnberg und Fürth

■ **Fusion** [lat.] *die,* **1)** *Physik:* Verschmelzung (→Kernfusion).
2) *Wirtschaft:* die Verschmelzung zweier oder mehrerer Unternehmen, vor allem Kapitalgesellschaften, zu einer rechtlichen und wirtschaftlichen Einheit. Wenn bei einer Fusion die eine Gesellschaft in der anderen aufgeht, so übergibt diese Gesellschaft ihr gesamtes Vermögen der aufnehmenden Gesellschaft und erhält dafür einen Teil der Kapitalanteile (Aktien). Bei einer anderen Form der Fusion bilden die fusionierenden Gesellschaften eine neue Gesellschaft und übertragen dieser ihr Kapital. Von der neu gegründeten Gesellschaft erhalten sie die entsprechenden Kapitalanteile. – Eine lockere Bindung besteht in einem →Konzern oder →Kartell.

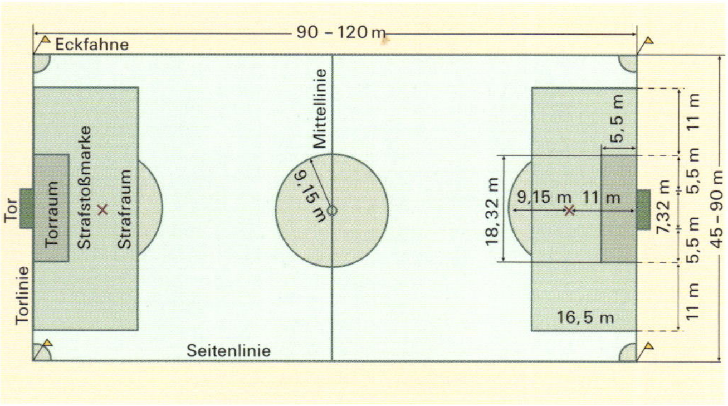

Fußball: Spielfeld

■ **Fuß, 1)** *Anatomie:* der unterste Teil des Beins, der durch das Fußgelenk (Sprunggelenk) mit dem Unterschenkel verbunden ist. Er besteht beim Menschen aus sieben Fußwurzelknochen, fünf Mittelfußknochen und 14 Zehenknochen, von denen die große Zehe zwei, die übrigen Zehen je drei Knochenglieder besitzen. Alle Knochen sind durch straffe Bänder miteinander verbunden.
2) *Messwesen:* früheres Längenmaß, das von der Länge des menschlichen Fußes abgeleitet wurde; es schwankte in Deutschland je nach Land zwischen 0,25 m und 0,34 m. In Großbritannien und den USA (engl. foot, Abkürzung ft) ist es noch heute gebräuchlich: 1 ft = 0,3048 m.

■ **Fußball,** Kampfspiel zwischen zwei Mannschaften zu je elf Spielern und (in Pflichtspielen) bis zu drei Auswechselspielern. Ziel ist es, einen Hohlball (Umfang 68–71 cm; Gewicht 396–453 g) durch Fuß-, Kopf- oder Körpereinsatz so oft wie möglich ins gegnerische Tor zu bringen. Nicht erlaubt ist das Spielen des Balles mit Händen oder Armen. Jeder Spieler, auch der Torwart, kann Tore schießen.
Die Tore sind 7,32 m breit und 2,44 m hoch. Die Spielzeit beträgt 2 × 45 Minuten mit einer Pause zwischen beiden Halbzeiten von höchstens 15 Minuten. Bei Spielen, bei denen ein Sieger ermittelt werden muss, wird bei Torgleichstand nach Ablauf der regulären Spielzeit eine Verlängerung von 2 × 15 Minuten gespielt. Steht das Spiel danach immer noch unentschieden, wird die Entscheidung durch Elfmeterschießen herbeigeführt. Die Leitung des Spiels hat ein Schiedsrichter, der von zwei Schiedsrichterassistenten unterstützt wird.
Regeln: Beim Beginn des Spiels, der zweiten Halbzeit, jeder Hälfte der Verlängerung und nach jedem Torerfolg wird der Ball durch Anstoß am Mittelkreis ins Spiel gebracht. Der Ball ist so lange im Spiel, bis er die Tor- oder Seitenlinie vollständig überschritten hat oder bis der Schiedsrichter das Spiel unterbricht. Geht der Ball über die Seitenlinie ins Aus, wird er durch Einwurf wieder ins Spiel gebracht. Geht er über die Torauslinie und wurde vom Gegner gespielt, wird das Spiel mit Abstoß fortgesetzt; wurde er über die eigene Torauslinie gespielt, erhält der Gegner einen Eckball. Hat der Ball die Linie innerhalb des Tores überschritten, ist ein Tor erzielt.
Wenn der Schiedsrichter das Spiel wegen eines Regelverstoßes (z. B. wegen Tretens, Haltens oder Stoßens des Gegners, gefährliches Spiel, regelwidrige Abseitsstellung, Sperren ohne Ball) unterbrochen hat, wird das Spiel mit einem Freistoß für die gegnerische Mannschaft wieder aufgenommen; fand der Regelverstoß im eigenen Strafraum statt, erhält der

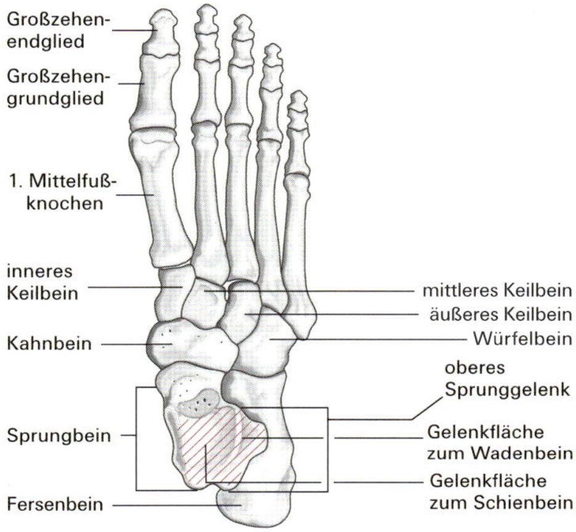

Knochen des **Fußes** eines Menschen

Gegner einen Elfmeter (Strafstoß) zugesprochen. Bei wiederholten oder groben Regelverstößen kann der Spieler durch Zeigen der gelben Karte verwarnt oder, in besonders schweren Fällen, durch Zeigen der roten Karte des Feldes verwiesen werden. Eine zweite Verwarnung in einem Spiel für den gleichen Spieler wird mit einer gelben und einer roten Karte angezeigt und führt ebenfalls zum Ausschluss dieses Spielers.

Wettbewerbe: In Deutschland werden Meisterschaften für Herren seit 1903, für Damen seit 1974 ausgetragen. Seit 1935 finden jährliche Runden um den DFB-Vereinspokal statt (für Damen seit 1981). Seit 1908 ist Fußball für Herren im olympischen Programm, seit 1930 werden Weltmeisterschaften (für Damen seit 1991), seit 1967 Europameisterschaften (für Damen seit 1984) ausgetragen.

Bedeutendster internationaler Wettbewerb für Vereinsmannschaften in Europa ist die Champions League, daneben gibt es den UEFA-Pokal, in dem auch die nationalen Vereinspokalsieger mitspielen. In der Bundesrepublik Deutschland wurde 1963 die Bundesliga als oberste Spielklasse gegründet; darunter besteht seit 1974 die Zweite Bundesliga.

Geschichte: Die Anfänge des modernen Fußballspiels entstanden Mitte des 19. Jahrh. an englischen Schulen. Im Bemühen um einheitliche Regeln war die Hauptstreitfrage, ob der Ball auch mit den Händen getragen werden dürfe oder nicht. Während die Schule die Handspielmöglichkeit befürwortete und damit zur Schöpferin des Rugbyspiels wurde, schlossen sich die Gegner dieser Spielweise 1863 in der English Football Association zusammen. Von England aus verbreitete sich Fußball in ganz Europa und schließlich fast über die gesamte Erde. In Deutschland wurden Ende des 19. Jahrh. die ersten Fußballvereine und 1900 der Deutsche Fußball-Bund (DFB; Sitz: Frankfurt am Main) gegründet. 1904 entstand der Weltverband »Fédération Internationale de Football Association« (FIFA; Sitz: Zürich). – Tabellen S. 344

■ **Futur** (Zukunft) →Verb.

■ **Futurismus** [lat.] *der,* eine um 1910 in Italien aufgekommene künstlerische, aber auch politische Bewegung, die nach Russland, Deutschland und Frankreich ausstrahlte und u. a. Expressionismus, Dadaismus und Surrealismus stark beeinflusste. Der Futurismus proklamierte die Sprengung der Traditionen und begeisterte sich für die

GLOSSAR: **Fußball**

Abschlag: das Wieder-ins-Feld-Spielen des Balles durch den Torwart mit der Hand

Abseits: Ein Angreifer befindet sich strafbar im Abseits, wenn er in dem Augenblick, in dem der Ball von einem Mannschaftskameraden gespielt wird, der gegnerischen Torlinie näher ist als der Ball und der vorletzte oder die beiden letzten Abwehrspieler. Eine strafbare Abseitsstellung liegt nicht vor, wenn der Spieler den Ball direkt von einem Abstoß, Eckstoß oder Einwurf oder von einem gegnerischen Spieler erhält.

Abstoß: das Wieder-ins-Feld-Spielen des Balles durch den Torwart (seltener durch einen Feldspieler) von der Torraumlinie aus. Aus dem Abstoß kann direkt kein Tor erzielt werden.

Eckball (Eckstoß): das Wieder-ins-Feld-Spielen des Balles durch einen Feldspieler der angreifenden Mannschaft von der Eckfahne aus. Aus dem Eckball kann direkt ein Tor erzielt werden.

Elfmeter (Strafstoß): Strafe gegen eine Mannschaft, die eine Regelwidrigkeit im eigenen Strafraum verübt hat. Ein Spieler der bevorteilten Mannschaft schießt den auf der 11 m von der gegnerischen Torlinie entfernten Strafstoßmarke (Elfmeterpunkt) ruhenden Ball unbehindert in Richtung Tor.

Freistoß: Strafe gegen eine Mannschaft, die eine Regelwidrigkeit außerhalb des eigenen Strafraums verübt hat. Ein Spieler der bevorteilten Mannschaft spielt von der Stelle aus, an der sich der Regelverstoß ereignet hat, den Ball, wobei sich die gegnerischen Spieler mindestens 9,15 m entfernt halten müssen.

Fußball: Weltmeisterschaftsendspiele 1930–1998

Jahr	Austragungsland	Weltmeister	Ergebnis
1930	Uruguay	Uruguay	4:2
1934	Italien	Italien	2:1[1)]
1938	Frankreich	Italien	4:2
1950	Brasilien	Uruguay	2:1[2)]
1954	Schweiz	Bundesrep. Dtl.	3:2
1958	Schweden	Brasilien	5:2
1962	Chile	Brasilien	3:1
1966	Großbritannien (England)	England	4:2[1)]
1970	Mexiko	Brasilien	4:1
1974	Bundesrep. Dtl.	Bundesrep. Dtl.	2:1
1978	Argentinien	Argentinien	3:1[1)]
1982	Spanien	Italien	3:1
1986	Mexiko	Argentinien	3:2
1990	Italien	Bundesrep. Dtl.	1:0
1994	USA	Brasilien	3:2[3)]
1998	Frankreich	Frankreich	3:0

1) nach Verlängerung
2) kein Endspiel; entscheidendes Spiel in der Endrunde der Gruppensieger
3) nach Verlängerung durch Strafstoßschießen

Dynamik der modernen Technik, für Geschwindigkeit, Kampf und Krieg. Die Malerei sollte vor allem Bewegung ausdrücken. Die futuristischen Maler versuchten, das zeitliche Nacheinander von Bewegungen und Ereignissen in einem Moment der »Gleichzeitigkeit« einzufangen. In Westeuropa übernahm der Faschismus später viele Ideen des Futurismus.

■ **Futurologie** *die,* Zukunftsforschung; sie will alternative Entwicklungsmöglichkeiten der Gesellschaft aufzeigen und damit der Politik und Gesellschaft Entscheidungsgrundlagen liefern.

■ **Fuzzylogik** [fasi...; engl. fuzzy, = verschwommen, unscharf], ein Logiksystem, das nicht nur zwischen wahren und falschen Aussagen unterscheidet, sondern dazwischen noch mehrere bis unendlich viele Wahrheitswerte kennt. Dem liegt zugrunde, dass im Alltag viele unscharfe Begriffe wie »groß«, »weit entfernt«, »ziemlich schnell« oder »sehr scharf« verwendet werden, deren Bandbreite zwar vom Menschen einschätzbar ist, mit denen Rechner aber nichts anfangen können.
Die Fuzzylogik geht von **Fuzzymengen** aus, bei denen man nur sagen kann, mit welchem Grad an Zugehörigkeit irgendwelche Elemente zu ihnen gehören; dieser Zugehörigkeitsgrad kann prinzipiell jeden Wert zwischen null und eins annehmen. So umfasst der Begriff »groß« in Bezug auf die Größe eines Menschen mit großer Wahrscheinlichkeit 1,90 m, aber eher selten 1,65 m.
Das zurzeit wichtigste Anwendungsgebiet der Fuzzylogik ist die Regelungstechnik. Dort kommt sie vor allemdann zum Einsatz, wenn Störgrößen nicht exakt bestimmt werden können, ihre Anzahl zu groß oder ihr Zusammenhang mit einer Regelgröße nicht genau bekannt ist. **Fuzzyregler** kommen heute bereits in vielen Bereichen des täglichen Lebens vor, vom Staubsauger und der Waschmaschine bis zum Betrieb von Schienenfahrzeugen.

Fußball: deutsche Meister seit Einführung der Bundesliga

1964	1. FC Köln	1983	Hamburger SV
1965	Werder Bremen	1984	VfB Stuttgart
1966	TSV 1860 München	1985	Bayern München
1967	Eintracht Braunschweig	1986	Bayern München
1968	1. FC Nürnberg	1987	Bayern München
1969	Bayern München	1988	Werder Bremen
1970	Borussia Mönchengladbach	1989	Bayern München
1971	Borussia Mönchengladbach	1990	Bayern München
1972	Bayern München	1991	1. FC Kaiserslautern
1973	Bayern München	1992	VfB Stuttgart
1974	Bayern München	1993	Werder Bremen
1975	Borussia Mönchengladbach	1994	Bayern München
1976	Borussia Mönchengladbach	1995	Borussia Dortmund
1977	Borussia Mönchengladbach	1996	Borussia Dortmund
1978	1. FC Köln	1997	Bayern München
1979	Hamburger SV	1998	1. FC Kaiserslautern
1980	Bayern München	1999	Bayern München
1981	Bayern München	2000	Bayern München
1982	Hamburger SV	2001	Bayern München

G

G, 1) der siebente Buchstabe des deutschen Alphabets, ein Konsonant.
2) *Musik:* die 5. Stufe der C-Dur-Tonleiter.

g, 1) Einheitenzeichen für **G**ramm.
2) Abkürzung für **G**roschen (in Österreich).

Gabun, Republik an der Westküste Äquatorialafrikas. Der etwa 200 km breite Küstenstreifen ist von Mangrovenwald und Savanne bedeckt, während die Hochfläche im Landesinneren vor allem tropischen Regenwald trägt. Die Bevölkerung besteht aus rund 40 ethnischen Gruppen (vor allem Bantu). Ausfuhrgüter sind Erdöl, Mangan- und Uranerz sowie Edelhölzer. In Gabun liegt das durch Albert Schweitzers Urwaldkrankenhaus weltbekannt gewordene Lambarene.
Die Küste Gabuns wurde 1472 von Portugiesen entdeckt. Seit 1839 war das Land in französischem Besitz, bis es 1960 die Unabhängigkeit erlangte.

Gadolinium *das,* ein chemisches Element aus der Gruppe der Lanthanoide. Es ist ferromagnetisch (→Magnetismus) und zeigt Supraleitfähigkeit. Gadolinium wird in der Kern- und Mikrowellentechnik verwendet und dient als Zusatz in Eisen- und Chromlegierungen.

Galápagosinseln [spanisch, = Schildkröteninseln], zu Ecuador gehörende Inselgruppe im Pazifischen Ozean unter dem Äquator, 13 größere und 17 kleinere Inseln (nur vier sind bewohnt), insgesamt 8 010 km² mit rund 15 000 Einwohnern. Durch die isolierte Lage der Inseln (rund 1 000 km vom Festland entfernt) überlebten dort sonst schon ausgestorbene Tierarten; in der Abgeschlossenheit bildeten sich auch viele spezifische Rassen heraus. Es gibt dort große Leguane (Echsen), seltene Vogelarten und Riesenschildkröten, die der Insel den Namen gaben.

Gadolinium
chemisches Symbol: Gd
Ordnungszahl: 64
relative Atommasse: 157,25
Dichte: 7,9 g/cm³
Schmelzpunkt: 1 314 ± 1 °C
Siedepunkt: 3 264 °C

Gabun
Fläche 267 667 km²
Einwohner 1,17 Mio.
Hauptstadt Libreville
Amtssprache Französisch
Nationalfeiertag 17. 8.
Währung 1 CFA-Franc = 100 Centimes
Zeitzone MEZ

Gabun

Flagge

Wappen

Galater, keltisches Volk, das im 3. Jahrh. v. Chr. aus Mitteleuropa nach Kleinasien (Galatien; ab 25 v. Chr. römische Provinz) wanderte. – Der **Galaterbrief** des Apostels Paulus war an die christlichen Gemeinden Galatiens gerichtet.

Galaxis →Milchstraße.

Galeere [italienisch] *die,* rudergetriebener Kriegsschiffstyp. Galeeren wurden von italienischen Seestädten erstmals um 1000 gebaut und bis zum 16. Jahrh., im Mittelmeerraum sogar bis ins 18. Jahrh. verwendet. Die sehr niedrig gebaute und nur über geringen Tiefgang verfügende Galeere konnte nur bei relativ ruhiger See eingesetzt werden. Zur Vorwärtsbewegung verfügte sie über etwa

Galileo Galilei

Galilei wurde im selben Jahr geboren, in dem Michelangelo, der universale Vollender der Renaissance, starb. Galilei, der vor allem in Padua als experimentierfreudiger Mathematikprofessor wirkte, öffnete unter Berufung auf Euklid und Archimedes die Tür für eine neue Weltsicht: die Beobachtung der Natur und deren exakte Beschreibung war in seinen durch das Fernrohr geschärften Augen der Erkenntnis dessen, was die Welt bewegt, dienlicher, als die von der päpstlichen Obrigkeit mit dem Siegel »für alle Zeiten« abgestempelten Welterklärung des Ptolemäus. In dem berühmten Prozess, den der einstige Freund Galileis, Papst Urban VIII., gegen ihn inszeniert hatte, entschied Galilei, das, was er als wahr erkannt hatte, in der Öffentlichkeit zu widerrufen.
Der Schriftsteller Bertolt Brecht hat die Gewaltanwendung gegen die Freiheit des Denkens zum Thema seines im amerikanischen Exil geschriebenen Theaterstücks »Leben des Galilei« gemacht. Darin wird die grundsätzliche Frage zur Diskussion gestellt, inwiefern das Verhalten des Galiei die Naturwissenschaften in die Ecke einer exklusiven Wissenschaft gedrängt hat, die dem Interesse und damit der Kontrolle des öffentlichen Bewusstseins entzogen ist. Brecht sah darin die »Erbsünde« der modernen Naturwissenschaften, die letztlich zur Atombombe von Hiroshima führte.

▶ »Eppur si muove – Und sie bewegt sich doch«! Galileis letztes Wort? Man weiß es nicht; gleichwohl – die Gedanken sind frei

50 Riemen, die jeweils von bis zu fünf Ruderern **(Galeerensklaven)** bedient wurden. Segel dienten nur als Hilfsantrieb. Die Bewaffnung bestand aus Rammsporn und Wurfmaschinen, seit dem 16. Jahrh. auch aus Geschützen.

■ **Galeone** [lat.] *die,* im 16. und 17. Jahrh. verwendetes Segelkriegsschiff. Charakteristisch für die drei- oder viermastige Galeone waren die hohen Aufbauten vorn und achtern, die zwar den Seesoldaten das Entern des gegnerischen Schiffes erleichterten, aber die Seetüchtigkeit des Schiffes beeinträchtigten. Als erste Kriegsschiffe überhaupt verfügten Galeonen über unter Deck aufgestellte Kanonen hinter wasserdicht verschließbaren Geschützluken.

■ **Galerie** [italienisch] *die,* **1)** ein meist mit Arkaden versehener Gang an der Außenseite eines Gebäudes; in Schlössern ein Verbindungsgang mit Fenstern oder ein lang gestreckter Festsaal. Da in einer solchen Galerie häufig Gemälde aufgehängt wurden, bezeichnete man später auch die Ausstellungsräume einer Kunstsammlung oder Kunsthandlung als Galerie.
2) im Theater der oberste Rang des Zuschauerraums.

■ **Galicien,** autonome Region (seit 1981) in Nordwestspanien, mit 29 574 km² und 2,825 Mio. Einwohnern, die sprachlich und kulturell den Portugiesen nahe stehen. Kulturelles Zentrum ist der Wallfahrtsort Santiago de Compostela.

■ **Galiläa,** Landschaft in Nordisrael und Libanon, Heimat und Wirkungsstätte von Jesus von Nazareth.

■ **Galilei,** Galileo, italienischer Mathematiker, Physiker und Astronom, *Pisa 15. Februar 1564, †Arcetri (heute zu Florenz) 8. Januar 1642. Durch die Einführung des Experiments (z. B. Versuche zum freien Fall) wurde er zum Begründer der experimentellen Physik. Galilei bestätigte die Erkenntnisse des Kopernikus: Die Erde dreht sich um die Sonne, nicht die Sonne um die Erde, wie man damals glaubte (→heliozentrisch). Er wurde 1633 von

der Inquisition zum Widerruf dieser Lehre gezwungen, weil die Kirche in ihr einen Widerspruch zur Bibel sah (erst 1992 wurde Galilei durch den Vatikan rehabilitiert).
Neben den Fallgesetzen entdeckte Galilei die Pendelgesetze und das Trägheitsgesetz. Er baute das nach ihm benannte, aber in Holland erfundene Fernrohr nach und entdeckte die Jupitermonde und die Saturnringe.

■ **Galion** [griech.] *das,* Vorbau am Bug alter Schiffe. Er war vorn meist durch die **Galionsfigur** verziert, eine hölzerne, häufig bunt bemalte Frauenfigur, die das Schiff schützen sollte.

■ **Gälisch** *das,* Gruppe keltischer Sprachen, die neben dem Englischen heute noch im schottischen Hochland, auf den Hebriden und anderen schottischen Inseln (Schottisch-Gälisch), in Irland (Irisch) und auf der Insel Man (Manx) gesprochen werden. In Irland (Éire) ist Gälisch neben Englisch Amtssprache.

■ **Galizien,** historische Landschaft nördlich der Karpaten, die heute zu Polen und zur Ukraine gehört.

■ **Galle** [lat.], eine gelbliche Flüssigkeit, die in der Leber gebildet und in den Zwölffingerdarm oder die →Gallenblase abgegeben wird. Sie bewirkt, dass die mit der Nahrung aufgenommenen Fette in winzige Tröpfchen zerteilt (emulgiert) werden, sodass die fettverdauenden Enzyme des Dünndarms besser wirken können. Wird die Galle am Abfließen gehindert, tritt sie ins Blut über und führt zu Gelbsucht. Die Gallenfarbstoffe entstehen aus dem Blutfarbstoff Hämoglobinn.

■ **Gallen,** meist kugelförmige Wucherungen an Blättern, Knospen und jungen Trieben von Eichen. Sie werden durch Einwirkung pflanzlicher oder (meist) tierischer Parasiten hervorgerufen. Die an der Galleiche zu findenden Gallen enthalten Gerbstoffe, die früher für die Gerberei, Färberei und für die Tintenherstellung genutzt wurden.

■ **Gallenblase,** ein birnenförmiges Hohlorgan am unteren Leberrand. In der Gallenblase wird die →Galle eingedickt und gespeichert. Mitunter bilden sich in der Gallenblase **Gallensteine,** die in Form

Gallium
chemisches Symbol: Ga
Ordnungszahl: 31
relative Atommasse: 69,72
Dichte: 5,9 g/cm³
Schmelzpunkt: 29,76 °C
Siedepunkt: 2 204 °C

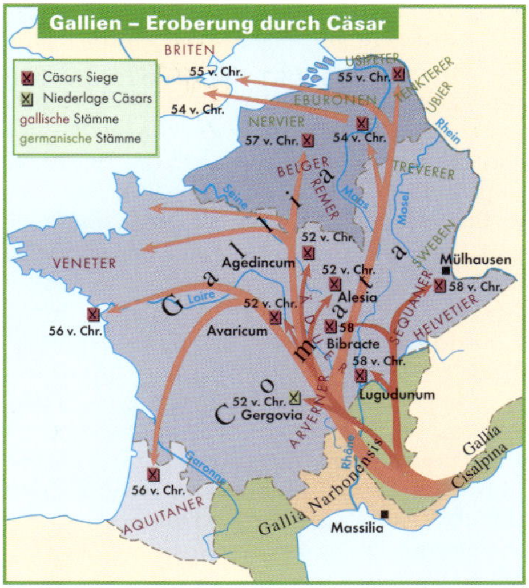

und Zusammensetzung unterschiedlich sein können. Mit der sehr schmerzhaften **Gallensteinkolik** ist oft eine Gallenblasenentzündung verbunden. Bei Gallensteinen kann es nötig werden, die Gallenblase durch eine Operation zu entfernen.

■ **Gallien** (lat. Gallia), das von den keltischen Galliern besiedelte Gebiet südlich und nordwestlich der Alpen. **Gallia Cisalpina** (»Gallien diesseits der Alpen«, von Rom aus gesehen), das heutige Norditalien, wurde 225–190 v. Chr. von Rom unterworfen. **Gallia Transalpina** (»Gallien jenseits der Alpen«) umfasste hauptsächlich das heutige Frankreich und Belgien.
Seit 125 v. Chr. unterwarfen die Römer den südlichen Teil und bildeten (im Südosten) die Provinz **Gallia Narbonensis.** Den restlichen Teil, die **Gallia Comata,** eroberte Cäsar 58–51 v. Chr. Augustus unterstellte 27 v. Chr. die »Narbonensis« dem römischen Senat und gliederte die »Comata« in drei Provinzen: **Gallia Belgica** (im Nordosten), **Gallia Lugdunensis** (das zentrale Gallien) und **Aquitania** (im Südwesten bis zur Loire).
In der Zeit der Völkerwanderung drangen germanische Stämme, vor allem Franken und Alemannen, später Burgunder und Westgoten, in Gallien ein. Sie wurden ins römische Heer übernommen und teilweise angesiedelt. 486 erlag das verbliebene römische Herrschaftsgebiet in Mittelgallien dem Angriff der Franken unter Chlodwig. Gallien wurde Teil des Fränkischen Reiches.

■ **Gallium** *das,* ein chemisches Element. Das weiß glänzende, dehnbare Metall schmilzt bereits

Galionsfiguren aus vergangener Zeit

bei etwa 30 °C. Wegen seines hohen Siedepunkts wird Gallium u. a. zur Füllung von Hochtemperaturthermometern verwendet, mit denen man Temperaturen bis zu 1200 °C messen kann. Weiter dient es als Wärmeaustauscher in Kernreaktoren. Die Galliumverbindungen Galliumarsenid (GaAs) und Galliumphosphid (GaP) sind wichtige →Halbleiter.

■ **Gallọne** *die* (engl. gallon), englisch-amerikanische Volumeneinheit. Eine Gallone entspricht in Großbritannien 4,546 Litern, in den USA 3,785 Litern.

■ **Galọpp** [frz.] *der,* **1)** die schnellste Gangart des Pferdes.
2) um 1825 aufgekommener Rundtanz im $^2/_4$-Takt, der Polka verwandt.

■ **galvạnisches Elemẹnt** [nach dem italienischen Arzt und Naturforscher Luigi Galvani, 1737–98], eine elektrische Stromquelle, die chemische Energie direkt in elektrische Energie umwandelt. In den galvanischen Elementen finden Redoxreaktionen statt, bei denen am Pluspol Metallionen zu Metallen reduziert und am Minuspol Metalle zu Metallionen oxidiert werden. Ein galvanisches Element ist z. B. der →Akkumulator.

■ **galvanisi̱e̱ren,** einen Gegenstand mit einer dünnen Metallschicht auf elektrischem Wege überziehen, um z. B. einen Schutz vor Korrosion zu erreichen.

■ **Gạma,** Vasco da, Graf von Vidigueira, portugiesischer Seefahrer, * Sines (Distrikt Setúbal) um 1469, † Cochin (Indien) 24. Dezember 1524. Er entdeckte 1497/98 im Auftrag des portugiesischen Königs den Seeweg um Afrika (Kap der Guten Hoffnung) nach Indien. 1502–04 segelte er mit einer Kriegsflotte erneut nach Indien und legte durch die Unterwerfung einiger Städte an der indischen Westküste den Grundstein für das portugiesische Kolonialreich. 1524 wurde er als Vizekönig nach Indien geschickt, wo er noch im selben Jahr starb.

■ **Gạmbe** [italienisch viola da gamba, = Kniegeige] *die,* altes, sechssaitiges Streichinstrument, das zwischen den Knien gehalten wurde. Die Gambe ist die Vorläuferin des Violoncellos und wurde durch dieses im 18. Jahrh. verdrängt.

galvanisches Element

Das Prinzip eines galvanischen Elements lässt sich auch im Haushalt nutzen, um angelaufene Silberbestecke oder Schmuck bequem zu polieren: In einen emaillierten Topf oder eine Keramikschüssel gibt man kochendes Wasser, bereitet damit eine sehr starke Kochsalzlösung und gibt das Silber sowie eine größere Menge Aluminiumfolie hinein. Nach einiger Zeit ist das Silber wieder blank.

■ **Gạmbia** *der,* Fluss in Westafrika, 1 120 km lang; er entspringt in Guinea, durchfließt den Südosten Senegals und im Unterlauf den Staat Gambia und mündet in den Atlantischen Ozean.

Gambia
Fläche 11 295 km²
Einwohner 1,194 Mio.
Hauptstadt Banjul
Amtssprache Englisch
Nationalfeiertag 18. 2.
Währung 1 Dalasi (D) = 100 Bututs (b)
Zeitzone MEZ –1 Std.

Gambia

Flagge

Wappen

■ **Gạmbia,** Staat an der Westküste Afrikas, am Unterlauf des Gambia. In dessen Mündungsgebiet erstrecken sich ausgedehnte Mangrovensümpfe, auf die landeinwärts Regenwald und Savannen folgen. 90 % der Bevölkerung (verschiedene Stämme) sind Muslime. Wichtigster Wirtschaftszweig ist die Landwirtschaft (Ausfuhr von Erdnüssen), daneben hat der Tourismus immer mehr an Bedeutung gewonnen.

Geschichte: Das Gebiet gehörte im 13.–15. Jahrh. zum Reich Mali. 1843 wurde Gambia britische Kronkolonie, 1965 erhielt es die Unabhängigkeit im Rahmen des Commonwealth; 1970 wurde die Republik ausgerufen.

■ **Game̱ten** [griech.], →Keimzellen.

■ **Gạmma,** der dritte Buchstabe des griechischen Alphabets (Γ, γ), in klassischer Zeit mit dem Lautwert des deutschen G.

■ **Gạmmastrahlung** →Radioaktivität.

■ **Gä̱mse,** ein braunes, ziegenähnliches, bis 1,3 m langes (Schulterhöhe 70–85 cm) Tier, das von der oberen Waldgrenze bis zum Firnbereich der europäischen Hochgebirge in Rudeln lebt. Eingebürgert sind die Gämsen auch in Mittelgebirgen. Ihre Hufe sind weich, mit vorstehenden harten Rändern; die Afterklauen werden wie Steigeisen eingesetzt. Am weißbackigen Kopf stehen die geringelten (Jahresringe), oben stärker gekrümmten Hörner, die »Krickeln«. Die Gämse gehört zu den Wiederkäuern.

■ **Gandhi,** Mohandas Karamchand, genannt »Mahatma« (= große Seele), Führer der indischen Unabhängigkeitsbewegung, *Porbandar 2. Oktober 1869, †(ermordet) Neu-Delhi 30. Januar 1948. Seit 1914 organisierte Gandhi den gewaltlosen Widerstand gegen die britische Politik in Indien. Mittel waren z. B. die Verweigerung der Mitarbeit in Behörden und bürgerlicher Ungehorsam. Nach der Erlangung der Unabhängigkeit Indiens (1947) suchte er die Gegensätze zwischen Muslimen und Hindus zu schlichten. 1948 fiel er dem Attentat eines jungen Hindufanatikers zum Opfer.

■ **Ganges** *der,* Strom in Indien und Bangladesh, 2700 km lang, davon etwa die Hälfte schiffbar. Er entspringt im Himalaja, durchfließt die Gangesebene nach Südosten und bildet mit dem Brahmaputra ein gewaltiges Mündungsdelta zum Golf von Bengalen. Ein Mündungsarm ist der Hugli, an dem Kalkutta liegt. Als heiliger Strom der Hindus ist der Ganges das Ziel vieler gläubiger Pilger.

■ **Gangway** [gängᵘeⁱ; engl.] *die,* beweglicher Laufgang zum Besteigen eines Schiffes oder Flugzeugs.

■ **Gänse,** Unterfamilie kräftiger, 0,4 bis 1,7 m langer Schwimmvögel in den gemäßigten und kälteren Regionen Eurasiens und Nordamerikas mit 29 Arten. Der Hals ist länger als bei Enten, der Schnabel

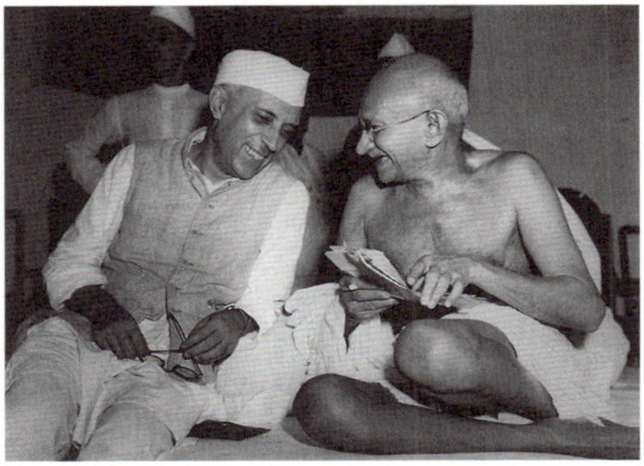

Das war ein Jahr vor dem Ziel des gewaltlosen Kampfes für die Unabhängigkeit Indiens: **Mahatma Gandhi** verständigt sich in bester Laune mit dem links von ihm lehnenden Freund Jawaharla Nehru, der 1947 der erste indische Premierminister wurde

Die **Gämsen,** die sich im Sommer auf den höchstgelegenen Matten und in Felsregionen aufhalten, begeben sich im Winter in talwärts gelegene Bergwälder

keilförmig. Zwischen den Zehen haben Gänse Schwimmhäute. Sie sind meist gute Flieger, die mit gestrecktem Hals und häufig in Keilformation fliegen.

Die Stammform der Hausgans ist die bis 90 cm lange **Graugans,** ein Zugvogel, der im Herbst bis Nordafrika fliegt. Die **Saatgans** mit dunkelgrauem Gefieder und roten Beinen und die weißstirnige, graubraune **Blässgans** fallen vom Herbst bis zum Frühling bei uns ein. – Bild S. 350

■ **Gänseblümchen** (Maßliebchen), ein 5–15 cm hoher Korbblütler. Die Strahlenblüten sind weiß oder rötlich, die Scheibenblüten gelb. Die Blütenblätter bilden eine Rosette. Eine gefüllte Zuchtform ist das Tausendschön.

■ **Gänsehaut,** durch Zusammenziehen feiner Muskeln an den Haarbälgen entstehende, durch Frösteln oder seelische Empfindungen (Schreck, Gruseln) ausgelöste vorübergehende Veränderung der Hautoberfläche (erinnert an die Haut einer gerupften Gans). – Infokasten S. 250

■ **Ganymed,** im griechischen Mythos ein trojanischer Prinz, den Zeus wegen seiner Schönheit durch einen Adler entführen lässt und zum Mundschenk der Götter macht.

■ **Garantie** [frz.] *die,* Bürgschaft, Gewähr, Sicherheit; vom Hersteller schriftlich gegebene Zusicherung, innerhalb eines bestimmten Zeitraums **(Garantiezeit** oder **-frist)** auftretende Mängel an einem gekauften Gegenstand kostenlos zu beheben. Im **Garantievertrag** verspricht jemand einem anderen, für einen bestimmten Erfolg einzustehen, das heißt, das Risiko eines Misserfolgs zu tragen.

■ **Gardasee** (italienisch Lago di Garda), der größte und östlichste der oberitalienischen Seen,

Die **Gambe** erkennt man an ihren c-förmigen Schalllöchern; die sechs Saiten sind in Quarten mit einer Terz in der Mitte gestimmt

am Alpenrand, 368 km², bis 370 m tief. Das milde Klima begünstigt eine üppige Vegetation.

■ **Garde** [frz.] *die,* ursprünglich die Leibwache eines Feldherrn, Fürsten oder Staatsoberhaupts; später Bezeichnung für die in verschiedenen Ländern aus diesen Leibwachen hervorgegangenen Elitetruppen. – auch →Schweizergarde.

Bei den zu den Zugvögeln gehörenden **Gänsen** sind die Weibchen und die Männchen, die als Paar lebenslang zusammenhalten, gleich gefärbt; die hier abgebildete Graugans ist durch den Verhaltensforscher Konrad Lorenz weltberühmt geworden

■ **Garibaldi,** Giuseppe, italienischer Freiheitskämpfer, *Nizza 4. Juli 1807, †Caprera 2. Juni 1882; einer der Führer der italienischen Einheitsbewegung (»Risorgimento«). Er kämpfte an der Spitze seiner Freischaren 1848/49 gegen die österreichische Herrschaft in der Lombardei und verteidigte 1849 vergeblich die in Rom ausgerufene »Römische Republik«. 1860 stürzte er als Führer des »Zugs der Tausend« die Herrschaft der Bourbonen in Sizilien und Unteritalien.

■ **Garnelen** [niederländisch], meist im Meer an flachen, sandigen Küsten lebende Zehnfußkrebse mit schlankem, oft glasig durchsichtigem Körper. Der lange Hinterleib trägt Schwimmbeine und endet mit einem Schwanzfächer. Die beiden vordersten Beinpaare haben kleine Scheren, die Fühler sind lang.

Die bis 7 cm langen Weibchen der **Nordseegarnele** (Nordseekrabbe, Granat) kommen als »Krabben« in den Handel (die kleinen als Shrimps, die großen als Prawns). Die **Ostseegarnele** wird nur bei gelegentlichem Massenauftreten gefangen und zu »Krabben«-Konserven verarbeitet.

■ **Garonne** [...rọn], Fluss im Südwesten Frankreichs, 575 km lang. Die Garonne entspringt in den Pyrenäen und mündet in den Golf von Biscaya. Der 75 km lange Mündungstrichter (unterhalb der Mündung der Dordogne in die Garonne) heißt **Gironde.**

■ **Gärung,** der anaerobe (ohne Sauerstoff ablaufende) Abbau von organischen Stoffen durch →Enzyme, die von Mikroorganismen (z. B. Bakterien oder Hefepilze) oder von Zellen höherer Organismen gebildet werden.

Formen der Gärung sind die **Milchsäuregärung** (z. B. beim »Gehen« des Sauerbrotteiges und zur Energiegewinnung bei der Muskelarbeit) und die **alkoholische Gärung,** bei der in den Früchten enthaltener Zucker und die in anderen Pflanzenteilen vorhandene Stärke über die Stufe des Traubenzuckers (Glucose) zu Alkohol umgewandelt werden. Die **Propionsäuregärung** spielt vor allem bei der Käsereifung eine Rolle (die Löcher im Schweizer Käse entstehen durch dabei freigesetztes Kohlendioxid).

Inkorrekt, aber allgemein gebräuchlich bezeichnet man auch einige unter Mitwirkung von Sauerstoff verlaufende biochemische Prozesse als Gärung, z. B. die Umwandlung von Äthanol in Essigsäure.

Charakteristisch für alle Arten der Gärung ist, dass das Endprodukt stets noch eine organische Verbindung ist (z. B. Alkohol, Essigsäure), während bei dem sich im Körper mithilfe der →Atmung vollziehenden Abbau organischer Verbindungen in der Hauptsache Kohlendioxid (CO_2) und Wasser (H_2O) gebildet werden.

■ **Gas** [griech.], jeder Stoff im gasförmigen →Ag-

Gänsehaut

Wenn sich beim Menschen die Haare sträuben, sind sie den gleichen unwillkürlichen Mechanismen ausgeliefert wie ihre kräftig behaarten Vorfahren, bei denen sich dann tatsächlich eine dichte Haarpracht aufplusterte.

Wie funktioniert das? Die Haare liegen schräg in der Haut und ragen bis in das Unterhautgewebe hinab. Auf der Neigungsseite eines einzelnen Haares greift ein Muskel an, der beim Zusammenziehen dafür sorgt, dass sich die Haut dort etwas ausbuchtet, wo das Haar durchwächst – das Haar richtet sich auf. Der gleiche Mechanismus tritt bei Kälte in Aktion, was den fellbedeckten Vorzeitmenschen ebenfalls Schutz bot, da sich zwischen dem Haargeflecht eine isolierende Luftschicht ausbilden konnte, durch die sie nicht ganz so erbärmlich frieren mussten.

gregatzustand. Die Moleküle oder Atome von Gasen können sich nahezu frei bewegen, ein Gas, das nicht unter der Einwirkung äußerer Kräfte steht (z. B. der Erdanziehung), füllt daher jeden ihm zur Verfügung stehenden Raum gleichmäßig aus. Die meisten Stoffe lassen sich durch Erhitzen in den gasförmigen Zustand überführen (z. B. Wasser). Umgekehrt lassen sich Gase durch Abkühlen in den flüssigen und den festen Zustand versetzen (z. B. Luft).
Wird der Druck eines Gases erhöht, so verringert sich sein Volumen. Gleichzeitig steigt seine Temperatur (z. B. wird eine Luftpumpe durch das Pumpen warm). Wird der Druck auf ein Gas verringert, so entspannt es sich, sein Volumen nimmt zu und seine Temperatur ab. Wenn man die Temperatur eines Gases erhöht, versucht es sich auszudehnen. Kann es das nicht, so erhöht sich sein Druck.
Dieses Verhalten wird für reale Gase (von genügend hoher Temperatur und genügend kleiner Dichte, z. B. gewöhnliche Luft) näherungsweise durch die Zustandsgleichung für ideale Gase beschrieben. Sie lautet für eine Stoffmenge von 1 →Mol:

$$p \cdot V = R \cdot T$$

(p = Druck, V = Volumen, T = Temperatur, R = allgemeine Gaskonstante).
Technische Gase sind u. a. Acetylen, Erdgas, Gichtgas, Knallgas, Propan und Stadtgas.

■ **Gasa** →Gaza.

■ **Gasmaske,** Vollmaske aus Gummi mit Augenfenstern und Atemschutzfilter, der dem Schutz der Atmungsorgane gegen die Einwirkung giftiger Gase und Schwebstoffe dient. In der Bundeswehr wird die **ABC-Schutzmaske** eingesetzt, die gegen das Eindringen radioaktiver (atomarer) Stoffe sowie biologischer und chemischer Kampfstoffe in den Körper schützen soll.

■ **Gasturbine,** eine Wärmekraftmaschine, die mechanische Leistung entweder als Wellenleistung (ähnlich dem Verbrennungsmotor) oder als Strahlleistung liefert (wie beim Flugzeug).
Eine Gasturbine besteht aus Verdichter, Brennkammer und Turbine. Im Verdichter werden große Mengen Luft komprimiert und als Verbrennungsluft in die Brennkammer befördert. Der Brennstoff (z. B. Heizöl, Erdgas) wird über Düsen in die Brennkammer geblasen und verbrannt. Das energiereiche, ausströmende Gas wird in einer Turbine entspannt und treibt diese an. Die Rotationsenergie dient sowohl zum Antrieb des auf der gleichen Welle sitzenden Verdichters als auch einer z. B. über ein Getriebe angeschlossenen Pumpe oder eines Generators.
Bei →Strahltriebwerken wird die aus dem Gasgenerator austretende Druckenergie in einer Schubdüse auf Umgebungsdruck entspannt und erreicht damit Strahlgeschwindigkeiten von bis zu 800 m/s.

■ **Gaswerk,** Anlage zur Erzeugung von brennbaren Gasen **(Stadtgas)**. Ausgangsstoff ist Steinkohle, die unter Luftabschluss auf etwa 1 000 bis 1 200 °C erhitzt wird. Als Rückstand bleibt Koks, der zu Heizzwecken verwendet wird. Stadtgas ist heute weitgehend durch Erdgas ersetzt.

■ **Gates,** Bill (eigentlich William Henry), amerikanischer Computerfachmann und Unternehmer, *Seattle (Washington) 28. Oktober 1955. Gates, der bereits als Schüler Computerprogramme entwickelt und vermarktet hatte, gründetete 1975 mit seinem früheren Mitschüler Paul Allen (*1953) die Firma Microsoft Corp., die er nach ersten Erfolgen mit dem Betriebssystem MS-DOS und der Benutzeroberfläche Windows zu einem weltweit führenden Softwareunternehmen ausbaute.

»Alles über vier, fünf Seiten drucke ich mir lieber aus. Die Ausdrucke kann ich dann überallhin mitnehmen und am Rand meine Notizen machen«, dieses Plädoyer für die wunderbare Leichtigkeit des bedruckten Papiers stammt von **Bill Gates,** dem Chef von Microsoft

■ **GATT,** Abkürzung für **G**eneral **A**greement on **T**ariffs and **T**rade [engl., = Allgemeines Zoll- und Handelsabkommen], 1948 in Kraft getretenes Abkommen zur Durchsetzung einer weltweiten handelspolitischen Ordnung. Die Zahl der Mitglieder erhöhte sich von anfangs 23 auf zuletzt (Ende 1994) 124. Zum 1. Januar 1996 wurde das GATT durch die 1995 gegründete Welthandelsorganisation (→WTO) abgelöst. Das GATT war eine Sonderorganisation der UN mit Sitz in Genf.

■ **Gattung** →System.

■ **GAU,** Abkürzung für **g**rößter **a**nzunehmender **U**nfall, der schwerste mögliche Unfall in einer kerntechnischen Anlage, der bei der Planung von Schutzmaßnahmen in Betracht gezogen wird.

■ **Gaucho** [gautscho; indianisch], berittener Viehhirt in den Pampas Argentiniens. Die Gauchos sind berühmt wegen ihrer Reiterkunststücke und der Geschicklichkeit, mit der sie das →Lasso und die **Bola** (bis zu vier verbundene Riemen, mit Stein- oder Metallkugeln am Ende beschwert, die sich um die Beine des verfolgten Tieres schlingen und es niederwerfen) handhaben.

■ **Gauguin** [gogäng], Paul, französischer Maler, *Paris 7. Juni 1848, †Atuona (Hivaoa, Marquesasinseln) 8. Mai 1903. Gauguin begann in den 1880er-Jahren ein unstetes Wanderleben, das ihn u. a. in die Bretagne, zu van Gogh nach Arles (Südfrankreich), nach Martinique, Tahiti und auf die Marquesasinseln führte. Er malte vor allem Menschen und Landschaften der Südsee in fest umrissenen, flächigen Formen und intensiv leuchtenden Farben. – Bild S. 352

■ **Gaulle** [gol], Charles de, französischer General

Auf der Suche nach neuen, unbekannten Sichtweisen besuchte **Paul Gauguin** ferne Welten in der Südsee; 1891-1901 lebte der Maler mit kurzer Unterbrechung auf Tahiti, dort schuf er dieses Gemälde, das den Titel »Woher kommen wir? Wer sind wir? Wohin gehen wir?« trägt

Die Rückseite des letzten deutschen Zehnmarkscheins zeigte das von **Carl Friedrich Gauß** erfundene Heliotrop, ein mit Spiegeln arbeitendes Messgerät, mit dem man die Zielpunkte bei geodätischen Messungen sichtbar machen kann

und Politiker, *Lille (Nordfrankreich) 22. November 1890, †Colombey-les-deux-Églises (Département Haute-Marne) 9. November 1970. Er organisierte nach der französischen Kapitulation 1940 von London aus den Widerstand (→Résistance) gegen Deutschland. Nach der Befreiung Frankreichs von den deutschen Truppen war er 1945–46 Regierungs- und Staatschef. 1958 kam er erneut an die Regierung. Unter seiner Präsidentschaft entließ Frankreich bis 1960 seine afrikanischen Kolonien in die Unabhängigkeit. 1962 beendete er den Algerienkrieg und stimmte der Unabhängigkeit Algeriens zu.

Seine Politik war auf die Wiederherstellung der Großmachtposition Frankreichs gerichtet und auf die Schaffung eines eigenständigen Europa unter französischer Führung. Nach den Maiunruhen 1968 und einer Volksbefragung 1969, in der sich die Franzosen gegen seine innenpolitischen Pläne entschieden, trat de Gaulle zurück.

■ **Gauß,** Carl Friedrich, deutscher Mathematiker, Astronom und Physiker, *Braunschweig 30. April 1777, †Göttingen 23. Februar 1855. Seine Zahlentheorie und die Einführung der gaußschen Zahlenebene waren bahnbrechend für die moderne Mathematik. So stellte er den Fundamentalsatz der Algebra auf, begründete die Vermessung der Erde (Geodäsie) als mathematische Wissenschaft und erforschte den Erdmagnetismus. Mit dem Physiker Wilhelm Weber (1804–91) erfand Gauß 1833 den ersten elektromagnetischen Telegrafen.

■ **Gaza** [...s...] (Gasa), Stadt an der Südostküste des Mittelmeeres, mit 353 600 Einwohnern; zentraler Ort des **Gazastreifens.** Dieser ist 363 km² groß und hat rund 1 Mio. Einwohner; davon sind zwei Drittel palästinensische Flüchtlinge und etwa 5 000 jüdische Siedler. Er erstreckt sich von der Stadt Gaza bis zur ägyptischen Grenze.

Während des Palästinakrieges 1948/49 flüchtete die arabische Bevölkerung aus Südpalästina in das von ägyptischen Truppen kontrollierte Gebiet um Gaza, das 1956 (bis 1957) und erneut 1967 von Israel besetzt wurde. 1994 wurde der Gazastreifen mit dem Gebiet von Jericho erstes palästinensisches Autonomiegebiet (**Gaza-Jericho-Abkommen** von 1993). – auch →Nahostkonflikt, →Palästina.

■ **Gazellen** [arabisch], zierliche, 90–170 cm lange Paarhufer mit langen, schlanken Beinen und geringeltem Gehörn. Sie sind Bewohner der Steppen, Wüsten und Halbwüsten Afrikas und Asiens.

■ **Gebärmutter** (lat. Uterus), im Unterbauch liegendes →Geschlechtsorgan bei der Frau und bei weiblichen Säugetieren. Die Gebärmutter ist ein muskulöses Hohlorgan, in das die Eileiter münden. In der Gebärmutter nistet sich die befruchtete Eizelle ein, die sich hier bis zur Geburt entwickelt.

■ **Gebetsmühle,** im tibetischen Lamaismus gebräuchliches Gerät, das das Aufsagen heiliger Sprüche mechanisch ersetzen soll: ein zylinderförmiger Behälter, der um seine Achse gedreht wird und im Inneren Papierstreifen mit kurzen heiligen Sprüchen enthält.

■ **Gebirge,** räumlich geschlossene, höhere Teile der Erdoberfläche, die durch Berge, Hochflächen, Täler und Senken gegliedert werden. Nach den relativen Höhenunterschieden unterscheidet man **Mit-**

telgebirge (500–1000 m Höhenunterschied zwischen Gebirgsfuß und Gipfel) mit gerundeten Gipfeln und gewölbten Rücken und **Hochgebirge** (über 1000 m Höhenunterschied) mit steilen Hängen, spitzen Gipfeln und schmalen Graten, nach der Form der Gipfelregion **Kammgebirge** (z. B. Sudeten), **Kuppengebirge** (Rhön) und **Tafelgebirge** (Schwäbische Alb).

Ihrer Entstehung nach sind Gebirge entweder tektonisch (durch Bewegung der Erdkruste hervorgerufen) oder vulkanisch (aus magmatischem Material aufgebaut, →Magma). Dem tektonischen Bau entsprechend gibt es **Faltengebirge** (z. B. die Alpen), **Bruchfalten-** oder **Faltenschollengebirge** sowie **Block-, Bruch-** und **Schollengebirge,** zu denen die meisten deutschen Mittelgebirge gehören.

■ **Gebiss,** die Gesamtheit der →Zähne bei den Wirbeltieren. Fische, Amphibien und Reptilien haben gleichartige, den Kiefern oberflächlich aufsitzende Zähne. Säugetiere haben zwei Zahngenerationen. Beim Menschen zählt das **Milchgebiss** 20, das **bleibende Gebiss** 32 Zähne (oben und unten je vier Schneidezähne, zwei Eckzähne und zehn Backenzähne, davon vier so genannte Vorbackenzähne). Der letzte Zahn auf jeder Seite wird **Weisheitszahn** genannt, weil er oft erst nach dem 16. Lebensjahr durchbricht.

■ **Geburt,** der Vorgang des Ausstoßens der Nachkommen aus dem mütterlichen Körper bei lebend gebärenden Tieren und beim Menschen nach Abschluss einer Embryonalentwicklung. Beim Menschen tritt die Geburt (auch **Niederkunft** oder **Entbindung**) nach Abschluss der Schwangerschaft um den 280. Tag nach dem ersten Tag der letzten Menstruation ein.

Mit der **Eröffnungsperiode** beginnen anhaltende, regelmäßige, anfangs etwa alle zehn Minuten, später in kürzeren Abständen auftretende Wehen; sie endet meist mit dem Blasensprung (Sprengung der Fruchtblase). In der **Austreibungsperiode** wird das Kind durch Presswehen und aktiver Betätigung der Bauchmuskeln durch die Gebärende schrittweise durch den stark gedehnten Geburtskanal gepresst.

Nach der vollständigen Geburt des Kindes wird dieses durch Durchtrennung der Nabelschnur vom →Mutterkuchen getrennt. In der **Nachgeburtsperiode** werden der Mutterkuchen, die Eihäute, der Rest der Nabelschnur und die oberste Unterschleimhautschicht ausgestoßen. – Bild S. 355

■ **Geburtenregelung,** die Planung der Familiengröße und der zeitlichen Aufeinanderfolge von Geburten mittels →Empfängnisverhütung.

■ **Geckos,** eine Familie 4 bis 40 cm langer, vorwiegend nacht- oder dämmerungsaktiver Echsen mit kleinen, höckrigen Schuppen. Auf der Unterseite der Zehen tragen sie meist Haftlamellen mit mikroskopisch kleinen Haken, mit deren Hilfe sie sich auf glatten Oberflächen (Zimmerdecken, senkrechten Glasscheiben) fortbewegen können. Der Schwanz bricht leicht ab und kann nachwachsen. Die Pupille der meist hervortretenden Augen kann bei Helligkeit auf einen schmalen senkrechten Spalt verkleinert werden.

■ **Gedächtnis,** die Fähigkeit, die durch Sinnesorgane gewonnenen Informationen abrufbar zu speichern. Speichermedium sind bei Mensch und Tier die Nervenzellen des Gehirns. Nach den bisherigen Forschungen arbeitet unser Gedächtnis in drei Stufen:

Im **Ultrakurzzeitgedächtnis** werden für etwa 6–10 Sekunden Eindrücke bewahrt. Da sich dieser Kurzzeitspeicher durch Elektroschocks löschen lässt, nimmt man an, dass hier elektrische Vorgänge eine Rolle spielen. Das **Kurzzeitgedächtnis** hält Eindrücke einige Minuten (bis zu zwei Stunden) lang fest. Danach werden die Informationen gelöscht oder kommen ins **Langzeitgedächtnis,** wo die dauerhafte, oft lebenslange Speicherung erfolgt. Die Gedächtnisleistung hängt von der Größe des Gehirns und der Komplexität des Nervensystems, zum Teil auch von der Größe der Nervenzellen

Charles de Gaulle stand als Sprecher des »Freien Frankreich« an der Spitze des von England aus organisierten Widerstands gegen die deutsche Besatzung; das Foto zeigt den General 1940 bei seiner Ankunft in London

selbst ab. Wissenschaftlich bisher kaum gelöst ist das Problem des Vergessens.

Gedankenstrich →Satzzeichen (Übersicht).

Gedicht, eine oft lyrische, aber auch Gedanken aussprechende oder eine Handlung gestaltende Dichtung, meist in gegliederter (»gebundener«) Form. Heute verwendet man die Bezeichnung vor allem für kürzere Dichtungen aus dem Bereich der →Lyrik sowie für Balladen. Früher nannte man mitunter auch Dramen und Epen Gedichte (z. B. nannte Schiller den »Don Carlos« ein »dramatisches Gedicht«).

gediegen, in der Mineralogie Bezeichnung für Mineralien, die aus Elementen in freiem, also ungebundenem Zustand bestehen; z. B. kommen die edleren Elemente wie Gold, Platin und Silber, aber auch Nichtmetalle wie Schwefel gediegen in der Natur vor.

gedruckte Schaltung, eine elektrische Schaltung in Form von kupfernen Leiterbahnen, die unter Verwendung eines Druckverfahrens auf der einen Seite einer Isolierstoffplatte **(Platine)** aufgebracht sind. Auf der anderen Seite der Platine sind die Bauelemente (Widerstände, Kondensatoren, Transistoren, integrierte Schaltungen) angebracht, deren Anschlussdrähte durch die Platine gesteckt wurden. Im Tauchlötverfahren wurden Bauelemente und Leiterbahnen miteinander verbunden.

Geest *die,* Landschaftstyp im nordwestdeutschen Küstengebiet, an die Marsch anschließend, aber höher gelegen. Die Geest ist trocken und wenig fruchtbar. Sie entstand aus steinigen und sandigen Ablagerungen der Eiszeit.

Gefahrstoffe, Stoffe, die z. B. giftig, ätzend, explosionsgefährlich, entzündlich, Krebs erregend oder auf sonstige Weise chronisch schädigend oder umweltgefährdend sind. Der Umgang mit Gefahrstoffen ist rechtlich durch die Gefahrstoffverordnung von 1986 geregelt, die eine Liste von über 1 000 Gefahrstoffen enthält. In den Handel gebrachte Gefahrenstoffe müssen u. a. durch **Gefahrensymbole** und Hinweise auf die besondere Gefahr (R-Sätze, z. B. R 17 = Selbstentzündung an der Luft; R 45 = kann Krebs erzeugen) und Sicherheitsratschläge (S-Sätze, z. B. über Lagerung, Schutzausrüstung, erste Hilfe) gekennzeichnet sein.

Gefälle, Maß für die Neigung der Verbindungslinie zwischen zwei verschieden hoch gelegenen Punkten. Das Gefälle gibt man als Verhältnis vom Höhenunterschied *(h)* der beiden Punkte zur waagerechten Entfernung *(s)* derselben Punkte an:
Gefälle = h/s;
z. B. heißt 1:25, dass auf einer waagerechten Entfernung von 25 m 1 m Höhenunterschied vorliegt, entsprechend 4 % (4 m Höhenunterschied auf 100 m Entfernung).

Gefrieren, 1) *Physik, Chemie:* der Übergang von Wasser, einer wässrigen Lösung oder einer andern Flüssigkeit in den festen →Aggregatzustand. Der **Gefrierpunkt** reinen Wassers liegt bei 0 °C, der von Meerwasser je nach Salzgehalt bei tieferen Temperaturen.

2) *Lebensmitteltechnologie:* eine Methode zur Konservierung wasserhaltiger Lebensmittel, die durch das Gefrieren ihres Wasserbestandteils für längere Zeit haltbar werden (Einfrieren bei −30 bis −45 °C; Gefrierlagerung bei −18 bis −30 °C).

Gegenreformation, das Bemühen der katholische Kirche, durch innere Reformen und vor allem durch gewaltsame Rekatholisierung protestantisch gewordener Gebiete im 16./17. Jahrh. in Deutschland die Reformation zurückzudrängen. Die Gegenreformation führte in den als Religionskrieg beginnenden →Dreißigjährigen Krieg. Sie wurde auch im übrigen Europa wirksam (Niederlande, Frankreich, Spanien, Polen).

Gegenwart, 1) *allgemein:* die Jetztzeit im Unterschied zur Vergangenheit und zur Zukunft.
2) *Grammatik:* (Präsens) →Verb.

Gehalt *das,* das Arbeitsentgelt der Angestellten und Beamten. – auch →Lohn.

Geheimdienst →Nachrichtendienst.

Geheime Staatspolizei →Gestapo.

Geheimschrift, eine Schrift zur Weitergabe von Nachrichten in einer Form, die nur Eingeweihten verständlich ist. Sie wird mit unsichtbarem Schreibstoff (Geheimtinte) oder verabredeten Zeichen (Chiffren, Code) geschrieben.

Gehen, leichtathletische Disziplin, bei der im Gegensatz zu den Laufdisziplinen der Fußkontakt mit dem Boden ständig erhalten bleibt. Dies erreicht der Geher, indem er das nach vorn schwingende Bein mit der Ferse aufsetzt, bevor der hintere Fuß den Boden verlässt. Wettbewerbe werden bei den Herren über 20 und 50 km, bei den Damen über 10 km ausgetragen.

Gehirn, ein Abschnitt des Zentralnervensystems bei Wirbeltieren und beim Menschen. Im Gehirn werden die Sinneseindrücke verarbeitet, vom Gehirn werden die willkürlichen und ein Teil der unwillkürlichen Handlungen gesteuert. Das Gehirn vermittelt die Antwort des Lebewesens auf Reize aus der Umwelt und die Zusammenarbeit der einzelnen Körperorgane. Bei niederen Tieren bezeichnet Gehirn eine Anhäufung von Nervenzellen mit davon ausgehenden Nervenfortsätzen.

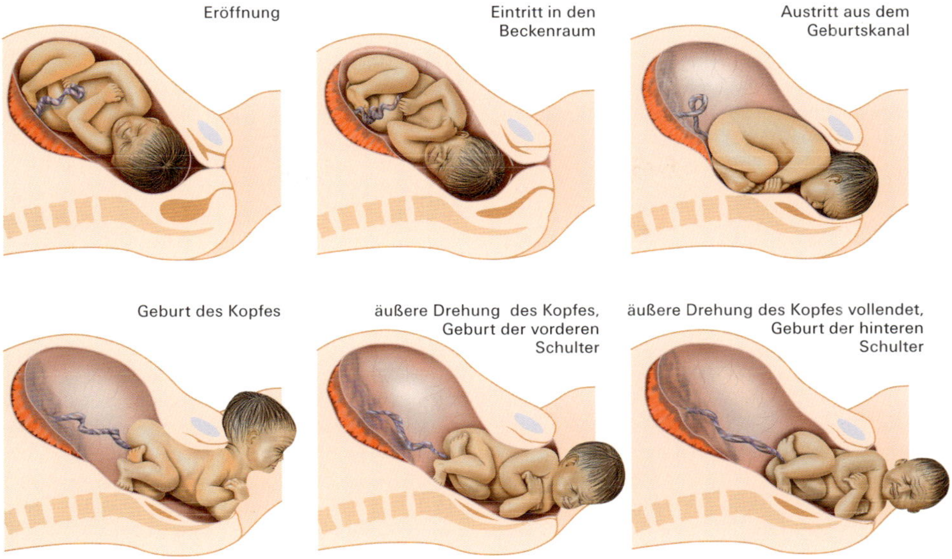

Die Zeichnung zeigt den Vorgang einer normal verlaufenden **Geburt**

Das Gehirn des Menschen hat ein mittleres Gewicht von 1 245 g (bei Frauen) und 1 375 g (bei Männern); der Grad der Intelligenz hängt jedoch nicht vom Gewicht des Gehirns ab.
Das **Großhirn** besteht aus zwei stark gefurchten Halbteilen, die durch einen dicken Nervenstrang verbunden sind. Der oberflächliche Teil ist die etwa 3 mm dicke und rund 14 Milliarden Nervenzellen enthaltende Großhirnrinde (auch graue Substanz genannt). Das Großhirn ist der Sitz von Bewusstsein, Intelligenz, Gedächtnis und Lernfähigkeit. Zum Großhirn gehört das **limbische System,** das gefühlsmäßige Reaktionen beeinflusst oder bestimmt.
Das **Kleinhirn** ist vor allem für den richtigen Ablauf aller Körperbewegungen verantwortlich, außerdem ermöglicht es die Orientierung im Raum.
Zum **Zwischenhirn** gehören der Thalamus (Sehhügel) und der Hypothalamus. Der **Thalamus** ist vor allem Schaltstation zwischen Peripherie und Großhirn, der **Hypothalamus** ist Steuerungszentrum für vegetative Funktionen.
Das **Stammhirn** ist Steuerungszentrum für Atmung und Blutkreislauf. Über das Stammhirn erstreckt sich die **Formatio reticularis,** die u. a. den Schlaf-wach-Rhythmus steuert.
Im **verlängerten Mark,** das ins Rückenmark übergeht, liegen Steuerungszentren für automatische Vorgänge (vor allem Herzschlag, Stoffwechsel) und das **Reflexzentrum** für Kauen, Schlucken sowie für Schutzreflexe (z. B. Lidschluss).

■ **Gehịrnerschütterung,** ein vorübergehender Störungszustand der Gehirntätigkeit nach einer Gewalteinwirkung auf den Schädel. In leichten Fällen zeigen sich nach einer kurzen Bewusstlosigkeit Kopfschmerzen und Übelkeit, meist begleitet von einer Bewusstseinstrübung. Bei einer schweren Gehirnerschütterung können zusätzlich Lähmungen, Empfindungsverlust und Ausfall des Riechnervs hinzukommen; als Spätfolgen treten manchmal epileptische Anfälle auf. Nach einer Gehirnerschütterung ist vor allem strenge Bettruhe erforderlich.

■ **Gehör** (Gehörsinn, Hörsinn), die beim Menschen und zahlreichen Tieren (außer vielen Wirbellosen) vorhandene Fähigkeit, mithilfe spezieller Gehörorgane Schallwellen wahrzunehmen und auszuwerten. Das Sinnesorgan zum Hören ist bei den Wirbeltieren das →Ohr. Die Sinneszellen, die das Hören ermöglichen, liegen in der Schnecke. Sie sind dort mit einer Membran verbunden, die durch die Schallwellen in Schwingungen versetzt wird. Die Auslenkung der Membran führt zur Erregung der Sinneszellen, die den Reiz an das Gehirn weiterleiten. Bei normalem Hören wird die Membran nur um etwa 0,1 Nanometer ausgelenkt.
Das menschliche Gehör kann Schallwellen mit Frequenzen von 16–20 000 Hz aufnehmen. Im Frequenzbereich der Sprache kann das Gehör am bes-

Geier: Gänsegeier

ten Unterschiede empfinden: Bereits ein Frequenzunterschied von 3 Hz kann vom menschlichen Ohr wahrgenommen werden. Hohe Schalldruckpegel führen zu meist bleibenden Lärmschäden (→Lärm).

■ **Geier,** Greifvögel mit wenig gekrümmten Krallen. Der Kopf und der obere Teil des Halses sind meist völlig nackt; Flügelspannweite bis 3 m. Geier ernähren sich von Aas. Ihre Nistplätze befinden sich meistens in Felswänden.
Der größte Geier ist der **Kondor** in den Anden (Südamerika); er erreicht eine Fluggeschwindigkeit von mehr als 130 km/h.

■ **Geige** →Violine.

■ **Geigerzähler** (Geiger-Müller-Zählrohr), von den deutschen Physikern Hans Geiger (1882–1945) und Walter Müller (1905–79) 1928 erfundenes Messinstrument zum elektrischen Nachweis radioaktiver Strahlung durch Ionisation.

■ **Geisel,** gewaltsam und widerrechtlich ergriffene Person, durch deren Festhaltung und Bedrohung der Geiselnehmer Forderungen gegen Dritte durchsetzen will. Durch das Strafrecht ist in Deutschland die Geiselnahme mit Freiheitsstrafe nicht unter fünf Jahren bedroht. Im Genfer Abkommen von 1949 wurde die Geiselnahme in Kriegszeiten generell verboten.

■ **Geisha** [gescha; japanisch] *die,* in Japan eine in Tanz, Musik und gesellschaftlichen Formen berufsmäßig ausgebildete Frau zur Unterhaltung und Bedienung, etwa in Teehäusern und Hotels.

■ **Geißelung,** im Altertum eine weit verbreitete Körperstrafe, die mit Peitschen oder Ruten vollzogen wurde. Im Mittelalter gab es die Geißelung als kirchliche Strafe oder als Bußübung (Selbstgeißelung) u. a. bei Ordensgemeinschaften.

■ **Geisteswissenschaften,** Sammelbezeichnung für alle Wissenschaften, die sich im Unterschied zu den →Naturwissenschaften mit den Hervorbringungen des menschlichen Geistes befassen, z. B. mit Sprache, Literatur, Philosophie, Religion und Kunst, aber auch mit Geschichte, Politik, Gesellschaft, Wirtschaft und Recht. Durch das starke Vordringen naturwissenschaftlich-empirischer Methoden hat besonders in den Sozialwissenschaften die Trennung von Naturwissenschaften und Geisteswissenschaften für bestimmte Forschungsbereiche ihre Bedeutung verloren.

■ **Gelatine** [~~sche~~...; frz.] *die,* eine farb- und geruchlose, aus Knochen und Hautabfällen gewonnene eiweißartige Substanz. Wird sie Flüssigkeiten beigemischt, erstarrt sie zu einer gallertartigen Masse. Gelatine wird u. a. bei der Zubereitung von Puddings und Sülzen verwendet.

■ **Gelber Fluss** →Hwangho.

■ **Gelbes Meer,** flaches Randmeer des Pazifischen Ozeans zwischen Korea und der Nordostküste Chinas, benannt nach den gelben Sinkstoffen (Löss), die der »Gelbe Fluss« Hwangho in die Bucht von Bo Hai, den nordwestlichen Teil des Gelben Meeres, ergießt.

■ **Gelbfieber,** eine gefährliche, meldepflichtige Tropenkrankheit, bei der plötzlich hohes Fieber, Erbrechen und Muskelschmerzen eintreten können. Der Stuhlgang und das Erbrochene sind schwarz, und durch Leberschädigung kommt es zu einer Gelbsucht. Der Erreger ist ein Virus, das von einer Stechmücke übertragen wird. Wichtig ist eine Schutzimpfung, da im Fall einer Erkrankung das Virus nicht bekämpft, sondern nur die Krankheitsanzeichen behandelt werden können. Ohne Behandlung kann Gelbfieber tödlich sein.

■ **Gelbsucht,** eine gelbliche Verfärbung von Haut und Schleimhäuten, innerer Organe usw., wenn das Blut einen erhöhten Gehalt an Gallenfarbstoff aufweist. Verschiedene Leber- und Gallenkrankheiten können die Ursache sein. Bei Neugeborenen ist die Gelbsucht eine harmlose Erscheinung, die meist nur wenige Tage dauert.

■ **Geld,** Tauschmittel, das durch seine Funktion, gegen alle Waren tauschbar zu sein, in einer arbeitsteiligen Wirtschaft unentbehrlich ist. Geld dient 1. als Zahlungsmittel, 2. als Recheneinheit (indem es alle bewertbaren Güter vergleichbar macht) und 3. als Mittel der Wertspeicherung (mithilfe von Geld kann der Tausch von Gütern zeitlich versetzt stattfinden).
Die ersten Vorläufer des Geldes waren Güter, die allgemein etwas galten (gelten = wert sein) und deshalb als »Bezahlung« ausgetauscht wurden. Später nahm man zum Tausch nur noch Metalle wie Kupfer, Silber und Gold, die zunächst gewogen und später in Form von Barren oder Plättchen verwendet wurden. Um Missbrauch zu verhindern, prägte man Münzen (Metallgeld). Das Metallgeld wurde im Lauf der Zeit vom Papiergeld verdrängt, da es beschwerlich war, immer viele Münzen mit sich zu führen. Zunächst gaben private Banken Banknoten (Geldscheine) aus, bis der Staat dieses Recht nur noch einer zentralen Notenbank gewährte.

■ **Geldwäsche,** das Verschleiern und Verheimlichen von Vermögenswerten illegaler Herkunft (vor allem aus Raub, Drogen-, Waffen- oder Menschenhandel) durch komplizierte Finanztransaktionen. Diese sollen zu dem Eindruck führen, die Vermögenswerte seien legal erworben worden. Das ursprünglich »schmutzige« Geld wird dadurch »gewaschen« und dann in den legalen wirtschaftlichen Kreislauf wieder eingeschleust. Seit 1993 ist in Deutschland das Gewinnaufspürungsgesetz (»Geldwäschegesetz«) in Kraft, mit dessen Hilfe Geld aus kriminellen Quellen gefunden werden soll.

■ **Gelenk,** bei Tieren die durch Muskeln bewegliche Verbindung zwischen Körperteilen, die mehr oder weniger starr sind. Bei Wirbeltieren (einschließlich Mensch) verbinden die Gelenke zwei aneinander stoßende Knochen, die durch Muskeln, Sehnen und häufig auch durch Bänder gestützt sind. Die Knochenenden (meist als Gelenkkopf und Gelenkpfanne) sind von Gelenkknorpel überzogen und werden durch die Gelenkkapsel und die Gelenkbänder zusammengehalten.
Je nach Gelenkform und Freiheitsgraden der Bewegung unterscheidet man verschiedene Gelenktypen: Freie Bewegungen in alle Richtungen macht das **Kugelgelenk** möglich (z. B. Hüftgelenk), Bewegungen nur in einer Ebene das **Scharniergelenk** (z. B. Kniegelenk, Fingergelenke), Bewegungen in zwei Ebenen das **Sattelgelenk** (z. B. Daumenwurzelgelenk) und Bewegungen in zwei Richtungen, wobei Drehungen ausgeschlossen sind, das **Eigelenk** (z. B. Handgelenk). Beim **Zapfen-** oder **Drehgelenk** liegt die Achse in der Längsachse der sich bewegenden Knochen (z. B. bei Elle und Speiche).

■ **GEMA,** Abkürzung für **Ge**sellschaft für **mu**sikalische **A**ufführungs- und mechanische Vervielfältigungsrechte. Bei Konzertveranstaltungen, im Rundfunk oder in Diskotheken zieht die GEMA Gebühren für ihre Mitglieder (Komponisten, Textdichter, Verleger, Arrangeure) ein.

■ **Gemeinde, 1)** (Kommune), lokal begrenzte Gebietskörperschaft des öffentlichen Rechts mit dem Recht der Selbstverwaltung. Damit die Gemeinden ihre vielfältigen Aufgaben erfüllen können, wählen die wahlberechtigten Gemeindebürger in der Kommunalwahl bestimmte Organe (z. B. den Stadtrat), deren Amtsbezeichnungen und Aufgaben in den jeweiligen Gemeindeverfassungen der Bundesländer festgelegt sind.
Im Auftrag des Bundes und der Länder tritt die Gemeinde besonders als Melde- und Sicherungsbehörde (Einwohnermeldeamt, Polizei) und Aufsichtsbehörde (Gewerbe-, Bauaufsicht) auf. Zu den Pflichtaufgaben gehören Feuerschutz, öffentlicher Verkehr, Gesundheitswesen, Trinkwasserversorgung und Abfallentsorgung. Freiwillige Aufgaben erfüllt sie im Bereich der Versorgungseinrichtungen (Gas, Strom), der Kultur- und Bildungseinrichtungen sowie der Jugend- und Wohlfahrtspflege.
2) die kleinste Einheit einer kirchlichen Gliederung, z. B. die Pfarr- oder Kirchengemeinde.

■ **gemeinsamer Markt,** regionale Form wirtschaftlicher Zusammenarbeit, die über eine Zollunion hinausgeht. Mit der Errichtung des →Europäischen Binnenmarkts 1993 wurde der gemeinsame Markt im Rahmen der →Europäischen Gemeinschaften vollendet. Den weltweit größten gemeinsamen Markt bildet seit 1994 der →Europäische Wirtschaftsraum.

■ **Gemeinschaftsschule,** Schule, in der die Schüler verschiedener religiöser und weltanschaulicher Überzeugungen gemeinsam unterrichtet werden, im Gegensatz zur religiös gebundenen Bekenntnisschule. Die Gemeinschaftsschule ist die in Deutschland vorherrschende Schulform.

■ **Gemeinschaft Unabhängiger Staaten** →GUS.

■ **Gemisch** (Mischung), eine Substanz, die durch physikalische Trennmethoden, z. B. Destillieren, Extrahieren (Extraktion), in ihre Bestandteile zerlegt werden kann (im Unterschied zur chemischen Verbindung).

■ **gemischtes Doppel** (Mixed), beim Tennis, Tischtennis und Badminton eine Mannschaft, die aus einer Dame und einem Herrn besteht.

■ **Gemme** [lat.] *die,* ein Schmuckstein mit vertiefter (Intaglio) oder erhabener (Kamee) Darstellung. Die Bilder (z. B. Figuren) sind in den Edel- oder Halbedelstein eingeschnitten.

■ **Gen** [griech.] *das* (Erbfaktor, Erbanlage), ein Abschnitt eines →Chromosoms, der die Information für ein bestimmtes Genprodukt (das heißt ein Protein) enthält. An der Ausprägung eines Erbmerkmals sind meist mehrere Gene beteiligt. Beim Menschen wird die Anzahl der Gene im Kern einer jeden Körperzelle auf etwa 100 000 geschätzt. Außer den Genen in den Chromosomen im Zellkern gibt es noch solche in den Mitochondrien und in Plastiden (extrachromosomale Gene). – auch →Genetik, →Gentechnologie.

■ **Genealogie** [griech.] *die* (Geschlechterkunde, Ahnenforschung), Forschungsgebiet, das sich mit der Herkunft und den Verwandtschaftsverhältnissen von Personen oder Familien befasst und diese meist in tabellarischen Übersichten darstellt.

■ **geneigte Ebene** →schiefe Ebene.

■ **General** [lat.], in zahlreichen Streitkräften seit dem 18. Jahrh. Bezeichnung für den Angehörigen der (höchsten) Dienstgradgruppe »Generale«. Diese umfasst meist vier Dienstgrade, so z. B. bei der Bundeswehr den Brigadegeneral, den Generalmajor, den

Geier:
Andenkondor

Generalleutnant und den (Vier-Sterne-)General. Bei der Marine entspricht dem General der Admiral.

■ **Generalbass** (italienisch basso continuo), in der Musik des 17. und 18. Jahrh. eine durchlaufende Bassstimme, zu der auf einem Tasteninstrument (Orgel, Cembalo) nach festen Regeln und mithilfe von Ziffern zusätzliche Füllakkorde improvisiert wurden.

■ **Generalsekretär,** der Hauptgeschäftsführer politischer Parteien, gewerkschaftlicher, genossenschaftlicher, wissenschaftlicher und industrieller Verbände; auch der höchste Repräsentant internationaler Organisationen, der die Exekutive leitet (z. B. bei UN und NATO).

In den sozialistischen Staaten war der Generalsekretär der herrschenden Partei (z. B. in der Sowjetunion der KPdSU, in der DDR der SED) der Leiter des Politbüros und damit der oberste politische Führer.

■ **Generalstaaten,** urspünglich eine gemeinsame Vertretung der Stände mehrerer Territorien eines Landesherrn (in den Niederlanden erstmals 1464); 1588 Bezeichnung für die von Spanien abgefallenen niederländischen Provinzen, seit 1814 für das niederländische Parlament.

■ **Generalstab,** Bezeichnung sowohl für die in fast allen größeren Armeen eingerichtete zentrale Kommandobehörde zur Unterstützung der obersten Führung als auch für die Gesamtheit jener besonders ausgebildeten Offiziere (»Generalstabsoffiziere«), die entweder in dieser Kommandobehörde Dienst tun oder die höheren Kommandeure und Befehlshaber in der Truppenführung unterstützen.

■ **Generation** [lat.] *die,* **1)** *allgemein:* die einzelnen Glieder einer Geschlechterfolge bei Menschen (Großeltern, Eltern, Kinder, Enkel), Tieren und Pflanzen.

2) *Soziologie:* die Gesamtheit einer Altersgruppe, die durch ähnliche Orientierungen, Einstellungen und Verhaltensmuster geprägt ist.

■ **Generationswechsel,** der Wechsel der Fortpflanzungsweise bei Pilzen, Pflanzen und Tieren im Verlauf von zwei oder mehreren Generationen. Häufig zeigen die verschiedenen Generationen mit dem Wechsel der Fortpflanzungsweise auch einen Wechsel im Aussehen.

So entwickelt sich aus der auskeimenden Moosspore die grüne Moospflanze, die als die geschlechtliche Generation die männlichen und weiblichen Keimzellen hervorbringt. Nach der Befruchtung der Eizelle entsteht aus dieser die zweite, die ungeschlechtliche Generation, die als Parasit auf der Moospflanze zu einer lang gestielten Mooskapsel heranwächst und die Sporen ausbildet.

Beim Farn sind es die großen Blattwedel, die die Sporen hervorbringen und eine ungeschlechtliche Generation darstellen, während die Geschlechtsgeneration ein unscheinbares blattförmiges, grünes, dem Boden anliegendes Gebilde (Vorkeim, Prothallium) darstellt.

Eine andere Form des Generationswechsels kommt z. B. bei Blattläusen vor. Bei diesen wechseln Generationen, die sich eingeschlechtlich fortpflanzen (das heißt, deren Eier sich unbefruchtet entwickeln), mit Generationen, deren Vertreter sich zweigeschlechtlich, also über befruchtete Eier fortpflanzen. Die verschiedenen Generationen leben oft auf ganz verschiedenen Pflanzen (Generationswechsel mit Wirtswechsel) und haben häufig unterschiedliches Aussehen (sind z. B. geflügelt oder ungeflügelt).

■ **Generator** [lat.] *der,* **1)** *elektrische Energietechnik:* eine Maschine zur Umwandlung mechanischer Energie in elektrische Energie. In seiner Bauweise entspricht der Generator dem →Elektromotor. Seine Arbeitsweise beruht auf der Erscheinung der elektromagnetischen →Induktion.

Im Prinzip besteht der Generator aus einem Magneten, in dessen Feld sich eine Drahtschleife dreht. Ihre Enden sind mit Schleifringen verbunden, von denen die Induktionsspannung über Schleifkontakte abgegriffen werden kann. Diese Anordnung liefert eine Wechselspannung, da sich nach jeder Halbdrehung die Bewegungsrichtung der Drahtschleife gegenüber dem Magnetfeld verändert. Eine Gleichrichtung, das heißt eine Umformung in einen Gleichstrom, kann mittels eines in Lamellen aufgeteilten Kollektors erfolgen. Verwendet man Spulen anstelle der einfachen Drahtschleifen, entsteht eine wesentlich höhere Induktionsspannung. Eine weitere Erhöhung der Spannung erhält man, wenn man an die Stelle des Dauermagneten einen Elektromagneten setzt. Diesen kann man entweder durch eine Gleichstromquelle erregen (Fremderregung) oder durch den im Generator erzeugten Strom selbst (Eigenerregung, elektrodynamisches Prinzip).

Außer Gleich- und Wechselstromgeneratoren gibt es noch Drehstromgeneratoren, bei denen drei Wechselströme erzeugt werden, die zeitlich zueinander versetzt sind. Diese Generatoren werden zur Speisung elektrischer Energieversorgungsnetze verwendet. Wasserkraftgeneratoren werden von Wasserturbinen angetrieben. Der Generator in Kraftfahrzeugen (oft Lichtmaschine genannt) erzeugt die elektrische Energie für den Verbrauch im Kraftfahrzeug.

2) *Elektronik:* Gerät oder Schaltung zur Erzeugung

von Wechselspannungen, z. B. Sinusgenerator, Impulsgenerator; vor allem in der Messtechnik benutzt.

■ **Genesis** [griech., = Schöpfung] *die,* Bezeichnung für das 1. Buch Mose im Alten Testament, das u. a. die Schöpfungsgeschichte enthält.

■ **Genesis** [dschenisis; engl.], 1966 gegründete, anfangs fünfköpfige britische Rockgruppe um Phil Collins (* 1951) und Peter Gabriel (* 1950). Sie wurde seit 1972 (LP »Foxtrott«) vor allem mit surrealistischen Songs bekannt, die, von dem 1975 ausgeschiedenen Sänger Peter Gabriel getextet, als musikalisch ausgefeilte Arrangements in theatralischen Bühnenschauen mit psychedelischen Lichteffekten vorgetragen wurden. Seit 1978 nur noch als Trio aktiv, hatte Genesis bis Anfang der 90er-Jahre noch einige erfolgreiche LP-Veröffentlichungen.

■ **Genetik** [griech.] (Vererbungslehre) *die,* ein Teilgebiet der Biologie, das sich mit der Erforschung der Ausprägung und Weitergabe bestimmter Merkmale bei allen Lebewesen an ihre Nachkommen beschäftigt. Diese Merkmale (genetische Information) liegen (bei Eukaryonten) als eine große Anzahl von Genen auf langen, fadenförmigen DNS-Molekülen, die ihrerseits Teil der →Chromosomen des Zellkerns einer jeden Zelle sind.
Zur Ausprägung eines Merkmals, z. B. Haarfarbe, werden mehrere, ganz bestimmte Gene in den Kernen der Haarwurzelzellen »abgelesen« und mithilfe dieser Kopien im Zellplasma Proteine hergestellt, die das Farbpigment für die Haare herstellen. Bei der Vereinigung von Spermium und Eizelle, der Befruchtung, werden Kopien der Eltern-DNS-Moleküle – mit ihren spezifischen Merkmalen – gemischt, sodass der Nachkomme Merkmalskombinationen von beiden Eltern erhält.
Als einer der Begründer der Genetik gilt Gregor Mendel, der als Erster die Gesetzmäßigkeiten in der Weitergabe von sichtbaren Erbmerkmalen erkannte und die nach ihm benannten →mendelschen Regeln aufstellte. Von dieser klassischen Genetik unterscheidet man die moderne Molekulargenetik, die mit biochemischen und molekularbiologischen Methoden die Genfunktionen erforscht, sowie die angewandte Genetik, deren Hauptziel die Züchtung von ertragreichen Pflanzen und Tieren ist. – auch →Gentechnologie.

■ **genetischer Code** [- kod], die Verschlüsselung der Aminosäuresequenzen von Proteinen in der Nukleotidsequenz der Desoxyribonukleinsäure (DNA). Für die Codierung der 20 in Proteinen vorkommenden Aminosäuren stehen nur vier »Buchstaben« A, G, C und T (für die vier Nukleinsäurebasen Adenin, Guanin, Cytosin und Thymin) in der DNA zur Verfügung. Jeweils drei Basen (ein Triplett) sind zu einem Codon zusammengefasst, das eine Aminosäure codiert. Insgesamt sind 64 solcher Tripletts möglich. Daher existiert für fast alle 20 Aminosäuren mehr als ein Codon. Für die Aminosäure Valin stehen z. B. die Tripletts GUU, GUC, GUA und GUG, wobei die beiden ersten Basen festgelegt sind und die dritte Base variieren kann. Einige Tripletts codieren nicht für Aminosäuren, sondern für Anfang oder Ende der Aminosäurekette.
Der genetische Code ist universell, das heißt, die Abfolge von drei Nukleotiden, die für eine bestimmte Aminosäure codieren, ist für alle Organismen prinzipiell gleich. Dies deutet auf einen gemeinsamen Ursprung aller Lebensformen hin.

■ **genetischer Fingerabdruck,** ein gentechnisches Verfahren, mit dem die Identifizierung von Personen anhand von Körpersekreten, Blut, Haaren oder Gewebeteilen möglich ist. Der genetische Fingerabdruck ist eine anerkannte Methode, um Verwandtschaftsverhältnisse (z. B. für Vaterschaftsnachweise) festzustellen. Die Wahrscheinlichkeit, dass zwei Personen den gleichen genetischen Fingerabdruck aufweisen, wird auf 1 : 30 Milliarden geschätzt.

■ **Genezareth, See** (Galiläisches Meer, See von Tiberias), in Nordisrael gelegener fischreicher Süßwassersee, der vom Jordan durchflossen wird. Der See Genezareth liegt 209 m unter dem Meeresspiegel, ist 21 km lang, bis 13 km breit und bis 44 m tief.
Im Neuen Testament ist der See mit seinem Nordwestufer ein Zentrum des öffentlichen Wirkens Jesu.

■ **Genf** (frz. Genève), **1)** Kanton im Südwesten der Schweiz, mit 282 km² und 398 900 Einwohnern, die überwiegend Französisch sprechen. Hauptstadt ist Genf 2). Genf, ein im Westen vom Jura, im Süden und Osten von den Savoyer Alpen eingerahmtes Hügelland aus eiszeitlichen Ablagerungen, erstreckt sich um das südwestliche Ende des Genfer Sees; intensive Bodennutzung durch Gemüse-, Obst- und Weinbau; an der Rhone Wasserkraftwerke. – 1814 trat Genf als 22. Kanton der Schweizerischen Eidgenossenschaft bei.

2) Hauptstadt von 1), am Ausfluss der Rhone aus dem Genfer See, mit 172 600 Einwohnern. Die Stadt ist der geistige Mittelpunkt der französischen Schweiz, ein bedeutendes Bank-, Handels- und Messezentrum sowie internationaler Tagungs- und Konferenzort. Mehrere Weltorganisationen haben hier ihren Sitz, z. B. das Rote Kreuz, die Weltgesundheitsorganisation und das europäische Zentrum der UN. – Johannes Calvin machte Genf zu einer Hochburg der Reformation (»protestantisches Rom«). 1920–46 war die Stadt Sitz des Völkerbunds.

■ **Genfer Konvention,** internationales Abkommen, das 1864 in Genf auf Anregung Henri Dunants zustande kam; es wurde später mehrmals ergänzt und erweitert, u. a. 1949 durch die so genannten vier Genfer Abkommen (auch Genfer Rotkreuz-Abkommen genannt) zum Schutz der Kriegsopfer. Die Abkommen enthalten grundlegende humanitäre Pflichten wie das Verbot unmenschlicher Behandlung, das Verbot von Folterung, Austausch von Kriegsgefangenen, Suche nach Vermissten und das Gebot der Schonung der Zivilbevölkerung. 1951 trat noch das Abkommen über die Rechtsstellung der Flüchtlinge hinzu (Genfer Flüchtlingsabkommen). Die Genfer Konventionen sind heute von nahezu allen Staaten ratifiziert.

■ **Genfer See** (frz. Lac Léman), See zwischen Westalpen und Jura. Er wird von der Rhone durchflossen und ist 580 km² groß und bis 310 m tief. Durch den See verläuft die französisch-schweizerische Grenze.

Hans-Dietrich Genscher setzte 1982 den Koalitionswechsel seiner Partei von der SPD zur CDU/CSU durch; im Mai 1992 trat er als Außenminister und Vizekanzler zurück

■ **Genie** [~~sch~~...; frz.] *das,* ein außerordentlich begabter, schöpferischer Mensch.

■ **Genitalien** →Geschlechtsorgane.

■ **Genitiv** (Wesfall) →Fälle.

■ **Genitivobjekt** →Satz.

■ **Genom,** [griech.] *das,* die Gesamtheit der Gene eines Organismus.

■ **Genossenschaft,** Verein mit unbegrenzter Mitgliederzahl, der die wirtschaftliche Förderung seiner Mitglieder mittels gemeinschaftlichen Geschäftsbetriebs bezweckt. Die Genossenschaft ist eine juristische Person; Rechtsform ist seit 1973 die eingetragene Genossenschaft (eG).
Die Genossenschaft muss in das beim Amtsgericht geführte Genossenschaftsregister eingetragen werden. Rechtliche Grundlage ist das Genossenschaftsgesetz. Die einzelnen Mitglieder (Genossen) müssen eine bestimmte Mindesteinlage auf ihren Geschäftsanteil als Betriebsvermögen leisten, der in der Satzung (Statut) festgelegt ist. Jeder Genosse hat ein Recht auf Mitverwaltung (Stimmrecht), auf Teilnahme an gemeinschaftlichen Einrichtungen und auf Beteiligung am Reingewinn und Vermögenszuwachs der Genossenschaft. Die Genossenschaft haftet bei einem Konkurs mit ihrem Vermögen. Organe der Genossenschaft sind die Generalversammlung, der Aufsichtsrat und der Vorstand.
In Deutschland wurden die ersten Genossenschaften seit der Mitte des 19. Jahrh. durch Hermann Schulze-Delitzsch (1808–83) und Friedrich Wilhelm Raiffeisen (1818–88) gegründet. Zur besseren Verwirklichung ihrer Aufgaben schlossen sich einzelne Genossenschaften schon früh zu Verbänden zusammen (z. B. Deutscher Genossenschafts- und Raiffeisenverband). Verbreitet sind vor allem Molkerei-, Winzer-, Bau- und Verbrauchergenossenschaften. In Anlehnung an die sowjetische Kolchose entstanden in der ehemaligen DDR sozialistische Produktionsgenossenschaften, z. B. die landwirtschaftliche Produktionsgenossenschaft (LPG).

■ **Genotyp** [griech.], die Summe der in den Genen festgelegten genetischen Information eines Organismus. Ein bestimmter Genotyp legt nur im Rahmen, nicht aber im Detail das Erscheinungsbild fest. Je nach den Umweltbedingungen können einzelne Merkmale unterschiedlich ausgeprägt werden (→Phänotyp).

■ **Genozid** [griech.-lat.] *der,* auch *das* (Völkermord), der Mord an nationalen, rassischen, religiösen oder durch ihr Volkstum bestimmten Gruppen.

■ **Genre** [~~schangr~~e; frz.] *das,* Gattung, Wesen, Art. Die **Genremalerei** stellt Begebenheiten des Alltags dar, besonders aus dem häuslichen oder bäuerlichen Lebenskreis (vor allem in der niederländischen Malerei).

■ **Genscher,** Hans-Dietrich, deutscher Politiker (FDP), *Reideburg (heute zu Halle/Saale) 21. März 1927; Jurist. Er war 1974–85 Vorsitzender der FDP und 1969–74 Bundesminister des Inneren. Als Außenminister (1974–92) hatte er wesentlichen Anteil am Zustandekommen der deutschen Einigung.

■ **Gent,** Hauptstadt der belgischen Provinz Ostflandern, an der Schelde, mit 224 500 Einwohnern. Die Stadt ist Sitz einer flämischen Universität. Der Hafen von Gent ist durch Kanäle mit der Küste verbunden. Das malerische Stadtbild weist viele bedeutende Baudenkmäler auf (u. a. die gotische Kathedrale, in der sich der berühmte, auf 1432 datierte Genter Altar der Brüder van Eyck befindet).
Gent war im Mittelalter eine der größten Städte Europas und Sitz einer blühenden Tuchweberei.

■ **Gentechnologie,** ein Teilgebiet der Molekularbiologie und der Biotechnologie, das sich mit der Isolierung, Analyse und Veränderung genetischen Materials befasst. Der Begriff »Gentechnik« bezeichnet die technischen Verfahren der Gentechnologie, u. a. biologische, molekularbiologische, chemische und physikalische Methoden, die der Analyse von →Desoxyribonukleinsäure und →Ribonukleinsäure dienen. Nicht zur Gentechnologie gehören die seit Jahrtausenden durch den Menschen betriebenen Veränderungen des Erbmaterials von Tieren und Pflanzen durch klassische →Züchtung und die modernen Methoden der Fortpflanzungsmedizin, da sie nicht unmittelbar in das Erbgut eingreifen, sondern ihre Ergebnisse durch Auslese und Kreuzung erzielen.

Grundlagen und Methoden

Die Gentechnologie entwickelte sich seit Mitte der 1970er-Jahre und hat seitdem bedeutende wissenschaftliche und zunehmend auch wirtschaftliche Erfolge erzielt. Zunächst waren vor allem die einfach strukturierten Bakterien und Viren sowie deren Genome Untersuchungsgegenstand. Bald aber befasste sich die Gentechnologie auch mit der Manipulation von Genen aus Pflanzen und höher entwickelten Tieren. Mehr und mehr werden heute auch neue Moleküle »erschaffen«. In Kenntnis des →genetischen Codes lassen sich durch die Veränderung der Abfolge der Basen in einem Gen bestimmte Aminosäuren in Proteinen gezielt entfernen oder beliebig austauschen, was diesen Proteinen neue Eigenschaften verleiht.

Anwendungen

Der größte Anwendungsbereich der Gentechnologie ist zweifellos ihr Einsatz zum Erkenntnisgewinn über die Struktur und die Funktionen des genetischen Materials verschiedenster Organismen einschließlich des Menschen. Mithilfe der Gentechnologie ist es möglich, bestimmte Proteine in großen Mengen zu produzieren, die in einer Zelle selbst nur in geringsten Mengen hergestellt werden. Die früher übliche Methode, Insulin für Diabetiker ausschließlich aus den Bauchspeicheldrüsen von Schlachttieren (vor allem. Rindern und Schweinen) zu gewinnen, wurde schon Anfang der 1980er-Jahre durch ein weitaus effektiveres, gentechnisches Verfahren abgelöst, bei dem genmanipulierte Bakterien menschliches Insulin produzieren. Dieses Insulin kann – im Unterschied zum tierischen – in nahezu beliebiger Menge hergestellt werden.

Inzwischen ist eine Vielzahl weiterer Proteinpräparate erhältlich, die durch gentechnisch veränderte Zellen zugänglich wurden und beim Menschen Anwendung finden. Bei Schafen wurde schon die Abgabe menschlicher Blutgerinnungsfaktoren mit der Milch erreicht. Angedacht sind auch Experimente, bei Schweinen Organe so zu manipulieren, dass sie als Transplantate bei Menschen eingesetzt werden können. Organe vom Schwein sind aufgrund ihrer in etwa menschlichen Größenverhältnisse und der biochemischen Ähnlichkeit zwischen Schwein und Mensch besonders geeignet. Breite Anwendung finden gentechnologische Erkenntnisse auch in der Rechtsmedizin, wo die Bestimmung des →genetischen Fingerabdrucks zur Identifikation von Personen herangezogen wird.

Ein weiteres wichtiges Betätigungsfeld ist die Beschäftigung mit Nutzpflanzen. Sie dient der Steigerung ihres Nährwertes oder der Schaffung neuer Sorten, die widerstandsfähiger gegen ungünstige Umweltbedingungen (Trockenheit, Kälte) und/oder Krankheiten sind. Die in den USA produzierte »Gentomate« z. B. kann reif geerntet werden und wird trotzdem auch bei längerer Lagerung nicht matschigDabei werden auch nichtpflanzliche Gene in Pflanzengenome eingesetzt, um z. B. die von Bakterien vorgenommene Luftstickstofffixierung in pflanzlichen Zellen selbst zu ermöglichen. Vergleichbare Ziele werden auch in der Tierproduktion angestrebt: Durch gentechnische Veränderungen sollen Tiere schneller wachsen, besseres Fleisch oder bessere Milch liefern und weniger krankheitsanfällig sein.

Risiken

Über die Gefahren und Risiken der Gentechnologie wird schon seit Beginn der 1970er-Jahre gestritten.

Die Gegner der Gentechnologie befürchten, dass gentechnisch veränderte Organismen unabsichtlich aus Laboratorien in natürliche Ökosysteme entkommen und das ökologische Gleichgewicht in der Natur zerstören oder zumindest schwer schädigen könnten. Problematisch sind auch die absichtlichen Freisetzungen →transgener Organismen, vor allem transgener Pflanzen, die häufig im Freiland ausgesät werden und unkontrolliert auf benachbarte Felder übergreifen können. Es ist auch nicht auszuschließen, dass gentechnologische Kenntnisse dazu genutzt werden, um gezielt Krankheiten auslösende Organismen zu schaffen, die als Kriegswaffen eingesetzt werden können (was aber in Deutschland verboten ist). Des Weiteren herrscht die Angst, dass durch die Genanalyse von einzelnen Menschen deren erblich bedingte Wahrscheinlichkeit, an bestimmten Krankheiten zu erkranken, den Ausschlag gibt, ob sie einen Arbeitsplatz oder einen bestimmten Versicherungsschutz erhalten oder nicht.

Viele der befürchteten Möglichkeiten sind durch das Gentechnikgesetz geregelt, andere dagegen nicht, so etwa die Anwendung gentechnischer Methoden auf den Menschen. Das →Klonen genetisch identischer Menschen, die Erzeugung von Chimä-

geologisches System: geologische Zeitskala

Ära	System	Serie	Mio. Jahre vor heute	Lebensformen
Erdneuzeit (Känozoikum)	Quartär	Holozän	0,01	Veränderung der Umwelt durch den Menschen; Pflanzen- und Tierwelt der Gegenwart
		Pleistozän	1,8	An Eiszeiten und Zwischeneiszeiten angepasste Tier- und Pflanzenwelt; Homo Sapiens
	Tertiär	Pliozän	5,3	Entwicklung der Vögel und der Säugetiere, unter diesen insbesondere der Primaten; Höhepunkt in der Entwicklung der Schnecken
		Miozän	23,8	
		Oligozän	33,7	
		Eozän	54,8	
		Paläozän	65	
Erdmittelalter (Mesozoikum)	Kreide	Oberkreide	98,9	Aussterben der Dinosaurier und Flugsaurier; zahlreiche Foraminiferen und Muscheln (Leitfossilien); Entwicklung der Bedecktsamer
		Unterkreide	144,2	
	Jura	Oberjura (Malm)	159,4	Reiche marine Fauna mit Ichthyosauriern, Plesiosauriern, Ammoniten (Leitfossilien), Belemniten, riffbildenden Schwämmen; Urvogel Archäopteryx
		Mitteljura (Dogger)	180,1	
		Unterjura (Lias)	205,4	
	Trias	Obertrias	227	In der Obertrias Auftreten der ersten Säugetiere; in der Mitteltrias reiche marine Fauna (darunter Seelilien, Muscheln, Brachiopoden, Kopffüßer), in der Untertrias Fährten von Chirotherium (ein Saurier)
		Mitteltrias	241	
		Untertrias	251	
Erdaltertum (Paläozoikum)	Perm	Oberperm	260,5	Entwicklung und Differenzierung der Reptilien; daneben Großforaminiferen, Bryozoen; Glossopteris-Flora in Gondwanaland
		Mittelperm	273	
		Unterperm	296	
	Karbon	Oberkarbon	320	Zahlreiche Amphibien; erste Reptilien; baumförmige Farne; Schachtelhalme, Bärlappgewächse
		Unterkarbon	354	
	Devon	Oberdevon	375	Leifossilien sind Brachiopoden, Kopffüßer und Fische; im Mitteldevon erste Farne, Schachtelhalme undBärlappgewächse
		Mitteldevon	392	
		Unterdevon	417	
	Silur	Obersilur	423	Erstes Auftreten der Fische, im obersten Silur erste Gefäßpflanzen (Landbewohner); reiche marine Fauna, darunter riffbildende Korallen, Graptolithen (Leitfossilien)
		Untersilur	443	
	Ordovizium	Oberordovizium	458	Erstes Auftreten vonGraptolithen und Korallen; daneben Brachiopoden, Echinodermen, Kopffüßer, Trilobiten
		Mittelordovizium	470	
		Unterordovizium	495	
	Kambrium		545	Erstes Auftreten der Trilobiten (Leitfossilien); Brachiopoden, Echinodermen, Kopffüßer
Erdfrühzeit (Präkambrium)				Entstehung des Lebens vor etwa 3,8 Milliarden Jahren; Entstehung der Erde vor etwa 4,6 Milliarden Jahren

ren aus Tier und Mensch und die gentechnische Veränderung menschlicher Keimzellen werden allerdings fast durchgängig auch von den Befürwortern der Gentechnologie abgelehnt.

■ **Gentleman** [dschäntlmᵉn; engl., von frz. gentilhomme, = Edelmann] *der,* Mann von ehrenhaftem Charakter mit tadellosen Umgangsformen.

■ **Genua** (italienisch Genova), Hafenstadt in Italien, am Golf von Genua, mit 641 400 Einwohnern. Die Stadt ist reich an mittelalterlichen Kirchen und Palästen und besitzt bedeutende Kunstsammlungen. Wahrzeichen ist der 85 m hohe Leuchtturm (Torre della Lanterna) von 1544. – Im Mittelalter war Genua eine mächtige Handelsrepublik, an deren Spitze ein Doge stand.

■ **Geodäsie** [griech.] *die,* die Erd- und Landesvermessung (höhere Goedäsie) sowie die auf kleinere Räume bezogene Land- und Feldvermessung (niedere Goedäsie). Der entsprechende Wissenschaftler heißt **Geodät.**

■ **Geographie** [griech., = Erdbeschreibung] *die,* die Wissenschaft von den Erscheinungen und Räumen der Erdoberfläche und der ihr nahen Atmosphäre, als **Erdkunde** ursprünglich die Beschreibung von Land und Leuten in aller Welt.

Teilgebiete der allgemeinen Geographie sind z. B. die Lehre von den Formen der Erdoberfläche (Geomorphologie), Meereskunde (Ozeanographie), Gewässerkunde (Hydrographie), Klimakunde (Klimatologie), die Lehre von der Verbreitung von Pflanzen und Tieren (Biogeographie). Weiterhin gehört dazu die Geographie des Menschen (Anthropogeographie), aufgegliedert z. B. in Bevölkerungs-, Siedlungs-, Wirtschafts- und Verkehrsgeographie. Die Geosystemforschung untersucht (zusammen mit anderen Naturwissenschaften) die Entwicklungen des Naturhaushalts. Die Länderkunde zeigt die aktuellen Probleme und praktischen Informationen (über Natur, Bevölkerung, Wirtschaft) auf.

■ **Geologie** [griech.] *die,* die Lehre von der Entstehung, der Entwicklung und der Veränderung der Erde. Die allgemeine oder dynamische Geologie untersucht die Kräfte, die auf die Erdkruste einwirken (z. B. Wind, Wasser, vulkanische Kräfte). Die Tektonik beschreibt die Lagerungsverhältnisse der Gesteine. Die historische Geologie stellt die Erdgeschichte dar, die angewandte Geologie nutzt die geologischen Forschungsergebnisse für wirtschaftliche und technische Zwecke (z. B. für die Entdeckung von Bodenschätzen oder den Tunnelbau).

■ **geologisches System** (früher geologische Formation), die innerhalb einer Periode durch Ablagerung entstandene Schichtenfolge. Ein geologisches System ist durch Leitfossilien gekennzeichnet. Mehrere geologische Systeme werden zu einer Gruppe (Ära) zusammengefasst und in Abteilungen (Serien, Epochen) gegliedert, diese in Stufen, die Stufen in Zonen.

■ **Geometrie** [griech., = Erdmessung] *die,* ein Teilgebiet der Mathematik, das aus der Beschäftigung mit den Eigenschaften und Formen des Raumes, wie der Gestalt ebener und räumlicher Figuren, Berechnung von Längen, Flächen, Inhalten u. a. entstand.

In dem Werk »Die Elemente« entwickelte der griechische Mathematiker Euklid von Alexandria erstmals die Geometrie aus einigen wenigen, anschaulich einleuchtenden Sätzen (Axiomen und Postulaten). Diese als euklidische Geometrie bezeichnete »klassische Geometrie« basiert auf dem Parallelenaxiom von Euklid, wonach zu jeder Gerade und jedem Punkt genau eine parallele Gerade existiert. Erst im 19. Jahrh. entdeckte man, dass es von den übrigen Axiomen unabhängig ist, sodass von der euklidischen Geometrie die nicht euklidische Geometrie unterschieden wird.

Die Geometrie wird nach den unterschiedlichsten Gesichtspunkten eingeteilt und gegliedert. Während die **synthetische Geometrie** auf Axiomensystemen aufbaut, werden in der **analytischen Geometrie** die Punkte der Ebene und des Raumes durch Koordinaten festgelegt und damit die geometrischen Fragen in Probleme der Algebra oder der Analysis **(Differenzialgeometrie** und **Integralgeometrie)** umgewandelt. In der **Elementargeometrie** unterscheidet man zwischen **Planimetrie** (ebene Geometrie) und **Stereometrie** (räumliche Geometrie). Gegenstand der → Trigonometrie ist die Berechnung von Längen und Winkeln geometrischer Figuren. Größen, die Invarianten (Unveränderliche) bei Abbildungen, Kongruenz- oder Ähnlichkeitsabbildungen sind, untersucht die **Abbildungs-, Kongruenz-** oder **Ähnlichkeitsgeometrie.**

Darstellung der **Geometrie** aus einem Buch um das Jahr 1500

■ **Geophysik** [griech.] *die,* die Wissenschaft von den physikalischen Vorgängen im Erdkörper, in den Gewässern und in der Lufthülle, einschließlich der Einflüsse anderer Himmelskörper auf die Erde.

■ **Georg,** Heiliger, der nach der Überlieferung im frühen 4. Jahrh. den Märtyrertod starb. Die Legende berichtet, er habe einen Drachen getötet. Diese Szene ist oft in der bildenden Kunst dargestellt worden. Sein Kult (23. April) wurde nach dem 2. Vatikanischen Konzil abgeschafft. – Bild S. 364

■ **George,** Stefan, deutscher Dichter, *Büdesheim (heute zu Bingen) 12. Juli 1868, †Minusio (bei

In einer Mischung von Wirklichkeit und Unwirklichkeit bannte der italienische Künstler Paolo Uccello im 15. Jahrhundert die Geschichte vom heiligen **Georg**, der den Drachen tötet, ins Bild

Locarno) 4. Dezember 1933. George schrieb formstrenge Gedichte, in denen seine Forderungen nach Überhöhung und Vergeistigung der Kunst zum Ausdruck kommen. Um den bedeutenden Vertreter des Symbolismus sammelte sich in München ein exklusiver Bund junger Künstler und Gelehrter (George-Kreis).

Georgien

Flagge

Wappen

■ **Georgien** (georgisch Sakartwelo, russisch Grusinien), Republik zwischen Kaukasus, Kleinem Kaukasus und Schwarzem Meer, mehrheitlich bewohnt von den christlichen (orthodoxen) Georgiern. Georgien ist ein Gebirgsland; nur knapp die Hälfte ist landwirtschaftlich nutzbar; angebaut werden vor allem Zitrusfrüchte, Wein und Tee. Maulbeerbaumkulturen sind die Grundlage einer Seidenraupenzucht. Nahrungs- und Genussmittel- sowie Textilindustrie sind wichtige Industriezweige. Bedeutend ist der Fremdenverkehr in den Badeorten am Schwarzen Meer und in den Kurorten mit Mineralquellen im Kaukasus.

Geschichte: Das erste georgische Reich entstand im 4. Jahrh.; zur gleichen Zeit wurde auch das Christentum eingeführt. 1783 kam Georgien unter russische Schutzherrschaft, 1801 wurde es russische Provinz; 1918–21 war es unabhängig. Nach dem Einmarsch der Roten Armee 1921 wurde das Land mit Armenien und Aserbaidschan zur Transkaukasischen Föderation zusammengeschlossen, 1936 wurde es Republik der Sowjetunion. 1991 erklärte Georgien seine Unabhängigkeit, 1994 wurde es Mitglied der GUS. In der Folge kam es während der Präsidentschaft des ehemaligen sowjetischen Außenministers Eduard Schewardnadse (* 1928) immer wieder zu blutigen innenpolitischen Machtkämpfen und Grenzkonflikten, die 1993 in der Loslösung der Provinz Abchasien mündeten.

■ **geostationärer Satellit,** ein Satellit, dessen Umlaufbahn eine Höhe von etwa 35 800 km über dem Äquator hat und dessen Umlaufzeit mit der Rotationsperiode der Erde übereinstimmt. Dadurch steht er im Idealfall immer über demselben Punkt der Erdoberfläche (geostationäre Umlaufbahn, Synchronbahn).

■ **geozentrisch,** die Erde als Mittelpunkt betrachtend; auf den Erdmittelpunkt bezogen. – Ein **geozentrisches Weltsystem** ist ein Weltbild, bei dem die Erde als Mittelpunkt (Zentrum) des Weltalls, insbesondere des Planetensystems (einschließlich Sonne und Mond) gedacht wurde (z. B. von Ptolemäus). – auch →heliozentrisch.

■ **Gepard** [frz.] *der,* eine schlanke, hochbeinige, kleinköpfige Katzenart der afrikanischen und asiatischen Steppen. Das Fell ist gelblich weiß gefärbt mit punktartig dunkler Fleckung; die Pfoten sind schmal, die Krallen nicht zurückziehbar. Der bis 1,5 m lange (Schulterhöhe etwa 0,75 m) Gepard hetzt seine Beute und erreicht dabei für kurze Strecken Geschwindigkeiten bis zu 120 km/h.

■ **Gerade,** *Mathematik:* die kürzeste Verbindung zweier Punkte, die beiderseits über diese bei-

Georgien
Fläche 69 700 km^2
Einwohner 5,428 Mio.
Hauptstadt Tiflis (Tbilissi)
Amtssprache Georgisch
Nationalfeiertag 26. 5.
Währung Lari (GEL) = 100 Tetri
Zeitzone MEZ

den Punkte hinaus, theoretisch bis ins Unendliche, verlängert wird.

■ **gerben,** tierische Haut zu Leder verarbeiten. Vor dem Gerben werden zunächst die Oberhaut mit den Haaren und die Unterhaut mit den Fleisch- und Fettresten entfernt. Übrig bleibt die Lederhaut, die mit Gerbstoffen versetzt und so zu Leder verarbeitet wird.

■ **Gericht,** im weiteren Sinn der Vorgang der Rechtsprechung, im engeren Sinn die für die Rechtsprechung zuständige Einrichtung, in der Richter Urteile nach geltenden Gesetzen fällen. Die Stellung der Rechtspflege und ihrer Organe im Aufbau des Staates, ihr Verhältnis zur gesetzgebenden und vollziehenden Gewalt regelt das Gerichtsverfassungsrecht; Grundlage ist in Deutschland das Prinzip der →Gewaltenteilung. Die **Gerichtsbarkeit** umfasst die Tätigkeit der Rechtsprechung und der Rechtspflege sowie die **Gerichtsgewalt** oder **Justizhoheit,** die heute ausschließlich beim Staat liegt.

Das Gerichtssystem der Bundesrepublik Deutschland ist nach Sachgebieten geordnet und in fünf Arten oder Zweige der Gerichtsbarkeit aufgeteilt, die wiederum in verschiedene Stufen, die Instanzen, gegliedert sind:

1. Die **ordentliche Gerichtsbarkeit** umfasst – mit den vier Instanzen Amtsgericht, Landgericht, Oberlandesgericht (in Berlin Kammergericht), Bundesgerichtshof – die Unterzweige der Zivil- und Strafgerichtsbarkeit. Die Zivilgerichte befassen sich mit Belangen des Privatrechts, z. B. bei Streitigkeiten über Verträge oder bei Ehescheidungen; von den Strafgerichten werden die Straftäter abgeurteilt.

2. Die **Verwaltungsgerichtsbarkeit** (in den drei Instanzen Verwaltungsgericht, Oberverwaltungsgericht, Bundesverwaltungsgericht) ist für Streitigkeiten zuständig, die Bürger mit Behörden oder die Behörden untereinander haben.

3. Rechtsstreitigkeiten, die sich aus einem Arbeitsverhältnis ergeben, z. B. bei Kündigungen, werden durch die **Arbeitsgerichtsbarkeit** (Arbeitsgericht, Landesarbeitsgericht, Bundesarbeitsgericht) entschieden.

4. In die Zuständigkeit der **Sozialgerichtsbarkeit** (Sozialgericht, Landessozialgericht, Bundessozialgericht) fallen Streitigkeiten aus dem Sozialrecht (z. B. um Rente).

5. Die **Finanzgerichtsbarkeit** (Finanzgericht, Bundesfinanzhof) ist mit Steuerstreitigkeiten befasst.

Eine besondere Stellung nimmt das →Bundesverfassungsgericht ein, das die Einhaltung des Grundgesetzes überwacht.

Ein besonders interessantes Kennzeichen des **Gepards** ist der schwarze Streif, der sich vom vorderen Augenwinkel zum Maulwinkel zieht

■ **Gerichtsvollzieher,** Beamter des mittleren Dienstes, der in einem festen Bezirk beim Amtsgericht vor allem →Zwangsvollstreckungen (z. B. mittels →Pfändung) vornimmt und u. a. Zustellungen und Ladungen (der Prozessparteien, meist mithilfe der Post) bewirkt.

■ **Germanen,** Sammelname für viele einzelne Völker und Stämme in Mittel- und Nordeuropa, die der indogermanischen Sprachfamilie angehören. Der von den Römern geprägte Name wurde von diesen ohne Unterschied auf sämtliche rechtsrheinischen Völkerschaften übertragen; die Germanen selbst kannten keine einheitliche Selbstbezeichnung.

Die *Entstehung und Ausbreitung* der Germanen wird heute verstanden als ein vielschichtiger, bislang nicht völlig geklärter Vorgang. Daran beteiligt

Gericht

Im 15. Jahrh. gerieten ein Hahn und eine Glocke in die Mühlen der Gerichtsbarkeit. Der Hahn wurde 1471 in Basel angeklagt, weil er angeblich – den Naturgesetzen zum Trotz – ein Ei gelegt hatte. Gemäß dem Gerichtsurteil wurde er als »verkleideter Teufel« auf dem Scheiterhaufen verbrannt. Nur unwesentlich milder fiel das Urteil gegen die Glocke aus, die in Florenz den Bußprediger Savonarola durch ihr Läuten vor seiner Gefangennahme warnte. Sie wurde 1498 vom Großen Rat der Stadt des Verrats schuldig gesprochen. Zur Strafe wurde sie vom Turm gerissen, durch die Straßen geschleift und vom Henker ausgepeitscht. Anschließend wurde sie für elf Jahre aus der Stadt verbannt.

waren verschiedenartige eisenzeitliche Bevölkerungsgruppen unterschiedlichen Ursprungs und Kulturniveaus im Gebiet von Nieder- und Mittelrhein, Main, Sudeten und Weichsel, die jeweils starkem keltischen Einfluss unterlagen, ohne selbst →Kelten zu werden.
Die Archäologie wies für die ersten Jahrhunderte n. Chr. mehrere germanische Fundgruppen nach, denen bestimmte, von den Römern erstmals genannte Stämme zugeordnet werden können: **Nordseegermanen** (Friesen, Chauken, Sachsen), **Rhein-Weser-Germanen** (Tenkterer, Sugambrer, Brukterer, Cherusker, Chatten), **Elbgermanen** (Langobarden, Semnonen, Hermunduren, Markomannen, Quaden), **Oder-Warthe-Germanen** (Lugier, Wandalen), **Oder- und Weichselmündungsgermanen** (Rugier, Burgunder, Goten), **Ost(see)germanen** (kleinere südskandinavische Stämme). Erst im 3. Jahrh. kam es zum Zusammenschluss der historisch bekannten Großstämme (Alemannen, Franken, Sachsen, Goten).
Geschichte: Vor den Ende des 2. Jahrh. v. Chr. aus Jütland nach Süden vorstoßenden →Kimbern und →Teutonen räumten die keltischen Helvetier ihre Sitze in Süddeutschland, das nach und nach von →Sweben besiedelt wurde. Diese überschritten unter Ariovist den Oberrhein und wurden 58 v. Chr. durch Cäsar zurückgedrängt. 12–9 v. Chr. fielen die Römer unter Drusus in das rechtsrheinische Germanien ein. Nach dem Sieg des Cheruskers Arminius über Varus 9 n. Chr. konnten die Römer nur das »Dekumatland« (zwischen Oberrhein und Donau) hinter dem Limes behaupten. Auch Böhmen und Mähren wurden von Germanen bewohnt. Dort errichteten die →Markomannen unter Marbod um Christi Geburt ein Reich. Weitere germanische Stämme siedelten auch auf dem linken Rheinufer, zunächst noch im Hoheitsbereich der Römer. Viele Germanen dienten im römischen Heer. Im 3. Jahrh. n. Chr. durchbrachen die Germanen den Limes. In der →Völkerwanderung schufen vor allem →Goten, →Wandalen, Franken (→Fränkisches Reich) und →Langobarden auf dem Boden des Römischen Reiches neue Staaten, die zur Grundlage der abendländischen Staatenwelt wurden.
Lebensweise und Kultur der Germanen sind vor allem aus archäologischen Funden bekannt. Wichtigstes schriftliches Zeugnis ist das länderkundliche Buch des römischen Schriftstellers Tacitus, das kurz »Germania« genannt wird. Die Germanen bildeten eine Gemeinschaft freier Bauern, die vorwiegend Ackerbau und Viehzucht betrieben. Erst nach und nach bildete sich eine Adelsschicht heraus. Politische Entscheidungen fassten die Freien in einer Versammlung, dem →Thing. Die Germanen siedelten in Einzelgehöften und Dörfern, betrieben Ackerbau,

Germanen – Siedlungsräume im 1. Jahrhundert n. Chr.

germanische Mythologie: die wichtigsten Götter

Name	Geschlecht	mythische Bedeutung	Attribut
Götter			
Wodan (Odin)	Ase	Göttervater, Herr über Leben und Tod, Krieg und Frieden	Speer
Donar (Thor)	Ase	Gott des Gewitters und der Fruchtbarkeit	Hammer
Ziu (Tiu, Tyr)	Ase	Kriegsgott	
Baldr (Baldur)	Ase	Sohn Odins, Gott des Lichts und der Gerechtigkeit	
Loki		Widerpart der Götter, dämonischer, listenreicher Gott	
Göttinnen			
Frigg	Asin	Gemahlin Wodans, Mutter Baldrs, Göttin der Liebe und der Ehe	Falken- oder Federgewand
Freyja	Vanin	Göttin der Liebe und der Geburt	Halsband, Federgewand

Haustierhaltung, Metallverarbeitung und Fernhandel (Bernstein, Wolle, Felle).

■ **germanische Dichtung.** Von der nur mündlich überlieferten vorchristlichen Dichtung der Germanen ist nichts erhalten. Aus Zeugnissen lateinischer Schriftsteller (vor allem Tacitus) und aus wenigen späteren Aufzeichnungen älterer Überlieferung (Hildebrandslied, Merseburger Zaubersprüche, Beowulf u.a.) sowie späteren Dichtungen vor allem aus dem Stoffkreis der Nibelungen- und Dietrichsage (z.B. die altisländische Lieder-Edda, →Edda) lassen sich Motive und Formen erschließen: Sprichwörter, Liebes- und Heldenlieder, Götterdichtung.

■ **germanische Kunst.** Die Entwicklung dieser Kunst lässt sich am besten am Schmuck der Waffen und Geräte verfolgen. Sie führt von geradlinigen Mustern über Spiral- und Sternmuster zu Wellenranken und -bändern und zu Kerbschnittverzierungen. In der Hochblüte der germanischen Kunst (6.–8. Jahrh., in Skandinavien und auf den Britischen Inseln bis um 1100)) sind das Tierornament und das Bandgeflecht charakteristisch.

■ **germanische Mythologie.** Die germanischen Stämme kannten keine einheitliche Religion, aber viele mythologische Vorstellungen überschneiden sich. Es gibt zwei Göttergeschlechter, die **Asen** im himmlischen Gefilde Asgard und die **Vanen,** die in den Tiefen der Erde und des Meeres wohnten. Das von der Midgardschlange umgebene Reich Midgard war Mittelpunkt der Welt und Lebensraum der Menschen. Herrscher über alle war der Göttervater Wodan (nordgermanisch Odin). Als einäugiger Alter wanderte er oft durch die Welt, auf seiner Schulter saßen Raben und kündeten ihm das Wissen der Welt. Er thronte in **Walhall** und sah alles Tun der Menschen. Er sandte **Walküren** (Kampfjungfrauen) aus, die die Helden im Kampf schützten und die Gefallenen nach Walhall führten. Ehrlose Kämpfer büßten ihre Schuld in der Unterwelt (Hel), wo die Göttin Hel herrschte. Die Walküren waren überirdische weibliche Wesen, ebenso die **Nornen** Urd, Verdandi und Skuld, die den Schicksalsfaden der Menschen flochten. Urd konnte ihn durchschneiden und damit über den Tod bestimmen.

Neben den Göttern wirkten nach dem Glauben der Germanen Geister in der Natur, unter und über der Erde sowie in der Luft (Riesen, Zwerge, Elfen, Nixen,

Germanen

Die kurz »Germania« genannte Schrift des römischen Schriftstellers Tacitus ist die einzige aus der römischen Literatur bekannte länderkundliche Monographie und das wichtigste Zeugnis über Altgermanien. Über die Götterverehrung der Germanen schreibt er: »Im übrigen halten sie es wegen der Erhabenheit der Himmlischen für unvereinbar, die Götter in Wände einzuschließen oder sie in Form eines menschlichen Gesichts abzubilden: Sie weihen Haine und Wälder und belegen das Geheimnisvolle, das sie nur in Ehrfurcht beschauen, mit Götternamen.«

Und die Siedlungsweise der Germanen beschreibt Tacitus folgendermaßen: »Dass die Völker der Germanen keine Städte bewohnen und dass sie nicht einmal miteinander verbundene Siedlungen dulden, ist genügend bekannt. Sie wohnen abgesondert und einzeln, wie ihnen eine Quelle, ein Feld, ein Wald zusagt. ... Nicht einmal Mauersteine und Ziegel sind bei ihnen im Gebrauch: Sie verwenden für alles unbearbeitetes Holz ohne Schönheit oder Reiz.«

Kobolde). Die germanische Religion erlosch mit der Christianisierung (seit dem Ende des 4. Jahrh.); durch Dichtung und Kunstzeugnisse wird sie überliefert.

Noch heute erinnern unsere Wochentagsnamen an germanische Gottheiten: Dienstag (Ziu), Donnerstag (Donar), Freitag (Frigg).

■ **germanische Sprachen,** eine Gruppe der →indogermanischen Sprachen, die sich vor allem durch Veränderungen, die bei der germanischen →Lautverschiebung aufgetreten sind, von den anderen indogermanischen Sprachen unterscheidet.

Zu den germanischen Sprachen gehören die **nordgermanischen Sprachen** (Norwegisch, Isländisch, Schwedisch, Dänisch) und die **westgermanischen Sprachen** (Englisch, Friesisch, Niederländisch, Deutsch) sowie die Neusprachen Afrikaans und Jiddisch. Untergegangen sind u. a. die gotische, burgundische, langobardische und wandalische Sprache.

■ **Germanistik** [lat.] *die,* Bezeichnung für die wissenschaftlichen Disziplinen (vor allem Sprach- und Literaturwissenschaft), die sich mit der deutschen Sprache und der deutschsprachigen Literatur befassen.

Germanium
chemisches Symbol: Ge
Ordnungszahl: 32
relative Atommasse: 72,61
Dichte: 5,32 g/cm^3
Schmelzpunkt: 938 °C
Siedepunkt: 2 833 °C

George Gershwin, dessen bürgerlicher Name Jacob Gershovitz war, hat mit der Oper »Porgy and Bess« eine Form gewählt, die in der Musik Amerikas, dem Land der Musicals, zu den Ausnahmen gehört

■ **Germanium** *das,* chemisches Element, ein in der Natur selten vorkommendes sprödes, grauweiß glänzendes Metall. Es ist ein Halbleiter und wird daher z. B. in Dioden und Transistoren verwendet. Außerdem ist es Bestandteil von verschiedenen Legierungen.

■ **Gershwin** [gö^{r}sch^{u}in], George, amerikanischer Komponist, * New York-Brooklyn 26. September 1898, † Beverly Hills (Kalifornien) 11. Juli 1937. Er verband europäische Musiktradition mit Elementen des Jazz und schuf dadurch eine eigenständige amerikanische Kunstmusik. Zu seinen berühmtesten Werken gehören die »Rhapsody in Blue« (1924; Klavierkonzert mit Jazzorchester), das Klavierkonzert f-Moll (1925), das Orchesterwerk »Ein Amerikaner in Paris« (1928) und die Oper »Porgy and Bess« (1935).

■ **Gerste** *die,* eine Gattung der Süßgräser mit rund 25 Arten auf der Nordhalbkugel und in Südamerika. Die bekannteste Art ist die als Getreide angebaute, anspruchslose **Saatgerste** in verschiedenen Kulturformen. Man unterscheidet u. a. eine im Frühjahr ausgesäte und im gleichen Jahr fruchtende **Sommergerste** und eine im Herbst gesäte **Wintergerste.** Die Körner werden vor allem in der Bierbrauerei, für Graupen, Grütze und als Viehfutter verwendet (selten für Brotgetreide).

■ **Gerstenkorn,** eine eitrige Entzündung einer Wimperntalgdrüse des Augenlidrandes **(äußeres Gerstenkorn)** oder eine akute Entzündung einer Meibom-Drüse im Lidknorpel **(inneres Gerstenkorn).**

■ **Geruchssinn** (Geruch), ein chemischer Sinn bei höheren Tieren (einschließlich des Menschen), der mithilfe besonderer Geruchsorgane (→Nase) die Wahrnehmung von Geruchsstoffen ermöglicht. Die Reizschwelle ist beim Geruchssinn sehr niedrig, sodass mitunter sehr geringe Mengen des Geruchsstoffes in der Luft ausreichen, um eine Reaktion der Riechzelle auszulösen. Bei andauernder Reizung durch einen bestimmten Geruchsstoff erlischt die Geruchsempfindung ziemlich schnell. Die Empfindlichkeit für andere Stoffe wird dadurch jedoch nicht beeinflusst. Je nach Konzentration kann derselbe Stoff ganz verschiedene Geruchsempfindungen hervorrufen. Zur Unterscheidung verschiedener Düfte sind mehrere Typen von Riechzellen notwendig. Durch das Zusammenwirken nur weniger Riechzellen können jedoch viele komplexe Düfte unterschieden werden.

Der Mensch kann mehrere Tausend Düfte auseinander halten. Mithilfe des Geruchssinns kann er (zusammen mit dem Geschmackssinn) die Qualität von Speisen und Getränken prüfen und schädigende Stoffe erkennen. Die Wahrnehmung des **Körpergeruchs** anderer Menschen durch den Geruchsinn spielt eine große Rolle im Verhalten und kann über Sympathie oder Antipathie entscheiden. Der Körpergeruch hat eine besondere Signalwirkung beim Flirt und in Liebesbeziehungen.

■ **Gerundium** [lat.] *das,* in der lateinischen Grammatik die Flexionsform des Infinitivs, z. B. *ars scribendi*, die Kunst des Schreibens.

■ **Gerundivum** [lat.] *das,* in der lateinischen Grammatik das vom Infinitiv abgeleitete Adjektiv mit passiver Bedeutung, z. B. *facinus laudandum,* eine zu lobende, lobenswerte Tat.

■ **Gesamthochschule,** Form einer wissenschaftlichen →Hochschule, die die Aufgaben herkömmlicher Hochschulen (Universität, spezialisierte Hochschulen, pädagogische Hochschule,

Geruchssinn

In der Nasenhöhle liegt die Riechregion mit ungefähr 10 Millionen Sinneszellen. Offenbar gibt es verschiedene Sinneszellen für unterschiedliche Geruchsqualitäten. Wie diese im Einzelnen erkannt werden, ist noch weitgehend unklar. Der komplexe Geruchseindruck aber entsteht erst im Gehirn. Die Kunst der Parfümeure, mehr als 10 000 verschiedene Gerüche auseinander halten zu können, hat also gewiss auch etwas mit dort abgespeicherten Geruchsmustern zu tun. Doch selbst deren Begabung wirkt recht kümmerlich im Vergleich mit manchen Tieren, besonders Raub- und Nagetieren. Auch Hunde können noch nach Tagen der Fährte eines Menschen folgen. Und der Aal nimmt von manchen Stoffen sogar einzelne Moleküle wahr. Im Verhältnis dazu ist der Geruchssinn beim Menschen nur gering entwickelt.

Fachhochschule) in Studium, Lehre und Forschung organisatorisch zusammenfasst.
In einer Gesamthochschule werden Studiengänge verschiedener Fachrichtungen angeboten, die innerhalb eines Faches nach Dauer gestuft und nach Studienschwerpunkten differenziert sind und mit einem Diplom abschließen; zwischen den Studiengängen sind die Übergänge erleichtert.
Sowohl Abitur als auch Fachhochschulreife ermöglichen – teils mit besonderen »Brückenkursen« – den Zugang zu allen Studiengängen der Gesamthochschule
Die erste Gesamthochschule in der Bundesrepublik Deutschland wurde 1971 in Kassel eröffnet. Auch die Bundeswehruniversitäten sind als Gesamthochschulen eingerichtet.

■ **Gesạmtschule,** weiterführende Ganztagsschule, in der die herkömmlichen Schulformen (Haupt-, Realschule, Gymnasium) in einem Schulzentrum zusammengefasst werden.
Bei der **kooperativen (additiven) Gesamtschule** werden die drei Schularten nur räumlich zusammengefasst, sie bleiben organisatorisch und pädagogisch unabhängig. Bestimmte Einrichtungen und Funktionsräume werden gemeinsam genutzt.
Bei der **integrierten Gesamtschule** werden die Unterschiede zwischen den Schulformen aufgehoben. Statt des Unterrichts im Klassenverband besteht ein flexibles System von Kern- und Kursfächern. Am Kernunterricht nehmen alle Schüler teil. Aus den Angeboten des differenzierten Kursunterrichts wird für jeden Schüler nach Leistung, individuellem Lerntempo und Interesse ein Kursprogramm zusammengestellt. Je nach Kurszusammensetzung können alle Abschlüsse (Hauptschul-, Realschulabschluss, Zugangsberechtigung zur Oberstufe, Abitur) erlangt werden.
Die integrierten Gesamtschulen wurden erstmals 1969 vom Deutschen Bildungsrat empfohlen mit dem Ziel, die Chancengleichheit für alle Kinder zu erhöhen, verfrühte Schullaufbahnentscheidungen zu vermeiden sowie den einzelnen Schüler gemäß Neigung und Fähigkeiten durch ein breites Fächerangebot zu fördern.

■ **Gesạndter** →Diplomat.

■ **Geschạ̈ftsfähigkeit,** die Fähigkeit, selbstständig wirksame Geschäfte abzuschließen. **Geschäftsunfähig** sind Kinder bis zu 7 Jahren und Personen, die sich in einem (nicht nur vorübergehenden) Zustand krankhafter Störung der Geistestätigkeit befinden, der die freie Willensbestimmung ausschließt; alle von ihnen abgeschlossenen Geschäfte sind unwirksam.
Kinder und Jugendliche zwischen 7 und 18 Jahren sind **beschränkt geschäftsfähig,** das heißt, sie können wirksame Geschäfte abschließen, wenn der gesetzliche Vertreter (Eltern oder Vormund) diesen zustimmt. Wenn sie allerdings von ihrem Taschengeld etwas kaufen, ist das Geschäft von vornherein gültig, weil sie über ihr Taschengeld frei verfügen können (so genannter Taschengeldparagraph).
Mit der →Volljährigkeit wird man **unbeschränkt geschäftsfähig.**
Zur Regelung der Rechtsstellung psychisch kranker und körperlich, geistig oder seelisch behinderter volljähriger Personen wurde 1992 das Recht der Betreuung (durch einen Betreuer) geschaffen; die Betreuung führt im Unterschied zur früheren Entmündigung nicht mehr automatisch zu einer Beschränkung der Geschäftsfähigkeit.

■ **Geschịchte,** der Entwicklungsprozess der menschlichen Gesellschaft als Ganzes oder ihrer Individuen. Während man die Geschichte früher meist nur als Abfolge politischer und militärischer Ereignisse betrachtete, sieht man sie heute als einen Entwicklungsprozess mit wirtschaftlichen, politischen, ideologischen, sozialen und kulturellen Dimensionen (z. B. Wirtschafts-, Sozial-, Kulturgeschichte).
Die Geschichte im engeren Sinne beginnt mit der schriftlichen Überlieferung. Die Quellen für die Geschichtsschreibung sind Urkunden, Chroniken, mündliche Berichte und schriftliche Aufzeichnun-

Die seit etwa 4000 v. Chr. angebaute **Gerste** gehört zu den ältesten Kulturpflanzen; hier die begrannte Sommergerste gen aller Art (für die neuere Zeit z. B. auch Zeitungsartikel oder Filmwochenschauen), aber auch Sachquellen (z. B. Alltagsgegenstände, Kunstwerke).

■ **Geschlecht** (Sexus), Bezeichnung für unterschiedlich ausgeprägte Lebewesen, die sich zumindest in der Art der →Keimzellen und damit in den →Geschlechtsorganen unterscheiden.
Individuen, die bewegliche Keimzellen erzeugen (Spermien), werden als **männlich** bezeichnet, solche, die unbewegliche Keimzellen (Eizellen) produzieren, als **weiblich**. **Zwitter** sind in der Lage, Keimzellen beiderlei Geschlechts gleichzeitig oder nacheinander zu erzeugen.

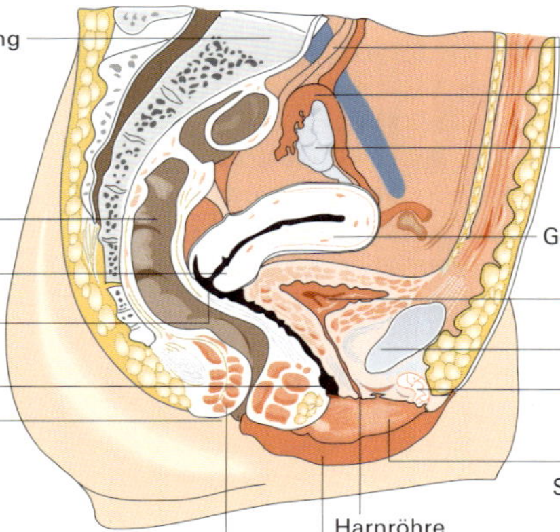

Geschlechtsorgane der Frau

Das biologische Zeichen für männliche Individuen ist ♂ (Speer und Schild des römischen Gottes Mars), für weibliche Individuen ♀ (Spiegel der römischen Göttin Venus), für Zwitter ⚥.

■ **Geschlechtsdrüsen** (Keimdrüsen, Gonaden), drüsenähnlich aufgebaute Organe bei den meisten mehrzelligen Tieren und beim Menschen, in denen sich die Keimzellen (Ei- oder Samenzellen) und Geschlechtshormone bilden. Die Geschlechtsdrüsen (beim Mann →Hoden, bei der Frau →Eierstöcke) gehören zu den inneren →Geschlechtsorganen.

■ **Geschlechtshormone** (Sexualhormone), die Hormone, die die Entwicklung und Funktion der Geschlechtsdrüsen und Geschlechtsorgane sowie die Ausbildung der männlichen oder weiblichen Geschlechtsmerkmale bestimmen und steuern. Sie werden in den Hoden, den Eierstöcken und in der Nebennierenrinde, während der Schwangerschaft auch im Mutterkuchen gebildet.
Die männlichen Geschlechtshormone heißen Androgene (das wichtigste ist das Testosteron), die weiblichen →Östrogene und →Gestagene. Beide Geschlechter bilden, wenn auch in unterschiedlicher Menge, sowohl männliche als auch weibliche Geschlechtshormone.

■ **Geschlechtskrankheiten,** Infektionskrankheiten, die fast ausschließlich durch Geschlechtsverkehr übertragen werden, z. B. →Tripper und →Syphilis. Jeder Erkrankte ist verpflichtet, sich sofort ärztlich behandeln zu lassen. Solange Ansteckungsgefahr besteht, ist ihm der Geschlechtsverkehr untersagt. Zu den »sexuell übertragbaren Krankheiten« gehören auch →Herpes der Geschlechtsorgane und →Aids.

■ **Geschlechtsmerkmale,** die Kennzeichen, durch die sich das männliche und weibliche Geschlecht unterscheiden. Es gibt **primäre Geschlechtsmerkmale,** die in unmittelbarem Zusammenhang mit der Fortpflanzung stehen (→Geschlechtsorgane) und **sekundäre Geschlechtsmerkmale,** die sich erst in der →Pubertät unter dem Einfluss der →Geschlechtshormone herausbilden (Bart, Körperbehaarung, Stimme, Brüste).

■ **Geschlechtsorgane** (Genitalien), die unmittelbar der geschlechtlichen Fortpflanzung dienenden Organe, die primären Geschlechtsmerkmale. Sie lassen sich in äußere und innere Geschlechtsorgane gliedern.
Zu den äußeren **Geschlechtsorganen des Mannes** gehören der Penis und der Hodensack, in dem sich die beiden Hoden befinden. Der vordere, etwas verdickte Teil des Penis heißt Eichel. Die schützende Vorhaut lässt sich zurückschieben, sodass die Eichel freiliegt. Zu den inneren Geschlechtsorganen gehören die Hoden, die männlichen Keimdrüsen, in denen die Samenzellen gebildet werden, die dann in den Nebenhoden gespeichert werden. Durch den Samenleiter gelangen sie in die obere Harnröhre. Kurz vor der Einmündung in die Harnröhre führen die paarig vorhandenen Samenleiter durch die Vorsteherdrüse (Prostata); sie produziert den größten Teil der Samenflüssigkeit, die bei der →Ejakulation zusammen mit den Samenzellen ausgestoßen wird. Außerdem befinden sich im Penis Schwellkörper, in denen bei geschlechtlicher Erregung Blut angestaut wird, wodurch es zur Vergrößerung, Versteifung und Erektion (Aufrichtung) des Penis kommt.
Zu den äußeren **Geschlechtsorganen der Frau** gehören die großen Schamlippen, die den Scheidenvorhof verschließen und schützen. Unter ihnen liegen die kleinen Schamlippen, die sich in der Klitoris (Kitzler) treffen. Unterhalb der Klitoris liegt die

Mündung der Harnröhre. Der Bereich zwischen Scheideneingang und After heißt Damm. Durch die Scheide (Vagina), die beim Geschlechtsverkehr das männliche Glied aufnimmt, wird die Verbindung zu den inneren Geschlechtsorganen hergestellt. Zu ihnen gehören die Eierstöcke, die bei der erwachsenen Frau etwa alle vier Wochen eine reife Eizelle ausstoßen (→Eisprung). Den Eierstöcken liegen trichterförmig die Eileiter an, in denen die Eizelle zur Gebärmutter (Uterus) transportiert wird. Die Gebärmutter ist mit Schleimhaut ausgekleidet, die gegebenenfalls ein befruchtetes Ei aufnehmen kann oder aber mit der →Menstruation alle vier Wochen abgestoßen und anschließend mit dem nächsten Monatszyklus neu aufgebaut wird. Den Übergang von der Gebärmutter zur Scheide bildet der Muttermund.

■ **Geschlẹchtsreife,** das Lebensalter bei Mensch und Tier, in dem die Fortpflanzungsfähigkeit eintritt. Beim Jungen ist das ab dem ersten Samenerguss der Fall, beim Mädchen ab dem ersten Eisprung, dem etwa 14 Tage später die erste Monatsblutung folgt.

Das Alter, in dem die Geschlechtsreife eintritt, ist individuell verschieden und hängt von Erbfaktoren (es gibt familiär gehäuft so genannte Früh- und Spätentwickler), aber auch von physiologischen Faktoren wie dem Gesundheits- und Ernährungszustand ab. Seit den letzten 150 Jahren tritt in den Industrienationen die Geschlechtsreife bei jeder Generation früher ein, was wohl durch Umweltfaktoren verursacht ist, insbesondere bessere Ernährung, weniger Kinderkrankheiten, stärkere Umweltreize (Verlängerung der Tage durch künstliches Licht). – auch →Pubertät.

■ **Geschlẹchtsverkehr** (Beischlaf, Coitus, Koitus), die geschlechtliche Vereinigung von Mann und Frau. Dabei führt der Mann seinen versteiften Penis in die Scheide der Frau ein und bewegt ihn rhythmisch bis zum Höhepunkt der Lustempfindung (→Orgasmus); dabei kommt es beim Mann zum Samenerguss (→Ejakulation), bei der Frau zu Kontraktionen der Scheiden-, Gebärmutter- und Beckenbodenmuskulatur und zur Erschlaffung des Muttermundes. Frauen haben beim Geschlechtsverkehr oft keinen Orgasmus, vor allem wenn das empfindlichste Geschlechtsorgan der Frau, die Klitoris, nicht ausreichend stimuliert wird.

Der Geschlechtsverkehr kann zur Befruchtung einer weiblichen Eizelle und somit zu einer →Schwangerschaft führen, wenn das Paar keine Verhütungsmittel (→Empfängnisverhütung) anwendet.

Im weiteren Sinne ist der Geschlechtsverkehr jede Form des intimen sexuellen Kontakts zwischen zwei oder mehr Personen. Zum Geschlechtsverkehr zählen dann z. B. Petting, Analverkehr oder auch das Liebkosen der Geschlechtsorgane mit dem Mund. – auch →Sexualität.

■ **Geschlẹchtswort** →Artikel 1).

■ **Geschmạckssinn** (Geschmack), ein chemischer Sinn zur Wahrnehmung von Nahrungsstoffen und zum Abweisen ungenießbarer oder schädlicher Substanzen beim Menschen und bei Tieren. Der Geschmackssinn ist ein Nahsinn mit relativ hohen Reizschwellen. Neben der Kontrolle der Nahrung ist er auch an der Steuerung der Speichel- und Magensaftsekretion beteiligt.

Die Zellen des Geschmackssinns **(Geschmacksrezeptoren),** die fast ausschließlich im Bereich der Mundhöhle liegen, sprechen auf gelöste Substanzen (Geschmacksstoffe) an. Bei Säugetieren und beim Menschen stehen die Geschmacksrezeptoren mit dazwischen liegenden Stützzellen in so genannten **Geschmacksknospen** zusammen. Der erwachsene Mensch hat etwa 2000 Geschmacksknospen, die vor allem auf den vorderen und seitlichen Zungenteilen und am Zungenrand liegen. Die vielfältigen Sinnesempfindungen, die z. B. beim Abschmecken von Speisen und beim Kosten von Getränken auftreten, beruhen vor allem auf dem Zusammenwirken von Geschmacks- und Geruchsempfindungen.

Die vier **Grundqualitäten des Geschmacks** sind süß, sauer, salzig und bitter. Süß schmeckt man mit der Zungenspitze, sauer an den Zungenrändern, salzig an Rändern und Spitze, bitter erst am Zungengrund.

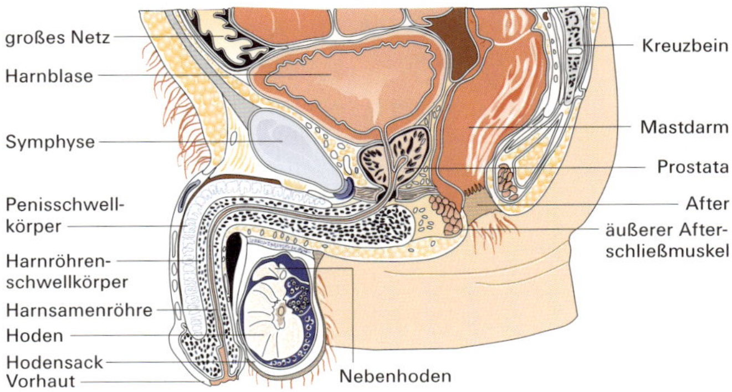

Geschlechtsorgane des Mannes

■ **Geschụ̈tz,** Sammelbezeichnung für alle Arten von Feuerwaffen, die wegen ihrer Ausmaße und Gewichte nicht mehr von einem Mann allein gehand-

habt werden können. Geschütze schießen weiter und haben ein größeres Kaliber als Handfeuerwaffen. Hauptteile eines Geschützes sind das Rohr und dessen Auflage, die Lafette. Unterschieden werden drei Hauptarten von Geschützen:
Kanone, ein meist in Panzerfahrzeuge oder Flugzeuge eingebautes Flachfeuergeschütz, das dem Geschoss eine lang gestreckte Flugbahn und hohe Wucht verleiht.
Haubitze, als Standardgeschütz der Artillerietruppe ein Mittelding zwischen Kanone und Mörser, das dem Geschoss eine gebogene Flugbahn verleiht. Somit kann über eine weite Entfernung hinweg, ohne dass das Ziel selbst zu sehen ist, geschossen werden.
Mörser, ein Steilfeuergeschütz der Artillerie mit relativ kurzem Rohr, das dem Geschoss eine stark gekrümmte Flugbahn und damit hohe Auftreffwucht verleiht. Seit dem Zweiten Weltkrieg spielt der Mörser wegen seiner geringen Reichweite keine Rolle mehr; eine ähnliche Wirkungsweise besitzt jedoch der Granatwerfer der Infanterie (zur Bekämpfung von Zielen hinter Deckungen).

■ **geschützte Pflanzen und Tiere,** seltene Pflanzen und Tiere, die durch gesetzliche Bestimmungen (→Naturschutz, →Artenschutz) besonders geschützt werden: Pflanzen dürfen nicht beschädigt, gepflückt oder ausgegraben werden, Tiere nicht verletzt, getötet oder gefangen, die Nester, Brutstätten und Eier von Vögeln nicht beschädigt, zerstört oder weggenommen werden.

■ **Geschwader,** größerer Verband von Kriegsschiffen oder Militärflugzeugen.

■ **Geschwindigkeit,** Formelzeichen *v*, das Verhältnis von zurückgelegtem Weg *s* zu der dazu benötigten Zeit *t*:

$$v = s/t.$$

Die gebräuchlichen Maßeinheiten sind m/s (Meter pro Sekunde) und km/h (Kilometer pro Stunde). Zwischen m/s und km/h bestehen folgende Beziehungen:

$$1\ \mathrm{m/s} = 3{,}6\ \mathrm{km/h};$$

$$1\ \mathrm{km/h} = 0{,}278\ \mathrm{m/s}.$$

In der Seefahrt wird die Geschwindigkeit in →Knoten gemessen, in der Luftfahrt wird bei Überschall die →Mach-Zahl verwendet. Die →Lichtgeschwindigkeit bildet nach der →Relativitätstheorie die natürliche obere Grenze aller überhaupt möglichen Geschwindigkeiten, mit denen Materie oder Energie transportiert werden können.

■ **Geschworene,** ehrenamtliche Laienrichter, seit 1972 in der Bundesrepublik Deutschland als →Schöffen bezeichnet.
In der Schweiz und in Österreich Bezeichnung für die Laienrichter, die in einem Geschworenengericht (→Schwurgericht) mitwirken.

■ **Geschwulst** (lat. Tumor), eine durch überschießendes, unkontrolliertes Wachstum körpereigener Zellen gekennzeichnete Gewebswucherung. **Gutartige Geschwülste** sind meist fest umrissen und bleiben auf den Ursprungsort beschränkt; sie verdrängen das umgebende Gewebe. **Bösartige Geschwülste** (→Krebs) wachsen zerstörend in das umgebende Gewebe ein und bilden häufig Tochtergeschwülste (Metastasen).

■ **Geschwür** (lat. Ulcus), eine oberflächliche Schädigung der Haut oder Schleimhaut, die oft von einer bakteriellen Infektion begleitet wird. Ein Geschwür heilt ohne Behandlung nur sehr schlecht. Vor allem ein Magengeschwür kann zu einer bösartigen →Geschwulst entarten.

■ **Geselle,** Handwerker, der eine ordnungsgemäße Ausbildungszeit (meist drei Jahre) durchlaufen und vor der Handwerkskammer oder Innung die **Gesellenprüfung** bestanden hat. Als Zeugnis wird der **Gesellenbrief** ausgestellt. Das **Gesellenstück** ist die Anfertigung oder Bearbeitung eines Gegenstandes in dem erlernten Beruf.

■ **Gesellschaft, 1)** *Soziologie:* die Gesamtheit der Menschen, die im staatlichen, wirtschaftlichen und geistigen Leben zusammenwirken. Jede Gesellschaft wird durch ihr Wirtschaftssystem und ihre politisch-staatlichen Ordnungsverhältnisse geprägt. Man unterscheidet verschiedene Gesellschaftssysteme, z.B. Agrar- und Industriegesellschaft, ständische und bürgerliche Gesellschaft.
2) *Recht:* ein vertraglich geregelter Zusammenschluss von Personen, die ein gemeinsames Ziel anstreben. Man unterscheidet verschiedene Rechtsformen; bei Gesellschaften mit wirtschaftlichem Ziel z.B. Offene Handelsgesellschaft, Kommanditgesellschaft, Aktiengesellschaft, Gesellschaft mit beschränkter Haftung (GmbH); bei Gesellschaften mit ideellem Zweck (z.B. wissenschaftliche, sportliche, wohltätige Gesellschaften) vor allem Verein oder Gesellschaft des bürgerlichen Rechts.

■ **Gesellschaft Jesu** →Jesuiten.

■ **Gesellschaft mit beschränkter Haftung** →GmbH.

■ **Gesellschaftsinseln,** zu Französisch-Polynesien gehörende Inselgruppe im südlichen Pazifik, mit 1647 km^2 und 162500 Einwohnern. Die größte der 1767 entdeckten Inseln ist →Tahiti.

■ **Gesetz, 1)** *allgemein:* sprachliche oder mathematische Formulierung regelhafter Zusammenhänge zwischen Dingen und Erscheinungen aller Art in Logik, Mathematik, Natur und Gesellschaft. Man unterscheidet vor allem **Denkgesetze** (logische Gesetze) und die sich auf die reale Welt beziehenden **Naturgesetze**. Von den **Seinsgesetzen**, den Regeln, wie etwas notwendig ist oder geschieht, werden die **normativen Gesetze (Sollensgesetze)** unterschieden, die Verhaltensvorschriften oder -maßstäbe formulieren. Zu diesen zählen die Rechtsgesetze und die moralischen Gesetze.

2) *Recht:* der in einem verfassungsmäßig vorgesehenen Gesetzgebungsverfahren (→Gesetzgebung) zustande gekommene Rechtssatz sowie jede hoheitliche generelle Regelung, die allgemein verbindliche Wirkung hat (z. B. Rechtsverordnung, Satzung).

■ **gesetzgebende Gewalt** (Legislative), die dem Staat zustehende Befugnis, Gesetze zu erlassen (→Gewaltenteilung).

■ **Gesetzgebung**, die staatliche Rechtssetzung, soweit sie im Erlass formeller Gesetze besteht, durch die gesetzgebende Gewalt (Legislative).

Das **Gesetzgebungsverfahren** der Bundesrepublik Deutschland ist folgendermaßen geregelt: Die Bundesregierung, der Bundesrat und die Mitglieder des Bundestages haben das Recht der Gesetzesinitiative, das heißt, sie arbeiten einen Gesetzentwurf aus und legen ihn dem Bundestag vor. Dort wird die Gesetzesvorlage in drei Lesungen (Beratungen) erörtert:

Nach der 1. Lesung (der so genannten Grundsatzdebatte) wird die Vorlage zur Überprüfung an einen Ausschuss des Bundestages verwiesen. Der Ausschuss versieht sie, wenn nötig, mit Abänderungsvorschlägen und gibt sie an den Bundestag zurück.

Dort können bei der 2. Lesung zu jeder einzelnen Vorschrift Abänderungsanträge gestellt werden.

Die 3. Lesung bringt die Schlussabstimmung über das Gesetz und damit seine Verabschiedung.

Die verabschiedete Fassung wird dem Bundesrat übermittelt, wenn es sich um so genannte Zustimmungsgesetze handelt, bei Einspruchsgesetzen kann der Bundesrat Einspruch (mit aufschiebender Wirkung) einlegen. Eine wichtige Rolle spielt hierbei der Vermittlungsausschuss (bestehend aus Mitgliedern des Bundestages und Bundesrates), der dem Bundestag Änderungen vorschlagen kann, über die erneut abgestimmt werden muss. Die nach den Vorschriften des Grundgesetzes zustande gekommenen Gesetze werden nach Gegenzeichnung durch den Bundeskanzler oder durch den zuständigen Fachminister vom Bundespräsidenten unterzeichnet (ausgefertigt) und im Bundesgesetzblatt veröffentlicht (verkündet); damit treten sie zum angegebenen Termin in Kraft.

■ **gesetzlicher Vertreter**, Vertreter (Stellvertreter) für Personen, die in ihrer →Geschäftsfähigkeit beschränkt sind, z. B. Eltern für ihre Kinder oder der →Vormund für Minderjährige, die nicht unter elterlicher Sorge stehen.

■ **Geßler**, Hermann, der Sage nach ein tyrannischer Landvogt in Schwyz und Uri; er soll von Wilhelm →Tell bei Küssnacht am Rigi erschossen worden sein. Historisch gesichert ist die Person Geßlers nicht; erstmals erwähnt wird sie im 15. Jahrhundert.

■ **Gestagene** [lat.], aus Cholesterin hervorgehende Hormone (hauptsächlich Progesteron), die überwiegend im Gelbkörper des Eierstocks und im Mutterkuchen, in geringem Maße auch in der Nebennierenrinde gebildet werden. Sie bereiten die Gebärmutterschleimhaut auf eine Schwangerschaft vor und sorgen für die Erhaltung der Schwangerschaft.

■ **Gestapo** *die*, Kurzbezeichnung für die 1933 gebildete **Ge**heime **Sta**ats**po**lizei des nationalsozialistischen Regimes in Deutschland. Sie hatte die Aufgabe, alle staatsgefährdenden Bestrebungen zu bekämpfen, verdächtige Personen festzunehmen und in →Konzentrationslager einzuweisen. Sie war später auch für die Bewachung der ausländischen Zivilarbeiter und Kriegsgefangenen zuständig, errichtete Arbeitslager und war an der Deportation und Massenvernichtung der Juden beteiligt. In den →Nürnberger Prozessen wurde sie zu einer verbrecherischen Organisation erklärt.

■ **Gesteine**, natürliche feste Bildungen der Erdkruste, die aus einem Mineralgemenge, aus einer einzigen Mineralart oder aus Resten abgestorbener Tiere und Pflanzen bestehen. Nach der Entstehung unterscheidet man mehrere Arten:

Die **magmatischen Gesteine** (auch **Erstarrungsgesteine)** haben sich aus der heißen, flüssigen Masse des Erdinnern (Magma) gebildet und sind besonders hart. Erstarrte das empordringende Magma bereits innerhalb der Erdkruste, entstanden die Tiefengesteine, deren mineralische Bestandteile mit dem bloßen Auge erkennbar sind (z. B. Granit); erstarrte es erst an der Oberfläche, bildeten sich Ergussgesteine, die meist sehr feinkristallin sind (z. B. Basalt).

Die **Schicht**- oder **Sedimentgesteine** sind durch Verfestigung aus Sedimenten (Ablagerungen) hervorgegangen. Die Ablagerungen können durch Wasser, Eis, Wind oder Schwerkraft bewirkt worden sein. Ferner können Sedimentgesteine durch Kristallisation von Salzen aus wässrigen Lösungen (z.B. Steinsalz) oder aus abgestorbenen Tier- und Pflanzenresten (z.B. Korallenkalk) entstanden sein.

Die **metamorphen Gesteine** sind magmatische oder Sedimentgesteine, die durch erhöhten Druck, hohe Temperatur u.a. umgewandelt wurden. Dabei entstanden aus kleinsten Kristallen aufgebaute Gesteine (z.B. Marmor) oder schieferartig aufgebaute Gesteine (z.B. Gneis).

■ **Gethsemane,** nach biblischem Bericht ein Garten in der Nähe des Ölbergs bei Jerusalem, Stätte des Gebets und der Gefangennahme Jesu.

■ **Getreide,** Sammelbezeichnung für aus Gräsern gezüchtete →Kulturpflanzen: Weizen, Gerste, Hafer, Roggen, Hirse, Reis, Mais.

■ **Getriebe,** allgemein jede Vorrichtung, die der Kopplung und zwangsläufigen Umwandlung von Bewegungen und der Energieübertragung dient; im engeren Sinn eine Vorrichtung, die eine Drehbewegung von einer Welle auf eine andere überträgt (Drehmomentwandler).

Getriebe bestehen aus Starrgliedern (z.B. Kurbeln, Räder, Stangen, Wellen) und verformbaren Gliedern (z.B. Riemen, Bänder, Seile, Ketten). Typische Getriebearten sind Schrauben-, Kurbel-, Kurven-, Sperr-, Räder-, Druckmittelgetriebe; zu den Rädergetrieben zählen vor allem die Zahnradgetriebe.

Kraftfahrzeuggetriebe sind Wechselgetriebe mit verschiedenen Übersetzungsverhältnissen (den Gängen). Eine besondere Form ist das →Differenzialgetriebe.

■ **Getto** (Ghetto) [italienisch] *das,* abgeschlossenes jüdisches Wohnviertel, zuerst für Venedig (1531) nachweisbar. Durch das Verbot des Zusammenlebens von Christen und Juden entstanden von Mauern umgebene Judenviertel, die nachts durch Tore abgeschlossen wurden. Im 18. Jahrh., mit der Erlangung der Bürgerrechte, wurde in Europa der Zwang, in Gettos zu leben, aufgehoben. Unter der nationalsozialistischen Gewaltherrschaft wurden die Juden in den besetzten Ostgebieten erneut in Gettos gezwungen.

■ **Gewaltenteilung** (Gewaltentrennung), die Aufteilung der Staatsgewalt auf drei Teilgewalten zur Verhinderung von Machtmissbrauch und zur rechtsstaatlichen Sicherung der bürgerlichen Freiheiten:

1. Legislative, die gesetzgebende Gewalt, die beim Parlament liegt;

2. Exekutive, die vollziehende Gewalt, die bei der Regierung und der Verwaltung liegt;

3. Judikative, die rechtsprechende Gewalt, die bei den Gerichten liegt.

Die Gewaltenteilung wurde zur Grundlage aller demokratischen Staatsverfassungen, sie ist jedoch in keinem Staat vollkommen verwirklicht.

■ **Gewebe,** Bezeichnung für Ansammlungen von Zellen gleicher Funktion bei vielzelligen Lebewesen. Bei Tieren kann man vier Haupttypen von Geweben unterscheiden: **Muskelgewebe, Nervengewebe, Deckgewebe** (Epithelgewebe, z.B. Haut) und **Stützgewebe** (z.B. Knochengewebe, Bindegewebe). Organe sind meist aus verschiedenen Geweben zusammengesetzt.

■ **Gewehr,** langläufige, mit beiden Händen zu bedienende Handfeuerwaffe, im 14. Jahrh. aus dem Geschütz kleinerer Bauart entwickelt. Hauptteile des Gewehrs sind Rohr (Lauf), Schloss und Schaft (Kolben). Jahrhundertelang hatten die Gewehre (Arkebusen, Musketen, Flinten) einen innen glatten Lauf, der ein nur ungenaues Schießen ermöglichte. Im 18. Jahrh. wurde schließlich die »Büchse« erfunden, die einen innen gezogenen, mit spiralförmigen Rillen versehenen Lauf besitzt; hierdurch wird dem Geschoss eine Drehung um die eigene Längsachse verliehen, die so eine stabilisierte Flugbahn und damit eine größere Schussweite bewirkt.

Eine weitere Verbesserung brachten im 19. Jahrh. die Umstellung vom Vorderlader- auf das Hinterladerprinzip und die Einführung des Mehrlade- oder Repetiergewehrs mit mehreren Patronen in einem Magazin. Im Zweiten Weltkrieg wurde schließlich das automatische Schnellfeuergewehr entwickelt, mit dem mehrere Schüsse in dichter Folge (Feuerstöße) abgegeben werden können. Neben diesen beim Militär üblichen Waffen gibt es spezielle Gewehre für jagdliche und sportliche Zwecke, meist in der Form von Kleinkaliber- und Luftgewehren.

■ **Geweih,** paarig ausgebildete Stirnwaffe der →Hirsche, die (mit Ausnahme des Rentiers) nur bei männlichen Tieren wächst. Das Geweih besteht aus einer Verlängerung des Stirnbeins. Nach der Brunst (der Paarungszeit) stirbt es langsam von oben her ab und wird abgeworfen. Zurück bleibt ein kurzer Knochenstumpf, der wieder mit Haut (→Bast) überzogen wird und aus dem das neue Geweih entsteht.

Die einfachste Form des Geweihs ist ein »Spieß«, der sich dann beim nächsten Geweihwechsel gabelt. So entstehen durch weitere Gabelungen Sechs-, Acht-, Zehnender usw. Abgeflachte Gabelstangen werden als Löffel oder Schaufeln (z.B. beim Elch und beim Damhirsch) bezeichnet. Die Stärke des Geweihs und die Zahl der Enden hängt nicht vom Alter, sondern vom Kräftezustand des Tieres ab.

■ **Gewerbe,** jede selbstständige wirtschaftliche Tätigkeit, die auf Gewinn abzielt; ausgenommen sind die Berufe in der Land- und Forstwirtschaft sowie die freien Berufe.

■ **Gewẹrkschaften,** Organisationen, in denen sich Arbeitnehmer (Arbeiter, Angestellte, Beamte) zur Durchsetzung vor allem wirtschaftlicher und sozialer Interessen zusammenschließen. Ihre Ziele sind u.a. gerechte Entlohnung, Verminderung der Arbeitszeit, ausreichender Schutz am Arbeitsplatz gegen Unfälle und Krankheit, Sicherung gegen Arbeitslosigkeit, Mitbestimmung im Betrieb, Humanisierung der Arbeitswelt. Der Kampf um diese Ziele richtete sich nicht allein gegen die Arbeitgeber, sondern auch gegen den Staat, der die gesetzlichen Rahmenbedingungen schaffen sollte (z.B. Normalarbeitstag, Arbeitsschutzgesetzgebung, staatliche Sozialversicherung, Betriebsverfassung).

Die meisten Ziele (wie z.B. Lohn- und Gehaltsforderungen) versuchen die Gewerkschaften heute beim Abschluss eines neuen Tarifvertrages durchzusetzen. Gelingt dies nicht, so ist der →Streik ein gesetzlich erlaubtes Druckmittel. Eine wesentliche Rolle spielen die Gewerkschaften bei der Bildung von Betriebsräten und bei der innerbetrieblichen →Mitbestimmung.

Die Gewerkschaften finanzieren sich durch Mitgliedsbeiträge und den Gewinn gewerkschaftseigener Unternehmen. Verwaltung und Organisation liegen in der Hand von (hauptamtlichen) Gewerkschaftsfunktionären.

Geschichte: Im Zuge der Industrialisierung des 19. Jahrh. entstanden Gewerkschaften im Protest gegen die unzumutbaren Arbeitsbedingungen (z.B. 12- bis 17-Stunden-Tag) und die schlechten sozialen Verhältnisse zuerst in Großbritannien (Trade Unions).

In Deutschland verzögerte sich die Bildung gewerkschaftlicher Berufsverbände wegen staatlicher Unterdrückungsmaßnahmen; kennzeichnend für die deutsche Entwicklung in der zweiten Hälfte des 19. Jahrh. wurde die Konzentration auf handwerkliche Gewerke (Zunfttraditionen) und die Gliederung in Richtungsgewerkschaften nach Weltanschauungszugehörigkeit (u.a. freie oder sozialistische Gewerkschaften, christliche Gewerkschaften, liberale Hirsch-Dunckersche Gewerkvereine).

Nach dem Zweiten Weltkrieg bildeten sich in der Bundesrepublik Deutschland politisch und konfessionell unabhängige Gewerkschaften Die größte gewerkschaftliche Organisation ist heute der **Deutsche Gewerkschaftsbund** (DGB), der (2001) 8 Einzelgewerkschaften mit insgesamt rund 8 Mio. Mitgliedern umfasst. Jugendliche Arbeitnehmer können sich der DGB-Gewerkschaftsjugend anschließen. Neben dem DGB bestehen der **Christliche Gewerkschaftsbund Deutschlands** (CGB) und der **Deutsche Beamtenbund** (DBB).

Die Gewerkschaften in den sozialistischen Ländern waren staatlich gelenkt. Zu ihnen gehörte der **Freie Deutsche Gewerkschaftsbund** (FDGB), die Einheitsgewerkschaft in der DDR. 1945 wurde in Paris (heutiger Sitz: Prag) der **Weltgewerkschaftsbund** neu gegründet, der jedoch stark von den osteuropäischen Gewerkschaften geprägt wurde. 1949 wurde in Brüssel der **Internationale Bund Freier Gewerkschaften** gegründet. Die christlichen Gewerkschaften schlossen sich 1968 zum **Weltverband der Arbeitnehmer** in Brüssel zusammen.

■ **Gewịcht, 1)** umgangssprachliche Bezeichnung für die durch Wägung ermittelte →Masse eines Körpers (z.B. von Warenmengen oder Gütern). **2)** *Physik:* heute nicht mehr übliche Bezeichnung für die **Gewichtskraft,** die Kraft G, mit der ein Körper in Richtung Erdmittelpunkt hingezogen wird. Die Gewichtskraft G ist einerseits von der Masse m des Körpers, andererseits von der Erdbeschleunigung g abhängig. Es gilt:

$$G = m \cdot g.$$

Maßeinheiten der Gewichtskraft sind die Einheiten der →Kraft.

Gewitter

Wie weit ein Blitz vom eigenen Standort entfernt ist, kann man anhand der Schallgeschwindigkeit ungefähr errechnen, indem man die Sekunden zählt, die zwischen dem Blitz und dem anschließenden Donner verstreichen. Am zuverlässigsten wird diese Rechnung, wenn man von der Zahl 21 an aufwärts zählt. Die Anzahl der Sekunden muss dann mit der Schallgeschwindigkeit 340 m/s multipliziert werden. Ein Beispiel: Zwischen Blitz und Donner vergehen 10 Sekunden; multipliziert mit 340 m/s ergibt das einen Abstand von 3 400 Metern vom Einschlagort des Blitzes.

■ **Gewịchtheben,** schwerathletische Sportart, bei der ein Gewicht vom Boden zur Hochstrecke gebracht werden soll. Als Wettkampf wird Gewichtheben nur mit der Scheibenhantel in den Disziplinen Stoßen und Reißen beidarmig ausgeführt, deren Ergebnis im »Olympischen Zweikampf« addiert wird. Beim Stoßen wird die Hantel zunächst auf Brusthöhe gehoben, umgesetzt und dann nach einer kurzen Pause bis über den Kopf gebracht. Beim Reißen muss die Hantel in einem Zug vom Boden bis über den Kopf gebracht werden. In beiden Disziplinen muss das Gewicht sicher zwei Sekunden lang gehalten werden, der Heber hat jeweils drei Versuche zum Heben einer Last. Zur Gewährleistung der Chancengleichheit sind die Gewichtheber nach ihrem Körpergewicht in Gewichtsklassen eingeteilt.

Hier drei typische Varianten eines **Gewölbes:** ein Tonnengewölbe, darunter Kreuzgewölbe und Rippengewölbe

■ **Gewichtsklassen,** in einigen Sportarten die genau geregelte Einteilung der Athleten nach ihrem Körpergewicht, um im Wettkampf Chancengleichheit herzustellen.

■ **Gewissensfreiheit** →Glaubens- und Gewissensfreiheit.

■ **Gewitter,** ein Unwetter mit elektrischen Entladungen aus einer Gewitterwolke in Form von →Blitz und Donner. Gewitter entstehen bevorzugt als **Frontgewitter** an Luftmassengrenzen (Kaltfront) oder seltener als **Wärmegewitter** durch örtliche Überhitzung am Boden (im Sommer). – Infokasten S. 375

■ **Gewölbe,** bogenförmig gekrümmte Raumdecke. Man unterscheidet u. a. **Tonnengewölbe** mit halbkreisförmigem Bogen, **Kreuzgewölbe** als Durchdringung zweier Tonnen (Kreuzrippengewölbe und Kreuzgratgewölbe), **Klostergewölbe** mit Tonnenausschnitten, **Sterngewölbe** mit sternförmigen Gewölbekonstruktionen.

■ **Gewölle,** die unverdauten, in Klumpen ausgewürgten Nahrungsreste (Haare, Federn, Knochen) vieler Vögel (z. B. Eulen, Greifvögel, Krähen).

Gezeiten

Ebbe und Flut werden erzeugt durch das Zusammenwirken von Fliehkräften, die bei der Bewegung des Mondes um die Erde und der Erde um die Sonne entstehen. Nicht nur die Meere, sondern auch die Erdkruste hebt und senkt sich je einmal innerhalb von 12 Stunden und 36 Minuten. Die Vorausberechnung von Ebbe und Flut ist besonders für die Schifffahrt, aber auch für Hafen- und Brückenbaumaßnahmen von größter Wichtigkeit. Lange mussten diese Berechnungen ohne Hilfe des Computers vonstatten gehen. Für die jährlichen Vorausberechnungen der Hoch- und Niedrigwasser eines einzigen Hafens benötigte die größte Gezeiten-Rechenmaschine der Erde, die in Hamburg stand, 20 Stunden. 1976 wurde sie durch sekundenschnelle Computer abgelöst und ins Deutsche Museum nach München gebracht.

Geysir auf Island

■ **Gewürze,** Stoffe, mit denen Lebensmittel schmackhafter gemacht werden, vor allem getrocknete **Gewürzpflanzen.** Geschmack und Geruch der Gewürze gehen meist auf ätherische Öle zurück. Man verwendet Früchte und Samen (Paprika, Pfeffer, Piment, Vanille, Muskat, Zitrone, Senf), Blüten und Knospen (Nelken, Kapern), Rinde (Zimt), Wurzeln und Rhizome (Ingwer, Gelbwurzel, Sellerie), Zwiebeln (Zwiebel, Knoblauch), Blätter und Kraut (Borretsch, Dill, Bohnenkraut, Petersilie, Majoran, Lorbeerblätter.
Die Gewürze regen über Geruchs- und Geschmacksorgane den Appetit an, fördern Speichel- und Magensaftsekretion und wirken zum Teil bakterienfeindlich.

■ **Geysir** [isländisch] (Geiser) *der,* Heißwasserquelle in jungvulkanischen Gebieten, die periodisch Wasser und Dampf springbrunnenartig ausstößt. Die berühmtesten Geysire gibt es auf Island, auf der Nordinsel Neuseelands und im →Yellowstone-Nationalpark (USA).

■ **Gezeiten** (Tiden), zweimal täglich (zu sich ständig verschiebenden Zeitpunkten) in je $12^1/_2$-stündigem Zeitraum erfolgendes Ansteigen **(Flut)** und Fallen **(Ebbe)** des Meeresspiegels, besonders wahrnehmbar an den Küsten. Ursache der Gezeiten ist vor allem die Anziehungskraft des Mondes, daneben, wenn auch schwächer, die Anziehungskraft der Sonne. Wirken beide gleichzeitig ein (bei Vollmond und Neumond), dann verstärken sich die Gezeiten und erzeugen die kräftigen **Springtiden.** Bei Halbmond hebt die Sonne einen Teil der Gezeitenkräfte des Mondes auf, es entstehen die besonders schwachen **Nipptiden.**

Der **Tidenhub** ist der Höhenunterschied zwischen Hoch- (höchster Wasserstand) und Niedrigwasser (niedrigster Wasserstand); er beträgt bei Cuxhaven 3 m, die höchsten Werte (21 m) wurden in Neufundland gemessen.

■ **GG,** Abkürzung für **G**rund**g**esetz (in der Bundesrepublik Deutschland).

■ **Ghana,** Republik in Westafrika. An die schwer zugängliche Lagunenküste und die Küstenebene schließen sich Hochebenen an. Das Landesinnere wird von Savannen eingenommen, der Südwesten von Wald. Der Agrarbereich ist der wichtigste Wirtschaftszweig. Wichtigstes Anbau- und Ausfuhrprodukt ist Kakao. Exportiert werden außerdem Holz, Gold, Bauxit und Industriediamanten. Über 60 % der Bevölkerung (zahlreiche Stammesgruppen) sind Christen, 20 % Anhänger afrikanischer Religionen, 16 % Muslime.

Geschichte: 1471 erreichten portugiesische Seefahrer erstmals die Küste Ghanas. Seit 1821 gehörte das Gebiet (unter dem Namen **Goldküste**) zum britischen Kolonialreich (seit 1874 Kronkolonie). 1957 erhielt Ghana die Unabhängigkeit.

Ghana
Fläche 238 533 km²
Einwohner 18,557 Mio.
Hauptstadt Accra
Amtssprache Englisch
Nationalfeiertage 6. 3. und 1. 7.
Währung 1 Cedi (¢) = 100 Pesewas (p)
Zeitzone MEZ −1 Std.

Ghana

Flagge

Wappen

■ **Ghẹtto** → Getto.

■ **Ghostwriter** [go^u^strait^e^r; engl., = Geisterschreiber] *der,* Verfasser von Reden, Zeitungsartikeln oder Büchern (z. B. Memoiren) im Auftrag und unter dem Namen einer anderen Person.

■ **Gịbbons** [frz.], eine Familie baumbewohnender Affen mit sieben Arten. Die Gibbons leben in Herden von 20 bis 30 Tieren in den Urwäldern Südostasiens. Sie sind etwa 45 bis 90 cm lang und schwanzlos. Ihr Körper ist schlank, der Brustkorb kurz und breit, die Arme sind stark verlängert, zum Teil haben sie einen aufblähbaren Kehlsack.

■ **Gibrạltar,** Halbinsel an der Südspitze Spaniens, die die 6,5 km² große britische Kronkolonie Gibraltar bildet. Die 28 000 Einwohner sprechen überwiegend spanisch. Die Stadt ist terrassenförmig am steilen Kalkfelsen angelegt. Der Hafen an der Westseite der Halbinsel (Bucht von Algeciras) ist ein bedeutender Kriegs- und Handelshafen. Die strategische Bedeutung Gibraltars ergibt sich aus der Lage an der wichtigen **Straße von Gibraltar,** der Meerenge, die das Mittelmeer mit dem Atlantischen Ozean verbindet. Europa und Afrika sind hier an der engsten Stelle nur 14 km voneinander getrennt. – Der Felsen von Gibraltar beherbergt die einzigen wild lebenden Affen Europas (Magot oder Berberaffe).

Schon die Araber legten hier 711 ein Kastell an; ab 1462 war Gibraltar spanisch; seit 1713 ist es englischer Besitz. – Karte und Bild S. 378

■ **Gießerei,** die Erzeugung von Gusswaren aus

Ein **Gibbon** – hier ein Weißhandgibbon – hat es sich in einer Astgabel bequem gemacht

Eisen und anderen Metallen. Dazu werden zuerst Gussformen aus Formsand hergestellt, der z. B. mit Ton oder Zement und Wasser oder Kunstharz gebunden wird. Der Eisenguss wird entweder aus Gusseisen hergestellt, das unmittelbar dem Hochofen entnommen wird, oder es wird Gießereiroheisen benutzt, das unter Zusatz von Schrott in besonderen Öfen umgeschmolzen wird. Weitere Arten sind Grau-, Hart- und Temperguss bzw. Stahlguss, die sich in Struktur, Legierung, Zugfestigkeit und Dehnung unterscheiden. Werkstoffe für den Schwermetallguss sind u. a. Zinnbronze oder Rotguss, für den Leichtmetallguss Aluminium- und Magnesiumlegierungen.

■ **Gịfte,** in der Natur vorkommende oder künstlich hergestellte organische und anorganische Stoffe, die im lebenden Organismus schon in kleinen Mengen zu vorübergehenden Funktionsstörungen, bleibenden Gesundheitsschäden oder zum Tod führen. Oft haben Gifte in besonders geringer Menge gegen bestimmte Krankheiten eine heilende Wirkung und sind dann als Arzneimittel verwendbar, z. B. Digitalis, das Gift des Fingerhuts. **Gegengifte** sind Stoffe, die Gifte (z. B. Schlangengift) unwirksam machen.

■ **Gịftpflanzen,** Pflanzen, die Substanzen enthalten, die durch Berührung oder Aufnahme in den Körper beim Menschen und bei Tieren gesundheitliche Schäden hervorrufen. Von den Tausenden von Giftpflanzen sind nur wenige Arten so giftig, dass sie schon in geringen Mengen lebensgefährlich sind. – Tabelle S. 380

■ **Gịftschlangen,** zusammenfassende, nichtsystematische Bezeichnung für Schlangen, die ihre Beute oder auch Angreifer durch ein Gift lähmen oder töten, das sie durch Giftzähne einfließen lassen. Die etwa 400 Arten von Giftschlangen unterteilen sich in Giftnattern (u. a. Kobras, Mambas), Trugnattern, Seeschlangen, Grubenottern und → Vipern. In Deutschland heimisch sind nur die Kreuzotter und die Aspisviper. Bei geschlossenem Maul liegen die Giftzähne in Hautfalten; sie werden beim Beißen aufgerichtet (bei Vipern und Grubenottern), oder sie sind nicht umklappbar (wie bei den Giftnattern).

Der in Marokko, Algerien und seit langem auch im europäischen **Gibraltar** heimische Magot, auch Berberaffe genannt, ist der einzige Affe, den es wild lebend nach Europa verschlagen hat

■ **Gịga...** [griech.], Vorsatzzeichen **G,** ein Vorsatz vor Einheiten für den Faktor 10^9 (Milliarde), z. B. 1 Gigahertz = 1 GHz = 10^9 Hz.

■ **Gigạnten,** in der griechischen Mythologie ein Riesengeschlecht, das sich gegen die olympischen Götter erhob, von Zeus aber mithilfe des Herakles zurückgeschlagen wurde.

■ **Gịlde,** im Mittelalter eine genossenschaftliche Vereinigung, gegründet zum gegenseitigen Schutz und Unterstützung sowie zur Pflege der Geselligkeit. Die Gilden waren nach Berufsständen gegliedert (z. B. Handwerks-, Kaufmannsgilde). Sie gingen schließlich in den Zünften (→ Zunft) auf.

■ **Gịlgamesch,** sumerischer König der 1. Dynastie von Uruk, der um 2600 v. Chr. gelebt hat. Gilgamesch ist der Held der in der altorientalischen Literatur weit verbreiteten Gilgameschdichtungen, deren Stoff vom 3. bis zum 1. Jahrtausend in sumerischer, akkadischer (babylonisch-assyrischer), hurri-

tischer und hethitscher Sprache überliefert worden ist.
Aus der Tontafel-Bibliothek des Königs Assurbanipal (668–627 v. Chr.) in Ninive stammen die elf Keilschrifttafeln mit dem eigentlichen **Gilgamesch-Epos** (um 1000 v. Chr.), das auch die ursprünglich selbstständige Sintflutsage einbezieht; es gilt als größtes literarisches Werk der Babylonier.

■ **Gimpel** →Dompfaff.

■ **Ginkgo** [japanisch] *der* (Ginkgo biloba), urtümlicher, zu den Nacktsamern gehörender zweihäusiger Baum Ostasiens, mit fächerformigen Blättern und gelben, essbaren Samen. Die bis zu 30 m hohen Ginkgobäume sind bei uns als Parkbäume beliebt.
In China und Japan gilt der Ginkgo als heiliger Baum und wird seit alters her in Tempelanlagen und Klostergärten angepflanzt. In Europa ist er seit Mitte des 18. Jahrh. bekannt.

■ **Ginseng** [chinesisch] *der*, bis 50 cm hohes Araliengewächs mit grünlich-weißen Blüten. Wild kommt der Ginseng nur noch selten vor, u. a. in der Mandschurei und in Korea, doch wird er u. a. in Japan und in Korea angebaut. Die goldgelbe, rübenartige Wurzel der Pflanze gilt seit alters her als Heilmittel gegen Syphilis, als lebensverlängernd und als Mittel zur Steigerung des Geschlechtstriebs und der Potenz. Das chinesische Schriftzeichen für Ginseng ist das gleiche wie für »Manneskraft«.

Ginkgo

Viele der Bäume, die in Deutschland ganz selbstverständlich Parks, Gärten und Alleen zieren, stammen ursprünglich aus China. Auch der beliebte Ginkgobaum (Ginkgo biloba) ist ein fernöstlicher Gast. Die klimatische Stabilität Ostchinas hat dafür gesorgt, dass dieses lebende Fossil die Zeiten überdauern konnte, denn der Ginkgo entwickelte sich schon sehr früh in der Evolution. Sein Alter wird auf rund 300 Millionen Jahre geschätzt; aufgefundene Versteinerungen früherer Exemplare datieren 160 Millionen Jahre zurück. Die Holländer brachten den Baum im 18. Jahrhundert nach Europa. Auch im Weimar der Goethezeit wurde der Baum in der Hofgärtnerei gezüchtet. In dem Gedicht »Ginkgo biloba« aus seinem lyrischen Hauptwerk »West-östlicher Divan« machte Goethe die auffällig zweigeteilte Blattform des Gingko zum Symbol für die Vieldeutigkeit menschlicher Beziehungen.

■ **Gips,** in der Natur als Mineral vorkommendes, schwer lösliches Calciumsalz der Schwefelsäure (Calciumsulfat, $CaSO_4 \cdot 2H_2O$). Die reinste Form des natürlich vorkommenden Gipses ist der Alabaster. Das im Gips enthaltene Wasser kann zum Teil durch Erhitzung entfernt werden, wobei die Verbindung ($CaSO_4 \cdot {}^1/_2 H_2O$) pulverförmig wird. Dieser so genannte Putzgips nimmt nach dem Anrühren mit Wasser das abgegebene Wasser wieder auf, und der Gips erhärtet wieder. Auf diesem chemischen Vorgang, dem Abbinden, beruht die vielfältige Verwendung von Gips im Baugewerbe.

Diese vor allem in Kenia und Tansania in kleineren Herden lebenden **Giraffen** mit der bis zum Vorderrücken reichenden, aufrecht stehenden Mähne nennt man nach der Zeichnung ihres Fells Sterngiraffen; im Unterschied zu anderen Unterarten besitzen die Weibchen und die Männchen der Sterngiraffe nicht mehr als zwei Stirnzapfen

■ **Giraffe** [arabisch] *die*, in afrikanischen Savannen südlich der Sahara lebender Wiederkäuer mit einer Scheitelhöhe bis 6 m, Körperhöhe bis zum Widerrist etwa 3 m. Der sehr lange Hals hat sieben stark verlängerte Wirbel. Die Giraffe hat vorstehende Augen und zwei bis fünf knöcherne, von der Körperhaut überzogene Stirnzapfen. Mit ihrer langen, schwarzblauen Zunge und der als Greiforgan dienenden Oberlippe holt sie Blätter und Zweige von den Bäumen.

■ **Girokonto** [schiro...], ein Bank- oder Postkonto, über das der bargeldlose Zahlungsverkehr (Giroverkehr) durch Überweisungen und Schecks getätigt werden kann und bei dem kurzfristige Kredite (Dispositionskredite) ohne besonderen Antrag, aber zu hohen Zinsen eingeräumt werden.

■ **Gironde** [schirongd] *die*, der gemeinsame Mündungstrichter von →Garonne und Dordogne.

■ **Girondisten** [schi...; frz.], in der →Französischen Revolution eine Gruppe gemäßigter Republi-

Gitarre

kaner, benannt nach dem Département Gironde. Gemeinsam mit den →Jakobinern stürzten sie das Königtum, gerieten dann aber in Gegensatz zu ihnen. In der Zeit der Schreckensherrschaft Robespierres wurden viele Girondisten hingerichtet.

■ **Giseh** (Gizeh, Giza, Gise), Stadt in Ägypten, südwestlich von Kairo, mit 2,2 Mio. Einwohnern. Westlich von Giseh am Rand der Libyschen Wüste befinden sich die Pyramiden der Pharaonen Cheops, Chephren und Mykerinos (auch →Pyramide 2) sowie der älteste erhaltene ägyptische →Sphinx.

■ **Gitarre** [griech.], Zupfinstrument mit flacher Decke und flachem Boden, in den ein kreisförmiges Schallloch eingelassen ist. Die sechs an einem Querriegel befestigten Saiten sind heute auf E–A–d–g–h–e[1] gestimmt.

■ **Gladiatoren** [von lat. gladius = Schwert], im alten Rom berufsmäßige Kämpfer, die in öffentlichen Schaustellungen auf Leben und Tod gegeneinander oder gegen Tiere kämpften. Meist waren es Sklaven und verurteilte Verbrecher, die in Gladiatorenschulen für solche Kämpfe ausgebildet wurden. Sie traten in unterschiedlicher Ausrüstung an (Schwert und Schild, auch Netz oder Lasso). Besiegte, schwer verletzte Gladiatoren konnte das Volk durch Zuruf retten; andernfalls musste der Sieger den Besiegten töten. Anfang des 5. Jahrh. wurden die Gladiatorenspiele endgültig verboten.

■ **Glarus, 1)** Kanton in der (deutschsprachigen) Ostschweiz, mit 685 km² und 38 700 Einwohnern; Hauptstadt ist Glarus 2). Neben Almwirtschaft findet sich auch Textil- und elektronische Industrie so-

Giftpflanzen: die wichtigsten Wild- und Zierpflanzen in Mitteleuropa

Pflanzenarten	giftige Pflanzenteile	Gefährlichkeitsgrad
Aronstab, Gefleckter	alle Pflanzenteile einschließlich der Beeren	++
Bärenklauarten, vor allem Riesenbärenklau	alle Pflanzenteile, besonders der Saft	++
Bilsenkraut, Schwarzes	alle Pflanzenteile, besonders die Samen	+++
Christrose	alle Pflanzenteile	++
Eibe, Gemeine	alle Pflanzenteile, ausgenommen der rote Samenmantel	++
Eisenhutarten, vor allem Blauer Eisenhut	alle Pflanzenteile, besonders die Wurzelknollen und Samen	+++
Engelstrompete	alle Pflanzenteile	+++
Fingerhutarten, vor allem Roter Fingerhut	alle Pflanzenteile	+++
Gartenbohne	rohe Hülsen, rohe Kerne	++
Goldregen	alle Pflanzenteile, besonders reife Samen	++
Hahnenfußarten, darunter Scharfer Hahnenfuß und Gifthahnenfuß	alle Pflanzenteile	+
Herbstzeitlose	alle Pflanzenteile	+++
Kartoffel	Keime, unreife, grün gewordene, auskeimende Knollen und alle oberirdischen Pflanzenteile	++
Lebensbaum	Blätter, Zapfen, Holz	+++
Maiglöckchen	alle Pflanzenteile, besonders die Blüten und Samen	++
Oleander	alle Pflanzenteile	++
Pfaffenhütchen	alle Pflanzenteile, besonders die Früchte	++
Rhododendronarten	Blüten einschließlich Nektar	++
Schierling, Gefleckter	alle Pflanzenteile	+++
Seidelbast	alle Pflanzenteile außer Fruchtfleisch, besonders die Samen	+++
Stechapfel	alle Pflanzenteile, besonders die Blüten und Früchte	+++
Tabak	alle Pflanzenteile	+++
Tollkirsche	alle Pflanzenteile	+++

+ giftig; ++ stark giftig, kann zu schweren Vergiftungserscheinungen führen; +++ sehr stark giftig, schon in geringen Mengen lebensgefährlich wie Maschinenbau. – Glarus wurde 1473 Mitglied der Eidgenossenschaft; seit 1803 ist es Kanton.

2) Hauptort von 1), an der Linth, mit 5500 Einwohnern.

■ **Glas,** ein fester, nichtkristalliner Stoff, der keinen bestimmten Schmelzpunkt hat, sondern mit steigender Erwärmung (etwa 100 °C und mehr) zunächst weich und dann flüssig wird. Der glasartige Zustand tritt ein, wenn eine Schmelze so schnell fest wird, dass sich die Teilchen nicht ordnen können.

In der Praxis verwendet man die Bezeichnung Glas meist für die unterkühlte Schmelze von Quarz (Siliciumdioxid, SiO_2) mit den verschiedensten Zusätzen. Für das gewöhnliche Glas (Natronglas) wird dem fein gemahlenen Quarzsand (etwa 75%) Natrium- und Calciumcarbonat zur Herabsetzung des Schmelzpunktes zugesetzt. Dieses Glas kann man durch Zugabe anderer Verbindungen (vorwiegend Oxide) in seinen Eigenschaften stark verändern. So wird z. B. durch Zusatz von Boroxid (B_2O_3) und Aluminiumoxid (Al_2O_3) die Widerstandsfähigkeit gegen chemisch wirksame Stoffe und hohe Temperaturen bedeutend verbessert (Jenaer Glas, heute auch »Duran« genannt).

Durch Zusatz von bestimmten Schwermetalloxiden erhält man gefärbte Gläser; durch Zusatz von Eisenoxid Flaschenglas, durch Kobaltoxid Kobaltglas und durch feinst verteiltes Gold Rubinglas. Der Zusatz von Bleioxid erhöht die Lichtbrechung (Kristallglas). Heute werden transparente Glasersatzstoffe auch auf der Basis von Kunststoffen hergestellt, z. B. Acrylglas (Plexiglas®).

Glas ist seit etwa 3500 v. Chr. aus Ägypten bekannt. Um Christi Geburt verbreitete sich die Glasmacherkunst über die Mittelmeerländer, wo sie in Venedig zu hoher Blüte kam. Venedigs Glasgewerbe belieferte bis ins 16. Jahrh. Europa mit Gläsern. In Böhmen und Bayern standen die ersten deutschen Glashütten. Gläser für technische und optische Zwecke konnten erst im 19. Jahrh. hergestellt werden, nachdem die Brüder Siemens eine besonders günstige Feuerung ausgearbeitet hatten.

■ **Glasfaseroptik** (Fiberoptik), ein Teilgebiet der Optik, das sich mit der Übertragung von Licht in Glas- bzw. Lichtleitfasern beschäftigt. Flexible →Lichtleiter werden zur Übertragung von Nachrichten und Daten in der optischen Nachrichtentechnik eingesetzt, z. B. beim Glasfasernetz der Deutschen Telekom. Elektrooptische (bzw. optoelektrische) Wandler an beiden Enden des Lichtleiters setzen analoge oder digitale Signale in Lichtschwankungen oder -impulse eines Lasers um und umgekehrt. Glasfasern werden auch zur Bildübertragung eingesetzt. Dabei werden sie gebündelt (z. B. in der Medizin beim Endoskop).

■ **Glasgow** [glasgo[u]], größte Stadt und wichtigster Hafen Schottlands, mit 623900 Einwohnern, am Clyde gelegen (32 km vor seiner Mündung in den Firth of Clyde an der schottischen Westküste).

Der Sphinx von **Giseh** – hier mit der Cheopspyramide im Hintergrund – ist mit einer Länge von 73,5 m und einer Höhe von rund 20 m die größte Skulptur Ägyptens

■ **Glasmalerei,** die Gestaltung von Glasfenstern mit verschiedenfarbigen Glasstückchen, die mosaikartig zusammengesetzt werden. Die schönsten Fenster dieser Art stammen aus der französischen Gotik. Bei reiner Bemalung von Glas spricht man von **Glasgemälden**. – Bild S. 382

■ **Glasnost** [russisch, = Öffentlichkeit], Schlagwort, mit dem der frühere sowjetische Staats- und Parteichef Michail Gorbatschow sein Bemühen um mehr Offenheit und Durchschaubarkeit der politischen Entscheidungen in der Sowjetunion bezeichnete. – auch →Perestroika.

■ **Glaubens- und Gewissensfreiheit,** das Recht des Einzelnen, völlig unbeeinträchtigt nach seiner Überzeugung, seinem Gewissen und Glauben zu leben. Die Glaubens- und Gewissensfreiheit ist in vielen modernen Verfassungen (z. B. in Deutschland, Österreich und der Schweiz) garantiert.

■ **Glaubersalz** (Mirabilit), kristallisiertes Natriumsulfat ($Na_2[SO_4] \cdot 10\,H_2O$), das in alpinen Salzseen und Salzlagerstätten vorkommt. Es wird zum Färben und Veredeln von Textilien, zur Herstellung von Waschmitteln und in der Glasindustrie verwendet. In der Medizin dient es als Abführmittel.

■ **Gläubiger,** derjenige, der von einem anderen, dem **Schuldner,** zu Recht etwas verlangen kann, z. B. die Rückgabe geliehenen Geldes.

Diese im 12. Jahrhundert ausgeführte **Glasmalerei** ist eine kleine Kostprobe aus dem Augsburger Dom

■ **Gleichberechtigung,** die rechtliche Gleichstellung von Mann und Frau, garantiert im Grundgesetz der Bundesrepublik Deutschland. Der Staat darf den Unterschied der Geschlechter nicht als Grund für Ungleichbehandlung wählen. Eine Ausnahme ist nur zulässig, wenn biologische Unterschiede die Verschiedenbehandlung erfordern (z. B. Mutterschutz). Nach der Rechtsprechung des Bundesverfassungsgerichts ist die Arbeit der Frau in Haushalt und Familie als gleichwertig mit dem Beitrag des erwerbstätigen Ehemannes anzusehen. Die gesetzliche Bevorzugung eines männlichen Erben, z. B. bei der Hoferbfolge, ist verfassungswidrig.

Das Gleichberechtigungsgesetz vom 18. Juni 1957 hat Bestimmungen des Bürgerlichen Gesetzbuches (BGB) zum Eherecht, zum ehelichen Güterrecht und zur elterlichen Sorge an den Verfassungsgrundsatz der Gleichberechtigung angepasst. Das Eherechtsgesetz vom 14. Juni 1976 hat durch Regelungen über Versorgungsanwartschaften nach der Scheidung, über die Berechtigung beider Ehegatten zur Erwerbstätigkeit und über die Möglichkeit der Wahl des Geburtsnamens der Frau zum Familiennamen die Gleichberechtigung im Familienrecht fortgeführt.

Das Gesetz über die Gleichbehandlung von Männern und Frauen am Arbeitsplatz vom 13. August 1980 fügte u. a. ein allgemeines Benachteiligungsverbot aufgrund des Geschlechts und das Gebot der geschlechtsneutralen Ausschreibung von Arbeitsplätzen in das BGB ein.

Der Rechtsnorm steht eine soziale Wirklichkeit entgegen, in der die Frau trotz rechtlicher, gesellschaftlicher und politischer Fortschritte häufig weiterhin benachteiligt wird.

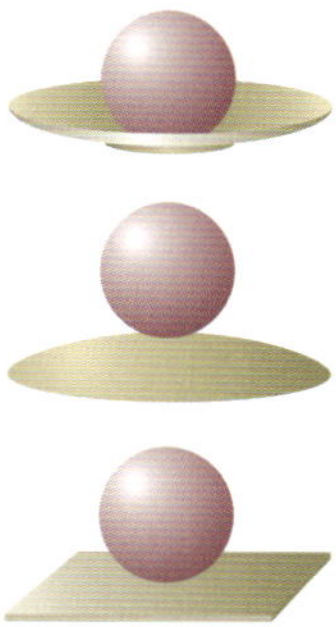

Gleichgewicht in stabiler, labiler und indifferenter Lage

■ **Gleichgewicht, 1)** *Chemie:* ein Zustand bei chemischen Reaktionen, bei dem die Geschwindigkeit der Hin- und Rückreaktion gleich ist. Es wird deshalb als dynamisches Gleichgewicht bezeichnet. **2)** *Physik:* derjenige Zustand, in dem sich ein Körper oder ein System befindet, wenn sich alle einwirkenden Kräfte gegenseitig aufheben oder zeitlich konstant sind.

Beim mechanischen Gleichgewicht Gleichgewicht heben sich die Wirkungen aller angreifenden Kräfte gegenseitig auf, sodass weder eine resultierende Kraft noch ein resultierendes Drehmoment existiert. Der Körper bleibt daher in Ruhe.

Die Kathedrale von Chartres ist berühmt für ihre funkelnden Meisterwerke der **Glasmalerei;** der hier in einem Ausschnitt abgebildete Stammbaum Jesu zeigt ein bis ins kleinste Detail ausgestaltetes Fenster

Man unterscheidet drei Gleichgewichtsarten:
1. stabiles Gleichgewicht: Der Körper kehrt nach einem Anstoß von selbst in seine ursprüngliche Gleichgewichtslage zurück. Sein Schwerpunkt (*S*) hat die tiefstmögliche Lage.
2. labiles Gleichgewicht: Der Körper entfernt sich nach einem Anstoß immer weiter von seiner ursprünglichen Gleichgewichtslage. Sein Schwerpunkt hat die höchstmögliche Lage.
3. indifferentes Gleichgewicht: Der Körper befindet sich nach einem Anstoß in der neuen Lage wiederum im Gleichgewicht, die Lage des Schwerpunktes bleibt erhalten.
Ein Gas, eine Flüssigkeit oder ein Festkörper befinden sich im thermodynamischen Gleichgewicht, wenn Temperatur, Druck und Volumen ausgeglichen sind und sich nicht verändern.

■ **Gleichgewichtsorgan** (Lagesinnesorgan), ein Organ, das Menschen und Tieren eine Veränderung ihrer Körperlage anzeigt. Im gesamten Tierreich sind die Gleichgewichtsorgane ähnlich gebaut: Ein fester Körper (Kristalle aus Calciumcarbonat) übt auf Sinneshaare einen Druck aus. Bei den Säugetieren und beim Menschen liegt das Gleichgewichtsorgan im Innenohr.

■ **Gleichnis,** in der Literatur eine Form des Vergleichs, bei dem eine Vorstellung durch eine vergleichende Aussage aus einem anderen Bereich verdeutlicht wird. Das Geichnis ist meistens durch Vergleichspartikel (»so ... wie«) gekennzeichnet.

■ **Gleichrichter,** ein Gerät zur Umwandlung (Gleichrichtung) von Wechselstrom in Gleichstrom unter Benutzung von Schaltelementen. Der Gleichrichter wirkt als »elektrisches Ventil«, das heißt, er lässt den Strom nur in einer Richtung durch.

■ **Gleichstrom,** ein elektrischer Strom, der stets in die gleiche Richtung fließt, im Gegensatz zum →Wechselstrom. Gleichstrom entsteht bei elektrochemischen Vorgängen in Batterien und Akkumulatoren oder aus Wechsel- oder Drehstrom durch Gleichrichtung. Gleichstrom wird z. B. in elektromotorischen Antrieben mit besonders hohen Anforderungen an die Steuerbarkeit der Drehzahl sowie zur Stromversorgung von elektronischen Schaltungen und Geräten eingesetzt.

■ **Gleichung,** eine mathematische Form für die Aussage, dass zwei Zahlen oder Größen einander gleich sind. Mittelpunkt der Gleichung ist das Gleichheitszeichen. Die rechts und links davon stehenden Zahlen oder Größen sind gleich, z. B. $3+5=8$.
Identische Gleichungen enthalten entweder überhaupt keine unbekannte Größe ($3+7=10$), oder sie sind für alle Werte einer in ihnen enthaltenen Unbekannten x erfüllt:

$$x^2-1=(x+1)\cdot(x-1).$$

Bestimmungsgleichungen sind nur für ganz bestimmte Werte der Unbekannten erfüllt:

$$x+1=3 \text{ z. B. nur für } x=2.$$

Funktionsgleichungen stellen einen Zusammenhang zwischen zwei oder mehreren Größen dar ($y=3x+1$). Alle physikalischen Gesetze lassen sich als Funktionsgleichungen darstellen.

■ **Gleitschirmfliegen** (Paragliding), das Fliegen mit einem fallschirmähnlichen Fluggerät (Gleitsegel, Paraglider) von Bergen aus oder mithilfe von Schleppwinden. Der unter dem Gerät hängende Pilot lenkt mittels zweier Steuerleinen. Ursprünglich als Abstiegshilfe für Bergsteiger entwickelt, ist das Gleitschirmfliegen heute eine eigene Sportart. Die Piloten müssen mindestens 16 Jahre alt sein und einen Luftfahrerschein besitzen.

■ **Gletscher,** Eismassen der Landoberfläche, die sich als Ströme langsam talabwärts bewegen oder bei größerer Ausdehnung große Teile des festen Landes bedecken. Sie entstehen dadurch, dass mehr Schnee fällt als abschmilzt und unter dem Druck der von oben ständig erneuerten Schneemassen die unteren zu Eis werden (aus 5–8 m Schnee entstehen etwa 5–10 cm Eis). Man unterscheidet:
1. Inlandeis, eine in sich geschlossene Eismasse von großer Ausdehnung (auf der Antarktis 13 Mio. km^2),
2. Plateaugletscher, weite Hochflächen bedeckende, relativ flache Gletscher mit kurzen, steilen Gletscherzungen (in Norwegen und Island),
3. Gebirgsgletscher (z. B. in den Alpen), zu denen auch die Talgletscher gehören. Sie werden oberhalb der Schneegrenze gebildet (Nährgebiet) und gehen nach unten zungenförmig in das Zehrgebiet über, wo sich in der Gletscherzunge Eisnachschub und Schmelzverlust etwa entsprechen.
Der vom Gletscher mitgeführte und an den Seiten, auf dem Grund und vor der Gletscherzunge abgelagerte Schutt wird als **Moräne** bezeichnet. – Bild S. 384

■ **Gliederfüßer** (Arthropoden), der artenreichste Stamm des Tierreichs, der rund 70 % aller Tierarten umfasst. Dazu gehören vor allem Spinnentiere, Asselspinnen, Krebstiere, Tausendfüßer und Insekten. Die Gliederfüßer sind zweiseitig-symmetrische Wirbellose mit gegliederten, paarigen Gliedmaßen, aus denen auch Fühler und Mundwerkzeuge hervorgegangen sind. Der Körper ist in oft gleichförmige Körperabschnitte (Segmente) gegliedert, die zum Teil (Kopf, Brust) miteinander verschmolzen sind. Die Oberhaut scheidet einen gegliederten Chitinpanzer ab, der als Außenskelett und Austrocknungsschutz dient. In den offenen Blutkreislauf ist oft ein röhrenförmiges Herz eingeschaltet. Die Atmung erfolgt durch Kiemen (Krebse), Fächertracheen (Spinnentiere) oder Tracheen (Tausendfüßer, Insekten). Die Sinnesorgane sind meist hoch entwickelt. Gliederfüßer haben Facettenaugen. Sie entwickeln sich über Larvenformen, die den erwachsenen Tieren sehr unähnlich sind; oft wird ein Puppenstadium durchlaufen (Metamorphose).

■ **Gliedertiere,** eine weltweit verbreitete Gruppe von fünf Tierstämmen: →Ringelwürmer, →Gliederfüßer, Stummelfüßer, Bärtierchen und Zungenwürmer.

■ **Gliedmaßen** ((Extremitäten), vor allem der Fortbewegung (Bein, Flossen, Flügel), aber auch dem Nahrungserwerb (z. B. Mundgliedmaßen), der Fortpflanzung, der Atmung oder als Tastorgane dienende, in gelenkig miteinander verbundene Teile gegliederte, paarige Körperanhänge bei Gliederfüßern und Wirbeltieren. Beim Menschen unterscheidet man **obere Gliedmaßen** (Arme) und **untere Gliedmaßen** (Beine).

Gletscher: Länge und Fläche einiger Talgletscher

Gletscher	Länge in km	Fläche in km²
Hubbard-Gletscher (Alaska)	122	3 400
Malaspina-Gletscher (Alaska)	113	2 200
Fedtschenko-Gletscher (Pamir, Tadschikistan)	77	652
Columbia-Gletscher (Alaska)	61	1 100
Biafo-Gletscher (Karakorum, Pakistan)	59	544
Baltoro-Gletscher (Karakorum, Pakistan)	57	754
Skeiðararjökul (Island)	50	1 300

■ **Gliedsatz,** Nebensatz, der die Funktion eines Satzgliedes einnimmt.

■ **Glimmer,** eine Gruppe von Mineralien (Schicht- oder Blattsilikate), nach einer Fläche aufspaltbare, vorwiegend aus Tonerde bestehende Kristalle. Glimmer kommt vor allem in →Graniten und →Gneisen vor.

■ **global** [lat.], die gesamte Erde umfassend, weltweit; auch: gesamt, allgemein, pauschal.

■ **Globalisierung,** schlagwortartige Bezeichnung für die zunehmende Internationalisierung der Waren- und Finanzmärkte. Begünstigt wird die wachsende Verflechtung durch neue Technologien (vor allem im Kommunikations-, Informations- und

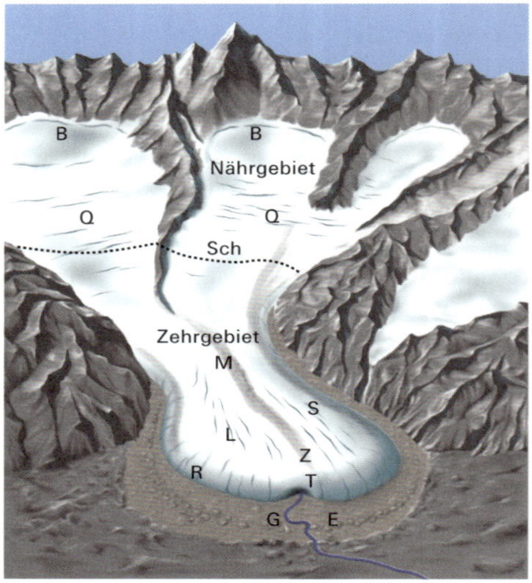

Aufbau eines **Gletschers:** B Bergschrund, Sch Schneegrenze, Q Querspalten, R Randspalten, L Längsspalten, M Mittelmoränen, E Endmoränen, S Seitenmoränen, Z Gletscherzunge, T Gletschertor, G Gletscherbach

Transportwesen), Deregulierung und Liberalisierung sowie die intensive internationale Ausrichtung multinationaler Unternehmen. Globalisierung findet ihren Ausdruck in der Zunahme des Außenhandels, der Direktinvestititionen und des internationalen Wettbewerbs.

■ **Globus** [lat.] *der,* in der Geographie und Astronomie ein maßstabgerecht verkleinertes Modell der Erde, auch anderer Himmelskörper oder der scheinbaren Himmelskugel. Der älteste erhaltene Erdglobus wurde 1492 von Martin Behaim in Nürnberg geschaffen.

■ **Glocke,** hohler, kelchförmiger Klangkörper aus Metall. Glocken sind mit der **Glockenkrone** aufgehängt am **Glockenbalken.** Der Glockenbalken und damit die Glocke wird von Hand oder elektrisch zum Schwingen gebracht. Die in die Glocke eingehängten Klöppel schlagen dabei an den unteren Glockenrand und bringen die Glocken zum Tönen. Die Glocken eines Glockengeläuts sind aufeinander abgestimmt.

■ **Glockenblumengewächse,** mit etwa 2 000 Arten vor allem in den subtropischen und gemäßigten Gebieten verbreitete Pflanzenfamilie. Bekannte einheimische Gattung ist die **Glockenblume** mit etwa 300 Arten.

■ **Glockenspiel, 1)** Musikinstrument, das aus waagerecht in einem Rahmen angeordneten, abgestimmten Metallplättchen besteht, die mit Metallhämmerchen angeschlagen werden. Bei Militärkapellen sind sie in einem lyraförmigen Rahmen aufgehängt.

2) (Turmglockenspiel), z. B. in Kirch- oder Rathaustürmen angebrachtes Spiel aufeinander abgestimmter Glocken in verschiedenen Größen. Mithilfe eines Regiewerks werden die Glocken zum Erklingen gebracht.

■ **Glockentierchen,** auf einem spiralig aufdrehbaren Stiel festsitzender Einzeller, der zu den →Wimpertierchen gehört.

■ **Glosse** [griech.] *die,* **1)** *Literaturwissenschaft:* Übersetzung oder Erläuterung eines fremden Wortes in alten Handschriften (vor der Erfindung des Buchdrucks); diese Glossen wurden bei der Abschrift oft in **Glossaren,** einer frühen Form des Wörterbuchs, zusammengestellt.

2) *Publizistik:* Kurzkommentar, der auf aktuelle politische oder kulturelle Ereignisse Bezug nimmt.

■ **Gluck,** Christoph Willibald Ritter von, deutscher Komponist, *Erasbach (Oberpfalz, Bayern) 2. Juli 1714, †Wien 15. November 1787. Gluck, der ab 1752 in Wien lebte, war bedeutend als Erneuerer der Oper. Bei ihm wurde die bis in seine Zeit nebensächliche Handlung für die Oper wichtig; Arien, Rezitative, Chöre, Pantomimen, Orchestermusik haben sich ihr unterzuordnen. Gluck schrieb u. a. »Orpheus und Eurydike« (1762).

■ **Glucose** →Traubenzucker.

■ **Glühlampe,** eine elektrische Lichtquelle, die auf der Wärmewirkung des elektrischen Stromes beruht. Ein dünner, meist wendelförmiger Draht wird durch den Stromfluss zur Weißglut gebracht. Damit er nicht verbrennt (oxidiert), befindet er sich in einem weitgehend luftleer gepumpten Glaskolben. Um das allmähliche Verdampfen des Glühdrahts im luftleeren Raum zu verhindern, werden Glühbirnen heute häufig mit Edelgasen gefüllt. Die Lichtausbeute ist gering. Etwa 95 % der zugeführten elektrischen Energie werden in (nutzlose) Wärmeenergie umgewandelt.

Wirtschaftlicher arbeiten →Leuchtstofflampen oder Energiesparlampen, die 20 % der Energie einer gleich hellen Glühbirne benötigen und achtmal so lange halten. Eine besonders hohe Lichtausbeute bietet die Halogenglühlampe.

■ **Glühwürmchen** →Leuchtkäfer.

■ **Glycerin** [griech.] *das* (Glyzerin, 1,2,3-Propantriol, $C_3H_8O_3$), der häufigste dreiwertige Alkohol, ein wesentlicher Bestandteil der Fette und fetten Öle. Glyzerin ist eine süßlich schmeckende, fast ölige, farblose Flüssigkeit. Es wird als Frostschutzmittel (z. B. im Autokühler) verwendet, wegen seiner feuchtigkeitserhaltenden Wirkung Farben, Seifen, Cremes und Tabak zugesetzt und dient als Rohstoff für die Herstellung von →Nitroglycerin sowie von Kunststoffen.

■ **Glykogen** [griech.] *das,* in der Leber und in den Muskeln als so genannte tierische Stärke gespeicherte chemische Verbindung (Polysaccharid), deren Moleküle aus sehr vielen Traubenzuckereinheiten (Glucoseeinheiten) zusammengesetzt sind. Bei Bedarf wird das Glykogen mithilfe eines Enzyms wieder in Traubenzucker (Glucose) zerlegt.

■ **GmbH** *die,* Abkürzung für **G**esellschaft **m**it **b**eschränkter **H**aftung, Rechtsform einer Kapitalgesellschaft, für deren Schulden nur das Gesellschaftsvermögen haftet. Ihr Stammkapital (mindestens 50 000 DM) wird durch Stammeinlagen (mindestens 500 DM) der Gesellschafter aufgebracht. Zur Gründung einer GmbH ist es erforderlich, dass ein oder mehrere Gesellschafter einen notariell beurkundeten Gesellschaftsvertrag abschließen. Durch die Eintragung ins Handelsregister erhält die GmbH ihre Rechtsfähigkeit als juristische Person.

■ **Gnade, 1)** die Hilfe Gottes, vor allem als Vergebung menschlicher Schuld.

2) die Gewährung von Milde, Schonung, insbesondere gegen einen Besiegten oder einen (rechtlich) Verurteilten (→Begnadigung).

■ **Gneis,** ein weit verbreitetes, metamorphes, kristallines Schiefergestein, das vor allem aus Quarz, Feldspat und Glimmer besteht.

■ **Gnom,** Kobold, Zwerg, Erdgeist.

■ **Gnu** [hottentottisch] *das,* zu den Antilopen gehörendes, bis 2,2 m langes afrikanisches Steppentier. Der Kopf mit gebogenen Hörnern und der massige Hals ähneln denen des Rindes. Die langen Beine, der schlanke Hinterleib und der herabhängende Schwanz mit langer Quaste erinnern an ein Pferd. Die Gnus leben in Herden.

■ **Gobelin** [gobᵉlä̱ng frz.] *der,* handgewirkter Wandteppich (ein ungefärbter Kettfaden wird mit einem von Hand geführten farbigen Schussfaden gekreuzt). Gobelins zeigen meist figürliche Darstellungen.

■ **Gobi** [mongolisch, = Wüste], Beckenlandschaft in Innerasien, im Süden der Mongolischen Volksrepublik und in Nordchina, fast 2 000 km lang und bis 250 km breit. Reinen Sandwüstencharakter zeigt die Gobi nur im Südwesten, der Osten ist steppenhaft.

■ **Godard** [godar], Jean-Luc, französischer Filmregisseur, *Paris 3. Dezember 1930. Sein erstes Werk »Außer Atem« (1960) mit neuen Kamera- und Mon-

Christoph Willibald Gluck bahnte der klassischen Oper, wie wir sie heute kennen, den Weg; sein eigenes Urteil lautete, er habe »den ersten Stein bewegt«

Glockenblume

tagetechniken machte ihn zur zentralen Gestalt der »Nouvelle Vague« (= Neue Welle) des französischen Films.

■ **Godwin Austen, Mount** [maunt gọd^{u}in åstin] →K 2.

■ **Goebbels,** Joseph, deutscher Politiker, *Rheydt 29. Oktober 1897, †(Selbstmord) Berlin 1. Mai 1945. Er wurde 1929 Reichspropagandaleiter der NSDAP. Als Reichsminister für Volksaufklärung und Propaganda (ab 1933), Präsident der Reichskulturkammer und Generalbevollmächtigter für den totalen Kriegseinsatz trug er neben Hitler und Himmler die Hauptverantwortung für die nationalsozialistischen Verbrechen.

■ **Goethe,** Johann Wolfgang von, deutscher Dichter, *Frankfurt am Main 28. August 1749, †Weimar 22. März 1832. Goethe studierte Jura in Leipzig und Straßburg und war anschließend Advokat in Frankfurt am Main und Wetzlar. In dieser Zeit entstanden das Drama »Götz von Berlichingen mit der eisernen Hand« (1771) und der Briefroman »Die Leiden des jungen Werthers« (1774), der den jungen Dichter berühmt machte. Im Herbst 1775 folgte Goethe der Einladung des Herzogs Karl August nach Weimar, wo er in hohe Staatsämter berufen wurde (1779 Geheimer Rat, 1782 Leiter der Finanzkammer).

Entscheidend für sein weiteres dichterisches Schaffen wurde die erste Italienreise (1786–88), die ihm die Begegnung mit der Kunst der Antike und deren Wiedergeburt in der Renaissance brachte. Von nun an bemühte er sich um das klassische Kunstideal, er wurde zum »Klassiker«. Zeugnisse dieser Zeit sind die Dramen »Iphigenie auf Tauris« (1787), »Egmont« (1788) und »Torquato Tasso« (1790) sowie der lyrische Zyklus der »Römischen Elegien« (1788). Nach seiner Rückkehr nach Weimar lebte Goethe mit Christiane Vulpius zusammen (seit 1806 verheiratet). Die Freundschaft mit Schiller seit 1795 führte zu einer wechselseitigen Beeinflussung der literarischen Tätigkeit. In direkter Zusammenarbeit entstanden die »Xenien« (1796), pointierte Epigramme. Im »Balladenjahr« 1797 schrieb Goethe im Wettstreit mit Schiller zahlreiche Balladen (z. B. »Der Zauberlehrling«). Daneben arbeitete er an der endgültigen Fassung von »Wilhelm Meisters Lehrjahre« (1795), dem richtungweisenden Entwicklungs- und Erziehungsroman der deutschen Klassik. In diese Zeit fällt auch das Versepos »Hermann und Dorothea« (1797).

Alle Werke dieser Zeit überragt jedoch der »Faust« (1. Teil 1806, 2. Teil 1831). Die erste Beschäftigung mit dem Stoff reicht noch in die Frühzeit zurück (»Urfaust«). Weitere wichtige Werke sind der Roman »Die Wahlverwandtschaften« (1809), die Autobiographie »Aus meinem Leben. Dichtung und Wahrheit« (1811–14 und 1833) und das lyrische Hauptwerk »West-östlicher Divan« (1819). Wäh-

Porträt **Goethes** aus dem Jahr 1791

Goethes Ohren

»Das Auge war vor allen anderen das Organ, womit ich die Welt faßte«, schreibt Goethe in seinem Lebensbericht, dem er den Titel »Dichtung und Wahrheit« gab. Das Auge hat den bilderreichen Virtuosen der deutschen Sprache zur Malerei getrieben und das Auge war es auch, das den Dichter lebenslänglich zu naturwissenschaftlichen Forschungen und Experimenten drängte.

Mit den Ohren dieses Augenmenschen soll es nicht so gut bestellt gewesen sein – seinem musikalischen Urteil sagte man wenig Treffliches nach. Doch mindestens in einem Fall haben die Ohren ihren Dienst nicht versagt. Dieser Fall heißt Wolfgang Amadeus Mozart. Als Organisator des Theaterlebens in und um Weimar hat Goethe, der nur um sieben Jahre ältere Zeitgenosse Mozarts, alle wichtigen Opern des von ihm als »Wunder« erkannten Komponisten auf die Bühne gebracht: 1791 – »Die Entführung aus dem Serail«; 1792 – »Don Giovanni«; 1793 – »Die Hochzeit des Figaro«; 1794 – »Die Zauberflöte«; 1797 – »Cosi fan tutte« und 1799 auch den heute wenig gespielten »Titus«.

► Das war 1999 in Weimar: Goethe in einer überlebensgroßen Graffitodarstellung zu seinem 250. Geburtstag; das Wandgemälde zitiert das berühmte Bildnis »Goethe in der Campagna«, das ein Freund Goethes, der Maler Heinrich Tischbein, auch »Goethe-Tischbein« genannt, im Jahr 1787 nach gemeinsam verbrachter Zeit in Rom vollendete rend seines ganzen Lebens trieb Goethe auch naturwissenschaftliche Studien, er malte und sammelte Kunstwerke. Sein Gesamtwerk zeugt von einer heute kaum mehr denkbaren umfassenden Bildung.

■ **Gogh** [goch], Vincent van, niederländischer Maler, *Groot-Zundert (bei Breda) 30. März 1853, †(Selbstmord) Auvers-sur-Oise (bei Paris) 29. Juli 1890. Seine Hauptwerke schuf er nach seiner Übersiedlung in die Provence (1888). Es sind ausdrucksstarke Bilder in kräftigen, leuchtenden Farben, u. a. Sonnenblumenbilder, Porträts, Selbstbildnisse und südliche Landschaften. Später machten sie besonders auf die Expressionisten einen nachhaltigen Eindruck. Zu Lebzeiten verkaufte van Gogh nur ein einziges Bild; heute hängen seine Werke, die für die moderne Kunst von grundlegender Bedeutung waren, in den berühmtesten Museen.

■ **Gogol,** Nikolai Wassiljewitsch, russischer Schriftsteller, *Bolschije Sorotschinzy (Gebiet Poltawa) 1. April 1809, †Moskau 4. März 1852. Gogol, der Sohn eines ukrainischen Gutsbesitzers, lebte ab 1828 in Sankt Petersburg und 1836–48 im Ausland, vor allem in Italien. Wegen seiner detaillierten Schilderungen des Alltäglichen gilt er als Vorläufer des Realismus. Sein Hauptwerk ist der Roman »Die toten Seelen« (1842). Daneben schuf Gogol bedeutende erzählende Werke, u. a. »Taras Bulba« (1835) und »Der Mantel« (1842). Ein Meisterwerk der russischen Bühnenliteratur ist seine Komödie »Der Revisor« (1836).

■ **Gokart** [goukart; engl.] *der,* →Kartsport.

■ **Gold,** chemisches Element, ein wertvolles Edelmetall. Das gelbe, lebhaft glänzende, außerordentlich dehnbare Schwermetall ist neben Kupfer das einzige Metall, das einen Farbton zeigt. Wegen seiner überaus großen chemischen Beständigkeit kommt Gold in der Natur überwiegend in reiner Form (→gediegen) vor, häufig in Begleitung von Kupfer- und Silbererzen.

Gold
chemisches Symbol: Au (von lat. Aurum)
Ordnungszahl: 79
relative Atommasse: 196,97
Dichte (bei 20 °C): 19,30 g/cm³
Schmelzpunkt: 1 064 °C
Siedepunkt: 2 856 °C

Durch die Verwitterung goldhaltiger Gesteine kann Gold in Flusssande gelangen; die Nuggets (natürliche Goldklumpen) können durch Auswaschen (Goldwäscherei) gewonnen werden. Gold wird auch

Ein letztes Gemälde von **Vincent van Gogh** aus dem Jahr 1890: »Die Kirche von Auvers-sur-Oise«

im Bergbau abgebaut (z. B. in Südafrika) und mit chemischen Methoden (zum Teil mit Quecksilber) aus Sanden gelöst. Es wird u. a. in Legierungen für Schmuck und Münzen verwendet.

Rotgold ist eine Gold-Kupfer-Legierung, **Weißgold** eine Gold-Silber- oder Gold-Platin-Legierung. Die beachtliche Dehnbarkeit von Gold erlaubt die Herstellung von Folien mit einer Stärke von nur 1 μm (Blattgold), u. a. zum Vergolden (z. B. von Bilderrahmen). Vergolden kann man auch mithilfe des elektrischen Stroms (Galvanisieren). In einer Glasschmelze bewirkt feinst verteiltes Gold eine tiefrote Färbung (Rubinglas).

■ **Goldene Bulle** [nach der goldenen Siegelkapsel der Urkunde], Bezeichnung für verschiedene Urkunden, insbesondere für das Reichsgrundgesetz des Heiligen Römischen Reiches: 1356 von Kaiser Karl IV. erlassen und bis 1806 gültig, regelte die Goldene Bulle erstmals und endgültig die Wahl des deutschen Königs durch die (mit Privilegien ausgestatteten) Kurfürsten.

■ **Goldene Horde,** mongolische Reichsgründung des 13. Jahrh. in Südrussland. Der erste Herrscher (seit 1227) war Batu Khan (um 1205–55), ein Enkel →Dschingis Khans. Die Mongolenherrschaft wurde von den russischen Fürstentümern erst im 15. Jahrh. allmählich zurückgedrängt.

Dieses berühmte Selbstporträt malte **Vincent van Gogh** ein Jahr vor seinem Tod in der Nervenheilanstalt von Saint-Remy-de-Provence

Nikolai Wassiljewitsch Gogol

■ **goldener Schnitt** (stetige Teilung), die Teilung einer Strecke $\overline{AB}$ in zwei Teile mit dem Teilpunkt *P*, sodass sich der kleinere Teil ($\overline{PB}$) zum größeren Teil ($\overline{AP}$) verhält wie der größere Teil zur gesamten Strecke. Da dieses Teilungsverhältnis als besonders harmonisch empfunden wird, wird es häufig in der Kunst und Architektur verwendet.

goldener Schnitt

Der italienische Mathematiker Leonardo Fibonacci (* 1180, † nach 1240) war der Erste, der den goldenen Schnitt berechnete. Die nach ihm benannte arithmetische Folge lautet 1, 1, 2, 3, 5, 8, 13, 21 usw. Die ersten beiden Glieder werden zu 1 vorgegeben und jedes weitere Glied ist dann gleich der Summe der beiden Vorgänger. Teilt man aber jedes Glied dieser Folge durch das vorhergehende, so erhält man eine neue Folge, die angenähert gegen die Zahl 1,6183 strebt, den so genannten goldenen Schnitt. Er gilt seit der Antike als Schlüssel für geometrische und besonders harmonische Proportionen.

■ **Goldenes Horn,** die rund 6 km lange Meeresbucht am Südende des Bosporus, Türkei, der historische Hafen von Istanbul.

■ **Goldenes Kalb,** ein aus Gold gegossener Jungstier, der im alten Israel als Fruchtbarkeitssymbol verehrt wurde. Von den Propheten wurde dieser Kult heftig bekämpft. – Der sprichwörtliche **Tanz ums Goldene Kalb** gilt als Symbol für das Streben nach Reichtum.

■ **Goldenes Vlies,** im griechischen Mythos das goldene Fell eines Widders, das die →Argonauten eroberten.

■ **Golden Gate** [go^uld^en geⁱt; engl., = goldenes Tor], die rund 5 km lange Einfahrt in die Bucht von San Francisco im amerikanischen Bundesstaat Kalifornien, an der schmalsten Stelle 1,6 km breit. Sie wird von der 1937 vollendeten **Golden-Gate-Brücke** überspannt, einer Straßenbrücke mit 1,28 km Spannweite.

■ **Goldfisch,** rötlich oder gelblich goldfarbene Zuchtform der Silberkarausche mit zahlreichen Varietäten. Vermutlich seit dem 10. Jahrh. in China gezüchtet, wurden Goldfische im 17. Jahrh. in Europa eingeführt. Man kann sie in bepflanzten (sauerstoffreichen) Aquarien und in Freilandteichen halten.

■ **Goldhamster** →Hamster.

■ **Goldküste** →Ghana.

■ **Golf** [italienisch] *der,* größere Meeresbucht, z. B. der Golf von Mexiko oder der Persische Golf. Ist der Golf untergliedert, so erhalten die kleinen Einschnitte meist die Bezeichnung Bucht oder Bai.

■ **Golf** [engl.] *das,* im Freien betriebenes Rasenballspiel. Ziel ist es, einen bis zu 46 g schweren Golfball mithilfe eines Golfschlägers mit möglichst wenigen Schlägen über unterschiedlich beschaffene Bahnen hinweg in ein Loch von 10,8 cm Durchmesser zu spielen.
Gespielt wird auf einem Golfplatz, einem 20–80 ha großen Gelände, auf dem 9 oder 18 Bahnen (Gesamtlänge 4 500 bis 7 000 m) unter Einbeziehung natürlicher oder künstlicher Hindernisse angelegt sind. Für jede Bahn ist eine bestimmte Anzahl von Schlägen festgesetzt (das Par), mit der es einem erstklassigen Spieler möglich ist, den Ball ins Loch zu spielen. Schwächere Spieler erhalten eine Schlagvorgabe, das Handikap. – Infokasten S. 390

■ **Golfkrieg,** Bezeichnung für zwei Kriege im Gebiet des Persischen Golfs: **1)** der Krieg zwischen Irak und Iran, ausgelöst 1980 durch einen irakischen Angriff. Anlass war der Versuch Iraks, den vertraglich festgelegten Grenzverlauf am Schatt el-Arab zu verändern. Es kam zu gegenseitiger Bombardierung von Erdöltankern (»Tankerkrieg«) und großen Städten (»Städtekrieg«) sowie einer irakischen Großoffensive gegen die in Nordirak lebenden Kurden (Einsatz von Giftgas), denen eine Unterstützung Irans angelastet wurde. Nach langwierigen Verhandlungen gelang es 1988 den UN, den Krieg zu beenden.

2) der im Januar/Februar 1991 von einer internationalen Militärallianz unter amerikanischem Oberbefehl gegen Irak unter Saddam Husain geführte Krieg. Ziel war die Befreiung Kuwaits, das am 2. August 1990 von Irak annektiert worden war. Nachdem die Bemühungen um eine friedliche Beilegung des Konfliktes (u. a. durch ein Wirtschaftsembargo und UN-Resolutionen mit der ultimativen Forderung, Kuwait zu räumen) erfolglos blieben, erzwang eine massive Luft- und Bodenoffensive amerikanischer, europäischer und arabischer Truppen schließlich den Abzug Iraks aus Kuwait.

■ **Golfstrom,** warme Meeresströmung im Nordatlantik, die nach ihrer Herkunft aus dem Golf von Mexiko benannt ist. Der Golfstrom zieht vor der Ostküste Nordamerikas nordwärts und wird südlich von Neufundland nach dem Zusammentreffen mit dem kalten nördlichen Labradorstrom nach Osten abgelenkt. Als **Nordatlantischer Strom** überquert er den nördlichen Atlantischen Ozean, be-

streicht die Westküsten Europas und erreicht in Ausläufern das nördliche Skandinavien.
Der Golfstrom beeinflusst als eine Art »Warmwasserheizung« das Klima Mittel- und Nordeuropas; es ist daher wärmer als das Klima an der gegenüberliegenden Ostküste Amerikas.

■ **Golgatha** [aramäisch] (Golgotha), Anhöhe außerhalb des alten Jerusalem; Kreuzigungs- und Bestattungsstätte Jesu.

■ **Goliath,** im Alten Testament ein riesenhafter Krieger der Philister. Er wurde von dem jungen David im Zweikampf mit einer Steinschleuder getötet.

■ **Gon** [griech.] *das,* Einheitenzeichen **gon,** eine vor allem in der Geodäsie verwendete Maßeinheit für ebene Winkel, der 100. Teil eines rechten Winkels (90°):

1 gon = 0,9°.

■ **Gondel** [italienisch] *die,* **1)** ein außerhalb des Rumpfes oder an Tragflächen von Luftfahrzeugen angebrachter Körper zur Aufnahme von Triebwerken, Navigationseinrichtungen und Treibstoff; beim Luftschiff Motorgondel sowie Führergondel (für Besatzung und Fahrgäste), beim Freiballon für Menschen und für den Ballast.
2) schmales, einseitig gerudertes, zum Teil überdachtes venezianisches Boot, das vorn und hinten steil nach oben verlängert ist.

■ **Gong** [malaiisch] *der,* Schlaginstrument asiatischer Herkunft: eine frei aufgehängte Bronzescheibe, die mit einem Filzschlegel etwa in der Mitte angeschlagen wird.

■ **Gonorrhö** →Tripper.

■ **Gorbatschow,** Michail Sergejewitsch, sowjetischer Politiker, *Priwolnoje (Region Stawropol) 2. März 1931, Jurist; seit 1952 Mitglied der KPdSU. Er wurde 1978 ZK-Sekretär für Landwirtschaft und 1980 Mitglied des Politbüros der KPdSU. 1985–91 war er Generalsekretär des ZK der KPdSU, 1988–90 als Vorsitzender des Obersten Sowjets Staatsoberhaupt, 1990–91 Staatspräsident.
Gorbatschow versuchte, durch umfangreiche Reformen die politische Struktur und die Wirtschaftsordnung der Sowjetunion umzugestalten (→Glasnost, →Perestroika). Vor allem für sein außenpolitisches Wirken erhielt er 1990 den Friedensnobelpreis. Nach einem gegen ihn und seine Politik gerichteten Putsch trat er 1991 zurück.

■ **Gorilla** [afrikanisch] *der,* ein Menschenaffe, der in Herden von 10–20 Tieren in den Urwäldern Mittelafrikas lebt. Der Gorilla ist kräftig und muskulös und misst aufrecht etwa 1,75 m. Um den Gegner einzuschüchtern, richtet sich der Gorilla auf und trommelt mit den Fäusten auf die Brust. Nur zur Verteidigung gebraucht er das starke Gebiss. Seine Nahrung besteht aus Blättern, Schößlingen und Früchten.

■ **Göring,** Hermann, deutscher Politiker, *Rosenheim 12. Januar 1893, †(Selbstmord) Nürnberg 15. Oktober 1946. Göring wurde 1922 Mitglied der NSDAP und übernahm die Führung der SA. Er war ab 1928 Mitglied des Reichstages, ab 1932 dessen Präsident, ab 1933 preußischer Ministerpräsident. 1938 wurde er zum Generalfeldmarschall ernannt; 1940 erhielt er den Titel eines Reichsmarschalls.
Göring war einer der Hauptverantwortlichen für den Einsatz ausländischer Arbeitskräfte zur Zwangsarbeit und die Maßnahmen zur Vernichtung der Juden. In den →Nürnberger Prozessen zum Tode verurteilt, beging er Selbstmord durch Gift.

■ **Gorki,** Maxim, russischer Schriftsteller, *Nischni Nowgorod 28. März 1868, †Moskau 18. Juni 1936. Gorki begann mit Schilderungen des Landstreicherlebens. 1905 lernte er Lenin kennen und bekannte sich später zum Bolschewismus. Gorki gilt als Mitbegründer des →sozialistischen Realismus. Sein Werk umfasst vor allem erzählende (u.a. den Roman »Die Mutter«, 1907) und dramatische Werke (u.a. »Nachtasyl«, 1902). Wichtig sind auch die autobiographischen Werke »Meine Kindheit« (1913), »Unter fremden Menschen« (1914) und »Meine Universitäten« (1923).

■ **Gorki** →Nischni Nowgorod.

Maxim Gorki

Der sowjetische Staats- und Parteichef **Michail Gorbatschow** wird im Juni 1989 in Begleitung seiner Frau Raissa Gorbatschowa als Hoffnungsträger für eine freiere und bessere Welt auf dem Bonner Marktplatz willkommen geheißen

■ **Gọspelsong,** eine religiöse Liedform der Afroamerikaner, die im jazztypischen Ruf-Antwort-Muster solistisch und chorisch dargeboten wird. Der Gospelsong ist eine seit den 1940er-Jahren für den Konzertsaal weiterentwickelte Form des →Spiritual. Über den unmittelbaren Gebrauch in den Gemeinden der Schwarzen hinaus hatten die Stilmerkmale und Ausdrucksmittel des Gospelsong auch Einfluss auf den Hardbop (→Jazz) und den →Soul.

■ **Goten,** germanisches Volk, das im Lauf seiner Geschichte mehrere Stammesbildungen durchlief und sich dadurch ständig veränderte. Zuerst entstanden um Christi Geburt in Ostpommern und an der unteren Weichsel aus eingewanderten skandinavischen Volksteilen (u. a. der Königsdynastie) und einheimischen eisenzeitlichen Gruppen die Gutonen.

Gegen Ende des 2. Jahrh. setzte ein langsamer, nicht die gesamte Bevölkerung erfassender Abwanderungsprozess in Richtung Schwarzmeerküste ein. Dort kam es zu einer erneuten Stammesbildung, die Goten, andere germanische Stammesteile und einheimische Völkerschaften umfasste. In der 2. Hälfte des 3. Jahrh. teilten sich die Goten in Ostgoten und Westgoten.

Die **Ostgoten** errichteten in Südrussland ein großes Reich, das 375/376 von den Hunnen unterworfen wurde. Nach dem Untergang des Hunnenreiches (nach Attilas Tod, 453) ließen sich die Ostgoten unter römischer Oberhoheit in Pannonien (römische Provinz zwischen Ostalpen, Donau und Save) nieder, zogen 488 unter Theoderich nach Italien und besiegten dort im Auftrag des oströmischen Kaisers den Germanenkönig Odoaker (493). Das von Theoderich gegründete Ostgotenreich bestand bis 552 und blieb Bestandteil des römischen Reiches; es umfasste Italien mit Sizilien, Teile des Balkans, das Alpengebiet und seit 510 auch die Provence.

Die **Westgoten** wurden 376 von den Hunnen aus dem Land zwischen Theiß und Dnjestr vertrieben und drangen ins Römische Reich vor. Als römische Reichsangehörige siedelten sie vorübergehend südlich der unteren Donau. Unter König →Alarich zogen sie dann über die Balkanhalbinsel nach Italien, wo sie 410 Rom plünderten. 418 gründeten sie im südwestlichen Gallien im Gebiet von Toulouse (lat. Tolosa) das »Tolosanische Reich«, das sie bis weit nach Spanien ausdehnten. Die westgotische Herrschaft in Gallien wurde 507 von dem Frankenkönig Chlodwig zerschlagen; das Schwergewicht des Reiches verlagerte sich nach Spanien in das Gebiet um Toledo. 711 wurde das Westgotenreich von den Arabern vernichtet.

Gotik pur: dieser Blick in das Langhaus der Kathedrale von Amiens vermittelt die Dimensionen der reinen, klassischen Gotik

■ **Gọtik** *die,* eine Stilepoche der europäischen Kunst, die sich in Frankreich etwa seit 1140, in England etwa seit 1175, in Deutschland etwa seit 1220 durchsetzte, in Italien sowie in Spanien aber nur geringe Bedeutung erlangte. Der Begriff Gotik wurde im 15. Jahrh. in Italien abwertend als »Stil der Goten« geprägt.

Der gotische Baustil ist eine französische Schöpfung. Die wichtigsten Merkmale sind Spitzbogen, Rippengewölbe, →Strebewerk, →Maßwerk, Triforium (Zwischengeschoss zwischen Bogenreihe und Fenstergeschoss) und ein schlanker, hoch aufstrebender Stil. Von den zahlreichen bedeutenden Bauten sind die Kathedralen in Laon, Paris (Notre-

Dame), Chartres, Reims und Amiens, das Straßburger Münster, der Kölner Dom, der Stephansdom in Wien, der Veitsdom in Prag und die Kathedrale in Canterbury hervorzuheben.

Eine norddeutsche Sondererscheinung ist die **Backsteingotik** mit starker Vereinfachung der gotischen Formen (z. B. die Marienkirche in Lübeck).

Für die gotische Plastik ist die schwingende Form (S-Stellung) der Figuren kennzeichnend; zu nennen ist u. a. das Werk von Tilman Riemenschneider.

In der Malerei erreichten Glasmalerei, Tafelmalerei und Buchmalerei besondere Höhepunkte.

Die Gotik folgte zeitlich der Romanik und wurde von der Renaissance abgelöst.

■ **Gotland,** schwedische Insel, mit 3 001 km² die größte Ostseeinsel, umfasst als Verwaltungsbezirk (mit kleineren Inseln) 3 140 km² mit 58 000 Einwohnern. Einzige Stadt ist Visby. – Gotland wurde 1361 von Dänemark erobert und gehört seit 1645 zu Schweden

■ **Gott,** in der Religionsgeschichte eine heilige, das menschliche Vorstellungsvermögen übersteigende unendliche Macht in personaler Gestalt, Schöpfer und Lenker allen Naturgeschehens und des menschlichen Schicksals, die in fast allen Religionen verehrt wird. Judentum, Christentum und Islam glauben an einen einzigen Gott (Monotheismus); andere Religionen wie der Hinduismus verehren mehrere Götter (Polytheismus).

■ **Götterdämmerung,** in der altnordischen Sage der Weltuntergang, bei dem die Götter mit den feindlichen Mächten kämpfen und ihnen unterliegen. Richard Wagner behandelte das Thema im letzten Teil seines »Ring des Nibelungen«.

■ **Gottfried von Straßburg,** deutscher Dichter des frühen 13. Jahrh., der in mittelhochdeutscher Sprache schrieb. Er ist der Verfasser des unvollendet gebliebenen höfischen Versepos »Tristan und Isolt« (um 1210), in dem er die Macht der Liebe gestaltet, die alle geltenden Normen übersteigt und die Liebenden durch den Konflikt zwischen Minne und gesellschaftlicher Ehre zugrunde richtet.

■ **Gotthardgruppe,** Gebirgsmassiv in den zentralen Alpen (Schweiz); höchste Erhebung ist der Pizzo Rotondo mit 3 192 m. In der Gotthardgruppe entspringen die Flüsse Rhone, Aare, Reuß, Rhein und Tessin. Zu ihr gehört auch der wichtigste schweizerische Alpenpass, der **Sankt Gotthard** (2 108 m über dem Meeresspiegel), über den die 26 km lange Gotthardstraße von Andermatt (Kanton Uri) nach Airolo (Tessin) führt. Zwischen Göschenen (Uri) und Airolo besteht seit 1882 der fast 15 km lange Eisenbahntunnel der Gotthardbahn und seit 1980 der 16,322 km lange Gotthard-Straßentunnel.

■ **Gotthelf,** Jeremias, eigentlich Albert Bitzius, schweizerischer Erzähler, *Murten 4. Oktober 1797, †Lützelflüh (Kanton Bern) 22. Oktober 1854. Gotthelf, der von Beruf Pfarrer war, beschrieb in seinen realistischen und kritischen Erzählungen das Leben auf dem Dorf. Seine Romane »Uli der Knecht« und »Uli der Pächter« (1841, Neufassung 1846 und 1849) sind bedeutende Werke der Bauerndichtung.

■ **Göttingen,** Stadt in Niedersachsen, an der Leine, mit 125 400 Einwohnern. Neben der Universität gibt es mehrere wissenschaftliche Institute. Fachwerkhäuser, mehrere gotische Kirchen und das gotische Rathaus (mit dem Gänselieselbrunnen) bestimmen das Stadtbild.

■ **Göttinger Sieben,** Bezeichnung für sieben Göttinger Professoren (Jacob und Wilhelm Grimm, Friedrich Christoph Dahlmann, Georg Gervinus, Heinrich von Ewald, Wilhelm Albrecht und Wilhelm Weber), die 1837 gegen die Aufhebung der Verfassung des Königreichs Hannover protestierten und daraufhin von König Ernst August II. ihres Amtes enthoben wurden.

■ **Götz von Berlichingen** →Berlichingen, Götz von.

■ **Gouache** [guasch; frz.] (Guasch) *die,* Malerei mit deckenden Wasserfarben (mit Deckweiß und harzigen Bindemitteln), z. B. in der Buchmalerei im Mittelalter und für Bildnisminiaturen des Biedermeier verwendet. In der modernen Kunst wurde diese Technik wieder aufgegriffen.

■ **Gounod** [guno], Charles, französischer Komponist, *Saint-Cloud (bei Paris) 17. Juni 1818, ebenda 18. Oktober 1893. Er war ein Meister der lyrischen Oper (z. B. »Faust«, 1859; in Deutschland bekannt als »Margarethe«).

■ **Gouverneur** [guwernör; frz.], Statthalter, der oberste Verwaltungsbeamte eines Gliedstaats (z. B. eines Bundesstaats in den USA), einer Provinz oder einer Kolonie.

■ **Goya** [goja], Francisco José de, eigentlich Goya y Lucientes, spanischer Maler und Grafiker, *Fuendetodos (bei Saragossa) 30. März 1746, †Bordeaux 16. April 1828. Er war 25 Jahre lang Hofmaler des spanischen Königs. Zuerst schuf er im Stil des Rokoko Kirchenfresken sowie Vorlagen (Kartons) für Bildteppiche für die Madrider Teppichmanufaktur. Sie zeigen meist in hellen, bunten Farben heitere Szenen aus dem Leben des Adels und des Volks.

Unter dem Eindruck der Französischen Revolution und der Kämpfe und Aufstände, die in der Folgezeit auch in Spanien ausbrachen, fand er zu einem zeitkritischen, oft bitteren Realismus. Seine Gemälde und vor allem die Radierungen wurden zu Anklagen gegen Elend, Not, Krieg und Inquisition; seine Porträts enthüllen die innere Leere der höfischen Gesellschaft. In seiner Spätzeit malte er düstere Bilder mit oft fantastischem, spukhaftem Inhalt.

■ **GPS** *das,* Abkürzung für **G**lobal **P**ositioning **S**ystem [engl., = globales Ortungssystem], ein satellitengestütztes Navigationssystem, das ab 1973 von den USA – zunächst für militärische Zwecke – eingerichtet wurde. Von den insgesamt 24 Satelliten des GPS, die kontinuierlich Navigationsdaten aussenden, stehen überall auf der Erde immer mindestens vier über dem Horizont.

Mit einem GPS-Empfänger, der die Laufzeiten der von den Satelliten ausgesendeten Signale misst, lässt sich dessen dreidimensionaler Ort (Länge, Breite, Höhe) bestimmen, auf ± 10 m genau für autorisierte militärische Nutzer, auf ± 100 m für zivile Nutzer. Bei zeitgleicher Beobachtung auf zwei oder mehr Stationen sind relative Genauigkeiten im Zentimeterbereich möglich. Heute werden schon GPS-Empfänger angeboten, die so klein sind, dass man sie wie eine Armbanduhr tragen kann.

■ **Gracchen** [grạchen], die Brüder **Gaius Sempronius Gracchus** (153–121 v. Chr.) und **Tiberius Sempronius Gracchus** (162–133 v. Chr.), römische Politiker und Reformer. Als Volkstribunen (Tiberius im Jahr 133, Gaius 123 und 122 v. Chr.) erstrebten sie u. a. die Beschränkung und Aufteilung des Großgrundbesitzes und die Neuverteilung des staatlichen Ackerlandes an besitzlose Bauern. Damit provozierten sie die Gegnerschaft des Senats und die Entstehung blutiger Unruhen. – auch →römische Geschichte.

■ **Gracht** [niederländisch] *die,* Kanal in niederländischen Städten. Von Grachten durchzogen ist vor allem Amsterdam.

■ **Grad** [lat.] *der,* **1)** ein Winkelmaß: 1 Grad (1°) ist der 360. Teil eines Vollwinkels. Der Grad wird unterteilt in 60 (Winkel-)Minuten ('), 1 Minute in 60 Winkelsekunden (").

2) ein Temperaturmaß: Grad Celsius (°C). 1 °C ist der 100. Teil des Temperaturunterschieds zwischen dem Gefrier- und dem Siedepunkt des Wassers.

■ **Gradierwerk,** mit Reisig belegtes Holzgerüst, über das man Sole rieseln lässt. Durch die Verdunstung des Wassers steigt der Salzgehalt der Sole. Schwer lösliche Salze scheiden sich an dem Geäst aus (Dornsteine).

■ **Gradnetz der Erde,** der Ortsbestimmung dienendes, »gedachtes« Liniennetz, das die Erde überzieht. **Längenkreise** ziehen sich um die Pole rund um die Erde, von Pol zu Pol heißen sie **Meridiane**. Der Nullmeridian läuft durch Greenwich in England; von dort werden die geographischen Längen nach Osten und nach Westen je bis 180 ° gezählt (z. B. liegt Ulm 10° östlicher Länge). Die Grade werden in Minuten ['], diese in Sekunden ["] unterteilt (→Grad.

Ausgangspunkt für die **Breitenkreise** ist der →Äquator. Von dort wird nach Norden und Süden bis 90° (Nord- und Südpol) gezählt. Die Lage von Ulm ist somit durch folgende Angabe genau bestimmt: 10° östlicher Länge, 48° 24' nördlicher Breite.

■ **Graf** [lat.], Adelstitel, im Frankenreich und bei den Angelsachsen ursprünglich der königliche Beamte in einer Grafschaft, in der ihm u. a. die Organisation des Heeres und die Gerichtsbarkeit oblagen; auch Beamter in einem bestimmten Sachbereich (Burggraf, Pfalzgraf). Seit dem 9. Jahrh. wurde das Amt des Grafen erblich. Der Titel ist seit 1919 nur noch Bestandteil des Familiennamens.

■ **Graf,** Steffi (Stefanie Maria), deutsche Tennisspielerin, *Mannheim 14. Juni 1969. Sie stand 1987–97 an der Spitze der Weltrangliste. 1988 gelang ihr als dritter Spielerin in der Geschichte des Damentennis der →Grand Slam, im selben Jahr holte sie bei den Olympischen Spielen in Seoul die Goldmedaille im Einzel. Nach insgesamt 107 Siegen bei Grand-Prix-Turnieren (darunter 22 Grand-Slam-Turniere) trat sie 1999 vom aktiven Wettkampfsport zurück.

■ **Graffiti** [italienisch], ursprünglich auf Felsen, Mauern oder Wandflächen eingeritzte oder aufgekritzelte Texte und Zeichnungen; seit den 1970er-Jahren auch mittels Spraydosen ausgeführte Beschriftungen oder Bemalungen, die sich zunächst in den USA als Form politischen Protests herausbildeten. Sie wurden illegal auf Wänden, Bussen und U-Bahnen angebracht.

Zur anerkannten Kunstrichtung wurden Graffiti erst in den 80er-Jahren in New York als **Graffiti-Art**, u. a. durch Keith Haring (1958–90) und Jean-Michel Basquiat (1960–88). In Europa wurde vor allem der Schweizer Harald Naegeli (*1940), der »Sprayer von Zürich«, bekannt.

Die Einzahl **Graffito (Sgraffito)** bezeichnet eine Ritztechnik (→Wandmalerei).

■ **Grafik** [griech.] *die,* Sammelname für Druckgrafik (Holzschnitte, Kupferstiche, Radierungen und Lithographien) und Handzeichnungen. Besonders großen Raum nimmt heute die Gebrauchsgrafik ein, u. a. als Werbegrafik.

■ **Grafikkarte,** eine Steckkarte, die im Computer zur Steuerung des Bildschirms eingesetzt wird. Sie übernimmt alle Aufgaben in Verbindung mit der Darstellung von Texten, Grafiken und Bildern. Die Hauptkomponenten einer Grafikkarte sind der Grafikprozessor, ein spezieller Coprozessor, der komplexe Befehle der Bilderzeugung realisiert, der Bildwiederholspeicher (Video-RAM) und das Bildschirminterface.

■ **Grafiktablett,** mit Sensoren versehene rechteckige Fläche, auf der man mit einem stiftähnlichen Gerät Befehle für den Computer eingeben kann.

■ **grafische Darstellung** (Graph), die zeichnerische Darstellung einer →Funktion, z. B. in einem rechtwinkligen (kartesischen) Koordinatensystem. – auch →Diagramm.

■ **Gral** [frz.] *der,* in der mittelalterlichen Dichtung ein geheimnisvoller, heiliger Gegenstand, der Heilung und Glückseligkeit spendet. Die Legende vom Gral wurde u. a. von Wolfram von Eschenbach im »Parzival« dargestellt.

■ **Gramm** [griech.] *das,* Einheitenzeichen **g,** gesetzliche Einheit der →Masse:

1 g ist die Masse eines Kubikzentimeters Wasser bei 4 °C.

■ **Grammatik** [griech.] *die* (Sprachlehre), der Teil der Sprachwissenschaft, der sich mit den sprachlichen Formen und deren Funktion im →Satz sowie mit den Gesetzmäßigkeiten und dem Bau einer Sprache beschäftigt. Meist wird die Grammatik eingeteilt in **Phonetik** (Lautlehre), **Morphologie** (Formen- und Wortbildungslehre) und **Syntax** (Satzlehre).

■ **Granada,** Stadt in Andalusien, Südspanien, mit 245 600 Einwohnern. Unter den vielen maurischen Baudenkmälern ist die →Alhambra besonders erwähnenswert, unter den zahlreichen Kirchen die Kathedrale (erbaut 1523–1703).
Granada war im 13.–15. Jahrh. als Hauptstadt eines selbstständigen maurischen Königreichs kulturelles Zentrum des westlichen Islam. Mit der Einnahme Granadas 1492 endete die Maurenherrschaft in Spanien.

■ **Granat** [lat.] *der,* eine Gruppe gesteinsbildender Minerale von großer Härte. Dazu gehört auch der blutrote bis schwarze **Pyrop,** der als Schmuckstein verwendet wird.

■ **Granate** [lat.] *die,* allgemein Bezeichnung für Geschosse, die von Geschützen verfeuert werden, zum Teil auch für die Patronenmunition von Panzerkanonen und Artilleriegeschützen als Ganzes.

■ **Gran Canaria,** die drittgrößte der Kanarischen Inseln, mit 1 531 km² und 666 100 Einwohnern. Die Hauptstadt ist Las Palmas de Gran Canaria. Die vielgestaltige Landschaft mit tropischer und subtropischer Vegetation macht die Insel zu einem Anziehungspunkt für den Fremdenverkehr.

■ **Gran Chaco** [...tschako] *der,* das rund 800 000 km² umfassende flache östliche Andenvorland in Nordargentinien, Westparaguay und Südbolivien. Die Parklandschaft im Osten geht nach Norden und Westen in Trockenwald und Dornbuschsavannen über.

■ **Grand Canyon** [grӕnd kӕnjᵉn] *der,* ein rund 350 km langes und bis zu 1 800 m tiefes schluchtartiges Durchbruchstal des Colorado in Nordwestarizona (USA). Vielfarbige Sand- und Kalksteinschichten und fast senkrecht abstürzende Hänge haben den Grand Canyon zur Sehenswürdigkeit gemacht.

■ **Grand Slam** [grӕnd slӕm; engl., = das Einheimsen aller Stiche (beim Bridge)] *der,* im Golf und Tennis Bezeichnung für den Sieg bei den vier wichtigsten Turnieren des Jahres; im Tennis sind dies die offenen Meisterschaften von Australien (Melbourne), Frankreich (Paris), England (Wimbledon) sowie der USA (Flushing Meadow).

■ **Granit** [italienisch] *der,* ein mittel- bis grobkörniges Gestein verschiedener Farbe, das aus in der Tiefe erstarrtem →Magma entstanden ist; häufigstes Gestein der Erdkruste. Hauptbestandteile sind →Quarz, →Glimmer und →Feldspat. Granit wird als Baumaterial (z. B. für Pflastersteine) und in geschliffener Form u. a. für Bodenplatten verwendet.

■ **Grannen,** die steifen Borsten an den Früchten (Körnern) der Gräser.

■ **Grapefruit** [greⁱpfrut; engl.] *die,* fälschlich als Pampelmuse bezeichnete Zitrusfrucht mit gelber Schale; reich an Vitamin C und B_1.

■ **Graph** →grafische Darstellung.

■ **Graphit** [griech.] *der,* eine Zustandsform des reinen Kohlenstoffs. Graphit ist schwarz, glänzend, weich und ein guter Leiter für Elektrizität und Wärme. In der Industrie braucht man ihn zur Herstellung von Bleistiften, Schmiermitteln, Elektroden und als →Moderator in Kernreaktoren.

■ **Graphologie** [griech.] *die,* die Lehre von der Handschriftendeutung; sie sucht aus der Handschrift Rückschlüssse auf die Persönlichkeit des Schreibers zu ziehen.

■ **Gräser,** allgemeine Bezeichnung für die Süßgräser und die Sauer- oder Riedgräser, die zu den Einkeimblättrigen gehören. Die Bestäubung erfolgt durch den Wind.
Die **Süßgräser** umfassen rund 8 000 weltweit verbreitete Arten. Ihr Stängel ist durch Stängelknoten

gegliedert. Die Blätter sind lang und schmal und besitzen eine Blattscheide, die den Stängel umfasst. Mehrere der unscheinbaren Blüten stehen in Ährchen zusammen, die Ähren bilden.
Die Süßgräser sind als Futtergräser von großem Nutzen für die Viehhaltung. Die als Getreide angebauten Süßgräser liefern Mehl. Oft baumhohe, verholzende Süßgräser sind die verschiedenen Bambusarten.
Von den **Sauergräsern** kennt man rund 3700 Arten, die oft an feuchten, sumpfigen Orten wachsen. Sie sind den Süßgräsern sehr ähnlich, besitzen jedoch einen meist kantigen, knotenlosen Stängel. Hierzu gehören z. B. Seggen und Wollgräser.

Günter Grass erhielt 1999 den Nobelpreis für Literatur

Günter Grass ist auch als Grafiker aktiv; hier die von ihm gestaltete Umschlagsseite zu seinem Roman »Die Rättin«

■ **Grass,** Günter, deutscher Schriftsteller, *Danzig 16. Oktober 1927. Grass gehörte zur →Gruppe 47. Seine Romane und Erzählungen sind zeitkritisch, teils naturalistisch, teils grotesk. Bekannt wurden vor allem die Romane »Die Blechtrommel« (1959) und »Hundejahre« (1963) sowie die Erzählung »Katz und Maus« (1961). Grass verfasste auch mehrere Bühnenstücke (u. a. »Die Plebejer proben den Aufstand. Ein Trauerspiel«, 1966). Als politischer Schriftsteller (mit Engagement für die Sozialdemokratie) trat er u. a. mit dem Roman »Örtlich betäubt« (1969) hervor. Sein Roman »Der Butt« (1977) ist eine Parodie auf die Geschichte der Zivilisation. 1986 erschien der Roman »Die Rättin«, 1995 der Roman »Ein weites Feld« (thematisiert u. a. das Ost-West-Verhältnis in Deutschland), 1999 das autobiografische Werk »Mein Jahrhundert«. 1999 erhielt Grass den Nobelpreis für Literatur.

■ **Grat,** die ausgeprägte, scharfe Kammlinie zweier steil abfallender Gebirgshänge.

■ **Graubünden** (Bünden, italienisch Grigioni, frz. Les Grisons, bündnerromanisch Grischun), größter Kanton der Schweiz, mit 7105 km² und 186 100 Einwohnern. Die Hauptstadt ist Chur. Graubünden wird von den Rätischen Alpen, der Berninagruppe (4049 m) und den Engadiner Alpen durchzogen und in viele Täler geteilt. Der Straßentunnel durch den Sankt Bernhard stellt die direkte Verbindung nach Oberitalien her. Wirtschaftlich bedeutend sind die weltberühmten heilklimatischen Kurorte und Wintersportplätze (u. a. Davos, Arosa, Sankt Moritz).
Der Kantonsname leitet sich ab vom »Grauen Bund« im Vorder- und Hochrheintal, einem Abwehrbündnis gegen die Habsburger im 14./15. Jahrhundert. 1803 wurde Graubünden 15. Kanton der Eidgenossenschaft.

■ **Graupeln,** aus Wolken fallender fester Niederschlag, der aus meist runden, in der Regel halb durchsichtigen oder undurchsichtigen Körnern zusammengeballter Schneekristalle oder aus gefrorenen Regentropfen besteht.

■ **Graveur** [...wör; frz.], Handwerker oder Kunstgewerbler, der Zeichen, Schriften oder Bilder in Metall, Stein, Glas oder andere Materialien einritzt (eingraviert).

■ **Gravitation** [zu lat. gravis, = schwer] *die* (Massenanziehung), die Anziehung, die zwei Körper aufgrund ihrer Masse aufeinander ausüben. Die Anziehungskraft, die die Erde auf andere Körper (Massen) ausübt, bezeichnet man auch als **Schwerkraft.** Sie ist die Ursache für das Gewicht. Die Anziehungskraft F zwischen zwei Körpern mit den Massen m_1 bzw. m_2 und dem Abstand r voneinander ist nach dem **newtonschen Gravitationsgesetz**

$$F = G \times \frac{m^2 \times m^2}{r^2}$$

worin $G = 6{,}673 \cdot 10^{-11}\,\mathrm{m^3\,kg^{-1}\,s^{-2}}$ die Gravitationskonstante ist.
Auf der Grundlage dieses Gesetzes lassen sich – bis auf kleine Korrekturen durch die →Relativitätstheorie – die Bewegungen des Mondes um die Erde, der Planeten um die Sonne und der künstlichen Satelliten um ihre Planeten beschreiben.

■ **Graz,** Hauptstadt des österreichischen Bundeslandes Steiermark und zweitgrößte Stadt Österreichs, an der Mur, mit 240 400 Einwohnern. Das Stadtbild wird vom Schlossberg mit dem Grazer Wahrzeichen, dem Uhrturm von 1561, bestimmt.

■ **Grazien** [lat.], die drei römischen Göttinnen der Anmut. Sie entsprechen den griechischen →Chariten.

■ **Greco, El** [spanisch, = der Grieche], eigentlich Dominikos Theotokopulos, griechisch-spanischer

Maler, *Fodele (bei Iraklion, Kreta) um 1541, †Toledo 6. oder 7. April 1614. El Greco, der eine große Werkstatt führte, malte vor allem Bilder mit religiösem Inhalt (Altäre, Andachtsbilder), auch Landschaften und Porträts. Kennzeichnend für seinen Malstil sind zarte, lang gestreckte Körperformen, durch die die dargestellten Personen entkörperlicht, durchgeistigt wirken; auf den Gesichtern liegt meist ein inbrünstig frommer, ekstatischer Ausdruck. Die Farben sind kalt, fahl oder unwirklich leuchtend. El Greco wird der Stilrichtung des Manierismus zugerechnet.

■ **Greenpeace** [grinpihs; engl., = grüner Frieden], 1971 in Kanada gegründete internationale, unabhängige Umweltschutzorganisation, die mit oft unkonventionellen Aktionen weltweit auf Umweltverschmutzung und -zerstörung aufmerksam machen und zur Beseitigung ihrer Ursachen beitragen will. Die Aktivitäten von Greenpeace werden durch Spenden finanziert.

■ **Greenwich** [grinid~~sch~~], Stadtteil von London. Er wurde bekannt durch die 1675 gegründete Sternwarte, die 1948 nach Herstmonceux in der englischen Grafschaft East Sussex verlegt wurde. Durch Greenwich verläuft der Nullmeridian (→Gradnetz der Erde). Seit 1925 gilt die Greenwicher Zeit als astronomische Weltzeit.

■ **Gregor I., der Große,** Papst (seit 590), *Rom um 540, †ebenda 12. März 604; Kirchenvater. Er förderte die Missionierung der Germanen und schickte im Jahr 596 Mönche nach Britannien, die die Angeln und Sachsen bekehren sollten. Mit der Neuordnung der römischen Liturgie entstand der →gregorianische Gesang.

■ **Gregor VII.,** Papst (seit 1073), *Sovana (?) (heute zu Sorano, bei Grosseto) zwischen 1019 und 1030, †Salerno 25. Mai 1085; Benediktiner. Er verbot den Kauf geistlicher Ämter und die Verleihung dieser Ämter durch weltliche Herren (»Laieninvestitur«). Als der deutsche König Heinrich IV. einen neuen Erzbischof in Mailand einsetzte, brach der →Investiturstreit aus. Nach der Eroberung Roms 1080 durch Heinrich IV. floh der Papst nach Salerno.

■ **gregorianischer Gesang** [nach Papst Gregor I.] (gregorianischer Choral), einstimmiger, mit der lateinischen Sprache verbundener Gesang der katholischen (römischen) Liturgie.

■ **gregorianischer Kalender,** der von Gregor XIII. (1502–85, seit 1572 Papst) 1582 eingeführte →Kalender.

■ **Greif,** geflügeltes Fabeltier mit Adlerkopf (oder Adleroberkörper) und Löwenkörper.

■ **Greifswald,** Stadt in Mecklenburg-Vorpommern, in einer Moorniederung am Ryck, mit 55 300 Einwohnern. Die Universitätsstadt besitzt mehrere mittelalterliche Bauwerke. – Greifswald wurde 1281 Mitglied der Hanse. 1648 kam es an Schweden, 1815 an Preußen.

■ **Greifvögel,** mit rund 290 Arten weltweit verbreitete Ordnung 14–115 cm langer Vögel mit Spannweiten von 25 cm bis über 3 m. Greifvögel sind kräftige, gut fliegende Vögel, die sich vorwiegend von tierischer Beute ernähren. Sie haben einen kurzen, hakig gekrümmten Oberschnabel, kräftige Beine und meist gekrümmte, spitze Krallen. Man unterscheidet: Sekretäre, Neuweltgeier, Falken und Habichtartige (u. a. Habichte, Bussarde, Adler, Milane und Weihen). Fast alle Greifvögel stehen in Deutschland unter Naturschutz.

■ **Gremium** [lat.] *das,* Ausschuss, beschlussfassende Körperschaft.

Grenada
Fläche 344 km²
Einwohner 97 000
Hauptstadt Saint George's
Amtssprache Englisch
Nationalfeiertag 7. 2.
Währung 1 Ostkaribischer Dollar (EC$) = 100 Cents (c)
Zeitzone MEZ −5 Stunden

■ **Grenada** [gr^{e}ne^{i}d^e], Staat in Mittelamerika, im Bereich der Westindischen Inseln. Er umfasst die zu den Kleinen Antillen gehörende Insel Grenada und den südlichen Teil der Inselgruppe der Grenadinen. 85 % der überwiegend katholischen Bevölkerung sind Schwarze. Grenada liefert ein Drittel der Weltproduktion an Muskatnüssen. Ausgeführt werden zudem Kakao und Bananen. Wichtigster Wirtschaftsbereich ist jedoch der Tourismus.

Geschichte: Die Insel Grenada wurde 1498 von Kolumbus entdeckt. 1674 wurde sie französische

Grenada

Flagge

Wappen

Kolonie, seit 1763 stand sie unter britischer Herrschaft. 1974 erlangte Grenada die Unabhängigkeit.

■ **Grenoble** [...nọbl], größte Stadt der französischen Alpen, an der Isère, mit 150 700 Einwohnern. In der Universitätsstadt (seit 1339) befindet sich ein Kernforschungszentrum. Bedeutende Baudenkmäler sind u.a. die Kathedrale Notre-Dame (12./13. Jahrh. und die Kirche Saint-Laurent (11./12. Jahrh.; mit einer Krypta aus merowingischer Zeit).

■ **Gretna Green** [grẹtn^{e} grịn], schottisches Dorf, das als Heiratsort Minderjähriger bekannt wurde. Seit 1940 darf der »Schmied von Gretna Green« (der Friedensrichter des Ortes) keine Trauungen mehr vornehmen.

Griechenland
Fläche 131 957 km^2
Einwohner 10,551 Mio.
Hauptstadt Athen
Amtssprache Neugriechisch
Nationalfeiertag 25. 3.
Währung 1 Drachme (Dr.) = 100 Lepta
Zeitzone MEZ + 1 Std.

Griechenland

Flagge

Wappen

■ **Griechenland,** Republik in Südosteuropa, die den Südteil der Balkanhalbinsel mit den umliegenden Inseln im Mittelmeer umfasst. Die Bevölkerung (rund 95 % Griechen) gehört fast ausschließlich der griechisch-orthodoxen Kirche an.

Griechenland ist vorwiegend ein Gebirgsland, in das fruchtbare, dicht besiedelte Becken eingeschlossen sind. Höchste Erhebung ist der Olymp (2 917 m). Die Peloponnes, die größte griechische Halbinsel, ist durch den Kanal von Korinth vom Festland getrennt. Vor der Westküste Griechenlands liegen die Ionischen Inseln, vor der Ostküste im Ägäischen Meer die Inselgruppen der Kykladen und Sporaden. Die großen Inseln Lemnos, Lesbos, Chios, Samos und Rhodos sind der Küste der Türkei vorgelagert. Größte griechische Insel ist Kreta im Südosten.

Wie in allen Mittelmeerländern wurde auch in Griechenland schon sehr früh Raubbau an den Wäldern getrieben und dadurch die Verkarstung begünstigt. Das Klima ist mediterran mit heißen Sommern und regenreichen Wintern. Für die Landwirtschaft ist der Anbau von Getreide, Baumwolle, Wein, Tabak, Obst und Zitrusfrüchten sowie die Erzeugung von Olivenöl von Bedeutung. Gebirgslagen dienen der Schaf- und Ziegenhaltung. Wichtigste Bodenschätze sind Braunkohle, Bauxit, Magnesit und Erdöl. Wesentliche Deviseneinnahmen bringt der Fremdenverkehr.

Geschichte: Die Geschichte Griechenlands, das spätestens seit dem 6. Jahrtausend besiedelt war, begann etwa um 2000 v. Chr., als indogermanische Stämme (Ionier, Äolier, Achaier) einwanderten und sich mit der mittelmeerischen Vorbevölkerung vermischten. Auf → Kreta entwickelte sich seit dem frühen 3. Jahrtausend eine erste Hochkultur (minoische Kultur), die bereits eine Schrift kannte und großartige Palastbauten (u. a. Paläste von Knossos und Phaistos) hervorbrachte.

Unter dem Einfluss dieser Kultur entstand seit etwa 1550 v. Chr. die → mykenische Kultur.

Während einer neuen (heute von manchen Forschern angezweifelten) Einwanderungswelle besiedelten seit etwa 1100 v. Chr. die Dorer große Teile Mittelgriechenlands, die nördliche und nordwestliche Peloponnes, die Ägäischen Inseln und Teile der kleinasiatischen Südwestküste (»dorische Wanderung«). Die ansässigen Ionier konnten sich nur in Attika, auf der Insel Euböa und den Kykladen behaupten; Teile wanderten an die Westküste Kleinasiens und nach Unteritalien aus. Zum kulturellen Mittelpunkt entwickelte sich die Landschaft Attika mit der Stadt Athen.

Seit dem 8. Jahrh. v. Chr. bildeten sich um Städte (Sparta, Athen, Theben, Milet) kleinere Staatswesen, deren Adel die bis dahin regierenden Könige fast überall entmachtete. Es entstand der Gemeindestaat der Polis mit gewählten Jahresbeamten (Archonten), Rat (Bule) und Volksversammlung (Ekklesia).

Gemeingriechische Festspiele (Olympische Spiele), Mythen, Kulte und Kultverbände (Delphi) förderten ein gemeindeübergreifendes, kulturell geprägtes Bewusstsein der Zusammengehörigkeit (als »Hellenen«). Zwischen dem 8. und 6. Jahrh. v. Chr. gründeten die Griechen Kolonien in Sizilien, Mittel- und Unteritalien, an der Rhonemündung, auf Korsika und an den Küsten des Schwarzen Meeres. Sparta entwickelte sich zur führenden Militärmacht auf der Peloponnes, während Athen sich vom Adelsstaat zum Volksstaat (Reformen Solons 594 v. Chr.) und unter Kleisthenes (um 507 v. Chr.) zur Demokratie wandelte.

Die Unterstützung des Aufstands der ionischen Griechen gegen die Perser, die seit 546 v. Chr. die Griechen Kleinasiens unter ihre Oberhoheit gebracht hatten, durch Athen hatte die →Perserkriege zur Folge: Dareios I. scheiterte 490 v. Chr. bei Marathon, Xerxes 480 v. Chr. bei Salamis; 479 v. Chr. unterlagen die Perser bei Plataä. Gleichzeitig besiegten die Griechen Siziliens die Karthager.

Nach der Befreiung der kleinasiatischen Küstengebiete kam es zwischen Athen und Sparta zu Streitigkeiten und 477 v. Chr. zur Gründung des 1. Attischen Seebundes unter der Führung Athens. Der wachsende Gegensatz zwischen Athen und Sparta hatte den Peloponnesischen Krieg (431–404 v. Chr.) zur Folge, der mit der Niederlage Athens endete. Sparta konnte seine Vormachtstellung jedoch nicht behaupten. Der mit Persien 387 v. Chr. abgeschlossene Königsfriede sicherte den griechischen Staaten die Unabhängigkeit, lieferte aber Kleinasien endgültig dem persischen Großkönig aus.

In Makedonien hatte sich König Philipp II. (um 382–336 v. Chr.) eine starke Militärmacht aufgebaut; er dehnte den Einflussbereich Makedoniens über die ganze nördliche Ägäis aus. Bei Chaironeia schlug er 338 v. Chr. die vereinigten Athener und Thebaner entscheidend; im selben Jahr gründete er mit dem Korinthischen Bund eine Organisation, die ihm die Herrschaft über Griechenland verschaffte.

Nach der Ermordung Philipps (336 v. Chr.) gelang es seinem Sohn Alexander dem Großen, Persien zu zerschlagen und die eigenen Herrschaftsgrenzen bis Ägypten (332 v. Chr.), ins Gebiet des heutigen Turkestan (329–327 v. Chr.) und zum Indus auszudehnen (326 v. Chr.).

Die nach Alexanders Tod entstandenen Nachfolgereiche (→Diadochen) bedeuteten die Herrschaft griechischer Minderheiten über die unterworfenen Völker sowie die Ausbreitung griechischer Kultur und Lebensformen als verbindendes Element über den ganzen Orient (Hellenismus). Der ab 215 v. Chr. von Philipp V. von Makedonien im Bund mit Hannibal gegen die Römer geführte 1. Makedonische Krieg löste die makedonische Vorherrschaft in Griechenland auf, das zum römischen Einflussgebiet und schließlich 148 v. Chr. römische Provinz wurde.

Nach Aufständen und verschiedenen Versuchen der Neuordnung richtete Augustus 27 v. Chr. in Griechenland die Provinz Achaia mit Korinth als Hauptstadt ein.

Mit der Teilung des Römischen Reiches 395 wurde Griechenland Teil des Oströmischen (Byzantinischen) Reiches, nach dem Fall von Konstantinopel (1453) türkisch. Das griechische Nationalgefühl wurde bis ins 19. Jahrh. durch die orthodoxe Kirche und durch vereinzelte Aufstände wachgehalten. Der Freiheitskrieg 1821–30, unterstützt von zahlreichen Philhellenen (= Freunde der Griechen) in ganz Europa, brachte Griechenland die Unabhängigkeit als Königreich.

In den Balkankriegen 1912 und 1913 konnte es Kreta, Epirus und Teile Makedoniens erwerben. Im Ersten Weltkrieg war Griechenland anfangs neutral, dann aufseiten der Alliierten (Erwerbung von Südmakedonien und Südthrakien). 1922 erlitt es im Krieg gegen die Türkei einige Gebietsverluste. 1924–35 war Griechenland Republik, dann wieder Monarchie.

1941–44 besetzten deutsche Truppen das Land, 1945–49/50 herrschte in Griechenland Bürgerkrieg. 1967 übernahm das Militär die Macht und beseitigte das demokratische System; der König ging ins Ausland. 1973 wurde die Republik ausgerufen, Staatspräsident wurde Georgios Papadopulos (1919–99). Nach dem Zusammenbruch der Militärdiktatur wurde 1974 das parlamentarische System wieder eingeführt, konservative und sozialistische Regierungen wechselten einander ab.

■ **griechische Kunst,** im engeren Sinn die Kunst der Griechen etwa vom 11. bis zum 1. Jahrh. v. Chr.

Die *geometrische Kunst* (etwa 1000–700 v. Chr.) ist die erste eigenständige griechische Kunst; ihren Namen erhielt sie nach den geometrischen Ornamenten, mit denen die Gefäße verziert waren.

In der *archaischen Zeit* (Archaik, 7./6. Jahrh.) entstanden die ersten Tempelbauten, der dorische und der ionische Tempel (auch →Säule), die ersten monumentalen Statuen.

Die *Klassik* (5./4. Jahrh.) bedeutet den Höhepunkt der griechischen Kunst. Sie sah im idealen Bild des Menschen (ein schöner Körper, beherrscht von einem klaren, wachen Geist) das Maß aller Dinge. So entsprechen die Maßverhältnisse des Tempels der menschlichen Figur, so ist der Vasenkörper mit Fuß, Bauch, Schulter, Hals entsprechend dem menschlichen Körper gegliedert.

In der *frühklassischen Kunst* (auch strenger Stil genannt) wird das Einfache, Schlichte, Organische betont. Das Hauptwerk dieses Stils ist der Zeustempel von Olympia mit seinen Marmorskulpturen; auch

griechische Schrift

Buchstabe	Name	Lautwert
Α, α	Alpha	a
Β, β	Beta	b
Γ, γ	Gamma	g
Δ, δ	Delta	d
Ε, ε	Epsilon	ẹ
Ζ, ζ	Zeta	z
Η, η	Eta	e̱
Θ, ϑ	Theta	th
Ι, ι	Jota	i
Κ, κ	Kappa	k
Λ, λ	Lambda	l
Μ, μ	My	m
Ν, ν	Ny	n
Ξ, ξ	Xi	x
Ο, ο	Omikron	ọ
Π, π	Pi	p
Ρ, ρ	Rho	r
Σ, σ, ς	Sigma	s
Τ, τ	Tau	t
Υ, υ	Ypsilon	y
Φ, ϕ	Phi	ph
Χ, χ	Chi	ch
Ψ, ψ	Psi	ps
Ω, ω	Omega	o

einige originale Bronzewerke sind aus dieser Zeit erhalten, u. a. der Wagenlenker von Delphi.
In der *hochklassischen Kunst* entstanden der Parthenon, die Propyläen, der Niketempel und das Erechtheion auf der Akropolis von Athen unter der Leitung des Phidias, der auch berühmte Bildwerke schuf.
In der *spätklassischen Kunst* wurden große Tempel gebaut sowie Theater und prunkvolle Grabbauten. Der bedeutendste Bildhauer dieser Zeit war Praxiteles. Strenge und Würde des Hochklassischen sind gemildert.
In der *hellenistischen Kunst* (etwa 3. bis 1. Jahrh. v. Chr.) mischen sich realistische Züge mit leidenschaftlicher Bewegtheit (u. a. Pergamonaltar, Laokoongruppe). In der Baukunst wurden die Ausmaße ins Gigantische gesteigert: Burg-, Stadt- und Marktanlagen, Bibliotheken und Gymnasien (u. a. in Pergamon, Alexandria und Ephesus).

■ **griechische Mythologie und Religion.** Man dachte sich am Anfang das Chaos, den unermesslich weiten, leeren Raum. Aus diesem gingen Gaia (Erde), Tartaros (Abgrund) und Eros (Liebe) hervor. Gaia (Gäa), die Allmutter Erde, gebar aus sich selbst Uranos (den Himmel), mit dem sie sich vereinte und zahlreiche Nachkommen hatte, u. a. die Titanen und die Kyklopen (Zyklopen, bei Homer genannte einäugige Riesen). Kronos, der jüngste der Titanen stürzte seinen Vater Uranos und machte sich zum Herrscher des Himmels. Mit Rhea hatte er viele Kinder, darunter Hera, Poseidon, Hades, Demeter und Zeus. Als Zeus herangewachsen war, stürzte auch er seinen Vater und besiegte die Titanen.
Die große Götterfamilie bestand aus den Geschwistern Zeus, dem Herrscher über Himmel und Erde, Hera (seine Gattin), Hades (Gott der Unterwelt), Poseidon (Gott des Meeres), Hestia (Göttin des Herdes und des Herdfeuers) und Demeter (Göttin des Ackerbaus und der Fruchtbarkeit) sowie den Kindern des Zeus: Athene (Göttin der Weisheit), Apoll (Gott des Lichtes), Artemis (Göttin der Jagd), Hephaistos (Gott des Feuers), Ares (Gott des Krieges), Aphrodite (Göttin der Liebe),

griechische Mythologie und Religion: griechische und römische Götter

griechischer Gott (Göttin)	römische Entsprechung	wichtigste Machtbereiche	Attribute
Zeus	Jupiter	Himmel, Wetter, Recht	Blitzbündel, Waage, Adler
Hera	Juno	Haus, Besitz, Ehe	Diadem, Apfel, Zepter
Poseidon	Neptun	Meer, Erdbeben, Pferde	Dreizack, Delphine, Pferde
Demeter	Ceres	Getreide, Fruchtbarkeit	Schlangen, Getreideähren
Apollon	Apollo	Weissagung, Recht, Musik	Pfeil und Bogen, Kithara, Lyra
Artemis	Diana	Jagd, wilde Tiere	Pfeil und Bogen, wilde Tiere
Athene	Minerva	Städte, Kriegskunst, Klugheit	Helm, Lanze, Schild, Eule
Aphrodite	Venus	Liebe, Fruchtbarkeit	Eroten, Gänse
Hephaistos	Vulcanus	Schmiede, Handwerker	(Schmiede-)Werkzeuge, Pilos
Ares	Mars	Krieg, Kampf	Helm, Lanze, Schild
Dionysos	Bacchus	Wein, Ekstase, Mysterien	Wein, Efeu
Hermes	Merkur	Wege, Hirten, Kaufleute, Diebe	Flügel an Hut und Stiefeln

Persephone (Göttin der Unterwelt) und Hermes (Götterbote).
Im Rang unter den olympischen Göttern standen z.B. die Göttin der Morgenröte Eos sowie Iris, die Göttin des Regenbogens, und Selene, die Göttin des Mondes. Meeresgötter neben Poseidon waren Okeanos, der die Erde und das Meer umfließende große Weltstrom, und Nereus, der Vater der Meernymphen. Erdgötter und Götter der Unterwelt waren Gaia, die Allmutter Erde, die Nymphen, Dionysos, der Gott des Weines, und seine Begleiter, die Satyrn, Pan, der Gott der Herden und des Waldes, und die Erinnyen, die Rachegöttinnen.
Die Götter nahmen an den Freuden und Sorgen der Menschen teil und hatten Kinder mit ihnen, die Heroen. Diese lebten nach ihrem Tod auf den glücklichen Inseln der Seligen. Die anderen Menschen gingen nach ihrem Tod in das gefürchtete Schattenleben der Unterwelt ein. – auch →römische Religion.

Diese Bronzestatuette eines Pferdes aus dem 8. Jahrhundert v. Chr. gehört zu den frühen Zeugnissen der **griechischen Kunst,** die man heute die »geometrische Kunst« der Griechen nennt

■ **griechische Schrift,** die wohl gegen Ende des 11. Jahrh. v. Chr. von den Phönikern übernommene Buchstabenschrift. Dieses Uralphabet wurde von den Griechen ergänzt und verändert. Entscheidend war die Regelung, fünf für die griechische Sprache entbehrliche Konsonantenzeichen des phönikischen Alphabets als Vokalzeichen (a, e, i, o, u) zu verwenden. Die griechische Schrift war die erste europäische Buchstabenschrift; auf sie gehen alle modernen europäischen Schriftsysteme zurück. – Die Griechen benutzten Buchstaben auch als Zahlzeichen (z.B. Alpha für 1, Beta für 2).

■ **griechisch-orthodoxe Kirche** →orthodoxe Kirche.

Der Pergamonaltar gehört zu den Schätzen der **griechischen Kunst** aus hellenistischer Zeit; das monumentale Bauwerk wurde 1878–1886 unter Leitung eines deutschen Archäologen ausgegraben; es befindet sich heute im Berliner Pergamonmuseum

■ **Grieg,** Edvard, norwegischer Komponist, * Bergen 15. Juni 1843, † ebenda 4. September 1907. Seine spätromantischen Werke sind von der nordischen Volksmusik geprägt. Er schrieb Orchesterwerke (zwei Suiten zu Ibsens »Peer Gynt«), Kammermusik und Klavierwerke.

■ **Grieshaber,** HAP (Helmut Andreas Paul), deutscher Grafiker, * Rot an der Rot (Kreis Biberach) 15. Februar 1909, † Eningen unter Achalm (Kreis Reutlingen) 12. Mai 1981. Grieshaber schuf Farbholzschnitte mit großflächigen, kräftigen Formen und lebhaften Farben, die häufig mythologische, religiöse und politische Themen darstellen.

■ **Grillen,** mit über 2000 Arten weltweit verbreitete Familie der Heuschrecken; in Mitteleuropa kommen fünf Arten vor. Jeder Deckflügel der Männchen besitzt an der Unterseite eine Schrillleiste und am Rand eine scharfe Schrillkante; werden diese aneinander gerieben, entstehen Zirplaute. Die Hinterbeine sind meist als Springbeine ausgebildet.
Die **Feldgrille** lebt vor allem auf trockenen Feldern und Wiesen. Die **Hausgrille** (oder Heimchen) hält sich gern in menschlichen Wohnstätten auf und ernährt sich von Speiseresten. Bei der **Maulwurfsgrille** sind die Vorderbeine zu Grabschaufeln umgestaltet. – Bild S. 400

Franz Grillparzer

■ **Grillparzer,** Franz, österreichischer Dramati-

Die Brüder **Jacob und Wilhelm Grimm**

ker, *Wien 15. Januar 1791, †ebenda 21. Januar 1872. Er geriet nach dem Erfolg seiner frühen Tragödien (»Die Ahnfrau«, 1817; »Sappho«, 1819) durch Werke, die den Sinn des Staates und den Auftrag des Herrschers zum Inhalt haben, in Konflikt mit der Zensur. Nach dem Misserfolg seines Lustspiels »Weh dem, der lügt« (1838) zog er sich aus der Öffentlichkeit zurück. Erst im Alter wurden seine Stücke wieder mit Erfolg aufgeführt (u. a. »Das goldene Vließ«, Trilogie, 1822; »Ein Bruderzwist in Habsburg«, 1872).

■ **Grịmm, 1)** Jacob, deutscher Sprach- und Literaturwissenschaftler, *Hanau 4. Januar 1785, †Berlin 20. September 1863. Grimm, 1830–37 Professor und Bibliothekar in Göttingen, gilt als der Begründer der germanischen Altertumswissenschaft, der germanischen Sprachwissenschaft und der deutschen Philologie. Auf Anregung Achim von Arnims gab er zusammen mit seinem Bruder Wilhelm die Sammelwerke »Kinder- und Hausmärchen« (1812–15) und »Deutsche Sagen« (1816–18) heraus; diese fußten auch auf mündlichen Überlieferungen, die sich die Brüder auf Reisen durch Deutschland von einfachen Leuten hatten erzählen lassen. Seine eigenen Hauptwerke sind die »Deutsche Grammatik« (1819–37) und die »Deutsche Mythologie« (1835). Wiederum in Zusammenarbeit mit seinem Bruder Wilhelm begann er das »Deutsche Wörterbuch« (1854–1961), das nach seinem Tod fortgeführt wurde.

2) Wilhelm, deutscher Literaturwissenschaftler, *Hanau 24. Februar 1786, †Berlin 16. Dezember 1859; Bruder von 1). Er arbeitete meist mit seinem Bruder zusammen. Er selbst gab zahlreiche mittelhochdeutsche Dichtungen heraus.

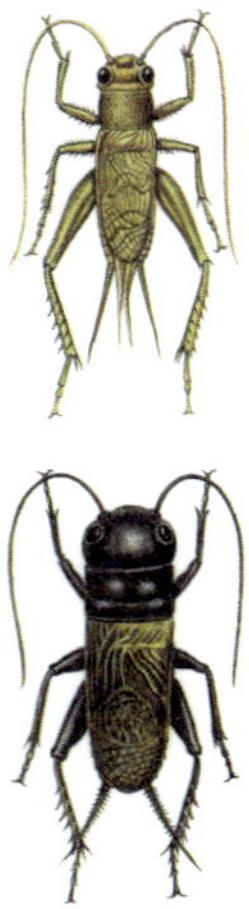

Zwei **Grillen** mit unterschiedlichen Lebensgewohnheiten – die heimische Hausgrille und die im Freien lebende Feldgrille

Die Illustration aus der ersten Ausgabe des »Simplicissimus« von **Grimmelshausen** zeigt ein aus Fisch, Vogel, Ente und Satyr zusammengesetztes Fabeltier, das belustigt auf das Treiben im Narrenhaus der Menschen deutet

■ **Grịmmelshausen,** Johann (Hans) Jakob Christoffel von, deutscher Dichter, *Gelnhausen um 1622, †Renchen (bei Offenburg) 17. August 1676. Sein Hauptwerk, der Roman »Der Abentheuerliche Simplicissimus Teutsch« (1669), gilt als bedeutendstes literarisches Dokument der Barockzeit. In ihm erzählt er drastisch, in zum Teil mit Dialekt durchsetzter Sprache, die Lebensgeschichte eines jungen Abenteurers zur Zeit des Dreißigjährigen Krieges.

■ **Grịppe** [frz.] *die* (Influenza), eine durch Viren hervorgerufene Infektionskrankheit, die oft als Epidemie auftritt. Sie äußert sich mit Fieber, Schüttelfrost, Kopf- und Gliederschmerzen. Fälschlich als Grippe bezeichnet wird oft der **grippale Infekt,** eine fieberhafte Erkrankung der oberen Luftwege.

■ **Grịzzlybär** [grịsli...; engl. grizzle, = grau] (Grisli) → Bären.